憲法學釋論

陳新民　著

德國慕尼黑大學法學博士
前司法院大法官
天主教輔仁大學法律學院榮譽講座教授

第十版序言

本書自民國八十四年九月第一版發行至今，匆匆已屆二十六年。一部著作能有出十版的機會，除感謝讀者的持續愛護外，對作者亦是一大激勵。初版當年，筆者即將年滿四十，由德國回到台灣，在中研院開始了研究公法學的生涯。在此期間，目睹了台灣由實施戒嚴、以及動員戡亂體制的「公法學混沌」時期，一步步邁向民主化，以及憲法的平時化。台灣的公法學研究環境，也由寒冬，步向春花遍野的回春大地。

台灣公法學，特別是憲法學呼吸到了前所未有的清新氣息，也給公法學增加了許多研究的素材。更對我們當時還年輕的公法學者，對我國的憲政前景，以及憲法學理的發展，當然還有我國民主體制以及政黨與政黨人物的民主素養與開闊心胸，有無比的信心。

歲月的確如過往雲煙的迅速，旋踵間，本書已經進入了第十版的版次，作者也由四十壯年，邁入了六十六歲的退休之年。我國憲法的生命，大致上仍循二十六年前本書的基本架構，但隨著相關實施法令，特別是大法官的諸多解釋，儼然構建出一個可運行——雖然不盡完美的價值體系——的憲政雛形。讀者可以由本書的內容與架構，一窺我國實施此根本大法的脈絡。

本書第十版開始，蒙三民書局劉仲傑董事長的盛意，轉由三民書局出版。如此也可省卻了我多年來自行出版的勞心勞力。

促成本版次的寫作，乃是我國將於今年（一月四日）起實施「憲法訴訟法」，這個新的制度，大幅度變更了我國實施超過七十年的大法官審理案件的制度，對我國民主法治以及基本人權的保護，都有了非凡的意義。然而此制的實施，許多必要的典章學理，仍付諸闕如，仍有待學界與大法官實務運作的檢驗與補充。希望給關心此一制度的讀者若干理解此一新制的基本原則與理論，筆者不才，匆匆草就此一章節，還望各方方家學者，不吝指正。我的助理吳律德博士生，為本書的新版，繕打校正，花費甚多功夫，我一併在此致謝。

陳新民

民國一一一年二月

序於新北市天主教輔仁大學研究室

自　序

　　憲法是一部規範國家權力的法典。憑著這部白紙黑字撰就之法典的產生，以及能夠發揮實質的拘束力，代表著國家已經揮別了以往君王或其他當政者可以依憑己意，行使國家權力並對人民生殺予奪的時代。因此由憲法條文所蘊含的民主與法治國家的理念，以及實施憲法所形成的憲政國家之制度，代表了人類法政文明發展到了人類歷史的最顛峰。

　　憲法如同其他法律一樣，都有其完美的「極限」。作為一個人為的立法產物，憲法所顯現出來制憲者價值觀、立國理念、期待以及基於主、客觀環境所不可避免的妥協，都可隨著無情歲月來嚴格的驗證之。一個憲法健康的生命恆在於對這些可能已過時與老化的憲法條文，進行持續的反省與改進！在此，憲法學的作用與使命即有不可忽視的重要性。

　　國家的憲法學不僅應該探討國家憲法實際實施的狀態——所謂的「憲法現實面」(Verfassungswirklichkeit)——，也應該尋求如何使憲法的規範能產生更妥善的規範力。前者在探究憲法實施的「實然面」(Sein)，後者則致力於憲法的「應然面」(Sollen)。這是憲法學能夠為絕大多數國家——尤以憲政不發達者為甚——皆會發生的「憲法與現實」(Verfassung und Verfassungsrealitaet) 之間所產生的鴻溝，提供填補的理論依據。

　　本書的寫作動機，便是以法律學的角度，來觀察我國憲法的全盤理念與體制，也是所謂的「法學性的憲法」(Verfassungsrecht im juristischen Sinne)。是基於一個法治國家的憲法學對於各國比較憲法制度的研究雖不可荒廢，但對國家整體「法秩序」所「實踐」出來的憲法規範，特別是憲法實質生命所繫的法律以及釋憲決議的研究，需有特別的探究方法，當更加關切。有關我國憲法的專門論著，法界與學界前輩的大作，已琳琅滿目，對於我國憲法學理論的奠基立礎，功不可沒；然運用法學的方式來析論者，仍尚未多見。此恐是本書較大的特色也。

　　屈指算來，本書付梓之日距離我初窺憲法學堂奧整整已滿二十年，對於憲法學的理解仍不敢有王國維先生那種：「驀然回首，那人已在燈火闌珊處」的頓悟透徹，此管窺豹影斑斑點點拼湊成的一隅之見，尚須敬祈方家雅士慨予賜正，以醒迷惘。

　　本書得以順利面世，應感謝國家設立中央研究院，提供我自由且無拘無束的研究環境。使我在返國十有餘載以還，能坐擁書城，優游於法學先哲們的瀚海經典之中。

也讓我體會到治憲法學所需要的，除了激動迸發的正義觀外，還需要有潛心靜氣的儘量讀書、再讀書，思考、再思考。中央研究院提供給我的「方寸之域」，使我有幸實踐了這種體會。

　　我的助理林依仁先生，為了本書耗費甚大的精力與時間，可說是到了廢寢忘食的地步，沒有他的協助，本書的完成勢必將大幅遲滯；此外法學後起之秀，如周民、王志宏、陳炳林、程明修、程明仁與李鋒澂諸位先生，也投入無以數計的時間與提供甚多寶貴的建議，謹在此表達我個人由衷的感激。

陳新民

識於台北・南港・中央研究院

民國八十四年八月十五日

憲法學釋論　總　目

憲法學釋論　細　目

第三章　人民基本權利與義務

第四章　人權各論

第七章　行政院

第十章　考試院

第十一章　監察院

第十二章　地方自治

第十四章　憲法的修改

主要參考書目

一、中文書目

劉慶瑞，中華民國憲法要義，自版，民國八十三年。

林紀東，中華民國憲法釋論，民國七十三年四十五版。

　　　　中華民國憲法逐條釋義（以下簡稱「逐條釋義」），三民書局。第一冊至第三冊，民國七十一年；第四冊，民國七十年。

薩孟武，中國憲法新論，三民書局，民國七十九年，九版。

董翔飛，中國憲法與政府，自版，民國八十九年，四十版。

李鴻禧，李鴻禧憲法教室，月旦出版社，民國八十三年。

蘆部信喜著，李鴻禧譯，憲法，月旦出版社，民國八十四年。

曾繁康，比較憲法，三民書局，民國七十四年，五版。

張知本，憲法論，三民書局，民國五十三年，台版。

謝瀛洲，中華民國憲法論，民國五十二年，第十版增訂本。

美濃部達吉著，歐宗佑／何作霖譯，憲法學原理，臺灣商務印書館，民國五十五年，台一版。

羅志淵，中國憲法釋論，臺灣商務印書館，民國五十七年，台一版。

左潞生，比較憲法，文化圖書公司，民國五十四年，二版。

張君勱，中華民國民主憲法十講，臺灣商務印書館，民國六十年，台一版。

張治安，中國憲法及政府，五南書局，民國八十二年，二版。

荊知仁，中國立憲史，聯經出版公司，民國七十三年。

戴雪著，雷賓南譯，英憲精義，帕米爾書店，民國八十年。

陳新民，憲法基本權利之基本理論（以下簡稱「基本權利」）（上、下冊），元照出版公司，民國九十四年，七版。

　　　　行政法學總論，自版，民國九十四年，八版。

　　　　法治國家論，學林出版公司，民國九十一年。

　　　　軍事憲法論，揚智出版社，民國八十八年。

　　　　1990 年～2000 年臺灣修憲紀實，學林出版公司，民國九十二年。

法治國家原則之檢驗，元照出版公司，民國九十六年。

陳志華，中華民國憲法概要，三民書局，二〇一四年，六版。

林騰鷂，中華民國憲法，三民書局，二〇一四年，五版。

李惠宗，憲法要義，元照出版公司，二〇一二年，六版。

法治斌‧董保城，憲法新論，元照出版公司，二〇一四年，六版。

陳慈陽，憲法學，元照出版公司，二〇〇五年，二版。

吳信華，憲法釋論，三民書局，二〇二一年，四版。

張國華（主編），憲法釋論，元照出版公司，二〇〇九年，二版。

楊子慧，憲法訴訟，元照出版公司，二〇一五年六月。

楊子慧，憲法訴訟㈡，元照出版公司，二〇二〇年十月。

吳信華，憲法訴訟基礎十講，元照出版公司，二〇一九年九月。

二、外文書目

Apelt, W.,	Geschicht der Weimarer Verfassung, 1946
Badura, P.,	Staatsrecht, 5. Aufl., 2012
Battis/Gusy,	Einfuehrung in das Staatsrecht, 2. Aufl., 1986
Benda, E., (hrsg.),	Handbuch des Verfassungsrechts der Bundesrepublik Deutschland, 1983
Bleckmann, A.,	Staatsrecht I—Staatsorganisationsrecht, 1993
Bleckmann, A.,	Staatsrecht II—Die Grundrechte, 3. Aufl., 1993
Epping, V.,	Grundrechte, 3. Aufl., 2007
Haefelin/Haller,	Schweizerisches Bundesstaatsrecht, 2. Aufl., 1988
Hesse, K.,	Grundzuege des Verfassungsrechts der Bundesrepublik Deutschland, 19. Aufl., 1994
Jellinek, G.,	Allgemeine Staatslehre, 3. Aufl., 1960
Katz, A.,	Staatsrecht, 17. Aufl., 2007
Kriele, M.,	Einfuehrung in die Staats lehre, 4. Aufl., 1990
Loewenstein, K.,	Verfassungslehre, 3. Aufl., 1975
Maunz/Zippelius,	Deutsches Staatsrecht, 26. Aufl., 1985

Maurer, H.,	Staatsrecht, 3. Aufl., 2003
v. Muench, I.,	Staatsrecht, Bd. 1, 5. Aufl., 1993
Nawiasky, H.,	Allgemeine Staatslehre, Bd. 1–4, 1958
Schmitt, C.,	Verfassungslehre, 1928
Zippelius/Würtenberger,	Deutsches Staatsrecht, 32. Aufl., 2008

凡　例

BVerfGE	德國聯邦憲法法院判決彙編
S (SS)	Seite 頁數
aaO.	前述書
Rdnr.	Randnummer 邊碼
著作權法 (82.04.24)	民國八十二年四月二十四日，總統公布之著作權法（制定或修正條文）
德國刑法 (1981)	德國刑法（1981，制定或最新修正）

第一章 導 論

第一節 憲法的意義

壹、憲法的功能

一、憲法的出現──人類法政文明發展的極致

憲法是國家根本大法,規範國家政府之組織,人民基本權利之保障及國家發展之方向。憲法既是根本大法,因此法律不能牴觸憲法,憲法即成為國家「萬法之法」(norma normans; Norm der Normen)。憲法能實質上發揮此種最高拘束力之國家,即可稱為是立憲國家及法治國家。

一個國家能步入立憲國家之林,代表其法政文明的極致發展。同時,也表示專制政府的形式已遭淘汰。由專制時代國家權力的擁有者可以對人民生殺予奪,到了立憲時代,國家一切依憲法所定來運作,相差何以千里計。一紙憲法的效力竟如此強大,其地位如此崇高,卻也歷經人類數百年的努力有以致之。

憲法所擔負的任務,以觀察的角度來自政治層面或法律層面的差異,例如以「政治憲法」(politische Verfassung) 或「法律憲法」(rechtliche Verfassung),可分別討論憲法的政治意義及法律意義,兩者並不截然獨立,可以相互影響。

二、憲法的政治意義

憲法在政治方面的意義,在強調國家權力的組織與運作方面。憲法代表國家的權力已由「人治」轉為「法治」(Rule of Law)。國家應設置何種機關來行使統治權力並界定各機關的權力,此即為國家大法的憲法所應規範的內容。不僅在靜態的政治組織方面,同時針對國家權力的運作以及其他政治行為的程序方面,例如政黨的運作與政權的遞嬗、法律的制定、行政與公權力的執行……都是「動態」的程序,亦應在憲法的規範下進行之。因此,憲法便將國家的政治行為導入在一個已經事先設想而形諸文字的「秩序與形式的狀態」(in-Ordnung-und in-Form-Seins) 之中❶。憲法在規範及調和各種「權力」所具有的決定性,也使得國家事實上所擁有及可以產生實質的「力」,可

以被憲法所創設的「法」所拘束。所以，以一紙憲法的功能即可反映出該國對於權力的最基本運用原則❷。

三、憲法的法律意義

在法學意義的憲法是以法治國原則來討論憲法的意義。雖然法治國原則不應只具有法學的意義，也有政治層面的理念與制度——如「權力分立」便是一例——❸。不過法治國強調由憲法以降各級法規（法律、行政命令等）與法理所形成的規範與價值體系，來規範國家的一切生活。就此意義而言，憲法的任務，即由其產生的規範方式——即對所有法規享有的「最高性」來顯現之——。透過「憲法優越性」(Vorrang der Verfassung) 之原則，輔以達成此原則的附屬制度，例如憲法解釋、違憲審查權、政黨違憲解散制度……憲法也成為提供國家與人民在法律生活許多「當為」(sollen) 規範的來源。因此，法律意義的憲法能使憲法在有限的條文，透過有組織的國家公權力機關（如行政機關與法院）之執行，與有系統的法學方法之詮釋，可以形成一個內容豐富且不至於一成不變的廣闊價值與規範體系。憲法在此「法領域」內享有最活潑的生命，所謂的「活的憲法」(living constitution)。所以，現代民主國家中雖然憲法的規範力無所不在，但最明顯且最頻繁的出現憲法被適用與遵守的情形，則無疑在此「法領域」之中❹。

另外，憲法的另一個任務在確定國家發展的方向，這個可以劃歸在基本國策的條

---

❶ 參見 H. Heller, Staatslehre, 5. Aufl., 1983, S. 283.

❷ 德國著名的政治學家 Ferdinand Lassalle (1825–1864) 於一八六二年發表的「論憲法的本質」(Über Verfassungswesen) 的演講稿，將憲法定位為「有效規範國家現實權力關係之典章」，並且將憲法的問題主要當成「權力問題」(Machtfrage)，也是整個社會結構所繫的「秩序政策」(Ordnungspolitik)。一個憲法能夠生存，端賴於國家的現實權力與白紙黑字的憲法的完全配合。一個良好憲法不可或缺的品質，乃在契合權力的現實面 (verfasste Realitaet)，而非僅僅是方針式的期待與目標。因此 Lassalle 的看法是一針見血的描述憲法與國家現實權力的密切關係。H. Heller, aaO., S. 282; B. Ruethers, Das Ungerechte an der Gerechtigkeit, 2. Aufl., 1993, S. 125.

❸ 所謂「法治國家」(Rechtsstaat) 的概念甚為廣泛。基本上，應該包括下述幾個重要原則：實施立憲政體、權力分立、依法行政、依法審判（司法獨立）、尊重人民基本權利等。法治國原則除上述五大原則外，亦可衍生出其他「子原則」，例如法律不溯及既往、憲法比例原則、一罪不二罰原則、信賴利益保護……，可隨著時代的演變陸續產生之。參見拙著：德國十九世紀「法治國」概念的起源，刊載：政大法學評論第五十五期，第 47 頁以下；及法治國家論，第 1 頁以下。

❹ E.-W. Boeckenfoerde, Die verfassunggebende Gewalt des Volkes—Ein Grenzbegriff des Verfassungsrechts, in: U.K. Preuss (Hrgb.), Zum Begriff der Verfassung, 1994, S. 58.

款,是使國家政治、經濟、與社會能有一個「恆定性」,不會因執政政黨的意識型態不同,而造成混亂的現象。如同憲法的人權保障、國家權力的組織與界限之規定,皆有助於國家整體秩序的安定性與穩定性。這些屬於方向指針的憲法規定,在更大的層面上亦以達到此目的為其任務。

貳、憲法的語源

一、外國憲法之語源

憲法係由英文、法文 (constitution) 及德文 (Verfassung) 翻譯而來,而前三個外文又由拉丁文 (constitutio) 演變而來,其本義為組織、結構或組成。

早在西洋古希臘時代,亞里士多德在其「政治學」(politica) 的著作中已經出現了原始的憲法概念。認為國家應該有一個組成的根本大法,作為立法與國權行使之指導原則。憲法是國家權力如何分配,誰擁有最高權力,人民應遵從何種社會目標等之規範。而法律則是依此憲法而制定的法規,俾執行國家權力及制止違法的行為。因此,亞里士多德認為認同一個國家,必認同其憲法,同時憲法被廢止也代表國家滅亡;產生一個新憲法,也象徵一個新國家的誕生 ❺。這個「規範公眾之法」(rem publicam constituere) 的名詞即為日後英、法文「憲法」名詞的濫觴!不過希臘時代的憲法理念只是理論性的探究,尚未形成國家之制度。同樣的,在歐洲十四世紀,法國也有可拘束國王的「基本法」(lois fondamentales; lex fundamentalis) 或「憲法」(lois constitutionnelles),神聖羅馬帝國也有「基本法」(leges fundamentales),然僅限於極特定的事項(如對於貴族或僧侶徵稅、或是諸侯選舉),尚未具備憲法的特徵,但是「憲法」(lois constitutionnelles) 之一詞已正式見諸文書。二百年後的啟蒙運動即擇此「憲法」之語而更易其義了。

二、我國憲法之語源

㈠古代「辭同意異」的憲法用語

我國古代典籍中亦不乏述及「憲」或「憲法」者,例如左傳襄公二十八年:「此君

---

❺ G. Jellinek, Allgemeine Staatslehre, 3. Aufl., 1960. S. 506. C. Schmitt, Verfassungslehre, 1928, S. 4.

之憲令」；國語：「賞善罰姦、國之憲法」；管子七法篇：「有一體之治，故能出號令，明憲法矣。」立正篇：「正月之朔、所官在朝，君乃出令布憲，憲已布，有不行憲者，罪在不赦」；韓非子定法篇：「法者，憲令著於官府，賞罰必於民心，賞存乎慎法，而罰加乎姦令者也」；中庸：「仲尼祖述堯舜、憲章文武」；晉書張華傳：「晉史及儀禮憲章」；唐書：「永垂憲則，貽範後世」，這些「憲」或「憲章」都是當成國家典章法令，即國家實證法令為解釋。另「憲」字在近代用語中，亦普遍表示「紀律」、「權威」之意義，例如：憲台（御史台）、大憲或上憲（長官）；憲綱（官職尊卑）；「憲兵」（維持軍紀之兵種）、監察院之「糾察風憲」（糾察公務員之操守、紀律），可見得「憲」字仍為偏向「紀律」方面的用語。今日吾人所理解之現代意義的憲法，則是標準的日本「舶來品」。

㈡「舶來品」的憲法用語——由日本傳來的「憲法」

日本自我國唐代實行「大化革新」接受漢字以降，法令使用之漢字，和我國文字之意義無甚差別，「憲」字亦然。日本史上出現的「聖德太子憲法十七條」（聖德太子於五三九年攝政，六二二年去世），德川時代公布的「憲法部類」，都是類似我國古代典籍的把「憲」（憲法），當成典章、法令解。迨明治維新時，已有學者翻譯 constitution 為「政則典範」、「建國法」或「根本律法」。依日本名法學家穗積陳重的分析，日本憲法史上第一位將 constitution 譯為漢字之「憲法」者係曾任日本司法大臣的箕作麟祥 (1846–1897)。箕作麟祥在明治六年 (1873) 出版的「法蘭西六法」中首開先例。以後明治天皇在明治八年公布的詔敕中正式提及「立憲政體」，明治十五年復遣伊藤博文赴歐洲考察憲法，明治二十三年 (1889) 公布憲法，現代意義的憲法即在日本獲得承認❻。箕作麟祥其實只是法學者中使用「憲法」之第一人而已。之前已有引進天賦人權思想到日本，且是日本德意志學創始人加藤弘之 (1836–1916) 在慶應三年 (1867) 出版一本「立憲政體略」中，首先將德語之憲法 (Verfassung) 一詞，由先前其翻譯的「大律」（一八六一年出版的「鄰草」）轉譯為憲法及立憲政體。故追本溯源，加藤弘之實為「憲法」一詞之創始人也❼。

中國的現代化與「東學」（日本學術）有密不可分的關聯。雖然「憲法」何時自日

---

❻ 穗積陳重，法窗夜語，有斐閣，大正五年六月，第 172 頁。另見美濃部達吉（歐宗佑／何作霖譯），憲法學原理，臺灣商務印書館，民國五十五年台一版，第 272 頁。

❼ 見李永熾，日本的近代化與知識份子，水牛出版社，民國六十年版，第 86 頁。

本傳來已不可考，但至少在十九世紀末，即康有為在第五次上書光緒皇帝（光緒二十三年，一八九七年十一月）中已建議「採擇萬國律例、定憲法公私之分」，可見得憲法一詞於此時已正式引進中國。迨光緒三十年 (1904) 張之洞奏請清廷立憲，憲法一詞已被賦予了現代的意義。

參、成文憲法的產生

一、思想的淵源

　　現代意義的憲法，係在喀爾文教派（清教徒教派）與自由啟蒙主義的衝擊下才產生。

　　在思想的領導上，啟蒙時代三大思想家實功不可沒。英人洛克 (John Locke, 1632–1704) 之分權理論，主張國家權力區分為立法權及執行權，使國家權力受到法律的拘束。其次，法人孟德斯鳩 (Charles de Secondat Montesquieu, 1689–1755) 主張「三權分立」，使國家權力分由行政、立法及司法三個獨立的機關來行使，打破政府壟斷掌握三權的現象。這個分權制度影響後世甚鉅！第三位是瑞士人盧騷 (Jean-Jacques Rousseau, 1712–1778) 提出「主權在民」的理論，認為國家之主權不在君王，而是在人民手中，特別是盧騷在一七六二年出版的「社會契約論」一書，主張國家與社會一樣，是人民自願以類似簽訂契約之方式來限制自己之自由，並委託政府管理。因此政府之施政如果背棄造福人民之約定時，人民即可起而推翻之。一七六五年盧騷所撰寫但死後才發表的「科西嘉的憲政方案」，與一七七二年撰寫的「波蘭政府改組芻議」的文章中已經使用「憲法」之名詞，並且強調其重要性❽。

二、立憲運動的展開

　　在行動的實踐方面，最早在一六二〇年十一月十一日有百餘名英國清教徒移居美國麻州新普利茅斯 (New Plymouth)，並於一六三九年十一月十四日在此殖民地上公布「康乃狄克根本法」(Fundamental Orders of Connecticut)，承認殖民地的管理須經全體移民所同意。這部「根本法」雖然只拘束了百餘人，但其影響卻甚為宏大。百年後的

---

❽ Constititional project for Corsica (1765); Considerations on the Government of Poland (1772), in: F. Watkins, Rousseau, Political Writings, Nelsen (N.Y.), 1953, pp. 153, 277.

一七七六年六月十二日美國維吉尼亞州憲法（人權法案）的公布，造成北美殖民地風起雲湧的立憲運動，也多少可歸功「康乃狄克根本法」所播下的種子。歐陸方面的英國，克倫威爾軍中的清教徒在一六四七年草擬公布了「人民權利書」(Agreement of People) 之憲法草案，一六五三年克倫威爾提出的「政府組織法」(Instrument of Government) 雖然功敗垂成，卻是不朽的憲法文獻，且鼓勵了立憲思想的風潮。

美國維吉尼亞州在一七七六年六月十二日頒布州憲法，這是人類政治史上第一部成文憲法。其他北美十二州也陸續展開制憲活動，至一七八二年各州皆完成制憲。關涉世界立憲思潮最重要的一步，是美國十三州在一七八七年九月十七日通過的「美國聯邦憲法」，開始了世界各國制憲之先河。兩年後的一七八九年八月二十六日法國大革命爆發，公布「人權宣言」，越二年，一七九一年九月三日法國頒布「法國憲法」——習稱「雅各賓」憲法——成為歐陸國家第一個制定憲法的國家。從此人類社會開始進入憲政法治的時代。十九世紀歐洲各國莫不蓬勃開展立憲運動，學術界也有系統的探討憲法學理，十九世紀的政治已充滿著立憲的思潮。

亞洲國家最早進入立憲國家的是日本。日本在一八八九年倣效德國俾斯麥憲法 (1871) 之成例，制定明治憲法，實行君主立憲。日本實行立憲的明治維新後，社會進步一日千里，國力大增，不旋踵間便在行憲的十五年內 (1904) 所爆發的日俄戰爭中，戰勝了西方強國的俄國。觀乎日本乃蕞爾小國，竟然能戰勝俄國，固是日本維新求變之功，卻也使中國朝野認為實行專制的俄國無法強盛，乃未立憲之故，遂加速立憲思想之傳播，確認了立憲的積極價值。

第二節　憲法的分類

壹、老式或傳統的分類

　　傳統憲法學上對憲法的分類，約可分成：成文與不成文憲法、剛性與柔性憲法以及欽定、民定與協定憲法等三種。這種分類以近代各國立憲史之歷史背景作為探討對象，多半不切實際❶。惟藉此討論老式的傳統分類，可附帶指陳憲法之特徵，爰簡要敘之：

一、成文憲法與不成文憲法

㈠成文憲法 (written Constitution)

　　係指國家有單一或幾個法典稱為「憲法」，並以其為最高法規而言。一般國家皆以單一法典稱為憲法 (one-document constitution)❷。但也有少數國家的憲法，是將幾個特別重要的法典合而稱為憲法者。這種憲法之例甚少，例如法國第三共和憲法 (1875)，即是將「參議院組織法」、「公權組織法」（關於總統，部長之職權）及「公權關係法」（關於國會與總統職權關係）等三個法典作為第三共和憲法❸。

　　另外有些國家憲法基於國情或其他因素，不採用「憲法」之名稱，但實質仍是憲法者。例如西德在一九四九年因國家分裂，不欲在國家統一前使用「憲法」之名稱，故將制憲結果之法典稱為「基本法」(Grundgesetz)，實質上仍為憲法也。

　　瞻望世界諸國，除了下述實施不成文憲法的英國、以色列及加拿大三國，以及中東的沙烏地阿拉伯、安曼、利比亞三國係以可蘭經為憲法外，其他各國皆採用成文憲法❹。

---

❶ 國內學界已有批評傳統分類不合時宜的著作，請參閱許志雄，憲法之基礎理論，稻禾出版社，一九九二年，第20頁。

❷ 有些國家的憲法可能會將其他法典、宣言或條文列為該憲法內容之一部分時，亦不損其「單一性」，例如法國第四共和 (1946–1959) 憲法序言將一七八九年的人權宣言列為憲法之一，德國基本法第 140 條明定繼續沿用威瑪憲法部分條文，以及美國、我國修憲方式採不更動本文，而以增修條款方式增訂在本文之後者，都仍是單一憲法，而非複數憲法。

❸ 參閱羅志淵，法國憲政制度的發展，刊載氏著：憲法論叢，臺灣商務印書館，民國五十八年，第 245 頁。

❹ 本來紐西蘭也是實施不成文憲法的國家，但在一九八七年公布憲法後，已非不成文憲法的國家了。

㈡不成文憲法 (unwritten constitution)

係將規範國家之最高大法，不以制定憲法之方式，而是任諸散見歷史文件、法典、慣例或法院判決等之中。採行不成文憲法的國家，全世界只有英國、以色列及加拿大三國。

1.英　國

英國的議會政治源遠流長，因此數百年來國會通過重大的法案，例如一六二八年的權利請願書 (The Petition of Right)、一六八九年的權利法案 (The Bill of Rights)、一七〇一年的王位繼承法 (The Act of Settlement)、一七〇六年的蘇格蘭合併法 (The Act of Union with Scotland)、一八〇〇年的愛爾蘭合併法 (The Act of Union with Ireland)、一九一一年及一九四九年的國會法 (Parliament Act) 都變成英國憲法之一部分。此外，由國會政治所形成的許多「慣例」(Convention)，例如預算草案僅能由相關大臣在眾議院提出之；對兩院通過之法案，國王必須無條件的簽署；國王必須任命議會多數黨的黨魁為首相；國王必須任命首相所提出之閣員名單……等。以及法院重要的判例，例如確定法院不能審查關於國會內部程序之事項、一八八四年公布之 Bradlaugh v. Gossett 案、以及確立除非法律明文規定，否則不能溯及既往的一九三四年公布之 Ellen Street Estates, Ltd. v. Minister of Health。甚至憲法學界大師的見解（如 A. V. Dicey, Bagehot 以及 Erskine May），亦可形成憲法之內容 ❺。所以英國不成文憲法的來源即有法典（法律）、慣例、判例及學說等四種。

2.以色列

以色列於一九四八年五月十四日公布獨立宣言。在宣言中宣布至遲於同年十月一日前制定憲法；並於嗣後成立制憲代表大會，進行草擬憲法的工作。但因未能獲得共識，憲法遂未能通過。因此，以色列決定先行制定一些「基本法律」(Basic Law)，例如回歸法 (The Law of Return, 1950)、國會 (The Knesset, 1958)、政府組織法 (1968)、總統職務法 (1964)、司法權法 (1984)、國防法 (1976)……等九項法律，但缺乏一部人權法典。以色列建國後，由於強敵環伺，歷經數次中東戰爭，一直未能制定憲法。因此，是採行類似英國的不成文憲法之國家 ❻。

---

❺ D. M. M. Scott/D. L. Kobrin, O Level British Constitution, 3. edition, Butterworths, London, 1979, p. 21.

❻ D. J. Elazar (ed.), Constitutionalism－The Israeli and American Experiences, University Press of America, Jelusalem, 1990, p. 210.

3.加拿大

加拿大依據一八六七年的英國北美法 (British North America Act) 獲得成立為聯邦國家。此第一部法律規範了聯邦及地方分權。以後加拿大未制定一部憲法，直到一九八二年加拿大國會方將上述一八六七年的北美法，改稱為一八六七年憲法典 (Constitution Act 1867)，並將歷年修正條文，以及加拿大人權法典 (Canadian Charter of Rights and Freedoms) 列入，成為一九八二年加拿大憲法 (Constitution Act 1982)，並未有如一般成文憲法採剛性憲法原則。但加拿大憲法不只是這兩部成文法律，也包括規範國會運作及政府組織原則之慣例等規範（例如實行內閣制之由多數黨領袖組閣），故是另一個英國版本的不成文憲法體制。

4.不成文憲法的優、缺點

不成文憲法的優點雖然可以歸納為修改容易，俾隨國家社會的需要而更改；憲法的來源都和憲政發展的歷史息息相關，能使朝野產生遵守的共識。但是，其缺點也伴隨而至！憲法主要任務是維持國家最高政法秩序的穩定，因此憲法和法律不同，法律應比憲法更「敏感」的且迅速的反映社會之變動。如果憲法變動極易，對憲法所扮演國家法政秩序之「穩定者」的任務就不易達成！而英國不成文憲法的內容之來源既是多樣性，而究竟哪些法律、慣例、判例或學說才可列入憲法之林？法律既然可以隨時修改，一如一八○○年的愛爾蘭合併法可經一九二二年的愛爾蘭自由邦法 (Irish Free State Act) 予以廢止，許可南愛爾蘭退出大英帝國；而法學權威之說亦非不容挑戰。所以英國不成文憲法即失之於「不確定」。

5.制定憲法的趨勢

歐洲各國近二十年來致力於「歐洲整合」運動，以消弭歐洲各國數千年來戰爭頻仍的禍因。在追求貨幣、邊境、社會安全制度……整合目標後，也朝向立法整合。英國在一九七三年一月加入歐洲共同體後，英國不成文法憲法體系，憲法和一般法律無異的現象即難為實施成文憲法的歐洲各國所接受。為因應歐洲憲政體制一致性的要求，以及英國國會權限已因此歐洲整合而遭大幅度地限制，英國國內也有要求制定憲法的強烈呼聲。例如英國政府已於二○○五年一月二十五日提出「歐洲聯盟法案」，將在英國（及海外屬地）舉行公投是否接納歐盟憲法，故英國現行不成文憲法的模式能維持多久？頗值關注 ❼。

以色列雖然採行英國不成文憲法模式，但是既然獨立宣言中已信誓旦旦要從速制

定憲法。故建國四十餘年來，以色列憲法學者們屢屢提出各種憲法草案，但是，以色列朝野始終興趣不大。依以色列憲法學者 Zamir 的分析，理由主要有二：

(1)安全顧慮：因以色列的安全問題一直是國家之隱憂，建國四十年即爆發五次以阿戰爭，故以色列政府不願意受到憲法的束縛，而是希望擁有較大的自由以因應國內外危機。所以，以國政府一直是採取強勢的作為與領導，自然不願主動提起制憲之議。況且，關於憲法內容仍有許多共識未獲解決（例如民族自決、宗教問題），也使以國歷屆政府無意制憲。

(2)以國人民並不認為有立憲之必要：因為實際生活中人民享有相當程度的自由；而且，政府受到國會監督，依法行政，人民並未深刻體認到一部成文憲法的重要性，故欠缺公共輿論對制定一部成文憲法所為積極的壓力。以色列人民這種感覺及政府的「本位」看法，與英國極為類似❽。

近年來一些以色列學者發現，以色列年輕一代的國民中已有半數的人產生反民主（例如希望國家由強人領導）與反人權（例如認為可以剝奪阿拉伯人的人權）的思想，故認為以色列應制定憲法，方能切實保障民主及人權。但是牽一髮而動全身，要以色列朝野一改四十年的行事傳統，洵非易事；且以色列亦無英國加入歐洲共同體之制憲壓力，在可預見的將來，制定成文憲法的機會並不太大也❾。

二、剛性憲法與柔性憲法

以修改憲法難易的程度可分成剛性憲法或柔性憲法。如果修改憲法較修改一般法律嚴格者，稱為剛性憲法 (rigid Constitution, starre Verfassung)；反之，則為柔性憲法 (flexible Constitution, liegsame Verfassung)。剛性憲法又稱為硬性憲法，柔性憲法可稱為彈性或軟性憲法❿。

---

❼ 英國人為何不制定成文憲法的理由，不外是：基於島民保守心態，不喜見異思遷；對政治哲學缺乏興趣；政治人物缺乏立憲之熱忱，惟恐因此限制他們在國會及內閣中的行動自由；社會有相當大程度的和諧性；使用寬容及實際方式解決政治及宗教問題；廣泛對傳統形式漸進和議會討論之觀念的根深蒂固……，都是造成英國人不熱衷制定一部成文憲法的理由。見 Smith/Brazier, Constitutional and administrative Law, 6. edition, Penguin (London), 1990, p. 9.

❽ I. Zamir, Two Contrasting Constitutional Experience, in: Constitutionalism, xx.

❾ B. Susser, A proposed Constitution for Israel, in: Constitutionalism, pp. 179, 189.

❿ 硬性憲法和軟性憲法的分類是日本學界所採行。見：樋口陽一（等），憲法入門 (I)，有斐閣，一九八四年（11刷），第 41 頁。

首先提出這種區分法是英國著名的憲法學者戴雪 (A. V. Dicey)。戴雪在其一八八五年出版膾炙人口的鉅著「英憲精義」中分析法國憲法修改的問題時，提出法國憲法之類的憲法為剛性憲法，而英國憲法即為柔性憲法。嗣後英國另一位著名的憲法學者普萊士 (James Bryce, 1838–1922) 於一八九六年出版的「美國憲政」(The American Commonwealth) 中，討論美國憲法修改之不易，再度提出這種觀念，此後剛性憲法與柔性憲法即成為最盛行的分類法❶。

柔性憲法除了實施不成文憲法的英國與以色列之外，其他實施成文憲法的國家，只有極少數是柔性憲法。如義大利 (1947) 的憲法未特別規定憲法的修改程序，故以普通修法程序來修憲；法國第三共和時代將參議院組織法等三項基本法律當成憲法，亦未另定修改程序，故為柔性憲法。

剛性憲法之異於柔性憲法者，是其異於一般法律的修改程序而較為嚴謹。其差異處略有：

㈠修改機關不同

修憲的機構不同於修法之機構，例如我國憲法本文原規定之修改專由國民大會為之，法國第三共和憲法 (1871) 之修憲由參、眾兩院議員組成之國民議會為之，和一般法律僅由國會（兩院）通過不同。

㈡修憲程序不同

除了有權機構修憲程序外，有的修憲草案完成後，仍須經過特殊的「批准」（同意）手續。例如美國憲法第 5 條規定修憲案經參、眾兩院通過後，必須送至各州議會表決，至少須四分之三之州議會通過（即三十八州），修憲案才成為憲法的條文，甚至在美國憲法增修條文中也有「同意期限」的特別規定，規定四分之三以上的州議會在國會將修憲案交由各州議會起七年內同意該修憲條文後，修憲案才算正式完成（如增修條文第 18 條第 3 項、第 20 條第 6 項、第 21 條第 2 項、第 22 條第 2 項）。這是為了維護各州及州議會之權力之特殊規定❷。此外，為使修憲的結果能獲得國民的同意，

---

❶ A. V. Dicey, Introduction to the study of the law of the Constitution, 1st edition, 1885, p. 114; 10 edition (Macmillian, 1965), p. 126. 我國許多憲法教科書如曾繁康之比較憲法（第 9 頁），皆將這種區分法歸功於普萊士，疑似援引德國 G. Jellinek 的「憲法學總論」(Allgemeine Staatslehre, 1. Aufl., 1900, S. 534)。而 Jellinek 不察戴雪早已創出二分法矣。幸而筆者藏有戴雪第一版的「英憲精義」，始發覺此以訛傳訛之誤。英憲精義一書早於民國十九年即由雷賓南先生譯出，上海商務印書館出版。民國六十年學人雜誌社與民國八十年台北帕米爾書局重印，是頗值一讀的鉅作。

以奠定修憲條文的權威性，有些憲法規定修憲案最後須透過公民複決之程序。首開其例的是德國威瑪憲法，其中第 76 條第 2 項規定，若聯邦參、眾兩院皆議決同意修憲，即生效力，不須公民複決。但聯邦參議院如不同意聯邦眾議院之修憲案，得要求提交公民複決。此外，公民亦得行使創制權來複決修憲案；現行日本憲法第 96 條規定修憲案經兩院絕對多數通過後，仍須提交公民複決；法國現行第五共和憲法第 89 條規定修憲方式有兩種：一種是分別交由參、眾兩院表決，通過後再交公民複決；第二種方式是將草案交由參、眾兩院組成的聯席會議表決（類似法國第三共和），即不必再由公民複決 ❸ 。

㈢表決同意的票數不同

一般法律修改經議會表決過半數即可通過。但剛性憲法的修改，多半在表決同意的票數要求上極為嚴格。例如美國憲法及德國威瑪憲法需要參、眾兩院議員三分之二人數的出席，出席人數之三分之二以上絕對多數的同意；法國憲法如經（無需提交公民複決之）參、眾兩院聯席會議決議修改時，需得五分之三以上的多數；德國基本法修改則不要求最低出席人數，惟須參、眾兩院議員投票三分之二的絕對多數方可。日本憲法則須兩院投票同意達議員總人數三分之二以上。

依我國憲法本文修改之機關為國民大會，不需經公民複決，但修改的程序極為嚴格。依憲法第 174 條規定，憲法之修改須經國大代表總額五分之一之提議、三分之二的出席及出席代表四分之三的決議修正。比較起西方國家修憲的成例，我國修憲要求國大代表總額三分之二的出席，固屬常例，並不算嚴苛；但是決議需要四分之三的多數，較諸西方國家三分之二的「絕對多數」而言，簡直是「壓倒性多數」！制憲者之用意是期待嗣後的修憲必須獲得全體國大代表「絕對的」共識後，方得修改之。這已忽視憲法必須符合社會快速發展而修正。所以，以出席國大代表四分之三同意的「高門檻」政策，只能迫使政黨及國大代表相互妥協，否則即容易使修憲案流產。除非某一個政黨能在國民大會中的席次取得壓倒性的優勢（如中國國民黨在第一屆及二屆國民大會），任何修憲案便無法通過，從而憲法不能與時俱進，扼殺國家法治主義的正常發展。民國八十九年修憲後，修憲須由立委四分之一以上出席、四分之三以上之出席及四分之三以上的決議，才能通過提案，交公民複決之。如此，修憲之難，堪稱舉世無

---

❷ 因為依當初美國憲法制定時，草案亦是經各州議會通過後才成為聯邦憲法（美國憲法第 7 條之規定）。
❸ 義大利現行憲法 (1947) 亦同。

雙。故修憲門檻應下降，只要些微反對票即可阻止憲法的更新。故立委決議僅需三分之二之同意即足！否則我國憲法不僅是剛性憲法，簡直是「僵性憲法」矣！

此外，若純以憲法之條文規定，作為修改難易的推演，並不能充分反映一國憲法修改的現實。一國憲法之修改難易恆視民族性是否老成守舊，政黨政治是否健全、活潑；社會發展及民眾要求是否迫切頻繁？……。例如理論上修憲最易的英國憲法，國民及政治人物特別守舊（或美其名曰「重視傳統」），即使國會有權以簡單多數決通過廢止王室制度，實行共和立憲議案，但其實現可能性並不大。而採行剛性憲法的國家，如果朝野修憲的共識甚高（例如德國基本法修改的頻率甚高，幾乎數年一次地進行修憲）；如果一國擁有壓倒性勢力的政黨，如一九九二年以前的日本自民黨，則修憲亦非困難之舉。吾人也可舉我國為例，儘管我國憲法修改程序之困難堪稱世界之最，但實則我國修憲卻無困難；尤以第二屆國民大會幾達每年一修，迅速至極。因此，剛性與柔性憲法之學理上區分，固有其學理價值，惟若不能佐以憲政現實，此區分法就會淪為紙上談兵而已❹。

三、欽定憲法、民定憲法與協定憲法

這是以憲法制定的動力來作劃分。欽定憲法是由君主獨斷權力所制定者，例如一八一四年復辟的法王路易十八所頒布的法國憲法、德國普魯士憲法 (1850) 及俾斯麥憲法 (1871)、日本明治憲法 (1889)、光緒三十四年憲法大綱。協定憲法是君主和國民勢力（政黨）相互妥協後的產物。此多半是國內已發生革命危機後，君主和代表改革或革命的政黨協定之立憲，例如法國第二共和憲法 (1830)。民定憲法則純粹由人民（及其代表）所制定之憲法，最明顯的例子有美國憲法 (1787)、法國第四共和憲法 (1946)、日本國憲法 (1946)、德國基本法 (1949) 等。此種區分亦不切實際。從來專制君主絕不會自願釋出大權，任諸一紙憲法強施拘束。近代立憲史上實施君主立憲，幾乎是專制

---

❹ 剛性憲法固能阻礙修憲案的通過，但並非能完全扼殺憲法發展之生機，憲法生命的發展仍仰靠靈活的釋憲制度及憲政慣例來輔助。例如美國憲法二百年來只修正二十六次，即是例子。剛性憲法若能如此，即非過度「剛硬」，健全的政黨政治當可順利地推動修憲工作。有些日本憲法學者，如小林直樹，認為中南美洲國家，諸如哥倫比亞、智利及秘魯，或係為避免剛性憲法可能誘發之流血政變，所以皆採柔性憲法。縱不論前述三國採柔性憲法是否屬實，但中南美洲頻頻發生的流血政變，似乎國家法紀不彰，軍人干政，政客與政府腐化才是主因。若說剛性憲法可能誘發流血政變，可就太看重那些腐化軍人的憲法智識了！小林直樹，憲法講義（上），東京大學出版會，一九八○年，第 23 頁，引自：許志雄，前述書，第 25 頁。

（或開明專制）的君主們已經壓抑不住國內立憲、民主的風潮，為了避免法國大革命禍延守舊王室的流血慘劇重演（法王路易十六及瑪麗王后的處斬），才被迫同意實施君主立憲。所以，十九世紀興起一個君主立憲運動無非是風起雲湧的民主政治運動之餘波。德國於一八四八年爆發全德性大革命運動，兩年後隨即公布普魯士憲法草案。清朝於光緒三十四年提出「憲法大綱」，若非革命黨人前仆後繼的犧牲，清廷會肯公布此「大綱」？儘管憲法大綱是清廷緩和國內革命熱潮，籠絡期盼改革之人士的緩兵之計，甚至是敷衍之計，但其為迫於時勢之作，係至明矣！而且，君主立憲無不經過與人民代表或政黨妥協的過程。故欽定憲法和協定憲法實質上並不能加以區分。傳統分類只見君主下詔實行立憲、公布憲法，即認為是欽賜之憲法，似乎是太著眼於表象❶。隨著二十世紀帶有集權色彩政黨之興起，許多國家的憲法產生，雖然是掛著「民定」的招牌，甚至是不折不扣的「黨定憲法」。這種由一個主導性政黨，且是具有強烈排他性意識型態政黨，依其政治、經濟理念與世界觀所制定的憲法，最早產生於蘇俄在一九一八年七月十日通過的憲法，以後所有共產國家所公布的憲法莫不是黨定憲法。我國在民國二十五年五月二十五日公布的「五五憲案」亦為黨定憲法。至於我國現行憲法雖原則上以五五憲草為底本，但是在經過國民黨與其他政黨（共產黨、青年黨與民社黨）進行「政治協商會議」（民國三十五年一月十日至三十一日）修正後，已經沖淡「黨定憲法」之色彩，而趨向政黨間的「協定憲法」❶。

貳、新式的分類

一、規範性憲法、名義性憲法與字義性憲法

採取新式的分類法者，主要是德裔美籍的政治學者卡爾‧羅文斯坦 (Karl Loewenstein)。羅文斯坦在一九五七年出版的「政治權力和政府行使職權之程序」(Political power and the governmental process)，認為憲法應從憲法的實體（本體

---

❶ 欽定憲法中比較沒有內部革命危機或內亂，而由君王主動立憲之例外，似乎只有日本明治天皇在一八八九年制定的明治憲法，日本當時雖亦有因主張激烈的民權思想引發的暴動，但絲毫沒有影響皇室的危險。見李永熾，日本的近代化與知識份子，水牛出版社，民國六十年，第 11 頁。

❶ 國內憲法著作皆將我國憲法列為民定憲法，例如劉慶瑞，中華民國憲法要義，第 16 頁；董翔飛，中國憲法與政府，第 7 頁；惟有謝瀛洲，中華民國憲法論，第 11 頁說明我國憲法因草案是政治協商會議之產物，且經國民黨與民社黨協議遵守，制憲國大且受政黨代表操縱，故為協定憲法也。堪稱慧眼獨具。

Ontology）上作區分。因此，憲法依其在國家實際權力運作方面所具有的實質意義，可以分成三種：即規範性憲法 (normative constitution)、名義性憲法 (nominal constitution) 以及字義性憲法 (semantic constitution)。

㈠**規範性憲法**

　　規範性憲法是國家憲法能夠妥善的規範國家權力之運作，並且置此權力於憲法之下。申言之，憲法發揮其作為國家最高大法之拘束力，乃名符其實的國之大法。這種規範性憲法，羅文斯坦比擬為一件衣服，這件衣服「既合身，且確實被國家穿在身上」。因此「合適」且「適用」形成此規範性憲法的二個特徵。

㈡**名義性憲法**

　　名義性憲法指國家憲法因為社會與經濟因素，不能適應現實政治之需要，使得憲法成為名義上的憲法。這種憲法雖然在當前不能發揮規範性的功能，但其主要的作用在於教育性，期待在最近的將來能發揮完全的規範力。羅文斯坦也比擬為一件衣服──這件衣服並不合身，所以未被穿著而擺在衣櫃中，俟國家的「身材長成」後才穿上。

㈢**字義性憲法**

　　字義性憲法是憲法全然不能發揮限制國家權力，保障人民權利之作用，憲法完全缺乏規範力，變成是「紙上憲法」而已。憲法既然僅具有語義與字義上之意義，故常被當政者作為門面的擺飾而已。羅文斯坦也比擬說：字義性憲法與衣服合身與否無涉，根本不是一件真正的衣服，只是「面具」罷了 ❼。

　　羅文斯坦提出這種新式的分類，是著眼於憲法實際功用之區分，完全不按憲法的內容及來源作分析，顯示羅文斯坦「實用主義」之立場。當然，憲法應以其具有規範力為其特徵，否則即和一般文學或政治文書無異；且具有最高規範力，否則就與一般法律無異。就此而言，羅文斯坦所稱的名義性憲法和字義性憲法的差別，就不若兩者和規範性憲法之間的差異。易言之，憲法以其是否具有真實、而非表面上之規範力，可分成規範性憲法與非規範性憲法（或名義性憲法）兩種即可，至於字義性憲法即可併入非規範性憲法或名義性憲法，沒有獨立分成一類的理由。其次，憲法的制定多半宣示國家行憲的意志與決心。

　　所以，獨裁政權即使「掛羊頭，賣狗肉」的制定憲法，亦非完全不遵行憲法的某

---

❼ K. Loewenstein, Verfassungslehre, 3. Aufl., 1975, S. 152; 許志雄，前述書，第 28 頁。

些對其有用的條文（如關於政府組織），此時憲法仍是一件衣服，並非「面具」，或只放在衣櫃內的衣服。名義上憲法與字義上憲法實無區分之實益。

羅文斯坦以憲法有無實質的規範力作為憲法的分類，即使應分成規範性憲法與非規範性憲法兩類，仍似不夠精確。因為劃入規範性憲法者，可能因為憲法學的理論，導致憲法內的某些規定未具有直接的強制力——例如對我國憲法第十三章基本國策某些條文認為是「方針條款」（見本書第四十五節壹）——；非規範性憲法亦可能有部分條文有規範性（如共產國家憲法裡關於共產黨的獨特地位規定），羅文斯坦這個最負盛名的分類還有另一項缺點，容易使人誤將憲法實質規範力的有無，作為憲法概念的內容。如此某一個國家雖公布憲法，但該憲法若屬於羅文斯坦所謂名義上或語義上的「門面憲法」，則此「文件」會被認為並非憲法矣。蓋憲法重視其為「形式上全國最高效力之法規」，至於實質上有無行憲，則為判斷國家是否民主或憲政的另一項問題，要不能影響該「憲法」並非憲法之實。憲法的概念重視形式面，和民主重視實質面不同。一個號稱「民主」但實為獨裁的國家，不能稱為民主國家。但被公布為國家的「憲法」雖未實施，仍不失其為憲法也。羅文斯坦用憲法規範力之有無作為憲法種類之區分則可，惟切不可用於界定憲法之概念！

二、其他分類

憲法學界對於憲法的分類，還有：原生性憲法與移植性憲法、意識形態憲法與功利性憲法、資本主義式憲法與社會主義式憲法等三類，茲簡述如下：

㈠原生性憲法與移植性憲法

如果憲法本身理念、結構，以及所規範的政府組織或權力運作，完全「現實」的根源於本土，無待外鑠，則稱為「原生性憲法」（originaere Verfassung）；反之，倘憲法依照外國憲法模式，或是以本國歷史曾公布之憲法為模式，針對國家現狀所需而制定時，即稱為「移植性憲法」（derivative Verfassung）。原生性憲法極少，世界上各國憲法多半是互相研比他國憲法或本國歷史（憲政史）後才制定，故多半是移植性憲法。此外，判斷一個憲法為原生性或本土性，常常是主觀的價值判斷，並且常常可就某個制度，例如元首制度、內閣權限……等等，來作觀察與判斷。因此一個憲法可能在某方面是具有原生性憲法特徵，在其他方面則為移植性憲法。據提出此區分法之學者羅文斯坦之意見，日本在第二次世界大戰後所公布的現行憲法（1946，俗稱麥克阿瑟憲

法），以及法國在第四共和的憲法 (1946) 可歸入移植性憲法；而美國憲法及德國威瑪憲法 (1919)，則帶有原生性憲法之色彩 ❶ 。此看法亦頗值商榷。美國憲法 (1787) 誠為世界上第一個頒布的國家憲法，然而其理念（如三權分立）並非美國原生性思想，而是沿襲歐洲（特別是法國）之人權思想。甚至美國憲法增修條文 (1791) 第 1 至 10 條（所謂權利法案，Bill of Rights），更明顯的是受到英國權利法案 (1689) 之影響，至於威瑪憲法雖與以往德國憲法不同，尤其是第二篇的「共同生活」（和我國憲法第十三章之基本國策類似）更是威瑪憲法之創舉。但是，威瑪憲法的許多制度也是取材自外國憲法，例如總統權（緊急命令）取法美國精神，直接民權部分取材自法國，亦非全然為原生性憲法也 ❿ 。我國憲法既為五權憲法，係將外國三權憲法加上中國特有的考試權及監察權合而為五權憲法，故基本上五權憲法兼具有原生性憲法及移植性憲法之特色。特別是我國憲法含有濃厚之威瑪憲法之精神，故我國憲法是原生性和移植性平分秋色之憲法。

㈡意識形態憲法與功利性憲法

這是以憲法內容是否含有意識形態，或是其他方針指示性之條款而為之區分。屬於意識形態憲法多半是二十世紀的產物，而且這種意識形態多偏向社會主義或福利主義的社會與經濟之意識形態。其情形分成兩種：一種是社會民主主義之意識形態憲法。第二種是社會共產主義之意識形態憲法。第一種憲法可舉德國威瑪憲法 (1919) 與我國憲法（基本國策）為例，均對立國方針有明確的指示；第二種是實行共產主義國家的憲法，都是以無產階級專政及生產工具所有、計畫經濟等等意識形態所制定的憲法。而在二十世紀以前之立憲主義盛行時代的憲法，率多為「價值中立」的憲法，多將憲法的重心置於規範國家組織及權力運作之上，甚至如德國俾斯麥憲法 (1871)、法國第三共和憲法 (1875)，以及美國憲法在未增修之前 (1791)，也沒有人權保障之規定。此種可稱為「功利性憲法」或「效益性憲法」(utilitaere Verfassung)，是自由主義時代的產物 ❷ 。這種區分忽略了所謂功利性憲法，即使並無社會主義式的意識形態，但是卻

---

❶ K. Loewenstein, aaO., S. 144.

❿ 這是羅文斯坦在另一篇批評威瑪憲法的文章，特別提到這點。見 K. Loewenstein, Beitraege zur Staatssoziologie, 1961, S. 384; 拙作：憲法的維護者——由卡爾・史密特對總統緊急權力和總統角色之定位談起，收錄：公法學劄記，第 165 頁。

❷ K. Loewenstein, aaO., S. 145.

是以自由主義作為其人權及國家（經濟政策）的最高原則，若謂其非具體的意識形態，未免對意識形態之認定過狹也。

㈢資本主義式憲法與社會主義式憲法

這是自本世紀共產政權產生後才有的區分。自俄國在一九一八年建立第一個共產國家並公布憲法起，第二次世界大戰結束後的東歐、亞洲及非洲也陸續建立共產國家，至七〇年代為止，共產國家陣營幾占世界人口的一半。這些國家制定的憲法，共同的特色為權力集中制（而非三權分立）、單一政黨制度（不實施政黨政治）、封閉之社會體系、無人權保障、計畫經濟制度、軍隊政黨化（而非國家化）等。皆是黨定憲法，憲法是標準的非規範性憲法（如羅文斯坦所說的「名義性憲法」）……，這種國家實行的憲法總稱為「社會主義式憲法」。而和社會主義國家不同的是實行資本主義的國家，其憲法特色和社會主義式憲法迥然不同，既然名為「資本主義式憲法」，可見得是強調經濟制度和政治制度之差異為主，例如保障人民財產權及其他人權，生產工具私有化、開放式社會、市場經濟體制、政黨政治、權力分立等等。這種憲法同時是民主憲法，且為規範性憲法。

資本主義式或社會主義式憲法的區分法為日本憲法學者影山日出彌所倡導[21]，雖然大致上符合當前各國政權種類的二分法，也對共產國家憲法的劃分、描述，相當傳神。不過，隨著蘇聯的解體及東歐共產國家紛紛的民主化，世界上僅殘餘極少數的共產國家，社會主義式憲法的重要性全然喪失，即將成為憲法史上的研究範疇了。此外，世界上國家除採行資本主義及共產式社會主義外，還有一些國家是介於二者之間，例如前述的意識形態憲法裡，有具有社會主義色彩，但又不採行共產主義者，例如德國威瑪憲法，我國之五權憲法。最明顯的是德國基本法 (1949) 第 20 條明定德國是一個「社會國家」與「社會法治國」（福利國家），以示與傳統的資本主義國家（如美國）有明顯的差別。因此，此二分法即無法將這些國家的憲法加以分類。社會主義式憲法和資本主義式憲法的二分法既然強調經濟和社會制度的差異性，理論上也延伸到經濟與社會制度的上層結構（即政治體制的差異），所以會導出資本主義式憲法應是規範性憲法、實行人權保障、權力分立、政黨政治……等等之結論。但是這種推論並非必然！許多獨裁的國家，可能在經濟上是採行資本主義，但是在政治上都是反民主的獨裁，

---

[21] 影山日出彌，現代憲法學之理論，日本評論社，一九六七年，第 53 頁；許志雄，第 30 頁。

例如二次大戰結束前的德國和義大利法西斯政權，如今中南美洲和中東的獨裁國家，都可以看到獨裁政權和資本家勾結之例，這些國家的憲法堂而皇之地歸屬在資本主義憲法之林，但絕非理想的規範性憲法、實行政黨政治及保障人權等等。所以「非楊即墨」式的資本主義與社會主義式二分法無法妥善涵蓋「非共產主義的獨裁」國家的憲法。

第三節　我國立憲簡史

壹、清朝末年的醞釀期

清末甲午之戰後興起立憲之議。康有為在百日維新前第五次上書光緒皇帝，請求變法圖強之奏摺中，已建議效法日本明治維新之立憲。隨著百日維新 (1899) 之夭折，康有為逃奔海外與光緒皇帝之幽禁瀛台，立憲之議遂告冰消。直至光緒二十六年 (1900) 義和團事變，激起八國聯軍攻陷北京後，清廷為了平抑國人不滿及紓緩革命風潮，才於光緒三十一年 (1905) 仿效日本制定明治憲法前，曾派遣大臣伊藤博文（明治十五年，1882）赴歐考察憲政及設置研議制憲之機關──「憲政調察所」──之例，派遣五位大臣出國考察憲政，且設置一個「考察政治館」作為研議機構。次年八月一日，五大臣提出考察報告建議仿效日本立憲之模式，並於五年內改行立憲政體。光緒三十二年 (1906) 清廷正式下詔預備立憲，二年後並公布憲法大綱二十三條，作為九年後制定憲法的準則。這也是清廷踵步日本派伊藤博文考察歐洲憲政後，訂定八年「預備期」之前例。本「大綱」也是中國第一部憲法草案，具有君主立憲及欽定憲法之特色。然而，本憲法大綱幾乎完全取材日本明治憲法，加重君主權威（君上大權），雖然已經初步保障人民的基本權利（臣民權利義務）──例如規定罪刑法定主義、言論、出版、著作及集會結社自由、財產權保障及人身自由等──但是並未規定實施政黨政治，且無內閣之制度。易言之，行政權仍操在皇帝手中，此君主立憲制度純為維護君主權益所為之立憲而已 ❶。

清廷在光緒三十四年 (1908) 八月頒下九年預備立憲之詔，但二個月後光緒皇帝及慈禧先後去世，清廷進入宣統時代。此期間清廷雖在各省成立類似省議會之諮議局，已有初步之民意政治雛型，但離立憲的起步尚遠。宣統三年八月十九日（陽曆十月十日）武昌革命起義，清廷匆匆在九月十三日頒布「十九信條」作為清廷有意立憲行憲之決心。此十九信條雖在外觀頗似將來立憲之基本原則，和已頒布之憲法大綱類似，惟內容上已相當程度地採行責任內閣制度，以限制皇帝權力，顯示清廷已被迫採行君主立憲。然而清廷氣數已盡，革命黨人已不相信清廷實施憲政之誠意。未幾清室崩潰，

---

❶ 參閱羅志淵，中國憲法史，第 15 頁。

中華民國成立，我國憲法史才算進入一個多彩多姿、但痛苦的年代。

貳、民國初年的混沌期

民國元年三月十一日公布的「臨時約法」共五十六條。本臨時約法採行責任內閣制，臨時大總統並未實際掌控權力，而係由國務總理負實際政治責任；並規定國會在二年內應制定正式憲法。民國二年國會在北平天壇集會，組織憲法起草委員會，起草了一部憲法，史稱「天壇憲草」，仍是實行內閣制的憲草。但國內因宋教仁遇刺，國民黨發動「二次革命」後，政局丕變，民國三年一月袁世凱解散國會後，行憲之議也無疾而終。

直至民國十二年國會再度集會前，中國陷於軍閥爭戰統治的時代，並無使憲法立足的空間。惟民國九年曾在湖南發起聯省自治運動，各省實行省憲。湖南省於民國十年十一月經公民投票後，次年一月一日公布實施省憲法，以後南方各省（及陝西省）也興起類似的運動。儘管這些制定省憲的運動多半是政治性的門面活動，且皆非規範性憲法；但對國民而言，能想到利用憲法作為政權合法性之依據與號召，誠比北方軍閥悍然不顧憲法為何物，來得進步。

民國十二年國會重新集會，並將民國二年公布的天壇憲草重新審議後於十月十日公布，史稱「民國十二年憲法」或「曹錕憲法」❷。本憲法草案計有一四一條條文，採行聯邦制及內閣制，由於本憲法完全依附軍閥曹錕之勢力而生，故一年後第二次直奉戰爭爆發，曹錕敗逃後，本憲法遂壽終正寢。

曹錕於民國十三年十一月二日宣告退位，段祺瑞於同月二十一日就任中華民國臨時執政，並於民國十四年八月三日召開「國憲起草委員會」會議，研擬憲法草案，十二月十一日完成，是為「民國十四年憲法」。本憲法計有一六〇條條文，仍採責任內閣制及聯邦制，人民選舉、罷免、創制、複決權見諸條文，總統採縣民代表選舉之間接選舉方式。規模粗略，理論亦佳，惟此憲法草案仍不免為軍閥勢力之產物，故隨著臨

---

❷ 民國十二年憲法是中國憲法史上最恥辱的一個憲法。緣因曹錕以每位五千銀元支票，收買五百餘名國會議員當選總統後，此批「豬仔議員」為了遮羞，並表示「政績」，才在兩、三天內將天壇憲草當成草案，完成二、三讀程序。故政治史學家李劍農直斥為「遮羞的憲法」。故本憲法誠是一個毫無尊嚴的憲法——沒有尊嚴的議員以淪喪尊嚴的意志所製成的產物。見李劍農，中國近百年政治史，下冊，臺灣商務印書館，民國六十五年，台十二版，第 601 頁。

時執政政府和奉張聯合與馮玉祥戰爭，本憲草無法進行第一讀程序，故亦為曇花一現之草案。

參、訓政時期

一、訓政初期的「約法」

民國初年的立憲事件都發生在軍閥混戰的北方，尤其是以北平為「立憲劇」的舞台。侷促在南部廣東地區的革命政府則未參與焉。在民國十七年十一月東北宣告易幟，北伐軍取得統一的勝利之前，中國國民黨組織的國民政府係處於軍政時期，自然不興立憲之議。迨國家一統，進入訓政時期 ❸，在民國十八年三月召開的國民黨三全大會中，確定孫中山先生的「主要遺教」為中華民國「最高根本法」。並且於同年六月三屆二中全會通過「治權行使之規律案」，規定訓政時期為六年，至民國二十四年結束訓政。在訓政時期，除了孫中山先生主要遺教為最高大法（即憲法）外，最高民意機構為國民政府，最高立法機構為中國國民黨中央執行委員會政治會議。故訓政時期是以黨治國，也是所謂的「一黨集權」。清末興起的立憲思想，特別是源於自由主義式的立憲思潮，至此即腰斬而為「政黨集權」的訓政——即由政黨作為國家實行「準備」立憲的「監護者」的角色——所取代，立憲熱情亦被澆熄也。此時期最重要的法規為民國二十年六月一日公布的「訓政時期約法」八章八十九條，計有人權保障、國民生計、國民教育、中央地方均權制度及政府組織等，已粗具五權憲法之規模 ❹。

二、五五憲草的制定

訓政時期約法公布三個半月後即發生九一八事變，接著是一二八事變，爾後國家進入內煎外迫的狀態，外患是日本已進據東北、熱河，華北正「特殊化」之中，中日戰雲密布；內憂則是國民政府對中共進行五次圍剿，國力耗費甚鉅。國民黨對於制憲

---

❸ 訓政一詞源遠流長，早在周公時代就有訓政之名，近世尤盛。如清朝慈禧皇太后先後三度的垂簾聽政，即名為「訓政」。不過，依名憲法學者羅文斯坦的看法，對於所謂「名義性憲法」產生的原因之一是「立憲的國家缺乏政治的訓練與歷練」，以致於使憲法不能適應國家社會。故依氏之見解，一個成功的立憲亦需要一個訓練與調整過程，是頗類似這訓政的過程。K. Loewenstein, Verfassungslehre, aaO., S. 153.

❹ 參閱荊知仁，中國立憲史，第 384 頁。

之行動亦積極進行。而同時如孫中山先生哲嗣孫科等黨員要求儘速依照孫中山先生遺教制定憲法，故立法院於民國二十二年一月成立憲法起草委員會，以吳經熊等為首草擬憲法。隨著政府第五次圍剿成功（民國二十四年三月底），政府在樂觀的心情下決定實行憲政，同年十二月四日國民黨第五屆一中全會遂決議採納憲法起草委員會所擬之草案，於民國二十五年五月五日正式公布，史稱「五五憲草」。

五五憲草案共有八章，計一四七條，分為總綱、人民權利義務、國民大會、中央政府、地方制度、國民經濟、教育與憲法之實施與修正。五五憲草的許多規定都承襲訓政時期約法而來。再由本憲法是標準的黨定憲法可知，作為國民黨指導理念的孫中山思想，已大幅度地融入五五憲草之中。其中最明顯的創舉，乃是奉行孫中山先生的權能區分論，設置代表行使政權的國民大會，並且加重國民大會的職權。其職權有六：

⑴選舉權：選舉總統、副總統；立法院正、副院長及立法委員、監察院正、副院長及監察委員。

⑵罷免權：罷免其擁有選舉權的對象。

⑶創制法律權。

⑷複決法律權。

⑸修改憲法。

⑹其他憲法賦予之職權：例如變更領土決議權（第 4 條）；總統、立法院、監察院及司法院、考試院均對國民大會負責。

由此可知，國民大會名為代表人民行使政權之最高機構，實則掌控中央政府最高人士與決策權限成為國家最高權力機構❺。

在中央政府方面，今日我國政府的五院制已形成。國家元首不再是訓政時期所設立的國民政府主席，而是總統。和我國歷次憲法草案都偏向責任內閣制不同，五五憲草採行總統制。行政院雖為中央政府行使行政權的最高機關，但是行政院院長、副院長，各部部長及政務委員，皆由總統決定且任命之，並且各對總統負其責任（第 55 條至第 59 條），而不似現行憲法之規定行政院向立法院負責。

整體看來，除了總統及國民大會的制度嗣後經政治協商會議大幅度的修改外，五五憲草已經神似於十年後制定的我國現行憲法，甚至在第六章的國民經濟及第七章的

❺ 五五憲草這種「獨鍾」國民大會之設計，一直是我國行憲後許多國大代表欽羨的對象，乃至於作為國民大會「擴權」之說的理論根據。

教育規定，多為現行憲法基本國策章所吸收。五五憲草已經賦與現行憲法骨幹與血肉，吾人如果欲瞭解現行憲法之來源，五五憲草無疑是最重要之參考資料，亦是孫中山先生政治理念的憲法化與法典化的最具體嘗試❻。

❻ 董翔飛，中國憲法與政府，第 67 頁。

第四節　現行憲法的制定

壹、政治協商會議的立憲共識

一、政治協商會議的召開

　　民國二十五年五月五日公布五五憲草後，本擬於當年十一月十二日召開制憲國民大會，將五五憲草完成立憲手續，成為中華民國憲法。立法院並於民國二十五年五月二日制定「國民大會組織法」及「國大代表選舉法」，並於同年七月一日起施行。但各省並未能遵期於十月十日前選舉國大代表，原訂於十一月十二日召開的制憲國大即告延期，二十六年二月國民黨三中全會復決議於當年十一月十二日召開制憲國民大會。未料七月七日蘆溝橋響起了抗日的槍聲，全面抗戰繼之而起。在「軍事第一」、「勝利第一」的最高優先性下，立憲活動即告中斷。民國三十三年國民黨第十一中全會曾議決：在抗戰勝利後一年內完成立憲工作，因此在民國三十四年八月十五日抗戰勝利後，立憲工作即再度展開❶。抗戰勝利國共雙方搶占淪陷區，國、共再度發生武力衝突。

　　原定民國三十四年十月召開制憲國民大會的工作，又告延期。美國總統杜魯門適時於十二月十五日發表對華政策聲明，希望國、共息兵、各黨派人士協商國事，並派遣馬歇爾將軍來華調停國、共爭端。政府遂於民國三十五年一月十日至一月三十日，在重慶召開政治協商會議，就和平建國方案與召開國民大會問題進行協商。本會一共有由國民黨、共產黨、民主同盟、青年黨與社會賢達，計三十八名人士組成；分別就政府組織、施政綱領、國民大會憲法草案及軍事問題等五項議題，分派代表討論之。

二、政治協商會議的結論

　　憲法草案討論的藍本仍是以五五憲草為準。然而時隔十年，國家局勢業經遽變，此時國民黨已非十年前訓政時期之國民黨。政治協商會議三十八名會員中，國民黨籍只占八名，而特別值得重視的是反對黨——共產黨、民主同盟及青年黨會員共二十一名，勢力已超過國民黨，故部分五五憲草條文有所調整。政治協商會議之憲法草案通

---

❶ 參閱荊知仁，中國立憲史，第 427 頁；羅志淵，中國憲法史，第 274 頁。

過憲草修改原則十二條，其中值得注意的結論為：

(1)全國國民行使四權，謂之國民大會。在未實施「總統普選」前，總統由省級與中央議會合組選舉機關選舉之。總統之罷免，以總統選舉之方法行之。

(2)立法院為國家最高立法機關，由選民直接選舉之，其職權相當於各民主國家之議會。

(3)監察院為國家最高監察機關，由各省議會與各民族自治區議會選舉之，其職權為行使同意、彈劾及監察權。

(4)司法院即為國家最高法院，不兼管司法行政，由大法官若干人組織之。大法官由總統提名，經監察院同意任命之。各級法官須超出黨派之外。

(5)考試院採委員制。其委員由總統提名，經監察院同意任命之，其職權著重於公務人員及專業人員之考試。考試委員須超出黨派之外。

(6)行政院為國家最高行政機關。行政院院長由總統提名，經立法院同意任命之，行政院對立法院負責。

(7)如立法院對行政院全體不信任時，行政院長或辭職或提請總統解散立法院；但同一院長不得二次提起解散立法院。

(8)總統經行政院決議得依法發布緊急命令，但應於一個月內報告立法院。

(9)地方制度確定「省」為地方自治之最高單位，實施均權主義、省長民選以及省得制定省憲，但不得與國憲牴觸。

(10)憲法應規定基本國策章，包括國際外交、國民經濟、與文化教育項目。

(11)憲法修改權屬於立、監兩院聯席會議，修改後之條文應交由選舉總統之機關複決。

(12)人民權利義務與選舉事項；被選舉年齡為二十三歲。由政治協商會議提出修改憲草的原則可知：

第一、國民大會之重要性已經喪失：從僅規定全國選民行使四權，即名之曰「國民大會」，所以既無國大代表之選舉，更無國民大會之組織。和五五憲草時代集大權於國民大會之情形何豈雲泥之別？故稱之為「無形國大」或「散在民間的國大」。

第二、總統選舉方式（與罷免）以「普選」為原則，但未實施普選前，由縣級以上各級議會之議員合組選舉機關選舉之，故是間接選舉。且這種間接選舉頗類似今日德國總統的選舉方式。

第三、確定責任內閣制，不似五五憲草採總統制。本次修改原則確定行政院為最高行政機關，向立法院負責。立法院可行使不信任之倒閣權；反之行政院院長亦有解散立法院之權，故是典型的責任內閣制。但並不妨礙總統的直接民選制，亦類似德國威瑪憲法的制度。

第四、司法院最高法院化，由大法官若干人組成之，類似美國聯邦最高法院。

第五、憲法修改權之發動，由立法院及監察院合組兩院聯席會議為之，再由總統選舉機關複決之。易言之，因無國民大會之組織，故無從交由國民大會議決。

三、政協憲草的產生

因此，五五憲草關於政府組織部分就遭到甚大的改變，對此國民黨在政協會議通過「十二憲草原則」後的民國三十五年三月，召開第六屆二中全會，決議提出五項修改原則，以更正政協會議之決議。此五項原則為：

(1)制定憲法應以建國大綱為最基本之依據。

(2)國民大會恢復為有形之組織，以集中開會之方式行使建國大綱所規定之職權。

(3)立法院對行政院不應有不同意權與不信任權，行政院亦不應有提請解散立法院之權。

(4)監察院無同意權。

(5)省無需制定省憲。

國民黨提出這五項意見，最後被憲草審議會和政協綜合組成之聯席會議（兩者皆政協遺留下來之組織）通過，並達成三項協議：

(1)國民大會仍為有形組織。

(2)取消立法院的不信任權及行政院之解散立法院權。

(3)省憲改為省自治法。

憲草審議委員會嗣後委託一個五人小組（王雲五、王寵惠、陳啟天、張君勱及周恩來），就憲草修改原則進行整體性審議，最後修正案於民國三十五年十一月十九日正式完成，共計十四章、一五一條條文，史稱「政協憲草」。

政協憲草在三日後即由立法院通過，同月二十八日國民政府提出於國民大會，正式成為政府版本之憲法草案。

貳、制憲國民大會代表的產生與憲法的制定

一、制憲代表的產生

民國二十五年五月五日的五五憲草公布後，政府本擬於當年十一月十二日召開國民大會，研議制定憲法，並於當年五月二日由立法院通過國民大會組織法及國民大會代表選舉法，七月一日起實施。雖然因故無法剋期召開國民大會，已於前文敘及。但國大組織法及國民大會代表選舉法仍未失效，民國三十五年十一月十五日召開國民大會的代表，基本上應仍以此二法為選舉依據。但是實際上有重大的改變。

依民國二十五年通過之國大代表選舉法之規定，國大代表共有當然代表、指定代表及選舉代表三種。當然代表是國民黨中央執監委員及候補委員，共四六〇名；指定代表乃政府指定共二四〇名；選舉代表一二〇〇名中，又分區域選舉代表六六五名、職業選舉代表三八〇名、特種選舉代表（東北淪陷區、僑民、軍隊及蒙藏代表）一五五名。如特種選舉無法舉行時，得由國民政府指定之。因此依此選舉法選出之代表共有一九〇〇名。嗣後抗戰軍興，上述選舉代表便無法順利選舉產生，故全改由政府遴選，如此一來國大代表幾乎由政府所遴選者與執政黨權力結構之成員所包辦，國民大會已喪失民意機構之性質，這種性質之國民大會自然不宜作為議定一部民主憲法之機構。

在制憲國民大會召開前，經朝野政黨協商後，政府於民國三十五年三月十一日公布一個「國民大會代表選舉補充條例」，對於國民大會代表的產生全盤地加以變更。以此新的選舉補充條例，原選舉法規定選舉代表一二〇〇名之人數與選舉方式不變，新增臺灣、東北之區域與職業代表共一五〇名，原選舉法之「當然代表」與「指定代表」共七〇〇名取消，改由各黨派及社會賢達推派之；其分配辦法另定。故國大代表為國民黨二二〇名、共產黨一九〇名、民主同盟一二〇名、青年黨一〇〇名、社會賢達七〇名。故此七〇〇名代表可稱之為「政黨代表」。

總數二〇五〇名的制憲國大代表中，後來共產黨與民主同盟退出國民大會，只剩下國民黨、青年黨、民社黨（由民主同盟脫離，計四〇名代表）與社會賢達組成，共報到一七〇一名，其中經選舉產生且報到之代表由區域選出者，計七三五名，職業選舉代表四〇六名，特種選舉一四二名，合計一二八三名；占全體國大代表總數七成左

右。表面上具有相當民意基礎，不過就實質上觀察這些選舉代表都在民國二十五、六年時就已產生，並非在行憲前才選舉產生。而且當時為訓政時期，國家法治未張，選舉是否公正合法亦令人懷疑。

　　因此，如果吾人由制憲國民大會代表產生的途徑作觀察，可發現代表當時全國人民民意的分量少，而代表政黨意見的代表，卻扮演主要的角色也。

二、憲法的制定

　　國民大會於民國三十五年十一月二十八日收到國府提出之憲法草案後，翌日開始進行一讀，至同年十二月二十五日完成三讀程序，前後只有二十七天。並決議在民國三十六年一月一日公布，同年十二月二十五日實施，現行中華民國憲法於焉誕生。在一、二讀時雖不免有些代表欲回歸五五憲草，但國民黨為顯現本次制憲並非一黨制憲，而是尊重政治協商會議之結果，遂使憲法草案在大體上完整的完成立法程序❷。政協憲草條文一五一條中，維持原案者達一〇四條，而確立之中央政府體制、國民大會與總統、人權與基本國策之制度皆為制憲國民大會所接受；但是也有部分之修正：例如司法院依政協憲草應予最高法院化，卻更動為非審判機構。此算是中央政府制度中較重大的變動也。

參、現行憲法的幾點特色

　　我國現行憲法由五五憲草，歷經政協憲草至制憲國民大會審議，正式成為國家根本大法，都是在抗戰勝利後、國家滿目瘡痍下，一年有餘的時間內完成，因此有幾點特色殊值注意：

　　第一、妥協與容讓的精神

　　誠然議會政治或民主政治應該是一個妥協與以理服人的藝術。立法與立憲都適用這個原理原則。抗戰勝利後政府所召開的政治協商會議中，反對黨的代表總數已超過

---

❷ 國民黨支持政協憲草的決心，可由國府主席蔣中正先生在憲草提出於國民大會後所作的致詞中顯露無遺。蔣主席在演講中認為五五憲草誠然是根據孫中山先生五權憲法所設計，其中央制度則是總統制；但因人民還沒有掌握政權的能力，對治權不能有適當的控制，則總統權力過分集中必致形成極權政治，而有害國家民族，所以蔣主席認為五五憲草在今天是不適用的云云。見制憲國民大會實錄，國民大會印，民國三十六年，第387頁；荊知仁，前述書，第455頁。

執政的國民黨，這是顯現執政的國民黨已有容納不同憲政意見的雅量。其次，五五憲
草是代表國民黨全力實踐該黨總理孫中山先生憲政構想的草案，卻願意交由政協會議
修改；雖然國民黨復提出五項修改原則，表示對政協修改意見之異議，但是此異議還
是為政協通過。綜觀這些過程處處均可見到雙方妥協忍讓之精神，非一方強加他方同
意，是難得可貴❸。

第二、多黨共同參與立憲的結果

和五五憲草迥異的是，此次憲法的制定是多黨共同參與之結果。當時全國主要的
政黨，包括民社黨、青年黨與民主同盟都參加政治協商會議；特別是共產黨也派遣代
表。顯示各種政治勢力、代表各種政治見解的黨派也參與憲法的制定。憲法的條文中
不僅可看到國民黨政見的影子，也可尋出其他政黨政見之蹤跡，使得憲法變成全民之
憲法❹。

第三、憲法條文撰擬人學養豐富

政協憲草最後回應國民黨對修改意見的異議，並作成最終協議後交給一個五人小
組，負責將修改原則條文化，最後完成計十四章、一五一條條文的草案。此五人小組
除代表共產黨的周恩來並未持續參與會議外，另外實際主其事的王雲五、王寵惠、陳
啟天與張君勱都是當時中國極有學養聲望之人士。尤其是代表國民黨的王寵惠乃是蜚
聲國際的法學家；陳啟天與張君勱亦是望重士林的政治學者，也是青年黨與民社黨之
領袖；王雲五是自學苦讀成功的學者，終生提倡教育不遺餘力，因此憲法草案的文詞
優美、論理透徹流暢，此「四人小組」實功不可沒。尤其是民社黨張君勱應居四人小
組之靈魂，全稿主要出其手。張氏畢生研究憲法，以倡議行憲為其平生志業❺。張氏
十分推崇德國威瑪憲法，我國憲法中許多制度，例如具部分實權的總統制度、緊急命
令權以及基本國策……，皆參考威瑪憲法之處甚多。因此我國憲法之制度可以追根溯

❸ 例如國民黨當時是希望將國體訂為「三民主義共和國」、五權憲法及總統制。張君勱等反對黨極力反對；經協商
　後，國民黨終於妥協，除了維持五權憲法外，已改變了原來堅持之態度。見張君勱，中國新憲法起草經過，刊
　載：中華民國憲法與張君勱，民社黨國大黨部編印，民國七十五年，第5頁。

❹ 張君勱先生於氏著「中國新憲法起草經過」中亦提及：「我在當時看出三個要點：㈠歐美民主政治與三民五權原
　則之折衷，㈡國民黨與共產黨利害之協調，㈢其他各黨主張之顧到。……如憲法第一一四條可名曰秦邦憲（共
　產黨代表）條文，是完全為秦氏提議的。憲法第二七條第四項將全國之創制、複決，推延到各縣實行之後，是
　吳鐵城提議，可名吳鐵城條文。憲法五十七條王世杰構思有大功。一百十五條為王寵惠提議，可名曰王寵惠條
　文。……」轉引自張君勱先生年譜初稿，刊載：張君勱先生九秩誕辰紀念冊，民國六十五年，第56頁以下。

❺ 參閱張君勱：中華民國民主憲法十講，自序。

源至其他民主國家之憲法思潮,顯示我國之憲法並未閉門造車,而可以跟得上時代的腳步。

第四、深具理想主義

我國憲法的制定是中國近五十年憲法史上第一次由各黨聯合制憲,且正逢經過八年艱苦抗戰與國家百廢待舉之時,因此朝野各黨派,除共產黨外,多半真心的期待本憲法能夠永遠地實施,讓我國早日步上憲政坦途,因此甚具有理想主義之色彩。這種現象可以從下述三點顯現出來:

⑴基本國策之規定:憲法第十三章基本國策以規範國家日後發展的方針為目的,表彰制憲者對國家發展的期待。基本國策章中共有三十二條條文之多,幾占憲法條文五分之一強,只要細讀一下本章條文(參見本書第四十四節參處)即可感受我國憲法理想主義色彩之重。

⑵採取內閣制的設計:五五憲草採取總統制,經過政協會議修正後,已使行政院向立法院負責,並為國家最高行政機關。我國自古即是集大權於君主一人之手的專制體制。民國成立後,軍閥割據不論外,甚且直至抗戰勝利為止的國民政府,也是強人政治。一旦更易這種偏向內閣的領導體制,能否順利的改變政治人物根深蒂固之觀念?思之民國元年臨時約法之殷鑑即可知之。而日後增訂臨時條款擴大總統的權限,使我國憲政的實際又不免有總統制之色彩(參見第二十八節),使得憲法採內閣制以消弭強人領導的設計,又因陳義過高而落空矣!

⑶政府應變能力的不切實際:憲法規定政府應付國內外危機之主要依據是總統的緊急命令權。然依憲法第 43 條規定,總統行使的緊急命令權力,只限於當國家發生天然災害、癘疫或財政經濟上之重大變故。因而發生政治上之危難(例如軍事政變、外敵侵入等國防事件)則無法行使此權力矣。何況,還必須先由立法院通過「緊急命令法」,作為總統行使此權力之依據;倘若立法院怠於行使此立法權限,總統即束手無策。中共在我國憲法制定之時,已坐擁一百六十二萬二千人之軍隊(不包括民兵在內),與六千門大砲;國軍則只有二百七十萬人 ❻。時東北淪陷近在眉睫,華北一帶為共軍劉伯誠與陳毅之部隊不斷閃擊國軍,同時約有一億的國民居住在共產黨的占領區內。就在憲法通過前五日(民國三十五年十二月二十日),中共表明不承認憲法的效

---

❻ 見劉馥(著),梅寅生(譯),中國現代軍事史,東大書局,民國八十一年再版,第 282 頁。

力；甚至前二日（十二月十八日）國軍第六十九師師長戴之奇將軍在蘇北殉國。但是國民大會卻決定制定此縛手縛腳而不切實際國家「應變」規定，吾人只能謂之係囿於理想主義之故也❼。也使得國民大會隨即於民國三十七年四月十八日（憲法實施尚不及半載）通過制定動員戡亂時期臨時條款，賦予總統緊急處分權，以補救此緊急命令權制度無法拯救國家於急危存亡之秋也。

---

❼ 作者認為此舉益可見國民大會代表之不知時艱也。當然，彼時國軍亦持樂觀的態度。參謀總長陳誠宣稱「在一年內消滅共軍」，難怪國大代表們受此氣氛感染也。見拙作「修憲之道」，刊載：基本權利（下冊），第 357 頁。又，此段史實，亦可參閱郝伯村，郝伯村解讀蔣公日記一九四五─一九四九，天下出版社，民國一〇〇年，第210 頁以下。

第二章　憲法前言與總綱

我國憲法在第 1 條條文之前，有一個六十六個字的前言，作為憲法的「開場白」，繼前言之後，即是憲法本文第一章的「總綱」，計有六條條文，為中華民國「定位」。

按照一般政治學的理論，國家的組成要素有四：主權、人民、政府及領土。我國亦不例外。憲法的總綱便針對國家組成要素，分別就國體、主權、國民、領土、民族平等及國旗等六項，加以規定。其中第 5 條的民族平等可以於討論平等權（第十四節）一併研究外，本書亦分別以此幾個國家的「定位規定」，分節來予討論。

第五節　憲法的前言及意義

憲法在條文加一篇前言 (preface, Vorspruch, Praeambel) 之體例，始見於美國一七七六年獨立宣言。嗣後一七八七年的美國憲法，加上了「吾等美國人民，為謀建立更完美之聯邦，樹立正義，奠定國家安定，籌謀共同防衛，增進公眾福祉，並使人民永享自由，爰制定此美國憲法」。此段前言，表達制憲之目的與期待。此例一開，幾乎所有各國的憲法皆有一段或長或短的前言，表達制憲者的「制憲意志」(Verfassunggebungswille)。我國憲法亦不例外地訂有下列前言：「中華民國國民大會受全體國民之付託，依據孫中山先生創立中華民國之遺教，為鞏固國權，保障民權，奠定社會安寧，增進人民福利，制定本憲法，頒行全國，永矢咸遵。」這短短的三十六個字，表達了上述的制憲意志。但是，在一個法治的憲政國家，憲法的前言既然和其他條文一樣，經過制憲國民大會的三讀通過程序，但前言的效力如何？其在憲法中具有何種意義？值得吾人討論。

壹、憲法前言的效力

各國憲法因為制定的過程以及對制憲的看法不同，便會在憲法前言中表現不同的內容和制憲意志。一般而言憲法前言大體上包括四種性質不同的內容[1]，即

(1)建國原則 (grundsaetzliche Teil)：建國原則是憲法前言中強調憲法制定的來源，例如德國俾斯麥憲法 (1871) 的前言明定該憲法的制定權係賦予各邦國王（諸侯）；日

---

[1] 參閱 U. Lehmann-Brauns, Die staatsrechtliche Bedeutung der Praeambel des Grundgesetzes, Diss. F.U. Berlin, 1964, S. 2.

本明治憲法 (1889) 的前言，說明該憲法係天皇制定。德國基本法及我國憲法則指明由國民行使此制憲權。除制憲權力的歸屬外，前言亦多半標明國號、主權等等，皆屬於所謂的「建國原則」。

　　⑵歷史作用：憲法前言內如果涉及立憲的過程，或是制定憲法的原由（如反抗暴政、戰爭結束……），便是具有歷史的敘述作用，此也有號召與訴諸制憲正當性的作用在內 ❷。

　　⑶方針條款：方針條款是相對於歷史部分的敘述，此是向未來行憲後的期許，也是表達立憲者的期待。例如期行憲後國家成立一個保障正義、自由及人權的國家。由此「方針條款」的用語，可知其是屬於無法律拘束力之期待條款 ❸，例如德國基本法前言所揭櫫的歐洲整合目標。

　　⑷道德或宗教：在憲法前言中涉及宗教思想──此在信奉基督教及回教國家之憲法特別明顯──，如德國基本法在前言提及，基本法的制憲者以基於對上帝及人類的責任心來立憲，就是寓含宗教意義在內。如果前言中提到「價值觀」時，一如美國憲法前言的樹立正義，即含有道德。這也是制憲者利用此「價值訴求」對於其制憲行為求得其「正當性訴求」 ❹。因此憲法前言雖有這幾種不同內容成分，但是吾人如果以法律眼光分析前言的性質，欲以其有無法律拘束力來區分，則憲法前言可以分為具有拘束力、法律意義之序言，以及廣義的、無法律拘束力之政治意義的序言。

　　憲法前言表徵的「制憲意志」，大多數是表達制憲的時機、過程，強調代表性及合法性，及對將來實行憲政的期待。這種制憲意旨，大都是具有政治（包括道德、國家、民族情感訴求）的意義，其文字敘述亦非具有規範性質的措辭，而是當成一種政治性質的文書，這種前言便僅具有政治意義。

　　如果憲法的前言，是用規範性質的文字來撰述時，那麼憲法前言就代表制憲者的「規範意志」，和其他憲法條文無異時，此時這種憲法前言就由政治意義的落實與具體化成為具有法律意義的前言了。吾人可先就外國憲法的前言討論之。憲法前言含有法律作用的憲法立法例，可舉日本國憲法 (1946)，法國第四共和憲法 (1946) 的前言及德

---

❷ 這在第二次世界大戰後的德國各邦憲法，如一九四六年公布的布萊梅邦憲法以及社會主義國家的憲法，皆常使用這種對過去史實的敘述字眼。

❸ 關於：「憲法委託」的觀念，參閱拙著：論「憲法委託」之理論，刊載基本權利（上冊），第 1 頁以下。

❹ U. Lehmann-Brauns, aaO., S. 75.

國基本法 (1949) 等。日本國憲法的前言宣告了日本的主權屬於國民全體。該憲法用前言來規定國家主權之歸屬，而不似其他國家之憲法（例如我國憲法第 2 條；德國基本法第 20 條 2 項）規定於本文條款之內，所以必使此前言有法律效力，否則日本主權是否屬於國民全體即有疑問矣❺！

　　法國第四共和憲法的前言長達一頁之多。除了宣告人人有基本人權，以及承認法國一七八九年人權宣言所列舉之人權皆有效力外，另外宣布十六項重大政治、經濟及社會基本原則，例如男女平等、政治庇護權、罷工權、結社權、公共財產制度、社會救助制度、義務教育制度、禁止侵略戰爭及和平處理國內紛爭原則、國家主權限制、民族自治原則等，和一般憲法的人權條款無異。故可發生直接拘束之效力。

　　德國基本法的前言，除申言確保國家完整與促進世界和平，爰制定基本法作為過渡時期國家生活的新秩序外，並在最後一段提及「全部德國人民在自由行使自決權利下完成國家自由統一的決心，並不改變」。這句「國家統一之要求」(Wiedervereinigungsgebot) 在德國憲法學界中普遍被認為是一個「憲法委託」(Ver-fassungsauftrag)——即憲法委託立法者要以立法方式來完成憲法的付託❻。德國聯邦憲法法院在基本法頒布不久後，就在一個著名的判決——即德國共產黨違憲案中——表示：「基本法前言誠然主要是具有政治意義，但也具有法律意義。所有國家機關都負有全力達成國家統一的法律義務。國家一切措施應朝此方向努力，而一切在法律上及事實上有違此目標之可能的措施，皆有不作為之義務❼」。在二十年後，聯邦憲法法院再就「兩德關係條約」是否違憲的案件，再度強調憲法前言所揭櫫的「統一要求」，已使所有憲法機關（國會、聯邦政府等等）負有不能放棄國家統一之義務。因此政府在對內與對外的一切作為，皆不能和此目的有違，否則即為違憲❽。因此，憲法的前言便可產生法的拘束力，並透過釋憲的方式，來達到其目的。

貳、學理的依據

　　其次，在學說上討論憲法前言的效力問題，德國早在十九世紀末，已經熱烈的展

---

❺ 參見蘆部信喜（著），李鴻禧（譯），憲法，月旦出版社，民國八十四年，第 61 頁。

❻ 關於「憲法委託」的效力，參閱本書第四十五節參處。

❼ BVerfGE 5, 85.

❽ BVerfGE 36, 1.

開。在俾斯麥憲法公布後，著名的學者 Zorn 與 Rehm 皆認為，依俾斯麥憲法前言的文字為：……茲制定「以下的憲法」，可見得憲法正是將條文置於前文之後，故前言即不屬於憲法本文 ❾。第二種看法，則是針對序文的內容，認為序言中既可能有許多非法律之用語，即失諸抽象，所以不應有效力。持這種看法者也不乏其人，例如名教授 Abendroth 亦認為憲法前言僅具有政治認知之意義，而非法規 ❿。

然而，支持憲法序言是具有法律拘束力者，亦所在多有。例如不少學者認為俾斯麥憲法前言提及制憲諸邦之名稱，所以參與制憲的德意志各邦即不能脫離德意志帝國。這必須承認憲法具有前言之效力方可。次而，在威瑪憲法時代又有一項論點主張。因為一部憲法既然是經過公布（以法律案方式），所以前言已和憲法內容一起當作法律公布，所以自然也就獲得效力矣 ⓫。

一般而言，憲法前言可以屬於憲法之一部分，並且是制憲者的制憲意志的一部分，在第二次世界大戰時已獲得學術界的共識。因為憲法的內容係包括了前言及本文內之各個條款，何者須置於序文，何者應置於條款，係制憲者（及修憲者）之裁量權。在此就應該以該內容是否具有法律性質的「規範力」來決定之。最好的情形，為凡是入於條款者，應該必是規範性條款。而不具有規範性質（例如道德、宣揚愛國心、敘述制憲歷史等等），則可列入序言。不過，這種理智性的考量，只存在於理論層面；一般憲法的制憲者在制憲時，不會注意到這種細節性（但在解釋價值方面係有關鍵性）。所以，在序言中就不會全係「非規範力」的文字。所故憲法前言是否具有法的拘束力，抑或是單純具有政治的作用，端視其在內容上有無類似「規範條款」的性質而言 ⓬。憲法前言中如果已含有規範力之文字，即可使國家公權力負有實踐此規範之義務。這個法的義務，依 Hans Kelsen 之見解，表現在：一旦國家有相反的行為時，有何種「制裁」的方式 ⓭？憲法具有規範的前言，產生拘束國家公權力的作用，可能性有三：第

---

❾ Zorn, Das Reichsstaatsrecht, Bd. I, 2. Aufl., 1885, S. 58; Rehm, Allgemeine Staatslehre, 1899, S. 136.

❿ Abendroth, Deutsche Einheit und europaische Integration in der Praeambel des Grundgesetzes der Bundesrepublik Deutschland, in: Europaarchiv 1951, 4387, Dazu, Lehmann-Brauns, S. 20. 此外美國最著名的憲法註釋書 E. S. Corwin's, The Constitution and what it means today, 1978, p. 1. 亦持此看法，認為憲法前言只表彰憲法制定來源（制憲者）及國家日後努力之方向，不能賦予國家權力及人民權利。參見 Jacobson v. Mass. 197 U.S.11 (1905).

⓫ 參見蘆部信喜，前述書，第 61 頁。

⓬ P. Badura, Staatsrecht, B. 2, H. Ipsen, Hamburgs Verfassung und Verwaltung, 1956, S. 262.

⓭ H. Kelsen, The Law of the United Nations, N. Y., 1950, p. 9.

一、係作為釋憲的依據。例如前述德國聯邦憲法法院對二個涉及國家統一問題所做的制裁，便是一例❶。第二、作為界定修憲的底線。這是類同前述作為釋憲的標準，但將重心置於拘束立法機關所為修憲法律的合憲標準❷。第三、是作為直接的法規範。例如基本人權的規定可以直接為法院所援用（德國基本法第 1 條 3 項），具有司法救濟能力。憲法前言這三種作用，第一及第二種不成問題，但第三種作用則意見紛歧。反對者認為這種憲法前言不夠具體❸，但是倘若憲法前言已規範得十分具體——例如法國第四共和憲法前言那麼具體及明確時（如罷工權），似即應認為據以拘束法院之效力。——吾人回到討論我國憲法前言的效力問題，我國憲法前言中僅「依據孫先生創立中華民國之遺教」較有可能涉及有無法律意義之問題。其餘二十二個字的前言，皆僅有政治意義。惟「國父遺教」的範圍極為廣泛，並未具備規範條款之性質。因此，似僅能視為政治意義之前言，而未具有具體的法律意義。不過大法官會議在釋字第 3 號解釋 (41.05.21) 曾明白援引憲法前言之「國父遺教」，作為論理的依據，而非直接由國父遺教本身獲得規範力的法源。故仍不具有類似德國基本法前言中「統一要求」的效力！

　　最後，吾人不應忽視目前憲法增修條文中，亦有「為因應國家統一前之需要，依憲法第 27 條 1 項 3 款及第 174 條 1 款之規定，增修本憲法條文如左：」的前言。在增修憲法之前言中，雖然提出「為因應國家統一前之需要……」之用語，吾人即可得知國家統一之目標仍是憲政發展之努力方向之一。但是，單憑此是否就能如同德國基本法的統一要求一般，取得了不只是統一的政治意義，且及於促進國家統一的法律意義？恐仍有疑問！故為了彰顯國家此一奮鬥之方向，已獲朝野黨派之共識，且願在法理上落實此目標，最好的方式是在日後修正增修條文之前言時，應強調國家統一的意志，並申言此統一應在和平、民主及尊重全民意志的前提下完成，以作為達成國家統一的最高指導方針。也唯有改用此較為積極且具規範性的文句，才可使此前言具有規範力

---

❶ 在此又會牽引出另一個問題。即釋憲機關援引的憲法是否包含前言在內？德國基本法並未明言提及。依基本法第 93 條 1 項僅以「基本法」作為釋憲標準。但基本法第 79 條 1 項提及修憲程序時，則明定修憲法律應該將涉及「條文」時明白更改之。所以「修憲法律」即不能修改憲法前言乎？這也是屬於細微處的爭議。依德國通說認為，前言可包括在可修改及援引的憲法本文之內。參見 Lehmann-Brauns, aaO., S. 15, Fn. 1.

❷ 例如蘆部信喜便認為日本憲法前言有：「……排拒違反人類普遍性原理……之憲法、法令與詔敕。」即可作為修憲之底線。見前述書，第 61 頁。

❸ 蘆部信喜，前述書，第 61 頁。

的法律意義。

參、我國憲法前言所表達的「制憲意旨」

我國憲法前言以六十六個字所表達的制憲意旨雖僅具有政治意義，已於前述。但是也充分表現出中華民國憲法制定的諸多背景資料，可分析如下：

第一、制憲者為中華民國國民大會。然而，此處所言之國民大會乃「制憲國民大會」(Constituent Assembley) 而言。這個在民國三十五年十一月十五日召開的制憲國民大會，於同年十二月二十五日完成憲法的三讀程序後即解散，而制憲國大代表亦解職。爾後第一屆國大代表在憲法通過後六個月內選舉產生，並於民國三十七年三月二十九日召開第一屆的國民大會。因此，憲法前言所稱的（制憲）國民大會和日後所存在的國民大會，名雖同而實異。爾後的國民大會雖主掌憲法修改的「專屬權力」，但僅可視為「修憲國民大會」，而非「制憲國民大會」。故憲法前言如更改為「中華民國制憲國民大會……」就更能釐清兩者之差別。不過，憲法前言是一個歷史文件，如有更易，徒失歷史意義，故吾人宜採註釋方式以釋其惑也。

第二、制憲的國民大會聲稱「受全體國民之付託」制定本憲法。這顯示出本憲法的制定獲得國民的付託，故具有合法性——即法統，可擁有拘束所有國家法令之權力。但是，國民大會這種主張，恐只有政治宣示之作用。因為，由我國制定憲法的歷史可知，當時中共擁有的制憲國大代表一九○名及民主同盟（民社黨退出後）擁有的八十名制憲代表，皆在憲法三讀前退出制憲國民大會，占全部制憲國大代表總額百分之十三，而中共且已據有東北的大半，及華北的鄉村。當時約有一億同胞生活在中共占領區內❶，無法真正的推派代表參與表達制憲之意志。如以當時我國約有四億國民而言，制憲國民大會恐最多只能代表四分之三的「國民公意」來制定本憲法矣。這是個客觀且不幸的歷史，吾人不宜故加掩飾❶。故依法理而言，憲法若要對這些未能推派制憲代表之地區產生憲法拘束力，即必須經過追認程序，例如美國憲法第 1 條規定該憲法必須經過各州州議會同意後，方可對該邦產生效力；德國基本法第 28 條也規定，當東

---

❶ 參閱劉馥（著），梅寅生（譯），中國現代軍事史，東大圖書公司，民國八十一年，再版，第 282 頁。
❶ 德國基本法前言也同於我國憲法前言，聲稱代替未能參加制憲的東德人民。但是以一部分人民來代表另一部分人民制定憲法，並不影響該憲法的效力。例如美國憲法制定時婦女及黑人都無參政權。婦女且直至第十九條修正案通過後 (1920) 才擁有。並不影響憲法的效力。見 E. S. Corwin, p. 1.

德各邦自願加入西德，且決定接受基本法時，基本法才對該邦產生效力❶，都是這種追求真正民意的憲法立法例。但討論我國憲法這種尚欠缺部分「制憲民意」的補救方式，並不切實際，因為我國憲法目前的適用地區只在台灣，未在大陸施行，故此問題只是反映史實的一個法理討論罷了。

第三、我國憲法係依孫中山先生創立中華民國之遺教所制定。由我國現行憲法係以五五憲草為草案，經過政治協商會議修正後才制定；而五五憲草是標準的「黨定憲法」，且制憲時國民黨代表占了絕大多數，可知其理論在制憲活動中所占有的分量。然而將孫中山先生的遺教置於憲法前言中是否妥適？自始即有爭議。孫中山先生大半輩子為革命、建國奔走，但也著作等身，其思想亦當有今是昨非之變，其「遺教」究何所指？如果孫中山先生遺教係通指孫中山先生有關政治、經濟之著述而言，即三民主義、五權憲法、建國大綱……等，則孫中山先生在不同的革命階段都有不同的見解，且許多見解也不合時宜（如人口政策、建國方略、容共政策……），吾人應何適何從？以時代的進步無遠弗屆，用已故去之偉人的思想見解來作指導，也頗易生疑惑。況且，我國憲法已經政治協商會議做了大幅度的修正，頗多地方——特別是關於國家權力組織——已不符合孫中山先生的遺教❷。特別是，孫中山先生雖是創立中華民國之國父，功在國家，勳炳千秋。但是孫中山先生同時是中國國民黨之精神領袖及理念之指導人，但是當時國內尚有其他政黨，如共產黨（以馬克思、列寧共產主義為圭臬）；民社黨（以國家社會主義為理念）；青年黨（以民族主義為理念），皆不願意完全遵從孫中山先生之遺教。因此在政治協商會議中，特別是最後在研議政協憲草意見時，代表民社黨的張君勱及代表青年黨的陳啟天都主張刪除此句文字。最後由於國民黨的堅持，以及為了表彰中華民國憲法之制定是孫中山先生一生奮鬥的目標，國民宜飲水思源，故才將此原來五五憲草前言的字句，移入憲法前言之內❸。綜觀我國憲法明文提及孫中山先生學說有三處，除前言外，第 1 條規定我國為基於三民主義之民主共和國及第 142 條「國民經濟應以民生主義為基本原則，實施平均地權，節制資本，以謀國計民

❶ 德國在一九九〇年統一後，東德（五邦）併入西德便是採行基本法第 28 條之規定。
❷ 例如極力主張完全遵照孫中山先生遺教，加強國民大會職權的名憲法學者謝瀛洲率直指出，經過政協會議修改的現行憲法已有悖國父遺教，竟然還在前言中加上「孫中山先生創立中華民國之遺教」真是「掛羊頭賣狗肉」。措辭不可不謂強烈也！見氏著，中華民國憲法論，第 25 頁。
❸ 參見制憲國民大會實錄，國民大會出版，民國三十七年，第 436 頁以下；王雲五，岫廬論國是，臺灣商務印書館，民國五十四年，第 130 頁。

生之均足」。故未十分教條式的屢屢以孫中山先生遺教為條文之內容也。

　　第四、憲法制定的目的，在於鞏固國權、保障民權、奠定社會安寧，增進人民福利。這是五五憲草前言所無，雖稍嫌冗長重複，且和憲法第 23 條之限制人民基本權利的規定類似。不過，既然是表達制憲者對制定本憲法有如此之多的期待，上述的微末瑕疵亦可漠然視之也。

　　綜上所論，一般憲法理論中對於前言的討論較不常見，多認為前言失之空泛。惟吾人若仔細就法理作一番推敲，可發現法治國家憲法的前言亦是一份具有規範力之文件。特別是當釋憲權也是作為維護一國憲法最重要的工具時（擔任憲法維護者角色），如何適時利用憲法前言作為說理之依據，是為釋憲者之任務矣。

第六節　國體與政體

我國憲法第 1 條（國體）規定，中華民國❶基於三民主義，為民有、民治、民享之民主共和國。由這一個條文可知，在國體方面，我國是一個共和國。在政體方面，我國是一個三民主義的民主國家。只不過，本條文雖是規定我國的「國體」，但也同時規定了我國的「政體」（民有、民治、民享之民主國）。故為了區分國體與政體之異，本條文之名稱宜改為「國體與政體」❷。

壹、國體與政體的意義

國體 (form of state; Staatsform) 是指國家的形式，雖然傳統上是以國家元首的身分來作區分之標準。如果國家的元首是世襲的君主，則稱為君主國；反之，如果國家的元首是民選的，不論是直接民選或間接民選或其他選舉方式產生，也不論此元首的名稱是總統、主席（國家主席，或革命委員會主席……），則稱為共和國。本來國體區分為君主國或共和國，是表彰該國政治權力的遞嬗。在世界第一個共和國（美國）產生之前，所有國家皆係君主國。民權運動興起後，許多君主國家演變成為君主立憲國家，君主的稱號、部分的特權，甚至生命才獲保全（試想法國路易十六遭革命群眾處死的

---

❶ 中華民國之名稱，最早是孫中山先生在一九〇五年同盟會的誓約上揭櫫「驅逐韃虜、恢復中華、創立民國、平均地權」四大原則，已將中華民國國號嵌入。孫中山先生在興中會時代的口號乃「驅逐韃虜、創立合眾政府」，故係將 Republic 譯為「合眾政府」，到了同盟會時代才改為民國，係和（大清）帝國相對，乃「民主共和國」之意。不過亦有一說，中華民國之名稱是由章太炎 (1869–1936) 所創，認為恢復中華，主權在民，應定名為中華民國，後來獲得孫中山先生贊同，同盟會遂以中華民國為日後建國之名稱。章太炎且撰「中華民國解」，登載於東京民報（第十五號，一九〇七年七月五日），以廣宣傳也。見趙陰華，名流趣話錄（下冊），學生書局，民國六十五年，第 217 頁。另外筆者亦發現中華民國之英文國名，原本並非 "The Republic of China"。此名是辛亥革命爆發後才為伍廷芳 (1842–1942) 所譯，見劉毘生，世載堂雜憶，文學出版社，台北，一九八六年（重印），第 167 頁。孫中山先生本譯為 "The Chung-Hwa Republic"，見孫中山先生一九一一年在美國發行為革命籌餉的「中華民國金幣券」，參見：龍村倪，國父簽署之「革命」債券研究，刊載：國父紀念館館訊，第 12 期，第 57 頁。

❷ 國體與政體相互混淆，是一個十分普遍的現象。例如「共和政體」一詞即為一例。民初袁世凱篡國前，梁啟超先生在發表「異哉，所謂國體問題者」著名的警鐘之作中，曾經精闢的提到：變更政體是進化的現象，而變更國體則為革命之現象。進化之軌道，恆繼之以進化；而革命之軌道，恆繼之以革命……。之前又說：常在現行國體基礎上，而謀政體現象之改進，此即政治家唯一之天職也。苟於此範圍外，越雷池一步，則是革命家或陰謀家之所為，非堂堂正正之政治家所當有之事也。梁任公此宏文分析政體與國體甚為透徹，值得一讀。見梁任公之「飲冰室全集」，第四冊，上海新民書局，民國二十四年（修正再版），附錄第 2 頁。

慘史），但更多的國家卻是經歷革命、政變後，成立「共和國」。故君主國和共和國之分，除了國家元首產生的方式不同外，並不涉及國家主權的問題❸。同時，也不表示共和國一定比君主國更民主。共和國已是國號的「時代潮流」，即使專制獨裁的國家，也是堂而皇之的稱為「共和國」（例如伊朗稱為「伊斯蘭共和國」，越南稱為「越南人民共和國」）。故今日各國的國體都可由其國號上獲悉，且非以君主為國家元首者，率以共和國為其國體也。反之，稱「帝國」（如英國、約旦、比利時……）者，則必為君主國也❹。

　　共和國 (republic, Republik) 乃源自拉丁文 (respublica)，本意為「公共事務」、「公眾福祉」等意義。爾後變成一個決定國家事務的形式。若由多數人共同決定國家（或地區）政事的體制即為共和國；反之，則為獨裁國家或君主國。啟蒙時代後，共和國變成了取代君主國家的國家形式，且和「自由國家」同意義，來對抗專制的君主國。共和國便成為自由主義及立憲主義的產物。由共和國產生的歷史觀可知，共和國實為君主國的對稱而已。但是，現代憲法意義的共和國概念，已將古典的共和國視為國家外在「形式」的表徵，轉化為確定國家權力擁有的內在體制問題。國家只要是共和國，那麼國內即不能維持君主體制，也不可以實行獨裁政權。不過，光由憲政樹立共和國的概念，除了可摒除君主制外，對於國家生活真正的運作，只憑國體的規定是不夠的，仍需其他的憲法原則來加以確立，這就是憲法有關「政體」的規定❺。因此，共和國的國體並不能擔保其必是一個「共和」的體制也。

　　政體 (form of government) 是指政府的統治形態。政體以其是否隨時基於國民公意，而可分成民主制與獨裁制。但是，今日世界各國的政府，不論是否真正的為民主政府，表面上莫不聲稱其像民主政府。然而「民主」是人人可主張，但實質上卻不然。國家的民主必須要靠制度來實踐，憲法為貫徹民主理念所規定的制度，不外是基於主

---

❸ 例如日本與英國。日本憲法前言明示主權在國民全體，但日本為君主國，而非共和國。其正式國號之英文名稱為 "Japan" 而非 "The Republic of Japan"。故日本國體與國家主權之歸屬無關，不似明治憲法之國體及國家主權（歸於天皇）之一致。英國為君主國，且因係不成文憲法之國家，故無憲法規定其主權歸屬問題。惟自 A. V. Dicey 於一八八五年發表的「英憲精義」後，已將「議會主權」理論作為英國主權的代表，故英國亦非君主主權。

❹ 少數的例外是國家在革命後仍沿用「帝國」之名，但已實行共和或獨裁體制。如德國在第一次世界大戰後成立威瑪共和國，但國名仍為「德意志帝國」(Deutsches Reich)，希特勒政權時亦同。

❺ A. Katz, Staatsrecht, Rdnr. 136.

權在民之原則、國會（代議）制度、政黨政治（包括人民成立政黨自由）、人民擁有選舉之權、行政向國會（民意機關）負責之制度……等等。惟有實踐這種原則的政府，方可以稱為是民主政府。惟有建立這種制度以統治其人民的國家，方可以稱為是民主的政體。

貳、我國的國體與政體問題

我國憲法第 1 條規定中華民國是一個基於三民主義，為民有、民治與民享之民主共和國。因此，我國既是一個民主國家，同時也是一個基於三民主義的民主國家。然而，三民主義的民主國家和西方民主國家有何差別？對於人民基本權利的保障會否更為不利？必須先討論基於三民主義的立國精神。

我國憲法在前言部分已揭櫫我國制憲國民大會係依據孫先生創建中華民國的遺教，而制定本憲法。在憲法第 1 條復規定中華民國為「基於三民主義」之民主共和國。可知道在此將內容廣博的國父遺教，加以限縮到內容較為具體的三民主義。三民主義為民族、民權與民生主義之結合。在大方向上，民族主義對外追求國家的獨立，強調反帝國主義及扶助國際間弱小民族的正義觀，對內強調融合民族畛域；民權主義強調保障人民基本權利，人民擁有選舉、罷免、創制、複決等政治權利外，也應享有不遜於西方各國的人權標準；民生主義除了保障國計民生的均衡發展，也特別抑制資本主義之擴張以維護處於社會、經濟上的弱勢人民，因此民生主義有著濃厚的社會主義及福利國家之色彩。提倡社會主義的立國原則，在憲法第十三章基本國策（第 142 條）中，已再度強調此原則且有加以貫徹的規定。所以民生主義十分類似德國威瑪憲法以及德國基本法（第 20 條，28 條）所闡揚的「社會國家」(Sozialstaat) 及「社會法治國」(sozialer Rechtsstaat) 原則❻。所以三民主義的民主國家和西方民主國家在基本方針，尤其是保障人民政治民主權利方面，毫不遜色。雖然三民主義在某些理論的創建上或有異於西方的民主理念之處，例如孫中山先生主張的「革命人權」和西方民主思潮所主張的「天賦人權」是有不同之處，例如孫中山先生主張人權可貴，但須以革命犧牲之手段才能獲得，而且藉此指摘天賦人權會導致被壓迫人民憑空期待君主「恩賜」人權，但是這些差異可以視為基於不同史觀所為之解釋，並不影響三民主義對基本人權

---

❻ 關於法治國家及社會法治國家原則，請參閱拙著，行政法學總論，第 15 頁及第 20 頁以下。

的重視！至於在制憲時與行憲後，亦有主張人民既然擁有信仰自由以及政黨平等及自由原則，憲法實不宜規定中國國民黨信仰之三民主義為國家政體之特徵。然而，由本文前面討論憲法前言規定我國制憲乃依據孫中山先生之遺教，可佐證這是我國建國的根本精神及歷史因素也。一國憲法的內容多半會反映制憲的時空及背景，三民主義因此之入憲即為一例也。

其次，我國憲法第 1 條並未採納五五憲草第 1 條的立法例：「中華民國是三民主義的民主共和國」，除了加上「基於三民主義」顯示我國立國精神乃「基於三民主義」，並非完全必須「依照」三民主義，而有彈性特點外；且加上「為民有、民治與民享之民主共和國」等為五五憲草所沒有之語句。按「民有、民治、民享」(of the people, by the people and for the people) 是美國林肯總統一八六三年十一月十九日在蓋茨堡 (Gettysburg) 所發表著名的「蓋茨堡演講」(Gettysburg Address) 結尾的一句話❼。以美國總統的一句話，冠於我國政體之前，的確並不妥適。早在制憲國民大會時已引起爭議。不過，如果仔細推敲林肯的「民有」(government of the people) 即政府為人民的政府；「民治」(government by the people) 乃政府係由人民組織而成的政府；「民享」(government for the people) 乃政府係為人民服務之政府，可以知道這三句全是民主政府之特徵，也是西方憲法學所承認之民主體制❽。民有、民治與民享的用語依孫中山先生在民國十年七月演講「五權憲法」時，已提出是其翻譯而來的。並說明三民主義的民權、民族及民生主義，正是符合民有、民治及民享之三原則，因此，縱使憲法第 1 條之條文援引美國林肯總統此句名言，會有使人覺得有傷國格之嫌，但如藉此名言更能肯定吾國政體之民主性質，亦還有何難堪之有？蓋無獨有偶，法國在一九四六年公

---

❼ 最後一句話為：It is rather for us to be here dedicated to the great task remaining before us...that this nation, under God, shall have a new birth of freedom, and that government of the people, by the people, for the people, shall not perish from the earth：我們應在此獻身於未竟之鉅業⋯⋯要使這個國家在上帝庇佑之下獲得自由新生──要使那民有、民治、民享之政府，不會從地球上消失。謝瀛洲即批評：「以外國人所倡之國號，冠之於自己國體上，已非光榮，且此種口號僅是用之於一國政府，而不能適用於一國國體，茲竟移植於國體條文之上，誠屬憾事」。見氏著：中華民國憲法論，第 28 頁。依林肯總統的原文，為政府乃民有、民治及民享。故明顯的乃政體之規定也。故我國憲法第 1 條乃混合國體與政體之規定。制憲時無黨派代表的傅斯年先生也說過：「民有、民治、民享是林肯說的有關政治方針的話，我們訂的是憲法，在有關國體中不應摻入，這條雖經大會通過，但願將個人的話，列入記錄，使天下後世，知道我們懂得這道理的。」見張知本言論選集，張知本先生九秩嵩慶籌備會出版，民國五十八年，第 198 頁。

❽ A. Katz, aaO., Rdnr. 57.

布的第四共和憲法第 4 條 2 項也規定：法國共和國之原則為民有、民治、民享 (son principe est: le gouvernement du peuple, pour le peuple et par le peuple)。現行第五共和憲法 (1958) 第 2 條 6 項也有同樣的宣示❾。法國係世界最強調民族光榮的國家之一，亦未以採納此語為恥。另外一個令人驚訝的例子是越南。越南雖為共產國家，為進行改革，也於一九九二年修正憲法第 2 條，明定「越南為一民有、民治、民享之社會主義共和國」。所以認為使用此一舶來用品有傷國格之爭可以休矣。至於民有、民治及民享之譯詞和林肯原文或有範圍之出入❿，以及和三民主義之範圍有不盡相合之處⓫，誠是不爭之事實，吾人解釋條文時不能不注意也。

---

❾ 法國在一九九二年通過憲法修正案，將第 2 條 5 項增加法國國語係法語的規定，而將本規定由第 5 項改為第 6 項。

❿ 主要的差異在於「民治」(by the people)。按政府乃治理人民之機構，而非「由人民治理之機構」。孫中山先生在提及此「民治」時，是當成人民治理，與人民管理、管制政府之意。如此一來，民治等於民權，政權不等於治權（惟政府行使治理人民之權）矣。故「民治」一詞的邏輯頗有矛盾。可惜林肯發表此名言後未再申論此 by the people 之意，一般憲法著作亦不深究。不過，吾人似可將此句譯成「民選」，即政府是由人民選舉（或同意）產生，也就是 government (elected) by the people，方較合乎政府之本意也。

⓫ 謝瀛洲氏便認為民族主義有求民族之獨立及扶助其他世界弱小民族二個涵義。民有、民治與民享實無法包括在內。易言之，三民主義足以包括民有、民治與民享，但反之則否。謝氏這種看法不無見地。我國一般有關三民主義的著作，頗有強加辯解為民族主義「等於」民有，民權主義「等於」民治、民生主義「等於」民享，不無削足適履之虞。見謝瀛洲氏，前述書，第 28 頁。

第七節　主　權

壹、主權的意義

我國憲法第 2 條規定：「中華民國之主權，屬於國民全體」，宣示憲法主權在民原則，亦是所謂的國民主權 (Volkssouveraenitaet) 原則。

如同每件物品都有所有權與所有權人一般，主權一詞頗類似物品的所有權。只是此所有權的客體層次提升至地區與國家的程度。確立物的所有權歸屬，是憲法、國家法律與司法制度的任務。某一地區的主權歸屬則是國際法上之問題，故地區的主權向歸於國家所有（例如我國與日本之釣魚台群島爭議，阿根廷與英國之福克蘭群島主權爭議）；國家主權之歸屬則涉及一國的立國基礎（例如民主國與君主專制），此國家主權得由全民或君主享有。惟憲法學所重視的，當以這種國家的主權歸屬問題為主，地區之主權爭議為國際法研究的課題。

主權 (sovereignity, Souveraenitaet) 一詞原係由拉丁文 superanus 與 supremitas 兩詞演變而來，初為不受其他君主節制的最高者之意❶。按國家既作為一政治組織，為貫徹統治者的意志並維持秩序，便衍生出「最高權威」之概念。這個最權威之權力，即是此最高者，是為主權概念之濫觴。主權既然與「最高權威」有密切之關聯，因此主權的概念有國內法與國際法意義之區別。就國內法而言，主權是國家最高、無限制與獨立之權力；就國際法而言，主權是國家擁有獨立自主之權力，可資摒除外國之干涉。所以，猶如個人擁有獨立自主的人格，國家在國際社會中，也享有獨立自主來決定所作所為的人格。若國家一旦淪為附庸國，或為外國占領的國家，即喪失完整之主權也❷。

憲法第 2 條宣示主權在民的原則，因此具有下列的意義：

第一、主權在民原則：再度強調我國是一個民有的「民主」共和國。

第二、主權在民原則賦予憲法與公權力的正當性。所謂正當性 (legitimacy, Legitimitaet) 是指公權力已具備合法性，致使國家統治權力獲得人民的承認、確信其合理也。憲法為一白紙黑字所撰就的文書，僅憑制憲行為或是一紙規定，尚無法保證憲

❶ 狄驥著，張明時譯，憲法學㈣，臺灣商務印書館，民國五十五年，台一版，第 700 頁。

❷ H. Nawiasky, Allgemeine Staatslehre, Bd. 2-II, S. 99.

法能夠獲得支持與被實踐出來。所以，除非憲法的條文能化為法律的實證效力，憲法的規範意旨才有實質的意義。故規範國家法律與政治運作的憲法，需要正當性之基礎以廣泛的獲得人民與政府的由衷支持。一部民主憲法的正當性，乃基於主權在民與憲政國家之原則（例如法治國家、人權保障、三權分立……之原則）。在信奉民主與法治理念社會裡，如果國家憲法已貫徹主權在民的原則、確立國家發展的方向與任務、對國家權力行使已加以妥善的限制，並且此些原則已被實質的遵守時，即可認為國家的統治已取得正當性的基礎。因此，一個合法行使的公權力即已合憲，同時獲得民主的正當性❸。

　　第三、主權在民原則意味國家權力由人民所從出。國家之行為——透過合法之政府為之——即可獲得人民同意。也唯有這種政府才擁有合法性——即法統（政權的合法性），符合傳統人權理論，即盧騷學說「國民公意」對人民基本權利所加限制之理論基礎❹。

貳、古典主權概念的發展

一、布丹的主權論

　　主權概念發展居功厥偉的，是法國的布丹 (Jean Bodin, 1530–1596)。布丹在一五七六年出版的「國家論六卷」(Six Livres de la Republique) 中，首次使用主權 (Souveraine) 一詞。布丹生於民族國家思潮勃興的時代，為確認國家存在的法理，他認為主權是「國家對國內外一種至高無上之權力」。除此最高性外，主權尚具有「絕對性、永久性及不受法律拘束性」，其闡明主權具有四種特徵，影響後世甚鉅。由於主權的絕對性，故主權的最高性是絕對的，不容挑戰，亦無他種力量可以凌越主權或限制主權；因為主權的永久性，故主權不會中斷及消滅。既然國家被顛覆或他國滅亡後仍可復國，可見主權並不會被斷斷；所謂主權的不受法律拘束性，指國家的主權是超越法律的，所以國家對人民可以行使免於法律拘束之權力。

---

❸ P. Badura, Staatsrecht, A. 9.

❹ P. Badura, aaO., D. 6. 這也符合傳統的合法理論將國家權力當作一個客觀、現實可以行使出來的權力，和主權擁有並無必然關聯！參見 G. Jellinek, Allgemeine Staatslehre, S. 486. 而 Nawiasky 也認為，因而此主權的作用（如在奉行國民主權之國家）可以賦予人民擁有抵抗權之法理依據。H. Nawiasky, aaO., S. 108.

　　布丹提出主權論之目的在於鞏固君主的統治權，他認為君主為國家的主權者，君主的意志是國家之意志，故主權（君主）之權力不受國家任何法律之限制，也不受外國之支配。因此，是一種至高無上之權力。雖然布丹欲闡揚民族國家之思想，為君主、諸侯們提供主權的概念以對抗神權思想，惟鑑於當時神權思想之濃厚，以及千年來宗教與教皇勢力之龐大，不得不略微修正主權論的內容，故雖強調主權（君主權力）至高無上的特徵，但是也主張君主之權力，仍應受自然法、宗教法與國家法（類似憲法）之拘束。自然法和宗教法皆是源於基督教之規範，任何基督徒皆有服從之義務（如一夫一妻制），君主自然不能違反；而國家法 (lex imperii) 是國家所公布之最高法律，例如王位繼承法。若君主不遵守此種法律，則會發生篡位、叛變等等動亂，故即使是國家君主亦必須遵守此等法律❺。

　　因此，布丹的主權論實與君主的絕對統治權緊密結合，故主權即有八項內容：立法權、戰爭與媾和權、高級官員任命權、終審權、臣民忠誠與服從之命令權、特赦權、貨幣權及租稅權❻。

二、霍布斯的主權論

　　英國的霍布斯 (Thomas Hobbes, 1588–1679) 繼布丹發表「國家論六卷」後的一六五一年，出版名噪一時的「巨靈篇」(Leviathan)。在這本討論無政府狀態的可怕，民權運動足以產生無政府狀態，而鼓吹專制政府優點的著作中，霍布斯認為當社會已經進入有國家組織的時代，便要脫離各自為護衛自己最大利益的戰爭時代，透過締結「政治契約」之方式，將治理自己之權交到一個人或一群人（議會）手中，這種授權是永久性，也是不可撤回的。受付託治理人民之人（或一群人），即為主權者，而主權者既已受全民的委託，遂可按照自己的意志維持社會秩序，故主權者方才享有最高的絕對的權力 (summum imperium)，它是不可被質疑及反抗的；是國家和平的最高維護者與宗教信仰的主宰者，也是立法者與最終審之裁判者，以及戰爭與媾和之決定者。因此，

❺ 這種國家法頗類似明、清時代，皇帝對「祖宗成法」遵守之義務。清朝的「祖宗成法」甚多，例如閹人（宦官）不得問政、女子不得干政（不得垂簾聽政）、不得殺顧命大臣……但是，由康熙之誅鰲拜始，到了晚清慈禧太后的時代，這些祖宗成法顯然俱失效力。

❻ E. Baumgartner, in: Staatslexikon, 4. Aufl., 1911, Bd. 4, S. 1210. 關於主權等於國家統治權之見解，著名的法國憲法學者狄驥亦持此看法，氏云：「著者研究公法迄今已四十年，深信所有這些關於主權意義及範圍的討論，全不啻是純粹廢紙。主權、政治權或統治權等詞全係同義的名詞」。見狄驥，憲法學，第 634 頁。

主權者擁有實際國家權力的絕對性、最高性與永久性；此主權者又必須只有一人，否則國家會分裂成二、三個國家，戰爭隨之而起，又違反人民授權設立主權者之意旨，故主權就有了不可分性。

霍布斯的主權觀建立了絕對君主權力的理論基礎。他摒棄傳統的君權神授說而提出「政治契約說」，認為君主的主權（絕對權力）是人民為其自身利益而自願簽訂類似契約的方式，將管理自己之權力交給君王。故霍布斯的政治契約論為後來盧騷的「社會契約論」播下思想溫床的種子❼，但他主張主權的具有絕對性、最高性、永久性與不可分性，卻影響日後主權概念最為深遠。後世隨著民權思想的興起，除了在主權者的認定上曾有改變外，對於主權的概念內容並無任何太大的變化。所以，霍布斯可說是集古典主權理論的大成者❽。

參、主權的種類

以主權者的歸屬觀點，可將主權分成下列幾種概念討論，每種主權論皆代表當時的政法思潮與民權理念。

一、君主主權

古典主權理論產生的時代背景是歐洲民族國家與專制政體興起的時代，布丹與霍布斯所宣揚的也是君主國體與專制政體，因此主權為君主所有。君主主權者，係君主得以行使統治全國與人民的無上權力，法皇路易十四言：「朕即國家」，便是將君主與國家劃上等號。這是在民權思想尚未興起前的君主主權時代。其理論多半是（除霍布斯外）基於君權神授思想，譬如法皇路易十四一句有名的宣言：「法皇的王冠是由上帝和寶劍得來的。」

民權思潮與民主理念發達後，立憲運動在十九世紀風起雲湧。許多實行君主立憲的國家，即使君主變成虛位元首，仍然擁有部分的特權（如二次大戰前的日本及第一

---

❼ 不過早在中古時代的神學家及法學家歐坎 (Occam, ?–1347) 與馬西里烏士 (Marcilius, 1280–1328)，就已提出「契約論」來解釋人民與國家之關係，是為「契約論」之濫觴。E. Baumgartner, aaO., S. 1210.

❽ F. H. Hinsley, Sovereignty, 2. edition, Cambridge University Press, 1986, p. 126. 中文資料可參見國立編譯館編著，西洋政治思想史，正中書局，民國六十六年，第六版，第 113 頁；張金鑑，西洋政治思想史，三民書局，民國五十九年，第 230 頁，鄒文海，西洋政治思想史稿，民國六十一年，第 318 頁。

次大戰前的德國），不再擁有類似專制時代君主之絕對權力。故如帝俄一九○六年的憲法第 4 條、第 5 條之「沙皇擁有最高獨裁權」、「沙皇神聖不可侵」；日本明治憲法第 1 條「大日本帝國由萬世一系之天皇統治」，第 3 條之「天皇神聖不可侵」。清朝光緒三十四年公布的憲法大綱第 1 條之「大清皇帝統治，大清帝國萬世一系，永永尊戴」及第 2 條之「君上神聖尊嚴不可侵犯」，均為君主主權的代表。這些憲法都已成為歷史文件，在今世保有君主的國家，其君主皆視為國家團結與統一的精神象徵（如日本憲法第 1 條），除了少數中東的回教國家外，君主主權已不存在了。

二、國民主權

布丹與霍布斯的君主主權論，雖影響民族國家的興起，也造就殘暴、專制的君主，但民權思想已日漸萌芽與茁壯。一七六二年瑞士學者盧騷發表的「社會契約論」中，他主張類似霍布斯之政治契約論的看法，認為人類組成一個國家的政治社會後，必須產生一個契約來放棄個人的獨立與天然的自由權利，交給國家來保障自己之生命財產。這種易「小我」換得「大我」(moi commun)，便是一種「公意」(general will)，也就是主權。因此，國家主權是國民全體所有，非屬君權神授的君王。除此外，盧騷也認為主權是最高的與絕對的，沒有任何人的利益可以超越主權；同樣的，主權是不可分與不可讓與的，使得主權永遠完整地保留在國民全體之手。因此，政府僅係主權的受僱人而已，一旦受僱人不能符合其僱用人之意志，達成其任務時，主權者——人民——即有推翻之權，這便是國民主權、主權在民理論。

盧騷提出主權在民的理論後，旋實踐於實際的民權革命運動中。一七七六年六月十二日美國維吉尼亞州權利法案第 2 條宣示：「所有（國家）權力都屬於人民，且源自人民。官員是人民的受託人及公僕，應服從人民」。同年七月四日公布的美國獨立宣言也出現：「政府的正當權力，是由被統治之人民的同意中產生出來，任何形式的政府，當它對於這些目的有損害時，人民便有權力把它改變或廢除。」之詞。在歐洲方面，法國一七八九年人權宣言第 3 條宣示：「任何主權係存於國家之上，任何團體與個人未獲主權明白之授權，不能行使公權力。」；一七九一年法國憲法也說到：「主權是單一、不可分、不可讓與且永久性的。它屬於國家所有，任何團體與人民不能竊據之。」法國這二件大革命時代公布的著名典章，雖將主權歸為「國家」(nation) 所有，且淵源於盧騷的國民主權理論，但卻和下文敘述之「國家主權說」頗為接近。不過作為推翻君

主主權的第一步，這個宣示實已寓含國民主權之意旨。自從法國大革命後，國民主權理念在歐洲大陸已成為主權思想之主流。加以歐洲各地風起雲湧的民主運動和立憲運動，國民主權實與民主政治與立憲政治為同義詞。

我國憲法第 2 條規定中華民國主權屬於國民全體，與憲法第 1 條規定中華民國是民有、民治及民享的民主共和國，都是強調國民主權與主權在民之原則。

三、國家主權者理論

關於主權者的問題，君主主權論與國民主權論分別認為主權係歸於君主或人民之手中。然而，亦有一派理論認為國家的構成要素是領土、人民、政府及主權。明顯的，主權是國家的構成要素。這個從德國學界提出來的看法，認為主權在專制時代為君主所有，蓋以國家統治者 (Herrscher) 的角度作觀察，故統治權與主權之觀念合而為一。但是，主權實際上應是國家所擁有，而非其人民。就法學而言，國家是一個獨立的法人，和其君主、人民是不同的個體，可以作為主權的權利主體。因此，國家這個法人即為主權之擁有者，是為「國家主權者」理論。

國家主權者理論是本於國家為法人（公法人）之觀點，如自然人及私法人般，可以享有權利、負擔義務，故主權之主體應為國家本身。這個說法純就法律（特別是公法）而言，確有其道理。然而，由於主權理論產生伊始就和國家的統治權者的歸屬有密切之關聯，故主權的理論實與現實政治權力的掌控不可分離。國家主權者理論將主權依託在一個假想的「國家法人」之上，且此法人理論的建立與存在亦未見諸法令文書，純為理論的假設，失去了對現實政治與人民活潑且有力的吸引力 ❾。因此，本理論僅為學術界，特別是國際法上討論主權的一項理論模式罷了 ❿。

---

❾ 當然，不論是主張君主主權的霍布斯提出之「政治契約論」及主張國民主權論之盧騷提出的「社會契約論」都是「擬制性」的說詞，實際上這兩種契約都不曾出現過。

❿ 依狄驥之意，在第一次世界大戰開始之前，本理論已為德國公法學者全體一致所接受，而且無疑是造成大戰發動時德國國民心理的因子之一，故可說本理論是大戰間接原因之一。見狄驥，憲法學，第 694 頁。這是過度誇張一個憲法學理論對國民與政府決策者的影響，例如戰前的德國皇帝與政府之影響力。當其時，德國憲法學界對主權的看法，通說還是認為主權乃有絕對權力對內實施各種決策及拒絕外國對國家之干涉也。見 Baumgartner, aaO., S. 1214.

四、國會主權理論

　　盧騷所創立的國民主權理論，認為主權屬於國民全體，但他卻摒斥代議制度，因為代議制度會使人民讓渡主權於國會。然而，自從法國大革命之後，代議制度幾成民權制度的代名詞。因此，遂有「國會主權」理論出現。

　　國會主權理論是英國憲法學界的產物。英國十八世紀初的功利法學家奧斯丁 (John Austin, 1790–1859)，其本身是「法實證主義」的服膺者，認為主權和國家是一體兩面。就實證法的角度而言，主權是一切法律的來源，因為國家一切依法而治 (rule of law)，所以法律的來源——主權，便是有最高性及絕對性，不受他人及他物之限制。這個使人民服從的造法權力不是君主，亦非為國民主權論所稱的全體國民所有，而是操在實際上可以立法的少數人手中，此少數人便是「國會」。故享有最高立法權的國會實為主權的擁有者，此即為「國會主權」理論。

　　繼奧斯丁而起，倡議國會主權理論者是英國著名的憲法學者戴雪 (A. V. Dicey) 在一八八五年出版的憲法權威著作「英憲精義」❶中，大力宣揚「國會主權」理論。戴雪認為英國統治的權力完全掌握在國會手中。而英國的國會 (Parliament)，實際上是由英皇、參議院（貴族院 House of Lords）及眾議院 (House of Commons) 所組成。當然，其重心為眾議院之審議法案與政治運作。戴雪鑑於過去實行不成文憲法的英國，國會得制定任何的法案，交由行政機關及法院來執行，全英國沒有任何人或任何團體擁有較國會更高的權威。國會可立法、廢法悉聽尊便，甚至廢除皇室改行共和，亦可由國會決定之。故英國是一個「國會主權」之國家 ❷。以英國為世界上二個碩果僅存之一的不成文憲法國家，其國會的權威自然無人能對之挑戰，國會的強權代表君權的薄弱。國會之所以擁有如此崇高的權威，和國會係代表人民之權益有密不可分之關聯，也說明了英國的國會主權其實是建立在國民主權之上。而對於英國這個世界上最古老的民主國家而言，國會僅係國民主權下的產物——一個代表民意行使立法權及監督行政權力之機構。倘若離開國民主權與喪失民意基礎，英國強而有力的立法機關就不能為戴雪等承認其擁有主權。

　　不過，以奧斯丁的實證法學派，和戴雪（也是十分實證的）提出的國會主權理論，

---

❶ 見本書第二節註❶處。

❷ 參閱戴雪，英憲精義，帕米爾書局，第 133 頁以下。

似將主權和國家行使實質與最高的統治權力相提並論。故專制時代的君主，和現代獨裁政權的「決策團體」（如共產國家及法西斯國家的「全國人民代表大會」）只要掌握國家最高決策及統治權，即可自命為主權者（如法西斯主權與共產黨主權），如此國家主權又和實際政治的政權 (Regime) 相混，此似為奧斯丁與戴雪專就英國政治及憲政所主張之國會主權理論所使用的方法論，引伸到他國後之意料之外的後果吧！

肆、主權理論的修正——新主權理論

　　主權理論，先由布丹予以系統性的創設後，經霍布斯補充而確立主權之最高性（絕對性）、永久性及不可分性。嗣後雖有盧騷之國民主權論，奧斯丁、戴雪之議會主權論與德國學派的國家主權論等等。所爭論者，均集中在主權者的定位問題，而非主權內容的更易問題。易言之，主權的特徵已由布丹及霍布斯所建構完成，而稱為「古典的主權理論」❸。

　　古典主權理論在第二次世界大戰時，已面臨到應予修正的地步。首先遭遇者係對主權的最高性與絕對性之挑戰。

　　主權的最高性意味沒有他國可以凌越本國之主權，他國主權凌越本國主權，雖常於戰爭時見之（如戰敗國受到戰勝國之支配），然非制度之常態。而現今的主權理論業已發展出國家主權的「可讓渡性」的觀念，在目前歐洲的國際整合中，已由理論層次進入實際活動。

一、主權的可讓渡理論

　　首開限制國家主權者，係法國第四共和憲法 (1946) 前言的「為保障和平之必要，在相互條件下，法國願承受對其主權之限制」三年後公布的德國基本法第 24 條也規定，德國可以經由立法程序將聯邦主權移轉到國際組織之上。所以，不僅是國際組織（指歐洲共同體組織 European Economic Community）可以獲得德國的立法權，也可以行使德國國家權力，德國學界遂稱此主權移轉之現象為「主權突破」

---

❸ 布丹和霍布斯所提出「原版」的主權理論，有一些內容和理由，自然會隨著民權思想及國民主權理論之興起而廢除。例如布丹提出主權的「不受法律拘束性」特徵，本來賦與君主可以跳越只對臣民才有拘束力之法律的拘束性之特權，已和國民主權時代把法律視為主權的意志表現，並不相合。同樣的，霍布斯認為主權乃國家與國民宗教信仰的主宰者。將主權變成信仰的決定者也和民權思潮不合。此皆是屬於已經淘汰的早期主權思想。

(Souveraenitaetsdurchbrechung) ❶ 。這種限制國家主權之理論，是進行區域性國家整合的不可或缺之步驟。歐洲各國近年來致力整合，期盼由經濟整合達到政治整合之目標，最終成立一個「歐洲國」。因此，各國即必自我限縮其國家主權，並讓渡一部之主權於「超國家」的組織上 ❶ 。在華沙公約正式解體前 (1990)，東歐淪為蘇聯的附庸，為詮釋東歐衛星國家和蘇俄之關聯，對於主權理論的研究也不遺餘力，於是發展出「主權概念的雙層性理論」(Zweischichtigkeit des Souveraenitaetsbegriffs)。這種理論旨在打破傳統古典主權理論的絕對性與不可分性，認為國家主權可以分成兩個層次，即高層次的主權受國際盟約之約束，盟約國（如居盟主地位的蘇聯及其他國家）可以干涉其他違反盟約之國家，並無侵犯他國主權之問題；至於低層次主權則屬於國家未受盟約約束的統治權，享有對內與對外的完整性與獨立性 ❶ ——。因此，在歐洲東、西分頭進行的限制主權理論，目的在於打破傳統偏狹的、獨立的主權神聖不可讓渡性，以避免歐洲各國在幅員狹小、國家眾多之情形下，所極易引發國際間的利益衝突，而導致戰爭的爆發，這不能不說是具有前瞻性的宏觀眼光。

二、主權的可約束性

基於維護國際和平目的，許多國家的憲法均明定各該國家願遵守國際公法與聯合國憲章，例如我國憲法第 141 條，法國第四共和憲法、日本憲法與德國基本法之前言，都宣示了此一義務，故國家對外的最高性與絕對性，即受到國際社會所遵循的國際公法之條約與原則的拘束。當主權的絕對性與最高性因「主權限制理論」而修正其原始意義時，主權的永久性和不可分性也連帶的發生變化，此可舉德國的先分裂，再復合之情形以資說明。

按主權不可分性係認為國家主權是一個整體，不能分割。國家主權一旦分裂，就

---

❶ P. Badura, aaO., F. 63.

❶ 基於國民主權理論，國家的主權既要移轉出去，故應獲得國民同意。故歐洲各國皆需經過公民投票程序接受馬斯垂克條約 (Maastricht Treaty)，以議決部分主權之移轉。關於德國並無公民複決之制度，而由國會通過此條約，引發這種讓渡部分主權的合憲性問題，為此聯邦憲法法院在一九九三年十月十二日做出判決承認接受此條約的合憲性。法院認為僅需透過民主的程序由代表民意的國會決議此條約即可符合民主原則；但在條約的內容中需確保德國眾議會於日後歐洲聯盟的任務與職權中占有「舉足輕重」的分量 (von substantiellen Gewicht) 即可。法院也認為德國加入歐盟是促進歐洲國家的統合，非造成一個歐洲民族，而使德國或其他民族被融合也。參見 I. v. Muench, Staatsrecht, Bd. I, S. 432.

❶ F. Ermacora, Allgemeine Staatslehre, Bd. I, 1970, S. 361.

形成二個國家，所以國家主權必是完整無缺。這種主權的不可分性主要是針對國家內部的關係（例如在聯邦國之處理邦與聯邦之關係，在內戰中決定合法政府之歸屬……）。在傳統的主權理論中，主張主權的絕對「完整」（不可分性）為學界的通說❶。

三、主權分裂理論

主權的分裂足以造成國家的分裂，故維護主權「不可分性」的學說，其目的皆在維護國家的統一性。但若反過來看，倘若國家已經分裂，是否也意味著主權已分裂？詳言之，國家分裂有永久性分裂與暫時性分裂兩種狀況。

國家永久性的分裂，指國家已分裂成數個獨立的國家，例如第一次世界大戰結束後，原奧匈帝國分裂成奧地利及東歐諸國；奧圖曼土耳其帝國分裂出土耳其與中東諸國；愛爾蘭脫離大英帝國等，一九七一年巴基斯坦分裂成東巴基斯坦的孟加拉共和國與西巴基斯坦的巴基斯坦共和國，以及最受矚目的是一九九一年以後蘇聯的解體成為十五個獨立國家，都是國家主權的分裂，變成幾個獨立的主權國家之例子。

至於國家處於暫時性的分裂，例如國土因外敵入侵及內亂割據，則並不當然造成主權之分裂。此時，合法的政權率否認對方之合法性，也藉著主權之完整作為政治合法性之理由。不過，若是國家分裂在時間上已具有相當的「恆定性」時，則另當別論。以德國當年的分裂的情況，學界因此而主張「主權分裂」理論。

㈠德國的例子

德國自一九四五年戰敗後，因美蘇等四占領國的相持不下，國家正式分裂，並喪失了主權。東、西德分別在一九四九年頒布憲法、成立政府，皆主張擁有代表全德國之主權（雖可讓渡到「國際組織」），採取主權不可分之理論。但隨著東西方對峙時間愈久，德國人認為國家統一並非須臾可及，為求兩德關係正常化，使得國家因為雙方接觸而促進統一，故兩德政府於一九七二年十二月二十一日簽訂了「兩德基礎關係條約」，宣布雙方承認彼此之合法地位，在國內、外可行使最高自主權，並遵守聯合國的主權平等之原則。因此該條約的簽訂，代表德國主權已經一分為二，兩德各占據原德國的一部分土地及擁有全德國的一部分人民，雙方皆不能宣稱代表全德國之主權。西

---

❶ 一國若對他國進行侵略戰爭，譬如一九八九年的伊拉克侵略科威特；甚至一國的內部若發生不合法的篡奪政權，例如一九九四年的海地，聯合國都可以據以出兵，都不算是侵犯他國的主權。

德簽訂此條約後，且經過聯邦憲法法院的裁判肯定其合憲性 ⓲。因此，分裂的國家為因應國內外情勢的事實變化，而形成主權分裂的理論 ⓳。

㈡我國的例子

由主權理論的修正，可提供吾國檢討憲政現狀的一個啟示。我國分裂距今已超過七十年，超過世界上任何分裂中的國家。由以往我國堅持代表全中國之法統及主權，演變出第一屆中央民意代表的不退職，顯然已不合乎民主之理念；而在國際上，以蕞爾台灣代表全中國之主權，在國際社會裡亦欠缺堅強的說服力。然而，由中共政權來代表中華民國之主權，顯然也忽視台灣並非其統治權所及之地區，中國共產黨也從未在台灣參加選舉而獲得台灣地區人民之支持也。因此，在雙方皆分據中國固有之領土，各有長年之政府及部分多寡不等之人民，德國當年分裂時的主權分割理論，實有援用之價值！不過，承認這種暫時性的「主權分割」理論，涉及分裂雙方的民族情感 ⓴，政權（政黨）利益與處理國家分裂與統一的手段、耐心……等複雜現實政治之問題，似非吾人「紙上談兵」的倡言各種憲法理論與國外實務所能盡述矣！

⓲ 聯邦憲法法院在一九七三年七月三十日做出此判決 (BverfGE 36, 1)。本判決文中譯本，參見彭鳳至譯，刊載：德國聯邦憲法法院裁判選輯（二），司法周刊雜誌社印，民國八十年，第 116 頁以下。

⓳ 例如德國素負盛名的拉班教授即聲稱：「沒有半個、分割的、減少的、從屬的及相對的主權。而只有擁有主權或是沒有主權。所以，主權的完整性絲毫沒有空間」。P. Laband, Das Staatsrecht des Deutschen Reiches, 5. Aufl., Bd. I, 1911, S. 73.

⓴ 主權的分裂，特別是有彼此共識的暫時性分裂，只要雙方存有努力尋求統一之契機及促成統一條件的誠摯努力，國家也不一定會永遠分裂下去。德國在雙方簽訂條約後，不到二十年又復歸統一，即是一個「事在人為」之著例。

第八節　國　民

壹、國民的地位

　　國民是國家組成的一分子。就此意義而言，國家是一個「公法人」❶，也是一個「公法團體」(öffe ntlichrec htliche Köerperschaft)。國家是一個擁有主權，在固定疆界行使統治權的政府，以及接受此統治權統治的人民所組成。依主權在民之原則，國家內的人民遂構成主權的所有者，即為「國民」。

　　我國憲法第 3 條規定：具有中華民國國籍者，為中華民國國民。因此不如某些國家在憲法中直接規定國民的資格❷，而是抽象的規定「具有中華民國國籍者為國民」。但何者為「具有中華民國國籍」？中華民國國籍如何取得？本條規定不似日本憲法第 10 條所規定「日本國民的要件，以法律定之」，倘如此即是明顯的憲法委託，由立法裁量來確定國籍的取得及喪失。我國憲法之所以規定如此，蓋因制憲時，我國已有實施近二十年的國籍法（以下稱本法；「舊法」18.02.05 制定；89.01.14 稱新法；現行法 110.01.27 修正，112.01.01 施行）。制憲大會代表對國籍法的規定尚稱滿意，故雖未明言交由國籍法來處理國籍問題，實質上卻意指由國籍法來確定國籍的問題❸。

　　國民的身分是一個法律地位 (Status)，非特應該履行國民的義務外，更可以享受憲法所保障的一切權利，並享受國家所提供之福利政策與安全護衛──特別是旅外之國民。國民這種權利義務，雖然在權利義務的範圍內有公民與非公民之分。公民是成年國民，可以行使投票權及罷免權之政治性權利，亦可以擔負完全的民、刑事責任，非公民是指未成年的國民，雖然尚未能行使投票權、罷免權等參與國家政治事務之決定權，但已可以部分的擔負義務，例如服兵役、民、刑事責任。故公民與非公民之分都是以國民之權義為基礎所做享受權利和負擔義務有無「完全」所做的區分。

　　人民只要保持我國國民之身分，不論在國外居留多久，就必須許可其自由返國❹，

---

❶ 關於公法人的概念，請參閱拙著，行政法學總論，第 143 頁。

❷ 如德國基本法第 116 條。

❸ 如果其他法律（例如海峽兩岸人民關係條例）內有涉及國籍的獲得與喪失之規定時則又如何？由於我國憲法並未授予國籍法對國籍事件的「專屬、排他」立法權限，故其他同位階的法律同樣表達立法者之意志，即可同樣規定有關國籍之事宜也。

❹ 返國應是身為國民最起碼的權利。所以國民只要能提出證明身分之文件（如身分證），即有返國之權利。雖依國

亦可依法律要求其履行法定義務（納稅、服兵役），國家亦應給予法定之一切權利（如給予醫療照顧等社會福利）。故國家法律對國民的「資格」應該嚴格界定，避免浮濫空泛。同時為了避免「忠誠衝突」起見，採行單一國籍已是世界潮流。但基於我國特殊的國情、對華僑的情感與華僑以往為「革命之母」對國家的貢獻，因此我國仍採行承認雙重國籍之政策❺。然而，國民身分不只是情感的符號，而且是雙方權利義務的「界定者」，故我國國籍法仍以改採單一國籍的規定為宜，依現行法第 11 條第 1 項第 3 款：「三、依中華民國法律有行為能力，自願取得外國國籍。但受輔助宣告者，應得其輔助人之同意。」的規定，這種自願取得外國國籍者，得經內政部許可，喪失中華民國國籍。顯然已經走向單一國籍的制度。然而還要經過內政部的許可，似乎有「被動喪失國籍」的意義，而非「取得他國國籍」就當然喪失本國國籍。

貳、國籍的取得

國籍的取得，可以分成「固有取得」及「傳來取得」兩種。所謂的「固有取得」，也稱為「當然取得」，是以出生為取得國籍之條件；「傳來取得」又稱為「嗣後取得」，凡依國籍法第 3 條以下的「歸化」規定取得國籍者謂之。爰分別討論如下：

一、固有取得之國籍

因出生而取得之國籍，世界各國皆採行兩種主義：一為屬人主義 (jus sanguinis, Personalitaetprinzip)，一為屬地主義 (jus soli, Territorialprinzip)。

㈠屬人主義

屬人主義又稱血統主義 (Abstammungsprinzip)，係以生父或生母之國籍為國籍，不論出生之地何在。屬人主義講求血脈的傳承，及家族及家庭制度的一致性，符合自古以來以家族為本的群居社會。目前屬人主義的國家甚多，一般而言，實行大陸法系的國家（如歐陸國家），宗教氣息濃厚，及較保守封建的國家（如中東），和非以外來移民為主建立之國家，多採屬人主義。屬人主義依生父或生母之國籍為子女之國籍。

家安全法 (85.02.05) 第 3 條，仍以獲得內政部入出境管理局之許可為條件。但依入出國及移民法 (96.12.26) 第 5 條第 2 項已規定，在台灣有戶籍國民出入國無須申請許可。

❺ 國籍法制定於民國十八年，仍維持承認雙重國籍之立場。此例如該法第 20 條有規定國民取得外國國籍者不能擔任公職之條文，即可知本法許可國民擁有外國國籍。

如父或母之國籍不同時，在二次大戰之前的立法，多偏「依父主義（父系血統主義）」，即以生父之國籍為國籍，若父為無國籍，或國籍不詳時，才依生母國籍。本法在民國八十九年修正前即採此立法，在舊法第 1 條對取得國籍者有下述規定：(1)生時父為中國人；(2)生於父死後，其父死時為中國人；(3)父無可考或無國籍，其母為中國人者；(4)生於中國地，父母皆無可考，或均無國籍者。乃一標準之依父主義立法例❻。由於婦女普遍欠缺受教育機會，而須依賴男性生活的時代已成歷史，男女平權及保護母性已成為第二次世界大戰後各國憲法所致力之目標，僵硬的國籍依父主義也隨之動搖，使得依母主義受到重視。尤其是生父母國籍各異的國際婚姻，如有離婚情事，未成年子女依母生活者甚多，此時子女依母之國籍而取得國籍反而更妥適，例如德國國籍法 (1974.07.18) 第 3 條規定，如生父或生母為德國人，未婚子女其母為德國人者，因出生取得德國國籍，便是一例。本法在八十九年修正時已摒棄依父主義，第 2 條第 1 項的規定：「有下列各款情形之一者，屬中華民國國籍：一、出生時父或母為中華民國國民。二、出生於父或母死亡後，其父或母死亡時為中華民國國民。三、出生於中華民國領域內，父母均無可考，或均無國籍者。四、歸化者。」其中第 1、2 款便改為「屬人主義」，而第 3 款增列了屬地主義，已經大幅度改變舊有的依父主義，且融入了屬地主義❼。

㈡屬地主義

　　屬地主義是以出生地之國別來決定國籍之歸屬，而不論出生者生父或生母之國籍。屬地主義是以出生地的統治關係為著眼點——「生於斯土，即為子民」，使國家和領域內新生生命增加一層隸屬關係❽。

　　採行屬地主義的國家多半是海洋法系的國家（如美國、英國等），或是歡迎移民，或是由移民所組成之國家（如美國、加拿大及澳洲等）。屬地主義雖然較易界定，不似屬人主義必須論及父或母之國籍、無國籍與國籍不明……等來做判斷基準，較為繁雜；但也會引申其他問題，例如：(1)出生地點在國家領域內固無問題，惟依國際法之原則，凡在本國國籍船艦、飛行器及駐外使館等所謂本國領土的延伸部分，亦視同在國內出

---

❻ 相同的立法例，如日本舊國籍法（明治 32.03.16）第 1 條。

❼ 本法第 2 條 1 項 1 款即是仿效德國國籍法第 3 條之規定。

❽ 美國憲法增修條文 (1868) 第 14 條即規定出生於美國者，應服膺美國管轄權 (jurisdiction)，故因出生取得美國國籍。

生；(2)出生地雖在某國，但是分娩者可能只是恰好在該國生產，例如觀光、戰時的流亡、短暫性的求學、就業、過境等原因，故出生者與出生地國僅是恰巧的接觸而已；(3)如(2)的情形，國籍的獲得可能並非生父母之願望，也可能並不符合出生者之權利（如繼承問題），此時就有必要尊重生父、母之國籍。屬地主義即有非強制性的必要。

本法第2條第1項第3款規定：「出生於中華民國領域內，父母均無可考，或均無國籍者」屬中華民國國籍。乍看之下，似乎此款是採屬地主義❾。但本款要件須是「父母均無可考，或均無國籍」，在前者父母均無可考，則必是「棄嬰（棄兒）」方有可能，倘若尚可知父母一方國籍時，亦不能據出生地而享有國籍也。所以本款的屬地主義實係避免出生於我國而成為無國籍之補充規定，不符合屬地主義「開大門」的精神。

本法在舊法時代另一特色是採中國人血緣主義。而舊國籍法採行血統，且以「中國人」之血緣作為國籍擁有的指標。這在國籍法制定之時，我國並未分裂，廣大的國土自有足夠的空間可容納海外所有中國同胞返國定居，加上當時華僑多是第一或第二代僑民，對我國向心力極強。但是以我國今日陷於分裂，國籍法所謂的「中國人」概念今日已可由「華人」所取代，包括新加坡國民、香港、澳門地區居民、大陸同胞以及其他散居各國的華裔，其範圍至廣。以目前台灣腹地的吞吐量，政府財政的支付能力，欲將上述全部華人皆列入國民行列，要求其與居於國內同胞同樣履行法定義務，及享受國家給予之一切權利，不免已脫離現實。憲法增修條文第11條已授權由法律限制大陸同胞之權利，但對其他非大陸同胞的華人，就失去限制其權利之法源。不過，儘管我國憲法（及國籍法）有較寬鬆之規定，但立法上卻利用戶籍制度（設有任所而有戶籍）來實質上限制僑民及大陸同胞出入國門之依據（入出境移民法第3、5、7章），並獲得大法官釋字第558號的合憲解釋。故採行這種廣泛血源的「中國人」屬人主義，顯然是過於理想的立法例。但是改採屬地主義，又不合我國傳統的倫理觀念。為了釐清這種矛盾，仍須先由實施單一國籍著手，於是擁有中華民國國籍者的數量即可控制。至於對於其他的華人，則可考慮由放寬歸化條件，使其嗣後的成為我國國民，而非當然由其血源取得我國國籍。民國八十九年修改本法即循此方向，第2條將以往「中國人」之規定改為具有國籍的「中華民國國籍」，即為一例！

---

❾ 劉慶瑞，中華民國憲法要義，第40頁。

二、傳來取得之國籍──歸化

傳來取得之國籍 (accquired nationality)，係非因出生，而是經「歸化」的方式和程序，取得國籍之謂❿。

外國人或無國籍人自願成為我國國民，並經國家同意之行為謂之歸化 (immigration, Einbuergerung)。因此，歸化必須是一個公法的意思表示，並且以自願為原則⓫。因此，我國法律不承認強迫歸化之制度⓬。另外，歸化是一個經過行政機關批准之行為，主管機關內政部依本法第 3 條以下對歸化之決定擁有裁量權。但本法既已仔細決定歸化之條件，歸化主管機關（內政部）應依法行政，不可濫用裁量權，依歸化情形之不同，可分成三種歸化類別：

㈠一般歸化

這是指一般、正常的歸化。依新法第 3 條之規定，係指：⑴於中華民國領域內，每年合計有一百八十三日以上合法居留之事實繼續五年以上；⑵年滿二十歲以上，依中華民國法律及其本國法為有能力；⑶品行端正無犯罪紀錄；⑷有相當之財產或專業技能，足以自立，或生活保障無虞；⑸具備我國基本語言能力及國民權利義務基本常識。這種正常的歸化，是以實際在我國居住的外國人為對象。本法第 5 條且對居住在我國每年不達一百八十三日「密度」的外國人，但出生於中華民國領域內，或其父或母亦出生在我國領域內；以及曾在中華民國領域內合法居留繼續十年以上者，亦可申請歸化。

㈡特殊歸化

外國人如已符合一般歸化的⑵、⑶及⑷要件，但未滿⑴之要件，而每年已有合法居留一百八十三日以上，且繼續三年的事實時，得為特殊歸化。尚須 1.為國民之配偶； 2.父或母親現為或曾為中華民國國民。如果其未成人時，即使未符合一般歸化條件⑵及⑷；以及未有繼續在國內居留之事實，亦可許可歸化，這是基於家庭親子關係所為

---

❿ 舊法第 2 條曾將傳來取得國籍分成婚姻、認知、收養及歸化四種情形，新法已將之簡化成歸化一種。

⓫ 新法第 7 條的「隨同歸化」許可歸化人之妻及未成年子女同樣取得歸化效力，乃符合憲法保障家庭之本旨，不違反此「自願」原則。

⓬ 此種情形多半在戰爭時期及之後發生。前者如對外籍兵團或傭兵的強迫與自動入籍。德國在第二次世界大戰時即是如此；後者如強迫占領地或收復國土內之居民放棄原國籍。參見行 53 判 245。

的特殊考量；同樣在 3.為中華民國國民之養子女；如養子女為未成年時，亦如同 2.之規定；　4.出生於中華民國領域內。

㈢殊勳歸化

這是對有功於我國以之歸化。按外國人亦可能為我國之利益付出貢獻，例如擔任外籍軍人、聘僱性質之公務員（如駐外使館之外籍雇員）、情報人員……等，其忠誠對象既已移至我國，故應予其特殊歸化的程序。惟「殊勳」宜解為「具體貢獻」為已足，不必僵硬解為凡人高不可及之「功勳」。殊勳歸化既然是一種特殊的、酬庸感謝性質的歸化，為防止成為國民的資格有浮濫之嫌，故本法第 6 條 2 項規定這種歸化經主管機關內政部同意後，必須再經過行政院同意，以示嚴謹。

三、歸化後的從事公職權之限制

外國人經過歸化後取得我國國籍並已喪失原有國籍（本法第 9 條）。基於平等權原則，歸化人與一般國民之法律地位應毫無差別才是。但本法第 10 條卻有規定，歸化之國民自歸化後取得國籍日起十年內，不能擔任重要公務及民選地方公職人員。這種規定本意是防止外國人「別有所圖」的歸化我國，以便圖利外國所作之限制。另一特別明顯的例子乃總統副總統選舉罷免法 (98.05.27) 第 20 條也規定，歸化我國者永遠不得競選總統與副總統。惟依我國國籍法對歸化的規定並非甚為空泛，而是採取嚴格歸化主義者。故應刪除這些有嚴重違憲之「歸化歧視」條款❸。

惟大陸人民依法進入台灣，並准設籍後，實已和歸化無二異。然依兩岸關係條例第 21 條 1 項之規定，則進一步此些人民必須設籍滿十年後，方得擔任一般公務員。比起本法第 10 條外國人歸化十年內，不能擔任之公職只限於重要公職──政務官、將官、大使、立法委員及民選公職人員──。相形之下，對大陸歸化人民即失之過苛。大法官在釋字第 618 號解釋則採合憲論。其立論為：彼等來自「對民主憲政體制認識與臺灣地區人民容有差距之大陸地區」，且「擔任公務人員後唯恐人民對其行使公權力之信賴較為欠缺」為由，作為認定該區別待遇合憲性之依據。此見解恐明顯牴觸平等權之原則。大法官的前者立論，明顯針對「人民來源地」之歧視；後者更出自對於人

---

❸ 美國憲法第 2 條亦規定非一出生即取得國籍者不能為總統候選人。歸化人必須取得國籍七年後始能為眾議院候選人，取得國籍九年後為參議院候選人。按我國國籍法此條規定係仿效日本舊國籍法 (1899) 之規定，日本現行國籍法 (1952) 已刪除此規定。

民「人格」的貶視（歸化人有極嚴重濫行公權力之危險性，會導致國人不信賴之虞！）。而對於其他同樣來自共產統治地區（如前蘇俄、東歐及現在之越南、柬埔寨等）之其他國家新移民，何無此限制？此即牴觸了歸化政策之「體系正義」也！故大法官此號解釋正是「歧視論」之典型代表。

參、國籍的喪失

　　國籍喪失後即喪失國民的地位。國籍的喪失應該出於國民之自願為原則。按人民和父母之邦割斷隸屬關係，是涉及忠誠認同和意願之事，應完全尊重人民之決定。在這個原則可衍生出「國外移民自由」與「剝奪國籍限制原則」。國外移民即出國並且入籍他國。剝奪國籍 (Ausbuergerung) 係國家以公權力的方式，違反人民意願強行剝奪其國籍之意也。剝奪國籍是以往專制國家經常行使對付異議分子之方式，作為政治迫害的手段之一。現已不為民主國家所再採行❹。

　　本法也是基於自願原則，只對於未成年人因父母「認知」取得外國籍者，及為外國人養子女，對為外國配偶及自願取得外國國籍者，經內政部之許可，即可喪失我國國籍（本法第 11 條）。喪失國籍雖須經內政部許可，但此許可實際上只是確認該國國民是否已取得外國國籍之手續而已。故國民一旦取得外國國籍，除了尚有法律義務未履行外❺，應該許可其脫離國籍❻。

---

❹ 例如納粹德國及蘇俄就經常以此方式吊銷其國民護照，以剝奪其國籍，納粹德國最著名的案件是名作家雷馬克 (Erik Maria Remarque) 及湯姆斯‧曼 (Thomas Mann) 被吊銷德國國籍事件。

❺ 國籍法第 12 條（屆齡役男、服兵役及公務員）、第 13 條（民、刑事當事人及租稅義務人）皆不得喪失國籍。

❻ 德國基本法第 16 條即規定，國民必須依法、依國民自願以及人民不會因此成為無國籍人為條件，方得剝奪其國籍。

<h1 style="text-align:center">第九節　領　土</h1>

壹、領土的意義

　　領土是國家構成的要素。這一定範圍的空間內，國家可以行使其統治權，以象徵主權的存在，即為領土。因此，國家主權的對外意義便是國家對領土的「地域高權」(territorial sovereignity; Gebietshoheit)，可以排除外來的干涉，同時在此範圍內可以實行國家的公權力。因此，居住於此領土上之人民，即為國家行使統治權的對象，不論是否為國民，此稱為「統治人民高權」(Personalhoheit)。領土作為界定國家由主權而產生之統治權之範圍，因此擁有排他之權利。此種排除他國侵略之權稱為國家之自衛權或抵抗權，具有崇高的道德與法律意義。

　　領土的範圍，不僅僅是傳統的土地、島嶼（稱為領陸）而已，也及於領海或領空。然而領海與領空的範圍界定，已成為國際爭端的焦點，亦成為國際間熱烈討論的對象。

一、領　海

　　領海乃距離一國海岸線以外一定的範圍內之水域，超過此領域即為公海。領海的範圍，傳統係以三浬為界。但以現代軍事科技的發達，舊日三浬（合五五五六公尺）已不能滿足海岸防衛之需。故自一九五八年召開國際海洋會議起，世界各國多主張領海擴充為十二浬。一九八二年聯合國海洋公約 (1982.12.10) 即規定各國得自行決定領海寬度，但最大不得逾十二浬❶。我國國家安全會議於民國六十八年通過決議，並由總統宣布，擴張我國領海為十二浬 (68.10.08)。

　　領海如同領土（領陸）一樣，及於水面下之海床、底土及上空❷，可以排除與禁止他國船隻、飛行器通過，但是應許可其有「無害通行權」(innocent passage)❸，以促進國際交通、貿易之進行。

---

❶ 黃異，國際海洋法，渤海堂文化公司，民國八十一年，第 39 頁。

❷ 領海及鄰接區公約 (1958.04.29) 第 2 條。

❸ 領海及鄰接區公約第 14 條。

二、經濟海域

和領海有關的專屬經濟海域。自美國總統杜魯門在一九四五年，公布了美國對於其領海外之大陸棚 (continental shelf) 中的天然資源，擁有探勘和開採權，與美國對領海外之公海中的漁業資源享有保育之權利等兩個宣言後，經濟海域即廣受各國關注。經濟海域是延伸領海至公海中的漁業資源和海底大陸棚底下的天然資源（石油及天然氣），在此經濟海域內可排除他國的介入。故經濟海域又稱為「資源領海」，是著眼於經濟利益。由於經濟海域主張的興起，十九世紀的國家間有關領海主權之爭逐漸沈寂，轉變成國與國間關於經濟海域重疊的漁業權及資源探採之爭議。一九八二年聯合國海洋公約第 58 條已規定經濟海域係由海岸基線延伸不得逾二百浬。易言之，扣除十二浬的領海，各國經濟海域不得超過一八八浬。

三、領　空

領空是指領陸和領海的上空。領空一般係指大氣層下之空間，超過大氣層到達太空則不屬於領空，而是地球上各國共有之領域。因此，在太空中飛行之他國衛星，儘管有可能「侵犯」位於其下之他國（例如間諜衛星），但依目前的國際法尚不視為侵犯主權❹。

貳、領土的界定

領土既是構成國家的「基礎」要素，故憲法對領土的範圍多有規定。規定方式可分成列舉式與概括式兩種。

列舉式的規定是憲法逐一列舉組成領土的地域（多半以省或州為單位）。其可能是在憲法的前言列舉之，例如德國俾斯麥憲法 (1871)、德國基本法 (1949)。這種在前言規定領土除了表示國家組成的版圖外，也表明制憲權的主體來自何處。另外一種列舉方式是在憲法條文內臚列組成地域，如瑞士憲法 (1874) 第 1 條；這種列舉式規定，強調國家領土的完整，不容被分割外，可以加強國民保衛國家領土的決心。我國五五憲草第 4 條就是採行列舉方式，列舉由江蘇以次三十個省分及地方（西藏、蒙古），包括

---

❹ K. Doehring, Staatsrecht der Bundesrepublik Deutschland, 1976, S. 100.

甫於五年前淪陷日本的東北三省，以及瀕臨淪陷危險的熱河、察哈爾等。故這種列舉方式具有強烈的政治號召意義，表示國家不忘收復失土之意志❺。

採行概括式的規定，是對領土的範圍不作逐一列舉，僅是簡單的規定。我國憲法第 4 條即是採行這種概括列舉，規定中華民國領土為「依其固有疆域」。然而，何為「固有疆域」？按「固有」原意為「本有」，故固有疆域乃我國本有之疆界，此本有之時間以何時為斷？

第一種方式是以中華民國承繼的清朝所轄中國版圖，為固有疆域。這種說法符合中華民國約法 (03.05.01) 第 3 條之「中華民國之領土依從前帝國所有之疆域」，以及稍早的中華民國臨時約法 (01.03.11) 第 3 條之「中華民國領土為二十二行省、內外蒙古、西藏、青海」。故不僅外蒙古，即連因不平等條約而被租借成為殖民地之香港、澳門、以及各城市港口的租借區，皆是中華民國之領土。

第二種是以憲法制定時我國實際轄有之領土為界，按我國在抗戰勝利後，被敵人侵占之領土業已收復。國土重光的版圖，即是日後憲法所要保障之領土也。

上述二種方法，吾人應採第二種方式，以我國制憲時，中華民國已實際擁有之領土，以及國際法上各國所承認屬於中國之領土為固有疆域。依前者，因戰勝日本而收復已割讓的台灣地區，自屬我國領土外；依後者，因不平等條約而租讓之殖民地香港與澳門，仍為中國之領土。這也是我國憲法的制憲權力已由這些領土上之人民來行使，表彰主權在民之原則。

參、外蒙古的歸屬問題

外蒙古是否為我國憲法所定之疆域？雖然我國政府迄今一直宣稱擁有外蒙古之主權，且教育部審定之中華民國地圖上，亦將外蒙古列入其中，但吾人恐需冷靜地探討此嚴肅的問題。

外蒙古在我國制憲之前的民國三十四年八月十四日由國民政府代表王世杰與蘇俄代表莫洛托夫簽訂中蘇友好條約，許可外蒙古經公民投票後獨立。外蒙古遂於民國三十四年十月二十二日舉行公民投票而脫離我國❻，故外蒙古即使在中華民國成立時係

❺ 五五憲草並未明列台灣亦為領土之一部分，明顯的是不能捋日本軍閥的虎鬚。以日本當時步步進逼我國之河北（塘沽協定），五五憲草一旦列入台灣為我國領土，中日之戰或許會提早一年開始。

❻ 關於這段史事，可參閱蔣經國，我的父親，黎明文化事業公司，民國六十四年，第 66 頁以下，以及王世杰，中

我國之固有領土，但衡諸外蒙古在我國制憲時已非我國領土，並未推派代表參與制憲，何況在制憲國民大會內亦無將外蒙列為我國國土之共識，外蒙古已非我國領土矣❼。

肆、領土的變更

領土的變更，雖然可以分成自然變更及人為變更。前者一如島嶼因地震、火山爆發沈沒而消失，但這種自然變更並無太大之意義。領土變更一般指人為的變更而言。

領土的變更，例如領土割讓給予他國、部分領土的脫離獨立、或是部分領土合併入他國等等。這種變更是「向外變動」式的變更，即版圖「大小式」的變更，而非國內行政區域劃分式的變更。

版圖擴大式的變更，是指增加國土。由於我國立國精神是反對任何形式的帝國主義，且依孫中山先生的民族主義精神，我國尚要扶植世界其他弱小民族，故我國不得進行任何侵略手段以攫取他國之土地❽。故我國國土擴充的唯一可能性，即是外國或一部地區的自願合併——假設外蒙古之願「回歸」(Heimkehr)——，否則沒有增加版

蘇友好同盟條約之締結與廢止，收錄於王世杰先生論著選集，國立武漢大學旅台校友會編，民國六十九年，第347頁以下。

❼ 嗣後在民國三十九年，聯合國雖通過我國所提之「譴責蘇聯背信案」，我國也聲明廢止中蘇友好條約，主張外蒙古公民投票獨立失效，外蒙古仍為我國版圖。但是，外蒙古於民國五十年申請入聯合國，我方以安理會常任理事國之身分不投反對票，外蒙古遂成為聯合國之一員。關於外蒙古入聯合國的過程，可參閱于衡，烽火十五年，皇冠出版社，民國七十五年，五版，第640頁以下。今後除非外蒙古「自願合併」入我國，否則外蒙即永遠分離中國而獨立矣。至今為止，司法院大法官會議僅做過一件關於領土界定的解釋。大法官會議對一件申請解釋（外蒙古）是否為中國固有領土之案件上，作出釋字第328號解釋，認為：固有疆域範圍之界定為重大政治問題，不應由釋憲機關予以解釋。大法官這種將界定我國疆界之權以為係由國民大會「獨攬」，殊不知憲法第4條之規定係指領土「嗣後」變更則由國民大會決定。但對「現有」之固有疆界則類同國家所擁有之法定權力，或憲法疑義，應當由大法官職司解釋之大責。因此不僅是政治問題，亦係憲法問題。所以今後若有聲請大法官解釋大陸，或澎湖屬不屬於中華民國之領土，大法官只能以政治理由拒絕解釋，大法官連「理所當然」的解釋卻應迴避乎？

❽ 孫中山先生在民族主義第六講 (13.03.02)，也是其六場民族主義演講最後的一段話為：「中國對於世界究竟要負什麼責任呢？現在世界列強所走的路是滅人國家的；如果中國強盛起來，也要去滅人國家，也去學列強的帝國主義，走相同的路，便是蹈他們的覆轍。所以我們要先決定一種政策，要濟弱扶傾，才是盡我們民族的天職。我們對於弱小民族要扶持他，對於世界的列強要抵抗他，如果全國人民都立定這個志願，中國民族才可以發達。若是不立定這個志願，中國民族便沒有希望。我們今日在沒有發達之先，立定濟弱扶傾的志願，將來到了強盛時候，想到今日身受過了列強政治、經濟壓迫的痛苦，將來弱小民族如果也受這種痛苦，我們便要把那些帝國主義來消滅，那才算是治國、平天下。」孫中山先生可以稱為一個偉大的政治家，由上述這段話，更是當之無愧矣！

圖的可能性及合憲性。我國國土的變更基本上只剩下版圖縮小的變更問題。此又涉及我國憲法是否允許我國版圖縮小的問題。

對領土的變更有採行由修憲方式變更者，例如捷克憲法 (1920) 第 3 條；有單純由法律來規定者，如法國第五共和憲法 (1958) 第 53 條。

我國憲法第 4 條規定，領土「非經國民大會之決議，不得變更」，九十四年憲法增修條文第 4 條 4 項改為：「非經全體立委四分之一提議，四分之三之出席及出席委員四分之三之同意，通過領土變更案，並於公告半年後，經中華民國自由地區選舉人投票複決，有效同意票過選舉人總額之半數、不得變更之。」這個議決領土變更的制度，會面臨下述幾個問題：

第一、領土縮小的許可性。憲法既然規定領土可由國民大會來議決變更，即意味憲法許可國家領土的縮小。故國家可能因戰爭而割讓領土，或因部分領土上之人民主張獨立而分離，我國憲法第 4 條及增修條文第 4 條都只重視領土變更的決定機關，卻忽視宣示領土的神聖不可變更性。倘若吾人認為我國目前的領土是吾人承繼於祖先，有完整交付予後代子孫的義務，憲法就應規定我國領土具「不可分割性」，保持國家領土永遠的完整。

第二、如果領土許可變更，雖應由立法院及全國國民之複決，但我國憲法卻未規定被變更領土內居民之意志。故為了尊重領土內國民之意見，應該設立被變更領土內公民的「否決權」的公民投票制度。亦即即使全國公民投票結果贊成該領土變更，但該地區的公投倘反對分離時，即可否決變更領土。是為「雙重保護瓣」機制❾。

第三、領土變更既是必經立法院及國民複決，此「領土」範圍的變更是否包括領海？答案如係肯定，則我國領海當年由三浬擴充到十二浬的決議，即須經國民大會決議。不過，倘若吾人認為領海的界定，以及相關的經濟海域界分問題，都是涉及國際法之關係，恆需進行國際交涉，故和傳統的領陸變更問題之性質不同，似乎不必包括在憲法有關領土變更之範圍內。然領海及經濟海域的變更是涉及國家主權、外交及經濟利益，多賴靈活與持續的國際外交行為來運作，和具有「恆定性」的領陸更易不同。

---

❾ 法國第五共和憲法第 53 條 3 項即明示：領土之讓與、交換及歸併，非經當地人民之同意，不生效力。德國基本法第 29 條甚至規定：國內邦區域調整也要徵詢居民意見，進行公民投票。回想百年前甲午戰後，清廷罔顧台灣民意割讓台灣予日本，引起台灣同胞責備清廷「其心何忍」，以及丘逢甲等民族英雄聲稱的「臣民不敢奉詔」的悲痛史實，當可知變更領土之公民投票的必要性。

憲法第 4 條宜增訂但書，將領海及經濟海域之變更權限，移置於立法院之上❿。目前依我國領海及鄰接區法 (87.01.21) 第 3 條規定我國領海為十二浬；專屬經濟海域及大陸礁層法 (87.01.21) 第 2 條 1 項規定我國專屬經濟海域為二百浬，故立法院已實質擁有決定領海及經濟海域範圍之權限。

　　最後，關於領土變更的憲法問題，吾人必須作一個結論：我國的領土乃中華民族之祖先傳承給子孫的最寶貴遺產，任何一代人不能加以處置，否則後代會指責為「民族罪人」。我國憲法增修條文雖有改變領土之程序規定，但這個制度不可以被變相用來當作國土分裂的手段。所以本制度可以視為標準之「備而必不用」的制度。

---

❿ 領海及經濟海域的確定，多半是各國在國際公約上簽字表示同意接受此公約之拘束，如一九八二年的國際海洋法公約。大法官在釋字第 329 號解釋中已明白宣示，凡內容直接涉及國家重要事項或人民權利義務之條約、公約、協定等，必須送立法院審議。

第十節　國　旗

壹、我國國旗的歷史

　　憲法第 6 條規定國旗為紅地、左上角青天白日，國人習稱為青天白日滿地紅旗。

　　國旗是代表國家的象徵。我國自古雖以旌旗代表軍勢雄壯與軍威之盛，但卻少像西方社會之繪圖案於旌旗之上，以示主權、地域與隸屬之別，而是書統帥之姓於旗上，故我國旗幟傳統以主帥之姓，不採圖案作為象徵之方式。同時，歷史皆無國旗之制，直至清朝末年為了徵收關稅，才以黃龍旗（黃底上繪黑龍一隻）作為國旗，大清帝國即以黃龍旗為國旗❶。

一、革命的旗幟

　　我國青天白日滿地紅之國旗與中國國民黨之革命歷史有密不可分之關係。依國民黨元老馮自由所著「革命逸史」（初集）中有一則「中華民國國旗之歷史」短文，披露了我國國旗的源起歷史❷。

　　孫中山先生於一八九五年三月十六日在香港興中會會議中決定第一次革命起義計畫時，採用了由陸皓東所草繪的青天白日旗，但本次革命事敗，陸皓東犧牲。五年後進行的惠州革命，青天白日旗始正式出現在革命軍事行動之中。自此以後，海外各革命組織正式懸掛青天白日之黨旗。

　　一九〇五年七月同盟會於東京成立。次年同盟會討論中華民國國旗之式樣，代表興中會的孫中山主張沿用青天白日旗，代表華興會的黃興（克強）反對，認為青天白日旗並不美，又頗似日本的旭日旗，孫先生為了說服黃興，於是添上了滿地紅一色，以示符合世界上的自由、平等、博愛的精神，但仍未獲黃興等人之同意，故同盟會時代並未對國旗的格式，獲得共識。儘管黃興不同意以青天白日滿地紅的旗幟當成國旗，但是自同盟會成立後所進行的潮州黃岡之役，迄一九一〇年三二九黃花崗之役等八次起義，黨人皆揚青天白日滿地紅旗，而擔任主帥的黃興亦未阻止之，故此旗實已代表各次革命之旗幟了。

---

❶ 董翔飛，中國憲法與政府，第 104 頁。

❷ 馮自由，革命逸史（初集），上海商務印書館，民國二十八年六月初版，民國三十五年三版，第 17 頁。

二、民國肇建時之國旗

武昌起義後，各省紛紛響應革命，全國各地革命軍共使用四種旗幟：武昌革命軍使用共進會的十八黃星旗（代表十八行省）；上海、江蘇軍政府使用光復會的五色旗（代表五族共和），係宋教仁與陳其美所主張；廣東軍政府之青天白日滿地紅旗，乃國父等興中會傳統所使用者；惠州起義的陳炯明使用井字旗（代表均田思想的井字），係廖仲愷主張。民國元年孫中山讓位於袁世凱後，參議院北遷北京後，遂決議沿用上海軍政府的五色旗（紅、黃、藍、白、黑）為國旗，陸軍為十八黃星旗，海軍則早在孫中山擔任臨時大總統時指定以青天白日滿地紅旗為海軍旗，但在滿地紅部分加上若干白線（類似美國國旗）。

孫中山先生不接受五色旗為國旗之態度，始終不變。在其領導下的中華革命黨、廣州軍政府，皆仍以青天白日滿地紅旗為國旗，青天白日旗為黨旗，直到民國十六年國民革命軍統一全國後，國民政府於民國十七年十二月十七日公布中華民國國徽國旗法（43.10.23 修正，簡稱「本法」）。

我國國旗的青、白、紅三色象徵自由（青天無涯可逍遙）、白日（白日之下眾生平等）、及博愛（紅色代表血液，眾人同胞皆兄弟也）。依孫先生之解說，白日的十二道光芒係代表一日十二時辰之干支。滿地紅乃陸皓東、其他興中會先烈及惠州革命軍皆為青天白日旗流過血，不能不留紅色以為紀念❸。所以我國國旗的三色非徒務美觀，尚寓有深意焉。

貳、國旗的法律地位

國旗（包括國徽，以下同）係國家之表徵，同時代表國家的國格與尊嚴。因此國旗享有法律上特別的地位，受到法律特別的保障。此即國旗的「尊榮權」與「專屬權」。

一、國旗的尊榮權

國旗代表國家的尊嚴，因此國旗的尊嚴不容侵犯。對於他國國旗的毀損、侮辱表

---

❸ 馮自由，前述書，第 18 頁。

示對他國的最不友善的態度，往往會引起外交關係的緊張，甚至開啟戰端❹，一般國民對國旗的侮辱，也是可罰的行為，我國刑法 (100.01.26) 第 160 條 1 項定有意圖侮辱中華民國國旗而公然損壞，除去或污辱中華民國之國旗國徽者，可處一年以下有期徒刑，拘役或三百元以下罰金❺。

除了刑法對於侮辱國旗應予處罰外，依本法第 12 條，國民遇升降國旗，應就地肅立、注目致敬。各種車輛除有特別理由，亦應就地停車。此條規定賦予國民就地肅立的義務，然無罰則。但依已廢止之違警罰法 (43.10.23) 第 58 條 1 款，可處二十圓以下的罰鍰。現行社會秩序維護法 (99.05.19) 則已刪除此規定。違警罰法以罰則之規定要求國民對升降旗的尊重，似已過度擴張對國旗的尊敬義務。吾人不否認在某些特別的團體及設施內，應有嚴肅的升旗典禮，且參加者應肅立致敬，例如學校、政府機關及軍隊，違反此義務者可加以處罰。但一般國民遇機關之升降旗，實無需強制其駐足行禮矣❻。

國旗的尊榮權也及於國旗形式的「正確性」。因此，依本法第 20 條，國旗不能被任意改作，不能作非法的綴置各種符號於其上，同時依本法第 18 條，對不合標準製售的國旗，當地政府應嚴行取締或糾正。

二、國旗的專屬權

國旗擁有專屬權，係指唯有國家才能專屬的、排他性的使用國旗為其標誌。其他個人、法人、機關團體皆不能以國旗（國徽）為其標幟。本法第 21 條雖然只規定：國

---

❹ 國人當不忘第二次中英戰爭 (1856) 便是英國藉口清廷官吏搜查亞羅號船時，侮辱英國國旗為導火線。

❺ 我國刑法之刑度比起其他各國甚輕。例如德國刑法 (1975.1.2) 第 90 條 a 規定，公然毀損、除去、污損、侮辱德國及各邦國旗（邦旗）、國歌、國徽及國旗三色者，可處三年以下有期徒刑，如為反對聯邦之存在或反對憲法基本原則而有上述犯行者，可處五年以下的有期徒刑。未遂犯亦罰之。我國刑法則未處罰此種行為之未遂犯。

❻ 美國聯邦本訂有「禁止褻瀆國旗法」(1968.07.05)，對毀損美國國旗者，處一年以下有期徒刑或併科一千元以下罰金，各州亦採相同立法。但自一九八九年六月二十一日美國最高法院在「德州控訴詹森」(Texas v. Johnson) 案中，認為人民焚燒國旗，若無立即引發暴動之虞，不得處罰。否則即違反憲法增修條文第 1 條保障言論自由的旨意。故焚燒國旗是一個合法的「象徵性言論」(symbolic speech)。美國參眾兩院遂立即通過修正該法律 (1989.10.28)，維持原有處罰規定，但增列被告得越過上訴法院，直接上訴聯邦最高法院，予以救濟。但最高法院旋於一九九〇年判決的「美國控訴艾克曼」(U.S. v. Eichman) 案中，重申立場，宣告國會甫修正的國旗褻瀆法違憲。針對聯邦最高法院這種過度延伸言論自由的界限至焚燒國旗之看法，美國參眾兩院幾度試圖增訂憲法，增加一條保護國旗的條文，但均未成功。參見陳治世，美國禁止褻瀆國旗修憲案的評述，刊載：鄭哲民（主編），美國國會之制度與運作，中央研究院歐美研究所出版，民國八十一年，第 166 頁。

徽國旗式樣，不得作為商業上專用標記，或製為一切不莊嚴之用品。倘依本法本條如此狹隘的規定，則政治團體以國徽為黨徽、國旗為黨旗，則在實際政治抗爭時，對國旗、國徽所為之污損、毀損，可以被辯稱為專對他黨黨旗、黨徽之污損、毀損，而免除刑責。所以，除政府與軍事機關得以國旗或國徽為其標誌外，為了維護國旗國徽的尊嚴，免受到其他團體或個人的連帶侵犯，本法宜修正，明示國旗國徽的「專屬權」❼。同時，如果黨徽、國徽，以及黨旗、國旗不能一目瞭然的區分，當公務員佩戴之，易被誤有違反「行政中立」之嫌。故此亦佐證國旗（徽）有專屬之必要也。目前唯有商標法(100.06.29)第 30 條第 1 項第 2 款規定：相同或近似於中華民國（及外國）之國旗國徽者，不得申請商標註冊。然此僅是規範商標註冊事宜，不及於限制一般之使用也。

---

❼ 我國海軍的軍旗在民國元年即以國旗為軍旗，依現行海軍旗章條例(41.02.27)附圖，亦以國旗為海軍旗，青天白日旗為艦首旗。於此不能不討論中國國民黨的黨旗黨徽與國徽相同的問題，儘管仍有極細微的差異（國徽的十二道光芒離周邊尚有一道光芒的長度，國民黨黨徽的光芒則切齊於周邊）。誠然我國徽係採自中國國民黨徽，且國民黨擁有該黨黨徽已有近百年之歷史。但既然行憲後「黨國」已非一體，為了尊重國旗國徽的專屬權，以及避免混淆海軍軍旗（艦首旗），似乎唯有讓中國國民黨自行更易黨徽，否則國徽的專屬權便無以維持。但要使中國國民黨接受此一見解，恐非易事也。

第三章　人民基本權利與義務

第十一節　基本人權的基本原則

壹、近代人權思想的發展

　　我國憲法第二章規定人民之基本權利與義務，其中將基本人權（以下簡稱「人權」）之規定置於憲法總綱之後，國家組織之前，顯示我國憲法對此章「人權條款」(bill of rights) 的重視。此種符合民主國家憲法潮流的「人權優先性」——例如德國一九四九年基本法之立法模式，益可知憲法之目的首在保障人權也。

一、人權思想產生之哲學基礎

　　認為人民享有人權之思想，蔚為今日世界潮流，實已經過人類數百年之努力。主導這個思潮發展的動因為二，第一是源於西方基督教的「自然法」思想；第二個則是屬於政治理念的「主權在民」思想，茲分述如下：

㈠自然法

　　「自然法」(natural law) 的思想認為在人類的生活中，正如同自然界中有一種「自然定律」支配動植物的生死循環，人們的生活行為也有「自然法」以資遵循。基督教認為人像萬物一般由上帝創造，上帝並創造自然法控制人類萬物。這種自然法表現在人類政治生活中，便產生了「神法」與「國法」之分。前者認為國家間縱有國家藩界的隔離，但受到神法的拘束則各地同一。國家法律不能否認上帝的存在。各國家君主只能拘束人民肉身的生命，至於永恆的生命仍須接受神法的拘束。神法的理論在中古黑暗時期曾發展成為教會法 (canon law)，將人法與世俗法（國法）合而為一，表現出宗教力量的龐大。宗教勢力也染指國家政治與法律的情形。這種否認國法有絕對效力的理念也寓有只要是人類就擁有一種超越國家法律的權利（與對上帝的義務）的看法，故具有「超實證法」與「超國法」的性質，此正是「自然法」的特徵。是以本於基督教理念，國家制定的法律有一個「內容上」的極限！易言之，人作為上帝所創造的子民——國王即使亦然——，必須有一些「最起碼的人性尊嚴」。而此「人性尊嚴」是在人為的政治組織——「國家」成立之前就存在，故有優越於國家法律的價值與地位——

稱為「先於且優於國家之人權」(vor-und ueberstaatliche Grundrechte)。國家法律必須承認這些人類尊嚴的存在，並保障其能在國家法律秩序中永續不墜。這種根源於自然法之人類尊嚴，並強調國家應多加以保障之最基本要求，即為基本人權的哲學依據。

西方社會所奠立的基本人權，吾人實應歸功於上述自然法，即「超實證法」的理念，賦予基本人權制度的靈魂。啟蒙時代普遍形成的「天賦人權」理念，認為人權本為上帝，而非國家之君王所賦予，就是源自於這種自然法的理念❶。甚至在第二次大戰後，有鑑於戰前法西斯國家濫用實證立法的「法實證主義」(Rechtspositivismus) 法律來遂行獨裁，形成所謂「法上的不法」(gesetzliches Unrecht)，因而形成「自然法復興」思潮 (naturrechtliche Renaissance)，以糾正實證立法的「不法」。今日許多民主國家的憲法皆強調人類尊嚴的權威性，例如德國基本法 (1949) 第 1 條 1 項宣示人類尊嚴係不可侵犯，所有國家權力皆負有尊重與保護人性尊嚴之義務。所以人權一定是要有最高的轉神價值，——便是人性尊嚴——，這是所有基本人權的根源，也是肯認日後許多「新興人權」產生的檢查基準。

㈡主權在民

人權制度之產生，乃人民對於自己本身與國家間之關係，進行深切的反省後所產生的思想結晶。這個「思想反省」的活動，就是十八世紀所興起所謂的啟蒙運動 (The Enlightenment)。西方在產生啟蒙思想以前，普遍瀰漫著君主專制的政權是由上天所賜的想法。相同於西方有這種「君權神授」的觀念，我國自古認為皇帝是天子，中外政治思想的迷信實為伯仲之間。人民屈服在國家權力之下，而不認為自己有超越於國家的權利，也不敢擁有懷疑君主權力正當性之權利。西方國家經過中古時期（黑暗時代）的統治數百年之後，隨著文藝復興對人類心靈由「神權」觀念束縛的解放，政治思潮的脈動逐漸產生民主的理念。我們習知的啟蒙時代幾位大思想家，例如英國的洛克、法國的孟德斯鳩與瑞士的盧騷，提出並闡揚各種民主理念，建立基本人權的理念基礎及體系。英國的洛克在一六八八年發表「政府二論」一書，力陳國家應將自身的統治權力，由以往的集中於國王之手，區分為立法權與執行權。人民有權推舉代表制定與人民自身利益、福祉休戚與共的法律。國家的執行權（行政權與司法權，此與下述孟德斯鳩的看法稍異），如侵害人民的權利時，非遵照法律不可。因此，人民的權利雖可

---

❶ H. Wagner, Die Würde des Menschen, 1992, S. 137. 中文文獻可參閱李震山，人性尊嚴的憲法意義，刊載氏著：警察任務法論，增訂三版，民國八十二年，第 299 頁以下。

受到自己推舉出來的代表制定法律限制或保障。法律即有了民意為依歸，民主理念之芽就此萌發。

其次，法國的孟德斯鳩，於一七四八年發表了「法律的精神」一書，正式將國家權力析分為「三權」，亦即由立法、行政、司法三個互不隸屬的機關來執行國家權力。他認為要防範政府濫用權力，最好的辦法就是將國家權力分而為三，將立法權力賦與國會掌握；執行國會所制定之法律的權限，則交給另一個機關（行政機關）執行。這種區分使得執行者無法自行制定法律限制人民，而人民推派的代表也僅及於立法事務而不執行之。至於行政機關執行法律侵犯人民權利或是人民主張自己權利已遭受他人侵害時，才由一個獨立、超然、公正的司法機關來定紛止爭。因而立法、行政與司法分別操於三個獨立不同的機關，國家專制集權之情形才不致於發生。

第三位鼓動民主思潮之最重要的大思想家是出生法國（以後入瑞士籍）的盧騷。盧騷在一七六二年發表了「社會契約論」（簡稱「社約論」）一書，認為人是生而自由，但無時不在枷鎖之中；自以為是其他一切萬物之主的人類，反而比一切萬物更奴隸。盧騷的「社約論」揭櫫了人身為萬物之靈，當可憑己意決定支配生活之觀點。盧騷更主張每個人都與他自身所處的社會中之其他人，一起共同生活在「公益的最高領導」之下，也就是使自己成為此社會中的成員，且為不可分割的一部分。人類的社會因此形成一自然的契約，人們為了生活在群體之中，必須形成類似契約的規範，放棄一小部分自己的權利和自由，換得不受他人恣意侵害其權利之保障。社會整體的「公益」因此產生，社會秩序從而維持。國家即是締結與踐履這類型契約的一個主體，人類基於公益且為共同安全組成國家，君王的任務是接受人民委託執掌國政，不得專擅欺壓人民。倘若執政者並未履行以國民公益為內容之契約，人民可更換締約者、推翻政府。由盧騷「社約論」觀點，引發的人民享有「可更易政府」權利的理論，使得基本人權作為評判國家領導者有無遵守社會契約之標準與否認掌權者領導之依據。是故，盧騷的「社約論」創立了「主權在民」的理論，強化基本人權的尊崇性，在實際政治活動中賦予人民革命之正當性與價值判斷之標準。由是，「主權在民」理念當然就產生基本人權之訴求，盧騷的見解實功不可沒 ❷。

---

❷ 參閱沈清松，盧梭社會契約論的解析：一個奠基性迷思的轉變，刊載：（張福建與蘇文流主編），民主理論──古典與現代，中央研究院中山人文社會科學所出版，民國八十四年，第 51 頁以下。

二、孫中山先生的「革命民權論」

在歐美盛行的民主思潮，也不斷衝擊著東方的中國。孫中山先生領導革命運動，就是以建立西方民主式政權為奮鬥鵠的。一九一一年國民革命成功後，孫中山先生提出臨時約法與爾後公布的幾個版本的憲法草案，皆明示人民具有基本人權。然而，在人權的認知上，孫中山先生與歐陸的著眼點有別，例如：孫中山先生主張人權是因革命得來的，故力主「革命民權說」，反對西方之「天賦人權說」。甚至主張「民國之民權，唯民國之國民乃能享之。」以及「唯誓行革命主義者，乃能享之。」❸孫中山先生在民權主義第一講 (13.03.09) 雖批評洛克與盧騷的天賦人權是沒有事實根據，民權乃「時勢與潮流造就出來的」，而創出此「革命民權」說。同時孫中山先生在更早的中華革命黨總章（民國三年）第 11 條、12 條對於革命黨員以其加入革命黨的時間先後（革命軍未起義前加入、起義後至革命政府成立前加入、革命政府成立後加入）分成首義黨員、協助黨員與普通黨員三種，且分享有元勳公民、有功公民與先進公民，各擁有不同程度的公民權利，如元勳公民有一切參政與執政之優先權、而有功公民享有選舉與被選舉權、然先進公民僅有選舉之權利。第 13 條且規定：在憲法頒布之前，非黨員之國民並未具有公民的資格。孫中山先生這種「黨員公民權專屬」的看法，以及革命民權理論，顯然前者賦予黨員參政特權，為日後國家訓政時期「一黨專政」的政治制度奠定理論基礎；後者對於「敵視民國」者不給予民權，避免濫用民權來破壞民國，已頗符合德國基本法所樹立的「防衛性民主」(wehrhafte Demokratie) 的概念（參閱本書第三十七節貳四處）。德國基本法第 18 條亦有所謂的「人權失效條款」(Verwirkung von Grundrechten)，本條迄今尚未發生過任何一次的條款賦予聯邦憲法法院對濫用人權來攻擊國家自由民主秩序的人民，得宣布其人權失效。因此和孫中山先生的革命民權理論，頗有神似之處。

孫中山先生對於「黨員」獨攬國家參政權的看法，仍須加以補充。黨員並非僅是享有參政的權利而已，毋寧是黨員有為革命奮鬥犧牲的義務。在前述中華革命黨總章（第 4、5 條），確定革命的過程分為軍政、訓政與憲政三個時期，軍政與訓政稱為革命時期，此時期一切「軍國庶政，悉歸本黨黨員負完全責任」，所以在實施憲政之後國

---

❸ 關於孫中山先生的革命民權論，參閱劉翰宇，中華民國憲法導論，民國七十六年，第 188 頁以下。

民才擁有完全的民權。而依建國大綱（民國十三年）第 19 條以下且規定全國有半數縣已實施直接民權時，即可推派代表制定憲法，終止訓政。因此國民此時已能以民主方式行使公民權利。

因此，綜觀孫中山先生的革命民權論，基本上並不否認人民應擁有人權的必要性，只是在人權獲得的來源以及對於人權享有者提出「階段性限制論」。革命民權論僅能視為孫中山先生激勵國人之言論。佐以其「天下為公」的胸懷以及在現實政治上並未實施這些激烈的、排他性強的革命民權說，可資證明。此外，吾人再查考孫中山先生人權觀與天賦人權觀間的差異，可指出其論點在於人民非經激烈的革命手段不能獲得及享有人權，「坐而等待」專制君王的恩賜是不可能之事。西方則以為人權本天生的，任何人一出生即享有，且由上帝賦予，不可被專制君主來剝奪之。倘若君主不承認人民擁有此權利，人民即可起而推翻之，可見得國父為宣傳革命、激勵人心，乃有此說，與西方人權理論實無不同，只是孫中山先生強調的重點在於手段罷了！吾人實不應該僵硬、食古不化或不當延伸孫中山先生當年提出革命民權論的激勵、鼓舞國民革命勇氣的用意，以及其對黨員獨攬公民權所蘊含鼓舞革命黨員拋頭顱、灑熱血的「酬庸」、且極具「限時性」之目的，用來攻訐天賦人權及全民參政的理念，否則將陷孫中山先生的理念有被人誤解為有「反民主」與「反普遍人權」之虞的「不義」之中。

三、人權理念的成文化（法典化）

人權的思潮，由純粹理念落實到拘束人民實際生活的法律之中，皆和革命分不開關係。人權的成文化──法典化，先由美國發端，歐陸法國緊接於後，我國則在本世紀初始，接受人權的洗禮。

㈠美國的濫觴

1.維吉尼亞州「人權法案」

受到法國啟蒙思想的影響下，美國人權理念的傳播與人民獨立革命的政治活動合而為一。先驅者首推美國維吉尼亞州於一七七六年公布的「維吉尼亞州憲法」。維吉尼亞州於一七七六年五月在威廉斯堡的會議中，決定了脫離英國獨立，並設置一憲法起草委員會。該委員會於同年六月十二日通過──與英國一六八九年公布同名，但內容完全不同的──「人權法案」(Bill of Rights)，成為維吉尼亞州憲法。本憲法是世界上第一部成文憲法，積極肯定了人民的人權，其共有十六個條文可看出洛克、孟德斯鳩、

盧騷的思想已貫徹其中了。尤其第 1 條即宣示天賦人權與社會契約論，第 2 條規定主權在民、第 3 條賦與國民有變更政府的權利，皆採擷盧騷之見解。第 4 條規定國家三權分立，也顯示承繼了孟德斯鳩的理論。因之，維吉尼亞州憲法的人權理念已開創近代將人權入憲的先河，實具有火車頭的先驅作用。

2.美國「獨立宣言」

維吉尼亞州憲法的權利法案公布後，不到一個月內的七月十日，由北美十三州組成的第二次大陸會議，全體一致通過「獨立宣言」，本「宣言」條文如下：「吾人認為下述各種原理是顛撲不破的，所有人皆生而平等並享有不得讓渡予他人的權利。這種權利包括生命、自由與追求幸福之權，為了人民這些權利的實現，乃創立政府。政府的各項正當權利皆是源自被治者的同意，任何一種政治體制如有損害其目的之行為，人民可加以廢止、變更，並以實現人們的安全與幸福的最適當原則來組織新設另一政府，此乃是人民的權利。故吾人認為上述這種原理是理所當然的。」可見得美國獨立宣言接受天賦人權、主權在民、社會契約論等原則，且完全採納盧騷的理論。美國憲法雖在一七七八年制憲時，未將人權理念涵括於本憲法內，但在一七九一年的憲法修正案第 1 條至第 10 條，便將上述維吉尼亞州憲法之權利法案之精神，濃縮入憲法的修正案。自一七九一年始，以迄於今美國憲法中的權利法案即成為其憲法的重要原則。

㈡法國的發揚光大

美國北美十三州在一七七六年宣布獨立，和英國進行戰爭獲得成功，對於當時之法國產生了深遠的影響 ❹。法國一七八九年七月十四日發生震驚世人的法國大革命，推翻路易十六的統治。八月十六日的憲法制定會議中，通過著名的「人權宣言」十七條。此一宣言於一七九一年納入第一共和憲法前言，並且在法國第四共和憲法 (1946) 及現行第五共和憲法 (1958) 的前言中，再度被援用，從而具有法律上的效力。本宣言

---

❹ 法國人權宣言的公布，造成歐洲人權運動的勃興，但其淵源如何，在本世紀初引起了「美國移植論」及「法國本土啟蒙論」兩派的有趣爭論。前者由德國公法學大師耶律涅克 (G. Jellinek) 所代表之見解，認為法國人權宣言受到美國維吉尼亞州一七七六年州憲法（人權法案），以及日後陸續制定之各州憲法的影響，才醞釀產生出來，否則，法國啟蒙時期的思想最多只有歷史價值，不會激發出行動。法國政治學家 Emil Boutmy 卻認為法國人權宣言並非受到美國的影響，完全是法國人民經過啟蒙思潮薰陶後的自主性行動。E. Boutmy 不否認美國維吉尼亞州人權法案先於法國人權宣言誕生，但也認為該人權法案是法律而非哲學文件，且是美國基於實用原則針對其本土而制定，不似法國人權宣言乃針對全世界昭示：人類應該具有人權的崇高理念。沒有一位法國人會視為法律而在法庭上援引之，故為一個哲學性質的鉅作。參見 M. Kriele, Einfuehrung in die Staatslehre, S. 149.

堪稱影響後世最重要的人權典章，鑑於其對人權理念有不可磨滅的重要性，特將其內容梗概臚列如下：

第 1 條：人類生而平等。

第 2 條：國家之存在乃在保障人民的權利，而人民擁有可反抗任何壓制政府之權。

第 3 條：國家主權源自於人民。

第 4 條：自由的前提乃在不妨礙他人自由。

第 5 條：自由的限制須依法律規定。

第 6 條：所有的法律乃全體人民意志的反映。法律之前，人人平等。

第 7 條：任何人除在法律規定情況與依據法律的形式外，不得被任意起訴、逮捕或拘禁。

第 8 條：任何人除非依據犯罪之前所制定的法律，否則不予處罰（罪刑法定主義）。

第 9 條：任何人除非被宣判為有罪，應被推定為無罪。

第 10 條：言論自由、宗教自由應予保障。

第 11 條：人民擁有著作、言論與出版自由。

第 12 條：保障人權、不得濫施武力。

第 13 條：稅收應依人民的能力，平等來分配。

第 14 條：賦稅須由人民的代表議決之。

第 15 條：國家公務員應對社會大眾（而非國王）負責。

第 16 條：憲法須規定保障人民權利與權力分立的原則，否則不構成憲法。

第 17 條：所有權是神聖而不可侵犯。非經法律明白確認為公益所必需與正當補償，不得剝奪任何人之財產。

　　法國一七八九年的人權宣言，在內容上較美國維吉尼亞州權利法案為具體，再加上法國當時地處歐洲政治、文化、經濟的中心，人權宣言的影響自是無遠弗屆。因之，宣言所欲表達主張的觀念，隨著日後拿破崙橫掃歐洲的勢力而遍布各地。

　　十九世紀是一個大步邁向民主政治的時代，以歐洲為例，各國皆如火如荼地進行立憲運動，因此由法國所揭示的人權精神，也就落實到各國憲法條文之中。

四、人權的世界化趨勢

　　人權的理念雖然已成為時代潮流，說明人權理念是具有「擴散性」，可流傳於世界各地。但是，一個國家是否尊重人權與樹立實踐人權的制度，恆為一國之內政，他國基於主權之尊重，不得加以干涉。但在第二次世界大戰後，各國人權「劃地自處」的現象已漸被人權「世界化」的趨勢所取代。

　　聯合國憲章 (1945) 在前言中已宣示聯合國成立的目的之一在於「重伸基本人權、人格尊嚴及男女與大小各國平等權利之信念」。一九四八年且通過「世界人權宣言」三十條。其他有關人權的國際盟約甚多，例如經濟社會文化權利公約 (1966)、公民及政治權利公約 (1966)；區域性的如歐洲人權公約 (1950)、歐洲社會公約 (1961) 等等，世界上絕大多數的國家──包括非民主政權的國家──皆參與簽字。故簽約國負有──至少是道德上的──義務，以促進國內之人權發展❺。並且為了督促各國儘可能保護人權，國際組織成立了超國界的法院來制止違反人權之行為，例如歐洲法院 (1998)，以及同年依羅馬公約於荷蘭海牙成立的國際法院。後者近年來審理幾個重大的違反人道及種族屠殺罪「國際戰犯」，而受到舉世注目。故人權國際化的好處，可以利用國際社會的壓力，將一國的司法正義無法糾正之違反人權行徑，可獲得外在的奧援與支持。

　　值得注意的例子是大法官在釋字第 587 號解釋，係將聯合國兒童權利公約 (1990.09.02) 第 7 條「子女有獲知其血統來源之權利」，作為解釋的主要依據。我國人權與國際接軌的例子，最明顯的，莫過於上述聯合國一九六六年通過的「公民與政治權利公約」與「經濟社會文化權利公約」，立法院皆制訂了施行法，並於民國九十八年四月二十二日公布，同年十二月十日「世界人權日」起實施。此二個國際公約已轉化為我國國內法矣❻。

貳、人權的種類

　　人權的項目種類繁多，如何加以分類，是一個極為複雜的工作，憲法學界曾以各種不同的角度，來嘗試加以區分，不過並沒有一種「放諸四海皆準」的分類。僅就憲

---

❺ 參閱李鴻禧，論國際法上之人權保障問題，刊載氏著：憲法與人權，民國七十四年，第 293 頁。廖福特，國際人權法，元照，民國九十四年，第 68 頁以下。

❻ 另一個國際公約轉換為我國國內法者，為「消除對婦女一切形式歧視公約施行法」(100.06.08)。

法學界較盛行的幾個分類來討論之：

一、人權、民權與基本權利

此乃就權利的法源基礎，是否基於自然法，也就是基於天賦人權的理念，而擁有的權利，便是「人權」(human right, Menschenrechte)。此種權利沒有人種、性別與國界的藩籬，也就是一種「先於且超於國家的權利」(vor-und überstaatliche Rechte)。反之，必待國家之承認與立法規定者，且以國民為對象才擁有之權利，稱「民權」或「國民權利」(civil right, Bürgerrechte)。憲法所承認與保障的人民擁有最起碼的人權，即可稱為基本權利。因此基本權利中，包含了屬於一般人權性質，也有只屬於民權性質的種類。

一般憲法所稱的人權，多半包括民權在內。所以憲法的基本權利係包括在範圍較廣的人權概念之內。本書的人權概念，亦同。

二、古典人權與新興人權

這是以人權產生的時代以觀，大致以自由主義時代產生之人權，稱為「古典人權」或「傳統人權」，以及在本世紀才產生，具有社會主義色彩及追求社會正義鵠的之「新興人權」兩大類。

㈠古典人權

在啟蒙時代提倡天賦人權的觀念時，人權是包括自由權、生命權（不得隨意被剝奪）、財產權、平等權四大項目。在一七七六年美國維吉尼亞州人權法案的 16 條宣言中，除了平等權外，已包含上述三項基本人權種類，另外增加革命權（第 3 條，推翻無道政府之權）、公平裁判權（第 8 條，陪審團同意為判刑要件）；第 9 條，過重與殘酷刑法之禁止；第 10 條，無證據不得逮捕；第 11 條，民事裁判亦應有陪審團等。法國一七八九年公布的人權宣言則首重平等權，次及於革命權、自由權及財產權❼。這是歷史最悠久的人權，也是歐美人民當年奮起推翻暴政所要爭取的人權。因此，這些

---

❼ 但美國即使宣示平等原則，但對黑人並未給與此平等權；法國雖公布人權宣言，卻旋即走上恐怖統治，大量殘殺「反革命」罪嫌的前朝官員、貴族及意圖逃出國外之人民。所以德國學者 Kriele 稱美國當時是「沒有平等權的憲政國家」(Verfassungsstaat ohne Gleichheit)，法國則是「有人權的非憲政國家」(Menschenrechte ohne Verfassungsstaat)。頗是一針見血之論。M. Kriele, aaO., S. 160.

人權的主要目的係在保障個人的自由範疇，排除國家之侵犯，故皆是具有「防衛權」(Abwehrrechte) 性質，其成分主要是平等權、自由權（宗教自由，言論、出版、講學自由，學術與藝術創作自由，人身自由，集會、結社自由，遷徙自由，秘密通訊自由等）、財產權、參政權（選舉、罷免、創制、複決與服公職之權）與救濟權（請願、訴願與訴訟權）等五大類。

(二)新興人權

二十世紀因為社會主義思潮興起後，也造成人權範圍之擴張。這些屬於新興的人權，不再是排除國家侵犯的防衛權，而是具有積極要求國家有一定作為之行為請求權 (Leistungsanspruch)。最受矚目的係社會基本人權（簡稱社會權）、環境權、抵抗權等，社會權包括生存權、教育權、工作權、住宅獲得權等。環境權係人民可要求擁有一個適合居住與生長的環境，隨著社會環境保護意識的提高，環境權儼然成為新興人權的代表。同時帶動著環境法，成為一門新興法學 ❽。

至於抵抗權則是根據古典的革命權，在德國基本法一九六八年增訂條文時重新獲得承認。抵抗權是承認人民可以對一個政府的違憲行為，或一個為違憲成立的政府，特別是透過政變、革命或其他非法手段獲得政權及拒絕政權輪替的政府，行使暴力抵抗或不服從的權利。雖然這個新興的人權能否獲得各國的承認，成為「實證的人權」，尚待討論；不過，此權利的實施有一定嚴格的要件（例如政府已淪為非法政府，人民無法循正常管道（如訴訟）來糾正政府的違憲行為），否則，率爾實施便會觸犯法律。因此，德國雖然修憲納入此權利，但四十年來沒有出現過一次此權利的合憲行使。因而本抵抗權是一個特別保障國家憲政生命法益的權利，而非保障國民權利之基本人權。鑑於基本權利是每日可能使用到之權利，德國抵抗權的原則，猶有太多不確定因素，且猶如「冷凍權利」，沒有任何實證經驗，各國憲法鮮少做效採用此權利，並非偶然也 ❾。

---

❽ 學界有認為尚有其他亦需憲法保障之新興人權，例如資訊權、程序權、集體權、生命權、身體權、尊嚴權、家庭權、政治庇護權、環境權、勞動權及國家補償請求權等。見李震山，論憲政改革與基本權利保障，中正大學法學集刊，第 18 期，民國 94 年，第 61 頁以下。多元、寬容與人權保障──以憲法未列舉權之保障為中心，民國九十六年，2 版。

❾ 德國基本法將抵抗權規定在第二章「聯邦與邦」制度的規範聯邦政體的原則部分（第 20 條），而非在第 19 條以前的第一章「基本權利」之內，即知本權利是在保衛憲法，而非保障個人之權利。H-Maunes, §23.8, 另外參閱拙作：國民「抵抗權的制度與概念」，刊載：基本權利（下冊），第 1 頁以下。

三、權利性質的劃分——地位理論

上述兩種區分，一是對於權利來源依據所做的區分；二是就權利產生時代所做的區分。但這兩種區分具有哲學思想與歷史的價值，但對法學的價值即較不顯著。為此有必要專就各種人權的「法律性質」方面來加以分析與分類，此便是極受法學界重視的界分方式，係德國著名憲法學者耶律涅克 (G. Jellinek, 1851–1911) 在一八九二年出版的「公法權利之體系」(System der subjektiv-oeffentlichen Rechte) 一書中提出「地位理論」(Statustheorie)。耶律涅克認為人民與國家就法的關係，可以分成四種「地位」：

(1)被動地位 (passiver Status)：或稱服從地位 (status subiectionis)，人民單純地處於服從國家之地位，即義務關係。

(2)消極地位 (negativer Status)：又稱自由地位 (status libertatis)，係人民在被動地位外享有不受國家干涉之權利。因此自由權多半屬於這種關係之權利，是具有排除國家非法干涉之防衛權之色彩。

(3)積極地位 (positiver Status)：又稱國民地位 (status civitatis)，這是國家給予其國民法律上的某種資格，可以請求國家實現該資格，且必要時可透過法律救濟之途徑保障之。因此可以產生如我國學界盛行所謂的「受益權」——包括司法受益權（訴訟權）、教育受益權、經濟受益權——；或是在具體個案中直接向國家請求之權利（公法權利）——例如行政處分（國籍、營業執照、失業補助金）——之給予。

(4)主動地位 (aktiver Status)：指人民有主動參與國家意見形成之機會，因此產生了人民參政之權利。

耶律涅克這個已有百歲高齡之久的人權理論，不免已有部分過時之處，例如屬於第二種消極地位的自由權，雖然是防衛國家違法侵害人權，但維護此種人權所提起的法律救濟途徑卻必須援引第三種之積極地位，所以第二種地位無法產生訴訟權，即喪失其「功能獨立性」。此外，對於本世紀才興起的社會權利，例如工作權、生存權，理應包括在第三種之積極地位，但在耶律涅克時代，尚未承認此種權利。因此，耶律涅克主要是以傳統自由權為標的來構建「地位理論」之體系矣❿。

---

❿ 參見拙作：論「社會基本權利」，刊載：基本權利（上冊），第 106 頁。其他的批評，亦見吳庚，憲法的解釋與適用，第 99 頁以下。

四、人權種類的概括規定

㈠「種類不定」原則

　　我國憲法對於人權的種類，採取列舉及概括規定兩種。憲法第 7 條至第 21 條，已列舉式的規定許多人權種類，其中多半屬於古典人權，部分及於新興人權——例如第 15 條之生存權、工作權及第 21 條之受國民教育權利。此外，憲法第 22 條復規定：「凡人民之其他自由及權利，不妨害社會秩序公共利益者，均受憲法之保障。」故除了憲法第 7 條至第 21 條外，憲法承認人民還有其他自由與權利，是為人權「種類不定」原則。這個概括規定無異指明憲法第 7 條至第 21 條之列舉人權僅是例示性，而非排他性之規定，和美國憲法增修條文 (1791) 第 9 條（不得因本憲法列舉某種權利，而認為人民所保留之其他權利，可以被取消或輕忽）之規定，完全一致。除了可包括未被「例示」性提及的人權——例如藝術自由、契約自由外，也讓人權的種類隨著時代的演變，得以進入人權條款的範圍條款之內。故此種概括規定有如「海納百川」，特別是演變成「一般行為自由」，具有衍生出其他基本權利的能量，故實有積極性的功能 ⓫。

　　大法官在解釋實務中大幅擴充憲法第 22 條之內容：家庭生活及人倫關係（釋字第 242 號解釋）、姓名權（釋字第 399 號解釋）、隱私權（釋字第 293 號、443 號解釋）、契約自由（釋字第 576 號、第 580 號解釋）、身分權（子女獲知血統來源，以確定父子身分關係，釋字第 587 號解釋）、少年人格權（釋字第 664 號解釋）、人性尊嚴、人格發展權及隱私權等（釋字第 585 號及 603 號）、性行為自由（釋字第 554 號、釋字第 569 號）、名譽權（釋字第 65 號）、受教育權（釋字第 626 號）、前往何處的行動自由（釋字第 689 號）及收養權（釋字第 712 號）等等，可以具有基本權利之地位。

　　人權之規定，不僅是實體保障，也發展成為「程序保障」。這點除人身自由憲法第 8 條有明示其「正當法律程序」之保障外（釋字第 384 號）其他人權也含有類似的保障功能。例如訴訟權（憲法第 16 條）之保障，也及於人民享有武器平等、充分之辨渡

⓫ 德國基本法第 2 條 1 項保障人民有「發展人格之自由」，這條被稱為「收容權」(Auffangsgrundrecht)，也是當作一種概括保障的人權。也就是當憲法為明文列舉的人權項目，則可歸入此權利的概念之內。德國學界便稱此條款為「人權母法」(Muttergrundrecht)，也是人權的「普通法」(lex generalis)，而憲法明文列舉的人權項目為人權的「特別法」(lex specialis) 討論憲法保障的依據時，應先援引該以明定的特別人權之規定（及限制），為憲法未規定該權利項目時，方得援引基本法第 2 條 1 項之規定，亦為「特別法優於普通法之原則」的解釋使然。參閱 A. Katz, Staatsrecht, Rdnr. 598.

機會（釋字第 418 號），可參見本書第十五節貳一處。

(二)人權種類的認定問題

　　然而，究竟哪些自由及權利才能被承認為憲法所保障之人權？一個在外國被承認的人權——例如德國的抵抗權、美國的擁有武器權——是否可以登堂入室成為我國憲法所保障的人權？易言之，如果無條件承認憲法第 22 條的概括規定，會否使其他法定權利「升格」到如同其他憲法明定（第 7 條至第 21 條，共 13 類）之基本權利（可稱為「人權清單」），以致於損抑制憲者所以特別指明保障那些基本權利之意旨，從而使基本權利的重要性喪失？可否專以文義來推敲，認為依我國憲法第 22 條之旨意，憲法未列舉的人權項目，必然是以「不妨害社會秩序與公共利益」作為前提，方能被承認受憲法保障。故是「附條件」之「憲法保障之保留」。這和其他基本權利是已受憲法保障，而須限制時必須受到一個條件（憲法第 23 條），似乎兩者情況不同？然而，若僅以此條文的要件而論，則依第 22 條受憲法保障權利之限制，是否即不受到第 23 條比例原則之保障？答案顯然是否定（見本書第十二節、貳三處之討論）。此外，論者有援引德國基本法第 19 條 2 項規定基本權之核心內容不能受到侵犯，以作為與其他法定權利的差異，且涉及這種（不許可）之修憲已形同制憲。但這種德國的憲法實證規定似乎很難移到我國，以來區分降低第 22 條所保障之權利性質，成為「一般權利」的理由化。

　　所以，如同其他基本權利皆需透過法律的界定其範圍，並受到釋憲機關的保護此權利的實踐。同樣的，其他「新興基本權」項目也可以由法律來實踐，一樣在有觸犯憲法之虞時，由釋憲機制來確認並保障也。切不可因我國制憲時怕「掛一漏萬」而細心規定了一個備用之第 22 條，反而辜負此美意也❷！

　　故此種概括人權可以受到立法的限制，由於這些「新興」的人權屬性及「應保護性」(Schutzwürdigkeit) 不若「人權清單」內之項目來得具體明確，因此其「成熟度」及「共識度」是可以讓立法者有較大的裁量空間，即無新興人權興起的「成長期」。釋憲機關也擁有可「助長」的功能。所謂立法過度的限制或規範不足時，即可由釋憲機關來判斷該人權內容的承認範圍有無違反憲法精神。

　　故本概括條文的功能，主要是側重在憲法解釋（違憲解釋）方面，承認人民有概

---

❷ 李震山，多元、寬容與人權保障——以憲法未列舉權之保障為中心，民國九十四年，第 42 頁以下參照。

括、全面的權利與自由在先，國家的限制乃事後、個案與後續性質。同時亦適用於著名的拉丁法諺：「有疑問時，先肯定人民的自由」(in dubio pro libetate)。所以，一個新的人權種類是否能產生，端視立法者所為之限制及釋憲機關的判斷為準。準此，就美國憲法增修條文第 2 條所承認人民擁有槍械的權利，如我國管制人民擁有槍械的法律──槍砲彈藥刀械管制條例 (79.07.16)──即可有由立法者及釋憲者來判斷，人民有否擁有槍械之人權也。

綜上所論，即使傳統人權亦可由立法者及釋憲者，決定其高低不同的「可保障性」，例如同屬言論自由權，則政治言論比起商業言論，即屬於高度價值之言論自由（參見釋字第 414 號解釋）；同樣的，援引憲法第 22 條而獲承認的新興基本權，亦可在權利的享有者及行為內容方面，受到不同強度的保障：例如憲法第 22 條保障的人格權，可衍生出性行為自由（釋字第 554、569 號），但娼妓卻不可以主張此自由，而立法者不得立法處罰之（參見釋字第 666 號）；人格權亦可衍生出人格發展自由權，但青少年是否如同成年人一樣，亦享有完全之斯種權利，從而拒絕接受義務教育或學校所指定之課程與訓練？即殊值懷疑也❸。故憲法第 23 條與第 22 條即分別扮演所有人權之限制者，及成為新人權種類的「開門者」之角色。至於該權利的範圍即全由立法者及釋憲者的決定。人權已無新來或後到與否，而在價值高低或內容特性有何差別也。

參、人權的擁有者──人權主體之問題

人權的擁有者必是「人」。此「人」可以分成自然人與法人。再可以分成自然人的國民、外國人，與非自然人的法人等三個層面來討論。

一、國民的人權

㈠公民與非公民

憲法乃拘束國家權力之最高大法，也是為保障國民之權利而拘束國家。故憲法人權的擁有者首為國民。在此意義上，人權即為「國民權」(Buergerrechte)。國民的人權，以國民是否已可以「完全」享受人權──特別是加上年紀的限制──為界，又可

---

❸ 例如少年可否擁有如同成年人般的人權自由發展權？大法官在釋字第 664 號解釋即採承認說，即不無斟酌之處；可參見作者所提出部分協同及部分不同意見意見書。另外，人民是否擁有假釋基本權利？大法官在釋字第 681 號解釋雖未承認，也未討論之。作者則採否認見解。可參見作者在該號解釋之不同意見書。

分成「公民權」(citizen right) 及「非公民權」。公民權是專屬成年國民之權利，國家承認國民能夠獨立判斷及行使該種權利也，例如投票、罷免等參政權，以及服公職之權、申請失業救濟等社會福利權利。非成年國民不能享受上述權利。另外，公民權中還有一種政治性的「公權」，即參政權與服公職之權；刑法 (100.01.26) 第 34 條、36 條規定褫奪公權為從刑之一，即公權可由法院宣告剝奪之。

「非公民權」則是不以成年國民為擁有對象，只要是國民便可享有之。例如即使是未成年的國民亦與成年國民一樣享有言論自由權、平等權、財產權等等。只是未成年國民行使該項權利（如財產權），可能須依民法規定經由法定代理人同意，故未成年國民具有享受人權的權利能力，惟欠缺完全行為能力而已。

㈡特別權力關係理論

國民既是人權的最主要持有者，因此必須檢討傳統所謂的「特別權力關係」(besonderes Gewaltverhaeltnis) 理論。這個起源於十九世紀末葉的德國公法理論，認為國家有一些特殊的國民（軍人、公務員、公立學校學生、及監獄受刑人等）和國家係處於一種特殊的權力服從義務關係。因此可以對於這些具有特殊國民地位者 (Sonderstatus) 之人權，給予較廣泛的限制。此限制可由法律為異於一般國民更嚴苛的方式定之──例如對軍人的訴訟權，以軍事審判法剝奪其三級三審之權利（94.12.07 廢止之）；以軍人婚姻條例限制軍人的婚姻自由權──；或是逕由行政命令，無須獲得法律授權，即可限制之──例如未依監獄行刑法，直接以行政命令限制受刑人的秘密通訊自由──。同時這種理論亦剝奪這些人民提起法律救濟之權利──最明顯的不許可公務員及軍人對侵犯其權利之政府行為提起訴願之權利──。此忽視公務員、軍人等擁有人權的「特別權力關係」理論，在德國、日本及我國等大陸法系的國家內，一直盛行到第二次世界大戰結束後，才在德國受到深入檢討。

基於「有權利，必有救濟」(ubi jus, ibi remedium) 的法理，德國基本法第 19 條 4 項特別規定人民受到任何公權力之侵害，一律應有法律救濟之途徑。同時，依嚴格的法律保留原則，任何對人權的限制，必須有明白的法律依據不可，是以傳統特別權力關係理論得逕以行政命令限制人權的法律基礎即告喪失。再者，對於人權重要性的體認及憲法比例原則的重視，認為公務員，特別是對軍人──特別權力關係理論中最核心的國民，也是「穿著軍服的公民」(Staatsbuerger in Uniform)──，唯有在職務的必要，才可限制軍人與公務員的人權❹。所以在一九七二年三月十四日德國聯邦憲法法

院作成「受刑人秘密通訊自由案」判決，宣布一切限制人權措施都需要明確的法律授權，便正式地宣告特別權力關係理論的終結。

此外，對於號稱為「人權死角」的監獄，更是現代國家一樣要保障人權的場所。俄國大文豪托爾斯泰曾說過：「欲判斷一國之良窳，由監獄內部看起。」在監獄的受刑人被剝奪的，只是行動自由權而已；仍應維持其人性尊嚴以及其他人權。故使獄政的「管理人性化」亦是法治國家之職責也❶。司法院釋字第 653 號解釋許可受羈押被告就看守所之處遇或處分不服，經申訴後得向行政法院提起訴訟（釋字第 691 號及於對受刑人不予假釋之救濟），即可「引進陽光」入此人權死角也！

我國繼受德國的特別權力關係理論後，一直奉行不渝。但自民國七十三年五月十八日司法院大法官作出釋字第 187 號解釋，承認基於憲法保障人民財產權意旨，退休公務員擁有提起請求原服務機關核發服務年資及未領退休金證明之權利。就引發一連串檢討特別權力關係理論之風潮。二十年以來大法官陸續作出不少解釋，將關涉公務員的：⑴金錢給付利益，例如退休金（釋字 201 號）、考績獎金（釋字 266 號）、福利互助金（釋字 212 號）、俸給級俸的審定（釋字 328 號）、保險給付及時效（釋字 466 及 474 號）、轉任年功俸敘等（釋字 501 號）；⑵涉及身分（公職及就學）喪失，如免職處分（釋字 243、491 及 499 號）、退學處分（釋字 382 及 563 號）、大學為各種處分（釋字 684 號）、核定退伍（釋字 403）、任年資及敘俸（釋字 575）及懲處權行使期間（釋字 583）及⑶其他重大事項，例如重大懲戒（釋字 298）、官等審定及降低（釋字 32 號）、教師升等（釋字 462 號）等，三大項目都列入可提起救濟之範圍。加上公務人員保障法已許可公務員就權益受損，可分別提起申訴，再申訴以及屬於訴願性質的復審及行政訴訟，對公務員權益（包括武職公務員在內）的保障為具體。故傳統的特別權力關係理論在我國已經式微。

㈢特殊國民之人權

國民應該享有平等權，為憲法第 7 條的明白規定。但是我國對於國籍的較寬容規定，卻造成實施上的困難，因而有不同的差別待遇。這個要指華僑及原籍大陸後來台的「大陸配偶」，情形最為嚴重。僑民可能分成原為中華民國國籍，後已遷居海外；也可能是本即是華僑，非由國內遷出者。釋字第 558 號解釋區分為「在台灣有住所及戶

❶ 參閱拙作：法治國家的軍隊——兼論德國軍人法，刊載：軍事憲法論，民國八十三年，第 81 頁以下。
❶ 參閱李鴻禧，監獄與人權，刊載氏著：憲法與人權，第 353 頁以下。

籍」者，可自由返國；至於無上述戶籍條件者，只能依許可方能入境。此號解釋承認國民可以分成一般及特殊國民，但未提出為何可推翻平等原則的充分理由！

　　對於大陸配偶的限制更是一個不容忽視的問題。例如自民國八十年修憲開始（九十四年增修條文第 11 條）皆有得以法律來規定兩岸人民關係之條文，即可做出差別待遇之依據，立法者似乎將此規定視同「無限制授權」，忽視到本憲法條文並不能排斥第 23 條之比例原則，也不能牴觸憲法其他亦極為重要的價值判斷，例如尊奉人性尊嚴、國家應保護母性，實施婦女及兒童政策之義務（憲法第 156 條）、家庭生活權及人倫關係之重要性（釋字第 242 號）等，作為限制立法裁量的主要依據，但釋字第 558 號解釋都只專注在立法者所追求的目的（國家安全及民眾福祉），卻不實際去檢討這些立法理由的真實性及符合比例原則否。因此，目前大陸配偶及其家庭必須忍受許多不合人性尊嚴及喪失家庭團聚的待遇，例如居留的限制、結婚二年或生子，但需住數年的等待，以取得配額（第 17 條）、工作的限制、非入籍十年不能擔任公教人員（第 21 條）……等，形成惡劣歧視的現象。故我國對這些多半屬於弱勢族群的苛刻，以及大法官的「肯認」，是我國法政文明的一大恥辱❶，本書在此提出嚴肅的呼籲：莫讓納粹「紐倫堡種族法」的邪靈「借民粹屍身還魂」。釋字第 710 號解釋更踏出重大一步，對於已合法入境之大陸地區人民，亦享有正當法律程序、人身自由及即時獲得司法救濟之基本權利。

二、外國人的人權

　　外國人享有的人權，以上文所區分的人權與民權來予討論。有某些人權是不分擁有國籍與否，以作為一個「人」就應該享有的權利，國家必須在其權力所及之範圍內加以保障，最明顯者如人身自由、訴訟權、財產權與宗教信仰等等。要承認外國人在所在國享有最起碼的人權，最妥適的方式莫如德國基本法第 1 條 1 項揭櫫「人類尊嚴」的不可侵犯，德國所有國家權力負有尊重與維護人類尊嚴之義務，如有觸犯這種最高指導原則（人類尊嚴）即屬違憲❶。蓋若國家流於將外國人視為非我族類而濫予限制

---

❶ 廖元豪教授指斥這些立法是造就次等國民、永遠的外人，也批評台灣雖號稱「歷史上的移民國家」法律上卻沒有「移民國家」的胸襟氣度。見廖元豪「海納百川」或「非我族類」的國家圖像——檢討民國九十二年的「次等國民」憲法實務，刊載：法治與現代法治國家，法治斌教授紀念論文集，民國九十三年，第 298, 301 頁之深刻批評。

其人權，此狹隘之心胸將對國民人權觀的培養，產生惡劣的示範作用。同時會引起他國之報復，進而對我國僑民採取歧視政策，故在強調世界大同及國際交流之今日，國家應大幅度承認外國人之人權範圍，以示國家之開明與開化 ❸。大法官在釋字第 708 號解釋更且宣示人身自由權及獲得及時司法救濟之權，不單為國民所享有，亦及於外國人之上，便是值得喝采的進步見解。

不過，有些基本權利是具有重度政治意義，也稱為公民權部分，就應賦予國民享有為原則。最明顯者乃服公職、考試、選舉、罷免等參政權。而國家為維持社會秩序，亦必須對外國人特別規範，例如對遷徙自由、結社自由（特別是政治性的結社──如組織政黨）、工作權等加以限制之必要。所以，外國的憲法即特別規定某種人權的享有者有國民與非國民之分。例如德國基本法對集會權（第 8 條）、結社權（第 9 條）、遷徙自由權（第 11 條）、自由選擇工作及教育地點權（第 12 條）、不得剝奪國籍及引渡至外國權（第 16 條）及服公職權（第 33 條）等，強調為德國國民之人權。至於其他人權如人身自由、宗教自由、財產權，則不強調其享有者為德國國民也。這是德國基本法在制憲時已作充分研究，關於每種人權之屬性──基本人權或僅是國民權──後，所作的區分 ❸。此外，亦有些國家的憲法則將人權享有者限定於「國民」。例如德國威瑪憲法 (1919) 與日本憲法 (1947)。日本憲法第三章之標題為「國民之權利與義務」，法條文字上易使人認為須依法律具有日本國籍者，方得享有憲法保障之人權（第 10 條）❷。我國憲法第二章標題為「人民之權利義務」，除了第 7 條平等權規定，係「中華民國人民……」，特別強調「中華民國人民」而與其他人權條款之以「人民」用語不同；並且，不似日本憲法使用「國民」一詞，所以依我國學界通說（除了一些專屬國

---

❶ 參見李震山，人性尊嚴之憲法意義，收錄：警察任務法論，增訂三版，民國八十二年，第 299 頁以下。再例如對外籍勞工和我國女子訂婚即遣送回國；或不給予清潔的住居環境（例如大陸漁工的海上住屋），待之形同奴工，皆屬侵犯人類尊嚴之舉。日本在一九九二年以前，實施甚久之規定外國人申請居留證者，應捺壓指紋，便是一個侵犯人類尊嚴的典型例子。參閱蘆部信喜著，李鴻禧譯，憲法，第 110 頁，註二。

❸ 目前我國限制外國人人權之限制。除了少數係有法律依據，如就業服務法 (81.5.8) 第 45 條、47 條 1 項，醫師法 (75.12.26) 第 8 條、22 條 2 項外，並無一個類似德國「外國人法」（Ausländergesetz, 1982）的法律統一規範外國人之基本權利。

❸ Battis/Gusy, Einführung in das Staatsrecht, Rdnr. 354.

❷ 但日本學界則多採「承認說」，認為基於日本憲法的和平主義與國際主義，在考量個別人權的特性，如只限於日本國民才應享有者外（如參政權），應承認外國人亦可享有日本憲法所保障之人權也。見林紀東，逐條釋義(一)，第 65 頁。

民的權利，如參政權及受益權外），多認為外國人亦得享有此權利❷。這種看法堪稱正確。所以在承認外國人亦享有我國憲法的人權之原則下，對外國人之自由與權利之限制亦必須依照憲法第 23 條之規定，和本國國民之人權限制無異。

三、法人的人權

　　人權的起源本係針對自然人而不及於法人。但法人已成為近世法律生活中重要的一部分。憲法所保障的人權有些端視法人方能有效的達成，例如財產權保障，以今日工商業的社會型態，人民靠著法人性質的營利公司獲取生活之資者占極大的比例。憲法保障新聞自由，也是保障法人性質的報社為其目標。所以，自德國威瑪憲法第 124 條 2 項起，就肯定法人得作為人權之主體（即基本權利人）。

　　德國基本法第 19 條 3 項亦明定：只要符合該人權的本質，國內法人亦享有之。因此限於「本國法人」，次而必須符合人權之「本質」。前者固無待解釋，按外國法人係經外國法律所成立之法人，本國法律並不當然承認其有本國法人之資格。後者所謂「符合其本質」，指該人權並不專屬自然人者。專屬自然人之人權如男女平等權、宗教自由權、參政權、服公職、受教育權、生存權、婚姻保障權等，都不是法人所能享受者也。德國基本法此種見解頗值注意，因為這種按照人權之「性質」是否屬僅限於自然人，而後再決定法人可享有此人權與否之方式，亦可類推到憲法有關人民義務之上。準此，憲法第 19 條規定人民有依法律納稅之義務，即可依「納稅」之本質，課法人與自然人同樣之納稅義務。而依憲法第 20 條規定人民有依法律服兵役之義務，亦可依「服兵役」本質，只課自然人而不課法人服兵役之義務。其次，法人依其成立之法律基礎為公法或私法，可分成私法人或公法人二種。公法人是否亦為人權之主體？按所謂的「公法人」包括公法團體（公法社團）——國家、各級地方自治機關、職業團體——；公法財團——如依公法及政府出資成立之財團法人、基金會——；及公共機構（公營造物）——如公立學校、醫院、博物館等等❷。鑑於人權產生的本意在於防止國家所為之侵害（所謂的防衛權），公法人係得以行使公權力及擔負公共行政任務之法人，與國家之關係只有權限的授予問題，和私人不可以道里計。因此公法人並不能類同私法人

---

❷ 參見林紀東，前述書，第 66 頁。

❷ 關於公法人之種類及其性質，參閱拙著：行政法學總論，第 143 頁以下；蔡震榮，公法人概念的探討，刊載：行政法理論與基本人權之保障，民國八十二年，第 167 頁以下。

一般成為人權之享有者，是為公權力的施與「受」者，不可為同一人也！因此，德國聯邦憲法法院對公法人的人權主體性，一直採取極為嚴格的態度。公法人不論是否擁有公權力，或是擔負何種公法任務，也不論是否從事私法行為、經濟行為，抑或國家以私法方式成立公司來從事企業行為（甚至該公司內亦有部分民股在內），都沒有具有人權之主觀權利❷。不過在兩種例外的情形下，應許可公法人享有人權。可由憲法的理念特別給予公法人若干基本權利之項目，第一、關於訴訟權方面，且當公法人被視為類似人民之「準私人地位」時，則享有提起訴願及行政訴訟之權，例如海關對某公法財團之課徵關稅處分，則該財團即可提起訴訟。此外公法人如有涉訟時，自和對造同樣享有受到公平裁判之機會。例如大法官在釋字第550號解釋中，認為地方自治團體受憲法制度保障，同時也有法律保留原則之適用來負擔法律所定的健保經費之義務，即表明其與中央政府之關係已享有基本權利也。第二、以公法人「組織體」(Organisatorische Hülle)，亦即由組成員的權利行使集合體之立場有必要享有行為之自由權。例如公立大學應享有講學自由；公立研究機構應可作為學術自由、出版自由的主體；公營電台應享有言論自由等等。這些公法人既已獲得外在獨立的人格，當受到憲法的保障，得與私法人如私人文化公司、私營電台享有相當之自由權利。至於此公法人內部（如上級監督關係、董事會）可主導法人的運作，其有無真正的行為自由意志，則非所問也❷。另外，公法人可否提起憲法訴願，也以是否具有基本權利人之地位為前提。

肆、人權的適用效力

憲法規定人民享有人權，不待立法院制定法律後始擁有之，立法者僅得依據憲法第23條予以限制耳。故隨著憲法公布實施，即承認人民享有諸般人權也。然則，人權的規定如何發生效力？人權規定係人民可以直接適用，以及請求國家機關（如行政與司法機關）維護之權利？抑或是間接效力，須待相關法律制定後才能獲得實踐？這涉及了人權的適用效力問題。人權項目甚多，彼此性質難謂一致。大體上，人權可以以

---

❷ A. Katz, Staatsrecht, Rdnr. 605.

❷ 至於奧地利則較德國寬鬆，公法人只要不執行公權力，而是私經濟之關係，即可享有基本權。吳庚教授即主張採奧國制度。見憲法之解釋與適用，第144頁，這是德國聯邦憲法法院一貫的見解。BVerfGE 21, 362; 61, 82. 參見 P. Badura, Staatsrecht, C. 13.

其產生效力是直接皆嘉惠於個別人民，或是拘束立法者作為立法之依據，其可以分為「個人保障」效力與「制度性保障」效力兩大類。

一、個人保障的效力

所謂的人權產生的「個人保障」(Individualgarantie) 效力，是指人權規定直接創設人民可以對抗國家之實證權利（主觀權利 subjektives Recht），在受到侵犯時還可尋求法律救濟途徑——最後可聲請憲法解釋——故為一種能產生獲得憲法所保障之「地位」的權利 (statusbegruendende Rechte)，個人保障也形成法律地位之保障 (Rechtsstellungsgarantie)。也是將人權當成「防衛權」(Abwehrrechte)，和「消極的權限劃分」(negative Kompetenzbestimmung)，防止國家逾越權限侵犯人民。國家的機關，特別是各級法院直接受到憲法人權之拘束。採行這種「直接效力」最明顯的例子是德國基本法第 1 條 3 項規定：本法所規定的人權都視為直接適用的法，拘束立法權、行政（執行）權與司法權。德國基本法此項突破式的規定，終止德國憲法學界長久以來對於憲法人權是否在法律爭訟的個案時，可否直接拘束行政及司法效力的爭議，堪稱為先進的規定。

我國憲法對人權規定非採「立法賦予」方式，而是由憲法直接肯定，此種特點觀乎憲法對人民納稅義務與服兵役之義務（第 19 條、20 條）皆以「依法律」為義務負擔之要件，即甚為明顯了。且憲法的人權規定依憲法第 22 條最後一句「均受憲法之保障」，亦可證諸我國憲法承認人權可產生的直接效力。例如憲法第 8 條關於人身自由保障之規定，以其使用如此多的文字敘述本權利被保障之程序及內容可知，本條文若無直接產生拘束力之作用，係不可思議之事。憲法第 9 條規定除現役軍人外之人民有不受軍事審判之權利，亦是直接產生此權利。其他人權莫不如是。倘若不先承認人權已產生拘束力，一旦涉及一個限制人權之法律有無違憲之虞時，職司釋憲職責的司法機關（大法官或憲法法庭）即面臨審查一項生效的法律，是否觸犯一個並未曾產生拘束力的人權條款的矛盾問題。

二、制度保障的效力

所謂「制度保障」(Institutsgarantie)，又可以稱為「建制保障」(Einrichtungsgarantie) 的效力，乃指憲法的人權規定可以產生國家一個客觀的法秩序與

權利制度。和「個人保障」效果不同，這個人權的規範目的不在於保障個人的權利，避免國家的侵犯，而是專門針對立法者所為的拘束，故稱為「法建制保障」(Garantie von Rechtseinrichtungen)，同時也作為憲法解釋的重要依據。

　　人權的制度保障規定的學說，起源於威瑪共和國時代的名學者卡爾·史密特 (Carl Schmitt)，使得憲法的人權規定能夠成為立法者制定法律時有一定方向可資因循❷。卡爾·史密特認為憲法的人權條款可以創設「制度保障」(Einrichtungsgarantie)，又可分為創設「私法制度」的制度保障，例如憲法保障的財產權與繼承權，稱為「私制度保障」(Institutsgarantie)；以及創設公法制度的「公制度保障」(institutionelle Garantie)，例如國家應該建立不為某一政黨服務、而為全民服務的文官體制（威瑪憲法第 130 條），不得成立特別法院（第 105 條）等。因此，屬於制度性保障的人權條款，便不是所謂的防衛權，也不是自由權，蓋人民的自由權，非國家所創設的制度也，國家只是不得侵犯而已。

　　德國基本法實施後，對於史密特的此種區分人權條款的個別性保障及制度性保障——包括私制度的保障與公制度的保障——雖予採納，但對於自由權並非制度保障的過時意見，則加以修正，所以是採取廣義的見解。瑞士的憲法學界與法院對於憲法人權的保障效果，亦承認除了個人保障效力外，也有制度性的保障，然卻只限於財產權而已❷。故和德國不同，是採取狹義見解。

　　我國司法院釋字第 380 號解釋首先採納了制度性保障的概念，本號解釋認為憲法第 11 條講學自由之規定係對學術自由之制度性保障，應包括研究自由、教學自由與學術自由等事項。在解釋理由書中，首言講學自由之規定，以保障學術自由為目的，應自大學組織及其他建制方面，加以確保，亦為制度性的保障❷。另外，釋字第 550 號

---

❷ 史密特認為制度保障，例如威瑪憲法禁止設立特別法院（第 105 條）、保障婚姻（第 119 條）、週日休假（第 139 條）、公務員權利與公務員制度（第 129 條、第 130 條）、大學之學術自由（第 142 條）都不是著眼於保護個人之權益，而在於制度之利益。唯有財產權（第 153 條）因與繼承權（第 154 條）內容須由立法者決定，所以既是個人權利，也是制度保障的雙重（但矛盾）之性質。參見 C. Schmitt, Verfassungslehre, S.170; W. Apelt, Geschicht der Weimarer Verfassung, S. 337.

❷ Haefelin/Haller, Schweizerisches Bundesstaatsrecht, Rdnr. 1355.

❷ 陳春生，司法院大法官會議中關於制度性保障的概念意涵之探討，刊載：李建良·簡資修（編），憲法解釋之理論與實務（第二輯），中研院社科所，民國八十九年，第 273 頁以下。另外，對於大法官意見涉及制度性保障仍包括財產權（釋字 386）、訴訟權（釋字第 368、436）、言論自由（釋字 364）。參見陳愛娥，基本權作為客觀法規範——以「組織與程序保障功能」為例，檢討其衍生問題，同上論文集，第 236 頁。

解釋且承認地方自治團體受憲法制度保障，擁有財政自主權，且有法律保留原則之適用，在此「自主權之核心領域」內，中央可依據法律使地方負擔全民健保之費用。所以地方自治亦為憲法制度性保障，釋字第 553 號解釋，理由中也有相同的意旨；釋字第 554 號（及第 712 號解釋）則將婚姻及家庭制度列入憲法制度性保障之一也。

三、兩種制度保障效果的區分

憲法人權的條款可以產生個別性與制度性保障，所以人權條款即具有「雙重性質」。例如憲法的財產權規定不僅是規範國家對人民財產權可以限制的權限與要件，例如為了公益徵收的制度，同時也由憲法的財產權規定，國家制定有關人民財產權利的法律時，不能使人民實質上喪失了財產的實質利益，例如國家制定「苛稅法」，讓人民的收入絕大半交給國家便是侵及憲法這個針對立法者立法權限限制的制度保障效果（參閱本書第二十一節貳處）。另一個標準的例子，如果國家規定的遺產稅法，課與極高額度遺產稅，人民的繼承權即「有名無實」矣。故人權的「制度性保障」效果即針對此種立法也。

制度性保障既然針對立法者而為，所以唯有當立法者的立法完全廢止這種制度——例如憲法規定政黨平等或自由競爭的制度，而立法者立法反而禁止政黨活動——，或是立法者已嚴重侵犯到該制度的「本質核心」(Wesenskern) 時，例如上述苛刻的稅捐法與繼承法，即屬違憲之立法行為。但是一般人民唯有在自己權利遭受侵犯而可直接「溯源」(zurueckfuehrbar) 至該制度保障時，方得為提起法院救濟之可能。例如經由稅法的侵犯，或是公立學校教授主張其權利受損乃基於憲法保障的「講學自由」之制度保障（例如大學自治權）受到侵害時，方得請求之。否則，一般人民並不得援引該制度保障而請求國家之法律救濟 ❷❸ 。

四、兩種保障的互通效果

史密特首創的人權規定之兩種效果，影響後來德國公法學界甚為深遠。但其對制度保障僅拘束立法者的見解，隨著戰後德國基本法第 1 條 3 項規定所有人權條款皆可直接拘束國家權力，立法者亦然。使得史密特的制度性保障的特色頓失依據，也形成

---

❷❸ 參閱 P. Badura, Staatsrecht, C. 18. 司法院釋字第 684 號解釋也涉及學生學習自由對抗大學自治（本號解釋支持前者）之問題。可參見作者所提部分不同意見書。

對制度性保障的批評。憲法基本權利的每一個條文都已經包含一個價值觀，例如學術自由及新聞自由，但是制度性保障要求立法者要形成、建構一個保障此自由的法律秩序——包括採取積極立法（如制訂宗教法）、或採不作為的方式，例如不能消極的讓其他法律（如人團法）來侵犯這些自由（如限制宗教自治）。但是，作為釋憲者解釋之基準，來審查立法者的形成裁量有無濫用的制度性保障原則，只是一句「空話」，亦即，此制度性保障的堂皇原則，並沒有提供釋憲者一個明確的判斷標準❷。所以德國學界批評制度性理論已呈現「空洞化」者不少，即本於此。

所以認為個別性保障及制度性保障「各司其職」、「各守本分」的看法已落伍。制度性保障雖仍在德國形成通說，仍已有改變：可互通性及縮小適用範圍。制度性保障變成立法者在形成有關人權內容的法律（如財產權法律），或限制人民權利時，是否已侵犯到一個已經存在（或尚未完全存在）的理想的人權體系制度，人民可以基於此制度而提起救濟。例如人民對於宗教法的規定（如規定宗教的「教長」應透過信徒選舉）認為已侵犯信仰權時，即可提起違憲審查權來保障其宗教權。因此人權可產生的制度性保障，即和人權的個別性保障，兩者的效力可以互通矣❸。

其次，在限縮適用對象方面，依德國目前的通說，屬於制度性保障之人權，例如各邦應實施民主體制、鄉鎮自治行政權、政黨制度與合憲義務、公務員體制、教會、婚姻與家庭制度、財產權、新聞廣播與學術自由等，皆可以產生制度性的保障效果，顯然不是全部人權清單上的人權項目皆能產生之效果❹。

---

❷ 例如制度性保障最典型的適用案例在確保財產的私有制（私使用性理論），財產權人可以擁有處分財產之權限，但德國在五〇年代推行的「企業參決權」，將具一定規模的企業所有權人之經營決策全權剝奪，由員工分享參決，造成是否侵犯財產權之制度保障問題。本立法德國聯邦憲法法院給予合憲的判決 (BVerfGE 50, 290)。引起德國學界極大的批評。見拙作，憲法財產權保障之體系與公益徵收之概念，刊載：基本權利之基本理論（上），第 300 頁以下及註 48 處。

❸ 參閱 R. Alexy, Theorie der Grundrechte, 1986, S. 441. A. Bleckmann, Staatsrecht (II)－Die Grundrecht, S. 268. 否則在前述釋字第 550 號解釋，大法官承認地方自治是制度性保障，但受到中央侵害時，反而不能提出救濟，豈為妥當？釋字第 553 號的性質亦同。

❹ 在學界普遍對制度性保障理論的妥當性表示懷疑後，對於基本權利的功能也打破了「個別及制度保障」的二分法，針對各種基本權利的性質、特徵形成新的分類。例如毛勒教授區分為防衛權功能、國家防衛之義務、機關與程序功能以及向國家請求救助給付的請求權 (H. Maurer, Staatsrecht, §9, 28)；Badura 教授則認為除二分法外，還有包括機關及程序的保障功能，使得立法者負有積極立法實踐人權之義務。P. Badura, Staatsrecht, C. 21. 吳庚教授則提出防禦功能、參與功能、分享功能、程序保障功能、制度性保障功能及合法性功能等六種。憲法解釋與適用，第 118 頁以下。許宗力教授提出防禦權、受益權功能、保護義務功能、制度保障功能、程序保障功能

以此兩種人權保障效果能夠互通的理論，吾人得反顧前述司法院釋字第 380 號解釋對於憲法第 11 條的講學自由，認為乃是制度性保障。雖然單由此項解釋，尚不能斷言大法官會議否認憲法本條文人權條款亦有產生個別性保障之效果，但如果吾人比較德國聯邦憲法法院對類似案件的意見，當認為此號解釋不無疏忽之處❷。

伍、人權在私法關係間的效力

憲法保障人民享有各種人權，但人權的實踐可能會遭受兩種阻礙：一是來自國家之侵害、二為來自私人的侵害。以財產權為例，人民的財產權可能遭受國家之侵害（如濫行徵收）或遭受私人的侵害（如遭搶劫、詐欺），人民的男女平等權亦可能遭受國家之侵害（制定男女同工不同酬的法規）或私人的男女歧視工作契約之侵害。人權規定可以制止國家之侵害，固為人權的效力。但人權遭受來自私人的侵犯，則憲法的人權能否發生規範效力？

此乃涉及人權在私人間的效力問題。討論這個問題之前，應該將人民遭到他人「違法」的侵害情形排除，例如超過個人自由的限度，且多半是違反刑法、民法所禁止的侵權行為，類如殺人、詐欺、誹謗……等所謂的「有害社會之行為」(sozialschaedlicher Verhalt)。

故討論人權在私人間的效力，常是針對私人間的「契約自由」原則而發。契約自由雖非憲法明文列舉之人權（不似德國威瑪憲法第 152 條第 1 項明白承認為獨立人權），但可以視為憲法第 22 條的保障之列。對於人權在私人間的效力問題，學說上可以區分傳統理論的直接效力否認說、新理論的直接效力說及折衷說的間接效力說分別討論：

一、傳統理論──直接效力否認說

傳統的見解係針對人權發展的史觀，認為人權的主要侵犯者是國家的非法濫權，

等五項則和 Maurer 類似。見基本權的功能與司法審查，國科會研究彙刊：人文與社會科學，第六卷一期，民國八十五年，第 24 頁。

❷ 德國聯邦憲法法院在一九七三年五月二十九日作出的一件裁決有關下薩克森邦大學法中涉及大學自治的事項時，已對憲法的講學自由（基本法第 5 條 3 款）之效果，首先即認為係具有個別性保障，而後才為制度性保障的效力。BVerfGE 35, 79.

也唯有國家才有廣泛與嚴重侵犯人權的可能性。人權，特別是古典人權，因此是如耶律涅克所稱的具有「消極地位」(status negativus) 的防衛權性質。故人權是純粹針對國家，而非針對人民性質乃防衛由上對下的「垂直效力」(Vertikalwirkung)。國家只要制定維持社會秩序的法律，界定人民之間彼此的自由界線及權利義務，即可以保障個人的人權。至於各人之間則承認「私法自治」原則 (Privatautonomie)，個人可為了自己最大的利益，行使「契約自由」，決定與何人訂約，及以何種條件訂約。人民因己意締結契約後即享有約定之權益與負擔約定之義務。所以，經由契約自由原則而使自己之人權受到限制，也是經由自己的意願，符合拉丁法諺「自願者不構成非法」(volenti non fit injuria)，因而不構成對人權的侵害。傳統理論秉持自由主義理論，反對憲法人權規定可以直接拘束私人間的法律關係，是為「效力否認說」。

故德國基本法第 1 條第 3 項明定，基本權利對所有國家權力（而非私人），都有直接之拘束力，以及美國憲法增修條文，例如第 1 條，多半以「國會不得制定限制人民宗教自由……之條文」，作為保障人權之規定，顯見基本人權將防衛對象朝向國家也。

二、新理論的產生——直接效力理論

對傳統理論展開修正者，首推德國威瑪憲法。威瑪憲法的人權理念，雖然仍與傳統理論無異，認為人權是防止國家濫權的防衛權，但是也體認人權可能被私法契約不當的侵犯，故威瑪憲法明文規定人民的言論自由權，不能由私人的工作契約限制（第118 條 1 項）；以及雇主不能以契約限制勞工結社之自由（第 159 條）。故憲法只明文承認部分人權在私人關係中可直接產生效力之「例外」立法手段，無異顯示出其他「非例外」未被明文推展其效力的人權，即不能享有此種擴展到私人間的效力，此亦為法規範解釋的當然結論。

德國威瑪憲法開始保障私人間的部分人權（限於言論權與勞工結社權）的思想，其中勞工結社權的保障，為日後的德國基本法第 9 條 3 項所承繼（憲法有關勞工結社自由及團體協商權等規定，在私法中有直接之效力）。但是基本法未能進一步地擴張，反而是縮減可適用至私人關係的人權只有「勞工結社權」一項，私人契約中應尊重言論自由權之規定反而被刪除。社會上擁有優勢地位的團體與個人所形成的「社會實力」(Sozialgewalt) 已能與「國家實力」(Staatsgewalt) 相埒，對人權造成甚大之威脅，「人權的第三者效力」(Drittwirkung der Grundrechte) 的新理論，主張憲法人權的關係，不

僅僅是及於「國家與個人」間而已，且及於「第三者」的私人間關係，故所有人權規定均直接適用到私人之間，讓國家承擔更多保障人權之職責。所以，人權不僅只有「垂直效果」，也有在私人法律關係中的「水平防衛效果」(Horizontalwirkung) 了❸。

主張新理論的代表人物係德國著名的勞工法與民法教授尼普代 (H. C. Nipperdey)。尼普代在一九五〇年發表一篇「女人同工同酬」的論文中，已主張人權（在此指男女平等權）必須具有絕對的效力。既然德國基本法第 1 條 3 項規定人權視為直接適用的法，可以拘束所有國家權力，包括司法權在內。故法院在審判時便可引用男女平等之條文，宣布歧視婦女的工作契約為無效。尼普代繼而又在一九六二年發表另一篇「基本權利及私法」的宏文，以嚴謹的論證方式，摹繪新理論的架構❹。其新理論的內容大致是：

⑴私法是社會整體法律秩序的最重要成分。而整體法律秩序的基礎，也是私法體系的基礎，便是「人性尊嚴」。人性尊嚴是法律理念領域內最高度價值，也是在法體系內形成「風俗化的力量」(versittliche Kraft)。

⑵誠然依照基本法第 2 條 1 項，每個人都有發展人格之權，但配合著基本法第 1 條維護人性尊嚴的條款，基本法肯定個人有「個別價值」(Eigenwert der Person) 之存在。面對著強而有力的團體、協會與「公眾」(publicity)，亦即面對「社會實力者」以及「經濟上強者」時，個人「個別價值」的保障，亦應受到憲法的承認。因為個人不是一個「孤立的主權個體」(isolierte souveraene Individum)，而是必須與社會、團體發生關係，基本法已經調和二者之間的關連。而基本法其所揭櫫的「社會（福利）國原則」(Sozialstaatsprinzip)，必須阻止社會上有力的強者，壓迫弱者，侵犯公益。亦即對於強者經濟權利的運作，必須予以必要的限制。

⑶就人權的內容以觀，尼普代承認絕大多數的人權是純粹的、古典的人權，是針對國家權力所設，也是拘束一個法治國家公權力的人權，故這些權利是針對國家權力，所以在私人關係中並不適用。然而還有一些人權，是視為憲法制度性的保障，這些人

---

❸ R. Alexy, aaO., S. 303;「第三者效力」名稱早在基本法草擬時，業經學者 Richard Thoma 提出。在一九五二年學者 H. P. Ipsen 亦撰文討論。見 W. Leisner, Grundrechte und Privatrecht, 1960, S. 313, FN. 74a. 關於此一理論，請參見拙作：憲法基本權利及「第三者效力」之理論，刊載：基本權利（下冊），第 57 頁以下。

❹ H. C. Nipperdey, Grundrechte und Privatrecht, eine Universi- taetssrede, in: Festschrift fuer Erich Molitor zum 75. Geburtstag, 1962, S. 17.

權，不僅僅具有純粹基本權利之性質，以防止公權力的侵害，同時也具有可在私法關係中產生直接拘束力之特徵，例如婚姻及家庭、營業自由、財產權及繼承權等等，皆屬此類權利。這些人權，是被視為憲法的制度，所以任何私人間的協議及法律行為，都不可以侵犯此「制度保障」。

此外依舊仍有許多人權之條款，是一種「秩序原則」(Ordnungssaetze) 或是「原則規範」(Grundsatznorm)，這些是整個法律秩序的「客觀規範」，不必待立法者立法便可直接拘束私人的法律關係。關於此種基本權利，尼普代以為均具有對第三者效力，亦即這些基本權利，而具有「絕對之效力」，以其特性也是一種客觀的、有拘束力的憲法條文，有直接的規範效力。私人間的法律關係倘若牴觸這些基本規範，將導致法律行為無效。

(4)以私人間的關係而論，人權規定雖然同時針對國家與私人，但是「效果之強度」則有不同。對國家權力之效果是無限制的，但是私人間即有所不同。為保障「私法自治」之制度，尼普代認為私人間亦可以協議，來限制自己的基本人權。但這種私人自己的「處置權限」，必須當事人在事實上及法律上都處於「平等地位」時，方存在之。亦即私人間的法律關係，應依基本權利之決定，來界定自由權限之範圍。

德國法院實務界對此憲法人權的「對第三者效力理論」的呼應，首推由尼普代擔任院長的聯邦勞工法院，於一九五四年十二月三日在一件有關勞動契約的案件中，採納「新理論」的見解。勞工法院認為，雖然並非全部憲法人權之規定，均只是針對國家權力而發的自由權。憲法中有許多「重要的人權規定」是屬於「社會生活的秩序原則」。這些「社會生活的秩序原則」對於國民之間的法律關係，具有「直接之意義」。因此，所有的私法的協議、法律行為，均不得與之相牴觸。國家及法律秩序具體的結構及「公秩序」(ordre public)，都是由這些人權來形成，所以在私法的關係中具有直接之拘束力。

德國聯邦勞工法院的另一個重要的判決是於一九五七年五月十日著名的「單身條款」案 (Zoellibatsklausel)。聯邦勞動法院認為以契約規定「維持單身」之條款，違反基本法保障的「婚姻及家庭制度」（第 6 條 1 項）、「人性尊嚴」（第 1 條 1 項）、以及「人格發展權」（第 2 條）等等，故此類契約應屬無效。聯邦勞工法院並強調：民事法並無有自絕於憲法及人權規定之外的「獨立性」，故民事法是受到憲法所蘊含的基本價值體系所拘束。直到現在為止，德國聯邦勞工法院依舊維持此見解。

近年來外國較新制定之憲法，亦有少數採此理論者，例如南非憲法 (1996) 第 8 條第 2 項；瑞士憲法 (1998) 第 35 條，惟實施極為保守與不普遍❸❺。

三、折衷理論──間接效力理論

尼普代提出直接效力的新理論，其目的雖在促使私人關係中亦可援用人權規定，以補法律規定之不足，並使私人濫權侵犯人權（如雇主的單身條款之要求）的情形可望遏止。但除了聯邦勞工法院起而率先支持其見解外，德國學界及其他法院卻未跟進，而提出「折衷理論」。

集否認直接效力理論之大成者，應推杜立希教授 (Guenther Duerig)。杜立希在一九五六年發表的「基本權利與民事訴訟」一文，建構其排斥「新學說」的理論體系❸❻。

杜立希首先認為憲法人權的規定，並非專為第三者之私人效力而制定，而是針對國家權力而產生。但基本法第 1 條 3 項基本權利之規定，對司法（視為國家權力行使之一種）有直接拘束力。所以依杜立希所見，民事法院的審判，是國家行為之一，不能違背基本權利之規定。而事實上，既然民事訴訟案件之私法關係受人權條款保障，故民事訴訟法亦隨之受到拘束，但這種拘束是「間接之拘束」，即人權先拘束民事法，而後才拘束到系爭的案件之上。為此杜立希教授提出「私法獨立性及法典獨自性」的理論。強調私法本身即具有特定之功能。依基本法第 2 條 1 項所保障的「人格發展的自由權」，附有但書，即在「不侵犯他人權利、不違反憲法秩序及風俗法律」時，方保障之。這句「他人權利」之意義，已明白指出，基本法係將規律私人間法律關係，委由私法去具體化；而人權之功效則僅僅在拘束國家權力。

杜立希這種「二分法」，使得新理論無法立足。私人有完全的「處置可能性」，可自由決定其自由權及平等權之是否或如何行使。針對尼普代與聯邦勞工法院的見解，將任何憲法人權之規定，予以移植到私人的法律關係之上，杜立希認為已是侵犯「私法自治」與契約自由等私法體系中最基本之價值。

為了使人權有適用於私法的效力，杜立希提出了私法中「概括條款」（如公序良俗）作為在私法中實現憲法人權理想的「媒介」。杜立希認為概括條款具有「價值滿足

---

❸❺ 可參見蘇永欽，夏蟲語冰錄（八十五），法令月刊，第 66 卷第 2 期，民國一〇四年二月，第 283 頁。

❸❻ G. Duerig, Grundrechte und Zivilrechtsprechung, in: Vom Bonner Grundgesetz zum gesamtdeutschen Verfassung, Festschrift zum 75. Geburtstag von Hans Nawiasky, 1956, S. 165.

之能力及價值滿足之必要性」，來滿足基本法（透過其人權之規定）所制定的價值體系。亦即唯有透過概括條款的適用，方可妥善的調和私人間（被人權所肯定的）之「處置自由」，並可以在法律體系與邏輯上，保障「私法的獨自性」；而另一方面，在法律道德方面，又可以維持法整體秩序的一致性。

杜立希的理論，明白反對硬生生的直接將憲法中簡單、清楚的人權理念規定，套在模糊、多樣性的民事關係中作為判斷的依據。毋寧是透過各種「實體法律」，特別是透過維護公共利益、公序良俗的概括條款，將此概括條款視為人權規定進入民事關係的「突破點」，故這種人權間接適用到私人關係的「折衷說」，可以彌補「新理論」的僵硬性，而收到保障私法獨自性之優點。故此理論一提出後，即形成德國學界的主流見解。德國聯邦憲法法院在一九五八年著名的「路特案」(Lüth) 宣判之後，就一直採行這種折衷理論，反對聯邦勞工法院的直接適用理論。在這個涉及當事人一方的杯葛言論權，與他方之營業權與財產權之衝突的案件中，聯邦憲法法院採納杜立希教授之理論，認為唯有透過德國民法第 826 條公序良俗的概括條款，方能使得人權之意義及效力在民事關係中實踐。如果透過概括條款之作用，法院之裁判並沒有尊重人權之規定，就會有違憲之虞。因此，人權對於民法便有一種「放射作用」，路特案直至今日仍是德國理論的主流❸。

日本最高法院昭和四十八年 (1973) 在著名的「三菱樹脂」案中的判決，也採取否認人權直接效力的理論❸。

---

❸ 關於路特案的判決，可參見黃啟楨譯，刊載：西德聯邦憲法法院裁判選輯，民國七十九年，第 100 頁以下；一九九〇年聯邦法法院公布的「定期執業禁止契約」違憲案 (BVerGE 81.242) 便是一例。訴願人本一個酒類的經銷商，與供貨商簽訂了代理銷售契約，並約定雙方關係終止三年內，訴願人不得自任何酒類公司任職以避免造成競爭。同時在此三年禁止執業時間並不得要求發給待業補償金。針對這個利用契約自由以保障一方競爭利益的案件，聯邦憲法法院認為已經侵犯了德國基本法第 12 條 1 項所保障的「人民擁有自由選擇工作的基本權利」。此項權利雖可由契約來限制，但不能夠過度，以及造成雙方地位的不平等。就本案而言憲法法院認為，訴願人三年內不能到其他酒類公司就業，而其專長正是在此行業，三年的禁止執業，無疑是剝奪其生計。而在此待業期間也不發給待業補償金，也形同不顧簽約人的死活，所以這個契約雖屬以自由簽訂的方式，但雙方的地位顯不平等，當事人即使簽訂也不能作為另一方合憲的藉口。憲法法院雖然明白的指出憲法人權條款對私法有拘束力。也舉出了冀望法官利用補充德國民法有關概括條款與防止權利濫用的相關法條（例如第 138 條、242 條及 315 條）的方法來實踐人權，明白採取了傳統見解。德國 Badura 教授也認為在私法關係中採取間接適用論，且是國家履行了對人權的保護義務。Staatsrecht, C. 22.

❸ 本案是一個大學法律系畢業的青年，進入三菱樹脂公司就業後，被發現在大學時曾參加左派學生活動，而遭公司解職。青年主張憲法保障的政治思想及信仰自由應該在私法的勞動契約中發生效力，故公司的解約乃權利之

四、我國憲法人權體系的問題

由上文的討論可知，人權在私人間是否有直接效力之前提要件在於，究竟人權之本質，是針對國家權力而設？抑或是可以針對私人？由我國立憲的基本思想，應肯定我國憲法制定基本權利之目的，是為防止國家權力侵犯人民的人權。依我國憲法第七十八條之規定，我國的司法權力，自是受到人權的直接拘束。依司法院釋字第 371 號解釋，各級法院承審案件時，若發現所適用的法律有違憲時，已可以暫停訴訟程序，將法律移送大法官會議解釋，已明顯的得知人權對法律具有拘束力。另對一般私法關係而言，如同德國民法的基本架構一般，我國民法亦包含一些概括條款，例如公共秩序、善良風俗（民法第 72 條、184 條）以及其他的「不確定法律概念」（例如第 74 條之輕率、急迫、184 條 1 項後段之道德義務等等）皆是賦予法官在審理多樣性的個案時，可以彈性「發掘正義」(Rechtsfindung) 的工具。這些概括條款——尤以「公序良俗」（民法第 72 條）的正當運作——應該是在「尊重私法自治的前提之下」，就個案的妥當性與否，判斷是否該當於「公序」（國家社會之公共秩序，即公益）與「良俗」（社會道德觀念），以作為私法自治的修正 (Modifikation)。而依照我國憲法第 22 條之規定，凡人民其他「自由及權利」，於不妨害「社會秩序公共利益者」，皆受憲法之保護；而憲法第 23 條的「概括法律保留」，又以公益為其要件，再再顯示，人權之所以被限制，即以牴觸公益為理由。故憲法人權之規定，應該存在於形成其下級規範（尤其民法的）之「概括條款」的實質內容內。因而法官於解釋「概括條款」時，須以人權的意義，作為解釋之基本精神及標準❸❾。

我國過去經常發生對受僱人強迫簽訂「單身條款」或「禁孕條款」之情事，長年來法院都未視之為違反公序良俗。直至性別工作平等法制定後 (91.01.16)，第 11 條第

濫用。日本最高法院的判決理由除認為人權係指向對國家的防衛權外，基於保障私法自治與契約自由，私人得以基於信仰、思想的理由，拒絕僱用特定人。因此，這種行為也不能構成違背善良風俗的行為。日本最高法院這種見解，明顯的是否認直接效力理論，但是既然認為私法行為可基於信仰、思想之理由而有可能違反人權（例如男女平等）之虞時，卻認為不妨害善良風俗等民法概括條款之見解，亦排斥德國盛行的間接效力理論，完全採取否認基本權於私人間有直接或間接效力之理論。日本其他類似的判決，參閱：蘆部信喜著，李鴻禧譯，憲法，第 123 頁以下。

❸❾ 吳庚大法官即質疑，既然憲法人權規定及民法之公序良俗都是概括條款，法官為何不直接引用憲法的上位概念，豈非承認私法自治凌駕憲法之上？故主張應採德國勞工法院見解之直接適用論。憲法之解釋與適用，第 155 頁。

2 項明白規定：「工作規則、勞動契約或團體協約，不得規定或事先約定受僱者有結婚、懷孕、分娩或育兒之情事時，應行離職或留職停薪；亦不得以其為解僱之理由。」同條第 3 項也規定：「違反前二項規定，其規定或約定無效；勞動契約之終止不生效力」，已將此陋習根除矣❹。

　　鑑於時代之更迭，明顯的影響到人權之效力。在工業社會下許多就業者都是所謂的「生存弱者」，民法所謂的契約自由、私法自治，極易為「社會實力者」作為對個人尊嚴及人權侵害之工具。故國家應起而保障這些國民之權利，這是現代福利國家之「立國政策」，此即是德國所謂的「社會國原則」（Sozialstaatsprinzip，基本法第 20 條 1 項）或我國憲政所竭力追求之目標的三民主義（尤其是民生主義，憲法第 15 條之工作權與生存權、第 152 條以下基本國策）精神所在。因此，我國應該在制定「社會立法」(Sozialgesetzgebung) 時，將人權的理念導入法條之中。最好的例子除上述「性別工作平等法」外，就業服務法 (98.05.13) 亦是一例，其第 5 條明定：為保障國民就業機會平等，雇主對求職人，或所僱用員工，不得以種族、階級、語言、思想、宗教、黨派……等，予以歧視。違反者得處新台幣三十萬元以上，一五〇萬元以下之罰鍰。就是一項立意頗佳的立法❹。此外，行政機關與行政法院在其職掌方面（行政規章之訂定及解釋），應以貫徹憲法人權理念，作為其執行公法案件及解釋公法法規範最為頻繁使用的「不確定法律概念」，例如公共利益、公平、正當、善良風俗的最基本標準。如此，人權規定即可在私人間獲得間接的效力❹。

---

❹ 值得注意的是，台灣高雄地方法院早在七十八年法律座談會已提出一則「單身條款」之法律問題：甲女受僱農會之初，預立在任職中結婚即辭職之辭職書，其效力如何？司法院第一廳研究意見認為雇主要求女性受僱人預立於「單身條款」之契約，不惟破壞憲法保障男女平等之原則，並且限制人民之工作權及有關結婚之基本自由及權利（憲法第 7、15 與 22 條），該結婚即辭職之約定，可認為違背我國之公序良俗，依民法第 72 條之規定，應屬無效。司法院公報，第三十一卷第九期，第 74 頁。而我國憲法增修條文第 10 條 6 項已規定：國家應維護婦女之人格尊嚴，保障婦女之人身安全消除性別歧視，促進兩性地位之實質平等。益可見得單身條款的違憲性了。

❹ 惟在解釋方法上，法官應儘量援引民法概括條款或必待專門立法不可？例如曾喧騰一時的「關懷之家」案，一社區住戶欲將房間作為安置 AIDS 病患之用，被社區管委會以侵害社區公約與社區居住自由與品質為由，要求遷離。一審判決該管委會勝訴。而二審改判關懷之家勝訴。其理由並非援引 AIDS 病患權利保障條例中的概括條款「不得為其他不公平待遇」，作為改判勝訴之理由，而是援引該條例新增訂之保障其「安養與居住之權利」之規定（臺灣高等法院 95 年度上易字第 1012 號民事判決）。學界即認為法官其實可以更大膽運用概括條款也。可參見蘇永欽，❸，第 283 頁。

❹ 參閱王澤鑑「勞動契約上之單身條款、基本人權與公序良俗」一文，刊載氏著：民法學說與判例研究（七），一

　　司法院釋字第 364 號解釋認為：依廣播及電視方式表達意見，屬於憲法第 11 條保障言論自由的範圍，為保障此項自由國家應對電波頻率之使用為公平合理之分配，對於人民平等「接近使用傳播媒體」之權利亦應在兼顧傳播媒體編輯自由原則下，予以尊重。並均應以法律定之。此號解釋對於憲法保障人民的意見自由，亦應兼顧媒體的「編輯自由」，按一般私營媒體的編輯自由，已和媒體的（經營）管理權難以劃分，亦即牽涉到人民與媒體間的契約自由，以及媒體對社會應負有的義務性。所以皆應由法律來界定之。本號解釋實為代表第三者效力否認說的例子❹。

九九二年，第 36 頁以下。

❹ 另一個案例為釋字第 457 號解釋，就退輔會所屬農場租予榮民，於租約中只准兒子繼承之約定，認有違反男女平等而違憲。然本案大法官認為乃行政私法案件，仍應適用公法原則，平等權即可適用之，尚不能認為屬於援引「直接說」見解之案例。另外釋字第 728 號解釋，則是接近探究「第三者效力」理論的案例，該案乃涉及祭祀公業條例明白承認男系子孫擔任派下員的權利。該號解釋將原因案件的呂氏祭祀公業章程（如同私人契約）納入釋憲審查標的，從而此私法關係即遭到男女平等原則的檢驗，第三者效力理論的適用問題即可產生。但該號解釋並未就此進行探究。作者即指出該號解釋不應將此個案章程納入審查標的，以及本號解釋亦未對此章程進行任何審查也。可參見作者在該號解釋所提之協同意見書。

第十二節　人權的限制

壹、人權限制的意義

人在自然狀態應是自由的、無拘無束的。但自有了人類社會後，個人的自由權利就需受到限制。啟蒙時代的盧騷在「社會契約論」中，認為人民的天賦人權即必須透過社會契約的締結，以限制個人自己的人權。因此人權的「可限制性」及「必要限制性」和人權的「肯定論」自始至終是一起存在與發展。但限制人權之目的，乃在於保證人權不會被濫用，以及促進公共福祉。法治國家的憲法學要論究的是如何妥適地限制人權，而又不損及憲法保障人權之初衷。

憲法對人權「廣義」的限制，有二種方式，第一種是以制定限制人權之條文之方式──稱為「狹義的人權限制」，例如我國憲法第 23 條之規定；第二種是以制定人民負有「義務」條款之方式為之，例如我國憲法第 19 條規定人民有納稅義務、第 20 條有服兵役義務及第 21 條人民有接受國民教育之義務。憲法限制人權之方式雖有上述二種，但實質上並無區分。因為課予義務，如納稅，即是對人民財產權利的限制。即使憲法未規定人民應負擔此義務，亦可藉由對財產權限制來課與人民納稅之義務。此外，人們有服從法律之義務，故法律可課與人民服兵役、接受國民教育之義務，人權即因此而受限制也。此即何以諸多國家憲法以限制人權的方式取代規定義務之理由也。例如德國威瑪憲法中明文規定人民之基本權利與義務之條文，現行的基本法則省略人民義務之規定，即本乎此理。惟大多數國家的憲法仍保留人民義務之規定，如日本憲法與瑞士憲法。我國憲法俱採之。本書即依我國憲法體例，以兩節篇幅分別探究人權的限制與人民的基本義務之問題。

貳、人權限制的類型

我國憲法第 7 條至第 18 條臚列各種類的人權條款，在第 22 條與第 23 條規定人權的限制要件。倘若仔細分析憲法對人權的保障及限制規定，可知我國憲法的人權限制，分為無限制保留、特別限制與概括限制等三種類型。

一、人權的無限制保留

憲法雖在第 23 條規定所有列舉之人權皆可依該條受到限制。依我國傳統理論，認為憲法第 9 條之「人民除現役軍人外，不受軍事審判」規定亦在其中，而得受法律之限制。按憲法第 9 條之規定，實際上是屬於人民的訴訟權利（憲法第 16 條），強化訴訟權的內容，保障人民絕對不受軍事審判之權利。因此，我國憲法此項規定的意旨係「絕對性」。換言之，唯有現役軍人方得接受軍事裁判（軍事裁判的管轄權不及於平民），如同德國威瑪憲法第 105 條廢止「特別法庭」(Ausnahmegericht) 一般，均是憲法的「制度性保障」(Institutsgarantie)。如果憲法這種「斬釘截鐵」的意圖不能視為「絕對保障」，而任由憲法第 23 條限制，憲法第 9 條之規定將形同具文。吾人可試舉一例：假設憲法第 9 條同時規定：死刑廢止之。但立法者仍然援用憲法第 23 條規定，在刑法或其他刑事特別法律中規定死刑條款，則憲法廢止死刑之規定即毫無意義可言。

我國戒嚴法 (38.01.14) 第 8 條與第 9 條有規定戒嚴時期在接戰地區或警戒地區犯罪者，不論是否為現役軍人，概交由軍事機關審判之規定。同時依已於民國八十一年廢止之懲治叛亂條例第 10 條規定：「犯本條例之罪者，軍人由軍事機關審判，非軍人由司法機關審判，其在戒嚴區犯之者，不論身分概由軍事機關審判之。」（另參照軍事機關審判法第 1 條 2 項）因此涉及叛亂罪嫌之人即可由軍事機關依軍事審判程序，施以拘禁、審問與處罰。普通法院即無法發揮保障人民人身自由之功能，人民也只能依據軍事審判法的二級二審制度，而喪失一個審級的訴訟利益。因此，平民不受軍事審判的權利是絕對的、沒有限制的保留。作者在釋字第 704 號解釋所提之不同意見書，已力陳此見解矣！

司法院釋字第 490 號及第 567 號（理由書中）分別確認人民宗教內在信仰及思想自由，是不容許國家以任何方法來限制。所以屬於絕對保障的人權。但此說頗有錯誤。此兩種人權若僅在「內在」獲得絕對保障，而不能「形諸於外」，何可再稱為人權？正如同憲法保障人民言論自由，豈可只保障其有「內心說話」之自由而已？

二、人權的特別限制

相對於所有憲法人權之規定，我國憲法對於人身自由有特別的保障設計。憲法第 8 條以四項條文的篇幅，具體、詳盡地規範可能侵犯人權的情狀，例如保障對象（以

非現行犯為主)、逮捕之機關（限於警察或司法機關）、二十四小時內移送法院等等。這種對人權的限制迥異於一般人權的限制，亦為所謂的「加重的限制」(qualifizieter Gesetzesvorbehalt) 使立法者如侵犯該種人權時，僅得依循憲法所規定之可限制的公益內容、程序而加以立法，立法者可以擁有的裁量空間也就大幅萎縮了 ❶。

三、人權的概括限制

所謂憲法人權「概括的限制」，是不區分人權的項目、種類，一律皆以預定的限制動機、程序及其他要件（如限制方式）做統一的規定。故立法者擁有較大的裁量空間制定限制人權的法律。我國憲法第 22 條與第 23 條均是典型的人權概括限制規定。由於這種概括條款是針對近乎所有的人權之規定而設（扣除上述無限制保留與特別限制之人權），故實居憲法人權條款中最重要的地位，若不闡究其意，則不得人權保障之實質效果。故以下即專以此種限制方式再詳述之。

我國憲法對人權的概括限制，分別見於第 22 條與第 23 條。憲法第 22 條規定：「凡人民之其他自由及權利，不妨害社會秩序公共利益者，均受憲法之保障。」若比較憲法第 23 條之規定：「以上各條列舉之自由權利，除為防止妨礙他人自由，避免緊急危難，維持社會秩序，或增進公共利益所必要者外，不得以法律限制之。」由本條規定可知在三個條件下，人民的人權方得限制：第一、是已具備所謂限制人權的「公益條款」。第二、限制人民的人權應依法律為之。第三、依法律限制人權，應該在「必要」的限制範圍內。很明顯可看出憲法第 22 條對其他未列舉人權的限制，只有「公益條款」，而無第 23 條的其他兩項要件。而且第 22 條「公益條款」僅有兩項，不似第 23 條列有四項。若以法律限制人權的公益之可能項目減少，則第 22 條似較諸第 23 條更能提供人權保障的空間。惟由限制的要件（依法律方式與必要性原則）的減少而論，則第 22 條反倒比第 23 條更無法充分保障人權。所以第 22 條與第 23 條單由法條結構

---

❶ 人權的「加重限制」，可以分成對人權限制之「公益」與「程序」之「加重規定」兩種。前者係對人權可限制的「公益」（動機）為特殊之規定，例如德國基本法第 11 條規定對人民遷徙自由之限制，僅在於為防止戰禍、天災、癘疫與為監護青少年，或為刑事預防等情況下，始得為之。同法第 13 條 3 項規定對人民住居自由的侵犯，只能為防止人民之生命危險、癘疫、重大公安問題與防止房荒，方得為之，皆為著例。至於「程序」的加重規定，我國憲法第 8 條即為適例；第 8 條並未規定人身自由可「依法逮捕」的內容，而是對程序作許多特別之規範，故屬於「程序面」的人權加重限制。參見拙作：論憲法基本權利之限制，刊載：基本權利（上冊），第 202 頁以下。

作「機械性」的類比解釋，將導致相互矛盾之結果。故唯有以人權概括限制的整體面觀察，第 22 條應解為係專門作為「擴充人權項目」所制定之條款。至於對所有人權之限制（扣除無限制保留與特別限制人權），毋論列舉與否，皆由第 23 條規範其限制要件。如此人權的概括限制方有體系性與完整性可言 ❷。

參、概括限制的具體內容

憲法第 23 條的具體內容分為公益動機、法律保留與比例原則三要項。茲分別敘述之。

一、限制人權之公益動機

憲法第 23 條規定立法者可以限制人民的「立法目的」計有四種情形。這四項通稱為「公益動機」，其意義可探討如下：

㈠防止妨害他人自由

這是指個人享有的權利，以不得侵犯他人所擁有的「法定自由」為限。這是以英國哲學家穆勒 (J. S. Mill, 1806–1873) 之理念為根據。穆勒在一八五九年出版的極著名的「論自由」(On Liberty) 一書的第三章談及：個人自由是以不侵犯他人自由為限度。同樣的，法國在一七八九年人權宣言第 4 條中，亦將人民的天賦自由權以「不侵犯他人」作為其存在之要件。因此，這種把個人與他人之自由，在法律上予以確切劃分的觀念，使得每個人在法定界限內可以完全的主張並行使自己的權利。越此範圍之行為而觸及他人自由，即為權利濫用，國家即應不予保障。

然而我國憲法中「防止妨害他人自由」這句一般人耳熟能詳的用語，並非是防止妨礙他人「法定」之自由，明顯的已省略「法定」二字。這種省略強調自己的自由不能干涉他人的法定自由的法定要件，易誤解為他人自由優先於自己之自由。這種誤解實因欠缺嚴謹的邏輯妥當性所致。試想，自己的自由固然不能侵犯他人的自由，那麼從反方向而言，他人的自由亦不應侵犯自己的自由，從而造成「套套邏輯」式的乒乓球效應，反而模糊群己自由之界限何在？為避免此類誤解及困擾，宜表明個人自由的

---

❷ 李震山教授也指出憲法第 22 條宜作為授益性，擴充容納新興基本權之用，而憲法第 23 條之干預性與限制性。二條文應併考慮也。可參見李震山，憲法未列舉保障之多元面貌——以憲法第 22 條為中心，收錄：多元、寬容與人權保障，元照出版社，民國九十四年，第 52 頁以下。

界限係以不侵犯他人的法定自由為限，如此即可避免發生邏輯上的同語反覆，形成循環論證，法律的目的也就是在界定「群己權利」之界限也。

㈡避免緊急危難

可以對人權予以限制來避免的「緊急危難」，是指為避免在客觀情狀下所發生的緊急危險或災難所肇致的結果而言。進一步分析其範圍，這種「緊急危難」則有：高層次的屬於「國家社會的緊急危難」，以及低層次屬於個人生命、身體、健康、財產之「個人的緊急危難」二種概念。

1.避免國家社會的緊急危難

天有不測之風雲，國家的處境亦然。如國家、社會一旦遭逢緊急危難之狀態或有遭逢這種危難之虞時，如外敵入侵或經濟恐慌、天災、瘟疫以及其他人禍（如叛亂）時，立法者盱衡大局而認為對人民權利必須加以限制，方可以避免危害的發生或將損害減低時，即可以法律限制之。立法者對於此突發變故所採行之立法，學理上稱為「緊急立法」，其法制稱為國家的緊急法制。另外，憲法也可能在其他條文內，規範國家在處理急迫事變的法制。例如憲法第 39 條由總統依法宣布，政府依法實行的戒嚴以及憲法第 43 條的緊急命令權制度，都可以作為限制人權之憲法基礎。申言之，依我國憲法第 39 條規定，立法者所制定之戒嚴法是為了因應國家或某些地區如果進入戒嚴狀態時，即時對人民之一些基本權利——如通訊秘密，住宅之不可侵犯，言論、遷徙自由——依本法加以限制。而憲法第 43 條規定總統擁有因應天災、瘟疫或財經重大變故之緊急命令權，俾採行必要處置，是亦可限制人權。九四年憲法增修條文第 2 條 3 項，亦有類似規定。故依據戒嚴法，總統之緊急命令權及立法院依憲法第 43 條制定之緊急命令法，即可成為限制人民權利之法源依據。

2.避免個人緊急危難

是指為避免個人生命、身體、自由、財產之法益的「個人緊急危難」。這種為避免個人法益之危難而對他人人權所為之限制，例如民法、刑法所規定之緊急避難、正當防衛、自助行為等制度，即為著例。此外，為保障個人生命、身體者，亦可對其個人之人權予以限制，例如行政執行法 (99.02.03) 第 37 條規定許可警察為保障酗酒泥醉及瘋狂者，所施之強制性人身管束，以維護其安全。是以警察法或民、刑法、或有關保障在緊急狀態下之個人法益而為的限制，亦可自憲法第 23 條中所導出其可限制人權之公益理由。

㈢維持社會秩序

為維持社會秩序之目的而限制人權之範圍，相當寬廣。此一目的可擴張至維持一切國家社會的秩序，不僅涉及刑法秩序，更包括行政秩序、經濟秩序、人倫秩序等。這種秩序是較為廣泛的，且會與下述「增進公共利益」發生競合現象。不過依古典憲法亦即制止一切人民所為有害社會秩序、治安之行為 (Sozial chaedlicher Verhalt)，但這種狹義見解，已經不再受到重視。

㈣增進公共利益

這是為了大眾福祉——相對於個人私利——可對個人的人權作必要之限制。此乃服膺傳統的人權理念，認為個人的利益的重要性應居於社會公益之下。若二者發生相互衝突與矛盾時，個人的利益應放棄之。其例子莫過於公益徵收的制度。當國家需要私人土地興建學校或築路時，可以徵收私人之土地，就是基於公共利益之需要，使人民對該土地之財產權受到了限制。

然而，單以「增進公益」為由就可限制人權之說服力，究嫌薄弱！因為私人利益必須為公益而屈服時，代表私益與公益的「衝突論」。公益和私益在彼此發生衝突時，是否一定要非楊即墨地摒棄私益？為此，吾人應當為所謂的「公共利益」的概念作深入探討。

1.公益的古典概念

公益 (public interest, salus publica, oeffentliches Interesse) 是一個典型的不確定法律概念，表現在其內容具有高度的「不確定性」。公益概念內容的不確定性，包括利益內容的不確定性與受益對象的不確定兩種。

所謂利益內容不確定，指公益是一種對利益的價值判斷結果，但要對社會某一現象（包括立法行為）所為的價值判斷，往往會有言人人殊的「羅生門」式兩極化——例如政府強制機車騎士必須戴安全帽（或開放賭博）——後果。故愈處於變動迅速的社會，愈價值多元化的社會，對於「利益」的價值判斷標準愈不一，共識愈難求。故公益的內容會有高度的不確定。

所謂受益對象不確定乃公益的對象（受益人）不能清楚的界定。按公共乃眾人的集合體。公益概念早期的見解，便是針對公益受益人的「數量（優勢）論」。公益誠然不是全體人民皆能受益為目的，而是一個地域內「超過半數以上人民」的利益，即是有超越個人私益的公益特徵。以此少數人尊重多數人的判斷方式，也符合民主原則。

因此，這個超過半數受益人也是一個擬制性的推斷，同時也等於是不確定多數人的代稱。公益的數量論並且也是一個公益和私益對應論（衝突論），當公益（例如為了建築一個服務公益的道路或學校）和私益發生衝突時（必須強制徵收私人土地），依據古羅馬時代名法學者西賽羅 (Cicero, 106–43 B.C.) 的名言「公益優先私益」(salus publica suprema lex esto)，私益即需屈服。我國憲法第 23 條的規定，即屬對立論 ❸。

2. 公益的判斷──「質量論」

就公益概念的看法而言，對於公益內容雖仍有不確定的見解，但是對於私益或公益內容的價值判斷，必須尋求一個「質量最高」的價值作為標準。因為一個公益可由一個價值判斷所組成。但此價值判斷亦可能同時引發幾個其他不同的價值判斷，例如興建垃圾焚化爐，固可能會有達到增進公共衛生之價值判斷，但同時也會有增加噪音、破壞附近生活品質及環境污染之反面價值判斷。因此，公益的成立變成一個斟酌、評判，由不同方面考量產生之價值判斷後所形成「最優先」的價值標準。易言之，公益是經過「價值斟酌」後的產物。而這個最優先的價值標準還包括了三個因素。第一個因素是公益受益人（對象）不再以「數量（優勢）論」。易言之，只要基於一個已獲憲法或法律所承認之價值標準，則受益人即使只居社會上之少數，亦不失為公益，例如基於保障人民生存權之旨意（憲法第 15 條），國家對貧民給予社會救濟；基於保障勞工或低收入人民，興建國民住宅等等，都是「少量受益對象」之例子。第二個因素是，公益內容的價值是以憲法的理念為最高指導原則，包括憲法的人權條款、立國原則──權力分立、法治國家原則、民主原則──及配合國家任務之由自法治國家發展到民生福利國家的社會法治國家等等 ❹，故公益形成的「最優先價值判斷」必須依附在這些判斷的標準，方能選擇出「質量最高」公益。故公益已由受益人的數量論，轉為公益所追求之價值判斷的質量論所取代之。第三個因素是公益和私益的「併合論」。公益和私益不會恆處於對立的衝突，毋寧是公益的維護同時包括了保障私益在內，二者處於併存之狀態。易言之，以上述土地徵收為例，現代法治國理念也宣示人民之土地所有權受憲法之保障。除非在法定許可範圍內，給與公正的補償為前提，否則不得予以徵收。是以，公益考量並不排除對個人權利的充分保障。這些德國聯邦憲法法院所提出

---

❸ 參見拙作：公共利益的概念，刊載：基本權利（上冊），第 166 頁。

❹ 因此每個構成法治國家的子原則（本書第一節❸），例如人民的信賴保護，即可形成人權保障的公益價值。參見司法院釋字第 362 號解釋。

來公益的「相互效果理論」(Wechselwirkungstheorie)——公益一方面據以限制人權，同時也要負起保障人權之功能❺，基於對現代公共利益概念之認識，已經主張公益與私益間並非絕對衝突矛盾，亦非擇一不可。個人人權與社會公益即有並行不悖之可能。例如土地徵收，則須確定徵收計畫的確合乎公益需求，且已別無他法可循（例如已無其他土地可購買）；而被徵收者須取得合理之補償金，以使其財產基本權利獲得確保；如此方符合增進公共利益之目的也。綜上所述，公共利益的決定，即非單純地由國家片面之意欲而決斷，毋寧是個人人權與社會公益間作一個充分理智的權衡後所產生的結果。

3.特別公益

除憲法第 23 條規定之「一般公益條款」可作為限制人權之根據外，在整部憲法體系中仍有為數不少的條文授權立法者可限制人權——即基於「特別公益條款」。例如，憲法第 85 條是關於選拔公務人員之方法。該條規定除應實行公開競爭之考試制度外，並應按省區分別規定名額，分區舉行考試。如此一來，則各省區人民服公職之權利就受限制。只不過，本條文已經現行憲法增修條文第 5 條第 3 項之修正暫失效力。而憲法第 134 條關於婦女當選名額之保障，與內地生活習慣特殊之國民代表名額及選舉之規定，使得其當選民代之機率高於其他國民，故亦侵犯平等權。再者，憲法第十三章基本國策為規範社會、經濟政策之指導原則，例如第 143 條為土地政策，便可據以限制人民土地之所有權，第 144 條發達國家資本，可對人民營業權限制之（第 145 條亦同）。這些散見於憲法全文限制人權的條款，其質量之深廣並不意味只是針對人權橫加干涉，反倒是明示了法治國家及福利國家的治國原則，如民生主義、社會正義等。而這些原則性的重要條款多規定於基本國策章節中。國家在實踐這些基本國策之時，也應將其內涵納入在第 23 條所揭示的公益條款的概念內；故在援引憲法條文作為限制基本權利之依據時，也應該援引這些限制人權的特別公益條款，以補充憲法第 23 條之規定，並使憲法對人權的實踐規定，能有一貫性的精神。

---

❺ 德國聯邦憲法法院在「路特案」中提出此理論，關於本案請參閱拙作：憲法基本權利及「對第三者效力」理論，刊載：基本權利（下冊），第 100 頁以下。

二、法律保留之原則

㈠法律保留之意義

憲法第 23 條明定基於公益的需要，方可限制基本權利，而其限制之方式須以法律為之，此即「法律保留」原則。立法者一方面本於公益條款之授權限制人權，他方面基於主權在民的理念而獲得限制人權之正當性。因為在人民自願地交出其「人權的限制權限」予人民代表之手，是根據盧騷的社會契約論而來。因之，法律保留又稱為「國會保留」：基本權限制之權力保留給國會行之。這種制度之目的是希望人民的自由與權利之界定，能由經過選舉產生的國會議員，在充分理智及和平的討論後形諸法律，並產生「可預見性」、「明確性」與法律秩序的「安定性」，以形成法治國家最重要的原則。相形之下，對於未獲國會許可之其他國家權力者——行政權、司法權——，不得在未獲法律授權之情況下，率爾限制人權。因此法律保留一詞，亦包涵具體實踐權力分立之意涵。

具有防禦權色彩的法律保留原則主要是在規範限制人民權利的公權力侵犯，也因此即成為「干涉保留」(Eingriffsvorbehalt)。如果在屬於服務性質的給付行政時，是否也要有明白的法律保留？以德國的公法學界見解來加以觀察，幾乎一致的認為無庸如此。德國聯邦憲法法院在成立之後所公布的第一個判決（1951.09.09），便是審理這類案件。但為了保障平等權，這種無庸以法律作為依據的給付行政，仍應受到憲法平等權的拘束。

大法官在釋字第 485 號解釋宣示，立法者在給付行政的立法，不論是就各種社會給付之優先次序、規範目的、受益人範圍、給付方式與程度等有關規定，享有充分的形成自由，但不得牴觸平等原則。釋字第 614 號解釋亦認為給付行政措施，不同於限制人民自由權利，故未有法律授權之給付行政，尚難與憲法第 23 條之法律保留原則有違。但涉及公共利益或實現人民基本權利保障等重大事項者，原則上仍應有法律或法律授權為依據，主管機關始得據以訂定法規命令。顯示給付行政必須適用平等原則，且在「重要性理論」下應適用法律保留原則 ❻。

---

❻ 所謂「重要性理論」(Wesentlichkeitstheorie) 是指限制人民基本權利的重要事項，不論是否為干涉行政，都應當由法律來加以規定。這是德國廢棄特別權力關係理論之後，所興起的學說，大法官在釋字第 298 號開始採用這號解釋，而後在第 323、462、575 號解釋中，都採行之。參見：陳新民，行政法學總論，第 138 頁以下，以及

其次，釋字第 717 號解釋所審查之「退休公務人員公保養老給付金額優惠存款要點」，大法官認為乃早期公務人員退休所得偏低，在法律未有明文規定與授權之情形下，行政機關以命令制定之行政給付之法規。縱使沒有法律之基礎，違反法律保留原則，然每年卻有預算之編列且獲立法院通過實施，即不因牴觸法律保留原則而無效，且認為該「要點」仍能產生信賴利益保護之效力也。

惟上述給付行政涉及到給予租稅之優惠時，例如減免租稅之優惠，當視為稅基之要件。基於法律租稅主義，即使屬於給付行政，亦必須符合法律保留原則之規定（釋字第 565 號解釋）。

㈡法律保留的密度

釋字第 443 號解釋開啟所謂「層級化法律保留」，區分了三種不同法律保留密度：絕對法律保留（諸如剝奪人民生命或限制人民身體自由者，必須遵守罪刑法定主義，以制定法律之方式為之）、相對法律保留（涉及其他人權得經法律明確授權後以命令限制之）與無庸法律保留之事項（僅屬與執行法律之細節性、技術性次要事項），嗣後普遍為大法官實務所採納（釋字第 710 號、第 709 號、第 708 號、第 658 號及第 657 號解釋等）。

然大法官亦有不同之解釋，例如涉及罪刑法定主義者，亦有許可為相對保留之可能（釋字第 522 號解釋）；對於一般財產權當以相對保留為原則，但釋字第 474 號解釋，對公務員請領退休給付之時效制度，將之提升至絕對保留層次。故大法官雖以層級保障論為主，但必須衡酌個案法益保障的分量，而有不同認定。

㈢命令的人權限制力

1.授權明確性原則

法律保留之概念，除了允許立法者有制定限制人權及界定人權的法律的權限外，也允許立法者在法律中明確授權行政機關訂定行政命令，來限制人權。我國中央法規標準法 (93.05.19) 第 5 條廣義的法律保留，除了規定關於國家機關之組織，應以法律規定外，也規定：關於人民之權利、義務者，應以法律定之。第 7 條也許可授權行政機關訂定行政命令，這種立法授權便可稱為行政立法或委任立法。行政機關因而取得限制人權的合法基礎。為避免行政命令之浮濫與漫無限制，行政授權必須依循「明確授權原則」，這個是原於德國基本法第 80 條的規定：立法者應將授權之「目的、範圍

憲法人民基本權利之限制，刊載：基本權利（上冊），第 225 頁以下。

與限度」在法律中儘可能詳細的規定之，並且應避免「空白授權」，亦即禁止立法者做出完全未規定規範要件與法律效果的授權模式，例如法律授權行政機關可以自行決定對違反本法的人民處以多少金額的罰鍰等是。空白立法之授權乃立法者職責的怠忽，同時也造成人民權利將受到來自行政或司法不可預測之侵犯後果。

司法院在釋字第 313 號解釋首先採納此原則。隨後又在許多個解釋中，採納之。成為大法官最常援引的原則❼。行政程序法 (94.12.28) 第 150 條 2 項也明白規定：法規命令之內容應明列其法律授權之依據，並不得逾越法律授權之範圍與立法精神。

在大法官實務上，也針對案件性質不同，對於授權明確性的程度，採取嚴格、中度及低度的要求標準：(1)採取嚴格明確標準者，是因為該些事項本應由法律直接規定，但卻例外的採授權立法之方式，故應該絕對明確、清楚。例如涉及刑罰的構成要件（如釋字第 522 號之證交法授權主管機關可以訂定命令，決定何者構成本法的處罰事項，認為違憲）。大法官這個見解其實有誤，按上述證交法之授權已構成「空白刑法」之要件，當然構成違憲，無庸再採嚴格審查標準來檢驗其授權密度也；(2)採中度明確要求：對於一般懲戒罰之授權規定其構成要件（如釋字第 432 號、第 521 號）；(3)低度明確要求：這多半是在以往概括授權，例如授權行政機關訂定管理規則（釋字第 538 號之建築業管理規則）；或是對涉及國家安全之事項，如兩岸人民關係之授權立法（釋字第 497 號）或是人事制度上的補充規定（如釋字第 464 號之主管機關自行補充法律附表未盡明確之處）及財政方面的技術執行性之授權（如釋字第 473 號）。

不過，上述的三種明確性程度不同之審查方式只是原則性，大法官可以針對個案對人民權利的影響是否重大，而採取不同的要求❽。同時對立法明確性的要求，學界也明瞭立法技術的困難，故只能要求立法者「儘量規範明確」而已！立法者只要能明確規範而不為時，方構成違反此一原則也。

2.自治規章的人權限制

在國家實施中央與地方分權之情況下，中央立法者亦可藉由法律授權地方自治團

---

❼ 最明白的闡釋是釋字第 432 號及 491 號解釋，大法官提出三個原則作為法律使用抽象性概念（及授權時）必須滿足之原則：法規意義明確（非難以理解）；可預見性原則（受規範者得預見行為準則及懲戒後果）；可司法審查原則（而加以確認）。

❽ 見吳庚，憲法的解釋與適用，第 171 頁。例如對一般懲戒罰或行政罰的中度要求，在釋字第 585 號解釋則採嚴格要求，對裁罰要件、標準皆要求以法律定之；對涉及國家安全的出入境可採低度明確要求，但釋字第 454 號即採嚴格明確要求。金融法令的授權，釋字第 488 號亦為嚴格之要求。

體，例如省議會、縣（市）議會制定地方性法規，限制當地人民之人權。所以上到中央、下至地方，可以因地制宜的以法規妥善限制與規範人權，兼顧中央及地方之利益的需求。

惟依憲法第 23 條的法律保留原則係為狹義解釋，即以立法院通過的法律為對象（憲法第 170 條），因此排除地方自治規章限制人權的情形，如司法院釋字第 38 號解釋。如果地方自治規章不具有限制人權之權限時（立法與行政），地方自治的制度——亦即地方自治團體分掌一部分國家的公權力——即形同具文。所以解決的方法，唯有兩途：第一、由修改憲法第 23 條對法律保留狹義的定義著手，賦予地方自治法規有限制人權之效力。第二、利用法律授權的方式，在實體法中規定地方自治團體得以規章限制人權，例如國民教育法 (100.01.26) 第 16 條規定，得為興辦國民教育而徵收特別稅捐（教育捐），經司法院釋字第 277 號解釋認為合憲。或者由地方自治法明確規定各級地方自治機關得立法限制人民權利。例如地方制度法 (99.02.03) 第 18 條以下規定各級地方自治團體的自治事項。各級自治團體既可立法管理或執行自治事項——例如直轄市得執行市之工商管理與建築管理之事項（同法第 18 條 6、7 款）——，此管理權限即為限制人民的工商業經營權利及建築權利。本法第 25 條即規定直轄市、縣（市）、鄉（鎮、市）得制定自治條例及自治法規。第 26 條且賦予直轄市及縣（市）之自治條例能規定各種行政罰，如勒令停工、停止營業、吊扣執照及十萬元以下之罰鍰，及可連續處罰等等之權限，使得自治條例已取得限制人權之權限。

三、比例原則

如同「誠信原則」在民法中居「帝王條款」之地位，在公法中此桂冠條款，則由比例原則擔任，是為「公法的帝王條款」，有非凡的重要性。

㈠比例原則之三個子原則

立法者在對人權認為有公益的需求時，可予以限制，但應限於必要之限度內。我國憲法第 23 條中所稱「必要」，可自二方面解釋之：一是「目的上」之必要性。立法者在公益的考量下，認為唯有侵犯或限制人權時，始得制定法律限制，這是就「公益的需要」而言。第二是手段方面，限於「絕對必要性」的範圍內方可限制人權。就是德國由警察法發展而來，成為公法學上最重要的「比例原則」(Verhaeltnismaessigkeitsprinzip)。我國行政程序法已採納此一原則，在第 7 條規定行政行為應依下列原則為之：1.採取

之方法應有助於目的之達成（此即妥當性原則）；2.有多種同樣能達成目的的方法時，應選擇對人民權益損害最少者（此即必要性原則）及 3.接取之方法所造成之損害，不得與欲達成之目的利益損失均衡（此即均衡原則）。詳言之：

1.妥當性原則 (Geeignetheit)

妥當性原則是一種目的導向之要求，即要求侵犯人權之措施必須確實的能有助達到其法定目的。就以侵犯人民基本權之法律而言，立法者所規定的限制條款必須符合其立法目的。妥當性原則亦適用其他公權力之使用——行政機關之行政行為，例如警察機關認為一處於市區外的人民聚會，喧嘩太甚，會影響鄰居安寧，而命令屋主不得奏樂及高聲喧嘩。此命令不能達到「維護安寧」之目的，欠缺妥當性，故亦是一個違法的行政處分，它喪失了公權力處分和公益目的上的正當連繫關係也。行政程序法第 7 條 1 款規定行政行為必須採納之方法應有助於目的之達成，即本於此。故涉及手段的「有效性」。

大法官在採納比例原則的過程中，也逐步接受德國學界的新的見解 ❾，將三個子原則轉變成四個子原則。差別之處乃將妥當性原則發展成兩種子原則：即傳統審查手段與達成目的有實質關聯的「手段適當性」外，增加了一個「目的正當性」審查（如釋字第 476、544、551、672、678 號解釋）。增加所謂「目的正當性」，在檢驗立法目的（公益動機是否正確無誤），例如釋字第 567 號及第 727 號解釋，所提及「立法內容必須合於實質正義」。

這種對「妥當性」的檢驗，已經不僅是只單純審查手段可否達到目的的「實質關聯性」，且進一步延伸到審查立法目的的「正當性」之上，此情形亦出現在大法官對平等原則是否受侵犯時的「目的審查」一樣（見釋字第 682、694、701、719 及 727 號解釋）。主張納入立法目的正當性審查之用意，乃是：比例原則每個子原則的審查，都會觸及立法目的能否達成的問題。若立法目的的正當性未獲肯認，則手段的適當與否，即無討論的價值。故手段審查（傳統三個子原則）的前提問題。

然而，釋憲機關對一法規合憲性進行審查，皆會分別以「公益審查」（限制人權及採行區別待遇之立法目的是否存在）、法律保留之審查（形式意義之審查）及比例原則之審查（手段審查），不會只進行法律保留原則或比例原則兩項之審查而已。不宜將公益目的（立法目的正當性）的存在與否，納入比例原則審查範圍之內。

---

❾ C. Bumke/A. Voßkuhe, Casebook Verfassungsrecht, 2013, Rdnr. 125, 127.

此外，四子原則論顯然將法律保留僅視為形式意義，忽視了法律保留原則的適用，亦牽涉實質正當性判斷，例如層級化法律保留、重要性理論的適用，都涉及到立法的公益考量與分量，以及所牽涉到人民權利的侵害的程度。因此立法公益審查，雖然首先即會進行之，已決定人權限制與差別待遇是否有正當理由，且在法律保留層次之決定時，亦會繼續考量之。

故新理論的四子原則之說，恐不如傳統三個子原則為妥。既然妥當性原則乃檢驗立法手段能否達到立法目的，主要是出於立法者預測與判斷，且任何立法手段多多少少都可達到目的。故妥當性原則乃是低度審查之標準。作為防止立法手段過度侵犯人民權利之原則，比例原則真正發揮制衡者，乃是下一個「必要性原則」的運用之上。

2. 必要性原則 (Erforderlichkeit)

是指在所有能夠達到立法目的之方式中，必須選擇予人權「最少侵害」之方法（行政程序法第 7 條 2 款）。如對於人民所經營之公司於有違法行為之處罰中，只要科予罰金即可收到效果時，即不得用吊銷執照或停業處分的方式來侵害人民的工作權及營業權。瑞士一位學者弗萊納 (F. Fleiner) 曾比喻為：「不可以砲擊雀」❿。成為形容此原則的一句名言。和我國的俗語「殺雞焉用牛刀」類似。因此，要求採取「最溫和手段」的必要性原則，其考慮的焦點就在於各種手段間的取捨。故唯有是在最後關頭，即非用「最後手段」(ultima ratio) 不可時，方得為之。必要性原則實為比例原則最早之概念雛形，也是使比例原則成為德國警察法最重要原則之功臣。

故在有例外規定的必要時，立法者卻未斟酌此例外情形，而採取對人民更有利的立法時，最常發生的情形當是「一律從嚴」的立法，而無在個案採行彈性的處理方式，即屬違反此原則（釋字第 711 號；774 號；777 號及 790 號解釋）。運用必要性原則必須就可能侵犯人權最輕的方法逐一驗證，以得到唯一之方法為止。大法官在釋字第 577 號解釋已對此驗證方式為詳細之操作，可為典範！

檢驗必要性原則和妥當性不同，乃嚴格之密度也！

3. 均衡原則 (Angemessenheit)

係指對人民所為限制，即使是已合乎公益考量，或依法律所決定之目的、手段皆

---

❿ 弗萊納在一九一一年出版「德國行政法之體系」(Institutionen des Deutschen Verwaltungsrechts) 一書中，指出「警察不可用大砲打小鳥」(Die Polizei soll nicht mit Kanonen auf Spatzen schiessen.)，作為制止警察小題大作，濫行公權力之警語。嗣後此句話即成為描述比例原則最貼切傳神的名言。

為恰當，但是否與其所追求的公益間取得「均衡」(proportional)？這被稱為「狹義的比例原則」。這是一種「天秤式」之衡量：它一方面把公益所追求之價值內容，與另一方面所侵害之人權，在天秤上相互比較權衡。古諺云：「殺雞取卵」即為最佳寫照——為公益的追求（取卵）而予人權極度限制（殺雞）。德國學者 Mayer/Kopp 曾改編弗萊納的那句名言：「不可以砲擊雀」來形容比例性原則：「警察為了驅逐櫻桃樹上的小鳥，雖無鳥槍，但也不可用大砲打小鳥。」因為大砲轟擊的後果（昂貴的砲彈及傷人傷物的後果）與換來小鳥的被驅走「得不償失」，不成比例也。這種對於侵犯人民權利之價值，與所追求之公益目的間作一衡量，使其不偏不倚，可以反映出國家的人權理念及社會的價值標準。因此，在「人情的忍受」上，即可斷定一個法律是否「小題大作」的限制人權及過分增加人民的負擔❶。故行政程序法第 7 條 3 款規定行政行為採納之方法所達成之損害不得與欲達成目的之利益顯失均衡。大法官運用此子原則，最明顯的案例，可參見釋字第 641、649 及 669 號解釋。

比例原則可說是保障人權的護身符。比例原則在護衛人權的意義上，便成了法治國家中最重要的制度。其重要性可比擬民法中第 148 條的「誠信原則」，成為公法的「帝王條款」。所以，除了立法者要詳加注意有無違反比例原則外，擔任「人權把關者」的法院，尤其是擔任違憲審查重責大任的司法院大法官，更應在涉及的個案中妥為審酌衡量。大法官在釋字第 414 號解釋理由書開始使用此原則後，已經常援用。特別是在釋字第 476 號解釋首度以三個子原則來檢驗一個特別重罰的立法（懲治煙毒條例）是否合憲的問題。我國相關法令中，已經有不少採納比例原則者，有概括規定比例原則者，如行政執行法 (99.02.03) 第 3 條；有僅提及必要原則者，如土地法 (100.06.15) 第 208 條、通訊監察保障法 (96.07.01) 第 2 條第 2 項；亦有明白提及必要性原則及均衡原則者，例如集會遊行法 (91.06.26) 第 26 條；亦有完整將比例原則三項子原則納入，如行政程序法第 7 條第 3 款及行政執行法施行細則第 3 條。不論立法者明白採用比例原則或某一子原則，都不妨礙整個比例原則納入審查，亦即比例原則乃視為一整體，三個子原則乃相互支援之檢驗方式而已❷。

---

❶ 參閱拙作：行政法學總論，第 80 頁以下，及「基本權利」（上冊），第 239 頁以下；蔡震榮，比例原則法律上之定位，刊載氏著：行政法理論與基本人權之保障，民國八十二年，第 123 頁以下。

❷ 鄭玉波大法官早在釋字第 179 號解釋的不同意見書中，使用了必要性及均衡性的原則，已經十分接近使用比例原則的概念了。

㈡比例原則的適用

作為公法原則的比例原則，可拘束所有的「裁量行為」涉及立法、司法及行政裁量的界線問題。由於比例原則的適用涉及的判斷很多，如手段可否達到立法目的？是否有多種可採取之手段？所採取手段是否為侵害最少？限制措施所獲得之公共利益是否為優勢（超過被限制之人權）？等都充滿了不確定性，需要用邏輯與論理之方式來予推敲。此又分成比例原則的審查標準與審查方式兩點來說明。

1.比例原則的審查標準

比例原則在憲法意義上，特別強調立法者受此原則之拘束。此即涉及立法預測的制度，與大法官審查比例原則的方式與界線問題。所謂的立法預測，乃指立法者對於立法的公益必要性、手段達成目的的可能性與必要性，所行使的「預測」行為也。由於法律通常以規範未來發生的事件為主要任務，立法者必須事前即預測未來可能發生之事件種類及特性，進而規劃出處置方法。這些針對事件所採行因應手段的有效性與必要性，都是虛幻想像的，必須交由立法者來判斷，而非釋憲機關所可取代。大法官即必須自制（司法自制），故稱為立法者之「預測特權」。此亦為民主政治與責任政治的精神所在❸。

誠然，世事難料。當立法實施後，時空轉變而暴露出立法者當初始料不及之情況，而生規範不足或規範漏洞時，一，可透過釋憲者的合憲性解釋來修補；或是二，如違憲情況明顯及重大時，亦可能證明立法者的預測失靈，未能具有效性及必要性，而可宣布違憲❹。但在出現達上述二種情形之前，立法者的預測應推定其正確，而獲得釋憲者之尊重。

立法者的預測特權，在比例原則三個子原則的審查上即有寬嚴不同的標準。釋憲者應採取最寬鬆者厥為妥當性的判斷之上。首先，妥當性原則既然強調在手段的「有效性」之上，但這種「有效」，是「部分有效」，即多少有效果、慢慢有效，抑或是「絕對有效」，即藥到病除式的急速、絕對有效？至於立法目的是否正當，乃是立法公益是否存在的檢驗，而屬於檢驗手段是否合乎比例原則的前提問題，應是一開始即應進行

---

❸ 依黃昭元教授之統計，自釋字第 414 號解釋提出比例原則開始，至釋字第 725 號解釋為止之十八年間，大法官共作出三百一十二件解釋，其中涉及比例原則者達九十件之多，可見本原則在釋憲實務的重要性。參見黃昭元，大法官適用比例原則之再檢討，司法院大法官 103 年度學術研討會㈠，民國 103 年 12 月 6 日，第 3 頁以下。
❹ 參見作者在釋字第 688 號解釋所提出之部分不同意見書。

審查之項目。且在「法律保留」的審查過程中也會進行之，已於前文述及，不再贅言。

　　一般學說上認為妥當性是採取前者見解。如此一來，幾乎任何立法措施多少皆可達到立法目的。妥當性原則即無太大之護衛人權之功能，因必要性及均衡性原則之存在，本即以具備妥當性為當然之理也 ⑮。故比例原則三子原則之理論，實質上已質變成二子原則。

　　按大法官對於法律規定有無符合比例原則之審查採取三種標準——即低度、中度及高度審查標準。低度的標準為「合理性標準」，立法者的判斷沒有明顯的恣意（歧視）即屬師出有名，就可判斷為合憲，是為極度尊重立法之判斷，妥當性審查即是。最嚴格的高度審查正相反，對立法判斷採懷疑之態度，其審查不僅是實質性，且趨向挑剔程度 ⑯，必要性的審查即是一例。至於均衡性審查乃中立的審查雙方權益的損失，故應為中等的審查基準。此外，在判斷各種法益的權衡時，必須針對個案所涉及公共利益是否重大與急迫，所限制與剝奪人民權利範圍、程度、輕重大小來作判斷。所以審查重心厥在必要性及均衡性，尤以必要性之上。

2.比例原則的審查方式

　　依傳統學說，比例原則的審查乃「依序」為之，分階段完成。前階段（如妥當性）的通過，方進行下階段（如必要性）之審查。這種「階段審查」是將概念思維方式，化為法律合憲判斷的具體理由，即會發生釋憲者一方面肯定立法措施乃出自優勢公益、所採手段切實可以達成立法目的；但另一方面卻認為已違反必要性原則或均衡性原則；或是肯認立法措施乃符合妥當性及必要性，卻未能通過均衡性之審查，而導致立法措施違反比例原則而違憲的結論 ⑰。此種「左手打右手」的「層次與階段論證法」，已忽視比例原則必須一個「整體衡量」(Gesamtabwägung) 的判斷順序。比例原則主要在促使公權力須作出必要、不過度的限制人權之作為。限制人權之措施須「不過分」即可。比例原則本即是一抽象的概念，再加上三個（或四個）子原則的推波助瀾，形成整個觀念的「玄學化」。無怪乎德國名學者樂雪教授 (P. Lerche) 在一九六一年即提出「禁止過度」(Übermassverbot)，來取代比例原則之概念，以收簡明易懂之功能也 ⑱。此乃根

---

⑮ 參照拙作，基本權利之基本理論，註 161 處本文以下。

⑯ 請參見❾。

⑰ 司法院釋字第 669 號解釋便出現了後者之情形。見作者在該號解釋所提出之協同意見書中已批評此「前合憲，後違憲」之三段矛盾論證的僵硬審查方式。

⑱ 請參見拙作，基本權利之基本理論，前述文，註 164 處本文。

源於比例原則是一個整體的衡量準繩 (Abwaegungrundlinie) 旨在衡量人權受侵害程度，來證明限制人權之規定是否適切、必要，且無法找出另一個「更小侵害」的手段時，則此立法措施即為合憲。

所以，不論比例原則可以區分為傳統的三個子原則，或是新式的四個子原則，且審查立法手段先後以此些子原則來審查，但最後還是以「法益整體衡量」作為選擇適當與必要手段的依據，亦即德國名學者黑瑟 (Konrad Hesse) 所稱的「實際調和」(praktische Konkordanz)[19]。一個限制人權之手段，如能通過必要性原則之檢驗，則一定包含通過了均衡性原則之檢驗，亦即，必要性原則與均衡原則乃「一體之兩面」，這也契合比例原則本即等於「禁止過度」原則。同時，均衡原則之所以被稱為「狹義之比例原則」，也和「禁止過度」並非兩種不同內涵之原則也。故如同釋字第 669 號解釋的情形是不應該發生的！

比例原則即屬於監控立法措施之「必要性」之標準。此時關於立法公益之當然存在、與手段可達目的（包括功效強度與實效性），同時也獲得利益均衡之肯定，一併構成此「侵犯必要性」的肯認之內容也[20]。故一個合憲侵犯人權之立法，一定是必要的立法，同時也是妥適與均衡式的立法。反之，一個不合比例原則的立法，也一定通不過妥當性、均衡性與必要性的判斷，如此「三位一體」合致性，方是比例原則審查精神的體現[21]。

同樣地在釋字 786 號解釋，大法官仍然陷入這種論理的矛盾窠臼：一方面認定系爭法律（公職利益迴避法）所規定違規者一律處以百萬元以上的罰鍰，立法目的洵屬正當，手段有足以上開目的之達成（符合妥當性原則）；且（新修正後的規定）有授權行政機關降低罰鍰的規定，「尚可認為達成上開立法目的之必要手段」（符合必要性原則）。然而又認為可能造成個案過苛為由，宣布系爭規定違憲。這便是以最終的均衡性原則否認了前兩個子原則的典型案例。

---

[19] Konrad Hesse, Grundzüge des Verfassungsrechts, Rdnr. 72; C. Bumke/A. Voßkuhe, Casebook Verfassungsrecht, 2013, Rdnr. 159.

[20] P. Badura, Staatsrecht, C. 28 即採此見解。

[21] 大法官在釋字第 681 號理由書（第一段）已提出：訴訟權之具體內容，應由立法機關制訂合乎正當法律程序之相關法律，始得實施。而相關程序規範是否正當，除考量憲法有無特別規定所涉及基本權之種類外，當須觀察案件涉及之事務領域、侵害基本權之強度與範圍、所欲追求之公共利益、有無替代程序及各種可能程序之成本等因素，「綜合判斷而認定」。即係實踐「整體均衡審查」之適例也。

第十三節　人民的基本義務

壹、基本義務與法定義務

一、基本義務之意義

　　義務乃是相對於權利而言，指人們負有遵守一定要求（作為或不作為）的責任。申論之，基本人權是指人民可向國家請求、或由國家保障的一些基本事項。而憲法明文規定人民的義務，可稱為「基本義務」，國家可要求人民遵照其命令，必要時且可強制其遵守的權力。我國憲法第二章將人民的義務與人民基本權利併列。這種人民享有權利、同時亦負擔義務之規定是各國憲法之通例。溯自一七八九年法國的人權宣言，已在第 13 條指出為維持國家軍隊和支付政府的其他費用，社會各成員應按能力平均分擔之，故人民有納稅的義務。另外在一七九五年憲法中規定公民與市民的權利與義務宣言，更將人權宣言分成權利與義務二大部分。由此宣言，人民負有保衛社會、服從社會的義務（第 3 條）、遵守法律的義務（第 5 條）、維繫法律秩序的義務（第 6 條）、保衛祖國與護衛國家自由平等的義務（第 7 條）。從上述西方二部對後世人權理念影響甚大的典章規定可知，人民的基本義務與基本權利息息相關。

　　從法的體系觀察，人民由國家憲法所課予的義務，可自二方面來討論：

　　第一、專就人權的本質而論。法律因可限制人權，此限制部分亦成為人民之義務。舉例言之，人民財產權受限制時（如納稅），即一方面限制人民之財產權，另一方面人民負擔納稅之義務。同樣的，對出入境管制，即為限制其遷徙自由，並產生人民遵守出入境申報手續之義務。是以人權之限制與義務的加諸，恆為一體兩面。本乎此一觀點，某些國家憲法，不明示列舉人民有基本義務之規定，例如德國基本法 (1949)，即未再如威瑪憲法 (1919) 列舉基本義務之體例，也因此，限制人民基本權利即可以導出人民負有基本義務之觀念❶。第二、如果憲法中明文揭示人民的基本義務時，則是特別強調人民應該擔負起的基本義務，例如我國憲法與日本憲法 (1947) 類似。我國憲法第 19 條：「人民有依法律納稅之義務。」；第 20 條：「人民有依法律服兵役之義務。」

---

❶ 可參見蘇永欽大法官在釋字第 688 號解釋之協同意見書中有不同之闡釋。

與第 21 條：「人民有受國民教育之權利與義務。」是我國憲法規定三種基本義務之制度。

二、法定義務之意義

除上述我國憲法所規定人民有納稅、服兵役及受國民教育之三種基本義務外，還有一項當然的義務——有遵守法律的義務。守法的義務，是一切法律有效性的根源基石。人民在違反法律時，國家得依法懲罰之，必要時可以強制力來執行之。如國家可以警察來逮捕犯罪人，並依法院確定判決，令其至監獄服刑，此即國家形式法律之強制力的表徵。國家法律的執行，並非純靠國家或他人的強制力，使其遵守法律規定而已。在法理解釋上，要認為法律有拘束力之前提，在於人民有服從遵守的義務，強制力只是強制人民實踐此義務之手段而已。德國腓特烈大帝有句名言：「服從法律是人民的第一義務。」即使是在開明專制時代所盛行的這句人民有守法義務之理念，在現代法治國家中，仍有適用之餘地。

所以人民即可由所有國家法律中引伸而出，其種類不可勝數的義務也。例如刑法義務（包括不得偷竊、殺人、背叛國家），以及擔任特殊職務或基於特別身分地位承擔之義務（如擔任公務員即有公務員法上之義務）。甚至私法契約，當事人間也享有契約權利及遵守契約之義務。因此義務與權利是合為一體。這種義務即可稱為「法定義務」，而不稱為「基本義務」。

貳、納稅之義務

一、納稅之目的

國家構造為一「組織體」，擔負不少固有、特定之任務。先由單純的國家「組織面」來看中央及地方各級機關的成立、各級文武公務員以及其他公職人員的任用、各種器具（由辦公文具到武器）的配置、國家提供一定的服務及行為（如警察的治安維護到戰爭的進行）都需要相當財力作基礎。因之，人民必須把其合法獲得財產權中，提出一部分供國家運用，此便是納稅之目的。古今中外皆有稅捐制度。愈是古老、不民主的國家，人民就愈常受到敲骨抽髓的苛稅暴政（暴政猛於虎）。在眾多人民的義務中，納稅無疑的與人民具有最密切的關係。一七八九年法國人權宣言第 14 條開始規

定：人民有由自己或其代表確認租稅必要性之權利。納稅義務和政權的合法性由是合而為一。綜言之，現代租稅觀念厥為：依法律為之，並由人民代表確定其必要性。

二、租稅法定主義

　　納稅須依法律為之，導出法治國家之重要原則──租稅法定主義，這個主義指：法律應明文規定租稅主體、租稅客體、租稅客體對租稅主體之歸屬、稅基、稅率、納稅方法及納稅期間等租稅構成要件，方得課予人民納稅義務（釋字第 217 號解釋起有甚多解釋）。在此意義上，國家的預算也同時意指「財產權侵犯與保障法案」，是為民主國家的例行大事。國家預算的多寡靠著稅收來決定，稅收又自人民財產之完納，故人民的代表──國會議員──可斟酌審度情況（公庫之豐儉與人民負擔之權衡），來決定各種型態之稅捐名目與其額度高低，及其適用對象。國家租稅權概念，遂由以往操於君主個人自我意志的裁量，一變為人民代表協商議定之，非經國會依法定程序所制定之法律，不得作為徵收之依據❷。

　　作為納稅義務依據的法律，既涉及人民財產權之侵犯，自亦必須遵守憲法保障人權之規定，不能違反比例原則（如釋字第 688 號解釋）、平等原則（如釋字第 597 號解釋）、量能課稅原則。對納稅義務人予以減免優惠時，亦必須遵循嚴謹之租稅法定主權，不能由行政機關以命令定之。大法官已由釋字第 267 號解釋開始，承認此見解（另見釋字第 369 號、620 號、674 號及 685 號解釋）。

三、授權明確主義

　　人民是否有除形式法律（國會制定之法律）外，依據其他法規而負有納稅的義務？申言之，租稅法定主義，其所稱之「法」是否除法律外亦包括行政命令或地方自治規章？質言之，依中央法規標準法第 5 條 1 項規定：人民權利之限制必依法律不可。惟行政機關如獲得自法律授權時，得以行政命令之方式規定稅捐項目之細節。例如法律已經明文規定授與行政機關可對稅捐項目與稅率作細部規劃時，則因立法者已授權行政機關「代行」其規範租稅之權力，人民就負有遵守該行政命令之義務。故行政權力在獲得合法授權之時，人民即有依行政命令繳納稅捐之義務。然而，如果基於租稅法

❷ 參閱陳敏，憲法的租稅概念及其課徵之限制，刊載：政大法學評論第二十四期（民國七十年），第 57 頁；葛克昌：人民有依法律納稅的義務（下），台大法學論叢，第十九卷二期，民國七十九年，第 143 頁。

定主義與法律安定性原則，立法者在對租稅要件之授權應把握「授權明確性」之要求，亦即不得採取「空白授權」之方式。故如納稅義務人的規定、課稅標準及稅率等事項，即不得授權行政命令來規範之。因為，如人民應交稅額可由行政機關自為處理時，會使國會監督流於形式化。人民財產權即有受到過度侵害之虞。再者，若行政機關可決定稅捐之有無，則又會違反「法律安定性」原則。因為人民已經無法預測其財產權會受到何種範圍的侵犯。所以，租稅法之授權不得以「空白授權」方式為之。國會必須嚴守授權明確性原則，在確定範圍內始得授權行政機關行使租稅權力❸。

　　司法院在釋字第 346 號解釋，已指明：人民依法律納稅之義務，「並未限制應規定於何種法律」。故只要堅守授權明確性原則，則可在任何法律（如該號解釋之財政收支劃分法許可地方政府徵收教育捐）課予人民租稅義務。此外：如主管機關職權範圍內，就適用租稅法規內所為之釋示，只要無違一般法律解釋方法，且符合憲法及立法意旨，亦非違反租稅法定之原則（司法院釋字第 607 號、625 號、674 號及 685 號解釋）。

四、地方自治團體的徵稅權

　　再就地方與中央分權觀察。憲法第 23 條的租稅法定主義易於混淆中央稅與地方稅之界分。稅捐的目的在於賦予各級政府有財力來執行職權。而政府又有中央與地方之分。中央與地方政府因此有個別的稅捐必要性。依據中央與地方分權原則（憲法第 107 條以下），不僅包括行政權力，甚且及於立法權力之劃分。只要地方自治團體依據憲法規定及遵守法定程序，其立法機關便可制定地方自治規章向人民課徵必要的稅捐，即所謂「地方性稅捐」。此在西方國家，尤其採行聯邦制者，乃屢見不鮮之事。例如，在美國人民所負擔之州稅可能高出聯邦稅甚多。為達地方自治目的，地方性稅捐是有其重要性與必要性。一個健全完備的中央與地方法制的國家，人民可本於國民的身分繳納國家性的稅捐，亦可本於省民、縣民的身分負擔地方性稅捐。

　　憲法第 109 條 1 項 7 款規定省財政與省稅為省立法並執行，或交由縣執行之事項；憲法第 110 條 1 項 6 款規定縣財政與縣稅，亦由縣立法並執行之事項，因此，省與縣皆有立法規定徵收省稅、與縣稅之權，此亦地方自治團體應有的財政權也。依增修條文第 8 條 2 款之規定，省縣仍有立法權，且分由省議會與縣議會執行之。因此省、縣

---

❸ 參閱陳清秀，稅法之基本原理，民國八十二年，第 56 頁以下。

議會得擁有徵收稅捐的立法，極為明確！

　　依財政收支劃分法 (88.01.25) 第 19 條有規定各級政府得經議會立法舉辦臨時性質之稅課。但地方政府這種立法，仍以該法有明定者為限（第 7 條）。顯然已與憲法第 109 條與第 110 條的規定相牴觸。然而，司法院釋字第 277 號解釋對此種情形認為尚不違憲，且應從速制定「地方稅法通則」。不過，本通則迄今仍未制定。

　　再依地方制度法 (99.02.03) 第 35 條以下，直轄市（縣市議會）等地方立法機關雖能議決直轄市（縣、鄉）的特別稅課、臨時或附加課稅，使得人民之財產權利能受到限制。且依同法第 67 條 2 項的規定，地方稅之範圍及課徵，依地方稅法通則之規定為之、第 3 項規定地方政府規費之範圍及課徵原則，依政府規費法之規定。其未經法律規定者，須經民意機關決議徵收之。本條文第 2 項授與地方稅的立法權限，在地方稅法通則未制定前，即不存在。因此地方僅能透過第 3 項後段規定，經由民意機關取得限制人民財產權的依據❹。

五、稅捐與比例原則

　　人民因負有納稅的義務，即同時限制其財產權。對此限制即應合理而在必要的範圍內為之。如前述法國人權宣言第 14 條之規定：納稅的必要性由人民代表決之。國會議員代表人民的公意，對於稅額的前提與額度予以限制時，必須作妥善而周延的考慮，避免橫徵暴斂。是以法治國家中的「比例原則」，應適用在人民基本義務之上；依我國憲法第 23 條限制人民基本權利應於必要時方得為之決定稅制及稅額雖是立法者的政策形成權（見釋字第 318 號解釋吳庚與張承韜兩位大法官之不同意見書），應受釋憲機關最大之尊重。立法者依比例原則因而負有三大義務：第一為「量能課稅」原則。視人民之經濟能力，分擔國家之財政需求。這才是稅額必須由人民代表決定之本意；量能課稅自然也符合「租稅公平」(tax equity)，由客觀上財力雄厚者負擔較多稅額，亦符合平等權也❺。二為「勒頸式稅捐」（窒息式稅捐，Erdrosselungssteuern）之禁止。立法者不得規定嚴苛沈重的條款，使人民的財產權遭到窒息式的侵害，使憲法明定保障人民財產權之條文成為具文。這種不得課負人民窒息式稅捐，為財產權「制度性保

---

❹ 參閱葛克昌，地方財政法基本課題，月旦法學雜誌，民國八十四年五月號，第 24 頁。

❺ 蘇永欽大法官認為此租稅公平原則之符合平等權，當不只指消極平等權，亦包括積極社會公平，立法者得靠「富者多納稅」來作社會所得重分配也。見蘇永欽大法官在司法院釋字第 688 號協同意見書，此見解甚為正確。

障」及稅捐比例原則之體現。假若立法規範使人民財產權名存實亡時，這個法律即為違憲；第三項義務是「國家不得加稅」之義務，國家財政既以人民納稅為首要來源，預算的增加即指涉人民負擔之增加。國會有審查監督國家財政之義務。我國憲法第 70 條規定：「立法院對於行政院所提預算案，不得為增加支出之提議。」司法院釋字第 264 號也有如下解釋：「……立法院第八十四會期第二十六次會議決議：『請行政院在本（七十九）年度再加發半個月公教人員年終工作獎金，以激勵士氣，其預算再行追加』，係就預算案為增加支出之提議，與上述憲法規定（憲法第 70 條）牴觸，自不生效力。」所以立法院亦不得為違憲決議增加支出而加重人民負擔，國會是替人民「看守荷包」，而不是將人民「掏空荷包」之機構也。

參、服兵役之義務

一、徵兵制之起源

　　服兵役者，是人民應徵召入伍擔負保衛國家的責任。在專制時代人民亦有服兵役之義務，但是也往往與「拉伕」無異。現代人民服兵役制度是起源於全民義務兵役制。而全民義務兵役制度在西方國家中，推行最為成功的首推德國（普魯士）在一八〇七年由香霍斯特 (Gerhard J. D. von Scharnhost, 1755–1813) 所擘劃的軍事改革方案中樹立之徵兵制。全民義務役制可使在往昔實行的傭兵制下，地方或黨派所有的武力，轉變並形成社會制度的一部分，即國家的武力。因此，義務兵役制意味國家將權力與武器之持有者，由特定人（如職業軍人與傭兵）變為全民，將軍權加以分散。再者，軍隊若是由役男所組成，即使軍隊的領導中堅是職業軍人，但這支軍隊也變成是一個朝向社會的「開放式軍隊」。人民的定期入伍、退伍，使得社會各種行業的理念與價值觀能融入軍隊之中，改變軍隊只是戰爭機器的角色。由是觀之，義務役使得軍隊成為全民的軍隊，軍隊與社會即較容易和諧並存，義務役制度對軍隊社會化產生極大的催化作用。

二、募兵制

　　與徵兵制相對應者即是募兵制，此由國家所維持的一支由行政體系所招募僱傭的軍隊型態。其優點在於免除人民受徵召服役的義務，而採專業式的軍隊。所招募的兵

員，都是職業與半職業（限期）的軍人。另外，對於現代講究高度科技的戰爭，這種服役役期較長的募兵制，較能勝任操作精細、複雜的先進武器系統的戰鬥任務。其缺點在於軍隊的組成來源限於某特定社會階層。在重商的現代社會替國家執干戈、衛社稷者多為中低收入家庭之子弟，因易為軍隊較優渥、固定待遇吸引所致。因此，軍人若由非全民性組成，社會大眾對外作戰時的同仇敵愾、相濡以沫的患難真情，就難以維繫，對軍隊的關心與尊重必與時俱減。是以募兵制對於健全的國防軍事體質，與憲法平等權原則的遵守，皆是嚴重的斲喪。

馬英九總統在民國九十七年競選總統政見已明白提出將在四至六年內，完成全募兵的政策。當選後，國防部也在九十七年八月一日正式宣布，將在六年後，完成國軍總額二十萬，且全為募兵制的政策。終於在民國一〇四年十二月三十一日徵集最後一梯次役男後，民國一〇五年一月一日起全面實施募兵制。

三、女子服兵役的問題

我國憲法規定人民有服兵役之義務。其條文稱人民而非「男子」，就字面文義推知，女子也應有服兵役之義務。當時立憲過程中，此問題亦曾被廣泛討論。但就字面明白之見解，則並未排除在必要時可徵召女子服兵役之可能性。然就此一問題，吾人首先就生理因素來談：現代戰爭是全民整體性的戰鬥，主張女子在生理上無法擔負激烈的戰鬥任務之說法是昧於事實。以往的戰爭是以力取勝為要件，現代戰爭卻是以分工細密的高科技為決勝之道，「談笑間，強虜灰飛煙滅」亦非不可能之事。按一下撳鈕往往決定數以千、萬計的生命。現代與以往的戰爭型態已有絕大的差異，就分工之問題而論，現代戰爭並非持刀操槍，挽弓放矢地衝鋒陷陣；除沙場交戰外，更有軍事的動員、後勤補給、武器研發、電子通訊，在在需要大量人力的投注。就在一次、二次世界大戰，不少同盟國、協約國的女兵從事雷達偵測、電台廣播、後勤補給、衛生醫療的行動。而現代戰爭更需要這種「非沙場」的兵員來擔負眾多軍事勤務。在人口較少的國家，即使是女性無法擔任激烈的戰鬥任務，至少也可在其他後勤方面的軍事輔助機關奉獻己力（例如以色列）。再就科技的戰鬥而論，現代戰爭已是「科技戰爭」、「撳鈕戰鬥」，與古代的「蠻力戰爭」是不可同日而語的。即使纖弱如女人者，亦可憑藉操作電子儀器、科技設備而投入戰爭之中。美國在最近一次的一九九一年波斯灣戰爭中，也派遣一些女兵參戰，其表現絲毫不讓鬚眉。

　　從上述二種理由來看，因生理因素而排除女性於行伍之外，顯然是站不住腳。但是，基於社會觀念，女性在實際上的「戰鬥行為」中有可能發生不便與不利的後果，例如一旦淪為戰俘可能更易遭到不人道之待遇。故西方某些國家的憲法中明示將女性服兵役、擔任軍人的要件，限定於非戰鬥性的勤務方面。例如德國基本法第 12 條 a4 項規定女性只能擔任非戰鬥性質之（衛生）勤務，即為一例 ❻。

　　綜言之，女性可依法律規定徵召入伍而無違憲之虞。這種依兵役法規定女性服兵役之義務，是端視國家有無具體性的需要。若國家有足夠的役男充作兵源，並有適度的護理人員，則無考慮女性入伍之必要。在我國，依國民感情與社會價值觀念判斷，似乎在可預見的將來，女性並無使之服義務兵役的可能。目前兵役法 (98.04.29) 第 1 條就明定中華民國男子才有服兵役之義務也。故大法官在釋字第 490 號解釋也提此見解：「立法者鑒於男女生理上之差異及因此種差異所生之機會生活功能角色之不同」，故依法只規定男子服役，並不違憲也。

四、社會役的制度

　　在實行徵兵制的國家，一旦人民本身有宗教信仰及良知認為無法執干戈殺敵，此為歐美國家所稱的「良心拒服兵役」(conscientious objector)；或國家兵源過多；或國家需要甚多的社會服務人力，遂產生「社會役」(Zivildienst) 制度。良心拒絕服兵役的憲法根源為保障人民的信仰、良知自由。德國基本法第 4 條 3 項特別把人民可以拒絕服執武器的兵役，列為信仰、良知自由之一，而使替代役——即社會役的制度因應而生。我國在大法官釋字第 490 號解釋則否認人民可以基於宗教及良知理由（耶和華證人會）而拒絕服兵役。大法官認為法律違反役男的自由意志而引迫其入伍，並不侵犯人性尊嚴及宗教自由。而我國經長年學界呼籲終於實施的替代役，卻是基於兵源過多，

---

❻ 德國憲法在一九六八年初次規定女子擔任軍人只能執行不執武器之任務。是否有歧視女性，以及限制女人就業機會的問題就不斷產生。一九九九年一位名 Tanja Kreil 的婦女應徵軍隊的技術兵科，因會被派到野戰部隊，遂被拒絕。Kreil 遂以違反男女平等原則提起訴訟，聯邦行政法院駁回。Kreil 遂向歐洲法院起訴。歐洲法院在二〇〇〇年一月十一日作出德國基本法這條限制女兵擔任戰鬥任務之規定為違反男女平等權。德國雖普遍反對歐洲法院之判決侵犯德國的國防自主權，但國會也迅速通過憲法及軍人法之修正案（二〇〇〇年十二月十九日），基本法原條文修正為：女性軍人不應強制擔任戰鬥之任務。軍人法則許可志願役女性軍人在戰鬥部隊中服役。由於德國女性沒有服兵役義務，所以 Kreil 案並沒有太大之實益（因為德國職業軍人中早已有女性擔任戰鬥性職務）。見 H. Maurer, §5, 41a.

為求公平起見，才實施此制度也❼。社會役的範圍，各國不同，可包括極廣泛之赴國外協助落後地區發展的「海外開發役」及較小的，只在國內社會福利、環保、醫療救助的工作，都是要求役男要將「大愛」貢獻鄉梓，與服兵役要將「大忠」報效國家，同樣是至高的德性。目前歐洲共（曾）有二十八個國家實行此制度，（惟近年各國紛紛廢除徵兵制）只剩四個國家實施此制。我國已公布替代役實施條例 (89.02.02)，重心卻在廣義的社會役。

憲法第 20 條規定人民有服兵役之義務，對服兵役的解釋自應嚴格，不能包含「警察役」或其他社會的「勞役」，其理自明。民國八十八年修憲時，在一讀會曾通過修改憲法第 20 條，增加「服社會役」之義務，但卻未能通過二讀會，至為可惜。現行兵役法第 2 條：「本法所稱兵役，指軍官役、士官役、士兵役及替代役」，已經不當擴張兵役之概念。隨著我國已步上廢除徵兵制，此替代役的屬性，將使其繼續實施的合憲性面臨考驗。

肆、受國民教育的義務

一、國民教育的人權性質

人民接受國民教育，係憲法中唯一同時規定人民之人權與義務之條文者。這是因為國民教育在本質上，是一個可享受與增益人民的權利，一般憲法學理遂列入「受益權」的概念範圍。但在享受此權利的意願上，人民卻毫無自由可言，而是具有強制性質的權利；換言之，憲法不許可人民不享有此權利。人民沒有拋棄此權利之權利。雖然憲法並未明白規定其他人權得自由拋棄如生存權、人身自由權、財產權……等等，但是許多人權在本質上是不可拋棄，且國家也並不一定承認人民自願拋棄其人權的後果。如人民能拋棄其人身自由權，而甘為他人奴隸；或是願拋棄生存權，由他人決定其死生……，都非憲法及法律所許可。再就生存權而言，國家法律雖無法確實阻止人民自願放棄其生命——因為用法律規定自殺為可罰行為時，並無實質嚇阻力，連死都不怕，何懼其罰——但是可以處罰幫助他人之自殺行為，例如刑法第 275 條 1 項規定

---

❼ 筆者即是長年大力鼓吹我國應該引進德國社會役者。前立法委員簡錫堦曾稱筆者為我國「替代役制度之啟蒙者」，能為我國實施此制略盡國民之棉薄之力，筆者視為畢生之榮耀也。關於我國及各國實施替代役之情形，參閱拙作：社會役制度，簡委員序言及第 33 頁以下。

幫助他人自殺者，可處一年以上、七年以下之重刑。可知放棄人權非憲法所許可，須視人權本身之性質及放棄對社會公益之影響，例如財產權、請願、訴訟權、集會結社……等等，即可自行放棄，而不會侵害公益。

二、受國民教育的義務性

人民享有受國民教育權利便是一個不可拋棄之人權。國家採行此強制性的國民教育制度，乃國家開化之結果。考察教育發展的歷史，各國多半有「官學」及「私學」之制度，將教育權分由國家或私人掌有。但是，以前的教育制度，不是「患寡」——各級學校稀少——，就是「患不均」——學生的來源受制地區、身世門第的限制。自從法國一八八六年通過斐里法案 (Ferry Act)，首先實施了國民義務教育後，歐洲各國即跟進，日後便成為各國普遍實行的制度。此外，就國民教育之積極意義觀察，人民（或確實而言乃未成年之人民）有由國家提供教材、師資、器材設備而使智識增長、開拓人生觀之可能性。國家之所以提倡教育，目的即在使知識普及，並設置中等高等教育以銜接國民教育，寄望部分人民可藉教育改變出生狀態時的家世的「弱勢」，從而增加日後在社會就業與改善其謀生的能力。同時也為國家培養人才、發掘人才，因此，教育發達的國家，社會階層是相對流動的，不似在「民智未開」的時代，人民並不容易學習到可供改變出身的技能及學識。故職業的變動性低，個人的才幹即易被埋沒❽。國民教育可以分成狹義的國民教育及補習教育。前者指凡年滿六歲至十五歲的國民，皆有就讀國民小學及國民中學之義務（憲法第 158 條及國民教育法 (100.01.26) 第 5 條）。雖然國民教育法第 2 條 2 項規定國民教育的強迫性可另以法律定之。我國早於民國三十三年即公布強制入學條例 (33.07.18)，依現行條文 (100.11.30) 第 9 條規定，未按時送未成年子弟入學的家長及監護人可處一百元以下罰鍰，限期入學，並得連續處罰到入學為止，以懲罰失職的家長與監護人。但以國民經濟力提高，上述罰鍰幾無任

---

❽ 美國聯邦最高法院在 1972 年 5 月公布一個著名的「約德案」(Wisconsin v. Yoder)，認為少數族群基於宗教自由可以拒絕子女接受正常的學校教育，而自行以宗教教育或本身特殊之教育方式來教育子女。這種見解已明確推翻該院在 1879 年的「雷諾案」判決。美國聯邦最高法院固然大力保障少數族群的宗教信仰，但這些源自中古時代極端保守、拒絕現代文明的宗教（不使用電力、汽車、自來水、不和外界通婚、不接受中級以上之教育……），使該教派子弟永遠只能承襲祖先的謀生技能（農、牧），也無法至城市及社區外找尋工作，恐怕是對不進步之宗教過度的保護了。見拙作：宗教良心自由與服役正義——釋字第 490 號解釋及社會役，中研院社科所，人文及社會科學集刊，第十三卷一期，2001 年，第 12 頁。

何警告效力可言。同時亦欠缺強制該屆齡國民入學之措施，所以本強迫入學條例的實效性堪疑也！至於已逾齡卻未受國民教育的國民，則應接受補習教育，是為對國民教育的一個「補救措施」，使得因故未曾受過國民教育的國民能有機會補受教育。補習教育雖列入國民教育之一環，但實質上不免是有社會教育之性質。故補習教育無法具有強制性，國家最多只能採用鼓勵、獎勵方式，促使失學國民參加補習教育。例如依補習及進修教育法 (93.06.23) 第 21 條即類似國民教育法第 5 條定有免繳學費之規定。國民教育目前在我國只進行九年的國民小學及國民中學兩個層次，以今日科學昌明的時代，我國要迎頭趕上歐美先進國家。由加強下一代的教育水準是必須採行的一個方法，故即時籌建十二年的義務教育制度，即有時代的必要性。

三、父母教育選擇權

隨著我國解除戒嚴回歸平常憲政體制後，民間對於我國義務教育的僵硬，有許多反彈之聲，認為義務教育的實施，應同時注重學生的學習自由權，以及家長的教育選擇權。尤其是家長對於兒童人格與專才的養成過程，不應置身於事外，而應有選擇與決定的空間。故自民國七十九年起，民間成立的「森林小學」，以標榜人本與大自然教育並擺脫教育法令束縛為號召，竟吸引許多家長的歡迎，風氣漸興❾。政府遂於民國八十八年修正國民教育法，於第 4 條第 4 項中增定「為保障學生學習權，國民教育階段得辦理非學校型態之實驗教育，其辦法由直轄市或縣（市）政府定之。」將「非學校型態之實驗教育」納入制式義務教育之一環。同條文在九十九年修正時，復將「家長教育選擇權」置於「學生學習權」之後，作為法條所保障之法益，實施辦法亦由地方政府自行訂定，改為由教育部「會商」直轄市、縣（市）政府後，訂定辦法規範之。依教育部「國民教育階段辦理非學校型態實驗教育準則」(102.05.31)，對於辦理此類型實驗教育的申請、許可、運作、監督，都有詳盡的規定。選擇接受實驗教育的學生，也並非完全擺脫義務教育所灌輸的知識，地方教育主管機關仍得透過審查教學計畫，監督實驗教育機構的教學內容。而且此類學生仍有所謂的「寄籍學校」，能夠參與正常

---

❾ 森林小學成立後，曾經發生檢察官認定森林小學招生、收取學費，乃是變相經營私立學校，以違反私立學校法提起公訴。嗣後經士林地方法院認定，該小學的實施乃依據教育部許可的實驗教育方式進行，收取學生家長之「樂捐」，並未納入私囊而是用於校務，並無詐欺與斂財之情事，故宣告無罪。而類似森林小學的案例，未有任何因觸犯私立學校法或強制入學條例，而被宣告有罪者。故強制入學條例，似乎已喪失實質拘束力。

義務教育學校體制的活動、競賽及使用學校設施。當學生退出實驗教育體制後，仍可回到寄籍學校就學。顯示選擇實驗教育者仍有接受正常義務教育的管道。

上述國民教育義務由國家強制性規範呈現「鬆動」的現象，固然顯現出國家承認學生教育選擇權與家長的教育自主權。但以義務教育的對象成熟度而論，學生的教育選擇權並無太大的重要性，反而是家長的教育自主權應予尊重。這種屬於「親權」的性質，亦有可能產生濫用，例如人生與價值觀有嚴重偏差的父母，利用「在家自行教育」的方式（此亦屬於非學校型態實驗教育之一種），讓子女喪失了真正學習的機會或是灌輸違反社會共通價值的理念，例如推行神本教育。故為了子女的真正福祉起見，國家應當承擔起監督各種教育機關實施的責任（憲法第 162 條），所有非學校型態義務教育的實施，都應比照私立學校一樣，妥適行使監督權！

監管人民接受義務教育是各級政府的職責。如果轄區內有國民（尤其是家長），未能善盡讓子女接受義務教育，地方政府有督促的責任。監察院便曾通過糾正案，糾正金門縣政府自民國八十九年以來，基於父母的偏差觀念，致使四名兒童無法就學(110.11.16)。依該糾正案所示，台灣近十年共有五十四人，未履行此國民義務。

四、受國民教育權與學習權

除了國民教育外，人民接受其他教育之權利，依司法院釋字第 382 號解釋認為，乃是憲法第 22 條所保障的範圍。故人民在何種學校受教育便可以依其憲法規範基礎之不同，而有不同的效果。在前者（國民教育）乃源於憲法第 21 條所規定，旨在使人民得以請求國家提供國民教育之給付，國家也有履行該給付之義務。後者則否。

故國民教育學校以外之各級各類學校訂定特定之入學資格，只要不侵犯平等權（憲法第 7 條及第 159 條），──不當限制或剝奪人民受教育之公平機會──，即不生牴觸憲法之問題（釋字第 626 號解釋）。

因此憲法上人民擁有的教育權 (Recht auf Bildung)，並非指人民擁有請求國家給付就讀國民基本教育以外之基本權利，即無「請求就讀權」，但有「公平就讀權」──公平進入該等教育機構的就讀權利。就此部分而言，具有社會權的性質，國家應當要廣設此種教育機構。至於就讀國民教育以外之學校，則受到了學習自由的保障（憲法第 22 條），如果入學後遭到學校侵犯時，即可請求法院救濟，大法官在釋字 626 號解釋

即認為，鑑於教育資源有限，故學習自由所保障者係以學生在校接受教育之權利不受國家恣意限制或剝奪為主要內容。因此，受教育權又具有傳統自由權的特徵，可發揮防衛權的功效（釋字第 684 號解釋）❿。

---

❿ 參閱作者在司法院釋字 692 號解釋之協同意見書。

第四章　人權各論

第十四節　平等權

壹、憲法平等權之種類──民族平等及個人平等

我國憲法第 5 條規定：「中華民國各民族一律平等。」這是具有強烈的政治意識，即期望融合造就一個偉大中華民族的條款。憲法復於第 7 條規定：「中華民國人民，無分男女、宗教、種族、階級、黨派，在法律上一律平等。」我國憲法中以二個條文明確規定各民族與人民一律享有平等權利，可看得出我國憲法對平等權極為重視（釋字第 340 號之理由書）。故依我國憲法對平等權之規定，其種類可分成民族平等及國民之平等兩種。茲分述之：

一、民族平等

㈠民族之意義

憲法第 5 條規定：「中華民國各民族一律平等。」揭示了中華民國是一個多民族組成的國家，而非單一民族組成之「民族國家」。按民族與種族之區別極其不易；人類本依其膚色可區分為黃、黑、白、紅、及棕色，是為「人種」之不同。相同的人種復因血統、語言、宗教、生活方式及文化形成「種族」之分，例如同屬黃種人，又可分成蒙古族、漢族、馬來（巫）族等等；同屬白種人，又可分成拉丁族、斯拉夫族、日耳曼族等等；棕種人又可分為阿拉伯族、猶太族、波斯族等等。如果一個種族或與其他種族因為地緣關係、歷史因素及利益考量，形成一個同類集體意識，就可成為一個國家。所以一個國家很少由一種族所組成。所謂民族的概念可以狹小或寬大的視界來看待。

寬大的民族概念是將幾個種族合併，例如中華民族是將漢、滿、蒙、回、藏五大種族，加上其他為數五、六十個大陸邊疆少數種族，包括新疆境內之棕色人種，如土耳其種的維吾爾族，以及白種人，如俄羅斯族，與台灣的原住民（原係馬來族），共組成。

狹小的民族概念，或將一個種族視為一個民族，例如蒙古族之於蒙古民族，猶太

族之於猶太民族，或將一個種族再予因地域、語言等等區分為不同民族，如同屬拉丁族，可再區分成義大利、法蘭西、西班牙、葡萄牙等各民族。

我國憲法第 5 條的中華民國境內平等的各「民族」，即是採小的民族概念。中華民國是由五大民族構成國家人口結構之主幹，再輔以數十種以上的少數民族所組成的國家，乃一民族種類豐富的泱泱大國 ❶。

㈡民族平等的意義

孫中山先生在三民主義的民族主義第五講 (13.03.02) 中已清楚的闡明民族主義之宗旨在於五族一家，相親相愛，如兄如弟以共赴國家之事。所以孫先生三民主義中的民族平等，已和興中會與同盟會時代的具有「揚漢棄滿」意識型態的「驅逐韃虜」思想截然不同，益見中和與包容之精神。民國成立後，臨時政府懸掛的五色旗，便是象徵「五族共和」之精神。這在中國歷史上是破天荒的壯舉。中國文化自孔子的「微管仲，吾其披髮左衽矣」與「尊王攘夷」已透見華夷之分的民族間畛域之見。儘管各民族已在歷朝歷代相互融合，而民族間的仇恨與鬥爭，仍是不窮。如蒙古族之滅宋，漢族之滅元，滿族之滅明，漢族復再滅滿。穿插其中的朱元璋「盡殺韃子」與滿清之「揚州十日，嘉定三屠」……等增加民族仇恨的史事，漢族與其他邊疆民族之關係不是君臨，就是臣服。中華民國成立後，基於五族共和，漢族必須首先揚棄「漢族優越主義」（大漢沙文主義），漢族誠然占我國絕對多數的人口，但不能企圖「漢化」其他民族。其他民族應可保障自己的文化、宗教及其他習俗，各個民族和平的組成一個包容性極強的中華民族。因此憲法第 5 條民族平等就是強調各民族沒有歷史文化與智識的優劣之分，皆是構成民國的國民一分子。故類似德國希特勒政權之區分德國人民為純亞利安人、混血亞利安人及猶太人為三等級國民的狹隘種族政策（德國一九三五年九月十五日公布的紐倫堡種族法），便是我國憲法所不許。

㈢民族平等的效力

就本條文的實質效力而論，雖揭櫫各民族平等之原則，與憲法第 7 條規定中華民國人民不分種族在法律上一律平等似極相近，學界亦頗多認為憲法第 5 條為累贅之立法，可由第 7 條吸收 ❷。惟我國憲法之所以區分民族平等權與個人平等權，是有其特

---

❶ 依中共官方的統計，除漢族外，今日中國大陸共有五十五個主要的少數民族，其中僅有二十一個民族有文字。
　參見蕭蔚雲（等）編著，憲法學概念，北京大學出版社，一九八五年，二版，第 200 頁。

❷ 林紀東先生甚至認為本條文有加強民族區分觀念之嫌。見氏著，憲法逐條釋義㈠，第 44 頁以下；劉慶瑞先生亦

殊考量之點，其差別略述如下：

第一、民族平等權的強調在政治意義，確認各民族共同組成中華民族的「盟約性質」（所謂的五族共和）；憲法第 7 條的人民種族平等權強調在法律意義。雖然就憲法嚴格的實證效果來論，由民族平等權亦可導出禁止歧視個別少數民族國民人權的法源，自個人種族平等權亦可推論出保障「群體性」的少數民族之法源，但是制憲者可以基於重點不同的規範目的，裁量性地分別以二個條文形成規範的內容。所以，民族平等權與個人種族平等權，並行而不悖。

第二、在保障的法益對象而言，民族平等權所確保是國家的法益，即國家是由各民族所組成的政治實體，如同中華民國是共和國的國體、民主的政體一樣，各民族都是中華民國（國族，Staatsvolk）的「組成族」(Gliedvolk)。故如同國體、政體都是中華民國的重要組成部分，如果採行修憲權力有「界限論」之理論者，修憲時若許可排除某一民族於中華民國組成外（如西藏獨立），即可認定為違憲而不得許可之❸。個人種族平等權所保障的法益對象，乃是個別人民遭受種族不平等之法令或公權力侵犯時，所可據以向國家主張之基本權。所以屬於個人法益的保障問題。

第三、民族平等權是一個「制度性保障」(Institutsgarantie) 的規定，國家承認各民族已存在之事實，憲法肯定各民族之平等地位。所以立法者如制定違反民族平等之法律，例如制定「漢化法律」❹，就屬違憲。此外本條文亦為「憲法委託」因此國家必須透過立法者，形成「民族政策」——如依憲法第十三章基本國策第六節邊疆地區的「合法保障邊疆地區各民族之地位、扶持地方自治事業」（第 168 條）——，及積極舉辦邊疆地區各民族之教育、文化、交通、水利、衛生事業，並保障、發展邊疆土地（第 169 條），憲法增修條文第 10 條 12 項對自由地區原住民之政治地位、政治參與、教育文化、社會福利及經濟事業應予保障及扶助的規定，都是這種憲法委託的例子（參見本書第四十四節參六處及第四十五節處）。這些少數族群若得到立法機關所為優惠性待遇 (Affirmative Action) 時，即不可視為牴觸憲法民族平等之意旨❺，至於個人種族平

主張將本條文併入第 7 條之平等權之內。見中華民國憲法要義，第 53 頁。

❸ 就這個積極性的意義而言，本條文的規定就不如五五憲草第 5 條強調：「中華民國各民族，均為中華國族之構成份子，一律平等。」來得具體有力。同見林紀東，前述書(一)，第 45 頁。

❹ 如果強迫少數民族放棄自己的姓名，改為漢姓漢名，便是憲法所不許。依我國姓名條例 (98.07.08) 第 1 條 2 項之規定，台灣原住民族之姓名登記，依其文化慣俗為之；其已依漢人姓氏登記者，得申請回復其傳統姓名，主管機關應予核准。

等權的保障，是單純的「個別性保障」(Individualgarantie)，人民由憲法第 7 條之規定，直接得到積極的請求權，藉以排除公權力的種族歧視措施。所以，保障個別人民免於遭受種族不平等之法源，及人民獲得排除此侵犯之權限，係來自於憲法第 7 條，非憲法第 5 條，或憲法增修條文第 10 條也。

㈣民族平等的目標

中華民國各民族一律平等之目的，不只是要盡力消除民族的仇恨、猜忌，更要朝著「民族融合」的方向努力，形成一個「中華國族」。但是在和平融合的過程中，不能消滅其他民族的文化及其他民族特性。民族融合的方式，首先是語言的融合，所以對於全國各地的教育應該以提倡國語，作為加強團結心凝聚的基礎，同時應保持民族母語，使民族固有語言不因此被國語取代，故國家的語言政策，應以漸進與非強制性為主，原住民族教育法 (93.09.01) 有許多此方面之規定。其次尊重各民族的宗教信仰、生活倫理、社會結構等等。而且，對於少數民族的管理，宜以民族自治為原則。憲法對於蒙古與西藏的地方自治，前者以法律特別規定；後者由西藏自行決定，即是民族自治的實踐。不過，民族的自治界限何在？國家為了社會進步，可否對各民族落後的習俗加以導正？留俟本書第四十三節壹二處再予討論。

二、國民平等

憲法第 7 條規定中華民國人民，無分男女、宗教、種族、階級、黨派，一律平等。這是將所有國民在法律上為「一律平等」之宣示，可稱為一般平等權。

在此條文中，憲法特別指明人民不分男女、宗教等五種差別，而享有平等權。此五種「差別」乃例示性的說明，也是在我國社會人民上最容易以此五大類型區分，造成最有可能之歧視。

然人民之間形成差異性之來源，當不以上述五種為限，亦可能基於出身、語言、祖籍、不同的人生觀及政治觀，都可造成差異的來源（見德國基本法第 3 條），但不論是否有上述差異來源，所有國民皆可享受一般平等原則之保護。

---

❺ 可參見廖元豪，美國「種族優惠性差別待遇」(Racial Affirmative Action) 合憲性之研究，刊載：東吳大學法律學報，第九卷二期，民國八十五年八月，第 1 頁以下；王玉葉，美國最高法院處理優惠待遇 (Affirmative Action) 案件之新趨勢，刊載：美國最高法院重要判決之研究：一九九三、一九九五，焦興鎧主編，中央研究院歐美研究所出版，一九九八年，第 171 頁以下。

　　然在此五種憲法第 7 條特別指明保障之「不同差別」中，種族不同的平等保障可劃歸在憲法第 5 條之「民族平等」部分；至於「階級差別」部分，我國本即係無階級之國家❻，故問題不大。

　　故本條文所強調的「特別平等權」，主指男女平等、宗教平等及政黨平等三種。可分述如下：

㈠**男女平等**

　　我國實施「男尊女卑」的封建體制長達數千年。國父孫中山致力革命，謀建新形式之共和國的動因之一，也在於解放二萬萬婦女同胞於纏足、不能受教育、無繼承權……的桎梏之中。各男女平權厥為我國憲法平等權最重要的項目也。

　　男女平等是謂：國民不因性別差異，而獲得法律上不平等之待遇也。鑑於我國二千年禮教的根深蒂固，男女平等原則所要保障的要務，有意排除對某一性別（主要指女性）在法律上所獲得不平等之待遇。對此，大法官在許多解釋中，已援引美國聯邦最高法院去審理種族平等問題所經常援引的「嚴格審查標準」(Strickt Scrunity Test) 來審查實證法上重男輕女的條款❼，例如以往子女的親權行使，以父權享優先之違憲（釋字第 365 號）；妻以夫之住所為住所為違憲（釋字第 452 號）；榮民農場繼承權以子為優先；妻女以未結婚方可繼承為違憲（釋字第 457 號），對於男女平權的維護，助益更大。性別工作平等法 (100.01.05) 除規定雇主對求職或受僱者之招募、甄試、進用、分發、配置、考績及升遷，都不論因性別或性傾向，而有差別待遇（第 7 條以下）；同樣的，性別平等教育法 (100.06.22) 第 12 條第 1 項亦明文學校提供性別平等之學習環境，建立安全之校園空間並應尊重學生與教職員工之性別特質及性傾向。這二個法律的名稱都強調「性別平等」，故性別平等的重視，已不容置疑矣！

　　近年來大法官作出的「通姦除罪化」解釋，頗受重視。釋字第 791 號解釋對於刑法處罰通姦罪，而配偶撤回告訴者，其效力不及於相姦人，大法官便認為已牴觸憲法平等權意旨，而宣告違憲。

---

❻ 我國憲法雖未如日本援引日本憲法廢除貴族（華族）之規定，但我國自民國革命後，已廢止封建制度，社會上並無類似印度之種姓階級制度。國民姓名中也不見保有以往階級時代稱號（如公爵、伯爵等），如德國、法國及英國等一般，故我國可以傲稱為一個無階級區分之平等社會。

❼ 關於性別平等原則，美國聯邦憲法法院間亦有採嚴格審查標準，但以「中度審查」標準為通說。可參見郭介恆，美國性別平等之違憲審查基準，刊載：司法院大法官九十五年度學術研討會，民國九十五年十二月九日，第 94 頁以下。

　　除了在「除弊」外，男女平等原則的第二要務，端在「促進實質平等」。此乃著眼於女性長年處於弱勢地位，故國家應採積極的扶助措施，以創造出弱勢女性取得與優勢地位之男性公平競爭之機會。故憲法增修條文第 10 條 6 項「……國家應維護婦女之人格尊嚴，係保障婦女之人身安全，消除性別歧視，促進兩性地位之實質平等」，即明示國家提供、創造之各種「扶助」女性之政策，如性別工作平等法第四章之「促進工作平等措施」（第 14 條）中之規定女性受僱者享有生理假、產假、育嬰假……等，有利於女性受僱人之規定，即不違反男女平等權；另外，在選舉法方面，有關於婦女保障名額之制度（憲法第 134 條、增修條文第 4 條第 2 項、公職人員選舉罷免法第 67、68 條）及消除對婦女一切形式歧視公約施行法 (100.06.08)，亦同斯旨。

　　惟這種根植於「女人是弱者」時代的類似「保障女性名額」之制度終究是過渡時期的權宜之計。隨著婦女同胞受教育機會與男性完全一樣，女性發揮才能的空間已不受社會老舊風氣之壓迫，女性在職場的表現已未必遜於男性的今日，對女性的特別保障條款終會走上盡頭矣 ❽！

　　另，男女平等原則發展至今，也將保障矛頭朝向「不一定要界分男女」──保障同性戀問題。此種「尊重他人性向」的對同性戀容忍原則，已見乎法律，如上述性別平等教育法第 12 條第 1 項所謂的「學校應尊重學生及教職員工之不同性別、性別特質、性別認同或性傾向」，可得知該法已採納「性別寬容」之原則。不過，此對同性戀的容忍原則，可否發揮到比擬男女平等而可主張「同性戀結婚自由」制或主張憲法第 22 條應保障人民擁有「同性結婚」之基本人權？雖然目前世界上不乏許可此種同性結婚制之國家，例如迄二〇一五年一月為止，全美已有三分之二的州（三十六州）許可同性結婚 ❾。但鑑於婚姻制度的神聖（制度性保障），以及藉婚姻組成家庭，確定父母子女的人倫秩序等涉及高度倫理價值之問題。但開放已成為不可違逆之潮流矣。為此，大法官做出了釋字 748 號解釋：「民法第 4 編親屬第 2 章婚姻規定，未使相同性別二人，得為經營共同生活之目的，成立具有親密性及排他性之永久結合關係，於此範圍

----

❽ 同樣見解，如蔡宗珍，性別平等與女性保障名額制度，見同上註，第 130 頁以下。

❾ 參見賴英照，婚姻的守門人（聯合報，2015.01.21）。依據民間社團明光社民國一〇三年十二月的統計資料顯示，世界最早承認同性伴侶制度者為丹麥 (1989 年)，荷蘭為第一個承認同性結婚之國家 (2001 年)，目前全世界共有 34 個國家採納此兩制度。但承認同性婚姻制度者計有 16 個國家。參見 http://www.truth-light.org.hk/statement/title/n2765

內，與憲法第 22 條保障人民婚姻自由及第 7 條保障人民平等權之意旨有違。」

　　此號解釋引起社會廣大的批評，尤以宗教團體為然。國家本於性別平等的原則，可以特設類似婚姻的制度，來滿足同性別者組成共同生活的法律制度，作者在告別大法官職位的「願化春泥更護花——我的退職報告」（見本書附錄），便將這種承認同性戀者有組成家庭的自由，列為本人在職期間未能達成的目的，而表示遺憾。

　　本號解釋也承認如何將這種同性婚，加以立法，乃立法者的權限，故何不採納類似「伴侶制」❿，而毋庸宣告人類社會實施數千年的「男女結婚制」為違憲？大法官此號解釋的立論，已經背離了普遍國民的婚姻制度之法感情！誠是極為不妥的解釋。

㈡宗教平等

　　宗教平等之原則及國家對一切宗教一視同仁，不論某一宗教在國民中占的多寡；也不論該宗教在國家歷史、文化中所占的分量，皆然！國家以中立立場對任何宗教與人民予以一併保護。故司法院釋字第 490 號解釋有云：「國家不應對特定之宗教加以獎勵或禁制，或對人民特定信仰給予優待或不利益。」如法律（如監督寺廟條例）僅對部分宗教訂定管理條文，即違反國家應對各宗教嚴守中立與宗教平等之義務（釋字第 573 號解釋）。宗教平等原則也導出了「國教不得設立」之原則（如美國憲法增修條文第 1 條及德國威瑪憲法第 137 條）。此外，也不得補助宗教團體之財務來推動宗教活動，但若補助宗教團體所進行之教育、慈善或醫療行為，即不在此限，此亦「政教分離原則」。另外，國家亦不得援引「獨尊」某一宗教之政策。我國內政部在民國八十八年十月二十七日通過增定佛誕紀念日，明定農曆四月八日佛陀誕辰為國定紀念日，由相關團體慶祝，但不放假。內政部長黃主文強調：此舉並非對特定宗教訂定特定之國定紀念日，只是鑑於佛陀慈悲及普渡眾生的偉大情操值得大家學習……云云，然已昭然的「獨尊佛教」了！至於十二月二十五日之所以為國定假日，乃因係行憲紀念日，非因耶誕節之故，而不可混淆也。

　　同樣國家領導人（如總統或行政院長）固然仍應保障其宗教信仰之權利。故只要以個人身分參加之宗教儀式、慶典，而非以國家職位之名義參加，即可免除侵犯宗教平等之虞！

---

❿ 德國則採伴侶制度，亦不失為一可行之借鏡，可參閱戴瑀如，論德國同性伴侶法，月旦法學雜誌，一〇七期，第 145 頁以下。

(三)**政黨平等**

政黨平等，顧名思義乃各政黨都享有同樣的法律地位，不分在朝在野皆然。如同宗教平等一樣，國家不能獨鍾某一政黨，亦不得以國家財政補助某一政黨（國庫通黨庫）。國家應對各政黨一視同仁，保持中立。

這個政黨的「絕對平等制」，促成政黨應致力於國民（選民）中爭取支持，而不能在國家機構（公務員）及軍隊中發揮影響力！故政黨平等原則在國家法治主義未能進步之國家，即可窺見文官及軍隊的政治不中立性。我國在動員戡亂體制產生的「黨國不分」現象，也見證了此一史實！現依國防法 (99.11.24) 第 6 條 1 項，已確立國軍應超出黨派關係，依法應保持中立之原則。至於文官，依公務人員行政中立法 (98.06.10) 已有極為詳盡規範公務人員政黨中立的規定。

此外，政黨平等原則也及於防止對無黨籍的歧視或不利益。例如政黨推薦之候選人，其保證金減半，即使無黨籍候選人遭到不公平待遇，相關法律即屬違憲（釋字第340 號）。惟此大法官見解不能貫徹到無黨籍之總統候選人必須為連署擔負極大之不公平負擔問題（釋字第 468 號），將於本書第二十九節壹二處討論之。

惟政黨絕對齊頭式平等制的原則，也因政黨的特性（乃凝聚國民政治意志），對國家政治發展與憲政體制的重要性，使得國家對政黨不能援引自由放任主義，對政黨的組織、運作都容許一定的法律強制規範，例如政黨內部必須民主化；建立政黨違憲審查制度；對政黨擁有國會席次採取得票率門檻制（憲法增修條文第 4 條 2 項規定之唯有獲得百分之五以上投票率之政黨，始得分配立法院不分區與僑選委員名額），釋字第721 號已予合憲解釋。甚至國家以公款補助獲得國會（議會）席次之政黨，以利其運作❶。都是現代國家對於獲得一定選民支持之政黨，所給予特別的有利之待遇，德國學界稱之為「政黨特權」，亦符合憲法之精神❷。

---

❶ 但公職人員選舉罷免法之修正 (104.02.04) 已將政黨補助門檻由得票率百分之五，降為百分之三點五（第 43 條），則和政黨席次門檻有不同的規定。

❷ 關於國家對政黨訂立門檻合憲性的探討，可參見：李建良，政黨比例代表制與選舉平等原則——以德國聯邦眾議院選舉，制度為例，刊載：憲法理論與實踐(二)，學林出版社，民國八十九年，第 185 頁以下。

貳、平等權拘束的對象

一、法律執行之平等

㈠行政權與司法權的拘束

「法律之前，人人平等」。便是表示執行法律者不應區分適用者之對象，完全依照法律之規定來作判斷，所以很明顯地可看出平等權之適用，是在「法律執行」的層次之上。德國基本法第 3 條 1 項的規定：「所有人在法律前一律平等」，強調了「在法律前」(vor dem Gesetz)，便是這種意義。這也是秉承傳統的自由主義時代反對特權階級的立法模式（及用語）。雖然這個盛行於德國威瑪時代的平等權只拘束行政權之理念，迄今已由「執行法律」層面延伸到「法律制定」之層面，但學理上應瞭解這種概念的演變。

最古典的平等權強調在結合「依法行政」及「依法裁判」之原則，執行法律的行政機關與職司審判的司法機關，都受到平等權之拘束，以執行法律。特別在司法審判，有無遵守平等原則便顯得特別重要。德國著名的法學者耶林 (Rudolf v. Jhering, 1812–1892) 曾說：「法官依法獨立審判的真諦，是要將審判的對象，全部戴上面具，使法官不必斟酌當事人的身分、背景，而完全將法條的規定適用到該當事人之上。」同樣的，行政機關依法行政時亦受平等權的拘束，例如警察不得因半夜喧嘩妨礙安寧者，係官宦人家而不加取締；也不可以因竊盜者為財閥巨富之子而不加逮捕。由於行政機關之行為態樣甚多，而接觸人民之層面更廣，為避免眾多行政人員於行使行政權力時，有不公之情形發生，行政權力之應受平等權拘束，益形迫切。法律執行的平等，形成「法律適用的平等」及「法律後果的平等」，是屬於形式意義的平等權。

法律適用的平等，要求執法者對於「相同的案件，應給予相同的對待；不同的案件，應不同的對待」(gleiche Sachverhalte gleich und ungleiche ungleich behandelt)，所以這種形式意義的平等權便是類同「防衛權」一樣，要求國家要有「公平的對待」。在行政權力還只是停留在干涉行政的時代，這種平等即促使產生人民可以要求行政權應有「消極不作為」之「權利」(subjektives Recht)❸。但行政權力之任務，已經不再局限

---

❸ 這是德國威瑪憲法學界，特別是 G. Leibholz 所提倡的理論。G. Leibholz, Die Gleichheit vor dem Gesetz (1925), 2. Aufl., 1959; R. Alexy, Theorie der Grundrechte, 1986, S. 389.

於消極性的限制人權，以維護社會治安的干涉行政，而是轉變為大開大闔式的、提供積極的福祉措施予人民的「服務行政」（又稱「給付行政」）。平等權要求「公平權利」的態度也轉變到要求行政權力去提供積極性的行政行為時——例如提供融資服務——也要重視平等權利。故執法者的積極行為也受到這個適用平等之拘束。行政權力因此負有「行政自制」(Selbstbindung der Verwaltung) 的義務 🄬。司法院釋字第 614 號解釋已採此見解。

(二)不法之平等

要求執法應該重視平等權，固然是使具有同樣法律上權利與義務者，然不受執法上之差別待遇，應該依「合法」之前例，接受法律之後果。平等權所保障之範圍不及於違法之利益，此又涉及有無「不法之平等」(Gleichheit im Unrecht) 的問題。例如一個行人因違反交通規則遭到警察之取締時，可否主張自己不應受罰的理由是「因為已有許多違規者未受取締」？

平等權乃保障「合法的權利」，來拘束執法之機關，不應以適用者之對象而差別。因之，上述警察未取締已違規之他人乃行政機關失職之處，而非合法的前例。該違規者如依交通法規之規定，確應負違規之責任時，就必須遵守法律之規定，不能以其他不法者未受法律制裁，而主張自己亦得免受處罰。

不過，如在行政機關行使裁量權限時，有明白差別待遇之判斷，則平等權便可用來制止行政機關的違法裁量措施。例如行政機關徵收沿街一排的房舍以便興築道路，卻獨漏其中一戶房舍不予徵收，就可能違反平等權 🄭。按此時行政機關所作之裁量，已有偏頗，可能也會影響到被徵收者案件的判斷之上。所以，平等權之適用乃是要求執法者應依法律規定，公平的執法，並防止違法之執法行為。故而，「不法的平等」不能援引「法適用之平等」之原則，使不法的執行行為又發生另一件錯誤的不法行為。

🄬 這在行政法上有極大的意義。按德國基本法第 1 條 3 項規定所有人權都視同直接之法，可拘束行政、立法及司法權。引發了在給付行政中關於融資方面通不適用平等權之爭議。德國聯邦憲法法院在成立第一年便承審這個案件，並給予肯定之答覆 (BVerfGE 1, 14/52)。相較其他基本權利是為自由權為主，不似平等權在個案上來得具體（當事人感受不公平對待），平等權的在此最早期判決獲得承認，使德國基本法第 1 條 3 項的實踐性獲得第一次的驗證！同見司法院釋字第 542 號解釋，即以所有公權力之行為都受到憲法平等權之拘束，以至於行政私法亦然。司法院釋字第 457 號解釋亦認為行政私法行為須遵守（男女）平等原則。

🄭 行政法院有一個類似的判例，47 判 26。現今對於「不法平等」原則的否認態度已有調整之趨勢，認為在例外的情形，特別是在裁量行政時，如基於「信賴保護」及「行政自制」理念不法的前例如值得遵循時，亦可適用之。可參閱拙作：平等原則拘束行政權的問題——論「不法平等」，法治國家論，第 407 頁以下。

二、法律制訂之平等

前述平等權是表現在法律執行的層面，亦即只拘束行政權與司法權，但假使法律本身之規定並不符合平等原則時，則只有法律執行之平等，尚不足以保障平等權的實踐。例如，若刑法規定殺人者處無期徒刑或死刑，但曾擔任軍人或公務員者，得減輕其刑。便是一個明顯的在法律體系內出現不平等之現象。平等權既是人權之一，可以拘束立法者，故真正平等權之實現，也應該表現在法律之制定上，使立法本身符合憲法所要求的平等原則。以吾國甚為流傳的俗語「王子犯法，與庶民同罪」為例，其實此句話不僅是可作為執法之原則，也可以是立法原則。因為法律上可以規定任何人犯此罪——不分王子與庶民——皆定同樣之刑責也，此即法律制定之平等。

我國憲法第 5 條規定中華民國各民族一律平等。即清楚表明我國的民族政策是「民族平等主義」，立法者當然不能制定違背民族平等之法律。同樣在憲法第 7 條規定，人民不分男女、宗教、黨派……在「法律上一律平等」而非通常，或德國基本法第 3 條 1 項之所謂「在法律之前一律平等」，便可以看出其中之差異。我國憲法第 5 條及第 7 條之平等權，是採較先進的法律平等權思想。不論是法律執行之平等，抑或是法律制定之平等，都要求：「相同者，應相同對待；不同者，應不同對待」。大法官為此，也一再宣稱平等原則「非機械性平等」，立法者必須在有正當理由時，即應為區別待遇（如釋字第 696、719、722 及 727 號解釋）。可見得立法者的區別待遇，不僅是出於自由判斷，而是有義務也。這也因社會現象千變萬化，立法者如何將平等權原則適用到多樣化的社會？什麼是應該相同對待的「相同事務」？什麼又是應差別對待的「不同事務」？即為難題。

參、檢驗平等原則的標準

國家法律乃行為規範。而決定這些規範的眾多內容——由國家成千上萬的法律即可得知——都是立法者對許許多多不同的行為現象，界分出不同的「構成要件」(Tatbestand)，而後給予不同的法律效果。因之，在各種社會事物，也應有各種立法之規範行為及規範目的，來界定其標準。憲法學理也探索出一些標準，來判斷立法者之決定是否符合平等原則。並且釋憲機關在決定立法者的政策形成空間時，也可以作為審查其有無違反平等原則之基準。此標準有二：即合理原則（恣意禁止原則），與比例原則。

一、合理原則（恣意禁止原則）

㈠合理原則的意義

　　早在德國威瑪共和時代，著名的憲法學者 Heinrich Triepel 及 Gerhard Leibholz 就提出經典的「恣意禁止」(Willkuerverbot) 原則，即：立法者應理智的為公益考量。對於相同事務若違反此原則，而予以差別對待的立法時，就屬於恣意。此原則即稱為恣意模式 (Willkuer Formel)，所以立法者負有「合理規範」之義務。大法官在釋字第 682 號解釋理由書中，明言憲法第 7 條保障人民平等權，旨在防止立法者恣意，並避免對人民為不合理之差別待遇。即是採行此古典的平等權理論的例子。

　　這個「恣意禁止」的理論，在德國聯邦憲法法院成立後所作出的第一個判決中，即被採用 (BVerfGE 1, 16)。聯邦憲法法院認為立法者須對所欲加以規範之人與事物，加以理智的考量，並依「事物之本質」(Natur der Sache)，加以「同同、異異」的決定。

　　故立法者如果一意孤行的恣意妄為，即是違反平等權。此威瑪共和時代的恣意禁止理論，一直延續至今，歷久不衰，在德國憲法學中幾乎等於平等權之同義詞了。故，如果立法者為區別待遇或不為區別待遇，都必須提出正當化之理由，也就是客觀上存在之事實上之理由 (Sachliche Rechtsfertigung)，顯示立法者不是「隨己之興」的恣意也（按德文之「恣意」，並非「惡意」，而是中文的「隨己意」也）。故「恣意模式」要求立法者做出任何差別待遇且提出令人信服的說理時，即可合憲，故審查基準乃較為寬鬆也 ⓰ 。

　　德國聯邦憲法法院後來在一九八〇年十月以後又將「恣意禁止」原則加以改進，稱為「新模式」。這個模式是以「受規範者」的立場來理解，法院認為「只要受同一規範的一群人與另一群人有不同的待遇，而這兩群人之間的差異，不論在方式及分量 (程度) 上，都沒有大到可以合理化此區別的待遇，就算是牴觸平等權 ⓱」。很明顯此理論

⓰ 例如，大法官在最近的釋字第 728 號解釋，針對祭祀公業條例採男系子孫為派下員的資格，認定並不違反男女平等原則，即不構成「恣意」，即採此寬鬆的審查基準也。作者認為應採嚴格審查論，但一樣可獲得合憲之結論。可參見作者在該號解釋所提之協同意見書。

⓱ BVerfGE 55, 72; H. Maurer, Staatsrecht, §9, 12. 參見作者在司法院釋字第 682 號解釋所提出之不同意見書，有對德國聯邦憲法法院運用平等權之問題予以介紹。

已將比例原則納入矣！

　　大法官在釋字第 205 號及釋字第 211 號解釋也提出類似的見解：「憲法第 7 條所定之平等權，係為保障人民在法律地位上的實質平等，並不限制法律授權主管機關，斟酌具體案件事實上之差異及立法之目的，而為合理之不同處置。」釋字第 555 號也援引「事物本質」作為認定：「戒嚴時期人民受損權利回復條例」排除武職公務員擁有依此法，可申請回復公職之規定為合憲之理由。因此立法者的「合理」考量 (rationality test) 可作為實際平等權之方式。司法院此號解釋中所提及的「斟酌具體案件事實上的差異及立法之目的」，便是如前德國聯邦憲法法院在成立後所作出一個判決中所稱的「事物本質」。

　　按「事物本質」相當於「事理之當然」或「情事之應然」之語義，可以用於法官判決時，作為解釋法律適用之原因，或是立法者在決定規範對象的法律後果之用。前者之情形，例如法官援引習慣法、法理來填補法律漏洞（例如運用「舉輕以明重」原則）。後者是立法者衡諸立法目的（經過公益考量的價值判斷）後，就待決事物對象為不同的本質認定。例如為決定公務員俸給法律，可基於階級、專業及職務風險之差異，而予給俸本質有差異性之認定；決定殺人之刑責時，可對殺人與被殺人之關係是屬一般人關係，或是卑親屬殺尊親屬，有本質上的不同，而基於「固有倫理之維繫」的公益考量，予後者重於前者之刑罰。此係立法者在刑法 271 條及第 272 條所斟酌之「事物本質」的結果❶❽。

　　此外立法者有無盡到理智考量，不單取決於立法者是否恣意，為主觀判斷，也可以客觀的評斷。故倘若立法者疏忽，預見錯誤或預見不足時，亦可以構成違反平等權之原因。釋字第 477 號解釋指責立法者有「漏未規定的立法上重大瑕疵」而違反平等權，便是一例。

(二)**合理原則的檢驗標準**

　　為了檢驗立法者有無切實履行「合理」及「不恣意」的判斷，以及有無掌握極為抽象的「符合事物本質」之認知，從而作出合理的差別待遇、或是不為差別待遇，學

---

❶❽ 日本刑法第 200 條曾有對殺尊親屬比普通殺人罪更嚴格的處罰（處死刑與無期徒刑），日本最高法院在一九五〇年的二次判決中皆持合憲說，認為乃「維繫人倫」之本；但在一九七三年後改變原見解，認為此種「立法目的」乃是合理，僅是刑罰過重而違憲。這種見解無助於澄清此種案件侵犯平等權與否之問題。參見蘆部信喜著，李鴻禧譯，憲法，第 143 頁以下。

理上又衍生出下述的檢驗標準：1.體系正義，2.實質關聯性，3.斟酌憲法的「全盤價值」。

1.體系正義

「恣意禁止」在法律執行的平等上，可以導引出「行政自制」的概念，在法律制定平等之處，又可以導出「立法自制」。易言之，立法者雖有較大的形成權，但如欲制定和以往法律所創造出的法秩序並不一致的新法時，必須要自制。除非有極優勢、重大的公益考量，否則應該遵循以往法秩序所留下的信賴利益，便是尊重所謂的「體系正義」(Systemgerechtigkeit)❿。故體系正義是要求立法者必須信守「前後一貫」的價值判斷，讓國家法律體系所維繫之重要法律價值，能有一個「體系」存在。司法院前院長翁岳生大法官在釋字第 455 號協同意見書中，首次提及此原則。其論及「國家對公務員有給付退休金、維護其生活之義務。軍人亦屬公務員之一。故對退休軍人之義務役或志願役年資，應一併計算，方符合法律體系所確立之基本原則，否則即違反體系正義、牴觸平等原則」。同樣地在大法官釋字 782 號解釋，也認為政府對於公務人員退休後的月退金與遺族的撫卹金等應當隨消費者物價指數變動而調整，才符合憲法體系正義的要求。

體系正義原則固不完全阻斷立法者依新的社會事實及需要而改絃更張的創設新的法價值體系。但必須基於重大公益，且必須清楚表明此更易的目的，亦即必須完備立法的說理義務。同時，此體系正義不只存在規範立法者，也及於司法者，以及釋憲者之上。特別是後者，如大法官不能遵守此體系正義，即易遭「恣意」之抨擊也❷。

2.實質關聯性

這也是立法者為差別待遇之判斷時，基於公益考量與援引差別措施之間，有無存在一個「實質關聯」性而言。這個類似行政法上的「不當聯結禁止」原則（行政程序法第 94 條）的「關聯」，不僅是實質、合理性，也是必要（沒有過度），故已將比例原則納入❹，從而也和比例原則的「妥當性審查」一樣，增加了「目的正當性」的審查（例如釋字第 675 號、682 號及 727 號解釋）。

---

❿ 參見李惠宗，「體系正義」作為違憲審查基準之探討——以釋字第 228 號解釋為素材，憲政時代，第十六卷二期，民國七十九年，第 26 頁以下。

❷ 不過，在大法官實務上對此原則尚未予應有之重視也。可參見作者在釋字第 682 號解釋所提出之不同意見書。

❹ 大法官解釋中間亦有把「實質關聯性」使用於純粹檢驗比例原則者，如釋字第 637 號解釋。

　　「實質關聯性」原則既可說是立法者差別待遇的公益考量是正當，又可連結到驗證差別手段的必要性，或有無逾越合理界限，所以已逐漸成為大法官判斷一個立法作為有無違反平等權（甚至比例原則）最常用之基準也。例如大法官釋字第 593 號解釋提及：「該法律或命令規定之課徵對象，如係斟酌事物不同所為之合目的性選擇，其所規定之課徵方式及額度，如與目的之達成具有合理關聯性，即未牴觸憲法所規定之平等原則與比例原則」；在釋字第 626 號解釋，對警大招生簡章禁止色盲報名即認為「……色盲者因此確有不適合擔任警察之正當理由，其上開招生簡章之規定與其之間尚非無實質關聯，與憲法第 7 條及第 159 條規定並無牴觸」；在第 628 號解釋之：「法規範是否符合平等權保障之要求，其判斷應取決於該法規範所以為差別待遇之目的是否合憲，其所採取之手段與規範目的之達成之間，是否存在一定程度之關聯性而言。」；以及釋字 675 號解釋之「本條例……，其目的洵屬正當；該手段與立法目的之達成具有合理關聯性，與憲法第 7 條規定尚無牴觸」，皆是其例也。

3.斟酌憲法的「全盤價值」

　　平等權的理念既然要求立法者要「理智」的考量維護公益的立法目的，而後斟酌各種不同本質的事物對象，在法律上給予之「同同、異異」義務。同時立法手段與達成立法目的也要有「實質關聯性」。這些都是要求立法者要善盡理智、周詳的「考量義務」。而立法者的考量自然首先應關注憲法整體呈現的「全盤價值理念」。如憲法第 153 條至第 155 條之對勞工、農民及婦女兒童的特別保障，正義觀念等等。故評判一個立法的行為是否符合平等原則已脫離不了這些「價值要素」的評判❷。大法官在前述的釋字第 485 號解釋除闡述實質平等的意義外，也指出「促進民生福祉乃憲法基本原則之一，此觀憲法前言、第 1 條、基本國策及憲法增修條文第 10 條之規定自明」，作為審查立法者有無違反平等原則之依據。釋字第 596 號解釋也提出：「立法機關基於憲法之價值體系及立法目的，自得斟酌規範事物之差異而為合理之差別待遇」，解釋理由也援引了憲法第 153 條 1 項保護勞工權益之規定……都是適例。

　　另外，憲法儘管在第 5 條及第 7 條規定平等權之原則，但憲法也同時規定立法者應該採行一些差別待遇立法，這些差別待遇之制度，可以稱為「良性的特權條款」。例如憲法第 52 條明定總統有刑事豁免權，中央民意代表享有言論免責，與不受逮捕之特

---

❷ 參閱拙作：平等權的憲法意義，刊載：基本權利（上冊），第 513 頁以下。

權。法官和一般公務員不同，享有終生任用之權利。此外，如憲法第 134 條一反憲法第 7 條男女平等規定，要求應保障婦女當選之名額❷，以及九十四年增修條文第 4 條 2 項、憲法第 153 到 155 條對勞工、農民、婦女、兒童、老人及殘障者，有應予以特別保障之規定。第 165 條、第 169 條規定對文化工作者及邊疆人民、對退伍軍人（釋字第 727 號、485 號解釋），應特別照顧等等，顯示立法者不能追求「機械性平等」（見釋字第 696、719 及 727 號解釋）。此些對弱勢族群的特殊規範，賦予國家特別保護義務，都應斟酌整部憲法所蘊涵之精神及國家日後發展所需，作前瞻性的考量，社會才不至囿於「齊頭式」的平等假象，從而阻塞社會發展的動因❷。故釋憲機關即使未提及「法益權衡」來說明差別待遇之理由，但可認為其當然採此審查方式也。例如，釋字第 728 號解釋，大法官便是肯定憲法保障人民結社權、財產權、契約自由、私法自治與法律安定性的法益重要性，高過平等權以及憲法增修條文第十條六項所課予國家積極消除性別歧視的義務，即為大法官所為的法益權衡也。

二、比例原則

比例原則雖然是限制一般自由權的檢驗標準，但也可作為檢驗平等權的標準。按兩種原則都涉及檢驗「立法手段」的問題。在前已提及德國聯邦憲法法院對恣意禁止「新模式」的見解中，已經將立法者有無慎用比例原則，作為合理區別待遇的檢驗標準。因此對於兩群適用規範的對象，如果差異程度沒有「大到」足夠為差別待遇時，卻逕予差別待遇，既違反比例原則，也違反平等權。而在前述之實質關聯性原則，已看出此兩原則「融合」之趨勢。

所以由立法者有應該判斷「差異有多大」的義務，及受限的裁量空間，可知倘若一個法律上的差別待遇，如果立法者有一定的立法理由（政策的目的性），而立法者又沒有恣意歧視之立法動機，且通得過比例原則的檢驗，即屬輕微的審查標準；倘若差

---

❷ 然而這種保障婦女名額 (Quotenregelung) 的制度會造成男性的差別待遇。由於人民服公職的權利也必須受到平等權的保障，所以在公開競爭者資格一樣時，優先考慮婦女的規定，即違反男女平等原則。P. Badura, Staatsrecht, C. 49; H. Maurer, Staatsrecht, §9, 15. 另可參見蔡宗珍，性別平等與女性保障名額制度，刊載於：司法院大法官九十五年度學術研討會──憲法解釋與平等權之發展，民國九十五年十二月，第 133 頁以下。

❷ 令人遺憾的是釋字第 649 號解釋，一方面肯認保障視障者從事按摩業的獨占權，乃具備重要公共利益，其優惠性差別待遇之目的合乎憲法相關規定之意旨。但另一方面，又以此獨占規定「目的與手段間難謂具備實質關聯性，而有違反平等權之意旨」，宣布保障盲胞獨占按摩業的法律違憲。

別待遇的結果是嚴重的,則必須用比例原則來檢驗立法的差別待遇有無堅強之合理性,便是保障人權的最好方法也。所以大法官在極早時❷即是把比例原則,作為解釋法令是否違反平等原則的準據也(最近如釋字第 485 號、593 號、639 號及 649 號)。比例原則作為檢驗立法判斷有無牴觸平等權之問題,乃兩者「融而為一」──即比例原則融入在平等原則之內,不可將兩者切割,尤其不可將平等視為一個獨立判斷之原則,比例原則又為另一判斷一個立法裁量原則,如此即可能形成一個立法裁量「分別」受到二個原則來檢驗,而導出:「不違反平等原則,卻違反比例原則;或反是」的違憲結論。

　　類此「以比例原則否認平等原則」的矛盾與謬誤,乃忽視此二原則內在的「價值共通性」。釋字第 618 號解釋也提到:「立法者於判斷平等原則有無受到尊重時,應檢驗立法者有無依照憲法之價值體系、事務本質為合理之區別,對人民基本權利之限制有無違反比例原則,來予判斷」。本號解釋明顯地將平等原則與合理差別、比例原則同等對待,在方法上即屬正確也!

　　上述二種檢驗立法者差別待遇的決定,是否符合恣意禁止及比例原則為檢驗標準,此乃就一般原則而論。晚近,德國聯邦憲法法院改採新的判斷基準;這是以「因人而異」或「因事而異」的不同對待,而有不同的判斷標準。

　　所謂「因人而異」是指立法者如針對法規範適用者的年齡、身分、教育背景、職業訓練,而有差別待遇時,鑑於這種情況最易造成立法者恣意的後果,即應適用嚴格的審查標準,如比例原則及「新模式」的理論,以審查立法動機與出發點是否符合理智、公正及沒有絲毫的歧視意圖在內。

　　至於「因事而異」的差別待遇案件,乃指立法者針對客觀事實的不同,而作出不同的立法判斷。例如德國民事訴訟法未如刑事訴訟法般的有上訴期間的教示規定,是否即違反平等原則?德國聯邦憲法法院認為並不違反平等原則,是乃立法者得擁有較大之形成空間,只要不違反恣意禁止原則即可,無庸動用嚴格之比例原則也❷。大法

---

❷ 最早產生的爭議,可舉釋字第 179 號解釋。多數意見採不違反平等原則之見解(合目的性),而鄭玉波大法官則以違反比例原則(狹義比例原則)認為違憲,即顯示大法官運用比例原則來審查平等原則。但大法官卻對比例原則的詮釋有不同見解也!

❷ 參見 J. Kokott 著,李惠宗譯,聯邦憲法法院判決中的平等原則與歧視禁止,刊載於:蘇永欽等譯註,德國聯邦憲法法院五十週年紀念論文集,下冊,民國九十九年,第 139 頁以下。

官在釋字第 682 號解釋理由書中，對羈押救濟程序的立法設計，認為「實質差異亦甚為有限，故無採取較嚴格審查之必要」，亦符合德國聯邦憲法法院上述「因事而異」之標準也❷ 。

不過，我國大法官並不常採用此二分法，毋寧採取個案的法益權衡，以說明差別待遇是否基於合理之理由也。最近的見解，如釋字第 728 號解釋即為一例❷ 。

---

❷ 參見作者在司法院釋字第 682 及第 712 號解釋所提之不同意見書。

❷ 見參❶。

第十五節　人身自由權

壹、人身自由的意義

一、人身自由的古典意義

　　人身自由，又稱為「人身不可侵犯」(inviolability of the person, Recht auf körporliche Unversehrtheit)，指人民有「身體活動自由」的權利，而不受國家非法的干涉，亦即防止國家非法的逮捕、拘禁及加諸在人身上的強制行為。人身自由代表人民是一個「自由人」，同時也是享受一切人權的起點，所以人身自由權無疑是一個最重要的人權，也是擁有最高價值的人權。

　　人身自由在西方國家已有長遠歷史。早在一六七九年英國已有此一制度。但真正的形成國家正式法案，則是一八一六年通過的「出庭法案」(The Habeas Corpus Act)。按「出庭法案」(Habeas Corpus) 的名稱為拉丁文，意義為：「帶犯人來」，屬於法院特權。將保障人身自由，繫於法院之上，也建立「法官保留」制度。

　　這是基於權力分立之原則，執行法律是行政與司法之權，但凡是對人民之處罰，唯有司法機關方得為之。所以，為保障人民權利之免受來自行政權力之侵害，法院可基於被逮捕者之本人、親友、甚至任何人之請求，對拘禁逮捕機關頒發一個「出庭令」或「提審令」，以國家之名義要求逮捕機關「把人帶來」。如果逮捕機關不遵守此命令，則為藐視法庭之行為，抗拒之公務員必須擔任起法律責任，甚至入獄。

　　法院即可藉此充分的保障人民不受政府非法拘捕。所以人身自由的古典意義，即和人民有權要求法院的「提審權」劃上等號。我國憲法第 8 條之規定便是承繼英國及西方等古典憲政與人權思想中，最重要護衛人身自由的立法例❶。

---

❶ 歐洲人權公約第 5 條之規定：「一、人人享有自由和人身安全的權利。任何人不得被剝奪其自由，但在下列情況並依照法律規定的程序者除外：㈠經有管轄權的法院的判罪對其人加以合法的拘留；㈡由於不遵守法院合法的命令或為了保證法律所規定的任何義務的履行而對其人加以合法的逮捕或拘留；㈢在有理由地懷疑某人犯罪或在合理地認為有必要防止某人犯罪或在犯罪後防其脫逃時，為將其送交有管轄權的司法當局而對其人加以合法的逮捕或拘留；㈣為了實行教育性監督的目的而依合法命令拘留一個未成年人或為了將其送交有管轄權的法律當局而予以合法的拘留；㈤為防止傳染病的蔓延對其人加以合法的拘留以及對精神失常者、酗酒者或吸毒者或流氓加以合法的拘留；㈥為防止其人未經許可進入國境或為押送出境或引渡對某人採取行動而加以合法的逮捕

這種透過法院以及提審制來確保人民人身自由的機制,將法院作為人身自由保障者的角色,乃是英國此一最早實施現代意義法治理念的傳統,然而卻與我國傳統設有監察權的體制不合,特別是實施五權憲法的我國,這種保障國民人身自由權利,避免行政與司法公權力違法拘押的機構,應該交付給監察院,而非法院掌理。這是因為監察院本即享有掌控監督行政與司法權力的權限,可以行使調查、糾正及彈劾權,此有效制衡公權力機構的權限,乃是法院所不及。特別是自從監察院在二〇二〇年一月八日成立「國家人權委員會」,得對各機關侵犯人權之行為進行調查並依法處理及救濟(該組織法第 2 條第 1 項第 1 款),因此我國提審法應當加以修正,除了繼續由法院行使提審權外,應增設得向監察院國家人權委員會提出提審申請,讓監察院國家人權委員會亦能扮演人民人身自由保障者的角色。不過,以民進黨政府近年來修憲的擬意,將廢除監察院及考試院,本書認為監察院本應作為「護民官」的角色,似乎也如水中月、鏡中花。本來我國設計監察院的體制,正可以扮演這種制止官員濫捕人民的神聖功能。可惜制憲者不察,而讓提審制幾乎形同具文,乃可惜之至也!

二、我國憲法的規定

我國憲法第 8 條規定人身自由之保障,其具體的條文如下:「人民身體之自由應予保障。除現行犯之逮捕由法律另定外,非經司法或警察機關依法定程序,不得逮捕拘禁。非由法院依法定程序,不得審問處罰。非依法定程序之逮捕、拘禁、審問、處罰,得拒絕之。人民因犯罪嫌疑被逮捕拘禁時,其逮捕拘禁機關應將逮捕拘禁原因,以書面告知本人及其本人指定之親友,並至遲於二十四小時內移送該管法院審問。本人或他人亦得聲請該管法院,於二十四小時內向逮捕之機關提審。法院對於前項聲請,不得拒絕,並不得先令逮捕拘禁之機關查覆。逮捕拘禁之機關,對於法院之提審,不得拒絕或遲延。人民遭受任何機關非法逮捕拘禁時,其本人或他人得向法院聲請追究,法院不得拒絕,並應於二十四小時內向逮捕拘禁之機關追究,依法處理。」

或拘留;二、被逮捕的任何人應以他所能了解的語文立即告以被捕理由及被控罪名。三、依照本條第一款(三)項的規定而被逮捕或拘留的任何人,應立即送交法官或其它經法律授權行使司法權的官員,並應有權在合理的時間內受審或在審判前釋放。釋放得以擔保出庭候審為條件。四、由於逮捕或拘留而被剝奪自由的任何人應有權運用司法程序,法院應依照司法程序立即對他的拘留的合法性作出決定,並且如果拘留不是合法的,則應命令將其釋放。五、由於違反本條規定而受逮捕或拘留的任何人應具有可執行的賠償權利。」又關於提審制度的起源,參閱戴雪,英憲精義,帕米爾書局,第 295 頁以下,有極深入的討論。

　　憲法第 8 條對人身自由保障之規定，共使用了二百一十個字詳細地規定人民在何種情況下被國家逮捕之要件，以及如何救濟之程序。憲法全部一百七十五個條文中，以本條條文為使用字數最多，規定內容也是最為詳細的一個條文。若將其他人權的規定來予比較，例如憲法第 12 條人民秘密通訊自由的保障，僅有短短十個字之規定，甚至憲法對所有保障人權條文規定的字數總加起來亦無第 8 條多；舉目世界各國罕有匹敵者，益可見得制憲者對人身自由保障之重視。且與國際社會的人權條款相比，不遑多讓。

三、人身自由的保障體系

　　依我國憲法第 8 條複雜且詳細的規定可知，人身自由是一個「加重保障」的人權，其限制是一種「特殊的保留」，已於第十三節敘述之。大法官釋字第 384 號解釋理由書及釋字第 588 號即稱之為「憲法保留」，以有別一般的法律保留。

　　憲法第 8 條之規定，仍須透過法律——即提審法（以下簡稱「本法」）來實踐之。本法早在民國二十四年六月二十一日公布，隨後因行憲而兩度修正 (37.04.28; 88.12.15)。但此兩次修正僅重複憲法第 8 條之規定而已。隨著大法官近年來對人身自由作出許多重要解釋，特別是參照國際社會之人權理念（特別是歐洲人權公約），遂於民國一〇三年一月八日全盤修正，賦予我國提審法制新的面貌。給予人身自由極為周詳的保護法網。

　　依本法所形成之我國提審法制，其主要內容如下：

㈠逮捕與拘禁人身自由之機關

　　依憲法第 8 條之意旨，人民除因現行犯而受逮捕與拘禁外，執行逮捕或限制人身自由之機關，僅限於司法或警察機關。換言之，除司法或警察機關者外，其他政府機關之成員（例如軍人或市政官員）皆不可擁有與行使逮捕與拘禁之權力。

　　至於何謂司法機關？職司審判法院外，至於檢察機關是否亦為司法機關？以長年來司法實務見解，則採肯定說。為此釋字第 392 號解釋將第 8 條 1 項的司法機關規定為「廣義的司法機關」即將檢察機關納入。

　　另外警察機關概念，除警政體系所屬之機關，稱為狹義之警察機關外，是否包含一切依法所賦予可行使強制人身自由之權力者，皆包括在內，所謂廣義的警察機關？大法官釋憲實務採取肯定見解：一方面透過所謂「司法警察制度」，即為偵查犯罪與維

護司法權進行，經法律授權得行使逮捕拘禁人民之機關，例如憲兵與調查局人員，當其依據刑事訴訟法第 229 條至第 230 條行使職權時即可被視為司法警察。而另一方面則將行使限制人身自由目的由維護司法權擴張到維持法定之公共利益者，皆可稱為警察機關。

採行這種廣義的警察機關之見解，莫過於釋字第 588 號解釋：憲法第 8 條 1 項的警察機關，並非僅指組織法上形式「警察」之意，凡於法律規定，以維持社會秩序或增進公共利益為目的，賦與其機關或人員得使用干預、取締之手段者均屬之。所以該號解釋所指行政執行法所設立之各級行政執行機關，對於違反行政義務之人民，可執行拘提、管收之行為，即可列入憲法警察機關之意義而取得限制人身自由之權力。

㈡決定逮捕與拘禁之機關

上述執行逮捕與拘禁之機關，僅限於廣義之司法與警察機關。但此僅止「執行」機關而言，非決定該種行為之機關也。我國憲法學界亦有認為憲法第 8 條將逮捕權賦予司法與警察機關，但將審問與處罰權交給法院，顯示兩者權限之別。且訂立二十四小時之移審制，顯示將保障人身自由的重心置於法院，故決定逮捕之機關可為司法機關或警察機關也❷。

此種見解也形成我國檢察機關與警察機關可以決定逮捕與拘禁人民之權。並引發釋憲的爭議，可分別討論如下：

1.警察羈押權的問題

我國以往在實施違警罰法時（民國八十年七月一日以前），依該法第 18 條，對於違反違警罰法者，得處四小時以上、七日以下之拘留，遇有依法加重時，可延長至十四日為止，以及二小時以上、八小時以下之罰役，遇有依法加重時，不得逾十六小時。這種可由警察機關逮捕兼處罰而不受法院審問的情形，實際上已違反憲法保障人身自由權之旨意。司法院大法官會議於是在民國六十九年作成釋字 166 號解釋，認為違警罰法之規定，已侵犯憲法第 8 條保障的人身自由；並要求「應迅改由法院依法定程序為之」。然而立法者卻無視於大法官前述解釋，延宕整整十年都無修法之動靜。

故大法官復於民國七十九年公布釋字第 251 號解釋，使出「殺手鐧」──除重申第 166 號解釋意旨外，復要求違警罰法侵犯人身自由之規定，至遲應於民國八十年七

---

❷ 例如林紀東，中華民國憲法逐條釋義㈠，第 120 頁。

月一日前修正，自七月一日起，原有規定失其效力。

立法院遂隨即制定「社會秩序維護法」於民國八十年六月二十九日公布實施。實施四十八年之久的違警罰法終於被廢止。而社會秩序維護法第 19 條亦有人民處以一日，最多不得超過五日的拘留規定。惟拘留處分非可由警察機關單獨決定，而是改為移送地方法院簡易法庭裁決之（本法第 45 條第 1 項）。以往由警察侵犯人民人身自由之情形，已成歷史。

2.檢察官羈押權問題

至於屬於廣義司法機關的檢察官，以往皆可為偵查犯罪行使羈押嫌疑人之權限，但自從民國八十四年十二月二十二日作出釋字第 392 號解釋，已經明白認定（當時）刑事訴訟法賦予檢察官羈押被告、核准押所長官命令之權及撤銷羈押、停止羈押、再執行羈押、繼續羈押暨其他有關羈押被告各項處分之權，已與前述憲法第 8 條第 2 項，唯有「法院獨攬審理訊問」之意旨不符。並宣布相關規定自解釋公布之日起，至遲於屆滿二年時失其效力。這是大法官對於憲法第 8 條所賦予法院獨攬「審問與處罰權」，將之延伸在審查有無逮捕與拘禁的「原因」，也是一種「預防性的防衛措施」，在逮捕行為實施前，便讓法院承擔起保障人民人身自由積極任務，這是一種與時俱進之突破憲法原本條文可能造成狹隘解釋的進步詮釋方式，值得讚許。

故檢察官係代表國家行使偵查犯罪之行政權力者，和警察機關、調查局等無異。且在刑事訴訟時，亦居於原告地位，與被告的地位平等。依法院組織法 (99.11.24) 第 61 條之規定，檢察官對於法院獨立行使職權——即不受法院之指揮——顯見其非構成法院的一分子。檢察官如認為有羈押犯罪嫌疑人之必要時，應依刑事訴訟法之規定，向法院聲請羈押之，不再擁有自主決定羈押之權限。

㈢**法院的審問與處罰機關的獨占角色——法官保留原則**

對於人民之審問與處罰，唯有法院方得為之。業經上述釋字第 392 號解釋宣示法院作為獨攬決定是否侵犯人身自由的唯一機關，是為「法官保留原則」(Prinzip des Richtervorbehalts)。依釋字第 392 號解釋，所謂「法院」，是指有審判權之法官所構成之獨任或合議之法院。然而是否所有法院皆能行使此一權限？例如軍事法院能否承擔此一職責，從而可將許可逮捕拘禁人民之權交付給軍事法院？以我國憲法學界長年之意見，皆認為基於憲法第 9 條規定，人民除現役軍人外，不受軍事審判，故憲法第 8 條所謂之法院應指各級普通法院而言。從而軍事法院也不能決定逮捕與拘禁人民。

然而在我國實施戒嚴之時代，不僅一般人民可因觸犯某些罪嫌而遭到軍事審判，同時普通法院更無實行提審之權力。至於軍人的人身自由更無受到憲法第 8 條之保障外，即連軍事法院亦無擁有決定限制軍人人身自由之獨攬權限。隨著軍人於非戰時犯罪改由普通法院審理，受逮捕之軍人亦享有二十四小時內移送地方法院（刑事庭）審理是否有逮捕與羈押之必要；即使戰時恢復軍事審判體制，依軍事審判法 103.06.04 第 98 條第 2 項之規定，亦有二十四小時內移送軍事法院審查之規定。甚至隨著提審法大幅修正後，對軍人施以悔過及禁閉處分，也應移送地方法院（行政訴訟庭）審查之。

除了對軍人人身自由保障邁進一大步後，大法官又在釋字第 708、710 號解釋，將人身保障的範圍及於受驅逐處分的被收容之外國人及大陸地區之人民上。顯示出人身自由乃普世人權，而非專屬國民之基本權利。這是我國邁向優質法治國家、與高度法治文明的明確寫照。

㈣逮捕與拘禁的事由

1.由限於刑事被告的人身自由保障，擴充至所有限制人身之公權力行為

憲法第 8 條的原意，在第 1 項泛指任何理由的限制人身自由，都受到憲法的保障，不僅僅限於第 2 項所明指的因犯罪嫌疑而被逮捕拘禁。然而本條文第 1 項將許可限制人身自由決定權交由法院來決定，以及整個人身自由保障藉著提審制度來實踐，都顯示出必須有賴法院的專業及審問處罰之事宜乃屬於法院的職權範圍。特別是該逮捕拘禁之行為，乃是實踐後續的處罰為要件。亦即主要在被以犯罪嫌疑為由，而遭受的逮捕與拘禁之上。至若限制人身自由的行為，不具有處罰的目的，而是為了救助該人民或追求其他公共利益，即非憲法第 8 條人身自由保障之範圍所及。關於逮捕拘禁之事由，以及是否受到憲法第 8 條的保障，大法官一步步將原本屬於以觸犯刑法為由的逮捕拘禁，逐漸擴充到其他事實上產生限制人身自由的公權力行為之上。首先大法官在釋字第 384 號解釋：已經將憲法第 8 條之適用範圍，明白指明「不限於刑事被告」（……係指凡限制人民身體自由之處置，在一定限度內為憲法保留之範圍，不問是否屬於刑事被告身分，均受上開規定之保障）。

其次在釋字第 392 號解釋進一步認為：任何實際剝奪人身（行動）自由皆屬於憲法第 8 條適用範圍，不僅逮捕、拘提、羈押，甚至收容（釋字第 664 號解釋：依少年事件處理法對於少年虞犯所為之強制收容於少年觀護所，屬於預防性收容）、留置、管收等亦無礙於其為「拘禁」之一種，當應就其實際剝奪人身（行動）自由之如何予以

觀察，未可以辭害意。

　　大法官在上述一連串的解釋，擴充受憲法第 8 條保障的範圍，也附帶表明這些限制人身自由的立法，必須遵守嚴格法律明確性與法定程序。就此釋字第 636 號解釋明確指出：「對於任何涉及人民身體自由之限制，如達一定之限度而與刑罰無異，即應適用嚴格的法律明確性原則」（考其意旨，係指國家行使公權力限制人民身體自由，必須遵循法定程序，在一定限度內為憲法保留之範圍。所謂法定程序，依本院歷來之解釋，凡拘束人民身體自由於特定處所，而與剝奪人民身體自由之刑罰無異者，不問其限制人民身體自由出於何種名義，除須有法律之依據外，尚須分別踐行正當法律程序，且所踐行之程序，應與限制刑事被告人身自由所踐行之正當法律程序相類）。

2.法官保留原則的例外──傳染病的強制隔離處分？

　　憲法第 8 條人身自由保障之範圍經大法官解釋的一再擴充，對人權進步的助力無庸置疑。然而是否一切對於人身自由限制，皆要實施如此嚴格法官保留不可，以及完全依循憲法第 8 條的程序，方屬「合憲與正當」之法律程序？若採肯定說，是否大幅度簡化了國家公權力所要面對不同社會秩序的種類與複雜性？大法官在釋字第 588 號解釋已經預見這種謬誤，而提出了「不同基準論」，認為：「刑事被告與非刑事被告之人身自由限制，畢竟有其本質上之差異，是其必須踐行之司法程序或其他正當法律程序，自非均須同一不可。」

　　本院釋字第 664 號解釋雖承認少年事件處理法對於經常逃學或逃家之少年之強制收容，屬於「預防性收容」，應屬於憲法第 8 條的「拘禁」，已於前述，惟仍要求法官保留原則，由少年法庭裁定。只是其過程該號解釋卻認為不必一定須憲法第 8 條的法定程序不可。

　　更具有重要性的解釋闕為釋字第 690 號解釋：「人身自由為重要之基本人權，應受充分之保護，對人身自由之剝奪或限制尤應遵循正當法律程序之意旨，惟相關程序規範是否正當、合理，除考量憲法有無特別規定及所涉基本權之種類外，尚須視案件涉及之事物領域、侵害基本權之強度與範圍、所欲追求之公共利益、有無替代程序及各項可能程序之成本等因素，綜合判斷而為認定（本院釋字第 639 號解釋參照）。強制隔離既以保障人民生命與身體健康為目的，而與刑事處罰之本質不同，已如前述，故其所須踐行之正當法律程序，自毋須與刑事處罰之限制被告人身自由所須踐行之程序相類。」

　　該號解釋很明顯改變過去「一路開綠燈」的解釋態度，對於人民依據傳染病防治法而遭受之隔離處遇，無庸完全遵照憲法第 8 條之程序，亦即可由衛生機關決定處以隔離，不需事先獲得法官許可為前提，但仍應給予有效法律救濟之機會。

　　上述見解符合歐洲人權公約第 5 條第 1 項第 5 款之規定，對於「為防止傳染病的蔓延對其人加以合法的拘留以及對精神失常者、酗酒者或吸毒者或流氓加以合法的拘留」可以無庸遵守該條所定人身自由保障的程序規定也。

　　然而亦有堅持仍須維持法官保留原則。例如德國基本法 104 條特別規定，任何形式的剝奪人身自由，包括隔離在醫院內之行為，皆必須獲得法官之許可，方可為之。

　　故除德國等少數例外，人民因傳染病而受隔離，究竟不具有處罰的性質，且對人民之健康與生命都有助益。依釋字第 690 號解釋雖不必完全依照憲法第 8 條之程序，但該號解釋也承認應修正傳染病防治法制，賦予受隔離者或其親屬不服得及時請求法院救濟，暨對前述受強制隔離者予以合理補償之機制❸。

　　但釋字第 690 號解釋公布後，提審法卻沒有隨之修正。但實務上可屬於行政訴訟的簡易訴訟程序，由地方法院行政庭審理之。故一般的傳染病防治法中的強制隔離，可納入提審的範圍之內。依傳染病防治法 (103.06.04) 第 44 條第 2 項，許可主管機關對傳染病病人施行隔離治療之處分，無庸獲得法官之許可。同時應於強制隔離治療之次日起三日內作成隔離治療通知書，送達本人或其家屬，並副知隔離治療機構。此見諸衛生福利部公布的「因應提審法修正施行傳染病防治工作 Q&A」(106.02)，受拘禁人，在受拘禁時起或收受提審票後 24 小時內為之，應該被告知其以及指定之親友，享有向地方法院聲請提審之權利，以及將本人解交給法院之權利。

　　但是新冠肺炎發生後，實施的「嚴重特殊傳染性肺炎防治及紓困振興特別條例」(110.05.31)，便沒有遵循上述的給予提審通知書，也沒有實施法官保留，因此提審法並無法產生拘束的效力。有向法院聲請提審，要求解決入境的強制檢驗及隔離者，都

---

❸ 本號解釋雖然提出這種改革，但並未提出仔細之論證。且這個另闢蹊徑的「遵循必要之司法程序或其他正當法律程序，且不違反比例原則」，便可以推翻憲法第 8 條的「憲法保留」，無疑是以「法定正當程序」對抗 (vs.)「憲法正當程序」，這個變動需要較仔細且深入法理詮釋。作者在該號解釋協同意見書認為：過去大法官在釋憲實務中「一路開綠燈」的擴張憲法第 8 條的範疇，目的在於維護人民的人性尊嚴。使得人性尊嚴能夠在最大範圍內獲得實踐。但該號解釋所採取的限縮論，不僅未侵犯被隔離人民的人性尊嚴，而是藉著隔離與國家跟隨而來的積極醫療義務，讓可能感染傳染病者的生命與健康獲得救助。此正是保障其人性尊嚴所必須。同時，藉由隔離可阻止疫情擴散，讓更多國民免於疾病感染，而保障其生命、健康，以及其人性尊嚴。

會受到法院不予提審的判決。依據司法院「本院行政訴訟庭提醒民眾不服 COVID-19（嚴重特殊傳染性肺炎）隔離治療、隔離檢疫或居家檢疫等處分之救濟程序新聞稿」(110.08.27) 表示：提審法第 8 條第 1 項規定，提審程序僅就逮捕、拘禁之法律依據、原因及程序進行審查。而依據民眾聲請之內容（如附件所示），均係就隔離治療、隔離檢疫及居家檢疫之行政處分判斷上有瑕疵為爭執，此應依訴願程序予以救濟，在行政處分未經撤銷前，仍為有效之行政處分，無法經由提審程序予以審查。因之，民眾如認為受逮捕、拘禁之法律依據、原因及程序違法而不服，固得聲請提審。但就相關行政處分判斷是否具有瑕疵之爭議，民眾應提起訴願，如訴願經駁回，仍有不服，再提起行政訴訟救濟。

如此一來，受行政機關的單方命令而受到強制隔離的人民，反而仍然必須經由漫長的行政訴訟，且經常需要至少半年以上才能獲得撤銷的判決，完全無法達到憲法保障人民人身自由的急迫性防衛，以及釋字第 690 號解釋的意旨。新冠疫情的特別立法，掏空了憲法人身自由及提審法的立法精神。為此，筆者在釋字 690 號解釋提出的協同意見書，已經指出了傳統與正常的行政訴訟程序，不能夠滿足這種防疫措施的合法性審查所必須的專業性與急速性，立法者應當另行創立一種新的急速行政救濟體系，例如一級審為縣市級的行政訴願，二級審為中央衛福部的專家審，且為一週內審結的終極審判。方可收到急速與專家審查的優點。可惜筆者的建議未獲當局採納，以致於落伍與僵硬的傳染病措施之救濟制度，形成聊具一格的無用制度❹！

此種將感染傳染病或有感染之嫌者予以強制隔離並醫治之行為，納入提審法的救濟，傳染病防治法並不另行設計一套有效、迅速並以專業導向取代法律導向的救濟途徑，反而訴諸平常性質的行政救濟管道，顯然誤解了釋字第 690 號解釋之精神。同樣的，對於人身受拘束者並無處罰性質之警察管束處分（警察職權行使法第 19 條），也同樣納入提審法的救濟範疇。警察為此管束處分，雖不以獲得法官許可為要件，管束時間最長不得逾越二十四小時，且應立即移送法院審理。

---

❹ 釋字第 690 號解釋雖指出，傳染病防治法得另設有效的法律救濟途徑。但根本上仍不採納作者在該號解釋協同意見所提出另設「以醫學專業取代法律」的救濟途徑。因為若由行政法院法官處理，不論就隔離措施目的性、必要性（例如隔離範圍大小），法官都無能力審查。故應另設特別救濟程序，例如在衛生福利部組成特殊訴願機關，並縮短訴願程序與行政救濟程序。如今卻交由平常行政救濟途徑，期能否迅速與專業，而非橡皮圖章式的提供有效救濟功能？堪令人懷疑。

　　然而隨著新冠肺炎的蔓延，上述大法官所樹立的即使為了防疫的要求，不必嚴格的遵守憲法第 8 條的保障人身自由之條款，但仍應確保法官的保障機能，以及法定救濟的管道，提審法也隨後修正履行此意旨，卻完全遭到了漠視。以「嚴重特殊傳染性肺炎防治及紓困振興特別條例」(110.05.31) 第 7 條：「中央流行疫情指揮中心指揮官為防治控制疫情需要，得實施必要之應變處置或措施。」的規定，授予了防疫中心指揮官，幾乎毫無限制的「空白授權」，在此期間，所有入境的任何人都必須接受強制的採檢及隔離，同時沒有任何法律救濟的可能性，指揮官也可以頒布任何的命令，即使屬於法規命令，也無須經由行政程序法第 152 條第 1 項：「法規命令之訂定，除由行政機關自行草擬者外，並得由人民或團體提議為之。前項提議，應以書面敘明法規命令訂定之目的、依據及理由，並附具相關資料。」由公民團體參與之。完全等同頒布行政處分的方式，拘束全國人民衣食住行的基本權利，形同「防疫戒嚴」，這考驗了我國憲法對防疫立法，造成國民人身自由及其他人權的侵犯，發揮了多少防衛的功能！值得我國憲法學界及朝野政黨給予嚴肅的重視。

　　關於這點的授權疫情防疫中心指揮官的廣泛拘束人民基本權利的規定，已經和總統的緊急權產生重疊，本書將在第六章第三十節捌處討論之。

㈤法定程序的保障

　　在逮捕、審問及處罰機關都明確規定後，憲法第 8 條也規定必須各機關依照法定程序方能行使上述拘束人身之權力。這也是我國憲法人權規定中唯一一個涉及「正當法律程序」(due process of law) 的條款，顯示出我國憲法制定者一反大陸法系「重實體、輕程序」的傳統，採納英、法法系的體制。此正當行使的拘束人身自由之程序，應當符合下列幾種基本內涵，包括：

1.二十四小時內移送法院之義務——「主動」與「被動」移送義務

　　人身自由之保障主要是加重法院之職責。因此拘禁、逮捕機關應在二十四小時內移送至法院。而本人或任何人皆可要求法院提審之。在遭受非法拘禁、逮捕時，皆可聲請法院追究之。法院必須在二十四小時內向逮捕機關追究並提審嫌疑犯，並且不得先令該機關「查覆見報」。

　　對於此二十四小時移送的強制規定，司法院釋字第 130 號解釋的規定，並不包括因交通阻礙或其他不可抗力之事由所致之遲滯，以及在途解送等時間在內，惟期間不得有不必要之遲滯，亦不適用訴訟法上關於扣除在途期間之規定。大法官對此二十四

小時所做的彈性解釋，其著眼點乃在避免逮捕機關為硬性遵守此二十四小時內移送的義務，會不顧被逮捕人民的健康情形或天災事變——例如本案所牽涉的澎湖外島所遭逢的強風巨浪——，以至於可能造成對人民的危害。這個解釋並無不妥之處。惟法院如追究此延滯移送之責任時，自得由移送機關負舉證義務也，為此，刑事訴訟法先修訂第 91 條 (86.12.19)，規定被告如在二十四小時內不能解送到指定處所時，應分別其命拘提或通緝之法院或檢察官，先行解送較近之法院或檢察機關。其次兩度增訂第 93 條之 1 之規定（86.12.19 及 88.02.03），將上述釋字第 130 號解釋之意旨納入，將交通障礙等不可抗力、在途解送時間、被告等健康因素致不能訊問……等八項延誤事由，所費時間，排除在二十四小時範圍之外❺。然而有些「非刑事」事由的拘禁，大法官既然在釋字第 588 號解釋，認為可以有不同的程序，無庸完全遵照憲法第 8 條之二十四小時移送法院之程序（同見釋字第 690 號解釋），故釋字第 708 號解釋開始採納歐洲人權公約第 5 條第 3 項（迅受審判之權利），對被收容之外國人，若對強制收容之處分不服，收容機關應在二十四小時之內，移送法院審理，即將「主動移送」法院，改為「被動移送」，以保證受收容人有迅速受到法院審理的救濟機會。

　　在一般的傳染病防治法規定的強制隔離，已經採行了提審制，但在「嚴重特殊傳染性肺炎防治及紓困振興特別條例」(110.05.31)，便沒有實施此制矣。

2.拘禁、逮捕機關之告知義務

　　拘禁、逮捕機關在經過任何拘捕行為後，應以書面告知被拘捕之人及其親友，並應告知拘禁、逮捕的理由與地點。而此種告知義務，大法官且在釋字第 708 號解釋針對外國人遣返之拘留案件，援引了歐洲人權宣言第 5 條第 2 項的規定，應當使用被逮捕人熟悉的語言與文字，告知其可擁有急速受到法院救濟之機會。故提審法第 2 條第 3 項即明白規定：「被逮捕拘禁之本人或親友，不能通曉國語者，該告知之書面應附記其所理解之語言；有不能附記之情形者，應另以其所理解之語言告知之。」

3.法院不得拒絕提審聲請

　　被逮捕拘禁之人民向法院請求人身自由之救濟，乃憲法賦予之基本權利。憲法第

---

❺ 德國基本法第 104 條 2 項明定任何警察機關留置有違法行為之嫌疑人，至遲不能超過逮捕當天。第 3 項規定如果涉及犯罪，亦在當天內即應移送法院。法官僅能決定是否繼續羈押或釋放。第 4 項規定法官應速將決定通知被羈押人或其信任之人。所以德國的人身保障是將保障重心與義務置於法院，未有類似人民聲請之「提審制度」。

8 條第 3 項明白規定法院對此聲請，不得拒絕外，復規定「不得先令逮捕拘禁機關之查覆」，後者目的乃在防止法院採取「拖延戰術」。制憲者乃出於歷史的考量，擔心法院假借公文往返的延宕，怠於積極行使急速審查該逮捕拘禁行為是否違法的義務。

提審法第 4 條即規定，人民向地方法院提出提審聲請，法院即應立刻按照事務分配，決定案件需由何法院審理。依司法院「法院受理提審聲請之事務分配辦法」(103.06.25) 依事務性質分由地方法院民事庭（含簡易法庭與民事執行處）、刑事庭（含簡易法庭）、行政訴訟庭、少年法庭與家事法庭審理之。

提審法第 5 條同時規定受聲請之法院，於繫屬後二十四小時內，應向逮捕、拘禁之機關發提審票，並即通知該機關之直接上級機關。

由上述規定可知，各法院應有迅速進行提審之義務。但提審法第 5 條第 1 項後段也規定 6 款法院得駁回提審之事由：1.經法院逮捕、拘禁。 2.依其他法律規定得聲請即時由法院審查。 3.被逮捕、拘禁人已回復自由。 4.被逮捕、拘禁人已死亡。 5.經法院裁判而剝奪人身自由。 6.無逮捕、拘禁之事實。至於受聲請的法院，亦不得以無管轄權而裁定駁回之（同條第 2 項）。

上述法院駁回的事由顯示已無人身自由保障的必要。然而其中第 3 款的「已回復自由」，可作為駁回的理由，似乎忽視法院應審查「由始至終」侵害人身自由的合憲性，若發現有違法事宜，亦有移送法院，追究責任之義務。

同樣地，在「嚴重特殊傳染性肺炎防治及紓困振興特別條例」(110.05.31) 的實施期間，人民以該法受到強制的處分時，司法院則以必須是該強制處分有瑕疵被宣布撤銷時，法院方得審查該提審是否具有合法性。換言之，法院不就人民的提審所針對的強制隔離處分是否具有瑕疵與合法性而進行審查，而「推向行政訴訟」。這與憲法授與個別法官，能夠針對行政機關拘禁或逮捕人民所依據的法令——隔離處分，是否具有完全的法律依據之意旨不符，司法院的見解（本院行政訴訟庭提醒民眾不服 COVID-19（嚴重特殊傳染性肺炎）隔離治療、隔離檢疫或居家檢疫等處分之救濟程序新聞稿），當有違憲之虞！

4.逮捕拘禁機關的解交義務

憲法第 8 條第 3 項規定逮捕或拘禁機關不得拒絕或延遲法院之提審。提審法第 7 條第 1 項且規定該機關有收受提審票後二十四小時內解交受逮捕、拘禁人之義務。若已移送他機關時，收受提審票之原機關除應即回覆法院外，亦負有將該提審票轉送受

移送機關之義務，同時該機關亦負有二十四小時內解交受逮捕、拘禁人等之義務。法院亦可至逮捕機關迎提受逮捕人等，該機關不得拒絕之。

若交通或其他特殊情況導致解交或法院迎提困難，不及於前述二十四小時內達成，如有影視設備可直接訊問時，法院可使用該設備訊問，以代替解交。此過程應全程錄音錄影，以為存證之用（提審法第 7 條第 2 及第 4 項）。

5. 人民的拒絕非法逮捕權

對於違反上述憲法及提審法所規定的逮捕、拘禁、審問與處罰，人民得拒絕之。換言之，人民以實力抗拒不合本條規定之侵犯人身之行為，不構成刑法所定妨害公務罪（刑法第 135 至第 141 條）。因此，這是憲法所特別賦與人民正當防衛之權利，可以阻卻違法。協助該人民行使抗拒權利者，亦不構成妨害公務罪之從犯。

6. 聲請提審的資格

依憲法第 8 條保障人身自由之用意，固在強調憲法對人身自由的重視，也寓有強化法院作為保障人身自由權利的機構，以及防止公權力濫用的用意、非僅有保障個別國民人權之意義。從而對破壞此權利之行為者，不僅受侵害之本人與親友，甚至無關係之「第三人」（他人），都可向法院聲請提審。

故提審法第 1 條第 1 項也將本人與他人列入擁有提審權的範圍之內。該「他人」即任何人也。這是避免被公權力逮捕或拘禁者，因失去行動及通訊自由，致無法通知親人或委任律師時，仍有可由任何人聲請提審救濟之機會。此「他人」即不限於受委任之律師或受本人委任之他人，頗類似「公益訴訟」的類型（行政訴訟法第 9 條）。更顯示出提審救濟具有強烈的公益色彩❻。任何人既然可為他人聲請提審，理論上法院一收到聲請書，即有展開提審之義務。即可能會發生重複聲請之虞，本法第 5 條裁定駁回事由中，並未包含「一事不再理」之原則。依提審法第 8 條第 3 項規定，法院關於提審之處理，除本法規定外，準用其他相關法律之規定之程序。在各種訴訟都適用的「一事不再理原則」，即可援用於此。

---

❻ 但提審制度特別重視與採納公益訴訟的特色，並未為我國釋憲實務所採。依大法官第 4363 次全體審查會議（99.03.31）之決議：律師如以自己名義提出提審而被法院駁回，亦不能提出釋憲聲請：「蓋乃因該聲請人（律師）之人身自由權，並非受到駁回裁定之侵害者，故欠缺權利保護之必要性也。」此保守之立論不符憲法第 8 條的深切期盼，至為明顯。提審法現已大幅修正，上述大法官的決議應已過時矣。

貳、人身自由的衍生意義

憲法第 8 條的人身自由條款，其原本的意義，且經過大法官解釋的擴張其適用範圍，已經產生三種衍生意義，分別是正當法律程序、防止人民之人身「不受非法拘禁」之所謂的「靜態人身自由」及解脫了人身的禁錮後。人身自由可否衍生到可以自由行動，即所謂的「動態人身自由」？此也涉及憲法第 10 條的遷徙自由之保障。可分述如下：

一、正當法律程序之原則

我國憲法並未如外國若干憲法例（例如：美國憲法增修條文第 14 條第 1 項），有明白規定所謂的「正當法律程序」(due process of law) 原則，任何侵犯人民人身、自由及財產之公權力，必須依據法定程序方得為之。只有在憲法第 8 條的人身自由方面，方有詳細的程序規定。

為了強調我國憲法亦有此原則，大法官首先在釋字第 384 號解釋，便由憲法第 8 條的「依法定程序」為衍生，闡明立法者制訂限制人身自由之法律，內容必須符合「實質正當原則」——不僅實體面，即連程序面，都必須符合正當原則，且符合憲法第 23 條之要件❼。該號解釋仍將正當法律程序與人身自由相結合，未擴張到其他基本權利之上。

若以美國憲法的正當法律程序的精神而論，所有對基本人權的侵犯，都必須遵守此一程序。亦即除了程序正義外，其內容也必須符合實質正義。故憲法第 23 條也可作為滿足此一條款之依據❽。

我國大法官隨後在一連串的釋憲實務，便連結著保障人民訴訟權利（憲法第 16 條），發展出一連串確保訴訟程序符合實質正義的立法原則，例如抗告制度（釋字第 418 號解釋）、確保刑事被告擁有充分防禦權，例如詰問證人之權利（釋字第 582、636

---

❼ 吳庚大法官在釋字第 271 號解釋的不同意見書已提出了法定程序包括了實質正當及程序正當之要件。

❽ 這種關於程序的基本權 (Grundrechte als Verfahrensrechte)。德國聯邦憲法法院亦認為基於人身自由保障，憲法所保障的，不僅是實體法，也在於程序法上保障。特別在存有「不確定因素」越大的可能性，例如涉及到核能、環保的高科技，既然行政機關許可程序，法院很難實質審核，那麼就必須在程序部分儘可能周延，採行預防措施，讓危機產生機率降至最低。參見 BVerfGE, 53, 60; Epping, aaO., 125.

號解釋），採納嚴格證據法則（釋字第 582 號解釋）、及獲得辯護人協助之權利（釋字第 654 號解釋）。故立法者對各種訴訟制度有因案件的種類、性質、訴訟政策目的與司法資源之有效配置，而就各種訴訟救濟應循之審級、程序與相關要件，有形成之權限，但仍須遵守授權明確性與比例原則，並確保「有權利即有救濟」之原則，使人民基本權利受到侵害時，能依正當法律程序，獲得法院即時有效之救濟機會，是為憲法第 16 條訴訟權保障之核心內容（釋字第 653 號解釋），因此透過法律保留原則、比例原則的運作，以及訴訟基本權利的充實，我國憲法自可導引出正當法律原則，不必依託在憲法第 8 條的人身自由條款。惟該條款強調對人身自由的程序保障的嚴密性，對於充實訴訟權內容之功甚大。使我國憲法本缺少諸多司法程序與實體上之基本權利（概稱為司法基本權 Justizgrundrechte），實體正當原則如罪刑法定主義；程序正當原則如逮捕應踐行必要之司法程序、被告自白須出於自由意志、犯罪事實應依證據認定、同一行為不得重複處罰、當事人有與證人對質或詰問證人之權利、審判與檢察之分離、審判過程以公開為原則及對裁判不服提供審級救濟等都可形成拘束司法權運作之基本原則矣。

二、靜態人身自由權的衍生意義

先論所謂的靜態人身自由，還可以衍生出下述的人身不受侵犯之自由 (Körperliche Unverseherheit)，包括以下三種子原則，分別是：非法侵入身體之禁止、刑求禁止以及苛刑禁止。

1.非法侵入身體的禁止

人身自由的衍生意義，即可由這種防止人身「非法拘禁」的狹義概念，衍生至一切侵犯「身體自由」(Freiheit auf Körperschaft) 之上，來確保人民的身體是一個不受侵犯的「神聖客體」。同時也可彰顯出人性尊嚴的重大意義。

這是防止國家非法的觸及、侵入人民的身體之謂也。所謂的觸及，包括施予戒具、束縛等接觸人民身體的「異物」。而侵入，則是將「異物」侵入人民的身體，例如打針、抽血及其他採集身體的組織器官（如毛髮，體液等）。

在前者情形，國家可以依據正當的法律目的，例如監獄行刑法之許可使用戒具；行政執行法許可警察即時強制的束縛措施；傳染病防治法許可的強制接種或其他強制性的檢驗與醫療行為……，都應以嚴格的比例原則予以檢驗。釋字第 690 號解釋也強

調了此一比例原則的適用。

至若按捺指紋或是 DNA（去氧核糖核酸）的採樣，已屬於上述「非侵入性」，但屬於「觸及身體」的行為，比較起「侵入式」的侵犯人身，其加害程度自顯輕微，從而其比例原則的檢驗程度，即可降低。故如有高度的公益存在（例如國家為了刑事、戶籍、親屬關係等而有鑑定身分的必要）、且服膺平等原則時，即可立法許可為強制採樣。

不過國家實施這種強制性的採樣，雖然已經觸及人民的身體，侵犯其身體不受侵犯之人身自由權，但公權力經由侵犯人身而獲得的資訊，則屬於人民的隱私權。儘管前者對人身的侵犯加害效果有限，但大法官（釋字第 599 號及第 603 號解釋）反而看重後者的分量，認為指紋乃重要之個人資訊，個人對其指紋資訊之自主控制，受資訊隱私權之保障，且涉及了維護人性尊嚴與尊重人格自由發展，乃自由民主憲政秩序之核心價值，故對按捺指紋的合法性問題，採取了最嚴格的檢驗標準。這種強調隱私權的重要，反而稀釋了強制採樣在人身自由上的重要意義。

2.刑求禁止原則

刑求亦屬於對人身自由的一種常見的公權力侵犯。儘管刑求背後可能有冠冕堂皇的公益需求，例如追查重大犯罪，避免無辜被害人產生……，法理辯論上，甚至舉出比例原則——施予被告低度的痛苦，換來更高法益（他人生命、國家利益）的維護……，這都是漠視了刑求的功利主義，帶給人身的殘忍對待，是對於人性尊嚴最大之蔑視。因此，對於公務員若有實施刑求等違法取供之行為，我國法律（例如刑法第125 條、第 126 條）已有嚴厲制裁之規定。同時應依毒樹果實理論，對於不法之取證，視為無證據能力，法院應拒絕適用之 ❾。我國刑事訴訟法第 158 條之 4 規定：「實施刑事訴訟程序之公務員因違背法定程序取得之證據，其有無證據能力之認定，應審酌人權保障及公共利益之均衡維護。」固然給違法取供可作為證據的可能，但鑑於刑求的惡性之重，與保障人身自由的必要性之強，比一般違法行為（例如違法搜索、扣押或竊聽）來的更為嚴重，故對刑求所獲得之證據應該不具證據能力之可言，以根絕刑求發生的誘因 ❿。

---

❾ 早在民國三十五年八月，我國憲法正在草擬階段，憲法草案的撰寫人張君勱先生即大力介紹美國聯邦最高法院拒絕使用經竊聽而獲取之證據，並強調政府應率先守法來保障人權。見氏著：中華民國民主憲法十講（第三講，人權為憲政基本），臺灣商務印書館，民國六十年台一版，第 35 頁以下。

3.苛刑禁止

人身自由除了導出「刑求禁止原則」外，亦可引伸出禁止任何加諸人民身體上的苛刑（即不文明的刑罰）。因此，目前世界上仍有一些國家所適用的鞭刑，例如阿拉伯國家及新加坡，與斷肢之刑如中東國家，即不能獲得我國憲法所許。至於刑能否視為苛刑，涉及死刑是否廢止之問題，將於本書第二十三節中再予討論。

司法院釋字第 372 號解釋也引伸憲法人身安全與維護人格尊嚴的理念，適用於防止家庭暴力事件的「不堪同居之虐待」（民法第 1052 條 1 項 3 款），而能否准許離婚的判斷之上。使得人身自由權本有的強烈之防衛權色彩，即大幅的淡化矣。本號解釋（如解釋理由書所言），只需援引當時增修條文第 9 條 5 項（現行條文第 10 條 6 項）之「國家應維護婦女之人格尊嚴，保護婦女之人身安全」作為解釋理由即足矣。本號解釋雖未明文提及所謂的憲法保障人身自由乃源自憲法第 7 條之規定，但仍會令人產生此誤解也。

三、動態人身自由權的衍生意義

主張人身自由可以衍生出人民行動自由，包括前往或停留他處的自由，正是保障人民的身體行動可以隨其自由意志而實踐，而不會受到國家公權力的阻止也。

這種看法雖然不無道理，但人民的自由前往各地，固然可以由人身自由的保障獲得實現，這也可以使人身自由作為享受其他人權的基礎（釋字第 636 號解釋：「人民身體自由享有充分保障，乃行使憲法所保障其他自由權利之前提，為重要之基本人權。」）。但我國憲法第 10 條亦同時保障人民有居住與遷徙自由，依其本意，當指人民有到任何地方定居與居住之自由，其中自然包括了行動自由在內。但表現在關於戶籍法等規範戶籍、就學或就業等相關規定上，更為明確。因此，由憲法第 8 條的人身自由，或第 10 條之遷徙自由，都可以導出人民的行動自由。

---

❿ 最高法院 93 年台上字第 664 號判例，曾指出：「對於違法搜索、扣押所取得之證據，除法律另有規定外，為兼顧程序正義及發現實體真實，應由法院於個案審理中，就個人基本人權之保障及公共利益之均衡維護，依比例原則及法益權衡原則，予以客觀之判斷，亦即宜就㈠違背法定程序之程度。㈡違背法定程序時之主觀意圖（即實施搜索、扣押之公務員是否明知違法並故意為之）。㈢違背法定程序時之狀況（即程序之違反是否有緊急或不得已之情形）。㈣侵害犯罪嫌疑人或被告權益之種類及輕重。㈤犯罪所生之危險或實害。㈥禁止使用證據對於預防將來違法取得證據之效果。㈦偵審人員如依法定程序，有無發現該證據之必要性。㈧證據取得之違法對被告訴訟上防禦不利益之程度等情狀予以審酌，以決定應否賦予證據能力。」

　　然而大法官在釋字第 689 號卻認為這種行動自由乃源於憲法第 22 條，屬於一般行為自由❶。該號解釋雖援引釋字第 535 號解釋以為立論之依據。但該號解釋雖提及警察臨檢會涉及人民行動自由（及財產權、隱私權），但並未指出依據憲法哪一條文，但釋字第 689 號解釋首次指出源於憲法第 22 條。這個見解頗令人費解。

　　按憲法第 22 條被學理上認為是一般人格權，或是可為認為行為之權。亦即「廣泛行為自由權」，故性質乃被認為係概括人權條款、防止「掛一漏萬」的所謂收容權 (Auffangrecht)。故很容易地將此「可為任何行為」擴張到行動方面之「可到任何地方」。釋字第 689 號明顯便犯了這個錯誤。

　　其次憲法第 22 條屬於「後來產生之人權」的屬性。難道我國憲法之制憲者，在制訂憲法伊始，竟會不能肯認國民擁有自由行動、自由前往他處之基本權利乎，還需要透過第 22 條的概括條款予以保障？顯然不可思議❷。

　　因此，憲法的第 8 條人身自由，既然可以作為享受其他人權基礎，可以結合第 10 條遷徙自由賦予人民一般行動之自由權也——即動態人身自由。

---

❶ 見大法官釋字第 689 理由書：「人民依其意志作為或不作為之一般行為自由，亦受憲法第 22 條所保障。人民隨時任意前往他方或停留一定處所之行動自由（本院釋字第 535 號解釋參照），自在一般行為自由保障範圍之內。」

❷ 可參見作者釋字第 690 號解釋提出之協同意見書，也認為行動自由可能與遷徙自由產生重疊。不論如何也高過於憲法第 22 條之關連也。

第十六節　住居及遷徙自由權

我國憲法第 10 條規定人民有居住及遷徙之自由。食、衣、住、行是人類四大需要，本條文涉及其中二個保障人民居住與遷徙之自由，但卻是保障兩種不同的人權。人民的居住自由是指人民享有「住居不受干擾」之自由，也就是一種屬於空間，而非行為的自由權，故本自由應該改為「住居自由」，而非易被人誤解為選擇住處的「居住自由」。而人民遷徙自由，雖依字面解釋，遷徙即指「遷居」及「定居」之意。但憲法意義的遷徙自由則不僅只是保障人民擁有遷居之自由，甚至也及於「人身行動」之自由也，所以遷徙自由代表人民享有「人身之所往」之自由。因此，遷徙自由帶有一種積極的、動態的特徵在內。

壹、住居自由

一、住居自由的意義

人民的住居自由，保障人民可以享有一個安寧的居住空間。也就是人民在其所居住的房舍之內可以不受國家公權力違法之侵犯，這個保障人民擁有住居自由權利，在其本質上也寓有保障人民生命與財產安全之旨焉，故住居自由也有「補充」保障人身自由之功能。因為家宅往往提供人民生命與財產的保障依據。所以早在羅馬時代，有一著名法諺：domus suacuique est tutissimum refugium——即「住宅為個人的城堡」(every man's home is his own castle)。因此無故私闖他人住宅者，尤其是在夜間而遭屋主擊斃時，屋主往往不必擔負刑責。這個在法律上屬於「正當防衛」之原則，其根源卻是源於人民住居自由的神聖意義。因此對於人民住宅的進入，唯有經過屋主之同意方可（刑法第 306 條）。住居自由的範圍亦及於保障「有品質之生活權」，以防止噪音的侵擾。最高法院 92 年台上字第 164 號判例，則以「適當居住權」作為法益，只要發出超越一般人社會生活所能容忍程度之噪音，即屬於不法侵害他人居住安寧之人格利益。

人民住居自由權既然保障人民擁有一個自由的居住空間，故此權利同時衍生出人民的「隱私權」(privacy)。大法官釋字第 443 號解釋理由中，提及憲法第 10 條規定人民有居住及遷徙之自由，係指人民有選擇其居住處所，「營私人口生活不受干預之自

由」，即是隱私權之來源。所以由此條文可導出隱私權之依據，而不一定非依憲法第 22 條不可 ❶。因此……人民居住的空間受到憲法的保障，外力（國家及他人）即使未「物理性」接觸的侵犯（例如侵入），但卻以聲、光、氣體或望遠鏡窺視等等方式而「實質」侵入此領域時，亦屬於侵害了憲法所保障之住居自由權所衍生出來的隱私權。

人民住居自由既然是古典的人權，故由此人權本不能衍生出人民擁有積極要求住宅之權利（此屬於社會基本權利），或是要求國家應制定法律規範合理租金的權利。故仍只具有「防衛權」的色彩 ❷。但晚近國際公約已重視人民享有「適足之居住權」，此權利已形成社會權。司法院釋字第 709 號解釋亦提及「人民享有適足居住環境」之權利，亦為住居自由所及。

二、住居自由的限制

人民住居自由亦非絕對，而同樣受憲法第 23 條之限制，國家對人民住居自由之限制必須遵循法定之程序，並且亦須基於公益理由方可，在這種准許侵入人民住宅之情況，大略如下：

㈠刑事搜索權

這是最典型的對人民住居自由的限制。國家為了刑事案件的偵查及審判，可以侵入人民的住宅，在現行我國刑事訴訟法 (97.01.02) 修正前，本許可檢察官可以搜索人民的住宅；但修正後，改為必須獲得法官的許可，持有搜索票後，方能為之，以防止檢察官之濫權（刑事訴訟法第 128 條、第 128 條之 1）。同時搜索是由法官或檢察官親自進行時，則可出示證件而不必使用搜索票。但新法已刪除此制度，檢察官親自搜索仍需得到法官許可外，連法官親自搜索，亦必須使用搜索票，不能僅出示證件（第 145 條）。因之，搜索票之制度無非是求其程序之慎行，避免所有的公權力機關皆可恣意的進入人民住宅；然而，刑事訴訟法第 131 條也規定在某些特定情況之下，許可實

---

❶ 不過，由於隱私權的範圍也及於個人之資訊，大法官在釋字第 293 號解釋認定為隱私權，但未指明其依據。但依陳瑞堂（等）不同意見書，則認為是源於憲法第 22 條。如果指紋亦屬個人資訊，則按捺指紋所侵犯的，不但是人身自由，也及於隱私權。可參見司法院釋字第 603 號解釋及第 689 號解釋。

❷ 傳統見解認為住居自由是一種指向國家公權力侵犯防衛權，故無「第三者效力」理論之適用。但學者 Bleckmann 認為倘據此見解，則房屋承租人的住居權可能會受到出租人契約的限制，故主張此權利應有「第三者效力」也。同時，國家也應該在契約法或其他法律中，明定房屋租賃契約中如有「房東保留自由進入」的條款，即為無效。見 A. Bleckmann, Staatsrecht II-Die Grundrechte, S. 892.

施「緊急搜索權」。其情形有二，第一種是本條文第 1 項之檢察官、檢察事務官及司法警察（官）——例如警察、憲兵及調查局等情治人員——雖無搜索票亦可進入人民住宅搜索之。這種情形可有三種：(1)因逮捕被告、犯罪嫌疑人或執行拘提、羈押者。(2)因追躡現行犯或逮捕脫逃人者。(3)有事實足信為有人在內犯罪而情形急迫者。第二種情形是同條文第 2 項之「檢察官緊急搜索權」。這是為了彌補民國九十年一月修法將檢察官本可不經法官許可，即逕行搜索的權限刪除所增訂的條文，規定「檢察官於偵查中有相當理由認為情況急迫，非迅速搜索，證據有偽造、變造、湮滅或隱匿之虞者，得逕行搜索，或指揮檢察事務官、司法警察官或司法警察執行搜索」。這些緊急搜索既無暇申請搜索票，舊法本規定應於搜索二十四小時內陳報法院。新法則改為：「前兩項搜索由檢察官為之者，應於實施後三日內陳報該管法院；由檢察事務官、司法警察官或司法警察為之者，應於執行後三日內報告該管檢察署檢察官及法院。法院認為不應准許者，得於三日內撤銷之。」

(二)行政檢查權

行政機關為執行法定任務時，能否侵入人民之住宅？是為「行政檢查權」的權限問題。例如環保機關為檢查人民住宅或工廠有無違反環保規定，可否進入住宅或工廠內檢查？按憲法對人民住居自由之保障不若人身自由保障之嚴密，且不將侵犯許可權限由法院獨攬，而只要依法定程序即可對住居自由加以限制。於是法律可授權任何機關在法定條件下對住居自由加以限制。因此，行政機關為了法定任務即可進入人民之居住及其他建築物，例如依空氣污染防制法 (100.04.27) 第 43 條，各級主管空氣污染之機關人員即可攜帶證明文件，進入公私場所進行檢查；依管制藥品管理條例 (84.01.13) 第 11 條，衛生署於必要時可派員行使「稽核權」；飲用水管理條例 (95.01.27) 第 15 條；水污染防治法 (96.12.12) 第 26 條及建築法 (100.01.05) 第 77 條都有類似檢查權力。因此傳統為了司法目的所為之由法院發給「搜索票」來保障人民住居自由的重要性，便相形降低，而行政機關為了一般行政目的即可進入人民之住居環境。所以「司法搜索」已可能被「行政檢查」的名目所取代。易言之，行政機關（如警察機關）為了偵查犯罪，搜索證據（犯人），鑑於向法院申請搜索票較為繁瑣，故可趁著為「行政檢查」時，如檢查污水、廢氣、噪音而進入人民住宅。是故，為了切實保障人民的住居自由，對於基於一般行政目的所為的行政檢查權應予較嚴格的限制，例如必須在有明確證據下，認為人民有違反行政義務，或是依照法定程序（如定期受

檢）人民有忍受檢查義務時，方得許可行政機關對人民住居自由的侵犯，同時也應嚴格規定非與檢查目的有關之場所，人民得拒絕行政機關人員進入，否則憲法保障人民有不受干擾的住居自由，即可能受到行政檢查權力之濫用而受到侵害。故為了防止行政機關假檢查之名，行搜索人民居所之實，與正確實行行政檢查權以實現行政目的，應制定「行政檢查法」，統一規範目前雜散在各法的行政檢查權。

㈢國防與軍事目的

我國戒嚴法 (38.01.14) 第 11 條規定戒嚴地區的最高司令官對所轄地區之住宅認為情形可疑者得實施檢查。這種基於戒嚴依據對人民住宅的侵入，其影響極為重大。因為侵入住宅只需戒嚴機關認為住宅有可疑即可，且無需搜索票。因之，對人民住宅的保障即顯薄弱，但是戒嚴既係該地區進入緊急狀況，只要依法而不濫用此搜查權力時，這種住宅侵入權力亦應無可厚非。另外，同樣是基於軍事目的而涉及侵入人民住宅權力者，可舉軍事徵用制度來說明之。國家在瀕臨戰爭或在戰時，或於軍事演習時，如有需要人民之住宅時，可依據我國軍事徵用法全民防衛動員準備法 (90.11.14) 之規定，來徵用人民之住宅。人民因此不僅須准許軍隊進入住宅，甚至應將住宅交予軍隊使用。這也是基於軍事目的所為不得已之舉。例如美國憲法修正案第 3 條也規定，只要依據法律所規定之程序，軍隊在戰時即可駐紮於民宅內。

㈣緊急的公共利益

這是當人民的身體、生命或財產產生危害時，或是國家為防止其他違法及處理緊急事故時，才可侵犯人民的住宅自由。依我國行政執行法第 39 條准許行政機關在遇有天災、事變，及其他交通、衛生或公安上有危害之情形時，便可使用人民的住宅。發生車禍或火災、地震時，救援單位即可使用鄰近住宅來安置等待救治傷患，因此人民的住居自由便需為急迫公益之需求而受限制。這是行政法上所稱的「即時強制」(sofortiger Zwang)，或是「警察強制」的制度。行政執行法第 40 條且明白規定，人民之生命、身體、財產發生危害迫切，非侵入不能救護時，行政機關（特別是警察機關），得予侵入人民住宅這種情形多半是為了救援當事人而侵入，與第 39 條「公益徵收」情形不同，都是強烈的公益色彩❸。

---

❸ 參閱拙著：行政法學總論，第 421 頁以下。

貳、遷徙自由

一、遷徙自由的意義

　　人民的遷徙自由可以分成廣義與狹義的遷徙自由。廣義的遷徙自由，應指人民概括的享有自由行動之權，可以在國內自由行動。故這種人民行動自由權也可包括在一般行為自由之內，屬於憲法第 22 條的保障範圍。這種行動不問其目的與動機為何，因此選擇居住地之行動自由便可稱之為「遷居自由」，或稱狹義的遷徙自由。如果以觀光、旅行為目的，則可稱為「旅行自由」。因此在國家領域內，人民可以自由決定前往何處，並未因為行政區域劃分的結果，而受到限制。人民在一國之內能否自由行動，也表彰了國家統治權是否統一，而非陷入割據及內亂、叛變之中。憲法所指的遷徙自由應就廣義解釋❹。

　　國家若實施奴隸制度，即禁止奴隸自由行動，以免逃逸。同樣的，在共產國家亦曾實施嚴密的戶籍制度或路條制度以限制人民的遷徙自由。誠然，為了確定國家所屬之行政及司法機構對人民之權利與義務關係（如租稅義務、投票權擁有及訴訟管轄權所在地），人民之遷徙自由必須受法律之限制，例如依戶籍法 (97.05.28) 規定第 4 條、41 條等應為遷徙登記。但此非謂人民遷徙之決定定受法律之限制，無寧只是「附隨」人民遷徙權利實施的後果，即僅是「申報」之義務而已。

　　人民的遷徙自由雖以在國內遷徙為主要內容，但是亦應包括向國外遷徙之自由（出國自由），只是此出國自由須受到較大的限制而已。我國憲法第 10 條所保障的遷徙自由，依司法院釋字第 558 號解釋，即採此見詳，包括自由出入國境之權也。

二、遷徙自由的限制

　　人民遷徙之自由可以依據憲法第 23 條之規定予以必要限制，是以，對人民遷徙自由之問題，大致上可分為國內之遷徙自由與國外之遷徙自由之限制來予討論。

㈠國內遷徙自由之限制

　　國家對於人民在國內自由行動的限制，必須基於公共利益之理由，並依法律方得

----

❹ 參閱拙著：人民旅行權之保障與限制，刊載：基本權利（下冊），第 494 頁。

為之。在立法的可能性方面：

(1)國防與軍事目的：例如依據戒嚴法 (38.01.14) 第 11 條之規定，戒嚴司令官得禁止人民進入戒嚴地區。依據要塞堡壘地帶法 (91.04.17) 之規定，軍事司令官亦可禁止人民進入所轄軍事地區；依國家安全法 (85.02.05) 第 5 條所劃定為管制區之海岸、山地或重要軍事設施地區，人民出入管制區時，亦應取得申請許可。

(2)基於刑事目的之立法：例如對於犯罪入獄服刑者，自然可限制其自由活動之權利。此外，對於保釋、假釋之人犯，亦可限制其自由活動之自由。我國目前的保安處分執行法 (95.05.30) 第 64 條以下、刑事訴訟法第 75 條、105 條、116 條之 2 以及羈押法 (95.12.27) 第 5 條都有相關規定。

(3)保護他人權利：例如破產法 (82.07.30) 第 69 條規定：非經法院許可，宣告破產之人不得離開住居地；以及依據行政執行法 (87.11.11) 第 37 條警察對於泥醉瘋狂的人民必須予以保護管束等。

(4)其他公共利益：例如行政執行法賦予行政機關限制人民出入天災、事變、衛生及公安發生變故之場所與地區，依據公園法規可限制人民出入劃歸公園地區之自由權利。依據消防法，消防人員亦可禁止人員出入火警場所及周圍，都是基於公共利益而限制人民自由行動之例。依據傳染病防治法令可宣布一地區劃為疫區，禁止人民出入（見釋字第 690 號解釋）等等。

(二)國外遷徙自由之限制

人民自由行動之權利應及於有出國之權利。人民出國的行為意味其離開國家主權所及的領域。出國可分為長久性與短暫性的出國：前者可稱為人民的「移民權」，乃人民願意永久離開本國；後者可稱出國旅行權。由於移民恆以他國接受其移民為前提，因此往往係先行使出國旅行權，而後才轉為移民。其實行之程序因而常以出國旅行權為其前提。故國家對移民權無庸給予特殊限制，而僅以限制出國權來涵括之。

1.移民權

移民是人民更改其國籍的行為，也是「離父母之國」。移民的動機雖然有政治、家教、經濟、社會及家庭等不同因素，但是其願意拋棄原有之國家，效忠（至少在形式上）新的國家，卻是明顯不過之事實。在強調民族主義及愛國心的國家與社會，恐怕並不易衷心支持人民擁有此權利。加上有認為移民乃「用腳來投票」之理論，易加深移民者對於國家不信任或不忠誠之誤解。惟承認人民有權利追求更好的經濟生活與環

境，已為古典的基本人權理論肯定，同時也是世界人權宣言 (1948) 第 13 條 2 項所呼籲各國尊重的人權。只要人民放棄了其國民的義務後，便得選擇其所願意歸屬的新國家，而中斷與母國法律上之關聯。特別是當國家的客觀生存環境（例如地小人稠），不能提供國民更好的生活品質及發展空間時，有些國家（如日本）逐採鼓勵或輔導移民之政策。我國在制訂「入出國及移民法」(92.02.06) 前，對移民問題向採不鼓勵也不反對的放任態度。但自從該法第八章有「移民輔導」之規定，將移民列為政府輔導及協助之事項，政府已不能令移民自生自滅。我國數百年來便是一個向外移民的國家。海外華僑對國家的貢獻已獲得「革命之母」的美譽。因此我國並無禁止移民之傳統與法理依據。故人民出國不論其是否為移民，僅需滿足國家對出境之要求即可准許人民之出境。

國家對人民出國之限制，有許多是沿襲國家限制人民在國內遷徙之法律依據。例如對監獄人犯、拘提之被告、限制住居之保釋和假釋之人犯、破產人及經債權人提出禁止出境申請之債務人，以及受保護管束之人民等。既然已限制其在國內之行動，不能自由出國亦是當然之理。

2.役男出國的限制

對於人民出國之限制，國家還可基於其他目的之考量，例如基於兵役之考慮，國家為保障兵源充沛限制接近役齡之役男出境。此在我國已行之有年的制度❺，恐怕只是「防患過度」之措施。按國民兵役既是人民的義務，保衛國家民主自由的政治體制，以及護衛安和樂利的鄉梓，應該是國民神聖的職責。所以國家應使役男視服役為光榮之舉。若以防患為由而限制役男出境，如果役男心中不願盡忠於國家，奮發勇敢執干戈以衛社稷的話，即使入伍後也難有保衛國家之真誠心力。尤其是隨著國民經濟的好轉，我國許多國民皆有能力出國旅遊，如果禁止之，適足以狹隘青年的見識。針對限制役男出境欠缺明確的法律依據，司法院遂在釋字第 443 號解釋中明白宣布當時據以限制役男出境的「徵兵規則」違憲，並在六個月後失效。立法院即刻修正兵役法施行法。依現行法 (100.06.29)，增訂第 48 條，役男可出境，但需經申請及許可程序。原則上每次出國不得逾二個月，另外入出國及移民法第 6 條 6 款亦明定得禁止役男及未完

---

❺ 我國兵役法中原本並未規定役男出國的限制。只在國家安全法施行細則 (81.07.30) 第 17 條 2、3 項有「依有關規定」辦理出國的規定。而母法——國家安全法未授權子法，故限制役男出國的制度，有子法超過母法之違憲之虞！

成兵役義務者出國，故役男禁止出國的法律依據已然完整。

3.護照的申請制度

人民出國旅行依世界各國之適例，皆需申請護照方得成行，按護照乃是表徵人民國籍之證明文件。依各國通例，人民必須獲得政府所發給之護照，方得自由出入國際社會。國家依照相關的護照法律，即可在護照之內容上對人民出國旅行之地點、期間作相當之限制，如護照即可限制人民只能在某特定地區使用本護照。我國舊護照條例(78.06.23) 第 15 條本有規定為維護國家利益及國民安全，外交部可命令禁止人民前往某地區，所以如有某國家或地區陷於戰亂、瘟疫流行，外交部即可禁止人民前往。同樣的，如果人民在外國的行為有妨害國家安全與重大嫌疑者，經司法機關通緝並通知外交部時，人民的護照即受外交使館的撤銷與扣押。人民的旅行自由權利便需受限制（舊護照條例第 9 條）。這是國家為保障國家之重大利益，而對人民在國外行為有違法時，所為之限制。因此，國家可經由護照制度，對人民之國外旅行權作實質上之限制❻，但新法 (89.05.17) 刪改此兩條之規定，至此護照條例即無法限制人民的旅行自由權。我國對於人民出國的規定，較完整的是在國家安全法第 3 條。

其中規定人民出入國境應向內政部警政署入出境管理局申請許可。對於有下述情形者，內政部均不予許可入出境：(1)經判處有期徒刑以上之刑確定尚未執行或執行未畢，或因案通緝中，或經司法或軍法機關限制出境者。(2)有事實足認有妨害國家安全或社會安全之重大嫌疑者。但曾於台灣地區設籍，在民國三十八年以後未在大陸地區設籍，現居住於海外而無事實足認為有恐怖或暴力之重大嫌疑者，不在此限。(3)其他法律限制或禁止入出境者。

國安法對於出國境的管制，雖然僅有三款，但部分卻極空泛抽象。按一個國家對入出境本應有管制之權，這且是常態性的法制，無需適用類似特別法、緊急法性質的國家安全法。為此，入出國及移民法，以下稱「本法」已經統一規範國人與外國人的入出境及移民事宜，即符合立法體例。依本法第 5 條 1 項規定，在本法施行的第一年內，在台灣地區設有戶籍國民出入國境，仍必須向主管機關（內政部入出國及移民署）申請許可。但一年後，則無需許可得自由出入國境。至於國軍人員仍須獲國防部或其

---

❻ 美國聯邦最高法院在一九六五年公布的 Zemel v. Rusk 案已承認政府可藉護照規範人民的旅行地區；在一九八一年復作出 Haig v. Agee 案判決，承認政府可基於維護國家安全為由，撤銷人民護照，以終止其滯留海外。此外德國與奧地利的護照法，也有相同之規定。參閱拙著：人民旅行權之保障與限制，第 472 頁以下。

授權之單位核准。這個規定符合憲法保障人民行動及遷徙的自由權利！而一年的緩衝期可供作主管機關建立相關配套的資訊與設備之用，亦符合比例原則。

　　本法第 6 條第 1 項有十個得禁止國民出國之條款：(1)經判處有期徒刑以上之刑確定，尚未執行或執行未畢者。(2)因案通緝中。(3)經司法或軍法機關限制出國者。(4)有事實足認有妨害國家安全或社會安定之重大嫌疑者。(5)涉及內亂罪、外患罪重大嫌疑，經權責機關通知限制出國者。(6)涉有重大經濟犯罪或重大刑事案件嫌疑，經權責機關通知限制出國者。(7)役男或尚未完成兵役義務者。但依法令得准其出國者，不在此限。(8)護照、航員證、船員服務手冊或入出國許可證件係不法取得、偽造、變造或冒用者。(9)護照、航員證、船員服務手冊或入出國許可證件未依第四條規定查驗者。(10)依其他法律限制或禁止出國者。

　　而第 2 項也規定，對於不予許可或禁止出國之國民，應以書面敘明理由通知當事人。

　　第 3 項也同時規定，對於有第 1 項第(2)款及第(4)款之情形，主管機關應聘請包括社會公正人士組成審查委員會審核，經審核許可者，同意其出國。

　　至於在台灣沒有戶籍之國民——例如已移民出國之國民、大陸同胞及華僑等，不僅進入台灣地區應經申請許可，並且本法第 7 條有禁止其入境之規定：(1)參加叛亂組織或其活動者。(2)參加暴力或恐怖組織或其活動者。(3)涉有內亂罪、外患罪重大嫌疑者。(4)涉嫌重大犯罪或有犯罪習慣者。(5)護照或入國許可證件係不法取得、偽造、變造或冒用者。

　　這是因為我國目前仍採承認雙重國籍，承認大陸亦為國土，大陸同胞亦為國民，以致於必須以有無在台灣地區設籍作為差別待遇的標準，恐怕也是我國特殊國情所使然也。大法官釋字第 454 號解釋對於台灣地區無戶籍人民的居住，遷徙限制的合憲性較其他大陸或港澳地區人民採較嚴格之標準，即本於此理。本法規定的重點主要在管理外國的入出境及居留事務，亦即前述無戶籍國民及外國人在台灣地區的入國、居留、永久居留及驅逐出境……等事宜，將以經由授權行政命令方式改為法律規範，亦是法治主義更進一步的實踐！

第十七節　意見自由權

我國憲法第 11 條規定「人民有言論、講學、著作及出版之自由」。這四個自由權利有其共同的特色，均為人民將自己內心的「意見」形諸於外所享有的自由權利。換言之，言論自由係指人民可將內心的意見，用語言之方式表達之；講學自由是指人民可將其學術上的意見，用「學術研討」的方式表達之；著作自由是指人民可將內心意見，寫成書面文字而表現出來；出版自由是指人民可將內心意見，以文字或圖片等出版而對外公開與流傳、散播。所以，這四種自由，皆是表達人民內心之意見；所差異者，只是傳播及表達之方式不同罷了。因此，這四種人權皆可稱為「意見之自由」(freedom of expression, Meinungsfreiheit)。現分別敘述如下：

壹、言論自由

一、言論自由之意義

人民享有言論自由權，是指人民有對外發表自己意見之權利。人類是一種有知覺、能思考與自我意識的高等生物。人之所以為人，便是人具有內心思考，並反省自身與周遭環境利害之能力。西方哲學家笛卡兒 (R. Descartes, 1596–1650) 一句膾炙人口的名言：「我思故我在」(cogito ergo sum)，即是表明人之所以為人，便是具有思考之能力。然而，光只有思考能力還不足以表彰人的思考特點。人也具有語言能力，個人也是處於社會群體之中，故人類的語言與思考就可相互結合。尤其現代社會，人民不論是就個人利益、人生觀，對於自己、他人或整個社會所發生之事件，多半會有所思考或予以價值之評判，特別是在今日民主國家，應該鼓勵人民關心國家與社會。因此，國家儘可能保障人民表達自己之意見，使人民不至於「因言賈禍」。言論自由權，便成為國家保障人民擁有可議論國是之制度。同時言論自由幾乎成為國家是否民主或專制的一項重要指標。相形之下，「偶語者棄市」正是古代暴君箝制人民口舌之寫照。故言論自由居於四項意見表達之自由的首位，並非沒有理由。

司法院釋字第 567 號解釋理由書中特別指出，言論自由源於思想自由，思想自由是保障人民內在精神活動，是人類文明之根源及言論自由之基礎，亦為憲法所欲保障之最基本之人性尊嚴，對民主憲政秩序之存續具特殊重要之意義。不容許國家以任何

理由侵犯，亦不許以任何方式侵犯之。顯示出大法官對言論自由高度的重視。

二、言論自由之界限

　　言論自由，雖然在民主政治上有非凡的意義，但是言論自由亦如同其他人權，也有被濫用之可能。因此，也必須予以適當限制。言論自由變成爭議最多的人權之一，也是在界定其界限方面最困難的人權。美國媒體發達與言論自由程度甚高，應歸功於聯邦最高法院之判決。故該些判決常引起甚多的重視，形成憲法學討論保障言論自由的理論依據。

㈠限制言論自由的理論

　　世界上民主國家皆視言論自由為國家民主體制的象徵，故言論自由權較其他人權更易沾染上政治色彩。言論自由權也成為典型的古典人權，具有「防衛權」的色彩。在保障言論自由的同時，亦應不能漠視「禍由口出」之可能性，言論自由亦有濫用之可能，外國民主國家如何規範此權利？可以美國理論與實務作代表，略加討論：

　　美國憲法增修條文 (1791) 第 1 條規定：國會不得制定關於下列事項之法律：(1)確定宗教（國教）或禁止信仰自由；(2)剝奪人民言論或出版之自由；(3)剝奪人民和平集會或向政府請願之權利。美國憲法這個不許國會立法「剝奪」(Congress shall make no law...“abridging” the freedom of speech) 人民言論自由的規定，看似簡單、乾脆與絕對，但卻無法反映人民言論自由可能被濫用的後果，而國會 ❶ 也不能不制定保障人民名譽、維護國家機密的法律 ❷。但為了界分憲法保障人民言論自由之意旨，以及兼顧保障他人權利以及公共利益，在盛行判例法的美國，便由聯邦最高法院發展出各種理論。其所持立場各異，並沒有絕對的拘束力，而且「新理論」可以隨時起而代之……等等，所以經由對下列各種曾經在美國聯邦最高法院發展的理論之認識，可以瞭解美國憲法實務界在過去一個世紀的發展史。

---

❶ 本條文雖只規定國會不能制定剝奪人民言論等自由之法律，而不及於州的立法及行政機關。但美國一直將第 1 條的規定延伸到州及行政機關之上。特別是在一九二五年公布的「基羅案」(Gitlow v. New York, 268 U.S. 652, 666, 1925) 確定此原則，故州政府必須依增修條文 (1868) 第 14 條之「正當法律原則」，始得限制人民的言論自由。參閱林子儀，言論自由之理論基礎，言論自由與新聞自由，月旦出版社，一九九三年，第 9 頁以下。

❷ 早在一七八九年七月十四日美國就已制定「暴動防止法」(Sedition Act, 1 Stat. 596) 處罰煽動暴亂之言論。下級法院肯定此法律之合憲性。聯邦最高法院則未做成任何判決。見 W. Brugger, Einfuehrung in das oeffentliche Rechte der USA, 1993, S. 137.

第一、「明顯而立即危險」原則：最受人注目的判例是一九一九年判決的「仙克」案 (Schenk v. United States, 24a U.S. 47, 52, 1919)，本案中法院正式提出「明顯而立即的危險」原則 (clear and present danger test)，認為當一個言論衡諸事實及本質，已經會造成明顯而立即危險（例如在戲院裡謊喊失火而造成驚慌），為了這種防止濫用權利，國會即有權力制訂管制言論的法律❸。

這個由著名大法官霍姆斯 (O. W. Holmes) 所提出來的見解，推翻了法院在同一年稍早做出的「夏佛」案 (Schaffer v. United States, 255 Fed 886, 9th Cir.1919) 所提出的「惡劣傾向」原則 (bad tendency test)。該原則認為，只要國會認為一個言論當然或可能造成立法者所禁止的後果時，亦即有趨向惡劣（後果）之可能時，即可立法防止之。

明顯而立即的危險原則自是比惡劣傾向原則更進一步的係以後果論。但是什麼情況才會造成明顯而立即之危險，各案都有不同。因此本原則的適用必須「逐案判定」(case by case)，無法求出一個放諸四海皆準的原則。本原則雖是最著名的一個原則❹，但聯邦最高法院卻不常支持此原則。

第二、「客觀嚴重之可罰」原則：在一九五一年公布的「丹尼斯」案 (Dennis v. United States, 341 U.S. 494, 1951) 中，最高法院認為只要言論造成的「後果」是嚴重的，且值得立法防止時（如宣揚推翻政府），即使這個行為的「成功率」，並不存在，即政府被推翻的危險性不存在，但仍可限制人民此種言論自由。法院認為，政府不能坐視叛亂已經準備就緒，計畫已擬定，待著手於叛亂時才防止。在這個著名的「丹尼斯」案中，明顯而立即的危險原則便受到修正，由原創始人霍姆斯大法官所期待的危急特徵，改為客觀嚴重的可罰原則，即可限制言論自由也。

最高法院在「丹尼斯」案的原則於一九五七年公布的「葉慈案」(Yates v. United States, 354 U.S. 298, 1957) 中再度出現，認為光只是宣揚革命理論——如馬克思理論——是受到憲法保護，但在革命理論中夾帶達到革命的手段——即有煽惑、宣傳推翻政府——即足構成處罰的要件。

在一九六九年公布的另一個重要的案件「布蘭登堡」案 (Brandenburg v. Ohio, 395 U.S. 444, 447, 1969) 裡，法院推翻了一九二七年所作的另一著名案件「惠尼」案

❸ 參見林子儀，言論自由與內亂罪，見❶，第 170 頁以下。

❹ W. Brugger, aaO., S. 139. 李鴻禧，言論出版自由之民主憲政意義，憲法與人權，第 404 頁；劉慶瑞，論「明白而立刻的危險」原則，比較憲法研究，民國六十年，第 114 頁以下。

(Whitney v. California, 274 U.S. 357, 372, 1927) 裡所持的見解。聯邦最高法院在「惠尼案」的看法，一個宣揚怠工、暴力及恐怖活動的言論——特別是由有組織的團體所發出時，在本案是加州的共黨委員會成員——會對社會和平及安全造成危險，即可予以限制。

「惠尼」案公布四十二年後所出現的「布蘭登堡」案中，法院認為憲法並不許可各州用法律來限制只是宣揚暴力與使用武力的言論，但如果該言論的目的有引導他人採行不法的暴力行為，或有可能引導的企圖時，即可限制之。

第三、「過寬及模糊禁止」原則：到了七○年代以後，聯邦最高法院又陸續主張「過寬禁止理論」(overbreadth doctrine)(Broad v. OKlahoma, 413 U.S.601, 1973) 及「模糊禁止理論」(vagueness doctrine)(Grayned v. Rockford, 408 U.S. 104, 1972)，認為限制人民自由權利的法律不能過度的廣泛與模糊，使人民言論自由受到太大的侵犯而達到所謂「寒蟬效果」(chilling effect)。在一九六○年的「謝頓」案 (Shelton v. Tucker, 364 U.S. 379, 488, 1960) 中，法院提出限制人權的法律應儘量「使用和緩手段」(less drastic means)，已和德國的「比例原則」相去不遠了 ❺。上述之原則都是以政治性或社會性的言論為對象。這些是屬於「高價值的言論」(high-value speech)，故受到朝野甚大的重視。相形之下，還有許多「低價值的言論」(low-value speech, speech minus)，例如商業性言論、猥褻性言論及虛偽、誹謗性言論等等，最高法院則另外訂有審核限制言論權利之法律合憲性的標準。

關於商業性言論，於一九八○年的「中央哈德遜瓦斯及電力公司」一案 (Central Hudson Gas & Electric Corp. v. Public Service Comm's, 447 U.S. 557, 1980) 中，聯邦最高法院對商業性言論（廣告）的限制，只要符合公益及符合比例原則——使用最小的限制 (the least restrictive means) 即屬合憲。

在猥褻及色情言論方面，美國早以維護風俗道德為由而以刑法規範處罰。但為確定何者才是低俗的猥褻言論，法院在一九七三年的「米勒案」(Miller v. California, 413 U.S. 15, 1973) 中以三個標準來判斷一個作品是否為色情作品：⑴社會一般人因此會產生淫亂興趣；⑵是否公然描述性行為的作品，而為州法所不容的，以及⑶就作品的「品質」而言，作品整體是否欠缺嚴肅的文學、藝術、政治及科學價值。如果作品是屬於

---

❺ W. Brugger, aaO., S. 141.

色情作品，就可以為保障青少年 (Ginsberg v. New York, 390 U.S. 629, 1968) 或一般性的加以管制 (Young v. American Mini Theatres, Inc, 427 U.S. 50, 1976)，電台色情言論亦可管制 (FCC v. Pacific Foundation, 438 U.S. 726, 1978)。在虛偽及誹謗言論方面，原先美國傳統上重視人民之名譽權利，對誹謗之不實言論皆不保障。但是，自從大眾媒體產生，為滿足人民知的權利，何等言論為不值得保障之虛偽言論，才成為嚴肅課題。最重要的一個案子是一九六四年公布的「紐約時報案件」(New York Times v. Sullivan, 365 U.S. 254, 1964)，法院認為「原告必須證明誹謗人的言論是因明知或重大過失而不知為不實者為限，方為構成誹謗」。美國聯邦最高法院這個判決是強化新聞媒體言論之保障——此已牽涉到新聞自由的範疇——使人民對「政府及公務員」的抨擊能夠免於法律責任，因為要證明被告是惡意或重大過失而使用不實資訊是極困難。聯邦最高法院爾後在許多判決中，採用「紐約時報」案之模式，但將「公務員」擴充及於「公眾人物」(public figure)，使得明星、運動員、政客的生活都暴露在媒體的關注之下❻。

　　由上文的討論可知，美國憲法增修條文第 1 條保障人民言論自由雖立意至美，但卻不實際。在沒有憲法依據及標準限制人民言論自由的情形下，聯邦最高法院必須創造諸多理論來斷定所牽涉法律之限制是否合憲，體制上即不免雜亂；且各個理論亦僅拘束個案，並沒有被類似案件採行之絕對拘束力，故失去了法治國家最重要的「法確定性」及「可預見性」原則。但是，在實際上的運作，聯邦最高法院始終是在站在保護人民言論自由為出發點，廣泛許可國家以公益為由限制人民言論權利之情形，並不存在。美國聯邦最高法院最令世人尊敬的理由之一，即是其一貫的維護言論權利的積極態度！

㈡我國實證法上對言論自由的限制

　　我國憲法對人民言論自由並無加以明白且特別的限制，而係依對所有人權都概括適用的憲法第 23 條，獲得限制之法理根據。一般而言，人民自由權利之限制，可以分為對具有特別身分（例如公務員、軍人等等）之言論自由限制；及對於一般人民言論

---

❻ 由「紐約時報案」所樹立的「真實惡意原則」及於所有有新聞價值的公眾人物之上，乃新聞自由最大化的表現。也引發侵犯人權隱私之疑慮。美國聯邦最高法院在一九七四年作出「哥茲案」(Gertz v. Welch) 開始對公眾人物給予較嚴格的界定：除了普遍盛名，及志願投入大眾爭議事件，與企圖影響其結果的人，才屬於公眾人物，而非有新聞價值為唯一依據。可參見呂麗慧，從美國法「公眾人物理論」論我國民事侵害名譽權法之「公眾人物概念」，東吳法律學報，第 22 卷第 3 期，第 5 頁以下。

自由之限制。

　　前者是指擔任特別職務之國民，因為職業之因素，而受到比一般人民更多的言論自由之限制。例如基於保密之義務，公務員與軍人不得洩露因職務所知悉之國家秘密；基於長官與部屬間關係，公務員不得在報章媒體上批評自己的長官；因職務安全之關係，擔任某些工作之公務員（例如無線電操作員、車輛駕駛員）就負有沈默義務，在工作時必須專心，不可與他人交談。因此基於擔任公務員與軍人之特別身分，這些人民言論的自由受到更多的限制。

　　但對一般人民而言，人民言論自由之限制不外乎以保護他人之權利及維護公共利益作為限制之主要目的。

　　以保護他人權利的考量，最明顯的莫過於刑法對誹謗與侮辱行為之處罰規定。所謂侮辱罪，是以言論或文字來貶低、減損他人之名譽者，不僅我國刑法（第 309 條）設有處罰之規定，世界上其他國家亦有類似之處罰制度。因為名譽是人的第二生命，自不容任何人侵害。另外，較公然侮辱更為嚴重的是誹謗罪，我國刑法第 310 條第 1 項規定：「意圖散布於眾，而指摘或傳述足以毀損他人名譽之事者，為誹謗罪，可處以一年以下有期徒刑、拘役或五百元以下罰金。」第 2 項對「散布文字、圖畫犯前項罪者，有加重一倍罰責的規定」；第 3 項規定「免罰」條款：「但對於所誹謗之事，能證明其為真實者，不罰。但涉於私德而與公共利益無關者，不在此限。」因此，依據我國刑法第 310 條之規定，如果某人言論足以毀損他人名譽者，即犯有誹謗罪。若其所散布之者雖為事實，但卻是涉及私人的操守問題而與公共利益無涉者，倘造成他人名譽受損，仍屬誹謗罪。例如，某人將同事生活上怪癖或個人情感糾紛，向機關同事廣為散布，即屬誹謗罪之可罰行為。人民「私德」受到國家之保護，也意味著人民是享有隱私權，有不受他人知悉的權利。

　　司法院釋字第 509 號解釋對此有明白地闡釋。首先，大法官認為言論自由應給予最大限度的保障，並承認刑法第 310 條第 1 項及第 2 項的規定乃保護個人法益，至於第 3 項的「免罰」條件。本號解釋且宣示，被告者（誹謗人）不須自行證明其言論自由確屬真實（此舉證責任應由檢察官或自訴人承擔），亦即所謂「舉證轉換」原則，同時只要「依其所提之證據資料，認為行為人有相當理由確信為真實者，即不能以誹謗罪之刑責相繩」。所以採納了以往美國最高法院在前述「紐約時報」案中所樹立的「善意推定」的模式來保障言論自由❼。

惟釋字第 509 號解釋只對「刑事不法」為詮釋，至於是否有造成「民事不法」則不受該號解釋所拘束，因此只要造成被報導人名譽的損害，發表言論者縱無刑責，也可能不免民事責任。

大法官在釋字第 567 號解釋理由書中，且將思想自由作為人類文明與言論自由之基礎，亦為憲法所欲保障憲法秩序之存續，具有特殊重要意義，不容國家以包括緊急事態之因應在內之任何理由侵犯之，亦不容國家機關以任何方式予以侵害。

大法官在這號解釋將思想自由作為言論自由的基礎，也等於人性尊嚴。前者固無疑問，但思想自由和言論自由是否一定等於人性尊嚴？例如誹謗罪的被害，正是可以主張人性尊嚴受損，也是可以基於保障人民的人格權、人類尊嚴而予以限制他人言論自由的依據，所以釋字第 567 號不容許法律限制（按思想自由如形之在外，即可受到合憲法律之拘束也），且引為人性尊嚴作為依據的思想、言論自由，似乎過於理想化，也脫離、逸出法學的思考方式。

此外，我國刑法第 311 條規定：「以善意發表言論，而有左列情形之一者，不罰：一、因自衛、自辯或保護合法之利益者。二、公務員因職務而報告者。三、對於可受公評之事，而為適當之評論者。四、對於中央及地方之會議或法院或公眾集會之記事，而為適當之載述者。」此條文是對於並非以侮辱或誹謗他人為動機，而以善意發表言論者，不受法律之非難制裁。因為人民發表言論難免疏忽不周，而有損及他人名譽與人格之虞，但是既然出於善意，實無濫用其權利之主觀動機；然若仍予處罰，將讓人有動輒得咎之感，反倒會扼殺言論自由之生機。此外，頗值得注意的是該條第 3 款：「對於可受公評之事而為適當之評論者，不罰」之規定。例如對於社會上所發生的事情，人民認為值得加以評論，且有客觀加以評論之必要時，此正為人民言論自由權的實踐。然則，即使在可受公評之情形下，仍應具「善意」之條件及以適當方法為之。以避免人民假借「公評」之事，遂濫用其言論自由，例如在評論中使用侮辱性字眼或渲染事實等，皆屬於可罰行為。關於何者才是「可受公評之事」，必須在個案中來予斟

---

❼ 本號解釋書中認為我國仍不能採「誹謗罪除罪化」政策，免得「享有財富者即得任意誹謗他人之名譽」。故國家仍以刑法作為保障人民名譽權的手段。為求「法價值一致性」，如果一個誹謗行為未構成刑責，即不能再課以民事責任。否則本號解釋保障人民言論自由的意旨將打折扣，也就是造成，即如大法官蘇俊雄在本號解釋協同意見書中所稱之「寒蟬效果」(chilling effect)。蓋現代社會資訊流通甚速，若要一一確認資訊之真實，則必須付出過多的成本，反而會畏為發表言論，所以對於行為人（尤其是新聞媒體），此號解釋無疑是極大的保護傘。但未為本號解釋所採納。

酧❽。

在西方民主國家，可受公評之事不外以「公共利益」（事）及「公眾人物」（人）作為代表。在涉及「公共利益」的事件方面 (matters of public concern)，基於民主國家人人有權利參與國政之基本理念，凡是不涉及個人之私益，而係出於維護公共利益時（同時這類事物也多半屬於公眾事務），即可認定與公眾之利益有密切關聯，自屬可受公評。例如，人民對某餐廳或商家出售不潔食品所為之批評，即屬之。

屬於「公眾人物」的言行作為，多半屬於可受公評之行為。然何謂「公眾人物」？以西方民主國家對公眾人物之定義，是指除包括從事政治或表演、藝術工作者外，具有特殊家世背景、聲望之人士也屬此類。換言之，國家高級官員、民意代表、演藝人員、藝術家、大企業家等，是受到社會矚目的人士，所作所為動輒引起輿論重視，故其行為亦得受公評。在歐美國家的新聞媒體，對於公眾人物之行為所為之報導——例如某政客的私德或投書批評大企業家的奢華（釋字第 689 號提及之「公眾人物影響社會風氣之言行等」）——都不易受法律制裁。

贊成對公眾人物這種評論不屬於毀謗者，固有基於「君子之德風，小人之德草」的道德色彩，及公眾人物之一言一行對社會之教化與道德教育之推行，有相當大之關連。這種見解無疑使公眾人物的人格尊嚴與隱私權，不受到法律重視（可參見司法院釋字第 669 號解釋）！也會鼓勵他人對其人格與名譽之侵害。因此，把公眾人物之行為皆列入「可受公評」之範圍，似乎值得再予商榷！這也是基於平等權所應有之考量。此舉無疑是承認社會上有「階級」之分，公眾人物成為另一個不受憲法保障其隱私權及人格權的新階級了。所以對公眾人物之批評，仍然應基於「善意」並以適當之方法（節制的措詞與評述）方可❾。

另外，司法院釋字第 414 號解釋已認為所謂的「商業言論」（藥品廣告）與國民健康有重大關係，故應受較嚴格之限制。明顯的已採取了美國最高法院「低價值言論」的理論。

❽ 釋字 509 號解釋理由書最後一句「各該事由是否相當，乃認事用法問題，為審理相關案件法院之職責」。另見法治斌，新聞報導與誹謗罪——一個憲法觀點，刊載氏著，人權保障與司法審查，月旦出版社，民國八十二年，第 82 頁。

❾ 法治斌，論美國妨害名譽法制之憲法義務，刊載：前述書，第 51 頁；林子儀，言論自由與名譽權保障之新發展，刊載：焦興鎧（主編），美國最高法院重要判例之研究 (1990～1992)，中央研究院，歐美研究所出版，民國八十四年，第 13 頁。亦可參見❻。

　　大法官在釋字第 617 號將「性言論」包括在憲法「言論與出版自由」的範圍之內，而認為憲法對此種自由之保障並非絕對，應依其性質而有不同之保護範疇及限制之準則。而不論發表「性言論」是否乃是以營利為目的，均應以同樣的標準來限制。但在釋字第 623 號解釋中，大法官同樣地認為各種言論自由，依其性質有不同的保障範圍。商業言論所提供之訊息內容為真實、無誤導性，以合法交易為目的而有助於消費大眾做出經濟上之合理抉擇者，應受到憲法言論自由的保障。因此，本案「促使人為性交易」之訊息，故為商業言論之一種，為係促使非法交易活動，因此立法者基於維護公益之必要，自可對之為合理之限制。

　　職是之故，商業言論顯係最低度保障的言論自由之範疇。我國刑法除上述妨害名譽之罪刑外，另外還有洩密之處罰規定，例如醫師、律師知悉他人秘密而洩露者，皆屬可罰行為（刑法第 316 條以下）。這都是基於保護他人權利而處罰人民因濫用言論自由之例。再者，在維護國家及社會之利益，而限制人民自由之權利者，例如以言論唆使他人用暴力來推翻政府或竊據國土，或是對友邦元首、外交使節有妨害名譽之言論，以及侮辱執行勤務之公務員等等，皆屬於為維護公共利益而處罰之言論行為。由此可知，對於維護國家安全與公共利益，而對人民言論自由權利之限制頗為廣泛。但是大法官對於這種牽涉到政治性的言論，卻採取較嚴格的審查標準。在釋字第 445 號解釋涉及遊行集會自由的問題時，大法官認為集會遊行自由，是人民行使言論自由的方式，如果以集會遊行乃主張共產主義及分裂國土為由而遭禁止或撤銷，無異干預人民的政治上意見表現之自由。所以本號解釋許可人民主張共產主義或分裂國土之言論；同樣的見解，也表現在釋字第 644 號解釋之關於集會結社的限制為違憲的見解之上。

　　自從美國二〇一六年總統大選，指摘對手造假新聞，便成為了國際間矚目的議題，臺灣亦同。政府在二〇一八年曾有打算立法管制，但卻遭社會普遍反對而作罷。但政府卻大幅度援引「社會秩序維護法」第 63 條第 1 項第 5 款的規定：「散佈謠言，足以影響公共之安寧者。」而將言論人送辦。雖然其罰則甚微：「處三日以下拘留或新臺幣三萬元以下罰鍰」，且多半遭法院不罰，但每年數量高達數百件，例如二〇一九年一百五十一件；二〇二〇年三百二十件。這些案件的當事人，必須奔走於法院與警察局之間，不能說沒有引起寒蟬效應。也是對我國人民自由交換資訊、表達自己的意見，都形成了極大的侵害。因此社維法這條「謠言」的規定，不僅失之空泛，違反「明確性原則」，也有侵犯言論自由的違憲之虞。

　　除了人民的一般言論自由外，憲法也對具有某些特定身分的國民，賦予較廣泛的言論自由權，如立委言論免責權之制度。將在本書第三十四節貳一處討論之。

貳、講學自由

一、講學自由的概念

　　學術是一種有系統、計畫探求真理的行為。所謂講學自由，便是人民擁有追求真理，不受干涉及妨礙之自由❿。

　　如果只由「講學自由」作字面上的解釋，無疑的會將講學自由視為一個「專屬權利」。易言之，講學自由係針對人民的「講學行為」所享有之自由。因此，唯有學術界人士──主要是教師──方擁有此權利。至於其他人民之言論，自有言論自由來保障，無需援引此講學自由之條款。而且，即使是學術界人士所擁有之講學自由，也唯有局限於「講學行為」時才擁有此權利。如果超過講學行為而及於其他行為──如發表非學術性之言論──則不屬於講學自由保障之範疇。這是對講學自由所為狹義的解釋，也是我國歷次憲法草案所無的「新生人權」。

　　雖然我國憲法將人民的言論自由及學術界人士的講學自由並列在第 11 條，且沒有對講學自由有異於言論自由的特別保障規定，易使人誤解為並沒有區分講學自由及言論自由的必要。持這種見解者認為，講學自由可由「學術人士」的言論自由來取代⓫。倘若吾人以更為開闊的角度解釋講學自由，便可以看出此條文實係為了發展學術，推行教育所制訂，因此，學術不僅只是靠講堂內的「講學」行為所能振興及發展，還必須進一步的包括研究、學術研討會議及論辯等等行為，所以，憲法的講學自由宜解釋為憲法特別保障學術所規定之權利。故講學自由宜轉變為更廣義的「學術自由」或「學問自由」，庶幾不會只有「見木忘林」之憾。

---

❿ 德國聯邦憲法法院曾解釋為：學術是一種不拘內容形式，但有計畫且嚴謹嘗試探究真理的活動，學術與研究是以有系統的、可驗證的 (nachpruefbar) 方法獲取知識的「智慧」性活動；講學則是傳授以上述方式獲取之完整或不完整之知識。BverfGE 35, 79. 參見董保城，修改大學法之芻議──以「公立大學公法人化之爭議」為題，憲政時代，第十七卷四期，民國八十一年，第 42 頁。

⓫ 如劉慶瑞之見解，見中華民國憲法要義，第 70 頁。

二、學術自由的權利人

既然學術自由不應局限在講學自由，而及於一切有關學術研究的學術自由在內。因此，講學自由應保障所有從事學術研究與傳播之人民，可自由地從事學術真理之追求。但是講學與學術自由應及於何種層次？

有人主張本自由應只限於大學或相當大學的專科學校以上之教授及教員，方得享有此權利。這是因為高等教育學校才是國家從事高等學術、研究與教學之處所，學術的產生與發展主要是在高等學校內進行。而高等學校內的教員與教授，便是國家學術的主要研究者與傳播者。因此，學術自由便相當於大學自由而言，這個看法頗值商榷。

首先就學術研究之地點而論，誠然，以現代科學所作的研究與學術發展，在近幾個世紀以來，的確主要是在大學獲得許多具體成就。但在本世紀以後，學術發展已非大學的專利品。許多學術成就，尤其是自然科學是在眾多民間企業的研究部門內獲得。所以，民間的研究人才，其素質與研究成果可能較大學教授毫不遜色。何況，學術之範圍甚廣，許多學術之突破與發展僅需有受過學術基本訓練者，利用高度的學術熱情，並輔以長期的研究與毅力，才可能在學術上有所建樹❷。

次而，如果認為大學等高等教育機構才是國家學術及傳播之處所，無異是認為高等教育以下之中小學，不負擔傳播學術之任務，而中小學老師亦非從事研究之教育人員。因此中小學教育也容易變成呆板的「灌輸教育」。如果中小學教師只是擔任這種「填鴨教育」下的「填鴨人」，恐怕已忽視國家保障學術自由之初衷。如果切合學術自由與講學自由之本意，應該將本自由之權利人擴及於各級教育人員之上❸。

其次，學術自由必須透過討論、辯論等等雙向的溝通，所以在學術界內——如大學——的講堂及研討會上所進行的學術活動，學生也常扮演不可缺的角色來促成學術的發展。故學術自由也及於學生的學術行為。因此，只要是屬於「學術」的範疇內，任何具備學術研究、傳播及學習身分之人民皆為學術自由的權利人。唯有如此，學術自由方可保證國家可以步上「文化國」之大道！

---

❷ 台北市成功中學有位陳維壽教師就以研究蝴蝶為職志，且揚名中外，便是絕佳例子。可見得學術自由不應為大學教員所獨占。參見陳春生，論講學自由，法治國之權利保護與違憲審查，民國九十六年，第 61 頁。

❸ 蔡志方，從大學任務論私立大學之學術自由與應有之制度，憲政時代，第十七卷四期，民國八十一年，第 34 頁；相反意見，林世宗，憲法與大學法對於學術自由之保障，憲政時代，同期，第 55 頁。

不過大法官第 563 號解釋則採限縮解釋，將講學自由限於大學教學、研究及學習的自由。教師、研究人員及學生，即成為講學自由（學術自由）的權利人。至於大學生的學習自由也包括在內 ❹。

三、大學自治之問題

學術自由所衍生出另一個涉及學術發展的問題便是大學自治 (Autonomie der Hochschulen)。誠然學術自由不是大學自由的代名詞。學術自由的享有人不只是大學教授及學生，已如前述。但無可否認的，大學是國家最高的教育單位，也負有研究與傳播高級知識之任務。如果把大學提升到一個獨立的可享受學術自由的權利主體（法人）地位，使得大學所擔負的教學、研究以及附帶的社會服務——如大學附設醫院的對外開放診療、大學農場附設的農畜產品買賣——任務，可以由大學的成員們來自行決定，是為大學自治之制度。

㈠大學自治的範圍

大學自治亦有自治範圍的問題，其可分成「完全」的及「部分」的大學自治。完全的大學自治係指大學享有完全的自主權利。由決定招收學生、聘請教學研究人員起，內部一切管理行為，如學籍、校園秩序、教學研究之內容等等，完全由大學之組織來決定。外部之機關，例如教育部或地方政府，不能干涉校務。大學內的秩序，由校方（校警）負責，非得請求或為急迫公益及避免緊急危難（如火警或制止犯罪），警察機關不能進入大學內實行公權力，是為大學享有校園的「管理秩序權」(Hausrecht) 及警察權，和國會的自治頗為類似。

部分的大學自治，是大學能夠自行決定的事項，侷限在處理有關教學、研究的方向及進行、學校內人事的更易以及學生的管理等。至於其他的行政問題，例如預算的提出、決定及執行監督、校產的決定，既與教學、研究無直接關係，也和學術自由無涉，則可由教育主管機關來決定。故是「有限度」的大學自治 ❺。

大學法 (100.01.26) 第 1 條 2 項的規定，大學應受學術自由的保障並在法律範圍

---

❹ 至於其他國民的學術自由及大學生以外學生的追求學問之權利，國內學說一般將之歸為學習自由及受教育權利。且其依據為憲法第 22 條，而非第 11 條。同時大法官釋字第 382 號解釋也承認保障此權利。

❺ 依德國聯邦行政法院的見解，並不承認學術自由包括對於學術單位設備及人事經費的決定權。所以大學教師對於購買研究設備並無請求權，不屬於侵害學術自由。P. Badura, Staatsrecht, C. 75. 董保城，見❿，第 45 頁。

內，享有「自治權」。由於本法第 3 條對大學之定義未排除私立大學，所以公、私立大學皆享有「法定的自治權」。由於大學有公立大學及私立大學之分，其法律地位皆不相同，應分別討論之。

1.公立大學的自治

公立大學的法律地位以及校內人員的法律關係，亦因各個國家的制度而有不同，皆牽涉到大學自治的法理基礎。例如德國的大學多為公立（邦立），並且具有公法團體 (oeffentlich-rechtliche Koerperschaft) 及公共機構（Anstalt，又稱公營造物）之性質，使得大學成為一個公法人。前者指大學具有公法團體之地位，乃強調大學是一個以「人」為主體的公法人；後者乃強調大學是一個集合「人」與「物」（大學設備）的公法人，也是行政法學上傳統對公立學校的認知❶❻。因而，大學列入國家高等教育行政體系下的一環。大學自治便成為保障大學學術自由的一個「制度性保障」(Institutsgarantie)，享有憲法保障位階。

不過，至今我國的公立大學尚未取得公法人的資格，僅是教育部的下級機關，教育部對公立大學的運作，仍有殘留過時的上級機關對下級機關的掌控權。就以近年來發生臺大校長遴選案件，教育部可對該校遴選委員會選舉出來的候選人，延擱一年有餘的杯葛權；而校長的續任，還要經教育部的審核辦校績效，這些都已經是忽視了大學自治的根本精神，也抵觸了司法院釋字第 380 號解釋所宣示的具有憲法高度的制度性保障價值❶❼。

大法官釋字第 380 號解釋中，已經首開承認講學自由乃學術自由之制度性保障。同時宣示教育主管機關對大學之監督，必須由法律明白授權方可。所以在大學法中並未授權教育部得規定大學共同必修課時，僅得由各大學自行決定之，故承認大學自治

---

❶❻ 德國大學綱領法 (Hochschulrahmengesetz, 1987)，第 58 條第 1 項之規定。

❶❼ 關於大學自治的討論可參見：吳志光，大學自治之保障與教育主管機關的監督權——以大學不服教育主管機關監督措施之權利救濟為核心；廖元豪，由美國憲法論大學自治的憲法問題；詹鎮榮，大學自治在教師聘約形塑上之發展與檢討——教師違約不續聘相關行政法院裁判評析；曾建元，我國實施「大學自治」的檢討——大學自治權力結構論；林依仁，大學自治與大學治理——德國釋憲實務之評析——以上皆刊載：國立臺灣師範大學，教育法學評論，第一期，民國一〇七年九月。另外關於大學自治與財政的問題，可參見詹鎮榮，國立大學財務自主之法制分析；吳志光，私立大學之財務監督——以內部控制制度為核心；胡博硯，我國公私立大學實施大學自治與財務規劃制度的分析與檢討；林依仁，初探大學財務自治以及磯田文雄、林美鳳譯，「日本國立大學法人之財務與大學自治」——以財政為管理統制——以上皆刊載：國立臺灣師範大學，教育法學評論，第二期，民國一〇七年十二月。

的制度。我國公立大學依大學法並未明定公立大學享有獨立的法律人格，故大學尚未公法人化。同時公立大學教員依大法官釋字第 308 號解釋，也非具有公務員服務法上公務員身分，故其與學校類似民事之僱傭契約關係。因此，大學自治對公立大學而言，是屬於主管教育機關（教育部）對受其監督的「下級」教育機構──大學──如何「授權自治」的問題。似乎大學自治的來源及權限，依大學法第 1 條 2 項之規定可全由法律決定乎？則不無疑問。按這個憲法制度保障的位階應是憲法層次，而非法律所授與。依大學法第 1 條 2 項，大學僅得在「法律規定的範圍」內享有自治權，即屬錯誤。對此，大法官釋字第 450 號已予糾正：「大學於教學研究相關範圍內，就其內部組織亦享有相當自主權。如認為有提供學生軍訓及護理課程之必要時，亦可設置與課程相關之單位，並依法聘任適當之教學人員。」在本解釋中，即使法律（大學法）明文規定大學應設置軍訓及護理室，已侵犯大學的自治權而違憲。是為大學「機構之設立自由權」。

　　其次，在釋字第 563 號解釋中，大法官進一步認為，大學學生退學有關事項，即使大學法未有規定，但為確保大學自治之原則（包括了確保學位授與可具備一定水準），亦許可大學能有權自訂規則，來予學生退學處分。故大學自治的重要性已超過法律保留原則也突破大學法第 1 條 2 項「大學擁有法律範圍內的自治權」規定。

　　但大法官重視大學自治前的釋字第 653 號解釋，卻被釋字第 684 號解釋所推翻。該號解釋肯定大學生能基於學習自由，而對大學（非退學）之公權力措施，例如校園管理措施，只要認為會侵犯學生學習權者，皆可訴諸法院救濟。法院雖因尊重大學自治，但無礙法院亦可介入審查，甚至判決此大學源於自治權力之處分無效。本號解釋承認大學生之學習權能對抗大學自治，顯然忽視了大學之學習自由，不比於中小學生之學習自由，而係由憲法講學自由之大學自治所涵括。故不能贊同得以衍生權利推翻原賦予之母權利。

2.私立大學的自治

　　在私立大學方面，私立大學既然由人民捐助，而非國家財力所成立，故私立大學係具有私法財團法人的地位，此依私立學校法 (97.01.16) 第 35 條規定，私立學校應為財團法人之登記，取得法人之資格。和公立大學（不論有無具公法人地位）不同。為了保障私人興學（憲法第 167 條 1 款），以及尊重私立大學之「決策單位」（董事會）之權利，國家對此私法人的監督權力即應受到限制。

在另一方面，私立大學的內部關係（如教學研究人員、學生就學）係基於民事的契約法律關係。因此，私立大學可以不同的規定來要求教授的授課或研究成果，及學生的權利義務，和公立大學之可依主管機關之命令不同。特別是宗教大學，更是可以用公布「憲章」(Charter) 及「使命」(Mission) 將辦校原則納入，作為約束師生的最高準則。因此私立大學本身即擁有了相當大程度的自治權利，可以在（捐助）章程內決定該大學發展的方向、培養人才的宗旨等，使得私立大學能夠在學術研究及傳播學術方面，更活潑與更具彈性❶❽！至於國家法律所要規定的，便是承認私立大學秩序及管理權，以及國家應統一規範的諸如最少修學年限、學位資格，或教授資格要求……等等而已。

㈡大學自治與校園民主

此外，大學自治也和所謂的「校園民主」有關。大學自治的基本精神乃在於「教授治校」。大學內的最高決定權應該操在由教授組成團體（教授會議）來作決定，並且對校內人事及教學、研究事項享有決定權，這種大學可稱為教授獨治的「教授型大學」(Ordinarienuniversitaet)。

隨著民主思潮的興起，遂要求以民主的方式來決定校務，而大學內除了擔當教學、研究主要任務的教授外，尚有為數更多的助理、行政人員以及學生。如視大學為一個所有「大學參與人」的工作、生活社會（就如同在一個社團內），則組成大學的任何一種人員都應該有權參加涉及自身權利及利益之決定，故校園民主是一種「擴大參與」的大學自治。本應擁有大學決策專屬權的「教授會議」，就必須容納大學內其他「族群」共同決議，議決大學有關的事物，大學即成為各個層級人員的「共治大學」(Gruppenuniversitaet)。惟若使容納「非教授」的人員亦參與決定教學研究的方向，顯然使得大學裡人數最少的教授們之意見，不具決定之分量。所以，德國憲法學界對於此種因「校園民主」致改變以往「教授治校」為「大學共治」會議，卻侵害大學學術自由之事，也頗為重視；且認為學術自由所防衛的對象非必定為國家，而是要防止學生、行政人員等不具獨立研究能力，但參與大學自治之人員所可能的侵犯。因此，大學自治應該創設一個能確保大學學術自由的環境，在該「狹小」範圍內，僅有教員，才能決定涉及學術發展之事務❶❾。

---

❶❽ 參閱蔡志方，前述文，第 36 頁以下。也有認為學術自由及大學自治在事物本質上不限於對抗國家權力，亦應推廣到可由私立大學教師對抗私立大學之上。見周志宏，學術自由與高等教育法制，民國九十一年，第 128 頁。

　　校園民主在公立大學內實施的問題還較私立大學為易。因為私立大學具備私法人之地位，如果剝奪董事會之決策權力，並移轉到其他「非董事人」之手中，將會阻遏人民繼續捐贈興學之意志，而有抵觸憲法第 167 條之嫌。所以，依私立學校法第 10 條規定，應在捐助章程內載明學校董事名額、職權及職位事宜（第 10 條 5 款、6 款），以及學校管理事宜（第 9 款）。所以在私立大學內對於實行校園民主之態度與程度上，和公立大學可能有甚大之差異。

　　綜上所言，我國今後在大學法內規範大學自治或「校園民主」時，應考慮公立及私立大學體系不同之分，避免盲目移植德國法制，方不至造成「水土不服」之症狀❷。

四、學術自由的界限

　　我國憲法對學術自由並未特別凸顯其與言論自由之差異，且同受憲法第 23 條之拘束。不似德國基本法第 5 條規定學術自由的限制為「對憲法忠誠」。但儘管如此，依德國學界之通說，學術自由亦不只有此對「憲法忠誠」之限制而已，學術自由亦不能被濫用成為侵犯他人名譽、或違反國家機密（例如接受軍事科技發展之研究者）。所以，學術自由還是依法受到限制。只不過當學術研究具有高度的公益，且如果態度嚴謹，則一旦涉及侵犯其他法益，例如歷史學術研究涉及妨害他人名譽（我國刑法第 310 條及 311 條）時，法院在作「利益權衡」之判斷時，應該承認此學術行為乃公益及善意之行為。而具有比人格權更重大之法益也❷！

　　學術自由既然是指學術工作者從事學術工作的自由，所以保障學術人員不僅在講學、授課方面有言論之自由，也有將其研究成果予以著述及出版之自由。但是學術自由之界限何在？一般而言，學術自由有下述三個界限：

---

❶ BVerfGE 35, 79；P. Badura, Staatsrecht, C. 75.

❷ 德國所有大學皆為公立大學，大學教授及行政人員皆為公務員，故其大學自治及校園民主制度可沖淡大學具有（教育行政）「官署」的色彩；美國的大學有公、私立之分。在私立大學中，教授、行政人員與學生和學校產生民事關係，故即無校園民主理念訴求的正當性。我國大學制度仿美國，兼採公、私立制，但大學自治等理念則是德國制，其「體質」的適應立即有問題矣！參見周志宏，私立大學之學術自由與大學自治，台大法學論叢，第二十九卷三期，民國八十九年四月，第 21 頁以下。

❸ 我國在六○年代所發生喧騰一時的「誹韓案」（六十六年度上易字第八三五號）中，法院對於一個探討韓愈死因的歷史學論文比照為一般的誹謗言論看待，且判決作者有罪，就是一項錯誤的判決。

㈠對國家及公共利益的維護

在學術自由的實踐過程中，經常牽涉國家與社會利益之保障的問題。例如研究國防科技者，即可能因洩露秘密，而使國家之安危受到侵害。有叛亂意圖之教員，亦可能利用課業或發表論文以鼓吹暴力革命之理論。因此關於後者，德國基本法第 5 條 3 項二句規定學術自由不能免於對憲法之忠誠（即學術的忠誠義務）。因此，講學自由不能違反人民對國家和憲法之忠誠，以及對維護國家安全所負有之義務。

㈡基於職務義務

對於學術人員在追求學術自由之同時，也存有因學術職務所負之義務。例如在公立學校與機構之學術人員，雖依大法官釋字第 308 號解釋未具有公務員之身分，但仍必須受校方與機構規定之拘束，依任課之課別與時數進行學術活動。在私立學校，則必須接受聘用契約之拘束。這些拘束略有教學義務、提交一定研究成績之義務、以及其他如遵守學校不兼職之規定等。在私立大學這種契約關係極易產生保障學術自由及契約自由衝突之問題。例如在私立教會大學可否以批評宗教為由，將某教授予以辭退（此亦第三者效力理論的適用問題及是否已達到權利濫用之程度），倘若該教授之宗教批評論文係以嚴謹之學術批判方式，而被認定為學術著作時，應受憲法學術自由之原則以及民法的誠信原則及公序良俗原則之保護。

㈢社會道德規範之限制

學術是一種「良知」的活動，往往也在突破人類「今日所知」之界限，而對人類「尚未可知」的廣大領域進行探索❷。這種從「無知到知」的過程，都是學術活動之空間。在研究之範疇與過程即可能挑戰人類現有的道德與人道觀念。此時，學術研究之「內在界限」問題，尤其是涉及人性尊嚴之問題，即告發生。例如德國在希特勒執政期間曾進行的「人種改良」之研究，即使這種研究深具高度的學術價值，就可本此「道德」理由而否定有研究自由之價值！另外，近年來西方國家（特別是宗教界主張）禁止作「人類胚胎」及人種遺傳改進之實驗，也是本乎此理。可見得學術自由受到人類倫理道德之限制，也是今日科學界所受到少數、但必要之限制。

綜上所述，學術自由並非不可限制，而學術自由亦非不會被濫用。但是，既然本

---

❷ 德國大教育家，也是在一八一〇年創立柏林大學的威廉‧洪博 (Wilhelm von Humboldt, 1767–1835) 所說的：學術是一門探究「目前迄未完全知悉，甚至永遠不會完全被知悉之事務」的行為 (etwas noch nicht ganz Gefundes und nie ganz Aufzufindes)；A. Bleckmann, Grundrechte, S. 724.

自由之權利人在實質上已限定在具有研究能力之人員，故權利濫用之可能情況，已作初步的篩檢。既然是學術之言論或著作，因此是否有學術之內涵，抑或只是假借學術之名，而行非學術之實，亦較易判斷之，故學術自由真正被濫用的可能性甚微。

保障學術自由之目的是希望能提升學術水準，而學術發展以追求真理為唯一目標，但真理往往非今日的觀點所能認同，其正確性須待他日方能驗證之。是以，對於學術自由也應給予最大的容忍與尊重。同時，學術也以研究之方式，是否學術化、嚴謹及理智，而非以結果，來判斷學術自由是否被濫用。何況真理是愈辯愈明，學術上的歧見及異端看法自然可由學術的討論獲得辯明之機會。

參、著作自由

著作自由與出版自由是人民將意見以文字、圖畫、音符等方式表達出來，這種著作自由表現在財產方面是具體的「智慧財產權」。在專制時代，人民的著作即使尚未出版，如有牴觸當局亦會招致「文字獄」之禍，例如清初康、雍、乾三朝，雖皆號稱「賢君」，仍不免會大興文字獄，便是專制政權屠殺文士的例證。

保障人民的著作權利，亦即保障人民擁有精神創作的自由。依著作權法(99.02.10) 第 3 條對著作之定義是指：屬於文學、科學、藝術或其他範圍之創作。第 5 條將著作權之範圍擴及於語文、美術、音樂、攝影、電腦程式、舞蹈、圖形、建築等著作。此外第 30 條復規定著作權歸著作人終身及死後五十年享有。因此，經由著作權法之規定，已可充分保障著作人因創作所享有之利益。但依憲法的觀點，人民之著作自由係作為典型的「防衛權」，用以防止政府對著作自由所為的不當限制。對於人民的著作，國家不得採行「事前許可制」，以束縛人民的精神創作力。事實上，國家也無從實施這種事前許可制，因為人民所為之著作具有多樣性。在法律上之層次，也僅能用著作權法規範「著作權保障」的範圍，並限制其著作所獲得之利益。例如，著作權法第 9 條規定，下列不得作為著作權之標的有：(1)憲法、法令及公文書。(2)標語及適用之符號、名詞、公式、數表、表格、簿冊、時曆。(3)單純傳達事實之新聞報導。(4)各類考試試題。(5)依法令舉行之各類考試試題及其備用試題。因此上述的著作即不受國家著作權法之保障，但是人民仍得自由地創作。

人民的著作自由之限制，如同人民之言論自由，為保障他人權利（名譽、人格），或為保障國家安全與社會利益，是可以限制之。所以，刑法誹謗罪之規定，適用於人

民「形諸文字或圖畫」的誹謗行為，以防止著作與出版自由之濫用。同時，著作亦常以出版方式廣為散布與流傳。因此出版法之管理規定，也產生積極的規範效力。

著作自由在今日資訊快速流通的社會，已經將其保障之重心由防止國家對人民創作自由之限制，轉而要求國家保障他人不侵害個人的創作權益，也就是保障個人的智慧財產權。甚至，著作權人也會要求國家保障其著作權在其他國家與地區獲得尊重。例如美國政府經常用三〇一條款作為威嚇手段，要求我國修改著作權法，便是美國著作權人大力要求美國政府保障其權利所作之努力。因此，如不能防止著作權人的創作心血為他人侵犯，就不能達到國家賦予人民創作自由，使國家之文化與科技水準隨之提升的目的。我國著作權法第 30 條規定著作財產權歸著作人終生享有，且死亡後，著作權由繼承人繼續享有五十年，便是一例。關於翻譯權、改作權、公開展示權都在本法中有詳盡規定。

著作權同時也具有財產價值，而稱為「智慧財產權」(geisiges Eigentum)，所以也受到憲法 15 條財產基本權利之保障。就著作權法對於法律保障的著作權內容規定可知，著作權法不僅是限制人民著作權之範圍，同時也是如同涉及人民財產權之法律，著作權法已經「界定」人民著作權之內容。因此談論人民著作權與著作自由的保護，不應只是由著作權的財產價值來討論，亦應注意到其財產權性質所具有的「社會義務性」，此已在本書第二十一節參肆處提及。

肆、出版自由

出版自由是指人民可以將文書、圖畫或其他音樂作品加以印製，或利用他法複製，以供出售或散布、流傳。出版可能是人民以之為職業，例如成立報社、出版社或雜誌社——此即包含新聞自由，也有可能是單純地將自己或他人之著作予以出版。因此，在國家法律之規範上，便有所不同。

以出版為職業者，因其同時涉及公司法或其他有關人民團體之法律，故常除法律以外，也受到其他主管機關法令之限制。

本來，規範我國人民出版權利的主要法律是出版法。民國八十八年一月二十五日總統公布廢止了本法後，本法原本規定限制人民出版自由的規定已成歷史，使得我國的出版自由能獲得更大揮灑的空間。例如本法第 9 條原規定出版品發行人必須提出登記申請書，獲主管機關同意後，方能成為出版業者。此登記制度本應只是形式審核主

義，卻在戒嚴時代形成「登記許可」制度，且若出版業者如有違反規定時，亦可由行政機關透過吊銷許可證等方式來剝奪人民的出版自由，故出版法長年來普受批評。現該法雖已廢止，但仍有一些立法例仍在我國現行法中繼續適用，值得吾人重視。在此，可舉出版法第 33 條「出版品對尚在偵查中及審判中的案件，以及承辦案件的司法人員不得評論」的規定，最為可議❷❸。

　　這個在民國四十七年增訂的條款雖然目的在防止「輿論裁判」，使得法官、檢察官可以在一個不受輿論干擾的情況下，秉公起訴及判決。但是，這個規定卻有甚多值得商榷之處：首先，就立法目的而言，本規定的防衛對象不外是保護法官或檢察官免於輿論的干擾，或保障訴訟當事人，特別是刑事被告，不會遭到新聞媒體的預設立場，形成「未審先判」的後果。在實行英美法的國家之所以對於防止輿論裁判的問題，遠比實行大陸法的國家來得關心，理由在於：擔心陪審團員受到媒體的影響。在這些實行陪審制度的國家，刑事被告之有罪無罪，繫乎陪審團的決定，而陪審團員是來自社會各階層且鮮有學習法律者，故國家制定妨止媒體、律師在法庭外報導、評論訴訟中案件的規定，目的即在防範陪審團員受到輿論的左右，而不是依憑其在法庭內的證據及雙方抗辯的結果，來斷定被告的有無犯罪。因而，英美法制防止輿論裁判的重心是置於保障被告能獲得公正裁判的人權（美國憲法增修條文第 6 條之規定）。至於本身已經受過法律專業訓練、浸淫法律爭議已久的法官或檢察官，依據法律獨立審判是其天職，當然不必理會新聞媒體的報導及評論，也就不會如陪審員般的有易受輿論感染的危險，故大陸法系的國家，如德國及法國並不重視輿論裁判的理由在此！我國的出版法當年修正第 33 條，引進英、美法的禁止條文，卻不考察我國並無實行陪審制，可以說是一個法制「盲目移植」的典範！

　　其次，本規定禁止任何「評論」訴訟中案件及司法人員之行為，但「忠實報導」則不在禁止之列。但如何能截然劃分報導及評論之範疇？現在資訊發達的社會，民眾極重視「知」的權利。一個普受矚目的訴訟事件如何可讓民眾只有事實面的瞭解，而不能質疑該訴訟事實、法律適用的正確性乎？又何況，我國一個司法訴訟往往纏訟多年，必待終審後方能評論，豈非要人民心中懷抱悶葫蘆數年之久？豈是一個民主、開放社會所可能忍受之事？再加上媒體如能評論此訴訟中之案件，正可以使社會上亦通

---

❷❸ 例如廣播電視法 (88.04.21) 第 22 條及公共電視法 (86.06.18) 第 36 條 6 款的內容則倣效自出版法第 33 條。

曉該案件的專家——如律師、醫師或其他科學人士——，提供專業意見，使法官「兼聽則明」，否則無異形同任由法官「包攬」一切涉及案件的法學、醫學及科學知識，法官可否有此專業能耐乎？

因此，出版法第 33 條的立法例是一個「移植不良」的規定，過度的誇大了輿論裁判的殺傷力，也過度的低估法官及檢察官的自持力，顯示出對司法人員的不信任。這種企圖營造出裁判環境，成為不受外界影響的「真空包裝」之「無菌室」，已明白違反憲法限制人民言論自由的比例原則，而達到違憲的顯著程度❷❹！

伍、其他表達意見自由

除上述在憲法第 11 條所明文列舉的四種表達意見之自由外，人民仍有其他的表見自由。例如，「藝術自由」即是一例。所謂藝術自由是指人民追求「美」及表見其人生觀之自由。我國憲法中雖未明文規定保障人民之藝術自由。但一方面，藝術自由可由憲法第 22 條：「凡人民之其他自由及權利，不妨害社會秩序及公共利益者，均受憲法之保障。」獲得立足點。另外，由於藝術自由也可和人民的創作自由合而為一。而我國著作權法也將藝術作品列入人民的「著作權」範圍之內，因此藝術自由便可提引人民著作自由與創作自由之制度與法理，予以保障與限制❷❺。

---

❷❹ 參見拙著，新聞自由與司法獨立──一個比較法制上的觀察與分析，台大法學論叢，第二十九卷三期，民國八十九年四月，第 89 頁以下。

❷❺ 一個有趣的例子：脫衣舞是否屬於憲法所保障的表達意見之自由？可參見法治斌，跳脫衣舞也受表達意見自由的保護嗎？刊載：美國最高法院重要判例之研究，見❾，第 37 頁以下。

第十八節 秘密通訊之自由

壹、秘密通訊自由之意義

我國憲法第 12 條規定人民有秘密通訊之自由。秘密通訊自由是指人民對於通訊內容，甚至對通訊的雙方——即真實的發訊人及收訊人——擁有保密，不必向國家機關告知之權利。雖然「通訊」是意見的傳達與溝通的行為，但是其和意見自由（如言論自由）不同之處，乃在於後者係公開表達其意見之權利，秘密通訊自由則以不公開為其權利之內涵，故和前述人民的住居自由較相類似，保障人民擁有隱私空間的生活利益。

秘密通訊自由保障人民在通訊過程中，有隱密之權利。故此「通訊過程」，不僅僅是傳統通訊方式如郵信、電報及電話，隨著通訊科技的發展，近年才產生之通訊方式，如傳真、衛星通訊等等，都可包括入憲法秘密通訊自由的範疇之內。

貳、秘密通訊自由之性質

秘密通訊的自由屬於傳統古典的人權，因此具有濃厚的防衛權的色彩。傳統人民通訊的方式，係依賴郵件及電報。電報須藉著電碼翻譯，故電報局收報及發報員是在為顧客傳遞訊息時，已可知悉其內容，故本秘密通訊之權利在電報之通訊較少實益，故秘密通訊權所限制的對象實主要為國家的郵電單位。

按十九世紀初英國建立新式郵政系統後，各國皆成立國營的郵政體系。國家郵政權力變成公權力行政的一種，且多擁有郵政獨占權，此即秘密通訊權所具有防衛權性質之原因。人民藉由國家郵政相互通訊，故秘密通訊權即用來防止國家濫用郵政權來揭露、知悉人民通訊信件之內容。

我國刑法第 133 條規定在郵務或電報機關執行職務之公務員開拆或隱匿投寄之郵件或電報，侵犯人民秘密通訊權利時，可處以三年以下有期徒刑、拘役或五百元以下之罰金，處罰之程度不可謂不重。然本條文之規範對象為郵務及電報機關的公務員瀆職行為。若是郵務或電報是民營機構，而非國家機構時，本條文即失去規範力。今日許多國家將通訊事業由國家（或地方自治機關）的獨占權中開放出來，使得民營的電報、電話及郵務公司透過相互競爭，能提供國民更迅速、低廉及有效率的通訊服務。

因此，憲法保障人民秘密通訊自由的重心，即由防止國家通訊機關的濫權，轉到防止民營通訊機構的濫權之上 ❶。

　　許多人民的就業機關，會以契約方式限制人民的秘密通訊權利，因此主張基本人權的「對第三者效力」之理論應有適用者的意見甚多。惟依德國學界之通說，認為國家早已由其他法律（特別是刑法）來保障私人通訊之自由 ❷，已經足以保障人民（受僱者）之通訊權，所以無須援用第三者效力理論。我國刑法第 315 條規定任何人「無故開拆或隱匿他人之封緘信函、文書或圖畫者，處拘役或三千元以下的罰金」。也可見秘密通訊自由權無需適用對第三者效力的理論。只處罰「開拆」郵件或電報之行為，未包括（如德國刑法 (1975.01.02) 第 202 條 1 項 2 款，354 條 1 項 1 款之概括規定）以其他現代科技，不必開拆信函而知其內容之方式，亦屬可罰之行為。以現代科技之透視能力，早已取代落伍的老式開拆方法。故在民國八十六年十月八日刑法修正時增訂第 315 條之 1、之 2 及之 3 條條文，將利用工具或設備來竊視、竊聽及竊錄之作為，加以處罰 ❸。來填補舊法的不足。至於私人可否以契約限制此權利——例如公司得否規定老闆可拆閱員工之信件？——倘以憲法保障秘密通訊自由，以及刑法保護人民通訊法益的意旨，此一行為當不得許可之。同時，此契約規定亦屬於違反民法第 72 條妨害公序良俗，而為無效。

參、秘密通訊自由之限制

　　如同其他人權一樣，憲法第 23 條之規定可作為限制人民秘密通訊之憲法依據。限制人民秘密通訊自由之考量厥為：

　　⑴基於刑事目的：例如對於刑事嫌疑犯之通訊，為搜集犯罪證據或阻止犯罪發生，得監聽其電話、截收其之電訊及偵知通訊內容。因此，某些國家訂有類似「通訊監察法」之專法（如德國），或是在刑事訴訟法中增列規定，許可檢察機關行使此權限。我國日前通過的「通訊保障及監察法」，即是部分酌採這種精神。至於對於正在羈押的被告所為的通訊，刑事訴訟法第 105 條 2 項但書規定可予檢閱，以阻止可能發生的脫逃、

---

❶ 此即德國憲法學界所稱，由國家郵局傳遞之郵信秘密 (Postgeheimnis) 之保障轉變到可由民營公司傳遞之信件秘密 (Briefgeheimnis) 之保障。P. Badura, Staatsrecht, C. 40.

❷ Maunz/Zippelius, aaO., S. 203.

❸ 德國刑法第 201 條 1 項 2 款規定對此項行為，得處三年以下有期徒刑。

湮滅、偽造及變造證據與勾結共犯或證人之行為。

　　⑵基於國家安全之目的：例如基於軍事安全目的者，依戒嚴法 (38.01.14) 第 11 條 4 款，戒嚴地區最高司令應得拆閱、扣留或沒收認為有妨害軍事之信件電報。至於其他概括的為國家安全之目的，例如國家安全法第 4 條 1 項 1 款規定警察及海岸巡防機關可檢查入出境人民所攜帶之物品。則信件顯係包括在內。德國在一九六八年八月十三日制定「信件、郵件及通訊秘密限制法」，保障國家聯邦及各邦安全，防止顛覆所為的立法❹。我國原先公布的「通訊保障及監察法」（通保法 88.07.14）對監察通訊有詳盡的規定；涉嫌犯有最輕本刑三年以上有期徒刑，以及另外十四款不同犯罪類型者，可予監察（第 5 條），偵查中由檢察官、審判中由法官核發許可書。另對涉外情報的監聽，則由綜理國家安全情報機關首長（國安局長）核發許可，但被監聽人為台灣地區有戶籍之國民時，應由最高檢察署檢察官許可。這是我國對通訊監察法制化的一個努力。

　　這個偵查中案件由檢察官核發通訊監察書以及綜理國家情報機關首長，亦可核發通訊監察書的制度，大法官在釋字 631 號解釋認為已經侵犯了人民秘密通訊自由，而宣告違憲。而本法且於稍早的民國九十六年七月十一日已加以修正❺。依新法第 5 條 2 項修正之規定：「……通訊監察書，偵查中由檢察官依司法警察機關聲請或依職權以書面記載第 11 條之事項，並敘明理由、檢附相關文件，聲請該管法院核發；檢察官受理申請案件，應於二小時內核復。如案情複雜，得經檢察長同意延長二小時。法院於接獲檢察官核轉受理申請案件，應於二十四小時內核復。審判中由法官依職權核發。法官並得於通訊監察書上對執行人員為適當之指示。」第 7 條 2 項規定：「……各款通訊之受監察人在境內設有戶籍者，其通訊監察書之核發，應先經綜理國家情報工作機關所在地之高等法院專責法官同意。但情況急迫者不在此限。」同條 3 項規定：「前項但書情形，綜理國家情報工作機關應即將通訊監察書核發情形，通知綜理國家情報工作機關所在地之高等法院之專責法官補行同意；其未在四十八小時內獲得同意者，應

❹ 類似立法例，如美國有線及無線通訊截取與口頭對話截取法 (1986)、外國情報監聽法 (1978)、美國電信攔截法 (1985)、法國電訊通話秘密法 (1991)。

❺ 按釋字第 631 號解釋公布於民國九十六年七月二十日，而通保法相關條文已於一週前的七月十一日完成修正。故系爭的規定已遭新法修正。惟釋字第 631 號提到舊有規定，在新法公布的七月十一日起，失其效力。乍看之下頗令人感到疑惑，原來新法雖於七月十一日完成修訂，但是在五個月後才實施，故本號解釋的實益只是將相關的舊法規定減少五個月的壽命而已。這也是大法官審理的違憲案例中少見的情形。

即停止監察。」

新法的規定，更進一步的保障了人民的通訊自由。

(3)基於其他行政管理之目的：行政目的之種類甚多，諸如為監獄行政之目的，監獄行刑法 (94.06.01) 第 66 條採行檢閱強制主義，受刑人之接受書信一律由監獄長官檢閱，受刑人完全喪失秘密通訊之自由❻；中學以下學校為了教育行政之目的，而拆閱學生信件，在我國已是學校訓導工作的特色；軍隊中長官拆閱下屬之信件等等，其欠缺法律授權基礎與延續舊有「特別權力關係理論」之法理，已屬落伍及違憲，皆應從速以立法方式規範為妥。

另外社維法第 63 條第 1 項第 5 款規定，可對於散布謠言而有害於公共安寧者，得處三日以下拘留或新台幣三萬元以下罰鍰，這在近兩年成為人民在網路間的言論，都會遭受移送法辦的後果。人民在網路間的自由言論，亦為憲法保障的言論自由領域，如同信件般，政府及警察機關並無審查人民的言論、價值判斷是否屬於「謠言」，換言之，公權力沒有審核個人間言論的內容是否屬於真實或謠言。所以「禁止謠言傳播」涉及到公權力審查人民言論真實性的違憲問題。此情形如同國家不能審查人民的宗教信仰是否「迷信」或者「不合乎歷史真實」，而禁止人民信仰該種宗教。

按社維法這一個「處罰散布謠言」的立法例，乃源於過去「違警罰法」(32.09.03–80.06.29) 第 66 條第 1 項第 2 款條文規定：「有左列各款行為之一者，處三日以下拘留或二十圓以下罰鍰或罰役：二、妖言惑眾，或散佈此類文字圖畫或物品者。」

由此條文更可以見當時立法所帶有濃厚官衙與封建的色彩，社維法雖然略加修正，但仍嚴重地殘留行政機關可監控人民言論的可能性。

基於保障私人權益之目的：例如破產法 (82.07.30) 第 67 條規定破產宣告後，法院得囑託郵局或電報局將寄與破產人之郵件及電報，送交破產管理人。破產管理人即取得開拆權以便防止脫產，保障債權人之權益。

---

❻ 監獄受刑人是否完全無秘密通訊權，堪值斟酌。如果受刑人並未有湮滅證據，勾串證人之嫌（如已確定判決，未有訴訟行為），或監獄安全設備完善及其他有利因素（如素行良好、刑期短）可佐證受刑人無逃亡之虞時，應開放受刑人之秘密通訊權，以維護其人權，此乃遵守憲法比例原則之表現。司法院釋字第 653 號解釋已許可受羈押人對看守所之處，遇如有不滿時，除申訴外，亦有向法院提起訴訟之權利。

肆、通訊監察的審查與效果

　　現代國家對人民秘密通訊自由保障所關注的焦點，在於國家對於人民秘密通訊所為之限制——最明顯者莫過於公開或秘密的監聽、監察通訊內容。然而，公權力這種對人民通訊秘密的「曝光」極易造成濫用的可能，查監察之目的在於預防犯罪，但往往發生類似防衛過當般的過分偵知通訊內容的情形。因此對於公權力的通訊監察應有法的管制，即係以獲得許可為前提。通訊監察的審查可以分成兩種途徑：其一是法院核發：將通訊監察視為犯罪偵查與蒐證的手段。在犯罪偵查中，由檢察官聲請法院核發監察許可；在審判中自由職司審判的法官（審判長）核發。這種方式是類似刑事訴訟法中的搜索票之核發一樣。除了我國通訊保障及監察法（第 5 條）外，外國類似法律多採之。其二是國會審查，這是將核發監察許可之權力賦予民意機關的國會。如德國基本法在一九六八年修正增訂了第 10 條 2 項，許可國家為保障國家安全而秘密監察人民之通訊，且得由國會來取代法院，對此監察權力加以審查，依同年制定的「信件、郵政及通訊秘密限制法」(Gesetz zur Beschraenkung des Brief-, Post- und Fernmelde Geheimnises)，規定國會內成立一個獨立運作的委員會，由三位國會議員組成，一人（具有法官資格）為主席。行使通訊監察之機關首長（如內政部長或司法部長），每月應向委員會報告，並在監察進行前獲得許可為原則，是為國會監督之例子。

　　公權力透過合法通訊監察所獲取之資訊，反可作為論定人民犯罪之資訊，自不待言。反之，倘該資訊係由非法之監察而獲致時，有無證據力本書在第十五節貳一討論刑求所得證據時已論及之「證據排除」的問題？美國最高法院早在一九三四年的「那登案」(Nardone v. United States, 302 U.S. 379)，宣示經由非法竊聽所得之資訊不得作為犯罪之證據❼。如同利用刑求而得之證言或自白，不能作為證據，皆出於同一理由。這種否認所謂「不潔證據」(dirty evidence) 具有證據力，可以促使犯罪偵查機關依循「依法行政」的蒐集證據，有助於人權之保障。美國刑事訴訟法學界亦發展出「毒樹惡果」理論，認為由非法手段為「毒樹」所蒐集的證據為「惡果」，不可食用，作為排斥非法蒐集證據之理論❽。這些理論都應該用在判斷非法監察人民通訊所得的資訊，

---

❼ 參見劉慶瑞，中華民國憲法要義，第 75 頁。

❽ 參見黃東熊，刑事訴訟法論，第 4 版，三民書局，民國七十八年，第 355 頁。陳大偉，毒樹果實理論之原則與例外，司法周刊，第九五二期，民國八十八年十月二十七日；王梅英，淺釋證據排法則，司法周刊，第九七五

以阻絕國家公權力對人民通訊自由權限制的濫用。目前我國刑事訴訟法只有對於被告的自白有詳盡規定（第 156 條 1 項或第 158 條之 2），必須合法取得方有證據力外，並未再有法律的規定來實踐「毒樹果實理論」，以致於司法實務見解不採此說。惟我國司法實務近來已漸有接受此思想的判決出現，例如最高法院八十四年度台上字第三七五五號刑事判決。但仍未被最高法院採為判例 ❾。然則民國九十二年增訂的刑事訴訟法第 158 條之四仍規定：「除法律與有規定外，實施刑事訴訟程序之公務員因違背法定程序取得之證據，其有無證據力之認定，應審酌人權保障及公共利益之均衡維護」。顯然此「均衡論」即否認「毒樹果實論」的絕對性也。

　　相反的，通保法在民國九十六年七月修正第 5 條，增訂了第 5 項的規定：「違反本條規定進行監聽行為情節重大者，所取得之內容或所衍生之證據，於司法偵查、審判或其他程序中，均不得採為證據。」將「毒樹惡果」理論加以明確的規範，超越了刑事訴訟法之保守態度。是我國人權制度的一大改善，值得為之喝采。

　　惟本條文修正後，在實務上卻認為：「違法監聽如情節並非重大者，所取得之監聽內容及所衍生之證據，有無證據能力，仍應就人權保障及公共利益之均衡維護予以權衡決定，而非當然無證據能力，則依『舉重以明輕』之法理，在合法監聽時，偶然附隨取得之另案證據資料，並非違背法定程序取得之證據，亦未侵害憲法所保障之人民秘密通訊權，基於維護公平正義及刑事訴訟發現真實之目的，該偶然取得之監聽內容及所衍生之證據，亦應認為有證據能力。」（最高法院 97 年度台非字第 579 號判決）如此一來任何合法監聽所獲得的另案證據，皆有證據能力，本條文的修正是否有形成具文的危險？

　　故通保法遂於民國一〇三年一月修正，增定第 18 條之 1，強化了非法監聽獲得之內容，及衍生之證據，應當銷燬，不得為任何用途之證據。但如與偵查案件有重要關聯時，必須在發現七日內補行陳報法院，非經法院認可，否則仍不得作為證據 ❿。此

期，民國八十九年四月五日。

❾ 同樣的見解最高法院八十七年度台上字第 4025 號判決，見王梅英前述文（上），司法周刊，第九七四期。

❿ 通保法第 18 條之 1 的規定為：

　依第 5 條、第 6 條或第 7 條規定執行通訊監察，取得其他案件之內容者，不得作為證據。但於發現後七日內補行陳報法院，並經法院審查認可該案件與實施通訊監察之案件具有關連性或為第 5 條第 1 項所列各款之罪者，不在此限。

　依第 5 條、第 6 條或第 7 條規定執行通訊監察所取得之內容或所衍生之證據與監察目的無關者，不得作為司法

條的增訂，將毒樹惡果理論更進一步的實踐，堪為進步之立法。

又受羈押被告接見律師時的談話錄音，亦不得作為證據之用（釋字第 654 號解釋），即有保障人民訴訟權（公平之攻擊防禦機會），也有保障人民擁有通訊自由之意義。

偵查、審判、其他程序之證據或其他用途，並依第 17 條第 2 項規定予以銷燬。

違反第 5 條、第 6 條或第 7 條規定進行監聽行為所取得之內容或所衍生之證據，於司法偵查、審判或其他程序中，均不得採為證據或其他用途，並依第 17 條第 2 項規定予以銷燬。

第十九節　宗教自由權

我國憲法第 13 條規定人民有信仰宗教之自由，這是保障人民可以選擇宗教作為信仰之對象。

壹、宗教自由的性質及分類

我國憲法第 13 條規定人民有信仰宗教之自由。此自由的產生主要是源於歐洲國家以往曾淪於將近一千年的獨尊基督教的「黑暗時期」，同時基於宗教差異所引發的宗教戰爭及宗教迫害，帶給人民莫大的痛苦，故憲法保障的宗教信仰，主要是排除來自國家對人民宗教信仰的「迫害」，也是最傳統的人權，具有強烈、典型的防衛權色彩。

宗教自由也可以依其性質加以分類：

⑴積極與消極之宗教自由：這是以人民行使基本人權乃本其自由意志，而非強迫其行使來作區分，如同人民有「說話自由」（積極之言論自由）及「不說話自由」（消極之言論自由）。積極之宗教自由乃傳統的宗教自由權，國家不得干涉人民選擇其宗教信仰，及實踐信仰之行為；消極之宗教自由權，乃國家不得強迫人民選擇信仰特定的宗教，或參與宗教行為與儀式。例如，公立學校、政府機構或軍隊監獄等等，強迫所屬人員或學生參加宗教研習課程，即屬後者之情形。為此，教育基本法 (100.06.29) 已有此規定。

又憲法保障人民的宗教自由，也可配合宗教平等原則，國家不得偏惠任何宗教來助其發展，也屬保障人民消極宗教自由之例也。

⑵內在與外在之宗教自由：另一種常見的分類，將宗教信仰視為內在自由，而形諸在外的宗教行為與儀式，視為外在自由。從而認定人民擁有完全無限制之內在宗教自由，反之，外在宗教自由可如同一般人權受到法律的限制。大法官在二號解釋（釋字第 490 號及 567 號）已宣示之。此二分法的荒謬之處，乃忽視人權的重要性，乃保障人民形諸在外的行為也。本書第十二節貳一處之評論，可參照之 ❶。

---

❶ 王和雄，憲法保障宗教自由信仰自由之意義及界限，司法院大法官釋憲五十週年紀念論文集，民國八十七年，第 197 頁；許育典，宗教自由與宗教法，民國九十四年，元照書局，第 116 頁以下。

貳、宗教界定問題

不似德國威瑪憲法（第135條），將保障的標的包括信仰自由、信念自由及進行宗教行為之自由；基本法（第4條1項）更包括「世界觀」的信仰都受到憲法的保護，特別把拒絕服兵役的良知自由納入（第3項）。或是世界人權宣言第18條的規定：人人有思想、良心及宗教之權；包括改變宗教或信仰之權，我國憲法第13條則只提到宗教自由。因此，我國憲法沒有採取廣義的宗教自由概念。外國憲法所實施的廣義宗教自由即可轉變成信仰自由。信仰自由當然不限宗教，包括政治信念（保皇、社會主義或自由主義）或其他人生觀（世界觀），如享樂主義、蓄財主義等某種價值體系。因此吾人可先對宗教自由的標的「宗教」來理解。

宗教是一種關涉神明、上帝、天堂、地獄等並非現代科學所可掌握及論證的對象。換言之，宗教是一種在說服人們由內心相信而自認已有完整理論體系的精神活動。社會上存在的宗教既然是存於人心之內，同時也涉及認知上存在的「鬼神」等非國家立法者及行政機關以理性認知之方式所能認識。對於宗教的「認定權」，應該由人民所擁有，也就是原則上國家不能否認人民某些的信仰並非宗教，因此國家對於宗教，或人民信仰的問題，應抱持價值「中立」(Parität) 的態度❷。國家對各宗教應一視同仁，不能予以特別歧視或優待扶助。相關討論已於平等權部分論及（第十四節壹、二處），可參照之。

參、創立宗教之自由

憲法第13條規定人民有信仰宗教之自由。如果以嚴格且狹義的語義解釋，可導出人民僅有信仰宗教的自由。也就是對於已經存在的宗教——如基督教，回教及佛教享有自由信仰權，而不包括承認人民有「創立宗教」之權利。

一、宗教自由及宗教結社權

贊成採取這種對宗教自由狹義解釋者，認為人民並非不能組織新的宗教團體，這

---

❷ 一個社會學者對宗教似乎頗貼切之定義為：「一個信仰和實踐的體系，一個群體的人們，將依據這個體系來解釋，他們認為是神聖的東西和習慣上認為是超自然的東西，並對之做出反應。」見許育典，❶，第109頁；不同見解，見第112頁，註61。

是屬於憲法所保障之另一種類型之人權,如我國憲法第 14 條結社權保障者。故人民創立新的宗教即可屬於人民的結社權,而不屬於宗教信仰權保障的範圍之內。

對於這種看法,應予以否認。因為基本人權雖然可細分為許多個別之人權類別,但彼此間仍有相互結合之功能,而非獨立發揮功效。例如憲法第 14 條除規定人民有結社自由外,也規定人民有集會之自由;就後者而言,憲法保障人民的宗教自由也應當包括人民可擁有進行宗教儀式之權利,而宗教儀式之進行往往是在教徒們的集會下進行。所以,一方面宗教信仰自由已經包括了宗教儀式、宗教集會之權利;在另一方面,憲法第 14 條所保障的人民一般集會權利,當也包含第 13 條的宗教集會自由權。甚至,對於宗教集會自由給予較人民一般集會自由有更大的空間。此觀乎我國集會遊行法 (91.06.26) 第 8 條對於宗教性質之遊行集會不需比照非宗教的集會遊行的申請許可程序,即可得知矣。本此法理,人民由宗教自由權利也可以導出人民有創立新的宗教團體及教派之權利。故憲法有關人民的宗教權,應該廣泛的稱為宗教自由權,而非狹義的宗教信仰權。

二、現存教派「獨占」的否認

雖然,排斥已存在的宗教,另外創立新的宗教,在一般國民的意識中可能會被斥為異端邪說。創立新教者,也常被懷疑有如斂財,或其他政治目的等。這在中外古今的歷史上屢見不鮮,事實上亦有可能。

但宗教自由不保障既存宗教教派的獨占性。以西方在十五世紀展開的宗教革命來觀察,正可以顯示出宗教革命的目的即在打破現存宗教的壟斷。而以後產生的許多基督新教正是打破天主教派壟斷的開花與結果。所以,宗教自由制度的可貴,乃是社會上有「複數」的宗教,彼此皆能和平相處,而由人民自由的選擇及信仰之。所以宗教自由也應包括人民可自由組成新教,闡揚或另創新的教義來吸引、號召信徒。因此宗教自由即包括了宗教「組織自由」。

三、宗教自治原則

憲法宗教自由雖然保障個人的宗教自由,但個人的宗教自由雖常有以個人為單位 (如個人苦修、在家居士) 自行行使外,也更常是透過組織的方式 (durch die organisatorische Form) 來集體的實踐此權利。所以集合同道,使結社權加入宗教自由

權的行使之中，故應特別重視其自治的權利。這種自治 (Autonomie) 強調宗教團體成員的「意志」，而非一般社團所強調的「民主」原則。所以，基於各種宗教的教義、傳統，可以自行決定其組織、管理、運作之權。故國家如以要求一般社團內部運作與組織的「民主原則」的標準，來規範宗教團體的內部事務時──例如由教徒選舉教長──，即違反宗教的自治權❸。

　　大法官在釋字第 573 號解釋理由書中，雖概括承認國家得以法律規範宗教團體管理、處分財產之事宜，但應該顧及宗教組織之自主性及內部管理機制之差異性。所以本號解釋已確認宗教團體內部的自主權。

　　我國古代對於創立新宗教或教派者，多予以嚴刑峻罰來處罰，歷史上許多民變及叛亂等亂源都是藉新宗教的創立而產生。例如早在漢朝末年的黃巾賊，明朝末年的白蓮教，清朝末年的太平天國及捻亂，都是藉宗教之名作為起義的前奏。而外國中古時代對於異教徒的殺戮以及對創立新教者冠以「撒旦使者」或「巫婆」而予以火刑等，都是不容忍創立新教的例子。這些都已成為歷史的陳跡，已不再適用於今日保障宗教人權的開放且容忍的社會。

肆、國家對宗教的規範

　　如果人民因信仰組成的宗教團體或其信徒將內心信仰化為外在的行為，可為宗教儀式或其他如宣教演講或散布文字的行為。這些統稱為宗教行為，國家為規範客觀的社會秩序以及為公共利益之故，可以藉法律限制人民的宗教自由權。這是將宗教自由權視為所有人權之一，故亦受到憲法第 23 條之規範。宗教自由並非是漫無限制，人民的宗教信仰及其宗教行為，往往會與國家的立國方針、種族政策、以及善良風俗，甚至與法令規章相牴觸。我們可舉下述幾例：

　　⑴如果有主張建立「神權國家」之教派──例如伊朗科梅尼所領導的回教什葉派，則和民主國家的立國原則相違背。

　　⑵如果有主張一夫多妻，或一妻多夫之宗教者，則與國家婚姻法的一夫一妻制相違背❹。或有的宗教可能主張男女關係的混亂，以及鼓勵未成年之教徒脫離家庭，則

---

❸ 宗教自治的觀念也可以形成「公序良俗」的內容，例如要佛教僧尼票選住持。所以「第三者效力理論」在這種宗教團體中尤無適用之餘地。可參見作者在釋字第 728 號解釋之協同意見書。

❹ 例如美國聯邦最高法院在一八七九年公布著名的「雷諾」案，宣布主張一夫多妻的摩門教教義之行為違憲。

不僅侵犯受憲法保障的家庭制度,也違背善良風俗。

(3)有的宗教採取絕對自我主義,強烈敵視其他異教徒。此即侵犯民主憲法所致力維護的宗教自由與宗教平等原則。

(4)有的宗教仍然保留古老且殘忍的宗教儀式,例如對於教徒或是傳教士施以不人道的處罰;或是宣揚「世界末日」已到,號召或脅迫信徒自殺;或是用迷信來進行宗教崇拜——例如用囚禁與長時間絕食方式,以求得道;運用「血祭」,即利用活人、動物等作為宗教儀式中之犧牲品等等,皆違反了人道思想及觸犯刑法之規定。

(5)基於宗教理由,某些教派可能會主張某些地區為「聖地」、「聖山」,主張該地區不能被闢為公路,或聲稱欲在該地建築某些紀念物,因此可能違反國家建築法令或區域計畫法,或是認為應進行宗教教育而不接受國家教育❺。

由上所述,國家法令與宗教行為的確極易相牴觸。然而,國家欲以法令對宗教自由加以規範也非易事。因為宗教信仰與形諸於外的宗教儀式,甚多於宗教信仰之確信心,因此國家法令的禁止,可能會遭到信徒極為激烈之抗爭。

為了社會的進步,國家得以立法方式來制止所謂迷信之宗教行為,例如處罰詐財的神棍,或處罰要病人服用香灰、觀音土等以治療疾病的行為。惟國家管制的界限何在?即面臨考驗。另外,立法者可否基於對宗教團體組織及財務問題的整頓,要求宗教團體的組織應該民主化?例如由教徒選舉教長。如此可能違反宗教團體傳統依道行、輩分及傳統因素推舉領導人之慣例。所以國家對宗教與其行為的規範,便應該特別的慎重。大法官釋字第 573 號解釋理由書已採否定見解。基本上,國家對宗教的立法應該基於寬容之精神,來決定有關規範宗教的法令,俾能一方面無害於人民之宗教自由,另一方面又能使宗教不致於因放任而濫用其權利。故對違憲之審查基準,應採嚴格的審查標準!

因此,國家對於宗教應可為下列原則的規範:

1.課予和平與容忍之義務

宗教立法應本諸宗教和平之立場,國家應要求各個宗教的教義必須以和平,而非仇視之態度對待其他宗教。此原則在有「多宗教」之地區,尤有必要❻。國家可利用

Reynolds v. United States, 98 U.S. 145 (1879). 見陳新民,宗教良心自由與服役正義——釋字第 490 號解釋及社會役,中研院,人文及社會科學集刊,第十三卷一期,民國九〇年,第 13 頁。

❺ 如美國聯邦最高法院在約德案的見解,見本書第十三節肆❽。

刑法之規定以實現這個目的。例如我國刑法第 246 條有下述規定：「對於壇廟、寺觀、教堂、墳墓或公眾紀念處所公然侮辱者，處六個月以下有期徒刑，拘役或三百元以下之罰金。妨害喪葬、祭禮、說教、禮拜者，亦同。」社會秩序維護法 (99.05.19) 第 73 條 4 款也對污損宗祠、教堂之處所或措施者，處新台幣六千元以下的罰鍰。就是這種保障宗教和平之理念❼。

2.明顯及重大公益

對於拘束人民宗教自由之立法考慮，應以明顯與重大公共利益為出發點，方具有說服力。尤其是基於人性尊嚴，人道思想、國民健康與生命、人倫等價值，便可以作為限制宗教自由之法理依據❽。因此立法者可以對以往某些所盛行的私刑，或不合乎科學、殘忍、危害健康，及違反人道思想的許多落伍之宗教行為加以限制。惟特別應注意比例原則的規定。如果宗教立法在程度上未達到剝奪人民信仰之機會，以及根本

---

❻ 寬容及容忍原則也可以調和多元社會不同信仰間的矛盾及緊張關係。宗教自由既包括積極及消極宗教自由，且不論同樣信仰者人數的多寡，不存在少數聽從多數的民主機制。對於少數的不同信仰者，多數信仰者固不可要求少數信仰者配合，少數信仰者亦不可反向要求多數信仰者牽就其信仰。這種衝突表現最明顯是德國在一九九〇年代中期巴伐利亞邦教室懸掛十字架的爭議。聯邦憲法法院雖認為此舉已侵犯到非基督徒學生之消極信仰權，而判決巴伐利亞邦議會應該修法。巴伐利亞邦以基督文化為其文化傳統之根源，拒絕聽從修法。本判決引起全德學界大論爭，支持巴伐利亞邦見解者如 P. Badura 教授則將重點放在持少數信仰者有容忍、寬容多數信仰者之傳統文化及宗教之義務。但一旦他們感到其信仰遭到干涉——在本案為教室懸掛十字架時，法律上應創設其「移去之請求權」，即足以保障少數信仰者之消極自由權，避免因少數人的信仰必須使絕大多數人的信仰權牽就之而受損。最後巴伐利亞邦立法採行此方式修法，公立學校教室內依舊懸掛十字架。關於本案可參見陳新民，立法者的審慎義務與釋憲者的填補義務——由德國聯邦憲法法院「教室十字架案」談起，刊載：法治國家論，第 253 頁以下及第 262 頁。

❼ 關於這點，英國便有一個判例，值得一述。一九七九年在英國產生一件 (R. v. Lemmon) 之案例：Lemmon 在其主編的雜誌中，以詩描述耶穌為同性戀者，基督徒因而控告其侮辱宗教。法院判其為猥褻罪，罰款五百英鎊與有期徒刑九個月，雜誌社則罰款一千英鎊。Lemmon 上訴，法院維持原判決，並認定只要有侮辱猥褻之意圖，即為侵犯他人宗教。認為此應為「宗教尊嚴」而非「宗教自由」之問題；信徒所信奉的宗教視同人一般享有名譽權，故可以保障他人名譽之途徑來維護某宗教的名譽。英國在一八二一年至一八三四年間有七十三人因類似事件而被判刑。英國因此曾立法規範，以防止宗教的互相攻訐和因宗教事件之爭執而引發衝突。因此，宗教間彼此尊重的原則有賴國家法律的介入。參見黃金鴻，英國人權六十案，聯經出版社，民國七十九年，第 152 頁以下。

❽ 釋字第 573 號承認可依憲法第 23 條來限制宗教自由。大法官王和雄提出的協同意見認為立法者不能動輒引用公益條款來限制。同時涉及教義解釋及宗教團體內部組織之事項，因屬宗教團體自主決定之範圍，非法院所得受理之對象，司法權應受限制。這只能正確的顯示出宗教有絕對的內部自主權。關於宗教的問題參見陳新民，宗教立法的基本原則，法令月刊，五十三卷二期，民國九十一年，第 15 頁；顏厥安，凱撒管得了上帝嗎？由法管制理論檢討宗教立法，月旦法學雜誌，第二十四期，民國八十六年五月，第 35 頁。

　　未限制到宗教儀式行為，則國家其他法令對宗教行為之限制，即應許可之。例如宗教建築不能違反建築法令，國家也可立法規定寺廟或教堂應將教友捐贈財物之數目公告周知，以防止中飽住持之私囊，皆屬於合憲的規範宗教之規定 ❾。然而如果國家立法規定所有的宗教教長，例如佛教的住持、天主教的主教，及基督教的長老、牧師，須經投票的民主程序產生，就是屬於已侵害到宗教實體且與公共利益並無關涉的違憲行為。因此，國家對宗教之立法應有上述寬容，但不失放任的理性心態。如此方可使人民出自內心，真誠的服從國家的法令 ❿。

　　在西方國家曾經發生宗教的百年戰爭，人民因宗教信仰因素曾經過無數苦難，且歐洲也曾淪入獨尊基督教達千年之久的黑暗時期。相形之下，對幾乎沒有宗教戰爭歷史的我國，無異是中華文化史上最光榮的一頁。此即我國社會及國家素來對宗教容忍的美德，宗教自由與宗教容忍是一體兩面。任何偏狹與極度排他性的宗教狂熱，即無我國憲法保障的價值存焉 ⓫！

---

❾ 我國目前仍未廢止的監督寺廟條例 (18.12.07) 第 7 條規定住持於宣揚教義修持戒律，及其他正當開支之外，不得動用寺廟財產之收入。第 8 條規定寺廟之不動產及法物非經所屬教會之決議，並呈請該管官署許可，不得處分或變更。本條例公布至今已超過六十年，且並未包括佛、道教以外的宗教在內，例如寺廟登記規則 (25.01.04) 第 13 條即明定此排除規定。因此本法不能和憲法保障宗教平等與宗教自由的意旨相符合，即甚為明顯。為此大法官已作出釋字第 573 號解釋，大法官在本號解釋中承認宗教團體（及寺廟）享有宗教組織及自主權及財產處分權。法律若須對之限制，必須符合比例原則及法律明確性原則。同時本法只適用部分宗教（第 8 條），已違反國家對宗教應謹守中立原則及宗教平等原則。故本條例部分條文為違憲。參見陳新民，憲法宗教自由的立法界限，刊載：法治國家原則之檢驗，第 215 頁以下。

❿ 歐洲各國以皆實施兵役替代役——社會役的制度，便是基於尊重人民宗教信仰自由與兼顧平等權的「服役正義」所成立的新制度。我國大法官釋字第 490 號解釋雖否認人民可以藉宗教信仰來拒服兵役，但自從我國公布了替代役實施條例 (89.02.02) 已許可因宗教理由轉服替代役（第 7 條 2 項）。關於本號解釋之批評，參見拙文（❹處）；許育典，前述書，第 138 頁以下；黃昭元，信上帝下地獄，台灣本土雜誌，第八期，民國八十九年三月，第 30 頁以下。

⓫ 二〇一五年一月七日三名伊斯蘭極端分子闖入法國巴黎左派雜誌社「查理週刊」槍殺十七名工作人員。此舉在報復該雜誌以揶揄、醜化回教先知穆罕默德，引發歐洲各國聲援查理週刊的「我是查理」運動。但同時也激發全球各地回教社會的「反查理」熱潮。是近年來全球性最大規模宗教衝突。「我是查理」運動的主要訴求乃在支持言論自由，但天主教宗方濟也公開表示：「任何人不應藉著言論自由以挑釁或污辱他人之宗教信仰。」此令人想起，我國在二〇一四年二月中旬，曾發生極端之牧師在網路上公開將菩薩觀音斬首，引發社會與佛教徒大力撻伐，都已逾越憲法保障言論自由與宗教自由之界線。

第二十節　集會與結社自由權

我國憲法第 14 條規定人民有集會及結社之自由，這是保障人民為了某個共同的興趣、理想或利益，而可以暫時的結合在一起，或組織短期或長期性的團體，以追求此一目的。集會結社權利是代表人民可以不必「獨自的」享受人權，而是得以結合同道中人來享受此人權。人民集會與結社之自由，便是一種「群體的自由」。以該「人群」聚合時間的暫時性抑或持續性與否，可區分為暫時性的集會權與持續性的結社權兩種。茲分別討論如下：

壹、集會自由權

人民的集會權賦予人民可以自由組合聚集在一起，進行意見溝通，或宣揚某種政治、經濟或社會之理念，故與言論自由的關係最密切。而此集會是以外在的「人群聚集」為其特徵❶。因此，只要有「某特定目的」，或是「共同目的」之人群集會，即可稱為人民之集會。所以，人民基於集會之動因甚多，同時，人民之集會權也往往牽涉到其他人權。換言之，集會權之保障常常也是其他人權保障之實踐，二者不可分離。例如，學校老師聚集學生傳授知識，既是講學自由，也是集會自由之表現；某政黨舉行政見發表會，既是言論自由，也是集會自由之實現；同樣的，某宗教團體舉行布道或誦經大會，則既是宗教自由，也是集會自由的體現；由此可知，集會自由常是其他人權集合表現之現象。

正如同其他自由權利皆可能因濫用而違反公共利益，故法律可以限制人民的集會權利，所以法律對於人民違法之集合，是可給予處罰。例如，我國刑法第 149 條以下，有處罰「公然聚眾」的暴力犯罪之規定，便是一例。但是，現代民主國家對人民集會權利之規定，並不以上述刑事法律之處罰為重心，而是針對「人民常態性」集會，要如何加以規範。

人民的集會可以分為室內集會與室外集會二種，集會遊行法（以下稱本法，91.06.26）即有不同規定。

---

❶ 至於需要多少人才算是「人群聚集」？德國學界雖有引德國民法第 73 條之規定，應至少有三人，但學界之通說，只要有二人以上即可屬於集會。見 A. Katz, Staatsrecht, Rdnr. 765.

一、室內集會

人民在室內之集會，例如演講、宴客……對治安或他人之自由權利所可能產生之影響，並不太大。如果舉行上述集會，國家都須要求人民申請核可或完成報備手續，則人民幾無自由可言。試想，如果人民連家中宴會都必須向政府報告或獲其許可，國家豈非干涉太甚？因此唯有室內集會之行為，已對社會秩序造成侵害與干擾時，才有予以限制或禁止之必要。例如，人民家中的聚會、在半夜喧嘩而影響安寧時，才可用法律——如社會秩序維護法——規定，由警察取締之。所以，西方國家對於人民室內集會，率多不加以限制，其理在此。例如德國基本法第 8 條 2 項僅對人民室外集會得加以限制之規定。本法第 8 條 2 項但書便規定室內集會使用擴音器或其他視聽器材足以形成室外集會者，以室外集會論。

我國過去對於國民室內集會都採取開放的態度。但是在新冠肺炎爆發後所制訂的「嚴重特殊傳染性肺炎防治及紓困振興特別條例」(110.05.31) 第 7 條，可概括地授權防疫中心指揮官，有採行防止疫情擴散的必要處置。這種「空白授權一人」的制度，使得該指揮官得以頒布命令，限制了人民的集會權利。即使在室內的場所，例如餐廳等營業場所，甚至在個人的家庭，都定下了「禁止團聚」的禁令，例如民國一一〇年五月二十八日衛福部命令（衛授疾字第 1100200495 號），便規定室內團聚，不能超過五人以上，室外不得超過 10 人。違反者且可罰以 6 萬以上，30 萬以下的罰鍰。

這種空白授權已經大幅度地侵入了人民的隱私權及家庭團聚的領域，其授權於一人的態樣已經和憲法授予總統的緊急命令權產生重疊，這種授權應屬違憲。

二、室外集會

室外集會因係在房舍以外之場地舉行，尤其是在公共場所，例如廣場、馬路、公園等處舉行，因此容易造成公共秩序不良之影響。這是室外集會較室內集會應有更多限制之理由。尤其是室外集會雖是指「靜止式」的人群聚會，倘若此項集會由靜止轉為移動時，便成為遊行。所以若將人民之集會權與人民的行動自由權結合，便成為人民的「遊行權」。就此而論，遊行權也可以被認為是人民集會權的一種，而稱之為人民的「移動之集會權」。人民室外集會及遊，既然可能對社會安寧（最明顯的例子是交通秩序）造成損害，所以國家對人民室外集會與遊行多半採「事前報備制」，或「事先

許可制」兩種。

㈠報備制

就集會人之權利保障而言，自是採取「報備制」較為有利，人民只須將遊行之意圖告知治安機關（警察機關），毋須獲其批准為前提，即可實行該集會權利。但是，若治安機關認為人民該項集會遊行之訴求標的係違法，或是舉行方式與地點會有妨礙公共安寧與社會秩序之虞時，例如遊行地點嚴重妨礙交通、或集會發起人並未設置糾察隊……時，治安機關便可以禁止該集會遊行之舉行，或更改集會遊行之時間、地點。

㈡許可制

至於採取事前許可制的國家，其出發點是採取「防患未然」之態度，故規定集會遊行以獲得治安機關之許可為必要，俾使治安機關能及早掌握集會遊行之狀況。若治安機關認為該集會遊行有違法或不當之虞，則可不予許可。本法第 8 條即是採取此一立法例。

㈢兩制之優劣分析

如果吾人要分析報備制或許可制之優劣，則以採取報備制為佳，其理由略有下列數端：

第一、人民之自由權利以受到限制為例外，故唯有基於公共利益之不得已的考量，才能加以限制。所以人民之集會遊行權基本上應考慮不會對社會造成負面影響，若是採行許可制，則隱含著國家已先入為主地認定人民之集會自由「本質」上會對公益造成侵害。

第二、如果採行報備制，治安機關依其經驗，與客觀掌握之事實與資訊，仍可以對認定有危害公安之集會遊行，加以禁止。所以，許可制所寄望之「防患作用」，仍然能夠在報備制中獲得實現。

第三、不論是許可制或報備制，在集會遊行實施後，如有違法之情事發生，皆可由治安機關當場及時的制止，例如提出警告或解散群眾。相形之下，事前的防範作用未必較集會遊行之當時的公權力管制效用來得更大。

第四、人民的集會，是基於某個特定或共同之目的而糾集人群。雖然大多數之集會遊行所舉辦之目的，係經「預定」──也就是「有計畫」的實施。但亦有不少之集會是源於突發式之動機，或是人民自發式的集合。因此，要靠事前許可程序，有時事實上有所不能。例如本法第 9 條本來規定，室外集會遊行應於六日前向主管機關申請，

但因天災或不可預見之重大事故而有正當理由者，可在兩天前申請。這種規定，實不符合社會現狀。例如，人民聽到涉及國家安危的重大外交事件，欲至某廣場集會聲援我國外交部，但依規定必須兩天後，方得遂行此集會意願，如此已失去宣揚該理念的最佳時機。對突發性之集會 (Spontanversammlung)，如果一律以未經許可而加以禁止，恐也未符公益之所需。故大法官在釋字第 445 號解釋認為違憲而要求檢討改進 ❷。

第五、由於集會遊行，可以基於各種動機，已如前述。因此，如果對任何室外集會遊行，皆須經許可方得為之，恐怕會侵害其他人權。例如，室外的宗教布道大會、運動大會或學校之校外教學，都須經治安機關之許可，則可能侵犯人民之宗教或講學自由權利。對此，本法第 8 條雖然有對於學術、藝文、旅遊、體育、宗教、民俗或婚喪喜慶之活動，可以不必事先申請許可，不過，如果人民假藉上述之理由，以作為未依法聲請許可之藉口，便會形成執法當局的困擾，這在我國歷年來的群眾運動中經常可見。採取事前許可制之不妥處極多矣！

綜合上述幾個理由，我國今後關於人民集會遊行之法令應以改採報備制為宜。大法官在釋字第 445 號解釋則仍對許可制持合憲見解。其理由乃本法第 11 條已規定，除了有六款的情形外，應許可人民的申請，已足以保障人民的集會、遊行權利，故無違憲之虞。但對本法第 4 條之「禁止主張共產主義或分裂國土」之集會、遊行，大法官則以欠缺「明顯而立即危險之事實」以及「無異授與主管機關事前審查集會遊行之言論」──侵犯言論自由為由──宣告違憲。此外對於「突發性」集會，遊行的「二天申請期限」，亦被認為與憲法精神有違應檢討改進。

大法官作出此號解釋後，本法於民國九十一年修正，除了刪除突發性集會遊行的兩天前申請的義務。

然重要之處，乃在第 12 條規定：「主管機關於收到突發性集會申請書之時起，應於二十四小時內以書面通知申請人是否許可舉行。」顯然仍須申請許可，只不過不明白提到二天前申請罷了。另外，對於第 4 條不得主張共產主義及分裂國土之規定，雖

---

❷ 德國集遊法（第 14 條）亦曾有規定：室外集會應於四十八小時前向警察機關報備之義務。後經德國聯邦憲法法院在一九八七年透過一個判決 (BVerfGE 74, 264)，採取合憲限縮之解釋方式，將該條文的適用範圍，僅限於一般室外集會，但不及於突發性集會之上，以避免該條文淪為違憲之後果。本號判決遂成為「合憲性解釋」的經典案例。對此可參見作者在釋字第 718 號解釋的部分不同意書，認為本號解釋毋庸宣告該法條違憲，只需援用德國聯邦憲法法院的合憲限縮解釋即可達成目的。因為我國大法官以及憲法學術界，例如吳庚大法官，早已將此解釋方法論導入國內，已經獲得普遍的承認，便可利用這種模式達到目的矣。

仍保留，但在第 11 條 1 款（應予禁止）要件中，予以刪除此項規定，使第 4 條之禁止規定成為訓示規定。

不滿這種「推拖拉」的改革，大法官遂作出釋字第 718 號解釋，採行德國聯邦憲法法院的意旨，明白宣示：「對於突發性集會與遊行無庸提出事先申請」，以貫徹憲法保障集會自由與比例原則之意旨。但仍對集會遊行應否改行報備制，未表一詞，看來大法官仍須為此再作解釋了！

三、集會權的限制

人民的集會與遊行，必須尊重公共利益與社會秩序。在前者的公共利益極為廣泛。例如為了傳染病可以限制人民的集會權。就以新冠疫情的「嚴重特殊傳染性肺炎防治及紓困振興特別條例」(110.05.31)，便有限制人民室內與室外集會的上限（分別為五人與十人）。

而後者的維護社會秩序，則特別是所謂的「和平性」。在此前提之下，不僅人民可以合法的行使此自由權，而他人也必須尊重之。所以，合法舉行之遊行集會，他人如果干涉或妨礙之，是觸犯妨礙他人自由之罪，依我國集會遊行法第 31 條，可處二年以下有期徒刑、拘役及新台幣三萬元以下罰金。其他人民因他人合法之集會遊行，有產生對自己權益之不利益時，如交通受阻、喧嘩、顧客減少……等等，就必須忍受之。這是因為該集會遊行權已受到國家法律之肯定。在合法的集會權利係有如此受到國家重視及保障之前提下，人民集會遊行權，便絕對要以「和平」，作為其行為受國家保障的最根本條件。人民集會如不能維持和平性，演變成宣揚暴力、唆使他人犯罪、或是直接行使違法之暴力行為，此集會遊行就喪失其合法性，不再受憲法保障了。我國日後即使將遊行集會改為報備制，加上突發性集會不必事先報備，但是仍不可避免可能帶來集體暴力之危險。特別是突發性集會往往夾雜多種立場相左之民眾，更是衝突之火種也。現代國家對人民集會與遊行之法律規範，主要將訴求某種意見的「示威」作為規範重點。而所謂集會遊行之公益考量，也集中在防範示威的違法造成社會秩序與其他人民之生命、身體與財產的嚴重損害。以法治國家而言，承認示威是人民表現言論、集會與行動之自由權利，但是，也不應承認本權利之「絕對性」。故有效的規定示威行為之標準——例如和平性之要求，以及不得抗拒公權力等——及規範違法示威者所產生損害後須擔負之各項民事與刑事責任，應是立法者之職責，也是符合憲法否認

權利濫用之精神❸。

示威如未能維持和平性，負責治安的警察就必須採行預防、甚至解散措施，避免他人的權益受到損害。大法官在釋字第 469 號已採納「裁量萎縮至零」的原則，對該公務員因故意、過失怠於行使公權力，致特定人之自由或權利造成損害時，被害人可依國家賠償法，請求國家賠償。

貳、結社自由

一、結社自由的特色

人民結社自由是指人民能為特定目的，以共同之意思組成團體並參與其活動之權利，並確保團體之存續、內部組織與事務之自主決定及對外活動之自由也（司法院釋字第 644 號理由書）。人民之結社行為，當然也是一種集會之現象，但並非暫時性，因為目的之達成有賴時間之延續與組織性的團體。人民結社權使得人民之許多目標與理想，能掌握「結合他人」與「時間」的兩個重要因素。

人民組成團體，來達成共同目的，可以基於各種性質以及不同之目的。例如，以宗教信仰為目的，可組成教派與成立教會；以追求經濟為目的，可組成公司；以追求政治與權力為鵠的，可組成政黨或「論政團體」；以社會理念可組成公益社團，或財團法人基金會⋯⋯等等。除了對於違背社會秩序與公共利益為理由，法律應予禁止外，例如最明顯者為組織犯罪之幫派、或是叛亂團體外，國家對於各種人民結社之規範通常較人民集會權利來得嚴格，這是因為人民團體是持之有恆、有明顯追求之目的，且是有組織之團體。易言之，其「目的取向」極明確、長久而有計畫性，因此為維持國家秩序與公共利益，國家恆有加以規範之必要。

一般而言，國家對人民結社權之規範，係以法律將人民團體成立之「目的」加以分類，作為規範對象。例如國家針對人民追求經濟利益所組成之商業團體，依活動之現象，分別制定公司法、證券交易法⋯⋯來規範各式各樣的公司型態。同樣的，對於追求政治權力之政黨，許多國家也特別以制定政黨法之方式規定組成政黨之條件、政黨運作之規範，例如政黨不得主張有違憲之行為等等。因此對於各種人民團體依其「特

---

❸ 參閱拙作：示威的基本法律問題，刊載：基本權利（下冊），第 387 頁以下。

性」與「追求目的」之不同，而有分別立法之需要，已是現代國家的立法趨勢。我國「人民團體法」（100.06.15，簡稱：人團法）第 4 條規定：人民團體分為職業團體、社會團體與政治團體。實際上，並不能完全概括全部的人民團體，例如人民的商業團體（公司）即不受該人團法之規範，而是屬於公司法之規範範圍。所以我國之人民團體法是規定一般性質的人民團體組織之「普通法」，如有其他規定人民團體之特別法時（如政黨法、宗教法），依「特別法優於普通法」之原則，本法效力即受到限制。

二、結社的監督

我國人團法第 8 條以下，已將所有人民團體列入政府主管機關的監督的範圍之內。由設立的申請許可，到發起人的資格，籌備會、成立大會的派員列席、報准立案，主管機關皆掌握人民團體之設立與運作之監督權力。由成立後主管機關列席會員大會以及必要時解任理事長與監事會召集人之職務，皆可看出主管機關之權限。因此，對人民團體之干涉權力相當廣泛。此點便值得斟酌。人民團體必須依據其不同性質，而有不同的法律規範之必要，不應一概以同樣之法規來拘束之。例如，我國未訂有「宗教法」，故對宗教團體定位在社會團體，由人民團體法規範之；然而，對於宗教組織（不論是何種宗教）是否也要同一般之社會團體（如同鄉會）般成立理事會？基本上似不符合宗教團體的本質，已見於第十九節之討論。此外，對於關涉國家民主憲政秩序正常發展最重要的政黨，亦以人團法規範，係忽視國家對政黨之監督，以及政黨運作特別具有高度的政治性質，國家宜採行特別的立法（如制定政黨法），予以詳細的規定。因此，這種將不同性質之人民團體皆以人民團體法作組織上之規定，並不妥適。更重要的是，由人團法所樹立的主管機關對所有人民團體之組織與運作，擁有廣泛的監督權限可知，似乎忽視了人民結社權所隱含的「自治」思想。易言之，人民以自由意志組成共同追求理想之團體，應享有高度自治權，而毋需授與行政機關有類似監護人的監護權力。因為，除非人民團體之組織與運作嚴重違反公益，方需行政機關限制其權利外，關於人民團體內部運作所肇致之紛爭，應該透過國家司法體系尋求救濟。因此，對於這種行政權力過度介入人民結社之組織與運作的方式，是否合於憲法保障人民結社權利之意旨，似不無商榷之餘地❹。由於人民結社組成團體，泰半皆可取得法人之

❹ 司法院釋字第 479 號解釋也認為結社自由「旨在保障人民為特定目的，以共同之意思組成團體並參與其活動之自由，就中關於團體名稱之選定，攸關其存立之目的、性質、成員之認同及與其他團體之識別，自屬結社自由

資格，依我國人團法第 11 條：人民團體核准立案後得依法向法院辦理法人登記，故取得法人資格之人民團體，在相當程度下已和自然人一般享有人權。是以對法人的人權限制，也就一樣必須要遵守比例原則不可。所以目前以人團法廣泛的規範宗教團體或政黨，是一個十分粗糙的立法方式，宜分別就該團體的性質，而為特別的立法，方能確保人民的結社權利❺。

三、結社自由的限制

結社自由是憲法保障人民組成團體的權利。但這種權利是一種民權，而非普通的人權，故對外國人的結社權即非完全受到憲法的保障❻，唯我國人團法並未規定之。此外，對於擔任公職者——例如公務員與軍人等——能否擁有結社權，除了和職業有關的結社——如組成職業工會等，依傳統見解與特別權力關係理論，率多加以限制，避免影響紀律（如成立派系），司法院釋字第 373 號解釋亦採否認見解外❼——其他結社權，如參加商業性結社（如為公司股東）、社會性結社（如同鄉會）或政治性結社（如政黨），則和一般人民無異也。

按大法官在釋字第 373 號解釋，針對當時工會法 (64.05.21) 第 4 條規定：「各級政府行政及教育事業、軍火工業之員工，不得組織工會」，是否違憲的問題所作出之解釋。然只針對其中禁止教育事業技工、工友組織工會部分，認為違反比例原則，應在一年內失效。至於其他之公務員與教師、軍火工業之員工，則擔心可能的罷工會影響教育工作與軍火生產，故對其之限制，並未宣告違憲。然而，教師法遂在同年

保障之範圍」。

❺ 如二〇一三年九月發生喧騰一時的立法院長王金平遭撤銷黨籍案，一審臺北地方法院判決（102 年度訴字第 3782 號）王金平勝訴，理由則是：應適用人團法解除會員資格之規定，適用在撤銷黨籍的事件上。此無疑要求政黨要召開全國黨員代表大會，方得議決黨員資格的存在與否，被抨擊為不可行之解決方式。二審見解亦支持一審見解。更突顯出我國有從速制定政黨法的必要。

❻ 例如德國基本法第 9 條即對此權利明文規定為「德國國民」享有人權。

❼ 西方民主國家率多承認公務員有此權利。例如德國不僅文職公務員可組成工會，甚至軍人亦許可之。目前德國有幾個軍人組成的工會，其中最大的「德國國軍協會」(Verband der Bundeswehr) 一九九五年曾擁有會員二十餘萬。我國以前一度積極草擬的公務員基準法草案中雖仍不許可公務員得組成工會，但得組織利益代表機構。然而，所謂利益代表機構已和工會無異！但武職公務員仍不開放之。參閱吳庚（主持），公務員基準法之研究，行政院研考會出版，民國七十九年，第 83 頁，第 127 條。不過法官目前已組織「中華民國法官協會」及「中華民國女法官協會」，已開公務員成立工會之先例。

(84.08.09) 制定，其中第 26 條以下有關於教師組織的規定，許可教師組織協會。

　　至於，軍人的結社權問題，依我國目前的法制，對軍人有法律明白規定，例如目前適用的工會法 (99.06.23) 第 4 條之規定，已和釋字第 373 號解釋時不同，改為在第 2 項規定軍人不得參加及組織工會。同時，依公務人員協會法 (95.05.17) 第 2 條第 2 項 5 款規定，軍人亦不得參加及組織協會。此外，至於其他的社團，則不在該法的限制當中。故除了為維持政黨中立，可依國防法第 6 條對軍人保持政治中立特別加以限制其參與政黨活動之權利外，軍人的其他結社自由，並無其他法律上特別的限制。

　　至於其他公務員，雖依第 373 號解釋未宣布限制其結社權為違憲，但自從民國九十五年制定公務人員協會法後，已經可成立類似工會性質的協會，包括機關協會與全國的協會。惟不得發起、主辦、幫助或參與任何罷工、怠職或其他足以產生相當結果之活動，並不得參與政治活動（第 46 條）。招募人員只要占機關預算名額五分之一且不低於三十人，或招募人員滿八百人時，即可成立協會（第 11 條）。由於此協會是工會的性質，因此領導階層之人員，如政務官、各級政府機關、公立學校首長及副首長，及各級政府所經營之各類事業機構中，對經營政策負有主要決策責任以外之人員，亦不可參加之（第 2 條第 2 項）。而公立學校的教師，依同條項第 3 款之規定亦不得參與及組織協會，但既然已有教師法的相關規定得組織各級教師會，即可作為其結社權的依據。公務人員協會法的禁止規定，即不重要。

第二十一節　財產權

憲法第 15 條保障人民生存，工作權與財產權，並列一起，顯示人民此三個權利有「前因後果」的密切關聯：人民經由工作創造財產，並藉財產獲得生存之資。由於此三個權利都涉及經濟，故此三權亦可稱為「經濟基本權利」(Wirtschaftsgrundrechte)。本書亦分三節討論之。

壹、財產權之性質

財產權係自法國大革命以來與平等權、自由權並稱的三大古典人權之一。所謂財產權應受保障之意義，是指人民只要是以合法方式所獲得之財產，就應該受到國家的保障。人民的財產乃是一個「所有權的組合體」，可以讓特定所有權經過自由的處分、流通而獲得利益。就此意義而言，傳統的憲法學說將財產權視為自由權的一種（即財產自由權）。財產權之體系是涉及到人民所擁有的「物資的秩序」，由此財產權的受到國家保障，便可以「防範的對象」之差異、而有針對來自他人之侵犯，以及針對來自國家之侵犯的不同，發揮不同的防衛功能。

國家應該保障人民的財產權利，表現在針對他人之侵犯方面，是自古以來國家所擔負的治安職責。因之，每個國家都制定有刑事法律體系，來制止偷竊、強盜、侵占及詐欺等行為，以保障國家社會的秩序。另外，國家必須建立妥善的商事法律及有關人民商品、土地與房屋的管理、交易等制度，說明國家規範人民之財產交易行為，使得個人的財產權利及其範圍，能受到他人之尊重，並且在他人違法侵犯時，可由國家的實力作為防護自己財產權利之後盾。然而，現代憲法保障人民財產權的旨意，卻是偏重在防止來自國家公權力對人民財產權的侵害。易言之，人民財產權侵害的主體是為國家。亦即謂財產權是一個典型的古典人權，防範國家侵犯的防衛權也。

貳、財產權保障的效果

憲法保障財產權，乃是制憲者體認到任何人民只要是作為「人」，就必須靠擁有生活所需的物資來滿足衣、食、住、行、育、樂之需要，進而發展其人格與抱負，大法官在釋字第 400 號解釋中提到「憲法第 15 條關於人民財產權應予保障之規定，旨在確保個人依財產之存續狀態行使其自由使用、收益及處分權能，並免於遭受公權力或第

三人之侵害，俾能實現個人自由、發展人格及維護尊嚴」。把財產權視為發展人格及維護尊嚴之方式，洵為正確。所以大千世界裡幾乎所有的物資皆可成為人民財產之標的。由於人民並非單純由國家所豢養，而是仰賴個人的勞力與智力，及其他方式以獲得生活之資。因此財產權便成為人民賴以生存的最重要依據。

現代民主國家所保障的人權甚多，而這些人權也非可各自獨立，反而相互結合。因而，財產權利即立刻和人性尊嚴（藉由財產而過有尊嚴的生活）、結社自由（組成公司等營利團體之自由）、工作權與職業自由（藉工作與職業獲取財產）、生存權（藉財產以生存）及財產權可與一般行為權（憲法第 22 條）相結合，形成契約自由權，而為經濟活動（釋字第 576、580 號解釋）……皆有密切關聯。本此觀點就可看出：基於立國理念之差異，即可主導人民財產權利基本體系的建立，會有巨大的差異。憲法財產權保障思想與原則便會導引出不同的財產權制度。例如，在實施共產主義的國家，由於共產主義摒斥私人財產制度，將生產工具收為國有、國家分配工作的政經體制，則保障人民私有財產的範圍就極為狹小。但在奉行自由經濟體制的國家，特別是實行資本主義則反是，對於保障人民私有財產或人民自由地興辦營利企業不遺餘力，因此財產權保障體制即與「自由經濟體制」劃上等號。

憲法的人權規定具有個別性保障與制度性保障的效果，已在本書第十一節肆處探討。財產權亦可產生兩種效果：一是針對國家立法者應有的立法準則，亦即立法者在規範人民的財產權制度時，應該注意保障人民的私有財產制度，此即憲法財產權的「制度性保障」。這是表示人民可以利用財產標的，為個人的利益而使用，所謂的「私使用性原則」(Privatnützigkeit)。個人可以完全的使用財產標的，來滿足其人生的願望，德國公法學稱之為「追求人格發展」的權利。同時為了使人民擁有財產不致名存實亡，也在租稅學上產生了一種理論——窒息租稅的禁止，不允許國家給予過苛的稅捐負擔，使得稅捐對義務人造成「窒息的後果」。

這種由德國威瑪共和國時代大學者卡爾・史密特所提出的「制度性保障」，即以財產權為是有此效果的理論依據也。

除了「制度性保障」外，憲法對於所有的基本權利，包括財產權，既然都是一種防衛權的性質，據以防止國家非法的侵犯此權利，故憲法保障的人民財產權，也創設出「個別性保障」(Individualsgarantie)，例如在政府之沒收，公益徵收及公有化方面，財產權之功能便能賦與人民可以在個案擁有防範之權利。現就公權力侵犯人民財產權

的四種常見情形，加以探討。

一、稅　捐

　　依據憲法第 19 條國民有依法律納稅之義務。固此樹立「租稅法定主義」，然而，繳稅是人民由自身財產中依法定稅率提交一部分予政府，故亦屬政府合法剝奪國民財產之制度。但國會制定極苛刻的稅捐法律，而掏空人民的財產權，形成「沒收的效果」，便是「窒息式的稅捐」（勒死式的稅捐）。憲法對財產權之制度性保障即有重要意義❶。不過由於稅率之決定為典型之立法裁量，國家所用取之於民。立法者有如何控制預算規模及決定稅率高低之形成權。惟如何才屬於「不可忍受」之稅率？顯然難有一定之標準。故此理論不無太過於理想化之嫌。故同時，稅捐行政恆為一國最複雜及最龐大的行政體系，同時也經法律授權最多，可以制定法規命令來行使課稅權力的行政權，因此限制人權的原則，諸如比例原則、授權明確性、裁量濫用禁止及子法不能逾越母法等原則，更應該在稅捐法中予以實現❷。

二、沒　收

　　財產的沒收，是指對人民已擁有的財產予以強制剝奪而言。民主國家中對人民財產的沒收，須基於「有責性」(schuldhaft) 原則，除可證明人民財產是不合法所得，例如以犯罪方式取得，國家方可剝奪之。這是因為財產權的保障只保障人民合法所取得之財產 (wohlerworbene Rechte) 而已。這種沒收制度在我國刑事法律中並不少見，而且在行政罰部分出現的「沒入」制度，亦可被包括在此沒收概念內。相形之下，類似共產國家將富人財產予以「充公」(Kodisfikation)，即屬於「非有責性的沒收」，靠沒收（充公）來達到立即的社會財富重分配，純為政治目的而非司法目的之沒收，不符合民主法治國家的基於財產權個別性保障之原則，故非法沒收屬侵犯財產權，人民可經由訴訟請求救濟。

---

❶ 參閱拙作：憲法財產權保障之體系與公益徵收之概念，刊載：基本權利（上冊），第 304 頁以下。
❷ 葛克昌，稅法基本問題，財政憲法篇，民國八十五年，第 126 頁以下；陳清秀，稅捐法定主義，翁岳生教授六秩華誕祝賀論文集，民國八十二年，第 618 頁。

三、公益徵收

㈠公益徵收的概念

公益徵收是貫徹憲法保障人民財產權的最重要制度。所謂公益徵收，是一個廣義的概念，包括國家為公共利益之需，強制剝奪人民的財產權利（狹義的公益徵收）；以及暫時性的徵用人民財產，使用完畢可歸還（公益徵用）。由於國家為了達到它存立之目的，常常需要由人民手中獲得土地及其他動產、不動產。其中最明顯者，如國家為築馬路、設軍營、學校、建港灣，都需要獲得土地；而在戰爭時期也需要徵收人民的車輛與糧食等物資，以供軍用，皆須在法律許可的情形下方得為之。此和專制時代，國家憑藉實力即可任意妄為的現象，完全不同。

公益徵收是國家因公益上要求，而有「不得已」時，才能侵犯國民之財產權利。而人民乃無責者，故與上述沒收之制度不同，是以國家應給予人民公正的補償。公益徵收的範圍是動產與不動產。動產包括一般車輛、糧食（軍事徵用法）、古物（文化資產保護法）等，但是泰半是以徵收人民土地為之。由於土地是人民生活所繫，例如一條高速公路之開闢，動輒需徵收成千上萬人民的私有土地，這些人民被迫放棄世代相傳的祖居田產，雖然是為公共利益所犧牲，但是以憲法平等權眼光而言，即有「犧牲此而造福彼」之現象。所以必須以公力平衡之（負擔平衡 Lastenausgleich）。大法官釋字第 336 號解釋曾提出德國「特別犧牲」(Sonderopfer) 用語 ❸。隨後在若干解釋（第400、425 及 440 號）開始強調公平原則。特別在釋字第 440 號解釋且認為「人民之財產權應予保障憲法第 15 條既有明文。國家機關依法行使公權力致人民之財產遭受損失，若逾其社會責任所應忍受之範圍，形成個人之特別犧牲者，國家應予合理補償」。可見得大法官亦採此「負擔平衡」原則。徵收的概念又分為「古典徵收」與「擴張意義的徵收」兩種。所謂古典徵收，是指對於人民財產權的剝奪，方屬於徵收的侵犯。同時徵收代表了國家將人民財產移轉到國家或其他私人之上。在前者是典型的徵收，例如土地法 208 條以下的為公共事業徵收土地；後者在「有利私人之徵收」，國家徵收私人土地後再轉售給經營公共事業、工業或購買國民住宅之私人。因此古典徵收代表

---

❸ 不過當注意大法官在釋字第 336 號所提出之特別犧牲的概念，卻是誤用，用以說明都市計畫中列為公共保留地未設取得期限的規地是合憲的，說明這些地主的權益為公益作出特別犧牲。故大法官明知地主犧牲，卻承認可以不予補償，乃不合理之至！

著「財產權移轉」的特徵。

在德國威瑪憲法時代才產生的擴張徵收概念，則認為如因公共利益之需要，對私人財產權所課予過度的限制時，即使沒有犧牲其財產權，但這種使用權限的過度限制，已違反平等權，故應視為徵收之侵犯，而應給予適度之補償。

我國大法官的關於徵收概念多半採行古典徵收的概念。惟釋字第 516 號解釋開始，已採納了新的擴張徵收之概念。此見諸釋字第 516 號解釋理由書：「憲法第十五條規定，人民之財產權應予保障。此一規定旨在確保個人依財產之存續狀態，行使其自由使用、收益及處分之權能，並免於遭受公權力或第三人之侵害。國家因公用或因其他公益目的之必要，雖得依法徵收人民之財產，但應給予合理之補償。此項補償乃係因財產徵收，對被徵收財產之所有人而言，係為公共利益所受之特別犧牲，國家自應予以補償，以填補其財產權被剝奪或其權能受限制之損失。故補償不僅需相當，為減少財產所有人之損害，更應儘速發給，方符憲法上開保障人民財產權之意旨（本院釋字第 400 號、第 425 號解釋參照）。」

上述所謂的「以填補其財產權被剝奪或其權能受限制之損失」便是採納徵收擴張概念的明證。當然，易與財產權的社會義務產生混淆。

然而釋字第 516 號解釋的意旨並未被立法與司法實務廣泛承認，例如水利法 (100.06.01) 第 82 條：「水道治理計畫線或堤防預定線內之土地，經主管機關報請上級主管機關核定公告後，得依法徵收之；未徵收者，為防止水患，並得限制其使用，但不得逕為分割登記。」此即是我國目前土地法實務最受人詬病的「徵收保留」之制度。人民的土地為了將來實施的徵收計畫，而長期陷於不能自由使用的桎梏之中。類此情形，已屬於為了公共利益的特別犧牲，已形同徵收。為此，德國已將這種長期、不可預期及超越社會期待的「忍受」對財產權內容的限制，視為應給予公正補償之侵犯，稱為「有補償義務的財產權限制」(ausgleichspflichtige Eigentumsbeschränkung)。然而大法官實務，尚不承認此種侵犯為類似徵收之侵犯也。參見大法官第 1427 次大會 (104.01.07)，會台 09981 號聲請案之不受理決議。另外，所謂的「公共地役權」，亦屬此例。我國目前仍有甚多的既成道路，是未辦理徵收的私人土地。這些土地依大法官釋字第 400 號解釋與 440 號解釋，皆應給予補償。但我國政府限於財力無法支付此龐大的補償費，故大法官解釋第 400 號 (85.04.12) 作成至今，已超過二十五年，似乎解決之日遙遙無期也 ❹。本書以為類似這種因歷史因素（許多這類土地都是在日據時代、

法治落伍所劃歸道路使用）所造成的徵收，其補償無庸硬性以市價補償，而由立法決定，以象徵性的補償，來逐步解決此問題，以顯示國家於彌補人民財產權的損失上，已竭盡能力的心意矣！

（二）徵收的條件

為求平衡人民財產權、平等權與公共利益之需求，現代民主國家對公益徵收制度，便是嚴格地界定因徵收所滿足「公共利益」之範圍；以及給予正當的補償。可分述如下：

1.徵收的公益要件

徵收是政府強制剝奪人民財產標的之行為，僅有出於絕對重大的公共利益，方可行使這種強烈的公權力手段。此絕對公益，不包括「國庫利益」，且多以公用性為特徵（即徵收為公用事業之目的）❺。同時對於政府所提報之徵收計畫（乃行政處分），是否真正具有徵收的目的、必要性？人民如有懷疑，皆可由行政法院來審查之。

我國土地法 (95.06.14) 第 208 條規定國家為國防設備、交通事業、公用事業等事項，在事業必要範圍內得徵收私人之土地。依同法第 209 條，國家為實施經濟政策，亦得以法律方式，徵收私有土地，例如依已廢止獎勵投資條例 (94.01.30) 第 58 條，政府為興建工業區，可徵收私人土地，轉售予設廠之法人（如股份有限公司）。依第 212 條規定，為實施國家經濟政策，新設都市地域、舉辦國防或公用事業，亦得就一定區域內之土地重新分宗整理，而為區段徵收。另外依平均地權條例 (83.02.02) 第 53 條亦許可行政機關為開發新設都市及新市區，以及更新舊市區，農村社區時，進行區段徵收。因此，目前我國法律許可行政機關以相當的「公益考量」來徵收私人土地。而對於土地所有人的保障，惟有諸如「買回權」——如土地法第 219 條許可當徵收補償發給完竣屆滿一年，仍未依徵收計畫開始使用土地，及土地未由依徵收計畫原核定事業機構所使用時，原土地所有人能原價買回或優先承受權。

在買回權部分，是讓徵收機關確實有在使用該徵收的土地，以免讓人民平白被徵收機關假借一個徵收計畫而犧牲了財產權。大法官在釋字第 763 號解釋，已經對土地法第 219 條只是規定徵收補償發給完竣屆滿一年，作為該「未依徵收目的使用土地」

---

❹ 參見蔡宗珍，既成道路之徵收補償問題，刊載於：葛克昌、林明鏘主編，行政法實務與理論(一)，元照，民國九十二年三月，第 163 頁以下；李惠宗，憲法要義，第 295 頁以下。

❺ 陳新民，公益徵收的目的，刊載於：憲法基本權利之基本理論（上冊），第 356 頁以下。

的起算點，但是「並未規定該管直轄市或縣（市）主管機關就被徵收土地之後續使用情形，應定期通知原土地所有權人或依法公告，致其無從及時獲知充分資訊，俾判斷是否行使收回權，不符憲法要求之正當行政程序，於此範圍內，有違憲法第 15 條保障人民財產權之意旨」。這個解釋對於人民的買回權，有更清楚的保障功能 ❻。

在優先承受權部分，如土地以第 218 條規定區段徵收之土地於分段整理後，將土地放領出賣或租賃，原土地所有權人或土地他項權利人有優先承受權。雖然人民可就徵收計畫有無合法，提出行政訴訟，行政法院亦可實質審核該計畫有無「逾越徵收」必要限度，以及該徵收計畫是否真為公益所必需。但鑑於行政法院對這些計畫的專業性及對行政機關裁量權的尊重，率於程序方面審查有無瑕疵而已。由實務界迄今仍未見諸支持人民否認徵收計畫的「公益性欠缺」案例，可知人民要訴請法院「制止」一個徵收計畫，委實不易也。

2.符合市價標準的補償

公益徵收是犧牲人民財產標的之制度，但並不能讓人民毫無所得的喪失其財產權。故理想的補償方式是被徵收之人民能以補償費獲得另一個與被徵收物等值的財產標的，此才符合公平之法理。就此意義而言，財產權保障 (Eigentumsgarantie) 即變成「財產價值之保障」(Eigentumswertsgarantie)。不過，即使在實施憲政的國家，常常囿於國家財力之困窘，無法以「完全市價」之方式來支付補償費。例如西方各國在經過戰亂後的重建計畫中，經常對徵收人民財產，僅給予象徵意義的補償費。而我國在民國四十二年，為了貫徹憲法第 143 條第 4 項，扶持自耕農之旨意及保護佃農免受到地主之剝削，而制定的「實施耕者有其田條例」(82.07.30)，其中第 14 條規定徵收耕地的地價所採行之補償標準，是以土地主要作物正產品年產量的兩倍半計算。由這些明顯偏低的補償費看來，被徵收人民的損失是何其鉅大！在國家財力不濟而百廢待興之際，偏低的徵收補償標準勉強可獲得其正當性，惟若社會回復到富裕的層次，國庫亦不虞匱乏之時，則對人民的徵收補償，即必須以全額方式補償之。其中最值注意者，是採取「重置價格」的補償，讓人民可獲得與所失財產有關價值之財產。

㈢我國徵收的補償制度

我國目前法律規定的徵收補償標準不一，計有三種：第一種，協議決定：如國民

---

❻ 參閱拙作：憲法財產權保障的陰暗角落──論徵收的買回權問題，載於法治國家原則之檢驗，元照，民國九十六年七月初版，頁 271。

住宅條例 (94.01.26) 第 10 條規定徵收地價補償，由雙方協議決定，協議不成，報請上級機關核定。易言之，地價補償標準即失去確定性。同時上級機關擁有最後核定權，亦甚不妥！

　　第二種，公告地價：依平均地權條例 (94.01.30) 第 10 條規定，徵收土地之補償以公告地價。同者，如依土地法第 239 條的補償標準可分成法定地價、最後移轉時之地價及估定地價三種，都是經過地方政府「確定」的地價，故可以包括在公告地價的意義之內。在徵收土地上的建築物及農作物方面，平均地權條例並未規定，因而必須依土地法之規定決之。依土地法第 244 條規定，建築物應給予「相當」之遷移費。農作物於一年內成熟者，予全額之孳息補償（第 242 條）。若建築物一併徵收時，就必須一併補償，其標準為「重新建築需要費額」──即「重置價格」──。因此農作物及建築之補償，係以市價為標準。至於土地的補償係依公告地價補償，而公告地價往往因評定地價程序太過迂緩、僵硬，不能真正的反映市價，故在房地產資訊已經能極快速及科技性提供評定市價的參考時，公告地價的制度即應式微！

　　第三種，市價補償：繼土地法引進市價補償建築物後，在已於民國七十九年間廢止的獎勵投資條例 (71.07.26) 第 56 條曾規定因為政府開發工業用地而徵收土地時，應給予「市價補償」。所謂市價，係指「按被徵收土地原使用性質與當地使用性質相同之一般買賣價格」，徵收土地之地上建築物亦應依「重置價格」予以補償。類似規定，例如國民住宅條例 (94.01.26) 第 10 條 3 項對建築物的補償。

　　民國八十九年二月三日公布的「土地徵收條例」作為徵收及補償的「準據法」。依本法第 30 條規定被徵收土地以當時「公告土地現值」補償其地價。但必要時得「加成補償」。此加成補償乃比照一般正常交易價格所定。依都市計畫法第 49 條 1 項之規定，此加成最高以不超過百分之四十為限。故徵收補償地價是以市價為原則。本法第 31 條 1 項規定建築改良物之補償按當時該改良建築物之「重建價格」估定。第 2 項規定農作物改良物的孳息在成熟期一年內，以成熟時價格估定。故已援引土地法的規定將建築物及農作物亦同於土地補償，都是以市價為補償標準。至於其他因徵收所造成的損害，第 33 條 1 項規定：建築改良物原供合法營業之用，因徵收而致停止營業或營業規模縮小之損失，應予補償。第 34 條也規定遷移費也列入可請求的項目。除這些損失外其他例如開辦費、廣告費……，則不在補償的範圍內。因此是國家基於全民「負擔平等」(Lastengleichheit) 的正義原則，應由國庫承擔少數不幸人民的損失。

㈣徵收補償費得否為所得稅課徵客體？

　　徵收之補償費既係公正補償人民為公共利益的犧牲所發給，因此不應該視同「收入」，而列入所得稅的課徵客體。但司法院釋字 508 號解釋已將「出租耕地的徵收」給予承租人的補償費，列入課稅取得之範圍 ❼。另外，在個人領取拆遷補償費的情形，實務上認為「係屬損害補償之性質，尚無所得發生，不得徵綜合所得稅」 ❽。

　　至於營利事業的情況則不同。依釋字第 607 號解釋，肯定對於營利事業的課稅能與個人不同。大法官認為營利事業所領取的地上物拆遷補償費，如於扣減相關成本費用、損失後，仍有餘額時，即有稅賦能力，應就該筆取得核實課徵稅捐。這個見解雖然符合「量能課稅」原理 ❾，但既是以徵收補償為課徵之對象，無疑是使義務人蒙第二次之打擊，也是屬於公權力雙重侵害，違反憲法財產權保障之原則。同時，以個人領取補償費後，不似營利事業會有設置明白的帳簿憑證或其他成本費用資料，來作為計算有無「溢收補償費」的基準，從而有不同的應課稅與否之義務，也有違平等原則。故本號解釋似有違憲之虞！

四、國有化

　　另一個涉及公權力侵犯財產權的問題，即是所謂的私人產業的「國有化」問題。國家可否將私人產業收歸國有？查國有化制度與公益徵收極其相似，只不過後者多半就個案的不動產及動產的徵收，前者則是針對某種產業或某企業的所有權移轉。由於現代國家之任務往往擴及於民生福祉與經濟秩序的穩定，認為國家對於事涉民生之企業，有收歸國有之必要，以避免產生受私人操縱之弊病。此外基於國家安全的考量，對於國防工業等相關的企業，也有認為應由國家經營為妥。為了保障企業的財產權，國有化制度如同公益徵收，必須有明白之公益需求與法律基礎，且須給予企業所有權

---

❼ 蘇俊雄大法官在本號解釋部分不同意見書已指出：蓋非有財產收入之外觀，即屬本法（所得稅法）課徵標的。尚必須有引起財產收入的經濟行為結果，造成整體增加時，方屬之。最典型的例子為，因財產損失所得之賠償金或補償金為填補損失之用，非形成整體財產之增加，故對賠償、補償金自不得列入所得課徵。

❽ 財政部 91.01.31 台財稅字第 0910450396 函。另見最高行政法院 91 判 2238 號判決、92 判 435 號判決也持同樣見解。

❾ 至於政府補助私營交通公司行使偏遠地區之補助費應否視為營業收入而應報繳營業稅問題，司法院釋字第 661 號解釋，洵為正確。可參見作者在該號解釋之部分協同部分不同意見書。另參見：陳清秀，損失補償之課稅法理——評釋字 607 號解釋，臺灣本土法學雜誌，第 79 期，第 278 頁。

人公正補償。例如德國基本法第 15 條遂規定政府得立法將某些產業及天然資源與土地，收歸公有，而比照徵收制度予以補償。不過，自基本法公布迄今近半世紀，德國並未制定任何一項國有化之法律。所以本條文是基本法內一個「死條文」。英國在一九五〇年代曾陸續將一些交通企業及民生工業收歸國有，但四十年來的國營事業普遍績效不彰，近幾年來遂陸續將國營企業開放民營，倒走上「反國有化」之方向。

憲法秉承孫中山先生三民主義之遺教，在第 142 條以下，尤其是第 144 條規定節制私人資本，發達國家資本。私人企業如有害國計民生，得以法律限制之，但公用事業及獨占性之企業是以公營為原則，民營為例外。如果一獨占性企業本係民營時，雖可經過徵收而為國有，但必須給予公正的補償。換言之，我國憲法並未嚴格區分徵收和國有化政策之概念。在實施國有化的過程中，應依「整個種類之產業」，而不得針對某家企業為立法之對象；否則即屬違反基於平等原則的「個案法律禁止」之原則，肇致違憲之後果，此亦為德國基本法第 15 條所揭櫫的理念（不過德國並未實施過）。因為法律之制定必須針對抽象，而非特定的對象；否則，以代表全國民意給予特定之國民利益或不利益，其便涉及違反權力分立之原則，而侵犯到具有個案性質的執行公權力之行政或司法權力。立法者的個案立法往往也無法提供被規範的人民充分法律程序之保障。最後，在政府目前大力強調我國的經濟應走向「自由化」時，許多國營事業已經開放民營可知，國營事業績效不彰，已是中外常見之通例。特別是最老牌的英國，已經勇於修正國有化之政策，我國當應仍然僵硬的繼續實施國有化政策，重蹈英國之覆轍？答案是再清楚不過的了。

參、財產權的社會義務

財產權保障是承認國家有義務讓人民保有「生存及發展自我之資」。人民並非完全靠國家豢養的寄生蟲，應該具有自食其力的基礎與能力。為使能獲得合乎人性尊嚴的生活，就物質供給面觀之，必須憑藉財產權制度，使人民保有工作所得及享受所得，以確保其繼續工作之意願，豐裕物資之來源（有恆產者方有恆心）。在財產權法律規範方面，除上述有關財產權「制度性」保障所衍生的各種制度與問題外，還有一個問題值得一述：財產權的「社會義務」(Sozialpflicht des Eigentums)。正如同所有的人權都不可以濫用而為危害公益一樣，人民如濫用財產權，為害猶烈。最明顯的例子，如事業肆行兼併等不正競爭之行為、工廠不顧環保法規要求的生產行為……均為著例。

因此，德國威瑪憲法在第 153 條 3 項規定，首先明定「財產權負有義務，行使財產權必須兼顧公共利益之要求」之理念；德國基本法第 14 條亦從之。現代憲法思潮要求財產權負有此「社會公益之義務」，也是著眼於資本主義下，人民若唯利是圖，則經濟活動的惡性弊病，如不正競爭、貧富不均等，都會腐蝕國家憲政制度所追求的社會正義及社會和諧之秩序，所以每個財產權都有責無旁貸之社會義務。對一般國民而言，固然可以解釋為立法者應以法律禁止人民對其財產為有害於社會之使用，例如透過刑事立法處罰金錢投機賭博之行為，並且沒收這些財產等。憲法規定財產權負有社會義務之積極面，人民財產應該依法律而忍受因公共利益，而對財產所施加之限制。例如，因開闢公路所產生之噪音，沿途居民應忍受之；因公益徵收之需，要求人民必須接受徵收之處分而領受補償費用；工廠因環保公益之需，必須接受法定環保標準之要求；甚至在最重大意義的「平均社會財富」的立法方面，也必須接受高所得者須負擔較多的累進稅與遺產稅，所以現代憲法的財產權保障已不再是服膺所謂的「絕對保障論」，而是「相對保障論」。大法官在釋字第 564 號解釋對公告禁止設攤之地主土地利用權之限制，係為維持人車交通順暢之目的，且限制尚屬輕微未逾比例原則，大法官在解釋理由中特別援引財產權同時應負擔之社會義務，作為合理限制之依據也。

肆、財產權的內容

由財產權受到「社會義務性」的拘束，也可看出財產權與法律之關係呈現的多樣化狀態。財產權不再只是受到法律的「限制」而已，反而是更進一步提出什麼才是財產權內容之問題。譬如德國威瑪憲法第 153 條 1 項，首見財產權的內容及界限由法律定之的規定，德國基本法第 14 條亦同。

一、「財產權內容」的立法規範

法律可以規定什麼物質方可構成財產權的標的，其實早已屢見不鮮。例如刑法（第 38 條）規定對於「違禁物」可予沒收，即顯示出「違禁物」的不具備財產權「內容」之資格；建築法 (100.01.05) 規定對違法建築物可強制拆除（第 86 條）；野生動物保育法所規定之不得為民眾擁有之野生動物等，皆可看出法律規範財產權內容的重要性。

惟此規範，尤其是「內容的界限」，自然對財產權人造成很大的限制，例如對土地劃為限建區者，便不能擁有建築自由，嚴重影響地價。這種立法規範，且常以新法取

代舊法之規定，亦可能造成財產內容的變更，使財產權人的權利受到增減的影響。但傳統學說認為，儘管有損失也不得視為「應補償之徵收」。

故「財產內容的法定規範」無法與「徵收」概念截然劃分。若法律對財產內容為過度之限制，達到對財產權人造成不公平之過度犧牲時，如前述水利法對行水區土地所有權人的限制，應當視為對公共利益的犧牲，屬於「擴張之徵收概念」，應予以補償。我國最近亦有採此立法例者，例如自來水法 (103.01.29) 即對水質水量保護區內土地受限制之使用者或所有權人，發放補償金之規定（第 12 條之 2），便是進步的立法。

二、著作權

另一個特別明顯的例子乃是著作權：依著作權法 (99.02.10) 發展的趨勢係儘量擴大著作權保障的範圍，依傳統的財產權理念，財產權人得對其財產為任何的使用、收益，故房屋所有權人得對房屋為出租、自用或買賣。這是所謂財產權的「標的處分自由權」。然而著作權法卻區分著作權為著作所有權人及著作財產權人，而其擁有者不可以對該著作物（如書籍、美術品），自由的加以出租、展示重製（本法第 22 條至 29 條），此權利仍在著作權人手中。故著作權的規定已經打破了傳統財產權理論所建立的對財產權標的所有權人所擁有的排他的「自由處分權」。這也是財產權的內容可以由法律來予界定的例子。

因此著作權法保障著作權人之效果不可謂不強。然而，著作權亦係財產權的一種，屬無體財產權，且必須負起促進社會公益的義務（同法第 1 條）❿。著作是一種智慧與精神的產物，國家一方面要保障著作人的心血結晶，使得著作人能獲得經濟利益，藉以鼓勵創作風氣；但在另一方面，保障著作權不純為保障私人而已，也有促進社會文化的傳播及提升其水準之功能。在後者的意義上，著作權的保障範圍即必須受到限制。例如，對於一個音樂創作者採嚴格保障主義有「衍生權」，例如禁止其他作曲家將原主題曲或旋律，改編為變奏曲、交響曲（詩）、歌劇等，則文化的豐富便無從談起！同樣的，若可限制他人對著作的演出，則除作曲人指定的歌手外，他人便不得公開演出，如此文化就無從傳播！

因此，著作權的保障斷不可流入「絕對保障」的窠臼，而走回了「財產權絕對保

---

❿ 例如國內著作權之論著皆強調智慧財產權的內容具有「絕對性、排他性」。參見謝銘洋，智慧財產權之概念與法律體系，刊載氏著：智慧財產權之基礎理論(一)，民國八十四年，第 21 頁以下。

障」觀點的死胡同。因此，著作權法對著作權內容的規定方面，應斟酌國家文化功能所具有的「公益考量」，不能只考量著作權人所享有的權限，才不致於使著作權制度演變成為「個人主義」式的產物⓫。

所以，智慧財產權內容的確定，攸關個人創作權益的保障與國家文化公共利益的提升，故其具有制度性保障的色彩亦極濃厚，也給予立法者一個更應全盤考量其所具「社會義務性」的立法權限與任務⓬。

伍、財產權保障的重心轉移——由所有權保障朝向企業經營權的保障

隨著社會經濟與結構的發展，憲法財產權保障也產生了重心轉移的現象，這是基於經濟憲法與產業憲法、勞動憲法及社會憲法概念的興起，讓憲法財產權保障的重心，本來只是保障國民擁有財產標的及持續地擁有之，避免來自國家例如不當公用徵收的侵犯，轉變為國家要確保人民透過選擇職業、工作獲得生存與發展人生價值的權利，亦即透過經濟與商業行為的獲利來謀求財產，這也是憲法財產權保障由法國大革命時代的政治性憲法，轉換為現代的經濟憲法或產業憲法與社會勞動憲法等。同時商業社會離開不了商業結社，因此財產權保障也與結社權等結合在一起。這顯示出憲法規範的徵收法制本在要防止政府不當侵犯人民所有權般，已經延伸到保障「已成立且運作的營業」(Der eingerichtete-und ausgeübte Gewerbebetrieb)⓭，因此並產生所謂的「持續保障」的問題，亦即保障財產權的「時間因素」之上，而產生所謂的「持續經營權」的保障。

鑑於許多大型企業都是廣大投資人的財產權標的，也是生活之質的來源。經濟與產業活動恆有行政管制的制度，例如採許可制，且執照有一定的年限。而此年限的規定，在行政法學上乃屬於附款（期限）的行為（我國行政程序法第 93 條）。而在年限屆滿後，行政機關決定是否給予延續，乃屬行政裁量，傳統行政法學界認為該過期之執照即屬作廢。如此一來，即使在執照有效期內奉公守法之企業，可能即遭廢照而必

⓫ 參見謝銘洋，契約自由原則在智慧財產權授權契約中之運用及其限制，收錄：前述書，第 77 頁。
⓬ 參閱拙作「著作權的社會義務」一文刊載：台大法學論叢，第三十七卷第四期，民國九十七年四月，第 115 頁以下。
⓭ 這是德國聯邦法院長年來對徵收實體的保障見解，可參見陳新民，憲法財產權保障之體系與公益徵收之概念，刊載憲法基本權利之基本理論上冊，第 292 頁。

須結束營業的後果。如此一來對於龐大的財產價值標的、就業機會及商譽等的巨大損失，難謂不侵犯到廣大投資人的財產權利。也使國家社會不會存在百年企業。

為此，德國著名的公法學者毛勒教授 (H. Maurer) 在 1990 年代就提出來的新的財產權保障理論——即「存續保障」理論 (Kontinuitätsgewähr)，便認為基於法治國家的信賴保護理論，財產權保障既然是來自於憲法位階的原則，則行政程序法有關於期限的規定，不能夠牴觸到比行政程序規定更高位階的憲法財產權（永續保障）的原則。因此一個企業在擁有許可的期限內，如果沒有嚴重違法的行為（適用重要性理論），否則在換照許可時，行政機關必須斟酌此對當事人有利的因素，而給予延長執照，如此才可保障守法企業的永續經營權。此時因為該企業既有的營運成效、造就龐大的工作機會以及形成廣大的財產權保障利益，都足以作為形成「不違反平等原則」的正當理由。這種行政機關延長執照的裁量權，在此情形存在時，已經退化成「裁量萎縮至零」的現象，行政機關只有延長其執照年限之義務❹。

因此行政程序法的期限附款規定，等於「定期審查制」，而非定期一律失效制，方可以確保人民財產的永續經營權利，避免行政機關的濫權侵犯❺。

同樣地，憲法保障財產權既然重心已經移到了工業社會的商業經營權，財產權保障最重要的「制度性」保障——即所謂的「私使用性原則」(Privatnützigkeit)，所有權人應該可以充分的運用其財產標的，取得最大的利益。因此財產的處分權，也是財產權保障的主要內容。近年來為了其他的重要公益，例如德國在五〇年代，興起的「勞工參與權」制度，並在一九七六年完成立法。這是為了讓大企業的勞工參與公司的重要決策，避免公司資方的單方決定，例如關廠或合併，而侵害了勞方的就業權利，而創設這種勞工參與公司決策制度。這便侵犯了財產權人的自由處分財產的制度性保障。德國聯邦憲法法院做出的裁判，確認了這種制度的合憲性，便是基於重大的公益所考量❻。

我國亦有類似的案例，例如保險法第 146 條之 1 規定，保險公司如果投資核准公

---

❹ 參見德國當代最著名的公法學者毛勒所著的「存續保障與信賴保護」，H. Maurer, §60 Kontinuitätsgewähr und Vertrauenschutz, in: Isensee/Kirchhof, Handbuch des Staatsrechts, Bd. III, 2., Aufl., 1996, S. 213. 以及陳新民，由憲法保障財產權論企業的永續經營，刊載於民國一〇六年中華法學第十七期，第 29 頁以下。

❺ 可參見作者在釋字第 678 號解釋協同意見書，以及陳新民，由憲法保障財產權論企業的永續經營，刊載於民國一〇六年中華法學第十七期，第 53 頁。

❻ 參閱拙作：憲法財產權保障之體系與公益徵收之概念，刊載：基本權利（上冊），註 45–47 本文。

開發行之公司股票，則不能擔任該公司的董監事、監察人及其選舉表決權，以及經理人❼。這便是限制了保險公司，便不能夠擔任所投資公開發行公司的負責人，自然也不能夠參與該公司的決策與運作。如此便侵犯了人壽公司以及其投資的股東的財產權人對其標的自由運作之權利。這種限制人壽公司財產權人的財產制度性保障，以及私使用性原則，有無憲法上的重要公益考量，抑或是立法者的一時所好？恐怕有違憲之虞。

---

❼ 該條文規定：保險業依第一項第三款及第六款投資，不得有下列情事之一：一、以保險業或其代表人擔任被投資公司董事、監察人。二、行使對被投資公司董事、監察人選舉之表決權。三、指派人員獲聘為被投資公司經理人。四、擔任被投資證券化商品之信託監察人。五、與第三人以信託、委任或其他契約約定或以協議、授權或其他方法參與對被投資公司之經營、被投資不動產投資信託基金之經營、管理。但不包括該基金之清算。

第二十二節　工作權

壹、工作權之概念

按人民之工作權，乃指人民以一定、持續性行為，獲得經濟報酬或其他自認為有價值之回報。憲法係保障人民擁有得選擇、並進行這種工作之權利。

人民不可能每日無所事事。人民之展開工作可能基於「追求自我價值」或「發展人生觀」等動機。人民行為之自由，指可以隨己自由而行為，可劃歸在憲法保障人民「概括行為自由」（憲法第 22 條）的範疇之內 ❶。

至於憲法之所以要把工作權特別列為一種人權，即和上述之人民發展自我權脫離。易言之，乃回到現代社會生活「現實面」所為之保障。

憲法第 15 條保障人民之工作權。所謂憲法的工作權，乃指人民有自由選擇、從事職業之自由。故人民的工作權即與職業權一致。質言之，工作權作為基本人權之一，即有下列之特徵：

一、必須與「維持生計」有密切的關聯性

憲法第 15 條所保障的三種經濟基本法皆與經濟目的有關。故人民之從事工作之目的，雖然可以出於純粹之興趣、獲得象徵性之報酬，甚至無任何報酬（如擔任法人之董事），或是可能只是附帶性質之「非主要」工作（如副業），但何種方列為憲法所保障之工作權？

以工作權與職業權及營業權合而為一的角度出發，所有獲得「生活之資」，以維持生計者，皆可視之（見大法官釋字第 404 號解釋）。故不論獲取此生活之資之主要來源，抑或只是部分或附帶、輔助之來源者，皆可列入也。否則，若國家對某種職業採取管制等規範措施——如對藥房或計程車事業——若解釋只對「全職」之藥劑師或計程車業者方構成工作權限制，對兼職藥師或司機即不構成侵犯工作權，即不合常理甚明！

惟收入與工作是否成比例（如上述可提及之副業），即可不論也。而其他工作，如

---

❶ 李震山，多元、寬容與人權保障——以憲法未列舉權之保障為中心，民國九十四年，第 147 頁以下參照。

屬於榮譽性質、未領報酬之工作，或只是象徵性酬勞之工作，雖然他可能花費人民許多時間，與一般職業無異，但既作為與「生活之資」之關聯性極微，即可不列入工作權之範圍❷。

二、工作權與一般人格權之區別

前述的「維持生計」經濟目的，是指工作與生活關聯性而言。在價值多元化的現代社會有不少工作乃需要專職性的投入，與一般職業無異。而其工作之報酬並不以經濟目的來衡量。例如宗教師、慈善事業工作人士。這些工作多半具理想性、非營利性，亦即一般所指「滿足自我價值」之工作。故本身並無經濟目的之存在。至於維持其個人及工作組織（如教會或慈善團體）之生計支柱可能另有來源（如個人家財挹注或外界捐款），此與憲法意義上的工作權，已有距離。

上述工作也多涉及憲法其他權利，例如宗教自由（如宗教工作），或一般行為自由（從事慈善事業）產生競合，亦即概念上，上述非營利性、與不謀求生活之資的工作，不必一起納入憲法工作權之範疇，以凸顯受國家高度保護之工作權與人民維持生活所繫的經濟來源之重要性。至於「非謀求生活之資」的工作，可將之列入憲法第 22 條保障之「一般人格權」的範圍❸。

但大法官在釋字第 659 號解釋則不做此區分，視職業自由為「人民充實生活內涵及自由發展人格所必要，不因職業之性質為公益或私益、營利或非營利而有異，均屬憲法第 15 條工作權保障之範疇」。

貳、工作權之法律性質

一、視為自由權之工作權

將工作權視為人民擁有自由選擇、從事職業，以謀求生活之資的權利，如大法官釋字第 510 號解釋所宣示之意旨。此工作權即視同傳統之人權，具有防止國家公權力不當侵犯的「防禦權」(Abwehrrechte) 之性質。大法官將工作權視為自由權之一種，可援引憲法第 23 條的規定，作為界定人民擁有無行使此工作與職業自由的界線（如釋

---

❷ 參見作者在釋字第 659 號協同意見書所表示之見解。

❸ 故從事上述工作者，雖然仍可稱之為從事該「職業」，但在憲法上的判斷，即和其他職業權有所差別也。

字第 612 號、634 號、637 號、649 號、659 號），與一般自由權無異。

二、視為社會基本權？

人民之工作權，可否由防止國家對其自由選擇及從事職業之自由，進一步推展到承認人民擁有向國家請求給予工作之權？亦即視為「社會基本權」？

誠然，我國憲法中已在第 52 條規定：「人民具有工作能力者，國家應予以適當之工作機會」，已採納此一權利概念。

然而，社會基本權的制度主要在憲法基本國策中規定而來，主要代表憲法對國家立法權發展的重視。但這些社會基本權多半仍屬於純粹對立法者立法指示的「方針條款」，或可進而作為違憲審查基準的「憲法委託」或「制度性保障條款」，但是，能否作為賦予人民直接向行政法院謀求國家給付權利的「公法權利」條款？易言之，憲法第 152 條可否創設失業人民向國家謀求給予一個工作之謀求權？答案恐係否定也❹。

這也必須基於一個民主、實行自由經濟之國家，人民必須在自由市場中追求工作機會。不似在實施國家計畫經濟的社會主義國家，國家掌握所有工作的分配大權，理論上方有可能造成「人人就業」的理想❺。故民主法治國家唯有在經濟及社會政策上追求「最大就業可能性」，方使國民實質上享受到「完全就業」的利益也。

至於與工作權一併列在第 15 條保障的生存權，也和工作權一樣，是否具有社會基本權性質之問題，可見本書下節（肆）討論之。

參、工作自由的界線與檢驗標準

視為自由權的工作權，往往以從事某一職業來實踐之。故工作自由可概括視為選擇及從事職業自由，已於前敘。職業自由如同一般自由權，可依憲法第 23 條為了公共利益，而受到法律之限制。

在現代科技昌明之時代，人民如須從事一定之職業，如涉及專業技術或智識者，即需經過考試或其他檢定程序，以獲得執業之資格。憲法第 86 條 2 款即將專門職業及技術人員之職業資格，交由考試院考選決定之。

---

❹ 參見本書第四十五節參處。

❺ 這個「人人有工作」的「理想」，人類歷史上似乎只有短暫在史大林及毛澤東統治時代中實施，但同時也是暴政程度最高之時代也。

　　此外，對於人民從事職業行為的管理，亦可由法律為之。然而，立法者如何掌握規範人民職業自由的界線？德國聯邦憲法法院在 1956 年 6 月 1 日作出著名的「藥房案」(Apothekenurteil) 判決中所提出的「三階段理論」(Dreistufentheorie)，廣泛受到重視：

　　「三階段理論」是依法律對人民職業自由侵犯的大小，所根據的公共利益分量的高低，從而界定出立法者形成權限的大小。一語以蔽之，如果涉及人民職業自由程度愈重，就需要愈高度的公共利益依據，從而立法者採行限制手段的判斷空間益形縮小，其合憲性的檢驗標準也從嚴審查也。

　　此「三階段理論」即以三種審查標準來保障人民職業自由，避免遭到立法者的侵犯：

　　1.寬鬆審查標準：這是針對職業自由之行使所為之限制，乃類同一般自由權受到比例原則的拘束。此時，人民已從事該職業，享有過選擇及從事該職業之權利。只是行使此自由之過程中受到限制。故無庸課予太嚴格的合憲控制。例如執行業務之地點（如釋字第 711 號解釋）、時間的限制，營業場所的安全設備、管理規定、行業的規定……，只要立法者出於公益判斷，如無明顯牴觸平等原則等，釋憲機關衡以尊重立法者所為之公益與採取手段合乎比例原則的判斷。

　　2.中度審查標準：這是指涉「許可」人民選擇、從事某種職業方面，法規要求人民具備一定的「主觀條件」者，例如要求欲擔任專門職業或技術人員者，必須經過一定考試或其他資格（如教育程度）者，方得為之。

　　這種形同對人民享有職業自由權，已設定「享有門檻」之規定，無異顛倒憲法人權規定——以享有人權為原則、限制為例外（憲法第 23 條之意旨），轉變為：「先獲得資格，方可享受人權」，雖非不許可，但究屬例外之情形也。

　　故立法者對哪些職業應該列入以「取得資格」為要件之職業範圍？基於哪些重要之公共利益？以及資格考試等內容……要件，都應受到較嚴格之審查。合憲審查對立法者之判斷不再給予高度信任，而以「中度標準」審查之 ❻。

---

❻ 這種中度審查標準也及於法律授權明確性，亦一併採中度審查。惟授權明確性只有明確與不明確授權的二分法。故仍需符合授權明確性原則。可參見司法院釋字第 612 號解釋即對此中度審查之工作權事項與授權明確性之關聯，有明確的說明。故依專門職業及技術人員考試法第 2 條，將哪些人員是屬於需經考試才取得職業資格者，授權由考試院以法規定之。故非「法律保留」，而係「法規保留」，即與涉及職業自由的「主觀要件」規定應為

3.高度審查標準：這是指人民取得從事某種職業的要件並非「操之在己」的可以由個人的努力、學習……來獲得，無寧透過一個外在、客觀的「條件」，例如種族、族裔、該行業的總量管制❼……等因素來做限制。例如在涉及國家提供「優惠性措施」(Affirmative Action)，為保障少數民族之就業機會，而提供給某些職業別（如導遊、特產店或獵人等），專門予少數民族者來從事；為確保殘障人士而將某種工作「獨占化」（如只准視障者從事按摩業，見釋字第 649 號解釋）……，或是為了總量管制計程車，而訂定開放一定數量之執照，都是此種例子。這種情形最容易滲入違反平等權的歧視因素，所以必須採取最嚴格之審查標準，其乃因為在這種情形基本上是「封閉」一般人民自由、且憑自己努力（事在人為）獲得工作之機會。反而繫於「非可歸責於己」之要件，即易淘空人民之工作權。故德國聯邦憲法法院在這第三種「繫於外在條件」採取最嚴格之審查標準，也和美國最高法院在論及黑白種族的區別待遇之採取「嚴格審查標準」(Strict Scrutiny Test)，立論一致也。我國大法官甚早承認對職業自由予以限制如釋字第 191 號，但遲在釋字第 584 號解釋方開始「接觸」此三階段理論，明白宣示；對職業自由因其內容差異，可採取寬嚴不同之限制（同見釋字第 682 號解釋）。對主觀條件之規範，要比對執行職業具有更大的公益目的，及適用比例原則為更嚴格之檢驗。故嚴格而言，仍只是「二階段」理論而已。易言之，釋字第 584 號解釋只承認寬鬆及中度審查標準：立法者可以追求一般公益，而對人民從事工作之方法、時間、地點等屬於執行職業自由之事項，給予適當之限制。這屬於寬鬆的審查標準。

至若人民選擇職業自由，如屬應具備之主觀條件，如須個人應具備之專業能力或資格，且可由訓練培養而獲得者，如知識、學位、體能，立法者於有重要公共利益存在，自可以加以限制。這時即屬於較嚴格的審查模式。另一個例子，可舉釋字第 637 號解釋，也採取此「二階段」理論❽。

中度審查之要求不符也。可參見作者於大法官釋字第 655 號解釋之不同意見書。

❼ 就此而言，現今律師考試是以考前即定下一個「及格比例」（如應考率百分之八）為錄取人數之標準，即有違憲之虞乎？

❽ 可參見彭鳳至、徐璧湖大法官在釋字第 612 號解釋所提出之協同意見書。兩位大法官認為：大法官對於法律授權明確性與比例原則的審查標準，雖然都是採（嚴格審查與寬鬆審查）的「層級化審查標準」，但內容不同，不可混淆。前者乃針對涉及人民基本權利的種類（例如涉及生命及身體自由者，則採嚴格審查）或限制人民自由權利的措施性質（例如涉及刑罰則採嚴格審查、採行政罰或其他行政干預規定則採寬鬆審查）。至於對於後者比例原則——引釋字第 584 號解釋為例，以涉及職業主觀限制時，採用中度接近嚴格審查之標準，而非寬鬆審查標準。這兩位大法官的見解，似乎已經接近了採納三階段的審查標準。

　　另一個顯著的案例在釋字第 806 號解釋對於臺北市政府公布的街頭藝人活動的許可辦法，主管機關可藉由核發許可證的方式，審查街頭藝人的資格，大法官認為這種限制人民職業自由與藝術表現的規定，程序上應經過地方立法機關通過或獲得授權，方符合法律保留原則。另外針對主管機關得審查技藝部分，則侵犯人民選擇職業的主觀條件之限制，不符合比例原則並侵犯了職業選擇之自由，亦採納職業自由的主觀限制理論。

　　至於少數、且具體採取三階段理論，當是釋字第 649 號解釋。在本號解釋理由書，且進一步提出了對選擇職業自由如果基於「主、客觀條件」的限制，可以再區分為嚴格（中度）與最嚴格（最高度）的審查標準，亦即立法者必須基於高度與更高度的公益考量及比例原則的檢驗。而所謂的「客觀條件」為：「而人民選擇職業應具備之客觀條件，係指對從事特定職業之條件限制，非個人努力所可達成，例如行業獨占制度，則應以保護特別重要之公共利益始得為之。且不論何種情形之限制，所採之手段均須與比例原則無違。」

　　我國大法官在釋字第 649 號解釋明顯的已經完整的採取了德國聯邦憲法法院的三階段理論。惟應注意厥為：立法者並非不能為重大公益，而對人民從事某種職業，定下了嚴格的（客觀）條件之限制，只是釋憲審查密度更為嚴密罷了。易言之，釋憲者對這種立法合憲性的審查，已由（寬鬆審查之）信任立法者、（中度審查之）中立者，轉變成對立法者判斷之「懷疑者」，其審查手段自也益趨嚴格矣。

　　這種三種審查密度，儘管釋字第 649 號已經採納，但是這只不過是德國聯邦憲法法院對職業自由的限制，所創造出的審查標準，並不一定有放諸四海的絕對標準，例如，學術自由與講學自由對於大學教授而言，是否屬於「執行職業之內容」，從而立法者即可以以普通公益為由而加以限制，且釋憲機關卻以最寬鬆的標準來審查之？即有疑問。可見得三階段理論對某一些職業，例如藥房業者的限制規範，或許有其正確性：因為藥房的經營管理，涉及到廣大國民的健康利益，立法者的考量，極容易獲得正當性，故可給予最低度的違憲審查標準。

　　三階段理論也不一定能夠適用到限制其他基本人權之上。例如對於憲法一方面鼓勵私人興學，對成績優良者應予獎勵或補助（憲法第 167 條），但國家亦應對公私立學校依法加以監督（憲法第 162 條）。因此，國家對國內各公私立學校，由小學至大學的監督權限，就應有四種不同標準，由寬至最嚴格分別為：公立義務教育學校、私立國

民教育機構與公立高中、公立大學與私立高中；至於私立大學（享受大學自治與私校自治）則為最寬鬆的監督❾。即不能一概而論，而僵硬的只有三種審查標準也。

　　故本書以為，現代社會多元化，新的職業、種類如雨後春筍般的冒出，代表社會的活力澎湃，也是國家生命力的體現。立法者即應理智判斷此些新興職業可能帶來之「社會侵害性」，慎用比例原則與平等原則予以規範即足。故只是立法管制程序的寬嚴問題，不必硬套上主觀條件或客觀條件之限制矣！大法官在釋字第 711 號解釋只強調「立法者為此限制，其目的雖屬正當，惟仍不得逾越必要之程度，而對藥師之執行職業自由為過度限制，始符憲法第 23 條之比例原則」。而不再重複比例原則三階段的論述，是乃「返璞歸真」少數的好例子矣！

---

❾ 參見作者在司法院釋字第 659 號之協同意見書。

第二十三節　生存權

我國憲法第 15 條規定人民有生存權，生存權是指人民擁有生存之權利。傳統學說認為人民的生存權即是表示國家有義務尊重人民的生命，不能妄加殺戮；因此在專制時代帝王視人民為草芥，擁有生殺大權之情況已不復現。生存權乃表示國家承認此尊重人命的最高要求。這種根源於主權在民，以及民主共和國之理念，除作為防止國家侵害人民生命的防衛權外，在憲法學與法律制度方面，已發展出四個重要的制度問題：第一、死刑的廢止問題；第二、墮胎的合法化問題；第三、安樂死的許可問題；第四、請求國家生存之扶助權。茲分別討論如下：

壹、死刑之廢止問題

人民生存權理念所要面對的第一個問題，是死刑應否存在。誠然古典的生存權理論認為國家不能任意剝奪國民之生命，但是卻不反對國家在合乎法定要件下剝奪人民之生命，例如對違法者處以死刑。此觀乎推翻君主專制，成立民主共和政體以後的國家，大多維持死刑之制度，即可得知早期的生存權概念，尚不排斥經民主政治之民意所決定維持的死刑制度。然而對於死刑的合法性與正當性問題，早在中古時代，基督教的神學思想已迭有爭議。依基督教思想，人乃上帝所創造，故生命之剝奪，唯有神方可為之。個人固不得殺人，亦不得自殺，而世俗的君王或國家也不可殺戮「神的子民」。德國浪漫時期大文豪歌德在「浮士德」一書，劇中上部結束時寫著葛麗卿對劊子手說：「是誰給你這個權力來剝奪我的生命？」(Wer hat dir, Henker, diese Macht ueber mich gegeben？) 便是表達這種思想的寫照。但是死刑合法性與正當性真正面臨挑戰，則是二次大戰後所形成之風潮。

一、廢止論

主張廢止死刑論有許多理由，例如：

第一、人死不能復生：雖然司法程序在民主國家裡已是力求周延與慎重，但是也曾發生不少經過數十年後案情才真相大白的事例。死刑執行後始發現為誤判，則將造成無可挽回之大錯矣！因此基於人命關天，捨死刑而不用，應可避免最嚴重且無法補救之冤獄。

第二、應報刑思想的落伍：現代刑事法思潮業已揚棄數千年之久的「應報刑」思想，也就是放棄「以牙還牙」、「殺人償命」、「以血還血」的刑事正義觀，對觸犯死刑重罪者，儘可以終身監禁之，而毋須要求其償命。

第三、「一時之憤」的自新機會：觸犯死刑罪者，亦有基於一時之氣憤或衝動，這類行為人並非蓄意犯罪，若經過一段時間之反省與教育，仍然可以回歸社會，成為社會上有價值的一分子，沒有絕對使之永久與社會隔絕之必要。若一味堅持執行，不僅阻斷其自新之機會，亦減損社會中有用之人，徒然滿足報復情緒。

第四、專制工具的防止：維持死刑之制度容易淪為國家鎮壓異己之利器。如果國民與社會皆有尊重人命，與摒棄死刑之共識，即使國家暫時的淪為獨裁，也不敢甘冒大不諱地行使此權力。基於上述幾個重要理由，促成本世紀中葉以後，許多西方國家廢止死刑的風潮。例如德國即忱於希特勒執政時的草菅人命，故於基本法第 102 條就明定死刑之廢止。此外依國際特赦組織之統計，在二○○七年為止，世界上共一九六個國家中，有九十個國家完全廢止死刑，十一個國家在緊急狀況才有死刑，另有三十二個國家事實上已不執行死刑，故共有一三二個國家廢止了死刑，幾乎達到三分之二❶。

二、廢止論的斟酌

當然從生存權的字面意義，並不能排除廢止死刑的可能性。但是許多國民也認為維持死刑是可以維護社會秩序，亦為懲罰極惡奸宄之徒的最有效方式。易言之，儘管應報刑的思想在學說與西方思潮上已為「教育刑」所取代。然而，仍有大多數國民的「正義觀」還是認為對觸犯最嚴重犯罪之人，應剝奪其生命，方可保正義於不墜。持此見解者，在我國——甚至在整個東方國家——恐怕占社會民意之多數。所以，要我國的國民接受廢止死刑制度，恐來日方長。

死刑所可能引發的許多弊病，且為尊重及保障人民生存權之意旨，吾人應將科處死刑之犯罪減到最低之限度。目前我國規定可科處死刑之法律，林林總總，尚有十一個法律，共計五十二個條文，仍規定有死刑之制裁者，惟所有法條都已在民國九十一

---

❶ 可參閱陳新民主持，廢止死刑暨替代方案之研究，法務部委託計畫，民國九十七年二月。可另參見，吳志光主編，生活在一個沒有死刑的社會，輔仁大學出版社，民國九十四年；蘇友辰，廢除死刑及替代方案，刑事法雜誌，第五十一卷三期，民國九十六年六月。

年起，刪除有關「絕對死刑」之規定，改為「相對死刑」。其中又以陸海空軍刑法，共二十個法條近二十一種罪名為最多，占所有死刑條文的 38.4%；其次為普通刑法共十八個法條計有二十四種罪名居次，占 34.6%。此二法共占了所有死刑條款的 73% 之多。反觀香港在一九九三年正式廢止死刑（香港在一九六六年十一月十六日以後，就沒執行過死刑），在之前的香港，得處以死刑的罪名也只不過三種而已。可見得我國對於可處以死刑罪名之氾濫程度。

誠然廢止死刑已經是世界潮流，也是國家是否步入文明之林的判斷標準，以二〇〇六年為例，全世界只有二十五個國家有執行死刑的記錄，台灣則自民國九十五年起，有四年未曾執行死刑。全世界三分之二廢除死刑的國家中，甚至有超過五十個國家是在一九九〇年以後才廢止死刑的。即連當時還是共產國家的東德，也在一九八七年就廢止了死刑。因此，我國是否有必要步上此世界潮流之中？當然，在強調「應報主義」觀念深強的我國民間，反對廢止死刑制度的聲浪一直從未減弱。以中央研究院在民國七十九年、八十三年、九十五年的民意調查觀察，反對廢止死刑者占全部受訪者的比例高達 75% 左右，且一直未有太大的變化。可見得我國國民大多是反對廢止死刑的。此情形和香港在廢止死刑制度前幾無二異 ❷。國家有義務以符合世界潮流的進步立法來改進民意不合時宜之處，故我國應當要努力構建合理的死刑替代方案，並長期且耐心的說服國人，來使國家公權力不再作出剝奪犯人生命的刑罰。合理的替代方案應當是以無期徒刑取代死刑。但為鼓勵這種替代死刑的犯人更生，可以在服滿起碼拘禁年限（至少三十年）後，並經嚴格的審查程序，認為已經悔改而不再對社會有危害之可能時，方予假釋之。易言之，從嚴建立一套假釋的程序，以及假釋的決定機構（應直接設置在法務部長之下、容納包括被害人家屬及專家在內的假釋委員會，以取代目前的由獄政機關為假釋決定的現狀）。吾人也相信，當死刑犯易為至少三十年以上的有期徒刑後，且不受減刑或大赦之影響而有減少刑期之可能時，此種替代方案也將可能產生一定的威嚇作用。同時也當可大幅度提升我國的國際形象。

在我國現在立法委員不敢違逆民意之時，要立法院通過全面廢止死刑的可能性幾乎是微乎其微，因此，我國可以逐步的修改法律，邁向此目標。例如：第一、將法院判決死刑的審議程序嚴格化，亦即修改法院組織法第 105 條 1 項之規定，由第一審級

---

❷ 參閱楊文山、張喻婷，台灣社會對死刑態度變化長期趨勢之研究，刑事法雜誌，第五十一卷三期，民國九十六年六月，第 37 頁以下。

開始死刑判決都必須合議制，且必須合議庭法官一致判決，方能判處死刑。第二、應將所有規定死刑的條文重新檢討，儘量刪除死刑之規定，特別是陸海空軍刑法等，應當從嚴審查，以貫徹憲法生存權及比例原則的實現❸。

貳、墮胎的合法化問題

一、胎兒權利的保障

墮胎是剝奪胎兒生命之謂。現代的法律率多承認尚未出生的嬰兒受到法律保障之規定。例如我國民法第 7 條規定：「胎兒以將來非死產者為限，關於其個人利益之保護，視為既已出生。」此外，民法第 1166 條也規定胎兒繼承遺產時，仍保有其應繼分，否則他繼承人不得分割遺產。因此胎兒在法律上，即使尚未出生，但已是享受權利之主體，極為明顯。

二、母親對胎兒生命支配權的消失

對於胎兒的利益，在過去往往視為乃屬於母親，因此懷孕之婦女自願之墮胎行為，國家經常不予處罰。此一方面是認為胎兒尚未誕生，故還不屬於一個「活生生的人」，便何況懷孕婦女亦可能自然地流產，國家不易追究之。這種視願不願意將胎兒誕生到人間之決定，完全交由懷孕婦女之手的看法，隨著時代對胎兒生命權利之重視已有轉變。然而一項明顯的事實是畢竟胎兒尚非「嬰兒」，本身之生命仍依存在母體之內，故儘管上述民事法律已經預設胎兒將來非死產的出生後，可享受「人」的民事權利，但卻無法在刑事法律上予以完全的與嬰兒相比擬。例如，我國刑法第 274 條規定：母於生產時或甫生產後，殺其子女者，處六月以上，五年以下有期徒刑，這是屬於殺人罪。而刑法第 288 條規定，懷胎婦女服藥或以他法墮胎者，處六個月以下有期徒刑、拘役

---

❸ 參照司法院釋字第 263 號解釋。本號解釋認為這種法律「立法甚嚴」，但只要法官仍有條文可減輕刑責時即為合憲。如此將法律的不符比例原則的違憲性，僅藉個案法官「主動地」（而非「義務性」的）減輕被告刑責而排除的觀點，顯然模糊了立法者應有「合憲立法」的義務性。大法官引用比例原則（特別強調必要性、妥善性及權衡性等三大子原則）的解釋，是在釋字第 476 號解釋。對法律科處煙毒予重罰（死刑）的合憲性，提及「流毒所及，非僅多數人之生命，身體受其侵害，並社會、國家之法益亦不能免。對於此專行為之以特別立法嚴屬規範，當已符合比例原則。……（煙毒）除有上述重度不法之內涵外，更是有暴利之物質，利之所在，不免群趨僥倖，若僅藉長期自由所措置，而欲達成肅清、防制之目的，非但成效難期，要亦有悖於公平與正義」。

或三千元以下罰金,是屬於「墮胎罪」。由謀殺嬰兒罪刑之重,相形對照墮胎罪之輕——前者最低法定刑正是後者最高刑度——可知刑法對已具有完整生命力之嬰兒生命權之重視。然而,國家用法律禁止懷孕婦女墮胎,且加以處罰者,在本世紀以前,係被視為是一種合乎人道且進步的立法。蓋墮胎後的嬰兒仍有諸如心臟跳動之生命現象,而不少宗教思想亦認為胎兒亦屬上帝所創造之生命,懷胎婦女並無權利剝奪之。故對墮胎罪有予以處罰之必要。但是這種對墮胎罪處罰的看法,已漸受挑戰。

三、墮胎合法化

主張墮胎合法化與廢止墮胎罪理由,主要來自兩方面考慮:

㈠孕婦與其家庭之利益

婦女懷孕生產,本身是一個有致命之虞的過程,如果孕婦或胎兒之一方有疾病,即可能傷害孕婦之生命與健康,故為保護孕婦之健康,應許可墮胎,乃是當然之理。此亦是各國處罰墮胎罪所明定之例外情況。另外,除了孕婦生理利益之顧慮外,也應考慮孕婦與其家庭的「心理利益」。因為許多婦女懷孕可能基於「非自願」之因素,例如被強暴或誘姦,則胎兒誕生後能否獲得母親的親情愛護,頗值懷疑。而在許多未成年婦女懷孕之情形,倘讓胎兒出生,可能由於對該婦女多方不利的社會因素(例如必須休學),使得懷孕婦女甚至出生後的嬰兒將受到社會之歧視。此外,如果懷孕婦女之經濟能力已不足再養育兒女時,胎兒之誕生將使懷孕婦女與家庭增加沈重之負擔。故以上係基於對懷孕婦女及其家庭主張墮胎合法化,就生理、心理、以及經濟利益層面所作之考慮。

㈡婦女的自決權

主張墮胎自由化之考慮,是以婦女權利的「覺醒」作為出發點。在上個世紀五〇年代以後,歐美社會風起雲湧的婦女運動,除了要求兩性平等的社會外,也認為婦女應該有權決定「涉身」之墮胎問題。這種「婦女自決」之主張,乃指胎兒既是在母親的身體之內,就應完全從屬於母親所有,因胎兒的一切與母體息息相關,非他人所可置喙,故應可由婦女決定應否讓胎兒誕生 (pro life, pro choice)。同時,如果孕婦非由衷地期盼胎兒誕生,儘管法律處罰墮胎行為,但孕婦總有其他「人工自然流產」之方式,例如故意過度運動以達成墮胎之目的。於此,法律處罰墮胎之實效即已蕩然無存。而另一項主張墮胎合法化的理由是,既然墮胎已是人類社會的常見之現象,表示墮胎

者大有人在，由於墮胎非法律所許，故墮胎行為皆轉入地下化，但是密醫或簡陋之醫療設備往往危害甚多婦女的生命與健康。因此禁止墮胎反倒成為侵犯人權與婦女尊嚴之制度，故唯有開放墮胎自由，方可保障婦女的健康與安全。

四、墮胎許可之條件

㈠一般共通原則

面對來勢洶洶的婦女自覺運動，以及社會上逐漸體認出承認婦女利益之重要，而世界上各國多多少少也體驗了人口過剩的壓力。因此，對於墮胎問題也就採取較為彈性的態度。西方先進國家除了少許完全自由的墮胎政策外，大多採行有限度之墮胎自由。這種一般的墮胎自由之界限乃在於：第一、以懷胎時間之長短而論。在懷孕三個月以內，因胎兒生命現象尚不明顯，故可許其自由墮胎之。在五個月至六個月間，必須有「充分理由」，始可申請墮胎。在懷孕六個月以上之胎兒，因為胎兒幾已成形，且有強烈的生命現象，而墮胎的危險度亦高，故只有顧慮到不墮胎將會產生畸形兒或傷害母體時，方得墮胎。第二、在健康以外的因素而准予墮胎，是指嬰兒誕生會帶給母親與家人在生理、心理及社會關係上極度不利益者而言。對這種概稱為「社會因素」之存在與否，泰半由參與社會工作者認定，現今一般民主國家多採從寬認定之標準❹。

㈡我國的優生保健制度

我國在民國七十三年七月公布的優生保健法（98.07.08 修正公布）第 9 條規定，當有下列情形，懷孕婦女可自願施行墮胎，要件為：本人或配偶患有礙優生之遺傳性、傳染性疾病或精神病；本人或配偶之四等親內患有礙優生之遺傳病；有醫學上理由，足以認定懷孕及分娩有招致生命危險或危害身體或精神健康者；有醫學上理由，足以認定胎兒有畸形發展者；因被強制性交、誘姦或與依法不得結婚者相姦而受孕者；因懷孕或生產將影響其心理健康或家庭生活者。從優生保健法的規定可知，我國已採取有限度的墮胎自由之政策，故我國的制度和德國刑法 (1975) 第 218 條 a 的規定頗為類似❺。

提到墮胎合法化問題，亦應一併討論「強制墮胎」之爭議。墮胎是剝奪受孕婦女

---

❹ 這是美國許多州州法的規定，參見鄭哲民，美國墮胎權的爭議，刊載：焦興鎧（編），美國最高法院重要判例之研究（一九九〇～一九九二），中央研究院歐美研究所出版，民國八十四年，第 107 頁以下。

❺ 參見李震山，從憲法觀點論生命權之保障，翁岳生教授六秩華誕祝壽論文集，民國八十一年，第 17 頁以下。

體內胎兒的行為，已經嚴重侵犯婦女的人身自由及人性尊嚴，故民主國家絕不能許可
國家強制婦女墮胎。胎兒於母體內，如同母親之器官，非經婦女同意，任何人不得毀
傷或摘除之。因之，國家不能以任何理由，一如大陸的一胎化政策、優生政策等制定
強迫墮胎之法律，而他人（例如未成年孕婦之法定監護人），亦不擁有可請求強制墮胎
之權利，使得墮胎變成婦女的「專屬權利」。

　　我國刑法（第 288 條）仍將墮胎視為可罰行為，已屬落後之立法，應儘速刪除
之 ❻。

參、安樂死的許可問題

　　人民享有生存權，固然是要求國家要維繫及保障人民生存之權利，但生存權可否
擴張成為人民擁有自己掌握自己生命之權。換言之，當人民自願終結其生命時，是否
享有「死亡權」(right to die)？即「安樂死」(euthanasia) 之問題。

　　安樂死一般是指成為植物人，或是罹患不治之症（例如癌症）的患者其本人、或
其監護人、家屬、醫生，為避免病人承受痛苦及耗費鉅額財力、精力於此不治之疾，
而使病人之生命提前迅速終結之謂。以人類目前醫療水準，對於許多疾病仍束手無策，
因此在求生既不能，但求死卻有餘的情況，多數病患與其家屬便認為安樂死是一種醫
療技術所能予該患者最好的一種「待遇」。

　　主張安樂死的理論，早在一九三〇年代興起。德國納粹黨當政之後，許可醫生、
病患及其家屬，施行安樂死。那時的思想是認為如果一個已經形同植物人，既不能行
動，亦無法思考，則此靠輸血管與營養液管生存的病人，是一個「無生存尊嚴的人」
(ein unlebenswuerdiger Mensch)，或「無生存價值之生命」(ein lebensunwertes Leben)。
故認為可以施行安樂死，以終結其不幸的人生。

　　德國納粹這種看法，雖然在日後遭不少衛道人士批評，但逐漸地也得到許多人士
接納。就植物人或重病患者而言，反對安樂死之主張，植物人可能復原成為正常人並
非康復無望，若率爾實施安樂死，將發生「人死不能復生」之憾事；但支持者卻認為：
以目前醫療水平，不能治療植物人，已是醫學界共認之情況。腦死患者果能復原，則
是標準的「奇蹟」，非醫學界所能掌握與解釋。

---

❻ 我國已通過之「公民與政治權利國際公約」一般性建議第 24 號第 31 段 C 款亦要求各國家應將墮胎「除罪化」，
　我國應力追跟上矣！

　　從植物人的家屬之立場來看，照顧一個植物人病患所必須花費龐大的財力，以及長時間的精力，國家倘不能負擔照料植物人病患的經費，則光此財務負荷，即可拖垮其正常之家庭生活❼。另外，對並非植物人之病例，但卻是不治之惡疾（如癌症）者；因非現行醫學科技所能醫治，病人在其生命行將終止前，常遭受無以復加的肉體、精神之痛苦。因此有認為：既然已不免一死，何必定要接受此無謂之苦痛？與其讓癌症等惡疾摧殘得不成人形，何不在病發之初，即以人為、且積極方式終結其生命，以獲得有「尊嚴的死亡」？

　　如果我們承認目前人類醫學水準有其極限，所以基於人道思想與人類尊嚴，就應承認類似癌症末期、植物人或其他類似狀況之病患，為避免死亡前的痛苦而有安樂死之權利，以使該安樂死者不會喪失其他利益，如保險金之喪失，或是施行安樂死之醫生不會遭到刑事追訴、處罰（幫助自殺罪）。另一種施行安樂死之「植物人」情形，國家有遠較個人、家庭豐沛的財力與人力，除非能將所有植物人的照顧與醫療工作，移到國家手中，讓國家承擔維繫這些植物人生命之責任，否則應尊重植物人之最近親屬或醫生決定是否施行安樂死。不然，一個植物人陷全家人經濟與生活於萬劫不復之境，而國家卻無法有效施以救援！因此，安樂死之制度並不與人民之生存權相互牴觸。

　　目前世界上各國中採取安樂死者為荷蘭。荷蘭國會於二〇〇一年四月通過關於安樂死之法案，規定安樂死之實施必須經病人或其家屬之同意，並得到醫師確認該病人所罹患之病症已屬不治之症。該確認程序必須分由二位不同之醫師進行二次的確認程序。比利時也於二〇〇二年九月立法實施此制。

　　德國聯邦憲法法院在二〇二〇年二月二十六日，對該國刑法有處罰協助自殺之規定，宣布違憲。法院肯認人民（該案聲請人是罹患癌症末期的病人）擁有決定自己要否繼續過著沒有人性尊嚴生活的權利，而可以請求醫生等協助其自殺，正式承認人民擁有「死亡之權」。這個見解值得我國參考。

　　而美國，目前只有一個俄勒岡州實施此制。俄勒岡州在一九九七年開始實施「尊嚴死」。至於我國「安寧緩和醫療條例」(91.12.11) 已對於不可治癒的末期病人，許可醫生不採行積極延續生命的措施，讓病人自然死亡。所以並非安樂死之許可醫師以積

---

❼ 民國五十二年因車禍昏迷，至九十九年才去世，長達四十七年昏迷之久的「王曉民女士案」，甚至其母也要求給予安樂死，即可說明一個家庭為照顧與不幸親人所承受之重擔。趙慕嵩，一個最老的植物人，刊載氏著：老大在現場，時報文化出版公司，一九九三年，第120頁，有生動的報導。

極方法終結生命，我國法例只踏出了第一步了。

肆、請求國家生存照顧之權利

生存權既是國家有維繫人民生命之義務，人民的生存權就不應只是傳統意義的「防衛權」。生存權不僅是防衛國家隨意剝奪生命的防衛性人權，同時它也具有積極意義的請求國家照顧、維繫其生存，並擁有最起碼符合人性尊嚴之生活之資之權利。因此視生存權為人民可請求國家維繫其生命之權利，便可由其他許多的社會福利制度實現之。例如當人民遭遇急難事故，得請求國家救濟；國家應給予失業人民生活之資，這種請求生活救濟，以維繫生命之權利，故也可納入社會權（第二十六節）之概念範疇內。

大法官在釋字第 472 號解釋引述憲法第 155 條及第 157 條之國家應實施社會保險制度及普遍推行衛生保健事業及公醫制度，進而提及「惟對於無力繳納保費者，國家應給予適當之救助，不得逕行拒絕給付，以符憲法推行全民健康保險，保障老弱殘廢、無力生活人民之旨趣」。正是莊嚴的宣示國家有「照顧弱勢」的神聖義務❽。同樣見解亦見諸釋字第 701 號、694 號解釋。

由於這種權利係現實的延續生命所需，故其重要性遠較一般社會權為重要。如將生存權適用到國家社會救濟之制度之內，則有現實上的意義。社會福利法對人民申請社會救濟，常規定有經一定法律程序，而主管機關也常編列一定預算，以作為救濟金之來源。但主管機關常以預算告罄而拒絕救濟，在前者依法定程序申請救濟，乃法治國家原則，殆無疑義。但後者救濟金之編列乃純粹行政事務，能否以一機關所編列之救濟金不足，而否認整個國家對該申請之人民所應負起的生存權之照顧？答案當然是否定。因此使憲法生存權能貫徹於具體的個案，人民得以請求國家對其生命、健康為積極的扶助，才是符合國家保障人民擁有生存權的最佳詮釋。所以，除非人民請求國家給予生活救濟之權利，應該在社會救濟法律中明定人民可以享有此項政府提出之請求權，且可向法院提起訴訟得到救濟的「主觀權利」(subjektive Rechte)，否則憲法的生存權即不能落實❾。

---

❽ 國家不只是對國民應負起此扶助義務，即連非國民之人士，只要在我國內（不論是否合法居留），亦應承認此本於人性尊嚴而課予國家之義務，這是一個文明國家要摒斥狹窄地方主義、民粹主義的人道理由。吳庚大法官，憲法解釋與適用，第 273 頁也贊成予遊民、無身分證之大陸居民及外國遊民享受最低標準之生活照顧。

❾ 社會救助法 (99.12.29) 第 10 條 1 項規定人民（低收入戶）可以向主管機關申請生活扶助，即不啻賦予低收入人

第二十四節　參政權

壹、參政權之範圍

我國憲法第 17 條規定：「人民有選舉、罷免、創制及複決之權。」這是指人民擁有選舉與罷免中央及地方公職人員之權利；而創制、複決是人民享有直接制定法律或否決法律之權利。這四種權利，一般稱為人民的「參政權」，也是所謂的「公民權」，唯公民方可享有，非公民之國民（如未成年者或褫奪公權者）不能享有。至於在人權性質方面，則歸類為「政治權」(politiche Rechte)❶，乃政治性質之人權也。此種人民可以「參與國家或地方政策決定」之權，乃狹義的參政權。而廣義的「參政權」為人民擁有投身公職、擔任公務員之權利，則可將「選舉權」擴張解釋為「被選舉權」及憲法第 18 條所規定的「人民有應考試、服公職之權利」。所以人民的參政權，應採廣義的見解，即人民可加入政府行列，制定政策與執行國家權力的基本權利也，故是一種「參與權」(Teilhaberecht)。茲分別討論如下。

貳、服公職之權

我國憲法第 18 條規定：「人民有應考試、服公職之權。」這是可分為人民有考試權與服公職權二者來討論。我國的考試，基本上分為公務人員任用資格考試及專門職業及技術人員執業考試兩種。所以，憲法第 18 條之人民考試權，即表徵人民可以經過考試之方式取得律師、醫師及會計師等資格，或是經考試取得公務員任用資格。因為我國公務人員之選拔，應實行公開競爭之考試，非經考試，不得任用（憲法第 85 條及增修條文第 6 條之規定）。故我國憲法對於欲躋身為公務員者，乃採公開競爭方式，不至為私人或社會某些階級所壟斷。

人民擔任公務員亦是憲法第 15 條保障的工作權，賴擔任公務員所獲得的薪俸，以

民擁有請求扶助金之請求權，而第 36 條規定各級政府應編列預算之規定，正可以視為政府為履行前述支付義務的注意事項。故倘人民依本法申請扶助被拒，當可提起行政訴訟。在行政訴訟實務上，也肯定了這種救助具有請求權的性質。可參見最高行政法院一〇七年度裁字第一〇四五號裁定以及最高行政法院一〇六年度判字第七四四號判決。

❶ 例如瑞士在一九七六年十二月七日公布的「政治權利法」(Bundesgesetz über die politischen Rechte)，便是規定人民行使參政權之法律。

為生活之資。服公職之權可衍生出公法之財產權。然依大法官一貫見解（釋字第 187、575、605、658 號解釋），尚不承認此薪俸權與退休金為公法財產權，而係服公職所帶來之權利也❷！

再由人權所產生的「制度性保障」而言，國家應該設置公務員之制度，以執行國家的公權力與履行國家之職責，此即國家應制定有關公務員任用、銓敘、紀律及退休撫卹等公務員法律，公務員法即成為行政法中重要的一門。我國公務人員任用法即有對於公務員的任命及其條件加以規定，是為保障與規範人民擔任公務員的實踐法律。

此外，我國憲法第 18 條保障人民服公職之權利，但是否所有公職都必需經考試方得為之？易言之，憲法第 18 條規定人民有應考試及服公職之權利，是否解為服公職必須經過考試？由於憲法在前述第 85 條提及「須經考試及格，否則不得任用」是指「公務人員」，而非「公職人員」。由這個差異，可知公職人員之範圍遠較公務人員為廣。司法院早在釋字第 42 號解釋中表示：「憲法第 18 條所稱之公職，涵義甚廣，凡各級民意代表、中央與地方機關之公務員，及其他依法令從事於公務者，皆屬之。」相形之下，憲法第 85 條所稱之公務人員應以國家事務官為限。所以不僅各級民意代表，甚至政務官皆不以通過考試及格為必要（參閱本書第三十九節）。

釋字第 491 號解釋明白宣示為保障人民的服公職權利，故對公務人員的免職處分應踐行正當法律程序，例如作成處分前應經機關內部組成公正之委員會決議、處分前應經過受處分人之陳述及申辯、處分書應附理由及表明救濟方法、期間及受理機關等。已揭示了服公職權保障的正當法律程序。

參、選舉權

一、選舉權的內容與限制

選舉權亦為人民的政治基本權利，係指人民的積極選舉權（得選舉任何人）與消極選舉權（得被任何人選舉）兩種。憲法雖僅規定人民擁有選舉之權利，但此選舉權應解釋為包括「被選舉權」在內。又人民雖具有選舉權，但仍須在具有選舉人與候選人之資格，方得行使之。如我國公職人員選舉罷免法（108.01.09，以下簡稱「本法」）

---

❷ 可參見作者在釋字第 717 號解釋所提之協同意見書，對此有詳盡的敘述。

內規定選舉人與候選人之資格，略有：未被褫奪公權者；未受禁治產宣告者；須符合本籍或選舉區內居住四個月內之條件；其他行使選舉權之特殊要件，例如具原住民身分者，方得選代表原住民之民意代表。至於年齡的要件，憲法第 130 條雖規定人民滿二十歲有選舉權，被選舉權除憲法或法律有規定外，為二十三歲。是否二十歲方具有選舉權，不能靠修法方式來提早之？鑑於世界上一百九十二個國家中，已有一百四十四個國家將選舉年齡降至十八歲。如需透過修憲，方可降低此年齡門檻，則手續甚繁，動用社會成本太高。如能透過釋憲，肯認事關人權保障，此「二十歲門檻」屬於最低保障之門檻，如立法者有提早之必要，當屬合憲。以人權保障種類與範圍必須隨著時代而擴張，本書贊成此見解。

　　在被選舉權方面，則有較多之限制。例如年齡之限制。本法第 24 條規定，公職人員之候選人須年滿二十三歲。但擔任鄉（鎮、市）長應年滿二十六歲。而直轄市長、縣（市）長須年滿三十歲。回復中華民國國籍者，應滿三年；歸化我國之外國人，須滿十年，方得具有地方公職人員之被選舉權。對於曾有內亂、外患及貪污罪之前科，及其某些特定之犯罪前科者，以及未具選舉權者……共有九項條件，亦不得擔任候選人（本法第 26 條）。具有某些特殊身分與職業：依本法第 27 條規定，現役軍人、替代役男、軍校學生、辦理選舉事務之人，皆不得為候選人。另外，必須具有特殊之身分（例如原住民同胞），才可作為代表該等國民之候選人者，同屬於「身分限制」之情形。

　　另外本法在民國九十四年修正前之第 35 條第 1 項本規定：軍人、警察、學生與選務人員不得擔任候選人。這是希望持有國家武力之警察與軍人能夠免於投身激烈的選戰，而可能避免國家軍、警介入政爭。不准學生擔任候選人，是避免政治進入校園，或擔心尚未完成學業的學子會捲入變幻無常的政治漩渦，以維持校園之單純性。而對辦理選務人員禁止擔任候選人，是欲維持選務之中立。上述限制理由，似乎過度渲染從政的負面效果。由於，上述對具有特殊身分及職業者，法律禁止其擔任候選人，但並未剝奪其選舉權。甚至民主國家還要求其國民不可對政治抱以冷漠之態度，而是要積極地參與之，而對具上述特殊身分國民者，亦然。以學生為例，我國近年每逢選戰，大學生們是活躍的一群，尤其是學習法政的學生，參加選舉正是可印證書本理論之最好方法。何況，博、碩士班研究生正是相當理想與具備良知的人才，如果真欲「提升問政品質」，應該要鼓勵這些青年學子的投入，司法院釋字第 546 號對此問題並未明言

為違憲。所以上述四種國民裡，除辦理選務者仍應予以限制競選外，皆應開放參選。至於軍人警察既然是國家公務員，應許可其請假參與選舉，並在當選後予以停職，如此即可保障公務人員之參政權利 ❸。幸而本法在民國九十四年修正時已刪除學生及警察不能參選之規定。而對軍人的限制還留有以往畏懼軍人干政遺毒的老舊思維，應加以消除。原來第 31 條也規定一定學歷才能擔任候選人，雖經釋字第 290 號解釋承認合憲，但終抵不過輿論壓力而刪除。

二、選舉的制度

㈠選舉制度的四大原則

憲法第 129 條規定本憲法所規定的各種選舉，除本憲法別有規定外——例如總統與監察委員的選舉——以普通、平等、直接、及無記名投票之方法行之。此為選舉的四大基礎原則 (Wahlgrundsätze)。

1.普通選舉

所謂普通方式的選舉，謂選舉乃「普選」，任何國民原則上皆有選舉權，不對其身分有何差別之待遇也。這種普選的原則並不排除國家對於候選人與被候選人應該具有客觀的選舉積極條件與消極條件，前者例如年齡、居住選區滿一定的年限等要件。後者包括不得受禁治產之宣告，及有刑事前科等等，已於上述。普選原則的產生主要針對可能對行使選舉權所加以納稅、教育或性別之限制，所謂的「限制選舉制」(limited suffrage) 而言。規定具有選舉權者需以繳稅為前提者，如法國一七九一年的選舉法、一九一八年以前的英國與一八六八年以前的美國聯邦選舉，皆奉行「不納稅，無投票權」之原則。最早實施普選制度為法國，自一八四八年第二共和成立後即推行此普選制度，爾後為歐陸各國陸續採行之 ❹。

規定具有選舉權以教育程度為條件者，雖然我國在選罷法九十四年修正前第 32 條曾規定某些公職候選人——即被選舉者——仍要求具有一定的學歷。對於選舉權者，

---

❸ 例如德國「新聯邦眾議院議員法」(Gesetz zur Neuregelung der Rechtsverhaeltnis der Mitglieder des Deutschen Bundestages, 1977.02.18) 第 5、6 條即規定，當選眾議院議員之公務員可停職停薪，待議員任期屆滿後三個月內可申請復職，且在提出申請後最遲三個月內，應予回復原職。

❹ 例如直到德國威瑪憲法公布前 (1919)，普魯士邦憲法實施三級投票制，以繳稅額的高低作為投票效力的等級。因此，可能十位劃歸在第一級投票權之資本家，其投票的效果可能抵過八千名劃歸在第三級投票權的勞工。參見：H.-J. Hitschold, Staatsbuergerkunde, 10. Aufl., 1994, S. 183.

則未有此規定。但西方國家曾有規定需識字者，方得行使此權利，這種制度的目的認為未具備起碼知識水準者，即無能力對公職人員做最好的選擇❺。

以性別為限制要件者，是排斥婦女的參政權。德國始自威瑪憲法 (1919)，美國遲至公布憲法第 19 條修正案 (1920)，英國遲至一九二八年，法國遲至第四共和憲法 (1946)，才賦予女子參政的權利。瑞士則更至一九七一年二月七日才通過憲法第 74 條的修正案，賦予婦女參與聯邦選舉的投票權利❻。

2.平等選舉

平等原則乃每個選民皆有相同的投票數，且其投票效力——廢票除外——皆有同樣的價值，是為「票票等值」(one vote, one value)。因此，平等選舉制度 (equal suffrage) 是憲法平權的實踐。不過為保障婦女參政的權利，我國憲法第 134 條規定各種選舉應規定婦女當選名額，其辦法以法律定之；以及第 135 條規定內地特殊生活習慣之國民代表名額之選舉，其辦法以法律定之。現行增修條文第 10 條 12、13 項對於山地原住民、金門馬祖地區之人民與僑民之政治參與，應予保障之規定，為憲法對選舉弱勢人民所為之特殊保障，當不違反平等權之原則。惟在婦女保障方面，九十四年增修條文明定立委的選舉中，不分區名額應有一半以上為婦女當選名額。我國自古婦女地位低落，故行憲時欲提升女子的社會地位與參政意念，方有此制度的設計。但現在台灣婦女受教育之機會與教育程度已和男子無異，社會上亦無嚴重的性別歧視，是否仍維持此視女為「政治弱勢」的選民階層之制度，恐怕應重新檢討。故婦女保障的制度，吾人認為當予廢止。

3.直接選舉

直接選舉乃選舉權人不假手他人——所謂的「間接選舉」——，直接選舉產生民意代表之謂。例如在增修條款制定前，關於總統的產生須透過國民大會，監察委員產生須透過各省（市）議會，皆為間接選舉制。

直接選舉，乃以其選票選出候選人，這是目前我國所實施的直接投票制；直接選舉亦可能透過選票的累積，由政黨為單位，加以分配名額，是為比例代表制的選舉方式。例如我國立委選舉的全國不分區名額，亦可稱為直接選舉制。

---

❺ 美國有某些州曾要求選舉權人須能背誦或書寫憲法，或自己姓名時，方擁有投票權。參見：劉慶瑞，中華民國憲法要義，第 100 頁。

❻ 參見：Haefelin/Haller, Schweizerisches Bundesstaatsrecht, 1988, Rdnr. 580.

4.無記名選舉

無記名選舉即秘密選舉。投票權人不必公布其支持的對象，國家亦不得強制其表達之。甚至任何刺探此種選舉秘密者，亦屬形式的犯罪行為，如我國刑法第 148 條規定，於無記名之投票，刺探票載之內容者，處九千元以下之罰金。對於公務員觸犯此罪者，尚可加重其刑二分之一（刑法第 134 條）。

除了上述四項選舉重要原則外，尚有一項亦屬選舉原則者，即選舉的自由原則。選舉應是投票權人自由意志的表達，因此不得以強制手段迫使選舉權人為投票或不投票之行為。例如國家雖不可以立法方式處罰不投票之人民，亦不得訂定獎勵措施，鼓勵投票率的提高。蓋後者情形，當會影響選民的自由意志，亦會造成賄選的疑慮。但對於投票人給予假期返鄉投票，乃使選舉人方便行使其權利，應不屬違反此原則 ❼。目前實施強迫投票的國家約有比利時、澳洲、新加坡及巴西等三十餘國 ❽。

㈡選舉制度的種類

憲法對於選舉制度，除了有特別規定其實施方式，例如九十四年增修條文第 3 條的由政黨比例代表制產生立法委員外方式，由立法者來決定之。選舉的制度涉及政治權力的獲得與分配，因此各國曾以其政治結構、政治傳統、選民價值觀以及政黨切身考量，可以設立各種不同的選舉制度。選舉制度是選票的累積而定結果，票數的計算也需靠數學的方式，如何以最公平的方法來計算選舉的結果。也形成許多簡繁互異的數學公式。不過大體上，選舉分為多數選舉制、比例選舉制與混合選舉制三大類型。

1.多數選舉制

多數選舉制 (majority formula, Mehrheitswahlsystem) 係指投票按候選人獲得票數最多者，為當選人。這種多數選舉制又可分為相對多數制，或絕對多數制。相對多數制只要多獲得一票即屬勝選；絕對多數制需當選者獲得一定比例──通常需百分之五十以上──的票數，方能當選之。例如目前我國各級公職人員選舉以及總統改為直選後，皆採相對多數制；由國大選舉正、副總統的舊制──參閱本書第二十九節壹一

---

❼ 選舉自由原則在德國近年來也衍生出類似經濟法實施的「不當競爭禁止原則」，例如德國聯邦選舉法 (1990.09.21) 第 32 條 2 項禁止於投票進行中，但投票結束前公布選民的意見調查；主教雖可呼籲教徒支持信仰基督教之候選人。但若以教會處罰的手段或發布類似：「不投某人，即屬有罪」之言論者，即破壞選舉自由的原則。參見：Battis/Gusy, Einfuehrung in das Staatsrecht, 2. Aufl., 1986, Rdnr. 68.

❽ 王業立，強制投票視選舉為權利與義務，聯合報 (91.05.13)。

處——則採絕對多數制。

本制度各有其優缺點，其優點為：

(1)簡單可行，選民毋需具備相當數學的智識，即可計算出當選人，避免無謂的爭端。

(2)如果採小選區（只選一人）且採絕對多數制，當選人必須符合選區各階層的要求即不亦會有偏激訴求以吸引部分的選民。如採相對多數制，亦可代表其支持族群的意見。

(3)政黨約束力較弱：當選人毋需以隸屬某一政黨為必要，故較能對選民負責。

(4)如果只有兩大黨參選，較能使國會運作順利。

本制度的缺點亦多，例如：

(1)不民主：本制度對於未能擠進當選名次內的民意，即未予重視，因此並非民主的表現。特別是在這些被「淘汰」的民意居絕對多數時，其反民主的現象更為嚴重。此在小選區又採相對多數制者，更易出現。

(2)不能反映人民意志：例如前述情況會造成少數統治的情形，因此，權力擁有者的基礎甚為薄弱。

(3)票票不等值：例如在「大選區」（得當選多人者）且採相對多數制時，不論得票多少之當選人，進入議會亦只有同樣一票的表決權，不能反映背後選票的數量❾，造成實質不公平的後果。

(4)無遞補制，因此一旦當選人出缺便需補選，造成國家社會必須經常舉辦選舉❿。

2.比例選舉制

針對多數選舉制的缺點而改進的為「比例選舉制」(proportional representation, Verhaeltniswahlsystem)。這種選舉的制度，主要是以政黨為投票的對象，是「投黨不投人」，和多數代表制之「投人」完全不同。多數代表制顯現最大的弊端，在於大選區當選人可能基於個人因素（群眾魅力）而當選，不能反映政黨真實的選票基礎，同時也無法貫徹政黨政治之制度。故比例代表制的好處唯有在大選區內較能發揮出來。

---

❾ 例如民國八十一年台北縣第二屆立委選舉最高票當選人獲得高達 235,817 票，但最低票數當選人只得 36,845 票，相差達六倍之多，但在立法院皆只有一票的表決權。

❿ 以我國選罷法 (83.07.23) 第 68 條之一的規定，中央公職人員出缺已達到同一選區缺額二分之一時，即應定期補選。但所遺任期不滿一年者，不在此限。

　　比例代表制以政黨獲得總投票數的比例來分配席次，因此每張選票都可變成當選的計算基礎。因此，比較具有民主性。以政黨得票總比例來分配政黨席次。例如最標準的情形為甲政黨獲得總選票十分之一的選票，而席位正好有十個，甲政黨即獲得一席。但是政黨所獲得的票數，並不經常為比例的整數，而有剩餘存在，此剩餘票應如何計算的問題，便有各種不同的計算公式。僅以目前歐洲國家最盛行的四種公式，加以介紹：

　　⑴黑爾公式 (Hare)❶：這種計算法以各政黨獲得的選票，除以得票數，即為政黨當選席次的商數，此商數乘以應當選席次，即為該政黨獲選的席次。但如果各席次總和加起來，未達總席次時，則以該所獲席次的小數點的高低，來分配席次，舉例說明：如一個選區應當選十名議員，現有三黨競爭，共獲得 12,000 票。其中甲黨獲得 6,100 票，乙黨獲得 5,000 票，丙黨獲得 900 票，依本法計算三黨所獲席次如下：

　　甲黨：$6,100 \div 12,000 = 0.508 \times 10 = 5.08$————5 席

　　乙黨：$5,000 \div 12,000 = 0.416 \times 10 = 4.16$————4 席

　　丙黨：$900 \div 12,000 = 0.07 \times 10 = 0.7\ (+1)$————1 席

　　⑵黑爾／尼邁爾公式 (Hare-Niemeyer)❷：這種計算法以各政黨獲得的選票乘以當選席次，再除以得票數，即為政黨的席次。但如果各席次總和加起來，未達總席次時，則以該所獲席次的小數點的高低，來分配席次，仍以上例三個政黨說明，依本法計算三黨所獲席次如下：

　　甲黨：$10 \times 6,100 \div 12,000 = 5.08$————5 席

　　乙黨：$10 \times 5,000 \div 12,000 = 4.16$————4 席

　　丙黨：$10 \times 900 \div 12,000 = 0.75\ (+1)$——1 席

　　由此可知，依黑爾公式所得的結論，和本公式結果一致，只是本公式較為簡便。

　　⑶丹特公式 (d'Hondt)：這由比利時數學家丹特 (Victor d'Hondt) 發明的公式，係就黑爾／尼邁爾的公式再加改進而得。係將各黨屬所獲得的票數，逐次以 1、2、3……除之，以除後票數最高的政黨獲得席次。茲舉同樣上述例子說明：

---

❶ Hare, Thomas 是英國一位律師，一八五七年大力倡導此制，使之成為著名的公式。

❷ Niemeyer 是德國馬爾堡 (Marburg) 大學教授，將 Hare 的公式加以改進，故此公式以兩人的名字並稱。

÷1	甲黨：6,100 (1)	乙黨：5,000 (2)	丙黨：900
÷2	3,050 (3)	2,500 (4)	450
÷3	2,033 (5)	1,667 (6)	300
÷4	1,525 (7)	1,250 (8)	225
÷5	1,220 (9)	1,000	180
÷6	1,017 (10)	833	150

結果：甲黨獲得 6 席，乙黨獲得 4 席，丙黨無席位。

由上述兩種比例選舉制的公式，會造成甲黨與丙黨各增減一席的後果 ❸。

⑷哈根巴赫・畢秀夫公式 (Hagenbach-Bischof)：這是瑞士聯邦及各邦目前實施的選舉方式，本法係將選舉得票總數除以應選名額的加一，獲得商數（有小數點則進一）。第一次分派，以各黨得票數除以該商數，獲得基本席位。如尚有剩餘席位，再以各黨已得之席位加一，以各黨之得票數再除之，商數最大者獲得該剩餘席次。以上述三黨的得票情形計算之：

三黨共得 12,000 票 ÷ (10 + 1) = 1,090.9（有小數點則進一）= 1,091

（第一次分配）　　　　　　　　　　（剩餘席次分配）

甲黨 6,100 ÷ 1,091 = 5　　　　　6,100 ÷ (5 + 1) 6 = 1,091

乙黨 5,000 ÷ 1,091 = 4　　　　　5,000 ÷ (4 + 1) 5 = 1,000

丙黨 900 ÷ 1,091 = 0　　　　　　900 ÷ (0 + 1) 1 = 900

1,091（甲）> 1,000 > 900 = 甲黨一席

結果：甲黨獲得六席，乙黨獲得四席，丙黨沒有席次。

3.混合選舉制

比例選舉制雖是針對「多數選舉制」的缺點的改進，使得每張選票不僅是有「計算價值」(Zählwert)，亦有「成效價值」(Erfolgswert)，可以真實反映政黨的群眾支持度，對於不擅交際或疏於選區經營的政黨人士、專家皆可以由政黨分配進入政壇與議壇，有助於政黨政治的發展。同時當選名額出缺，亦不必補選。政黨選舉時所提出的候補名單，自可遞補之。但是此種制度亦有缺點，例如會造成政治人物不注重經營選區，且政黨的拘束力極強，使政治人物必須依靠政黨而不重視選民的利益。另外一個最大的後遺症，乃會造成政黨林立的後果，例如德國威瑪共和國在一九三二年的大選

---

❸ A. Katz, Staatsrecht, Rdnr. 302. 賀凌虛（等），增額監察委員選舉方式之研究，中央選舉委員會印，民國七十一年，第 102 頁以下。

即有超過三十個政黨角逐之，將使國會難以運作。

　　由於德國威瑪共和時代完全實施比例代表制，所帶來上述的弊害——特別是小黨林立——德國在戰後的基本法實施後，便採行一種混合制（兩票制）。全國聯邦與邦議會的席次，皆平分兩種選舉方式，由選民同時為選黨與選人之投票。例如以（2003年）德國聯邦眾議會計有五九八個席位，其中二九九位議員由全國二九九個小選區以相對多數決選出之；另外二九九個席位，採比例選舉制產生之。在一九八五年以前，依丹特法計算席位，但嗣後已改為黑爾／尼邁爾的計算方式。故是一種混合式的選舉方式。

　　我國以前所有選舉的模式，皆採「多數選舉制」，且——除了地方首長的選舉外——，都採大選區、複數當選人與相對多數當選制。不過在民國八十年起增訂憲法增修條文，對於政黨全國不分區與僑民代表名額，採政黨比例代表制，自民國八十九年起，國大代表產生且全採比例代表制。選罷法對於此比例代表的當選分配，加以規定。依選罷法第 65 條 2 項 2、3 款係採黑爾公式。所以我國亦是另一種類型的混合制。

㈢我國實施的兩票制

　　民國九十四年修憲，對立委選舉改為兩票制。依現行制度，立委總數為一一三席，其中三十四席為不分區席次，七十三席為區域席，由全國各縣市劃成七十三個選區選出，改成小選區制。另外，六名原住民席（平地及山地山胞各三席）仍採大選區多數當選。所以新制度是一種三種形式的混合制。

　　兩票制（也包括可在一張選票上分成兩項），以政黨分配席位的分配方法，又有德式的「聯立式」及日本式的「並立式」兩種。

　　聯立式是指政黨的總席位（包括區域及不分區席位），由選民投的政黨票中來計算，例如國會席位一〇〇席，其中區域及不分區各半，甲黨在政黨票中獲得百分之五十的選票，則甲黨在國會中的總席位為五十席，若地方選區甲黨只獲得三十五席，即可獲十五席不分區席位也。易言之，選民投在政黨票的比率，決定該政黨的總席次。故稱為「聯合計算」的聯立式。

　　相反的，並立式是將選區票及不分區票分別計算、分配席次。例如前例情形，如甲黨在不分區的政黨票中得百分之五十的選票，則可自不分區席次得二十五席，至於在選區獲得多少，再一併計算，例如只得十席，則甲黨共得到三十五席。是為兩張票獨立計算的「相互並立」制，或可稱為「分立制」較妥。

　　比較聯立制及並立制，各有其優缺點。聯立制注重保障政黨的代表性，同時此制度也必須在不分區及區域席數完全一致，才能實施，可以用不分區候選人的專業及形象來彌補區域候選人的不足，對小黨或有特殊政治取向的政黨較為有利。這為德國一九五三年起採行的制度。

　　並立制則以尊重選民的抉擇為特點。此制度不要求不分區及區域席位要等數，可由憲法或法律來決定。缺點則是政黨「地區化」欠缺大格局之視野，一旦區域席次多過不分區席數，對小黨極為不利，因為無論選民如何贊同該小黨，但無法使小黨成為擁有具有決定性席位的大黨。日本在一九九六年眾議院選舉開始使用此制，我國亦採取了這個制度。

　　我國在民國九十四年六月修憲時，這便是反對修憲陣營的一大訴求。因為新制的不分區席位為三十四席，不及區域選出立委的一半，小黨擔心逐步泡沫化才會大力反對也❹。

　　基於政黨平等，以及立法院立委數量規模似乎仍有增加的必要性，我國日後宜透過修憲增加立委數量至一五八名，其中各一半為區域及不分區席次（各七十九名），方為上策！

　　另外，為貫徹「票票等值」，在地方的民意代表，例如縣市議會選舉亦應配合改為小選區及改採兩票制，讓政黨政治由基層做起。

　　另外，德國式聯立制不僅規定政黨票必須有過百分之五門檻的限制（我國新制亦然），也還規定，若該政黨在區域選舉中獲得三個席位以上時，即使政黨得票率不足百分之五，亦得分配政黨不分區席次。這在一九五六年新增的制度，避免一個政黨在某地方有優勢，卻無法獲得其他地方選民青睞，結果使不足百分之五的選票失效（無法分得不分區席次），以致該地區的民意無法表達。這個制度也值得我國參考。

肆、罷免權

　　俗語謂：「解鈴還須繫鈴人」。人民既然有權選舉公職人員，亦應有權罷免之。罷免即表示人民的「不信任」。公職人員選舉罷免法第 75 條規定以下：就職滿一年以上

---

❹ 我國引進這個對小黨以及無黨籍不利的兩票制，是否有違反政黨平等權，可參見李惠宗，從政黨平等論單一選區兩票制，法治與現代行政法學——法治斌教授紀念論文集，民國九十三年，第 188 頁以下。李教授獲得了不抵觸，且對小黨反而有利之結論（第 211 頁）。

方得罷免之。這是避免當選人之政績尚未產生，即被罷免。依本法第 76 條與第 81 條之規定，罷免案之提出，應經原選區選民總數百分之一以上的提議人數、與百分之十以上的選民連署後，由選舉委員會宣告罷免案之成立。而罷免案成立後二十日起至六十日內，再由原選舉區選民以投票方式表決之。另外，依本法第 90 條規定，罷免案投票贊成者超過不同意罷免者，且同意罷免票達原選舉區選舉人數四分之一以上者，方能通過罷免。由罷免之程序規定可知，不僅提議人數與連署人數的合於規定須曠日費時，而且整個罷免案投票前，仍有類似競選之活動，耗費精力及財力甚多。所以不僅是在我國，即使在西方採行罷免制之國家，其罷免案之通過並不常見。何況，實施罷免案應以投票支持該當選人的原選民，因為對於當選人不滿時（例如未履行競選時之諾言），才行使撤銷當選之權利。是以對罷免案有投票權者，以原選民為限，其理至明。故過去我國採大選區制度，反映不出這種原選民之意願改變，採取小選區之制度，以每一選區選出一名民意代表之方式，方能反映出罷免案的意義。否則假設大選區應選十名代表，理論上——若原選舉與罷免案皆有同樣的出席率——每名代表僅須百分之十選民的支持，就可當選，其他百分之九十的選民縱不支持，並不妨礙其當選；惟若其他選民提議罷免，則儘管原選民仍支持該代表，但罷免案仍可能通過。由此可見大選舉區的罷免案，對原當選人及支持選民並不公平。反之，若選區為只選出一名代表的小選區，罷免案只有不贊成罷免的選民超過當選時的總數時，表示原來支持該代表之選民並未改變初衷，則罷免案即視同未通過。由於公職人員之任期普遍不長，除選民監督外，也可借助政黨、輿論與下次選舉之機會來制衡該民意代表，因此即不必單靠罷免來制衡公職人員。人民的罷免權已逐漸喪失其制裁與監督的實效。無怪乎我國實施選舉罷免法 (69.05.14) 迄今，只有五次罷免案獲得通過，其中兩次是極小選區之罷免（台北縣貢寮鄉鄉民代表與新竹縣湖口村村長），而另外兩次分別是桃園市議員（王浩宇，110.01.22）以及立法委員陳柏惟 (110.10.23)。

　　但對罷免制度值得檢討的，可參見高雄市長韓國瑜的罷免案 (109.06.06)。本案涉及到何時啟動罷免案的問題。按本法第 75 條的規定，罷免案必須在公職人員「就職」滿一年後，方得罷免之。然而何時方得為人民進行罷免連署等活動的起始點？

　　以罷免案的本質以及本法規定的「一年就職保障期」的立法意旨而論，乃是讓選民有一年的「施政觀察期」，因為罷免案是選民對當選人喪失信賴的補救行為，自應有讓當選人顯現其承諾機會的時間，因此此一年的檢驗期是不可或缺；其次當選人享有

任期保障以及起碼一年的政績檢驗期，也是其歷經選戰的努力成果，也是其受憲法保障服公職的權利，因此應當享有法定的保障權限。否則任由敗選一方在敗選後即刻啟動罷免程序，無異將選戰延伸到競選結束之後，將會形成干擾當選人施政的情形，更形成所謂報復性罷免的惡性循環。同時如對罷免案的發動沒有這種就職一年的保障期，更難免會有「預防性的罷免」──甚至在競選時，就先對對方進行罷免的連署，更是濫用了罷免的制度。

這在韓國瑜的罷免案便產生了這種「報復性的罷免」，在就職後不久便進行了罷免連署，然而主管機關中央選委會卻採取了認可這種報復性罷免的提議與連署程序，顯然明顯地屬於罷免權利濫用的現象。此情形對我國選舉制度的傷害甚大，中選會的決定明白抵觸本法的規定。為正本清源，此罷免程序的發動應以任職滿一年起方得進行為宜。

伍、創制與複決權

一、創制權

創制權是指人民可直接以投票方式創設中央或地方法律、法規之謂，屬於「直接民權」的制度。創制權與複決權是因民意機關不能充分實現其功能而生，所以創制權之行使是對民意機關的「不信任」之表現。但是究竟在現實政治上，人民有無行使創制權之可能與必要性？頗值考慮。由於任何法規很難獨立，條文間彼此應有嚴密的關連性，故法案制定須經周延討論與表決。人數較精簡的代議制度能滿足此立法程序之要求。一般選民極不易透過組織化的方式，提出草案。例如，創制案是否如罷免案般地亦需有提案人與連署人之人數要求？是否應經過類似競選活動之宣傳？創制案是要創制具體可行之法律，抑或「立法理由」？法治國家中的法律體系環環相扣，一個不周延的創制案，即使有成為法律之可能，恐也將會牴觸其他相關法令，以至於違法或違憲而無效。因此，就立法之一致性與創制法案之品質（精密度）而言，人民創制權行使之結果──法案成立──恐怕將極為粗糙。此外，在創制案之提出程序方面，創制案提出須經相當程度的「社會動員」，這種需要有「組織化」的群眾運動，非一般人民能力所及，而是必須憑藉政黨組織方有可能。政黨遂可在議會中透過法案之制定與修廢，以實踐政黨之抱負來爭取選民支持。所以，將議會內意見的爭辯，移至議會外的

社會階層來進行，在政黨政治成為國家進步象徵的今日，要政黨捨此就彼，正與時代的進步反其道而行。

二、複決權

複決權是人民表達對某一政策或事件之意見，而以投票方式表現之。人民行使複決權的場合，約有下列數種：對創制案之複決、對國會或政府提出之修憲條款或新憲法草案所為之複決、對國家某重大政策——例如改變國體、與他國合併、元首人選、甚至政權之合法性——之複決、對國家主權的限制——例如在歐洲限制各國主權的馬斯垂克條約——之複決……等等。雖然人民之複決可表達出人民之支持與贊同之意見，理論上似乎頗合於民主理念。但是在現實政治上，人民直接行使複決權，未必是反映民意的最好方式，其理由甚多，例如人民複決的耗費人力、財力及時間。由於人民複決權之行使多係被動，故在複決案提出前已有充分的政治運作在主導，使複決制度極易形成人民事後的「追認制度」。這可在近代許多獨裁國家實施公民複決時，大多支持當政者決策之殷鑑中——例如一九三八年德國兼併奧地利時舉行的德奧合併的公民投票——，看出複決制度之易被誤用。

再者，公民複決恆以正反二元選擇讓選民作非彼即此之判斷，這種「非楊即墨」的選擇方式，並不適用在國家政策決定方式上。倘若在複決前人民並未掌握系爭事件的充分資訊，以及未能對正、反方之理由做出深入的思辨，則複決結果是否合乎理性，有無經過周延考量，皆頗值懷疑。因此，與創制權同屬於「直接民權」的複決權，並非是理性解決國家公共事務的妥當方式。故現代民主國家反映民意之重心，乃建立於妥善的政黨政治體系、定期舉行的大選上，並透過輿論監督，來督促國家代議政治能有效率地進行。對於人民行使複決權之場合，多限於極為少數重大事件之決定上。例如規定有關憲法的修正案須經公民複決，領土變更應經住民複決等，即為著例。所以對人民複決權之認知，應毋為其冠冕堂皇的「直接代表民意」口號所迷惑，其亦非民主之唯一表徵也。

三、創制、複決制度開始實施時期

我國憲法第 27 條 2 項規定，國民大會必須俟全國有半數之縣市曾經行使創制、複決兩項政權時，才可制定辦法行使創制、複決兩權。雖然我國在民國五十五年，增訂

臨時條款第 8 條，規定國民大會可以藉召開臨時會之方式行使此兩權，但直至臨時條款廢除為止，國大並未實施此二權。因此，國民大會雖然擁有創制、複決兩權，但必須俟全國半數以上之縣、市已有行使此兩權之事實後，方可行使之。由此條文亦可知我國憲法並不反對任何縣市可以由縣市民行使涉及縣市（自治事項）的創制、複決權利，而其行使之程序與細節就有待於地方自治法予以規定。

不過，地方制度法 (99.02.03) 並無給予省民或直轄市民行使此種權利之規定。至於全國（中央）事務，依憲法第 27 條之規定，唯有國民大會代表人民行使此兩權，一般人民並無行使此權利之機會也。為落實人民擁有創制與複決權利，政府曾打算制定「創制複決條例」，明定縣及直轄市之公民，可以就地方自治事項提出創制與複決案。這也是讓地方自治先實施直接民權之制度，再逐步實施全國性之事項。創制、複決案需有一定的連署方得提出，交由縣、市議會形成法案。若縣、市議會否決提案，當地人民可以投票決定之。另外，創制、複決案之表決可準用選舉罷免法之程序，並且連同最近舉行的公職人員選舉，一起表決，以節省舉辦創制、複決所需之人力、物力。這只是草案的初步構想。至於日後能否提升地方自治的品質，活潑人民的政治參與熱情，就有待時間證明了。

陸、公民投票制度

一、公投的範圍

民國九十二年十一月二十七日立法院通過公民投票法（以下簡稱本法），納入全國性及地方性公投的制度。本法經過多次修正，以最近版本 (108.06.17) 本法第二條之規定，凡全國性與地方性的公投適用本法：法律之複決；立法原則之創制；重大政策之創制或複決，以及憲法修正案之複決。地方性公投之對象為地方自治法規之複決；地方自治法規立法原則之創制；地方自治事項重大政策之創制或複決（第 2 條 2、3 項）。同時關於預算、租稅、薪俸及人事事項不能作為公民投票之提案（第 2 條 4 項）。

二、各種公投發起人

公民投票的法定程序，由發起人（提案人）的不同而有不同的程序。而發起人分別有公民、行政院、立法院及總統。

㈠公民提出的公投案

　　由公民行使公民投票的法定程序，頗為複雜，大致上分為提案、連署、以及最後的公投。對於這種投票的提案與連署門檻規定，本法下述的門檻乃只是針對全國性公投的規定，至於地方性質的公投，本法明文規定由直轄市、縣（市）的自治規定之（本法第 26 條第 2 項），同樣地，對於全國性公投也可以另以法律規定與不在籍投票方式為之（本法第 25 條），故地方性公投便不可以以不在籍投票方式為之❶⑤。又，本法雖然規定地方公投可由地方自治規定不同門檻外，立法如有特別規定時，也可優先適用❶⑥。而全國性公投可以再另行制訂新法後才實施不在籍投票，也是一個累贅立法，何不直接在本法便開放實施不在籍投票，而將地方性公投是否開放不在籍投票授權各地方以地方自治條例規範之，以收到因地制宜的優點❶⑦？

　　對於全國性公投提案的規定，其公民投票的提案權，本法先後規定的門檻標準，都有改變，例如由最初版本 (92.11.27) 的最近一次總統、副總統選舉選舉人總數千分之五以上，而到最近 (108.06.17) 的最近一次總統、副總統選舉選舉人總數萬分之一以上。差距如此之大，乃是在本法既然除了提案程序外，尚有連署程序，因此在提案人的門檻人數不宜過高，故在民國一〇七年一月三日修正本法時，才將提案人數降到萬分之一。

　　而全國性公投連署程序，由最初版本 (92.11.27) 的最近一次總統、副總統選舉選舉人總數百分之五以上，而到最近 (108.06.17) 的最近一次總統、副總統選舉選舉人總數百分之一點五以上。其門檻降低的理由乃是比照總統、副總統獨立參選之連署人數（參見總統副總統選舉罷免法，109.05.06，第 23 條第 4 項）。

---

❶⑤ 以台北市為例，依臺北市公民投票自治條例 (104.12.14) 第 7 條規定：「公民投票案提案人人數，應達提案時最近一次市長選舉選舉人總數千分之五以上。」，至於連署人數依同條例第 10 條第 1 項規定：「公民投票案連署人數，應達提案時最近一次市長選舉選舉人總數百分之五以上。」

❶⑥ 這個立法的邏輯頗為矛盾，按全國性投票既然以另立新法方得為之，故在新法未立前本條文形同具文；又本條文沒有開放地方公投可以以另立新法來實施，但一旦立法院通過新法，許可地方公投也用不在籍投票，豈可否認此新法的效力乎？就以離島建設條例 (108.05.22) 第 10-2 條第 1 項規定：「開放離島設置觀光賭場，應依公民投票法先辦理地方性公民投票，其公民投票案投票結果，應經有效投票數超過二分之一同意，投票人數不受縣（市）投票權人總數二分之一以上之限制。」，則是專門針對觀光賭場的議題，而舉行的特定公投，便採取簡單的多數決。可見得立法者可以特別法的規定地方公投的門檻規定，則本法第 26 條第 2 項並無實益。

❶⑦ 例如地方自治團體更容易判斷是否有舉行不在籍投票的必要，以某偏遠地方為例，可能其選民很多都在外地謀生，趕回投票不易，便可決議實施不在籍投票的制度。

連署完成，經主管機關審核通過後，應於十日內為提案成立之公告（本法第 13 條），並在投票日九十日前公告投票的具體事宜，並舉辦辯論會等（本法第 17 條）。

而公民投票日也自一〇八年修法第 23 條改為訂於每年八月第四個星期六舉行，自民國一一〇年起，每兩年舉行一次。此便是所謂的防止「大選綁公投」的修法，本來本法基於藉著大選以及一併舉行公投來徵詢人民對未來立法與重大政策的意見，可是促使人民直接民權實現的良機，同時可以減少社會再度選舉的社會成本，而大選本來便是徵詢最新民意的良機，何不藉此一併舉行？故本法在民國一〇七年一月三日的修正第 23 條，明確規定：主管機關應於公民投票案成立後，一個月內至六個月舉行公民投票，該期間內有全國性選舉時，應於該選舉日同日舉行。這便是由民進黨黨團所提出的條文，即所謂的「公投綁大選」。

然而在一〇七年十一月二十四日進行了一次公投，十案公投中有七案通過，三案不通過。通過的公投案為反空污、反燃煤、反核食、反同議題（即愛家公投：確立民法婚姻定義為一男一女、反對性別平等教育中於國中小階段實施同志教育、專法處理同性共同生活）和以核養綠等，該次公投且與地方公職人員大選合併舉行，投票結果使得執政黨獲得慘敗，執政黨便認為乃是公投議題直接影響了大選結果，遂祭出「選舉單純化」的口號，並修改本法 (108.06.17)，強制的將公投獨立在大選之外，此外硬性規定兩年定期舉行一次，剝奪了人民即時反映對重大政策立法與修法的參與機會，似乎對公投制度的重要性也只是口惠而已。

⇔行政院提出的公投案

由行政院提出之公投：行政院本來依本法並無提出公投之權，乃是基於行政院既然代表執政黨，任何立法修法與重大政策，都可以透過正常的執政與立法優勢完成之。這也是責任政治與民主政治的正常運作，沒有必要再利用公投的制度來疊床架屋。然而在一〇七年通過的本法修正第 14 條，加入了行政院可以對全國事務進行公投，是乃認為這是歐洲民主國家會利用行政機關透過國會同意後，舉行「諮詢式」的公投，直接向人民尋求對重大公共議題的建議。因此將行政院納入公投提出人的範圍。

既然行政院經立法院同意後提出公投，便可以省卻了公民進行公投所必須經過的提案人數與連署規定的繁複程序。

⊜立法院提出的公投案

由立法院提出的公投，除了依憲法所提出來的複決案（例如修憲案），應經公告半

年後，於十日內交由主管機關辦理公民投票（本法第 15 條第 1 項），此外僅限於重大政策之創制或複決，得附具主文、理由書，經立法院院會通過，交由中央選舉委員會辦理公投（本法第 15 條第 2 項），其程序也如同行政院的公投提案般，可省卻公民投票的提案、連署及審查的繁複程序。

立法院之所以擁有極為限制公投提案的範圍，乃是依憲法立法院可以議決國家其他重要事項（憲法第 63 條），中央或地方權限劃分有爭議時，由立法院解決之（憲法第 111 條），而憲法第 57 條 2 款且規定立法院得以決議移請行政院變更重大政策。此項規定雖在民國八十六年修憲時刪去，但立法院可以議決國家重大政策之權限依然存在。大法官在釋字第 520 號解釋（核四停建案）中已經明白宣示。

所以，立法院對於國家重大政策的決定，本應當仁不讓。尤其實施政黨政治，各政黨平日即應該關心國家重大政策，並表明立場讓民眾在選舉時可作為選擇之依據，政黨之作為「替民眾形成政治意志」的功能，即顯現在此。

如今我國公投法竟然許可立法院，甚至行政院，竟可放棄自己必須盡心分析利弊的職責，反而訴諸選民決定，也是強拉全國民眾來為國會不負責任的行徑，加以背書的「脫責」表現，乃開責任政治、政黨政治的倒車！

㈣總統提出的公投案

由總統提出的公投，本法第 16 條 1 項之規定，乃限於：當國家遭受外力威脅，致國家主權有改變之虞，總統得經行政院院會之決議，就攸關國家安全事項，交付公投。此項公投，依同條文 2 項之規定，其程序除了如同行政院及立法院所提出公投的較簡易程序外，對於舉辦的時間，既然乃是為了不可預見的突發危機，因此不宜統一的預先設定其舉辦時間，故明白不適用本法第 23 條的定期舉辦規定（本法第 16 條第 2 項）。

總統這項公投之所以稱為「防禦性公投」，以及所以產生此制度，乃是「配合總統的緊急處分權」，俾作為防衛國家生存的工具❶。這種立法精神頗為矛盾。

按以「目的性」而論，當國家瀕臨外力威脅，致國家主權有改變（此時無異瀕臨亡國也）時，當然是總統得行使緊急命令權，以赴國難。國家此時不僅不應進行全面

---

❶ 關於本制度的產生理由，最清楚莫如立法委員趙永清代表民進黨團，在立法院就公投法第 17 條立法意旨作說明時指出，「我們的版本中之所以有防禦性公投的條款，主要是針對總統的緊急處分權，在面臨危機處理時，可以採此方式做為對抗中國強權武力威脅的最佳利器」（見立法院公報，九十二卷五十四期，一八九頁）。

投票，反而可以暫時停止選舉，避免社會的兩極化，影響團結。民國六十七年十二月十六日中美斷交時的緊張時期停止中央民代的選舉，便是一例。而且當有外敵入侵之前夕，光有民調式的公投，豈能增進國家抗敵之實力？所以這個防禦公投的實效性根本不存在。如果本法真的要賦與總統權力來使此新設的公投制度能造福國家，則應明文授與總統「剎車權」，一旦公民投票的程序發展到有重大違反公共利益（例如造成地方與中央的對立），或國家面臨危難期，可許可總統頒布暫時停止公投之禁令，而不必非祭出緊急處分權不可❶❾。

另外，為避免總統可能濫行公投，本法第 16 條宜增設限制，總統公投之提出，除經行政院院會通過外，尚須經立法院通過，俾使此公投能經立法院的監督也❷⓪。

而公投案通過後關於法律或自治條例的創制案，立法院或縣市議會有限期內立法或修法的義務，但修立法結果有沒有符合公投的原則產生疑義時，提案的領銜人可以聲請司法院解釋之，避免立法機關事後的陽奉陰違。然而若創制或複決案的公投結果，有關機關（行政、立法院或總統），如認為有違憲或窒礙難行，是否亦可聲請大法官會議解釋，以求制衡？也是可以考慮的方向。特別是在未經修憲的前提下，立法院應該代表國民最高的立法意旨，只受到憲法及合憲解釋的拘束，公投的結果，似乎尚無此拘束立法院、甚至總統由憲法直接獲得的權限也。

---

❶❾ 例如有舉行反對購買特別種類的武器、反對建設某軍事基地、在遭逢外交危機時做出危害邦交的議題等公投時，總統如認為將會動搖國本或造成急迫與不可預見的重大損害時，是否可擁有停止公投的權限？

❷⓪ 本法第一次實施的公投即是總統所發動 (93.03.20)，且以大陸已布署數百枚飛彈為由，舉行公投。題目有二，第一強化國防，題目為：「贊不贊成購買反飛彈裝備」；第二，對等談判，題目為：「贊不贊成與大陸協商」。並且將公投日與總統大選日訂在同一日。依照本法當時 (92.11.27) 第 17 條第 2 項的規定，總統提出的公投不適用同法第 24 條的規定，而第 24 條規定（中央選舉委員會應於公民投票案公告成立後一個月起至六個月內舉行公民投票，並得與全國性之選舉同日舉行。），似乎有不得將大選綁公投的立法意旨。然而當時卻解釋為解除總統公投投票日的限制，故此公投即與總統大選一併舉行。另依本法當時第 30 條規定，公投必須投票人達全國投票權人數之一半，且有效票超過二分之一，才通過。本次公投未達此門檻而不通過，但並不妨礙政府繼續推動購買反飛彈之裝備之強化國防政策。故本法第 17 條及第 31 條（第 3 款：有關重大政策者，應由權責機關為實現該公民投票案內容之必要處置。）之公投規定都形同訓示規定。本法出師不利，已經令人懷疑本法是否有存在之價值！

三、公投的通過門檻

㈠公投案通過門檻的標準

本法對公投案通過的門檻，先後有嚴寬不同的規定：

本法在制定當初，採取較嚴格的標準，依據本法制定時（九十二年）第 30 條規定：「公民投票案投票結果，投票人數達全國、直轄市、縣（市）投票權人總數二分之一以上，且有效投票數超過二分之一同意者，即為通過。投票人數不足前項規定數額或未有有效投票數超過二分之一同意者，均為否決。」

這種規定顯然將公投的具體結果，繫於選民的積極參與與表態，怠於參與或表態者，即被推定為否定該公投案。

由於一般選民對公投議題未必產生興趣，故參與率自然會偏低，會導致任何公投案都不易通過。民國一一〇年十二月十八日舉辦的四項公投，投票率僅為四十一左右，即為一例。為了吸引選民對公投議題的重視，並積極參與投票，故有鼓勵大選綁公投的政策產生，促成了本法在民國一〇七年一月三日修正本法第 23 條，將公投綁大選列入法定的舉辦方式，同時鑑於舊制高門檻，以及「怠於表態形同否決」的門檻制度，是所謂的「鳥籠公投」，不能真正的表達民意。而應改採「積極表態判斷論」——以積極參與投票者，來判斷其是否支持公投案的標準。故同時修正本法第 29 條的規定：「公民投票案投票結果，有效同意票數多於不同意票，且有效同意票達投票權人總額四分之一以上者，即為通過。有效同意票未多於不同意票，或有效同意票數不足前項規定數額者，均為不通過。」

但此公投綁大選之制，又在一一〇年的公投中，被執政民進黨的強力動員下，未獲通過，使得此「二投合一」制又曇花一現。

新法實施後，只要有合格選民四分之一以上投票表達同意者，同時多過不同意者，公投便視同通過。

這種鼓勵相對少數積極表態參與公投意見者，所設計的公投制度，就積極意義而言，會鼓勵選民不要作為沉默的選民，而勇於積極表態、關心並參與公共議題者的決定或修改。但公投的議題五花八門，任何政策的考量一定是複雜與多方面的，需要的更多理性或專業的思維或辯論，絕非一般選民能夠在短暫的時間內做出抉擇，這種公共議題隨著社會專業化與科技化，應當透過媒體、學界、政黨等制度化的中介力量，

並透過民主政治的大選與政黨政治、責任政治與新聞自由等，來謀求解決的方式，而非透過一時風潮雲起的選民表態與政黨運作來獲得一個非楊即墨式的解決方案。

因此這種對不積極表態者，即毋庸考慮其對公投的意見的立法例，也反映出對於秘密投票精神的違背。按現在選舉所服膺的不記名與秘密投票，正要保障投票人的投票意志不為外界所洞悉。如今公投法由發起人、連署人的具名造冊，還要經過主管機關的審核是否代表真實意志，都是將選民的意志公開與透明化。完全忽視了公投制度既然完全應當比照選罷法的規定（本法第6、24條參照），因此公投投票的透明規定，已經使積極表態者必須承擔其投票意志被洩漏的風險。同樣的情形也顯現在獨立參選總統的連署制度，雖經司法院釋字第468號解釋的合憲，但這種見解令人不敢苟同（可參見本書第6章第二十九節處）。因此本書認為連署應該只是形式意義，毋庸經過主管機關的審查程序，以保障投票秘密。

㈡**公投案通過門檻標準的適用範圍**

本法對於公投案通過的門檻規定，到底適用在全國性公投，抑或在地方性公投亦一體適用？地方性公投既然可以以自治條例另行規定其相關事項（本法第26條第2項），故關於地方性公投的提案、連署可有異於本法全國性公投的不同門檻規定，從而關於通過的門檻亦可由地方公投自治條例來予規定乎？

然而，以本法對於公投結果的門檻規定為第29條，列為第四章，而非規定地方公投的第三章，因此公投通過門檻的規定當為全國與地方性公投的統一規定。這也可由本法第28條規定：「公民投票案提案、連署人數、應附具文件、查核程序及發表會或辯論會之舉辦，由直轄市、縣（市）以自治條例定之。」便沒有將通過門檻納入❷。

四、公投案通過後的效力

公投法的立法目的，乃是基於憲法主權在民，確保國民行使直接民權的立法（第1條），故捨棄制訂「創制複決條例」，讓人民先由地方自治範疇實行創制及複決權，以符合憲法第27條本意，反而就全國及地方立法與政策相關事項行使公投。然而如果沒有憲法之依據，則公投結果應不能產生拘束力，只能視為相關機關之諮詢式公投，表明國民對於立法或政府施政方向的明確態度。

---

❷ 同理，台北市公民投票自治條例(104.12.14)便沒有將公投通過門檻另行規定。

　　但本法卻有公投結果後，應產生拘束力的規定，例如本法第30條規定：「公民投票案經通過者，各該選舉委員會應於投票完畢七日內公告公民投票結果，並依下列方式處理：

　　一、有關法律、自治條例之複決案，原法律或自治條例於公告之日算至第三日起，失其效力。

　　二、有關法律、自治條例立法原則之創制案，行政院、直轄市、縣（市）政府應於三個月內研擬相關之法律、自治條例提案，並送立法院、直轄市議會、縣（市）議會審議。立法院、直轄市議會、縣（市）議會應於下一會期休會前完成審議程序。

　　三、有關重大政策者，應由總統或權責機關為實現該公民投票案內容之必要處置。

　　四、依憲法之複決案，立法院應咨請總統公布。

　　立法院審議前項第2款之議案，不受立法院職權行使法第13條規定之限制。立法院、直轄市議會或縣（市）議會依第1項第2款制定之法律或自治條例與創制案之立法原則有無牴觸發生疑義時，提案人之領銜人得聲請司法院解釋之。經創制之立法原則，立法機關不得變更；於法律、自治條例實施後，二年內不得修正或廢止。經複決廢止之法律、自治條例，立法機關於二年內不得再制定相同之法律。經創制或複決之重大政策，行政機關於二年內不得變更該創制或複決案內容之施政。」

　　至於公投項目中尚有一種，這是關於憲法所規定的修正複決案（本法第30條第1項第4款），則立法院應咨請總統公布。這也是配合憲法增修條文（九十四修憲第12條），其合憲性，自無疑義，且是有憲法的明文依據，相形之下更顯出其餘的公投效力欠缺憲法基礎！

　　特別是關於創制案的公投，立法機關必須在限期內（下個會期休會前）完成立法。立法者不得違反該公投結果的基本原則，兩年內也不得修正或廢止。關於複決廢止的法律等，立法機關兩年內不得再制訂相同法律。這是對立法權限所給予的限制。按憲法明訂立法院為國家最高立法機關，代表全民意志，更是表彰主權在民的民主共和國具體象徵。法律只應受到憲法及相當於憲法的規範（憲法法庭的判決）的拘束。要賦予公投結果對此最高立法意志產生拘束力，勢必要有憲法的依據不可。這是基於立法院乃是受到全國人民概括的對立法機關授權（包括所謂的「憲法委託」），而公投則是「個案授權」，且是「特定授權」，立法意志直接受此結果的拘束。這兩個同位階的對立法者授權，後者已經形同「指令」，而剝奪立法者自由判斷的權限。因此公投的結果

已經形成類似法律的法源地位，產生了拘束力，相對其他的法律而言，則公投結果是適用「特別法優於普通法」的原則，而有優先法律的效力，這也可說明複決公投通過後，相關法律有定期廢止的義務。此是我國憲法對立法權的拘束所未有的設計。

同樣地，公投結果，若要對總統及相關機關的職權產生拘束力，例如本法規定公投通過後重大政策，總統及相關機關有實現該公投內容必要處置的義務（本法第30條第1項第3款）。

但是這種規定也極為抽象與空泛，按總統依憲法規定並不負責行政與立法，而只擁有緊急處分權。而一般公投顯然不涉及這種緊急處分的領域（否則也可動用總統提起的防禦性公投），則總統實現該最可能涉及行政權力運作的重大政策，便沒有憲法的權限依據。同時，世事變化無常，今日的公投結果，明日已成過去，因此能否有效拘束總統應變國內外局勢的必要性，恐怕只是過度理想性的紙上談兵也❷❷。

而其他機關，如果虛應故事，視公投結果為無物，而立法院也不進行追究政治責任，要求相關首長去職，或是行使倒閣權；而職司政府官員有無違法失職的監察院，有無毅然起而糾彈相關首長，總統有無真誠與迅速行使任免權，都是檢驗公投是否「玩真的」以及是否真正重視民意的取捨。這種情形特別會發生在由公民提起的公投，且公投內容正是與政府政策針鋒相對者，更是檢驗公投是否具有真正意義與拘束力的事情，台灣在民國一一〇年十二月十八日將舉行四項公投（反萊豬、公投綁大選、重啟核四及珍愛藻礁），其結果便是典型的檢驗例子。

而公投結果若可加諸立法機關具體的作為義務，而其拘束的內容——公投的結果與基本原則，又十分抽象，則立法者的形成空間，可能會產生與該公投意旨、憲法與大法官解釋的意旨，產生衝突的可能性。易言之，公投意旨同樣地不能抵觸憲法以及憲法法庭的判決。故公投意旨也可能造成違憲的結果，是否也應當在其對立法機關產生拘束力前，有違憲審查的機制乎❷❸？

---

❷❷ 就以前註93年所提出來的第一次公投，便是以贊不贊成購買反飛彈裝備，為公投題目之一。結果沒有獲得通過。然而這種購買反飛彈裝備的公投結果，沒有產生阻止購買任何防禦性武器的效果。公投的結果能否對總統以及執政者造成具體的阻礙性效果已堪虞，更不必要強制其實施更積極性的付出作為來實現公投結果矣。

❷❸ 就以107年進行的公投為例，當年公投有一個是否贊成確立民法婚姻定義為一男一女，而反對同性可以結為夫妻的政策。這是針對當時政府主張將同性比照異性而可合法結婚的議題而舉行的公投。在此公投前，大法官已經做出748號解釋(106.5.24)，大法官認為：民法婚姻章雖以男女結合成立永久結合關係，並不違反憲法平等權。至於婚姻以何種方式形成，乃是立法形成的範圍。同性別如有要成立上述的永久結合關係，依該號解釋可

　　至於公投案沒有通過者，也應適用「一事不再理」原則，此為「兩年禁止條款」，例如對公民提案的公投（本法第 32 條連結第 31 條規定）、行政院提案遭立法院否決者（本法第 14 條第 3 項）、立法院之提案經院會否決者（本法第 15 條第 3 項）。至於總統提出來的公投既然是隨機且臨時性質，自然沒有「兩年禁止條款」的適用。

以由立法機關自行決定。大法官在該號解釋只提及，如果立法機關在兩年後仍未制定該法，同性者「方得」比照婚姻章的規定，辦理結婚。故大法官意旨很明確：立法者可以自行決定修改民法將同性結婚比照異性結婚（推翻一夫一妻制），或是制定類似伴侶法的規定，將婚姻章的規定轉換成同性伴侶間的法律關係。而 107 年的公投則明確地要確定立法者只能透過制定專法，亦即類似伴侶法的特別法，而不得透過修改民法的婚姻篇來規定之，同時此專法也不能夠有抵觸一夫一妻制的意志，這可能逾越了釋字第 748 號解釋之交由立法意志決定的空間。但立法院隨後制定了「司法院釋字第七四八號解釋施行法」(108.05.22)，第 4 條則明白使用結婚登記的用語及程序規定，該法雖然沒有提到夫妻兩字，但已經明白與公投婚姻應當只限於一男一女的意旨不符。這個案例也可顯示出公投意旨可能抵觸大法官會議的解釋，與兩者位階高低的問題。

第二十五節　權利救濟權──請願、訴願與訴訟權

我國憲法第 16 條規定:「人民有請願、訴願及訴訟之權。」表徵了當人民的權利受到他人以及國家的侵犯時,能擁有救濟之機會。大法官釋字第 416 號解釋即稱之為「司法上受益權」,這是貫徹了西洋法諺:「有權利必有救濟」(ubi jus, ibi remidium) 之真諦,使人民的權利遭受侵害時,不至於「哭訴無門」,或訴諸「自力救濟」之方式以維護自身權利。這三種不同救濟程序權,可分述如下:

壹、請願權

一、請願之性質

請願是指人民對於某件事項,向政府主管機關或國家其他機關、首長表達心願之行為,因此也可稱為陳情權 (petition)。實則請願權利亦為言論自由權與行為自由權的結合。專制時代,君主對於人民之請願行為多半視為對政府權威的挑戰,甚至認定有叛逆的企圖。這當然也反映出專制時代對人民言論自由加以壓制的事實。就以清朝而言,順治十八年二月發生著名的「哭廟事件」而遭殺身之禍的才子金聖嘆,以及觸發革命風潮的光緒年間四川「建路」請願流血事件,可知在專制時代人民對政治及政府的想法,只能深埋心中,若公開發表並且聚眾表達,極有可能造成殺身之禍。

在外國的法制,請願權於一六八九年英國「權利法案」中獲得承認,任何英國人得向英王請願,不因此遭到任何報復。

二、請願之內容

請願既是人民「不滿」的意見表達,故其內容極具多樣性。人民可以對涉及自己利益的事項,也可以基於廣泛對國家或社會的關心,亦即對於「公益」而請願。例如:針對外交問題,向外交部請求採取某種對策的請願等。所以請願的內容可以說是五花八門,隨人所欲。但是,依據我國請願法 (58.12.18,以下簡稱「本法」) 第 2 條規定:「人民對國家政策、公共利害或其權益之維護,得向職權所屬之民意機關或主管行政機關請願。」這是指受理請願的機關,只限於職權所屬的行政機關及民意機關。因此,司法機關便不在受理請願機關之列。因為司法機關既然職司審判,本已有一定的訴訟

進行程序，故不宜另闢請願的救濟管道❶。本法第 2 條規定請願的機關只限定在行政及民意機關，但是卻忽略了我國自民國八十一年五月二十八日起已經透過修憲方式（增修條文第 6 條），廢除監察院原本具有的民意機關之地位。而監察院正是職掌監督公權力有無違法濫權的專門機構，且是我國五權憲法的特色，故請願法第 2 條應從速修正；否則，將監察院排除在可受理人民請願的機關之列，將使人民的請願權利無法落實。

受理請願的機關多半是行政機關及民意機關。在行政機關方面，可以藉著職務監督權來糾正下級機關違法失職之行為，俾給人民有效的救濟。但功效較大者應在民意機關，蓋民意機關是「為民喉舌」之機關，故人民向民意代表請願、陳情，乃民意代表向選民負責之表現也。因而，各級民意機關應廣設請願委員會，例如德國基本法第 45 條即規定，聯邦眾議院內應設請願委員會，接受國民之請願。我國立法院及各地方議會，並未設有此種委員會，似宜廣泛設立之，以作為解決民瘼之專責機構❷。

人民的請願內容雖然可以五花八門，但是，本法也另有限制的規定。例如第 3 條規定：「人民請願事項，不得牴觸憲法或干預審判。」；以及第 4 條規定：「人民對於依法應提起訴訟或訴願之事項，不得請願。」其實，這二條規定並無實際上效果。因為憲法作為國家的根本大法，其崇高之地位，不會受到人民請願的影響，人民請願內容如果係與現行憲法之規定不合，或牴觸憲法的基本精神時，除已涉及其他法律責任——例如觸犯「煽惑叛亂罪」——外，應包含在人民的言論自由權之內。至於請願內容不能干預裁判的顧慮已是重複，因為職司審判的法院，並非可以接受請願的民意機關或行政機關。本法雖規定訴訟或訴願的事項，不得請願，但是，一旦行政機關或民意機關接到此類案件時，雖會拒絕處理該請願，然多半會指示請願人應朝訴願或訴訟之方向尋求救濟，故本條規定亦屬多餘。

三、請願之方式

關於請願的方式，有「法定的請願」與「非法定的請願」兩種方式。「法定的請

---

❶ 依德國基本法第 17 條規定，人民得向任何有權機關及民意機關請願。就司法事件而言，該有權機關即為法院也。故法院亦應成為受理請願之機關，惟一旦涉及訴訟事件，當只能依訴訟有關法規處理，不至於影響法院之職責。

❷ 德國眾議院請願委員會，自一九七五年七月十九日公布該會的職權法開始運作後，績效甚佳。迄一九九〇年為止，每年平均收到一萬三千至一萬四千件案子。兩德統一後，一九九二年達到近二萬四千件請願。見 H.-J. Hitschold, Staatsbuergerkunde, 10. Aufl., 1994, S. 169.

願」方式是依據本法第 5 條的規定，向有關機關提出書面的請願書，註明請願人與請願事項。同時亦可以集體請願，以推派十人以下的代表向請願機關陳述請願之內容（本法第 6 條）。「非法定的請願」方式，最常見的情況是以召開記者招待會或集會遊行，以及在媒體廣告刊登類似「陳情書」或「公開信」等方式。這種方式的請願對象，往往不只是行政或民意機關，也常及於總統及五院院長等。因此這種方式的請願多半是喚起公眾的注意，來獲得輿論的支持。

依據本法所定方式提出之請願，接受請願的機關，應將請願結果通知請願人（第 8 條），此乃受請願機關之義務。至於非依法定方式所進行之請願，就無本條之適用。此外，人民既然依法提出請願，乃實踐憲法賦予人民請願之權利，故本法亦有「不利益禁止」原則之適用。依本法第 9 條規定，受理請願機關或請願人所屬機關之首長，對於請願人不得有脅迫行為，或因其請願而有所歧視。這是特別針對公務員之請願所作之規定，以保障公務員之請願權也❸！

四、請願之限制

請願是憲法所保障的權利，但請願亦必須在內容與方式上遵守其他法律之規範。倘若有觸犯其他法律時，亦不可藉請願權以規避其責任。例如以請願的內容而言，人民在請願時如有侵犯他人之名譽，或是洩漏職業秘密，便有可能須承擔刑法的誹謗與洩密之責任。在請願的方式，特別是在聚眾請願時，除了必須維持和平性，不得有聚眾脅迫、妨害秩序與公務，或其他不法情事者外（本法第 11 條），還須遵守集會遊行法之規定。因此，請願法和集會遊行法即發生競合的情形。

我國行政程序法也在第七章增訂「陳情」一章，將行政院處理民眾陳情的「行政機關處理人民陳情案件要點」擇要納入。該法第 168 條對陳情定義為：人民對於行政興革之建議、行政法令之查詢、行政違失之舉發或行政上權益之維護，得向主管機關陳情。陳情可採書面或言詞方式，後者並要作成記錄，主管機關接獲陳情應迅速及保

---

❸ 然公務員與軍人是否亦享有請願權？就請願事項與職務無關者而言，係立於一般人民之身分，自應享有請願權。惟涉及職務者就需受到相關法令之拘束。例如德國針對軍人訴願、請願、申訴事宜，制定「軍人訴願法」(Wehrbeschwerdeordnung, 1965) 及國防監察員制度。這種利用職務普遍或特設組織來處理涉及公務員職務之請願，乃以保障職務秘密為目的。詳見拙作，「不平則鳴」──論德國的「軍人訴願」制度，收錄於，軍事憲法論，第 235 頁以下。

密處理,無權處理時須告知或移送,對不予處理亦有規定,所以是有關請願的另一個制度。

貳、訴願權

　　相對於請願權內容之漫無邊際,訴願權則是專門針對政府的行政措施而提起救濟的權利。請願權可以是具有政治的性質,例如向民意機關請願,以及基於公益對「事不干己」之事提起請願。但除了極少數的例外情形許可人民為公益而提出,稱為公眾訴願 (Popularklage),如人民基於環保公益所提起的訴願外,則完全限定在人民對於「切身權益」遭到來自行政機關侵犯,方得提起之。所以訴願權比請願權更具有「權利救濟」之特色。依據訴願法(89.07.01,以下簡稱「本法」)第 1 條之規定,訴願是人民對於中央或地方機關之行政處分認為違法或不當,致影響其權利時,可以向原處分的上級機關提起訴願,各級地方自治團體或其他公法人對於上級監督之行政處分,認有違法或不當時,亦同。訴願是利用行政機關內部審查的方式,由上級機關基於監督權來對下級機關違法或不當之決定加以更正。訴願有其一定之程式,例如應在三十日內提起訴願;須提出書面之訴願書;訴願人有特定之資格等。因此,訴願是仿照法院之訴訟方式,強調形式主義。

　　由於訴願強調的是行政機關的內部「上級審查」,倘若行政機關本於「官官相護」之立場,人民提出的訴願效果就會大打折扣。此外,訴願係向原處分機關之上級提出,而非向原處分機關提出,不僅會讓原機關少了一個「自我檢討」的程序,且在中國人愛面子的心理或為規避被上級機關糾正所帶來不利的後果下,原決定機關往往會將錯就錯,不勇於檢討自己。所以訴願提出之機關最好是能向原處分機關提出,使得原機關有機會重新檢討自己的決定。我國目前亦有數個法律符合此種趨勢,採行人民可對原處分機關提出「複查」、「異議」的規定。本法的現行版本是在民國八十七年十月併同行政訴訟法一併大幅修正,並刪除了再訴願的制度。本來本法僅有二十八個條文,修正後條文擴充至一○一條之多,顯示訴願制度趨向精細化及專業化,使得作為行政訴訟的「前置程序」的訴願能真正發揮糾正行政不法的功能,進而疏減行政訴訟之訟源。

參、訴訟權

一、訴訟權的內容

我國憲法第 16 條僅概括保障人民訴訟權之基本權利。但是此權利的內容得由立法者規範，並由大法官在解釋中加以實踐。此見諸大法官在釋字第 418 號解釋之說明：「憲法第 16 條保障人民有訴訟之權，旨在確保人民有依法定程序提起訴訟及受公平審判之權利。至於訴訟救濟，究應循普通訴訟程序抑依行政訴訟程序為之，則由立法機關依職權衡酌訴訟案件之性質及既有訴訟制度之功能等而為設計」。

本號解釋是大法官在日後相關解釋所採行的一貫見解（例如釋字第 442 號、第 591 號及第 639 號），顯示出人民的訴訟權，乃立法者行使其訴訟制度的政策形成權（職權衡酌訴訟案件之性質及既有訴訟制度之功能等而為設計），同時訴訟權之內容，也包括了：依法定程序獲得法院救濟之權利；得由法院給予公平審判之權利。故訴訟權可導出一整套實踐實體正義與程序正義的法律程序規範。以下分三點予以探究之：

㈠立法者的訴訟制度之政策形成權

立法者必須將人民的訴訟權利，乃適用法律保留原則，將訴訟程序以法律明文規定——即法定程序，方符合法治國家法律安定性原則以及「正當法律程序」之本旨。然而，國家法律生活的複雜化，也導致各種訴訟型態、訴訟標的之複雜，故立法者所為之各種審判體系及訴訟制度的設計，都屬於其政策裁量權之範圍。大法官對之，率以最高度的尊重。例如：公務員懲戒委員會對懲戒案件之議決，為終局裁判，不得上訴的立法審級決定（釋字第 396 號解釋）；選舉訴訟採二審終結，不得提起再審之訴，為立法自行形成之範圍（釋字第 442 號解釋）；訴訟救濟應採普通訴訟或行政訴訟程序，由立法決定（釋字第 466 號、第 448 號解釋）；仲裁法未將仲裁判斷之理由矛盾，列為可向法院起訴的要件，乃屬於立法機關考量仲裁制度特性所為之政策形成權範圍（釋字第 591 號解釋）；刑事訴訟法規定羈押之被告，僅得向原法院聲請撤銷或變更該處分，不得提起抗告之審級救濟，未逾立法裁量之範疇（釋字第 639 號解釋）……，皆為適例。

㈡人民有依法定程序獲得法院救濟之權利

立法者在形成訴訟制度與創設正當之訴訟程序之規範時，應當使人民在權利受損

時，能有向法院請求救濟之機會。在此又分為兩個層次：第一點為「無法院管轄權漏洞」之原則，一旦人民權利受損，國家在法院審判權制度設計上，一定「投訴有門」。其次為在具體訴訟程序中，享有向該管法院提起救濟之權利。

訴訟權是指人民認為其權利遭受不法侵害時，得請求法院審判排除侵害或賠償，以維護其權利之基本人權，此與上述的訴願權，都可列入到狹義的「司法人權」之中 (Justizgrundrecht)。至於廣義的「司法人權」尚包括德國基本法第 103 條 2 項的「罪刑法定主義」(nulla poena sine lege)，同條 3 項的「一罪不二罰」(ne bis in idem)；美國憲法增修條文第 5 條與日本憲法第 38 條的「不得強迫認罪」(privilege against self incrimination)，以及衍生出的「無律師在場可拒絕應訊」(Miranda v. Arizona, 1966)。德國威瑪憲法第 112 條與基本法第 16 條所禁止的設立特別法庭……等，一切與人民之訴訟權利有關之人權。

人民權利的維護者是國家之司法權，法院是代表國家伸張正義的處所。所以一個民主的法治國家，稱呼由法院所行使司法權力為「正義的最後一道防線」，可見得法院、司法和正義，應可劃上一個等號。人民訴訟權之伸張，端賴法院的正確、妥適行使審判權，因此國家設立的法院體系，得依案件之性質，區分成幾種訴訟制度，分由不同的法院職司審判權。這種「司法分工」只是國家司法權力的分工，目的在於有效讓人民訴訟權益付請實現，進而保障其受侵害之人權。故一旦有發生法院管轄權漏洞 (Lücke der Zuständigkeit) 時，至少應有一個法院能作為承審法院。在「法院一元主義」的國家，並不會發生這種問題；但在實施「法院二元主義」的我國，即可能發生這種情形。因此德國基本法第 19 條 4 項規定人民遭到任何公權力之侵害，一定保障其有法院救濟之管道；如果法律未規定時，由普通法院承審之。便是一個填補可能發生人民投訴無門後果的立法例，殊值參考。

其次，人民擁有得向法院請求救濟之權利，這是訴訟權能有獲得實踐之機會，大法官在釋字第 653 號解釋，即宣示：「基於有權利即有救濟之原則，人民權利遭受侵害時，必須給予向法院提起訴訟，請求依正當法律程序公平審判，以獲得及時有效救濟之機會，此乃訴訟權保障之核心內容」。

大法官在確保此「訴訟權核心內容」所作出解釋，例如：兵役役男體位之判定，應視為行政處分，如有違法或不當情事，自得依法提起訴願或行政訴訟（釋字第 459 號解釋）；大學院校教師升等評審的評審決定，如不服時，得提起行政訴訟（釋字第

462 號解釋）；確保受懲戒公務員合法提起再審議聲請期間的合法刑事裁判確定之日的起算規定（釋字第 610 號解釋）；大學生受到學校非退學處分，但有損及學習自由，亦得請求法院救濟（釋字第 684 號解釋）；受羈押被告對於不服看守所處遇或處分事件，只能提起申訴，但申訴制度雖有使執行羈押機關有自我省察、檢討改正其所為決定之機會，並提供受羈押被告及時之權利救濟，其設計固屬立法形成之自由，惟仍不得因此剝奪受羈押被告向法院提起訴訟請求救濟之權利（釋字第 653 號解釋）。

釋字第 708 號解釋且進一步將此保護機制，及於外國人。對於待遣返而予之強制收容處分，雖尚無須經由法院決定。但仍應賦予其有立即聲請法院審查決定之救濟機會，倘受收容人於暫時收容期間內，對於暫時收容處分表示不服，或要求由法院審查決定是否予以收容，入出國及移民署應即於二十四小時內將受收容人移送法院迅速裁定是否予以收容；且於處分或裁定收容之後，亦應即以受收容之外國人可理解之語言及書面，告知其處分收容之原因，法律依據及不服處分之司法救濟途徑，並通知其指定之在台親友或其原籍國駐華使領館或授權機關，俾使收容人善用上述救濟程序，得即時有效維護其權益。

㈢得由法院給予公平審判之權利

這是人民訴訟權最重要與核心的部分。此包括了公正的(1)聽審權，以及(2)公平的攻擊與防禦之訴訟權。

(1)公平的聽審權：所謂聽審權，乃是人民有獲得法官承審其案件之權利。按人民訴訟權之實踐端賴法官依據法律獨立審判。故保障人民訴訟權者應為憲法意義之法官，而非法定賦予裁決權者即足。法官及法院所「獨攬」司法權，亦為憲法之權力分立之原則。大法官在釋字第 378 號解釋與第 295 號解釋，即對於行政機關（如財政部）擁有終審裁判，即屬違憲。同樣的在舊軍事審判法（民國八十八年十月前）將國防部作為軍法終審機關，業經司法院釋字第 436 號解釋宣布違憲，亦是一例。

聽審權也涉及所謂「法定法官原則」。所謂「法定法官原則」(Grundsatz des gesetzlichen Richters)，乃是德國基本法第 101 條第 1 項之規定：任何人受法律所定法官審理之權利，不得剝奪。這個德國憲法的理論，大法官釋字第 665 號解釋理由中已加以採納。其內容為：法定法官之內容包括應以事先一般抽象之規範明定案件分配，不得恣意操控由特定法官承辦，以干預審判。

易言之，法定法官原則是指案件的分配，應當依照事先訂定的法規範——例如分

案規定──，來分配承審之法官。避免人為操控來左右承審法官的人選。這個事先防弊的措施，也及於法官分案後的「併案規則」。法官分配到某一案件後，原則上不能違背其意志而將該案件轉移出去，否則將使案件分案規定淪於虛設。

　　然而，法定法官原則是否一定須「分案不可變更」的嚴格與僵硬解釋不可？如果相同的案件（例如同一類型之案件或相同當事人之案件，一案數告之案件），為了訴訟經濟，同時也為了保護當事人之權益，自應有適當及彈性的「併案規則」，讓小案併（入）大案、易案併難案、或後案併前案……。如果這種併案的規定，亦如同法官分案標準，已於事先訂立規則，則屬於「事前抽象之規範」，即不牴觸法定法官之原則。

　　目前我國且基於法官自治之原則，對於法官分案標準與併案標準，都屬於各法院「年度事務分配」，已由各法院自行訂定「辦法」規定之（法院組織法第13條；法官法第24條），故依法院釋字第665號解釋，已符合明確性，公平審判與獨立審判之憲法意旨❹。

　　⑵攻擊與防禦之權利：這是訴訟程序中，人民對抗公權力之侵犯時，亦享有類似私權爭訟（民事訴訟）基於雙方當事人平等與當事人進行主義，所強調的「武器平等」。訴訟權於此部分的發展，是一種「個案累積的方式」，以歸納法來逐步充實這些權利保障的規範整體。大法官對這種程序保障解釋甚多，例如受懲戒的公務員應採直接審理、言詞辯論、對審及辯護制度、並給予最後陳述之機會（釋字第396號解釋）；應充分保障被告的詰問權（釋字第582號解釋）；對被提報為流氓者，應有到場陳述權、對質權、及閱覽卷宗權以保障其訴訟防禦權（釋字第636號解釋）；受羈押之被告接見律師時，不得錄音錄影、且該資訊不得作為認定被告之犯罪證據。以維護其攻擊防禦權（釋字第654號解釋）等皆是。

二、我國的訴訟體制

㈠法院一元主義或多元主義

　　人民的訴訟權能否實踐，端賴國家所設立的法院制度，並且以訴訟事務性質的不同，區分成幾種不同的訴訟的制度。如果國家僅設立一種法院承審各種性質不同的案件，如英國、美國與日本，則稱為「法院一元主義」。採行這種制度的優點厥為不必費

---

❹ 可參見拙著，法定法官原則的探源與重罪羈押合憲性的爭議──司法院釋字第665號解釋之評議，刊載：軍法專刊，第五十六卷，民國九十九年；同見拙著，釋憲餘思錄，第203頁以下。

神區分各種訴訟案件性質之差異，而分配其法院的審判權，同時也可避免某些案件因性質特殊以至於沒有法院有審判的權限，造成「審判權的漏洞」。

　　某些國家對於設立各種不同體系的法院，分就不同性質的案件，劃分其審判權，其目的乃收分工與專業之利。這種在實施大陸法系的國家甚為盛行的制度，可稱為「法院多元主義」，最明顯的例子可舉德國的區分國家審判權體系為：普通（包括民事與刑事）、行政、財務、勞工與社會等五大體系。如果再加上邦與聯邦的憲法訴訟（違憲裁判權），則可稱「法院六元主義」，各院審判權限皆依法明確劃定，涇渭分明。

　　制憲時，對我國的審判本應以「法院一元主義」為原則❺，但制憲後則以普通法院、行政法院等兩種審判體系併行，習稱為「法院二元主義」。如果再加上我國有獨立的軍事審判體系，則可稱為「法院三元主義」。

(二)普通訴訟體系

　　普通訴訟是指關於民事和刑事訴訟，由普通法院管轄。我國普通法院體系是採三級三審制，由地區初級第一審的地方法院，中級第二審的高等法院，到高級——最終審——的最高法院，代表了人民擁有三級的救濟可能。基本上各級普通法院是以審理民事案件的「民事庭」以及審理刑事案件的「刑事庭」，作為法院組成的核心。不過，隨著社會結構的分工化及多樣化，法院面臨各種態樣的法律紛爭，不可避免的，法院也須「專業化」，所以法院也出現了「治安法庭」、「財務法庭」、「家事法庭」、「公平交易法專庭」，甚至以後會出現「勞動法庭」及「專利商標著作權法庭（智慧財產權法庭）」等專業法庭，讓具有專業學、經歷背景的法官來承審案件。

　　憲法保障人民擁有訴訟權利，就是保障人民享有「審級利益」，可以利用一個審級以上的法院之認事用法，求得最合乎正義公平的審判結果。人民的訴訟權，雖然以三級審的訴訟程序為原則，但亦不排除在某些情況下，可以縮減訴訟審級。例如：

　　第一、為了避免長期訴訟引發的政治不穩定，以及職務任期的有限，選舉罷免法第 109 條規定關於選舉罷免的訴訟，以二審終結，不得提起再審之訴。

　　第二、以訴訟標的價值的多寡，亦可決定訴訟的審級。例如為避免人民微末利益而纏訟多時，民事訴訟法第 466 條規定，因上訴所得受之利益未超過新台幣一百萬元者，不得上訴最高法院。這種考慮並非承認較低額的利益不值得法院之保護，而是為

---

❺ 依我國制憲前的政治協商會議憲革修改原則 (35.01.31) 第 4 條規定，曾將司法院定位於國家最高法院，即有意實施法院一元主義，參閱本書第三十五節壹二處。

了「訴訟經濟」之理由，且考慮了國民的經濟水準，而認為二級審即足以保障人民的財產權利。司法院釋字第 160 號解釋，承認這種以低額之「訴訟利益」為理由來限制上訴之立法，並不違反憲法保障人民擁有訴訟權之意旨。

第三、在刑事法方面，對於屬於犯罪內涵較輕的犯罪，例如最高本刑三年以下之罪，刑法第 61 條既然已有規定可以免除其刑，所以刑事訴訟法第 376 條亦規定這種低刑度的犯罪只二審終結，不得上訴第三審。再者，基於特殊刑事目的之考量，如為嚇阻犯罪，採行「速審速結」的刑事政策，常以犧牲人民一個審級利益為代價。例如過去的軍事審判法（88.10.02 修正前）對軍事審判及肅清煙毒條例（87.05.20 廢止，以設更改名「毒品危害防制條例」），對煙毒犯的審判皆以二審終結，這種立法政策是否合憲，即值考慮。

(三)行政訴訟體系

除了普通訴訟外，採行大陸法系的我國還有行政訴訟之制度。行政訴訟是指人民對於國家行政權力的侵害，特別是行政處分，得請求行政法院加以排除。

行政權力的侵犯，廣義上也包含人民因憲法第 24 條規定之公務員違法侵害人民權利，而依據國家賠償法，向普通法院請求國家賠償，所以國家賠償制度是人民因行政權力之違法而向普通法院請求救濟，是例外的情形。以狹義的行政救濟意義而論，係人民因行政機關違法行使行政權力（行政處分）致其權利受到損害，而依行政訴訟程序向行政法院請求之救濟，依據我國目前行政訴訟法之規定，行政訴訟制度是作為行政訴願制度的後續制度。人民認為其權利遭受行政機關之侵害，經提起訴願仍不服其決定時，可經由行政法院獲得最後的救濟可能。我國不似美國、英國及日本，採取「司法一元主義」，將行政訴訟與普通訴訟同置於一個法院之內。易言之，並未規範行政訴訟案件由設於普通法院的「行政庭」審理，反而特設獨立的行政法院。因此，行政法院係獨立於普通法院外，成為另一個訴訟體系。

在我國的行政訴訟法大幅度修正前 (87.10.28)，本採一審終結制，並以書面審理為則，不進行言詞辯論。此外，不論是關於行政訴訟種類的不足、訴訟程序的周延度，此在一甲子以前所立的法，已不敷時代所需。全新的行政訴訟法修正後，已經改為二級二審制（高等行政法院及最高行政法院），訴訟的種類不再只限於撤銷（行政處分）之訴，尚包括確認之訴及給付之訴，使人民可得救濟的範圍增大。訴訟程序大幅度的以民事訴訟為藍本，使得行政訴訟之程序與普通訴訟並無太大差異。吾人相信，新的

行政訴訟法將可以更確保人民之權益，且立足在「官、民平等」的基點上，可減少行政濫權的可能性。

(四)**軍事審判體系**

我國除了在普通法院——即最高法院以下各級法院——設立刑事庭，承審刑事案件外，也曾針對軍人犯罪以及平民在非常時期（戒嚴）觸犯某種罪刑者，得由軍事法庭加以審判。這個軍事審判的體系係由國防部所屬的各級軍事法庭組成之，以和隸屬於司法院的普通行政法院體系鼎足而立，同時這種司法與軍法的分隸，也基於軍事審判權係總統統帥權的一部。此種看法顯然涉及到我國的司法院是否擁有國家司法權的「獨攬權」，將於本書第三十五節貳一處討論之。不過亦成為歷史矣！

(五)**憲法裁判**

憲法保障人民之訴訟權利，除了上述所述之普通、行政訴訟及軍事審判之權利外，還有「憲法裁判」之權利。依我國憲法第 78、79 條之規定，司法院設大法官若干人，解釋憲法及統一解釋法律與命令。因此，人民對於法院終審之判決，認為有侵犯其憲法保障之權利時，在憲法訴訟法實施前的大法官審理案件法時代，可針對終局裁判所依據的法令認為有違憲之虞時，聲請大法官為違憲宣告，是為法規違憲審查制度。並且人民可以據此作為再審及非常上訴的理由（司法院釋字第 188 號解釋）。但在自實施憲法訴訟法後，依該法第 62 條第 1 項規定，憲法法庭認人民之申請有理由者，應於判決主文宣告該確定終局裁判違憲，並廢棄之，發回管轄法院；如認該確定終局裁判所適用之法規範違憲，並為法規範違憲之宣告。因此，大法官可以作為人民基本權利的「維護者」，故憲法裁判亦可以列入人民之訴訟基本權利之一。關於憲法裁判制度可參閱本書第三十七節貳。

第二十六節 社會權

社會基本權利 (Sozialgrundrecht)，是基本人權在理論與實務上的一個新領域。所謂的社會基本權利（或一般習稱為社會權），乃相對於傳統的、古典的自由基本權利，但並不像傳統的基本權是為對抗國家權力的濫用而產生的防衛權，而是以作為一個「人」的立場，要求國家必須要建立某些社會福利制度及提供服務，使國民的生活，可以享有最起碼的人類尊嚴。社會權因而是一個追求社會正義的新興人權，其重要性與日俱增。

壹、社會權的起源

社會權的起源實與近代古典人權息息相關，但發展的聲勢並不如一般的基本權利來得浩大，其理念是歷經相當時期的演變才逐漸成形。社會權基於人類如要生存得有尊嚴，就必須擁有相當的生存物質，始能過著異於禽獸，而符合作為一個「人」所應享有最起碼的生活水準。這類思潮在古今中外時時湧現，無時或已。就以孔子的禮運大同篇中所描繪的大同世界，已經指出「老有所終，壯有所用，幼有所長，鰥寡孤獨廢疾者皆有所養」。而呈現出人類社會生活至善的大同美景。中國歷代聖賢也多有這種濃厚的「為生民立命」的想法。但人民如何獲得最起碼生活的條件？在古代專制政治體制下，當然無法將這理念形成具體的法律制度，並賦予人民可主張之權利。正如同儒家思想對「仁政」有所期待，卻仍無法賦予人民有主張民主的權利一樣。

社會權與其他古典人權都是經由法國大革命的思潮所催生。一七八九年法國公布的人權宣言，大抵是有關人民政治性質的自由基本權；同樣的，美國在一七九一年公布的憲法第 1 條至第 10 條的修正案──所謂「人權條款」，也全屬於政治層面的自由基本權。

社會基本權首先在法國一七九三年的「雅各賓憲法」出現。第 21 條規定「每個社會都有給予其人民工作的義務，人民不能工作時，也有給予其生活之資的義務。」易言之，國家不能坐視人民啼饑號寒凍餒至死，而應積極主動負起扶助人民生活的義務。這點與我國古代每逢水、旱時，朝廷開官倉賑災的出發點是一致的。但是這個在法國大革命中曇花一現的條款，未落實於國家的法律領域內，進而形成國家的義務。因為人民尚無法擺脫當時籠罩的自由思想，主張國家加諸於人民的拘束愈少愈好，人民可

由個人之自由產生謀求自身幸福的動力。

時代邁入十九世紀後，工業革命肇致的資本集中，歐洲的資本家能經由商品製作、販賣與外銷而聚積財富，人民所得遂形成極端的兩極化現象。貧者益貧，富者益富，造成嚴重的社會問題，並使社會階級的產生表面化。在目睹社會的黑暗面後，知識分子力謀社會結構的合理化與調和貧富不均的運動便風起雲湧。這些通稱為「社會主義」的運動中有不少是採取溫和漸進的方式者，例如英國的歐文 (R. Owen, 1771–1858)、法國的巴柏甫 (F. N. Babeuf, 1762–1797)、聖西蒙 (C. de Saint-Simmon, 1760–1825)、傅立葉 (C. Fourier, 1772–1837) 與普魯東 (P. J. Proudhon, 1809–1865)，被稱為「烏托邦的社會主義者」 ❶；或有採取激進暴力的手段者，如德國的馬克思，將主義的重心置於社會財富的重分配。尤其是採取革命激進手段的共產主義，在一八四八年公布「共產黨宣言」中主張：被壓迫、被剝削的工人階級，應該起而推翻資本主義的結構，無產階級的工人方能掌握國家的生產工具與政權。另外德國俾斯麥首相藉著制定三大社會福利法——健康保險法 (1883)、意外保險法 (1884) 及年金法 (1889) 以弭平社會不安、避免社會主義蔓延，這是社會權成為法制化的第一步。

貳、社會權的種類

一、威瑪憲法的社會權規定

德國俾斯麥將社會福利政策予以立法的結果，產生了人民可請求國家給付失業救濟，與私人保險公司支付健康醫療費用的權利。這是在法律層次上承認人民擁有社會權利。至於將此權利提升至憲法層次，成為「社會基本人權」，則遲至第一次世界大戰後，方成為一項蓬勃的運動。其中最受矚目是威瑪憲法的制定。

威瑪憲法第二篇第二章「共同生活」、第五章「經濟生活」中，已頒布許多社會基本權利的規定，這些社會權計有婚姻、家庭、母性應受到國家之保障（第 119 條）、非婚生子女應視同婚生子女予以保障（第 121 條）。這兩條條文是保障婚姻、女性與非婚生子女，避免來自社會與法制上不平等的歧視。國校學費的全免（第 145 條）與國家應資助中低收入之家庭子女就讀中等以上的學校（第 146 條），這兩條規定是保障人民

---

❶ 參閱張君勱：社會主義思想的運動概觀，張君勱先生獎學金基金會出版，民國六十七年，第 47 頁以下。

的教育權，解開人民出生時因經濟困境所形成的「教育桎梏」。換言之，以往教育未能普及的時代，工農子弟毫無財力就學來謀得一技之長，致使無自主選擇職業之機會。因此，農民、工人的「階級世襲」，相當程度上可歸咎於教育的不普及。威瑪憲法採取教育的方式以提升國民的知識水準，同時保障中下階層的子弟能有接受高等教育的機會，承認人民有受教育的基本權利。此外，在經濟的自由權方面，傳統的憲法理念認為人民可自由地保有財產並使用與處分之，而威瑪憲法第 151 條卻規定：國家的經濟制度應保障每個人皆能獲得「合乎人性的生活」。個人的經濟自由也在此原則下受到限制。第 153 條 3 項也規定人民的財產權負有社會義務，財產權的行使應有助於公共福祉。是以，人民的經濟自由權也包含了財產權可為公益而犧牲之概念，個人不能濫用其財產權與經濟上的力量，來侵犯公共福祉與他人生存的尊嚴。而第 155 條規定國家保障每個家庭能獲得有益健康的住宅與舒適生活的空間。這是保障人民的居住權。本條款還特別規定德國家庭若擁有較多子女，則其所有的住宅與所需之耕種土地都可獲得國家的補助。就勞工而言，第 157 條、第 159 條、第 163 條規定國家應保障勞工有結社權（組織工會的權利）、罷工權（對雇主們抗爭的權利）。由威瑪憲法的上述條款可知，人民已擁有教育權、生存權、住宅權、勞工權（結社權、罷工權等）❷。

二、我國憲法的社會權條款

德國威瑪憲法所規定各種社會權之目的，端在保障人民能獲得合乎人類尊嚴的生活。威瑪憲法中意義深遠的條款，便形成本世紀許多國家制憲、修憲的師法藍本，我國憲法亦是依循威瑪憲法而廣泛承認人民擁有社會權。例如憲法第十三章之規定即為貫徹孫中山先生民生主義理想的具體形成。憲法本章第三節（國民經濟）第 142 條以下與第四節（社會安全）第 152 條以下，均可以看到憲法對國家經濟、社會政策的最高指導原則。第 150 條規定國家應設置平民金融機構，以救濟失業；第 152 條規定國家對有工作能力的人民，應給予適當的工作機會，此係承認人民有就業權；第 153 條規定勞工、農民、從事勞動的婦女或兒童應受到國家法律、政策之保護；第 155 條規定國家應提供社會保險制度與社會救濟之實施（國家對老弱、無力生活、受非常災害的人民負有扶助與救濟的義務）；第 156 條規定國家對婦孺福利政策有積極實施之義

❷ 參閱拙作：論「社會基本權利」，刊載：基本權利（上冊），第 99 頁以下。郭明政，社會安全制度與社會法，民國八十六年，第 115 頁以下。

務；第 157 條規定公醫制度的推行；第 160 條規定免納學費的基本教育權等。現行憲法增修條文第 10 條 6、7、12 項也規定對婦女、殘障者及原住民同胞之特別保障。

因此我國憲法所建構的社會權體制即包括救濟權（失業、疾病及災害救助）、積極的工作就業給予權、基本教育權以及憲法基本人權章內的生存權❸。

三、社會權種類的擴張

如同人權的種類在二次大戰後，隨時代潮流而有大幅度擴張的轉變，社會權亦隨之變動。例如在社會權中占有重要地位的勞工權，在以往偏向於保障勞工結社權與罷工權，現在進而拓展到勞工可對某些特別大規模之工廠的經營決策與方向行使決定的權利，此即德國法制所稱之「參決權」。使得大企業的經營不再是所有權人，即股東所可自行作主，而有一定比例的勞工代表參與決定事業之經營。簡言之，參決權雖非針對所有之工廠，而只是對某些大規模之工廠企業，但在此股東財產權之運用、對企業的「決定獨占權」已被突破。就古典的人權理念而言，此財產權人之權限已受到相當程度的剝奪；相對的，勞工參決權增添舊日社會權新的內涵❹。

此外，另有一種新的社會權──如環境權。認為人民應該充分享有健康、無污染的環境的寫照。當然，吾人可上溯此一觀念至威瑪憲法中賦予人民的居住權、住宅權之範圍（第 155 條），然而實質上環境權的理念範疇大過於居住權與住宅權。環境權常將其範圍延伸至整個人類所居住的生存空間，主張對工業污染的強力禁止、不許對大自然生態的人為破壞。因之，環境權乃是一「綜合權」，其所涉及到的是限制污染來源者之財產權、企業權等，與重新對人類尊嚴的詮釋❺。這種新穎的社會權之形成開展

---

❸ 日本憲法 (1946) 第 25 條規定人民擁有健康與文化的最低標準生存之權利；第 26 條規定人民擁有受國民教育權；第 27 條與第 28 條規定人民擁有勞動結社與集體團結交涉行動之權。故日本憲法學界即承認日本的社會權即包括生存權、教育權、勞動權與勞動結社權。見中村睦男，社會權，刊載於：樋口陽一，憲法入門 (I)，有斐閣，東京，一九八四年，第 167 頁以下；蘆部信喜，李鴻禧譯，憲法，第 237 頁。另見簡玉聰，日本社會保障法理論之再檢討──以生存權理論為中心，黃宗樂教授六秩祝賀論文集，公法篇㊀，民國九十一年，第 333 頁以下。

❹ 關於德國企業參決權的概念，參閱拙作：憲法財產權保障之體系與公益徵收之概念，刊載：基本權利（上冊），第 301 頁以下。

❺ 由於憲法並未明白保障環境權──目前德國邦憲法中，僅有巴登・符騰堡邦憲法 (1979) 及巴伐利亞邦憲法 (1984) 明定此人權──所以學界及實務界對此環境權的產生依據討論甚多。聯邦憲法法院的見解認為此權利可源自「人身自由」及財產權，使得對於人民身體及財產一切有害的侵害，國家（立法）都有排除之義務，環

仍方興未艾，各式各樣的環保運動正是主張這種權利的具體實踐。當然，究竟這種環境權和其他人權——例如財產權（污染來源者之財產權、企業權）——如何調適，同時也暴露出社會權與傳統的人權界分已趨向複雜化，故憲法對古典人權所規範的人權限制之原則（憲法第 23 條），同樣可適用在決定社會權內容的立法之上，以解決界定社會權內容所可能涉及法益間的衡量問題。

參、社會權實踐的方式與困難

我國憲法與威瑪憲法並不一樣，後者將大多數社會權條款和其他古典人權混雜在一起，我國則把社會權全部列入在傳統憲法的基本人權範圍之外——除了生存權（第 15 條）外——的第十三章的「基本國策」，而非第二章的「人民之權利義務」中，表達制憲者對於社會權與一般傳統人權有不同的認知（本書第四十五節參一處，再一併討論之）。儘管如此，我國憲法中已明示社會權的存在，也揭櫫我國國民在憲法的實施下，應當享有這些最起碼的社會權利！

光由憲法承認人民擁有上述的基本權利，並不能保證在現實政治中能夠擁有之。法國早在二百年前於憲法中已揭示人民擁有社會權，卻一直未能完全實現。拋開國家因為專制或腐敗等「非正常」因素外，即使國家願意實施此人權政策，但仍會涉及極多的困難。例如：

第一、國家財力的問題。社會權乃人民能要求國家在物質生活層面提供起碼的需求，如給予失業救濟金、提供助學金、舉辦醫療福利措施等，皆為大量耗費國家財源之舉，並非每個國家所能負擔。因此國家限於其他建設的需求，以及預算分配的排擠效應，致未能將社會權的實踐視為當務之急。以國家失業救濟與疾病救濟所需的財力為例，明顯的一般國家在唯有經濟情況良好、國庫充裕時，始有餘力實踐社會權。

第二、觀念認知的問題。社會權雖對追求社會正義有莫大的作用。然而欲說服社會各階層人民完全接納，寧非易事，此涉及人民對於這種新思潮所持的認知態度。有許多人擔憂國家對人民社會權的過度保障，會使人民耽於逸樂，生產效率降低。例如國家大幅度給付人民失業救濟金，而與其實際工作所得相差無幾時，將會有不少國民不願工作而依賴救濟金生活。是以，在西方不少經濟與社會學者批評國家過於優渥的

境權即可隨之產生矣！P. Badura, Staatsrecht, C. 36.

社會福利政策（此乃實踐社會權的最佳途徑），將造成國民懶散成性與勤勉心的低落。其次，奉行自由主義者認為競爭促使社會進步，優勝劣敗之鐵律激發創造奮鬥的潛力，也是促使整個國家社會進步的良方。因此社會權的實踐應「適可而止」，只限於對貧困者的救濟、提供必要的扶助即足，以使自由經濟體制能維持下去，不必過分強調社會權。再者，基本權的概念過於廣泛，也是造成國家對基本權保障的無力感。例如人民擁有工作權是社會權體系中相當重要的一環，而國家應如何確保人民之工作權？依我國憲法第 152 條之規定，國家對有工作能力的人民負有提供工作機會之義務，因此在人民無工作時，國家負有給予失業救濟金的義務。此工作權的內容為何？理論上應該包括人民有權獲得一個適才、適時及適薪的工作，而民主國家能有如此多的工作機會分配給人民？國家除非採發達國家資本之方式，廣泛成立公營事業，尚有可能提供就業機會，但隨經濟民主化潮流，公營事業之理念已遭落伍之批評，由國家創造，分配工作給一般人民已不實際了。因之，本權利也被稱為「烏托邦權利」(utopisches Recht) ❻。所以，工作權演變為國家為維護社會正義，防止處於經濟及社會弱勢的勞工，或其他受薪國民遭到雇主剝削，而運用工會法或勞工法，來保障人民的工作權不受其雇主的違法侵害，而不積極的創造或提供工作機會 ❼。

　　社會權的實踐因此必須克服許多存在於國家客觀事實上的因素（例如財政能力）與社會的主觀因素（認知問題），所以欲全面實踐此權利，並非一蹴可及。不過，吾人應有下列的認知：社會權的理念與制度之建構，當是逐步的以立法方式來完成。並且，依據法治國家之原則，將社會權的實踐以依法行政與依法審判的方式，賦予個人得請求國家實踐「權利」，來達成社會權的理念。因此，社會權的實踐主要是仰賴（立法院）國會通過各種不同的社會權法律，以滿足人民的需求，必由此方法方能貫徹依法行政、依法審判及符合平等原則。在法治國家中，決定國家的財力負擔為「財政政策」(Finanzpolitik)，這應該是立法者決定之權限。為此大法官在釋字第 485 號解釋已明白宣示，立法者對社會給付的立法，不論是就給付的優先順序、規範目的與受益人的範

---

❻ A. Alexy, Theorie der Grundrechte, 1986, S. 461. 吳庚大法官且直指我國憲法工作之規定。乃制憲當時投共產黨所好才故意採納其政治主張入憲也。見憲法解釋與適用，第 276 頁。

❼ 例如日本憲法第 27 條規定人民有「勞動權利」，但本條文也與第 28 條的「勞工團結權利、團體交涉及其他團體行動之權利，應受保障」——所謂的勞工結社權——結合在一起，成為「勞動三權」，即團結權、團體交涉權及團結行動權。顯然的，第 27 條的社會權的色彩已經淡化消失矣。參見蘆部信喜，前述書，第 246 頁。

圍方式等，只要不違反平等原則外，享有極充分的形成自由也。如果不由立法者先決定社會立法，逕由法院得決定社會權之內容，即侵犯了「分權原則」❽。次而司法機關亦應推敲憲法社會權之精神，依法律在具體個案中發揚社會正義。經由上述三種分掌國家權力之機關間的相互協調，社會基本權才逐漸發揮其實效性。

---

❽ A. Alexy, aaO., S.462.

第五章　國民大會

　　我國憲法在規範人民的基本權利與義務後，即開始規定國家之組織。第一個制度便是國民大會。憲法第 25 條規定：國民大會依本憲法之規定，代表全國國民行使政權。這是除了代表全國國民行使立法權的立法院外，我國另一最高的民意機關，此乃我國獨有而世界其他民主國家所無的制度，自然有其特別的考量。

　　不過，自從民國九十四年修憲後，國民大會的制度遭到凍結，似乎已經不再有「解凍」的機會。本書本是以三節，分別討論國民大會的制度、國民大會代表及國民大會的職權，現在顯無必要詳加討論已成為歷史之體制。爰只約略介紹此風光一時的憲政機構。

第二十七節　國民大會的制度

壹、孫中山先生對國民大會職權的構想

一、構想的發展與演變

　　國民大會是孫中山先生政治哲學的產物。我國之所以需要在代表人民行使立法權之立法院——即西方通稱之「國會」——外，另設一個國民大會的組織，乃孫中山認為西方民主國家所盛行的「代議政治」及依孟德斯鳩等理念所建構的「三權分立」已經顯現出極嚴重的瑕疵。故孫先生才提議直接民權來挽救間接民權的代議政治之缺失，及將考試權獨立於行政權，與監察權脫離於立法院所設計的「五權分立」取代西方的「三權分立」。

　　依孫中山先生在民權主義第六講 (13.04.26) 所說的權能區分的理論，政府要有能，人民要有權。這個權便是直接管理政府之權，也就是選舉、罷免、創制及複決四種權力，稱為「政權」。國民大會便是代表全國人民行使此四種政權來控制政府之機關。所以孫中山先生希望國民大會成為國家最高權力的機關。同時，國民大會由各縣選舉一人為國大代表組成之。各縣實施完全之自治，人民可以直接行使四項政權，在中央則交由國民大會直接行使四權，是為中央級（全國性質）之直接民權。

　　孫中山先生對國民大會任務（職權）的構想，也經過多次修正，由他三次的論著

中得以窺見：

1.孫中山先生最早提及國民大會之制度，是民國五年在上海發表的「自治制度為建設之礎石」一文。在本文曾提出每縣推舉一個代表組成國民大會，其職權為選舉大總統及對中央之立法行使修正之權。因此，國民大會的職權只有一種人事權（選舉總統，罷免總統則未提及，惟似應包括在內）；及修正（包括創制及複決）中央法律。故國民大會之職權甚為簡單。

2.民國七年，孫中山先生發表「孫文學說」（心理建設），在第六講中，孫中山先生認為在訓政時期全國已平定六年，各縣完成自治後，每縣各選舉國大代表一名，制定憲法。中央政府為五院制。五院皆對國民大會負責，各院人員失職，由監察院向國民大會彈劾之；而監察人員失職，則國民大會自行彈劾而罷黜之。國民大會職權，「專司」憲法之修改，及制裁公僕失職。故國民大會在孫中山先生此思想中，並不負責選舉或罷免總統，因總統乃由各縣人民選舉產生，並組成行政院。立法院由人民選舉「代議士」（立法委員）組成之。其餘三院之院長，由總統得立法院之同意而委任之，卻不向總統及立法院負責，而向國民大會負責。所以，國民大會對於中央法律尚無創制、複決權，對於中央政府官員除了監察院官員由國民大會自行彈劾外，只有經監察院提出彈劾後才由國民大會罷黜之。此點國民大會之職權，頗似今日之司法院公務員懲戒委員會之功能。此外國民大會代表，五院之職員及全國大小官吏之資格，皆由考試院定之。但孫中山先生同時也提到：當國家完全步入憲政時期後，一縣之自治團體，當實行直接民權。人民對於本縣之政治，當有普遍選舉、罷免、創制、複決之權。而對於一國政治除選舉權之外，其餘之同等權，則付託於國民大會之代表行之。由孫中山先生此段話，憲政時期國民大會實行類似一縣之直接民權可知，似乎又擴充國民大會的職權及於中央法律的創制權及複決權，和前述「國民大會專司憲法之修改及制裁公僕之失職」截然不同❶，且都在憲法制定及行憲之後。故孫中山先生此「孫文學說」的見解，頗不明確。

3.民國十三年，孫中山先生發布他一生最後著作之一的建國大綱，明顯是採行「擴張職權」理論。本建國大綱第 24 條規定：憲法頒布之後，中央統治權則歸於國民大會行使之，即國民大會於中央政府官員有選舉權，有罷免權，對中央法律有創制權，有

---

❶ 我國學界對孫中山先生這兩種看法並未加以區分者亦多，例如朱諶，中華民國憲法與孫中山思想，五南圖書出版公司，民國八十二年，第 310 頁。任卓宣，五權憲法之歷史與理論，正中書局，民國六十二年，第 12 頁。

複決權。因此中央政府官員的產生與解職——所謂的「人事權」及法律的「修正權」——都交在國民大會的手上，是為國家政治的直接民權的實踐。共有二十五條的建國大綱是孫中山先生所有遺教中，唯一將我國政治制度予以「條文化」敘述的著作，且在孫中山先生遺囑中也至期全國國民遵循此一治國方針，因此孫中山先生對國民大會的職權當以其在建國大綱所表達的「最後意見」為準❷。

二、構想的來源與外國相似之制度

孫中山先生對國民大會制度的構想，究竟起源於何處？學界中有認為乃受到蘇俄「全俄蘇維埃大會」❸的影響，鑑於中國大陸亦有仿效蘇聯最高蘇維埃的「全國人民代表大會」，吾人可藉探究孫中山先生國民大會構想來源之問題，順便討論共產主義國家此一類似之制度。

1.蘇俄在一九一八年四月頒布第一個憲法，稱為「俄羅斯蘇維埃聯邦社會主義共和國憲法（根本法）」。其後於一九二四年再次頒訂，改為「蘇維埃社會主義共和國聯盟根本法」。本憲法第 8 條規定蘇聯最高權力機關為「全俄蘇維埃大會」(The Soviet Congress of the Union)。蘇維埃大會的代表，由城市蘇維埃人民每二萬五千名選民選舉一名代表，每郡蘇維埃以十二萬五千名選民選舉一名代表，共同組成之。

蘇俄這個最高權力的機關，因係以選民比例產生，故人數經常高達千餘人❹。每二年召開一次會議。本蘇維埃大會之職權，除了議決憲法的修正外，尚且包括了批准條約、議決宣戰、媾和、指揮軍隊、制定法律等二十四種職權。由於蘇維埃大會每二年召開一次，每次會期不過五日，平日其職權即交由「中央執行委員會」（中執會，ZTK）來行使，故具有最高的立法、命令及監督全權。中執會每年召開三次，由於其人數高達近四百人（憲法第 14 條規定不能逾三七〇人），不能充分發揮議事功能，故在中執會閉會時期，另外委託一個常設的，為數二十七人的中執會主席團行使中執會所有權力。

由蘇聯一九一八年憲法所規建的權力制度可知，蘇俄全國最高權力機關雖為全俄

---

❷ 同理，任卓宣，前述書，第 25 頁。

❸ 如李鴻禧，李鴻禧憲法教室，月旦出版社，民國八十三年，第 208 頁及第 215 頁。

❹ 如一九二八年的蘇維埃大會共有一五七〇人，超過法國一七八九年的制憲國民大會的一二〇〇人。見胡慶育，蘇聯的政府與政治，商務印書館，民國二十四年，第 116 頁。

蘇維埃大會，但此「大會」根本只是一個「批准機關」，作事後批准中執會主席團所為的一切立法及施政作為，及負責憲法之修改。中執會雖為大會閉幕後的授權機關，但也是如同大會一樣，成為一虛設的立法機關及監督機關。所以由蘇聯所創設的蘇維埃大會制度，並未成為一個擁有實權的最高民意機關❺。

蘇聯在一九三六年重新頒布憲法，國家最高權力機關改稱為「聯邦最高蘇維埃」，由民族院和聯盟院組成。民族院代表依各共和國及自治省、州人民比例不同選出之；聯盟院則以每三十萬人選一名之方式產生之。最高蘇維埃在閉幕時期，權力由最高蘇維埃主席團執掌，作為最高蘇維埃的常設機關，故為制訂公布法律及解釋法律的立法機關。另外，最高蘇維埃設立了一個「蘇聯人民委員會」作為全國最高執行機關（一九四六年後改稱部長會議），向主席團負責。因此，一九三六年後的最高蘇維埃其實際職權和一九一八年的全俄蘇維埃大會並無太大差異。國家實際權力都操在少數人組成的中執會主席團或人民委員會手中。

2.受蘇聯影響，中共在一九五四年九月召開了第一次全國人民代表大會（以下簡稱「人大」），並通過了第一部憲法。以後中共共制定了四部憲法，人大之職權亦受到影響。茲以一九八二年十二月四日中共第五屆人大第五次會議通過的現行憲法第 57 條以下的人大職權而論。人大是全國最高權力機關，常設機關為常務委員會（常委會）。人大代表任期五年，人大每年召集一次，其主要職權，計有修改憲法、制定法律、監督憲法與法律的施行、決定戰爭與和平等外，尚有「人事權」。這個人事權是選舉與罷免中共國家主席、副主席、（經主席提名之）國務院總理、（經總理提名之）副總理、國務委員、部長、審計長、秘書長及最高法院院長、最高檢察長、中央軍事委員會主席及（經主席提名之）軍委會成員等。但由於人大之代表人數眾多❻，且每年開會一次，為時二週。故人大的職權雖大，但實際上卻全交由為數僅有二百人的人大常委會來決定，中共人大遂變成和蘇俄的蘇維埃大會及最高蘇維埃無異，成為事後的「批准」或「鼓掌」大會❼。每二個月召開一次的人大常委會，實際上也成為立法決定政府人

---

❺ 胡慶育即認為蘇聯蘇維埃大會頗似英國憲法中的英皇地位。只是「統而不治」，見氏著，前述書，第 123 頁；藍森（著），謝元範，翁之達（譯），一九一四年以後的世界，商務印書館，民國二十七年五版，第 534 頁。

❻ 第五屆人大的人數是三四九七人，依此憲法所選舉產生的第六屆人大的人數較少，但也有二九七八人之多，見王向明編著，憲法若干理論問題的研究，北京中國人民大學出版社，一九八三年，第 123 頁。

❼ 據中共憲法修改委員會副主任彭真在一九八二年十一月二十六日第五屆五次人大會議上提出的「關於中華人民共和國憲法修改草案的報告」中也認為中國人多，所以人大代表不宜太少，但人多又不便於進行，故必須加強

事的機關，尤其是監督最高行政機關——國務院——與議決預算的權限，使得人大常委會和西方國家的國會相去不遠。

如果以孫中山先生建國大綱對國民大會應擁有對中央官吏的選舉、罷免權，以及對中央法律的創制、複決權的廣泛權力以觀，是和蘇俄的蘇維埃大會、最高蘇維埃及中共的人大相類似。尤其具有三千人之眾的大會，構成世界上最龐大的民意機關之特色。但是，孫中山先生的構想和這些共產主義的制度亦有相當程度之不同：第一、孫中山先生期待國民大會是真正在議事的機關，而不是授權及批准之機關；第二、國民大會應否為常設機關，抑或一年或數年才召開一次，孫中山先生並未表示意見。不過以建國大綱之行使選舉全國官員之權，似乎應為常設方可；第三、國民大會不再成立一個下屬的「精英核心」團體——如中執會，主席團或常委會——，而是直接議事，所以權力才不致於旁落到少數核心人物（中共稱為「權力集中制」）之手中❽。

至於國民大會在我國行憲後，只六年召開一次大會，以及職權只剩下選舉罷免總統（副總統）及修改憲法等寥寥幾項，和共產國家的制度，更是雲泥之別了！

此外，有部分見解並不認為國民大會制度源於蘇俄的蘇維埃大會，其理由乃孫中山先生最早提出國民大會之構想是在民國五年（一九一六年），但蘇俄在一九一七年十一月七日才革命成功，而蘇維埃大會是依一九一八年的憲法才成立，距離孫中山先生提出國民大會構想已遲了二年之久❾。然而，若吾人由孫中山先生在民國五年最早提出國民大會之構想，其職權僅是選舉總統及修正中央法律而已，而提出建國大綱時之見解已迥然擴充國民大會之權限甚多。且在民國十三年民權主義演講時又提出「權能區分」的理論，作為國民大會職權之理論基礎。若鑑諸孫中山先生晚年對蘇俄革命的肯定態度❿，可以肯定建國大綱的看法受到俄國的影響，只是經過孫中山先生相當程

人大常委會的職權，見中華人民共和國的憲法，北京人民出版社，一九八二年，第88頁。

❽ 在五五憲草擬定時，依張知本代表國民黨提出之中華民國憲法草案45條規定：「國民大會設執行委員會，由國民代表互選三十一人組織之，每年常會改選一次。做為國民大會閉會後的常設機構。國民大會則每年召開一次大會。這個制度就和蘇俄中執會等更形接近了。」見張知本先生言論選集，張知本先生九秩嵩慶籌備會出版，民國五十八年，第232頁。至於民國八十三年修憲後規定國民大會設立議長制度，只是負責國民大會在閉會後的管理機關，而非議事機關。所以雖為常設，乃管理國大之常設機關，而非被授權接掌國大職權的常設機關了。

❾ 高孟琳，國民大會定位問題之研究，台大三研所碩士論文，民國八十三年，第12頁。

❿ 見民權主義第三講，孫中山先生稱讚俄國革命成功，超過英國與法國之革命；在第五講時，更指出：各國到了代議政體，就算了止境。近來俄國新發生一種政體，這種政體不是代議政體，是「人民獨裁」的政體。這種「人民獨裁」的政體究竟是怎麼樣呢？我們得到的材料很少，不能判斷其究竟；推想這種「人民獨裁」的政體，當

度的改良，例如賦予積極的議事權❶。至於孫中山先生最早在民國五年提出國民大會制度，是否仍有其他之理念淵源❷？孫中山先生在其他遺著中並未明白提及，除國民大會的名稱可溯源到法國大革命外，似乎國民大會理念的雛形如同五權憲法、權能區分等理論，皆是孫中山先生研究外國民主國家之代議政體後所為的創新之舉（參見民權主義第五講）！

貳、國民大會的性質──政權的概念

依我國憲法第 25 條作為代表全國人民行使政權，而因此被稱為「政權機關」的國民大會，應瞭解「政權」的意義。此政權和一般政治術語通稱一個國家或地區「實際」掌握政治控制權力，且多半是指不論具有合法性與否，但多欠缺正當性的政權 (regime)，或可稱為「事實政府」(Regierung in facto) 並不相同。欲討論我國憲法政權的概念，必須追本溯源孫中山先生的諸多理論，例如權能區分，政權與治權及直接民權與間接民權等等，抽絲剝繭方可一窺政權理念的應有意義。

一、政權與主權

國民大會制度依孫中山先生之見解，乃基於人民有「權」而政府有「能」的「權能區分」理論。孫中山先生在民權主義第五講 (13.04.20) 中，把由人民選舉出代表組成的國民大會和其他五院的關係，比喻成公司中掌握所有權的股東和有管理能力的總辦（總經理），以及汽車的所有權人車主，與有駕駛能力的車夫（駕駛）。因此孫中山

然比較代議政體改良得多。但是我們國民黨提倡三民主義來改造中國，所主張的民權和歐美的民權不同。我們拿歐美以往的歷史來作材料，不要學歐美，不要步歐美的後塵，是用我們的民權主義，把中國改造成一個「全民政治」的民國，駕乎歐美之上。……諸君要明白歐美的先進國家實行了一百多年，至今只得到一種代議政體。我們拿這種制度到中國來實行，發生許多流弊……我們不能解決（民權），中國便要步歐美的後塵，如中國能解決，中國便可以駕乎歐美之上。由孫中山先生這段話雖未明白要採擷俄國的新制度，但對此「非歐美」國家的俄國制度是有「改良許多」的讚賞。加上我國不應仿效歐美的代議制度，可見得孫中山先生對俄國制度的評價了！

❶ 見前述國民大會和共產國家蘇維埃大會等的比較。

❷ 學界認為乃源於十九世紀彌勒 (J. M. Mill, 1806–1873)。參見周陽山，民權主義的現代性與國際意義，刊載：理論與政策，第三十五期，民國八十四年七月，第 111 頁以下；李西潭，約翰彌勒與中山先生權能區分理論之比較研究，中山社會科學譯粹，三卷三期，民國七十七年七月，第 162 頁以下。陳春生教授則認為必須以三民主義及五權憲法的基本精神作考究，不應只由建國大綱之字面上去研究，也提供一個思考方向，參見陳春生，中華民國憲法原理，第 248 頁。

先生把國民大會在五權憲法中的定位即基於「權能區分」理論。如果吾人以孫中山先生這個淺白易懂的比喻來瞭解國民大會的性質，以及其所具有的「政權機關」之名稱，即可瞭解孫中山先生之所謂的「政權」之於國民大會，係相當於物品的所有權人。如果吾人參照本書前述（第九節）所討論之憲法學對於「主權」的概念，即可清楚瞭解，國民大會即為代表我國「主權」的機關。我國憲法第 2 條雖規定主權屬於國民全體，然而和總統代表國家不同，代表全體國民的主權者，必有一個機構。國家是一個法人，如同私法人團體必有一個代表法人意志的董事會一樣。我國代表全體國民主權的機構便是此國民大會。故國民大會享有國家主權者才擁有之權限，如憲法 4 條對領土的變更權。依孫中山先生的權能區分理念，五院對國民大會的負責，以及國民大會對國家中央之人事及立法權，都可看出國家最高權力機構即為國民大會。故孫中山先生的「政權」本意應為國家「主權」之代名詞。國民大會為國家政權機關，即意味國民大會為代表國家主權之機關也[13]。

二、政權與治權

其次，再就孫中山先生之「政權與治權」的劃分而言，政權概念仍必須探究與治權的相互關係來瞭解。孫中山先生對於政權在民權主義第六講 (13.04.26) 中，不僅將政權由具有「所有權」的角色來瞭解，且進一步擴張為「行使所有權」之權利（相當於私法所有權人對財產權的使用、收益、處分權）。這個屬於「形成權」的「政權」為「管理政府的力量」，即是選舉、罷免、創制及複決四權。這四種權利，在憲法學上可以稱為人民的「政治權利」(political right)，前兩者更屬於古典的人權之一。而相對於人民所擁有的「政權」者為「治權」，是一個標準「政府統治權」(governmental power)，或是稱為「公權力」，可以代表國家行使對人民的統治權力。因此，我國憲法除了在基本人權章第 17 條規定享有屬於普通人權的選舉、罷免、創制及複決四項政治性人權──一般稱為參政權──外，復於第 27 條 2 項將創制與複決稱為「政權」，極易混淆此四種人權的性質，同時也混淆了「政權」的概念[14]。倘若吾人以孫中山先生

---

[13] 本書前述關於主權理論的區分（本書第七節參四處），如依英國實證學派之理論，我國應為「國民大會主權」之模式。

[14] 例如李鴻禧之批評，見氏著：三民主義五權憲法的若干病理探討──國民大會廢除的試析。澄社報導專號──解構國民大會，一九九二年，第 14 頁以下。

對此政權之瞭解，係人民「管理政府之力量」、「集合眾人之事的大力量」或是類似「管理機器的力量」，即人民擁有管理、控制政府的「力量」，此時，不僅只是法律上可請求實踐、或可透過法院實踐之權利 (right, Recht)，而是實際的，現實的「實力」 (power, Gewalt)，和治權之為「政府自身的力量」、「集合管理眾人之事的大力量」及類似「機器本體的力量」，也就是可發生的「強制實力」是一樣的話（例如政府可逮捕違法犯罪之人民、實行強制徵收、遂行戰爭……等等公權力），那麼孫中山先生所謂「民權」的「政權」一樣是為「實力」而非「權利」也。

然而，以現代國家，即使是實行主權在民的民主國家而言，人民管理政府，甚至更換政府之方式，最常見的是選舉與罷免權，但不免仍是行使權利（參政權）之方式。人民加諸「實力」於政府之上，恐只有「抵抗權」(Widerstandsrecht) 及更進一步的「革命權」。

抵抗權是當國家的民主與憲政體制已遭到非法與違憲的侵犯時，人民在別無其他救濟方法時，即可擁有以實力抗拒之權利。這種侵犯憲法秩序的來源，可能是私人，例如暴動；也可能是來自政府方面，如軍事政變及政府轉變為獨裁政權。不論這種嚴重侵犯國家憲政秩序的來源為何（即使是來自於政府），人民也可以採取任何抗拒之方法來回復憲政。此係德國在一九六八年修正基本法第 20 條 4 項時，所創設之制度❶❺。

革命權是人權史上「元老級」的人權，早在一七七六年六月十七日美國維吉尼亞州公布的「人權宣言」第 3 條已宣稱人民有權來改變、更換及廢除一個無法提供人民幸福及無道的政府。法國一七八九年八月二十六日公布的「人權宣言」第 2 條同樣宣示人民擁有「抵抗暴政之權」。一七九三年公布的法國雅各賓憲法第 11 條也承認人民擁有使用暴力及武力來推翻專制或獨裁的政府。這種承認人民可以赤裸裸使用實力（即暴力）來對待政府的權力即可稱為「革命權」。

然而，孫中山先生對人民管理政府的政權，雖謂寓意為「力量」（實力），孫中山先生對於此政權可否轉為人民擁有抵抗權或革命權，則未提及。然而，孫中山先生一再肯定革命之「順天應人」，也對於革命之障礙應該加以排除，這由孫中山先生對「軍政」時期任務及「革命民權」，所謂不予民權予反對民國之人❶❻的見解，可知道孫中山先生並不承認人民擁有抵抗民國或推翻民國之權利。至於一旦民國政府淪於無道或獨

❶❺ 參閱拙作：國民「抵抗權」的制度與概念，收錄：基本權利（下冊），第 15 頁以下。
❶❻ 參閱本書第十一節壹二及第三十七節貳三處。

裁時，依孫中山先生民權主義之見解（第一講 13.01.09），當可承認人民可奮起推翻無道之民國政府（例如孫中山先生民國三年所進行「第二次革命」）即是反對袁世凱領導下的「民國政府」。所以，孫中山先生政權的「實力」含義卻不是指這種「非常態」的「人民與政府關係」，而是指一般的「人民與政府關係」。所以政權不包括抵抗權與革命權在內❶。

　　孫中山先生的政權概念，如果吾人欲契合現代法治國家之理念，唯有將之解釋為類似「主權」之意義。至於選舉、罷免、創制與複決，都只是人民基本人權之一。前兩者乃古典人權，後兩者，依孫中山先生在民權主義第六講所言，乃源於瑞士，後傳到美國之新興人權。如以人權的種類並非一成不變，而會與時俱增的特色❸，這四種人權雖有古典與新興之分，皆不妨害其為人權之特色。故此四權乃人權或是「政治性人權」，或是「直接民權」，無須再解為「政權」❶。

三、直接民權與代議政治

　　孫中山先生主張人民擁有四項「直接民權」，在地方得為直接行使之，但在中央則由國民大會「代表全國國民行使之」（憲法第 25 條），可知國民大會仍是一個間接民權之機構，所實行的仍為代議政治。所以並不能真正如孫中山先生所願的以直接民權來修正西方代議政治之弊！同時，自民國八十一年起的憲法增修條文已經取消國民大會的總統（副總統）選舉權，只剩下當副總統缺位時的「補選權」，國民大會亦無創制、複決權，而對總統（副總統）的罷免必須經全國人民投票同意，而較有實效的彈劾權也必待立法院通過彈劾案後方可行使之。故只剩人事同意權及無實際法律拘束力的總統國事聽取權。國民大會所謂的為實行「四個直接民權」之「政權機關」，名與實皆不存在。所以國民大會成立五十年來，直接民權總是如鏡花水月，從來沒有真正實踐過。

---

❶ 這是符合世界其他不論民主與否的國家，皆不承認人民擁有革命權。參閱拙作：前述文，第 39 頁以下。

❸ 見本書第十一節貳二處。

❶ 故憲法第 27 條 2 項條文中將創制、複決兩權稱為「政權」之文字應予刪除，以杜爭議。否則國民大會其他職權，如第 4 條疆域變更決定權、八十九年前之增修條文曾予國大人事同意權及總統國事報告權就不能包括在憲法第 25 條之國民大會「代表全國國民行使政權」之規定在內。

參、國民大會職權的法制實踐

一、孫中山先生構想的現實性考驗

孫中山先生對國民大會的職權，如依其逝世前一年才完成的建國大綱所示，應該及於：對全部中央政府官員享有選舉、罷免權及對中央法律享有創制及複決權。然而，這裡所謂的「中央政府官員」，是否應包括中央五院所屬一切事務官、政務官、立法委員、監察委員、考試委員、及司法院各級法官在內？其答案應為肯定。因此，國民大會不僅成為國家常任文官的選拔機關，取代了考試院之地位，同時立法委員亦非民選產生，不再是民意代表。全國為數上百萬公務員（包括文官、武官）的選舉及罷免當十分繁雜，能否全由一個人數高達三千人的國民大會來運作？即足令人懷疑。況且，立法委員所組成的立法院如不再是由人民選舉產生，即不再能稱為「國會」❷。故在中央的民意機關僅剩國民大會。故孫中山先生心中類似西方國家的「國會」，當指國民大會！

孫中山先生這種「集權」於國民大會職權的構想，忽視了國家複雜、龐大文官制度的現實性。同時，對於五權憲法中可以獨立於其餘四權——特別是行政權——的考試權，亦應該將公務員的選舉及罷免（正確用語應為選拔及免職）之權交由考試院行使，以維持法治國家行政中立或公務員（常任事務官）之「終身任命原則」，免受到政治色彩強烈之國民大會的干涉。故孫中山先生對國民大會職權的構想自必須受到政治現實性的考驗。

二、四個階段的法制演變

國民大會的職權反映在我國憲法上的法制，可以分成四個階段：第一個階段是五五憲草的原始期；第二個階段是我國憲法的規範；第三個階段是在民國八十一年所謂「第二階段修憲」將總統、副總統為直接民選後。後由增修憲法的調整規定；第四個階段是在民國八十九年四月二十三日公布的增修憲法，將國民大會改為「任務型國大」後及直至民國九十四年修憲將國民大會制度凍結掉，故一共有四個階段。茲分敘之如

---

❷ 雖然孫中山先生在民國十年演講五權憲法時，曾提及：五權憲法的立法人員就是國會議員，但並未言及國會為人民選舉產生。見任卓宣，前述書，第 19 頁。

下：

㈠五五憲草的規定

民國二十五年五五憲草在第 32 條規定國民大會的職權除了創制及複決中央法律外，對於「中央人事權」，就只限於總統、副總統的選舉、罷免，對於立法委員、監察委員，立法院及監察院長的選舉與加上司法院與考試院正、副院長的罷免。從我國學界向認為最能反映孫中山先生思想的五五憲草中，對國民大會職權的「人事權」規定可知，不僅中央政府之事務官，甚連政務官（如行政院之部長）的人事已不屬於國民大會之職權了。

㈡我國憲法的原本規定──最早的任務型國大

憲法第 27 條規定國民大會的職權，除了選舉、罷免總統、副總統外，僅有修改憲法（包括複決立法院所提之憲法修正案）之權。關於創制、複決中央法律之權，必須俟全國有半數之縣市曾經行使創制、複決兩項政權時，方由國民大會制定辦法行使之。孫中山先生在建國大綱中所構思國民大會兩項最主要的職權，一為中央法律的創制、複決權，二為中央官員的人事權，在我國憲法已經縮減到總統、副總統的選舉、罷免。連五五憲草對立法委員及監察委員及立法、監察及考試三院院長與副院長的人事權，盡遭刪除。就此而言，國民大會和美國總統選舉的「選舉人團」相去不遠。創制、複決權，必須等全國有半數縣市已行使此兩權後，國民大會始能行使此兩權。故國民大會現實上可行使的立法職權只剩下修改憲法一項。國民大會頗類似外國憲法──例如德國一八四九年的「法蘭克福憲草」的前言，威瑪憲法 (1919) 第 180 條、181 條負責制定憲法的「國民大會」(Nationalversammlung) 與法國大革命時期發表「人權宣言」，及制定一七九一年第一共和憲法的「國民大會」(Assemblee Nationale) ㉑ 之地位也。

固此，依據憲法原本的設計，國民大會是六年一次開會，平日代表散居全國各地，且各有職業營生，無須國庫負擔生計。惟「有事」時（如修憲、罷免總統、副總統），才召集開會，故國民大會本即是「任務型」、非「常設化」之代議團體也。

㈢總統直選後的「調整規定」

自民國八十一年五月二十七日第二屆國民大會臨時會通過增修條文第 11 條開始「調整」了國民大會之職權。此相當巨幅的改變如下：

㉑ 我國國民大會之英文名稱為 National Assembly，亦合於法國與德國的國民大會之名稱。

1.領土變更權：如同舊制未予更改。

2.修憲權：亦同舊制。

3.人事權：國民大會擁有的人事權行使對象本極為有限。但自第二屆國大修憲 (81.05.27) 後，國民大會的人事權變得複雜起來。計有下列五項：

(1)補選副總統權

自民國八十五年九任總統、副總統起，其選舉改為選民直選。總統缺位時，由副總統繼任，至任期屆滿為止，故總統在副總統可繼任而缺位時，並無補選問題。副總統繼任總統後，其缺位依憲法原不必補選，但為避免總統一旦缺位而無副總統可繼位，故有補選之必要，繼位之總統於三個月內提名候選人，召集國民大會補選之。

(2)正、副總統罷免之提案及彈劾之決議權

正、副總統既然已由選民直選產生，故解其職理應由選民決定之。不過，國民大會對正、副總統的罷免案，卻有兩種權限，第一種是配合正、副總統的選舉方式，國民大會並未擁有罷免正、副總統的決定權，僅保有「發動權」而已。須由國大代表四分之一以上代表之提議，三分之二以上代表的同意，方能提出罷免案。此提案尚須全國人民投票人數總額半數以上投票，且過半數同意方可通過罷免。因此，國民大會的罷免權只是「公民罷免複決」的提案權而已；第二種是作為彈劾的決定機關。當立法院已通過正、副總統之彈劾案，並經國大代表總額三分之二同意時，即可通過彈劾案。

(3)人事同意權

此為配合監察委員改為由總統提名，不再由省、院轄市議會產生，所引起的一連串制度改變——例如考試委員，司法院大法官原由監察院行使同意權（憲法第 79 條 2 項、第 84 條），以及平抑許多第二屆國大代表對喪失正、副總統選舉權之怨懟，民國八十三年修憲時，所採取的回應措施：國民大會擁有監察委員（含正、副院長共二十九人），司法院正、副院長及大法官（十五人）以及考試院正、副院長及委員（十九人）等，共有六十七名人事的同意權（增修條文第 1 條 3 項 6 款）。

(4)國是建議權

自八十一年增修條文起，國大代表集會時，得聽取總統國情報告，並檢討國是，提供建言。如一年內未集會，由總統召集會議為之。由本條文可知，國民大會至少每年有一次聽取總統國情報告之權利，可稱為國大代表的「國是建議權」。

㈣「任務型」國大的夕陽晚照

　　民國八十九年四月二十三日公布憲法增修條文是我國行憲後對國民大會制度所為最大的變更。國民大會不再具有任何主動行使職權的可能性，改為「任務型」國大。只有在憲法增修條文所明定的任務需要時——複決憲法修正案、領土變更案及總統、副總統之彈劾案，才由選舉產生之。集會以一個月為限，完成任務即解散，不再有任期制。吾人稱之為「朝露型」國民大會亦無不可。國民大會制度上至此已完全不復有任何國父的理念在內，也無異是人民的複議代表而已。

　　民國八十九年修憲且將國民大會改為任務型後，朝野已決定凍結國大。為執行這個「終結」國民大會之修憲任務，第一屆，也是最後一屆的三百名任務型國民大會代表於民國九十四年五月十四日選出，五月三十日起集會，開會期中無任何討論，純粹是表決機器。並於六月七日完成修憲投票，正式宣告國民大會制度的結束。本次國大亦行使修憲權如下：

1.表決的門檻

　　九十四年修憲首先面臨表決門檻的問題。按此屆修憲之國大行使複決權，其表決的門檻即不應採絕對多數制，而應為普通多數即可，此觀乎憲法第 174 條 1 款對國大主動行使修憲權採絕對多數制；同條 2 款前段對立法院通過修憲案的表決門檻亦同，但同款後段對國大複決的表決門檻卻未明白規定，顯示「立法者有意省略」視同否定。所以任務型國大既然是複決立法院的高門檻通過的修憲案，且經全民投票選出之國大來行使，所以只應二分之一的相對多數即可通過修憲案。

　　但由於立法院的小黨擔心立委選制的改變會影響其發展，故對國民大會職權行使法的立法不願配合，堅持表決必須絕對多數。直到國大集會前十天（九十四年五月二十日），即國大代表選完後一週，立法院才通過此法。本法第 10 條 1 項對修憲案的國大複決採行總額四分之三的高門檻（第二項對領土變更案的複決門檻亦同）。贊同修憲的民進黨及國民黨之所以願意採行此制，乃因為兩黨在大選中已掌握八成（二四九席）之席位，可望通過高門檻之要件，故才讓此不合憲法法理的絕對多數複決條款形成法律也。

2.表決的方式

　　依據一般會議的程序，對人事投票採不記名為原則；對事採記名投票為原則。採取不記名投票的好處，可以避免受到不利的追究，來保護投票者。但其缺點即會將政

治責任隱藏在秘密投票帷幕之後。如果為了落實責任政治，國會亦可通過「國會自律」的方式，限縮不記名投票行使的範圍，也是現代民主政治的潮流。我國民國八十六年憲法增修條文第 3 條 2 項首次明白規定記名表決的制度，立法院對行政院長不信任案表決即應採取記名表決的方式為之，即本於此理。

國大行使修憲案的表決，在民國八十八年修憲時，應依當時國大議事規則採行記名投票方式，已獲釋字第 499 號解釋所肯定。此原則不受後來國大議事規則第 38 條 2 項修正所影響。且任務型國大行使職權也以執行選民的意志為唯一依歸，為落實此一憲法制度，以及責任政治與政黨政治所繫「政治透明度」以作為追究政治責任，應主張此記名表決制度。

任務型國大依國民大會職權行使法第 8 條的規定，應依所屬政黨或聯盟在選票上所刊印之贊成或反對意見，以記名投票方式為之，違反者以廢票論。即為一例。

肆、國民大會代表

國民大會由國民大會代表（以下簡稱國大代表）組成之。可以分成國大代表的產生、任期與權利等三項，加以討論。

一、國大代表的產生

㈠國父的構想

依孫中山先生對國大代表產生的來源，不論在最早民國五年的見解，或在最後之建國大綱（第 14 條）之見解，都明確的指出應以「縣」為單位，每縣選舉一名國大代表，參與中央政事。故此國大代表不論每縣幅員大小，或是人口多少，皆以一名為限。採行這種「定額」方法產生之國大代表，頗類似美國每州產生二名參議員之制。同時中國當時有三千餘縣，每縣一人，國民大會已有三千人代表之眾，世界上史無前例的最龐大之民意機構。但是，孫中山先生這種見解簡單用小選區選出國大代表的方法，卻在日後的憲法設計上產生了幾種變更，而益加複雜。

㈡人口比例制

五五憲草開始對每縣人口不均之情形，提出改進。五五憲草第 27 條規定每縣以產生一名代表為原則，但人口逾三十萬者，每增加五十萬人，增選代表一名。這種每增加五十萬人口方得增一名的「高門檻」規定，在民國五十五年三月公布第三次修正臨

時條款後，總統頒布的增補選辦法已大幅下降。迨至增修條文 (80.05.01) 第 1 條則更改為每縣、市各二人，人口逾十萬人者，每增加十萬人增選一名。

(三)特殊代表制

五五憲草除了採人口增加比例制外，另外針對蒙古、西藏及海外僑民代表，另設保障名額制度。這是針對蒙、藏特殊的風俗習慣及社會制度以及僑居海外之國民無法如國內一樣辦理選舉，所以是為「特殊代表制度」。這種特殊代表，在憲法第 26 條更加擴充為四種之多，即：蒙古（每盟旗四人，每特別旗一人）、西藏、邊疆少數民族及海外僑民等。另外，依憲法第 135 條規定，內地生活習慣特殊之國民代表名額與選舉，其辦法以法律定之。這是指居於國內（非邊疆地區）的少數民族，主要是回教族而言。依國民大會代表選舉罷免法第 4 條 (36.06.31)，可選舉十七名代表。民國六十一年增額選舉開始增設山地同胞代表二名，以後在民國六十九及七十五年增額選舉，維持這個山地同胞代表制度。國民大會特殊代表制度共有六種，直至增修條文第 1 條，才做了巨大刪減，只剩下「原住民代表」（平地原住民及山地原住民代表各二人），以及僑民代表（二十人）等二種「特殊代表」。

(四)職業團體及婦女團體代表

這是在五五憲草所無，我國憲法所新增之規定。第一屆國大代表由職業團體選出（四七八名）和婦女團體選出（一六八名），占全體三〇四五名的百分之二十一，僅次於區域選出的代表二七一一名，人數甚多。這些別立於縣市選區外以職業團體為選舉代表之制度是否妥適，自始即爭議不斷。

職業團體制度雖然有利有弊，但外國民主國家已幾乎沒有採行此制度，且現代社會關於職業團體的利益，可以透過政黨、公共輿論、工會及勞工運動……來維護，無須於議會中保留席次給特定之職業代表。故我國在實施職業團體代表近四十年後，亦於民國八十年增修條文第一條廢止了職業團體代表制度。可說跟上了時代潮流。

婦女團體的問題，亦然。憲法第 134 條規定各種選舉應規定婦女當選名額，其辦法以法律定之。但在第一屆國大代表的選舉罷免法，除了規定婦女團體代表名額外，復規定婦女保障名額，形成疊床架屋。國大代表由婦女團體產生之制度，在五十八年（增補選）及六十一年、六十九及七十五年增額選舉都由省市婦女團體產生代表。直至民國八十年雖隨同職業團體代表制一同廢止，但婦女當選名額則仍繼續存在❷。

㈤不分區代表

民國八十年增修條文第 1 條 1 項 4 款規定國大代表（及立法委員）增訂全國不分區代表（八十名）制度。此種代表是靠本黨所獲得選票之比例而產生。而我國採行的「政黨代表」制度純粹是消除修憲「欠缺全國民意」的恐懼，擔心全由台灣地區選出之國大代表修憲欠缺全國之民意。政黨代表乃只是反映政黨之意志而已。此全國不分區代表之名詞宜更名為「政黨代表」。所以，依司法院釋字第 331 號，喪失黨員資格之全國不分區代表，應同時喪失代表資格。其遺缺之遞補，應以法律規定之。九十四年的任務型國大則全採取不分區代表之制度。

㈥國大代表的資格——兼任官吏問題

國大代表之資格，除依選罷法第 31 條以下，對一般候選人資格之規定，如須是具備年齡（年滿二十三歲以上），未有「消極資格」（如曾犯內亂、外患、貪污、褫奪公權未復權及受禁治產……）外，最值得重視的乃憲法第 28 條規定：官吏不能於其任所所在地之選舉區當選為國民大會代表。易言之，國大代表得「兼任官吏」。這個在五五憲草所無，且在制憲過程爭議最烈，最後在二讀時由胡適提議修改成為現行條文。

國大代表得兼任官吏，此「官吏」的範圍包括文武事務官及政務官。至於兼任其他民意代表之問題，司法院早在釋字第 74 號解釋表示：為貫徹憲法分別設置各級民意機關賦予不同職權之本旨，國大代表自不能兼任省縣議會議員與其他民意代表。依行憲後之實務，文武官員之兼任國大代表，引起學界甚多批評，認為國大代表乃政權機關，其任務在監督治權機關，如果讓治權機關之成員（如行政院官員）兼任政權機關成員，將混淆政權與治權角色，和孫中山先生之權能理論不合。且國大代表之任務之一原為選舉及罷免總統、副總統，故對總統及副總統之行使職權，負有監督之權責——即使此「監督」權限在總統改為直接民選後，意義大半已失，但仍可在國是建議權及罷免案之提起或議決（由監委通過彈劾）時，產生制衡作用——。然而，若官吏兼任國大代表，執行職權時，必須「監督」元首總統，於此必混淆公務員的倫理關係——特別是軍人國大代表之監督統帥——。至於憲法第 28 條僅規定現任官吏不能在「任所所在地」依司法院解字第 3549 號解釋，只是「任職公所所在地」，而非「職權管轄所

---

❷ 八十六年修憲前對國大代表當選名額在五人以上，十人以下，應有婦女保障名額一名，超過十名以上者，應增加婦女名額一名。八十六年修憲更對依政黨比例選出之代表每選四人即應有婦女保障名額一人。九十四年修憲且規定立委不分區名額（三十四席）中應有一半是婦女保障名額，以平衡婦女在區域選舉的不利地位。

及地區」，所以並不能有效防止濫用職權之弊。故國大代表之許可兼任官吏問題，並沒太大價值。

改為任務型的國大，依八十九年增修憲法，應依政黨比例選舉產生，因此任務簡單，無常設性的問題。但對於官吏兼任的問題，並未規定。但為貫徹軍隊、文官國家化的原則，文武官員不能擔任此任務型的國大代表，所以不能參與國大代表之選舉。但是實際上，九十四年五月任務型國大選舉時，民選地方首長擔任候選人不少，但軍人及公務員則未見之。

二、國大代表的任期

憲法第 28 條一項規定國大代表每六年改選一次。是為每屆國大代表任期為六年。相形之下，立法委員任期為三年，憲法這種設計除了是與總統（副總統）任期六年一致外，也希望以像國民大會如此代表眾多的龐大機構，召開一次耗費頗大，極其不易，故應儘少召集。此外，代表國民主權的國大代表任期較長，可維持國家之穩定。不過，自民國八十一年五月第二屆國大修憲後，規定國大自第三屆起（即民國八十五年五月二十日前）配合第九任總統（副）之任期改為四年選舉一次。

惟較有問題的乃第 28 條 2 項之：每屆國民大會代表之任期至次屆國民大會開會之日為止。這條規定將每屆六年代表任期的終止至下屆大會開會之日為止，本係一種任期程序上的「交接規定」，即下屆國大代表開會時，宣誓就職之日為止，上屆代表之任期與職權皆告結束。本規定實乃避免次屆大會一旦遭逢意外事故而一時無法開議，得由上屆代表任期作「權宜式的延續」。這種權宜式的延續，只是形式上的延續，或稱為「等待式」或「補救性」的延續。使得代表國民主權的國民大會不會有「政權中斷」之虞，稱為「國家主權延續原則」(Kontinuitaet der Staatssouveraenitaet)。不過，遺憾的是，此「至次屆國民大會開會為止」之用語，卻長年來被誤用為合法解釋在大陸未光復前「國大無法進行改選」，來使第一屆國大的任期可以不必「屆滿」。

故在民國四十三年起，每六年召開一次正式大會的國大會議，便改稱為憲法條文所無的「國大一屆二次、三次……會議」，行使國大每屆大會之法定職權。故出現「一屆」國民大會可以進行六次修憲（五次臨時條款，一次增修條文）及選舉「七任」總統之奇觀！本條文法理上的癥結及據以「正當化」的憲政，使得司法院作出釋字第 261 號解釋。本號解釋宣示對「事實上已不能行使職權，或經常不行使職權的中央民

代，應即查明解職。其餘最遲應於一年半後（民國八十年年底）終止職權」。

民國八十八年九月的修憲期雖仍維持國大代表任期為四年，卻將該屆（第三屆）的任期延長到本屆（第四屆）立委任期屆滿之日為止，亦即延長二年又四十八日之久，此即社會輿論交相指責的「延任自肥案」。這種延長自己任期的修憲行為對民主憲政精神的斲害，終於被司法院釋字第 499 號宣布違憲而失效。

至於任務型國大代表每次選出後會期最多只一個月，實際上只有一週，是國大歷史上壽命最短的一屆國代。

三、國大代表的權利

國大代表除了憲法所定的職權外，可因其身為國大代表而享有言論免責權、不受逮捕特權及酬勞領受權等三種權利。

憲法第 32 條之規定：國大代表在會議時所為之言論及表決，對會外不負責任。是為「言論免責權」。憲法第 33 條規定：國民大會代表除現行犯外，在會期中非經國民大會許可，不得逮捕或拘禁，是為「人身自由特權」，或稱「不受逮捕特權」。依我國目前憲政體制，在中央民意機關方面，唯有國大代表及立法委員（憲法第 73 條、第 74 條）享有此種權利；地方民意代表即省（市）議員及縣（市）議員亦可享受之。不過由於國大代表，依憲法原來規定僅有六年才開會一次，依現行增修條文基本上在每年至少開會一次，以聽取總統的國情報告，但比起立法院，國大代表行使職權的時間甚少。因此，憲法對於國大代表與立法委員的這兩種特權，在不受逮捕特權方面，就有差別。立法委員即使在會期以外亦享有不受逮捕的特權。國大代表與立法委員皆可享有的言論免責權與不受逮捕特權，留俟本書第三十四節貳處關於立委的權利時再予討論。關於國大代表個人的權利，僅討論其酬勞領受權一項。

國大代表如依憲法第 29 條規定，原係六年才召開一次大會，行使職權，故並非常任議事型的職位。加上國大代表可兼任官吏獲得生活之資，因此國大代表在行憲之初，並不支薪，為無給職。在開會時期，由國民大會支給相當之旅費及開會時期提供食宿服務而已。然自司法院公布釋字第 76 號解釋，將國民大會與立法院、監察院並列相當民主國家之國會後，即給予國大代表與立委相同之待遇（比照政務官）。民國五十五年二月修改臨時條款增訂第六項之「國民大會於閉會期間，設置研究機構研討憲政有關問題」，使得國大代表在國大閉會期間亦負憲政研究任務，使得支薪合理化。

　　民國八十年進行第二屆國大代表選舉時，許多候選人以國大代表無給職為選舉訴求，獲得社會輿論甚大之迴響。大法官作出司法院釋字第 282 號解釋，確定國大代表不經常集會，故應屬無給職。但國大代表在「特定情形下」，例如集會行使職權時，可給予報酬，但必須由立法規定其項目及標準後才支給之。司法院釋字第 292 號解釋明白的規定國大代表在集會時，才可依法支薪。

　　至於在集會外自然不可支薪，是為無給職之當然解釋，但是此見解在將近一年後公布的司法院釋字第 299 號解釋變更，大法官認為第 282 號解釋的國大代表無給職，「係指國大代表非應由國庫經常固定支給歲費、公費或相當於歲費、公費之給與而言，並非在任何情形下，均毫無報酬之意。」此外，對於第 282 號解釋認為可予國大代表報酬之「特定情形下，如集會行使職權時」，第 299 號解釋且擴張其範圍，認為「至其他何種特定情形得受領報酬，係屬立法裁量，應由立法機關本此意旨，於制定有關國大代表報酬之法律時，連同與其行使職權有直接關係，而非屬於個人報酬性質之必要費用，如何於合理限度內核定開支，妥為訂定適當項目及標準，以為支給的依據……」。此由司法院此號解釋明白承認國大代表可以支給「與行使職權有直接關係的必要費用」，這個被稱為「選民服務費」的報酬必須以法律定之方可，且其立法的必要性已獲大法官之肯定，因此，立法院便制定一個「國民大會代表報酬及費用支給條例」(81.08.03)，明白給予國大代表助理費，選民服務費等的待遇。

　　隨著國大改為任務型後，國大代表在選出的集會之日起仍可享受言論免責權，不受逮捕及支領報酬權。惟支領報酬權，因為釋字第 297 號解釋及原「國民大會代表報酬及費用支給條例」已過時不能適用，依新「國民大會組織法」(94.05.27) 第 13 條 2 項規定：國大代表集會期間之費用，比照立法委員支給之歲公費、交通費及住宿費，按實際集會日數，核實支給。但其兼任公職者，只能就其薪俸及國大歲、公費支領其中之一。

第六章　總　統

第二十八節　總統制度

壹、總統制度的類型

　　總統一職是以共和國為國體之國家的元首。在君主國家，其君主即為國家元首，並無總統之職設立之必要（天無二日，民無二主）。因此，以總統擔負國家政治責任的程度，可以分成實權總統、虛位總統及部分實權總統等三種不同的總統制。

一、實權總統制

　　實權總統制可以稱為「總統制之總統」，總統不只是國家象徵的元首，甚且擔負起實際的政治責任——即為國家最高行政首長。實行實權總統制最典型的是美國。

　　一七七六年美國獨立後所制定的憲法中，給予總統相當大的職權，總統既為國家最高行政首長，故行政權由總統掌握。由於採行絕對「權力制衡」的理念，總統以由選民選舉產生的民意基礎可以對抗議會，依美國憲法第 1 條 7 項 2 款總統可以不必遵守議會之決議，對於認為窒礙難行的法案，可退回國會再議。國會除非以三分之二的絕對多數維持原議，否則不能以國會之決議拘束行政權。美國憲法的總統制無異是希望總統擁有強大實權，可以貫徹其施政意志。考其制度之因，乃美國憲法是世界上第一部成文憲法，當時在英國實行的內閣制——虛位元首制——與民主政治均未上軌道❶，美國革命的產生也是反對英王喬治三世的殘暴。所以美國憲法的民選總統便有「民選君王」的意味在焉❷。

　　美國總統制度將行政權力與元首的職位集中在同一位人士之上，極容易滿足許多具有政治野心（雄心）之政治人士的權力慾望。因此，在十九世紀風起雲湧的制憲運動，以及二十世紀後紛紛獨立的殖民地國家，甚多採行總統制。實行民主政治之國家，

---

❶ 英國內閣制度的成形是十九世紀的事。甚至內閣 (cabinet) 一詞還是一九〇〇年見諸國會的布告。一九三七年公布的「大臣法」(The Ministers of the Crown Act) 才正式見諸法律。見古德諾 (F. J. Goodnow) 著，王元譯，政治與行政，華夏出版社，北京，一九八七年，第 1 頁；曾繁康，比較憲法，第 354 頁。

❷ K. Loewenstein, Der Staatspräsident-Eine rechtsvergleichende Studie, in: Beitraege zur Staatssoziologie, 1961, S. 384.

總統如經過選民直接投票產生（如美國），已具有廣大的民意基礎。因此，多會認為這種總統不應該不負起實際政治決策之責，——這也是我國以往在討論一旦總統改為全民直選後，許多人士主張應實行總統制的一個主要理由——。但是總統制亦甚重大之缺憾；例如國家行政權集中於總統一人手中，舉國上下，包括國會甚難制衡總統❸。而某些採行總統制國家，甚且把美國總統制所無而內閣制才有的「解散國會權」交付到總統手上，更易形成總統獨裁。故本世紀以來，中南美洲與亞、非洲國家一旦採行總統制者，多半步向「獨裁之路」，集權於總統制度的弊害已經在許多國家中獲得驗證❹！

二、虛位總統制

　　虛位總統是實施內閣制的共和國的總統制度。其地位為國家象徵性的元首，不負責政治決策。國家政治由實施責任政治，獲得國會同意的政府及國會共同負責，使得行政權和立法權合一，所以和總統制的行政權與立法權相互制衡不同。虛位總統制之總統係代表國家，故其任務（例如公布法令、行使特赦、接待外交使節……）泰半為儀式性；發布法律及其他命令，率皆經過行政權首長（總理與部長）之副署。總統既然平日不負政治實權，自然可超然於政治漩渦之外，可作為國家團結的精神象徵。這也像君主立憲國家「國王不會做錯事」(The king can do no wrong) 的寫照❺。實施這種

---

❸ 例如美國憲法（第 2 條 2 項）便將總統任命高級官員的人事同意權，交給參議院，以為制衡。美國總統提名大使、公使、領事、聯邦最高法院法官、聯邦法院法官、各部部長及郵局局長等，都需參議院之同意。人數高達二萬六千人左右，這是美國政治最令人詬病的分贓制度，許多競選有功之士「一人得道、雞犬升天」。對於這些酬庸的職位，參議院雖大致上尊重總統之提名權，但總統如不依慣例，所謂「參議院禮儀」（或稱參議院規矩，Senatorial Courtesy），事先徵詢參議院意見，而執意一意孤行，則極易遭參議院反對，而不能通過。故人事同意權是繼預算權力後，美國憲法制衡總統權力猖獗的兩大體制。見陸潤康，美國聯邦憲法論，四版，民國七十三年，第 131 頁以下。

❹ 總統制還有其他缺點，例如於重要法案不獲國會通過，而國會通過之法案，行政權不願執行的這種行政權和立法權發生衝突的場合，無法以倒閣或解散國會方式解決，只能拖延至總統任期結束。此外，總統大選只有一個贏家 (winner-take-all)，不似內閣制靠著較多國會議員進入國會的黨派執政，勝者掌政，敗者亦可在國會內發生制衡的功效，不會使政治生命中斷。所以總統制的大選，向來較實施內閣制的國家易引發社會動盪。參見，周陽山，學術與政治的對話，正中書局，民國八十一年，第 97 頁。

❺ 英國著名的法學家 William Blackstone 甚至說：「國王不僅不會做錯事，甚至也不會想錯事」(The King moreover, is not only incapable of doing wrong, but even of thinking wrong)。H. J. Laski, The Responsibility of the State in England, in: Foundations of sovereignty and other essays, N.Y., 1921, p. 103; Dazu, H. Heller, Staatslehre, 6.

制度的優點，是國家決策透過國會之討論，非由總統來決定。行政權是以獲得國會支持為前提。所以當行政權及立法權不能一致時，可透過倒閣或解散國會來徵詢民意，不一定需俟總統任期屆滿才尋求民意支持，因為實行總統制的國家，罷免總統通常不易，且易造成政治風暴。另外，內閣制特別重視國會運作，因此容易培養政治人才，西方國家議會中，曾任總理、部長之議員比比皆是，不似總統制的國家之總統與閣員卸職後極少留在國會內擔任議員。因此內閣制容易培養專業且資深之政治家，不易形成獨裁統治。如今西方國家一流政治家多半出自內閣制國家——如邱吉爾之輩——，即是這個制度寓有訓練政治家的功能也。故內閣制自從十九世紀君主立憲的風潮興起後，即成為一種最能代表民主的政制，至於內閣制以行政權需獲得國會支持為前提，如果國家小黨林立、或政府無法獲得國會過半數席次的政黨時，國家就形成「跛腳政府」，政局因而不穩。所以內閣制國家倒閣或國會解散頻繁，是為其主要的弊病❻！

三、部分實權總統

部分實權總統又稱為「半總統制」(semipresidential system)，這是結合總統制與內閣制的特點組合而成❼。這種制度的總統大多透過選民直選產生，使得擔任國家元首的總統具有民意基礎；復擁有部分實權如緊急命令權與外國締約、宣戰與媾和等，使得總統參與國家政治的決策。同時國家實行責任內閣制度，使得行政權之首長（如總理）向國會負責。

因此，這種總統制度也被稱為「雙重首長制度」，此制度之設計可以偏向內閣制，也可以傾向總統制。前者可舉德國威瑪憲法 (1919)，後者可舉法國現行第五共和 (1958) 為例。

㈠威瑪共和國總統

德國威瑪憲法的總統係人民普選產生，任期七年（國會議員為四年）。其職權除了

Aufl., 1983, S. 248.

❻ 例如實施內閣制的法國第三共和 (1870–1940) 總共更動內閣達一〇七次之多；威瑪共和 (1919–1933) 共產生二十次內閣。

❼ 這是法國著名的學者 Maurice Duverger 所首稱。參見 M. Duverger, A new political system model: semipresidential government, European Journal of Political Research 8/2 (June, 1980), pp. 65–87. 羅靜如／鍾國允譯：一個新的政治系統模型：半總統制政府，刊載：憲政時代，第十七卷二期，民國八十年，第 66 頁以下。另見吳東野，「半總統制」之探討，美歐月刊，第十一卷一期，民國八十五年，第 72 頁以下。

緊急命令權外（第 48 條），尚有可決定總理人選之任免（第 53 條）、統率軍隊（第 47 條）、締結條約、宣戰媾和（第 45 條）、大赦及特赦（第 49 條）以及將法律於國會通過一個月內提出公民複決權（第 73 條）與解散國會之權利（第 25 條）。因此威瑪憲法的總統並非純為虛位，而有部分之實權❽。但是，威瑪憲法同時規定總理及部長應獲國會之信任，如國會通過不信任案，總理及部長應去職。同時總統頒布命令需得總理及相關部長副署，因此內閣制的精神又顯現出來。如果吾人由行政權仍然交在總理手上，且行政權必須獲得國會之信任，即行政權是向國會負責，總統誠然擁有部分權力，但其職權行使復受副署制度之拘束，可以看出威瑪憲法之制仍是偏向內閣制度的精神。

㈡法國第五共和憲法

　　法國現行第五共和憲法的總統亦由人民直選產生（自 1962 年起）、任期七年（國會議員為五年）。享有緊急命令權、決定總理的任命、對於重要議案提交公民複決、對有違憲之虞的法律及條約提交憲法委員會釋憲、統率三軍並主持國防最高會議、任免文武官員、解散國會、主持部長會議及最高司法會議，派任大使及駐外使節，對國會提出國情咨文，實施特赦、核子武器使用權（1964 年起）等重要權限。在總統之下設置的總理雖有可決定閣員之權（但總統可否決之），採責任內閣制，規定總理及內閣政府對國會負責，國會可提出倒閣的不信任案。所以法國第五共和憲法的制度包含了內閣制與總統制。但甚多制度中已經明顯的採行威瑪憲法的總統制度，但第五共和的憲法更進一步規定賦予總統的職權，是威瑪總統所無：第一、憲法雖然規定責任內閣制度，但是行政權卻非總理所負責，因為總統主持部長會議，實際上已成為行政首長；就此而言可以稱為「雙首長制」。第二、總統主持最高司法會議❾。第三、總統雖然統率三軍，但威瑪共和的總統是統而不率，法國第五共和的總統主持國防最高會議，因此在實質上負責國防事務之決策。第四、向國會提出國情咨文本係美國總統制度，向國會表示行政權一年的運作情形，也是由負責行政權的首長提出之施政報告。第五、國會對總理雖然可行使不信任權，但對總統卻不得為之，所以使得總理成為總統決策

---

❽ 威瑪憲法制定時，制憲國大中的左派希望採瑞士的直接民主制，也害怕大權集中於總統一人會造成復辟，所以將美國總統制的行政權拆開成二部分。因此，威瑪總統並非虛位元首。見 W. Apelt, Geschichte der Weimarer Verfassung, 1946, S. 199.

❾ 此最高司法會議的職權依原來第五共和憲法第 65 條規定，係負責全國司法官的任命、升遷事宜，目的雖在維持司法官的獨立，但總統主持此會，不免可能干涉司法，故此條文於二〇〇八年七月二十五日被刪除。

的犧牲者，違反真正責任政治的精神（即誰享決策之權，即負責任之義務）。第六、法國總統之命令，有四種是毋需總理及部長副署，如解散國會、移送法律及條約至釋憲的憲法委員會、任命憲法委員會之委員與主席，及提交國會國情咨文。另外，對總理的重要人事命令（使節、高級文武官員）亦可行使否決權，故享有行政人事的決策權。因此，法國第五共和憲法雖然被稱為「部分實權」的總統制（半總統制），但鑑於法國總統權力實質的龐大，且不必負責，故憲法學界已有將之列入「總統制」，甚至「超級總統制」❿。

　　法國第五共和憲法的產生和當時法國政治強人戴高樂有密切的關連⓫。如果總統及總理同屬一個政黨，且總統係黨魁時，第五共和的總統即成為實權總統，成為全國最高決策者；反之，若總統與總理分屬不同政黨時，總理（與國會）不願配合總統的施政理念，政爭就不免產生，所以法國第五共和憲法的設計──有稱為「雙重行政首長制」──就充滿「人」的不穩定因素在內⓬。

　　然而，實施「雙首長制」的法國，實施了近五十年的雙首長後，也於二〇〇八年七月大幅修正其制度。此次修憲規模頗大，堪稱第五共和憲法史上之最（89 條條文中，修正 47 條，另增訂 9 條新條文）。其內容略有：⑴總統任期改為五年，與國會議員同，只得連任一次；⑵刪除總統大赦權；⑶限制總統若干重大人事權；⑷限制總統行使緊急權力之權限。該權力實施三十日後，可由六十位國會議會議員或參議員聲請憲法委員審議會，審查該權限是否符合憲法規定；六十日後，憲法委員會應主動審查之；⑸刪除總統主持及參加最高司法會議之權；⑹強化國會之職權，例如增設代表僑民之議員制度、獨立委員會、強化委員會職權、擴大立法範圍與增訂監督政府國外動武之權等……；⑺增訂憲法委員會法律違憲審查權（由最高法院或中央行政法院聲請）；⑻人民向最高司法會議提起申訴權等等。由上述修憲的內容可知，此次修憲對於總統權力的增加或肯定，只有一項──增訂國會對總統國情咨文，可在總統不在場時

---

❿ 周陽山，前述書，第 118 頁；吳東野，前述文，第 76 頁以下。

⓫ 戴高樂是一個極端主張總統制的總統。也一直公開宣稱在其主導下所產生的第五共和憲法是一個總統制的憲法。見芮正皋，法國憲法與「雙頭政治」，中法比瑞文經協會出版，民國七十六年，第 38 頁；齊祐（譯），前述書，第 272 頁以下；另見張台麟，法國政府與政治，漢威出版社，民國七十九年，第 13 頁以下。

⓬ 例如在戴高樂執政 (1958-1969) 十年內，因與總理係同黨，所以扮演強勢總統，三度撤換總理，四度舉辦公民投票，兩度解散國會，一度行使緊急權力。迨一九八六年三月大選後，出現總統與總理各隸屬彼此敵對政黨，權力爭議問題即經常產生，引起政潮的洶湧。參見周陽山，前述書，第 120 頁。

討論，但不得表決，以彰顯總統為行政權之核心。但此次修憲並未觸及到法國雙總統制在運作上最大的矛盾，亦即總統與總理的矛盾與衝突之問題，也未有任何強調總理為總統部屬之修憲意圖。反而相對的增訂甚多條限制總統之權力、並強化國會之權限，以及司法獨立與人權保障，此皆削弱了總統甚多權限。此次修憲使法國總統的制度更邁向「半總統制」，而矯正過往「超級總統制」之弊病也 ❸。

貳、我國憲法的總統制度

一、總統制度的引進與演變

孫中山先生對於我國中央政制，乃基於對內閣制度造成容易倒閣，影響政治安定之考慮，明顯的採行總統制。在民國八年所出版的「孫文學說」第六章中，已表示「由各縣人民投票選舉總統，以組織行政院」。這是總統直接民選以及由總統擔任實際國家行政首長意見，和美國總統制度——除選舉方式不同外——極為類似。民國十年孫中山先生演講的「五權憲法」，也是強調負責國家行政的，即為「大總統」。民國十三年公布的建國大綱第 21 條更進一步規定：在憲政開始時期，中央政府當完成設立五院以示行五院之治。五院院長皆歸總統任免而督率之。所以依建國大綱，總統是名符其實的「大總統」，掌握治權於一人之手，不僅是行政首長，也是立法、司法、監察與考試之首長，其權限非只是美國總統之單純為行政首長所可比擬了！孫中山先生這種主張總統制的看法，在我國近代立憲史上始終未能獲得實踐。我國近代憲政運動中，一直徘徊在總統制與內閣制的抉擇之中，其情形約略如下：

⑴清末立憲運動，既然以君主立憲為目標，故採行內閣制之憲政體系。

⑵武昌革命後所制定的臨時政府大綱 (1910.10.13) 採總統制，規定總統統治全國、統率海陸軍之權。

⑶臨時約法 (01.03.08)，欲防止袁世凱大總統專權，改為內閣制。民國二年公布的天壇憲草亦同，此憲草也因此遭袁世凱廢棄之命運。

⑷五五憲草 (25) 復採行總統制，規定總統由國民大會選舉產生，行政院院長、副

❸ 可參考郝培芝，法國半總統制的演化：法國 2008 年修憲的憲政影響分析，刊載：問題與研究，第四十九卷第二期，第 65 頁以下；鍾國允，2008 年法國修憲對於政權與立法權之影響，第二屆半總統制與民主學術討論會論文，中研院政治所與東海政治系主辦，2001 年。

院長及各部長由總統任命，並對總統負責。

　　(5)憲法制定前的政治協商會議 (35.01.10) 將五五憲草及國民黨所提出憲法草案所規定的總統制改回內閣制，使總統不負責國家行政、行政院長人選須得立法院同意，並向立法院負責。

　　由孫中山先生主張我國政治應採總統制在前，五五憲草採行總統制的規定在後，輔以蔣中正先生對於現行憲法規定之總統制度的異議❹，可見得如依孫中山先生遺教，我國應採行總統制。而兩次最重要的改變總統制為內閣制──在民國元年與政治協商會議──皆為「防人」而設。即一為防止袁世凱，二為防止蔣中正先生。所以我國近代憲政運動中對此兩種制度的取捨，並非純就何種制度的優劣與何種制度適應我國國情為著眼點，而是有強烈「人」的因素考慮在焉❺。

　　然而，孫中山先生當年主張總統制，而對總統產生的方式，最先是主張公民直選，而後才改為依權能區分理論的由國民大會選舉之間接選舉方式，但是總統直接民選在當時地廣人眾，且交通、通訊及行政制度仍未發達的我國，是否適合？孫中山先生雖未明言。孫中山先生對中央採「非直接民權」，由國民大會行使四個政權的理由可知，孫中山先生已經更易了總統直接民選的看法。如果以民國二十五年五五憲草的規定，亦可知總統由全國人民直選，將會和設立國民大會之目的有違。

二、我國憲法總統制度的設計

　　相對於五五憲草的總統任命行政院正、副院長及各部會首長，不需立法院同意，且行政院向總統（而非向立法院）負責的總統制設計，我國憲法第四章第 35 條以下所規定的總統權限，已與五五憲草迥然有異。行政院長雖仍由總統提名，但以立法院同意為前提（第 55 條）；其他由行政院長提請總統任命之政務官（第 56 條）；明定行政

---

❹ 對於政治協商會議做出這項結論，蔣中正先生於政協會議閉幕時 (35.01.31) 曾提及民國元年國民黨唯恐袁世凱擅權，將總統制改成內閣制之史實，以及引述孫中山先生一直堅持總統制之主張，而表示其個人對日後憲法將採行內閣制精神的（現行）制度「深深不以為然」云云。見蔣云田，中國近代史轉捩點，香港友聯出版社，一九七六年，第 166 頁；甚至在選舉第一屆總統時，蔣中正先生認為我國憲法所規定的總統職權受到太大的束縛，不能發揮戡亂作用，故願擔任行政院長，而有由胡適擔任總統之意。見沈寂，胡適政論與近代中國，香港商務印書館，一九九三年，第 191 頁。

❺ 倒是在政協中負責擬定我國現行憲法草案的張君勱先生，始終堅持偏向內閣制的精神。其在民國十一年舉行的「國是會議」上受託草擬憲法，即是仿效德國威瑪憲法成例，對總統職權的設計與二十四年後的現行憲法極為類似。參見氏著，國憲議，臺灣商務印書館，民國五十九年，第 46 頁、119 頁。

院為國家最高行政機關（第 53 條）且向立法院（而非總統）負責（第 57 條）。因此，總統制最重要的特徵是總統既為國家元首，且為國家最高行政機關。後者尤為斷定一國是否為總統制抑或內閣制之關鍵，由我國憲法之此項規定，我國政制已非總統制，是再清楚也不過了 ❶⑥。

　　我國憲法對總統職權的規定，大體上是仿效德國威瑪憲法的體制，威瑪總統除了為國家元首，依法任命文武官員（第 46 條）、締結條約與宣戰媾和權（第 45 條）、軍隊統帥權（第 47 條）、緊急命令權（第 48 條）、特赦及大赦權（第 49 條）、決定總理人選（第 53 條）、總統頒布命令需得到行政院長及相關部會首長副署（第 50 條），以及任期七年，較國會議員四年為長，以收穩定政情之效（第 43 條）等，皆和我國憲法之規定相似。這是因為我國憲法的起草人張君勱對德國憲法素有研究，且畢生致力宣揚威瑪憲法的理念所致 ❶⑦。德國威瑪憲法的總統是由全國人民直選產生，使其擁有全民的民意作為一個「民選的君王」，平日雖不負責國家政治責任，是為內閣制；但在國家陷入危機，憲法賦予總統擁有廣泛的救急權——即緊急命令權，這是如德國著名的法學者卡爾·史密特所稱的，希望總統擔負起「憲法維護者」(Hüter der Verfassung) 的角色。因此，平日總統既不涉入政策決定，自然可以是居於中立地位，所謂的「中立權」(pouvoir neutre)，這和我國憲法第 43 條的緊急命令權與第 44 條總統「調和鼎鼐」的解決院際爭議權，是極相類似 ❶⑧。卡爾·史密特即認為威瑪總統是擁有一個「中立、協調、規劃與為維護的權力」，非處於一個「持續掌握、主導、督導的積極地位」。所以我國憲法可說是承繼德國威瑪憲法的精神，即總統既非全然的如內閣制國家之「虛位元首」，且享有部分實權，但是大體上仍是由內閣制負責的「修正內閣制」 ❶⑨，或是

---

❶⑥ 但是亦有認為立法院沒有不信任投票權，不可以倒閣；行政院各部長亦非國會議員充任；同時行政仍受總統指揮（如行政院長仍是總統任命），所以認為我國並非內閣制，而是一種「修正總統制」。見孫科在國民大會之說明，制憲國民大會實錄，國民大會印行，民國三十六年，第 396 頁。

❶⑦ 張君勱在民國十一年草擬的憲法草案對大總統的職權規定（第 38 條）以下，如締結條約、宣戰媾和權、依法任免文武官員、統率陸海軍、赦免權、緊急命令權、總統命令的總理與部長（國務員）副署等，皆和威瑪憲法大致相同。見氏著：國憲議，第 119 頁以下。

❶⑧ 參閱拙作：憲法的維護者——由卡爾·史密特對總統緊急權力和總統角色之定位談起，收錄於：公法學劄記，第 154 頁以下。

❶⑨ 張君勱於民國三十五年出版的中華民國憲法十講中的第五講已經明白的指出我國政制非美式總統制，亦非英國之內閣制，而是一種「修正的內閣制」，見中華民國民主憲法十講，臺灣商務印書館，民國六十年，台一版，第 66 頁以下。

可以歸入「部分實權總統制」。

三、行憲後總統制度的轉變

㈠臨時條款之規定

　　我國憲法在民國三十六年十二月二十五日開始實施，不到半年 (37.05.10) 國民大會即制定了臨時條款。但此臨時條款只規定了總統緊急處分之權限，並未觸動其他關於行政院之職權。爾後臨時條款共進行四次修正，其中關涉到總統職權者，略有：(決定) 宣告動員戡亂時期的終止、緊急處分權（民國三十七年）；連選得連任，不受連任一次之限制、召集國民大會臨時會討論行使創制複決兩權（民國四十九年）；設置動員戡亂機構，決定動員戡亂大政方針及處理戰地政務之權、調整中央政府及人事機構權、決定中央民意代表增選與補選之權（民國五十五年）；中央民意代表增額選舉及僑選立、監委之遴選權（民國六十一年）等。其中最重要的變更是民國五十五年第四次國民大會所通過的修改臨時條款，賦予總統設置動員戡亂機構之權，以及可以調整中央人事及行政機關、決定選舉增額中央民意代表及補選之權。前者即於民國五十六年一月所設立的國家安全會議。依本會議的組織綱要 (56.02.01) 第 2 條，本會議的任務為決定關於動員戡亂有關之大政方針（第 1 款）；關於國防重大政策（第 2 款）；國家建設及科學發展之研究指導（第 3 款）……，其地位取代行政院會議（憲法第 58 條），總統藉著決定行政院行政及人事機構之設立權限，以及冠以「有關動員戡亂大政方針」，故已實際上擁有最高行政權力。對於中央民意代表的增補選，也使國家最高民意機構的人事變動權，部分操在總統之手。因此，自從臨時條款公布後，我國憲法的制度已經偏向總統制 [20]。

　　此外，我國行憲後，歷任內閣的更迭，行政院長人選都由總統決定之。而閣員的選任，也鮮由行政院長獨自決定，多半由總統決定。易言之，行憲後我國最高行政權力一直操在總統手中。總統，而非行政院長，居於國家政治決策的領導中心。加上歷任總統——除極短時期內由嚴家淦擔任總統外——皆為執政黨黨主席，故我國在動員戡亂時期是以實權總統的制度來運作。

---

[20] 因此，美國著名的學者羅文斯坦 (Karl Loewenstein) 即因我國憲法通過臨時條款，而認為我國的總統制是一種「新總統制」。K. Loewenstein, aaO., S. 392.

㈡總統改為直選後的制度

動員戡亂時期於民國八十年四月三十日終止，五月一日開始實施的增修條文並未完全「回歸」憲法原本規定的內閣制度，而繼續明文規定，總統為決定國家安全有關大政方針，得設國家安全會議及所屬國家安全局。且其組織應以法律定之 (80.05.01)。隨著「憲政改革」的進展，總統的制度也隨著改變。例如，改為全民直選、提名監察委員、大法官與考試委員權、向國民大會提出國情報告及任期縮短為四年 (81.05.28)；對部分總統人事命令的副署規定，加以放寬 (83.08.01)；民國八十六年修憲後增加任命行政院長，無需立法院同意，以及可經行政院長呈請解散立法院之規定。因此總統制度雖有朝向總統制的趨勢，但仍不失內閣制之色彩❷。質言之：

⑴新增加總統的人事提名權，乃行政權體系以外，且必須獨立行使職權的大法官、監察委員與考試委員。這些人員並不負責國家重大之政治決策。

⑵總統原應向國民大會，但八十九年修憲後改向立法院提出之國情報告制度，類似法國第五共和的總統向國會提出咨文之制，但同樣地，此國情報告只是儀式性質，並無任何規範效力可言。

⑶總統部分人事命令無須再由行政院長及相關部會首長副署，只限於部分人事以有他機關同意權行使為前提，已無涉行政院之職權，故此更易並未影響行政院副署權之行使。

⑷任命行政院長雖不再以立法院同意為前提，但行政院仍向立法院負責，而非向總統負責。且立法院開始有權行使不信任案，而行政院長亦有呈請解散立法院之權，且皆是內閣制的責任政治，而非總統制。

⑸最重要的，係增修條文雖規定總統仍可擁有國家安全會議（及所屬國家安全局）為其幕僚，而國家安全會議也有輔助總統決定涉及國家安全之大政方針之任務，但是此二個機構之組織之設置及修廢權係操在立法院中。且依國家安全會議組織法 (92.06.25) 第 8 條規定，國家安全會議及所屬國家安全局應受立法院之監督。因此，國家安全會議及國家安全局之組織、運作與預算，全部置於立法院的監督之下（一如行政院），已非動員戡亂時期的全由總統決定，而立法院無從置喙的情形可以比擬。

---

❷ 即使大法官在大幅度承認總統享有機密特權的釋字第 627 號解釋理由書中也坦承，我國總統制度雖歷經多次修憲，然就現行憲法觀之，總統仍僅享有憲法及增修條文所列舉之權限，而行政權仍依憲法第 53 條規定，概括授與行政院，可知我國政制依此號解釋之意仍偏向內閣制也。

(三)「雙首長制」名稱的商榷及制度

　　民國八十六年修憲以後引進幾個典型法國第五共和憲法的原則，例如：行政院長由總統任命，無庸獲得立法院同意，使行政院長的人選可完全由總統決定；以及總統解散立法院前必須徵詢立法院長的意見，都使我國憲法具有法國第五共和憲法的色彩，也普遍被認為我國已是「雙首長制」。如果吾人以為此「首長」為專指行政權首長，則法國第五共和的總統因主持內閣會議，故分享了行政決策權。而我國總統並未主持行政院會議❷，所以體制上不能稱為「雙首長制」。國內亦頗認為總統有「外交」、「國防」及「大陸政策」之權限，實則總統只掌有國軍、外交高層人士的任命權，故可發揮其影響力也，但這是靠著個人的人事權影響，並非靠著政策形成的體制——不似法國總統——。故我國是否要照樣援用「雙行政首長制」的名詞，恐有待商榷。

　　另外，國民黨引進雙首長制的另一個考量是擔心日後會有多黨林立，沒有一個大黨能在國會過半，所以成立聯合政府的可能性極大。倒閣及解散國會機制即須導入。而一旦國會多數與總統不同黨派，國家政制即可朝向內閣制運作（此即法國第五共和之「左右共治」）。反之，如國會多數黨與總統同黨，則當然朝向總統制運作。然而，表現在八十六年的修憲條文中卻完全沒有凸顯這個制度之意義，一旦總統「不認帳」，此憲法之雙首長制規定即成空言也❸。

　　因此，增修條文並未賦予總統得介入行政權權限，僅有任命行政院長而已。行政院長對行政權的擁有及立法院監督範圍，絲毫未遭刪減，故是一種向憲法原來規定之內閣制精神的「迴向修正」。這種「迴向修正」並不會因總統改為全民選舉而有差別。

---

❷ 本來在八十五年的國發會召開前，國民黨所提及方案中有增列總統主持「國務會議」，處理國防、外交及兩岸的權限。後認為可藉現行的國安會處理，故才未採行此制。見蔡政文教授專訪，中國時報 (85.12.28)。

❸ 這種採行雙首長制（及凍省）形成民國八十六年修憲的動因，民國八十五年由國民黨主導的國發會將雙首長的制度形成修憲結論後，民進黨內部也分成支持與反對兩派。陳水扁為首的反對派反對修改；但以許信良主席（邱義仁秘書長）為首的「中央派」則支持這種改革，最明顯的例證是八十六年修憲前 (86.05.29) 由姚嘉文、張俊宏、林濁水及郭正亮聯合執筆，許信良定稿所對外發布的「不要成為反改革的歷史罪人」萬言書。在這份宣言中洋洋灑灑的提出民進黨的憲政立場：反對內閣制以免導致黑金坐大及政局動盪；民選總統須有一定實權，但不能實施「美式總統制」；主張雙首長制，可避免倒閣動盪及政治僵局。此萬言書公布顯示民進黨及國民黨決定實施雙首長制之決心。但次日共有四〇〇位學者聯署反對實施此制，認為總統可自由決定行政院長之人選，又不必擔負什麼政治責任，形成「巨無霸總統制」，且將造成另一個袁世凱也。關於此時期之修憲發展，可參見陳新民（主輯），1990 年～2000 年臺灣修憲紀實，2002 年，第 161 頁。當時推動此次修憲的民進黨黨主席許信良，當時晝夜與國民黨協商，還被同黨抨擊為「夜奔敵營」。

因為威瑪總統之產生也係全民選舉之方式。單就我國總統制度改為由全國人民直選而言，新制度就更接近威瑪總統之制。我國憲法當年因幅員廣大，所以未採行威瑪憲法之直選方式，而有間接民選的改良制度產生。誠然，總統由全民直選產生，在絕大多數國家都採取總統制，但亦有國家採取內閣制，例如：威瑪憲法、今日奧地利憲法 (1929)、冰島憲法 (1944)、愛爾蘭憲法 (1949) 及葡萄牙憲法 (1975) 等，這些絕大多數國家採行總統制也不會全然類似美國的總統制，而是強調國會應有相當的制衡權，故可稱為是「有限總統制」(The limited presidential system) ❷ 。

　　果不其然，陳水扁在民國八十九年當選總統後，便堅持不實行雙首長制。以致於兩任共計八年的總統任期內，都是「少數政府」的窘境。甚至在第七屆立法委員選出後 (97.01)，反對黨擁有了國會近四分之三的優勢席次，總統卻仍然執意成立毫無作為可能的弱勢執政團隊。由上述可以得知，沒有憲法明白條文限制總統的「濫權」，雙首長制也幾無實施之可能也❸。

　　所以，即使我國總統改為直選，民國八十六年也有引進雙首長制之初衷，但李登輝總統的強勢領導，以及陳水扁總統的悍然拋棄雙首長制，都造成我國政制是朝向總統制的假象，但吾人寧相信這是「事實面」(Sein)，而非憲法學理所認可之「當為」(Sollen) 之現象也！所以這個我國自民國八十九年政權輪替後已經兩度公然背棄雙首長

---

❷ 陳水扁一貫認為：一個國家的憲政體制，不論是總統制或者是內閣制，不會因為總統選舉的結果而有本質上的改變。所以，在國會的閣揆同意權被取消之後，也等於是明白的宣告：行政院長由總統直接任命。倘若國會對於內閣人事無法接受，必須通過「倒閣」的手段使其下台，而非要求干預總統任命閣揆及組閣的安排。見自立晚報，2000.07.15。陳水扁總統這番為自己成立少數政府的立場辯論的說法，以後也一再的重複。例如：「總統必須擁有對於國會的主動解散權，才能夠同意實施雙首長制。接見法國國會議員訪問團所述 (94.09.12)」；或「我國目前憲法並沒有規範總統與立法院多數黨非屬同一政黨的運作原則，所以屬於半部憲法。(94.10.06); (94.10.28)」。參見，陳健民與周育仁主編，九七修憲與憲政發展，國家政策研究基金會，民國九十年，第 38 頁以下。陳水扁總統此種見解，完全否認了當初修憲時的明白意旨，只挑自己認可的制度理念加以實踐。就學理而言，是否如陳總統所言，在八十六年修憲廢止立法院的閣揆同意權之後，國會只有倒閣一途來更換行政院長？難道總統便可以執意以一名行政院長人選便使整個國會解散，而讓全體立委重新改選，而不計社會的成本？更何況我國憲法明白言行政權應向立法權負責，而非向總統負責。陳總統的見解是典型的「權力在手，行使由之」，忘卻了總統的權力也亦有一定的內在界線也。

❸ 據學者分析，全世界 170 個由直選產生國會的國家中，有 91 個國家 (53.5%) 的元首由人民普選產生。其中實行「有限總統制」者，共有四十九國，實施美國式制度的國家共有二十七個國家。類似半總統制有五國。見王業立，總統直選對憲政運作的影響，國政基金會「九七修憲與憲政發展」學術研討會，民國八十九年十二月，第3 頁。

制的殘酷政治現實，似已宣告雙首長制的效力喪失！

　　民國九十三年總統大選時，反對黨國親聯盟的政見，便批評陳水扁總統悖離雙首長制的精神。民國九十六年馬英九總統的憲法改革政策政見，也承認我國制度接近法國雙首長制，「此一制度雖非完美，卻自有合理運行的規範」。並批評陳水扁總統並未遵照憲法精神由國會多數黨或多數聯盟來組閣，此違反多數治理原則，建立少數政府成為七年來政治動盪的原因。同時也明確的指出萬一該黨贏得總統選舉，即使民進黨贏得國會多數席次，也將依據憲法精神，任命民進黨人擔任行政院長，實現藍綠共治。因此，以馬英九總統的政見似乎開啟了雙首長制的生機。不過，吾人還是相信，此種「繫於人」的實施雙首長制如要採納此制 ❷⑥，即應透過修憲加以明定為佳，且更有保障。

四、我國憲政體制中總統角色的定位──平時作為「偉大協調者」；國家危急時，作為「憲法的維護者」

　　儘管我國憲法在八十六年修憲後，總統可以不顧立法院意見，獨自任命行政院長，使得行政院長似乎變成總統的「幕僚長」，而忽視了行政院長應當作為國家合憲的最高行政首長。到底總統應否「越位」來負擔實際的行政職責，變成類似總統制國家的元首？這也是總統改為直選後，不少國人認為總統應當擔負起更大的行政責任，而不能只是「虛位元首」的主要立論。

　　這個情形二〇〇八年馬英九總統就職後，又再度出現。執政初期，馬總統認為應該本於尊重憲法行政院長職權的「憲政分際」，在許多行政決策，都「退居二線」，造

---

❷⑥ 民國一〇一年一月十四日將首次同時舉辦總統選舉（第十三任）與立法委員之選舉。在這種同日舉行的好處，可以探究選民付託國事的最新意志。我國今後，這兩種選舉將同日舉行已成為定例。一旦選民採取「分歧投票」，選出總統與國會多數黨分屬不同政黨時，國家憲政危機即可能持續產生。按該兩種選舉若未同時舉行，例如總統選舉在先，國會選舉在後，可表示選民意志的可能改變，當以國會的結果為準，此時實行內閣制；如相反者，則實行總統制。這是彈性的，以最新民意作為國家中央政治結構的依據，也是法國雙首長制的一種「民意依歸」之精神。但是若兩種選舉在同一天舉行，則總統制的支持者或內閣制（及雙首長制）的支持者，皆會斤斤主張獲得選民的付託。本書以為：責任政治原則，應當是決定之關鍵，應由國會多數黨（及其聯盟）組成政府。這是指總統以相對多數贏得大選為前提。如果總統乃以絕對多數方式選出（不論是一輪選舉或是多輪選舉），更會使總統制支持者獲得更大的訴求理由，也使國家政潮更洶湧不斷，因此法國的雙首長制彈性雖有，但政府組成的原則應當趨向恆定、明確，內閣制顯然有此優點。雙首長制實弊多於利，我國應引以為戒，遑論採納之。

成輿論的指責，認為馬總統「有負全民所託」。馬總統似乎不得已改弦更張，開始「親臨火線」為政策辯護。這就涉及到我國憲政中，總統角色的定位問題。

無論如何，以我國的憲法及增修條文精神而論，總統既非虛位元首，也非可取代行政院長職權，而只有憲法及增修條文明示的職權（釋字第 527 號解釋）。因此總統基本上仍是扮演制憲時所期待的角色：超然於五院之外的國家元首，以便政爭政潮嚴重時，例如在五權發生爭議時，能扮演如卡爾‧史密特所期待的：「偉大協調者」的角色！

總統能扮演好這個角色，本身便須保持中立。既不能偏頗行政院而和立法院造成齟齬（此在行政院長由立法院小黨組成的情形更常出現）；總統也不能因自己決定國家政策，而使部屬或個人變成監察院或司法院調查、彈劾或追究的對象。

由於總統代表國家的尊嚴，是國家團結的象徵，因此總統在平時必須「養望」，如同君主立憲制國家的君王一樣，保持道德操守，成為全民仰望的對象。

同時我國憲法尚賦予總統有極大的緊急命令權限，在相當程度內，可行使形同獨裁的權力。這也是基於信賴總統為「憲法維護者」的理念。正如同本書於前貳、二處所提到德國卡爾‧史密特所畫龍點睛提出的見解。總統平日若已經未獲得全民的信賴，在國家瀕臨危急時，怎麼會不引起國人對總統可能濫權的疑慮？總統又如何可以號召全體國人「共赴國難」？

總統不介入國家平日各憲法機關的運作，正是讓自己不要捲入政治漩渦的最好方法。特別是行政院的施政，自有代表民意的立法機關來監督，毋庸總統親為決定與指揮。總統介入行政決策越深，越增加總統聲望的風險。行政決策一旦有所錯誤，外界對總統的抨擊，即不可避免。每次總統大選的困難度，也無法使頻頻改選變成追究總統政治責任的有效方法，將使總統的錯誤行為，無法較迅速地得到糾正。因而累積了人民與社會對總統的負面印象。假以時日，總統的聲望必定受到極大的戕害。猶記陳水扁總統在第二任任期間，聲望的江河日下，百萬人甚至進行包圍總統府的示威。卸任後且即鋃鐺入獄，隔鄰的韓國及菲律賓總統下台後亦多此例！吾人似乎當以此為戒。

因此，為了保存總統的聲望，以象徵國家的團結，總統應超脫政爭，為全體國民監督各憲法機關有無履行其憲法所定的義務。這種「維護憲政」的任務絕非易事，總統需要的是高瞻遠矚的智慧，調和鼎鼐的政治手腕，以及全體國人不分黨派、對總統個人操守的信賴，才是中華民國憲法所期待最佳總統的角色。如果一味屈從各種藉口

的民粹思想，把總統推向政治抗爭的火線，我國的憲政將永無寧日。

　　反觀馬英九總統惜未能義無反顧地堅持總統在平時國家行政權運作領域，應當處於「幕後」的原則。尤其在國內媒體輿論不能夠深切瞭解我國總統制度在憲政上應當維持超然的特性，動輒起而鞭伐後，馬總統取代行政院長擔任決策，也不免成為各方箭靶。看樣子，我國憲政體制將不幸的會被一步步驅往總統制的方向發展。「民選總統應負責行政決策」，這一句魔咒似乎已隨總統直選制度的定期實施，以及馬總統「由幕後走到幕前」的經歷，而應驗乎？

　　我國憲政體制這種走向，只有助長一時激情民氣之「出氣」功效，卻極度減損國家元首之威望，並移轉了行政院長接受輿論檢驗與負起責任政治的社會關注焦點，誠為憲政發展之歧路也，值得吾人警悚關注。

　　在我國總統改為民選後，主張總統既然獲得選民支持，就應當作為實權總統，以符選民期待。然而總統既然要取代行政院長的行政大權，實質掌握各部會行政決策，擁有人事權，又要替國民監督司法、立法及監察權的運作，大權在握且四年方有落實「責任政治」的下台機制，故往往會形成總統的施政結果與人民的落差逐漸擴大，形成了上台風光，下台後民意盡喪的結果。我國鄰國韓國及菲律賓的案例，特別是韓國卸任的總統，幾乎紛紛都淪入入獄甚至自殺的後果，可知道實施總統制若沒有類似美國擁有兩百年的自由、與絲毫不受，也不畏懼政府掌控的媒體，以及對自我基本人權強烈維護的公民自覺，否則無法抗拒民選總統極易導致的權力濫用。

　　以我國總統民選後的歷屆總統，由李登輝總統的毀譽參半、陳水扁總統的貪瀆入獄、馬英九總統卸任後官司纏身……，總統的職位已經不是成為國家團結的象徵、超越各黨派、族群的全民領袖，無法彷彿類似日本天皇、泰國、英國及其他歐洲王室，作為全民道德、及精神象徵的領袖。我國的總統儼然成為黨派的代表，或是精神領袖，逐步地只代表接近超過一半國民心悅誠服的「國家元首」。本書認為，我國憲政如果變本加厲地朝向這個方向發展，是否為全民之福，恐不樂觀也。

第二十九節　總統的產生

壹、總統的選舉

一、憲法原始制度——間接選舉制

　　憲法對於總統（含副總統，下同）選舉的規定，依憲法第 27 條規定，原由國民大會選舉罷免之。我國採行此種透過國大代表選舉總統的「間接選舉制」，除表彰國民大會代表全國國民行使政權（憲法第 25 條）的崇高地位外，也基於我國幅員遼闊、人口眾多，交通及通訊狀況欠佳的情形，實施直接選舉的困難。其次，我國憲法制度偏向內閣制的設計，諒亦係考慮的因素❶。憲法第 46 條規定，總統、副總統之選舉，以法律定之。為此立法院即制定「總統、副總統選舉罷免法」（36.03.31，最後修正43.03.13，以下簡稱「本法」），作為選舉罷免總統的法源依據。本法有關總統選舉的重要規定，在選舉日期方面：每屆國民大會，應於前屆總統任滿前六十日舉行選舉（第2 條）。先選總統，再選舉副總統（第 3 條）。其次，在選舉程序方面：本法採國大代表連署及「絕對多數」當選制。總統選舉候選人應由國大代表一百人以上，連署提名之。每位國大代表，僅得連署提名一次。每位國大代表，以無記名方式圈選一名候選人，以得票超過代表總額半數者為當選——即「絕對多數」當選制——，如無人獲得過半數票數時，分別因候選人人數係三人以上、兩人或僅有一人，各有不同的規定：

　　⑴候選人有三人（含）以上時：如無人得票數過半數時，就得票較多之首三名，重新投票，圈選一名，如再無人當選，舉行第三次投票，仍圈選一名。如仍無人當選時，就第三次投票多數之首兩名，圈選一名，以較多票數者——即採「相對多數」——為當選。票數相同時，重行圈選一名，以獲得相對多數者當選之。

　　⑵候選人僅有兩名時，須就該兩名重行投票，圈選一名。以相對多數決定之。其票數相同者，亦同。

　　⑶候選人僅有一名時，亦須重行投票，以得出席代表過半數之票數為當選，如所得票數，不足出席代表過半數時，重行投票（第 4 條）。惟此第二次投票，唯一的候選

---

❶ 孫中山先生在民國八年所著的孫文學說中，已主張總統由各縣人民選舉之。最後在民國十三年的建國大綱中，才改為由國民大會選舉。

人仍未能獲得過半數之支持時，就應重新投票直至獲得過半數為止，抑或應終止此次選舉，擇期再選？本法並未規定。如果吾人尊重民意代表的自由意志，以及基於選舉制度賦予選舉權人自願肯定被選舉人適格之權利，則應反對前者，即所謂的「疲勞選舉」。因為，在這種情況下，顯然該唯一候選人並無擔任國家元首的聲望與才能，理應擇期再選。雖然本法實施至其廢止為止 (84.08.09)，尚未發生此種情形，但仍是一個明顯的法律漏洞。

二、總統的直選制度

民國八十一年五月國民大會於增修條文第 12 條決定第九任總統起的選舉改為由人民直接選舉產生。為此立法院制定新的「總統副總統選舉罷免法」。依最新修正之版本（98.05.27，以下簡稱「新法」）關於總統的產生程序與舊法有甚多的差異：

㈠總統候選人的資格

憲法第 45 條規定中華民國國民年滿四十歲者，得被選為總統。對於國民被選舉為總統之資格，憲法並未為特殊的限制規定（舊法亦無），所以僅以年齡為唯一的限制。這種對於參選國家元首資格的寬鬆規定，係以總統選舉是一個經過廣泛注意與討論的過程，對於有瑕疵的候選人，可逕由民意與輿論來加以汰除，故毋需立法阻止其參選的必要。然而，新法除了規定總統候選人應該未符合一般選舉與被選舉人的「消極資格」——例如未曾犯內亂、外患罪，貪污罪，褫奪公權尚未復權者，以及為現役軍人、警察、辦理選務人員、外國人（第 26、27 條）——外，第 20 條對候選人資格另設四項重要的限制：

⑴需在我國自由地區繼續居住六個月以上，且曾設籍十五年以上，具選舉人之資格者；

⑵非回復國籍者；

⑶非因歸化取得國籍者 ❷；

⑷非大陸地區及港、澳人民經許可進入台灣地區者。

---

❷ 外國憲法中有對總統的資格除年齡外，另予限制者，例如美國憲法第 2 條 1 項，除年滿三十五歲為必要外，須居住美國滿十四年以上及必須以出生時即已取得國籍者 (born American) 為限。易言之，因歸化取得美國國籍者，即不得當選總統。這種對於已經宣示效忠美國而成為美國國民的「歧視條款」，對美國憲法標榜的民主與平等精神，豈不一大諷刺？

此項規定排除海外僑民、歸化者、大陸地區來台者，競選總統之權利。這種以法律來增加憲法第 45 條所無的候選人要件，是否已經超越了立法之界限？憲法第 46 條雖規定總統之選舉以法律定之，實乃對總統選舉的程序所為的特別規定，對國民參選總統的要件如憲法並無特別限制，能否由立法院自行增加限制條款？頗值商榷。所以本法此條規定不免有違憲之虞。蓋總統既由全體國民選舉產生，競爭激烈，自然可以產生精密的淘汰作用，立法院實無必要替國民對此預先篩汰也❸。

(二)選舉的程序

選舉的程序採政黨推薦或選民連署制與相對多數當選制。

總統與副總統候選人應聯名登記，且應經政黨推薦或選民連署。政黨推薦乃政黨推薦一組候選人。且該政黨應該於最近任何一次，省（市）以上選舉獲得百分之五以上選票之政黨。易言之，任何新政黨，以及過去選舉成績不良之政黨，即因此「門檻」喪失推薦候選人之資格❹。

未經政黨推薦，直接由選民連署者，係以獲得最近一次中央民意代表選舉，總數百分之一點五以上的選民連署支持，得成為候選人。由於連署的程序十分繁瑣，例如保證金一百萬元、連署人應繳交切結書、加蓋連署人印章之身分證影本、抽查……相對於政黨推薦的簡易，新法對於選民連署制度的排斥態度，已表現無遺。此舉徒增加選務的繁雜、加重「準總統」可能人選的精力負擔，實無必要❺。

對於採行連署制度的候選人課予上述的義務，已經侵犯平等權。除可依司法院釋字第 340 號解釋對於（舊）選罷法第 38 條 2 項原規定政黨推薦之候選人保證金減半繳納，但政黨撤回推薦者，應全額繳納。本號解釋認為：「無異使無政黨推薦之候選人，需繳納較高額之保證金，形成不合理之差別待遇，與憲法第 7 條之意旨有違」的立論

---

❸ 以❷所舉美國憲法為例，其對總統的資格，是以憲法為位階，而非以法律為位階也。新法第 27 條對現役軍人的「參選排除條款」，如果蔣中正總統在世，依特級上將授任條例 (24.03.30) 之規定，其乃特級上將，且具有現役軍人之身分，即不能夠依新法之規定參選總統矣！

❹ 百分之五的「門檻條款」(the threshold of exclusion, Speerklause) 是採自德國「聯邦選舉法」(1990.09.21) 第 6 條 6 項的規定，其目的乃避免小黨林立，致妨礙國會的運作。我國立法委員的選舉雖亦採此制度，但對不會有形成國會小黨林立危險的總統選舉卻援引此規定，似乎未察此門檻制度的真正目的何在，以及此制度可能有違反政黨平等的違憲疑慮。

❺ 八十五年總統選舉時的連署門檻為二十萬人；八十八年增至二十二萬人，以及一千五百萬元的保證金。所需要的人力與時間可想而知。當時是針對林洋港出馬競選總統才制定此「干擾」性質之連署規定的條款，所以可以稱為「林洋港條款」。

外，連署規定已牽涉到「秘密投票」的問題。但司法院釋字第 468 號解釋卻認為此立法為避免浪費社會資源，並未逾越立法裁量及比例原則，而認為是合憲，此見解頗牽強也！

與舊法不同者，新法規定，不僅總統副總統以同組為當選，不再分別投票，同時採取相對多數當選制，如候選人僅有一組時，其票數須達選舉人總數百分之二十以上，方得當選之，否則應擇期再選（第 56 條）。比起舊法絕對多數當選制度，我國總統選舉，如有多組候選人競爭時，即可能獲得相對多數，但是占總投票數的極低比例。這種總統產生的民意基礎，顯然過低。對此法國第五共和 (1959) 憲法第 7 條規定總統須獲得絕對多數的票數，方能當選之。如無人獲得絕對多數，則由得票最多的前兩位候選人，進行第二次的投票產生之，這是全世界採取總統直選制國家最普遍採行的制度❻。此種方式雖嫌繁複，但既然我國修憲改採總統的直接民選，是以總統獲得民意直接支持為唯一訴求，故此種擇期再選的規定，即有其存在之必要性。民國八十六年修憲時已有列入此制之構想，且國民黨與民進黨簽下協議書，將於下次修憲時納入，但八十八年修憲時兩黨都未為此入憲而努力。隨著民國八十九年三月十八日總統大選，相對多數獲勝選的民進黨得票率接近四成，成為執政黨後，自沒有興致採行絕對多數制。故為我國憲政長治久安，各政黨務須拋棄黨私，改採絕對多數制。

貳、總統的罷免及彈劾

一、原始制度──國大之權限

總統的罷免，專由國民大會行之。對於就任未滿十二個月的總統不得聲請罷免。罷免的程序分別依罷免案係由國大代表或監察院發動，而有不同之程序：

⑴由國大代表之罷免須有國大代表總額六分之一以上之代表簽名蓋章，即得提出罷免案。此罷免聲請書經由國大秘書長，轉送立法院，立法院長應將副本一份，咨送總統，並於一個月內召集國民大會臨時會，總統接到罷免聲請書副本後，得提出答辯。罷免案表決以無記名投票法，超過代表總額過半數之贊成票通過之。

---

❻ 參閱張台麟，法國政府與政治，漢威出版社，民國七十九年，第 44 頁以下。另據王業立分析，全世界採總統直選的國家共有九十一個。其中採行類似我國相對多數當選制者，只有十九國，採絕對多數制者則有六十三國，占七成之多。可見得絕對多數制與總統直選制的關聯。王業立，前述文（第二十八節，㉕），第 3 頁。

(2)由監察院提出彈劾者，須有全體監委四分之一以上提議，全體監委過半數之審查與決議，向國民大會提出之（憲法第 100 條）。國民大會對此彈劾案，以出席國大代表三分之二之同意罷免之。

二、制度的演變

㈠罷　免

民國八十一年修憲，將總統改由直選產生。為使選民可以參與罷免正副總統之程序，八十三年修憲便規定，罷免案須經國大代表總額四分之一提議，三分之二同意後，再提交國民投票表決。當有超過投票權總數一半之投票中，有一半以上贊同罷免，本案即告通過。

第二階段的改制是在民國八十九年之修憲將國大改為任務型後，罷免案須經立委四分之一提議，三分之二同意後，並經公民投票之程序（如八十三年制度）才算通過。民國九十四年修憲後，仍維此制。

㈡彈　劾

和罷免是政治因素不同，彈劾是追究總統的法律責任，也多半是總統、副總統觸犯國家法律而引起的責任追究。故以往是監察院及國大之職權。

民國八十六年修憲剝奪監察院對總統、副總統的彈劾權，移往立法院。立法院須以二分之一提議，三分之二同意後，提交國民大會決議，經國大代表三分之二以上同意（第 2 條 10 項），即可通過彈劾。但限於觸犯內亂及外患罪，方可彈劾之。

民國八十九年修憲大致上程序不變，但刪去內亂及外患的限制，同時因國大改為任務型，故立法院通過彈劾案後，必須在三個月內召開國大，以三分之二多數決議之。

民國九十四年修憲因國大已經凍結，遂將立法院彈劾之議決機關移往司法院大法官，以組成憲法法庭之方式來裁判之。

關於總統、副總統的罷免及彈劾案，現行憲法增修條文皆將發動權交予立法院，到底有無必要區分這兩種去職權的行使方式，本書將在討論立法院職權時（第三十三節七處）再予詳論。

參、總統的繼任與代行

總統不僅是國家的元首，對外代表國家，同時亦有由憲法與法律所賦予的職責。

因此一旦總統因故缺位或不能行使職權時，即需有人接替其職務。憲法對此總統職務的接替，以其是否僅是暫時性質，分為繼任與代行的制度兩種：

一、繼　任

憲法第 49 條規定總統缺位時，由副總統繼任，至總統任期屆滿為止。此所謂總統繼任乃指總統因死亡、辭職、罷免或彈劾等情形而使總統職位空缺，即可由副總統來「承繼」其職位也。故副總統繼任總統的職位至其任職屆滿為止（憲法第 49 條）。此又產生一個問題，究竟副總統繼任總統職位後，視為該副總統的一任總統任期，抑或原總統的任期？按憲法第 47 條與現行增修條文第 2 條 6 項皆只得連任一次，如果副總統因繼任總統可解為已擔任一任總統，其即只能再連任一次。因此，如果該繼任總統職務為時甚短，將嚴重影響繼任者的連任機會。為此美國憲法第 22 條修正案 (1947) 規定，副總統繼任總統者，如其任期超過原任總統任期一半（即二年）者，只得連任一次。美國憲法此條修正案，可以作為我國日後修憲的參考。在未修憲填補此「憲法漏洞」之前，宜透過大法官會議解釋之。但也必須當事人在面臨此違憲爭議之時刻才能聲請釋憲，大法官不會為「預防式之釋憲也」。不過吾人認為，如以繼任乃不得已之情事，非選民及當事人所預料，且繼任時間有長有短，如果憲法未明定其標準，日後釋憲機關為此判斷時，應以採行「繼任任期不計說」為妥。

二、代　行

代行制度可分為由副總統代行總統職務，以及行政院長代行總統職務兩種。

㈠副總統的代行

憲法第 49 條規定總統「因故不能視事」時，由副總統代行其職權。所謂因故不能視事，乃總統基於任何理由而不能行使其職權之謂。總統可能基於健康理由，或政治理由而不能或不願執行職務。前者固無問題，後者例如總統基於國內政壇風潮或是總統涉及司法程序而願暫時交卸總統職務，而非「辭職」。因此，此代行制度乃類似一般公務員職務的代理，僅具有暫時性的性質。

總統職務的代行有意定原則與強制原則兩種，前者乃總統以自由意志，交卸職務予副總統；後者則不論總統意志與否，得由副總統代行之。一般代行雖以前者為多，但後者情形亦可能發生，例如總統因病重而心神喪失，不能為授予代行之意思表示時，

即可由副總統代行之。此外在「意定代行」的情形時，一旦總統認為代行的理由已消失時，即可結束代行狀態，恢復行使職權，而可不問「代總統」的意見❼。民國三十八年一月二十一日，就任總統 (37.04.19) 不到一載的蔣中正先生，即宣布「引退」，而將職務交予副總統李宗仁代行。民國三十九年三月一日，蔣中正先生在台灣宣布「復行視事」即未獲得李代總統的同意❽。

　　至於副總統繼任總統後，其職位已形空缺，有無補選之必要，憲法並未規定。然以憲法第 49 條之規定可知，即使總統副總統皆缺位時，亦有行政院長可代行總統職位，故即無補選副總統之必要。蓋副總統制度在憲法上的目的，端在「備位」總統之出缺也。我國行憲以來歷任副總統出缺時，也形成了不補選的慣例，但自民國八十六年修憲起（現行增修條文第 2 條 7 項）已增訂：當副總統缺位時，由總統於三個月內提名候選人，由立法院補選之。已推翻了實行近五十年的憲法慣例。

〓行政院長的代行

　　行政院長的代行總統職務的情形有三：第一、總統副總統均缺位時，由行政院長代行其職權，並應——原依憲法第 39、40 條——依憲法增修條文第 2 條 8 項規定，補選總統副總統；第二、總統、副總統皆因故不能視事時（憲法第 49 條）；第三、總統於任滿之日解職，如屆期次任總統尚未選出，或選出後總統、副總統均未就職時（憲法第 50 條）等三種情形，行政院長即代行總統職權。惟行政院長並無民意基礎，故憲法第 51 條之規定行政院長代行不得逾三個月。

　　然而在上述行政院長三種代行的情形中，第一種情形須經補選總統、副總統，其規定較為明確；第二、三種情形，倘代行逾三個月後，總統副總統皆未能視事（如重病）或不能就職時，應如何處理總統職務的懸缺？是否應重行補選之？憲法與本法皆未規定。此亦為憲法漏洞之一，應透過修憲程序，規定再定期（如三個月內）重行補選為妥。

---

❼ 蔣中正先生復行視事的官方理由為消弭兵戎之禍，使國共和談得以順利進行，但顯然該引退之目的已完全失去作用，中共已據有大陸，才有復行視事的必要。此在蔣中正引退的文告中有：「……戰事依然未止，和平之目的不能達到，人民之塗炭曷其有極。為冀感格共黨，解救人民倒懸於萬一，……爰特依據中華民國憲法第四十九條……」。可參見龔選舞，龔選舞回憶，時報文化出版公司，民國八十年，第 227 頁以下。

❽ 李宗仁先生時在美國，對於蔣中正先生的復行視事，不僅不承認其合法性而以「篡僭」視之，更要「誅鋤叛逆」，以為國家法統留一尊嚴。參見李宗仁口述，唐德剛（整理），李宗仁回憶錄，廣西人民出版社，民國七十五年（台灣翻印），第 1002 頁。

肆、副總統的制度

我國憲法設置副總統一制，除了指明總統不能視事時，可代行職務，國家安全會議組織法第 4 條規定其為該會議的成員外，沒有任何職權的規定，因此屬於典型的「備位」性質。副總統既然沒有任何法定職權——，不同於類似美國的副總統，仍然肩負參議院院長之職。雖然實務上，總統可以特別委請其擔任某些協調、外交或其他儀式性的個別任務，但總統府另有功能性或象徵性職務的資政、國策顧問，都可以承擔起總統託付的類似任務。因此副總統日常有無職務與否，端賴與總統的個人關係與信任程度。

就此而言，我國副總統與歷代，最明顯地是與歷代的「儲君」地位和功能還有不如。不少的儲君，帝王都可能會賦予若干參與決定與執行國家政務的權限，並藉以訓練日後接班的經驗。

然而即使如美國的副總統，都只專注參議院的職務，鮮少參與美國總統的職權，能否與聞國事全賴總統個人的意志，因此副總統不是總統內閣的成員。

就以羅斯福總統時代的副總統杜魯門而言，連研發原子彈如此重要的「曼哈頓計畫」，直到羅斯福總統逝世，杜魯門總統繼任後，方知美國有此重大的計畫，且已經完成了原子彈的研製。因此美國學界有稱為：副總統是乳牛的第九個乳頭！這是笑稱副總統根本不存在的東西！

而我國行憲以來，副總統的制度，也如同虛設！如總統與副總統之間沒有相互的濃厚信賴，例如蔣中正與陳誠、嚴家淦，否則往往成為政治的亂源。行憲後的第一任總統，蔣中正總統與李宗仁，甚或陳水扁總統與呂秀蓮副總統的例子，更是國人耳熟能詳的近例。

而副總統作為備位總統的實際功能性而言，既然副總統平日根本無法與聞軍國大事，遑論總統一旦不能視事，副總統如何能夠迅速接掌國家的大政❾？

我國憲法制定於抗戰後的地廣人多的大陸，國家幅員廣闊，政府機關與編制也極為龐大，全國事務既多且雜，總統職務要有一個常備的代理，也有事實上的需要。然

---

❾ 陳水扁與呂秀蓮兩位間的關係惡劣，早在兩人就職後就已沸騰朝野，呂副總統的一句「深宮怨婦」就道盡其心情。陳水扁總統也透露李登輝總統給他的忠告：「任何公文不要讓副總統過目」，顯示出對副總統的高度不信賴。可參見拙文，副總統難為的「儲二哲學」，刊登於 90.10.31 中華日報第二版國政專欄。

而我國目前在台灣，地小人少，加上有完整的文官與行政機關體制，總統一旦有事，代理人自然可由平日即充分能夠掌握行政權力的行政院長，來承擔之。按國家元首如在平時出缺，自然由行政院長代行國家政務不致中斷；而國家在緊急時，元首出缺，此時國家的緊急權力也是交在行政權手中，而非平時地謹守法律保留原則。況且緊急權力必須動用的國防與外交權，平日也都隸屬在行政院下，特別是國防力量，在過去是屬於總統的統帥權，但在實施軍政軍令一元化後，國防部長已可充分掌握國軍的指揮權，更可強化行政院長的應變權力，此更非副總統平日毫無權限的情況可比。

在我國逐漸針對國土面積的現狀，並且減縮沒有必要的政府組織及精簡人力與財務負擔，連台灣省政府如此重要的中介政府組織都可精簡掉，甚至當今民進黨政府還擬議廢除考試院與監察院的憲政組織，那麼毫無憲政與實際政治功能的副總統一制，也值得考慮加以廢止。讓我國實無必要再存在此一「民國第一冗員」的制度！

因此我國應當比照美國，訂定總統缺位時的代位順序。本書以為，我國的順序，分別應該是：行政院院長、立法院院長以及司法院院長。如此更完整我國的元首權及其代位制度。

第三十節　總統的職權

我國總統依憲法第 35 條規定，為國家元首，對外代表中華民國。這是因為中華民國是一個以共和國為國體之國家，故總統是為國家之元首。總統對外代表國家，是指總統對外國，以國家名義來表示國家意志。例如接受外國派遣的使節（呈遞國書）、對外國宣戰或媾和，以及締結條約（第 38 條）等，此外，總統如赴國外訪問，亦係以國家名義訪問。如果總統個人遭到不合國際慣例元首之待遇，所受到的侮辱非只對總統個人的侮辱，且侮辱至國家整體。此乃總統身為元首在國際間的意義。

依我國憲法及增修條文，總統享有憲法所賦與的職權，計有下列十四種。茲分述之：

壹、統帥權

憲法第 36 條規定總統統率全國陸海空軍。這是憲法規定總統的軍事權，這個在憲法學上被稱為「統帥權」(commander in chief, Oberbefehl) ❶ 的總統權，憲法並未進一步規定其內容而是可由立法院在「國防組織法」中加以定位（憲法第 137 條），故如何在憲法及民主政治中予以適當的定位，亦即如何使總統的統帥權能夠和國會的監督及行政院所主掌之行政權產生調和，首先要討論的是軍政與軍令的二元化及一元化的問題。

一、軍政與軍令二元制

㈠制度的特色

軍政與軍令二元制是將軍事事務區分成受國會監督的軍政（軍事行政）及不受國會監督的軍令（軍事統率）兩個部分。這個二元主義是立憲政治的產物，乃德國在十九世紀實行立憲政體後，舊有皇權不願失去對軍隊掌控，同時，鑑於代表民意的國會對於所有國家事務——包括軍事——強烈的監督意志，因此才會產生這個協調舊有皇權勢力與新興國會勢力的軍政與軍令二元主義。只要是劃歸在軍令體系內的事務，專屬於國王決定，無須國家行政首長（如首相或國務部長）之副署，也無須受國會監督，

---

❶ 由於國家元首被習稱為「三軍統帥」，故宜使用此統帥權之名稱，而不必使用動詞性質的「統率權」名稱。國防法 (89.01.29) 第 8 條即使用「統帥權」一語。

稱為「統帥權」(Oberbefehl)。反之，劃歸在軍政體系內的事務，則視同政府所掌之事項——即國防行政——由國防部負責執行，並且對國會負責。國會自然可行使此監督權限。

㈡普魯士的濫觴

德國普魯士憲法 (1850) 首先開展二元主義的制度問題。依該憲法第 46 條規定國王擁有軍隊的統帥權。但第 44 條亦規定國王任何的「統治行為」(Regierungsakt) 都需要一位所管部長的副署。第 45 條規定國王掌握國家行政權。故在此一德國步入立憲時代之首部君主立憲憲法中，雖是實行一元主義——即軍政與軍令合而為一——，但因為憲法所規定國王的統治行為需要相關部長的副署，而國王統帥軍隊之行為需不需要副署，即成為憲法問題。不過，依當時普魯士國王腓特烈威廉四世及威廉一世在一八四九年及一八六一年分別頒布的敕令，就明白的揭櫫區分軍政與軍令的原則，後者無庸國防部長副署，也無需向國會報告及應質詢 ❷。迨德國完成統一時所制定的德國憲法（俾斯麥憲法，1871），雖在第 17 條規定德皇的命令及處置皆需以對國會負責的首相副署為生效要件。本憲法亦同時在第 63 條及第 64 條規定，全國軍隊受皇帝命令之指揮，且無條件服從皇帝之命令。俾斯麥憲法並未規定德皇的統帥權，但是規定副署制度於前，復規定軍事命令權於後，然而，對軍事指揮與命令是否需副署，尚有疑問。為此，除了在現實政治上，德國仍沿襲以往軍政與軍令二分法外，德國公法學界分別基於遷就現實，或「習慣法」來承認這種二分法。所謂遷就現實係指尊重皇權對軍權繼續掌握及國會對軍事關切的意願，已經行之數十年之二分法的現實。所謂習慣法乃軍事，特別涉及作戰等事務，瞬息萬變，依「事務之本質」(Natur der Sache)，不論平時或戰時，軍事命令都不可能交給部長或首相來過目及副署，故軍令歸劃在由皇帝所領導的統帥權下，可以收到迅速之效。因此，迄第一次世界大戰爆發為止，由德國所代表的大陸法系，所設立此軍政與軍令二分制度，影響了不少國家。例如二次大戰前的日本明治憲法 (1889) 及我國憲法。

㈢參謀總長的地位

德國這種將軍令體系劃入統帥權的制度，特別凸顯出統帥權的幕僚制度——特別是參謀總長的權限問題。身為國家軍隊統帥，國王或皇帝需要一些幕僚來輔佐其行使

---

❷ 參閱拙著：憲法「統帥權」之研究，收錄：軍事憲法論，第 8 頁。

統帥權。以德國為例,其中最重要的是在一八〇三年即開始成立的參謀本部。德國參謀本部設一位參謀總長,自一八六六年開始,參謀總長正式取得直接代表統帥(國王)向軍隊下達命令之權,甚且也不必獲得國防部長(參謀本部設於國防部內)之同意。所以在一八八三年,參謀本部脫離國防部後,參謀總長在形式上擁有獨立行使之職權。德國參謀總長行使之統帥權力早已經獨立於國防部長監督之外了!因此,德國在十九世紀所盛行的軍政與軍令二元制度,使透過統帥權實行的軍令事務,交到參謀總長手中,造成強勢的參謀總長,而不受國防部長及國會之監督。是為二元主義之一大特色。

二、軍政與軍令一元制

㈠制度的特色

所謂軍政與軍令一元化是不區分軍政與軍令事項,把所有國防事務交到一位行政首長手中,亦即統帥權是完整的包括軍政與軍令部分。實行這個制度的國家包括了今日幾乎所有的民主國家——包括總統制及內閣制的國家在內。

㈡總統制國家的一元主義

在實行總統制的國家,例如美國憲法第 2 條規定總統是海、陸軍的統帥(commander in chief),可以指揮全國海陸軍,召集服役於各州的民團武力。雖然美國憲法並未規定此統帥權之範圍,但依同條文 1 項規定,總統亦是全國最高行政首長,故國防行政權(軍政)和軍隊指揮權(軍令),全部歸於總統之手。因此,總統可指揮的國防部長,在行政體系及指揮體系下擁有負責一切國防事務之權限。美國的國防部長在軍令方面指揮各指揮部。同時,國防部內雖分設陸、海、空軍三部,各設部長一人,負責各軍種人事、行政及武器研發等,傳統所謂的軍政事務,但並無對所屬軍種直接下達命令之權。美國總統制下的國防部長於是集軍政及軍令於一人。此外,美國並無類似德國普魯士時代之參謀總長制度。其「參謀首長聯席會議」乃各軍種的參謀長及陸戰隊司令所組成,作為國防部長之幕僚機構,無直接指揮軍隊之權。因此,此「聯席會議」主席不會如德國參謀總長一樣擁有大權而會形成威脅國防部長權威的「強人主席」 ❸。

---

❸ 參閱拙著「軍事憲法論」,第 46 頁以下;關於美國總統的統帥權,參閱 C. L. Rossiter 著,楊日旭(等)譯,美國最高法院與三軍統帥,黎明文化公司,民國七十六年,第 45 頁以下。

㈢內閣制國家的一元主義

在實行內閣制的國家——例如英國及今日德國——，國家元首即使為國家軍隊的統帥，但此統帥權只是為名義上統帥。基於責任政治，內閣才是擁有國防事務之指揮權限。一般而言，國防部長就國防行政及指揮軍隊，對內閣總理（首長）及國會負責。因此，國會對一切國防事務得行使監督之權限。現行德國基本法便是採行這種內閣制的軍政與軍令一元主義。依基本法 65 條 a 的規定，對軍隊的命令及指揮權（軍令權）操在國防部長手中。惟德國基本法另有一個所謂的「移權」制度。依基本法第 115 條 b 之規定，國家一旦進入戰爭或戰爭威脅的狀態時，國防部長對軍隊的指揮權便移轉到總理的手中，俾使居於全國最高行政首長之總理，可以直接指揮軍隊來應付國家的緊急危難。

在國防部長的幕僚方面，德國國防部設有各司負責國防行政事務，在對部隊的指揮方面，設有一個「總監」(Generalinspekteur)，向聯邦政府及國防部長提供軍事專業的建議，並且召開全軍性質的協調會議。所以總監是國防部長的最高幕僚，其並非能指揮三軍的指揮官，而三軍指揮官的直接長官是國防部長。因此，德國國防部長可直接下達命令指揮全國軍隊。故總監的地位已遠非往昔的參謀總長可比，而是和美國參謀首長聯席會議主席類似❹。

三、我國過去實施的二元化制度

㈠我國統帥權的意義

我國憲法第 36 條規定總統擁有統率三軍之權，但如同威瑪憲法一樣並未對如何統率權作細部之規定。但是憲法第 137 條 2 項規定，關於國防組織應以法律定之，可見得對於統帥權不可視為總統一項特權，而應服膺法治國家原則，由立法院以法律（國防組織法）來加以確定。故這是一個標準的「憲法委託」(Verfassungsauftrag) 之例子。但是，我國憲法第 37 條規定，總統依法發布命令須得行政院長或相關部長之副署，因此，總統基於統帥權所頒布之命令，則如同威瑪憲法一樣，以獲得副署為生效要件。

---

❹ 參閱拙著「軍事憲法論」，第 43 頁以下。日本現行制度亦類似。依日本自衛隊法 (1954) 第 7 條規定，防衛廳長官（國防部長）由國會議員出任，向總理負責，統一掌握國防事宜。故總理方係軍隊最高長官。防衛廳下設一個「聯合幕僚會議」，以統合三軍（自衛隊）幕僚事宜，亦設有一位主席，作為防衛廳長官之最高幕僚，所以和美國制度較接近。

由於軍政及軍令劃分極為困難，若許可總統可逕行認定統一權範圍且逕以自己名義發布有關國防命令，將可能形成總統權力超越法治國家原則及危害憲政之危險。因此，以憲法第 37 條總統命令之須副署規定係緊接第 36 條總統統帥權規定而來，再輔以我國憲法沿襲自威瑪憲法甚多理念，應認定我國憲法並不承認總統的統帥權命令可免除副署之義務也❺。

(二)參謀總長的職權

我國憲法自公布後，國防組織法未制定，因此國軍的組織體系及統帥權即靠法律及習慣形成二元制度，最明顯的是表現在參謀總長的角色。依舊「國防部參謀本部組織法」(67.07.17) 第 9 條 2 項規定，參謀總長在統帥體系為總統幕僚長，總統行使統帥權，關於軍隊之指揮直接經由參謀總長下達軍隊。同條 3 項規定，參謀總長在行政體系為部長之幕僚長。同時，本法正式承認總統的統帥權運作不必透過國防部長，可以直接下達軍隊。參謀首長又係參謀本部之首長，參謀本部除了設陸、海、空軍、聯勤、軍管區、憲兵司令部外，還轄有聯訓、總政戰部等等。參謀總長可指揮軍隊、決定人事、研發武器、軍事教育……，可以說是德國參謀總長制度之再版，也是不折不扣的軍事強人❻。

(三)二元主義的缺點

我國實施這種軍政與軍令二元主義已經顯現出許多缺點，例如：

第一、軍政與軍令的劃分模糊，與國防部長之權限相衝突。例如軍醫、軍事院校、武器研究製造、購買等應該屬於軍政事項，卻屬於參謀本部職權；只有少數，例如軍法歸於國防部。使得國防部長被架空，而實際掌握軍隊者乃其幕僚長之參謀總長，但

---

❺ 因此，我國學界有認為憲法第 36 條未規定總統「依法」統率三軍，和憲法其他規定——如憲法第 39 條之「依法宣告戒嚴」、第 41 條之「依法任命文、武官員」——迥然不同，故無須副署。參見董翔飛，中國憲法與政府，第 250 頁；林紀東，逐條釋義(二)，第 10 頁。

❻ 早在抗戰勝利，憲法公布前，我國即採此制度。依民國三十五年三月三十一日公布的國防組織法，已經將參謀總長列為國防部長的幕僚長，但直接管轄國防部的六個部門（今全併入參謀本部內）及三軍司令部。國防部長對參謀總長已無拘束之能力。參見劉馥（著）、梅寅生（譯），中國現代軍事史，民國八十一年，再版，第 262 頁。制度的根源係蔣中正總統於民國三十九年三月十五日頒布之命令：「以參謀總長為幕僚長，並在統帥系統下，設陸海空各總司令部及聯勤總司令部，為陸、海、空軍及聯勤業務之執行機構，其依戰鬥序列成立之高級指揮系統，均隸屬於統帥系統。至隸屬於行政院之國防部長之職務，則為依法行使政權，負責控制預算，獲得人力物力，監督有效使用，以充實國防力量。」這個由蔣總統在宣布復行視事（三月一日）後二週所頒布的命令，即成為後來二分法制的主要依據。

參謀總長此時又可主張此時事務涉及統帥權事務，彼乃總統而非部長之幕僚長，故參謀總長身兼二個幕僚長之制度，極具爭議性❼。

第二、軍令體系之事務無須向立法院負責。因此參謀總長雖係國防部長行政體系之幕僚長，但卻同時為統帥體系之幕僚長，且統帥體系事務無須赴立法院備詢。形成立法院無法監督軍令體系，有違民主國家之國會有權監督軍事之原則❽。

二元主義既有「反民主」及「反國會優越地位」之弊，應加以更正。司法院釋字第 461 號解釋已承認參謀總長為國防部長之幕僚長，負責國防之重要事項，包括預算之擬編及執行，與立法院之權限密切相關，除非因執行關係國家安全之軍事業務而有正當理由外，不能拒絕到立法院委員會備詢。此號解釋已經初步打破二元主義的迷思，下一步則有待國防法的努力了。

四、國防法的規定

民國八十九年一月二十九日公布的國防法，對於我國的統帥權體制有了新的規定。這個號稱「軍事憲法」中最重要的法律對於我國過去軍政軍令二元化的制度相當清楚的予以釐清。本法主要的規定如下：

第一，總統「統帥權」的形式化：本法第 8 條明定：總統統率全國陸海空軍，為三軍統帥，行使統帥權指揮軍隊，但此統帥權係：「直接責成國防部長，由部長命令參謀總長指揮執行之」。可知，目前由參謀總長直接指揮軍隊的制度依舊存在。此由本法第 13 條規定，「國防部參謀本部置參謀總長一人，負責指揮軍隊」，即可得知。因此總統的統帥權，只具有名義上的意義。總統統帥權「直接責成」國防部長，亦即總統「不接觸」指揮軍隊之事務。而且，部長既有命令總長指揮之權，部長當取得在必要時直接指揮軍隊之權力。

第二，軍政、軍令與軍備「三元化」制度之建立：本法在隸屬國防部的事務範圍，

---

❼ 例如曾任副參謀總長的羅友倫將軍也直言不諱的提及，能截然劃分軍令與軍政兩大系統的範圍是很少的。見羅友倫先生訪問紀錄，中央研究院近代史研究所口述歷史叢書⑸，民國八十三年，第 173 頁。

❽ 但隨著我國民主思潮的發展，國軍已經彈性的處理軍令部分拒絕立法院干涉的事件。例如各軍種的參謀長已赴立法院備詢，立法院就國防事件（如民國八十三年發生疑似中共潛艇出現事件、軍人命案、軍隊紀律、中科院戰鬥機生產水準、購買外國武器等問題）可提起質詢。惟參謀總長仍拒絕赴立法院作證。雖然表面上理由係軍令幕僚長無須赴立法院（但軍政幕僚長則須），但實質上恐怕不欲在立法院遭到立法委員無禮之質詢言語侵犯也！

仍繼續維持軍政軍令之二元化——例如本法第 13 條明定，參謀本部為部長的軍令幕僚機構——但同時規定，國防部應發揮軍政、軍令與軍備的專業功能，確定了軍政、軍令與軍備的三元化。對此，新修正的國防部組織法 (89.01.29) 於第 7 條規定，國防部設立軍備局；第 13 條規定，國防部設副部長二人，亦即為軍政與軍備副部長這個「三元論」的制度明白的將此三大體系隸屬於國防部，接受國防部長的指揮，已可以終結以往「二元論」給予軍令體系不受國防部長指揮及規避國會監督特權的弊病，故是一個相當進步的立法例。

五、統帥權範圍

國防法實施後，統帥權已作了相當程度的調整。但以目前的制度，縱先不論是否合憲，統帥權的範圍約有下列幾種：

㈠指揮權

統帥權的具體表現在於對軍隊的指揮，即軍隊行為的命令權也。依舊（即國防法通過前之）國防部參謀本部組織法第 9 條 2 項規定，總統行使統帥權關於軍隊之指揮「直接」經由參謀總長下達軍隊。但這個規定的重點只在凸顯總統行使統帥權的過程不須透過國防部（所謂直接性原則），並未涉及是否參謀總長可以代行總統的統帥權。易言之，參謀總長在未得總統授權的前提下，能否直接指揮軍隊？恐有問題。但我國實務上已形成慣例，只要總統未明白反對，參謀總長可以行使指揮軍隊之權也。故本條文變成變相的「授權條款」❾。但國防法第 8 條已明白改正為「總統行使統帥權指揮軍隊，直接責成國防部長，由部長命令參謀總長指揮執行之」。且第 13 條明定參謀本部為國防部長之軍令幕僚及三軍聯合作戰指揮機構。這二個文都顯示出總統的統帥權與軍隊指揮權間已有國防部長之介入而形成「名義化」。三軍統帥與國家元首的象徵意義即合而為一。

㈡人事權

依據陸海空軍軍官士官任職條例 (108.12.04) 第 13–15 條的規定，關於上將或重要

---

❾ 舊的總統府組織法 (37.05.01) 第 4 條曾設有「參軍長」，此職本係元首軍事的最高幕僚長，特任（上將銜）。如果只需要單獨「轉達」總統之指揮命令，可由參軍長下達各部隊即可，何須透過隸屬國防部之參謀本部參謀總長？故我國設立參謀總長係做自德國帝國時代之強勢參謀總長之意。新法 (85.01.24) 反而廢止參軍長一職，日後總統依賴參謀總長之情形就更嚴重了。

軍職之中、少將之任職、調職、免職、停職、撤職、留職停薪、復職等,都或可由總統直接核定,或經由國防部呈請總統核定。故總統可實質決定高階將領的人事問題。

㈢勳賞權

依據陸海空軍勳賞條例 (105.11.09),總統可以決定給予勳獎的對象與種類。

㈣軍事紀律懲處權

依據陸海空軍懲罰法 (104.05.06) 第 28 條規定,上將之懲罰由總統核定。重要將官另依該法施行細則 (104.09.04) 第 2 條之規定,重要軍職將官的撤職與降階,亦同。

上述總統擁有的這些三種涉及人事、勳賞、紀律懲處的權力,雖然是立法者的決定,其具有妥協與沿襲舊有總統掌握軍隊人事大權體制的色彩,極為濃厚,已經和大法官釋字 613 號解釋所認定基於責任政治所有國防行政體系之人事權應集中在行政院長的行政院之見解不符,也不符我國國防法的規定,因此有必要加以改正。

貳、公布法令權

憲法第 37 條規定總統依法公布法律、發布命令,須經行政院院長之副署,或行政院院長及有關部會首長之副署。是為總統的「公布法令權」。關於這項權力,可以就法律公布、命令發布意義及副署制度等三點討論之。

一、法律公布的意義

憲法第 37 條規定總統對法律有「公布」權。法律由立法院通過後,必須經過「公布」程序,俾使全國人民知悉此立法者之意志,這是法治國家的一項重要理念——即藉著法律公布俾建立「法預見性」(Vorsehrbarkeit),讓人民可預見其行為之法律效果,造成法律秩序的確定性 (Rechtssicherheit)。故現代法治國家便不能有「秘密立法」之行為,即連在草擬法律案時,也應將立法要旨、研擬方向與社會周知,以收集思廣益之效。所以此禁止「秘密立法」之原則已延伸至立法的「過程」,並非單是「立法結果」也。

立法院一經立法後,依憲法第 72 條規定,移送總統府及行政院,總統應於收到後十日內公布之。行政院對於立法院通過的法律案等,如果認為有窒礙難行,只能透過行政院通過決議,提請總統核可,於十日內送交立法院覆議。覆議制度的主動權顯然是操在行政院長,而非總統也。同時,總統雖也可以利用覆議制度來規避總統必須立

刻無條件公布法律的義務，但未能澄清總統的公布權問題。

　　總統對立法院通過之法律案只有形式審查，還是擁有實質審查其是否合憲之權限？倘認為形式不合法，即擁有不公布之權，固為我國學界所肯定❿。惟總統是否可質疑一個法律的制定程序有違憲之虞而拒不公布（即當然擁有審查權）？依司法院釋字第342 號解釋，除非法律案的立法程序有瑕疵，達到不待調查即可斷定其無效的重大程度時，否則即連釋憲機關的大法官，亦必須承認其合憲性。而對法律立法程序瑕疵之調查權，依同號釋字解釋，也操在立法院手中。所以，明顯的，總統對一個法律案的制定是否合憲，並也不擁有形式審查權也。

　　至於總統的憲法審查權，德國基本法雖沒有明白規定，但學說及政治實務上，倒是許可總統可以實質擁有審核權。然此見解易造成政治風暴。更何況德國總統是內閣制下的中立性質之國家元首，平日不沾染太強的政黨色彩及不負政治責任，方能為客觀、中允的行使審查權，而獲國人之信賴⓫，所以較不易形成總統恣意之弊！

　　總統對立法院移送而來的法律案如無前述明顯重大之程序瑕疵及違憲疑慮，而拒不公布，其結果如何？對於總統這種怠惰，當然構成彈劾或罷免之理由。一個在民主憲政國家對此情形恆不可思議，以致憲法鮮少規定對策。立法者固可想出在法律內排除總統公布程序之規定的方法，但卻牴觸憲法第 170 條之規定而無效。所以除非修憲，否則無法強制總統在必要時的公布義務也。

　　總統如已決定公布法律，則此法律即將成為國家之意志，故不能附帶任何理由，也不宜再表達合憲與否之意見，以免侵犯立法權及法律之尊嚴⓬。

二、命令發布的意義

　　依中央法規標準法第 7 條的規定，各機關依其法定職權或基於法律授權訂定之命令，應視其性質分別下達或發布，並即送立法院。所以命令不以送交總統發布為生效

---

❿ 林紀東即持此說，且認為覆議制度乃補救總統須「無條件公布法律」之制度也。憲法逐條釋義，第414、423頁。

⓫ 據統計至二○○三年為止，德國基本法實施半個世紀以來，德國總統只行使過六次實質審查權，所以使用頻率極低。P. Badura, Staatsrecht, E. 85.

⓬ 陳水扁總統在公布「三一九槍擊事件真相調查特別委員會條例」(93.09.24) 時，雖以「箋函」發予五院院長表達對此條例有違憲之虞的意見，但仍未在公布令上附帶此意見，但對此構成國家法律的公信力亦造成甚大的傷害，也會影響大法官的釋憲決定，極為不宜。

要件。總統依法發布的命令，係指總統依憲法所擁有職權所發布的命令及其他依法律發布之命令須經以總統名義頒布而言。前者例如頒布緊急命令、任免文武官員、大赦、締結條約、宣戰、媾和、授予榮典及任命行政院長、副院長、部長、大法官、監察委員等。後者如總統依陸海空軍軍官士官任職條例 (91.06.05) 第 13 條之規定，上將任職、調職及免職的命令，由總統核定。總統發布此種命令，非指行政法之法規命令，而係包括涉及個案的行政處分在內。因此，總統的發布命令行為即未受中央法規標準法的拘束。

三、副署制度的問題

我國憲法第 37 條規定的副署制度，明顯的可以看出我國憲法是有強烈內閣制色彩。所謂的「副署」(countersign, Gegenzeichnung) 既具負責、又有審查功能。在實施內閣制的國家，由於虛位元首制度，法律必須以國家名義頒布之，方具有拘束全國人民之效力。所以法律案應由負實際政治責任之內閣首長（總理、首相）簽名，表示同意法律之公布，使得施政於法有據，以貫徹責任政治。在另一方面，也審查元首公布法案的內容，使得總統對國會通過的法律案，只能「照樣畫押」的公布❸。而行政院長與有關部長的副署，即承擔法律公布的一切政治責任。同樣的，在總統發布命令亦須經過副署，避免總統濫權或違法發布命令的「審查功能」，就更形明確。故副署制度使得我國總統在外觀上似無「大有作為」之施展空間，但此既是服膺「國王不會錯」(The King can do no wrong) 的原則，讓實際政治責任（甚或具有折衝才幹）的內閣首長承擔政治責任（與風險），似亦較能因應波濤洶湧與詭譎萬端的政壇了❹。

憲法賦予總統的職權，除了公布法律外，其他職權是否均以副署為必要？首先，吾人應排除總統職權中與發布命令無關的任務。例如總統基於國家元首發表之談話、文告；對於院際爭執而召集有關各院院長的會商行為（憲法第 44 條），以及向立法院所為的國情報告（增修條文第 4 條 3 項）等，皆不必經過副署。另外，總統行使覆議

---

❸ 我國憲法所使用的「副署」一詞，不能瞭解究竟總統或行政院長簽名次序之先後。雖然大部分的情形是行政院長簽名後，才送請總統簽名公布（例如增修條文第 2 條 4 項之緊急命令）。在這種情形由副署人審查總統所公布或發布內容的功能即形喪失。所以副署規定，雖在公（發）布時，有副署僅足，但是副署人名的先後，也具有實質意義。

❹ 我國憲法起草人張君勱即倡言，由行政院長等副署之目的，乃是「保護」總統之威望也。見氏著，中華民國憲法十講，第 68 頁。

核可權，以及總統可直接任命者（例如行政院長）亦同。至於解散立法院之命令，依現行增修條文第 2 條 2 項之規定，亦無需行政院長之副署。

　　總統發布的命令，即使是基於憲法所賦予的權限（例如憲法第 43 條與增修條文第 2 條 3 項之緊急命令），只要涉及行政院長之職權，就應該經行政院長副署。以發布緊急命令為例，總統發布此命令既係以經行政院會決議為前提，故總統發布緊急命令即不能逸出行政院會決議之範圍，所以應以行政院長副署為必要❶❺。

　　再其次有關統帥權之命令，由於我國憲法並未賦予統帥權有任何特權，且依我國立憲之原意，以及證諸民國初年北洋政府時代「府院相爭」的前車之鑑，如果總統對於國防與軍事事務擁有廣泛且不必行政權副署之權力，那麼國家政局的安定即令人堪慮。因此，總統基於統帥權所為之命令，亦以副署為原則。我國憲法取法甚多的威瑪憲法第 50 條也明白規定，總統即使是對國防事務所為之命令，亦須副署。可為參照。

　　此外，就五權分立之觀點，行政院之地位並不高於其他四院；易言之，行政院長並未能如實行內閣制國家之內閣首長（總理、首相）般，係全國「一人之下」，而擁有最高政治權力者。所以行政院長對於由其他「憲法機關」(Verfassungsorgan) 與總統依憲法所規定共同實行之職權，即不應有副署之必要。例如司法院大法官、考試委員與監察委員的提名，過去既係由總統提請國民大會同意，現改為由立法院同意，所以理論上其任命之人事命令即應該由同意機關之首長（如立法院長），取代行政院長，而有副署權，對此民國八十三年增修條文（第 2 條 2 項）開始明文免除行政院長之副署，但未規定是否應有取代行政院長副署之機關，故會產生滋擾，應從速修憲填補此漏洞❶❻。

參、締結條約與宣戰媾和權

　　憲法第 38 條規定總統依本憲法之規定，行使締結條約與宣戰媾和之權，是為總統

---

❶❺ 不過，我國在實施動員戡亂時代，總統行使的緊急權力，例如頒布緊急處分、國家安全會議組織綱要、行政院人事行政局組織規程以及增加中央民意代表選舉辦法等，皆未經行政院長之副署。誠不得為日後憲政之典範也。參閱董翔飛，中國憲法與政府，第 249 頁。

❶❻ 民國八十三年公布增修條文以來，司法院大法官的任命程序，乃是透過國民大會主席團主席之副署；民國八十九年修憲改為需經立法院同意，但仍不透過立法院長副署，直接由總統任命。至於審計長雖須立法院同意，但皆由行政院長副署，固此應一律更改為立法院長副署。至於行政院長的免職及立法院的解散命令，自八十六年修憲起，已免除行政院長的副署規定。

的外交權。

一、締結條約權

依憲法第 58 條 2 項之規定，條約案提出立法院前應提交行政院院會討論。議決條約係立法院的職權（憲法第 63 條），且憲法第 57 條 3 項也規定條約的覆議，列入行政院對立法院的負責事項，顯示出我國的決定條約簽訂，以及對於條約的內容審定，是操在立法院的手中。

一個條約案的創議，首先雖由行政院各部會，並經過行政院院會討論為前提（並與外國進行磋商而獲得共識，即所謂的草約），但是在動員戡亂時期的國家安全會議亦將條約列為有關動員戡亂的大政方針，條約案提出立法院前亦須送交國家安全會議審議。增修條文第 2 條 4 項規定總統為決定國家安全有關大政方針所設立的國家安全會議，亦可審議與國家安全有重大關聯的條約案；但是，這些都是指尚未進入立法院審議之前的「條約草案」而言。一旦立法院通過條約案後，總統及行政院長即無權更改條約內容。按我國憲法對立法院所通過的條約與法律同，總統並無拒絕公布的權力。僅能透過行政院長提出覆議（第 57 條 3 項）。因此，總統對於立法院通過的條約案和法律一樣，除行政院長提出覆議外，別無拒絕之他法。故總統代表國家與外國締結條約之權力和公布法律一樣，顯然其義務性質多於權力性質。

如依中央法規標準法之規定，該施行法早應在總統公布後，兩日即生效，但卻須待總統以後之批准才會生效乎❶？故總統的外交權，僅是代表國家與國外簽訂條約時的署名者，並非代表總統擁有實質決定締結條約內容及准否締結條約之權限。

但我國憲政實務上，卻混淆總統的外交權，將之當成「條約批准權」之上。既云「批准」，即表示有權不批准，甚至否決乎？最明顯的例子，莫過於立法院於民國九十八年三月三十日通過了兩個國際公約（聯合國一九六六年之「公民與政治權利公約」及「經濟社會文化權利公約」）及其施行法，馬總統先在同年四月二十二日公布，復於

---

❶ 但依外交部「條約及協定處理準則」(83.03.11) 第 11 條 1 項規定：定有批准條款之條約案，經立法院審議通過，咨請總統批准時，主管機關應即送外交部報請行政院轉呈總統頒發批准書，完成批准手續。2 項規定：條約完成批准手續並互換或存放批准書生效後，由總統公布施行。由此「處理準則」之規定來看，明顯的將條約之「定有批准條款」之批准分由立法院與總統所擁有。也使人誤以為總統亦擁有拒絕批准已獲立法院通過審議條約案之權。此準則的規定似乎已違憲的擴充總統的條約批准權，而成為此二公約施行法批准程序之錯誤依據來源矣。

五月二十四日簽署「批准書」。

　　由於條約必須通過立法院的審議，因此條約與法律一樣都是立法者的意志，所以可取得法源之資格❸。因此外國的憲法甚多將條約列為類同國內法律，有拘束各機關與人民之實證效力。例如美國憲法 (1787) 第 6 條 2 項，德國威瑪憲法第 4 條，基本法 (1949) 第 25 條與法國第四共和憲法 (1946) 第 26 條等等❹。我國憲法第 23 條規定，對人民權利之限制必須依法律為之。中央法規標準法 (59.08.31) 第 5 條 2 款也有類似的規定。然我國憲法未明訂條約係具有國內法律的效力，所以根據條約來限制人民權利，在合憲解釋上並非完全妥適，所以唯有透過修憲一途方能正本清源解決條約的法源效力，當然透過制訂施行法，也是一個折衷解決之方❺。

　　司法院釋字第 329 號解釋已認為：「憲法所稱之條約係指中華民國與其他國家或國際組織所締結之國際書面協定，包括用條約或公約之名稱，或用協定等名稱而其內容直接涉及國家重要事項或人民之權利義務且具有法律上效力者而言。其中名稱為條約或公約或用協定等名稱而附有批准條款者，應送立法院審議，其他國際書面協定，除經法律授權或事先經立法院同意簽訂，或其內容與法律相同者外，亦應送立法院審議。」已經清楚表明條約及其他外交協定若已由立法院審議，便可以產生拘束人民權利義務之法源效力。

　　與條約近似的是所謂的「行政協定」，這是政府部門（如外交部、內政部與經濟部）和外國政府所簽訂之協定❻。行政協定雖不似條約或公約是以國家為簽訂主體，但是協定之簽訂表示雙方政府願意接受此協定內容之拘束。但基於「法律保留」原則，協定仍不能限制人民之權利。雖然我國在國際外交上處境困難，邦交國家有限，故近年來常使用簽訂協定方式進行國際交涉（例如中美稻米協定、中美菸酒協議、中美漁

---

❸ 所差異者，僅有議決程序不同也。法律案與預算案，應經三讀程序，其他議案（包括條約案），僅需經二讀程序。見立法院職權行使法 (88.01.12) 第 7 條。

❹ 參閱劉慶瑞，比較憲法研究，民國六十年，第 197 頁以下。

❺ 見❹處的立法院不僅通過二公約，又制定該二公約的施行法。

❻ 一般憲法學上所稱的「行政協定」係美國總統為規避條約締結需要參議院三分之二的多數為要件，才創造出來的「國際行政協定」(international executive agreement)，以行政首長之地位和外國政府簽訂的協定。美國對外關係上許多重大文件，如一九一九年的國際裁軍協定、一九三三年的美蘇恢復邦交、一九三九年的大西洋公約、一九四四年的雅爾達協定與波茨坦宣言。這是表示美國對國際事務的方針宣示，鮮少涉及人民權利。和我國近年與美國簽訂之行政協定不同，且美國與我國簽訂之協定並非以總統，也非以美國部會部長之名義簽署，故非真正的行政協定。關於美國總統的行政協定，參見曾繁康，比較憲法，民國六十四年四版，第 412 頁以下。

業協定），行政機關若無法藉以規範人民權利義務，便無法解除來自國際社會的壓力。故上述司法院釋字第 329 號解釋便以條約、公約與協定有無涉及人民權利義務與國家重大事項為著眼點，決定是否送交立法院審議。同理，著作權法 (87.01.21) 第 4 條也規定「外國人之著作合於左列情形之一者，得依本法享有著作權，但條約或協定另有約定，經立法院議決通過者，從其約定」。現在的趨勢，只要涉及人民權利，皆以交立法院審議為原則，而不論協議之名稱為條約或協定，此乃為符合法律保留原則的權宜之計❷。

二、宣戰媾和權

宣戰是對他國宣告正式進入交戰狀態，媾和則是結束戰爭談判與簽訂停戰之條約性質之文件的行為。我國古代老子的名言：兵凶戰危。孫子名言：兵者，國之大事，死生之地，存亡之道，不可不察也。因此，一個民主的法治國家平日應該維護國際和平，不啟戰端，但遭逢外國侵犯，亦應奮起抗戰，以維護國土完整與國家尊嚴──是為國家的自衛權 (Selbstverteidigungsrecht)。總統代表國家所行使的宣戰與媾和權，便是基於這種神聖的國家任務，極為莊嚴與慎重。

基於民主國家的原則，戰爭會給全國人民帶來身家財產無法估計的苦痛與損失。故戰爭及和平不能取決一人之怒，亦不能賴一人之智慧。我國憲法第 58 條與第 63 條分別規定宣戰案與媾和案的程序，須先經行政院會議議決，嗣後才交由立法院議決。另外，宣戰與媾和既然涉及國家存亡、人民身家性命與財產之損害，故亦會列入國家安全會議討論的範圍。但是憲法第 38 條之總統依「本憲法之規定」行使此宣戰媾和權，及如同公布立法院通過的法律一樣，乃義務性質多於權力性質。一旦立法院通過宣戰媾和案，總統就應以國家元首的身分宣告此一神聖決定也。

再以涉及戰爭的行為而言，宣戰固為國家間宣告展開軍事行動之聲明，但是國家間可能「宣而不戰」或「戰而不宣」。前者例如我國在民國六年的對德宣戰案；後者如我國自七七事變起至珍珠港事變為止的對日抗戰。所以，兩國間即使已經發啟戰端，可能基於其他因素（例如封鎖、國內政治情勢、海外派兵的憲法問題）而不願正式宣戰。但是，實質上對國家與人民造成的危險則無異。所以國家軍隊可能和外國造成實

---

❷ 但司法院釋字第 329 號解釋，則認為協定和條約、公約只是用語不同。

質上的戰爭狀態，因此軍隊的指揮（包括主動攻擊外國或防禦外國之侵略）都必須列入有權為宣戰媾和的機構與決策程序之中。此正可和本節一、統帥權部分相互參照。如果軍隊的指揮與軍事行動可以歸入不受國會、行政院、國防部所掌控監督的範圍，那麼欠缺政治觀念的野心軍人掀起戰端之危險，並非不可能存在了。二次世界大戰前，連日本政府都無法駕馭日本軍閥跋扈飛揚的殷鑑，豈不是一個具體的例子？

肆、戒嚴權

憲法第 39 條規定總統依法宣布戒嚴。所謂戒嚴，指國家或國內某個地區陷入戰爭，或有其他威脅、治安或社會安全之情事時（叛亂或天災），國家使用軍事力量為維持社會秩序與行使國家統治權之制度。由憲法第 39 條之規定，可知我國得建立戒嚴的制度。

一、近代戒嚴制度之發展

近代國家實施戒嚴制度的濫觴，係法國在一七八九年十月二十一日因巴黎發生糧食暴動所公布之「軍法平抑暴動法」(contreles attroupements au loi martiale)。這個法案是以英國一七一四年所公布的「暴動法」(The Riot Act) 為藍本，規定各級政府在發生暴動危害國家公共安全，平時的警察力量無法平抑暴動時，可指揮軍隊遏止暴動。法國一七九一年七月八日正式制定戒嚴法，將全國一〇九個有軍隊駐紮的地區與五十九個軍事單位劃入適用本法的規定。並針對三種不同的情況，即和平狀況 (etat depaix)、戰爭狀況 (etat de guerre) 與圍城狀況 (etat de siege)，賦予軍事司令官大小不等、程度不定之權限。例如在和平時期軍事司令官僅掌管軍事事件與部隊事務，其餘為警察與行政官署之職權；在戰爭時期如涉及軍事安全時，在知會行政（警察官署）後，即取得治安全權。在最嚴重的圍城狀況，也就是該地區被敵軍暴民或叛軍所包圍時，則不僅治安、就連所有政府權限皆移轉至司令官之手中。換言之，權力分立的原則不復存在，該地區成立軍事政府，施行近似軍事獨裁之制度，這是基於被圍狀態危殆，應由軍事長官統一事權、救亡圖存。至於戒嚴法適用的地域，在一七九一年的戒嚴法僅限於適用在特定設防的軍事地區，直至一七九七年從軍事基地拓展到全國。一七九九年十二月十三日公布的法國第一共和憲法第 92 條更規定：政府為停止動亂，可以動用軍隊、使用武力，且經法律之規定，暫停法律之適用。一八一五年四月二十二日公布的憲法

第 66 條明定在圍城狀態時，軍事司令官得採行一切必要限制人權之措施。是以戒嚴制度已形成憲法的制度。

法國一八四八年八月九日公布的戒嚴法，為其戒嚴制度發展最為成熟之階段。本法規定當進入圍城狀態時，軍事司令官得採行一切的軍事行動，以防衛地方的安全。在軍事行動以外的治安行為，則採列舉式之規定，並許可軍事司令官進行住屋搜索、扣押及調查嫌疑人、沒收武器彈藥、限制集會結社、出版自由與人身自由等。除前述彈藥、武器之沒收外，在列舉以外之人權如工作權以及財產權，不得侵犯之。所以司令官不得向人民徵收稅捐，以及軍事司令官不得行使司法裁判權。因此，法國戒嚴制度規定司令官在圍城時期可採行的軍事行動——所謂的「軍事圍城」，和為維護治安的警察權限——所謂的「政治圍城」，是一個有效集中國家力量並且應對可限制之人權採列舉制度，故亦是兼顧人權保障之制度。

法國一八四八年的戒嚴法，迅即成為德國模仿的對象。德國普魯士在一八五一年公布「普魯士圍城狀態法」(Preussisches Gesetz über den Belagerungszustand)，普魯士使用法國的「圍城狀態」作為法律名稱，但卻不區分戰爭狀態或圍城狀態，而規定一旦國土遭到外敵的威脅或一部分被占領，或內部有動盪危及公安，即可由皇帝宣布進入「戰時狀況」(Kriegszustand)。此外，如任何地區發生此動亂，亦可由地區部隊有權宣布局部戒嚴的最高指揮官（要塞將級司令官），暫時性的宣布戒嚴並呈報皇帝，正式宣告進入戰時狀態。德國本法同樣對人權的侵犯採行列舉式規定，且特別規定在戒嚴時期，不論軍人與平民，一律由軍事法庭審判，一審終結，無上訴之機會。解除戒嚴後，軍事法庭立即撤廢，審判中之案件移往普通法院審理。既決案件因有既判力，不得重行審判。本法在一八五一年公布後，也在德國一八七一年公布之憲法（俾斯麥憲法）第 68 條規定繼續適用，直至一九一九年威瑪憲法公布為止。此一圍城法日後影響日本與我國戒嚴法甚鉅。日本於明治十五年（一八八二年）公布戒嚴令，規定戒嚴地區分為接戰、合圍兩種狀態（顯係仿效法國之制度）。所謂接戰地區，即接近戰區之意（即警戒地區也）；合圍狀態，即德國、法國的圍城狀態。在合圍地區，司令官掌握一切地方行政與司法事務（此即仿自德國制度），但在接戰地區只有涉及軍事事件時，才由司令官掌握之（日本戒嚴令第 9、10 條）。日本在公布此戒嚴令後七年所制定的明治憲法，第 14 條規定天皇宣布戒嚴，戒嚴之要件與效力以法律定之。然而，終日本明治憲法之世 (1889–1945)，日本未依此規定制定戒嚴法，而是繼續沿用此戒嚴令之規

定❷。

二、我國戒嚴制度的內容

㈠歷史發展

　　民國肇建後，於民國元年十二月十六日公布第一個戒嚴法，嗣後於民國十五年七月十九日公布北伐戒嚴法。現行的戒嚴法係民國二十三年十一月二十九日公布，迄今歷經民國三十七年、三十八年二度之修正。我國戒嚴法（以下簡稱「本法」）大體上沿襲日本明治十五年的戒嚴令與德國一八五一年的圍城法。

　　我國行憲後於民國三十七年十二月十日宣布除邊疆四省（青海、西藏、新疆、西康）及台灣外全國戒嚴令。三十八年一月二十三日解除戒嚴；同年七月七日再度宣布戒嚴。台灣地區於三十八年五月十九日由警備總司令部公布戒嚴，三十八年十一月二日行政院會議通過，立法院三十九年三月十四日追認❷。我國實施戒嚴長達四十年之久，才於民國七十六年七月宣布解除戒嚴。因此我國是在行憲後幾乎「同步」實施戒嚴達四十年之久。這種「既行憲、又戡亂、復戒嚴」且長達四十年的行憲史實，堪稱全世界憲政史上之奇觀。

㈡我國戒嚴制度的內容

1.宣告戒嚴的程序

　　依本法第 1 條之規定，宣布戒嚴之程序有⑴正式宣告戒嚴與⑵臨時宣告戒嚴二種。

　　⑴正式宣告戒嚴是由總統宣告。依本法第 1 條之規定，全國或某一地區遭遇戰爭或叛亂時，總統得依行政院會議之決議及立法院議決通過宣告戒嚴。在情況緊急時得經行政院的呈請，總統逕自宣布戒嚴，而在一個月內提交立法院追認，倘戒嚴係在立法院休會時宣告，則應於復會時立即提請追認。由此可知，總統的宣告戒嚴係經行政院議決為前提，而由立法院之決議同意與追認在後。

　　⑵臨時宣告戒嚴，為處於戰爭或叛亂發生之際，某一地區「猝受敵匪之攻圍或應付非常事變」，該地區陸海空軍最高司令官得依本法規定宣告臨時戒嚴。如該地無最高司令官，得由陸海空軍分駐團長以上之部隊長依本法宣布戒嚴。此臨時戒嚴係標準的緊急應變措施，無法循正常戒嚴宣告程序，因此本法規定可由部隊長官宣告臨時性戒

---

❷ 參閱拙著：戒嚴法制的檢討，刊載：「基本權利」（下冊），第 320 頁。
❷ 參閱董翔飛，中國憲法與政府，第 256 頁；張劍寒：戒嚴法研究，漢苑出版社，民國六十五年，第 94 頁。

嚴，一旦宣布戒嚴後即生效，毋需提請行政院議決，僅需迅速按級呈請提交立法院追認。

　　較有問題者為臨時宣告的戒嚴。國軍誠然負有防衛國土之責任，如遇敵匪攻擊時，基於其法定職責（憲法第 137 條之規定）與正當防衛之法理，自可以動用武力。惟戒嚴法賦予軍隊實質上可行使「全部」國家統治權，其目的已超越純粹防禦與治安性質。所以應對宣告戒嚴的程序和地區嚴格的規定。本法規定可臨時宣布戒嚴的部隊長為三軍「分駐團長」，易言之，乃駐紮當地部隊的部隊長。以我國目前軍制已無「團長」之建制，故本法的規定已不符現狀。不過如以本條文當初規範之意旨，此分駐團長應相當於目前的（上校編階）旅長。本法既然授權駐紮部隊的部隊長，方能宣告臨時戒嚴，即使該地有其他更高階軍官，但只有「部隊長」方能行使宣告權。易言之，是以職務而非官階為宣告戒嚴的標準。宣告臨時戒嚴後，本法並未規定其他上級機關，如行政院或國防部得否取消戒嚴之宣布的權限。依本法第 4 條宣布戒嚴後，地區最高司令官應迅速「按級呈報」總統。依軍隊領導階級的制度，宣告戒嚴之部隊長的長官當應有撤銷戒嚴之權限，但在軍隊體系以外之行政機關，例如行政院院會的權限如何？過去因為實施軍政與軍令二分法的制度，則會推論出唯有基於統帥權身分的總統，方能對由軍事長官所宣布的臨時戒嚴行使撤銷權力。而在統帥權以外之行政院，即無權矣。形成國家兩種不同的戒嚴宣布與不同法律效果的戒嚴撤銷程序，顯為制度設計上的嚴重謬誤。國防法 (89.01.29) 實施後，國防部長成為參謀總長之長官，故各級軍隊司令部應接受行政院之指揮。本法應修訂為宣布戒嚴之軍事長官應即呈報行政院，並隨時依行政院之命令宣布戒嚴之終止，以符合國防法的立法意旨。

2.戒嚴種類與軍事司令官的權限

　　依本法第 2 條之規定，戒嚴地區分為警戒地區與接戰地區。前者為戰爭或叛亂發生時，受戰爭影響應警戒之地域；後者為作戰時攻守之地域。本法這個二分法之規定，顯係承襲德國普魯士時代與日本的法制，對於這兩種戒嚴地域賦予軍事司令官不同之權限。而本法並未規定戒嚴地域的劃分權限，依戒嚴的法理，在一般宣告戒嚴程序，自應由行政院會議決定，在宣布戒嚴時，一併決定何處為警戒地域或接戰地域，在由軍事長官宣布臨時戒嚴之程序時亦然。故戒嚴宣告權，本質上已包括戒嚴程度的區分權，並可藉此來界定戒嚴司令官之權限。

　　戒嚴地區內不論係由行政院議決總統宣告之戒嚴，或是由分駐團長以上軍事長官

所宣布之臨時戒嚴，但在戒嚴區內的戒嚴最高長官，只有最高司令官得行使戒嚴權力（本法第 6、7 與 11 條規定）。易言之，如以嚴格的條文解釋，則分駐團長只有宣布戒嚴、但無行使戒嚴之權力。這顯然極為矛盾。按宣布戒嚴為行使戒嚴權力之開端，倘無實質上行使戒嚴權之權力，該宣告權有何實益可言？所以此得宣告戒嚴之分駐團長宜應是所謂的「戒嚴司令官」。至於，倘該地區事後被併入其他更高長官之管轄，則發生戒嚴權限的移轉，自不待言。

戒嚴司令官係戒嚴地區行使統治權的最高長官，其權限係類似外國的「軍事總督」，監管軍政與民政；也是所謂標準的「軍事政府」，民主法治國家所盛行的「文人統治」(civilian control) 及政治優越原則 (Primat der Politik) 即遭凍結。司令官的權限略有：

(1)概括限制人權之權力

依本法第 11 條之規定，軍事司令官得限制幾乎所有人民的權利。由該條有十一項授權的規定可知本法授權戒嚴司令官之廣，戒嚴司令官採取限制人權的措施時，仍應遵守比例原則。

(2)有關軍事事務的獨占決定權

本法第 6 條之規定戒嚴時期，警戒地域內的行政官與司法官處理有關軍事事務，應受該地最高司令官之指揮。由本條文可知所謂「有關軍事之事務」係作廣義解，亦即所有涉及軍人、軍事行動、軍事裝備、後勤補給及採購之事務等等。只要與軍事有任何關係者，皆移轉到戒嚴司令官的權限之下。

(3)行政與司法的移權

依本法第 7 條之規定在接戰地區內，地方行政事務及司法事務皆移歸戒嚴司令官，地方行政官與司法官接受該司令官之指揮。戒嚴司令官成為該地最高行政與司法的最高長官，原來當地的最高行政與司法首長，例如縣長或法院院長，亦變成軍事司令官之部屬，但仍未喪失原有職位。同時戒嚴司令官即使取代了行政與司法首長之「法定地位」及職權，亦不能超越之。例如司法首長（如法院院長）本即不能干涉所屬司法官之審判，戒嚴司令官亦不得令某法官為一定之審判。故此移權乃轉移法定指揮監督之權力也。

(4)軍事審判權的擴張

本法另一個限制人權及破壞國家權力分立原則之制度，為第 8、9 條對軍事審判權

的擴張規定。依憲法第 9 條規定，人民除現役軍人外，不受軍事審判。此條憲法所樹立的絕對原則，卻已被戒嚴法所破壞。依本法第 8 條之規定，在戒嚴時期特別刑法及刑法某些犯罪，軍事機關（軍事法院）可以自行審判或交由法院審判之；因此軍事機關可以對非軍人之人民依軍事審判程序進行審判，而普通法院則居於附屬且次要之地位。因此軍事機關亦掌握國家刑事審判權力之重要部分。至於其他刑事與民事案件，在警戒地區則仍由普通法院管轄之；唯有在接戰地域內無法院或與管轄法院交通斷絕時，才得由軍事機關審判（此部分可參閱本書第三十七節貳一處）。

(5)解嚴後的救濟

戒嚴時期對於軍事審判權的擴大，明顯的侵犯人民的訴訟權利。因此本法第 10 條規定解嚴後受軍事審判之判決得於解嚴之翌日起依法上訴。本法此條規定，立意尚佳，也是人民受軍事裁判所能謀求的唯一救濟途徑。但是由於我國實施長達幾近四十年的戒嚴的歷史，因此對於證據之保存，證人的存在等等，有許多造成上訴的困難。故於民國七十六年解除台灣地區戒嚴後所公布的國家安全法 (76.07.01) 第 9 條已剝奪人民依戒嚴法第 10 條之上訴權利。僅有在具備再審或非常上訴的理由時，方許人民有提出再審與非常上訴的權利。司法院釋字第 272 號解釋卻支持國家安全法該項條文的合憲性，其理由為：「……係基於此次戒嚴與解嚴之間，相隔三十餘年的特殊情況，並謀裁判之安定而設，亦為維持社會秩序所必要，且對於有再審或非常上訴的原因者，仍許依法聲請再審或非常上訴，已能兼顧人民權利，與憲法尚無牴觸。」此號解釋，暴露出司法正義對政治現實的退縮心態。受戒嚴制度之害的人民如能有任何平抑其已忍受數十年冤屈的機會，國家應該保障之，使朝野及全國司法制度能坦然檢討過去之非以為鑑戒，亦是國家法政文明進步的契機。因此，此條條文恐怕具有濃厚的違憲性，似已破壞人民長達四十年的正義期待。

由於戒嚴時期的確有部分人民的權利因實施戒嚴法而遭侵害，倘若國家完全不予補償或賠償，亦失之過苛。故在解除戒嚴七年半後，公布「戒嚴時期人民受損權利回復條例」(84.01.28)。這個屬於補救性質的「措施法」(Massnahmegesetz) 將補償法與賠償法之規定熔於一爐。本條例第 3 條有復權的規定，對於因犯內亂、外患經判決確定，或交付感化、提起公訴，通緝有案而未結案，而被撤銷與喪失公務員、專門職業考試及格與執業資格或受領退休金、撫卹金、保險金之資格等，皆可聲請回復。另外本條例也規定因犯內亂、外患罪與受無罪之判決確定前，曾受羈押或刑之執行者，得聲請

所屬地方法院比照冤獄賠償法相關規定請求國家賠償（第 6 條）。同時對於戒嚴時犯該二種罪名而為之判決，被告的自白必須是基於自由意識——即非出於強暴、脅迫等等——且必須經「更新調查」，才可作為另案犯罪的唯一證據及不利他人之資料（第 5 條）。由本條例之所有規定顯見：立法目的集中在戒嚴時期因涉嫌犯內亂與外患罪之人民所為之權利救濟，不及於其他犯罪及因此遭受軍法審判而喪失權利救濟之犧牲者，也可看出本條例的狹義性。不過這種情形仍可依「戒嚴時期不當叛亂暨匪諜審判案件補償條例」(87.06.17)，以及「國軍軍事勤務致人民傷亡損害補償條例」(88.02.03) 等特別法律來予以救濟。

三、戒嚴制度之檢討

　　我國雖然已解除戒嚴，但是戒嚴法並未廢止，不僅不是「備而不用」，而是「備而待用」，等待國家一旦不幸遭逢戰爭或動亂時，即可再度「披掛上陣」。由於本法係承襲德國一百五十年前的立法例，而且我國也有適用本法四十年的經驗，已經累積充分的經驗來對於戒嚴制度作一番徹底的檢討：

㈠戒嚴制度之過時性

　　由戒嚴制度源於圍城狀況的急迫性，才將戒嚴地區權力集中於軍事長官的手中，乃期待軍事司令官能夠集權貫徹防衛之目的。然而本制度不得不考慮其產生在距今一百五十年前的戰爭與科技水準之問題。按圍城制度使得被包圍之地區在當時無現代化的通訊設備狀況下，僅能利用信使平面式地突圍以傳遞圍城內之訊息，故在政府無法傳遞命令於圍城內之情況下，才有授權給軍事司令官全權處置之必要。但是，以今日通訊設備之發達，實不易發生被圍地區完全斷絕音訊之可能性❷❺。因此，政府各機關仍得運作，包括由各所屬長官發布應變措施。

　　次而，以現代社會複雜之情況，國家或地區瀕臨戰爭或暴動，亦非單憑軍事權力與軍事考量所可平抑，特別是在盛行「總體戰」的今日戰爭模式，必須具全國之力共赴國難。因此專賴軍事考量而不考量外交、財經及社會等因素，即無法解除此威脅。因此在本世紀後，國家緊急權制度即應運而生。這個以授權政府可彈性及概括限制人民權利的緊急權制度，亦可將戒嚴制度納入之，故西方民主國家如英國之廣泛使用「授

---

❷❺ 最明顯的例子，可以民國四十七年發生金門砲戰，後方政府與金門仍可通訊暢通之情形，即為明證。

權法案」，以及德國自威瑪憲法第 48 條規定總統擁有緊急命令權後，戒嚴制度即已式微。同時有鑑於以軍事權力廣泛限制人權極易引起權力濫用之可能，故西方民主國家仍承認戒嚴制度，亦需給予甚大之限制 ❷。

㈡我國實施戒嚴制度之質變

我國雖有實施長達四十年之戒嚴，然而綜觀我國實施之戒嚴制度，卻有甚多未合乎戒嚴法與戒嚴制度理念之處。其舉舉大者如下：

第一、「宣布」戒嚴權的基礎錯誤：依憲法第 39 條規定，總統「依法宣布」戒嚴。易言之，本條文明白規定總統只有宣布戒嚴之權，而無實施或指揮戒嚴之權限；以及總統必須依法宣布戒嚴，本法應指戒嚴法而言。然而我國在民國三十七年十二月十日總統宣布的全國戒嚴令，卻在命令前言申明係依據臨時條款而來，而非依據戒嚴法。易言之，總統行使緊急命令權來宣告戒嚴，即承認憲法第 39 條的宣布戒嚴權得被緊急命令權所限制。故過度擴張緊急命令權之效力，也扭曲憲法規定原本只允許總統僅有形式上宣布戒嚴的權力而已 ❷。在臨時條款已廢止後，此情形應絕不再發生！

第二、擴張戒嚴權力：按戒嚴法規定軍事機關雖然擁有軍事審判權（第 8 條），以審判接戰地區內某些特定之犯罪，但軍事司令官並未享有形式立法權。然在台灣公布之戒嚴令 (38.05.19) 第 4 條卻規定有十種意圖擾亂治安之行為得處以死刑 ❷。這是戒嚴權過度擴張之例子。此外，戒嚴法誠然規定軍事機關對於刑法上十種犯罪得自行審判或交法院審判，然此賦予軍事機關的選擇審判權，卻未曾實現。依行政院公布的「臺灣地區戒嚴時期軍法機關自行審判及交法院審判案件劃分辦法」(41.05.10) 則由行政院以命令取代軍事機關的審判選擇權。因此變成行政院可決定司法審判權之歸屬，不僅侵犯戒嚴法之規定，亦侵犯憲法權力分立之原則。

第三、軍事「集權制度」的落空：按戒嚴制度係源於圍城制度，其特徵即授權戒嚴地區的最高軍事司令官。但台灣地區實施戒嚴時期，最高權力明顯地仍操在總統手中，不僅五院權限，甚至連各級地方自治機關之權限，皆未移往軍人。同時負責戒嚴

---

❷ 例如德國基本法已效法威瑪憲法之成例，不再規定戒嚴制度。日本現行憲法亦同。至於法國現行第五共和憲法，雖如我國一樣地採戒嚴與緊急命令「併行制」，但第 36 條規定超過十二日以上之戒嚴，須獲得國會之同意。

❷ 參閱德國一八七一年俾斯麥憲法 (1871) 第 68 條明定皇帝只宣能告戰時狀態，而宣告戰時狀態之要件、宣告方式與後果由法律定之。即可得知國家元首僅具有戒嚴宣告權而已。

❷ 這十項行為例如：造謠惑眾、鼓動學潮、聚眾暴亂等。參閱拙著：戒嚴法制的檢討，刊載：「基本權利」（下冊），第 323 頁。

權責的警備總部總司令，亦非戒嚴地區實質之最高軍事司令官❷。因此並未有集權於一人之規定。

第四、與緊急狀態制度相混淆：我國實施戒嚴制度的同時，也實施動員戡亂之制度——雖然二者解除之時間有先後之別（前者解除為民國七十六年七月；後者為八十年五月），但是我國其實是借用戒嚴制度來實施國家緊急措施，因此對於報禁、黨禁，言論出版自由的限制與出、入境的管制，即使與軍事無關也假借戒嚴命令為之。因此，戒嚴權已因使用目的之改變而成為緊急權力之代名詞。儘管台灣實施四十年之戒嚴，而總統僅僅行使十次緊急處分❸，即可知戒嚴制度的質變。

第五、與戰地制度相混淆：台灣地區真正實施戒嚴制度的地區應推金門、馬祖等外島而已，依據民國五十五年國民大會增訂臨時條款授權總統可設置動員戡亂機構並處理戰地政務。惟在此之前已由行政院公布「金門、馬祖地區戰地政務實驗辦法」(45.06.23) 將金門、馬祖劃為「戰地政務實驗區」，並將戰地軍、政集中權力於防衛司令之上的制度賦予憲法的依據。故兩地之軍事司令官方才頗類似戒嚴法所設計的戒嚴地區最高權力擁有者❸。

綜言之，我國取材自法國、德國與日本之戒嚴制度，早已是過時之制度，其既不能迅速且確實的平抑動亂，且違反法治國家所揭櫫的權力分立與人權保障之理念，甚且與新型的國家緊急權制度疊床架屋，已失去其存在之價值。特別以我國實施舉世最久的戒嚴制度，反而顯現出戒嚴制度之不切實際、不符時代需求，以及易為嚴重濫用之後果。故只要妥善運用國家緊急權制度，戒嚴制度即是一項過時之制度❸。

伍、任免權

憲法第 41 條規定：「總統依法任免文武官員。」總統任免權亦即總統之人事權，可分下述：一、總統依法行使任免權；二、任免對象之範圍；與三、免職權之限制等三項予以討論。

---

❷ 至少依當時之國防部參謀本部組織法 (67.07.17) 第 4、9 條之規定，參謀總長即為警備總司令之長官。
❸ 參見馬起華，憲法論，黎明文化事業公司，民國七十二年，第 446 頁。
❸ 但金門馬祖戰地司令官卻未能擁有司法最高權力，普通法院之人事仍操在司法院及法務部手中。參閱拙著，戒嚴法制的檢討，刊載：「基本權利」（下冊），第 326 頁。
❸ 參閱拙著，戒嚴法制的檢討（同上註）及法治斌，論國家緊急應變權，刊載氏著，人權保障與司法審查㈡，月旦出版公司，民國八十三年，第 106 頁。

一、總統「依法」行使任免權

　　總統任免權之行使前提為「依法」，這是基於法治國家之原則，表彰公務員係為國家而非如往昔專制國家之君王服務。同時擔任公務員亦係憲法所保障人民服公職之權利。因此公務員身分之獲得與喪失，非繫於一人之好惡，而係應依法律之規定。因此總統之任免權實受到嚴格之限制。我國憲法制定者這種規定之用意即是服膺孫中山先生所深惡痛絕的濫用國家名器行為，以及援引私人的「分贓政治」(spoil system)❸，並且配合五權憲法考試權之運用，建立「常任文官」(merit system) 之體系，因此總統的任免權其形式意義即重於實質意義。

　　所謂「依法」乃依有關人事之法令而言，這種法令包括憲法、法律（如公務人員任用法、陸海空軍軍官士官任官條例），以及相關的行政命令（子法、法規命令）而言。依憲法規定是指，憲法對於某些人士有其特別之規定，例如：憲法第 55 條 1 項關於行政院長之任命程序，第 56 條對行政院副院長、各部會首長、政務委員的任命程序，以及依憲法增修條文第 4、5、6 條對司法院（院長、副院長、大法官）、考試院（院長、副院長、考試委員）、監察院（院長、副院長、監察委員）人員的任命等。

　　總統必須依法任免公務員，乃因為文武官員為國家公務員，對於公務員身分之取得與喪失，不僅涉及人民服公職之權利，同時也涉及人民工作權、財產權、生存權與人格（榮譽）權。故必須依法律規範這種公務員關係的產生與變更，並且依據法令所規定之程序行使之。

二、任免對象的範圍

　　總統人事任免權的適用範圍，依憲法之規定為「文武官員」，然此「文武官員」的範圍為何，可分四點來討論：

(一)政務官的問題

　　按行政法的理念，所謂「文武官員」的意義有廣狹之分。狹義者，指國家常任文武官員而言，不包括因政黨政治因素而產生之政務官在內。若依此解釋，則本文前述

---

❸ 這也是實施總統制國家最嚴重的弊病。蓋總統制之總統權力極大，競選極激烈，所以奪得大位後必須分封功臣，以為酬庸，所以高級職位皆全為政客掌握，對文官士氣是極大的打擊。誠觀今日民主國家文官體系優秀者必是內閣制國家，如英國、加拿大、日本、德國，甚至以色列。

之行政院長、部長與大法官等依憲法規定的人員則不包括在內。易言之，不應列入憲法與行政法意義的「文官」也。惟我國憲法並未明確地區分狹義或廣義的文官概念，我國憲法對於公務員之概念與用語極為分雜，例如有稱為「官吏」（憲法第 75 條）；「公務員」（憲法第 77 條）；「公職」（憲法第 103 條）❸❹。依憲法第 140 條現役軍人不得兼任文官之規定，所指軍人不得兼任之文職職位已包括了常任文官、部會首長、大法官或監察委員或考試委員等。可見得此「文武官員」之概念應採廣義之解釋，故政務官乃依憲法規定所任命之人員，而應包含在此條之範圍內。

㈡**總統府所屬之人員**

　　總統府係為執行總統法定職權之機構。依據總統府組織法之規定，隸屬於總統府的人員，除一般文武官員仍須依照人事法令經總統任命外，尚有屬於顧問性質的人員，例如資政、國策顧問及戰略顧問等❸❺。此些人員係經總統遴聘，故總統對此些顧問人員之聘任與解任享有完全的人事權限。

㈢**地方自治人員**

　　地方自治人員的產生係實施地方自治的產物。依我國憲法第 108 條 1 項 11 款之規定，中央及地方官吏之銓敘、任用、糾察與保障之事項，由中央立法並執行之，或交由省縣執行。因此對於地方官吏的任用亦屬於中央權限。但是此所謂的地方官吏，是否亦指國家機關派駐在地方之公務員（例如各級地方法院之法官或駐紮在各地之職業軍人），抑或包含地方自治機關（省、院轄市、縣及鄉等）之自治人員在內？頗值爭議。

　　按地方自治的精神在於因地制宜，故地方自治團體應有最大之權限以設置地方自治機構，聘用自治人員來履行憲法所賦與之自治任務，與執行中央機關或上級自治機關的委辦任務。依地方制度法 (88.01.25) 第 55 條之規定，直轄市長由市民選舉產生，故市長依選罷法規定，由選舉委員會宣布當選，並於規定之日就職，執行其職務❸❻。因此無須經過總統之任命程序。市府一級機關首長，雖其職務比照簡任第十三職等，

---

❸❹ 參閱拙著：行政法學總論，第 197 頁。

❸❺ 此被稱為「國之三公」，目前中華民國總統府組織法 (85.01.24)，第 15、16 條之規定：總統府設資政（有給職及無給職）各十五名、上將戰略顧問十五名、國策顧問（有給職）三十名，（無給職）六十名，總共一三五名。過去慣例「三公」一經聘任，即不會被解任，以示國家崇優「國之大老」之德意。但現已更改，除戰略顧問外，資政與國策顧問皆每年一聘。

❸❻ 參見選罷法第 68 條之規定。

但除主計、人事、警政及政風主管由市長依法任免外，其餘皆由市長任免之。同樣的，縣（市）長對縣（市）政府一級首長之任免權亦同❸。此是就直轄市與縣（市）行政首長的任免權所為之規定。另外，地方自治機關內的行政人員應依地方自治法規以規定其任免程序。例如直轄市之政府組織應依內政部擬訂，經行政院核定的準則，擬訂組織自治條例，由市政府擬定、經市議會同意，報經行政院備查。縣市政府以下之組織，亦有不同之程序規定。惟有關考銓業務之事項，不得牴觸中央法規❸。此乃地方自治人員的任免、銓敘之法制事項，為考試院所掌握之職權（憲法增修條文第 6 條）。考試院得有審查地方公務人員法制之權限。但對於個別的地方公務人員之任免，應以地方自治機關首長之名義為之。故對於地方自治人員之任免即無須經總統為之，故總統任免權僅限於國家公務員❸。

㈣總統任命的職務範圍

　　總統依法任免文武官員，除在初次任命文武官員外，是否也包含職務變更的任命？如果吾人以公務員多半是代表國家執行公權力，故公務員係以職位之獲得方有表彰意志之可能，亦唯有總統以國家元首之身分賦予公務員執行此權力而加以任命，才能表彰此職位的責任感與嚴肅性。故公務員之職位人事變動，應以總統之名義為之。在此意義而言，總統的任命僅為也應為形式意義而已，而無介入之必要。依現行公務人員任用法第 25 條之規定：「各機關初任簡任各職等職務公務人員、初任薦任公務人員，經銓敘機關審查合格後，呈請總統任命。初任委任公務人員，經銓敘機關審查合格後，由各主管機關任命之。」雖指「初任」薦任、簡任公務員而言，且依同法施行細則(79.12.28) 第 24 條 2 項之規定，薦任與委任之人員調任同等之職位，均無庸再報請任命。可見得現行法令係以「官職高低」作標準，將初任委任職公務人員，無須慎重其事的報請總統任命，然是否更能激起基層公務人員的責任感？恐令人懷疑也。此外，現行法令亦採便宜原則，對薦任現職人員在同官等內調動職務，無須報請任命，雖有便宜行事之目的，然未能強調國家對其接任新職的期待也！

---

❸ 參見地方制度法第 56 條。

❸ 參閱地方制度法第 62 條之規定。

❸ 故我國傳統所稱：總統統率文武百官。這句話應加以修正。蓋總統對國家文官僅有依法任免權而已。故總統之統帥權僅及於武官（其實不只武官，也及於士兵）。

三、免職權的問題

　　總統對公務員的免職亦須依法為之。惟應特別注意者，總統之免職權必須更嚴格的依法為之。蓋其對一般公務員的免職固能侵害公務員個人的權利，在對政府高層人士，例如對行政院長的免職，則可能形成嚴重的政治問題。在此憲法應加以明確的規定，例如憲法第 55 條規定行政院長由總統提名，經立法院同意任命之，但未規定行政院院長的免職亦須立法院同意。此漏洞在經民國八十三年增修條文第 2 條 3 項增加對行政院長的免職命令須新提名的行政院長經立法院同意後生效之規定後，可看出總統對於行政院長的免職，有裁量之權。此問題留俟本書第三十三節貳二處有關行政院人事問題時一併討論。而憲法如對某些公務員有特別之身分保障時（例如法官）亦應遵守相關法律的特別規定（本書第三十八節貳三）。

陸、赦免權

一、赦免權的範圍與種類

　　憲法第 40 條規定總統依法行使大赦、特赦、減刑及復權之權，是所謂總統的司法權或赦免權。赦免權，在以往君主時代多半是代表一種示惠之措施。但今日總統的赦免權，毋寧是當成一種對於司法權力行使的介入。對於司法的尊嚴與權力分立制度，皆有相當程度的影響。依憲法規定，總統的赦免權有下列四種： 1.大赦、 2.特赦、 3.減刑、 4.復權。

　　1.所謂大赦，依我國赦免法（80.09.24，以下簡稱「本法」）第 2 條之規定，指全國性的某種罪刑，國家不予追訴或繼續執行刑罰權也。易言之，未受罪刑之宣告者其追訴權消滅；已受罪刑之宣告者，其宣告無效。大赦必須透過立法之方式為之，但依憲法第 58 條此大赦案須經行政院院會通過。

　　2.特赦乃針對特別之個案與為某特定之犯罪人（即已受罪刑宣告者），免除其刑罰的執行。故特赦係國家放棄繼續執行刑罰之行為。其情節特殊者，方得以罪刑之宣告為無效。換言之，即使犯罪人仍未經刑之執行（例如判決未確定、或逃亡中）者而言（本法第 3 條）。特赦既然是針對個案而為之，故其為違反平等權之措施，至為明顯。

　　3.減刑，係減輕犯罪人所宣告之刑，且以法定刑作基準。惟可爭議者，減刑係以

刑法或其他刑事法律所規定之「法定刑度」作刪減，抑或以個人所受刑罰之宣告為刪減基礎？端視減刑者是類同特赦，抑或普遍性而言。受個案減刑之宣告者，自以其所受之刑罰為刪減基礎，如判刑十年改為兩年。倘減刑係普遍性者，依本法第 6 條 2 項之規定，全國性質之減刑則依大赦規定辦理。我國行憲後共四次的減刑條例，均以類似大赦的方式為之。就是以法定刑度為減免標準。

4.復權，乃對因刑法（第 36 條）之規定而被褫奪公權者，所為恢復其公民權利之措施，即被剝奪擔任公務員與公職候選人及行使選舉、罷免、創制、複決等四權，可恢復之。這是專對主刑以外的從刑所為的赦免。另外，針對戒嚴時期因犯內亂與外患罪而被撤銷或喪失公職及專門職業及技術人員資格者，立法院曾制定一個特別的「戒嚴時期人民受損權利回復條例」(84.01.28)，作為廣泛的復權條款，已於上文討論戒嚴制度時論及。惟該條例所規定的權利回復措施係由主管機關或是法院為恢復權利之補救措施者，而非由總統為復權之宣告，故是為復權制度之例外。

二、赦免權的效果

赦免權經赦免後可產生幾種不同的效果：

㈠不溯及既往之原則

因有罪判決確定所產生既成效果，不因大赦、特赦、減刑、復權而受影響。本法第 5 條之 1 已明文規定。這是因為赦免係對有罪者的恩賜而非糾正違法判決的救濟措施。所以既成效果乃「罪有應得」也。但因罪刑之宣告而喪失之公職，經大赦或宣告為罪刑無效的特赦而有回復之可能時，得由當事人申請主管機關回復之。其經准許者，溯自申請之日起生效。是為保障某些具有身分關係之公職人民的特別權利❹。

㈡累犯的問題

所謂累犯，依刑法第 47 條之規定乃指受有期徒刑之執行完畢，或有期徒刑一部執行而赦免後，五年以內再犯有期徒刑以上之罪者，為累犯，加重本刑至二分之一。刑法對累犯的加重有對曾經赦免者而再犯罪，予以加重處罰之規定；此所謂赦免者，依司法院 36 院解字 3534 號解釋並不包括大赦及全國性的減刑在內。這是因為大赦的效力乃對已受刑之宣告者，為宣告無效，因此犯罪人已因大赦而使罪刑宣告為無效，故

---

❹ 此條款可稱為「黃信介條款」，係源於黃信介遭叛亂罪剝奪第一屆立法委員之身分，其經復權後，申請回復其立委身分，才於民國八十年增定此條文。

再犯罪即不構成累犯問題。同樣的，司法院釋字第 133 號也認為因「減刑」而免除其刑者，亦屬於未構成累犯的赦免行為。

⊜總統之權限

總統的赦免權乃「依法行使」為條件，由此準據法——赦免法第 6 條之規定——總統的命令由行政院轉令主管部（法務部），為大赦、特赦、減刑與復權之研議。因此總統擁有赦免之「發動權」，但此發動權僅係研議的建議權而已，同時此發動權並無專屬性質，因為依憲法第 58 條 2 項規定之大赦案與本法第 6 條 2 項之全國性減刑條例，應由行政院會議議決，故法務部長及行政院長亦為赦免法案之發動人。總統可基於元首身分所行使之赦免特權，僅有個案性質的特赦、減刑及復權（本法第 6 條）而已。但是總統行使這三種赦免權利之細部規定，例如需否經行政院長之提請或是減刑的範圍如何……等，除本法第 3 條後段特赦在特殊情形時，可構成排除累犯之條件外，皆未規定。因此本法應作進一步精密的規定，避免個案引起的不確定紛爭。

⒁特赦對象的限制

總統的特赦對象應否限制？例如總統可否以自己為特赦對象？外國有許可之例子。例如菲律賓總統羅哈斯 (Manuel A. Roxas) 在一九四八年便頒布一個，適用包括對自己在內的特赦（按該國之特赦不限個案），免除自己在第二次大戰時與日本占領軍合作的涉嫌犯罪的責任。但解釋上應持反對說，避免總統為自己的行為脫罪。

赦免多半是基於政治的目的。例如我國古代常為國有重大慶典，例如新王登基、或是生日、重病、皇子誕生等等，而舉行施恩性質的赦免。我國行憲以來共舉辦四次全國性減刑。例如民國六十四年及七十七年為追念蔣中正及蔣經國先生逝世所公布的「罪犯減刑條例」；與為紀念中華民國開國六十年及八十年所制定的二次「罪犯減刑條例」，以及民國八十九年十二月十一日陳水扁總統公布的三件，共二十一個人的特赦案，都是例子。因此赦免權是一種違反刑事正義，破壞平等原則之制度，同時使得法院裁判的公信力與法律尊嚴，受到損害的一種破壞法治國家權力分立的行為。尤其是，當人民會期待國家會為重大慶典來頒布赦免措施時，恐亦有鼓勵犯罪行為之副作用。因此赦免權之制度，因偶而為之；是特例而非常態❹。

---

❹ 美國總統便是經常使用特赦或減刑的國家，甚至許可這種特色可以獲取金錢代價。例如柯林頓總統在任期最後一天特赦 175 人，川普總統也在任職最後一天特赦達百人之多。且都有金錢交易的公開情形。這是行政特赦權濫用的典型例子。同時在川普行使特赦時，也曾考慮要否給自己或家人特赦，但恐有自認犯罪之嫌而未行使之，

柒、榮典權

憲法第 42 條規定，總統依法授與榮典。所謂榮典，係總統以國家元首之身分對於國家或社會有功勳、優良德行或是在某個領域上有傑出貢獻之人民所給予之尊榮性質之獎賞的權力。按榮典權在我國並不陌生，其內容可以為勳位爵號的授與，或給予勳章、獎狀等措施在內。

我國各朝代亦常有犒賞品秩與封贈爵位之事，歐洲各君主國家，亦同。現今在強調維護平等權的精神下，民主國家除了少數的例外——例如英國——已少有封贈人民爵位，以免造就貴族階級❷。所以採行「民國」為國體的我國，即不能將爵號視為榮典的種類之一，蓋爵位制度是封建的遺緒，與民國之本質不合。

總統的榮典權必須依法行之，我國榮典頒與的一般法源，為褒揚條例 (75.11.28) 及勳章條例 (70.12.07)。

依褒揚條例之規定，褒揚的方式為：明令褒揚與題頒匾額褒揚。受明令褒揚者，為已逝世之人為限。褒揚的程序分為總統特頒為例外，餘則以經行政院院會通過呈請總統頒布。受褒揚者之事蹟，得視其情形，宣付國史館，並列入地方縣志——及載諸史冊，以供後世景仰。或入祀國民革命忠烈祠或地方忠烈祠。

依勳章條例之規定，國家可頒與五種「勳章」(采玉、中山、中正、青雲、景星) ❸。這是國家頒贈給非軍人以外的勳章。有別於其他部會所頒與之獎章，可由各部會決定頒與之。總統頒授的勳章依勳章條例屬於總統的權限，故有極隆重的程序，

可見美國法制是許可總統預先為自己免於退職後的追究而行使特赦。除了總統可對聯邦罪行使特赦或減刑外，各州州長也可對州罪犯行使特赦權。這都是屬於行政特權。這種美國總統制對總統最容易濫權的特赦權，在比較憲法學上卻甚少討論，美國法制也沒有給太多的重視也。另外，韓國也是另一個總統頻繁行使特赦權的國家，金大中總統任內 (1998–2003) 特赦 70,321 人；盧武鉉總統任內 (2003–2008) 特赦 37,188 人；李明博總統任期 (2008–2013) 短短五年內，特赦七次，人數共達 12,987 人，甚至在任期最後一個月，還特赦 55 名親信，顯示出韓國總統經常任期屆滿後會鋃鐺入獄，與其團隊高度的犯罪率，及總統頻繁行使特赦權，似乎有連帶關係。參見聯合報 (103.01.29)。

❷ 例如德國威瑪憲法第 109 條 3 項規定：貴族的稱號係公法特權，僅視為姓名的一部分，國家不得再行頒授人民貴族稱號。日本現行憲法 (1946) 第 14 條 2 項亦規定廢止「華族」(貴族)。

❸ 在我國，除了最高級的官員（如部會以上首長）外，對於文職公務員，極少頒給勳章，而係給予獎章。這起因於政府遷台初期，國難方殷。故蔣中正總統曾指示「少頒或不頒勳章為宜」。民國八十二年總統府及五院秘書長已一致建議總統更改此政策，以鼓舞公務員之士氣。似乎把頒給公務員勳章認為乃總統之特權也！見司法周刊，第六九二期，民國八十三年九月二十八日。

例如遴聘德高望重人士，組成「稽勳委員會」（例如稽勳委員會組織條例，36.07.17），即連行政院會與其他四院都無權決定頒與，僅有建議性質而已。這種敘勳過程是否過度儀式化與僵硬化，比實施君主制國家的授與爵位制度更為嚴格，有無必要？頗值得檢討。蓋勳章應給予對國家有真正功勳之人，不論一般國民或公務員，有傑出貢獻即應考慮頒與之，不應淪為對重要職位卸任官員儀式性與慣例性的頒與（不論是否真有優良的政績或貢獻留下），否則勳章將會淪為帝制時代「權貴衣著裝飾」的必備品而已。

　　授與榮典，既係國家對於某些國民的成就，表示褒獎之意思。且在多數情形，也涉及到對國家社會之忠誠與貢獻，是屬於公法權利的一種，對頒予人民的榮典得視為行政處分。

　　另外，國家對於外國人亦得授與榮典。我國國民如果受到外國所頒與之勳章，法律上並無限制。惟公務員方面，在公法上具有特別的意義。故在接受外國贈與的勳章之權利方面，應是受到較嚴格的限制，在受理之前以獲得機關之同意為必要，避免違反了公務員對於國家的忠誠義務❹。

　　除了一般的榮典外，國家為講勇教忠，亦定有針對軍人的忠勇行為的軍事榮典制度。依陸海空軍勳賞條例 (41.05.24)，軍人得因戰功及勳蹟獲頒勳章、勳刀及榮譽旗。對於非軍人及外籍人員則僅能頒給勳章。這種屬於軍事功勳中的勳章及勳刀，可由總統「特令」頒給外，平時由國防部核定轉請行政院轉呈總統頒給。戰時，交由軍事長官頒給，補呈總統備案；榮譽旗則由最高軍事長官報請總統審核頒發。因此，軍事長官對軍事榮典享有甚大的決定權力。

---

❹ 但屬於純粹象徵式的榮典，例如對外國元首與官員所頒授的官員不在此限。德國威瑪憲法第 109 條第 6 項目規定，人民不得領受外國政府所授予或給予之勳章。依勳章條例施行細則第 22 條之規定，公務人員遇有外國政府給予勳章時，應報由外交部，函請行政院轉呈總統核定後，方得配戴。可見得我國是採行非常消極事後性質「配戴許可主義」，而非「受領許可主義」。而德國聯邦公務員法 (1980.05.10) 第 71 條規定，公務員須經總統許可後，方得接受外國元首或政府頒給之頭銜、勳章等。

捌、緊急命令權

一、緊急命令權制度的意義

我國憲法第 43 條規定總統有發布緊急命令的權力。這是憲法賦予總統應付國家遭遇非常時期的應變權力，異於憲法所賦予總統之其他權限——平時權限。本條文規定之總統發布緊急命令為一種非常時期的權力，其與總統的宣布戒嚴權一樣，屬於緊急權力的範圍，其與總統的宣布戒嚴權不同者，乃總統僅能宣布戒嚴，但對戒嚴措施之內容與施行方式，總統無置喙之餘地，悉依戒嚴法之規定。惟緊急命令則反是，可依行政院會議與總統之意志決定緊急命令之內容與實施方式；其次，戒嚴乃是實施「軍事統治」，以軍力作為國家政策之推行工具。但緊急命令則仍仰賴國家「平日」的行政權力來實施應變措施。此時國家的「文人統治」之特徵並未消失。而軍力雖亦可作為政策實踐之工具，但絕非主要的手段。

我國憲法賦予總統緊急命令權，明顯的仿效自德國威瑪憲法第 48 條。這種授權總統行使緊急權的目的，係期待總統國家危急時刻，扮演憲法「維護者」的角色；不僅為維護國家的安全、人民的福祉，而且有維護國家憲政生命的作用在焉。因之，在德國威瑪共和時代 (1919–1933)，德國總統即被稱為「聯邦憲法的維護者」(Hueter der Reichsverfassung)❹❺。

德國威瑪憲法對總統在國家瀕臨危急時刻所能行使救亡圖存大權的設計，必須使總統在平日即獲得全國人民與黨派的愛戴與信任，故憲法的制度設計即免除總統負責實質政策的決定權。易言之，非如美國總統之為行政首長，方能保持總統有超然於政爭、政潮之外的獨立地位；同時總統擁有較長的任期（威瑪憲法第 43 條規定總統任期為七年），異於國會議員的四年任期，也有穩定國家政局的功能。所以總統是擁有一個超然的「中立權」(pouvoir neutre)❹❻。總統既然作為中立的第三者，在國家最危急時

---

❹❺ 這是由德國著名的憲法學者卡爾‧史密特 (Carl Schmitt) 的提倡，而成為憲法學上著名的理念。在第二次世界大戰後所制定的西德基本法，這個「憲法維護者」的桂冠，已被移戴到掌握違憲審查權的聯邦憲法法院的頭上。關於史密特的見解，請參閱拙著：憲法的維護者——由卡爾‧史密特對總統緊急權力及總統角色之定位談起。刊載：公法學箚記，第 135 頁以下。

❹❻ 所謂的「中立權」是由法國的政治學者康斯坦 (Benjamin Constant, 1761–1830) 所提出的理論。康斯坦認為在實施君主立憲的國家，國君雖為國家民意上的元首，不負擔實際上的政治任務，但一旦國家的三個權力（行政、

刻所採行的非常措施,方能獲得朝野與全民的信賴。

我國憲法的緊急權制度,亦採擷德國此種精神,將總統視為「憲法及國家維護者」,所以我國憲法第 43 條條文與德國威瑪憲法第 48 條條文在基本精神上極為神似❹。同時我國總統任期本來依憲法為六年,也長於立法委員的三年剛好一倍。不過,將總統作為憲法的維護者,固然以授與總統應變大權為原則,但不似一般實施內閣制的國家(例如英國),多採取「事後授權」之方式,也就是國家遭遇危難時,才由國會以通過授權法之方式,賦予政府應變之全權,例如英國在兩次世界大戰時的「戰時授權」立法。威瑪憲法與我國的總統緊急權力,則是採取「事前授權」的立法例,故並未衡諸日後具體發生危機的種類,而於事前統一且固定地許可總統頒布此緊急權力。儘管對總統此權力容有其他的限制,例如必須依內閣提議、國會追認或依法律(緊急命令法)……,但的確具有將總統視為憲法維護者的基本精神,只是對於總統行使此職權的信任,有程度有大小之分而已。

二、我國憲法緊急命令權制度的演變

我國憲法對於總統緊急權力的制度,行憲迄今業以經歷經三個階段的演變,可分為憲法第 43 條「原版制」、動員戡亂時代的「擴張制」與現行增修條文的「折衷制」。茲分別討論如下:

立法、司法)彼此發生嚴重衝突時,則君王為了謀求國家的利益,得行使一個超然且中立的平衡權力,以解決此三權的爭端。這種可稱為「第四權」的中立權,依康斯坦之見,也具有獨斷的性質。例如可以對內閣閣員任命或免職;對國會的決議,可行使否決權;亦可召開或解散國會;任命法官,甚至為宣戰或媾和之宣告。由於元首這種「中立權」是為國家、而非元首個人之利益而為,故可取得其正當性。康斯坦這種元首中立權顯然不符合民主憲政國家的理念,因此中立權應限制其內容,康斯坦的中立權理論只可說是中立權的原始雛形理論而已。參見,I. v. Muench, Staatsrecht, Bd. I, 5. Aufl., Rdnr. 782.

❹ 德國憲法第 48 條之規定為:第 1 項:各邦不履行聯邦憲法,或法律所課之義務時,總統得以兵力使其履行義務。第 2 項:德國國內之公共安寧秩序發生重大障礙,或有發生障礙之虞時,總統為恢復公共安寧秩序得為必要之處置,必要時得使用武力。為達此目的,總統得暫時停止部分或全部之第 114 條(人身自由)、第 115 條(住居不可侵犯)、第 117 條(秘密通訊)、第 118 條(言論自由)、第 123 條(集會自由)、第 124 條(結社自由)及第 153 條(財產權保障)之基本權利。第 3 項:總統為本條第 1 項或第 2 項之處置後,應立即報告聯邦眾議院,如聯邦眾議院不同意時,其措施失其效力。第 4 項:各邦政府於有急迫情事時,得在其領域內,暫為第 2 項所定之措施,如聯邦總統或聯邦眾議院不同意時,其措施失其效力。第 5 項:本緊急命令制度的細節,由法律定之。可參閱黃俊杰,法治國家緊急權,元照,2001 年,第 16 頁以下。

㈠原版制度

憲法第 43 條規定總統緊急命令權，其規定可以綜歸為：

⑴發生危機種類：國家遇有天然災害、癘疫或國家財政經濟上之重大變故，必須為急速處分；

⑵實行時期：必須於立法院休會期間方可行使之；

⑶程序規定：必須依行政院會議的決議；

⑷實施過程之依據：依立法院制定之緊急命令法；

⑸追認程序：發布命令後一個月內應提交立法院追認，如立法院不同意，緊急命令立即失效。

此為憲法最原始對總統緊急制度的設計。由這個制度可知，憲法對於總統行使緊急權力的時期及其程序都有嚴格的限制。質言之，非滿足上述五條件則不得行之。例如，僅限於三種變故——天災、疫疫與財經危機。至於其他國家之危機——如發生叛變、外患或外交危機——則依法諺「列舉代表限制」(enumeratis ergo limitatio) 的法理應認為依憲法其他之規定及制度，例如戒嚴及立法院行使宣戰與媾和權以因應之。限定總統僅能在立法院休會時期方能行使緊急權亦基於內閣制之精神。因國家緊急情形發生時，國會自可迅速集會，研擬應變之方。即使在立法院休會時許可總統採行權宜應變之計，依憲法第 68 條之規定，立法院每年由二月至五月底及九月至十二月底為開會時期，故即便立法院未延長會期，每年最多休會期僅為四個月，總統得行使緊急權之機會更顯稀少。

在主動性方面，總統緊急權以經行政院會議之決議為必要。如同向立法院提交之議案一樣，表示行政院因此緊急權而向立法院負責，故總統所頒布之緊急命令應經行政院長副署始得生效。

第三個控制總統行使此權力的方法是必須依循立法院事先制定的緊急命令法，讓總統行使緊急權的方式、種類及其他細節事宜，能夠先經立法院的規劃，同時也讓國民知悉總統行使此權力的範圍及程序，以獲得法律之可預見性。追認必行主義可讓立法院能在一個月內審查總統的該緊急命令之妥當性及合法性問題。

由上述的規定可知，原版制度不欲總統擁有太大的緊急權行使之自由，故設有五層的「金箍咒」，緊縛了總統可能的濫權。顯而易見，這個制度除了保障法的安定性外，也是對總統較不信任的設計。所以，此種制度與威瑪憲法中使總統作為憲法維護

者的設計是南轅北轍的。

㈡擴張制

　　我國憲法第 43 條所建構的總統緊急權制度，過度樂觀地估計國家政治體制（行政院及立法院）的應變能力，隨著國家內亂情勢劇變，不僅立法院未能制定供總統行使緊急命令準則的緊急命令法，甚至執政當局的國民黨亦不願總統被縛手綁腳的行使應變救急之權力。故在憲法制定後不足一年半，行憲後不足半年的民國三十七年四月十八日便公布臨時條款（見附錄二），其唯一目的便是以增定緊急處分條款來取代憲法第 43 條之規定。這個緊急處分制度異於原版者有四：

　　⑴國家發生之危機種類不再限於三種列舉，而是「避免國家或人民遭遇緊急危難，或應付財政經濟上重大變故」。易言之，改採所謂的「概括性危機」，並且將憲法第 43 條的緊急權係應付「已發生之危難」，變易為預防性之措施，大大地增加了總統行使此權力之機會。

　　⑵不必待立法院通過緊急命令法以為實行權力之前提，故總統可海闊天空地行使權力，無一個事先公布的法定程序及要件以資遵守。

　　⑶不必踐行「追認必行主義」，亦即非必須且主動移送立法院追認。

　　⑷立法院必須擁有絕對多數，而非二分之一的普通多數，方可否決總統之緊急處分。

　　這個可稱為「擴張制」的緊急權，一反「原版制」的不信任總統心態，轉而全面的信任總統。並且專以總統應變救亡圖存之目的性為考量，以致忽略了總統可能濫權的危險性與大量剝奪了民意機關（立法院）的職權。

　　在動員戡亂時代，總統所頒布的緊急處分，計有十一次之多，分別是：

　　⑴發行金元券之「財政經濟緊急處分令」(37.08.19)；

　　⑵全國戒嚴令 (37.12.10)；

　　⑶黃金短期公債 (38.01.19)；

　　⑷財政金融改革 (38.03.25)；

　　⑸銀元券 (38.07.02)；

　　⑹發布湘、贛等劃為接戰地區之戒嚴令 (38.07.07)；

　　⑺發行愛國公債 (38.07.23)；

　　⑻八七水災重建 (48.08.31)；

(9)中美斷交延期改選中央民代令 (67.12.16)；

(10)對前之緊急命令之補充事項，延長任期屆滿之中央民代任期；

(11)因蔣經國總統逝世之停止人民集會及結社令 (77.01.13) ❽。

㈢折衷制

動員戡亂時期結束後所制定的憲法增修條文 (80.05.01) 第 7 條，基本上仍承襲緊急處分之規定，只是將名稱回復為緊急命令。這個已列為現行憲法增修條文第 2 條 3 項的緊急命令，異於「擴張版」的緊急處分之處，僅有二點：

第一、恢復「追認必行主義」。但是條件比憲法第 43 條更為緊密。總統應於發布緊急命令後十日內提交立法院追認，比憲法第 43 條規定的一個月內提交立法院追認，時間提早了三分之二。

第二、立法院恢復普通多數之表決方式，即可行使否決權。所以，此「折衷制」的總統緊急權力係吸納原始版及擴張版綜合而成。就賦予總統廣泛應變權力方面，已吸取了擴張版之精神；在強調民意監督方面，則將原始版的一部分（追認）予以強化。所以，也可看出是一種妥協性的產物。

三、緊急命令的範圍

㈠列舉式的規定

依增修條文第 2 條 3 項的規定，總統所頒布的緊急命令已經行政院會議之決議為前提，而命令的內容則依目的性的需要；易言之，以消除國家或人民遭遇緊急危難，或應付財政、經濟重大危機所必要之任何措施，皆可作為緊急命令的內容。

緊急命令之法律性質因此可以是針對抽象事務或規範對象，所頒發的「行政命令」性質，也可以是針對具體個案所頒布的「行政處分」，例如針對某些特定人民的財產予以徵收或徵用。這種對緊急命令範圍的概括規定，是否符合法治國家的原則，恐有質疑之處。

如果吾人以德國威瑪憲法第 48 條 2 項的立法例以觀，係明白規定總統緊急命令所能牽涉限制的人民基本權利僅有七種，除此七種權利以外的人權，即非總統權力所能限制，例如遷徙自由與職業選擇自由（德國威瑪憲法第 111 條）、罪刑法定主義（第

---

❽ 參閱馬起華，前述書，第 446 頁。

116 條）、秘密投票權（第 125 條）即非緊急權力所得干涉。這個規定雖有保障人權之重大作用，且只是立法者在制定緊急命令法時，應注意將此列入，具體的將緊急權力限制在七種人權範圍之內。這個陳義甚高之規定，在日後威瑪共和國憲政未能實現。相形之下，我國憲法第 43 條並未限制總統緊急權的範圍，僅規定由立法院制定緊急命令法。故解釋上，立法院可以藉此立法之機會將總統行使緊急權的內容，加以限制。不過增修條文第 2 項已將立法院這種「限制可能性」，加以刪除，益顯出總統緊急命令的漫無限制。過去總統依臨時條款之規定行使的緊急處分的範圍亦甚廣泛，有限制人民集會結社自由者 (77.01.13)；有涉及財稅與預算者 (38.01.19; 38.07.23; 48.08.31)；亦有停止選舉、延長中央民意代表任期 (67.12.16)，顯見總統緊急權範圍之廣泛。

㈡緊急命令內容上的限制

倘若吾人持續肯認總統有如此廣泛的權力範圍，且將限制總統此權力的唯一可能性寄望於立法院的追認程序，顯然過分地粗糙與危險。易言之，如果總統的緊急命令可以如此的廣泛，以至於例如可能發生的：

⑴干涉司法，例如為整飭治安，總統以命令縮短人民訴訟的審級，更易法定刑度或規定法官應速審速結。我國在民國八十八年九月二十一日發生大地震後，總統頒布的「緊急命令」第 11 條即有「特別刑法」的規定，對妨礙救災、哄抬物價之行為，處一年以上，七年以下之徒刑及併科五百萬元以下之罰金；第 2 項規定對趁火打劫者，加重其刑二分之一。

⑵侵犯監察權限，例如禁止監察院不得對某官員進行彈劾。

⑶侵犯立法權，例如國會不得開會或改選或通過某個法律。

⑷侵犯考試權，例如自行決定如何舉行考試，或停止公務人員法律之適用，例如前述「九二一緊急命令」第 7 條 2 項規定，「衛生醫療體系人員為救災所需而進用者，不受公務人員任用法之規定」，即是一例。

⑸侵犯憲法所定的制度，例如免除總統發布命令的副署制度，採取中央集權，廢止地方自治，或是廢止兵役制度，改採募兵制。

吾人如僵硬地認為，既然總統之緊急權力在內容上並無範圍的限制，應承認上述之緊急命令為「合憲」之舉，恐怕就喪失法治國家的理念。總統的緊急權力，不僅不為「憲法的維護者」，恐係因量變及質變，而成為「憲法的終結者」，故對總統緊急權力的範圍，應該予以必要限制。

　　總統緊急權力的行使，如以其本質而言，例如參考內閣制國家的緊急授權，可知是以授權行政權力來應變，其所牽涉者乃行政權與立法權之互動關係。藉授權行政權力來使原本受限於立法權的情況，得以解脫，以免立法的延宕削減行政權的應變能力。所以緊急授權，多半是行政授權的代名詞，其理在此。如果吾人由此觀點來予思考，則基於三權分立所構建的西方民主國家，緊急權仍是具有行政權的屬性，不得侵犯到另一仍獨立的司法權。在實行五權分立的我國，總統緊急權力既然以行政院會議的決議為其發動之前提，故此緊急權仍不應逸脫憲法所定屬於行政院及立法的職掌範圍之內，並不能夠越此藩界而侵及司法、考試及監察 ❹ 。

🗀緊急命令法制定的必要性

　　總統緊急權的行使，是否考慮由立法院制定緊急命令法。關於此一問題，由於總統緊急命令的範圍過於空泛與概括，緊急命令法之制定即因規範對象不明確，而具有極高的困難度。威瑪共和時代，學界有甚多人士主張制定必要者 ❺ ，但也是基於立法困難的理由，終威瑪之世，德國總統共行使多達二五次之多的緊急命令，卻未制定一部緊急命令法。德國這種未依威瑪憲法第 48 條 5 項規定所實施的緊急命令之憲政現實，也被稱為是一種「憲法突破」，或習稱的「憲法毀棄」(Verfassungsdurchbrechung)之行為，其實已具有明顯的違憲特徵。

　　我國行憲後，不旋踵間即以制定緊急處分制度取代較嚴格的緊急命令制度，使得威瑪共和國的「違憲翻版」並未在我國出現。鑑於法治國家所揭櫫的法律安定性原則及法確定原則，應使人民及執法之公務員、法官及軍人皆能瞭解其權利義務之界線，也為使總統與行政院在實踐此緊急命令應有一定的軌跡可循——即使在緊急時期亦不例外——。同時法治國家所樹立的憲政原則，例如比例原則、依法行政原則與依法審判，亦當然在緊急權的運作上獲得適用。特別是負責執行緊急權的行政權，仍應遵守嚴格的「依法行政」原則。為此，由立法院事先未雨綢繆，制定一項思慮周詳的緊急命令法的必要性，便已顯現出來。

　　將總統緊急權實踐的諸多細節，例如命令頒布的程序，涉及法律的救濟途徑，法

---

❹ 參閱拙著：憲法的維護者，第 159 頁。另參見下文🗀有關「九二一震災緊急命令」的部分。黃俊杰，前述書，第 149 頁。

❺ 例如卡爾・史密特在一九二六年所發表的一篇論文「論憲法第 48 條之緊急命令法——所謂的獨裁法的立法問題」中已指陳立法的重要性，刊載於拙著：公法學箚記，第 137 頁以下。

院的審查權限及立法院的追認程序與（善後）效果……，加以確定，使得國家在危急時刻亦有維護法治國原則的機會。至於立法困難度問題，以法律乃人為的產物，事在人為，吾人寧可相信集眾人的智慧，沒有不可制定完成的法律。

㈣民國八十八年九二一震災「緊急命令」的啟示

民國八十八年九月二十一日台灣埔里地區發生七點三級強烈地震，造成兩千餘人死亡，十多萬人無家可歸的悲劇。為了因應此次台灣有史有來最強烈的震災，總統在九月二十五日頒布一個為期六個月的「緊急命令」。這個僅有十二個條文的緊急命令大都是採行概括授權的方式，由行政院另行制定實施辦法來執行實際的救災任務。此概括授權的緊急命令在三天後雖經立法院追認通過，然而卻在立法院引起許多爭議：第一，立法院對於緊急命令的表決能否附保留，例如：追認待行政院擬定施行細則後才生效？第二，立法院得否修改緊急命令的內容？以及第三，行政院嗣後制訂的實施辦法需否再送立法院追認？……，此三個問題，雖在以後皆以「否定」的方式運作，但本次緊急命令頒布與實施過程，無疑是檢驗我國憲法緊急法制是否完善的一個極好的實證經驗。

此次九二一震災，國家總共先後採取三種法規範來因應。首先，在九月二十五日總統頒布概括授權性質的緊急命令；其次，在十月二十二日，行政院制定公布「中華民國八十八年九月二十五日緊急命令執行要點」，作為執行緊急命令的具體規範。最後，為了使災後重建能夠持續，使得緊急命令適用期六個月屆滿後能有明確的救災法源，立法院在八十九年一月十七日清晨，通過「九二一震災重建暫行條例」，將上述緊急命令及「執行要點」的規範納入本法，因此，此次震災的法規範形成「政出三門」的現象。

由上述緊急命令頒布後，仍必須由行政院制定施行要點，可知道緊急命令的頒布，往往出於急迫的情況下，因此行政院不可能有充足的時間來擬定因應的法規條文，而後通過行政院院會議決，轉請總統以緊急命令頒布之；同時，因事出倉促，緊急事故不能探悉全貌，狀況「頻生」與「頻變」當為平常，故因應措施必須有相當的彈性，以應事變。故緊急命令及其施行要點會有相當程度的授權必要性。以立法院的追認而論，既然國家有難，政府採行緊急措施的必要性迫在眉睫，立法院也易迫於形勢來追認緊急命令，無暇嚴格以法理來把關。因此，緊急命令的實施即無法符合法治國家的原則。以九二一震災為例，總統緊急命令中定有「特別刑法」的規定，例如：第 11 條

1 項規定，對妨害救災、哄抬物價者，處一年以上，七年以下有期徒刑，得併科五百萬元以下之罰金；第 2 項規定，處罰趁火打劫者，例如：詐欺、侵占取得賑災款項者，加重其刑二分之一。這種特別刑法的規定得否規範在緊急命令內，即值得斟酌，這是總統緊急命令的內容上應有所限制之處，已於前文述及。另外，行政院通過了執行要點，是以「咨知」方式向立法院備查，而非由立法院通過追認。易言之，立法院對最終行政院採行震災重建措施的具體規範，並沒有實質審查的機會。同時，施行要點有無牴觸緊急命令，亦無審查的機會。最後，立法院還是必須制定災後重建暫行條例來接續此救災措施，我國目前緊急法制似乎問題重重，到了非要解決不可的程度。

　　要解決此困境，依據憲法第 43 條的規定來制定緊急命令法，固然是方法之一，但以威瑪憲法的前例可知，此法不易制定。德國基本法便另闢蹊徑，在一九六八年五月修憲訂定「緊急憲法」，便採行所謂的「類型化緊急法體制」。這是設想不同的緊急情況而有不同的因應規定。德國基本法以二十八個條文，將危急分成三種：第一種為國防狀態，即國家發生戰爭之危機；第二種為緊張狀態，即國家瀕臨戰爭危機的警戒狀態；第三種為災難狀態，即天然災害以及人為災害（如叛亂）等。在國家進入國防狀態時，國會參、眾兩院由平日的五九八位議員，精簡成四十八人的聯席委員會，以提高議事效率來代行國會一切職責，並不概括授權行政權力，避免造成行政權力的濫用；同時，國會議員若在緊急狀況持續中法定任期屆滿，可延長至緊急狀況結束後六個月才屆滿。在緊張狀態發生時，則可以將國家進入國防狀態才適用的法律，提前適用，以備不時之需。這些法律，例如在一九六八年公布的三個有關經濟、交通與民生物品的「穩定法」及一些有關軍事動員的法律。第三種災難狀態則多半是授權聯邦政府能突破中央與地方分權的規定，能提供具體的人力、物力來平抑災變、恢復重建 **❺❶**。

　　除了德國採行這種類型化 (Typisierung) 及差別化 (Differenzierung) 的緊急法制外，日本在一九九五年發生的阪神大地震後所採行的因應方式，亦有值得參考之處。一九九五年一月十七日上午，日本兵庫縣發生類似埔里大地震之七點二級的強震，造成五千三百人的死亡，日本隨後即由國會制定特別法，來進行災後重建。與我國立法院只通過一個綜合性的重建暫行法律不同，日本先後立法與修法的法案達四十個之多，這些法案多半是具有措施法的性質，也更能根據不同的需要，擬定具體的對策。日本

---

❺❶ 參見拙著：法治國家與危機──論總統緊急命令之立法問題，思與言，第 38 卷第一期，2000 年 3 月，第 65 頁以下。刊載拙作：「法治國家論」，第 331 頁以下。

的立法例顯示，如果國家即使進入緊急狀態，只要國會仍能運作，且國會議員會共體時艱的迅速立法時，不失為一個可行之道也，但如果斟酌一旦國會立法的可能遲宕，則德國基本法「精簡國會」的制度就更為有效了❷。因此，我國若要一勞永逸的將國家緊急權體制重新整建，來貫徹法治主義，德國在憲法層次就預先規劃的「類型化緊急權」制度；或是日本法例的在事變發生時採行急速制定措施法的方式，都是比目前我國憲法本文或增修條文所設計的緊急權法制來得先進及符合現實需要，且更能有效維護國家的法治主義。

(五)新冠肺炎疫情所實施的防疫規定

總統由憲法所賦予的在國家面臨的天災或癘疫，而可採行的緊急命令權，乃是憲法授予總統一人可行使概括的應變權，且可概括限制人民的基本權利，而毋庸嚴格實施法律保留的原則。這個憲法「只授權一人」的特例，乃是國家安全與全民福祉的不得已之制度，也是「總統獨占」的特權。必須謹慎及其必要時方得許可之，也是民主法治國家的首要原則。

然而在為防止新冠肺炎而制訂的「嚴重特殊傳染性肺炎防治及紓困振興特別條例」(110.05.31) 第七條，卻採取了授權中央流行疫情指揮中心指揮官，擁有「為防治控制疫情需要，得實施必要之應變處置或措施」的權力。這個可由衛福部部長擔任的指揮官，幾乎擁有了總統緊急應變權的所有權力，包括限制某些企業，例如防疫器材的企業之經營權，許可將產品限制出口、自由買賣、加班生產等等……，限制人民的集會遊行權，甚至包括人民室內的團聚權，即使家人的團聚也在禁止之內；室外人民團聚不得超過十人、商業活動例如餐飲業、娛樂業、文藝活動……，全遭到禁止；入境管制強制隔離，以及入境禁止……，形同回到戒嚴時期。

而總統採行的緊急命令，還必須透過行政院通過實施命令，甚至立法延續其命令；而立法院尚有定期追認總統該項緊急命令之權，以求制衡。然而在該項特別條例，連立法院的追認程序也付諸東流，形成無單位節制的嚴重弊病。而且個別遭到不利處分的人民，尚且喪失了請求法院提審的權利，已在本書第十五節處討論，可參照之。

因此，類此國家遭逢大規模的傳染病，其應變權應回歸到總統的權限之上，既不

---

❷ 同見上註，第70頁以下。以九二一震災的法令為例，如果行政院肯將「執行要點」以法律案的方式提出，就更能符合法治國家的原則，也可以避免立法院的質疑，然而當時行政院未採行這種方式，而未能形成政治及憲政慣例，頗為可惜！

能委託給行政院長，甚或其下屬的衛福部（中央流行疫情指揮中心）之指揮官，易言之，這是憲法層次的緊急授權，而非平常性質的「行政授權」，以貫徹憲法的精神及責任政治的原則。

四、緊急命令的追認

我國現行增修條文第 2 條 3 項規定，總統頒布緊急命令十日內，應送請立法院追認，而第 4 條 6 項也規定，總統於立法院解散後發布緊急命令，立法院應於三日內自行集會，並於開議七日內追認。但於新任立法委員投票日後發布者，應在新任立委就職後追認。倘立法院不同意，該緊急命令立即失效。是為緊急命令的「追認強制主義」。比起憲法第 43 條之原版本，現行規定不論立法院是否在會期中，皆有在十日內行使追認的可能性。可見得現行憲法對民意監督的重視。但現行追認制度亦有若干問題不容忽視：

㈠追認時間的倉促

十日之內，總統有自動移送立法院追認緊急命令的義務。但倘國家之危機，是持續性與變動性，緊急命令必須隨時更易，總統必須屢屢提請立法院追認。而且緊急措施如必須假以時日方顯現出其不妥時，立法院就必須更易其事前之決議。另外如果總統頒布緊急命令時立法院正休會時，立法委員或許散處國內外各地，且國家瀕臨危機使立法委員困於交通，無法及時趕返立法院為表決。立法院在解散時且只有三天的自行集會期，因此十日期限太短促，似乎應比照美國緊急命令法 (The Emergency Act, 1920) 以一個月為妥。

㈡追認的表決

現行制度異於動員戡亂時期的緊急處分制度最明顯之一在於，僅需二分之一出席立法委員的反對，即可使總統緊急命令失效，無須絕對多數（三分之二以上）。吾人可以贊同此種考量，蓋連二分之一的立法委員都不支持總統的緊急命令，可以推斷總統之緊急命令乃不必要之舉。

㈢全案追認或個案追認

立法院對總統的緊急命令應否為全案式的「包裹追認表決」，抑或可個案追認的表決？倘若吾人認為一個總統緊急命令所包含之事項甚多，例如因八七水災所頒布之緊急處分 (48.08.31) 及九二一震災緊急命令皆長達十一項之多，只要彼此無關聯性，當

可由立法院為個案同意與否之表決，無須強迫立法院為全案一次表決也。但是在前二次緊急命令表決時，皆為全案表決。另外，依立法院職權行使法 (89.05.24) 第 15 條 1 項，立法院收到總統提交之緊急命令時，應不經討論，交全院委員會審查，審查後提出院會以無記名投票表決。立法院在追認緊急命令是不經討論程序，也是為避免議程冗長也，也有全案表決的用意在焉！

倘若緊急命令中有授權命令，依釋字第 543 號解釋，依循法治國家法規命令應提交立法院審查之原則，此授權命令於訂定後，仍需送立法院審查。

四追認表決與決議修改

立法院的表決之追認，不論是否為包裹式或個案追認，但對一案的追認僅限於對總統緊急命令的內容為贊成與反對的決議。故此明顯的「非楊即墨」，立法院對緊急命令的內容不能加以修正，亦不能附帶條件，故與立法院議決法案的權限不同❸。

惟如果緊急命令有極概括的授權（如前述之九二一緊急命令），則立法院不能附帶條件的追認（如決議「施行要點應交付立法院追認」），將喪失追認的作用。故應例外的許可在空白授權時的附帶決議，按「授權明確性原則」亦為歷次大法官解釋所肯定的法治國家原則之一（見本書十三節參二處）。

五追認的效果

由憲法增修條文第 2 條 3 項之規定：如立法院不同意時，該緊急命令「立即失效」，可知此追認的效果乃「嗣後無效」，而非「溯及失效」，此舉固有維護法律安定性的作用，但是若肯定已實施的緊急命令仍具有合法效力，則受到侵害的人民即不能夠獲得權利的救濟。例如因為財產被徵用或徵收、或是人身自由、健康或營業權利受到侵害，便不能請求國家賠償。亦違反法治國家保障人權之意旨。因此，顯示出我國緊急命令制度存有一個「法治國的漏洞」。

填補此漏洞的方法似乎唯有依第一、以緊急命令法之立法事先規定；第二、立法院為「不同意」之追認時，同時為「善後」的決議，易言之，同時對已實施的緊急命令所造成的各種不同的後果決議採行何類的補救措施。鑑於總統緊急命令乃嗣後失效，故先前行為即具有合法性，故對人民所造成損害之補救即為公益而犧牲之「補償行

---

❸ 這亦是卡爾緊急命令所具有的一種「整體性」(Einheitlichkeit)，參見拙著，公法學箚記，第 146 頁。釋字第 543 號解釋雖同斯旨，「但立法院對認為部分內容雖有不當，然其餘部分對緊急命令之整體應變措施尚無影響，而有必要之情形時，立法院得為部分追認」，顯示承認立法院亦得為部分追認。

為」，而非違法侵害之賠償行為，不適用國家賠償法之有關規定。同時，鑑於造成損害之多樣性及其程度，故補救的措施還是以立法院的善後決議較為妥適，此亦是立法院為追認行為時，所負有的「立法義務」。倘立法者違反此義務，亦可構成違憲之後果。

亦可依「後法優於前法」原理，修正或廢止總統先前頒布之緊急命令之內容也！

綜上所言，目前控制總統緊急命令濫權的匭道厥為「政治控制」：一為行政院會的決議在先，二為立法院的決議以及制訂因應的法律在後。真正實質的控制主要操縱在立法院之手，欠缺以緊急命令法作為「法律控制」之方法，法治國家的憲法應該兼顧總統之應變權力及可能帶來濫權之後果，以防止絕對的權力所帶來絕對的腐敗。故總統在國家危險時刻，是否能擁有獨裁權？其答案應為否定。否則，以獨裁方式來護衛民主憲政無疑是授羔羊於猛虎。因此，對於緊急權的控制，宜政治控制及法律控制「雙管齊下」也❺❹！

最後，提到總統的緊急權，也可連帶想到公投法第 17 條 1 項由總統發動的「防禦性公投」，由前提的要件（當國家遭到外力威脅，致國家主權有改變之虞），以至於程序（行政院會議議決），完全契合總統發動緊急權力之時機，但此時機卻是全民在總統大選之前的承平時光 (93.03.18)，誰能擔保下次沒有更嚴重渲染國家陷入「萬劫不復」危機之情事？

玖、免追訴權

憲法第 52 條規定總統除犯內亂或外患罪外，非經罷免或解職，不受刑事之訴究，是為總統的「免追訴權」或「刑事豁免權」，也是一種對總統身分賦予的特權❺❺。其目的乃總統是一國元首，除非總統涉及違反對國家之「忠誠」義務的「重罪」──內亂及外患──外，不能因為涉及其他罪刑而遭訴究，以保障總統不會因成為刑事被告而官司繫身。且應以罷免或解職後，才有接受訴追之可能性。

---

❺❹ 因此在國內學界頗流行由美國 Clinton L. Rossiter 教授所倡議「憲政獨裁」(Constitutional Dictatorship) 的理論，其立論即令人不敢苟同！關於此理論可參見：楊念祖譯：第二次世界大戰時期英國政府與美國政府的憲政獨裁體制，刊載：中山社會科學譯粹，第一卷四期，民國七十五年，第 13 頁以下。

❺❺ 司法院釋字第 388 號認為此特權乃針對總統職位而設，並非對其個人之保障。惟所謂針對職位之特權，即為其身分之特權也。

一、豁免制度之正當性

對於國家元首賦予豁免權，目的乃保障元首身分的「尊榮」，不會因刑事官司纏身，致不能專注於國事。但是，這種人身特權，也有欠缺正當性的疑慮！其理由略有四點：

第一、司法是代表國家正義的力量，法院更是維護人權及國家正義的場所，所以，身為國家元首的總統，不僅不能拒絕司法、規避正義，更應該以身作則，對涉及自己的犯罪有接受法院審判的「道德義務」。

第二、我國政制係偏向內閣制之設計，總統並不負擔決定國家日常實際政策之責，若以元首動輒刑事官司繫身，會分心於國政、不能專心履行憲法與國民之付託的看法，便不會成立！況且，本特權僅限刑事案件之豁免，不及於民事案件，倘果以「避免紛擾」為由，是否亦應將民事豁免一併列入此特權中？

第三、若謂元首之需要此特權乃在維護其身分上之「尊榮」，則此看法成立之前提是：一旦牽涉刑事爭議必為不名譽之舉。從民主法治國家保障人民擁有訴訟權之角度觀之，特別凸顯了此看法之落伍！蓋人人都有為權利而抗爭之義務及權利，且法院是維護人權及正義之場所，而非「人格污染」之所，何以視元首涉及刑事為恥？倘元首在刑事案件中不能維護自身之清白，全體國民更應感謝國家司法權的「濾清」作用！因這種「犯罪元首」是為國之不幸，何有護衛之必要（試以美國柯林頓總統的緋聞官司為例）？而總統既不能避免民事之爭訟，民事爭議中亦不乏考驗一個政治人物之道德操守者——例如認領子女之訴——若為了維護元首之名譽，是否亦應禁止此類訴訟之提出？

第四、若以避免總統受政治迫害為理由而有此制度之設，則更為不可想像。蓋堂堂一國元首會被負責刑事訴追之機關（法務部檢察系統）濫權所威脅，則國家已淪為暴政統治之國，如此，憲法僅保障一人有何實益？且憲法恐已成為廢紙一張矣！況且，在國家陷入這種近乎革命、叛變式的動亂之際，對現任元首的指控，恐亦會環繞在內亂罪或外患罪等「高度政治性」的犯罪之上。

綜上四點理由，吾人認為賦予總統刑事豁免權，不符合民主法治之時代精神。

然而在可提起自訴之我國（刑事訴訟法第 319 條以下），如欲切實避免元首動輒成為「濫訴」之對象，應該考慮在訴訟程序中，給予總統程序上之特權——例如由法務

部長（在自訴案件）及總統府秘書長（在公訴案件）為當然訴訟代理人，或訴訟時的不必出庭及作證之權利，或是仿效德國威瑪憲法第 43 條 3 項之立法例，對於總統的刑事訴追以通過眾議員的決議為前提——使司法權力能兼顧元首之身分，又不失去維護司法正義之機會。

二、豁免制度之「時」的範圍

憲法第 52 條的規定，總統此項特權的範圍只限於刑事，不及於民事已極為明顯，但豁免權——總統所涉及之刑事案件——發生時期，即「時」的問題，則未見清晰。此問題涉及總統一旦宣誓就職後，是否對已繫屬中之刑事案件產生中止之效力。

如以本制度之本意，總統一旦就位後，即享有刑事豁免權，故日後才發生或發現之刑事訴追，固不可提起之；但若在就位總統前已經提起，甚至已經進行審理的刑事訴訟，因國家司法權已經發動，甚至可能已經經歷一、二審，故不能因當事人已「貴為」總統，而使已經顯現出的司法公權力「退縮」。目前我國刑事訴訟法 (82.07.30) 第 294 條以下，亦未有許可當事人為總統而停止審判之規定，顯見已訴訟繫屬中之總統，並不享有「溯及」性質之豁免權❺❻。

但大法官在釋字第 627 號解釋理由書，則採肯定說。即使在就任前已開始之以總統為犯罪嫌疑人或被告所進行之偵查程序或審判，於總統就職之日，即應停止。必待總統遭罷免、解職或卸任後，才能續行偵查、審判。但為了避免在此「停止偵審」期間，證據可能流失，大法官此號解釋認可對犯罪現場為即時勘察。但另外其他必要的證據調查及保全措施，除不可限制總統人身自由及妨礙總統行使職權外，許可立法機關以法律詳細規範其程序。

法院組織法已增定第 63 條之 1 (95.02.03) 規定最高法院檢察署設置特別偵查組（特偵組）偵辦總統、副總統之貪瀆案件。由於對卸任總統之貪瀆可由一般法院檢察官偵辦，故特偵組偵查之總統貪瀆應以現任總統為限。然而大法官在釋字第 627 號解釋既然否定了檢察官對現任總統任何涉及犯罪皆可進行偵查程序，故即連總統涉及貪

---

❺❻ 美國聯邦最高法院在一九九七年五月二十七日做出裁決，針對總統（本案指柯林頓總統）就任前之行為（涉及猥褻），不得擁有豁免的特權，可供我國參考。另外柯林頓總統的緋聞遭眾議院彈劾，及透過國會調查權的方式，也因美國特別檢察官調查，故與司法審判無異，所以，美國總統的刑事豁免制度未提供總統一個嚴密的「司法保護網也」。

瀆、也即使是特偵組檢察官，即無法對現任總統的貪瀆進行偵查。釋字第 627 號誠給予總統對抗檢察官之偵查一個甚大的保護傘。但釋字第 627 號解釋只是給總統貪瀆案件的「人」，而非「事」，給予「免予偵查」的保護傘。釋字第 627 號解釋仍許可特偵組作必要的調查證據與保全措施，例如搜索相關證人、蒐集證物等，故仍屬偵查行為，只是不對總統個人（及處所）進行偵查，仍可及於相關之人、事、地也。另外，特偵組針對現任總統的貪瀆偵查，如在總統卸任後，仍未調查終結時，仍可由特偵組繼續偵查之❺❼。依同條文第 5 項之規定，立法院得於涉及總統貪瀆案件終結後，以決議要求檢察總長赴立法院報告。此規定顯然可有助於立法院發動彈劾總統之依據。我國憲法增修條文既然已採納了國會彈劾總統的制度，即可利用上述偵辦總統貪瀆的規定，使得總統彈劾制度不至淪為具文也。

三、豁免權的性質

總統享有的豁免權只是「免於刑事之訴究」，即包括了起訴及審判。前者所謂的起訴指正式的起訴，包括了人民提起的自訴及代表國家之檢察官提起的公訴。此起訴包不包括偵查行為在內？依釋字第 627 號解釋意旨，豁免權的效力及於就職前的偵查程序，自然於就職後的偵查程序即不許追訴。但檢察官非經偵查，無發現總統涉及內亂外患罪，以提起公訴之可能；或有其他不法情事（涉及貪瀆）而屬於最高法院特偵組之職權範圍，故依此邏輯，此豁免特權並不妨害檢察官——依我國刑事訴訟法第 4 條規定，內亂及外患罪之第一審為高等法院，故只高檢署檢察官能提起公訴，但其他法院檢察官可移送高院偵查——得進行偵查。但是這種偵查權應不包括傳訊權在內，即總統不必應訊也。同理，在自訴案件，依刑事訴訟法第 323 條 2 項之規定，自訴提出後，應移送法院審理，故檢察官應中止偵查。惟此時法官如對自訴總統案件，認為未涉及內亂或外患罪，即可為駁回之判決也。

四、豁免權的範圍

豁免權的字面上為免於訴究，但也討論至於總統可否拒絕在刑事案件擔任證人的問題。按除法律有規定外，不問何人、於他人案件，有為證人之義務（刑事訴訟法第

---

❺❼ 就以特偵組偵辦前總統陳水扁的貪瀆案件為例，即是由其在任時開始進行，直到卸任後仍由特偵組偵辦即是一例。

176 條之一）。目前無法律排除總統於擔任證人之列。但理論上應為否定，因證人亦擔負一定的義務，違反者可處罰鍰、拘提及有期徒刑（刑事訴訟法第 178 條及刑法第 168 條）。

但釋字第 627 號解釋則認為總統依憲法第 52 條的豁免權，不包括為他人刑事案件為證人之義務。且應準用民事訴訟法第 304 條之規定「元首為證人者，應就其所在詢問之」，以示尊崇。但總統可以捨棄此尊崇，而到場作證。

我國迄今更出現三次現任總統出庭作證之例。分別是陳水扁總統兩次，第一次 (93.01.14) 為花蓮縣長賄選案；第二次 (95.08.07) 為國務機要費案。馬英九總統一次 (102.10.03) 為立法院長涉及司法關說案。

法國第五共和憲法在二〇〇八年二月增修第 67 條 2 項亦規定：任何司法或行政機關不得要求其作證，或將其行為作為徵詢、調查或追訴之目的。但對總統「自願作證」則未言及。似可採贊成說。

既然總統與一般人民相同，沒有拒絕擔任他人刑事案件證人的特權，從而總統不得為虛偽證言（刑法第 168 條）。但總統一旦違反此義務，法院亦暫時無法追究偽認罪，此時又重新回到刑事豁免權的範圍。亦可能使不守法紀的總統可藉此散布不利於他人證言之機會也。

另外，豁免權係停止國家訴追權力之發動，並未免除總統可能擔負之罪責。故此權只是「阻卻」訴追，而非「消滅」訴追權之效力，故有時效上之「中止」效力。在「阻卻訴追」的事由消失後——如經解職或罷免——追訴時效當然繼續進行也，亦此經司法院釋字第 388 號所確認；釋字第 627 號解釋稱為「暫時性之程序障礙」也。

豁免權只限於總統在職期間的「免於訴就」，則只保護總統不為被告的特權，免得為維護自己的權益而費神於訴訟。然而若總統願意為維護該權益而不憚訟累，且認為不致於影響國務，而提起刑事訴訟—即原告時，即不必再享有免訴追的特權。例如蔡英文總統針對彭文正等三教授提出的質疑其博士論文真假，而控告其毀謗罪的案例 (108.09.04)，便是一例。

然而，既然作為刑事訴訟的原告，不受豁免權的保障，然而因為作為原告可能會擔負刑責，典型的例子為誣告，或偽造證據等，亦可能轉為被告。依釋字第 629 號解釋，必須等卸職後才能夠追訴其責任。故此追訴期間有中止的效力。或謂總統既然自願作為刑事的原告，就表示願意承擔一旦產生刑責轉為被告，從而自願放棄豁免權的

保障，如同拉丁法諺「自願不構成違法」(volenti non fit injuria)？

此說的成立，必須肯定總統這種刑事豁免權可以由總統自願放棄。此便涉及到下文「五、豁免權的放棄」等問題。依司法院釋字第 627 號解釋，當採否認的見解─即總統只可放棄擔任證人或配合調查的特權，不及於放棄免於被告的特權。

五、豁免權的放棄

司法院釋字第 388 號認為豁免權乃針對總統職位而設，並非對其個人之保障。惟所謂針對職位之特權，即為其身分之特權也。所以極易形成特權人可以自由處置之──即放棄與否也。然依憲法賦與總統刑事豁免權制度的本意，乃制度上使擔任總統者免受刑事訴訟程序的干擾，所以不得任諸總統個人可隨意放棄，免得：1.在類似案件發生某一任總統放棄豁免，而另一任總統不放棄豁免；2.在同一個案件中，同位總統先前願意放棄，而後又不願放棄的情事。對國家司法權力的斲害，當以後者為甚！

司法院釋字第 627 號解釋認為：總統「原則上」不得拋棄，亦即總統原則上不得事前、概括拋棄其豁免權，以免刑事偵查、審判程序對總統之尊崇與職權之有效行使，造成無可預見之干擾。但如果在個別證據調查行為，會否造成對總統尊崇或職權行使之損害，總統有其判斷餘地。如總統自認無此危害，且自願配合證據調查時，自可拋棄此特權。惟總統可隨時終止此拋棄也❸。

由此號解釋所謂的「原則上不得拋棄」，即表示可在個案拋棄此特權，即可隨時終止拋棄該特權的情形，乃在個別證據調查行為及擔任證人部分，不及於刑事訴追（被告）的情形也。

此號解釋肯定總統享有個案（刑事調查程序）拋棄豁免特權之權力，不無可議：因如許可總統「隨時」可撤回放棄豁免權，無異使已進行之司法訴訟或偵查陷於中斷，

---

❸ 這個問題的起因，乃是陳水扁總統因為要澄清高雄捷運弊案與其無關，於民國九十四年十月十六日的電視專訪（三立電視台「大話新聞」）公開宣示放棄憲法第 52 條的特權。次日，吳英昭檢察總長在立法院備詢時答覆，則表示此特權不能放棄，故檢察官不能偵辦涉及總統部分。但總統府隨後又表達總統放棄特權之意旨。嗣後陳總統又因國務機要費案（九十五年八月），陸續自願放棄特權，接受檢察官陳瑞仁的訊問，一時傳為美談。但本案經陳檢察官偵查完畢，將陳夫人吳淑珍女士列為被告，陳總統為共同正犯，陳總統遂在九十六年一月十日先表示「此乃憲政體制設計，不是總統個人的權利，不能輕易放棄。同時，縱使放棄也沒有用」，又以指摘其放棄豁免特權之舉動，以及其以「犯罪重要關係人」及「被告知可能涉及之罪名及可聘請律師在場」（即犯罪嫌疑人）之身分接受訊問，是違憲之舉，遂於九十六年一月二十五日提出釋憲，此即釋字第 627 號解釋的由來。陳總統甚至舉出拒絕證言及拒交證物的國家機密特權作為抗辯理由，是為又一件陳水扁總統前後態度丕變的案例！

是以總統特權操縱國家司法權力。按國家元首同時是國家司法權力的保護者（如同法國第五共和憲法第 64 條第 1 項所指的：總統為司法獨立的保護者），總統應以個人行為捍衛司法尊嚴，以為國民表率。所以總統應該儘量縮小援引免訴特權的機會，最好完全不用，庶幾符合總統在就職誓詞所說的「自願接受最嚴厲的制裁」（憲法第 48 條）。所以總統的豁免權範圍應作最大的限制，既然總統就職後，仍然保有其完整的訴訟權利——可進行完整的民事、行政訴訟，擔任原告被告，又可以有限度的進行參與刑事訴訟——擔任證人、配合刑事調查，以及做為原告，以及在關涉國家機密的特權時的拒絕提出證物時，所提出的「釋明權」，如承審法官與檢察官的駁回，總統如有不服還可以依釋字 627 號解釋聲明異議或抗告——，而遂行民事與行政訴訟，以及擔任刑事訴訟的原告與配合刑事調查也如同被刑事訴追般，一樣會耗費總統的精力與時間，不能說對決定國務沒有造成干擾。且既然總統擔任原告，未必親自出庭及參與刑事訴訟程序，而可委託總統府官員或律師為之——例如蔡英文總統提告的彭文正等三教授，顯然我國憲法設置保護總統不受訴追的立意——總統免於訟累——，已經沒有太大的實益。

如果不毅然廢止總統此一特權，最多只需限制在不得拘束總統的人身自由即可。然而做為全民尊重司法權威的表率，總統當盡可能自我節制援引此特權。從而司法院釋字第 627 號解釋的總統不得拋棄免訴追特權之立論，應當加以修正。

六、豁免權的消滅

總統免於刑事訴追的特權，在總統經罷免或「解職」後消滅之。總統的罷免，依總統、副總統選舉罷免法 (109.05.06) 第 77 條的規定，自罷免案通過，且經中央選委會公告之日起，解除職務。依同法第 106 條，經法院判決當選無效後，亦可產生解職之效力。此外，總統的解職，也包括因內亂、外患罪的確定宣判，也使總統職位解除！

拾、院際調解權

憲法第 44 條規定總統擁有一個「調解權」，對於院與院間之爭議，除了憲法有規定者外，得召集各院院長會商解決之。總統這個調解權是我國憲法所首創，外國憲法上少有這個制度，其具有何種實證效力，頗值考量。

一、調解權的性質

憲法本條文基本上是由五五憲草第 45 條（總統得召集五院院長，會商關於二院以上事項，及總統諮詢事項）演變而來。按我國憲法不論是五五憲草或現行憲法，都揭櫫為五權憲法，所不同的乃前者為總統制，後者為偏向內閣制。五權憲法的基本精神在於五權的「相輔相成」，不似三權憲法的互相牽制及制衡，五權可分由五個「治權機關」主掌，彼此間仍期以協力代替抗爭，造成萬能政府，這是孫中山先生的理想。此時，立於五權之外的總統便是促成五權和諧運作的樞紐。

五五憲草的總統，對於涉及二院以上的事項，及諮詢事項，都可以召集五院院長會商之，明顯的看出將總統置於五院的領導地位。在總統制國家的總統，僅是行政最高首長，並非兼為國家立法或司法之最高首長，所以，涉及行政與立法或司法權，總統並不能以行政首長之身分召集立法或司法權首長會商或決議。況且，即使立法或司法首長——如國會議長或諸如最高法院院長——亦不可以完全負責決定任何立法或司法事務（如干涉審判）。所以，五五憲草制度獨鍾總統的地位頗值非議❺❾。

我國現行憲法所規定的調解權只針對二院以上發生爭議，且憲法並沒有特別規定解決爭議的途徑時，才賦予總統擁有調解權，憲法在緊急制度時，期待總統應具有的「中立權」特徵又再度出現！蓋總統如不能中立及客觀，有偏頗一方之虞時，則此調解就會變質為「說服」性質，將失去本制度之立意也。

總統行使此權之時機為二院以上發生爭議，且憲法沒有特別規定解決爭議之途徑時，方可行之。二院（二權）發生爭議是民主國家之常態，行政權（政府）和立法權（國會）發生爭議，是司空見慣，尤其是國會內反對黨勢力強勁時，這種爭議是構成民主政治運作的一種汰擇機會。同時，憲法也會規定有解決之方法，例如倒閣、解散國會或公民複決等。我國憲法第 57 條也針對立法院與行政院之爭議訂有特別（如覆議）之程序。同時，二院涉及憲法所定職權發生爭議，是屬於「機關爭議」案件，依原大審法第 5 條第 1 款之規定，可聲請大法官解釋。雖然依現行憲訴法第 65 條第 1 項之規定，國家最高機關因行使職權與其他機關發生憲法上權限之爭議，經爭議之機關

---

❺❾ 五五憲草本是想成立一個「國務會議」，由總統、五院院長及有關部長組成之，後來考慮不合五權憲法體制且成為太上政府而作罷，會商制度才成為一種聯繫性質的制度。見孫科對五五憲草第 45 條的立法說明。林紀東，逐條釋義⑴，第 124 頁以下。

協商未果者，得聲請憲法法庭為機關爭議之判決。憲訴法雖然增加了大審法有關聲請機關爭議釋憲的前行程序——即經過爭議機關協商未果——，為程序要件，然而此機關協議是否包括總統行使的調解權在內？由該文義可知，不以經過總統行使的調解權為必要。不過一旦總統行使調解權，自然會召集相關機關協商，亦可屬於機關協商的意義。因此既然憲法訴訟制度已經提供了可能解決機關權限爭議的機制，總統的調解權更只能扮潤滑劑的政治角色，故利用釋憲機關爭議的制度，自應優先適用。所以，總統調解權的機會並非太多，故此權僅具有輔助及填補性質。

二、調解權之實益

儘管我國憲法賦予總統這個調解權，但是其實益性卻不彰顯。這由制度本身的規定，即可見端倪：

第一、調解權的非要式性及非強制性：總統的調解權只是召集相關院長會商爭議，而不似憲法第 58 條明白規定行政院會議之參加人員及議決事項。所以，此會商並沒有一定之方式（即「非要式性」）。同時，對於有爭議院之院長應否出席，或會商決議的效力，皆付之闕如，所以，並未具有強制性 ❻。

第二、參加會商者之權責性：院際的爭議中，行政院長是國家最高行政首長，可以就其所轄院貫徹意志，另外四院的院長則不似行政院長擁有此權限。例如立法院長並不能代表立法院就任何立法或修法表達意見。考試院、司法院及監察院長亦同。所以，儘有會商決議，參加會商者貫徹決議之權責即有欠缺矣！

第三、政黨政治之實際運作：總統的調解權雖是憲法所規定的制度，但在實際的政黨政治運作中卻不一定經此管道。例如透過政黨協商，或政黨內部的高層協議（如中國國民黨的中常會）等，都是解決爭議的方法。這是讓政治事件的爭議由政治手段解決，而不必勞動總統出面也。

第四、其他的總統諮詢制度：現行憲法增修條文第 2 條 4 項所設立的國家安全會議亦可決定有關國家安全大政方針。所以，一旦院際爭議涉及國家安全大政方針，總統亦可名正言順地召集國家安全會議解決之。總統行使調解權之機會即益形稀少。

---

❻ 我國憲法在制憲前的「修憲原則」上已特別聲明「總統召集各院院長會商不必明文規定」，故即連國民黨當年負責制憲聯繫工作的雷震，也稱此條文為「不倫不類的東西」。見雷震全集⒇，桂冠圖書公司，民國七十八年，第54頁。

　　因此，我國總統此項由憲法所賦予的權力，是總統所有權限中，至今尚未符合本條精神的實施過一次的權力❻❶。鑑於其欠缺法定權力中最重要的「強制性」及存在實益，本院際調解權宜予以刪除為佳❻❷。

拾壹、安全大政方針決定權

　　增修條文第 2 條 4 項規定總統為決定國家安全有關大政方針，得設國家安全會議及所屬國家安全局，其組織以法律定之。此條文賦予總統有二個權限：一、有關國家安全的大政方針決定權；二、為決定此大政方針的設立「國家安全會議」與「國家安全局」之機關的設立權。這個在民國八十年五月一日開始增訂的條文之基本精神，完全承襲了民國五十五年第一屆國大第四次會議，所授權總統擁有的設置動員戡亂機構與決定動員戡亂有關「大政方針」之權限。在解除動員戡亂，回復承平時代後再援用此種授權制度的妥當性，一直成為各方關注的焦點！

一、大政方針決定權的內容

　　從動員戡亂時代的經驗以觀，由延長九年國民教育 (56.08.17)、擴充領海為十二海里 (68.10.08)、中央政府總預算的決定……皆列入所謂「動員戡亂的大政方針」，因此其內容極為廣泛。相形之下，行政院所能議決的範圍即形縮小。現行條文使用「國家安全」一語，同樣地失諸空泛，不僅是刑事法上有涉及國家安全之事項（例如內亂與外患之處罰），行政法上對於國家安全有關的事項尤多，例如國家安全法所牽涉的入出

---

❻❶ 甚至民國八十四年四月二十日立法院預算委員會全數刪除監察院下年度預算，對此可能涉及五權憲法將喪失一權的爭議事件，也未由總統召集立法院長及監察院長會商挽救方案。反而在民國八十六年五月二日總統府召開一個「全國治安會議」（以後陸續召開四次，名稱改為「全國治安會報」），當時雖聲稱是依據本條文，但本會議既非調解院際爭議，參加會議者全係與治安有關之人員（包括憲兵司令），完全和本條文之規定相差甚遠。民國八十九年十月三十日為針對行政院停建核四引發之政治風暴，總統亦擬召開調解會議，但嗣後改稱「院際座談會」，但最重要主角的立法院長王金平卻未與會，形成總統、副總統與四院院長舉行「座談會」，也是我國憲政史上的首創。民國九十年一月三十日總統府才正式發布總統將召開調解會議消息，結果亦未舉行。

　　另外，馬英九總統在任涉及的洩密案（檢察總長向其報告立法院長涉及關說，而涉及了總檢察長、立法院長的衝突），而遭起訴後，台北地方法院在一審時認定其乃行使總統的院際調解權。故以阻卻違法而宣判無罪。但旋即在二審認定此非行使院際調解權。

❻❷ 如林紀東反則認為，總統應該積極介入院際爭議之解決，故主張進一步地採行五五憲草之制度。見前述書，第 129 頁；早在民國三十七年憲法大師羅志淵已認為總統應憑其威望行使此權，以解決行政院及立法院的僵局也。見氏著，憲政論叢，臺灣商務印書館，民國五十七年，第 574 頁。

境管理、山防、海防，以及所有涉及國防與警政事項都可以劃歸在廣義的「國家安全」範圍之內。倘若在以預算、社會安全、財經政策對於社會安定繁榮都會影響說法，則行政、立法機關的職權範圍幾乎無不包括在國家安全之內，這種擴張式的概念，頗不妥當！

所謂的「大政方針」，可拆開來分成「大政」及「方針」。

「大政」一定是具有重要性，因此可以涉及立法事項，也可以針對行政事務。但無論如何，都是極重要，且要比行政院院會議決的「重要事項」來得重要許多。同時多半是需要跨院、也就是非行政院負責範圍內所獨立完成的重大事項，這也和總統的五院調和權相輔相成。因此，應當與行政院所應負責的一般性重要事件有所區別。至於「大政」可為處理現前所發生的問題，也可能是綢繆未來的施政計畫。前者會和緊急處分權連結在一起，後者才會有所謂的「建設性」的國政發展意義。

其次，既云「方針」(Grundlinie) 即是解決問題的大方向或準則。所以不當是細部且具體的解決指示，以免侵犯了行政或者是立法權限。因此具有相當程度的抽象性，而非個案性。

提到總統的大政方針決定權，也不能忘了其配屬的「機關設置權」，即國家安全會議與國家安全局。這兩個作為總統處理上述大政方針決定權的幕僚機構，也應當可以推論出總統的大政方針是以此兩個機構的職權範圍為主，其他國家機構，如行政院，在無發動緊急命令的情況時，即非有協助總統執行該權限的憲法義務。而總統此權限也在其赴立法院作「國情報告」的內容，範圍應一致，免得形成憲政風波。

二、機關組織設立權

依增修條文第 2 條之規定，總統為決定國家安全有關大政方針「得」設立國家安全會議及所屬國家安全局，其組織以法律定之。這一個所謂的「組織設立權」亦有值得商榷者如下：

㈠由條文可知，總統「得設立」國家安全會議與國家安全局，但是其組織卻只能以法律定之。易言之，總統並無設立該兩個機關之「組織」之權限，這點與當年總統得以命令（組織綱要）來賦予國家安全會議設立的法源 (56.02.01) 的情況完全不同。所以總統只擁有「要否」設立該兩機關的意志而已，至於該機關的運作、預算與監督，全操在立法院手中。所以總統即使不願該兩機關存在或將機關設立後又裁撤之，並不

妨害立法院「已」制定公布兩機關組織法。其情形類似總統即使未宣布戒嚴，但與立法院制定戒嚴法之關係，可並行不悖。所以總統這個機關設立權，是一個不完整的殘缺權限。

㈡兩個國家安全機構的目的，在於協助總統「決定」國家安全有關大政方針，因此是具有諮詢及內部性質的機構，而非具有執行性質及對外發生公權力效果的機構，以行政法的觀點而論，並無具有「行政官署」的地位。此觀乎國家安全會議組織法(97.01.02) 第 2 條將國家安全會議定位為總統決定國家安全大政方針的「諮詢機構」；第 5 條規定會議之決定，乃作為總統的參考。所以國家安全會議並無具有對外表達機關意志的公權力地位。

㈢國家安全局依同條文之規定，必須隸屬國家安全會議。此一強制隸屬之規定，使得國家安全局不能由「立法」方式劃歸隸屬在行政院之體系。惟依國家安全局組織法 (82.12.30) 第 2 條之規定，國家安全局對於其他屬於行政院體系內負責有關國家安全情報事項的機關，例如國防部軍事情報局、海岸巡防部、內政部警政署、與法務部調查局等等，負有「統合指導，協調及支援」之責。易言之，國家安全局對於行政院各該機關，係處於上級機關之地位。依同條文之規定，國家安全局「綜理」國家安全情報工作及特種勤務之策畫與執行，也將國家安全局定位為策畫與執行性質之機構，不復為諮詢及內部的研究性單位。這種承認在全國最高行政機關的行政院外，別立一個兼具策畫與執行的治安行政機關，不僅破壞行政機關所存在的「一條鞭」之隸屬關係；也破壞我國行政法的完整。如果吾人認為國家有必要成立一個處理國家安全事務之最高統一機構，可以考慮刪除增修條文第 2 條對國家安全局的「強制隸屬」規定，並由立法院修改組織法將國家安全局劃歸在行政院之內，同樣可以達成安全局的任務，否則，國家安全局組織法即有違憲之虞！

三、國家安全會議與國家安全局之關係

國家安全局既然隸屬國家安全會議，乃憲法增修條文所明定，然兩者關係如何？特別是國安會秘書長能否指揮國家安全局？依國家安全會議組織法第 6 條規定，國安會秘書長承總統之命，執行國安會之決議，並指揮監督所屬職員。因此，國安局不在國家安全會議所屬職員範圍之內。這情形正如同中央研究院及國史館隸屬總統府，而總統府秘書長之職權規定，亦與國安會秘書長一樣，指揮監督總統府所屬職員（中華

民國總統府組織法第 9 條 1 項），因此中央研究院院長與國史館館長即應向總統，而非向總統府秘書長負責。從而同一解釋，國安局長僅向總統負責。這是目前實務上的情形。

但國安局既隸屬國安會，是有憲法明白的規定，比諸中央研究院與國史館之隸屬總統府，有更強烈與明顯的位階。且國安會一年甚少召開，為使國安會秘書長能做好總統決定國家安全大政方針的幕僚長職務──如同參謀總長之為國防部長的軍令幕僚長一樣──應該明確的在該國安會及國安局組織法中規定國安會秘書長對國安局的指揮、監督權限。

拾貳、解散立法院之權

自民國八十六年修憲開始授與總統解散立法院之權力。由於本次增修條文已停止適用了行政院長的任命以獲得立法院同意為前提之憲法本文規定，為了平衡行政院對立法院的負責，遂引進了內閣制最常見的倒閣權及國會解散權制度。依此新制，總統擁有主動及被動的解散立法院之權力。

一、主動解散權

增修條文第 2 條 5 項規定，總統於立法院通過對行政院長的不信任案後十日內，得諮詢立法院長後，宣告解散立法院。此乃仿效法國第五共和憲法的解散權制度。按法國第五共和憲法第 12 條 1 項規定：總統於諮詢總理及國會兩院議長後，得宣告解散國民議會。增修條文特別使用了「諮詢」立法院長的用語，明顯的已採行法國的模式。故已經賦予總統相當具體的權力，其諮詢立法院長亦流於形式，且無強制性非諮詢不可，即使立法院長反對，亦無效力可言。故此規定形同贅言。同條 2 項規定，此解散命令既無須行政院長副署，總統無先須經行政院會議決議為行使此權之前提。另外，為了配合對總統宣告戒嚴時可行使解嚴權，及對緊急命令行使追認權，同條項也規定總統於戒嚴及緊急命令生效期間不得解散立法院。此亦是法國第五共和憲法第 16 條 5 項之立法例。

二、被動解散權

增修條文第 3 條 2 項 3 款規定，立法院通過對行政院長不信任案後，行政院長應

於十日內提出辭職，並得同時呈請總統解散立法院。此為總統的被動解散立法院權。故一旦行政院長提出辭職，總統固不可以慰留❸，同時若行政院長呈請解散立法院，總統亦必須同意所請——此亦是實行內閣制精神國家元首之義務——，故此時總統「解散權」無異為「解散義務」。綜上所述，修憲所引起的總統解散立法院之權限，不似法國現行憲法第 12 條之漫無限制，使得總統權力過大，而其先決條件在於立法院已通過倒閣案。值此行政權與立法權關係已破裂時，只要總統或行政院長一方有解散立法院之意志，即可達到解散立法院之目的。這個殺手將可以對立法院行使倒閣權產生有效的反制作用，恐怕也會有避免國家政潮的頻生，而影響國家安定的目的在焉。

拾參、憲法機關之人事決定權

　　總統依我國憲法及增修條文的規定，擁有對憲政機關的重要人事決定權。至於非屬憲法層次之機關——例如其他行政機關，如部、會首長——，則依我國憲法體制應該係屬行政院長的決定範疇❹。總統此種人事權範圍，計有：

　　㈠行政院長。自民國八十六年修憲後，行政院長的任命不必經過立法院同意，故行政院長人選即由總統決定。但總統這種人事決定權並不可以漫無限制，而是必須公正、中立的評估立法院各政黨力量，而後挑選出立法院可以接受的人選，因此與其是說挑選院長與總統的特權，毋寧是說，總統有為國家政務能夠推助，政潮不會瀕生的憲法義務也，本書將在第三十一節貳、一處詳加探討，可參見之。此亦及於總統其他憲法機關人事權行使的範圍也。

　　㈡司法院大法官十五名之人選，並指定其中並任司法院院長及副院長者。

　　㈢考試委員十九名，以及考試院長及副院長之人選。

　　㈣監察委員二十九名之人選，並指定其中擔任監察院長及副院長之人選，以及審計長（憲法第 104 條）。

　　上述㈡、㈢及㈣的人選必須再通過立法院的同意方可。但立法院只有被動的同意

---

❸ 惟總統可否於行政院長辭職後，再任命其組閣？此問題繫乎立法院有無同時被解散而論。倘立法院未遭解散，則倒閣的意志依然存在同一立法院，行政院長即不能再回任；若立法院已遭解散，而重新改選，則自然可再任命原行政院長組閣。因為往往在此情形，原行政院長已訴諸選民，可能已獲得支持矣！

❹ 在我國憲政體制偏向內閣制的前提下，當作此解釋。但在現實政治運作上，總統很難不對內閣人事表示意見。所以這是政治運作的現實面。另外總統亦可決定其他重要的機關，例如國安會秘書長、國安局局長、駐外使節、中研院院長、國史館館長及最高法院檢察總長等的人事權，這是由法律所賦予總統的權限。

權，主動人選選擇權乃操在總統手中。這種由總統一人獨攬提名其他三個最重要之憲法機關人員的權力，倘若總統與立法院關係不融洽，立法院雖可杯葛總統的提名，使人選遲遲不能產生，致使憲法機關功能停擺。而憲法增修條文也未規定總統有儘速補行提名之義務。因此雙方角力的結果，當使國家蒙害，例如監察院在民國九十四年二月至九十七年七月之間的停擺，便是一例。

　　而大法官在釋字第 632 號解釋中，雖也指出：總統及立法院皆應「適時」提名及行使同意權，如兩機關皆消極不為提名及行使同意權，皆為違憲。但是此「適時」為何？大法官未明確說明之。且本號解釋明白表明總統擁有決定這些憲法機關人選的全權，但也沒指出總統應當要有超越黨派、為國舉才的「內在原則」，來拘束總統行使此人事裁量權可能造成的恣意。故不能夠矯正以往產生府院相爭的弊端也 ⓺ 。

　　為了解決這種僵局，似應透過修憲來分散上述人選的提名權制度，例如仿效法國第五共和憲法第 56 條之規定，其憲法委員會之九名具有三年任期的委員（其他當然及永久委員為歷屆法國總統），分別由總統及參、眾兩院議長提名之。故可以修憲讓立法院亦可以決定若干比例的人選（例如二分之一），免得總統可能的濫權與立法院的惡意刁難。

拾肆、其他法定特權

一、關稅豁免

　　依關稅法 (97.06.04) 第 49 條 1 款之規定總統、副總統應用物品之進口，應予免稅。

二、特恤金頒予權

　　總統依「國家元勳發給特恤金標準」(69.01.22)，得給予五院副院長以上有功勳之人士或其他由總統自行決定之人士，發給二十萬元以內的特恤金。

⓺ 這也是體現於總統是否有妥協與溝通的民主素養，也是政治手腕。而非蠻橫的「意必固我」，正如同美國總統提名重要人事案時，必須要經過參議院的同意，但美國總統事先都會與參議院進行協商與溝通，美其名為「參議院的禮儀」(Senatorial Courtesy)，以避免政治僵局的產生。這也是總統有守護憲政秩序順利運作的憲法義務。可參見：陳新民，憲政僵局的解決模式──兼評「機關忠誠」的概念，刊載：法治國家原則之檢驗，第 49 頁。

三、卸任總統的禮遇

為禮遇卸任的總統，國家定有「卸任總統副總統禮遇條例」(96.07.11)。卸任總統、副總統享有參加國家大典、每月禮遇金、官舍、辦公費、警衛及醫療之權利。本來舊法 (67.05.03) 的禮遇規定，直至總統、副總統逝世為止，但現行法 (96.07.11) 改為除參加國家大典外，禮遇年限以任職年限為準（該法第 2 條第 3 項）。

四、國家機密特權

總統得否擁有得不受法院審理（即拒絕提供予法院審查）的國家機密特權？美國尼克森總統當年在「水門案」醜聞中即援引此原則。在我國民國九十六年一月台北地方法院審理的陳水扁總統「外交機密費」案件中重新出現此爭議。

當時總統府副秘書長對外表示：總統依權力分立原則與憲政相關法律，擁有涉及國家安全之國防、外交或敏感的國家安全機密，可拒絕向法院提供。

在我國所有法律中，提及總統與國家機密之關係者，本唯有「國家機密法」。但該法第 7 條 1 項僅規定：總統（行政院長及經二者授權之部會級首長）擁有「核定」絕對機密之權。易言之，是「核定」絕對級機密之權，而非「擁有」或拒絕提供予法院之權力。

故任何政府機關，不限國防、外交或兩岸關係，傳統上認為「可歸屬於總統」權限（但本書不認同之）之絕對機密，都須經總統核定也！縱不論這個規定是否已經侵犯了憲法所定我國最高行政機關首長應為行政院長之權限，但無論如何，故該法不能創設總統「擁有機密」之權！

但司法院釋字第 627 號解釋反而確認總統有此特權。大法官認為總統依憲法及憲法增修條文所賦予之行政權範圍，就有關國家安全、國防及外交資訊，認為其公開可能影響國家安全與國家利益，而應屬國家機密者，有決定不予公開之權力，是謂總統之國家機密特權。

依此號解釋，上述總統之國家機密特權可以展現在刑事訴訟程序中的拒絕證言權，以及在此範圍內的拒絕提出證物權之上。此特權應該透過立法（例如修正刑事訴訟法）來予落實之。所以本特權實乃刑事豁免權的延伸。在立法完成前，總統得以「釋明」方式決定哪些資訊為國家機密。同時，承審法官或檢察官雖應尊重總統的釋明權外，

亦可以駁回之。總統如有不服，可依釋字第 627 號解釋意旨聲明異議或抗告。高等法院或分院應派資深法官為審判長之法官五人組成特別合議庭審理之。這些屬於「大法官造法」的過渡規範之詳盡，也是歷次大法官對將來立法者所為「指示立法」的解釋，所少見者，另一個例子為釋字第 585 號解釋。不過立法院自釋字第 627 號解釋作成至本書本版次為止 (96–111) 已逾 15 年，刑事訴訟法已歷經二十一度修正，但都沒有對總統的拒絕交付證據等程序，加以規定，而其承審機關——高等法院的法源依據，亦然❻❻。這種欠缺立法依據的重大審判案件，卻不思以正常的法制基礎，而須依賴釋字第 627 號解釋為法源依據，實不符法治國的理念，這也是誤解大法官的過渡條款只是暫時性質，而非長久的替代措施也。這種不無濫用大法官過渡條款的心態，也顯示出立法怠惰的現象。

由於總統這個國家機密特權多半涉及國防、外交事物之資訊。而此些事務依我國憲法仍屬行政院相關部會之事務，因此也屬該院、或部之資訊與秘密。即使總統於核定絕對機密前，亦有與相關機關會商之義務（國家機密法第 9 條），一旦行政院長對該秘密的屬性及重要性和總統的見解有異時，總統是否仍能有效維護此機密？恐極不易❻❼。

故總統雖有對絕對級國家機密的核定權，機密（任何等級皆然）一經核定，非經解密程序，即可拒絕公開，包括拒絕提供司法、立法或監察機關。對此我國國家機密法亦未有任何但書之規定，即可能形成司法公權力不彰之弊！

誠然，國家機密之核定不能為隱瞞違法、行政疏失或不名譽之行為而用（該法第5 條），否則即為權力濫用。如有此行為，即應由權責人士予以解密。繼任總統者，當然解前任總統所核定之機密❻❽。是乃該核定權，乃總統職位之權力，而非總統個人之

---

❻❻ 就以總統涉及機密案應由高院組成裁判庭之規定而論，法院組織法第 32 條本應當將此納入其管轄權，但至今此條文都沒有修正納入此規定。

❻❼ 法國第五共和實施「左右共治」（即總統與總理分屬不同政黨）時，即發生新任總理故意公布機密資料（例如情報機關之秘密行動），造成「府院相爭」。最明顯的例子為「彩虹戰士號」案件。法國對外安全局派遣特工將停泊在紐西蘭的法籍環保運動船「彩虹戰士號」炸毀，以中止其抗議法國在海上核子試爆之計畫。此機密一九八五年七月四日被新上任的總理予以「解密」後，造成巨大的政治風波，雖然使對外安全局長去職以示負責，但正突顯出法國雙首長制的制度性缺陷，倘國會少數黨領袖之總統不願意與總理配合時，淺露涉及國家安全的事項，即會出現影響國家安危甚鉅。

❻❽ 陳水扁總統曾將國務機要費等單據，列為絕對機密。後經繼任的馬英九總統將之解密，俾使司法機關偵辦。陳前總統遂認為已侵犯其機密特權與訴訟權利，訴諸行政法院撤銷馬總統的「註銷處分」。本案經最高行政法院駁

「屬人權」。繼任總統者承接前任之核定與解密權乃當然解釋也。且如後任總統皆「官官相護」，遲不解密，是否形同後任行使「特赦」之效果，而使司法權不能伸張？如依釋字第 627 號解釋，（過渡時間之）最後可由高等法院組成之特別合議庭決定是否為真正之機密，亦即總統堅持之機密，應由高等法院來判斷，如獲法院所承認時，才可拒絕提供予法院。故法院已享有接近秘密內容的審查權限也！

故其屬絕對機密，嗣經高等法院認可，方可拒絕提供高等法院作為審理案件所用。不過，倘若高等法院為辦案所需，明知其為絕對機密，豈可能故意不援引，而任案件無法審理完竣？更不可能曲解之，而為辦案依據！故法院只要遵守「不公開」義務（國家機密法第 25 條）為前提，且與相關機關協商保密事宜後，如何取得國家機密的權力，方應為國家機密法加以規範之重點。故該法宜應就此部分重新審酌修正也！

至於總統國家機密特權的範圍，實務上出現的著名案例——馬英九總統洩密案，臺北高等法院（106, 矚上易字 2 字判決），宣判前總統馬英九違反通訊保護法洩密之罪，判處有期徒刑 4 個月，得易科罰金。高等法院廢棄一審無罪判決，改判有罪的理由，乃採納檢方見解，並援引釋字第 627 號解釋之意旨，認定總統的國家機密特權，並非絕對特權，應收到憲法與權力分立制度的制衡，同時此特權的範圍應限於國家安全、國防與外交等，故司法案件不包括在此範圍之內。

本案上訴到最高法院後，法院撤銷原判決，發回台灣台北高等法院更審（107 年度台上字第 2923 號判決），後經台北高等法院更審後，判決無罪，全案定讞（108 年度矚上更一字第 1 號）。更審理由乃在澄清被告有無洩密之犯意及有無共犯關係而論，沒有在原二審的見解將總統國家機密特權限定其範圍，而將司法案件排除的問題再加澄清。不過原二審的議論，是否過早與過度的限制總統國家機密特權的範圍？恐怕仍須進一步探討。本文認為，法院當得就個案是否構成影響國家安全的重要性等客觀因素，並尊重總統的判斷後，認定之。因此在個案中不排除有可能發生重大司法案件，會牽涉國家安全及重大公共利益者，因此勿庸排除司法案件也❽。

回（98 年度裁字第 3378 號裁定），法院認為總統擁有核定、註銷與變更機密等級之權，自然及於前任總統所核定的機密之上，且這是總統的特權，而非為行政處分，法院無權審核。雖然國家機密維護法第 10 條第 2 項規定，個人或團體因國家機密核定，而受損害或損害之虞時，得聲請主管機關或權責人員註銷、解除或變更等級。對此決定不服時，可提起行政訴訟，但法院認為此種救濟對象，僅限於核定機密事件，而不及於「註銷」。這種見解固然符合法條之文意，但可想像極有可能發生因不當註銷機密，而使人遭到嚴重危險之情勢（例如洩漏出情報人員、檢舉人、證人之資訊），因此，本規定疏漏之處不可忽視。

五、總統副總統的文物「國有化」問題

　　總統上述幾款特權，都是總統特別享有的權利，但總統享有諸多特權的利益外，也可以因為特權而承擔若干的義務，最明顯的是「總統副總統文物管理條例」（93.01.20，最後修正於106.12.27），本法第3條規定，總統副總統的文物乃指：「從事各項活動所產生而不屬於檔案性質之各種文物，包括信箋、手稿、個人筆記、日記、備忘錄、講稿、照片、錄影帶、錄音帶、文字及影音光碟、勳章及可保存禮品（價值新臺幣參仟元以上）等文字、非文字資料或物品。」依同法第4條第1項規定：「總統、副總統應於任職期間，將其所有之文物交由國史館管理。」

　　因此總統副總統就職期間產生的文物便需收歸國有。然而總統或副總統因公而產生的所有文件，或收受的禮品，所有權歸屬國家，乃屬當然。但是，總統與副總統公、私間的行為以及其產生相關聯的文件事務，是否能夠清楚界分？就必須兼顧當事人的利益，嚴格的區分之。但本法則委由國史館及所屬的總統、副總統文物審鑑委員會負責。

　　例如蔣中正與蔣經國兩位總統時代，特別是蔣中正總統長達數十年的日記，其中自然記載了其參與國家數十年來重大政策的資訊,對研究我國近代史有非凡的重要性,收歸國有也有明確的公益性。但是日記終究是個人的記述，更是個人家庭與隱私的重要來源。因此其對於個人家族、後人的重要性也無可比擬。因此類此的總統副總統文物，即使要收歸國有，也必須先尊重家屬的意見，刪除或隱蔽其中涉及到私人，而與國家決策無關的部分；其次，這些原本屬於私人的文物，也多半具有財產權的價值，國家若要收歸國有，應當比照公益徵收的原則，給予補償。特別是，本法也規定其他人若擁有此類文物，也可以收歸國有，顯然更是侵犯了其他人的所有權，而本法沒有

---

❻❾ 學界也都認為這些案件可讓法官審查，避免造成法治國的漏洞，參見吳信華，憲法釋論，2021年第四版，頁607。

補償的規定，形同強制性的沒收，這種將總統文物視同違禁品的立法，侵犯憲法保障財產權的規定，應當修正之❼⓿。

---

❼⓿ 著名的兩蔣日記所有權歸屬案件便是一例。兩蔣死後，國史館便起訴認為凡是兩蔣任職間的日記皆屬國有財產，要求蔣家後人交還。蔣家後人起訴後，臺北地方法院駁回之（104 年度訴字第 4546 號），本案仍在上訴中。然而，這類爭訟更可看得出此一律強制收歸國有的制度，侵害了元首後人的情感與財產權甚巨。而且子孫對先人即使是公職期間的紀錄，包括照片、報導，甚至先人獲得的功勳，例如勳章等，都應當具有傳家的價值，何可一併剝奪之。歐美社會多半承認可由親屬繼承與紀念，國家如有需要，後人也都以捐贈的方式樂成之，方是兼顧人情與公益的方法。

第七章　行政院

第三十一節　行政院的地位與組織

壹、行政院的地位

憲法第 53 條規定：「行政院為國家最高行政機關。」在實行三權分立的國家，若採行內閣制者，其國家最高行政首長為首相或總理；若為總統制者，則為總統（如美國憲法第 2 條明定：行政權屬於美國總統。）實施五權分立的我國，行政院既為國家行政權的最高機關，行政院長自係全國最高行政首長，其理甚明。憲法對行政院作為國家最高行政機關之規定，代表二種意義：第一、所謂國家最高行政機關，是指行政院乃中央行政（國家行政）之最高機關。至於地方自治行政則因我國係實施中央與地方分權之國家，非中央集權制；故在屬於地方自治事項，則地方最高行政機關為省（直轄市）或縣等，行政院非為地方自治行政之最高機關，故行政院不應是「國家最高行政機關」，而是「最高國家行政（中央行政）機關」。第二、行政院是國家行政之最高機關，故行政院長即為全國最高行政官署。這是基於行政官署有上下隸屬關係，呈現「一條鞭」式之長官部屬關係也。

憲法第 53 條賦予行政院長作為國家最高行政首長，有決定行使行政權的最高權限外❶，綜觀我國憲法的制憲過程及現行憲法的有關規定，亦可佐證我國憲法具備明顯的內閣制精神。可分別就制憲過程及現行憲法之規定簡述之：

一、制憲過程的反映

我國憲法起草人張君勱在構建我國中央政制的時候，已經明白地揚棄公布已近十年，屬於訓政時期產物五五憲草所欲建立的總統制。而以英法內閣制為本，參酌了一些美國總統制的優點（例如沒有國會的倒閣權及內閣的解散國會權），成為一種修正內閣制。由張君勱堅決反對移植美式總統制至我國憲法之內，可以看出我國憲法絕不可能是以美國制度為代表的總統制❷。

---

❶ 不過我國行政院長長年來都過度謙卑，視總統為長官，鮮有據職權力爭者。而有些院長的名言如游錫堃自稱是「總統之幕僚長」，則更矮化了憲法與行政院長崇高的地位。

二、現行條文的反映

我國憲法條文及現行增修條文中有關內閣制之規定有下列幾處：

⑴行政院長（而非總統）係全國最高行政首長（憲法第 53 條）。

⑵內閣人選（各部會首長及政務委員）由行政院長提請總統任命（即由行政院長決定人選，向行政院長負責，憲法第 56 條）。

⑶行政院向立法院負責，而非向總統負責（憲法第 57 條與增修條文第 3 條 2 項）。

⑷行政院長有對總統公布法律及發布命令時加以副署之權（憲法第 37 條）。

⑸總統頒布緊急命令須經行政院會議之通過（即總統無法主動、自行行使緊急命令，憲法第 34 條及增修條文第 2 條 3 項）。

⑹向立法院提出的法律案、預算案等，應先由行政院會議議決，行政院會議成為有決策權之內閣會議（憲法第 58 條）。

⑺立法院質詢權（即行政院的答詢義務）構成責任政治及實際監督政府之制度（憲法第 57 條 1 款）❸。

⑻立法院有對行政院院長提出不信任案之倒閣權，行政院亦於此時有呈請解散立法院之權（增修條文第 3 條 2 項）。

我國憲法既曰「修正內閣制」，則我國憲法本文部分經制憲者刻意刪除具內閣制色彩，以及援引自總統制的地方，約有下列各處，但現行增修條文且再改正，茲綜合說明如下：

⑴行政院本沒有解散立法院之權，如同美國總統不能解散國會一樣。此舉目的在穩定政局；而且立法院也沒有倒閣權，故立法院對於行政院長或任何部長之施政，如

---

❷ 張君勱在我國新憲法完成制定程序後所做的演講，已經極明白地指出將強有力的美國總統制移植到吾國，其能否造福我國，他是「絕對懷疑的」。張氏也直言我國制度是「修正式內閣制」。見氏著：中華民國民主憲法十講，臺灣商務印書館，民國六十年台二版，第 61、62 與 71 頁以下。

❸ 依 Douglas V. Verney 的分析，內閣制舉有十一項特徵：⑴民意代表組成國會；⑵相對於國會，國家政權分裂成代表國家的元首及政府首長的總理或首相；⑶元首任命首長；⑷政府首長指定或任命部長；⑸政府採集體負責（成為一個內聚性的團體）；⑹部長通常是國會議員；⑺政府向國會負責；⑻政府首長得建議元首解散國會；⑼國會地位優於其他機關，但政府及國會皆不能控制對方；⑽政府間接對選民負責；⑾國會是國家政治制度運作的中心。參見：Parliamentary government and presidential government, in: (edited by A. Lijphard) Parliamentary versus presidential government, Oxford University Press, 1992, p. 32. 國內介紹內閣制與總統制的著作甚多，例如鄒文海，政治學，三民書局，民國六十一年，第十二版，第 247 頁以下。

有不滿，不能僅以過半數之決議即可令行政院長或部長去職。但現行增修條文已引進倒閣權及立法院解散權。

(2)採行覆議制：對於立法院所通過之法律、預算及條約案，行政院長不接受時，得經總統核可提出覆議（憲法第 57 條，經增修條文第 3 條 2 項修正）。

(3)立法院通過對行政院長不信任案時，只需院長一人辭職，而非全體內閣辭職，亦即不採內閣連帶責任。此觀乎增修條文第 3 條 1 項後段，在行政院長未任命前由副院長暫行代理之規定，可推出此結論。

(4)總統任命行政院長不再需立法院同意（增修條文第 3 條 1 項）。

(5)內閣閣員不需當然為立法委員❹。我國憲法第 75 條甚且規定立法委員不得兼任官吏，此所謂不得兼任官吏，是否只指立法委員不能兼任事務官？如依行政法之觀點，所謂官吏是指事務官，不包括政務官在內。如果採此看法，則我國部長如果具有立法委員身分，就可如大多數的內閣制國家，可在國會內為其政策辯論，並投票贊成自己之政策。不過依我國行憲後之慣例，立法委員一旦入閣後，即需辭去立委職務，國家人才不能入閣，亦是國家一大損失，似乎應速過釋憲來改正之，開放「立委入閣」之禁，使得閣員的來源更加寬廣❺。

綜上所述，依憲法本文的規定是明顯偏向內閣制，但為了穩定行政院及立法院之關係，才採行部分美國總統制之原則❻，然現行增修條文反而回復了內閣制才有的倒閣權及國會解散權，故整體上我國目前憲政體制仍明顯的偏向內閣制。至於行憲後我

❹ 內閣制通常閣員是由國會議員中選任，且在就任閣員後仍兼任議員。但這種選拔方式混淆行政權及立法權，使得三權分立制度成為二權分立。故實行內閣制的國家頗多已經修改此原則。例如瑞典內閣十五個閣員中有三分之一不得為閣員。在荷蘭、挪威、盧森堡等實行內閣制國家甚且同時規定，閣員一經任命後即不得再擔任議員。見 Douglas V. Verney, p. 35.

❺ 依張君勱之見，我國憲法具有修正內閣制的色彩有三：沒有採用英美式內閣制，各部長同時需為國會議員；沒有要求行政院長需負連帶責任（即上述❸處）；放棄了國會立即倒閣之不信任投票制度。見氏前述書，第 71 頁。張氏解釋為：總統用人之權甚為寬廣，因為內閣閣員不必須為議員，總統儘可在議會之外選人。故用人權較諸英王及法總統寬廣得多。張氏這個看法值得注意有二：第一，他將挑選部長之權交在總統，而非行政院院長手中，這已和憲法第 56 條之精神不符；第二，部長既「不必須為議員」，但亦可為議員。但是氏對最具重要的閣員可否同時具立法委員，即未明言也。

❻ 因此在行憲後進行第一任總統選舉，蔣中正先生即不欲競選，而願擔任行政院長，並屬意胡適競選總統。時任外交部長的王世杰先生曾奉蔣先生之命三訪胡適，最後胡適也表示接受。最後蔣先生改變初衷，出來競選總統。關於此段史實，可參照蔣勻田，中國近代史轉捩點，香港友聯出版社，一九七六年，第 251 頁以下。另見，沈寂，胡適政論與現代中國，香港商務印書館，一九九三年，第 190 頁以下。

國實際政制因為臨時條款，概括授權總統決定動員戡亂大政方針之權，以及迄今歷屆總統皆兼執政黨主席，實行強人政治，使我國成為具總統制色彩之政制，但是這是人為因素所然也。同樣的情形也發生在民國八十九年五月二十日民進黨的贏得總統大選，國民黨行政院內閣總辭後，由總統決定院長人選，行政院似乎成為總統的幕僚，所以在現實運作上，也沾染上總統制的色彩。

貳、行政院長的產生方式

憲法第 55 條本規定行政院長由總統提名，經立法院同意任命之，但增修條文第 3 條 1 項已經加以刪除。然亦有下列問題值得討論：

一、行政院長人選決定問題

我國憲法第 55 條係仿效德國威瑪憲法第 53 條之規定，對於行政院長之人選，完全由總統決定。易言之，在內閣制國家對於出任內閣首長之人選，雖仍須元首任命，但元首之任命行為多半是形式性地任命國會中多數黨領袖。且已形成憲法慣例，即使憲法——如德國基本法第 63 條、日本憲法第 67 條——並未明文規定元首應任命國會多數黨領袖為首相或總理，亦然。不過，我國憲法及德國威瑪憲法的規定，雖賦與總統有此最重要的人事決定權，在需要國會同意此人選時，總統誠然可以提名非多數黨領袖，只要該人選可以獲得立法院之同意，自亦無妨提名之。故總統擁有甚大的裁量權，然如衡量政治人事的複雜及現實，總統為避免威望受損，及徒然引起政爭，會尊重立法院多數黨的內定人選。所以總統此項任命權亦會流於形式性、機械性及慣例性。但現今增修條文第 3 條 1 項已剝奪立法院的同意權，故總統對行政院長人選的裁量權益形寬廣。惟行政院長如未獲立法院大多數委員的支持，此「不和」將延伸到日後的法案杯葛，甚至引起不信任投票案。故「得此失彼」，立法院對行政院長人選「事先把關」的機制固已喪失，然是否有助政局安定？恐就未必矣！

本來民國八十六年修憲乃採納法國第五共和的體制，亦即一般所通稱的「雙首長體制」，才刪除了立法院對行政院長的任命同意權。如果總統的黨派不能獲得立法院的多數席次時，總統就必須任命能獲得該多數黨支持的人選。這也是總統對國家政局能順利推行的憲法義務。最通常的情況是由多數黨組閣。這就是法國第五共和所實施的「左右共治」(Cohabitation)。法國第五共和成立至今，一共三度實施此種制度（1968、

1993、1997）。法國總統不會以其獲得的民意來堅持組成少數政府，強迫國會接受「少數領導」。不過，在我國民國八十九年五月「政黨輪替」以後，似乎不願順應這種政治現實所當然的「左右共治」，政局當然動盪不堪。所以除非我國朝野政黨必須同樣的接受法國「左右共治」的憲政慣例，否則民國八十六年修憲的刪除立法院對行政院長的任命同意權，以及其他的倒閣與解散國會制度，就會被證明是一個不符台灣政治土壤，且為一種錯誤的「憲政移植」！

　　所以，我國憲法及歷次增修條文都本於尊重總統對行政院長人選的裁量權限，未對總統行使這種權力有何限制，這和德國威瑪憲法類似「尊崇總統」的立意頗佳，也是「全盤信賴總統」。但總統萬一未滿足全民此種期待時，則可能濫用此裁量權。也因此德國基本法第 63 條便毅然修正威瑪憲法的規定，改將總理產生程序仔細地規範，務使總理能獲得國會多數議員的支持❼。

　　本於行政院向立法院負責的責任政治，行政院長的人選應當獲得立法院的支持，俾能夠通過法律、構建依法行政、行政符合民意的民主體制。所以總統的行政院長人事裁量權必須受到這種，如同德國聯邦憲法法院在 2005 年 8 月「國會解散案」所作出的解釋，亦即「組成有效運作政府」的限制。此乃總統的行政院長人事裁量權所必須受到的「憲法原則」之限制，也是總統權限的「內在限制」，不能夠以憲法沒有明文限制總統的職權，即可做出「毫無限制」，且「屬於專屬與獨斷」權限的解釋也。吾人試觀大法官所做的所有解釋，豈非就不少憲法條文原本即未限定任何界線、而透過修憲解釋來加以合憲的限制？或是對舊有語意，做出符合法治國理念、具有新意的解釋？因此，對於總統的人事裁量權也應做此解釋。以陳水扁總統兩任八年期間，因為行政院長無法獲得立法院的支持，以至於竟然更換七名行政院長，造成無數次的憲政危機、政府空轉的現象。痛定思痛，吾人是否應當仔細考量應否採納德國基本法的成例，透過修憲的方式，或是透過大法官的解釋，將總統的此項人事裁量權課予一定的義務，

---

❼ 德國基本法第 63 條規定：眾議院依總統的建議對總理人選不經發言，逕行表決。誰能在眾議院內整合過半數議員者，即為當選人，總統即應任命之。如總統建議人選未能通過，眾議院得在十四日內重新選舉總理，能獲得過半數同意者即當選之。如在上述期間內不能完成選舉選出總理，國會應當儘速另行選舉，以得票最多者勝選之，如有能獲得國會眾議院內過半數的票數，總統應在選舉後七天任命為總理；如果未有能獲得眾議院半數選票者，總統在選舉後七天內，或者任命得票最多者為總理或解散國會。陳新民，檢討憲政慣例的地位與效力──由總統的閣揆人事決定權談起，兼論德國聯邦憲法法院最近的「國會解散案」判決，刊載：月旦法學雜誌第 136 期，2006 年 9 月；陳新民，法治國家原則之檢驗，第 108 頁以下。

也符合行政法學上已經將傳統的「自由裁量」觀念，改為「合義務性裁量」(pflichtgemässiges Ermerssen) 的潮流，使任何裁量權都負有一定的義務。總統人事裁量權絕非落伍的「自由裁量」，這才是一個符合民主，也能造就有所作為政府的憲政體制❽。

本書在第二十八節貳、三處討論我國在民國八十六年修憲引進雙首長制時，已提到總統應當提名國會多數黨或多數聯盟來組閣，便是課予總統的義務。隨著馬英九總統在競選政見中，明白宣示將實行此政見。希望此政見不僅應當落實於政治實務，更應寫入憲法條文，以杜爭議。

二、行政院長的免職

我國憲法並未如前述德國威瑪憲法第 53 條之規定般，將行政院長之「任免」權同時操在總統手中，而只提及總統對行政院長有任命權，增修條文第 3 條 1 項亦同。所以關於行政院長的「免職」是否可操在總統手中？採反對論者可有下列理由：

首先，依拉丁法諺：「明示其一者，應認為排除其他」(Expressio unius est exclusio alterius)。所以，憲法既未規定行政院長之免職程序，即係憲法有意不賦予總統此權也❾；何況和我國現行增修條文體制較接近的法國第五共和憲法第 8 條規定總統不需國會同意即可任命總理，但也不能隨意免職，須「依總理提出總辭而免除此職務」。此法國立法例極有參考價值。

再而，由民國八十六年研議現行修憲條文第 3 條 1 項前段時，未將總統對行政院長的「任命」改為「任免」，已經極清楚的表明不賦予總統的主動免職權。依我國憲法本來設計係偏向內閣制、責任政治及立法院對行政院的施政有監督權，理應不得賦予對行政院無法定監督權之總統有主動的免職權。不過，以我國行憲迄今，歷任的行政院長之去職皆非與立法院關係不洽，或是政策與理念無法契合所致，毋寧是繫於總統

---

❽ 參閱陳新民，檢討憲政慣例的地位與效力──由總統的閣揆人事決定權談起，兼論德國聯邦憲法法院最近的「國會解散案」判決，同上註，第 114 頁以下。

❾ 本來有持贊成意見者認為，依我國憲法既未規定行政院長有任期制，且立法院也無倒閣權，即使立法院依憲法第 57 條規定經覆議仍維持原決議，故只要行政院長一味戀棧，行政院長恐有成為終身職之可能。並且，憲法雖未規定總統有免職權，但也不可謂憲法不許可總統擁有此權限也。故基於我國憲法賦予總統相當權力可以「指揮監督」行政院，故應採肯定說為是。如林紀東，逐條釋義(二)，第 200 頁，但此立論已隨增修條文引進倒閣權而頓失依據了！

一人之念。此亦再度反映出我國憲政事實和憲法規定之精神有所扞格 ❿。再加上民國八十六年修憲時，已將行政院長的任命須經立法院同意的條件刪除，使得行政院長與總統的互動、信任之重要性，強過行政院長與立法院之關係。總統若對行政院長可令其去職，而立法院對其所不中意的行政院長最多只能使用不信任案而杯葛新任人選，而無法用同意權來杯葛其任命也。所以八十六年修憲後，院長的免職權及其任期問題可一併討論。

三、行政院長的任期

憲法原無規定行政院長之任期。行憲以來即產生爭議。本來，行政院長的任命需獲立法院同意時，即表明行政院長與立法院的信任不可分離。故立法院改選後，行政院長即應在立法院改選後第一次集會前提出總辭。司法院釋字第 387 號解釋即本於「民意政治及責任政治」而持此見解，同時，對於行政院長在新任總統就職時提出總辭，司法院釋字第 419 號解釋且認為是「尊重國家元首所為之禮貌性辭職，並非其憲法上之義務」，故加強了釋字第 387 號解釋的立論。惟行憲後的現實運作卻以行政院長獲總統的信任為首要，故行政院長的任期即和總統一致，隨總統共進退。一旦總統連任，行政院長即不必辭職。民國八十六年修憲後，取消了行政院長的任命須獲立法院同意為必要，更加深了行政院長與總統的信任關係，所以行政院不必依立法院的改選而更易，釋字第 387 號及第 419 號解釋已無存在的依據。行政院長必須在總統選舉後內閣總辭，以配合修憲意旨。民國八十九年五月二十日民進黨總統就職後，國民黨的行政院即總辭，應該成為新的憲法慣例。同時，行政院長的人選是由總統決定，新行政院長的人事決定不繫乎立法院的同意權，故立法院無法再利用同意權表示對新行政院長的不滿意以牽制總統。故現制行政院長已無固定的任期可言，行政院長與總統的意志、理念「合則留，不合則去」，成為典型的政務官從政寫照。故應依總統的更易而去職，不必依立法院改選而提出總辭 ⓫。

---

❿ 依民國八十三年的增修條文第 2 條 3 項規定總統對行政院長的免職命令需經繼任人選經立法院同意後生效。這條和德國基本法第 67 條「建設性倒閣權」精神相類似的規定，把總統可自由決定免職行政院長及立法院行使行政院長同意權更清楚且具體的連繫起來。但此條文也經八十六年修憲刪除。使得總統能否主動免職行政院長的問題又趨模糊。

⓫ 民國八十六年修憲取消立法院對行政院長的任命同意權後，理應無須再遵守釋字第 387 號及第 419 號解釋，但在民國八十七年十二月五日立法院改選，行政院長蕭萬長仍率內閣總辭，輿論且稱為「樹立憲法慣例」。三年後

四、行政院長的代理制度

憲法第 55 條規定，在立法院休會期間，行政院長辭職或出缺時，由行政院副院長代理其職務，但總統需於四十日內咨請立法院召集會議，提出行政院長人選徵求同意。在立法院未通過總統所提人選前，由行政院副院長暫行代理。這個行政院長的代理制度是在立法院休會時，總統固應於四十日內咨請立法院開議，俾行使提名同意權。然若在立法院開會期間，總統何時提出人選？本條文即未提及。依憲法之意，似可由立法院督促總統儘速提出人選也。但如以制度論，避免總統的「怠惰」，解釋上至少要比照休會時期之「提名期限」，不能超過四十日也。其次，在立法院通過提名人選前，由副院長繼續代理之規定，固是防止立法院遲遲不同意總統所提人選，將使行政院陷於中樞無主之境，才有此由副院長代理之必要。惟依現行增修條文第 3 條 1 項已規定，總統提名行政院長已不須立法院同意，且在未任命行政院長前，由行政院副院長暫行代理。依此新制，已凍結憲法第 55 條之規定，從而亦無上述總統須於四十日內提名院長之義務。一旦總統遲遲不能決定院長人選，此代理院長即必須執行院長之職責，例如決定閣員人選、主持院會及擬定決策……，故院長人選不能久懸不決，此「四十日代理」的制度即有意義。同時，新制也會凸顯出另一個問題，即當行政院長因故出缺，例如因立法院通過不信任案而辭職，而副院長（及其他閣員）卻可以不必隨院長共進退，顯然違反內閣一體性之要求。為避免此情形出現，副院長的「代理期限」規定即有其重要性。

五、副總統兼任行政院長的問題

民國八十五年十二月三十一日大法官作出釋字第 419 號解釋，針對副總統兼任行

的民國九十年十二月立法院改選後，行政院長張俊雄的辭職亦然。此「慣例」在民國九十七年一月二十八日陳水扁總統退回第二度擔任行政院長的張俊雄，因新立法院改選所提出之總辭，並長篇大論裁示：「1997 年及 2005 年修憲前，司法院大法官釋字第 387 號、第 419 號解釋意旨，並不再適用。」而退回呈，宣示「舊慣例」的終止，總統府發言甚至言及「建立新慣例」。然而，解鈴還須繫鈴人，引起前大法官董翔飛的批評。見董翔飛，「退總辭，大總統自己釋憲？」，聯合報 (97.01.30)，民意論壇。董前大法官批評，總統不應自行否認這兩號解釋文已「過時」而不加遵守，而應該是以透過釋憲的方式，對此種問題加以解決。此亦不無見地也。但在民國一〇九年一月三十一日行政院吳敦義院長，即因立法院改選而提出總辭。似乎又回歸慣例也。這也看出所謂的「憲政慣例」乃繫於個人之所為，其拘束力之薄弱可知矣！

政院長的問題：副總統得否兼任行政院長憲法並無明文規定，副總統與行政院院長二者職務性質亦非顯不相容，惟此項兼任如遇總統缺位或不能視事時，將影響憲法所規定繼任或代行職權之設計，與憲法設置副總統及行政院院長職位分由不同之人擔任之本旨未盡相符。引發本件解釋之事實，應依上開解釋意旨為適當之處理。

本號解釋認為副總統平日僅是備位元首，並無職權，因此與行政院長的職權並不會產生衝突，因此兩者「非顯不相容」，故並不違憲。此和大法官歷次幾個涉及兼職案件所持的立場（例如：釋字第 15 號解釋、第 30 號解釋、第 74 號解釋等）並無不合。因此當時副總統連戰即繼續兼任行政院長八個月之久。然而本號解釋也提及一旦總統缺位或不能視事，若由副總統繼任或執行總統職務，則無異是總統兼任行政院長一職，則為憲法所不許。因此為彌補此問題，自應該透過修憲的方式明白規定，一旦副總統繼任總統時，當然視同辭去行政院長職務。尤其是增修條文第 3 條已明定總統未任命行政院長前，由副院長暫行代理，不虞行政院無主。因此，以我國偏向內閣制的精神，及以往副總統陳誠及嚴家淦都有過兼任院長的憲政慣例。副總統平日根本無職權，亦無妨兼任行政院長 ❷。

參、行政院其他閣員之任免

憲法第 56 條規定：行政院副院長、各部會首長及不管部會之政務委員，由行政院院長提請總統任命之。我國憲法已不採五五憲草第 59 條之行政院所有閣員皆對總統負責之制度，故行政院各閣員皆向行政院長負責，俾使行政院成為一個整體決定國家行政之最高機關。倘若行政院長不能全權決定閣員人選，內閣即不能完全貫徹行政院長之施政理念，將使責任政治無法實現。行政院長對閣員的完全決定權限也同於法國第五共和憲法第 8 條之規定：總統基於總理之提議任免部長。

惟總統可否對行政院長所提出之閣員人選表示異議而不予任命？不論由我國憲法偏向內閣制之特性、憲法明白語意、責任政治理念而言，皆應持反對說為宜。特別是

---

❷ 關於本號解釋的不同意見，可參閱：董翔飛，大法官解釋文與我的不同意見書，民國八十九年，三版，第 13 頁以下。吳庚大法官曾提到，在本號解釋期間，法國憲法委員會主席 Robert Badinter 來訪，吳大法官當面詢問法國總理席拉克曾兼任巴黎市長，並不違憲的「法國經驗」。吳大法官有感而言：「假定當時大法官果如法國憲法專家所言，解釋為可以兼任，則大法官遭到污名化，將不知伊於胡底了」。道出本號解釋的難處。憲法的解釋與適用，第 547 頁，註 135。

當總統一旦和行政院長隸屬不同政黨時，總統即可能藉對閣員人選表示不同意而引發政爭。故在制度上應該否認總統擁有此否決權。至於總統和行政院長可透過其他方式——例如同屬一政黨時黨內提名程序——，先行諮商提名人選，自不必贅言也。我國行憲至今，閣員人選恆視總統的個人意見、或其對行政院長的信任程度而讓行政院長大小不同的抉選權，此亦和憲法之精神不無差距也。

憲法第 56 條未提及閣員的免職問題。由行政院以行政院長馬首是瞻及行政院長具有對閣員的提名權，可知理念與院長不合之閣員與未獲院長信任之閣員，可由院長決定其去留。閣員之免職亦應類似閣員之任命程序，由行政院長提請總統免職之 ❸。惟總統此免職命令須經行政院院長或行政院院長及被免職者本人之副署（憲法第 37 條及增修條文第 2 條 2 項參照）。總統未得行政院長之提請，不能逕自免除任何一位閣員之職務 ❹！

肆、行政院會議之制度

一、院會性質

憲法第 58 條規定：行政院設行政院會議（以下簡稱「院會」）。且對參加人員（閣員）及會議討論之標的（法律案、預算案等），都加以規定。憲法對院會如此詳盡的規定，可見憲法的重視。希望透過院會合議的討論方式決定行政政策（可稱為「閣議」），所以不似總統制之內閣會議僅提供總統參考、諮詢，而有積極產生法定程序效果的制度。一個法案如果未依憲法規定經過行政院會議，或行政院會議未依憲法之規定組成時，其送交立法院之法案即未能被視為合憲之法案，立法院當得退回之。只是這種退回規定並未見諸我國立法院之法規。此時行政院長當負起政治責任。

院會進行以院長為主席。但本條文未明定院長在院會中所扮演之角色，易言之，院會是採行「首長制」或「合議制」並不明確。不過由本條文對院會討論議案所使用

---

❸ 在解釋上這種擴張憲法第 56 條的「任命」概念及於「任免」，和憲法第 55 條及增修條文第 3 條 1 項：總統對行政院長的「任命」用語不應擴張的「任免」，容易使人懷疑，為何相同用語會導致截然不同的結論？故為了正本清源，憲法第 56 條之用語宜改為「任免」為妥。

❹ 國內學界率多持此看法。林紀東認為總統有「特別理由」時可不經行政院長同意而將閣員免職。惟未提及何種情形方為「特別理由」，見氏著，前述書，第 207 頁。

「議決之」之用語，似乎應採合議制❶。但基於全體閣員皆由行政院長提名產生，應向院長負責，故院會又變成院長的諮商會議。我國行憲以來，院會是實行首長制，雖然亦進行表決，但既然院長可決定院會的進行、議案及結論，故表決與否即失去重要性矣❶。

二、院會之任務

行政院長及各部會首長須將應提出於立法院之法律案、預算案、戒嚴案、大赦案、宣戰案、媾和案、條約案及其他重要事項或涉及各部會共同關係之事項，提出於院會討論之。然憲法第 58 條所臚列的議案，究是宣示性，抑或是排他性的列舉？例如減刑條例案並未在上述列舉的範圍內，有無在行政院討論之必要？倘若吾人以為院會乃各部會首長共同決定最高行政政策之場所，以本條亦規定「有其他重要事項」尚可包括一切之重要議題、議案，所以只要行政院長認為具重要性即可列入院會討論之標的也。至於應提到立法院表決之法案——如上述減刑條例——即不言可喻了！

除憲法第 58 條外，憲法如有其他規定應由行政院院會議決者，例如憲法第 43 條及增修條文第 2 條 3 項之總統頒布緊急命令的前置程序，或是法律有特別規定，例如公投法第 17 條 1 項在「當國家遭到外力威脅，致國家主權有改變之虞」時，有無實施公投之必要，亦應為院會議決之事項。

另外，同條條文末句提及院會決議範圍及於「涉及各部會共同關係之事項」，即表示了行政院各部會首長對於本部之事務，只要不涉及他部會，即可自主、獨立的處理之，形成政策。所以我國憲法並未類似某些外國憲法明白規定內閣部會首長「獨力負責」決定本部會所掌管事務之決策❶，但是本條文此項規定已指明部長無待院會或院長指示，即可擔當「責任部長」也。

---

❶ 參照憲法第 94 條之「議決行之」。威瑪憲法第 58 條規定：聯邦政府（相當我國行政院會議）之決議以多數決為之。票數相同時，由主席裁決。

❶ 依行政院會議議事規則 (70.05.18) 第 5 條之規定，行政院會議議案，由出席人過半數之同意議決之。決議如院長或主管部會首長有異議時，由院長決定之；第 8 條之規定，議案之進行依議程所定之順序，必要時主席得變更之；第 9 條，各種議案必須構成議題，申敘理由，經院長核可後編入議程。

❶ 例如德國威瑪憲法第 56 條規定：總理擬定施政方針，並對原議院負責。部長在遵循此方針下，獨立領導各部，並對國會各自負責。現行基本法第 56 條亦同。

第三十二節　行政院的責任──行政院與立法院的關係

憲法第 57 條及增修條文第 3 條 2 項已明定了行政院之施政須向立法院負責,而非採五五憲草(第 59 條)向總統負責之設計,這種行政機關向國會負責之情形正是內閣制之寫照。行政院向立法院負責之焦點,一是在人,一是在事。前者係對內閣的人事同意權,例如以前行政院長之任命必須經立法院同意。後者即行政院對立法院的施政責任,此為重心之所在。

壹、施政報告

行政院有向立法院提出施政方針及施政報告之責(憲法第 57 條 1 款)。這是類似公司的總經理有向董事會報告公司營運狀況之責。行政院提出的施政方針及施政報告,一為事前性質的施政計畫,一為事後的已施政情形。依立法院職權行使法 (97.05.28) 第 16 條之規定,行政院應該:

(1)每年二月一日以前將施政方針及上年七月至十二月之施政報告印送全體立法委員,並由行政院長於二月底前提出報告;

(2)每年九月一日以前將本年一月至六月之施政報告印送全體立法委員,並由行政院長於九月底前提出報告;

(3)新任行政院長應於就職後兩週內,向立法院提出施政方針之報告,其書面報告於三日前印送全體立法委員。

這是屬於行政院「例行性」的施政報告責任。至於臨時性或其他情事發生時,或施政方針變更時,行政院長或有關部會首長應該向立法院提出報告。同時若有立委三十人以上連署,並經立法院院會議決,亦得隨時邀請行政院長或相關部會首長到立法院報告(同法第 17 條 2 項)。依行政院向立法院負責的制度,行政院長及部會首長對立法院這種施政報告之決議不能拒絕之。

貳、質詢及答詢義務

立法委員在開會時有向行政院長及各部會首長質詢之權。按質詢 (inquire) 乃是一種「釋疑」性質的發問。既然行政院長及各部會首長有對立法院就例行性或突發性事件報告之義務,質詢權乃要求行政院就施政,甚至職權範圍所及事項之立場或處理方

式，提出解釋。

　　立法委員行使此質詢的對象，依憲法第 57 條 1 項之規定，明白限定在「行政院長及各部會首長」。因此，質詢權只能限制在政務官，並且只限於最高階的部會首長，政務次長不包括在內。一般事務官只涉及執行政策層面，更不必接受質詢，這也是內閣制度的精神。質詢制度也就作為在野黨與執政黨政策辯論的代名詞❶。

　　然而，我國立法院院會的質詢權對象固依憲法第 57 條 1 項之規定，但在委員會則不僅政務官，甚連事務官也是被質詢的對象，已模糊了立法院質詢權的制度設計目的。

參、覆議制度

　　我國憲法 57 條 2 款及 3 款分別規定二種情形可提出覆議。即：

　　⑴當立法院對於行政院之重要政策不贊同，以決議移請行政院變更時；

　　⑵當行政院對於立法院議決之法律案、預算案、條約案，如認為有窒礙難行時。

　　此兩情形發生時，得經總統之核可，於該決議送達行政院十日內，移請立法院覆議。覆議時如經出席立法委員三分之二維持原決議，行政院長應即接受該決議或辭職。

　　然自從民國八十六年增修條文第 3 條 2 項 2 款凍結憲法 57 條之規定，將覆議制度限於法律案、預算案及條約案❷。對行政院之重要政策，立法院既不能決議移請行政院變更，行政院亦無對之提起覆議之權。另對於覆議決議之程序也重新規定，立法院應於十五日內作成決議。如在休會期間，立法院應於七日內自行開會，並於十五日內作成決議。如逾期未作成決議，原決議失效，如果立法院因人數不足而流會時——例如民國八十七年八月十二日屆滿的「漢翔公司設置條例第九條修正案」覆議案——亦同。故立法院必須對打消覆議有「積極性」，否則行政院可「坐收其成」！如過半數立委維持原決議，行政院長即應接受該決議。

　　內閣制國家所無的覆議制度是我國憲法中最接近總統制的制度，也構成我國憲法是「修正內閣制」特徵的主要來源。此制度的目的乃在穩定國家行政權及政局，不必

---

❶ 就此意義而言，被質詢對象應該及於參與政策決策的政務次長也。美國基於嚴格三權分立之原則，事務官無至國會接受質詢之義務。參閱陳文俊，議會質詢權之研究，刊載：中山社會科學季刊，第四卷四期，民國七十八年十二月，第 103 頁以下。

❷ 林紀東早便認為覆議對象應及於宣戰、媾和等重大案件之上，不能僅限此三種內容。見林紀東，逐條釋義，第 235 頁。

使行政權和立法權形成僵局。本新制亦有下列值得注意之處。例如：

(1)總統之核可權。行政院長對於立法院行使覆議權之關鍵，操在總統的「核可」之上。如果總統贊同行政院長，則行政院覆議成功之機會即甚大。尤其是憲法第 57 條的原先設計，只要爭取全體出席立委三分之一多一人的絕對少數並不困難❸。如果總統不贊同行政院長，行政院長即無覆議可能。新制雖將表決門檻降低到二分之一，使得行政院長翻案困難度增高，但新制的限期表決也採有利行政院的一方。故總統的核可權即為關鍵❹。

(2)如果提出覆議，但法案仍維持原決議時，依憲法原來之規定，行政院長有接受原決議或辭職二種抉擇。不過，行政院長若無政治抱負或擔當，一味貪圖權位，則可能會接受不合其理念之決議，便會破壞責任政治之常規。故本覆議規定固有穩定政權之利，但也會有喪失氣節之弊❺。現行增修條文則改為立法院如維持原議，行政院長只有接受一途，而無須請辭。在舊制度因為同意維持原議的門檻為三分之二，新制只有二分之一，即顯示新制的覆議表決乃請立法院「重新考慮」原案，故行政院長不必一定非要選擇接受或辭職不可。

行政院提出覆議的內容應為法律案、預算案及條約案的全部。然立法院職權行使法 (91.01.25) 第 32 條卻明定覆議內容可為上述法律案、預算及條約案之全部或一部。這是憲法增修條文第 3 條 2 項 2 款所無之文字，雖然符合本制實施以來並不一定並須「全案」覆議的憲政實務❻，但倘許可行政院「選擇性」的提起覆議，將會割裂法律規範的整體性。尤其在新制定之法律案，一經覆議通過，該些條文即不能生效，形同「拔牙式」的立法。所以覆議制度乃回復舊有法律秩序，必以新的立法行為「整體」為覆議對象。立法院職權行使法第 32 條之規定，應當加以適當之限制❼。

---

❸ 美國總統在一九一三年至一九八五年間共否決國會一四〇九個法案，其中只有六十一件（百分之四）能被國會以絕對多數維持原決議，可見得國會對總統行使覆議權的無力感。參見奧斯丁蘭尼著，林劍秋（譯），政治學，一九九一年二版，第 343 頁。

❹ 覆議對象只限於未完成立法的法案，依憲法第 72 條規定，立法院通過法律案後應移送總統及行政院。總統應於十日內公布。此十日的不變期間，如總統已公布法律案，行政院即不能再提出覆議案，按「生米已煮成熟飯」，行政院已喪失翻案的機會。

❺ 例如謝瀛洲氏即直言批評本制度會造成「僅為淘汰氣節之士」所設。見氏著：中華民國憲法論，第 155 頁。

❻ 周萬來，議案審議──立法院運作實況，民國八十九年，第 180 頁。

❼ 美國憲法第 1 條 7 項 2 款與我國憲法及增修條文同，並未明白規定是否許可選擇性的提出覆議──稱為「條項否決」(itemveto)，但憲政慣例則為否定。但法國第五共和憲法第 10 條則明白規定可為個別條項之覆議。但應

其次，表決覆議時，對於覆議案的內容可否變更？可由兩方面來討論。第一，行政院是否應對立法院所決議的議案完整地，亦即不變更「原決議」地提出覆議？第二，立法院對於提出的覆議，是否僅能作全案贊成或反對的表決，而不能修改其內容？憲法並未明言規定之。以立法院議事規則第 62 條及第 63 條的「就維持原決議或原案表決」之用語，以及為了避免立法院及行政院可能發生的「乒乓式」的「拉鋸」修改原案及原決議，應該採行「不得修正」的見解，以使覆議的關係及程序單純化 ❽。

肆、連帶責任的問題

行政院向立法院的負責，也關係到內閣連帶負責之問題。如果行政部門有違反政治責任、違法失職時，其責任是否由內閣整體擔當，抑或只是負責部會首長個人負責，而有區分為「整體連帶責任制」，或「單獨責任制」兩種。

以英國傳統式的內閣係採整體連帶責任制，這種制度是強調內閣的整體性。因此全體閣員同進同退是其特色，也因此這種內閣會注重內閣會議的重要性，以求政策的整體關連性，但其缺點也在於易牽一髮而動全身。故現今各國，即連內閣制老牌國家英國，也不實施此制。

採單獨負責制的內閣只以內閣首長負責整體決策的方針，並由其擔負起此決策之政治責任。各閣員就所轄部會行使決策權及監督政策之執行，也因此個別擔負起對國會負責之義務。如果必須因失職，或失去國會之信任而去職，並不影響內閣之繼續運作。這種制度的好處是既不失去責任政治的理想，亦不會連帶其他閣員而有助於政局之安穩，故許多內閣制國家皆採行此制 ❾。

憲法增修條文第 3 條已賦予立法院可對行政院長提出不信任案，在通過不信任案後，行政院長必須辭職，且在新任院長未任命前，副院長應代理院長職位，顯見只有院長一人辭職為必要，內閣無需隨之總辭。但是，這種情況殊不符合責任政治之常理，故一旦產生這種情形，恐會只有副院長一人「留守」，其餘閣員會與院長共進退，成為名符其實的「看守內閣」！而副院長的「看守」在職，也表明其「待退」而已！在此期間不應為任何重大決策及人事之調整。

注意，法國提起覆議權為總統而非總理，實施迄今只有二次之多，所以與我國體制並不盡符合。

❽ 美國憲法第 1 條 7 項 2 款亦同。劉慶瑞，中華民國憲法要義，第 174 頁，註一。

❾ 例如德國威瑪憲法第 56 條，德國基本法第 65 條。

　　另外，在院長因覆議表決結果的辭職方面，我國憲法第 57 條所採行的覆議制，既然目的在維持政局穩定，故在行政院的負責上，亦僅規定當覆議不成功時，行政院長的可能辭職一途。故這種設計使得行政院長去職，但內閣閣員仍繼續在位。其初衷無可厚非。然內閣閣員既由行政院長所抉選，而覆議案（及不信任案）所牽涉之議案當也涉及關係部會之職權。任何行政院之決議已經過行政院院會討論，故若行政院長辭職，而相關部會首長仍在職，則殊不合責任政治之理念。現行增修條文的覆議制度雖已不規定行政院長的辭職義務，但院長因覆議失敗而辭職的可能性依然存在。因此，行政院長辭職，其他閣員亦應該共進退。司法院釋字第 387 號解釋也是本於這種對立法院負責的「責任政治」精神為立論之依據。

第八章　立法院

憲法第六章規範國家「立法」權的條文共有十五條，主要是關於立法院之組織職權及立法委員（以下簡稱立委）的產生方式，與立委之權利。本書對於立法院也據此分成二節加以討論。

第三十三節　立法院的職權

壹、立法院的地位

憲法第 62 條規定立法院為國家最高立法機關，由人民選舉之立法委員組織之，代表人民行使立法權。因此立法院是全國最高立法機關，其職權即類似西方國家之國會❶。

如同本書在第三十一節處討論行政院為國家「最高行政機關」（憲法第 53 條）之疑義時所持的立論一般，憲法第 62 條將立法院定位為「國家最高立法機關」，也是侵犯中央與地方分權的理念。

按所謂「最高立法機關」係立法院可以制定位階較行政命令為高的法律。此位階最高者並非與憲法作比較，而是針對其他亦享有立法權之機關——亦因授權而享有立法權之行政機關與各地方自治團體。在前者之情形，憲法第 172 條之規定（命令與憲法或法律牴觸者無效）樹立立法院及其所通過之法律對行政機關的優越地位，也是行政法學之依法行政原則中重要的「法律優越性原則」(Grundsatz des Vorrangs des Gesetzes) 之體現；至於後者，立法院居「最高立法權」的重點是指向各地方自治團體之立法權而言，立法院的「優越立法地位」才有顯現的價值！

然而，若就分權的理念而言，憲法所建立的地方自治制度，是劃分並保障中央與地方的權限，並具有憲法之位階。憲法第十章不憚詞費的臚列中央與地方可立法與執行的事項，即在於嚴格區分二者的權限。我國憲法在規定某事項的「立法權限」方面，

---

❶ 雖然司法院釋字第 76 號解釋曾將立法院、國民大會及監察院解釋成皆共同相當於民主國家之國會（司法院釋字第 325 號解釋將監察院排除在外，但仍不否認國民大會相當於西方之國會）。惟若依制憲前的政治協商會議憲草修改原則第 2 項規定：「立法院為國家最高立法機關，由選民直接選舉之，其職權相當民主國家之議會」。可知我國憲法之本意，立法院即國會也。

並不採行西方民主國家的「立法競合」制度，此如德國基本法 (1949) 第 72 條與第 74 條的「競合立法」(konkurrierende Gesetzgebung)，係中央與地方均得立法；但一經中央立法，其效力即凌越地方之立法，德國基本法第 31 條規定「聯邦法破地方法」(Bundesrecht bricht Landesrecht) 原則即是。憲法第 107 條以下關於事項之立法，不是明定中央，就是由地方立法（第 109 條之省立法，第 110 條之縣立法）。甚且第 111 條規定列舉以外之立法事項，有全國一致者，其立法權歸中央；有全省一致者，立法權歸屬省。立法院更有解決憲法所未列舉但發生權限爭議之權。顯然我國憲法偏向採行「剩餘權」歸屬中央的立法例❷，以及對中央與地方立法權之劃分是採二分法，並未設計競合立法制度，或中央未立法前逕由地方立法的制度。職是之故，憲法關於地方制度之規定，是賦予其絕對不受中央干涉的地方立法事項，此即憲法第 109 條、第 110 條所列舉保障者。地方自治團體就憲法所明定者，其立法權就享有最高性，中央法律不得取代之。故憲法第 62 條規定立法院為國家「最高」機關一語應屬錯誤，其正解為：「立法院為國家中央之立法機關，代表人民行使中央立法權。」尤其，憲法第 170 條規定法律，謂經立法院通過，總統公布之法律，所以在中央立法方面，無庸再加上「最高」之「中央」立法機關之必要了！

貳、立法院之職權種類

立法院的職權，除了傳統的立法院議事規則 (88.01.02) 外，主要行使的法源依據是立法院職權行使法（97.05.28，以下簡稱本法）。茲分述之：

一、立法權

憲法第 63 條規定立法院擁有議決法律案、預算案、戒嚴案、大赦案、宣戰案、媾和案、條約案及國家其他重要事項之權。在這些立法院可議決的事項中，除預算案屬於下述立法院的財政權及「其他重要事項」將另予討論外，均得列入立法院的立法權範圍。當然由狹義的立法院之立法權而論，應僅指法律案；但從行政院對立法院負責的角度觀之，此法律案不妨從廣義解。換言之，不以法律案為限，也及於戒嚴、大赦、宣戰、媾和等案，這些亦可列入廣義的立法院法律案審議範疇內的事項，其值得吾人

❷ 此點不似美國憲法第 1 條 8 項與德國基本法第 70 條 1 項之規定，明定中央立法事項，即將未規定事項之立法權歸於地方。

特加討論的略有二項：

㈠法律案的提案權

原依憲法第 58 條 2 項之規定，行政院對提交至立法院的法律案等，皆須通過行政院會議之議決，行政院因此為法案的提出者；而第 87 條亦規定考試院就其所掌事項得向立法院提出法律案。故依憲法對行政院與考試院明定其可為法案的提出人，而監察院與司法院不與焉，這種「差別待遇」即極為明顯。

本於五權憲法之精神，五院既分掌國家之治權，司法院為適用法律之機關，舉凡民、刑與行政法律等，皆有可能發覺法律之瑕疵或適用上之問題；監察院職司風憲與監督全國公務員有無違法失職，亦為適用法律之機關，當亦有發覺法律不周或適用困難之機會。司法院與監察院如能擁有法案的提出權，則有助於國家法治的完善，且符合五權憲法之精神。司法院大法官會議本此意旨，遂先後在釋字第 3 號解釋，肯定監察院有向立法院提出法律案之權；在釋字第 175 號解釋復承認司法院就「所掌有關司法機關之組織與司法權行使之事項」有向立法院提出法案之權力。

司法院大法官會議雖運用其釋憲權解決自行憲以來一項爭議問題，惟似忽視憲法所以強調由行政院有提出法律案的權限（例外承認考試院有獨立的提案權）之本意。且由憲法第 57 條 3 款之規定可知，行政院以法律案作為施政的重要依據，才有窒礙難行時的制度設計。因此，司法院與監察院縱有發現法律不盡周延之處或有立法需要時，仍應將立法之意見轉請行政院決議。否則，由司法院及監察院自行向立法院提出之法律案，而非行政院所贊同時，行政院長能否主張憲法第 57 條 3 款請求覆議之程序？一旦援引此覆議權不成，行政院長可能即因司法院或監察院之法案而去職，恐亦非憲法第 57 條之原意。因此，若以憲法關於法律案提出程序與責任的明確規定而論，司法院與監察院應無法案的提出權❸。

此外，立法院作為審議法案之機關，立法院除有「被動性質」之立法權——即「審議法案」權外，是否應有「主動性質」——即自行提出法案的立法權❹？依立法院議

---

❸ 五權分立不表示五權各自獨立。例如司法院與監察院之預算由行政院編列，並列入由其議決提出之預算案中。所以司法院如提出增設某地方法院之預算案，但行政院可能因限於財源而無法同意。監察院或立法院如果提出「改善公務員待遇」之法案，涉及行政院所掌握的財政權（如下註四法）。可見得不宜由司法院與監察院掌握提案權。至於憲法第 71 條規定立法院開會時，關係院院長得列席陳述意見，僅表示立法院行使職權時所涉及關係院時，其院長有列席說明之權，要不得主張關係院擁有提案權也。

❹ 林紀東即認為，不應僅依憲法第 63 條立法院有「議決」法律案之權，即可否認立法委員有提出法案之權。見逐

事規則 (96.11.30) 第 8 條之規定，立法院只要有立委十五人以上的連署即可提出法案。依立法院行使職權法第 8 條 2 項規定有委員提議二十人以上之連署或附議，即可表決逕付二讀。由立委自行連署提出的法案，或許流於浮濫。同時此項法案可能不具有執行力，易言之，其未通過行政院院會之議決，即無法令負責執行的機關（行政院）擔負起政治責任。所以以憲法責任政治之觀點，立法院不宜擁有主動性質的立法權。但我國立法院所形成的國會文化，往往政府提出一個法案，會出現多達三、四個委員提案之版本，形成法案版本併陳，提案之多，可以「泛濫成災」來形容❺。

㈡法律案的制定方式——「個案式」的禁止原則

依憲法第 72 條規定立法院通過法律案後，移送總統與行政院。倘未發生覆議的情形時，總統應於收到後十日內公布之，此為法律案的形式生效規定。法律案除了在規範內容上須合乎憲法之原則與規定外，在規範的方式上亦有其應遵守的原則——「個案法律禁止原則」(Verbot des Einzelfallsgesetzes)。基於平等權原則與法律安定性之原則，任何法律都必須合乎抽象性 (Abstraktheit) 的要求，使得所欲規範之人與案件具有廣泛而抽象的不特定性，而無法預知某事件或某特定人將為法律所規範。易言之，立法者不得預設立場地給予某人利益或不利，而舉全國之力因人立法。所以個案法律禁止原則亦形成現代法治國家的立法原則，惟此原則所稱「個案」者 (Einzelfall)——釋字第 520 號解釋之權利義務之法律，故是保護人權為著眼點。稱為「個別性的法律」——，係指涉及個人（即私人與法人），至於國家機構及公法人，例如政府的部會組織，則不適用；且依中央法規標準法 (59.08.31) 第 5 條 3 款，國家機關更須依法律規定其組織也❻。

這是防止國家利用執政公權力，通過立法方式來對個人，包括私法人進行政治訴追的制度，德國基本法第 19 條第 1 項明白規定的「個案法律禁止原則」，德國聯邦憲法法院在 1969 年作出來的「萊茵鋼鐵法案」判決 (BVerfGE 25, 371) 中，便明白地宣示這個原則乃是出於保障平等權的「濫權禁止原則」(Willkürverbot)。而對於這種所謂

條釋義，第 326 頁。

❺ 立法院近年主動提出的法案而通過的有「卸任總統禮遇條例」(87.05.03)；警察人員人事條例、學校教育職員退休條例、國民體育法及地方制度法等四法的部分修正案 (96.06.15)。

❻ 立法院為制定一個規範某民間企業內部的勞資問題，而制定類似「台塑企業勞資處理條例」，即屬違反「個案法律禁止原則」。至若公法人，則不包括在禁止之列。例如紅十字會應屬公法人，我國甚至制訂「中華民國紅十字會法」(89.04.26) 及其施行細則，如同農田水利會一樣。詳請參閱拙作，行政法學總論，第 151 頁，註十七處。

個案法律的定義，甚至早在 1959 年聯邦憲法法院便作出了解釋，認為本原則不只是保障很明顯 (offene) 地針對個案，包括個人或是一群相關的人為對象的立法，甚且及於保障所謂「隱藏式的」(getarnte) 個案對象 (BVerfGE 10, 234, 241)，這是防止立法者假借抽象與廣泛地規範文字，但是隱藏著針對某一個案而為特別的立法也。

這種典型的個案立法，在民進黨政府標榜「轉型正義」而通過了以國民黨為對象的「政黨及其附隨組織不當取得財產處理條例」(105.08.10)，雖然該法第 4 條第 1 項的政黨定義乃是中華民國七十六年七月十五日前成立並依動員戡亂時期人民團體法規定備案者，不以國民黨為限，但既然其他在民國七十六年實施黨禁時代的政黨，尚有民社黨與青年黨等，似乎本法規範對象也及該兩黨，而不致於只針對國民黨一黨而立法，然而本法立法時該兩黨早已不存在，無任何民意代表與參與政治活動，因此本法不僅是隱藏式的個案法律，更是明顯地公開與典型之個案法律。而本法實施後，大張旗鼓地清算對象也全部是國民黨的財產，同時，本法也涉及到長達七十年的民間團體（國民黨及附隨組織）所為的財產行為，都列入追查對象，嚴重侵及信賴保護與不溯及既往原則，對法治國家原則的侵犯也甚為嚴重，後經國民黨提出釋憲聲請，大法官做出 793 號解釋，承認本法是個案法律，但也認為基於重大公益，可以收歸其黨產為國有。這個立論顯然難以令人信服。

如果要對單一政黨，例如國民黨，而以專法規範之，又要擺脫「個案法律禁止原則」的適用，唯一的解套方式，便是要承認當時的國民黨，並非完全單純的民間社團，而是具有「準國家」機關的定位，在過去戒嚴與緊急憲法時代，國民黨也承擔了一部分的國家任務，才有黨政不分，以及黨政人員交流的制度。國民黨當時的社工單位、情治單位（包括對大陸的工作）都和國家行政機關相互重疊。所以不是單純與不執行國家公權力的民間社團相比擬。這是我國過去的明確史實。也唯有承認當時一黨獨大與存在的執政黨是「準國家」機關，以個別法律來規範或整理其財產，方通得過憲法禁止個案法律的嚴格規定。

與個案法律概念易生混淆者，尚有「措施法律」(Massnahmegesetz)，又稱為「權宜法律」。這種特殊的法律，是就應付、解決某種特殊狀態或問題為目的，而採行特定之權宜性、因應性的措施立法也。例如國家為因應緊急狀態所頒布的緊急法律，例如：「八七水災田賦減徵條例」、「九二一震災重建暫行條例」(89.11.22)；因應戰事結束新秩序的重建而公布如：「懲治漢奸條例」(34.12.06)；因應憲政改革所制定的「第一屆

資深中央民意代表自願退職酬勞金給予條例」(78.02.03) 等，均為著例。

　　措施性法律與一般法律性質不同。一般法律如民、刑法以適用時期有永續性為制定原則，立法者在制定時多懷有本法當永久施行，並未預設有限的適用時期；措施法則不然。除明定以某特定期間內施行的限時法外（例如戒嚴法可以包括在廣義的措施法），狹義的措施法是指立法者專對某項事務所為之立法，且隨著規範事項的處理完竣，縱未公告廢止，該法亦失去適用性！這也印證一句拉丁法諺：「立法目的消失，法律即失效」(cessante ratione legis cessat lex ipsa)。例如懲治漢奸條例係以追懲抗戰時期的漢奸為對象，隨著抗戰時期結束後，遂於民國五十七年五月九日廢止；國家總動員法 (31.3.29) 第 1 條也是以抗戰的時空背景為制定目的，故隨抗戰結束後不再產生新的「漢奸」，一旦檢肅漢奸完畢後該法也當束之高閣；第一屆資深中央民代自願退職酬勞金給予條例，待第一屆資深民代退職並受領酬勞金後亦功成身退。可見得這些措施性法律皆具有權宜性質，而企圖形成或改變某種情狀，不能與一般法律在本質上具有持久性的適用力可比。

　　大法官在釋字 391 號解釋的理由書中首次引用了措施法的用語。大法官認為預算案與法律案的性質不同，因此不能比照審議法律案的方式，就預算案所編列的數額，在款項目節間，移動增減並追加，或刪減原預算之項目。大法官認為預算案在每一年實施後即失其效力，與一般法律案具有持續性不同，且必須由立法機關審議通過，具有法律之形式，故稱為措施性法律。大法官這個見解誤解了措施性法律，也常出現在一般法律案之中，且並非透過立法院的決議，獲得法律的形式者即可稱為措施性法律。歐美國家的預算案可以稱為措施性法律，是因為國會將預算案以行諸法律案的方式通過，所以預算案即化為法律。我國則未經此「套上法律外衣」的途徑，所以不能稱為措施法。大法官顯然嗣後發覺這個謬誤，故在釋字 520 號解釋主文中輕描淡寫的提到釋字第 391 號解釋認為預算案為措施法的見解為「學術用語」，以為掩飾也。

　　大法官首次提及個案性法律是在前述的釋字 520 號解釋的理由書中，在本案大法官提及立法院決議繼續興建核能四廠，可以通過「個別性法律」的方式來強迫行政院接受，則是正確理解個案法律的概念。惟大法官使用「個別性」的法律的用語，並不能凸顯此種法律規範「個案」(Einzelfall) 的特性，故「個別性」(Einzelne) 的用語並不妥適。

　　措施法律既然是針對特定事務，而非個案而發，所以並不是指向特定或可得特定

對象的立法。誠然，在所謂個案具體者，當不僅指對象（如某人或法人），也包括所發生之事務——例如該法人所發生之勞資或財務問題。同時措施法所規範的事務，亦可能有極為具體的適用對象，甚至是以該具體對象來給予利益或不利益。最明顯者，莫過於前述的資深中央民代自願退職酬勞金給予條例，即是以具體的資深代表為立法對象。所以措施法與個案法之區分實屬不易。惟欲區分合憲的措施法及違憲個案法時，可將重心置於對個案法律特徵的理解，即凡是明確具體對某人或私法人而給予利益或不利益之法律，皆屬個案法律也。如此，即可避免陷入個案法律或措施法律學理爭議。

二、人事權

立法院所行使的人事權（任命同意權），除憲法本文規定之監察院審計長人選的同意權（第 104 條）外，自民國八十六年修憲後，尚增加對司法院大法官、考試委員及監察委員的同意權。另副總統出缺時，亦由總統在三個月內提名候選人，由立法院補選（增修條文第 2 條 7 項）。此同意權以無記名表決（本法第 29 條），同時若被提名人未獲同意，總統應另提他人（第 31 條），是總統提名之義務，不使該職務懸缺也。然而，在憲政實務上卻反是，形成總統可以擁有裁量權。

然而，總統與立法院分享了國家重要人事之決定權，此時必須相忍為國，總統提名權行使亦不可驕縱，行事有個人風格。例如：美國總統提名須經參議院同意，使形成「參議院禮儀」之憲政傳統，便是「事先溝通」。我國在民國九十四年至九十七年八月一日前，監察院因委員未能獲得提名及表決，即可知府院不和的「意氣之爭」，導致監察權的喪失，總統陳水扁悍然的不溝通，應是主因也。

立法院行使的人事權僅限於任命同意權，而不及於解職權。大法官對審計長任期六年並未違憲所作成的釋字第 357 號解釋可知，即可以推論出來。大法官以為審計長擁有超越黨派的獨立地位，所以立法院對之應予尊重，不宜使立法院擁有對審計長的解職權力，而發生操縱審計權的弊端也。

另外，大法官釋字第 613 號解釋更進一步的將所有隸屬在行政院之下的機關，不論是否為獨立機關（在本案為國家通訊傳播委員會）的主任委員及委員的任命權，完全由行政院長獨攬，而不許可立法院及政黨分享之；同樣在釋字第 645 號解釋文中提到的公民投票審議委員會委員的任命權亦同。大法官的立論，是為了維護權力分立及權力制衡的憲政原則。如為了權力分立還有道理；但對權力制衡而言，顯然有強詞奪

理之嫌。因為當這些獨立機關的提名權，完全操縱在行政院長手中時，立法院僅能行使被動的否決權而已，行政院長容易將獨立機關變成「一言堂」。以第一屆國家通訊傳播委員會因為委員絕大多數非行政院長所提名之故，以至於屢受行政院的掣肘，便可知獨立機關如沒有獨立於行政院長的人事任命制度，其獨立性必難實現❼。故對於隸屬於行政院下部組織之人事權，應由行政院長掌握。至於獨立機關則否，立法者的裁量應受此原則之限制。

另外，法律亦可創設立法院人事同意權，例如對最高法院檢察總長人選，即由總統提名，經立法院同意任命，見法院組織法 (110.11.23) 第 66 條 2 項。但這種由總統提名之制，恐已侵犯大法官上述兩號解釋之意旨，應改由行政院長提名為當。

立法院行使的上述人事同意權，其表決門檻亦因對象之不同而有不同的標準，例如對於大法官、監察委員以及考試委員等憲法機構人員，依據立法院職權行使法第 29 條第 1 項的規定，必須全體委員總額二分之一以上的同意票，方得通過；至於其他人事同意案只要出席委員二分之一同意即可通過。

三、財政權

此為立法院決定國家財政事務的權限，財政權包括國家預算案的審議與決算的審核報告。

(一)預算權

1.審議期間

預算案是指中央政府對下年度國家收支的估計，亦即政府收入與施政的支出計畫。現代國家如無財力，即無施政的可能；因此立法院的預算審查權成為立法機關監督行政機構，甚至其他所有國家機關，例如司法院、監察院、總統府及國民大會的重要手段。這種情況正如同上述其他機關的組織法由立法院以法律定之，顯示出我國立法院的優越地位。

憲法第 59 條規定行政院於會計年度開始三個月前，應將下年度預算案提出於立法院。預算法 (97.05.14) 第 12 條規定政府會計年度於每年一月一日開始，至同年十二月

---

❼ 例如德國聯邦憲法法院法官便是由各黨團分配名額，並不損其公正性。可參考陳新民，立法裁量之界限——試論 NCC 組織法的違憲問題，刊載：法治國家原則之檢驗，第 87 頁以下；陳春生，國家通訊傳播委員會組織法第 4 條合憲問題之研究，刊載：法治國之權利保障與違憲審查，2007 年，第 419 頁以下。

三十一日終了，以當年之中華民國紀元年次為年度名稱。故行政院應於每年九月一日以前將次年預算案提交立法院。同時依預算法第 30 條規定：「行政院應於年度開始九個月前擬定下年度之施政方針」。第 31 條規定：「中央主計機關應遵照施政方針，擬定下年度施政預算編審辦法，呈報行政院核定，分行各機關依照辦理」。第 46 條規定：「中央政府總預算案審查暨附屬單位及其綜計表，經行政院會議決定後，交中央主計機關處彙整，由行政院於會計年度開始前四個月提出立法院審議，並附送施政計畫。」同法第 51 條亦規定：「總預算案應於會計年度開始前一個月以前由立法院議決，並於會計年度開始十五日前由總統公布。」因此，國家施政方針與預算編審之程序皆有法律的明確規範。

2.預算案的法律性質與拘束力

在本節前文討論措施性法律時已討論到釋字 391 號解釋。本號解釋認為預算案與法律案性質不同，以作為立法院審議預算案權限應予限制之理由。本號解釋的理由且在嗣後著名的「核四停建案」的釋憲案中被行政院援引作為認定預算案對行政院無拘束力的理由。這種認為立法院通過的預算案，僅具有授權行政機關動支預算的效果，易言之，行政機關得擁有決定是否執行預算的裁量權，故對於立法院經過憲法所規定的覆議程序而為的預算決定，行政院可以改變而不執行之。

大法官在釋字 520 解釋中已明白的排斥此見解，認為在一般情況下行政機關對於執行預算案可享有裁量權，預算案並未因此產生強制執行的效力，然而若預算涉及到國家機關的維持或有其他法定原因時，行政機關即必須執行之，是為行政院向立法院負責的憲制。因此行政機關執行預算已無完全的裁量權限，而是一種合義務的裁量，也是所謂的「裁量限制說」。所以，發生了重要事項或施政方針改變時，致使行政院不能執行預算，依立法院職權行使法第 17 條 1 項之規定，行政院長及有關部會首長，除非有緊急事由外，應事前向立法院報告並接受質詢❽。

在歐美各民主國家，恆將預算案以法律案的方式通過，稱為預算法律案 (Bill of Budget)，德國則通過「預算執行法」(Haushaltsbegleitgesetz) 的方式來課予行政權遵守預算案的義務，也是可援引「依法行政」的原則來拘束行政權力。因此即不會產生類似我國的爭議。

---

❽ 關於憲法預算案的法律性質，可參閱拙作：由釋字 520 號解釋檢視我國憲法的預算法制，刊載拙著：法治國家原則之檢驗，民國九十六年，第 135 頁以下。

3.審議權的限制

立法院的預算權係就行政院所提出的預算案為對象，但是審查權的行使亦有其特別限制。例如：

第一、不得為增加預算之決議：我國憲法第 70 條明定立法院對行政院所提預算案，不得為增加支出之提議——同見司法院釋字第 264 號解釋。考其意，乃立法院有為人民看守荷包之義務，因為國家的支出預算雖可「用之於民」，但其來源仍是「取之於民」為主。故立法院為此把關者之角色，當有助於保障人民財產權利之作用，也有抑止民意代表藉支出增加預算的方式，進而圖利其選民，作為增厚其政治資本之弊害❾。惟如立法院在審議法案，或自行提案中，會導致增加政府預算時，例如提高政府組織法公務員之官等（見❺之四法），則可納入立法院的立法權限（國家機關制訂權），而不牴觸本條文。

第二、不得於項目中移動增減金額：司法院釋字第 391 號解釋中進一步規定立法院不能比照法律案，就總預算案中作逐條增刪修改，變動其預算科目金額，故對於浮濫支出之預算，只能加以刪除，不能在項目中移動增減及追加、刪減原預算案之項目，以貫徹責任政治之原則。

第三、增加薪資的禁止：為避免立法院會有圖利自己之嫌，在民國八十三年憲法增修條文（現行條文第 8 條）新增規定：「立法委員之報酬與待遇，應以法律定之。除年度通案調整者外，單獨增加報酬或待遇之規定，應自次屆起實施。」本條規定使得行政院在預算案中已特別增加立委待遇，而非針對物價因素、且對所有或部分公務員之通案調整的預算，皆不能在本屆立委的任期內產生效力，這個規定補強了上述憲法第 70 條的不得為增加支出的規定。

㈡決算的審核報告

決算係對於預算執行結果的整理報告。按預算案既經立法院通過後，各機關即取得使用預算的合法依據。惟各機關應在法定的許可範圍內使用該預算，憲法第 60 條規定行政院於會計年度結束後四個月內❿，應提出決算於監察院，因此關於各機關有無

---

❾ 美國政治學上稱呼民意代表利用國家預算來圖利選民的立法為「肉桶立法」(pork barrel legislation)，此語乃套用舊習常以肉桶盛豬肉，餽贈奴隸也。參見：董翔飛，中華民國與政府，第 348 頁，註四；林紀東，逐條釋義㈡，第 410 頁。

❿ 依決算法 (97.5.14) 第 2 條 1 項：政府之決算，每會計年度辦理一次，年度終了後二個月，為該會計年度之結束期間。

依預算案之規定使用預算，則為監察院之審計部的職權（憲法第 90 條），此部分參照本書第四十節柒處之討論。惟依憲法第 105 條及決算法第 26 條規定，審計長應於行政院提出的中央政府總決算送達後三個月內，依法完成其審核，並提出審核報告於立法院。因此立法院對於審計部的決算有審查之權限。本來決算法第 2 條只規定每年辦理決算一次，但本法在民國八十九年十二月十三日修正，增訂第 26 條之一，該條規定：審計長應於會計年度中將政府之半年結算報告，於政府提出後一個月完成其查核，並提出查核報告於立法院。新規定賦予行政院應在會計年度經過半年以後即必須開始整理決算的義務（第 27 條），此規定已牴觸憲法第 60 條課予行政院在會計年度結束後，才有提出決算的義務。

立法院對於審計長完成審核報告中有關預算之執行、政策之實施及特別事件之審核、救濟等事項，予以審議；同時審計長亦有出席審議會及答覆質詢、提供資料之義務。但立法院這種「審議」權的效果卻極不明確。依本法第 28 條 1 項，立法院應於審核報告送達後一年完成其審議，如未完成，視同審議通過。第 2 項規定，總決算最終審定數額表由立法院審議，通過後，送交監察院，由監察院咨請總統公告。至此才完成審議決算的工作。然而如果立法院不通過該審議報告，固可要求審計長改正，但能否以決議更正審議報告之內容？按本法第 29 條另有監察院對審核報告所列應行處分事項（例如：應執行賠償、移送懲處及通知上級機關告誡部屬），故答案應為否定，避免立法院侵犯審計長專屬職權。

由此可知，我國憲法雖形式上將審查政府有無切實依法執行預算之權，交付在隸屬監察院的審計部手中，並非如大多數西方民主國家，將預算審議與決算皆操在國會手中，以求預算案的「首尾兼顧」。但是審計長須經立法院的同意後方得任命，且審計長亦應將決算結果向立法院提出報告，決算法也規定，審計長對立法院有應詢之義務，但審計部並不隸屬於立法院，決算法規定立法院審議決算報告權，亦無更改其內容之權限，使得立法院決算審核的監督也形同虛設，只流於形式。故在民國八十七年修憲時曾有將審計部移往立法院之議，此未必不是一個較妥善的辦法也。

四、質詢權

依憲法第 57 條 1 款之規定立法委員在開會時，有向行政院院長及向各部會首長提起質詢之權。依立法院職權行使法第 18 條以下規定，以質詢人的立場可分為代表政黨

的政黨質詢及個人質詢。前者以黨團人數乘以三十分鐘行之，但人數不能逾黨團人數二分之一。另以質詢的方式，可分為口頭與書面質詢兩種。口頭質詢，依本法第 20 條 3 項規定，每人質詢以兩議題為限，詢答時間合計不得逾三十分鐘。如以兩議題進行時，各議題不得逾十五分鐘。第 25 條 2 項規定，被質詢人對於國防或外交秘密，除了避免「明顯及立即之危害或依法應秘密事項」外，不能拒絕答詢。惟經質詢委員同意以書面答詢外，被質詢人只能以口頭答詢。憲法規定的立委質詢權，僅限於行政院之施政，質詢對象亦僅限於部會首長之政務官，故質詢權之重點即為行政監督權，且偏向政策監督權。

憲法第 71 條雖另規定立法院開會時，關係院院長及各部會首長得列席陳述意見，雖然本條文常被討論之處在於監察院（司法院釋字第 3 號）或司法院（司法院釋字第 175 號）有無向立法院提出法律案之權限，且在上述兩號解釋中獲得肯定的答案。既然五院中除立法院外，皆可向立法院提出法案，則行政院以外之考試、司法及監察等院院長與部會首長，自得比照行政院之提出法律案而接受立法院之質詢。但司法院釋字第 461 號解釋認為司法、考試及監察之院院長基於五院相互尊重及憲政慣例，則無到會備詢之義務。但該三院所屬非獨立行使職權之負行政職務人員，於其提出法律案或預算案為限，亦有到立法院備詢之義務，是為一種折衷式的解釋。

與憲法第 57 條 1 款的質詢權相關者，是憲法第 67 條 2 項規定立法院各種委員會得邀請政府人員，與社會上有關係人員到會備詢。條文中雖然亦使用「備詢」一詞，然而不無問題是：受立法院委員會邀請的人民有無到會接受質詢之義務？釋字第 461 號亦未提及。按國會議事當廣徵輿論民意，有舉行公聽會的必要，例如日本國會法 (1987) 第 51 條 1 項與德國聯邦眾議會議事規則 (1995) 第 70 條 3 項之規定，國會為瞭解事物之真相，與探求民意及專家之專業智識，得召開公聽會。但本項使用「邀請」一詞，顯然並無強制之用意。本法第 56 條 3 項雖規定，應邀出席立法院公聽會之人員，非有正當理由，不能拒絕出席。但本條亦無罰責，故人民並無赴立法院備詢之義務❶。

釋字第 461 號認定：行政院所屬各級政府人員，除執行關係國家安全之軍事業務者外，皆有赴詢之義務。而司法、考試及監察三院，僅行政職務人員有此義務；釋字

---

❶ 但大法官在釋字第 585 號解釋已改變此制，不僅政府官員，即使人民亦應經立法院院會決議，赴立法院成立的調查委員會陳述意見，違反時可科處罰鍰。

第 498 號解釋認為地方自治團體之行政人員，除法律有明定外，可以自行決定赴會與否，且立法院不得刪減補助費以為制裁❶❷。

五、調查權

　　國會調查權是國會對於行政機關所掌事務可以進行調查程序，以發掘真相之權力也。誠然質詢權也是發掘真相的一種手段，而既然是使用詢問的方法，不論內容的真確性，或答案的積極性與正確性，皆操之在答詢者，遠不如國會自行進行調查而易獲得真相。首先，先探討調查權行使的方式。

㈠行使之方式

1.舉行具有強制力的聽證會

　　國會對於涉及案件的人民或是具有專業知識者，強迫其至國會為證言。這種強制力類似偵訊的權力，往往也伴隨著對於拒絕出席或作證或為不實證言者，以藐視國會為由 (breach of privilege of contempt) 的處罰規定，例如美國在一八五七年即通過此類法案，對於違反作證義務者，得處一個月以上，一年以下之有期徒刑，或一百元以上一千元以下之罰款。日本與德國也有類似的制度，並且引用刑事訴訟法有關作證的規定於國會的調查權之上❸。然而，實施具有強制力之聽證會，無異使立法權染上行政權的色彩，同時國會擁有的懲罰權也侵犯到司法權的範圍。因此基於權力分立的原則，這種具有強制力的聽證會制度實無可採。

---

❶ 至於總統府因為不屬於行政院所屬機關，但應依釋字第 461 號精神，比照其他三院的行政人員亦有赴會備詢的義務。

❸ 例如日本憲法第 62 條規定，參眾議會得對有關之國家政治進行調查，並得要求有關之證人到場及作證，並製成記錄，稱為「國政調查權」，且不能涉及侵犯司法獨立的審判事件，但對於證人應否有出席之強制力。日本國會法第 160 條雖僅規定對於出席之證人應給予日費與旅費，而未提及強制與處罰之問題。但依日本「關於證人在議會宣誓與作證法」(1947.12.23) 之規定，任何人皆應出席議會作證之義務，如無正當理由拒絕出席、交出文件或作證時得處一年以下有期徒刑與一萬元以下之罰金（第 7 條）。為虛偽陳述者，得處三月以上，七月以下之有期徒刑（第 6 條）。參閱林秋水，日本國會權限研究，民國五十九年，第 282 頁。另可參見吳煜宗，日本國會調查權序說，台灣本土法學雜誌第 78 期，2006 年 1 月，第 72 頁以下。德國威瑪憲法第 34 條亦有類似的規定，國會委員會得準用刑事訴訟法之調查證據。現行基本法第 44 條 2 項亦有類似威瑪憲法之制度，惟這種規定不得侵犯人民的秘密通訊（信件及傳播秘密）之自由，第 3 項規定：法院與行政機關應給予法律及職務上的協助，第 4 項規定：委員會的決議不受司法審查。但法院認定事實之權限亦不受國會委員會已認定事實之影響。德國的制度可課予無理由而拒絕作證者，依聯邦眾議院調查委員會職權法 (2001) 第 20 條以下規定，可處一萬歐元以下罰鍰，並聲請聯邦法院刑庭為強制拘提。

2.文件調閱權

　　此為國會得要求政府提供相關文件或是至政府機關取得文件之權利，相對於聽證會是由「人」的證言取得事實真相或資訊，而文件調閱權係獲得文件的書面證據與資料為目的。惟國會之文件調閱權又可分為無強制力請求提供文件權，以及有強制力與主動的文件獲取權。一般的文件調閱權當指前者，蓋後者實已侵犯行政權矣，按強制搜索係屬法院之職掌也❹。

　　依我國司法院釋字第 325 號解釋宣示：立法院得經院會或委員會之決議，要求有關機關就議案涉及事項提供參考資料，必要時並得經院會決議調閱文件原本，受要求之機關非依法律或其他正當理由，不得拒絕。本號解釋先確認立法院享有要求有關機關提供參考文件，其次復有調閱文件原本之權利，皆可納入文件調閱權。惟可論究其界線問題。

　　首先就受調閱文件之機關而言，依本號解釋之意旨似認為所有的國家機關，因為本號解釋確認立法院得調閱「就議案涉及事項」所需的文件原本，因此立法院不論就各機關之預算、組織法等皆可要求調閱相關文件；機關的種類即指其他四院與總統府、國民大會。次而就文件調閱權的內容界限方面，本號解釋規定：受調查機關若有依法律規定或其他正當理由時，即可拒絕；另在解釋理由書中也指明若國家機關獨立行使職權受憲法之保障者，如司法機關審理案件所表示之法律見解、考試機關對於應考人成績之評定、監察委員為糾彈或糾正與否之判斷，以及訴訟案件在裁判確定前就偵查、審判所為之處置及其卷證等，監察權對之行使調查權，本受有限制。基於同一理由，立法院之調閱文件，亦同受限制。

　　故由本號解釋所樹立的立法院文件調閱權的限制原則，可綜論如下：

　　⑴法律規定及其他正當理由

　　解釋文謂國家機關在有法律規定得拒絕立法院的文件調閱決議,此處「法律規定」究係指法律明定立法院的文件調閱行為？抑或法律賦予各機關有保守秘密、或從其他條文引申而得解釋為拒絕立法院之調閱文件？如就前者而言，目前我國並無任何明定排除立法院調閱文件之法律規定。日後欲立法院通過排除自身行使之文件調閱權之法律，亦屬難以想像之事。因此，對於前者所謂「明定排除調查權」之見解，當不可採。

---

❹ 德國基本法第 44 條 3 項規定之法院負有提供國會調查委員會法律協助之義務。即指協助國會調查委員會在必要時得聲請法院搜索並扣押政府機關之文件。

後者所謂「隱含或引申排除之意」的見解，例如審計部依審計法 (61.05.01) 第 16 條規定行使文件封提權，可否援引同法第 10 條「獨立行使職權不受干涉」為由，以及國防機關是否得以維護機密為由，而主張依妨害軍機治罪條例 (61.02.08) 拒絕提供文件？倘持此見解者，則失諸籠統與含糊，無法突顯出拒絕立法院行使文件調查權所根據法條的明確性，蓋拒絕調閱權亦需要立法者另為明示的自我限制意志。故借重間接的引伸規定，不能滿足此排斥性質的要求。

　　又如以「其他正當理由」而拒絕立法院的文件調閱權，則更易引起疑慮，由此處之其他正當理由與「法律規定」並列為得限制立法院的調閱權，並非由法律明文規定為其內容，而係引申其他的法律規定於拒絕立法院的調閱權而言。但是有何種法律上理由得援引自此事項？尤以釋字第 461 號解釋肯定參謀總長有前往立法院委員會接受質詢之義務，復表示「有正當理由時」，又可拒絕前往。是否相互矛盾？是否認為參謀總長如認為有影響國家機密，或影響部隊任務，即可拒絕前往？司法院本號解釋之意，似指此種解釋。然而不免已有受調閱機關自我而主觀認定之意義在焉，亦與權力分立之立法權監督行政權之運作的觀點相悖；不僅失去法律明確性的要求，亦可能引發個案認定的爭議。

　　而依釋字第 35 號解釋意旨而制定的立法院職權行使法第 47 條，亦規定被要求之機關應在五日內提供文件，但卻又規定：如有法律及正當理由時，即可拒絕提供。所以本法的「細部」規定亦未能釐清盲點。尤其是大法官在嗣後作出兩號關於立法院調查權限制的解釋（第 585 號與 633 號解釋），將各憲法機關核心權限，以及影響、干涉行政機關正常運作的資訊，都可列入不受調查的範圍，如此一來勢必連帶地擴大了調閱文件「可拒絕之正當理由」的內涵，將易增加調查權行使的困難！

　　(2)國家機關獨立行使職權受憲法之保障者

　　這是釋字 325 號解釋對限制立法院調閱權較為具體者，如司法機關審理案件的法律見解；訴訟案件偵查與審判；考試機關之考試評定；監察委員的監察行為等等。實則所應限制立法院調查權者，不僅在於憲法保障其獨立行使職權之原則，而且應基於權力分立的觀點作推論；易言之，立法院的文件調閱權應與其監督職權合流。究竟在五權憲法下，除監察院外，立法院是否應有文件調閱權，頗值討論，吾人試析如次：

　　首先，依憲法第 95 條規定監察院為行使監察權，得向行政院及其各部會調閱其所發布之命令及各種有關文件。故憲法本旨，係將文件調閱權明定賦予監察院，法諺亦

云：「明示規定其一者應認為為排除其他」(expressio unius est exclusio alterius)。立法院不應享有監察院專屬之文件調閱權，此為制憲者的明白旨意。同時，憲法第 95 條賦予監察院的文件調閱權，亦僅及於行政院與所屬部會，不包括行政院以外之各院。目前立法院的文件調閱權，且超過憲法第 95 條之對監察院的授權範圍 ❺。

其次，調閱文件的主要目的在瞭解真相，亦有助於立法 ❻，並作為追究政治與法律責任之依據。雖然，我國制憲時特重監察院，將監督弊病之責任賦予監察院。但隨著監察院重要性喪失，甚至有被撤廢的可能，立法院責任加重，尤以監督行政院為然，即應強化其監督的能力，不應再以制憲者的意志為桎梏。行政院既然向立法院負責，依憲法第 71 條規定，其他各關係院院長及部會首長有到會表示意見之義務，但主要是針對行政院而言，其他司法院、考試院及監察院院長，即無赴立法院接受備詢之義務也，以維護五權分立及憲政慣例之精神（釋字第 461 號解釋）。

故對行政權的監控而言，倘立法者無有效的調查權，將無以監督龐大的行政體系。德國著名的社會學家韋伯 (Max Weber) 便極力主張，面對階級森嚴的以及掌握專業智識的官僚體系，國會如不能擁有調查權來抗衡，將淪為一個合憲但無能的機構。故主張國會擁有強力的調查權，且「偶而為之」的行使之，可加諸行政機關心理上與法律上的警惕，使其接受民意之監控也 ❼。

本來我國實行五權制的權力分立體系，因此西方實行三權制國家的國會調查權已移往監察院所職掌，其所附麗的文件調閱權亦隨之。憲法第 95 條及第 99 條之規定即本乎斯旨，將受調查機關由行政院延長到司法院及考試院。但行憲後已改變了此憲法原狀，使立法已擁有此權，仍不妨監察院亦擁有此權。只不過監察院行使此權乃針對風紀弊案，立法院行使此權範圍更廣，可及於立法與制度的建立之上。是以，司法院釋字第 325 號解釋，對於立法院文件調閱權，既未明定其內容之界限在先；且加諸行

---

❺ 雖然此釋憲結果已擴張立法院文件調閱權於行政院以外之機關，但在司法院公布釋字第 325 號，立法院也通過修正立法院組織法 (98.1.21) 第 18 條條文增定第 3 項條文將調閱機關只限於行政院及其各部會，並未採行釋字第 325 號的擴張見解。但立法院職權行使法在八十八年一月制訂時，又將調閱機關模糊化，只提及「有關機關」而已（第 45 條 1 項），顯示立法院亦無確信也！

❻ 按立法院有制定法律之權，故除立法院外，其他四院均有提案權，各院院長且得列席陳述意見。在提出議案時，應提供相關文件予立法院，以求法案的順利通過。倘不能滿足立委之要求，法案自然不通過。因此立法院在審議法案時，如擁有調閱權，自能增加主導權。

❼ 韋伯在一九一八年發表著名的「新秩序下的德國國會與政府」所作的呼籲，可參見 Max Weber, Gesammelte Politische Schriften, 1980, S. 320ff.

政院憲法規定以外的義務，忽視權力分立之原則在後，自易引起與其他憲法機關的摩擦。

㈡立法院調查權制度的改變

在大法官作出釋字第 325 號解釋，承認立法院僅有文件調閱權外，無法擁有其他調查權限後，在針對第一次「三一九真相調查委員會條例」是否違憲所作出的釋字第 585 號解釋，又作了甚大的改變。

大法官在釋字第 585 號解釋對釋字第 325 號作出補充，有幾項特色：

1.正式承認立法院擁有一定的調查權（稱為立法之固有權能），且調查權是立法院行使憲法職權所必要的輔助性權力。

2.調查權行使方式不只是文件調閱權而已（釋字第 325 號之見解），可要求與調查事項之人民或政府人員來陳述證言或表示意見。但必須以經院會決議為限。易言之，如以委員會方式，或經立法授權（或院會決議授權），便不能滿足此要件。

3.前項之要求人民及政府人員陳述證言或表示意見具有強制力，且於科處罰鍰的範圍內能予以合理之強制。

4.立法院調查權行使，除了必須符合比例原則，法律明確性原則外，必須受到：⑴調查事項與其職權有重大關聯；⑵國家機關職權受到憲法保障者除外；⑶可能影響或干預行政部門有效運作之資訊，行政首長都可不予公開之權力，大法官稱之為「行政特權」，例如涉及國家安全、國防或外交之國家機密事項，有關政策形成過程之內部討論資訊及有關正在進行中犯罪偵查之相關資訊等❸立法院應予尊重。至於具體案件是否屬於行政特權之範疇，而有爭議時，立法機關宜循合理之途徑協商解決，或以法律明定相關要件與程序由司法機關審理解決之❹。

5.調查權之行使，應以立法委員親自為之為原則。如有例外委任非具有立法委員身分人士協助調查之必要時，必須透過制定特別法，將委任目的、委任調查範圍、受

---

❸ 本號解釋的意旨很明顯的是採納聯邦憲法法院，一九八四年七月十七日公布著名的「弗立克案」(Flick-Urteil, BVerfGE67, 100) 之見解。德國憲法法院表明國會調查委員會僅能要求行政機關就已經決議完成手續的案件提供文件，對於正在擬定或評估中的案件，涉及行政權的裁量與運作，即不必提供資訊。同時，任何內部的評估亦毋需提供之，行政權仍保有自己內部運作的領域，而可拒絕國會的介入。然而行政權的內部運作的範圍究竟何在，德國聯邦憲法法院亦未提出明確的標準。

❹ 惟迄今已過十年，立法院尚未立法。至於具體產生爭議時，德國聯邦眾議院調查委員會職權法第 36 條規定可聲請聯邦法院決定之。

任人之資格、選任、任期等人事組織事項、特別調查權限、方法與程序，妥為詳細規定，並藉以監督之基礎❷。

其次在第二次「三一九真相調查委員會組織條例」作出的釋字第 633 號解釋復認為：

1.「真調會向行政機關調用人員協助調查，被調用人員之機關不得拒絕」之針對調用人員部分規定為違憲。蓋此乃侵犯權力分立及制衡原則。

2.真調會對違反協助調查義務者，固可處以罰鍰，但真調會「逕行按次連續處罰處新台幣十萬元以下罰鍰」即屬違憲，必須「通過立法院決議」後，方可裁罰之。

大法官釋字第 585 號解釋及第 633 號解釋乍看之下似乎給立法院調查權開了一扇行使之大門，使文件調查權擴充到可調查其他事件之權力。但詳細探查，除了可以用行政罰（罰鍰）來處罰不協助說明事實的人民或政府官員外，沒有實質的授與立法院可供行使之權力。就以向其負責的行政機關而言，大法官明白提出的「行政特權」理論，將任何可能「干預或影響行政部門有效運作之資訊」都可拒絕提供，超越了立法院職權行使法第 20 條的「因國防、外交秘密之會造成明顯及立即危害」的限制外，也比大法官在釋字第 325 號中訂出的「依法律或有正當理由」的較嚴格「拒絕理由」大了許多，將可使有意規避監督、掩飾不法的行政首長甚得撮手可得的藉口！至於唯一的強制力為罰鍰的額度，大法官在釋字第 633 號解釋要求須立法院決議來對違反義務者科處，形成類似行政處分之機關。按以立法院如此任務繁重之機關，卻要以院會之形式，來處理個案違規之決定，恐怕國外有國會調查權之國家，沒有如我國這種困難之制度矣。同樣的，在釋字第 585 號解釋中許可對非立法委員人士協助調查的規定，必須規範得如此瑣碎，比較起行政程序法第 16 條，行政機關將公權力委託民間團體或個人行使的簡單規範，大法官是否為立法院的處罰權規劃出一個「難產」的制度？

由大法官這兩號解釋所架構起來的立法院調查權體系，橫亙著「行政特權」理論及不可侵犯其他憲法機關「核心權限」兩大罩門，將使立法院調查權的行使增加不易

---

❷ 德國國會可以成立兩種調查委員會，一是基本法第 44 條所成立的國會調查委員會，並在 2001 年 6 月制定「聯邦眾議院調查委員會職權法」來規範之。其成員皆為眾議員；另一為「專案調查委員會」(Enquetekommission)，可以邀請非議員之專家前來擔任之。後者由眾議院的內規（議事規則）來設立之。目的在對攸關公共利益、立法政策等專業議題，提供建言。所以並無國會調查委員會之強制權（如處一萬歐元以下之罰鍰或聲請法院為六個月以下的拘押，見❸後段）。因此德國國會的調查權主張置於前者委員會之上。可參見陳淑芳，德國之國會調查權，台灣本土法學雜誌第 78 期，2001 年 1 月，第 53 頁以下。

克服之界限。而關涉重大違法弊案所成立之調查委員會，其性質若屬於特殊行政調查權（即刑事調查權），而取代國家平日刑事調查體系（如本文所認定三一九真相調查委員會之屬性；但釋字第 585 號解釋則認為是立法調查權），從而賦予若干調查公權力，如調派檢察官、逮捕或起訴權等，則不獲大法官許可。所以，實際調查的成效有限。

次而，立法院行使調查權所獲之結果，也只是「陳報院會」，並沒有拘束其他機關，例如法院或監察院之效果，所以立法院即使大費周章調查出一定事實真相，結果可能沒有任何法律上的責任❷。

而大法官兩次大幅增訂立法院調查權的解釋，都產生在監察委員全部出缺的期間（民國九十四年一月三十一日至民國九十七年七月三十一日）！惟自民國九十七年八月一日第四屆監察委員就職開始行使職權後，會否發生兩者權限之衝突？由事理之判斷當然會發生！而大法官釋字第 633 號解釋且承認（第二次）真相調查委員會條例第 8 條第 4 項之規定：「本會或本會委員行使調查權時，有關受調查者之程序保障，除本條例另有規定外，準用監察法有關規定」為合憲。如此本為監察院所專屬之監察法亦可適用於立法院，甚至立法院的調查委員會在調查對象及強制權限方面，又明顯比監察院擁有更大的調查權限，故此號解釋難免不引發立、監兩院的摩擦，且如火上加油矣！

針對立法院聲請調閱已偵查完畢之卷證，依釋字第 325 號解釋，僅言及「以及訴訟案件在裁判確定前就偵查、審判所為之處置及其卷證等，監察院對之行使調查權，本受有限制，基於同一理由，立法院之調閱文件，亦同受限制」，依其反面解釋，當許可立法院調閱。依釋字第 729 號解釋的意旨，必須：基於目的、範圍特定議案；無法律禁止或妨礙另案偵查；院會許可方得調閱文件原本；其他參考資料僅須委員會許可；對所知悉之資訊負有保密義務且限職權必要方得行使。

如同哪些文件資訊屬於行政特權，或有正當理由而毋庸交付立法院的問題，此時更可能涉及立法院職權的界定、第三人之隱私，以及有無符合比例原則，而有調閱之必要。釋字 585 號解釋已宣示應當建立司法審查的機制。本書認為應建立比照總統機密特權之爭議，可交由高等法院刑事庭審理之制度（參照釋字第 627 號解釋意旨），避免立法調閱權的濫用。然而，司法個案的審判是否妥適與合法，並非立法院的職權所

---

❷ 例如有弊案嫌疑的政客卻能繼續當選，司法機關沒有追究……。但是這也是德國基本法第 44 條的規定。故德國「聯邦眾議院調查委員會職權法」即無任何關於調查報告的拘束力規定。德國學界也對迄今共成立許多個勞民傷財的調查委員會，檢討此制度有無必要，引發諸多爭議。

及，不似對檢察權之行使可追究政治責任。故即使終局判決，審判個案之文件皆不宜調閱之。但釋字第 729 號解釋未作此區分也。

六、其他國家重要事項的議決權

憲法第 63 條規定立法院除有議決法律案、預算案、戒嚴案、大赦案、宣戰案、媾和案、條約案，尚有議決「國家其他重要事項之權」。此項援引自五五憲草第 64 條的概括條款，在民國八十六年修憲（第 3 條第 2 項）刪改了憲法第 57 條立法院對行政院重要政策擁有變更權後，是否仍有此權力，值得討論 ❷ 。

依據權力分立原則，國家之各種權力均有其明確的界定。定此界限者，厥為憲法之任務，因此職司中央立法之立法院與其他四院之職權亦應依據憲法之規定，故憲法第 63 條所稱國家其他重要事項，顯應提升其規範位階至憲法層次。例如構成法律案、宣戰案、媾和案等內容，或是憲法已明定者，方得屬於立法權之事項。申言之，立法權就其他四權並無享有所謂的「剩餘權」——不屬其他四權者，即屬立法權之事項——。例如行政院主管機關為實施台灣與大陸之直接通商、通航與許可大陸人民進入台灣工作之決定前，依「台灣地區與大陸地區人民關係條例」(83.01.21) 第 95 條規定，應經立法院之決議，即是立法院認為所謂「重要事項」的決議權。至於憲法其他明定為立法院之職權者，例如立法院得通過憲法修正案、追認總統頒布的緊急命令權，憲法第 109 條 3 項之議決對省財政補助，或第 110 條之議決中央與省權限劃分之爭議等，即為立法院之職權。

次而，從均權原則以觀，立法院職掌的中央立法與地方立法的關係，亦非全可由此「國家重要事項」決定兩者的權限界分。憲法第 111 條（及地方制度法第 77 條 1 項）規定第 107 條至第 110 條之列舉之事項以外，如有未列舉事項發生且遇有中央地方之權限爭議時，由立法院解決之。雖未明定立法剩餘權歸屬中央，剩餘事項可由立法者決定是否列入中央的立法範圍。故發生中央與地方立法權限界分問題時，此條規定即有彈性，惟憲法業已授權立法院解決，除了對上述條文已列舉之事項的解釋外，

---

❷ 答案應是肯定。可由比較增修條文第 4 條並未凍結憲法第 63 條之規定，從而立法院仍有「議決國家重要事項」之權，即使不能以「重要政策不贊同」為由決議移請行政院變更，但是並不否認立法院的議決權。為此，大法官在核四停建案所作的釋字第 520 號解釋不採行政院提出此點作為抗辯之理由，即肯定立法院這種參與決定國家重要政策及事項的權力，並不受修憲的影響。

其他爭議即連大法官亦不能剝奪立法院之「解決權」。

最後，立法院對於何者為重要事項的認定，如與其他院的見解有異時——中央與地方權限爭議外——，並無享有排他的認定權。按憲法第 44 條規定，此時已造成院際之爭執，總統得召集有關的院長會商之；或者涉及違憲與否時，或者行政院與立法院的見解發生衝突時，得依憲法第 78 條循釋憲途徑解決之❷。是以，對於重要事項認定之權限非由立法院所獨掌。

因此，對於何謂重要事項，大法官為最後判斷者。大法官對於重要事項的認定可以採行實質認定或形式認定的方式。前者是大法官衡量具體事項是否具有相當的重要性後，所為的確定。例如：在釋字 461 號解釋中認為參謀總長為國防部長之幕僚長，負責國防之重要事項，包括：預算之擬編及執行，與立法院之權限密切相關，自屬憲法第 67 條第 2 項所指之政府人員，自應到立法院委員會備詢。而在釋字 520 號解釋針對興建核能電廠一案是否為重要事項，大法官採取肯定的立場，乃是認為本件核能電廠之興建對儲備能源、環境生態、產業關連之影響，並考量經費支出之龐大，以及一旦停止執行善後處理之複雜性，應認為係屬國家重要政策，即是一例。至於採行形式認定乃斟酌該案件是否曾經在行政院依據憲法第 58 條 2 項的議決程序，或立法院曾經憲法第 63 條規定的議決程序，以及兩院對該案的有無視為重要事項的共識。同樣在釋字 520 號解釋，大法官認為核四案在民國八十五年已經過立法院覆議案的表決經過，以及之所以會提出釋憲案的理由，顯見其應為重要事項，是為由形式層面所為的認定。釋字第 520 號解釋，即明言：應尊重立法院對國家重要事項之參與決策權也！

七、總統、副總統的罷免及彈劾提案權

立法院對總統、副總統的監督，可行使追究政治責任的罷免權及追究法律責任的彈劾權兩種權限來予實現，立法院擁有提案權。

㈠罷免權

總統、副總統的罷免權本係國民大會之專屬權力（憲法第 27 條 1 項 2 款），民國八十一年修憲，改變總統為直選產生時，亦同（第 12 條 4 項）。但八十三年修憲後，

---

❷ 除了釋字 520 解釋所涉及的「核四停建案」外，立法院在審議「臺灣地區與大陸地區人民關係條例」第 95 條，對兩岸直航通商與大陸人民入台工作的「保留同意權」，即非行政院所提法案的原意。只不過，行政院未堅持原本立場，故未提請大法官釋憲。

改為須經全國國民投票複決（第 2 條 9 項）。民國八十九年國大虛級化後，立法院取得罷免的發動權。須經全體立委總額四分之一之提議，全體立委三分之二之同意後提出。並經全國選民總數半數投票，過半數後即為通過（增修條文第 2 條 9 項）。這也和德國威瑪憲法第 43 條第 2 項的制度一致。依立法院職權行使法第 44 條之一的規定，立法院行使罷免權採「記名投票」，其目的乃貫徹釋字第 499 號解釋的「透明化」責任政治之意旨，並且須有立委四分之一之提議方能提出罷免案。

罷免係選舉的反面行為，也是具有選舉權者對選舉結果的撤回。所以是純粹的政治考量，與彈劾的本質反具有追究一定的違法失職行為，制度原義雖不相同，但卻同時具有節制及使其去職之作用。所以罷免權多半是以政治行為行使之方式，但構成罷免之理由，可為政治因素（如政績不良的追究政治責任）；或基於法律因素（如涉嫌犯罪及違法失職）的追究責任，罷免可以包括了彈劾的理由。但彈劾則不包括政治責任問題。總統、副總統的罷免應依總統、副總統選舉罷免法 (98.05.27) 所定之程序。

另外，立法院行使罷免權有無時間限制？公職人員選舉罷免法第 69 條 1 項對就職未滿一年的公職人員，有不得罷免之規定。其理由乃未滿一年不能看出該公職人員的政績，因此這種罷免頗有以選民公意來檢驗當選人是否才能或品行「適格」的用意。民國八十九年十一月立法院醞釀罷免總統、副總統時，此「一年內不能罷免」一度成為爭議重點，且為執政黨所主張援用。然就法律的角度而言，按舊的總統、副總統選舉罷免法 (36.03.31) 第 8 條已經明白規定就任未滿一年者不能罷免。但本法在民國八十四年修正時卻被刪除。刪除理由為：總統、副總統的職位非常重要，涉及國家利益甚大，對於不適任的國家元首、副元首當立即使其去職，不應拖延。

為避免爭議，總統、副總統選舉罷免法在民國九十二年十月修正第 70 條 1 項，即恢復總統、副總統「就職未滿一年者，不得罷免之」的規定。

㈡彈劾權

彈劾權是追究總統、副總統有違法失職之法律責任之程序。憲法對於總統、副總統之彈劾權本規定由監察院掌握，但民國八十六年修憲後（增修條文第 2 條第 10 項及第 4 條第 5 項），將總統、副總統提出彈劾案之權限，由監察院移往立法院。這個轉變大幅度削弱了監察委員彈劾權的「強度」，也使得彈劾權充滿著政治意義。此新制的出發點，旨在使對總統及副總統的彈劾案，於提出程序上更加嚴格。此可從提出人數，以及彈劾事由的重新設定上見之。茲分述之：

原憲法第 100 條之規定，對總統及副總統的彈劾案需有全體監委四分之一以上的提議，全體委員過半數以上之審查，經其決議方得向國民大會提出之。民國八十三年的增修條文（第 6 條第 5 項）改而規定監察院對總統、副總統的彈劾，改為須經全體委員過半數之提議，全體委員三分之二以上之決議，向國民大會提出。這個新修正的規定，將憲法第 100 條須有全體委員四分之一以上之提議，改為全體委員過半數的目的乃在尊崇總統地位之崇高，但是亦不無現實上的考慮。按監委依現該增修條文（第 6 條第 2 項）之規定僅有二十九人，不似第一屆監委人數之多。因此如依憲法第 100 條之原規定，只需八位監委就可提起對總統、副總統的彈劾案，十五位監委的同意，即可通過彈劾案，恐怕太過草率也❷❹。如依八十三年的增修條款之規定，必須有十六位監委提案，二十名監委同意方得提出之。因此，除非獲得監察委員絕大多數的共識，否則不易對（曾對之提名的）總統、副總統提出彈劾案。至於民國八十六年修憲時改成由立法院提出彈劾案，須全體立法委員二分之一以上提議，三分之二以上決議，方可向國民大會提出彈劾案。民國八十九年修憲時，又改為立法院通過彈劾案後，國大應於三個月內選舉產生代表三〇〇名，再行使複決權。須經全體國大代表三分之二以上同意，彈劾案才算通過（增修條文第 1 條 1 項；第 2 條 10 項）。至於九十四年修憲，又將立法院通過的彈劾案送交大法官，以組成憲法法庭方式審理之。

這種將總統、副總統去職的罷免與彈劾的雙軌制，極不妥適！對於發動罷免及彈劾的門檻，前者為立委總數四分之一；後者為二分之一，此區別有何意義？兩者的同意門檻皆為立委總額的三分之二，卻分別交由選民公決或透過大法官審理兩種程序，尤其是前者的公民投票，不僅勞民傷財，且罷免案的選民公決門檻是全體選民人數二分之一的投票及過半數贊成；後者需立委及大法官的絕對多數，可能形成前者易通過而後者難過的門檻不同。所以著眼於對於立法院內絕對多數意見的要求總統、副總統去職──這是西方國家可以通過修憲案的國會門檻──應該簡化其通過罷免案的程

❷❹ 原先依制憲時之構想，全國各省（市）依憲法第 91 條之規定可產生監委二二三人（未包括已成為院轄市的台北市及高雄市可增選四人）。民國三十六年十二月開始舉行的監委選舉，亦因許多省分淪陷而無法進行選舉，共僅產生一八〇位代表。但因未報到、死亡而未赴台等等，到民國五十六年為止，僅有七十二名；迄民國七十九年三月為止，共五十二人（包括資深二十一人，民國七十五年增額選舉三十一人），如果以憲法原意，總額二二三名監委的四分之一，為提起總統、副總統彈劾案的基準，需五十六名監委。若要通過彈劾案，則需一一二名，故較不容易。即使在民國五十六年時亦需要十九名監委提案，三十七名監委通過。民國七十九年時，需要十四名監委的提案，二十七名的通過。參閱傅啟學等，中華民國監察院之研究（中冊），第 430 頁。

序！罷免及彈劾應該合併成一種，也就是將罷免融入彈劾。總統、副總統地位崇隆，任期也有限，如果無有違法失職之嚴重情況，僅是追究政治責任，卻必須引起國會的絕對多數通過罷免案，及透過全民公投來令其去職，殊不可想像。所以，多半已構成嚴重的違法失職，且情況重大，自構成立法院的彈劾事由。這是追究法律責任，由熟諳法律的大法官組成之憲法法庭來審理，更容易澄清事實，及元首有無盡到憲法及法律義務，比交由對法律不瞭解的民眾來作判斷更為理智。更何況總統、副總統經民選產生，民粹文化不可能消除，與其讓全國人民陷入情緒激昂的不理智判斷，不如交由最權威的司法機關處理，使得國家的元首更會兢兢業業，為國家人民服務❷❺！

　　在投票方式方面，立法院罷免權行使乃採「記名表決」，但在行使彈劾權時，則使用「不記名投票」（立法院職權行使法第 44 條），與對審計長的同意權一樣（第 29 條）。同樣是對總統、副總統行使「去其職權」為何有記名投票與不記名投票之分耶？故「單軌制」的制度有採取之必要。彈劾案本係追究法律責任而設之制度，並不一定要被彈劾人涉及一定之罪名，按憲法第 100 條對總統彈劾已不似第 97 條 2 項對中央或地方公務人員的彈劾要件，以違法失職為前提，其目的乃著眼總統地位的崇隆，不應有任何行為上的瑕疵，以致使人民失去了對國家元首（及副元首）的信心及崇敬。但八十六年憲法增修條文第 4 條 5 項卻將彈劾要件限於犯內亂、外患罪。按憲法第 52 條已排除總統在此二項重罪時的刑事豁免權，此時自即可以進行刑事追訴，非一併將之彈劾不可！且將彈劾限於此二項情形，已混淆了對總統的追訴制度及彈劾制度，使彈劾制度的精神蕩然無存。吾人可以想見，一旦總統或副總統發生類似美國國會彈劾尼克森總統水門案的事由（拒交證物予法庭），甚或在最極端的例子，例如當年袁世凱犯下教唆殺人罪；依此制立法院皆不可提出彈劾案！民國八十九年修憲又將此要件刪除，使彈劾不再限於內亂、外患罪。這種改正洵為正確。

　　立法院職權行使法 (99.06.15) 第 42 條已配合修正立法院的彈劾權，但已遲了十年之久矣！

---

❷❺ 所以對總統、副總統這兩種去職的方式可合而為一。我國行憲後唯一一次對李宗仁副總統罷免案，卻是由監察院對李宗仁提起彈劾案，移送國大後，國大則利用罷免之程序來通過罷免案。故憲法本文雖有監察院彈劾總統、副總統之制度，但國大職權依憲法本文則只有罷免的方式一種來接續彈劾案。所以已混同這兩種制度。為此薩孟武教授曾經批評，是將具有司法性質（懲戒）的彈劾案，交由政治機關（國大）來審判，乃無異於「民眾審判」也。見氏著，中國憲法新論，第 214 頁。

　　立法院對總統、副總統彈劾案的提出程序，雖僅有提議與決議兩種，未有如監察院提出一般彈劾案的「審查程序」（九十四年修憲第 4 條 7 項；第 7 條 3 項）。然依立法院職權行使法第 43 條第 1 項規定，立法院在決議提出此特別彈劾案前，應不經討論，逕交由院會委員會進行審查，第 2 項規定可邀請被彈劾人員到席說明❷⑥，因此即有實質的審查程序。

八、倒閣權

　　民國八十六年修憲增修條文第 3 條 2 項 3 款賦與立法院得經全體立委三分之一以上連署，對行政院長提出不信任案。在此提案提出七十二小時後，應於四十八小時內記名表決。如經全體立委二分之一以上贊成，行政院長應於十日內辭職，並得同時呈請總統解散立法院。不信任案如未通過，一年內不得對同一行政院長再提不信任案。此即內閣制國家所實施的倒閣權。總統任命行政院長雖已不需立法院同意在前，但立法院仍可「牽制」行政院長於後。但此牽制的代價也不低，因行政院長亦擁有聲請解散立法院之權。蓋此時，總統必須依行政院長之請解散立法院也；在引進此倒閣制度的同時，朝野政黨皆忘記我國憲法制訂時所期冀「政局安定」的考量，才會援引總統制的覆議制度，來調適兩院的關係。現又設計此作為內閣制標籤的倒閣制與解散國會制，而當時最大反對黨之民進黨一貫主張實施總統制，卻不反對之，豈不矛盾？尤其是我國選風不良，立委選舉皆耗費社會甚大的成本，立法委員恐不願行使倒閣權，同時我國每次大選，雙方意識型態常常壁壘分明，造成社會情緒的緊繃，因此，這種憲政制度的改變能否適合台灣政治的土壤？值得懷疑。所以如果不能改變我國大選的費力費時，以及立法委員名額過少的激烈競爭生態，要移植本制度、且成功實行，無異緣木求魚。

九、總統國情報告聽取權

　　與立法院質詢權相關的，亦應注意總統依民國八十九年增修條文第 4 條第 3 項的「國情報告」制度。明顯地這是參照美國總統向國會所提出的「國情咨文」(State of the Union Address) 制度。法國在二〇〇八年七月二十一日修改第五共和憲法，也引進

---

❷⑥ 但被彈劾人是否要列席亦非強制性。例如我國行憲以來唯一行使過一次特別的彈劾權，是在民國四十一年彈劾代總統李宗仁違法失職案，本案不因李宗仁在美國而不進行彈劾。

此項制度。依我國憲法增修條文的規定，立法院於每年集會時，得聽取總統國情報告，條文使用「得」，表示立法院有斟酌邀不邀請總統報告之裁量權。故非每年非舉行不可。其次，憲法規定立法院每年集會時可舉行聽取國情報告。但立法院每年集會有兩次的常會與臨時會，是否只要在會期中，即可舉行？以美國的例子則應當在每年第一個會期集會時，才舉行之。因此應當作為我國的參考，並形成慣例。

另外，國情報告雖然限於國家安全大政方針，故因此應為廣泛、通案性質，且應當是形式與儀式性，立法委員不得為質詢，避免類似對行政院長的質詢，且彰顯對元首的尊崇。同時總統的國情報告也不應針對個案，所以不會有為突發事件赴立法院作國情報告之必要。將報告定為每年第一個會期的集會日，也基於此道理。

修憲引入此制時，原本規範總統不得主動赴立法院提出國情報告的初衷，嗣後不為執政者所接受❷。立法院遂修改立法院職權行使法 (97.05.28)，增訂第 15 條之二至五之規定，建立「雙軌制」——立法院每年集會時，經四分之一以上立法委員提議，院會決議，可邀請總統就「國家安全大政方針」聽取國情報告；另總統就職權相關之國家安全大政方針，亦可咨請立法院同意，赴院為國情報告。總統所作之國情報告前三日，需將書面報告印送全體委員，委員對不明瞭處，亦有發言表示意見之機會，但經總統同意時，得為綜合補充說明。已經和行政院長在就職兩週內向立法院提出施政報告的程序十分類似（立法院職權行使法第 16 條 1 項 3 款），故依此新制：

1.總統的國情報告，仍應以通案為限，而不及於個案性質。且又仍應限制在「國家安全大政方針」之範圍內。這是配合總統緊急權的體制，並避免和行政院長的職權衝突，也是法國反對黨在二〇〇八年七月通過修憲案前，反對引進此制度最主要的理由之一也。按美國總統的國情報告，便是以未來一年的立法計畫為主，兼及於國內外情勢的分析判斷以及對未來一年政局的期許，因此不應當作為具體政策決定的宣示。

2.立委仍無和總統辯論的機會，但可提出質疑，總統可斟酌是否回應。但為避免

❷ 總統國情報告制度自民國八十九年修憲後迄今沒有舉行過。陳水扁總統雖然首次在民進黨全國臨時代表大會 (93.09.26) 表示願赴立法院做國情報告，且願就軍購審議及相當國家安全、兩岸關係、外交等議題與立法院對話及辯論。總統府向立法院發出咨文。但最後此咨文被立法院否決 (94.10.20)。總統居然願與個別立委辯論，而不顧可能傷及元首的尊崇地位，又與行政院長的角色產生衝突。此外議題又係個案，將衝擊行政院長其相關首長之職權，殊不可採。同樣地，在民國九十六年陳總統又願意就終止統一、軍購及入聯合國案赴立法院做國情報告，但此次反對黨認為總統無主動做國情報告之權，且要求即席辯論，而不為執政黨所接受而作罷。顯見即使願否做即席辯論，陳水扁總統的立場也是前後迴異。

產生言語衝突以及侵犯總統尊嚴，應當形成禮貌性質疑，以及總統無庸於現場、即時答覆的慣例，也避免此制度變成第二種的「質詢權」。法國在二〇〇八年修憲引入此制時，也特別規定總統報告時，國會議員不得討論或辯論。惟總統離去，或不在場時，方得討論評論之。

　　3.總統既有隨時提出報告之發動權，故總統國情報告可在任何時刻舉行，便不侷限於必須在每年第一個會期開議時舉行。也因此總統可能在國家發生突發事件時向立法院進行國情報告。如此一來極可能混淆行政院長的決策權。國家如果發生任何重大事件，總統可以本於元首職權發表相關言論，但非以國情報告之方式不可。但是在頒布例如緊急命令時，為獲求立法院在十日內的追認，總統自宜以報告重大國家安全的事件為由，進行國情報告，但必須在必要的例外情形，方得為之。

　　4.總統有意赴立院做國情報告，立院雖可決議否決之，但為彰顯對總統之尊榮，應形成「不否決」之憲政慣例！例如陳水扁總統始終欲前往立院報告國情，但其咨文且被立院否決，對國家元首的尊嚴傷害，莫此為甚！同樣的，一旦立法院通過決議邀請總統就相關國家安全重大方針進行國情報告，除非此決議的程序不合法，以及報告議題非關國家安全重大方針，而是具體個案（例如：對某案國家機密的核定、某政府機關人事，例如駐外使節、高階將領等的決定案），總統即可拒絕之，否則應當形成赴會報告的慣例。

　　因此，總統赴立法院的國情報告經立法院修改職權行使法，引進「雙軌制」，已經逾越憲法增修條款的規定，也可能會造成日後總統與立法院直接發生衝突的可能性。因此必須審慎的形成慣例，否則平添政壇的無謂風波。

參、立法院的組織及會議

一、立法院的組織

㈠院長

　　憲法第 66 條規定立法院設正副院長一人，由立法委員互選，至於立法院長與副院長的產生，由立法院的內規（立法委員互選院長副院長辦法，85.07.02）規定其程序，由立委總額三分之一以上的出席，方得選舉之（第 2 條）。立法院院長與副院長之任期依立法院組織法 (88.01.25) 第 13 條之規定，與該屆委員相同。

　　立法院長除了在憲法中已規定其職權，例如其他四院與立法院發生爭議時，得代表立法院參加總統的院際調解會議（第 44 條）；或參加省自治法發生重大障礙的解決會議（第 115 條）；召開立法院臨時會（第 69 條 2 項），以及召開補選或彈劾總統、副總統之國大臨時會（第 30 條，增修條文第 1 條 4 項改由國民大會議長召開）外，依據「立法院組織法」尚有主持立法院會議及綜理院務等。立法院作為民意機關，因此立法院長的職權類似監察院長與國民大會議長的榮譽性質，故作為立法院精神領袖的立法院長應有類似法官的中立性，不宜具有黨派色彩。

(二)委員會

　　憲法第 67 條 1 項規定立法院「得」設置各種委員會，足徵憲法採委員會設置意定主義，非採委員會設置強制主義 ❷，因此立法院得以組織法成立各種委員會。依據立法院組織法的規定，立法院設立程序委員會（第 7 條）、紀律委員會（第 8 條）、修憲委員會（第 9 條）外，第 10 條 1 項規定依憲法第 67 條之規定，設立內政與民族委員會等八個委員會，共計十一個委員會。

　　第 10 條 2 項亦規定立法院於必要時，得增設其他委員會或特種委員會。屬於這種特種或其他委員會者，如經費稽核委員會、公報指導委員會。惟立法院組織法並未明定設立新委員會的程序，故當以通過院會決議為必要。

　　民國八十八年一月立法院透過修正組織法，將立法院的組織擴大，除了負責民意機關的秘書性質之單位外，另外增設了法制局、預算中心及國會圖書館，各擁有不少研究及行政人員，來提高立法院議事品質，使法案的水準跟得上時代腳步。

二、立法院會議

　　立法院會亦可分成常會及臨時會兩種。

(一)常會

　　憲法第 68 條規定，立法院會期，每年兩次，自行集會。第一次自二月至五月底，第二次自九月至十二月底，必要時得延長，這即是常會。我國憲法採納美國憲法（增修條文第 20 條 1 項）之例，將常會日期訂於憲法之中，目的乃保障行政院及立法院各

---

❷ 採行委員會設置強制主義的立法例，可舉德國威瑪憲法 (1919) 為例。該憲法第 35 條規定國會應設置外交委員會。德國現行基本法 (1949) 第 45 條 a 亦規定眾議院應設置外交委員會與國防委員會。同時，在一九九二年十二月二十一日修正基本法第 45 條時，且規定國會應設置「歐洲共同體委員會」，視為強制成立的委員會。

自擁有專注行政事務及選民服務的期間。相同的立法例也見諸法國第五共和憲法（第28 條）及德國威瑪憲法（第 24 條 1 項）。

常會會期屆滿，若有未竟處理事務，可經院長、四十位以上立委連署或行政院長之請求，經院會決定延長會期，是為延會（立法院職權行使法第 5 條）。

(二)臨時會

憲法第 69 條規定，立法院遇有總統咨請或立委四分之一以上請求時，得開臨時會。但是否只要總統一咨請，或有四分之一以上立委請求，立法院就必須要召開臨時會？憲法本條雖未明言，但解釋上應屬否定。按憲法既將常會會期以明文規定，且復有延會之制度，可見得臨時會應作為處理「突發事件」的機制，易言之，必須是非立法院未竟處理之事件，以及不違反立法院之決議，否則會形成常會、延會及臨時會「三會一體」的現象。故解釋上應採此限制說❷❾。讓立法委員有返回選區，瞭解民意、服務選民的充分時間。然而立法院實際上的運作不採此原則。

次而，立法院召開臨時會可否審議召開臨時會特定事項以外之事項？例如為審議某些法案而召開臨時會，可否變更議程審議對行政院長的不信任案？

採反對見解者，如依立法院組織法第 6 條第 1 項之規定：「本院臨時會依憲法第 69 條規定行之，並以議決召集臨時會特定事項為限。」取得法律依據。同時國民大會也曾有類似的制度，非以修憲為目的所召集的國民大會（如選舉總統），即不得進行修憲（釋字第 314 號解釋）。可比照援引之。

本書則持贊成論者：按依立法院組織法第 6 條第 1 項的規定，臨時會審議事項應依憲法第 69 條之規定。誠然憲法第 69 條並不包括不信任案在內。但增修條文（第 3 條第 2 項第 3 款）已增定審議不信任案為立法院之職權，故該第 1 項之規定自應擴張解釋，包含不信任案在內。此外釋字第 314 號解釋之立論，係以國民大會之修憲有必須將修憲內容公告半年的規定，以匯集國民的意志。反之，立法院長對行政院長的不信任案依增修條文同條款之規定，需急速處理（不信任案提出七十二小時後，應於四十八小時內以記名投票表決之）不容拖延，顯見憲法對此制度之重視。同時不信任案率多起因於倉促之事由，休會期間也唯有召開臨時會方得行使之。故立法院組織法不得限制立法委員由憲法賦予之權限。

---

❷❾ 見拙文：立法院召開臨時會的憲法問題，台北律師月刊，民國九十二年九月，第 107 頁。並刊載：法治國家原則之檢驗，第 301 頁以下。

第三十四節　立法委員

壹、立法委員的產生

一、憲法一票制的舊制

立法委員依憲法第 64 條之規定，亦分成人口比例代表；特殊代表——即蒙古、西藏、邊疆和僑民代表四類——；職業團體與婦女團體代表等三種選舉方式產生之。立委產生之方式與國大代表的產生（憲法第 26 條）幾乎完全一致。稍不同者乃「人口比例」產生的準據。國大代表以一縣產生一名代表為原則，每逾五十萬人者，增選一名。但立委則以省（市）為單位，人口在三百萬以下者選舉五人。每超過一百萬人口，增選一名。是以，立委產生之「人口基數」，比國大代表高一倍。此外，關於特殊代表、職業團體與婦女團體代表的制度與缺點，與國大代表極為類似，已在本書第二十七節討論，可參照之，茲不再重複敘述。

依民國八十三年公布之增修條文第 3 條之規定，將人口比例代表規定每省、市各二人。但人口逾二十萬人者，每增加十萬人，增選一人；逾一百萬人者，每增加二十萬人，增選一人；特殊代表則只有平地及山地原住民各三人與僑民代表六人。同時廢止職業團體與婦女團體代表，但保障婦女當選名額之制度仍存在，皆與現行國大代表產生之規定無異！至於政黨代表計有三十名，和僑民代表皆以政黨比例制選舉產生之。然民國八十六年增修條文第 4 條對立法委員產生制度則有極大的改變，為容納凍省以後省議員轉換「政治跑道」，立委人數大幅增加，首次採行「定額制」為二二五人，應自第四屆（民國八十八年）起實施。

其中一六八人由直轄市及縣市選舉產生，每縣市至少一人；平地及山地原住民各四人以及由政黨比例選出之僑民代表八人與全國不分區代表四十一人。上述一六八名區域選出之委員仍以人口比例產生的大選區制度產生。

二、單一選區兩票制

民國九十三年立法院通過修正案，將立委選舉改採「單一選區兩票制」，是立委選制歷年來最大的改變。第七屆（民國九十七年）起，立委總額為一一三人，其中七十

三人由七十三個選區選出；平地及山地原住民各三人，另外不分區及僑民代表共三十四人。此三十四人採政黨名單之投票比例產生，即所謂的「兩票制」，已經在本書第二十四節參政權關於選舉制度處二談及。在此不再討論。

我國和日本一樣，採取並立制。但不論是並立或聯立制，都是實行內閣制國家（總統制國家僅俄羅斯一國實施此制而已），才會採行此強調黨紀、政黨形象及政黨政治的兩票制制度。

至於區域立委名額為七十三位及全部立委總席為一一三位的理由，純為政治考慮。在民國八十九年總統大選結束後，民進黨政府未能在國會過半，引發民進黨前主席林義雄等陸續以「國會亂象乃立委人數過多」為訴求「國會減半」，終於造成此次修憲的「民氣可畏」。然依學界廣泛援引權威的政治學原理計算一國國會議員「合理席次」，是所謂的「議會規模立方根法則」，由全國人口立方根求出。立委人口（以修憲當時為計）約二百八十名上下為立委規模的理性數字。所以此立委人數的減縮，恐怕不符合台灣民主體制所需。學、政界普遍推測，這個偏低的「國會減半」遲早又會被更改，使得立法院人數再度增加❶。

貳、立法委員的特權

立法委員的特權包括免責權、不受逮捕權兩種。茲分述如下：

一、免責權

憲法第 32 條規定立委在會議所為之言論及表決，對會外不負責，是為民意代表的免責權。這種權利是專為民意代表所設，故為標準的特權，免責權的範圍依憲法規定，是包括言論與表決行為，惟涉及表決行為的問題較少，故一般通稱為「言論免責權」，蓋強調此權利之保障對象為言論也！

免責權制度起源於英國一六八八年的光榮革命後所發表的「權利法案」(Bill of

---

❶ 以民國九十年的資料，與我國新制立委人數相當的國家，略有以色列之一二〇席（人口五八四萬）；紐西蘭之一二〇席（人口三八三萬）；澳大利亞之一四八席（人口一九一七萬）及比利時之一五〇席（人口一〇二四萬）；荷蘭一五八六萬（一五〇席）。而人口和台灣相似之國家，如加拿大三〇六萬（三〇一席）。新制每位立委代表二〇萬國民，全世界僅有日本（一億二千六百萬人口，共四八〇席，每位代表二十六萬人）及美國（二億七千萬人口，共四三五席，每位代表六十三萬人），超過台灣的立委代表人口。但不可忘記此兩國的人口之眾，非台灣可比。可參見王業立，再造憲政運作的理想環境，新世紀智庫論壇第 16 期，2001 年，第 36 頁。

Rights)。本法案規定：任何人在國會內之演講及辯論的自由，以及在國會內所進行的程序，都不能在國會外之任何法院或地方受到彈劾或追訴。由這條冠在「演講自由」項下的規定可知，其作用乃在保障任何人——特別是議員能在國會內暢所欲言；同時，其保障效果也及於投票（國會內所進行之程序）行為之上。英國所樹立的免責特權制度也被美國憲法第 1 條 6 項所採納。隨著十九世紀立憲思潮的傳播，保障議員的免責權幾乎成為世界各國憲法之定律，如同各國憲法幾乎都有人權保障之條款一樣。關於免責權的制度，可分別就免責權的保障範圍、界限作說明。

㈠免責權的保障範圍

免責權的保障範圍主要是針對立委在言論及表決行為，不及於蓄意的肢體動作，已經司法院釋字第 435 號解釋所確認。雖然憲法規定免責的場合只在「會議」；此會議應該是指法定會議而言，而並不包括「會外」。易言之，為履行立委職務所舉行的任何會議皆包括在內，不獨限於大會及臨時會而已，而及於一切的會議，如各委員會議等等。惟此會議必須由立法院所召開為限？例如一個會議係由政黨或個人所召開，即使其目的和立委之職權有關（例如召開公聽會或是召開記者會），能否劃歸在免責權的會議範圍之內？依司法院釋字第 435 號解釋採「最大程度界定」立場，係持肯定說。惟為恐立委藉召開公聽會為由發表個人見解以致於侵害他人名譽，本書寧採否定說。此外，免責權是具有強烈的個人身分色彩，所以只針對立委個人所享有。故其他非具備立委身分之他人（不論是立法院內其他工作人員、助理，甚至受邀發表言論之他人）❷，都不能享受此特權也❸。

免責權所防範的對象乃「會外的公權力」❹。所以免責權的規定為「對會外不負

---

❷ 可舉一例：著名作家李敖控告故宮博物院秦孝儀在立法院答詢涉嫌誹謗的訴訟，法院都由實質面審理，並未考慮免責權的問題。聯合報 (85.06.04) 報導。

❸ 故立委所為之言論，如有觸犯其他法律（例如洩密），則可援引刑法 (81.05.16) 第 21 條之「依法令行為，不罰」之規定，作為阻卻違法之事由，且依刑事訴訟法 (82.07.30) 第 252 條 8 款之「行為不罰者」，為不起訴處分。但在解釋上，這個適用法律的推理過程並不妥適。因為立委違法行為只是不受追訴之特權，並非如同公務員依法令之行為（例如使用警械擊傷要犯），因此為針對國會議員這種「免刑」的特權，我國刑法宜仿效德國刑法 (1981) 第 36 條之成例，特別規定議員免責的條款，免得使人誤解國會議員所發表的「免責」言論，也含有依法令所為的「無法非難」的價值。見拙著：議員的言論免責權，刊載：基本權利（下冊），第 265 頁。

❹ 所以在會外的「不利益」如非來自「公權力」的侵害或不利益，例如來自所屬政黨的黨紀處分，則不包括在內。但若以涉及民事關係而遭到不利益，例如以議員應為或不為一定言論之契約，則此種約定因違反公序良俗而應認為無效。

責任」（憲法第 32 條及第 73 條後段），不及於「會內公權力」，故立委在會議上言論或表決行為，皆有可能觸犯國會之內規。在此即涉及國會自律權的問題。

㈡國會自律權的問題

國會自律權 (Parlamentsselbstverwaltungsrecht)，又可稱為國會自治權，指國會享有自律自治的權利，可規範國會內部的程序及議會的紀律之謂。這種國會的自律權又可分成廣義及狹義的意義。廣義的自律權包括秩序權及警察權。

國會秩序權 (Hausrecht) 指在國會範圍內（國會建築物及所屬空間內）的秩序❺，以及會議進行時之秩序，都由議長、或獲得授權之人（如會議主席）行使之。而行使的對象，不止是國會成員（議員，工作人員），即連第三人進入此國會範圍內，亦可受此權力之拘束❻。對於違反國會內部秩序者可以給予處罰，是為國會懲戒權制度，亦包括在此秩序權之內。

警察權是指國會議長（及獲授權之人，如會議主席）可以行使強制實力，來排除妨害國會運作者。即國家將維持紀律權力的警察權力，移交一部分到國會中，使國會設置的警察權能獨立於國家警察權體系外，受國會自行指揮。國家警察權力，在未得國會同意時，不能進入國會進行搜索或扣押，或進行其他任務（如巡邏、偵查），但如有緊急事故（如火災、救助傷患）不在此限。也惟有當國會警察無力維持秩序時，其他警察即有應請求協助之義務。

狹義的國會自律權則單指國會內部的秩序權，特別是指對國會議員的「紀律懲戒」而言，而不及於警察權。

國會自律權的制度依各國的規定而有不同。首先，在立法方式上，有採取憲法直接規定、立法規定或立法授權三種方式。採取憲法直接規定方式者，如德國基本法 (1949) 第 40 條 1 項，明言規定國會可以制定「議事規則」，確定國會內的紀律及懲戒規範❼。基本法第 40 條 2 項也明白規定國會議長的秩序權及警察權。採取立法規定方式者，是以訂定「國會法律」——如韓國 (1981) 及日本 (1947) 的「國會法」——，直

---

❺ 國會秩序權的空間包括所有國會所屬的建築物，不僅是議場，也包括議員的辦公室、研究室及休息室等。我國在民國八十九年八月中旬發生台北地方法院檢察官搜索立法院大安會館事件，法務部由始至終堅持搜索合法，即是違反憲法精神的一例。

❻ 有些情形是「類似」（但並非屬於）行政處分之案件，如人民必須遵守「國會旁聽規則」，否則會遭強制驅離的後果。

❼ 另如日本憲法 (1947) 第 58 條 2 項，美國憲法 (1787) 第 1 條 5 項 2 款。

接用法律規定國會內的紀律及懲戒。採行立法授權方式者，乃以法律「授權」國會自行訂立自律規範。例如我國國民大會組織法第 13 條及立法院組織法第 17 條❽。

我國憲法並未明文提及國會自律權之制度。但是，藉著保障立委免責權的規定，可推演出免責權的範圍不及於會內之秩序。因此，承認國會仍保有紀律懲戒權。至於國會（議長）警察權之制度，可由法律如立法院組織法第 16 條授權議會主席的「強制權」（制止權）見之。然而，法條只規定行使此警察權之時刻為「會議進行」，所保障的法益為會議的秩序，而非廣泛的針對所有在國會範圍內之人員，所保障的法益亦非整個國會範圍之安寧及秩序，因此，我國法律所樹立國會警察權之制度只是國會秩序權的延伸，而非完整的國會警察權。宜修改相關法律以明白規定之❾。

此外，大法官會議在審議「國安三法」（國家安全會議、國家安全局及行政院人事行政局的組織法）的制定是否合憲時所作的釋字 342 號解釋則明白肯定「議會自律原則」，認為一個立法是否踐行議事規則，屬於議會內部事項，依自律原則自行認定。一個立法結果（包括國民大會的修憲行為）除非其瑕疵已極明顯及重大、無須調查即可確定外，否則不能由大法官會議宣告為無效。

(三)免責權保障的界限

傳統的免責權是採取「絕對保障」之方式。這特別是針對言論免責而言。因此受此權利所保障的人員，其言論不論是觸及侵害國家法益（如洩露機密），或侵害他人法益（如誹謗），皆受到憲法之保障。幾乎所有民主國家之憲法，皆採行絕對保障之立法例。

正如同權利有可能被濫用，言論免責權亦可能不免濫用之虞，於是有「相對保障」之制度產生。首開採行相對保障制度的國家，可舉德國基本法第 46 條 1 項為例。德國一百年來的憲政歷史中，所公布的四個憲法都採行絕對保障制度，直至一九四九年制定基本法時才丕變，規定言論免責權的範圍不及於誹謗罪，其主要考量為對人民人格權的尊重。因為國會議員假如利用言論免責權來散布誹謗他人之言論，那麼受到此誹謗侵害的人民，不復擁有人格及尊嚴可言。既然誹謗罪構成要件是以「不實資訊」，或即使為真實資訊，但無關公益或涉及私德（我國刑法第 310 條 3 項），所以無庸受到憲

---

❽ 參閱許宗力，國會議事規則與國會議事自治，刊載氏著：法與國家權力，月旦出版社，一九九三年，第 302 頁以下。

❾ 參閱拙作：國會自律權的法理初探，刊載：基本權利（下冊），第 280 頁以下。

法的保障。德國基本法第 1 條 1 項且宣示：人類尊嚴不可侵犯，尊重並保障此尊嚴係所有國家權力之義務。所以，即使是立法權也負有保障此人類尊嚴之義務也！所以德國基本法所建構的相對保障制度，自有維護人格權及人類尊嚴的莫大意義。

當然，吾人不可否認採行相對保障制度的國家（如德國），有其崇高的理念；由我國議會文化的未上軌道，吾人已清楚的看到言論免責權被濫用的事實，與想像受到此權利侵害者的痛苦❿。但是要實施「相對保障」的條件，必須國家的司法已經相當的獨立，且司法的公信力能獲得社會絕大多數人民的肯定方可。否則，國家假借誹謗之訴訟，以箝制國會之言論時，反而會扼止民主之生機！這也是為什麼世界各國皆不願採行相對保障的理由了。我國在民國八十二年修憲時曾一度考慮採此制度，但最後仍胎死腹中，恐亦是基於此理由。

二、人身自由特權

憲法第 74 條規定：「立法委員，除現行犯外，非經立法院許可，不得逮捕或拘禁。」這個「不受逮捕之特權」(Immunitaet) 相對於前述的言論免責權是一種言論特權，此不受逮捕特權為人身自由特權，其目的乃保障民意代表可以不畏懼政府藉口犯罪，而以逮捕方式限制政府不悅之代表出席議會，而為不利政府之言論或表決行為。但是人身保障之唯一限制，係在於非為現行犯方可。首先，吾人可就現行犯的問題，加以討論。

現行犯依刑事訴訟法第 88 條的規定，包括現行犯及準現行犯，前者係犯罪在實施中或犯罪後，即時被發現者而言（2 項）；後者包括二種情形：一、被追呼為犯罪人者；二、因持有凶器，贓物，或其他物件或於身體，衣服等處露有犯罪痕跡，顯可疑為犯罪人者（3 項）。我國憲法雖僅言現行犯，未提及準現行犯，不過，現行犯及準現行犯之分，只是學理上的細分，且刑事訴訟法第 88 條 3 項，亦將準現行犯「以現行犯論」，故不論依法理的解釋及學術界及司法院釋字第 90 號解釋之見解，皆將準現行犯包括在現行犯的範圍之內。

現行犯是以觸犯刑事法律為要件。立委在立法院以外地方，觸犯刑事法律，構成

---

❿ 司法院第 3735 號解釋便是起因於民國三十六年在河北省隨縣所提出一個「假設」一位女老師遭到地方議會議員誹謗而飲恨自殺的慘劇，所提出聲請而做的解釋。至於是否真有該案則似不可考也。參見陶百川，反對司法院釋字第一二二號解釋，刊載氏著：監察制度新發展，民國五十八年，三民書局，第 97 頁以下。

現行犯時，依刑事訴訟法第 88 條 1 項之規定，不論何人得逕行逮捕之。然而，立委於立法院內的會議時構成現行犯，例如對同僚動粗及妨害自由，破壞公物（扯斷麥克風、桌椅……），甚至嚴重到殺人……縱火等等，是否概可依現行犯處理？憲法本條文本係保障立委不受「國會外」之公權力的逮捕拘禁。在這種國會內的構成犯罪行為，即應由立法院內主席的警察權來制止之。按法律規定任何人得逕行逮捕現行犯之理由，不外是基於保全證據及確認犯人身分兩項目的。立委在立法院中如果發生犯罪行為，不僅眾目睽睽，並且，立法院本有或現場媒體之錄音、錄影設備，皆能證明犯罪人之身分及過程，任何人皆可逮捕現行犯的立法用意即不存在。故為了尊重國會自律權（及主席可指揮動用之警察權），及對人人可逮捕現行犯的立法目的加以衡量，結果應認為不適用在立委在立法院內所為之犯罪行為，故憲法第 74 條對現行犯排除保障的規定應作限制解釋❶。

　　人身自由的特權保障既然保障其擁有不受逮捕或拘禁的特權，自然可衍生其效果至其他附屬的制度，例如法院即不得逮捕，並課予「交保」之處分❷。

　　現行增修條文第 4 條 8 項在民國八十六年修憲時已針對議員和黑道掛勾的問題採行抑制手段，明定立委的人身保障特權唯有在「會期中」方能享有。此制度可能引起朝野立委的疑懼，按一年中會期僅有八個月，會否遭「秋後算帳」？此外，若立委於休會中被逮捕或拘禁，應在立法院開議後，立即提請立法院同意（此時應稱為「追認程序」）。此提請程序，究應以法院或法官個人名義提出，抑或由法院轉請司法院提出？民國一〇九年發生三位立委在休會期間遭逮捕，而於立法院開議時由地方法院函請立法院「過院參辦」行使同意權時，便發生爭議。有認為必須透過司法院函請，地方法院不得為之。既然羈押權限屬於地方法院，只不過許可程序必須通過立法院，故毋庸轉請司法院提請同意之。至於立法院的同意程序，當時立法院是以院會臨時報告事項，同意許可羈押 (109.09.22)。

　　依照立法院職權行使法第 29 條的規定，有關立法院行使同意權，只限於人事案（審計長、大法官、監察委員、考試委員），這是對人事案的同意程序所為的規定。至

---

❶ 參閱拙作：國會自律權的法理初探，第 290 頁以下，註二八。

❷ 民國八十三年十一月台北地方法院即發生法官於傳訊涉嫌犯罪的翁大銘立委後，諭知一百萬元交保，便是違反此人身特權的裁決。因為該立委如不提交保金，即會遭拘留也。同時法警亦不得「押解」立委至候保室，否則即限制立委的人身自由。

於對「事」的同意程序，只有對於總統的緊急命令的追認，立法院職權行使法第 15 條易有特別規定其程序。然而同屬對「事」的同意程序，立法委員的逮捕同意（也包括追認的程序），立法院職權行使法並未規定，可屬於立法疏失。本案發生後，也便是以此報告方式，同意法院羈押該三名立委。此事關三位立委的人身安全，卻以報告事項通過，顯然不夠尊重立法委員的人身特權。

然而之必須獲立法院同意的規定，乃繫於立法院的自主決定，不僅應當由立法院報告，並需通過院會的議決，方可符合制度的本意。然而為了釐清相關爭議，立法院職權行使法應當從速規定其程序為宜。同樣的憲法第 102 條也有對監察委員類似的人身保障規定，其逮捕與拘禁的同意，亦可比照本制度辦理之。

三、地方議員之免責權及人身自由特權

我國憲法（增修條文）的免責權規定，只限於國大代表及立法委員，地方議員則不包括在內。然而，在台灣地區地方自治完成法治化以前（民國八十三年七月二十九日以前），所有規範當時台灣地區地方自治的法規，如「臺灣省議會組織規程」(74.05.10) 第 50 條及「臺北市議會組織規程」(70.05.25) 第 40 條，所規定議員的免責權卻和憲法規定中央民意代表之免責權條款，完全一致，皆係採行「絕對保障」之制度。

和當時地方自治法規不同的是司法院的解釋。早在行憲前的民國三十六年十二月公布的院字第 3735 號解釋已經採行「相對保障」的立場，認為地方議會議員所為的言論如果無關議事主題，即不受免責權的保障，司法院在釋字第 122 號解釋，便是再度肯定第 3735 號解釋。另在釋字第 165 號解釋明確的指出：地方議會議員「就無關議會事項所為顯然違法之言論」，即不可享受免責權之保障。司法院此號解釋擴張憲法免責權的對象範圍及於地方議員，在精神符合中央及地方議員乃各自分擔國家整體立法之權限，故地位本無尊、卑之分，應同享免責權，打破中央民代之「免責獨占權」。惟在解釋的方法上，尚有主張應採限縮解釋者❸。司法院此號解釋並未說明地方議員言論免責範圍為何相對保障，及「與會議事項無關及顯然違法」的「越權禁止」範圍何

---

❸ 但學界亦有認為，鑑於憲法並未明白許可地方議員也享有此種權利，故應採「限制解釋」之方式，否認地方議員之免責權，此是大法官陳世榮採納日本最高裁判所昭和四十二年五月二十四日判決。見拙作：議員的言論免責權，第 268 頁。

在 ⓮。因此，比起德國法例只限於處罰誹謗言論的明確性，即遜色許多。

　　目前地方議員言論免責規定的限制係依地方制度法 (98.05.27) 第 50 條之規定：直轄市及各級地方民意代表對於有關會議事項所為之言論及表決，對外不負責任，但就無關會議事項所為顯然違法之言論，不在此限。顯然「新瓶裝舊酒」地延續了釋字第 165 號的精神。此「無關會議事項」之言論，當指「與代表之職權無關」之言論而言，而非「與當日會議議題或程序無關」者。按如違反後者之言論（即偏離主題，或言不及義），自可由主席加以制止、糾正，或行使紀律懲戒權 ⓯，無須再課予其他法律，如刑法之制裁。但是，此免責權的界限與哪些是與職權無關的範圍，還有賴日後法律規定，或司法實務來界定。不過，若吾人認為為了防範地方議員可能濫用言論權來侵犯其他之法益（此法益多半是他人之人格權），即應該捨模糊就明白，規定地方議員之言論免責範圍不及於誹謗及侮辱；否則，反而會誤導錯誤的解釋，認為地方議員只要契合議題，即可為誹謗言論而侵害他人人格，這也是目前法律關於地方議員免責權規定所易引起之質疑也！

　　前述的地方制度法第 51 條也規定各級民意代表，在會期內非經議會同意，不得逮捕或監禁的人身自由權，但現行犯及通緝犯不在此限。

　　立委的言論固然免責，但是，如果有他人協助立委發表言論，亦可能觸法（如公務員洩露機密，提供資訊給立委）。在此情形，立委固可免刑責，但仍不可避免擔任證人之義務 ⓰。德國威瑪憲法第 38 條便創設享有言論免責權者亦同時享有「作證拒絕權」。現行德國基本法第 47 條亦採此立法例。為落實言論免責權之體系完整，這個作證拒絕權亦有採行之必要！

參、立法委員不得兼任官吏的問題

　　憲法第 75 條規定立法委員不得兼任官吏，在嚴格實施三權分立的國家，本於行政權與立法權的相對獨立，故行使立法權與行政權者，不得為同一人。故職掌行政權之

⓮ 因為依當時地方自治法令，議員可議決之事項多達三十項以上，難謂何項言論不能納入會議事項。關於這個「越權禁止」的模糊，參閱拙作：議員的言論免責權，第 269 頁。

⓯ 如立法院委員行為法 (91.01.25) 第 7 條 1 項 2 款之立委不得有辱罵或涉及人身攻擊之言詞。如有此行為，主席只有提送懲戒一途。

⓰ 我國刑事訴訟法 (98.07.08) 第 182 條規定知悉業務上私密之拒絕作證權人中，未列有立委等在內。不似德國刑事訴訟法 (1990) 第 53 條與民事訴訟法 (98.07.08) 第 383 條有排除作證之規定。

人員，無論其為政務官或事務官，均不得為立法權人。例如美國憲法第 1 條 6 項即明文規定，不論參議員或眾議員，皆不得擔任文官；任何政府官員皆不得擔任國會議員；至於採行內閣制的國家，權力分立的理念便有發生鬆動的現象，其特徵在於立法權和行政權有相互配合與融合的現象。既然實施責任內閣且內閣由國會多數黨擔任之，這種政黨政治使得內閣的政務官多由國會議員擔任之，同時為確保國家的公權力不因政黨輪替執政而消長，所需構建的常任文官體制，也要求國家的常任文官不受政黨政治因素而影響其身分與服公職權利，所以實施內閣制的國家亦不得許可事務官兼任國會議員，反之亦然。因此，以實施內閣制歷史最悠久的英國而論，其政務官全由國會議員中選任，且就職後仍保留議員之資格，德國亦同。然而憲法第 75 條所謂官吏雖通指事務官而言，不及於政務官，但是如果將本條之官吏見解採行這種狹義的解釋，會和憲法其他類似的用語發生矛盾。例如憲法第 41 條規定的總統依法任免「文武官員」，就包括了政務官在內；憲法第 28 條規定，現任官吏不得在任所選舉國大代表，也不以事務官為限；更明顯的例子是，憲法第 140 條規定，現役軍人不得兼任「文官」；倘將此文官僅限於國家常任文官體制中的事務官而言，則現役軍人即可擔任部長及政務次長等政務官，更背離憲法第 140 條的旨意。因此對第 75 條的「官吏」意欲採納狹義見解者，恐怕在憲法中已經「有獨無偶」了。如果吾人依我國憲法起草者張君勱之意見，其係希望採行偏向英國的責任政府制與內閣制，並認為我國的部長和一般內閣制的國家不同，不需一定由國會議員中產生，而是有更多的來源❼。一旦總統同意行政院長以立法委員為政務官之人選時，則可以使其擔任政務官，又同時保留立委之身分，而能在國會裡為自己及內閣所擬定之政策辯護。否則行政院如果為了網羅立法院優秀的政治人才，卻同時要冒著失去立法院席位優勢的危險，終可能使行政院為了席位的關係而放棄延攬立委入閣。所以基於我國原本偏向內閣制的設計，且憲法不欲阻止立委兼任政務官的旨意，同時為避免因為憲法其他相關條文的誤解，憲法第 75 條之條文似宜更改為：「立法委員不得兼任官吏，但兼任政務官不在此限。」以杜爭議。特別是現行增修條文已引入倒閣權及國會解散權。在後者之情形，特別是立法院通過對行政院長不信任案與行政院長呈請總統解散立法院時，即有訴諸選民公決到底是行政院，抑或立法院有理之意義。如內閣閣員可由立委兼任，則可親自競選，向選民訴求。另外，

---

❼ 見氏著：中華民國民主憲法十講，第 71、88 頁。日本憲法 (1947) 第 68 條則規定：「國務大臣的半數以上應由國會議員中選任。」；法國第五共和憲法第 23 條 1 項則採美國之制度，規定閣員不得兼任國會議員。

我國每次選舉花費龐大,若閣員不必靠選舉出任,則解散立法院而重選時,只有立委要再度花上鉅資,實不公平❶。故解散權制度之存於內閣制與國會議員兼任內閣閣員有密切不可分之關係。我國似乎必須仔細考慮此關聯性不可!不過我國行憲以來的經驗則反其道而行。

立委一旦被延攬入閣則須依司法院第 1 號解釋,應辭去立委職務,否則就任官吏時,視為辭職❶。這個行之數十年的憲政事實,恐怕有加以澄清與檢討的必要❷。

民國一〇四年四月十三日立法院修憲委員會召開第二次修憲公聽會,其中討論的主題之一即為立委可否兼任官吏(閣員)。顯然已經正視我國政制若要進一步推動責任政治,強化國會與執政內閣的聯繫,使施政更能符合民意,開放立委兼任閣員,甚至行政院長亦為立委,反對黨更應組成「影子內閣」,使監督更為分工與專業化。此內閣制優點不失為我國修憲可採之方也。

---

❶ 同見,董翔飛,中國憲法與政府,第 348 頁。

❶ 如反面解釋,或可推論出現任的公務員(官吏)一旦出任立委後是否亦視同辭去現職,答案似應肯定。但是卻忽視公務員出任民意代表亦是實踐其憲法所保障的選舉權(被選舉權)、服公職等參政權利。同時,也是換個崗位為國家與社會服務。因此,僅需規定公務員擔任民意代表時,視為留職停薪,待除卸民意代表時仍可回職,不必硬性規定必須辭職。例如威瑪憲法第 39 條 1 項規定軍人及公務員擔任國會或邦議會議員之職務,則任期中視同休假。第 2 項規定,在競選中應給予休假以利競選活動。依現行德國公務員法 (1980) 第 89 條與 89 條 a,與聯邦眾議員法 (1977) 亦有類似威瑪憲法第 39 條規定。

❷ 法國第五共和憲法本規定,當國會(參、眾)議員若入閣擔任閣員時,應辭去議員職務(第 23 條)。缺額進行補選而遞補(第 25 條)。但二〇〇八年修憲時,第 25 條加以修正,一旦該議員辭去閣員職務時,可立即恢復議員身分,至於遞補者則立即解職。第五共和之修憲,可足供我國參考。

第九章　司法院

第三十五節　司法院之地位與職權

壹、司法院的地位

一、最高司法機關的意義

我國憲法在第 77 條以下以六條條文規範國家司法權力與司法機關,此條文數目相較於其他有關國家權力之規定為最少者。但是司法權在憲法中的地位,以及保障人民權利的重要性,並不因其條文之多寡而受影響。憲法第 77 條規定「司法院為國家最高司法機關,掌理民事、刑事、行政訴訟之審判與公務員之懲戒」。憲法確認司法院為國家最高司法機關,但是在第七章「司法」卻未規範司法權力之歸屬,亦即憲法應明定國家司法權力屬於司法院所屬各級法院的職權,以凸顯國家的司法權力係由各級法院行使,而司法院僅係行使司法權之國家最高機關也。因此,未能規範各級法院行使司法權規定,顯然忽視各級法院依據憲法所獲得獨立行使司法權力的重要性❶。

司法院作為國家「最高」司法機關,然其「最高性」與行政院為國家最高行政機關（第 53 條）與立法院為國家最高立法機關（第 62 條）的概念迥異。在本書前第三十一節壹與第三十三節壹,已就中央與地方分權的觀念說明執行國家行政權力的行政院,對地方自治行政並無上、下級機關之隸屬關係,對於地方行政事項並無所謂的「最高行政機關」之地位。同理,憲法保障地方自治的立法權限,負責中央立法的立法院對之亦無所謂的「最高立法權」;否則,立法院得逕以其立法行為取代地方自治立法。然此處所謂司法院為國家「最高司法機關」,表示司法院對司法案件有最終決定的權力,除對下級司法機關之判決可為變更外,也是基於司法權為國家「獨占」的結果所致。

按國家的中央與地方分權原則,可及於行政、立法、司法三權。例如特別強調地方自治的國家——例美國——,則不使司法權力為國家所獨有,地方且擁有司法權。

---

❶ 例如日本憲法 (1947) 第 76 條 1 項；德國基本法第 92 條；美國憲法第 3 條 1 項。

美國憲法第 3 條 1 項規定聯邦的司法權屬於最高法院與國會所設立的各級法院，至於各州擁有可依州法設立各級法院的權限。但是大多數的國家為謀國家司法制度的統一性，不欲司法權因地方行使與制度的差異造成社會秩序的動盪，影響國家的整體秩序與正義觀。便將中央與地方分權的範圍僅侷限於行政權與立法權方面，司法權則歸於國家所獨掌。世界上大多數的國家，例如德國、法國、日本與我國皆採此制度。

二、司法院的定位

司法院具有掌理民事、刑事與行政訴訟之審判與公務員懲戒等四種權限，加上憲法第 78 條的解釋權，司法院應以何種組織體以行使此五種權力？此牽涉司法院的定位問題，究係採行「最高法院化」或「憲法法院化」，抑或是維持現狀的以司法院長為首的類似「首長制」之制度？茲先分析「最高法院化」的妥當性。

㈠最高法院化

司法院可否定位為最高法院？憲法第 77 條所稱：「司法院為國家最高司法機關」，是否即意謂為最高法院？憲法第 79 條 2 項規定「司法院設大法官若干人，掌理憲法第 78 條事項」，可否解釋為司法院由大法官組成，除掌理第 78 條事項外，也掌理第 77 條所規定的職權？這些都是討論憲法第 77 條對司法院定位所必須一併考慮的問題。

由於憲法第 77 條至 79 條的規定不甚明確，留下了解釋的必要性，以及立法者是否可以藉制定司法院組織法的方式，而有行使裁量權的空間。就這個規範的模糊，理當回顧我國制憲時，對本條及相關制度的探討，以探求制憲者之真意。

1.制憲的本旨

我國在五五憲草第 76 條規定：「司法院為國家最高司法機關，掌理民事、刑事、行政訴訟及司法行政。」這個與我國憲法第 77 條的規定頗為類似，只不過是多了「司法行政」，少了「公務員的懲戒」的職權。按五五憲草的意旨，係將公務員懲戒交由監察院行使；同時，將司法行政全部移給司法院，也就是檢察體系亦列入之，使得司法院擁有司法行政部的職權。

但是這個將司法院集審判與司法行政大權的五五憲草制度，在憲法制定前的「政治協商會議憲草修改原則」(35.01.31) 中，遭到修正。其第 4 條決議改為：「司法院為全國最高法院，不兼管司法行政，由大法官若干人組織之，大法官由總統提名，經監察院同意任命之，各級法官須超出黨派以外。」因此，司法院便成為最高法院，且由

大法官組成之。司法院即由大法官行使審判權，最高法院內部之司法行政可自行處理外，不負對地方、高等法院的行政監督之責。所以大幅度將司法院的功能簡單化，成為單純的最終審審判機關。制憲前，國民政府雖依上述政治協商會議的決議，向制憲國民大會提出了草案 (35.11.28)，其中第 28 條即規定：「司法院為國家最高審判機關，掌理民事、刑事與行政訴訟之審判，以及憲法之解釋。」已經貫徹了司法院最高法院化的政黨共識。

　　然而，草案的司法院國家「最高審判機關」在制憲國大會議中，又被改為「最高司法機關」，這一更動，是否變更了政治協商會議的共識？如果，吾人由當時擔任制憲國大會議秘書長的雷震先生所撰的文章，包括「制憲述要」對這段公案的來龍去脈，便可瞭解。依雷震先生的回憶，依憲法第 77 條的本意，司法院本身便是最高法院，制憲國大只是更改名稱（將國家最高法院改為國家最高司法機關），並無推翻政協意見之意圖。這由國民政府在憲法公布後四個月 (36.03.31)，公布的司法院組織法第 4 條即可證明之！該條條文規定：故「司法院分設民事庭、刑事庭、行政裁判庭及公務員懲戒委員會」司法院直接掌理訴訟，成為最高法院，是再也明確不過之事實。

　　然而，這部司法院組織法並沒有實施，也就是國民政府沒有將民國十七年已成立的最高法院，移入司法院的決心；反而在同年十二月二十五日修正司法院組織法，除司法院外，另設最高法院，掌理民、刑事訴訟。所以制憲原意便遭了曲解。

　　雷震先生同時認為由國民政府提到制憲國大的憲法草案第 84 條規定：「司法院設院長一人，大法官若干人，由總統提名，經監察院同意任命之」，本意即所有司法院由推事（法官）組成，均為大法官。但在制憲過程被一位代表提議在「大法官若干人」下加入「掌理本憲法第 78 條事項」，大會未予深論，便採納成為憲法第 79 條 2 項的條文。因此，依雷震之批評，可以得知，制憲國大在議決此條文時（儘管似失諸注意），但語義上卻形成了大法官擁有不負責憲法第 77 條的審判事務，專司可以控制各級法院審判的法令解釋之權，也是制憲國大推翻政協憲草的結果。

　　由雷震的敘述，吾人大致可得到幾點結論：

　　第一，依我國憲法制憲者的原意，司法院應當成為具體執行審判事務的最高法院。憲法第 77 條將憲草的最高審判機關，改為最高司法機關，只是文字更易，不影響司法院屬性的認定。

　　第二，司法院當由大法官組成，並且負責民、刑等訴訟最終審判的憲草規定，已

經被制憲國大更改為專司憲法與統一解釋，因此，司法院不必非由大法官組成不可。

第三，憲法公布後不久，所制定的司法院組織法內規定設置民事訴訟庭等，符合憲法的原意，但本法未能實施即被新法修正，而另行成立的最高法院制度，乃違背憲法的規定。

第四，政治協商會議對司法院不掌握司法行政的共識，並沒有被制憲國大所推翻，因此，司法院只能負責本身最高法院的司法行政事務，不能指揮監督下級法院，因此不贊成所有法院皆納入司法院。司法院只能靠判決來糾正下級法院之行為。而當時地方及高等法院乃隸屬在行政院所轄的司法行政部(此情形直到大法官作出釋字第 86 號解釋之二十年後，即直到民國六十九年才改隸司法院)。雷震認為因為法院要行使搜索等公權力，只要法院審判獨立運作 (包括人事獨立)，司法行政可以交由司法行政部執掌。所以雷震之見解是作為最高法院的司法院與各下級法院保持各自獨立運作之狀態 ❷。

2.釋字 530 號解釋的見解

大法官在釋字 530 號解釋便認為依據憲法第 77 條的制憲意旨，便是司法院作為國家最高審判機關，必須職司憲法第 77 條規定的審判事務，因此目前司法院下設最高法院、行政法院及公務員懲戒委員會的組織，使司法院「僅具最高司法行政機關」之地位，已不符合憲法制憲者之意旨。故作出了立法院必須在兩年內修正司法院、法院、行政法院及公懲會等四個組織法的結論，讓司法院成為最高法院。

對照雷震的敘述，此號解釋對於司法院定位的制憲意旨，只說對了一半——最高法院化的部分。本號解釋不滿意目前司法院只是一個最高司法行政機關而已，顯然完全背道曲解了制憲者「司法院不掌司法行政」的意旨。大法官想讓司法院既管終審裁判，又取得了監督所有法院、法官有關審判及司法行政的一切司法監督與行政權限，成為超級的「司法大院」 ❸。

---

❷ 雷震全集，傳正 (主編)，第十六集，桂冠出版社，1989 年，第 274 頁、288 頁及 295 頁。但曾任司法 (行政) 部長的張知本先生的看法卻不同，他認為司法院下仍有最高法院。但最高法院上竟然還有「最高司法機關」，豈非矛盾？故曾建議最高法院繼續使用「大理院」之名稱，或改為民事庭、刑事庭；行政院改為平改庭、政事庭；公懲會改為官常庭、人事庭等。故依張知本之意，我國五權憲法中司法院地位為五院之一，非美國聯邦最高法院所堪比擬，所以不必和最高法院合併。見氏著，司法制度問題，張知本先生言論選集，民國五十八年，第 140 頁，147 頁。

❸ 見蘇永欽教授在本號解釋公布次日 (90.10.02) 聯合報所發表的「司法院集大權於一身，吃乾抹淨」所做的凌厲

　　再者，若司法院係以最高法院之型態組成，並以大法官為最高法院之法官，舉凡全國的民、刑事、行政訴訟與公務員懲戒的最終審判——包括僅有初審效果的公務員懲戒與行政訴訟——，因「法院一元主義」的制度下所收受各類案件，均由大法官審理之。大法官縱可分庭審理，例如成立民事庭、刑事庭、行政庭及懲戒庭，但以有限的人數與精力，是否勝任承審數量龐大的案件數量？且既屬終審法院，人民權利的最終救濟與國家司法正義的維護，繫乎大法官一念之間，是否有分身乏術而影響司法品質之虞？至為可慮！若如同目前的制度，在司法院中設置掌管民、刑訴訟的最高法院，審理行政訴訟的行政法院與公務員懲戒事宜的公務員懲戒委員會，即可收到專業分工的效果。更何況例如德國法律發達，其共有五大法院體系（普通、行政、社會、財務及勞動法院體系）高度的專業化，來達成司法任務。我國反而走「單一化」的回頭路，其結果必定陷入判決馬虎、雜亂的窄胡同內，使司法正義不能伸張！且最高法院中配置人數較多的法官，亦可疏解終審法官承辦案件的壓力❹。

　　最高法院、行政法院與公務員懲戒委員會，雖然設於司法院內（司法院組織法(81.11.20) 第 7 條之規定），但非司法院本身之機構，其組織均另以法律規定，且不似大法官之設置，係由司法院組織法第 3 條明定之。其次，依同組織法第 11 條規定司法院設民事廳、刑事廳、行政訴訟與懲戒廳、司法行政廳等四廳，而大法官或此四廳又不得指揮或監督最高法院、行政法院與公懲會。所以這些法院與公懲會實際上雖位於司法院的體系之下，但非司法院的本體；亦即終審權由上述法院（含公懲會），而非司法院本體所掌握。釋字第 530 號便指摘此現象為司法院必須「最高法院化」之依據。

　　但既然此些終審法院都直接受司法院監督，亦即依據司法院在憲法第 77 條的「國家最高司法機關」的定位下，只要掌握了可以監督各終審法院、各級法院及法官之權限（此即釋字 530 號所承認之司法院擁有的法官考核權以及法規研擬、法律提案權等屬於審判有關的司法行政權）❺，再加上司法院院本部內大法官（組成憲法法庭）來

批評。另見氏著，憲法解釋方法上的錯誤示範——輕描淡寫改變了整個司法體制的釋字第 530 號解釋，刊載，走入新世紀的憲政主義，民國九十一年，第 369 頁以下；以及司法行政組織的發展趨勢，刊載：法治與現代行政法學，法治斌教授紀念論文集，2004 年，第 76 頁以下。

❹ 依民國一○九年之統計，最高法院共有法官（含庭長）六十七名，全年收受二四二一九件，終結一八○六五件案件，辦案壓力之大，可想而知。而最高行政法院計有十四名法官，同年度新收三六九一件，終結四○六○件案件，亦為驚人之數字。

❺ 見司法院組織法第 12 條以下，司法院各廳的權限及第 20 條的審議委員會之職權。

職司釋憲,恐怕才是憲法(及制憲者)之本意也。

依司法院民國九十一年九月二日公布司法院組織法修正草案為配合釋字第 530 號解釋所作的司法院改組,將司法院「審判機關化」,設置憲法法庭(由大法官組成)、民事訴訟庭、刑事訴訟法庭、及行政訴訟與懲戒庭等四大審判庭(第 3 條),以及負責司法行政的民事廳、刑事廳、行政訴訟及懲戒廳、少年及家事廳、司法行政廳等五大廳,以及其他幕僚機關,作為審判機關化的過渡期改組。這個屬於過渡期的四大審判庭,各設庭長及各分庭庭長,各庭以法官五人組成事務,而大法官並不擔任各庭之職務。

司法院長為處理司法院重要事務,得召開司法會議,但此會議非法定召開之會議,也無法定權限,全由內部規範來決定其程序(第 46 條),所以屬於內政行政幕僚式會議。而且明定院長綜理院務及監督所屬機關(第 5 條),故依此草案,已實現金字塔型的最高法院化之司法院,仍是實施「院長制」。

㈡「憲法法院化」的商榷

此構想是將司法院的決策由大法官會議決定,大法官會議改成憲法法院。司法院長是憲法法院的院長,自然具有大法官之身分。此制度的著眼點乃是藉著憲法法院的違憲審查權來監控各終審判決有無違憲之處。誠然依憲法第 78 條及 79 條規定以觀,縱不能排斥司法院可由大法官組成之議,但卻不能逕認定大法官組成的憲法法院可取代司法院。尤有疑問的是,憲法增修條文只規定成立任務有限的憲法法庭,是否可擴張此憲法法庭及於掌握司法院決策的憲法法院?恐怕過度的擴張了憲法之原意。故著眼於憲法增修條文對憲法法庭的「列舉限定任務」,司法院的「憲法法院化」亦不可行!

㈢歷次全國司法改革會議的結論

1.李登輝總統時代的全國司法改革會議

民國八十八年全國司法改革會議在李登輝總統的指示下,我國在民國八十八年七月六日開始召開全國司法改革會議,經過不到三週的研討,遂在七月二十六日公布「全國司法改革會議結論具體措施暨時間表」總計 32 項。其中對於司法院的定位採取「兩階段」改革,並預定完成之期限包括近期改革目標——「一元多軌制」以及遠期改革目標——「一元單軌制」兩種。

⑴一元多軌制——預計在民國九十六年底完成此制度,主要特色為:司法院仍採

首長制，另設司法院會議為院長之諮詢機構；司法院分設民事、刑事及行政（含懲戒）庭，即合併目前之最高法院、最高行政法院及公懲會。各庭之法律見解發生歧異時，由司法院長為主席，召開聯合會議統一法律見解；司法院內另組成憲法法庭，由大法官組成。將目前大法官會議職權納入，惟增加政務官之懲戒權。

　　(2)一元單軌制──作為接續「一元多軌制」的後續制度，預期在民國九十九年年底完成，將司法院「審判化」，亦即「最高法院化」。其主要特色為：司法院不採首長制，由十五位大法官組成之「司法院會議」為最高決策機關，負責指揮全國司法行政事務；司法院全體大法官組成大法庭或憲法法庭，掌理目前大法官會議之釋憲與政黨違憲審判權。另外也增入政務官懲戒與違背判例的案件；司法院另設民事、刑事及行政訴訟暨懲戒三庭，各由五位大法官組成。各庭各設調查官若干人，由二審資深法官充任，協助審判。各庭且為最終審，判決皆成為判例。

　　此次全國司法改革會議明顯的將根源於英美法系的最高法院體系搬入我國。然而，我國大陸法系早已區分普通訴訟、行政訴訟及違憲審判的體系，以及司法權由中央掌握，地方不分掌之，與英美等國迥異。這種把目前已經忙碌不堪的最高法院、最高行政法院總共八十餘位三審法官的工作，每年處理數萬件三審案件全部併到僅有三個庭（及其分庭）、十五位大法官的大法庭，便可以消解多年來國民所詬病的司法效率不高、訴訟時間冗長以及裁判品質低落的弊病，吾人顯難同意也。

　　再不論此兩個階段相隔時間甚短（三年），每次改制都不免事涉修改憲法以及相關法律甚多，以國會政黨生態的複雜，執政黨亦未能主導立法，因此能否順利完成修法程序，上述改革的時程表，不免太樂觀也。

　　樂觀主義表現最積極的是在大法官釋字第 530 號解釋。大法官卻提早要求立法院應在二年內（民國九十二年十月一日前）要完成司法院最高法院化的四個法院組織法修正案（而非民國九十九年）。同時司法院在民國九十一年九月提出的司法院組織法修正案也符合近期改革目標之擬議，但如此大費周章之兼併四大終審法院至司法院內，即使獲得立法院全力配合修改四大組織法，但立法院又必須在七年內再度大幅度修改之，俾讓十五位大法官分掌四大審判庭，即可知道立法院的共識當居關鍵因素。釋字第 530 號解釋要求立法院兩年內必須完成立法的意旨，已被立法院根本否定。大法官的威信受到無可彌補的傷害。前事不忘，後事之師，釋字第 530 號解釋是否已超出了大法官釋憲時的界限？值得深思❻。

2.馬英九總統時代的司法改革會議

司法改革的樂觀主義，也隨著民國八十九年政黨輪替、陳水扁總統組成「弱勢政府」而退卻，註定會「跛腳」的行政院提出的法律案，也鮮有獲得立法院的支持。必須由司法院與行政院共同提出的諸多司法改革法案，諸如司法院組織法修正草案、司法院大法官審理案件法修正草案、司法人員人事條例修正草案、公務員懲戒法修正草案、法官法草案等……，不少在民國九十一年十月前，已送請第五屆立委審議、結果都未能夠完成三讀程序，也因此在民國九十六年底，第六屆立法委員任期屆滿前，要達成的近期改革目標，完全沒有任何一項兌現。

這一個涉及到司法院定位攸關的第一階段改革（所謂「一元多軌制」），特別是將司法院內完成設置憲法法庭、民事訴訟庭、刑事訴訟庭及行政訴訟庭的改制，以便將十三名至十五名的大法官分別掌控這些審判庭，以完成司法院的「最高法院化」任務。但這段期間也應當將所有最高法院、最高行政法院、行政院公懲會等的法官、評事、職權、積案……，加以調整分配。卻沒有法律可以依據，而形同紙上作業。故整個司法院的改制，便不可能如期的在三年後民國九十九年十二月三十一日完成。民國八十八年樂觀召集並籌議之在民國九十九年底前完成「一元單軌制」的司法改革終極目標，在一○○年元旦到達時，不僅此「遠程改革目標」，即連「初期改革目標」都沒邁出一步，而繳出了白卷！

在馬總統民國九十七年五月重新籌組多數政府，各方期盼馬總統重開一次司法改革會議，但朝野無法獲得共識，直至馬英九總統任期屆滿最後一年的司法院組織法修正時 (104.02.04)，司法院的組織只有皮毛性質之修正，司法改革的雄偉企圖，幾乎已

---

❻ 本號解釋本是監察院針對司法院及法務部在無法律授權下發布「法院辦理刑事訴訟案件應行注意事項」及「檢察機關辦理刑事被告具保責付辦法」等，涉及侵犯人民權利是否違憲所作，卻在解釋文最後植入「司法院應在二年內改制」的決議，引起外界有「訴外裁判」之批評，黃越欽大法官的不同意見書中也認為乃「未正面針對釋憲聲請，只是避重就輕，本末倒置」。對於本號解釋的批評亦可參見李仁淼，由日本「客觀訴訟」與司法權觀念之論爭，反思我國司法院定位之問題，刊載：當代公法新論（上），翁岳生教授七秩誕辰祝壽論文集，2000年，第 956 頁以下。陳愛娥教授也指釋字第 530 號解釋為訴外裁判，對憲法第 77 條之解釋之推論出之修法要求，並無法規範上的拘束力。見違憲審查與司法政策的關係，刊載：法治與現代行政法學——法治斌教授紀念文集，第 161 頁；蘇永欽教授更指摘了本號解釋是一個「錯誤」的解釋，並指出了本號解釋有六大缺點：「文義上容許兩種定位」、「違反史實的歷史解釋」、「夾纏不清的目的解釋」、「大題小作的輕率解釋」、「破壞分權的危險解釋」以及「反而不利於審判獨立」。參閱氏著，憲法解釋方法上的錯誤示範——輕描淡寫改變了整個司法體制的第 530 號解釋，刊載：走入新世界的憲政主義，2002 年，第 369 頁以下。

消失無蹤 ❼。

3. 蔡英文總統時代的司法改革會議——民國一〇六年七月

　　似乎每位總統就職後都要轟轟烈烈地進行司法改革會議，蔡英文總統於民國一〇五年五月就職後，於當年十一月召開此會議，並且號稱「邀集全國各界代表」，並於民國一〇六年七月公布此一全國司改會議的結論。

　　此次會議結論有關司法院部分，作出十二項結論，除了針對民事刑事及行政訴訟進行訴訟程序的改進，俾能實現金字塔型訴訟程序；也積極研議成立「人民參與審判法」；建立裁判憲法審查等較具有司法制度改革的重要性外，對於司法院組織的定位與改造方面，則並未置喙。其中雖然有提出所謂達成「金字塔訴訟制度」，也只是民、刑、行政訴訟的程序進行改革，而非在法院組織的層級上作任何制度上的更動——這正是民國八十八年司法改革以及大法官釋字第 530 號解釋的重點所在——。

　　由於此次會議的代表性人選，多半是具執政黨色彩取向為主，故普遍認為未必具有妥適的公正性，以致所提出的若干建議，頗匪夷所思，具體的一例，莫過於主張將終審法院法官的選任權，交由總統圈選、任命，所謂「達成任命過程的多元化與民主化」。此議立刻引起法界譁然，認為將引入政治力進入司法最終審領域，嚴重破壞我國司法公正性。無怪乎，輿論大反彈一起，司法會議立刻打消此議。

　　另外，本次會議一再強調制定的人民參與審判法應有重要性與急迫性，但終究卻未作出決議，只是要求司法院著手研擬草案與起訴狀一本等相關法案的配套修法，送交立法院審議，儘速讓「國民法官」走進法庭，且應在試行一段時間後，提出檢討報告，讓制度不斷精進。

　　然而對於是否應當採取歐美的陪審制？或是馬英九總統時代司法院曾在民國一〇〇年努力推行的「觀審制」，或是新型的「國民法官」？都沒有明確的決議。就此而言，司法院最後還是推翻努力數年的「觀審制」，提出自己新版的「國民法官」。民國一〇七年三月二十二日由司法院提出來的「國民參與刑事審判草案」，設立國民法官，讓七年以上徒刑之案件，每庭皆有六名國民法官與三名職業法官組成審判庭，且遠超過歐美陪審員的職權。

---

❼ 司法院組織法此次修正，已將以往最高法院、最高行政法院及公懲會設於司法院內之條文（第 7 條）刪除，司法院內只設置十五名大法官，各幕僚機構、法官學院及司法博物館，已和民國九十一年配合釋字第 530 號解釋所提出的司法院組織法草案，完全異其內容也。

　　此草案後來完成立法——國民法官法 (109.7.22)，延續民國一〇七年國民參審法的精神，由六名國民法官與三名職業法官組成審判庭，但條件嚴格規定為十年以上有期徒刑者方有國民法官參審機會。此立法引起了民間司法界嚴重反彈，認為應當實施陪審制為宜。由全國司改會對其認為此最急迫與重要議題的模糊定位，引起後續如此嚴重的負面評價，以及對於司法院組織長年的定位爭議並沒有提供任何的解決方案。

　　因此此次全國司法改革會議除了建立裁判憲法審查制度，隨後通過憲法訴訟法、廢止判例制度 (108.01.04) 較有正面意義外，其他的決議恐怕不免流為鏡花水月。

　　由李登輝總統以來，歷屆總統在就職競選以及就職後，莫不大聲疾呼要進行司法改革，挽回人民對司法效率以及司法判決公正性信心的流失。歷屆司法改革會議莫不提出宏偉的改革企圖，邀集參與人選也莫不標榜集合社會菁英及公正人士，兼具代表性與公正性，但是事實證明結果，每次會議的結論，都流於紙上談兵，後續法制改革都需要大規模的立法與修法的後續行為，來滿足這些對我國司法體制「傷筋動骨」的變革。但幾乎沒有任何一屆政府，有專心致志的督促立法機關的全力配合。因此歷屆的司法改革會議乃虎頭在先，蛇尾在後。沒有任何一個司法改革會議有獲得足以自傲的結果，所有司法改革淪為明日黃花。所謂的司法改革，純粹淪為歷任總統選舉的政治口號罷了。李登輝、馬英九總統是然，蔡英文總統亦然！這也顯示出我國的司法改革之議，如果不能真正的網羅社會公正，以及特別必須是對各國司法改革議題有專門研究者為主導，客觀與專業的為我國司法體制花上較長時間的專業研究與提出改革建議後，輔以各黨派拋棄黨派成見與意識形態，全力配合，否則再舉辦多次類似的司法改革會議，終究只是政治手段與口號而已。

　　司法改革如此，我國日後的修憲，亦何嘗不是如此乎？

貳、司法院之職權

　　討論司法院職權可先界定司法權之內涵。司法為在發生爭議時，代表國家適用憲法、法律及其他有拘束力之法規範，來做出裁決的權力。所以司法權即包括了裁判權及為執行職權所進行之法令解釋權等。各國憲法可以針對司法權內容作若干調整，但裁判解決爭議，則為司法顛撲不破之任務。司法院的職權問題即涉及了範圍問題。

一、司法權「不可分性」——軍事審判權的屬性問題

所謂司法權的「不可分性」也稱為司法權的「集中性」或「專屬性」。指國家的司法權集中在一個司法權體系之下，不由其他國家權力如立法與行政所得分享者。例如行政權中有科處制裁之權力者，若處以人民類似拘留的行政罰，就是侵犯司法不可分性；又如解釋總統之統帥權為得對軍人犯罪行使審判權時，亦屬之。因此，本原則係源自嚴格的權力分立原則，使司法權獨攬在司法機關之手中。另外，司法權的「不可分性」亦可稱為司法的「一元主義」，但後者亦常被狹義的認為是法院一元主義。所謂「法院一元主義」，是指國家僅設置一種法院——普通法院——承審所有的法律案件，包括民事、刑事與行政訴訟等，不另設行政法院。因此應該正確瞭解「司法一元主義」的意義。

憲法第七章「司法」是規範國家司法權的憲法專章。本章之外亦有部分條文涉及司法者，例如第 9 條規定人民有不受軍事審判之權，該條文僅有補充，而非排斥之效力！我國的司法院及所屬各級法院為行使司法權之專責機關，司法權即分散由各級法院法官行使，該些上下層級不等之法院，僅有審級上的關係，而無組織與行政上的層級性，不似立法與行政權之由中央以至於地方，皆有統一的中央與地方機關。因之，我國的司法院成為最高司法機關，在其體系下成立各級法院來行使審判權。然而，司法權一元主義未在我國實施憲政後現實的法體系中徹底實踐，主要的癥結在於對軍事審判權的歸屬問題，這將軍事審判權排除在司法院掌控的司法權體系外，將會割裂憲法所賦予司法權統一性的體系，故應該對此審判體系的定位加以探究。

㈠軍事審判權的審判對象

在本書第二十五節參處之「軍事審判訴訟權」的部分已經約略提及軍事審判權的歸屬。憲法第 9 條規定人民除現役軍人不受軍事審判。此項規定之保障主體為人民而非現役軍人，因此人民有絕對不受軍事審判的權利，不得以特別法，如戒嚴法(38.01.14) 第 8、9 條之規定而受影響。此在本書第十三節貳一處已明白提及人民這種權利乃「絕對保障」之人權也！

即便是現役軍人犯罪，依憲法第 9 條之規定，可以（但不必一定）接受軍事審判之追訴審判，惟其刑度究較一般刑事審判權來得嚴峻。因此基於「比例原則」，現役軍人的犯罪唯有在必要的情況下，例如維持軍隊紀律之絕對必要時，方有接受軍事審判

之義務，這是軍人可援引憲法第 23 條的保障！準此，依國家安全法 (81.08.01) 第 8 條
2 項之規定，軍人所犯為陸海空軍刑法及其特別法以外之罪，而屬刑法第 61 條所列各
罪者，則不受軍法機關之追訴審判。按刑法第 61 條之規定係指輕微案件，且必要時得
免除其刑，所以人民不因具有軍人身分就必須接受軍事審判，是為正確的立法。

軍人可接受軍事審判，是基於軍人為國家武力之掌有者，有保國衛民的重要任務，
必須承擔較為嚴格的紀律要求與法律責任，接受軍事審判的義務。從字面上以觀，除
了在程序法上接受軍事審判程序的追訴審判；亦包括在實體法由陸海空軍刑法與戰時
軍律等特別法，構成其負有特別法上之權利義務關係。在憲法學上，是以人權保障的
觀點來討論軍人的軍事審判權問題，不宜專就追訴審判之程序法立場，而應兼及特別
的實體法觀點立論。

㈡我國軍事審判權的制度

我國憲法第 9 條僅規定人民非現役軍人外，不受軍事審判，已為軍事審判制度留
下了立法的空間。但是軍法審判是否應歸司法院掌握？由於憲法第 77 條並未明白規
定，因此，有認為軍事審判權係獨立於國家司法權之外，且憲法既未明定其歸屬，遂
有軍事審判權源於「統帥權」之說 ❽。

我國軍事審判法以在民國八十八年十月二日公布大幅度修正的現行法為界，可以
分為「舊制」與「新制」，可分別敘述如下：

1.民國八十八年十月前的舊制

舊制的軍事審判法 (56.12.14，以下簡稱「舊法」) 第 8 條以下之規定，平時由陸
軍獨立旅或師司令部或相等的軍事機關，可設置初級軍事審判機關。而軍事法庭依同
法第 25 條之規定，分設審判庭、覆判庭與非常審判庭，且採初審、覆判之程序。軍事
審判之軍事檢察官與軍事審判官雖有人身保障之規定（舊法第 18 條：軍法官非依法律
不得減俸、停職或免職，非得本人同意，不得調任軍法以外職務）。軍事法庭獨立行使
職權，不受任何干涉（舊法第 160 條）。但是目前的軍事審判機關係採「隸屬制」 ❾，

---

❽ 參閱陳樸生，軍事審判之共同性與特殊性㈠，軍法專刊，第七卷一期，民國五十一年，第 12 頁；王建今，論軍
　事審判權與司法審判權，刊載氏著，法學論文選集，民國七十五年，第 299 頁以下。而張知本先生早即認為軍
　事犯為刑事審判，亦為司法職權之一種，不應獨立於司法院職權範圍之外，故凡各軍法官所判之案件，均送最
　高法院複核（另設軍事庭專辦），始得執行。至軍法官之任用，則由各軍事機關保送司法院派充，其考績升職，
　應與普通司法官同。張知本先生在行憲後不久的真知灼見，令人佩服。見氏著，行憲與司法制度，刊載張知本
　先生言論選集，第 146、147 頁。我國在五〇年代才將軍事審判改革，魄力仍不及張氏之一半也！

以各級司令部或與其同等之軍事機關為軍事審判機關，使得軍法單位成為有審判權之司令部或軍事機關的幕僚單位（如上述的獨立旅、師司令部）。因此，所有軍法官縱有職位保障、獨立行使之法定職權，但終究是部隊長之幕僚，極易受部隊長意志之左右，甚或偏向其立場。特別明顯的是，依舊法第 133 條 1 項之規定，軍事審判之判決，由該管軍事審判機關長官核定後宣示或送達之。同條第 3、4 項復規定，核定判決時，如認判決不當或違背法令，應發交覆議，不得逕為變更。原判決之核定發交覆議，以一次為限。覆議結果，不論變更或維持原判決，應照覆議後之判決，予以核定。由上述三項規定，並輔以平時之獎懲或考績的人事評判權，司令官對軍事審判發揮實質上之影響力極為深遠矣。若軍事長官對法律之認識不正確，而期冀利用軍事審判作為維持軍紀之「威嚇性手段」時，就會導致軍法官違反比例原則的一律從重處斷，權力的濫用遂不可避免！因此，採行隸屬制的軍事審判權，對於保障軍人人權無疑的存有莫大的危險❿！

對於軍事審判之初審不服，可提起覆判。覆判庭依舊法第 29 條之規定，由高級與最高軍事審判機關組成。依舊法第 11 條之規定，國防部為最高軍事審判機關。因此，國防部取得最終審之權力。由我國軍事審判法建構的軍事審判制度可知，歸屬於行政院下的國防部亦分掌了國家的審判權力。此舉無疑是承認國家司法權力可分成「普通司法權」與「軍事司法權」；否則便是承認軍事審判權屬於國防行政權或統帥權，而不屬於國家司法權。此種說法甚為不當，尤以後者為甚（同見釋字第 624 號解釋）！蓋軍人依軍事審判程序而受有罪之判決及執行，難謂非基於國家司法權所加之制裁。且軍事審判本質上是屬於刑事案件，或是「特別刑事案件」，不該逸出憲法第 77 條的「刑事訴訟審判」之範疇。故軍事審判應回歸司法院之體系，使國家之司法權能維持一元化之完整性⓫。目前，將獨立於司法院外的軍事審判權冠上「統帥權」說，無法從我國憲法上尋得依據，也是不當擴充憲法第 36 條與第四章中對總統職權的明文規定。司

---

❾ 相對於「隸屬制」乃所謂的「地區制」，軍事法院比照國家地區法院之設置，分區設立軍事法院。其審判權及於轄區所有軍人，不論軍種。可避免法官與部隊長之間因存有隸屬關係所為之不當干預，比起隸屬制較為妥當。

❿ 參閱蔡新毅，法治國家與軍事審判，台北永然出版社，民國八十三年，第 295 頁以下。

⓫ 參閱張知本，行憲與司法制度，中國憲法學會編，刊載：張知本先生言論選集，民國四十九年，第 147 頁；史尚寬且引述日本戰前美濃部達吉的見解，認為軍事審判權仍為國家司法權，而非軍令權。故史尚寬亦認為我國軍事審判制度已由統帥權轉向司法權也。參見氏著：軍事審判之比較研究，刊載氏著：憲法論叢，民國六十二年，第 396 頁。

法院釋字第 262 號解釋，已指出監察院對軍人提出的彈劾案，仍應移送公務員懲戒委員會審議，此依據乃憲法第 77 條所規定之司法院掌理公務員之懲戒。同理，軍人的民事訴訟，不論因普通民事訴訟或民事特別法（如軍人婚姻條例）而生之訴訟，均受司法院的管轄，行政訴訟亦然。何以司法院擁有的「訴訟獨占權」(Rechtsprechungsmonopol)，獨獨排除軍人的刑事訴訟？故軍事法庭的制度應予廢止 ❷。

2.釋字 436 號解釋的里程碑

對於當時軍事審判制度是否違憲的問題，司法院做出了具有里程碑意義的釋字 436 號解釋，對軍事審判制度的部分違憲作出決定 ❸。本解釋肯定軍事審判制度雖可以法律另定，但仍屬國家刑罰權之一種，發動與運作必須符合正當法律程序之最低要求，包括獨立及公正之審判機關及程序及實施審檢分立的制度。大法官雖然仍未能有魄力的將平日的軍事法庭納入到普通法院體系之內，使得國家刑事權一元化，但也宣示，平時經終審軍事審判機關宣告有期徒刑以上之案件，應許被告直接向普通法院以判決違背法令為由，請求救濟。此號解釋公布後，軍事審判法即應作全盤的修正，新法遂在民國八十八年十月二日修正公布。

3.軍事審判法「新制」的內容

軍事審判法新制度有許多新的特點，例如：(1)軍事法庭改採地區制，廢止了隸屬制，使得部隊長判決核定權、覆議權及軍事法庭組成核定權皆廢止。但戰時得設置臨時法庭以應作戰的需要除外。(2)依據釋字 436 號解釋的精神，實施審檢分立，分別設置軍事法院、軍事檢察署，各自獨立行使職權。(3)各級軍事法院受軍法行政長官之監督，但不影響審判權之行使。(4)被告經終審軍法機關宣告有期徒刑以上之案件，可向普通法院提起上訴，故為三級三審。大幅度援引刑事審判法的規定，使軍事審判程序更趨完善，使軍事審判程序與刑事審判的嚴謹度差距拉小，當有助於保障軍人的訴訟權利。

以台灣幅員的狹小，普通法院分布甚廣，且軍事審判亦無須太多的專業知識，一般刑事法庭法官當足以勝任，故軍事審判法的制度可以逐漸取消，納入到一般司法體系之內。

---

❷ 德國、日本、瑞士、瑞典、奧地利已廢止獨立軍事法庭之制度，軍人犯罪由普通法院審判之。參閱拙著：軍中正義的最後防線，刊載拙著：軍事憲法論，第 317 頁。

❸ 筆者即代表本號解釋聲請人蘇煥智立委出席憲法法庭，擔任違憲派的主辯。

民國一〇二年七月間爆發陸軍士官洪仲丘遭凌虐致死案，引發社會共憤，二十五萬人走上街頭。立法院遂火速通過軍事審判法修正案 (102.08.06) 將平時軍人犯罪之審判與偵查全部移往普通法院及檢察署，依刑事訴訟法審理。在平時，司法一元主義終告實現（參見作者在釋字 704 號解釋不同意見書）。

二、司法院職權的種類

司法院依憲法第 77 條之規定，掌理民事、刑事、行政訴訟之審判及公務員懲戒等四大審判權。另依憲法第 78 條，享有憲法解釋與法令統一解釋權以及依增修條文，由大法官組成的憲法法庭亦可負責對於違憲政黨有宣告解散及總統、副總統的彈劾審議權。同時司法院享有自行編列預算之權。除大法官的職權將於第三十七節討論外，僅就憲法第 77 條所定之四種審判權及預算編列權，來予討論：

㈠審判權的種類

1.民事審判權

民事審判權是指普通法院依據民事訴訟法之規定，審理有關私權的爭議。同時法院的任務不僅是處理訴訟且及於非訟事件，例如法人的登記與監督、失蹤人財產的管理、監護、收養、繼承等（參見非訟事件法）。

2.刑事審判權

刑事審判權是國家對於犯罪之追訴為確定刑罰權之有無及其範圍之權力。刑罰權由國家所擁有，是人類社會從自力救濟的報復私刑轉變為國家公權力制裁的「公刑」制度。當個人、國家或社會之法律上受保障之利益遭侵害或有侵害的危險，且此侵害或危險具有相當的社會危險性，國家為保障此等法益之存在與社會秩序的穩定，必須強力的介入，以確定有無犯罪行為及施予制裁，發動國家刑罰權之檢察官與被告，皆成為對等當事人，由法院擔任中立客觀的仲裁者，立場如同在民事爭議中的法院。刑事審判是由各級法院刑事庭法官，依據刑事訴訟法規定所進行的訴訟程序，以決定被告有無違反國家的刑法或其他刑事特別法（懲治走私條例、槍砲彈藥刀械管制條例等）。刑事審判權應由國家常設的普通法院行使，若國家對於特別的犯罪或人民另行設置特別的法院以行使審判權，例如戰時或戰後之戰犯法庭，是屬於所謂的特別法庭 (Ausnahmegericht)，此種與法治國家理念不合的特別法庭，外國憲法有明文禁止者，例如德國威瑪憲法第 105 條與基本法第 101 條。這種所謂的特別法庭向為權宜性的措

施，亦有可能基於特殊的政治與立法理由，因此訴訟程序、法官的資格或證據的認定，均有權宜性的預設立場、且多採行速審速結。不得上訴政策。故刑事審判權應由國家常設法院與法官行使之，並講究訴訟程序之嚴整與公正，以免刑罰權之嚴屬性與權宜性侵害正義原則 ⓮ 。

　　至於刑事審判權的範圍如何？涉及刑事審判權的界限問題。要歸入法院所行使的刑事審判權之前提，須是系爭行為係刑事實體法所明文規定者。若立法者認該行為應受行政罰之制裁，亦即將該行為的合法性與否之裁決，並不完全交付在法院手中，亦可讓行政機關取得部分的決定權力，如此是否侵犯法院對於刑事案件專屬的審判權力？這個問題亦涉及立法者對於刑事政策的裁量權問題。對於具有社會危險性行為的規範可由立法者理智地考慮後，決定將之列入刑事審判或行政制裁的範圍；惟若超越「理智性要求」，例如將傷害、竊盜或詐欺等行為改為行政罰，即屬於侵犯了刑事審判權的範疇，而有違憲之虞 ⓯ 。

3.行政訴訟

　　行政訴訟是由行政法院保障人民的公法上權利，糾正違法行政行為，以解決公法上爭議的訴訟程序。因此，民事與刑事訴訟是以普通法院為審判機關，行政訴訟則以行政法院為審判機關。民事訴訟以私權的爭議為對象，刑事訴訟以國家刑罰權對個案人民有無行使及其範圍為對象，而行政訴訟則以行政權力有無違法侵犯人民權利為對象，且是人民行政救濟中的一環（參見本書第二十五節參二處）。

4.公務員懲戒

　　公務員的懲戒是為整肅公務員的紀律，對於公務員違犯行政上義務所科處的制裁措施。依公務員懲戒法（74.05.03，以下簡稱「本法」）第 2 條規定公務員有違法、廢弛職務或其他失職行為，皆應受懲戒。按公務員是國家經過特別選任與任命之人員，不論其是否執行公權力，皆需負擔特別之勤務義務與紀律要求（例如公務員服務法之諸多規定）。依本法第 9 條之規定，公務員之懲戒處分可分為撤職、休職、降級、減

⓮ 至於國家可能會因為某些案件的特殊性，以及法院專業分工的必要，得設立各種不同的法庭（法院），不視為憲法理念所禁止的特別法庭，惟必須透過立法方式成立之。例如成立家事法庭、少年事件處理庭等等。威瑪憲法在前述第 105 條處雖規定禁止設立特別法院，但卻明文規定得以法律之規定成立軍事法庭。所以軍事法庭即不屬於特種法院之範圍。

⓯ 這是德國聯邦憲法法院的見解，不僅損及刑事審判權，也侵犯國家的刑罰權，BVerfGE, 27.18. 參見：P. Badura, Staatsrecht, H. 20.

俸、記過、申誡等六種，而政務官僅得受撤職與申誡之處分。惟本法是專就文職公務員規範之懲戒法，至於武職公務員則另有陸海空軍懲罰法之規定。

除了九職等或相當於九職等以下之公務員有違法失職時，得逕由主管機關給予記過與申誡處分外（本法第 9 條 3 項），九職等以上之公務員如有違法失職時，應由其長官備文聲敘事由，連同證據送監察院審查。但對九職等或相當於九職等以下之公務員，除主管長官得逕予記過與申誡外之懲戒處分時，得逕送公務員懲戒委員會審議（本法第 19 條）。本法之此種設計，係將高階公務員（九職等以上）有違法失職情形時，先移送監察院，使國家之監察權能視其違法或失職情形而行使糾舉之權力，至於層級較低之公務員（九職等以下），則可逕由公務員懲戒委員會審議，或由主管長官行使較輕度之懲戒。

在此值得一提的是監察院所扮演的角色。各院、部、會長官，地方最高行政長官，或其他相當之主管長官，移送所屬九職等以上公務員至監察院審查，且監察院對該案審議結果做出糾舉案時，被糾舉人之主管長官，除在一個月內應依公務員懲戒法之規定予以處理，且得先予以停職或其他急速處分（見監察法第 21 條）。如通過彈劾案，則仍應送由公務員懲戒委員會審議。易言之，監察院儘管擁有監察權，但無懲戒權，其對違法失職公務員進行審議之作用，係相當於檢察官之於被告，僅有求刑而無判決之權。由於對公務員的懲戒已涉及到公務員服公職（如升遷）之權利、財產權以及榮譽等諸多限制，因此，必須慎重地論究其責任，庶幾符合法治國家的理念。

公務員懲戒委員會隸屬於司法院內，設有九名至十二名委員，享有依據法律，不分黨派，獨立審議公務員懲戒事件之權。依司法院釋字第 162 號解釋其地位同於憲法第 80 條之法官。公務員懲戒委員會組織法 (82.08.04) 第 7 條也有相同的規定。

公懲會既然負責所有公務員的懲戒事宜，包括法官在內。但鑑於社會對於公懲會審理法官之違法失職，容易淪為「自己人辦自己人」，以致於對法官懲戒多從輕處理。故民國一〇〇年六月十四日立法院三讀通過的法官法，已另行設置「職務法庭」，由公懲會委員長為審判長，另由四名遴選自各審級法院法官擔任陪席法官組成之合議庭，負責對法官的懲戒。

法官法這種職務法庭之制，將公懲會委員排除在擔任職務法庭的陪席法官之外，已將公懲會的職權加以縮小。既然法官的懲戒已非公懲會之職權，職務法庭即非隸屬在公務員懲戒委員會之下，而係隸屬在司法院之下，成為一個非固定、非常設機構，

而是「個案法庭」(ad hoc court)，遇有案件移送，方才召集審理之，也是屬於一種「任務編組式」的機構。如以法官為國家公務員之一，應當有一常設機關，以累積一定的辦案經驗、資訊收集與辦事幕僚人員。法官的懲戒機關仍應隸屬於公務員的懲戒機關之一。本書以為：宜於公務員懲戒委員會中成立法官懲戒法庭，陪席法官由公懲會委員及各審級法院法官遴選之委員各半組成，共同行使審議權。這種制度將較能保持公務員懲戒制度的完整性，也未削減公懲會及其委員的職權。

　　除了由公懲會所掌理的懲戒事宜外，另有所謂的懲處制度，此係依公務人員考績法 (79.12.28) 第 12 條規定所為之懲罰處分，包括免職、記大過、記過、申誡等。這種懲處措施，實際上已對公務員權利造成不利之後果，係類似懲戒措施，然卻不必經由公務員懲戒委員會為之，可說另闢公務員懲戒之門，故除了如申誡、記過等較輕微之處罰權，可由主管長官決定外，公務人員考績法其他的懲處權，例如記大過、免職等，恐已違反憲法第 77 條之規定 ❶❻。

　　司法院掌管上述的審判權限，具體的實施仍賴法律的規定。而上述司法院的職權也涉及到人民訴願及訴訟權（憲法第 16 條）的實現，因此，依司法院大法官釋字第 466 號解釋，訴訟救濟究應循普通訴訟程序抑或依行政訴訟程序為之，則由立法機關依職權衡酌訴訟案件之性質及既有訴訟制度之功能等而為設計。因此，立法院可以決定訴訟的案件性質、訴訟程序以及救濟制度等。例如我國在民國九十七年三月二十八日通過「智慧財產案件審理法」，並在同年七月一日成立「智慧財產法院」，將涉及智慧財產權的民事、刑事及行政案件集中審理，便是將以往分由三種審判法院的情形打破，俾使人民獲得更迅速的司法救濟。

　　在民國一〇九年前，由公懲會審理時，其委員依據法律不分黨派，獨立審議公務員懲戒事件，已由司法院釋字第 162 號解釋獲得確認。公務員懲戒委員會組織法第 7

---

❶❻ 關於此點，司法院釋字第 298 號解釋已認為憲法第 77 條雖規定公務員之懲戒屬司法院掌理事項，但此項懲戒「得視其性質於合理範圍內，以法律規定由其長官為之」。易言之，長官得依法律之規定取得對部屬之懲戒權。然而該號解釋的重點乃確定「足以改變公務員身分」或對公務員有「重大影響」之懲戒處分，受處分人得向司法機關聲請不服的救濟規定。這個在公法學上所盛行的「重要性理論」，雖然立意良好，但是許可長官依法律擁有懲戒權之規定，已變更憲法第 77 條賦予司法院對公務員懲戒的專屬權力，因此該號解釋有違反憲法之虞。另外，釋字第 491 號解釋已經對懲處制度進行嚴格檢討，但只在專案考績之授權明確性及程序正義上著手，對年度考績之懲處並未檢討其合憲性，是本釋字美中不足之處，顯見大法官仍未重視懲處制度妨害公務員權益的嚴重性。

條已明文賦予公懲會委員相當於憲法第 81 條的法官地位。法官法 (100.07.06) 第 2 條也明定公懲會委員為該法之法官。因此大法官在釋字第 396 號解釋認為公懲會即是司法機關，縱使公務員懲戒法雖未設通常上訴救濟制度，並不能謂為侵犯其憲法第 16 條所保障之訴訟權而有違憲。但本號解釋同時宣示：「懲戒處分影響憲法上人民服公職之權利，懲戒機關之成員既屬憲法上之法官，依憲法第 82 條及本院釋字第 162 號解釋意旨，則其機關應採法院之體制，且懲戒案件之審議，亦應本正當法律程序之原則，對被付懲戒人予以充分之程序保障，例如採取直接審理、言詞辯論、對審及辯護制度，並予以被付懲戒人最後陳述之機會等，以貫徹憲法第 16 條保障人民訴訟權之本旨。有關機關應就公務員懲戒機關之組織、名稱與懲戒程序，併予檢討修正。」即期待公懲會「法院組織化」，及公懲會審議「訴訟化」。

惟釋字第 396 號解釋公布後，本法亦未立即配合修正，但「公務員懲戒委員會審議懲戒案件應行注意事項」則於民國 88 年 12 月 17 日略作修正，將原本第 5 條 (83.06.06) 之規定「受理懲戒案件後，有通知被付懲戒人申辯之必要者，應迅速指定期間，命其提出申辯書或通知到場申辯」(此亦本法第 20 條第 1 項之條文規定)，增訂「被付懲戒人亦得委任律師一人偕同到場陳述意見」之規定。但即使有律師的協助，仍不屬於「言詞辯論」，蓋未有與移送機關對質辯論之機會也，也未改善被付懲戒者的證據調查請求權。故大致上仍不能符合「正當法律程序」之原則。

公務員懲戒委員會組織法遲至民國一〇四年五月六日修正公布時，才於第 22 條規定：「本法未規定者，準用法院組織法及其他有關法律之規定」，落實幾近 20 年前作出的釋字第 396 號解釋之意旨。然而仍然只有一審級的審理，同時在程序方面也過於簡陋，不足符合法律救濟程序的正當性。在引起了各界廣泛地批評後，終於立法院在一〇九年五月二十二日一口氣三讀通過了本法的修正案以及懲戒法院組織法兩個法律。後者則是將公務員懲戒委員會組織法廢棄，改為懲戒法院，同時引進二級審，將懲戒審議予以法庭化，俾能充分落實釋字第 396 號的精神。

(二)預算獨立編列權

民國八十六年修憲條文第 5 條 6 項規定司法院的提出之年度司法概算，行政院不得刪減，但得加註意見，編入中央政府總預算案，送立法院審議。這個新增規定使得司法院得享有獨立的預算編列權，可以針對司法院的需要而彈性編列，不再受制於行政院，可以有效維持司法院的獨立性及尊嚴。不過，基於行政院有權衡國家財政收支

的權責，對於司法院所提的司法預算，雖不能刪減，但究竟行政院與立法院的互動關係遠超過司法院之與立法院，故行政院對司法院的預算編列只要加上其意見，當不難影響立法院。但無論如何此條文顯示司法獨立可藉預算獨立的提出來進一步的保障，值得吾人贊同。

司法院有獨立編列預算權，行政院只能加註意見，不能刪減，能刪減者只能是立法院。但大法官在釋字第 601 號解釋更進一步宣示：關於法官（包括大法官、司法院院長及副院長在內）俸給的預算，立法院不能以任何理由、方式來刪減。易言之，除非立法院以通過法律之方式刪減法官之俸給外，不能藉預算的審議來刪減法官之待遇，即使國家因財政困難，必須對全國公務員減薪以渡難關，依釋字第 601 號解釋之意旨，亦不許可刪減法官之待遇。

惟法官法第 71 條 3 項已規定，法官得依行政院對全國公務人員各種加給年度通案調整時，一併依通案調幅調整之，即可使法官與全國公務員「共體時艱」，或「共享榮景」矣！

第三十六節　法　官

憲法第 80 條規定法官須超出黨派以外，依據法律獨立審判，不受任何干涉；是為法官的地位規定。第 81 條規定法官為終身職，非受刑事或懲戒處分或禁治產之宣告，不得免職。非依法律，不得停職、轉任或減俸；是為法官的身分保障。憲法以此兩項條文保障法官職務運作的原則（司法獨立），以及法官的身分保障問題。因此本節即分別以此兩條規定來予討論。

為保障及規範法官行使職權，身分及權益的法官法，已於民國一○○年六月十四日公布，大多數條文將於一年後實施。故法官法之規定，亦將予以探討。

壹、法官的地位

一、司法獨立的意義

㈠法官獨立審判

憲法第 80 條規定法官依法律獨立審判，不受任何干涉，即揭櫫所謂的「司法獨立」的理念。憲法不在第 77 條規定司法院行使職權應具有獨立性，而在第 80 條規定法官獨立審判的權利與義務。反證出我國憲法未將司法院定位為「最高法院式」的審判機關；否則司法院既已為最高法院，則憲法第 80 條之規定，即可移入第 77 條。

憲法第 80 條將法官獨立審判之規定，視為司法獨立理念的實現，已符合世界民主國家憲法所保障司法獨立理念。憲法所稱法官獨立審判之意義並不針對「個別」的法官，亦即此所謂的法官，係等於「法院」而言，故法官獨立審判意指法院獨立審判。蓋法官不可脫離法院而為審判，國家司法權亦非直接交付於個別法官之手中，而係賦予法院行使之，且由法院的主要組成分子——法官——承受此審判權之付託。因此法官獨立審判，而不言及法院獨立審判，將失去司法獨立的意義❶。不過，法官行使審判權是以個別，或數人組成合議庭行使審判權，因此法官必須依憑良知與法律見解為裁判；且國家對於法律適用爭議的決定權限交給本於個人意志決定的法官，表彰國家意志與「法官意志」得以實踐。同時，司法權既是行政權與立法權在個案「最終」的

---

❶ 這是德國聯邦憲法法院對司法獨立的見解。BVerfGE 18, 241, 254; 26, 186, 194; A. Katz, Staatsrecht, 7. Aufl., Rdnr. 514.

體現，所以國家司法權獨立的重要性，端賴個別的法官在個案裡的判斷。是以司法獨立制度恆與法官獨立審判的制度融合在一起，即基於此。

㈡法官的監督問題

法官獨立審判，不受任何的干涉，係指法官審判完全依據一己的良知與對法令的理解而為裁判，不受任何指令的拘束。所謂法官會受到「指令」的拘束，除了指法官不遭到司法體系外其他國家機關（如行政機關）之「指示、命令」以及對法官無職務上下級隸屬關係的政黨（在法官是黨員的情況下）的拘束，此為當然之理，較無疑義外，主要問題的重點，在於來自法院的本身的指令。按法官亦屬國家特殊的公務員，同時亦不得拒絕履行審判等職務義務，在法院組織內作為組織內一員的法官，亦會有所謂的「職務監督」之制度及有遭受紀律懲戒的可能性，例如依法院組織法(97.06.11) 第 110、112 與第 113 條已規定對於法官監督與懲戒事宜（法官法第 20 條至22 條亦同）❷。但第 114 條則規定上述監督不影響審判權之行使，即為兼顧法官職務監督與獨立審判。法官法第 19 條則進一步規定：法官於其獨立審判不受影響之限度內，受職務監督。職務監督包括制止法官違法行使職權、糾正法官不當言行及督促法官依法迅速執行職務（第 1 項）。法官認為職務監督危及其審判獨立時，得請求職務法庭撤銷之（第 2 項）。

為此，司法院做出釋字第 530 號解釋承認對法官監督及懲戒制度的合憲性：「對法官之辦案績效、工作勤惰等以一定之客觀標準予以考查、或就法官審判職務以外之司法行政事務……行使監督權，均未涉審判核心範圍，亦無妨害審判獨立問題」。

另在釋字第 539 號解釋也云：「凡足以影響因法官身分及其所應享有權利或法律上利益之人事行政行為，固須依據法律始得為之，且不以憲法上揭明定為限，惟若未涉及法官身分及其權益之行為，於不違反審判獨立原則範圍內，尚非不得以司法行政監督權而為合理之措施」。這兩號解釋都承認司法行政措施不能侵犯到審判權力之「核心原則」，也就是不能干涉到個案的審判權限也。

---

❷ 本法第 110 條規定各級法院的「行政監督」歸屬，例如司法院長監督各級法院及分院，最高法院院長監督該法院；地方法院院長監督該院及分院。第 112 條規定，有監督權者對被監督之人員，得為下列處分：⑴關於職務上之事項，得發命令使之注意；⑵有廢弛職務，侵越權限或行為不檢者，加以警告。第 113 條規定，有第 112條之情形，情節嚴重或警告不聽者，得依公務員懲戒法處理。由上述條文是歸在同法第十一章的「司法行政之監督」章，可見其非「審判監督」至明矣！

法官法第 49 條第 2 項特別規定：適用法律之見解，不得據為法官懲戒之事由。亦為保障法官獨立審判之良法也。

㈢判決的送閱制度

法官獨立審判制度的設計乃是防止國家行政權力的干涉審判，而另一種影響法官獨立審判的行政權來源則是來自法院的行政權，亦即法院上級的職務監督。最明顯的例子莫過於要求法官為裁判前必須經過某種「認定」或「批准」的程序。例如我國曾經實施的法官判決的「送閱制度」。司法院曾經頒布一個「判決審閱規定」，規定所有的法官在判決書狀完成後，皆應送庭長與院長審閱後，方得成為正式判決，送達當事人。此所謂的「事前送閱」制度侵犯法官的獨立審判權甚鉅，引起各界嚴厲的抨擊。司法院遂於民國七十六年起廢止合議庭與實任法官「事前」（判決前）的送閱制度，但對獨任制之候補法官則仍維持此送閱制度，例如依候補法官辦案書類審查要點 (94.10.18) 第 2 點規定：候補法官依獨任制審判製作之裁判書原本，應於宣示後法定交付原本期間內，檢同卷證送達庭長、院長審閱。其裁判書原本不宣示者，應於製作完成時，檢同卷證，送庭長、院長審閱。第 4、5 條規定，院長如有意見，可將意見填載於書面表後，送還原辦法官研究，以一次為限。

㈣辦案的期限問題

對於法官審判定有所謂的「期限性」，會否侵及法官的獨立性？首先，吾人須強調：法官的審判職務不僅是行使國家的司法公權力，也是一種「義務」。

憲法第 16 條保障人民有訴訟權利，也包括獲得正當法律程序救濟之權利。這個法律程序的正當性，不僅是踐履各種形式程序規定，也包括行使公權力者應有迅速、積極行為之義務，使人民享有「迅速」獲得法院裁判的權利，避免人民因為長期纏訟而造成精神上的痛苦與損失。特別是在刑事訴訟方面——此亦孔子的名言「訟則凶」之寫照。因此外國憲法已經將「迅速審判」列為訴訟基本權利之一，不過多在刑事訴訟方面。例如美國憲法修正案第 6 條 1 款與日本憲法第 37 條 1 項即為其例。

不僅在刑事訴訟，在行政訴訟與民事訴訟案件方面，亦應適用此一原則。例如歐洲人權公約 (1950.11.04) 第 6 條 1 項便不分民、刑訴訟，均規定人民有迅速獲得裁判的權利。我國憲法雖未明示此原則，但在實務上則已見諸實現。例如司法院早即公布「各級法院辦案期限規則」(69.11.03)，分別對民、刑、少年事件及非訟事件訂定辦案的期限。依照該現行規定（各級法院辦案期限實施要點）(110.05.31)：例如對於民刑

事簡易程序第一審審判案件（十個月）；民刑事通常程序第一審審判案件及民事執行事件（一年四個月）；受矚目案件（二年）；交通聲明異議案件（八個月），交通抗告案件（六個月）；社會秩序維護法案件（三個月）；民刑事第二審審判案件（二年）；民刑事第三審審判案件（一年），其行言詞辯論者（一年四個月）等。至於行政訴訟事件則更明確，依行政法院組織法 (109.06.10) 第 46 條規定，行政訴訟之裁判應規定期限，其期限由司法院定之。司法院因而制定「高等行政法院及最高行政法院辦案期限規則」(109.06.30)，例如第 4 條規定訴訟事件自分庭之日起，通常訴訟程序應於一年六個月、最高行政法院之上訴事件應於九個月、抗告及聲請或聲明事件應於五個月審理終結。逾期未終結者，由各級行政法院院長通知法官及庭長注意改進。這種屬於督促法官辦案的期限規定，係督促法官注意其審判的法定義務，因此屬於正當的法官職務監督權的行使。外國的立法例如德國法官法 (1984)，司法院釋字第 530 號解釋更是明白承認其合憲性。第 8 條亦許可這種督促辦案的職務監督權❸。

二、法官之「超出黨派」

㈠法官的「政治中立」

　　憲法第 80 條明定法官須「超出黨派」，係指法官的「政治中立」而言。此與法官的「不受任何干涉」所指狹義的獨立性，共同構成廣義的「司法獨立」之概念。

　　憲法規定法官「須超出黨派以外，依據法律獨立審判」不獨見於第 80 條，亦見諸於第 88 條對考試委員之規定。此所謂黨派係指政黨而言，除法官在行使職權時不得因當事人的黨派隸屬、政黨觀念之不同，而有差別待遇；亦不能以任何黨派的政見作為考慮的因素，亦即法官在行使職權，不得對當事人或系爭案件摻雜任何政黨的因素在內。但是除法官的超出黨派義務外，更應進一步探討法官加入政黨之問題。

㈡法官加入政黨的問題

1.反對說

　　認為法官不應為加入政黨者，認為加入政黨的法官不免受到黨紀的約束，且象徵法官認同黨的價值理念；倘若該政黨是具有某種強烈信念（例如左翼、右翼政黨）而積極宣揚其政見者，則身為其黨員的法官自會受其文宣所散布之訊息的影響。同時，

---

❸ 依該條規定：院長或庭長審核第四條之催辦通知或第六條之遲延事件月報表時，如發現事件有無故或藉故拖延不結情形，應即督促妥速辦結。

法官可能因參加政黨活動而受人情的包圍。所以法官加入政黨對於其日後承審案件時的主觀上，必受到所屬政黨理念與價值判斷潛移默化的相當的影響；在客觀上，也會引起當事人或社會對其是否真正保持中立；特別是在承審高度政治性的案件時，產生質疑，司法的公信力即隨之喪失。

2.贊成說

贊成法官可加入政黨者，在德國學界為通說。其理由如下：

(1)以保障公務員結社權的觀點：憲法僅規定法官須超出黨派之外，並未明示法官不得加入政黨，反之憲法即應明定法官不得為政黨黨員——例如義大利憲法 (1947) 第 98 條 3 項、土耳其憲法 (1961) 第 119 條與希臘憲法 (1975) 第 29 條 3 項，皆規定可立法禁止法官或其他公職人員入黨——因此，法官亦有參加政黨之權利；亦不得引用憲法第 23 條予以立法限制。

(2)以保障公務員參政權的觀點：法官雖已是人民應考試、服公職權利的體現，然而人民服公職的權利當不僅止於任法官一途而已，更應包括參與選舉，或是因政黨政治而擔任政務官。若法官有志於日後擔任民意代表或是須透過政治運作而獲致的職位——我國大法官的資格中即有二項與政治資歷有關；與國外某些須經過選舉，或是由國會任命所產生的法官——則法官與政黨的接觸與關連，不僅不可避免，更為必要之舉。為保障法官的從政權利，與其任諸法官與政黨暗中「互通款曲」，還不如光明正大地承認法官可加入政黨，而以其加入政黨後的言行受社會的公評較佳。

(3)以禁止入黨的實效性觀點：如果僅以不許法官入黨來切斷法官可能受到的政黨理念、資訊、與人情上的影響，則僅為治標之策。蓋以今日崇尚新聞自由的風氣、資訊快速流通與傳播媒體多元化，法官實易從公開媒體獲得有關政黨的資訊。再者，法官即使不加入政黨，亦可在其他的社團（如社會聯誼社、同鄉會或同學會等）獲得發展其社交關係的機會，是否亦應禁止參與此類可能會招致「人情包袱」之活動？如此一來，法官豈非成為一個完全無人際關係的「遁世者」？這種治標的禁止入黨，豈會有實效性？

(4)憲法亦規定考試委員有「超越黨派」的義務，而考試委員的任命又是標準的政治運作的結果。是否，亦應一併規定考試委員不應入黨？同時依據憲法的理念，應該超越黨派利益以外執行職務的，理應包括國家的文官體制（德國威瑪憲法第 130 條 1 項即明文規定公務員為國民全體，而非為一個黨派服務，便是一例）；總統的職權（中

立權）以及憲法第 138 條規定國軍的超出黨派關係以外之效忠國家的義務。在法律的規定方面，依審計法 (61.05.01) 第 10 條規定審計人員亦有依法獨立行使審計職權之義務，所以是否亦應規定總統、各級文武公務員與審計人員皆應退出政黨？

(5)以健全政黨內部法治化的觀點：若法官不得加入政黨，對於政黨羅致具有法學素養人才的機會即少了甚多。此不僅在政黨所推舉從政的來源方面減少優秀的法律人才。而且在政黨的內部運作方面，例如黨內仲裁制度、黨規章的擬定與解釋、黨紀的執行等，都會造成莫大的影響。因此，在講求「黨內民主」的國家，例如德國，皆要求各政黨應該比照國家的司法制度，成立黨仲裁法庭，使政黨「司法化」，正需要黨內有法官及律師人才的投入，才可能使政黨不至於獨裁化，而成為「法治化」。因此法官加入政黨有使政黨提升與澄清品質的作用 ❹。

3.我國法官法採反對說

我國法官法第 15 條第 1 項即採反對說。該項規定：法官於任職期間不得參加政黨、政治團體及其活動，任職前已參加政黨、政治團體者，應退出之 ❺。違反者，則付個案評鑑及構成懲戒事由。

㈢法官政治行為的「節制原則」

由比較上述對於法官應否加入政黨的利弊分析，明顯的可以看出禁止法官加入政黨的理由，不如許可法官加入政黨者來得充分。然而無可諱言的是，如果法官並未遵守對所有公務員皆應遵守的「節制原則」 ❻，以及其所參與的政黨係具有強烈的信念與價值觀，或是成為該政黨黨員需經過嚴格的審核程序，方得加入時，則不可避免的由此種身分的法官承審具有政治性質的案件，其公正性即足令人質疑。尤其是我國法律中目前有不少可罰行為會涉及高度的政治性，例如刑法的內亂罪與外患罪、涉及政治人物的妨害名譽，關於選舉所生的選舉訴訟及涉及行政權運作的行政訴訟等，都可

---

❹ 有關德國政黨內部仲裁法庭的制度，依德國政黨法 (1994) 第 14 條 1 項之規定，各政黨皆應成立至少兩個審級的仲裁法庭。且獨立行使其職權，不受指令的拘束。目前德國各政黨皆設立三級審的仲裁法庭制度，已經極為類似國家的三級審訴訟制度。參見拙著：政黨內部的民主制度，刊載：基本權利（下冊），第 240 頁以下。

❺ 司法院於七十七年八月三日通函規定具有黨籍的法官於自填公務人員履歷表時，不必填寫政黨欄。作為法官與政黨關連「疏離」的第一步。司法院再於八十一年四月十四日再次發函各級法院規定各級法官不得於任職期間參加政黨活動，以貫徹憲法第 80 條法官超出黨派以外之精神。另外，司法院公布的「法官守則」(88.12.18) 第 5 條重申斯旨，也進一步規定：不得從事足以影響獨立審判或與法官倫理、尊嚴不相容之事務或活動。

❻ 關於公務員參與政治行為應該保守、節制以獲得人民對其日後執行公務時，仍會保持「行政中立」的信心不致動搖。關於此義務的內容，請參閱拙著：論公務員的忠誠義務，刊載：基本權利（下冊），第 178 頁以下。

能貽當事人以懷疑法官中立性的口實。因此應該加強法官的「節制原則」義務，且尤甚一般的公務員。故法官既不得參加政黨活動，亦不得為任何激烈的言詞，才不會有令他人日後懷疑其會喪失中立的「積極性」❼。所以依我國社會的民情，恐採德國模式則不切實際。此即法官法第 15 條禁止法官入黨之理由也。在具體的訴訟時，雖不能逕以法官有政黨偏向為由，即許可當事人以法官有偏頗為虞，請求依民事訴訟法 (79.08.20) 第 33 條 1 項 2 款，或刑事訴訟法 (79.08.03) 第 18 條 2 款的規定，聲請法官迴避，須仍有其他的明確證據，例如違反前項的政治節制原則，方得許可當事人聲請之。此亦對法官地位的尊重也！

　　法官法第 15 條第 2 項且規定，法官如欲參與選舉，須於定期選舉前一年辭去法官職務，亦係表示有與政治「絕緣」之意義也。

三、法官審判的依據

　　憲法第 80 條明定法官依據法律獨立審判，不受其他的干涉。易言之，法官僅受「法律」的拘束而已，而依憲法第 170 條的規定，「本憲法所稱之法律，謂經立法院通過總統公布的法律。」因此，以憲法此兩項規定關連，無疑的法官僅有接受狹義法律之義務。

　　然而在一個法治國家，構成國家法秩序的法源中，法官依法審判是否僅遵守狹義的法律，而不及於其他法源之拘束，頗值討論。其中最值申論者乃法官適用憲法、行政命令與判決先例的問題：

㈠法官直接適用憲法的問題

　　憲法能否直接為法官所援用，作為判決的主要依據。這種適用憲法的情形有二：一是在沒有實體法的前提下，法官直接引用憲法的規定；二是法官援引憲法以拒絕適用一個與憲法牴觸的實體法律。

　　前者的情形，基本上應持否定的立場，主要的理由乃在於「權力分立」的原則，司法權屬於執行權的一種，與行政權同。皆必須受到立法權的拘束，因此許可法官對一個尚未形成立法意志的事務，逕由法官決定之，即形成司法意志超越立法意志，且逾越司法權的界限。特別是憲法基本國策內有許多屬於方針條款及立法委託之事項（詳

---

❼ 可參見陳新民，由「法官不語」是否為拉丁法諺的法官守則論法官的言論自由權及界線，刊載：台大法學論叢第 47 卷 4 期，2018 年 12 月。

見本書第四十五節參二）部分尚待立法者以積極的行為，方得使憲法的規範得以具體化。因此，倘由法官以個案的見解，取代立法者的整體性規範，恐亦破壞法律的「安定性原則」。因此，法官在無法律依據的情形下，不能允許直接「法官造法」。

然而，若是法律對某一事項的判斷標準，不論有無明確，法官在依法律獨立審判的原則下，自可以援引憲法規定的精神，來作為審判的論理依據。例如涉及婦女與兒童權益時，則可援引憲法第 156 條保護母性原則，來對兒童與婦女的權利加以特別保護。所以憲法的規定對於法官而言僅為「間接適用」——即透過一個法律的媒介——而非直接予以適用，例如司法院釋字第 365 號對民法第 1089 條的「父權條款」——父母對未成年子女權利行使的意見不一，依父之意思定之——以違反憲法的男女平等及增修條文第 10 條 6 項之消除歧視之意旨，而宣布違憲。可資參考。

在憲訴法實施後，終審判決若違反憲法規定，可聲請憲法法庭為違憲之判決，顯然憲法的規範意旨，將拘束各級法院。故第一、二審的法院在審理案件時，就必須遵守憲法所樹立的價值規範，判決如果沒有遵照憲法的精神，將可作為上訴的理由❽。

在後者的情況，依憲法第 171 條 1 項的規定，法律牴觸憲法者，無效。故無效的法律自不得作為法官審判的依據，從而法官拒絕遵守適用一個違憲的法律。惟憲法第 171 條 2 項，復規定法律與憲法有牴觸發生疑義時，由司法院解釋之。並未賦予個別的法官得擁有法律的「違憲審查權」，必須聲請大法官會議解釋之。

然而，憲法第 172 條的有無牴觸發生疑義時，得聲請解釋究竟係賦予何種層級的法院？任何法官在適用法律有此疑義時，得否向司法院提出解釋？憲法並未明白規定。

依憲法訴訟法第 55 條規定：各法院就其審理之案件，對裁決所應適用之法律位階法規範，依其合理確信，認為有違憲之虞，得聲請憲法法庭為違憲之判決。在此新制實施之前，依司法院大法官審理案件法 (82.02.03) 第 5 條 2 項之規定，僅許可最高法院或行政法院就其受理的案件所適用的法律或命令，確信有牴觸憲法疑義時，得以裁定停止訴訟程序，聲請大法官解釋。至於其他法院的法官即未擁有停止訴訟程序，必須違背其「法確信」及良知，「惡法亦法」地繼續依該有違憲之虞的法令為判決依據，這個規定雖有減輕大法官會議釋憲的數量壓力，但犧牲了司法正義，誠是利多於弊！

幸好司法院已做出釋字第 371 號解釋，確認各級法院都有權對所適用的法律「確

---

❽ 參見許宗力在民國一一〇年年司法院大法官年度學術研討會，所做的發言。

信」有違憲之虞時，得停止訴訟程序，並提起大法官解釋。因此，法官雖沒有拒絕適用一個自認有違憲之虞法律的義務，但依此號解釋，已經有了一個讓法官解除「違憲之惑」的釋憲管道，不失是為一個妥善的折衷辦法。

憲訴法第 55 條便是本於此號解釋所為的立法。該條文雖規定法官必須「依其合理確信」作為聲請法規違憲判決的要件，但是各級法院法官並非單純認為、或懷疑所適用之法律有違憲之虞，即可向大法官聲請釋憲。大法官釋字第 572 號解釋日後補充了「確信違憲」的要件，法官必須提出確信所適用法律違憲的具體理由方可提出釋憲。此部分可參見本書第三十七節憲法法庭的職權部分。

㈡法官適用行政命令的問題

所謂行政命令是指行政機關所制定的行政命令而言。這種由行政機關制定的法規種類甚多。其中有獲得法律明白授權者，例如各種法律的施行細則，或國家機關組織條例的處務規則；亦有未經法律授權而由各機關依其職權所頒布的法規，例如各機關依中央法規標準法 (93.05.19) 第 7 條所謂法定職權，制定之「職權命令」都可包括在廣義的行政命令的概念之內。

我國憲法第 172 條的命令，意義雖不明確，但解釋上即指此概念而言。至於狹義的行政命令，則專指行政機關由法律授權而為規範性的立法，例如各法的施行細則，或其他補充性的授權規定，例如關於法律的適用地點、施行日期及其他例外規定等，屬於「子法」的法規而言。亦稱為「行政立法」、「委任立法」或是「法規命令」。至於立法授權規範機關內部運作的立法權限，例如授權各機關制定處務規程，則不包括在狹義的行政命令（法規命令），而劃歸入無論需否法律明白授權，各機關本得依法定職權所頒布的「職權命令」範圍之內。隨著行政程序法於民國八十八年二月公布後，第四章第 150 條以下已對行政命令作為概念明確的區分後，應該已經很明確的得具有廣泛拘束力的法規命令（法律授權之命令）及不直接對外產生拘束力之內部規則——行政規則兩種。

依憲法第 170 條對法律明確的定義可知，以行政命令與法律的差別可導出法官沒有適用行政命令的義務。然而在解釋上對於對外有廣泛拘束力的法規命令是否當然的排除在此適用的範圍之外，即不無問題。蓋此「行政立法」乃立法授權的結果，且不違反立法者的意志，故法官得否違背此立法者的意志，而拒絕適用立法院「假手」行政權所制定的規範？此觀乎憲法第 172 條規定命令與憲法或法律牴觸者無效之規定可

知，我國憲法並非不許可一個既非違憲又不違反法律的命令，發揮效力。因此，對於一個命令只要未違反憲法或法律的規定，既有效力，則法官即無拒絕適用的餘地。司法院一貫的見解即持此論。如大法官釋字第 38 號解釋對於與憲法或法律不相牴觸的有效規章（行政命令），認為法官不得排斥不用。釋字第 137 號解釋則更進一步修正了釋字第 38 號見解：法官就各機關依其職掌所做有關法規釋示（此即非授權立法）之行政命令（釋令），固未可逕行排斥而不適用，但得依法律適當表示其合法之見解。如依此號解釋的意旨，法官既然得依法律表示合法適當之見解，自然在對行政命令的「合法性」懷疑時，可不予適用之。因為本號解釋乃規定法官有不可「逕自排斥」行政命令的義務，以適用行政命令為原則。一旦法官的「依法律合法且適當」的見解，發生認定該行政命令係違法的「例外」時，自可否認該行政命令的效力，所以是「附條件」的適用命令。

　　惟令人疑惑的是司法院釋字第 216 號解釋。本號解釋雖重申釋字第 137 號解釋，認定法官「固可以引用該行政命令，仍得依據法律適當之不同見解，並不受其拘束」。但第 216 號解釋更進一步宣示，「司法行政機關所發司法行政上之命令如涉及審判上之法律見解，僅供法官參考，法官於審判案件時，亦不受其拘束，惟如經法官於裁判上引用者，當事人即得依司法院大法官審理案件法第 4 條 1 項 2 款之規定聲請解釋。」本號解釋明白許可法官拒絕適用一個與法律有牴觸之虞的行政命令，而不論是由一般行政或司法行政機關所訂定。但須注意的是，此所謂的「司法行政上之命令」和釋字第 137 號所稱的「法規釋示的行政命令」（釋令），都是職權命令，本應只有拘束所屬機關及人員。而這種司法行政命令對法官，尤其是涉及到審判有關——例如對法律意見之解釋，在行政程序法已規定乃具有拘束內部下級機關及屬官性質、屬於統一解釋法令或認定事實行使裁量權基準的行政規則（第 159 條 2 項 2 款），自有拘束所屬人員之效力（第 161 條）。但法官不同一般行政官，是否法官當有遵從司法行政機關所頒布釋令之拘束？釋字第 216 號否認法官有適用該行政規則義務在先，後又認為一旦法官適用，才由當事人聲請釋憲，並未給予法官有對該行政命令合法性「釋疑」的途徑❾，解釋上應否定也。然而，實務上反是！大法官在釋字第 530 號解釋終於確認了最高司法行政機關得就審理事項有權發布規則，且就審理程序有關之細節、技術性事項為規

---

❾ 翁岳生，論法官之法規審查權，台大法學論叢，第二十四卷二期，民國八十四年，第 97 頁以下。

定，提供相關法令、有權解釋之資料或司法實務上的見解，作為所屬司法機關人員執行職務之依據。所以依上述解釋，法官由第 137 號及第 216 號解釋獲得可拒絕適用司法行政機關命令之依據，已排除司法院所頒布之命令矣！但其他行政機關之行政規則，自不拘束法官也。

另依過去司法院大法官審理案件法第 5 條 2 項的規定，人民得就最高法院或行政法院審理的案件所適用的法律及行政命令，有違憲與違法之虞，方得聲請大法官解釋。依前述釋字第 137 號解釋，准許各級法院法官僅就「法律」有違憲之虞時聲請釋憲，不及於行政命令是否有違法之虞的情形也。

這個邏輯頗有問題，既然釋字第 137 號解釋擴張了大審法第 5 條 2 項的聲明人範圍至各級法院法官，理應將該項的「聲請要件」（法律及命令違憲）一併移來，但卻分割一半，只移來聲請法律違憲。其理由為：法官對違憲之命令可以逕自拒絕，而無庸提起釋憲，形成該命令仍有效，只在該個案法官不採用也。如果另一個法院法官認為該命令合憲而適用之，即形成「一國兩制」，變成美國式的法律違憲審查制度[10]，只有在最終審法院的法官才有透過聲請釋憲，使該命令「完全失效」之權限也，這又和美國的違憲審查權不同也！這裡提到終審法官提出的命令違憲審查，此命令又包括了法規命令及行政規則（包括司法行政機關之行政規則），範圍極廣。所以，針對法規命令及司法行政機關之行政規則，法官皆須適用，而不應遽予拒絕。但對有無牴觸法律或憲法的疑慮時，應該准許法官提起釋憲或命令有無違背法律之機會。蓋命令牴觸法律應無效，也是憲法第 172 條之規定也[11]。

隨著憲法訴訟法第 55 條規定，法官提出法規範違憲審查的標的，只限於法律位階的法規範，故行政命令便不得作為釋憲的標的。如此一來法官唯有援引釋字第 137 號的立論，認為法官本即可對有違憲之虞的命令不予適用。因此，今後法官對於有違憲之虞的行政命令，必須勇於拒絕適用，才會符合憲訴法第 55 條與釋字第 137 號的意旨。

---

[10] 依大法官第 1153 次會議決議，只要法官對該命令有牴觸或法律之確信時，即可不予適用，而不能依釋字第 371 號提起釋憲，司法周刊，第一〇〇七期，民國八十九年十一月二十日。

[11] 有認為憲法第 171 條 2 項及第 173 條只規定法律與憲法牴觸無效，且由司法院解釋；反之命令與憲法牴觸無效（第 172 條）憲法第 173 條卻無規定由司法院解釋，可知命令違反法律或憲法，不必由司法院解釋也。吳大法官對此種解釋，謂此無異使「規範秩序留一缺口」也！參見吳庚，憲法之解釋與適用，第 366 頁。

(三)法官適用判決先例的問題

司法機關的判決先例，係指最高法院所做的「判例」(precedent) 而言。雖然廣義上司法院大法官的解釋亦屬基於司法權所做的判決，但其效力問題留待下文關於大法官的制度，再予討論。

所謂的判例是指本法院或上級法院對於類似案件所做的判決，使其判決的理由以及對於相關法令的見解能夠對日後法院審理類似案件產生實質的拘束力──所謂的「判例拘束理論」(doctrine of stare decisis)。這種利用判決先例以拘束後來法官的裁判權限，源於英美採行「普通法」(common law) 中盛行的「判例法」(case law system) 體系。採行這種制度的國家，對於社會秩序的規範不似實行大陸法系的國家盛行的「市民法」(civil law system)，所強調國家應該制定體系嚴整的法規，而是利用法院的判決來形成社會的「法感情」(Rechtsgefuehl)。因為法院是解決個人權利爭議的場所，所做的判決便會成為人們對於國家法律規範力的認知，所以對於一個法律的內容並非憑藉法學教授在法律著作中所為的邏輯性與文義上的闡釋，亦非靠著行政機關對法令所做的詮釋，而係仰賴法院對活生生個案所作之判決，以及所敘述的法理來形成之。並且，基於平等原則──相同的案件應有相同的對待──也形成其他法院或下級法院應該在同樣案件遵守判決先例的義務（司法自制原則）。

但這些判例雖然有拘束力，但這種拘束力並非僵硬、絕對及不可挑戰的。判例是提供法官參考之用，倘若法官有確信理由時，可以毅然拋棄判例之見解。也可彰顯出法官「不畏上級」，為良知及法律負責的精神！這正是憲法所珍惜的「司法品格」也。英美法系之法律文明之所以發展，必須歸功法官時時挑戰舊判例也。所以實行判例制之國家並不被「司法官僚化」的僵硬判例所拘束，應當不可誤會！

以國家的型態而言，實施大陸法系法的國家，例如歐陸的德國與法國等，恆致力法典制訂的周延性，藉此創造出舉國一致的法規範。所以由「事前」設想諸多待規範的可能性，而後進行一個精細的立法手續，得使國家的行政權與立法權產生密切的關連，司法權也趨向在立法所已設想的範圍內運作之，故這種形成國家法秩序的制度，容易使國家偏向中央集權式的政體。反之，而實施判例法的國家，特別是現在的美國與英國，亦制定有甚多的成文法典，但構成國家法規範的內容，仍透過個別的司法權對不同個案作「事後」的詮釋，因此判例即發揮規範性的功能；同時也會使國家的政體比較偏向地方分權的聯邦體制。

　　因此，在沿襲大陸法之司法體制的國家，大多強調法官僅有遵守法律的義務，並不承認判例的制度。而實施普通法的國家，雖然承認判例的拘束力，但也未形諸明文之規定。譬如英國與美國就未在任何法典中規定法官有遵守判例的義務。因此，在實施判例法的國家中，可說是產生「司法文化」的現象，並且在討論法律問題的方法論上採擷判例制度。就前者而言，法界習於尊重既有的判例見解，除非法官能舉出本案與判例有法理與事實上的差異性，以及提出令人信服的理論來「挑戰」判例繼續適用的正當價值；否則，極易為上級法院廢棄之，因之成為眾法官們所養成「不成文規定」之堅強確信。在後者而言，實施這種制度的國家，討論法律爭議問題時，習慣上是以研究判例的立場著手，藉此瞭解相關問題在法院實證上的見解為何，而不似實施市民法的國家係先研究相關法條的內容、制定動機、立法理由以及學術界的意見。易言之，先行尋求概念上的「模式」，而後方「套上」系爭問題。故由對系爭問題所使用的方法論，即可推知該國實行的制度了。

　　我國承認判例具有拘束力的法源基礎，係依法院組織法第 57 條 1 項及行政法院組織法第 57 條之規定：最高法院及最高行政法院之裁判，其所持法律見解，認有編為判例之必要者，應分別經由院長、庭長、法官組成會議決議後，報請司法院備查。因此，最高法院最高行政法院對於民、刑案件便可以制定判例。再者，實務上亦認與判例違背的判決構成得提起第三審上訴的違背法令之判決——如民事訴訟法第 467 條、刑事訴訟法第 378 條與 71 台上字第 314 號——。然而，由法院組織法來規定判例產生的制度，卻未同時規定判例的拘束力，在論理的完整性上，亦顯現重大的瑕疵；同時這種由最高法院決定判例，縱使明定其對其法官的拘束力時，顯然已對法官加諸憲法第 80 條所無之限制，已是明白的違憲。另外，儘管判例的產生能夠統一法律實務界的見解，然而各種案件都具有或多或少的差異性❶❷，同時隨著時代的迅速變遷，許多的判例亦應隨時加以檢討，方能維持其正確的拘束力。雖依法院組織法第 57 條 2 項之規定，最高法院變更一個判例的程序，係準用決定判例的程序，但我國最高法院實際上的運作，對判例的淘汰遠比增加來得慢。所以判例在內容上是否「仍合時宜」？恐令人懷疑也。

　　綜上所論，在實施大陸法的國家中僅有我國「折衷」的承認判例的拘束力❶❸，但

---

❶❷ 參見林子儀、許宗力及楊仁壽大法官在釋字第 576 號解釋共同提出之協同意見書中所表示：判例已超過個案事實，而具備類似抽象法規之性格。由於判例係不具直接民主正當性之法院對具體個案所表示之見解，故判例之拘束力亦不應超越基礎事實之類同者，否則即有違權力分立及獨立審判之原則。

法律基礎卻十分模糊。例如判例產生的程序以及為何能對法官產生拘束力、下級審法官若對之不服，有無救濟可能等，都沒有堅實的法律說服力。我國判例制度呈現出司法層級的「封建」性格，且判例制度形成第二套法律的實質，且因其更具體，也就產生更大的拘束力。也是實施判例法國家所未採行之方式，已無疑明白牴觸憲法第80條，判例制度之合憲性問題，應加以徹底檢討。本依憲法第80條及第170條，法官僅服從法律。大法官在第137號解釋既然認可法官可以排斥其所認為違反法律之行政命令，顯然「獨尊法官」之地位！現在連最高法院所取代立法者制定之法規範，卻反採「抑制法官」之立場，將最高法院的權威置於各行政機關之上，前後立場豈一貫乎？就以德國聯邦憲法法院為例，該法院所做的判決雖有類同法律對個案的拘束力，但和法律不同，無通案效力，也既不拘束立法機關日後的立法行為，同時對本憲法法院日後也無拘束力！

　　除了判例的拘束外，司法院本於規則制定權，就訴訟（或非訟）案件之審理程序有關技術性、細節性事項所制定之規則；以及提供之相關法令、有權解釋之資料或司法實務上之見解，作為所屬司法機關人員執行職務之依據，皆為法所許可。這個釋字第530號解釋之見解，進一步說明了法官必須接受司法院制定之規則及法律意見的拘束了！所以這些司法行政機關之規則及判例過度膨脹「法秩序一致性」之重要而以大幅壓縮法官獨立判斷法規範內容的空間，法官成為龐大的司法行政官僚體系之中的一員「僚屬」為代價！法官亦不得以判例違憲為由，提起釋憲。

　　本來我國憲法受到西方憲政思潮，希望每一位法官都是具高度法正義判斷力的獨立個體，似乎已經遭到剝奪殆盡。法官的獨立性淪為浪漫自由的遐思了！我國憲法「自由的法官主義」已消逝矣❶❹！

　　隨著立法院民國一〇八年十二月七日三讀通過法院組織法及行政法院組織法條文

---

❶❸ 關於判例的效力問題，可參閱蘇永欽：試論判決的法源性，刊載氏著：民法經濟法論文集(一)，民國七十七年，第33頁以下。

❶❹ 此觀諸大法官釋字第687號解釋聲請人（地院法官）於聲請釋憲書中所披陳「聲請人現身說法」——聲請人於擔任候補法官時，因挑戰判例之權威性，致遭審查委員於評審其書類時，予以「不及格」之評語，倘繼續持此態度，則有喪失法官身分之虞。該聲請法官且自承該聲請案乃五年前之案件，之所以延至今日才聲請釋憲，乃是「忍辱」，「顧全大局」，待獲得實任資格，享受憲法終身保障後，才遞出聲請書，還要承擔遲延案件之管考上不利益，心理壓力可知（見釋憲聲請書註27處）。故力陳判例制度已造成「法官內部獨立之困境」云云。本書的立論很遺憾的已在實務界獲得實例之驗證矣！而釋字第687號解釋仍駁回之，不許法官對判例有提起釋憲之權利也！

修正案，終於在終審法院新設大法庭制度來確保同一種法律爭議所適用的法院見解能有一致性，消除見解歧異，以求法秩序的同一性與可預測性。並且透過該法的修正，也明確宣告廢止了判例與決議制度。故判例已經失去了當然的拘束力，只是具有參考的價值。同時，原來選邊的判例，若無裁判全文可參考時，法官便不受拘束；反之若有全文可參考，則視同一般的裁判，法官理應參考之，如果要變更其見解，則需循大法庭的提案程序，由大法庭來統一此案件前後不同法院的見解。

所以判決判例的重要性，已大幅地降低。

貳、法官的身分保障

一、法官的範圍

憲法上法官的概念，可以分為狹義與廣義兩種。憲法第 80 條與第 81 條所稱之「法官」，係指：職司審判（包括依據法律獨立審判等制度在內）與終身保障之法官而言。此狹義之法官，除一般法院之法官外，依司法院釋字第 162 號解釋，也指明包括行政法院評事（法官）與公務員懲戒委員會委員在內。至於軍法官，也應當符合上述兩個狹義憲法意義法官之要件，故亦應屬之。

廣義的憲法法官概念，除了「職司審判」的要件應當具備外，只在身分保障上，未如狹義法官般周延。故司法院大法官，以及外國實行參審制之所謂的「國民法官」，亦可包括在內。

然而，依我國法官法第 2 條關於法官的範圍，包括大法官、公懲會委員及各級法院法官。並不包括軍法官。同時該法也將檢察官一併併入（第十章第 86 條以下），似乎已擴張法官範圍及於檢察官之上。法官法之規定，甚不妥適也。

爰以大法官、檢察官、軍法官及國民法官的制度，加以探究：

㈠司法院大法官

司法院最重要的組成是大法官。大法官的地位崇高、所掌的釋憲權又是司法權中最重要的一環，因此應該屬於憲法第 80 條所謂的法官，使大法官亦有超出黨派以外獨立行使職權及不受任何干涉的權利與義務。這種對於大法官行使職權的期待，洵為正確，但是將大法官比擬為一般法官納入憲法第 80 條的規範，亦應同時使其享受第 81 條的身分保障規定，然而便不得不考量下面幾點：

　　⑴我國憲法的本意：如依我國憲法第 79 條 2 項的規定，雖未明白規定大法官的終身職，且留諸法律定之（憲法第 82 條），但是由該條文對大法官的任務係行使憲法第 78 條所規定的解釋權，已和憲法第 80 條所賦予一般法官的責任為審判權不同。且大法官的任命，不免具有高度的政治意義和政治運作，與一般法官純為司法專業不同，故大法官依我國憲法相當明確的旨意，是和一般法官為不同的制度。

　　⑵司法院釋字的肯定：大法官在兩號釋字中也認為大法官屬於憲法上的法官。大法官在釋字第 585 號解釋中便以大法官職司憲法所定之解釋憲法、統一解釋法令，組成憲法法庭審理政黨違憲之事件，都是獨立行使憲法明文規定之上述司法核心範圍之權限，故為憲法之法官。這是大法官就其「功能說」所為之解釋。大法官在釋字第 601 號解釋，更是長篇大論的一再論證大法官亦為憲法上之法官。這個起因於立法院刪除了大法官「司法人員專業加給」所提起的釋憲案，是司法院大法官第一次對涉及自身薪俸「法制」所做的解釋❺，大法官認定其亦為憲法上之法官的理由可綜列如下：

　　第一，釋憲權是有拘束力之司法判斷，也是保障人民訴訟權之結果，屬國家裁判性之作用。

　　第二，各級法院法官在審判中可提起釋憲，法律經釋憲後可作為審判之依據，或作為再審及非常上訴之理由，故一般法官適用法律亦為憲法解釋作用一環，故大法官及一般法官都是此作用中「不同法院之職務分工」。

　　第三，大法官雖有任期與一般法官終身職不同，但此任期「亦是一種身分之保障」。

　　第四，大法官行使職權雖有以會議或組成法庭的不同，但都是以合議制依法受理案件之本質，而做成解釋和裁判只是名稱不同，具有同樣的拘束力。

　　第五，增修條文第 5 條 1 項之排除非法官擔任大法官者之終身職待遇之規定，更是肯定大法官是憲法上法官之證明。同樣的民國九十年修正司法院組織法第 5 條規定大法官任期屆滿未連任者，視同停止辦案之法官，亦是實證法上肯定大法官為憲法上

---

❺ 本案的產生乃是立法院為大法官作出釋字第 585 號解釋，宣告真調會條例大部分違憲，所為的報復性措施。立法院用這種方式表達不滿頗為粗糙。立法院當用理性態度釐清大法官制度若干不明之處，也可另行制定新版之真調會條例，釋字第 601 號解釋成為立法院與大法官隔空交火之解釋，誠為憾事！另本號解釋之所以是第一件涉及大法官薪俸「法制」的案件（本文之所以強調是「法制」，而不逕稱「案件」也是要避免大法官所一再澄清自己並無迴避的必要性所在，因本案乃涉及通案性質的薪俸「體制」，而非本案審理之大法官個人）。

法官之證明。

　　第六，大法官可組成憲法法庭審理政黨違憲及總統、副總統之彈劾案件，亦必具有法官之地位，方能對個案爭議作成有拘束力之司法判斷也。

　　大法官在釋字第601號解釋以上述理由證明大法官與一般法官只是職務分工，共同執行國家的司法權力，故應為憲法上之法官。

　　(3)我國大法官的任期本為九年，八十六年修憲改為八年，且不得連任，而非類似美國最高法院大法官的終身制，其目的是在使大法官的人選具有輪替性，讓具有新法學素養、專業知識的人士能有機會成為行使釋憲權的新血。同時，藉著提名期中改選（民國九十二年提名中有八名任期為四年），亦可使釋憲人選反映政黨民意的基礎，易言之，能讓新任總統提名新的大法官人選。因此大法官的任期制使得大法官沒有適用憲法第81條之餘地。同時，憲法第81條之目的旨在保障法官能夠勇於獨立審判，而使其自身的權益不遭到損害，這是對法官之為特別性質的公務員，在規範一般公務員的紀律制度及身分規定的基礎上，所為更嚴謹的保障規範；但大法官可比擬為特別的政務官（可領特任人員之公費），並無類似上述法官之為特殊公務員的地位，也因此無須援引有關其紀律與身分保障的規定。不過釋字第601號解釋則認為大法官有一定任期，「也是一種身分保障」，似乎把法官的終身「任期保障」之重要性稀釋大半，形成「文字遊戲」！

　　(4)我國過去實務皆將卸任大法官視同停止辦案之法官(司法人員人事條例第40條3項)，所以待遇上和一般法官享有終身保障。然自八十九年修憲（第5條），將非由法官轉任之大法官排除在憲法第81條及終身保障之範圍之外（法官法第78條第4項）。釋字第601號解釋也作為大法官係憲法上法官之佐證。誠然此修憲條文顯然將實務見解加以明文化，但加以修正。如此一來憲法的法官概念就變得十分分歧，質言之：

　　⑴大法官分成甲、乙兩型雖都屬於法官，甲型大法官如果是一般法官轉任，可以跨入憲法第81條享受終身職法官的概念之內。乙型大法官係非由法官轉任者，不能享受終身職，故不屬於憲法第81條之終身職法官，第81條即為狹義概念。

　　⑵憲法第80條的法官範圍最廣，既包括一般法官，也包括甲、乙型大法官，是為廣義概念。

　　⑶憲法第80條及第81條之法官概念不一樣，狹義的第81條只包括一般法官及甲型大法官；然在條文中除「終身職」之規定外，其他所有之規定，例如「非受刑事或

懲戒處分或禁治產宣告，不得免職。非依法律，不得停職、轉任或減俸……」，則仍可適用在乙型大法官。

(4)憲法第 81 條之法官的終身職規定雖排除乙型大法官，但甲型大法官的保障更勝過一般法官，例如一般法官年滿七十歲的停止辦案之優遇制度，就不適用在甲型大法官之上，年滿七十歲只要總統提名，一樣可擔任大法官。

原本第 80 條及 81 條的憲法法官概念很單純，也只有一個統一的概念。當然，除非吾人利用「舊瓶裝新酒」的方法，明白的透過解釋方式，擴張原有的憲法法官概念。且將憲法第 80 條及第 81 條的法官概念拆開為二：一是廣義的法官概念（憲法第 80 條）；第二為狹義的法官概念（憲法第 81 條）享有終身職的待遇，以符合時代的進步。如果不循此方式，硬要把單一法官概念加以「複雜化」，都是起因於「欲強把大法官擠進憲法第 80 條及 81 條的法官概念之中」 ❻。

本文以為，大法官是行使國家司法權最重要的一個機關，不必要強與一般法官相比擬。國家可以另行創設一個大法官之司法制度，大法官固應比一般法官要有更大的決心及困難度（包括抗拒提名其的總統及執政黨之人情壓力）超出黨派，依據憲法及公平正義原則來行使職權。而配套的任期、薪俸及其他權利的保障，當然應由法律來明白規定，使大法官能無任何的干擾，為國家的司法歷史負責。因此，分析大法官是否憲法上之法官，並不會貶抑大法官之崇高地位，也絕無減低國人對大法官勇於任職的殷切期盼。這是吾人在研討釋字第 601 號解釋應有理智、「勿暴其氣」的態度也。

㈡檢察官

檢察官是代表國家發動與追訴刑罰權的人員，同時亦是屬於行政權體系下的一員，雖依法院組織法第 58 條規定，各級法院及其分院各配置檢察署，而檢察署的名稱，也冠上法院的名稱，例如：臺北地方法院檢察署，自然容易讓人誤解檢察署乃法院之隸屬機關也。

但檢察官對於法院獨立行使職權。依同法第 111 條規定由法務部長監督各級法院（及分院）的檢察署，所以檢察署與法院之關係，僅是其辦公處所置於法院之內而已。且憲法保障人身自由等權利之重心，主要置於法院（及法官），而非檢察官之上。司法院釋字第 13 號及第 530 號解釋都宣示、並仔細闡釋檢察官並非憲法第 80 條與第 81 條

所稱之法官。

　　除了檢察官是配置在法院內，容易使檢察官的「法院的一員」，從而被誤認為「法官的一員」；加上我國法官與檢察官的選拔皆是先由「司法官特考」產生，在司法官訓練所完成養成教育；日後且尚有人事交流的機會，已見諸「司法人員人事條例」（96.07.11，以下簡稱「本法」）第 17 條所授權由司法院會同行政院所訂定的法官與檢察官的互調辦法。同時法官與檢察官的待遇亦相同。所以法官與檢察官常通稱司法官以維護刑事訴訟公正性的形象。——例如本法第二章第一節（第 9 條至第 17 條）即標題為「司法官」；同時，法官法第 2 條第 1 項雖未將檢察官納入法官的範圍。但仍將檢察官的制度專章規範（第十章第 86 條以下），並準用許多法官的規定，顯示出在法令與一般認知上將檢察官與法官的相提並論的密切關係。

　　觀諸我國刑事法庭的布置，過去檢察官的席位原在台上與審判長同席，而擔任被告的律師則立於台下。這種在席位的設計上明顯的看出偏袒檢察官的設計，自然是一個極為不妥且違背憲法精神的設計。法庭的布置已於民國七十九年一月以後變更，將檢察官席置於台下右方，而與左方的辯護人席相對，表示法院不偏原告與被告。

　　故檢察官代表國家發動刑罰權，在刑事案件處於原告的地位。法官則應超然於原告與被告之外獨立且中立的審判，所以倘若法官與檢察官不分其任務的不同，即曾造成外界認為法官會袒護原告之虞。因此就維護司法的公正及人民的訴訟權以觀，法官與檢察官的關係不僅不應熱絡，恐以疏遠為宜，以維護刑事訴訟公正性的形象。

　　終於立法院通過了法院組織法部分條文修正草案 (107.05.23)，依該法第 114 條之2，各法院檢察署之名稱，已經去掉各「法院」之名稱，以割斷其與法院的隸屬關係；又在 110.11.23 修正該法第 58 條第 1 項，改為：「各級法院及分院對應設置檢察署及檢察分署。」將過去檢察署隸屬法院的制度，改為兩者「對應設置」的制度。故兩個機關僅是「合署辦公」也。

　　但既然檢察署與法院並無隸屬關係，故對此合署辦公的安排，只是檢察署設置的位置規定，但對檢察署的別於法院之隸屬，不應在法院組織法內規定，應當另由他法—法務部組織法內規定，因該法第 5 條已有各級檢察署的組織規定，只要增訂各級檢察署與各級法院對應設置即可。

　　綜上所論，我國憲法的法官概念，廣義者包括了大法官，狹義者僅限於享有終身職的職業法官；而法官法的四種法官概念，還包括了屬於行政官的檢察官，所以憲法

法官概念與法官法的法官概念，頗有不同，顯示出我國憲法體系對法官概念的模糊。

㈢國民法官──國民參審制度的問題

1.參審制度構想的發展

所謂的「國民法官」(Laienrichter) 是參審制的產物。參審制是指國家職司審判的人員除了職業法官外，也許可由某些未具法官身分的人員參與審判的工作。這種屬於榮譽職的國民法官與某些國家的刑事訴訟制度的「陪審團」(jury) 不同。後者僅決定「事實問題」（被告有無犯罪）。確定有罪後的「法律問題」，例如適用法條、量刑，則為法官之權限。參審制則不然，國民法官參與裁判之權限與一般職業法官相同。

不論是參審或陪審制，卻與出自於對法官獨自負責審判──儘管賦予司法獨立的特權──的不信任，才會引入國民不同程度參與訴訟程序的制度。依司法院在民國一○○年公布之資料顯示，世界已有七十八個國家採行人民參審或陪審的制度矣！

傳統的法院強調法官的專業素養，而且法律逐漸複雜化與專業化後，法律變成為一個非常專業的生活領域，非一般公務人員或社會人士所得掌握。因此，法官的職位必須由學習法律的專業人士擔任。這種傳統的法官選拔制度，也可根源於過去法律的數量與社會的結構的單純，遠非今日所可比擬。所以法官即使對其他事務不甚熟悉，例如民事法官對於不熟悉的工商財務事件、婚姻事件、青少年事件，可靠個人的進修，或由審判中所累積的經驗來因應之。然而，現代生活的複雜，及社會分工趨向精密，僅有法律專業背景的法官，實已無法具有解決所有社會紛爭的能力與智識，例如民事法院中的工商案件可能需要有會計與財務專家、少年法庭需要有社工人員、家事法庭需要有社會問題專家、智慧財產權法庭需要電腦工程師……的參與審判較佳。誠然以往的法院對需要（法院所不知的）專業知識，都靠委請專家來「鑑定」的方式。鑑定結果的取捨，仍操諸法官的自由心證。因此，專家的意見並無實質上的拘束力。國民法官的制度可以妥善的彌補法院專業不足的缺憾。此些專家參與裁判仍多半在合議庭中，鮮有在獨任庭中為之者，所以僅是「輔佐」專職法官。

當然歐美先進的國家，也體認出法官只靠法律專業素養，不足以解決其他專業事務所產生的爭議，例如財務、金融、以及社會心理案件等。所以也會成立專業的法庭，除部分為法律專業外，其他領域具有專業素養的人員成為審判的成員，便可以彌補了法官專業素養不同的問題，這可以打破了法律人包攬國家訴訟體制的過時現象。故專業法庭化及法官人員多元化與專業化，是必然的趨勢。

　　我國雖然已經公布了「智慧財產及商業法院組織法」(109.01.05)，成立此專業法院，然而審判的法官，依該法第14條之規定，仍然是以法律人為主，沒有讓從事智慧財產權或其他金融與商業的專業人士，例如會計師等能夠成為法官，因此只是皮毛性質的專業法庭，仍然不足解決法官專業不足的問題。

　　至於國民法官，並非職業法官，同時一般的法官法——我國的法官法與德國「法官法」——皆未規定國民法官的身分保障問題。因此，只能在類似法院組織法中承認其地位，規定有獨立審判的權責，但不言終身職身分保障。

　　對於參審制度的興趣，我國早在民國七十七年的全國司法會議中已經對引進參審制的問題，獲致了「選擇訴訟種類、審慎試行」的結論。司法院且於民國八十三年春制定「刑事參審試行條例」草案，初步在刑事審判引進公民「參審員」制度，但僅在地方法院與高等法院設置；在一般刑事案件方面，職業法官與參審員的比例為三比二，少年事件為一比二。因此，在刑事案件方面，職業法官的影響力仍然超越國民法官，然而此草案從未完成立法程序❶，也印證出本書前文的所謂司法改革，只是虛應故事而已。

　　不過司法院在民國八十八年七月完成的全國司法改革會議的結論中，卻又全然捨棄參審制的構想，反將致力朝「專家參審」的方式，且信心滿滿的預計在一年內完成修改法院組織法的工作，使專家可以在類似少年、家事、勞工、智慧財產權、醫療或重大刑事等案件中，與法官同坐法官席上參與審判，但仍只是輔佐法官性質，且無身分保障，所以此新制是捨所謂的「民主原則」，而就「專業原則」。但是又重複往例，淪為筆上功夫。

2.國民觀審制度

　　人民參與審制度在民國一〇〇年後，又再度受到重視。為了回應社會對法官判案偏離社會共同認知，形成所謂的「恐龍判決」，司法院在民國一〇〇年六月底前通過一個「人民觀審試行條例」草案，希望能在同年九月開始的立法院會期內完成立法，並於次年一月在台北士林地方法院及嘉義地方法院試行。是為一種新型的「觀審制」。

　　依司法院「觀審制」之構想，唯有可判處死刑與無期徒刑的重大刑事案件，方實

---

❶ 我國學界的看法持贊成者居多，而實務界則持保留的態度。參閱：參審制之研究，憲政時代季刊，第二十卷三期，民國八十四年一月。蘇永欽，從憲法及司法政策角度看參審及其試行，刊載該期季刊，第25頁；以及：參審制有沒有違憲？刊載氏著：走向憲政主義，聯經出版公司，民國八十三年，第290頁。

施觀審制。由五名國民（二十三歲以上並符合一定消極資格者）擔任觀審員，參加三位法官組成的審判庭。觀審員係在正式審判期日開始後，才參加審判程序。在正式審判期日前之調查證據，整理事實爭點，仍係法官之職權。

既云「觀審員」，並非「參審員」，即表明觀審員只「觀」而不「審」。其與一般旁聽民眾不同處乃：始終蒞庭聆聽、辯論終結後，對被告有罪無罪、法律適用問題及刑度方面能表示意見。法官則須另行評議，如與觀審員意見相左時，法官之決定雖不受其拘束，但應該表明不採納之理由。可見得觀審員享有「表意權」，但無「表決權」。

此制度明顯地與韓國制度類似。韓國在二〇〇八年一月實施「國民參與審判」制度，設立「陪審員」，依涉案輕重分別設置九人（死刑及無期徒刑等）、七人與五人陪審員，與職業法官三名組成審判庭。但陪審員之職權，除不能訊問被告與證人外，即其對有罪與否與量刑標準之決議，對法官只有建議性質，並沒有表決權。韓國的體制雖然增加了陪審員對量刑標準的建議權，但卻喪失了英美的陪審制度在有罪與否方面的決議權，似乎此國民參與審判的功能和司法院提出的觀審制，並無大異也。

司法院設計之觀審制度，乃在「調和」憲法所明定肯定終身制之職業法官對審判事務之「獨攬權」，避免未享終身保障的公民法官分享此審判權後會造成違憲的後果；另一方面又可聆聽民眾心聲，作為判案之參考也。

司法院這種考慮應契合憲法對法官概念，原採職業法官為對象。因此導入非法官擔任法官者，自會遭到違憲與否的爭議。然司法院在釋字第 436 號解釋已審查到（舊）軍事審判法 (45.07.07) 第 34 條曾規定「軍官參審」之制度，是否牴觸憲法將審判事務全權交由法官審理的原則。按該條文第 1 項規定：「合議審判庭審理現役軍人犯陸海空軍刑法或其特別法之罪者，其審判官以軍事審判官及軍官充任之，除審判長外，軍官之人數不得超過二分之一。」第 2 項：「前項規定參與審判之軍官，對於被告犯罪事實涉及專門技術之案件，應具有該項技術之專長。」

但此制度卻未遭到司法院釋字第 436 號解釋之宣布為違憲。此觀諸該號解釋有：「關於軍事審判之審檢分立、參與審判軍官之選任標準及軍法官之身分保障等事項，亦應一併檢討改進，併此指明。」即可得知該號解釋只要求「參審軍官」的選任標準應予法律明定而已足。不過新制的軍事審判法 (88.10.22) 則刪除此制，洵為正確。

依草案之規定，觀審員的消極資格之一，乃須沒有法律背景或在行政、立法機關服務的經驗。立法目的乃是避免觀審員會有專業上先入為主的偏見。然此用意卻忽視

了任何引入公民參審的用意，雖避免偏頗為原則，但並不排斥，且要借重公民在社會就業的經驗，正是補充法官只獨擅法律一門行業的缺憾。如今排除觀審員之具有上述三種經驗與服務背景者，恐失之過偏。而且，如果觀審員依草案所期待，完全或僅具一點法律知識之觀審員，要能給法官提認事用法之意見，實非易事。法官且必須放低身段細心說明、溝通，甚至說服之，是此新制精神。

觀審制必然帶來大幅度加重法官之心理負擔，與耗費甚多時間與精力的副作用。對目前判案壓力已甚重的法官，無異雪上加霜，法官能否耐心實施此制度，抑或陽奉陰違，以及所有觀審員能否由觀審過程中自我學習法律知識，並保持中立不偏而獲得法官的敬重……，都是此「試行新制」能否成為我國刑事審判制度正常定制之關鍵因素也。

惟人民擔任觀審員是義務。倘無正當理由，不得拒絕擔任之。觀審員應獨立行使職權，故在提供審判意見後，當可使司法判決獲得社會大眾更多的支持，亦可避免法官判案可能會偏入社會考量之死角。觀審員無異是替判決「社會正當性」而為「背書」者，這也是本草案希望增加重要的刑事判決能夠與主流民意不至於脫節也，至少比法官獨攬制度多了一個民意的監督，然而是否能夠滿足國民對司法透明度與公正性的期待，恐怕不太樂觀。

3.國民法官制度的建立

蔡英文總統在民國一〇五年五月二十日就職演說中，明白宣示要積極推動司法改革，讓司法獲得人民的信賴，贏得了全國民眾高度的讚許，而後續的全國司法改革會議的重點便是建立國民參與審判的制度。雖然該會議的決議並沒有明確的指示此國民參與審判的具體方向，而只是交由司法院擬出可行方案。司法院隨後提出了「國民參與刑事審判法草案」(107.03.22)，引進了國民法官的制度。

這個草案名稱原本使用「國民參與刑事審判法」，而在立法過程改為「國民法官法」，並完成立法三讀程序 (109.07.22)，並將於民國一一二年一月一日起施行。此新制已經超越了歐美國家陪審員只是有無犯罪事實存在的職權，乃是將刑事訴訟終局審判程序，凡是十年以上有期徒刑或因故意犯罪而產生死亡結果之罪刑，由六名國民法官與三名職業法官共同進行審判庭，且同樣具有量刑、法律適用的職權。

這種立法例明顯地是仿效日本的制度。日本在二〇〇九年五月正式實施「審判員」制度。審判員由全國公民抽籤選出，每庭六名，職業法官（審判官）三名組成之，但

僅限於殺人、傷害致死、強盜殺人與縱火（有人居住之房舍）等特定重大之犯罪，與我國提出的國民法官制度頗為類似。

這個標榜代表民主參與以及判決不會脫離民意的國民法官制度，規定除了法定的理由，例如屬於排除理由者，例如政務人員、民意代表、軍警或司法官考試與律師及格人員為不適格外，除非滿足若干拒絕條款，例如年滿 70 歲以上、在校師生或因生活工作與家庭重大需要而不願或不宜擔任者外，凡年滿 23 歲的國民，以及在該法院管轄居住四個月以上，都有被遴選擔任國民法官的義務。由於未有合法與正當理由拒絕擔任該職務者，將有罰則（依該法第 99 條第二款規定，經合法通知而不於選任期日到場者得處新台幣三萬元以下罰鍰），可知擔任國民法官乃是國民的義務，非僅國民的權利而已。

然而在這個排除條款裡如果排除政務人員或軍警，可以獲得正當性，乃是政治中立之義務，然而對於一般文職公務員則無排除規定，是否失之過偏？尤其是對於受過嚴格法律背景者，例如現任或曾任司法人員、律師等都被排除在外，其理由為避免偏頗，以致於法律專業經歷與素養會影響其他國民法官的判斷，這正是「反智主義」與「民粹主義」的立場，能否通得過憲法嚴格的平等原則與比例原則的檢驗，絕對令人懷疑。

儘管立法院已經完成了國民法官的立法，雖然引起了在野司法界如野火燎原般的反對，認為應當引入陪審制度較佳，然而根本上要下重藥的引入此種制度，除了要考慮我國「重人情」的國民性是否適合外，尚且不得不考慮我國憲法第 80 條與第 81 條所規定，任何法官皆應享有終身職。為了尊重憲法制度上的考量，以目前憲法對法官制度的明確規定觀之，實無容納未享身分保障之國民法官制度的可能性❶，故除非完成修憲程序，否則貿然引入此制，必有違憲之爭議。這也是憲法第 80 條及 81 條所保障的「法官獨攬審判權」的憲法制度。

---

❶ 論者或許會引釋字第 601 號解釋將未有終身職之大法官延伸入憲法上法官之概念來佐證國民法官亦不必以終身職為必要。但只要細閱釋字第 601 號解釋對大法官職權重要性的重視，可知一般國民法官的重要性顯無法和大法官相比矣！另外，林永謀大法官似認為我國憲法並未規定審判應由職業法官所獨占，故可由立法者規定審判人員的構成，而許可一般國民之參與審判，以及該參審員與職業法官的職權亦可有不同的規定，皆為立法裁量的範疇，見氏著：論國民參與司法暨參審制之採行，刊載上註憲政時代季刊，第 11 頁。

㈣軍法官

在前述第三十五節貳、二處討論軍事審判的制度時，已提及舊軍事審判視為「統帥權」之體制，雖然承認軍法官的人身、職位保障，但此乃法律之特別規定，軍法官不視為憲法上之法官。大法官釋字第 436 號（以及後來之第 704 號）解釋雖把軍事審判權改歸為國家處罰權，但仍維持由法律創設軍事審判制度之見解，只強調應保障正當程序及審判機關應保持獨立及公正之設計。

我國行政訴訟實務❶也承認大法官釋字第 436 號解釋並未將軍法官納入為憲法上法官之概念中。

這種見解殊難令人贊同！釋字第 436 號解釋雖未宣布軍事法庭制度違憲，而許可法律設置之。但同號解釋既已明文宣示軍事審判權亦為國家刑罰權，則替國家執行此至高無上（包括可剝奪軍人生命）權力的軍法官，豈可無憲法上法官之地位？

大法官在釋字第 601 號解釋一再以大法官職司政黨違憲解散權及正、副總統的彈劾案為由，認定大法官為憲法上之法官。而此二種案例在我國產生之機率甚為狹小（以德國為例，政黨違憲案已半世紀未實施矣），而軍法官卻是幾乎每日在執行此權力，且軍事法庭和普通刑事法庭，幾乎只是實體法依據的不同，以及部分程序有異，但兩者都必須維繫司法正義以及法治國家的精神，則無二致，且係涉及個人人身自由及生命的具體法益，反而不被納入憲法之法官範圍，豈合乎事理？故軍法官如不被承認為憲法上之法官，將喪失軍事審判制度之合憲性！

故我國實務，以及法官法落伍見解，當有愧於保障所有國軍將士之權利。勿忘這些國軍有朝一日將要為國捐軀也！

另外，大法官對於人民受軍事審判，致造成冤獄而不能比照一般司法機關請求賠償狀況，已在釋字第 624 號中宣布違憲。上述見解，使得軍事機關行使審判權應視為國家司法權的見解，又多了一重確認了。

大法官釋字第 436 號解釋既然承認軍事審判仍須要有獨立審判之制，也要求對於軍事審判之審檢分立、參與審判軍官之選任標準及軍法官之身分保障等事項，亦應一併檢討改進。因此應致力將法官與軍法官的身分保障、待遇及獨立行使職權依法律之

---

❶ 最高行政法院 93 年判字第 1220 號判決：「司法院釋字第 436 號解釋僅指明軍事審判機關所行使者，亦屬國家刑罰權之一種，但並未進一步闡釋軍法官即係憲法第 77 條之法官等情，業經原審判決論述甚詳，自不能依該號解釋意旨，作為軍法官應與司法官相同待遇之依據。」可參見作者在釋字第 704 號解釋所提之不同意見書。

方式明訂之。但實質內容也應當力求一致，以彰顯國家對司法獨立，法官獨立審判與身分保障的重視。

然而，就軍法官的獨立行使職權方面，軍事審判法第152條規定，軍事法院獨立行使審判權，不受任何干涉。以及關於軍法官身分保障，同法第12條規定，軍法官非依法律不得減俸、停職或免職，非得本人同意，不得調任軍法官以外職務。皆和法官無異。大法官於釋字第704號解釋中，重申軍法官不同於一般軍官，故應基於正當法律程序保障其身分，已經拉近了軍法官與憲法第80條及81條保障法官身分之距離矣。但惜仍未能明確宣示應比照一般法官的身分保障，勇敢宣告對軍法官身分保障最嚴重的侵害者——最高服役年限規定之違憲，直到軍事審判制度回歸司法院為止(102.08.06)，軍法官一直被排斥在憲法與司法院所承認的法官行列之外！

二、法官的任用

法官（以下專指職業法官而言）身分的取得，世界各國大致分成兩種方式。第一種是由選舉產生，第二種則是由任命方式產生。

法官由選舉產生的制度係將法官的任命賦予民意基礎，實施這種制度的國家較少，最明顯的例子是美國各州的法官大都經由人民選舉產生 ⓴。法官由人民投票產生，乃獲經國民同意後才得任職，固可表彰主權在民的理念，惟也會產生法官的審判會有迎合輿論、討好選民的後遺症。因為一個獨立審判的法官既然應依法律及憑自己的良知審判，即使與周遭社會的價值觀或輿論相牴觸，亦應勇往直前的判決，這是法官的職務義務與道德操守。同時，法官的選舉制所相對應的事實，乃法官任職並無終身身分保障制度。所以在一般大陸法系的國家透過法官身分保障的制度，來維繫司法獨立理念者，多半反對由選舉產生法官，並非沒有深一層的考慮！

⓴ 美國各州對州法官的產生方式各有不同，基本上可以歸納為政黨推薦選舉 (partisan election)；非政黨推薦選舉 (nonpartisan election)；議會選舉 (legislative election)；協商任命 (gubernatorial appointment) 及選拔委員會推薦 (merit plan) 等五種方式。第一、二種由人民選舉的制度共有二十四個州實行；第三種由議會選舉者共有四州；第四種則有八州實施由州長任命前需獲得其他機關，例如州議會的同意；第五種是所謂的司法革新方案，乃將法官人選由律師公會、法官協會與州長推薦的公正人士組成一個法官選拔委員會，篩選適格人選（多半是提供三倍人選）後，由州長圈選之。這個起源於一九二〇年由美國律師協會 (The American Bar Association) 及美國法曹協會 (The American Judicature Society) 所倡議，一九四〇年首先在密蘇里州實施的制度，又稱密蘇里方案 (The Missouri Plan)，目前共有十四個州實施。另參見蘇永欽，從司法官的選任制度看法系的分逐和匯流，檢察新論，第4期，2008，第12頁以下。

在法官的選拔過程中，西方民主國家由於認為法官的選拔屬於人事行政，因此法官的選拔及任命即必須由行政權來進行之，因此，行政首長對於法官任命的人選，即有較大的影響權限。例如美國各州的法官雖以選舉產生占大多數，但亦有甚多州將法官的人選決定權，交在州長之手中，但是對於聯邦法院——包括聯邦上訴法院 (United States Courts of Appeals) 與聯邦特區法院 (Federal District Court)——的法官人選，除需獲得參議院的同意外，便是全操縱在總統手中。因此行政首長的法官人選決定權即頗為明顯。另外，在法官是採任命方式產生的國家，行政權介入法官人選選拔的情形亦頗明顯，茲舉德國及日本的例子來作說明。

德國基本法第 95 條 2 項與「法官選拔法」(Das Richterwahlgesetz, 1968.07.30) 的相關規定，聯邦法官由所屬的聯邦主管部、各邦主管部與聯邦眾議會選舉產生同數的代表共同組成法官選拔委員會進行選拔的工作。例如普通法院法官之選拔由聯邦司法部、各邦司法部為主管部；聯邦勞動法院法官之選拔則以聯邦勞動與社會部、各邦勞動部為主管部。因此，德國聯邦共有五種審判體系（普通、行政、勞動、社會、及財務），便有五種的聯邦法官選拔程序。至於在邦的層次就較簡單，各邦法院與地方法院的法官依基本法第 98 條 4 項規定，各邦得以邦法規定由各邦司法部長與上述的「聯邦法官選拔委員會」決定邦法官的任命人選。易言之，透過這種法官委員會得以選拔由聯邦至地方法院的法官人選。因此可知德國法官的選拔過程，明顯的看出聯邦與邦的主管部長及各邦司法部長對於法官人選的影響力至為重大。任何法官人選只要未獲部長的同意，即無法擔任法官❷。

日本憲法 (1947) 第 6 條及「裁判所法」（法院法，1949.05.03）第 39 條 1 項之規定，最高法院院長由內閣提名後，由天皇任命之。同時依憲法第 79 條 1 項之規定，最高法院法官由內閣任命。雖然依憲法第 79 條 2 項之規定最高法院法官與院長於任命後，眾議院第一次大選時，亦需經過一個「國民審查」的程序，對該法官的任命由選民行使同意權，同時每十年由國民投票審查一次。但是對於最高法院以下法官除了有考試的資格外，其任命依憲法第 80 條 1 項及裁判所法第 40 條 1 項之規定，由最高法院將候選人名單送交內閣，由內閣選擇任命之，任期為十年，任期屆滿後，得再經同樣的選拔程序連任之。因此，內閣通過閣議只能由最高法院推薦名單中選任法官，不

---

❷ 這是德國聯邦行政法院的見解。認為主管部長及邦行政部長皆是對國會與邦議會負責之行政首長，所以可以為這種人事政策負責。BVerwGE, DVBl, 1985, 452, 參見 P. Badura, Staatsrecht, H. 10.

得於推薦名單外選任，以尊重最高法院的決定。然而，內閣卻有實質的決定權，也可不同意所有的提名名單而享有否決權❷。由上可知，既然最高法院院長及法官的人選，是操之在內閣手中。因此，內閣即掌握最高法院的人事權。至於屬於「事後追認權」性質的「國民審查」制度對於內閣該項人事權的影響，則甚少有拘束。而最高法院以下的法官人選，既由最高法院推薦與內閣同意，自然亦可在不牴觸內閣的意志下，決定法官人事。更甚者，日本已廢止戰前法官終身制的規定，各級法官皆採十年任期制。十年任期屆滿，即需面臨再提名及再任命程序，除非日本內閣能完全尊重最高法院的決定，不濫用人事權，以及歷屆日本政府具備高度民主素養，超黨派的抉選最高法院之法官及院長，否則能否比舊制的更能保障司法獨立，當不無令人懷疑也❸。

　　我國法官法第 2 章名為「法官之任用」，第 5 條分別規定各級法院法官之任用事宜。以同條文第 1 項規定高等法院以下法官之任用而言，大致上依循舊司法人員人事條例 (96.07.11) 第 9 條之制度，法官的來源總共分 4 種：經法官或檢察官考試及格者，或曾實任法官或檢察官者（回籠法官）；曾執業律師滿三年或六年，且具備擬任職務任用資格者。前者只能任地方法院法官；曾任公設辯護人滿六年者；助理教授以職務滿六年，其中二年為講授法律主要科目，且有著作者。上述四種法官的資格，除第四種是對法學教職的禮遇外，其餘三種皆是以通過司法官、律師及公設辯護人等專業考試者為前提，且法學教授必須具擬任職之任用資格方可。殊不合乎我國法學教授的養成過程（鮮有耗費數年考試、訓練、實習先取得法官資格後，才求取博士學位成為教授者）。故「禮遇法學教授」一項，形同「劃餅」而無實益可言。無怪乎至今未聞有教授「棄教轉法官」者。另外，由律師轉法官者，目前除了曾於數年前延攬少數幾位外，法官皆是通過司法人員之考試出身，因此我國的法官來源皆具「一元化」的「同質」性質。

　　在法官的任用方面，也分為直接分發任用及遴選合格分發任用兩種。凡是經法官及檢察官考試及格者，採直接分發任用。以其餘多項資格任用法官者，必須先經過司

---

❷ 對於日本法官的選拔程序，可參見陳秀峰，美日司法體系之比較，憲政時代季刊，第十二卷四期，民國八十四年，第 37 頁以下。

❸ 對於日本內閣可以藉助對最高法院法官人事權來干涉司法審判之情事，可參閱李鴻禧：保障基本人權思想之本質與變異之研究分析，刊載氏著：憲法與人權，一九八五年，第 272 頁以下；以及戰後日本法官之政治中立問題，刊載：違憲審查權論，一九八六年，第 513 頁以下。

法院「法官遴選委員會」的遴選，經遴選（資格審核）及格後，才予分發任用（法官法第 7 條）。至於法官之分發任用及其他涉及法官之任免（及轉任、解職、獎懲）及專業法官資格之認定與授與等人事，則由司法院人事審議委員會負責審議。法官一旦經任用後，準用公務人員相關規定應先派代理，並應送請銓敘部審定，而後呈法總統任命。是乃由任用、至總統任命的法官程序。我國的法官任命、分發等人事決定權實操縱在司法院（人事審議委員會）手中，所以我國的法官任用人事權不若外國民主國家一般讓行政權（首長）有明白介入的管道，是我國制度較為妥善之處。

三、法官的任期

我國憲法第 81 條規定的法官為終身職。一般解釋終身職為「終其一生」可擔任法官，對於享有這種權利的法官，我國法官制度上有幾點值得注意之處：

第一、僅有「實任」法官得享受之：在本節討論判決送閱制度、獨立審判範圍，已提及候補法官亦是憲法第 80 條所稱之執行司法審判權之人員，故亦屬憲法第 80 條與第 81 條所稱之法官，不得因其資淺與候補身分而剝奪憲法所保障之權利。惟觀法官法第六章第 42 條以下乃規範「法官之保障」之專章，卻都限於實任法官，不及於候補法官。這種規定恐有違憲之虞，已於前述，於此再度強調之！

第二、法官「終身職」的制度：此謂保障法官在屆滿法定退休年限前，不得任意被免職也。蓋法官亦屬於國家常任文官體系中的特別公務員（司法文官），而國家的常任文官體系本即有「身分保障的制度」，所有文官——不包括政務官在內——皆以終身任用為原則，除構成懲戒事由而被免除其職務或撤銷其擔任公務員權利外，國家不得隨意剝奪其公務員之資格。法官即本於「文官身分保障制」為基礎，且加強其身分保障之強度於不得轉任、調職或減俸等，所以必須將常任文官的身分保障制度一併討論，方可知法官終身職的真正意義。準此，應認為法官當可任職至「生命終結」為止是單就語意的解釋，而忽視語意所代表的基本精神。

我國實務上雖持錯誤的終身職見解，惟在制度上創設了所謂的「優遇」制度❷。

---

❷ 司法院釋字第 162 號解釋的解釋理由書對於法官終身職的解釋為：「固在使法官能依法獨立行使職權，無所顧忌，但非謂法官除有同條所定之免職、停職等情事外，縱有體力衰弱致不能勝任職務者，亦不能停止其原職務之執行，而照支薪給。」本號解釋許可法官對於「體力衰弱，不能勝任職務」者，方能停止其職務的執行，但是，對於體力未衰弱仍可辦案的司法官，則可繼續任職的見解。所以本號解釋，不能提供法官優遇制度的理論

法官法第 77 條還沿襲司法人員人事條例（第 40 條）之規定，實任法官任職十五年以上，年滿七十歲者，應停止辦案，從事調解或其他司法行政，研究工作；滿六十五歲者，得申請轉調地方法院辦理簡易案件；同條第 2 項規定實任法官任職十五年以上，年滿六十五歲，身體衰弱，難以勝任職務者，得申請停止辦理案件；第 3 項規定停止辦理案件的法官，仍為現職法官，支領法官俸給總額三分之二 ❷。對於法官終身制的保障也及於檢察官——司法院釋字第 13 號解釋（法官法第 89 條規定準用於檢察官）。

次而，以此具有強制性的優遇制度，可看出我國「折衷調和」的處事風格。按就優遇制度本身的立意而言，七十歲以後的法官停止辦案，如果立法者能堅持所謂的法官無退休的義務，停止辦案的規定即牴觸憲法第 81 條之賦予法官在「鞠躬盡瘁」以前，都有執行職務的權利與義務 ❷。故優遇制度剝奪高齡「現職」法官的裁判權力，顯有違憲之虞！而優遇法官卻強制其擔任研究調解或調司法行政工作，而不考慮其體力、興趣或能力足否擔任促進國家法學或法律實務進步的「研究工作」，或調解及行政工作，恐亦僅是假借研究等之名，而行強迫退休、不承審案件之實，以及賦予其仍照領國家法官薪俸的「正當性」理由。

所以法官的優遇制度，不僅誤解憲法第 81 條的終身制，且優遇制度所強迫高齡法官停止辦案，亦喪失其制度的正當性理由。應透過釋憲或修憲，將法官的終身制與退休制合而為一，方不至於使法官的終身制會「以文害義」。八十九年增修條款第 5 條 1 項，明定法官轉任的大法官方能享受憲法第 81 條的終身職待遇，更是雪上加霜的誤解，我國修憲者的法政素養可見一斑矣！

根據，最多只有能導引出法官「強制退休」的理由也。參見林紀東，逐條釋義㈢，第 131 頁。

❷ 優遇法官本領法官全額俸給。但引起社會輿論反彈後，司法院遂修正「司法官退養金給與辦法」(85.02.27) 對優遇司法官僅支本俸，不給予專業補助及主管加給，使選擇退休者可獲全部薪俸八成，藉二者相差近二倍的待遇，以鼓勵司法官退休。法官法第 78 條也規定法官若自願退休時，得多領一定百分比之一次或月退養金。例如年滿六十歲未滿七十歲者，可多給百分之六十至一百四十之退養金。在本法施行前，滿六十五歲，而未滿七十歲。

❷ 例如美國憲法第 3 條 1 項雖未明文規定最高法院及其他法院的法官應為終身職，只使用較含糊的：「只要行為端正即應保有職位」的用語 (shall hold their offices during good behavior)，但在美國便解釋為法官可任職到生命的盡期，不過也許可法官年老力衰後可告老退休。但在退休前，不論其年紀多老，皆照常行使其職權。例如在一九八九年底，美國九位大法官中便有三位已超過八十歲，例如第一○○位大法官馬歇爾 (Thurgood Marshall) 與第一○二位的布魯克南 (Harry A. Blackmun) 皆年滿八十歲（一九○八年出生），最老的一位則是第九十四位大法官布立南 (William J. Brennan. Jr.) 已高達八十二歲。參見：Henry J. Abraham, Justices and Presidents, 2 Ed., Oxford University Press, 1985, p. 391.

四、法官身分的改變

憲法第 81 條規定法官的終身職所直接相關的規定為：「非受刑事或懲戒處分或禁治產之宣告，不得免職。」是為免職的特別規定。此處「非依法律不得停職、轉任或減俸」是為停職、轉任或減俸的「法律規定要件」，可分述如下：

㈠法官的免職

憲法第 81 條規定法官的免職要件有三，即刑事處分、懲戒處分與禁治產宣告（即受監護宣告）三種條件。

1.法官免職之刑事處分

法官受到免職的刑事處分是否包括所有的主刑或從刑（刑法第 33 條以下）之處分？抑或可以由立法者決定其所受處分內容而有所彈性？我國的規定顯採後者。依法官法第 42 條 1 項之規定，法官得免職的刑事處分為：⑴因內亂、外患、故意瀆職行為罪，受判刑確定者；⑵故意犯前款以外之罪，受有期徒刑以上之刑之宣告確定者，有損法官尊嚴者；但宣告緩刑者，不在此限；⑶受監護之宣告者。

法官受刑事處分得免職的要件，排除了宣告緩刑，頗值商榷。按緩刑，乃基於刑事政策為犯較輕罪者使其有自新的機會。依我國刑法第 74 條之規定，得受緩刑宣告之判決為：受兩年以下有期徒刑、拘役或罰金之判決者。然對於一個職司審判的法官而言，既然已被確認為有罪判決，實質上已喪失了社會對其判決公信力的信賴。尤其是緩刑期為兩年以上，五年以下，在此期間內，「緩刑中」的法官如仍繼續審判，恐怕其判決已經沒有絲毫的公信力。既然憲法已給予法官較一般公務員更強的身分保障，相對的法官義務與職務操守要求，亦應提高。因此，只要法官如有罪，而被科處極輕微之刑事處分（如罰金及拘役），如果認為免職過苛 ❷⁷，應許其辦理退休或資遣，而可獲得合理之退職金也，以保持國家司法權力的「純潔度」。

2.法官的懲戒與評鑑

法官亦係公務員，故除了司法獨立保障上級不得利用指揮權限介入其審判範圍外，亦有如同公務員一般的紀律規定與懲戒制度。

---

❷⁷ 如係一般公務員則可不必免職（依公務員懲戒法第 6 條 1 項，停職之公務員如未經徒刑執行，也未受撤職或休職宣告，應許復職）。此徒刑之執行為實際服刑，不及於得易科罰金之拘役或有期徒刑也。見公務員懲戒委員會法律座談會決議第 17 案 (83.03.14)。

　　一般公務員的懲戒，法源依據為公務員懲戒法。法官法制定前，對法官的懲戒亦依據該法。但法官法制定後，法官懲戒的規範事宜，已由法官法（第五章）所引進了「法官評鑑」之制度，論究法官的懲戒責任。

　　法官的懲戒，以法官違法失職為前提，依法官法第 30 條第 2 項規定，有下列七款原因，法官即應付個案評鑑：

　　⑴裁判確定後或自第一審繫屬日起已逾六年未能裁判確定之案件，有事實足認因故意或重大過失，致審判案件有明顯重大違誤，而嚴重侵害人民權益者。

　　⑵有第 21 條第 1 項第 2 款情事（違反職務上義務，怠於執行職務或言行不檢者，上級得加以警告處分），情節重大。

　　⑶違反第 15 條第 2 項（法官參加公職選舉前，應退休或資遣）、第 3 項（法官違規擔任公職選舉候選人）規定。

　　⑷違反第 15 條第 1 項（法官違反政治中立）、第 16 條（法官違法兼任職務或業務）或第 18 條（法官有違反尊嚴或洩密行為）規定，情節重大。

　　⑸嚴重違反辦案程序規定或職務規定，情節重大。

　　⑹無正當理由遲延案件之進行，致影響當事人權益，情節重大。

　　⑺違反法官倫理規範，情節重大。

　　如果比較公務員懲戒法第 2 條規定，關於公務員應受懲戒的事由為：1.違法；2.廢弛職務或其他失職行為，可知法官法所定七種法官的應付評鑑，仍以公務員懲戒法的兩大懲戒事由——違法、失職為基礎。

　　然而，法官法在七項個案評鑑原因中，有三項是特別針對法官的「廢弛職務」——上述第 1 款及第 5 款、第 6 款——而予以特別的明示規定。這也是司法院於民國七十七年五月底開始研擬的法官法，能在延宕二十三年後，峰迴路轉式的迅速完成立法過程的主因——回應社會強大輿論，要求法官能有更積極的「退場機制」，以加速淘汰不適任法官，提供有效的法律依據。

　　依法官法第 50 條規定，對法官有七種懲戒方法：

　　1.免除法官職務，並不得再任用為公務員。

　　2.撤職：除撤其現職外，並於一定期間停止任用，其期間為一年以上五年以下。

　　3.免除法官職務，轉任法官以外之其他職務。

　　4.剝奪退休金及退養金，或剝奪退養金。

5.減少退休金及退養金百分之十至百分之二十。

6.罰款：其數額為現職月俸給總額或任職時最後月俸給總額一個月以上一年以下。

7.申誡。

如比較公務員懲戒法第 9 條之懲戒的處分，主要是沒有降低官等的處罰，是因為法官法制訂後，各級法官已經不再列官等與職等，故公務員懲戒法所定之「降級」處分，已不再適用於法官的懲戒之上。

同時，公務員記過制度，也會涉及公務員的平時考核與專案考績，導致公務員的免職。故過去司法人員人事條例第 32 條第 2 項即規定實任司法官不適用公務人員考績法關於免職之規定。法官法即明白廢止延續對法官的「記過」制度。不過，這個廢止法官記過的懲戒制度，並未連法官考績制度一併廢止。

按法官法制定前，法官亦有評定考績之制度。法官的考績，除了品德操守屬於較不具體的判斷標準外，為公平起見，泰半是以法官的結案率、判決上訴維持率……，由上級機關予以評定。前者「結案率」乃量化的審結案件之統計，而不論案件的複雜簡易。容易使法官速審而結案；而後者無疑以上級法院的意志，對法官判決的品質，作出優劣與否的宣示，這兩個檢驗標準，即容易給每位法官的裁判品質，每年一度的「烙上」一個榮譽或不名譽的標記。試問：法界、當事人或社會，對於一個判決乃出自未獲優良考績法官之手，可會給予高度的尊重與信服乎？故法官考績制度應予以廢止。然而法官法卻以「金蟬脫殼」方式，制定了法官「職務評定」之制度，分為「良好」與「未達良好」兩級，相當於甲等與丙等考績。

依法官法第 73 條第 1 項規定：「法官現辦事務所在之法院院長或機關首長應於每年年終，辦理法官之職務評定，報送司法院核定。法院院長評定時，應先徵詢該法院相關庭長、法官之意見」；第 2 項規定：「法官職務評定項目包括學識能力、品德操守、敬業精神及裁判品質；其評定及救濟程序等有關事項之辦法，由司法院定之」。

此職務評定即和法官的考績評定，幾無二致。再加上法官法第 74 條規定，有給予法官職務評定獎金之規定，例如：法官如每年職務評定為良好，則可晉一級，並給予一個月俸給之獎金，顯然與公務員考績獎金給予方式與標準，完全一樣。法官法利用職務評定取代考績，若謂乃繼續保障法官的考績獎金利益，是可理解，但法官的職務評比，一樣如考績評比，會由某些法官的評比不良，又無法援引個案評鑑淘汰之，徒然造成司法尊嚴的減損，恐怕得不償失也。

　　法官懲戒的發動，可分為兩途：第一種由特定人員、機關及團體請求對特定法官進行個案評鑑；第二種為由司法院移送進行個案評鑑或逕送監察院審查。

　　在第一種的情形，法官法第 35 條規定：受評鑑法官所屬機關法官三人以上；受評鑑法官所屬機關、上級機關或所屬法院對應設置之檢察署；受評鑑法官所屬管轄區域之律師公會或全國律師公會；特定條件之財團法人或社團法人等，認為某特定法官有應付個案評鑑（第 30 條第 2 項）之事由，主動或經當事人或犯罪被害人書面請求，以書面敘明相關事實與資料，請求司法院法官評鑑委員會進行個案評鑑。

　　這個由外界聲請法官評鑑委員會對特定法官的個案評鑑，是此次法官法立法最重要的「法官退場機制」的設計，也是賦予外界，尤其是當事人與犯罪被害人能夠聲請律師公會或公益團體，對承審法官的怠忽、草率……，進行追究其失職的機會。對於不能盡忠職守、苦民所苦的法官，這種聲請評鑑制度，自可發揮一定的嚇阻力。然如同刀之雙刃——可傷人，也可能自傷。如果當事人、被害人或律師公會成員濫用此制度，將對法官造成莫大的困擾，也會帶來法官不敢堅持己見，或是配合社會輿論、激情民粹而作出「討好性」的判決。

　　面對被請求個案評鑑，該法官亦得陳請法官評鑑委員會，為澄清事實並為維護自己之清白進行個案評鑑（法官法第 35 條第 4 項）。

　　除了上述透過聲請法官個案評鑑，對法官進行懲戒或懲處的程序外，亦可由司法院主動發動懲戒程序。第一種方式為：司法院認定法官有應受懲戒情事，得經聽取被付懲戒法官之陳述意見、並經司法院人事審議委員會決議，逕送監察院審查；第二種方式為：法官除了被動地被聲請個案評鑑外，司法院應當每三年對所有法官至少完成一次「全面評核」，其結果不予公開，只作為法官職務評定（類似考績）的參考。但是司法院應進行前項評核結果，發現法官有應付個案評鑑之事由，則應移付法官評鑑委員會進行個案評鑑（法官法第 31 條第 1 項及第 2 項）。

　　法官的評鑑須經司法院之法官評鑑委員會之議決。法官評鑑委員會由法官三人、檢察官一人、律師三人、學者及社會公正人士四人組成之（法官法第 33 條及第 34 條）。由此十一位法官評鑑委員中，法官只占三人，外部委員占了絕大多數，是法官法力求打破外界長年來對司法院「自家人辦自家人」會有放水的嫌疑。相信這種大魄力的革新，能夠一刷社會傳之有年的誤解矣。

　　一旦法官評鑑委員會認定付評鑑之法官有違法失職情事，且有懲戒之必要者，報

由司法院移送監察院審查，並得建議懲戒之種類；若認為無懲戒必要者，得報由司法院人事委員會審議，並得建議處分之種類（法官法第 51 條）。如無構成違法失職情事，則依法官法第 37 條之規定，應為「不付評議」之決定。

被付評鑑法官，經司法院移送監察院，審議後作出彈劾決定，將移送職務法庭審理（第 51 條第 1 項）。這也是法官法新設之制度。按法官法實施前，公務員及法官經監察院彈劾後，移送司法院公務員懲戒委員會，議決懲戒之種類。但公務員懲戒委員會委員皆由資深法官出任，社會輿論頗多認為會偏私被懲戒之法官。法官法新設立之職務法庭（第 7 章第 47 條以下），改採「陪席法官不定制」。以往法官懲戒都由公務員懲戒委員會所有委員獨掌審理權限。職務法庭則改由公務員懲戒委員會委員長為審判長，陪席法官四人組成之。陪席法官中至少有一人，但不得全部為當事人法官同一審級之法官。該些陪席法官由司法院法官遴選委員會，遴定十二人，每審級四人，任期三年。由司法院院長任命之。該法官十二名可隨時增加之。各法院院長不得為職務、法庭法官（第 48 條）。

新制的職務法庭是專屬對法官的懲戒，而陪席法官且來自各審級法院，應當可以改變過去公懲會委員與被懲戒法官之間，往往存在長官或同儕關係可能造成的情感因素。同時在審理程序方面，也更貼近法院的訴訟程序。例如引進言詞辯論及準用行政訴訟法之規定（第 58 條及第 60 條），對法官訴訟權利的保障，亦更合乎正當法律程序的要求。同時，法官審判適用法律之見解，不得據為法官審判之事由（第 49 條第 2 項），亦係維護法官獨立審判的精神。

上述對法官的追究法律責任，皆由司法機關追究之，故具有純粹的司法色彩，應無政治的因素摻雜在內❷❽。

3. 禁治產（受監護之宣告）

上述得構成法官被免職的理由中，刑事處分與懲戒處分，皆屬於可「歸責」於法官的「法律責任」問題。但對於無法歸責於法官的免職理由，則有被宣告為禁治產。

---

❷❽ 這裡也涉及到所謂的法官彈劾制度。德國有所謂的「控訴法官」(Richteranklage)，許可民意機關對法官的控訴。基本法第 98 條 2 項規定，聯邦眾議院能以三分之二的多數決議對有在職務及公餘行為違反憲法合憲秩序原則之聯邦或地方法官，向聯邦憲法法院提起調職或令其退休之控訴。惟迄今為止，德國未曾產生過一個成功的案例。參見：P. Badura, Staatsrecht, H. 8. 日本亦有法官彈劾的制度，日本憲法第 78 條規定法官得經彈劾而罷免之；並依第 67 條之規定，由國會兩院各推舉若干名議員組成彈劾庭。依日本「裁判官彈劾法」(1966) 第 16 條之規定，兩院各推舉七名組成彈劾庭，彈劾案以三分之二的多數決通過之。對此彈劾並無救濟之程序。

按所謂的禁治產即民法之受監護之宣告，乃法院對於心神喪失或心神耗弱致不能處理自己事務者，宣告其行為沒有任何法律效力（民法第 14 條、15 條）。所以一個被宣告喪失行為能力的法官，自然無法執行法官之職務。

㈡法官轉任、停職、調動與減俸的保障

憲法第 81 條規定，惟有依法律方得使法官轉任、停職與減俸。以現代法治國家的觀念，一般公務員與國家的關係，已不再奉行往日的「特別權力關係」理論。所以公務員與國家的關係，不論公務員一方對國家負有忠誠服勤務的關係；抑或國家對公務員的付出應給予薪俸、升遷等待遇，都已是法律關係。且國家對公務員身分及財產權有任何重大影響之處分，除必須由法律明定以為依據外，該公務員且得提起訴願與行政訴訟來請求救濟。故憲法第 81 條對法官轉任等權利附「法律保留」式的保障，在立憲時雖係顯示出對法官身分殊於一般公務員的保障待遇，但已和今日同樣適用此原則於公務員權利的觀點，顯有差別。

不過在較具體的制度方面，上述法官的法定身分待遇，立法者仍得給予較一般公務員為更多的保障。例如：

1.法官的停職

法官法第 43 條規定實任法官停職。依該條規定：「實任法官，除法律別有規定外，非有下列各款情事之一，不得停止其職務：

⑴依公務人員任用法第 28 條第 1 項第 1 款至第 8 款不得任用為公務人員情事者。

⑵經教學醫院證明有精神疾病或精神狀態違常，致不能勝任職務者。

⑶有第 6 條第 5 款之情事者（受破產宣告）。

⑷依刑事訴訟程序被通緝或羈押者。

⑸依刑事確定判決，受徒刑或拘役之宣告，未依規定易科罰金，或受罰金之宣告，依規定易服勞役，在執行中者。

⑹所涉刑事、懲戒情節重大者。

⑺經中央衛生主管機關評鑑合格之醫院證明身心障礙或其他事由致不能勝任職務者。」

實任法官之停止職務，由司法院人事審議委員會決議，法官如果不服得以書面付理由向司法院提出異議。司法院受理異議之日應於三十日之內做成決定。法官不服該決定，應於決定書送達翌日起三十日內，向職務法庭起訴（法官法第 53 條、第 54 條

參照)。另外職務法庭在審理法官懲戒案件，認為情節重大，有先行停止職務必要者，得依聲請或依職權裁定先行停止該法官之職務。為應給予陳述意見之機會（法官法第59條第1項、第2項）。

2.法官的轉任

法官的轉任是指將法官調離審判工作，不再具備法官身分之處分。依法官法第44條規定，實任法官除法律規定或經本人同意外，不得將其轉任法官以外職務。此即配合憲法對法官身分保障之原則。這也是將法官的身分與其職務連結在一起，而不可分。這和一般公務員，依國家常任公務員制亦享有終身保障制度不同者，乃是一般公務員身分雖獲保障，但其工作內容與性質，則可由長官依法令來予以調整與變更。

法官依法律強制轉任非審判工作，法官法第50條1項3款且列為懲戒的方式之一：免除法官職務，轉任法官以外之其他職務，即是一例。

3.法官的調動

法官的身分保障，也會衍生到尊重法官「在地服務」的法理。只要法官願意在同一法院繼續任職，除非有外在因素（例如法院裁撤，或人員調整），不得已才可違反法官的意願，將其調離服務之法院。包括調離至其他法院，以及調至其他審級──即使是較高審級的法院，亦同。

這也是法官與一般公務員相異之處，一般公務員負有接受上級指揮，而有調動之義務。依公務人員任用法 (97.01.16) 第18條第1項第3款規定，僅限於調任至較低官等的職務時，方有徵詢公務員接受該調任意願的必要。

法官法第45條規定：實任法官除經本人同意外，非有下列原因之一，不得為地區調動：

(1)因法院設立、裁併或員額增減者。

(2)因審判事務量之需要，急需人員補充者。

(3)依法停止職務之原因消滅而復職者。

(4)有相當原因足資釋明不適合繼續在原地區任職者。

(5)因法院業務需要，無適當人員志願前往，調派同級法院法官至該法院任職或辦理審判事務者，其期間不得逾二年，期滿回任原法院。

至於在審級調動方面，法官法第46條規定：實任法官除經本人同意外，非有下列原因之一，不得為審級調動：

(1)因法院設立、裁併或編制員額增減，而調派至直接下級審法院。

(2)於高等法院繼續服務二年以上，為堅實事實審功能，調派至直接下級審法院。

(3)依法停止職務之原因消滅而復職，顯然不適合在原審級法院任職者。

(4)有相當原因足資釋明不適合繼續在原審級法院任職者。

上述規定乃法官法專門關於審級調動之規定。由條文規定可知，該條文之調動多半為上級審法院法官調派至下級審法院。因此除非有法定理由，不能強迫違反法官意志加以調動。至於由下級審法院調至上級審法院，是否即可違反法官之意志乎？法官法雖未規定，但應予否認。

相對照法官法前的司法院人事條例（第 36 條）明白規定，除非調至上級審法院外，非經本人同意不得為審級調動。顯然這是符合社會及司法界普遍誤解，認為法官亦有「升遷」的觀念。法官法此異於舊法的規定，當有消弭此誤解的積極功能。

而該法定要件的(1)與(2)，當和司法院的改制擬議有關。按依前述民國八十八年全國司法改革會議結論對司法院的改革，第三審將由大法官組成，因此目前三審級的法官勢必須重新調整職務，尤其是負責法理審的第三審級法官，必須調至二審之事實審級法院法官任職。故法官法給予此種「充實事實審功能」的法官人力之調動依據也。

法官的調動應比照法官的停止職務，包括向司法院提起異議、向職務法庭起訴等。於此不再贅述。

4.法官的減俸

不得對法官的薪俸加以刪減，乃在經濟層面保障法官能夠安於審判職位，這是自美國憲法第 3 條 1 項制定以來，民主國家憲法採納為保障法官獨立審判，不可或缺的附屬制度之一。薪俸權是憲法保障財產權的內容之一，因此不獨法官的薪俸權，即連一般公務員的薪俸亦受到國家法律的保障，且唯有依法律方得限制之（憲法第 23 條）。因此若侵犯公務員的薪俸權，得提起行政救濟 ㉙。

不過，大法官在釋字第 601 號解釋已提到，法官非依法律不能減俸。所以除非立法院修改法官之薪俸法律，否則並不能光以刪減預算之方式而減少法官之薪俸。至於一般公務員即不受此限制 ㉚。然而釋字第 601 號解釋這種強加立法院在審議預算的刪

㉙ 我國司法院大法官會議第一個挑戰傳統特別權力關係理論所作成的釋字第 187 號解釋，即基於保障公務員財產權的意旨，在第 201 號解釋、第 312 號解釋及第 338 號解釋，皆本此精神。

㉚ 這是基於我國立法院通過法定預算不是類似歐美國家是以「預算法案」的方式通過，從而未取得法律的位階。

減權的限制，只會造成反效果。試想假如有一日，國家財產確實困難，全國公務人員減薪咬牙以渡，只有法官待遇不刪，法官會否形成「千夫所指」？立法機關如畏於民氣可用，刪改法律也在彈指之間。釋字第 601 號解釋的防衛功能其實有限！

法官法第 71 條第 6 項亦規定：「法官各種加給之給與條件、適用對象及支給數額，依行政院所定各種加給表規定辦理。但全國公務人員各種加給年度通案調整時，以具法官身分者為限，其各種加給應按各該加給通案調幅調整之。」第 7 項規定：「法官生活津貼及年終工作獎金等其他給與，準用公務人員相關法令規定。」

此二條規定將法官的各種加給，由行政院定之，並且可隨全國公務員年度通案調整，亦適用到法官之上。此法官的待遇即和全國公務員一樣，可視國庫能力而通案的調整。

五、法官自治的問題

法官自治是指法院的一切行政事務之決策亦操縱在法官之手，這種類似「大學自治」的理念，係藉著大學內所有成員——特別是教員——決定大學校務以保障學術自由，故法官自治的理念亦係以保障法官獨立審判為著眼點。由於法官是法院組織的一員，不論由法官審判職務的進行需要法院內行政組織、人員及資源、設備的支持，在法官個人的案件分配、辦案態度與品質的考核以及其他有關人事的獎懲、休假、調職等等，皆脫離不了與法院的司法行政事務有極密切的關連。所以法院的司法行政事務，既然已牽涉到法官行使審判權與個人切身的利益，因此，如果能讓法官參與決定，當有助於維護法官獨立審判的工作環境。

法官自治理念必須在法院組織的「自治化」。這種自治化的法院，其行政首長——院長——的產生不外任命制及選舉制兩種，第一種的任命制，乃院長仍採任命式——例如我國現制的院長乃由司法院決定之——，但是由法官組成一個類似議會的「法官會議」，對於作為法院行政事務的權力機構，例如日本即採此制度；亦有其他國家，如韓國，規定這種法官會議所做的決議，僅有提供院長參考的功能。這兩種國家的制度，顯以前者方才是尊重法官自治的精神。

第二種的選舉制，院長由法官全體選舉產生，來綜理全院事務與指揮行政人員。

以德國為例，每年通過的預算法都有特別法及新法的效力，在涉及公務員的薪俸預算時，會一併修正薪俸法律，即不會產生釋字第 601 號解釋的情形。

但另設置法官會議，享有特定事務的決策權。例如德國即採此制度。

我國依法院組織法第 13 條規定，地方法院置院長一人，由法官兼任，綜理全院行政事務。院長並非由法官選舉產生，且法官對於法院行政事務，僅限於決定「次年度」司法事務的分配與代理次序（見同法第 79 條）。另外得選舉產生人事評議委員會委員，所以參與的院務程度與範圍皆極為有限 ❸。因此要求法官能擁有自主權的呼聲，近幾年來在法界甚為高漲，且成為司法院「司法改革措施」的重大議題。

司法院採行第一步的改進，是發函各法院 (83.12.08)，各法院選舉庭長與法官，組成事務分配小組，研擬事務分配草案，並由年終會議議決之，使法官能參與分配來年的職務。

其次，在司法改革第七次會議 (84.03.25) 決定在全國二十八所各級法院中的三分之一（即九個法院）試行「法官會議」的制度。該法官會議由法官代表組成之，掌管法官事務的分配、代理次序、法官之考績、獎懲及其他的人事、本院的預算等事項的審議。這個法官會議的制度並未賦予法官推選院長的權利。同時，如院長對法官會議的決議事項認為有窒礙難行者，得於收受決議記錄後，二十日內提請覆議或呈報司法院審核決定 ❷。

另外依司法院「法院庭長、法官、委員遴選要點」(99.03.28)，對於庭長一職，得由所屬法院與直接上級審法院法官分別投票、所屬法院院長得秘密推薦，以及經司法院指定時，由所在地律師公會辦理等方式推薦人選。由上述四種方式產生之人選後，再送交司法院。司法院院長得決定人選，提由司法院人事審議委員會決定之。

至於最高法院及最高行政法院之庭長，則由該院院長徵詢相關人士意見後，決定推薦人選，報由司法院院長決定，並送交司法院人事審議委員會。

由上述「遴選要點」可知，對庭長職務人選，各級法院庭長、法官雖有推薦人選之機會，但並不具拘束力。此觀乎地方法院與高等法院庭長人選經票選及推薦後，送交司法院，並不能拘束司法院院長。院長仍得就未獲推薦者，認為符合庭長資格與能

---

❸ 但此情形已有改變。如對法官權益（任免、轉任、考核、獎懲等）負有審議權限的「司法院人事審議委員會」，依該委員會審議規則 (95.09.08) 第 3 條之規定，該委員會設置委員二十四人，但由各級法院法官推選的代表分別是：最高法院、最高行政法院、公懲會及高等行政法院各一人，高等法院二人與地方法院七人，共十三人，已能擁有過半數的優勢。

❷ 司法周刊第七一七期，民國八十四年三月二十九日。

力者，而提交人審會審議，即可得知矣！最高法院與最高行政法院庭長的情形亦同。故各級法院的庭長人選，仍然不免為司法行政權力之權限也。

庭長如此，院長一職需由司法院長掌握，就更不在話下矣。故尚未有讓諸各級法院法官，對其未來職務監督者之人選，有表達意見或選舉產生的機會。

除了人事決定權，近年來在我國進展有限外，但「法官會議」的法制化，規模已初具雛形。早在司法改革第七次會議 (84.03.25) 決定，將在全國二十八所各級法院的三分之一（即九所法院）試行成立法官會議，分掌法院之任務，以大步推動法官自治與法院民主之理念。經過十五年的實驗，法官法即將此制度明文化，並列有「法官會議」專章（第四章）。

依法官法第 24 條之規定，各法院及各分院設法官會議，議決下列事項：「依法律及司法院所定事務分配辦法，預定次年度司法事務分配、代理次序及合議審判時法官之配置事項；辦理法官考核之建議事項；第 21 條所定對法官為監督處分之建議事項；其他與法官權利義務有重大影響之建議事項。」

對於法官會議的決定，院長擁有異議權，包括提起復議及聲請職務法庭宣告違背法令（法官法第 24 條第 4 項）。此制度和民國 84 年試行法官會議時，對院長擁有的異議權，有若干差距。依舊制院長認為法官會議決議「窒礙難行」時，得於二十日內提出復議，或呈報司法院審核決定。但新制則限於決議「違背法令」，且提出復議期限為五日，又最終裁決者，不再是「行政裁決」（報請司法院審核），而係「法律裁決」（又稱權利爭議），交由職務法庭審理。顯見法官會議的審議乃其法定權限也。

法官會議得組成法官司法事務分配小組或其他小組，研擬第 24 條第 1 項各款所列事項之意見，並提出法官會議議決（法官法第 26 條第 1 項規定）。此亦法官分工之例子，是為法官自治的寫照。

誠然，法官自治之目的乃在避免司法行政事務「可能」帶來妨害司法獨立的干擾因素。法官受到憲法所賦的神聖職責乃公正審判。法院行政事務是配合與協助法官履行審判之職責。因此，若法官自治會導致法官過度「泛政治化」——例如因院長的選舉事件或藉法官會議對法官獎懲的決議，而行人事派系的傾軋——則扭曲了法官自治的精神❸❸。尤其是我國各級法院法官承審案件壓力之沈重，恐怕舉世無雙❸❹。因此法

---

❸❸ 我國一些大學實施校園自治，也不幸的發生校園過度泛政治化的後果，對於部分大學校長與院長的選舉劣質化，早引起社會甚大的非議。法官自治的推動應以校園自治的走上偏鋒引為殷鑑。

官自治不應使法官必須花下更多的時間與精力來「分神」於法院行政事務，因此法院行政事務宜委由法官選舉產生的院長綜理之，而法官會議宜應按事務特性之不同，分由各不同委員會以分工的性質達成法官自治的理想。

---

❸ 據統計民國一〇九年臺灣各級法院民事庭（不含民事執行與非訟事件）與刑事庭法官每年受理案件數，分別為：地方法院 2,703,774 件、514,580 件（法官 1,101 人）；高等法院 30,574 件、46,863 件（法官 364 人）；最高法院 12,573 件、11,646 件（法官 40 人），便可知每位法官的案件負荷之重。

第三十七節　大法官

壹、大法官的制度

一、大法官的產生

　　憲法第 79 條 2 項規定司法院設置大法官若干人,掌理憲法第 78 條之解釋憲法與統一解釋法令之事項。此外,對於大法官應以何種組織行使此一職權,並未規定,留諸立法院決定之。這個所謂的「憲法委託」條款,已在司法院組織法第 3 條規定。行憲之初,大法官為九名 (36.03.31),旋即增為十七名 (36.12.25),任期九年,連選得連任,遂成定制。直至民國八十六年修憲改為十五名,任期八年,不得連選連任為止。大法官組成大法官會議行使職權,立法院並制定「司法院大法官會議法」(47.07.21),日後改為「司法院大法官審理案件法」(82.02.03 以下簡稱大審法)。大法官制度自民國八十一年起,迭經修憲而有更易。特別是民國一〇八年通過憲法訴訟法 (108.01.04),並將於民國一一一年一月四日開始實施(以下簡稱憲訴法),本書皆將一併敘述之。

㈠大法官的資格

　　大法官既云:「大」法官,即顯示出其地位的崇高。自然在其資格的要求上,反映出此一崇高的要件。

　　在現行司法院組織法修正前 (104.02.04) 原第 4 條,大法官應具下列資格之一:

　　⑴曾任最高法院法官十年以上而成績卓著者;⑵曾任立法委員九年以上而有特殊貢獻者;⑶曾任大學法律主要科目教授十年以上而有專門著作者;⑷曾任國際法庭法官或有公法學或比較法學之權威著作者;⑸研究法學,富有政治經驗,聲譽卓著者。

　　自從 104 年修改司法院組織法第 4 條,已改為:⑴曾任實任法官十五年以上而成績卓著者;⑵曾任實任檢察官十五年以上而成績卓著者;⑶曾實際執行律師業務二十五年以上而聲譽卓著者;⑷曾任教育部審定合格之大學或獨立學院專任教授十二年以上,講授法官法第五條第四項所定主要法律科目八年以上,有專門著作者;⑸曾任國際法庭法官或在學術機關從事公法學或比較法學之研究而有權威著作者;⑹研究法學,富有政治經驗,聲譽卓著者。

　　兩相比較,可知對出身司法實務界的資格,已大幅放寬:將原本僅限在最高法院

擔任十年之法官，改為在任何審級法院與檢察署擔任法官與檢察官有十五年資歷，同時也開放由資深律師（二十五年）擔任大法官之機會。其優點可以網羅法律實務界更多元，且更年輕的成員，使釋憲結果更能符合多元社會的價值觀，思想也可望更加活潑與開明。

　　但此改革亦不無與我國法院結構與傳統相悖：由於各審級法官升遷極緩，實任法官十五年的資歷，泰半仍一二審之間任職，幾乎不可能已進入終審法院。大法官的職責既然包括統一解釋法令，最高審級法院間的見解歧異，倘若法官資歷遠較該兩個最高審級法院法官為淺者，其解釋能否獲得信服？更何況，大法官日後極可能將「判決違憲審查」納入職權，則最終審判決的法律見解、認事用法都可能由遠為資淺的大法官來審查，同樣的亦難獲得信服也。故新制打破舊制之「審級優越」的制度，雖頗可取，值得支持。此規定雖與外國，例如德國聯邦憲法法院法第 3 條第 2 項規定須滿四十歲、並具有擔任聯邦法官的資歷即足；日本的立法例亦同 ❶，但為配合我國法院的倫理與生態，此法官與檢察官門檻應提升到與律師同（二十五年）為宜。

　　另外，大法官由大學及學術機關中選才者，新制與舊制都十分重視，各有兩款的規定。此乃因為大法官的釋憲與統一解釋職責，必須對法律學有深入的研究，尤其對公法（憲法、行政法）為然。方能隨著時代的進步，賦予我國憲法新的內容與理念，使憲法產生源源不絕的活力 ❷。

　　又憲法是一個高度的「政治之法」(Politisches Recht)，不僅大法官的產生不能根絕於政黨政治之外，讓富有法政經歷的人士能擔任大法官，亦可使釋憲判斷時能瞭解政治實務的運作，而不至於作出難以實現的解釋。同時政治人物若享有民間聲望，亦有助於國民對大法官的信心。但此「政治人物條款」，舊制原本規定有二，即：⑴擔任九年（三任）立委職務有特殊貢獻，及⑵「研究法學，富有政治經驗，聲譽卓著者」。

---

❶ 依該法第 41 條規定：日本最高法院法官須年滿四十歲以上，總數十五名的大法官中，有六名須具有曾任高等法院院長或其他法院法官十年以上資歷者，其餘者應具有曾任檢察官、律師與法律學教授（正、副教授），任職二十年以上之資歷。

❷ 這亦涉及大法官之任務定位。如果將大法官釋憲權與終審權合而為一，例如美國聯邦最高法院、日本最高裁判所，以及民國八十八年全國司改會議後推動之「司法院最高法院化」，則大法官就必須是純法律人，甚至是純「司法人」出身為宜，即連法學教授只是點綴性質（如日本十五名大法官，只保留一人予法學教授）。若大法官只職司釋憲而不及終審權，則引進進步之憲政理念益形重要，法學教授及負聲望之政治人士的適格性（尤其前者）即更明顯。德國聯邦憲法法院及我國大法官人選近二十年來之趨勢，可見一斑矣！

但新制刪除前者，只留後者。其理由主要基於：前者擔任立委的資格，亦可由後者所包括。此外，不應獨列立委之資格，否則不無「自肥」之嫌，反之，曾任行政、考試或監察機關委員或其他職務者，只要成效卓著，亦有擔任大法官之資格也。此改革亦非無理由也。

　　至於由各款資格擔任大法官人數不能超過三分之一，則新舊制皆同也。此外，立法院在通過司法院組織法修正條文時 (104.02.04) 曾附帶決議：大法官人員中，同一性別不得超過四分之三。易言之，全體大法官中應保持至少四名同一性別者。在大法官過去都以男性為主，即須創設四名「女性大法官」的保障名額。這種附帶決議本身並無拘束力，僅為建議性質（見釋字第 419 號解釋），且侵犯了總統提名裁量權。而釋憲工作與性別無絲毫之關聯，因此，此性別保障門檻，已經壓縮了其他「專業門檻」的選拔機會，亦非理智之舉。

(二)大法官的產生

　　依憲法第 79 條 2 項之規定大法官原由總統提名，經監察院同意任命之，但自民國八十一年五月二十八日公布憲法增修條款後，已改由總統提名後，由立法院同意之（九十四年增修條文第 5 條 1 項）。

　　大法官既由總統，而非由行政院提名可知，總統對於提名人選有完全決定的權限。可以看出大法官人選產生不可避免所具有高度的政治性色彩❸。這種需由政黨政治運作方能獲得國會及其他民意機構同意人選的流程，既然不可避免政黨因素在內，最好的辦法即是將人選的資格，以得受公評的方式由輿論監督之，以及靠著大法官們對此神聖職責的嚴格自我要求，當可消弭其在任命過程所不得不沾染上的政治色彩❹。尤其是自民國九十二年後的大法官，每四年將改選一半，其目的乃在「符合民意」，這種配合政黨選舉的新制，一定會使大法官人選不幸地沾上濃厚的政黨色彩。故大法官人

❸ 依德國聯邦憲法法院法第 8 條之規定，由聯邦司法部將所有符合資格的聯邦法院法官，經該法官同意後列成第一種提名名冊，此外再根據聯邦眾議院各黨團、聯邦政府與各邦政府所推薦的適格人選（亦經該人選同意為前提），列為第二種名單均送聯邦眾議院與參議院，由兩院各選一半之人選（共十六人）。德國的提名制度雖行政權的色彩較薄，但政黨的色彩較強。

❹ 例如美國最高法院法官的提名人選，便與總統的關係特別密切，甚至在一九三三至一九四五年擔任美國總統的小羅斯福 (F. D. Roosevelt) 時，便曾企圖增加大法官人數從九位增加至十五位，以便使其所推行的「新政」(The New Deal) 能獲得大法官的支持。因此，美國大法官的人選基本上與總統的意識型態與理念，相當一致。參閱 Henry J. Abraham, Justices and Presidents, 2 Ed., Oxford University Press, 1985. 但美國大法官的終身制，可補救其和美國總統關係的密切。

選資格的嚴格要求，恐是維持大法官品質的唯一憑藉了！

　　大法官出缺後，總統應否負有立即補實之義務，抑或是總統的裁量權？大法官雖在釋字第 632 號解釋提到對監委的出缺時，總統及立法院都有適時提名及行使同意權的義務。也可及於補實大法官的問題之上。然而由於此號解釋用意在於：避免委員的出缺影響憲政機關的有效運作。因此，到底會否影響有效運作的判斷，便操在提名者的手中，也因此在實務上鮮少產生一有出缺大法官，總統便儘速補實的例子，也形成了「裁量權說」❺。

　　故釋字第 632 號解釋看似是「各打兩大板」，但提名部分既「責於總統」，總統即只有「提名人選裁量權」，而無「提名與否之裁量權」也！

　　由於大法官名額，且由十七名改為十五名，各有專業，因此不宜留有「專業空窗」。更何況民國九十二年之後新制大法官的任期有「過渡期」的設置，其目的正是希望經過四年之後，每一任總統都得提名一半的大法官，且希望形成制度，並使每位大法官有獨立任期，可保經驗傳承。故這個修憲意旨應當拘束每位總統，當大法官出缺時，應當儘快補實之。修憲的用意，也避免每一任總統可能獨攬大法官提名權之可能，並分散大法官產生的時空與政黨背景來源。俾較能反映多元的社會與政治價值觀。

二、大法官的身分保障

　　對於大法官是否如從事審判任務的法官般，給予相同的終身職保障，憲法並未明文規定，本可由立法院決定之。司法院組織法第 5 條 2 項規定大法官的任期原為九

---

❺ 見謝在全大法官在釋字第 541 號解釋協同意見書中所提出來的「委諸總統之政治判斷……，睿智政治判斷」之見解。另外，有兩號釋字（第 470 號及第 541 號解釋）都涉及總統的提名司法院長、副院長及大法官程序。兩號解釋提出了「如果因司法院長、副院長或大法官出缺而影響司法院職權之正常運作時」其任命程序，應由總統提名，由國民大會（第 470 號）或立法院（第 541 號）同意。是否即表示總統的裁量權受到上述「有影響司法院職權之正常運作」之限制？謝在全大法官之意見應為否定說；李建良採「兼顧之折衷說」，但似偏向否定說，見氏著，大法官的制度變革與司法院的定位，憲法理論與實踐，1999 年，第 583 頁。本文認為應採肯定說，按此原則如不能形成總統裁量權之限制，無疑肯認總統可以坐視大法官的出缺而使司法院職權喪失，卻無任何義務違反之責任可言。以後哪一位總統如不喜歡大法官、考試院及監察院之制度，大可以怠於行使提名權，讓這些機關終結，而立法院及釋憲機關卻束手無策？所以在法制未建立「強制提名」之機制前，應該先課予總統有維護司法院職權運作之憲法義務（至於「正常」兩字即屬贅言。因大法官正常運作即應「滿額運作」，而非「缺額運作」。同時，兩號釋字提到的「維護司法院運作」之意旨，既然有拘束各機關之效力，也有拘束立法院，課予立法院積極行使同意權時，亦負有配合此提名制度之憲法義務也）。依法院組織法 (99.11.24) 第 66 條第 11 項便有總統應在最高法院檢察總長出缺三個月內，重新提名的義務。即有取法之價值。

年❻，因此曾發生一位具有最高法院法官十年以上之資歷，而獲選任大法官者，因就任大法官時已辭去法官職務，但一屆大法官任期屆滿後未獲連任，便無法回任最高法院法官，從而喪失了享受終身職及優遇的機會。為了解決這類法官獲選擔任大法官的崇高職位，卻留下卸任後的不利的「任職後遺症」，便在八十一年修正司法院組織法(81.11.20) 增定第 5 條 4 項：大法官任期屆滿而未連任者，視同停止辦理案件之司法官，適用司法院人員人事條例第 40 條 3 項之規定。按後者之規定為：停止辦理案件之司法官，仍為現職司法官，支領司法官之給與並得依公務人員退休法及公務人員撫卹法辦理退休及撫卹。但不計入該機關所定員額之內。

　　大法官享受優遇的規定，在做出釋字 499 號解釋後，憤怒的國民大會代表即挾怨報復，民國八十九年修憲條文第 5 條 1 項後段即規定：司法院大法官除法官轉任者外，不適用憲法第 81 條及有關法官終身職待遇之規定。這個出自並不光明磊落的修憲動機，且用憲法的層次來「更正」立法層次的規定，也不無小題大作之嫌！且這種以大法官出身資歷區分享有優遇與否，徒然造成大法官待遇的不平等，也無助於澄清法官終身職的意義❼。使得我國這場「修憲者」與「釋憲者」的戰爭留下了形諸憲法條文的證據，也是我國憲政史上另一不光彩的紀錄。

　　然而大法官則在釋字第 601 號解釋明白肯認大法官負有職司憲法所賦予的司法職責，應當符合憲法所定的法官意義也。這號解釋無疑地確認大法官的憲法上法官之身分也。

　　民國八十六年修憲將大法官的任期以一次為限，這個在修憲過程中「突然」出現——亦即不在執政黨規劃及與民進黨事先協議——的提案，將嚴重影響大法官經驗的傳承，同時將會使大法官屆滿任期時產生「後顧之憂」。倘若大法官在解釋高度敏感性的案件有日後「轉業」的顧慮，恐怕就不能完全中立。故修憲此項變更，不僅失之草率，也是沒有充分學理支持的粗糙產物！尤其是該次修憲規定下屆大法官的制度時，卻未考慮在此之前司法院院長、副院長及大法官出缺的任命程序，而引起司法院職權

---

❻ 我國大法官任期本為九年，八十六年增修條文改為八年，且一任為限，比起外國的制度嫌苛。例如美國最高法院大法官任期與奧地利聯邦憲法法院法官皆為終身職，惟後者退休年齡為七十歲。日本最高法院法官任期十年；德國聯邦憲法法院法官任期為十二年。

❼ 在民國八十九年修憲，將大法官任期改為「不分屆次」之前（民國九十二年開始實施），補提名大法官的任期採「補實」出缺者任期之制度，會造成極端的例子，例如民國九十年陳水扁總統欲補提名兩位大法官，如經通過任命，則僅任職兩年便可支領終身待遇，引起社會議論紛紛。最後兩位補提名者未獲通過也！

無法運作的窘境。按民國八十六年修憲規定大法官新制於民國九十二年起實施，八十三年之修憲條文已廢止。但在九十二年前出缺大法官之同意權究須仍依八十三年修憲之由國大行使；或依九十二年新制由立法院行使；抑或回歸到由憲法本文的監察院行使？遂成爭議。為此大法官在民國八十七年十一月二十七日做出釋字第470號解釋指出這是「修憲之疏失」，宣布已遭該次修憲刪除的舊憲法(83.08.01)增修條文的第4條的規定仍有適用之餘地。

此號解釋竟然產生此使已廢止之憲法條文能「起死回生」之效力，而非要求修憲機關從速修憲改正，不無超越釋憲範圍之嫌也。但修憲產生如此嚴重的疏忽，也可看出當時修憲者的草率與法政素養的低劣。

不可諱言，大法官擔任守護憲法與基本人權的重責大任，理應給予最大程度的禮遇。不論是出身學術界或實務界之大法官，都是望重一時的傑出司法人才。靠著出身實務界大法官嫻熟實務經驗，輔以出身學術界大法官能援引進步的法學理論與外國法治經驗，更能提升我國的釋憲品質，讓國家法治水準脫胎換骨。如今大法官任期不得連任，而對學術界出身之大法官，並無退休之保障，將造成後顧之憂，是我國大法官制度一大弊病。

故應在立法上明訂，卸任大法官卸任後可繼續回任教職與公職之權利，且年資不至於中斷，以建立合理的退休制度。否則卸任大法官形成失業，將嚴重戕傷大法官的形象，國家也有負其對國家之貢獻也。

關於大法官的免職與停職，其要件與一般法官同，分別依據法官法第42條（免職）及第43條（停職）之規定，只不過程序上是由大法官現有總額三分之二以上出席，出席人數三分之二（免職）或二分之一（停職）之同意，由司法院呈請總統免職或停職之。

三、大法官的懲戒

作為憲法法官概念之一的大法官，在法官法制定前，都比照一般法官及政務官懲戒的事由與程序，由監察院行使彈劾權，並交由公懲會審理，但實務上並沒有任何案例發生。

法官法引入大法官自律的制度，作為大法官懲戒的發動程序。依法官法第23條第1項規定：「司法院大法官為強化自律功能，應就自律事項、審議程序、決議之作成及

處分種類等有關事項，訂定司法院大法官自律實施辦法。」同條第 2 項規定：「前項辦法經司法院大法官現有總額三分之二以上之出席及出席人數三分之二以上之決議訂定之；修正時亦同。」

司法院即依據此規定制定「司法院大法官自律實施辦法」(101.06.27)。依該辦法第 7 條之規定，大法官違反本辦法者，由其他大法官組成大法官自律會議審議之。前項會議，由司法院院長召集；其為受審議大法官或因故不能召集時，由副院長召集；副院長為受審議大法官或因故不能召集時，由資深大法官召集；資同由年長者召集。大法官五人以上以書面請求召集時，應召集之。

此由上開「辦法」第 10 條規定即可得知：若司法院大法官召開自律會議後，經大法官現有總額三分之二以上之出席及出席人數三分之二以上之決議，得對受審議大法官為下列處分：一、違反本辦法情節重大且符合法官法有關懲戒事由之規定者，由司法院移送監察院審查。二、違反本辦法情節非重大或未符合法官法有關懲戒事由之規定者，促其注意改善、予以譴責、要求其以口頭或書面道歉，或為其他適當之處置。

司法院召集自律會議，可審查目前在職的大法官，亦可對已退職的大法官進行審議。在前者情形固為典型的自律案件，後者情形則顯然形成「他律」。因此對於類似事件的大法官自律案件，似乎應當邀請與該大法官同一期的其他大法官為主，構成自律會議，方符合大法官自律的本意。

故大法官可能遭受的處分理由，包括違反「本辦法」所規定的義務；及有法官法第 30 條規定之 7 種行為時得提付個案評鑑，作為法官違法失職而可據以懲戒的判斷標準，亦可作為大法官懲戒之理由。

至於違反「本辦法」之義務，係指本辦法第 2 條至第 6 條之規定，大法官負有超然、公平、認真執行職務、維持端正高尚之品格及謹慎發表言論之義務。上開關涉大法官行使職務與職務外行為之義務，雖比適用於一般法官之「法官倫理規範」來的更多，但基本精神一致。

司法院大法官自律會議通過懲戒決議後，應移到監察院。監察院審理後，認為應彈劾者，應移送司法院職務法庭審理之。職務法庭審理時，依法官法第 48 條第 2 項，並參酌同條第 1 項之規定，陪席法官四人改為全部以最高法院、最高行政法院法官或公務員懲戒委員會委員充之。而審判長仍由公務員懲戒委員會委員長為之。

至於司法院長、副院長或其他大法官並非為職務法院之成員。這種情形與審理法

官之職務法庭，其陪席法官四人皆需至少與被審理者同級以上，完全不同。司法院正副院長及其他大法官之所以不得為職務法庭之成員，恐係因彼等已經在大法官自律會議上參與討論與表決，故不宜再度參與，以避免偏見。

至於大法官的懲戒種類，法官法並未明言。但並不能適用法官法對一般法官的懲戒（免職、撤職、轉任非法官職務、罰款與申誡），而需適用公務人員懲戒法對政務官懲戒（免職、申誡）。但既然「辦法」第 10 條已明言，違反規定情節重大者方構成懲戒，輕微者可以使用譴責等處分，故對大法官的懲戒應只有免職一種。

四、大法官的任期

民國九十二年起實施的新制大法官，任期分為「過渡期」與「正常期」。過渡期者，為民國九十二年提名的大法官，依民國八十九年增修條文第 5 條 3 項規定，其中八位（含正、副院長）任期四年，其餘七位任期八年。四年任期屆滿後，其後的大法官，除了並任正、副院長的大法官外，其餘十三位任期皆為八年，且不得連任。之所以有此過渡期的規定，乃使每任總統都能有提名一半大法官之機會。同時，新舊任大法官並列，也有經驗傳承的功能，故此制度頗似於外國國會「期中改選」之制度。

然此制度也必須澄清下列幾點疑點：

1.並任院長、副院長的大法官能否被總統隨時免職？免職後，能否繼續擔任大法官之職位？

以本條文在修憲時的討論可知，國民大會乃贊同總統隨時可以免去司法院長或副院長之職；並補提名大法官繼任院長或副院長。此由增修條文第 5 條 2 項明白規定並為院長及副院長之大法官，「不受任期之保障」。且比較起考試院長、副院長及監察院長、副院長的任期及相關規定，可知司法院長及副院長的大法官身分，乃「附麗」於政治性任命的院長與副院長職位之上。

憲法增修條文此項規定，無疑的是加重了總統與司法最高首長的密切關係。司法最高首長與副首長竟然必須依賴總統的好惡而去留，且比其他大法官同僚受到的保障更為不足。一旦總統或是行政權力（特別是當我國憲政現實且一步步加強總統對於行政權力的影響力之時）產生嚴重弊案，例如涉及重大貪瀆等時，特別是在立法院通過對總統、副總統的彈劾案之後，必須移由司法院長擔任主席的憲法法庭來審理（見貳、三、2 處之討論）。且一經法庭判決彈劾案成立後，總統及副總統即刻解職，毋庸如罷

免案般的提送全民複決。更使得總統將會特別重視司法院長與副院長之人選，彼此間不可能沒有高度的信賴關係，更何況新任總統就職後，又可能更換正、副院長，兩者處於「共枯榮之共生關係」。故正當國人高度期待司法正義與司法獨立應發揮功能之時刻，由這種制度產生的司法權，恐難平抑社會的質疑！

故此項規定，無疑是開啟了政治力介入司法體系之大門。尤其是今後司法改革，若將司法院改為最高審判機關後，這種充滿了高度「政治依賴性」的司法院領導制度，將侵蝕國人對司法獨立的信賴。挽救之道只有透過修憲、釋憲或法律規定之方式，明確規定並任院長、副院長的大法官，一旦被總統免去「並任」職時，當可回復其大法官之身分，直至任期結束為止。總統當就其他大法官中，遴選並任院長或副院長職務者。故院長與副院長之與大法官職位「並任制」，應改成「兼任制」。相衡之下，此限制總統之人事裁量權，有其憲法之高度價值也！

但實務上已幸而演變出類似「兼任制」。民國九十九年七月十八日司法院長賴英照辭去司法院長，由副院長謝在全代理院長。賴院長即回任大法官。待馬英九總統於三個月後（十月十三日）提名繼任之賴浩敏擔任院長，賴英照才辭去大法官職位。代理院長之謝在全副院長也跟進辭去大法官職位。此現象說明：司法院正、副院長之大法官職位，可與行政職「脫鈎」，但也同時表明：並任院長與大法官者可自由選擇要否辭去大法官職位，以便空出名額，讓總統可選擇繼任院長（及副院長）之人選也。然此國家司法機關正、副首長的更易，可依個人決定，而非憲法或法律之明確規定，實有悖法治國之常態也！

2.如果總統依現制免去院長及副院長之職，而就現任大法官中，選擇擔任院長與副院長時，應否仍須由立法院來對其行使同意權？其任期是繼續原大法官八年任期，或重新起算，至多八年？

論者或以立法院在對司法、考試及監察院行使同意權時，會對正副院長之人選做更嚴格的審查，而主張送交立法院重新進行審查。但此種「審查程度差別論」，恐失諸於想像！倘立法院對同意對象有此差別，恐失去同意權制度之本意！故既然所有大法官都有法定嚴格的資格要求，任何大法官皆足擔任正、副院長之資格。也經立法院審查過關。因此，應當已經符合了民意與專業的要求。然實務則採相反見解，如民國九十六年九月總統由現職大法官中，挑選兩人（賴英照及謝在全）為院長及副院長，即仍以通過立法院行使同意權之程序後任命之。而兩位擔任大法官，視為重新起算任期，

不視為連任，直至辭去院長與大法官職位為止，仍不能逾八年期限。

貳、大法官的職權

憲法第 78 條規定司法院享有憲法解釋之權。第 171 條規定法律與憲法牴觸者無效。依憲法第 79 條 2 項賦予大法官掌理此釋憲的任務。故大法官主要是負責釋憲權以及統一解釋法令。為執行此權，原大審法透過規定，組成大法官會議行使此權力（第 2 條）。以後為了審查政黨違憲事宜，原大審法第 2 條修正條文，開始增設憲法法庭 (82.02.03)，這是基於其具有審判的司法性質，故大法官在釋字第 603 號解釋便基於此認定大法官也應當具有憲法法官的地位與屬性。故不宜再由議事性質的大法官會議來裁決此問題。因此仿效亦擁有政黨違憲權，且是全世界釋憲機關擁有政黨審查權限的創始國——德國聯邦憲法法院的成例，將大法官會議在審理政黨違憲審查時才改為憲法法庭，其他職權，例如釋憲或統一解釋時，仍然以大法官會議，而非憲法法庭之名行之。

除了明白透過原大審法來將大法官會議部分轉型為憲法法庭外，因為憲法增修條文在民國九十四年六月十日修正第 2 條第 10 項明定立法院通過彈劾總統、副總統案應送交司法院憲法法庭，故原大審法未配合修法，直接增加憲法法庭的職權。就法治國家分權的理念而言，憲法作為最高大法，這種涉及大法官議事及組織權限，既然已經有了大審法的存在，就應該透過修改該法來明定憲法法庭，除政黨違憲審查外，還有彈劾總統與副總統的審理權限，包括程序以及表決門檻。但原大審法遲遲未加修正，遲至憲訴法第 1 條第 1 項第 3 款明白將此職權納入憲法法庭為止，中間有長達 14 年的「法制空窗」，幸而此段期間內沒有產生彈劾的案件，否則難免有法律依據欠缺的瑕疵。

由大法官行使職權本是以組成「大法官會議」的方式為之，容易引發此會議議決的效力問題，終究不若司法判決來得明確，以及具有拘束力與強制力，這是我國大法官會議解釋效力多年來所產生的問題，且促成大法官會議改制成憲法法庭的主要說服力。

憲訴法第 1 條第 1 項就明訂「司法院大法官組成憲法法庭，依本法之規定審理下列案件：⑴法規範憲法審查及裁判憲法審查案件。⑵機關爭議案件。⑶總統、副總統彈劾案件。⑷政黨違憲解散案件。⑸地方自治保障案件。⑹統一解釋法律及命令案件」

以下便分別討論之。

一、法規範憲法審查及裁判憲法審查案件

解釋憲法原本是憲法設置大法官制度的本意，來審查主要是立法有無違反憲法的意旨，另外這是樹立憲法權威性最重要的防衛機制；此外為了實施依法治國——依法行政、依法審判以及法律保留原則，使得憲法成為具有拘束力的最高法源依據，可以直接拘束國家行政與司法公權力，故對於個案執法的結果，例如法院的確定判決，也可以以憲法的依據來審查其有無違憲。

因此憲法法庭便應享有對法規範，以及終局裁判的違憲審查權，來確保整個國家抽象與具體法秩序都能夠符合法治國家與保障人權的功能。故憲訴法第 1 條明定的憲法法庭的違憲審查，不僅只是法規範的憲法審查，也包括個案的司法判決之審查，以下便分兩部分討論此大法官最重要的職責。

㈠法規範憲法審查

在討論大法官的釋憲權時，應討論憲法解釋的若干基本問題：

1.憲法解釋的特色

憲法既為國家根本大法，亦為一成文法典，也如同所有的法典均以文字表達立法者的規範意志。因此，適用憲法與適用其他法典皆有探求該規範內容的必要❽。不過憲法解釋的必要性與特點，與一般法律不同者有三：

第一、憲法以其所規範範圍的廣闊，要在有限的條文中將國家的組織與政治運作之原則、眾多人民基本權利的保障，以及像我國定有基本國策條款者，尚且須規範與預謀國家未來的發展重要方向，全部加以規範。其規範領域即比起僅有特定規範對象與範圍的法律，便有雲泥之別。憲法既然是以價值判斷及理念所構建的法典，亦常使用充滿概括條款與抽象用語，例如憲法前言的制憲意旨、第 23 條對限制人權的公益條款、第 142 條的民生主義與國民經濟以「謀國計民生之均足」為目標、第 153 條的保

---

❽ 德國公法權威教授福斯多夫 (E. Forsthoff) 認為為求憲法解釋之穩定性，避免被當道曲解憲法，必須和一般法律之解釋方式一樣，即四種古典解釋方式（文義、目的、體系及歷史）為限。這種看法遭到普遍的反對。德國 Ehmke 教授便認為憲法解釋可以另闢蹊徑，使用三種方法（合憲性解釋、整體解釋及政治問題解釋）。吳庚大法官則提出了：以憲法解釋憲法、政治問題、合憲解釋及（較少之）符合法律的憲法解釋等四種特殊的憲法解釋方式。見氏著，憲法的解釋與適用，第 576 頁以下。

護勞工農民的理念……，使得憲法的解釋需要較一般法律的解釋具有更高的理念探究和溯源，因為下位階的法律正是由憲法所樹立的理念所獲得立法的動力，且不能超越憲法的理念。所以既然憲法條文與一般法律條文在「規範意志」的顯現差異，使得憲法的詮釋，變得更有必要比一般法律的詮釋在方法上摻雜更多的「理念因素」。

第二、既然大多數憲法採行剛性憲法的模式，因修憲的不易，使得國家的憲政體制與憲政秩序維持穩定。因此，如何使憲法的條文能夠符合時代的需求，也就是如何透過憲法的解釋，使得法律的條文在未變動的前提下能獲得符合時代的需求，讓憲法成為一個「活的憲法」(aliving constitution)，需要靠著憲法的解釋，是為所謂的「憲法變遷」(Verfassungswandel) 的概念（見下文）。因此憲法的解釋所負有的積極意義，釋憲的形成空間較大，非一般法律的詮釋所可比擬。

第三、一般法律的解釋，尤其是各級法院之解釋法律有解決爭議之現實及急迫性，法官不能拒絕審判。但大法官職司之憲法解釋會牽涉到權力分立及民主政治之原則，因此「司法自制」的原則會導出大法官解釋權行使的界限，亦即如「政治問題」之原則使大法官放棄介入解決爭議之案件之中，這種解釋也非一般法律解釋所可比擬。

2.憲法解釋的方法

憲法的解釋，基本上與一般的法律的解釋並無不同，亦採行由私法（民法學）所發展而成的一般法學的詮釋方式。質言之，共有六種解釋的方式：

a.文義解釋：這是純就憲法條文的文字意義探究其規範意義。這種文義解釋並非僅以一般國民對該文字所能瞭解的通常意義，也就法律專門的用語角度，亦即視同一般法律的文字來予瞭解。例如憲法第 74 條所使用的「現行犯」一詞，即非以法律術語及概念來瞭解不可；或如司法院釋字第 19 號對「官吏」與「公職」涵義的不同解釋；與釋字第 21 號對憲法第 47 條規定為六年的計算方法。文義解釋是任何法條解釋最基本、最先使用的詮釋方法。如果依文義解釋已能清楚的瞭解法條真意時，若捨棄不用，反加以擴張或縮減，即誤解制憲者明確的本意。例如，憲法第 39 條只規定總統有依法「宣布」戒嚴之權，而無「行使」戒嚴之權。若解釋總統有實施戒嚴之權力，即違反憲法第 39 條之本意。

b.目的解釋：這是將憲法具體條文中所蘊含的意義與目的，演繹出其應具有的永恆而客觀的價值。易言之，這種目的論者係認為應賦予憲法條款有與時俱進的規範內容，特別是擴張其規範內容的必要性，使得憲法規定不至於墨守制憲時的概念範圍，

而能符合將來時代的需求。因此，目的解釋是一種客觀取向的探究「假想、且永恆之制憲者的意志」(Wille eines hypothetischen permanenten Verfassunggebers)。例如憲法第9條規定人民不受軍事審判的原則，即可推演出此權利保障的「絕對性」，而不能主張憲法第23條侵犯之。又如憲法第16條保障的訴願、訴訟權，此權利主體，即可由立憲時的「一般人民」詮釋為包括公務員在內，進而使傳統上排除公務員不得提起行政救濟的特別權力關係理論遭到廢棄，司法院的釋字第187號解釋即為一例。惟此種目的解釋極易因詮釋者的意識型態與觀察角度不同，造成對於同一個條文與制度有差別的詮釋結果，或造成相關利益衝突的情況，因此，目的解釋是諸憲法解釋方式較未能獲得具體詮釋結果的一種方法。例如司法院釋字第194號解釋與第263號解釋分別對於販毒者與擄人勒贖者處以死刑之嚴刑峻罰，是否符合憲法第23條公益規定予以肯定的解釋，易引發對於該公益條款與比例原則是否正確詮釋的爭議。

　　c.體系解釋：這是將憲法當作一個整體 (Verfassung als einheitliches Ganzes) 而加以解釋之謂。此乃本於「憲法統一性」(Einheit der Verfassung) 的原則，任何憲法條文不能單就文義或目的加以割裂地詮釋意義，馴至於「見樹不見林」，造成解釋結果與整體規範扞格不合的後果。這種解釋方式需要由制定憲法的精神著手，而非斤斤著眼於個別法條的文義，例如本節討論憲法第79條2項之大法官制度與第81條之法官，就應以憲法賦予此二者任務的不同而為解釋。又立法委員依憲法第75條規定不得兼任官吏，是否即可解釋為能兼任其他民意代表？若以憲法整體精神詳加考慮，即會獲致否定的見解。司法院釋字第470號也是依據當時修憲以後，大法官提名同意權已由監察院轉向國民大會，從而即使提名時原增修條文已廢止，仍可承認這個「體系」的整體精神繼續存在。

　　至於「體系正義」則與體系解釋不同。體系正義是以平等權之精神強調立法權或司法權在規範同一類型事物，應有同一標準。而形成一種體系正義。如果嗣後有同一類事物，立法或司法要有不同處置，必須有高度與明顯的公益要求與必要性才可，是為體系正義。

　　d.歷史解釋：此乃探求制憲者意志的「主觀」解釋法。既然憲法是立憲者意志的產物，故為尋繹制憲者的規範真意，此種方法以往被認為是最正統的解釋法，讓制憲者的原始意念「重現」於解釋者之眼前，所以需要蒐羅檢視憲法草案的原始規定、立法理由與說明、折衷協商的決議、以迄於表決過程等相關制憲史的文獻❾。不過，如

同憲法與一般法典皆是一種精神創作的產物，除非每項規定的完成立法均能將取得共識的立法理由流傳下來，否則無法瞭解該條款所由之理念與動機。僅憑官方的立法理由書與及草案催生者的構想——除非已照單全收的立法——不足以佐證法條的真意。此外，亦有認為法典一經立法後，即應與其制定者分離，使法典變成具有客觀內容的規範，而非仍是制定者的主觀意志。所以主張歷史解釋的重要性不若其他方法來的重要。司法院大法官會議在早期的釋憲案中，經常使用這種解釋方法，例如在釋字第 3 號解釋即引述了相關憲草的規定及其被刪除的理由，來解釋現行憲法的規定，便是歷史解釋法；其他如釋字第 14 號、15 號亦同，最近解釋可舉釋字第 624 號解釋為例，即以立法史論定制定冤獄賠償，此時，即有意排除軍事審判之適用也。依原大審法第 13 條 1 項之規定：大法官解釋案件，應參考制憲、修憲及立法資料，成為大法官解釋案件的「法定方法論」特別指明了歷史解釋論。不過憲訴法不再延續此一規定，讓大法官擺脫此一方法論的拘束。然而歷史解釋法最能夠闡述制憲者的意旨，具有釋憲的說服力，但一方面也可以據以檢驗該制憲意旨是否已經是明日黃花，而促成修憲或憲法變遷的動因。因此是一刃兩面的功能。大法官在釋字第 530 號解釋，即以「制憲意旨」為之立論依據（可參見本書第三十五節壹二處），便是前者的例子。

e.綜合解釋：此係認為解釋憲法非僅有一途可循，而應將上述各種方法透過綜合交叉的適用，使得具有爭議的憲法條文與制度得以經由主觀與客觀的詮釋方式，導出最具有說服力的結論。

德國聯邦憲法法院經常使用此種解釋方式，且將客觀解釋的方法（如上述的文義、目的及體系解釋）的重要性與優先性置於主觀的解釋方法（如歷史解釋）之前❿。不過以上述本法第 13 條 1 項獨鍾歷史解釋法，顯然與德國聯邦憲法法院的解釋方法論，正好南轅北轍。

---

❾ 使用歷史解釋法來詮釋我國憲法不可或缺的資料，略有：制憲國民大會實錄（國民大會出版，民國三十六年）；張君勱著「中華民國憲法十講」；王雲五著「國民大會躬歷記」，臺灣商務印書館，民國五十七年；阮毅成：制憲日記，臺灣商務印書館，民國五十六年。依吳庚大法官指出，這是立法院報復大法官在作出釋字第 76 號解釋，將國大及監院與立法院並列為國會，立法院遂起草大法官會議法，加入此解釋方式。司法院現擬廢止此規定。見吳庚，憲法的解釋與適用，第 364 頁，註78。

❿ A. Katz, Staatsrecht, Rdnr.117; P. Badura, Staatsrecht, A. 15. 參見吳庚：論憲法解釋，法令月刊第四十一卷八期，民國七十九年，第 3 頁以下；陳華，論憲法解釋之一些基本問題，憲政時代季刊，第二十卷四期，民國八十四年，第 17 頁以下。

　　而此種方式亦可救單純某種解釋制度之弊。例如憲法第 8 條 1 項及第 77 條都提及「司法機關」，但前者採廣義解釋（包括檢察機關），後者則採狹義解釋，不包括檢察機關，是為釋字第 392 號之理由。

　　f.法律合憲性解釋：上述五種常用的憲法解釋法，可能會導出不同的結論，如何使釋憲機關抉擇其中之一？在德國與瑞士盛行一種「法律合憲性解釋」(verfassungskonforme Auslegung von Gesetz)。這種解釋基本上是源自體系解釋法，將憲法視為一個法秩序的整體，基於「權力分立」及「法安定性」原則，立法者擔負著具體實踐憲法諸多內容的重責。所以，立法者於制定法律之際，基本上也承認其合憲。所以本種解釋在出發點上乃「儘量」維持一個法律的「合憲性」。易言之，只要有一種解釋方式能導出法律的合憲性，並且也不曲解立法者的原義時，即肯定該法律不違憲。如果幾個解釋方法同時導出正、反不同的結論時，才由釋憲機關「找出」哪種是「最符合憲法價值判斷」的結論。相反的，若一個法律條文的語意已經十分清楚時，可以斷定其意思時，即不能使用此解釋方法。所以唯有在使用不確定法律概念，或法律違憲情形十分模糊，才有適用這種解釋方法之必要也❶！同時也常使用限縮解釋方法，將範圍過廣可能導致違憲的條文予以限縮解釋，例如釋字第 709 號解釋第三段，將因天災人禍可迅行劃分之更新地區，「以不變更其他幢（或棟）建築物區分所有權人之區分所有權及其基地所有權應有部分為條件，在此範圍內，該條規定與憲法上比例原則尚無違背。」便是利用「合憲限縮解釋」之一例。這也是基於一個法條可能因為時代進步，致法條原義已嫌老舊或規範不足（例如適用對象未詳加區分），抑或立法疏失，即可由釋憲者代立法者「重塑」法條之適用範圍，可採擴充或縮小方式。但在限制人權方面，多採縮小適用範圍，宣示哪些案件不能適用該法，而維持原法條之合憲性。德國聯邦憲法法院曾在 1978 年做出一個重要的判決，對該國集遊會主辦人須於四十八

---

❶ 大法官解釋實務中提列此原則最清楚的是吳庚及王和雄大法官在釋字第 523 號部分不同意見書，提到本解釋是屬於體系解釋，一方面在於保全法律，以維護法秩序之安定；他方面在開展憲法，以實踐憲法的規範功能。且不獨釋憲機關，即連普通法院亦有依合憲原則解釋法律之義務。兩位大法官且明確指出：合憲性解釋應先行於違憲解釋。洵為確論。不過，要否使用這個屬於司法自制的解釋方式仍取決釋憲者。例如曾引起最高法院（甚至許多各個審級法院）抗拒的釋字第 582 號解釋，大法官謝在全曾提出一個合憲性解釋的草案，將該解釋所宣布失效的判例予以合憲解釋後，即可達到該號釋字之目的，又可保全該兩號判例，但卻未被接受，謝大法官也慨嘆：「致造成實務之衝擊，衍生今日需補充解釋（釋字第 592 號）之問題」。見謝在全大法官釋字第 592 號解釋之不同意見書。所以不採行法律合憲性解釋（本案是判例合憲性解釋）易會使「強勢解釋」遭到「強勢反抗」的後果矣！

小時前向警方報備之規定，宣示不適用於「突發式之集遊」（本書第二十節❷處），即為典型的適用這種解釋方法也！

其實這種由各種理由來彌補、澄清其合憲性之論理方式，在訴訟上並不陌生，例如我國民事訴訟法第 449 條第 2 項即規定：「原判決依其理由雖屬不當，而依其他理由認為應當者，應以上訴為無理由。」即為一例。由於這種解釋方式是以「信任」立法者為基本立論，所以也轉變成憲法是靠立法者來「實踐」，「法律合憲性解釋」也容易變成「憲法合法解釋」(gesetzkonforme Auslegung von Verfassung)，造成這種現象有利亦有弊。有利者乃憲法可以繼承國家社會已習慣的法律概念及制度（特別是憲法制定較晚時），同時憲法的價值也直接反映在法律之中，使釋憲者及立法者的價值判斷一致。其弊病乃阻遏進步，用較老舊的法律思想來綁住釋憲所能帶來新的理念與法制之進步。最明顯的例子可舉憲法第 24 條的國家賠償，本只是規定公務員的侵權，不及於公共設施的建造或管理失當之侵權，但國家賠償法已做了擴張解釋；憲法第 20 條人民服兵役的義務經兵役法（替代役法）的「實踐」增進了替代役的制度，也算是憲法合法解釋之例子（不過，本文對後者持保留之態度）。

由上述對合憲性解釋的特徵，可知乃是儘量維持法律秩序的安定，避免動輒宣告法律違憲失效，以及必須採行過渡的權宜措施。然而這種徘徊原條文違憲失效以及有條件合憲之間的抉擇，乃操在釋憲者一念之間。大法官可以彈性的決定之。茲舉三例以說明之：

第一，例如突發性集會的報備義務。德國聯邦憲法法院在 1978 年做出的著名判決，便是利用法律合憲解釋，宣告德國集遊法四十八小時前的報備義務，仍屬合憲，但不及於突發性的集遊之上；反之，我國大法官在釋字第 718 號解釋，則以我國集遊法未規定突發事件的不須報備規定，而宣告該法的一律報備義務違憲。便是不採納法律合憲解釋的例子。

第二，以釋字第 777 號解釋，對於刑法「駕駛動力交通工具肇事致人死傷逃逸」而有處罰的規定，其中對於肇事的部分，語意不明確，除應故意過失而所生的事故外，其他「非因駕駛人之故意或過失，是否構成肇事」，則非一般受規範者所能理解或預見，故屬違憲。

第三，釋字第 803 號解釋，對於野生動物保育法及其辦法，要求原住民狩獵前要經申請表明記載種類與數量部分，其中就突發性且未可預先預期獵捕的申請，欠缺合

理彈性，致被宣告違憲。此便是類似第718號解釋之例，不採納法律合憲性的限縮解釋，逕行採納違憲解釋的另一例。

故法律合憲性解釋並非釋憲機關必須優先選擇的解釋方法，而是讓大法官衡酌宣告系爭規定違憲失效會帶來的衝擊，而選擇侵害法秩序最小、社會成本最低的宣告方式，屬於典型的大法官之裁量也。

3. 審查的密度問題

大法官對於法律是否有違憲之虞採取審查的尺度，是以何種寬鬆或嚴格的態度問題，是為審查的密度問題。這裡涉及釋憲機關的角色（任務）認知問題，這也與下文的憲法解釋的界限有關。

釋憲機關在解釋法律是否違憲，必須審查立法者的立法意圖是否符合憲法的意旨；立法者負有積極立法來因應社會發展需要之職責，主動且預防式立法成為現代社會立法的常態。對於立法者的「預測」，釋憲機關很難以自己的判斷來評價或取代之。同樣的，對於行政機關的專業判斷（特別是外交、財政），在憲法訴願時對終局裁判法院所指的法律見解、事實或程序的判斷……，釋憲機關應如何把握審查尺度的分寸，給予自己角色的定位？

釋憲機關的審查密度基準是由釋憲實務所累積案例，予以集類歸納後所得出的結論。依據一般社會經驗對寬嚴程度習慣的「上、中、下」三分法，釋憲審查密度也可以分成此三級制：以德國聯邦憲法法院而論，該院也採「三階理論」，由最寬鬆的標準，也就是最低密度的審查基準，以至於最嚴格（最挑剔）的基準，分別為「明顯性審查」(Evidenzkontrolle)，即必須法律有重大明顯之違憲情況，方足構成違憲；「可接受性審查」（適當性審查）(Vertretbarkeitskontrolle)，是指立法者的判斷（特別是對日後社會發展因應對策之預判及所採之方法），似乎言之成理，釋憲機關尊重（可接受）立法者的判斷力。這是中度型的審查基準；最嚴格的為「嚴密內容審查」(intensivierte inhaltliche Kointrolle)，這是多半涉及人性尊嚴、基本權利的侵犯，影響層面廣大的重要案件，以最大懷疑（或最中立）的立場所為之審查也 ❷。

我國大法官的審查尺度亦同。分成：嚴格審查、中度審查及低度審查三種。這些

---

❷ 劉淑範，憲法解釋權與一般審判權之分工問題，刊載：憲法解釋之理論與實務（第一輯），中研院社科所，民國八十七年，第220頁以下；李建良，論基本權位階秩序與司法審查標準，刊載：憲法解釋之理論與實務（第三輯）上冊，第121頁以下。吳庚，憲法的解釋與適用，第408頁以下。

實證分析的界分其實並不嚴謹，也無明白的標準。又在涉及平等權，可有不同的審查標準；在涉及人權方面，又可依各種人權不同之性質，各有不同之判斷標準——例如對職業自由可以發展出「三階」審查模式，至於其他人權即不一定適合職業自由審查之「三階審查」模式也。故我國大法官過去對涉及人民重要權利理應嚴格審查 ⓭，至於大法官對特別刑法的死刑規定（釋字第 194 號、第 263 號及第 476 號）、一般平等權（如釋字第 485 號）、自行參選總統的保證金（釋字第 468 號），甚至涉及國民家庭團聚、人性尊嚴等重大人倫秩序及價值的大陸人民入台之管制（釋字第 497 號），卻都採低度審查基準，而未採嚴格之審查標準（如同屬入境居留管制的釋字第 454 號解釋般）。所以亦充滿彈性而未有嚴格僵硬之標準也。

前述的三級審查基準雖有提供學理比較分析之價值，但在個案判斷時仍有極大的彈性。尤其是大法官作出評斷後，不似一般法院可有救濟之機會。大法官不遵守學理上的界分標準，亦無救濟更正之可能也 ⓮。然而，無論如何重要性理論——影響人民基本權利及涉及重要的權力分立、法治國原則者，都應採行高度的審查。這也是比例原則與法治國原則所期冀大法官作為法治國最後一道把關者的用意也。

4.憲法解釋的界限

憲法解釋既然是以條文——亦可能是一個顯已過時與老舊的條文——來探究其內涵，以產生規範來滿足現實的需要。這種憲法的解釋需要解釋者對於憲法條文的本意、欲規範範圍的極限、現實適用如何才能「公正」……，有深入的理解，才能妥善達到解釋的目的。特別是當憲法對於一個事務並未規定或不妥善的規定，形成類似「法律漏洞」的「憲法漏洞」（Verfassungslücke）時，憲法解釋的填補功能及詮釋行為的自由空間，即顯得特別明顯。

憲法解釋乃對憲法的內容加以闡釋，如同每個條文的適用範圍有其一定的界限，憲法解釋在闡明解釋客體的過程中，有哪些界限？可由下述幾個理論來討論之：

a.憲法變遷 (Verfassungswandel)

憲法變遷是指憲法的規定與憲法的實際產生了不一致的現象，亦即憲法的規範不能產生具體的規範力，造成「質變」之謂。多半是當憲法條文已經發生「老化」的現

⓭ 吳庚大法官對於列入嚴格審查的事項分成四類：限制人身自由之法律；限制訴訟權的法律或判解，對人民基本權有嚴重影響；涉及（男女）平等權及限制言論自由，特別是政治性言論自由。吳庚，前述書，第 416 頁。

⓮ 同理，吳庚，前述書，第 418 頁。另見彭鳳至、徐璧湖大法官在釋字第 612 號解釋之協同意見書。

象，基於憲法修改極其不易，因此，在未更動憲法的條文的前提下，將條文賦予新意，使得憲法得以繼續成長 (Fortbildung des Verfassungsrechts)。

也就是「舊瓶裝新酒」之意。例如我國憲法第 144 條規定公用事業及其他有獨占性之企業，以公營為原則，其經法律許可者，得由國民經營之。此條所謂的「公營條款」，表達了制憲者不欲民營企業經營公用或獨占事業。然而在經濟思想已由以往的「國營事業優先論」轉為自由化與國際化後，不僅國家已將國營事業轉為民營，甚且允許外國企業經營之。因此，本條憲法雖仍未廢止或修正，然已失去其規範力與規範價值。這是憲法「老化」及「退化」，並不是憲法變遷。然而，憲法條文雖已發生變遷，但條文仍在，理應仍有規範力。國家整體運作的實務上——即行政權、立法權與司法權——就必須來協調國家合時代潮流的發展與法條規範效力。通常這種情況是在立法者通過一個有違憲之虞的法律時，由釋憲者來解釋該已老化之條文內涵，因此，憲法變遷變成為憲法解釋的「極限」。憲法變遷的前提必須不侵犯憲法條文明白的語意，如果條文裡有清楚的及無由令人懷疑的語意時，憲法解釋的空間變得狹小。所以憲法變遷往往是正式的憲法修改的「前置階段」，也是構成一個憲法條文被修正前「凝聚」其正當性的程序❶❺。

b.憲法突破 (Verfassungsdurchbrechung)

所謂「憲法突破」（國內學界亦有稱為「憲法破棄」）是一個憲法的條文在未經明白廢止前，已經被一個法律實質的「突破」(Durchbrechung)，喪失拘束力而言。但是這個用語要和單純法律違反憲法規定，創造出違憲狀態，必須截然分別。憲法突破是有「偷天換日」或「抽樑換柱」的意涵。這個起源於德國威瑪共和國時代的理論，肇因於威瑪憲法第 76 條之規定，憲法得由國會以絕對多數（三分之二）的決議修改之。但對於修改憲法的法律，則未有任何形式上與內容上的限制。所以會造成一個不明言修改憲法的「偷渡」法律，但實質上滿足修憲所需要之絕對多數決要件，通過後產生了與憲法牴觸的情形，但是立法者卻可振振有詞的為排除憲法秩序之正當性提出了程序上的說服力。所以和以單純普通多數通過的違憲法律造成違憲後果，情形完全不同❶❻！

---

❶❺ 參見：P. Badura, Staatsrecht, F. 60. 德國公法學界討論此概念最有名者，厥為我國學者徐道鄰一九三一年於德國柏林大學提出之博士論文，迄今為德國學界（如 P. Badura 教授）引為經典之作。可參見作者：驚鴻一瞥的憲法學慧星——談徐道鄰的憲法學理論，刊載：公法學箚記，第 173 頁以下。

這種實質上已經造成修憲效果的法律，必須靠釋憲權來糾正之。憲法突破與上述的憲法變遷不同的是這種憲法突破係明白的牴觸憲法原意，以及排除憲法的規範效力，十分明白的這是一種違憲的立法。相同之處乃該有關的憲法條文已經失去實質的規範力。另外，憲法變遷也同時喪失了規範價值，憲法突破則未必如此，易言之，憲法變遷往往具有正當性，但憲法突破則為中立性質，可能具有正當性，或可能無正當性可言。相異點為，憲法變遷仍恪遵條文的外在概念，但憲法突破即無此顧忌。故法律僅能靠釋憲達到憲法變遷的程度，但越此界限已達到憲法突破，即是違憲矣 ⓱ ！

德國之所以會在第二次世界大戰之後興起批判憲法突破的理論，乃是納粹當道時，藉著國會內清一色的納粹議員通過的法律（例如許多的排猶法律）來排斥威瑪憲法的相關規定，例如基本人權等，但卻不進行任何修改威瑪憲法之行動。而納粹德國無法律違憲審查制度，也是任諸憲法突破制度猖獗的主因之一。所以，如果有釋憲機制的把關，可以阻遏一般法律（不論是普通多數或絕對多數決）的違反憲法基本精神所造成的違憲狀態。德國憲政史上特有的憲法突破制度，顯然不適合我國。至於一個依照憲法修憲程序所通過的修憲案，是否符合憲法精神，從而可由釋憲機關審查及宣告無效，是另一個問題（我國及德國皆許可），但此不僅不是憲法突破之例子，反而是憲法突破所要「李代桃僵」的對象也。

討論至此，我國大法官正式引用憲法突破的概念是在釋字第 499 號解釋，稱為「憲法毀棄」，則非正確的瞭解此學術用語。而是純就字面上解釋，認為一個違反憲政精神的修憲行為（民國八十八年的延任修憲）造成國家憲政體系的崩壞毀棄，而援用此術語。這是大法官「囫圇吞棗式」的誤用學術名詞，也是從俗之誤也。

c.政治問題

釋憲權是司法權的一種，因此基於權力分立的原則，司法權力對於屬於行政權與立法權運作範圍的「政治判斷」，理應不介入之。這種基於權力分立與「司法自制」(judicial selfrestraint) 所產生的「政治問題原則」(political questions doctrine) 可以作為

⓰ 對於這種會造成憲法突破的法律形式，在日後德國基本法已有「防弊」的規定。依該法第 79 條規定除了修憲的法律需要國會絕對多數的要件外，在修憲內容亦有絕不可修正之界限規定以及修憲法律應指明所修改的條文方得許可之。參閱拙著：修憲之道，刊載：基本權利（下冊），第 341 頁。

⓱ 例如德國學者 Katz 認為透過釋憲——特別是目的解釋——能夠達到有限度的憲法變遷，但此憲法變遷的極限，即是在憲法修改與違憲之間。參見：A. Katz, Staatsrecht, Rdnr. 107.

限制司法權的界限，亦可作為排除釋憲權的理由。

　　然而，何謂「政治問題」？「政治」眾說紛紜的概念，任何只要涉及到公眾事務或是權力、職位的獲得與運作皆可劃入所謂政治的概念。如此，任何涉及國家權力的事務，皆可包括在政治事務的範圍之內。憲法既然是一種「政治之法」，不僅規範國家的政治機構、也規定了政治運作的程序——例如選舉、政權的遞嬗、政黨的權利與義務。為了人權的保障、以及基於憲法理念，便可以對所有國家權力，發揮制衡的作用。在此意義而言，釋憲權涉及的事務層面即無所不包了！使得將一個事件定位為司法事件或政治事件更形困難。

　　釋憲權對於政治事件採取「自制」而不予審查 (nonjusticiability) 的主要前提，乃在於政治事件是屬於司法權所不能或不宜介入與判斷的事件。按釋憲權主要的目的在解決涉及憲法之爭議，且以澄清憲法之疑義為鵠的。我國憲法第 171 條的規定亦本著相同的出發點。依法治國家分權的理念，行政權有依法行政義務（此可由憲法第 172 條明定命令與憲法或法律牴觸者無效之規定獲得依據）；司法權有依法審判之義務（此觀憲法第 80 條甚明），因此國家運作的主要依據乃是「合憲的法律」。立法者如何立法與何時立法的「立法裁量權」不如已經完成立法手續之法律，較易受到合憲審查。因為依權力分立理論，縱然行政機關與立法機關乃相互獨立，但在實施政黨政治的民主國家，此兩種權力乃密切配合，此可由內閣制國家係由國會多數黨掌握國家行政權力，以及一般國家國會的立法來源，是以政府所提出的草案占最大的比例，行政權之與立法權即有密切的互動關係。一個國家的行政權力不僅僅只是消極與被動的執行法律為已足，反而是要積極的立法來創造更新的行政規範。在行政權與立法權甚大的互動空間中，這種「政治決策空間」所要考慮的因素，不僅僅是憲法的規定與價值理念，還有其他甚多的考慮要件，例如國內外的局勢、選民的支持、輿論的態度等。此種「政治判斷」幾乎不是司法性質之釋憲機關的判斷所能取代。司法自制的理念也是司法權謹守本分，及不過度「自我膨脹」的寫照。此也可以觀諸本法第 22 條 1 項進行言詞辯論之代理人以律師或法學教授為限的規定，即可知憲法考量注重的「純司法性專業」。

　　不過，儘管如此，但要釋憲機關對於政治事件沒有管轄權，並不容易規定之。一方面，認為釋憲權是司法權之一，司法權即有「不能拒絕裁判」之特性。並且，憲法即是政治之法，所以釋憲權本應解決政治性的爭議，故政治事件不應成為釋憲機關「退縮的理由」；在另一方面，要界分政治事件與法律事件極為不易，在涉及界分問題時，

仍不免須勞動釋憲機關解釋也。因此，政治事件成為釋憲的界限，只是釋憲機關的「放棄審查」，也是所謂的「非不能也，乃不為也」 **⑱** ！

　　形成司法權所「不欲介入」的政治事務，可以綜合成幾種類型：屬於機關內部自律事項，如立法院的議事程序（釋字第 342 號） **⑲** ；國民大會之一讀會程序（釋字第 381 號解釋）；屬於純粹行政事務（如選區劃分、軍事組織之設置）或純政治決策之事件（例如宣戰與媾和的權力即為純粹的政治事件）。是乃因其需要高度的政治判斷，而由憲法的規定未能提供一個具體且妥善的判斷標準，且為此判斷的大法官也不具備判斷此種事件的能力。大法官首次，且很少引用的政治問題的原則是在釋字第 328 號解釋針對憲法第 4 條我國固有領土的規定，請求界定範圍的解釋，此以我國憲法制定時的領土範圍，即可輕易為解釋的案件，大法官卻認為乃重大之政治問題為由，不予解釋。顯然我國大法官對於何者才屬於政治事件的認定，是以是否會捲入政爭，而非事件本身是否為高度政治判斷的問題。

　　另外，在一時喧騰的關於副總統兼任行政院長所作出的釋字第 419 號解釋，大法

---

⑱ 對於何種案件方屬於政治案件 (political case)，美國聯邦最高法院一直沒有做出一個清楚的概念界分。一直到一九六二年所做出的 Baker v. Carr (369U. S. 186, 204) 的判決後，已嘗試對所謂的政治事件做出下列六點的要件：(1)憲法明文規定乃屬其他政治機構（國會、總統與行政部門）之職權；(2)憲法雖未規定職權的歸屬，但法院明顯的欠缺解決該案件之能力；(3)明顯的是司法權以外的機關之政策考量，而非司法裁量能決定的案件；(4)政府機關不協力時，法院即無法獨立解決之案件；(5)該案件係繫於一個完成且為政治事件，方能解決者；(6)承審該案件突然引起其他國家機關強烈的難堪等六項要件。聯邦最高法院認為此乃基於權力分立的原則以及最高法院擁有執行憲法權力來為之詮釋，因此得以個案的不同來加以認定，所以認定權完全操縱在法院手中。法院當然可將得列入政治事件的案件自行審判之，亦可拒絕審判，後者才稱為「司法自制」也。所以此「政治事件之原則」並非可以限制法院之審判權。所以自從一九六二年公布的本案，美國聯邦最高法院的實務已經不太容易認可一個案件構成政治案件。僅在一九七三年 Gilligan v. Morgan (413 U.S. 1) 承認過一次外，並未再出現過類似案件。參見：W. Brugger, Einfuehrung in das oeffentliche Rechte der USA, 1993, S. 20. 及 Edward S. Corwin's, The Constitution and what it means today, 1978 Ed, Princeton University Press, p. 219. 另見湯德宗譯，有關政治問題之多件判決，刊載：美國聯邦最高法院憲法判決選譯，第一冊，司法院印行，九十年，第 121 頁以下；李建良，論司法審查的政治界限——美國「政治問題原則」初探，人文及社會科學集刊，9 卷 4 期，1997 年，第 65 頁以下。

⑲ 司法院此號解釋是援引其對於系爭國家安全會議組織法等三法，是否成立法程序的調查受有限制，以及如傳喚立委出庭陳述，無異會將政治之議題移轉至司法機關作為其放棄調查的依據。這種理由稍值牽強，其判斷重點非為大法官不審議政治議題的爭執，而是應就國會所擁有的自律權來做解釋。國會擁有自律權並非有其絕對性，而形成「放任權」，而是此國會自律權，沒有發揮應有的規範功能後，才可由更高位階的釋憲權來救濟之。關於本號解釋的批評，參見：李建良，修憲程序、國會議事自律與違憲審查，刊載：氏著：憲法理論與實踐(一)，學林文化公司，民國八十八年，頁 249 以下。

官第二度援用了本原則。在關於行政院長於新任總統就職時應否提出總辭的問題上，本號解釋認為是：「行政院長之辭職非憲法上之義務，而係基於尊重國家元首所為之禮貌性辭職。對如何處理總統有裁量權限，為學理上所稱統治行為之一種，非本院應作合憲性審查之事項」。由於本號解釋的重心是在另一個議題（副總統可否兼任行政院長），搶盡了風頭，以致於本號解釋揭櫫的政治性原則反失去了吸引力。

5.聲請法規範違憲的要件

憲訴法第 3 章第 47 至 58 條，規定法規範憲法審查的程序。可以根據聲請人不同，分成國家機關、立法委員及法院聲請的法規範憲法審查程序三種：

⑴國家機關的法規範違憲聲請

這是大法官釋憲權最重要的一項，國家最高機關因本身或下級機關行使職權所適用的法規有牴觸憲法者，得聲請憲法法庭審查，以擺脫「惡法亦法」的拘束，使得法治國家的原則能夠獲得更好的品質（憲訴法第 47 條第 1 項）。

這裡所指的國家最高機關，依據中央行政機關組織基準法 (99.02.03) 第 6 條之規定，是指院級機關（五院）而言。

至於下級機關因行使職權，所適用之法規範認有牴觸憲法者，得報請上級機關為前項之聲請（同法條第 2 項）。這也是延續大審法第 5 條第 1 項第 1 款的規定。

至於中央行政機關中相當於二級機關之獨立機關，例如公平交易委員會、中央選舉委員會等，其因獨立行使職權，在自主範圍內亦可引用本條文第 1 項的規定，直接向憲法法庭提出法規釋憲審查。

此外，基於行政一體，上級機關自有監督下級機關之權責，因此如果該下級機關行使職權所依據之法規，如有牴觸憲法之疑義，各機關本於職權範圍內得自行排除者，自然不得聲請（憲訴法第 48 條），以維持行政運作的體系。

⑵立法委員的法規範違憲審查

此在民國八十二年二月三日修法引進的制度（大審法第 5 條 1 項 3 款），許可立法委員行使職權，適用憲法發生疑義，或適用法律發生有牴觸憲法疑義者，亦得經立法委員現有總額三分之一以上聲請釋憲。憲訴法第 49 條則改為立法委員現有總額四分之一以上就其行使職權認法律位階法規範牴觸憲法時，亦可聲請憲法法庭違憲之判決。這是專對立法院行使職權的釋憲制度的設計。此即德國基本法第 93 條所規定的「抽象法規審查」(abstrakte Normenkontrolle) 制度。

a.審查標的的問題

德國（奧國亦然）的抽象法規審查制度是屬於「事後審查制」，僅限於已完成立法程序的法規方能提請釋憲。惟有在極少的例外情形，例如已完成三讀程序，但在總統公布前之法案，亦可提起釋憲（德國聯邦憲法法院在 1957 年 7 月 30 日之判決，BVerfGE 1, 396）。另外，法國採行的則是「預防性審查制」，依第五共和憲法第 61 條 2 項規定：法律在未公布前得由總統、總理、兩院議長及兩院各六十名議員提請憲法委員會審議是否違憲。所以，即使法國的「預防式違憲審查」制也只限於已完成立法三讀程序，尚待公布之法律，與德國聯邦憲法法院所特例許可的情形完全一樣。

我國引進此抽象法規審查制度不久，大法官就將可由立委聲請釋憲的標的擴張到「尚在研擬、修正的法案」之上。這是因為審理議案與立委「行使職權」有關，便可納入審查的標的。

代表這種擴張標的發展的是在民國八十三年九月二十三日作出的釋字第 364 號釋，立委針對廣播電視法草案所提出的釋憲聲請，大法官並未不受理，反而作出決議。以後釋字第 388、392、401 及 467 號解釋也是同樣的情形。

大法官改變態度是在第 1108 次會議 (87.10.09) 中決議：「立法院於審議（法律案）時，適用法律有牴觸憲法之疑義者，固得聲請解釋憲法，若法律修正案尚在立法委員擬議中，發生牴觸的疑義而預先徵詢本院意見者，要難認係行使職權、適用法律之情形」。大法官也在第 1123 次會議 (88.07.16)，做成「今後對立法委員於法律制定、修正之審議中，或法律修正案尚在立法委員研議中，發生有違憲疑義時，而以釋憲方式預先徵詢大法官意見者，以不受理原則」之決議。在第 1124 次會議 (88.07.30)，以及第 1144 次 (89.06.09)，第 1191 次 (91.05.31) 會議重申此見解。另在釋字第 603 號解釋理由書也將立法委員聲請釋憲條件定為「認為現行有效法律有違憲疑義而修法未果」，大法官第 1389 次 (101.06.22) 會議亦同。大法官雖然在上述會議表示不受理正在審議過程中的法案，避免變成立法院的「憲法諮詢機關」。但這只是大法官的一個原則，並不構成當然的拘束力。大法官仍可在個案中決定是否要受理❷。

---

❷ 見吳庚，憲法的解釋與適用，第 373 頁；陳新民，我國立委聲請釋憲制度的「質變」——兼談所謂的「預防式的違憲審查權」制度的改正，月旦法學雜誌第 105 期，2004 年 2 月，註 19 處本文；廖義男，立法委員聲請釋憲之規定與實務，刊載：法治與現代行政法學——法治斌教授紀念論文集，2004 年，第 16 頁。王和雄，違憲審查制度與司法院大法官審理案件法，法學叢刊，182 期，第 38 頁以下。

此見解，大法官在第 1428 次會議 (104.02.06) 將釋憲標的由現行法律，延伸到修憲條文的解釋之上。

其次，除法案不應為釋憲標的外，對法規命令是否可提起釋憲？實務上曾承認，如釋字第 380、426 及 458 號解釋。命令不得牴觸憲法或法律固是憲法第 172 條之規定。但法規命令與法律是否違背，並不一定非勞動大法官解釋不可。此比較憲法第 171 條文第 1 項及第 2 項之特別規定由釋憲制度來決定法律不得牴觸憲法之原則，即可得知。所以立法委員對於法規命令是否違反法律（包括違反、變更、牴觸法律，或應以法律規定，而以命令定之者），應依照立法院職權行使法之相關規定（第 60 條至 62 條）審查之，不能逕自提起釋憲。由於立法院審查法規命令之重心是在有關委員會，惟有在有關委員會審查決議法規命令已牴觸法律，但未為院會所接受時，如果立法委員確信法規命令之違法已達到違憲的程度，例如涉及違反憲法第 23 條之「法律保留」或比例原則，或其他憲法之條文，並附具詳細之理由，方可聲請釋憲❷。

然而，為了保障少數反對黨亦有提起違憲審查的機會，以確保不致於成為「多數之惡」的立法，大審法在最後的修正草案第 50 條 (102.01.08)，已修正為：立法委員現有總額四分之一以上，就法律依法公布六個月以上，已經依立法院職權行使法提案修正而未果者，方得聲請釋憲。

至於立法院追認之戒嚴令、緊急命令，或立法院決議通過之預算案、條約或其他有拘束力之決議，應以通過追認或決議之公布日起，三個月內，方得以提起釋憲❷。

大審法這個草案有關立委人數改四分之一，以及限定只是法律位階的法規範，而非行使職權部分，方可依據憲訴法（第 49 條）提起違憲審查。

b.立法委員聲請釋憲的對象——只限法律位階的法規範

原依大審法的規定，立法委員必須行使職權，是為能聲請釋憲之前提。然而憲訴法第 49 條的制定，已經將原本立法委員聲請的要件為行使職權有關者都包括在內，而限定為「法律位階」的法規範，因此此重大的改變，已經大幅度的更正了過去立法委員提起釋憲的範圍，質言之，這種改動如下：

廢除概括的行使職權有關：

立法委員的職權範圍何在？依憲法第 63 條，特別是立法院職權行使法的規定，立

❷ 廖義男，前述文，第 18 頁。
❷ 過去草案反而規定六個月內方能提出釋憲。可參見廖義男，前述文，第 23 頁；陳新民，前述文註 11 處。

法院及立法委員的職權包括十三大項。是否都可列入釋憲範圍？學界有從寬論及限制論的見解。

採從寬論認為要仔細區分立委哪個行為是否構成行使職權極為困難，特別是立委接受人民陳情，並作為質詢之依據，便是一例，所以只須有一定連署人數及釋憲的標的即可，無庸限定職權的問題。司法院曾在民國九十一年九月提出一個大審法的修正草案對本制度修正理由說明「為保障少數持反對意見的立委之釋憲權，縱與行使職權無關，亦許可聲請釋憲」。司法院的見解頗值注意：司法院將本制度之目的定為「為保障少數持反對意見之立委之聲請釋憲」；且提出「縱與行使職權無關」之用語，顯然已不止是「從寬論」，簡直提出「開大門」的「無限制論」了！

採限制論者，鑑於立委動輒連署釋憲，且夾雜許多高度政治動機，造成大法官的負荷，限制論也告產生。限制論主要有兩種論點：即集體行使職權及限於反對黨方能提出❷，可分別討論。

第一，必須是集體行使職權，排除立委個人的行使職權行為，例如個人之質詢（大法官第 1072 次會議，86.06.06）、連署人皆未全部已提出質詢（大法官第 1180 次會議，90.12.28）、涉及立委個人權益（例如個人喪失不分區立委職務的聲援連署，大法官第 1194 次會議，91.07.12）等。

第二，要有前置的參與程序，例如聲請立委未參與法案表決者（高金素梅等對前瞻條例的聲請，司法院大法官第 1476 次會議，107.05.04），以及聲請委員必須是當初立法的表決者，後屆不得聲請、聲請前須經修法未果、不能母法通過後不聲請釋憲，等待子法通過後才釋憲（農田水利會通則聲請釋憲，大法官第 1508 次會議，109.08.28），都屬於立委不可提出釋憲的案例。

所以，對於立委個人權益、質詢以及接受人民請願而提出之釋憲案，都以欠缺集體行使職權之要件而不能聲請釋憲❷。

然而此又牽涉另一個問題。立委提出釋憲是否須有「前置」程序，亦即必須經過院會之程序，必須院會不通過之異議者，方能提出之。故聲請釋憲即成為「最後手

---

❷ 最早提出此兩個限制是前大法官楊與齡在本制度實施的當年，即釋字第 329 號解釋中提出不同意見書，已慧眼獨具發現了此制度的重大瑕疵。

❷ 因我國立法院也不免人情文化，立委間相互連署已成為「國會文化」，人民陳情請願即容易跨入聲請釋憲之門檻。相形之下，人民如循憲法訴願且須經終局裁判，窮盡救濟之程序，兩者難易有如雲泥，豈是公平正義之制？

段」。德國憲法學界也有認為國會應善盡立法之職責。議員必須先窮盡在國會內之討論、爭議不果後，才能向院外的憲法法院尋求救濟，是「抽象法規審查的附屬性原則」(Subsidiarität der abstrakten Normenkonkrolle)❷。不過，這個「附屬性」的看法卻不是通說。德國聯邦憲法法院在甚早年代 (1958.07.30) 作出的判決 (E8, 104/110)，就已經明白表示抽象法規審查權並不具附屬的地位，無寧是憲法所特設的制度。所以「前置程序」的「最後手段」要求，並未能取得主流見解之地位❷。

第二，是否限於反對黨方能提出：誠然德國當年之所以建立本制度，乃在保障少數黨，使得少數黨可以在國會內監督國政實施時發現有違憲及背離法治國原則時，能提請憲法法院來糾正。司法院在民國九十一年大審法修正時的修正理由，也明白舉出了這個理由，已於前文述及。但在民國一〇二年最後一次大審法草案已不提此議！

此外，也有認為只限於在法案審議時持反對意見方能提出。否則在法案表決時已贊成立法之立委，隨後又連署質疑其合憲性的釋憲聲請，已違反了「禁止相反言論」(Estoppel) 之法理。所以只有反對黨或持異議者❷方能連署。

不過，司法院此版本修法理由顯然站不住腳。德國以後的憲政實務及學界都不再主張本制度是反對黨專利特權。這也有另一個理由。因為德、奧都是內閣制，今日的執政黨，明日可能成為反對黨，且法律亦可能「老化」或「昨是今非」。所以以黨派、或立法當時立場贊同與否，作為可否聲請釋憲的重要性都降低了。

所以，即使執政黨也可以聲請釋憲，特別是利用釋憲方式來獲得或加強高度爭議法案之正當性。但執政黨亦應重視政黨政治及責任政治之原則，對自己提出之法案以不提出釋憲為原則。故執政黨雖亦可提出釋憲，但不宜鼓勵。

綜上所討論，對此立法院行使職權的釋憲問題，應該考慮回復到憲法第 171 條的釋憲本意，僅將釋憲權集中在立法院已通過，行政院長亦未正在行使覆議權、總統已公布的法律為限。

憲訴法第 49 條已經明白地規定僅限於行使職權時，認法律位階法規範牴觸憲法者，方得聲請釋憲。同時對於尚未完成立法程序的立法草案，也排除在審查的範圍。

---

❷ 例如德國著名的公法學者毛勒的見解。H. Maurer, Staatsrecht, I, 2. Aufl., 2001, §20, 82. 不過，作者在第三版時（2003 年）已更正此見解。

❷ 同見廖義男，前述文，第 14 頁。我國實務上也未採行這個見解。

❷ 陳計男大法官在釋字第 485 號解釋的不同意見書即持此見解。不過大法官實務上不採此議。

這是正確的修法，然而只限定法律位階法規範，而排除法規命令，則有不足，應當例外的許可之。蓋此時，此法律及法規命令已形成「國家意志」的化身、公權力的來源，因此大法官所扮演的「憲法把關者」所行使的釋憲權，便顯出其最寶貴的效用。否則動輒藉著「最小的成本」解決政治僵局的美名，會將大法官淪為解決國會內任何「假憲法之名」提出的法案釋憲瑣碎爭議，將使大法官疲於奔命，並涉入政治爭議的漩渦。一旦大法官不能正確的援用「政治問題不受司法審查」的盾牌，司法釋憲權即成為各方質疑的標的。立法院行使職權的釋憲審查，應回歸憲法第 171 條的「單純化」之本意，亦是出於尊重且愛護大法官制度之意也。

　　(3)法院的法規範違憲審查聲請權

　　a.聲請的標的——只限於法律位階的法規範

　　憲訴法第 55 條規定，各法院就其裁判上所應用之法律位階之法規範，依其合理確信認有牴觸憲法，且於案件的判決結果有直接影響者，得聲請憲法法庭為違憲之判決。這是強化依法審判的法律依據，必須具有合憲性的合法性與正當性。聲請人為各級法院，這便將原大審法第 5 條第 2 項原本只規定最高法院或行政法院（最高行政法院）得享有此項違憲聲請權，爾後透過大法官的釋字第 371 號解釋，許可各級法院在受理案件時，對有違憲之虞的法律得停止訴訟程序，提請大法官解釋。大法官實務上擴張了各級法院擁有提出違憲審查的權利，然而大審法第 5 條第 2 項並未配合此意旨修正，而行政訴訟法在民國一百年增訂第 187 條之 1，則許可各級行政法院法官提出釋憲，相形之下，最高法院以外的其他民事與刑事法院，雖可提出釋憲，但卻沒有法律上的依據。此立法依據的空缺直到憲訴法第 55 條第 1 項才明確地填補矣。

　　此制度與裁判憲法審查制度不同者，後者為一種「事後」——即終局裁判後的釋憲——，而本制度乃「事中」的釋憲制度。法院在審理案件中，對於判決依據的法律存有牴觸憲法之疑慮，易言之，法官依其良知與法律之見解，認為該法律的合憲性未能獲得堅強的確信也。這種讓法官不必「盲目服從」實證法律，而可讓法官的「憲法意識」能夠發揮其汰擇所依據法律的效力，可稱為法官的「法律違憲審查權」。這種可概稱為「司法審查」(judicial review) 之制度，可以依適用法官的範圍，以及法官行使此權力的效力，大體上可分為美國與德國兩種模式。

　　司法審查制度係起源於美國。美國憲法中並未明言規定各級法院的法官擁有司法審查權。美國是在一八〇三年由時任最高法院的首席大法官馬歇爾 (John Marshall,

1755–1835) 即在其就任大法官職務 (1801–1835) 的第三年所公布著名的 "Marbury v. Madison" 案中首先創造出此制度。依馬歇爾大法官的見解，基於權力分立的理由，法官有權力拒絕適用一個有違憲之虞的法律，但同時也不能宣告該法律違憲而失效，僅能就其本身判決權力所及的個案，不適用該法律而已。因此，自從馬歇爾創立出此理論後，即成為美國各級法院所適用的原則。日本現行制度亦與美國制度類似。

　　誠然基於權力分立的原則，法官——特別是最高法院以下的法官——並不能以一己之判斷宣布法律為違憲而失效。但任諸個別法官以個別的「憲法觀」來對法律為適用與否之決定，且未負有向有權「最終解釋」之機關提出釋憲聲請之義務。因此，本制度之缺點會造成各法院判決的不一致，影響人民對司法公信力的信心。

　　德國基本法對於法官違憲審查的制度，稱為「具體法規審查」(konkrette Normenkontrolle)。依基本法第 100 條 1 項之規定，任何法院之法官於審理案件中，若發現所適用之法律有違憲之虞時，可暫停訴訟之進行，並以所違反之憲法乃基本法或邦憲法，而分別向聯邦或各邦憲法法院聲請釋憲。此種制度的優點可以統一的使有違憲之虞的法律，經由釋憲機關的解釋，確定其是否違憲，並使拘束力的有無產生一致性的效力。比起美國模式而言，起步較晚且已參酌美國制度後而加以修正的德國模式，顯然較為妥善。

　　相對德國制度許可各級法院、法官可先停止訴訟程序，聲請釋憲。而大審法第 5 條 2 項對於有權聲請大法官釋憲者，僅限於終審法院的最高法院或最高行政法院，乃是採納奧地利之制度，而符合大法官釋字第 371 號以及憲訴法第 55 條的新規定，則和德國制度相同。

　　故各級法院法官在受理案件時，對於有違憲之虞的法律，能停止裁定訴訟程序，並提請憲法法庭裁判之。惟此項釋憲聲請權，是當以法官個人的名義，抑或是必須是以法院的名義，方得提起之？依憲訴法第 55 條第 1 項的規定，能夠提起裁判法律違憲審查者，乃是「各法院」，可知聲請主體乃是法院。而同法第 56 條第 1 款的規定，聲請釋憲必須提具的聲請書中必須提明聲請法院「及」其法官姓名，非「或」法官姓名，因此可得知，釋憲聲請必須以法院，而非法官個人名義為之。這也符合憲法第 80 條所規定「法官獨立審判」乃是「法院獨立審判」之意義也。

　　而在大審法時代，則頗為含糊，有由法院名義聲請者（例如釋字第 791 號關於通姦罪的除罪化），也有以法官名義聲請者（例如釋字第 666 號罰娼不罰嫖的解釋案），

憲訴法第 55 條第 1 項的規定當有澄清大審法時代混亂不清的功能。准許各級法院法官提出法規範的釋憲，不僅有助於提升司法品質、保障人權，同時可使各級法院之法官瞭解憲法的重要性，將有助於「憲法日常生活化」，使憲法的理念能在基層司法實務中，扎下深厚的根基 ❷❽ 。

這種由法院提起的法規範憲法審查，雖名為「法規範」，卻和國家機關因行使職權所適用的法規範，認為有違憲之虞的聲請不同，而與立法委員聲請法規範違憲的範圍一致，只限於具有法律位階的法規範。因此行政命令等法規範，就不是法院所能聲請的違憲裁決之標的。

這也比我國在大審法時代，逐漸擴張各級法院能夠提起法規範釋憲的情形，有部分相同之處。按在憲訴法實施之前，各級法院的違憲審查標的，便有「差別待遇」——即在最高法院及最高行政法院法官依前述司法院釋字第 374 號解釋，可將大審法第 5 條 2 項明文規定的釋憲標的由「法律與命令」（為配合同條文 1 項 2 款人民聲請釋憲標的同樣的範圍），故亦擴張為判例及最高法院及行政法院決議。

但對於其他的各級法院法官，依釋字第 371 號解釋能提起釋憲者，僅法律一項而已。至於法官認為命令或判例、決議違憲，則和認為命令違法一樣，法官可以拒絕適用。至於判例或最高法院庭長聯席會議之決議，只有遵從一途而已。這種見解忽視判例或決議的實質拘束力已和法律無異也 ❷❾ 。但隨著判例制度的廢止，以及上述決議的

---

❷❽ 例如司法院釋字第 384 號解釋，針對檢肅流氓條例部分條文的違憲案，便是由一位台北地院法官依據釋字第 371 號所提出的聲請案；羈押權回歸法院的釋字第 392 號解釋，亦是台中地院法官所提起之釋憲；第 554 號解釋（通姦除罪化）亦然。與因此國內學術界，會認為可參酌採納美國法官個案的違憲審查權制度，法官可以拒絕適用其所認為違憲的法律，而自為適用合憲的法律來判決，但其效力亦僅限於個案。如林子儀，普通法院各級法院法官及行政院法院評事應否具有違憲審查權，刊載氏著：權力分立與憲政發展，月旦出版社，民國八十二年，第 92 頁。但這個任諸各法院法官「各行其是」的拒絕或採納某個法律，恐失諸過度理想，也是否會破壞法秩序之安定？恐有待斟酌也！

❷❾ 認為各級法院法官可以憑良知審核判例或最高法院決議而不用者，乃不識我國法院運作之實務。該二種規範具有統一法院見解的功能，早被司法實務界深信不疑，豈容下級法官隨意挑戰？不許可法官就兩者提起釋憲，也經大法官所承認（參見釋字第 687 號解釋，即駁回法官要求將判例列入釋憲標的之聲請）。如此，必待確立終局裁判將判例或決議援為判決理由，才可由人民聲請釋憲審查之；而在前審程序不容法官聲請審查之有絕對、且實質拘束力之規範，是否失之過苛？至於德、奧等國無判例及決議之制度，即無我國產生之流弊也！相關文獻可參見吳信華，論法官聲請釋憲，收錄：憲法訴訟專題研究，二〇〇九年十月，第 122 頁以下；楊子慧，法官聲請判例違憲解釋？月旦法學教室第 52 期，二〇〇七年二月，第 8 頁以下，以及筆者在釋字第 687 號解釋所提出之不同意見書。

喪失拘束力,對兩者提起釋憲的重要性也隨之降低。

憲訴法雖然秉承了釋字第 371 號以後開放各級法院提起法規違憲審查之門的立法例,看似擴大了法院違憲審查的聲請權限,然而卻又明白只許可法律位階的法規範,方得作為各級法院聲請法規釋憲的標的,如此一來,對於原本最終審法院能夠對法律位階以下的法規,例如行政命令提起釋憲的可能性,都予剝奪,反而削減了終審法院法規違憲審查的範圍。為了避免必須法官必須適用有違憲之虞的行政命令,又無法對之提起釋憲,唯有靠法官勇於拒絕適用該類的行政命令之一途也。

b.聲請法規範審查的要件

法院聲請法規範違憲審查,也有程序上與實質上的要件。

在程序要件方面:法官提出釋憲,必須在案件仍繫屬中方可。如已為終局裁判,即不可再提聲請。至於「仍在繫屬之案件」,除民、刑及行政訴訟外,也包括非訟事件在內。同時,在等待釋憲結果的訴訟程序停止期間,為保障人民權利並兼顧公共利益,於有急迫情形時,法官得探究相關法律之立法目的。權衡當事人權益及公共利益及斟酌各案情況,為必要的保全,保護及其他處分。這是大法官在釋字第 590 號解釋所提出的見解,憲訴法第 43 條也有此暫時處分的明白規定。

至於實質要件有二:依憲訴法第 55 條的明文規定,必須具備兩個嚴格的條件,即提出違憲確信理由,所謂的「違憲確信論」,以及對判決結果具有直接影響者(後果影響論),方得許可之。

此項規定十分嚴格,乃是防止法官濫行聲請釋憲,所給予的限制。這也是淵源於德國聯邦憲法法院的成例,而在大審法時代便已經實施甚久。

之所以要有所謂的違憲確信論,乃基於法官本應有仔細研究適用法律的義務,法官如不善盡推敲法律意義,以及是否合憲的問題,一有懷疑(例如訴訟一造提出違憲主張),就裁定停止訴訟提請釋憲,將導致訴訟程序中斷(可能一中斷就達數年之久),造成人民訴訟利益的喪失,也增加釋憲機關之重擔。

法官必須先仔細分析適用法律的憲法上問題,包括學說或憲法法院的見解,如果有法律修正,更要詳究其事實及立法理由。經過這個研討工夫後,如果法官仍確信該法律有違憲的理由時,若仍適用此法律來判決即牴觸了法官之良知,方達到可提起釋憲的「良知門檻」。因此,就以德國聯邦憲法法院的主流見解而論,這種法官提出釋憲的「違憲確信」,這種確信論不同於所謂的「懷疑論」,後者適用在人民提起判決違憲

審查的違憲確信，只要「懷疑」欠缺合憲性即可，而無須提出解決的方案，都不妨礙即可提出釋憲聲請。因此在程度上有了很大的不同。這是因為人民未必能在法理上講出一整套憲法理論。因此人民的裁判違憲審查，乃是一種「督促與提醒」釋憲機關行使審查權。故其要求的違憲主張及理由，乃是較單純形式及主觀性質的「違憲主張」(Behauptung) 也，明顯地不必達到「確信」(Überzeugung) 的程度不可。這種程度上的差異，顯示出法官是法律人，自宜有更高的憲法素養，不能夠動輒指摘法律違憲，而停止訴訟進行。這也是司法怠惰的表現。而法官事前必須深究其到底違憲的理由何在，這也有替釋憲機關分憂，且事先檢驗相關法律是否具備違法性的準備工作，也是一種法官護衛憲法與人權的表現。

這種確信論的要件，也隨著開放各級法院法官可提出釋憲而一併獲得大法官的承認。司法院釋字第 572 號解釋也必須達到「依其合理之確信，並提出客觀上形成確信法律為違憲之具體理由」之程度，方得聲請大法官釋憲。釋字第 590 號及第 601 號解釋中重申此意旨。

依此見解，法官對適用法律的違憲性，不能僅是存疑，還必須「確信」，並提出具體理由方可 ❸⓿。所以，這兩號解釋可以阻遏法官動輒提出釋憲的行為，也有促使各級法院法官日後應重視憲法理論、最新釋憲理由，且能在平日之裁判中勇敢的分析法律的合憲問題，使憲法理念能透過法官解釋進入司法判決之中。這也是法治國家司法權的真正實現。

而第二個門檻，乃是解釋的結果必須對判決結果能夠產生直接影響者，這是所謂的「結果論」。表明法官聲請法規範違憲解釋，不是為了學理的探究，亦非完善相關的立法制度，而純粹是「功能考量」——解決系爭案件可能造成的判決違憲問題。

憲訴法雖然提出這種判決的「最終影響」要件，似乎嚴格限制於必須對判決的最終勝負（勝訴或敗訴）具有絕對的影響關係而論，例如如果該法律被解釋為違憲無效時，則法官對該案的裁判勢必變更為另一個結果。所以有絕對的重要性來提起釋憲。如採如此嚴格的見解，則比德國聯邦憲法法院的標準——「判決重要性」(Entscheidungserheblichkeit) 來得嚴格，德國的標準只要能夠影響法官的判決，包括證據力的取捨、裁量權的行使，……一切非程序與實質上的瑣碎影響力，都可以包括在內。

---

❸⓿ 故法官聲請釋憲理由不宜採用類似「備位聲明」之釋憲聲明，以免減低法官之違憲確信。參見作者在司法院釋字第 664 號解釋所提出之部分協同，部分不同意見書。

因此這種判決結果影響論，應當以所有實質影響力來作標準，也是聲請釋憲者必須舉證之處。因此不是形式意義而已。

法官提起法規範的釋憲，大法官雖然擁有受理與否的裁量權，但是如果聲請案是由最高法院及最高行政法院提出時，為表示尊重最高審級法院法官對於法律違憲性的見解，大法官應當給予最高的重視，是為「司法禮儀」，而一律地受理之。這毋庸形諸於明文，而是在釋憲實務上形成的禮遇方式也 ❸ 。

㈡裁判憲法審查

1.裁判憲法審查的概念

這是就人民、法人或於政黨其憲法上所保障之權利，遭受不法侵害，經依法定程序提起訴訟，對於確定終局裁判，認為有牴觸憲法，而設立的救濟制度。故是針對司法公權力所為的違憲審查。也是強化憲法是最高位階法規範的效力，以及補救依法審判原則造成了違憲後果。這和前述法院聲請的違憲審查，屬於事前與預防式的防衛機制不同，這是已經終局判決作成後，成為既成事實的違憲審查，屬於補救而非預防違憲的救濟機制也。

這是讓憲法法庭大法官藉著審查判決是否合憲，以發揮「人權的維護者」的功能。審查的標的可以分立有二：一是針對裁判的法規依據（裁判法規論），亦即判決的法規合憲性審查，這是檢驗判決所依據的法令是否抽象上的合憲問題。這是奧地利的立法例，我國在公布與實施憲訴法之前（大審法時代）便是採納此種審查方式；二是針對裁判的結果（裁判結果論），是否有牴觸憲法，特別是基本權利之虞。這是以人民切身最終遭到國家司法公權力的違憲侵犯，作為保障的依據。這是以德國的判決憲法訴願(Urteilsverfassungsbeschwerde)，作為取法的對象，而非如美國以最終審的美國最高法院，同時在終審判決中行使審查相關法律的制度。

我國在大審法時代，本來只有採納前者的違憲法規審查制度，也是仿效奧地利的法制。然而，對於一個立法本意並不當然違反憲法規定，但是在法官認事用法過程，以至於作出終局裁判，卻有被認為違憲，特別是侵犯人權時，釋憲制度仍只能宣告法規合憲，顯然不足以保障人權。因此裁判釋憲審查，應當以裁判結果是否能夠獲得有效的憲法審查，方能對人民提供最有效與即時的權利保障，而非冷冰冰的法規抽象合

---

❸ 提出這種呼籲者，可參照拙著：最高法院的覺醒——由提出王光祿釋憲案所引發最高法院提出釋憲案的制度與原住民權益保障的法制問題，2018 年 12 月，政大法學評論第 155 期，頁 64。

憲性的審查，更可以防止法官不當濫用司法裁量權，來曲解誤用原本立意良善、符合憲法精神的立法規定。這也是我國實施裁判法規抽象審查超過七十年以還，顯露出此制度保障人權不力的現象。

茲舉一例以說明之：A 為政府機關公務員，平日勤於寫作，頗有文名。曾於下班時間以筆名發表針砭時局的文章，雖然議題頗受社會歡迎，且不乏自嘲之語。後因文章內容牴觸某些黨派，引起撻伐。最後被服務機關以違反公務員服務法第 5 條之公務員應謹言慎行之義務，而遭免職。A 不服此違反比例原則、侵犯言論自由以及因免職可能喪失請領退休金資格的侵犯財產權與工作權、服公職之權等而提起釋憲。本案經大法官會議第 1455 號會議 (106.03.17) 決議不受理，理由乃是其所依據之免職法條文（公務員服務法第 5 條），業經大法官作出釋字第 433 號解釋宣告合憲在案。因此其遭免職，並無違憲之虞。

這種只對法律是否在內容上合憲，但卻在具體實施審判結果卻造成可能侵害人民各種基本權利的司法判決，大法官的法規違憲審查制度卻不能發揮任何救濟功能，將掏空司法釋憲制度的意義。在大法官審理案件法的時代便已經出現了兩個案例，分別是釋字第 242 號鄧元貞重婚案，以及釋字第 811 號復職（聘）者公保養老給付年資採認案的解釋，大法官便是認為法規並不違憲，但終審法院的判決有違憲法意旨的見解。

因此立法院在司法院組織法 (104.02.04) 的修正時，曾通過一項附帶決議：大法官職權宜包括國家公權力行為違憲案件，亦即改採德國模式，將判決結果有無牴觸基本人權的問題，聲請大法官釋憲。同時也議決此制度的適用範圍及實施日期，可另於修改大審法時再決定之。

終於在一〇八年，此制度透過大審法的修正，並更名為「憲法訴訟法」，而獲採納。並於新法公布三年後（民國一一一年一月四日）開始實施。

憲訴法第 59 條第 1 項，規定人民對終局不利裁判所適用的法規範或判決結果，認有牴觸憲法者，得聲請違憲之判決。因此人民享有針對兩種對象提起審查之權（雙軌制）。另依憲訴法第 62 條第 1 項規定：「憲法法庭認人民之聲請有理由者，應於判決主文宣告該確定終局裁判違憲，並廢棄之，發回管轄法院；如認該確定終局裁判所適用之法規範違憲，並為法規範違憲之宣告。」

此條規定若和憲訴法第 59 條第 1 項所規定人民享有請求違憲審查的「雙軌制」，則會產生判決的對象問題。質言之，若人民同時針對裁判所依據法規及判決提起釋憲，

如果憲法法庭判決法規違憲，該確定裁判自然違憲而遭廢棄，至無疑問；反之，若人民只針對裁判所依據法規提起釋憲，但未對裁判結果提起釋憲，若憲法法庭判決法規違憲，則憲法法庭能否也針對未提起違憲審查的判決，也一併宣告廢棄之？

採否定說者，可基於「避免訴外裁判」之理由。因為依憲訴法第 59 條第 1 項的雙軌制，人民享有選擇請求憲法法庭審查標的之權。如今人民捨棄請求審查判決本身的違憲性。如果憲法法庭越俎代庖的對判決本身的違憲性加以審查，即有訴外裁判之嫌。

然而採肯定說者，可認為憲訴法第 59 條第 1 項的雙軌制，本意乃是提供「雙重保障」的機制。而人民之所以請求對裁判所依據的法規提起釋憲，其目的也是在保障其因確定判決所侵犯的權利，因此為了訴訟經濟原則，應當讓憲法法庭一鼓作氣，將法規及依此作出的終局審判，一併宣告違憲而廢棄之。

上述兩種見解，當以肯定說為宜。

2. 裁判憲法審查的要件

根據憲訴法第 3 節，59 條以下之規定，人民聲請裁判憲法審判，必須具備下列要件：

(1) 窮盡法定審級救濟途徑

這是程序要件中最重要的一環，必須是「以確定終局裁判」的違憲審查之前提。這在大審法時代（第 5 條第 1 項第 2 款）便已經貫徹的原則，乃指當事人已「窮盡」所有的訴訟程序，也就是歷經民、刑事及行政訴訟之救濟程序，對最終確定裁決所依據法令，認有違憲之救濟。此終局裁判，也包括不得抗告之終局裁定（例如社會秩序維護法之事件）在內。但是這種窮盡訴訟救濟之程序，不包括因為當事人怠於行使救濟權而導致終局裁判者。例如當事人怠於繳納裁判費、延誤提起上訴之期限、逾期未補提上訴理由狀，或於一審或二審敗訴後已放棄上訴，致原裁判成為終局之確定裁判，則不能提起之。

另這種「確定終局裁判」，是否只指實質、非程序上之終局裁判[32]？人民雖窮盡司法救濟之程序，但第三審之判決如屬於程序駁回，如上訴不合法律上程式、法律上不應准許、上訴權已喪失（刑事訴訟法第 382、384 及 395 條；民事訴訟法第 467 條），則以第二審之判決為確定終局判決。唯有第三審為實體判決時，即為釋憲之標的也。

---

[32] 至於訴訟程序中的中間裁定，例如補繳訴訟費、確定訴訟費金額，則並非終局裁判。唯如移轉管轄等裁定，應已脫離原繫屬法院，而無後續之裁判，大法官實務上認定可屬於終局裁判。

這也是必須結合程序法的規定，方能澄清之。

此外，再如人民已窮盡司法救濟程序，是指一般程序而言，不包括再審的程序。人民即使可有再審理由卻不提再審，亦不妨礙其可提起裁判違憲審查（釋字第 290 號解釋即是一例）。又，在二審終結之簡易案件，即另如得最高行政法院或最高法院許可，有可提起第三審之機會，亦以二審判決為確定終局裁判也。

裁判違憲審查之所以要求聲請人必須窮盡法定訴訟救濟之程序，除了要減少裁判違憲審查的訟源外，也有保障聲請人的訴訟利益，以及維護各級法院的審判權。此外，透過各審級訴訟對事實的認定及法律解釋，也可減輕日後憲法法院的裁判負擔，避免成為「第四審」。因此窮盡訴訟程序也稱為「憲法訴願的附屬性」原則。另外，窮盡訴訟程序也適用「可期待原則」(Gebot der Zumutbarkeit)。訴願人必須可期待可由救濟審來對案件有做不同判斷的可能性。如果案件依照最高法院的長年、屹立不搖的見解，已毫無勝算可言，或案件已被類型化的內部裁量基準決定了無可挽回的後果，即可屬於聲請人上訴成功的「不可期待」。與其讓聲請人進行「不可能的任務」，不如許可逕自提起釋憲也。

然而，如果一定要待所有訴訟程序完成後才能夠聲請釋憲，可能緩不濟急，造成無法補救或是必會造成聲請人甚大的損失時，即不當在堅持此一嚴格程序要件的必要。為此，德國聯邦憲法法院法第 90 條 2 項便建立兩個例外情形，可以排除此一嚴格的程序要件──即是在有「原則性的法律問題」(grundsätzliche Rechtsfrage) 或「特別重大不利益」之情形下，便可提起釋憲。

另外，著眼於若一個法律公布實施後可能馬上會對人民的基本權利造成重大侵犯，如果要等到具體損害產生後，人民再進行費時冗長的訴訟程序，殊不合訴訟經濟原則。因此德國聯邦憲法法院法第 93 條第 3 項也創設一種可以直接針對法律違憲性所提出的「法規憲法訴願」(Rechtsnormverfassungsbeschwerde)。就不必窮盡救濟程序為必要。但必須在法律實施後的一年內，方得提起之。

然而，這一年的規定，是否可以排除上述有重要的法律意義以及重大不利益的後果之要件？以德國主流學術理論而言，這個一年的規定乃特別針對法規違憲性而生的期限限制，不影響上述提起裁判釋憲的兩個基本前提。因此除了要遵守這一年的期限規定外，仍然要符合上述兩個要件方可。

德國這種「判決憲法訴願」給予例外的規定，固然有保障人權的功能，但德國聯

邦憲法法院多年來的實踐，也覺得此制度會導致濫訴的可能，因此會採取嚴格的審查標準——必須因法律或公權力措施會造成人民直接、急迫及重大的權利侵害，方得例外的受理之。

我國在大審法時代，除了一年內的法規違憲訴願沒有採納外，其他例外情形，則已承認。例如大法官在第 1125 次會議 (88.09.10) 曾作出一個決議，並在大法官第 1211 次會議 (92.02.21) 重申其旨：如果聲請案件「在憲法上具有原則之重要性，且事實已臻明確而無爭議餘地者，得經個案決定受理之」。然而終在整個大審法時代，都沒有實施過一次，以致形成具文。然而這一個立意良善的立法例卻沒有在後來制定的憲訴法中所採納。這當是憲訴法嚴重的疏失，應從速修正為宜。

⑵具有憲法價值的重要性

這是提起裁判違憲審查的另一個實質要件——必須具有相當價值的憲法意義。憲訴法第 61 條規定人民聲請的法規範審查及憲法裁判審查，都必須具有憲法重要性或為貫徹聲請人基本權利所必要者為限。

這明顯是採納德國「原則性的法律問題」的立法例，而是將其位階提高到憲法價值的層次，包括基本人權，其目的乃是避免動輒執著於不重要的或細瑣對判決沒有絕對影響力的法理爭議。憲訴法規定具有重要意義的憲法原則，以及所有關於基本人權的案件，可知前者包括的範圍，乃是憲法基本人權以外所有涉及我國憲法體制的重要原則、例如法治國原則、權力分立原則、中央與地方分權等，都可納入違憲審查的範圍。此在法規違憲審查經常作為審查的標的也。

然而，不似基本人權的概念，在我國憲法有明白章節的承認，而其內容當會隨著時代而增加新的人權種類（所謂新興人權），而人權的概念也隨時代的進步而更迭（所謂憲法變遷及活的憲法），這也是透過多年來為數甚多的大法官的解釋，所獲得的成果。用此標準，對日後人民援引基本人權受侵為由，提起裁判違憲審查，不會造成太大的困擾。

反而援引憲法重要性為由，大法官檢驗的標準何在？這種關涉國家憲政體制運作的基本原則，且具有重要性的原則，有賴於現時任何國家體制以及政治生態，包括政治慣例，人民要能論究判決所依據的法規及判決結果，侵犯此一原則，其困難度比侵犯基本人權來得更大。因此可預料的，此檢驗原則會趨向嚴格化。而且對這類涉及國家法益為主的違憲法益，主要的途徑，還是來自於機關爭議，特別是透過機關的權限

劃分以及由立法院或法院提出的釋憲，才是釐清法治國家原則，特別是權力分立與分權制衡的主要依據。

這種檢驗門檻的嚴格，也可由過去大審法實施時代的經驗來作驗證。按此憲訴法將此兩個要件作為裁判違憲審查的前提，特別是將具有憲法重要性的要件納入，明顯地可溯源至上文提到大法官第 1211 次會議曾對免除窮盡訴訟救濟程序要件所設定的排除條款——即個案時「如有憲法上具有原則之重要性」。然而，以大法官在上述會議提出此一排除嚴格程序要件的例外條件，卻始終沒有通過任何一個案件承認具有這種「憲法意義」的重要性，可知大法官在大審法時代對於此一要件，是採取嚴苛的檢驗標準。

故憲訴法實施後，是否會賡續此一嚴格門檻？雖然有待觀察。不過以法治國家對憲法原則重要性的認定標準，當屬一致而言，只要其他釋憲途徑，例如機關爭議等，能夠主張的違憲理由，則在人民提起的裁判違憲審查一樣存在，不能有所差別待遇。因此此一嚴格的要件，應當加以放鬆，讓人民主張各種法治國原則及基本人權都可以發揮保障其權利的功能。然而其重心當以置於基本人權的保障為主。

3.裁判法規違憲審查的範圍

裁判法規審查，依憲訴法第 5 條 1 項的規定，終局裁判所適用的「法規範」，有違憲之虞時皆可提起審查。比較起大審法時代，明白規定其為終局裁判「所適用之法律或命令」，顯然其範圍更寬廣，這也是配合了我國過去釋憲實務，凡是一切作為審判依據的法規，除命令與法律外，尚包括上級司法機關的法律見解與判例。

因此，儘管本法為此未有特別的規定，在法理的解釋上，亦屬當然將判決所依法令的違憲審查範圍，及於所援引相關法律見解與判例，甚至其他實質的規範之上（如法令函釋及最高法院庭長聯席會議決議）。大法官釋憲對於判例是否違憲，視同法律加以審查，早於釋字第 153 號解釋許可人民提出釋憲。

至於所謂的上級司法機關之法律見解——在我國實務上是最高法院的決議——，也以其實質上對法官具有拘束力，釋字第 374 號解釋明白承認與命令相當，人民得提起釋憲。另外，司法行政機關（如司法院）所發司法行政上命令，如涉及審判上之法律見解，依釋字第 216 號解釋，「僅供法官參考，法官於審判案件時，亦不受其拘束，惟如法官於裁判上引用，當事人即可聲請司法解釋」。然而個案性質的具體處分行為，則不在釋憲範圍內（見釋字第 553 號解釋）。

惟應注意者，此法律、命令、決議及判例等，惟有在確定終局裁判所援引，方可聲請大法官解釋，以免釋憲的標的太過浮濫。而此援用並非「形式認定」——即確定終局裁判中所明白指明援用——，而是從寬的「實質適用」：只要確定終局判決所持法律見解，可判斷係以系爭規定之部分為判決基礎，即可認定確定終局裁判實質上業已適用系爭規定。至有無援用系爭規定（包含判例）相同或相當的文句，可在所不論。

此種「實質適用論」的優點可避免法院出於無意或故意規避成為釋憲標的，而不明示判決之依據，將使釋憲制度形同具文也（如釋字第 399、614、713 號解釋等）。至於「重要關聯理論」，指大法官審理案件之對象，非僅以聲請書所指明者為限，且包含案件審理須援引為審判基礎之法律，並與聲請人聲請解釋憲法之法律具有重要關聯性或原因事件有必要且關聯之法條，而應一併審查者（例如釋字第 445 號已有詳細說明、可再參見釋字第 664、703、709 號解釋）。大法官援引實質適用論或重要關聯理論，固為其裁量權，但應考慮司法被動性，如有援引，應視為例外而有說明之義務，以維護權限分際之憲法原則。為避免釋憲結果陷入「見樹不見林」與「鋸箭法」的狹隘，本書贊成不妨從寬認定審查標的，合理加大基本權利保護網的射程。

隨著判例以及最高法院等的決議，已經在民國一○八年十二月七日三讀通過法院組織法及行政法院組織法條文修正案，成立大法庭並廢止了判例及決議制度，將只是扮演法官裁判參考依據角色的判例及決議。其作為聲請憲法法庭違憲裁判標的的必要性，已形喪失矣，但大法庭所做出的決議並且作為終局的裁判依據時，自可作為聲請憲法法庭審查的標的。

4.裁判違憲審查──裁判牴觸人權的問題

⑴憲法法院的「附屬原則」──憲法法庭非唯一與專屬的「護憲法院」

既然裁判違憲審查制度的重心置於基本人權受到侵害的裁判之上。但法院的審判，都是基於依法審判為原則。如果法院判決的法規依據有違憲時，可透過法規審查解決之，這時便可對法規是否違反人權，由憲法法庭決定，而非涉及司法裁判的個案裁量問題。

反之如法規並非違反人權，則是法官行使裁量權錯誤或不當，造成侵犯人權的結果。這便是司法裁量受到違憲審查的問題，會造成憲法法庭檢驗其他法院司法裁量判斷的後果。這也造成了德國學界所謂的「憲法裁判權對抗專門法院審判權」(Verfassungsgerichtbarkeit gegen Fachgerichtbarkeit) 的現象，這種情形也勢必在我國憲

訴法引進裁判違憲審查制度後，也會沿襲過來。為了未雨綢繆，此在德國為了劃分彼此權限，長達半個世紀以來最困擾的問題，值得我國仔細斟酌，並構建出一個可行的運作機制。

以德國主流學術見解而論，解決此盤根錯節的關鍵原則，乃是必須強調並確認憲法裁判權是一種「次要」的違憲審查機制，而絕非獨攬保障憲法原則與人權的法院也。

德國認定聯邦憲法法院非獨一、包攬護憲責任的法院，除了該院外，尚有各邦的憲法法院，可以承擔審查該邦憲法與聯邦憲法實施的情形，也是聯邦制與分權制的現象。另外，各級法院同時也負有保障人民基本權利的職權，這也是本於憲法對於國家司法權力所賦予的義務。因此，各級法院在職司依法審判時，就必須尊重憲法、服從憲法並引用憲法的基本原理。這也就是憲訴法實施後各級法院的判決若有違反憲法意旨時，也可作為上訴的理由。顯示憲法可拘束各級法院。

因此唯有在例外的情形，當人民在各種訴訟程序中，都不能夠由法院獲得維護其人權時，且表現在終局判決時，方得例外的請求憲法法院的違憲審查來救濟之。這也是人民聲請裁判違憲審查必須具備的「窮盡訴訟程序」的程序要件，所依據的理由。甚至為了貫徹這種「例外救濟」以及「補充性」救濟的特殊性，德國學界也興起一種理論：唯有在前審程序中，曾經提出違憲主張與理由，但法院並不採納時，才能顯現出判決法院的失職。如果在任何前審程序並不主張違憲理由，顯示聲請人並沒有盡到提醒法官的注意義務，便不可以驟然提起釋憲。這種「前審主張」的要件，在憲訴法草案曾經一度採納之（第 59 條第 2 項），但在立法過程被刪除。

本書以為草案這種立意，頗為可取，然而若將違憲的攻防，提早到各級訴訟程序，例如在第一審級，會被割裂掉法官認事用法的空間，因此應當改在最終審級，特別是法理審時，必須要求人民負有主張違憲審查的義務。讓確定裁判作出前，法官仍有仔細考慮憲法規範的可能性也。憲訴法應有相應的修正為宜。

(2)憲法法庭與專門法院的權限劃分問題

由於實施裁判憲法審查制度的目的，來挽救終局裁判違憲的侵犯人民之權利，容易讓人產生「另闢法律救濟」的管道，形成了所謂的「超級第四審」。雖則裁判憲法審查的制度，乃是審查「違憲」，而非「違法」。然而我國行之有年對於「違法」的概念甚廣，以民訴或刑訴第三審的「違法」作為上訴的要件，便可知所謂的「違法」可將違背一切有效的法規，都納入之，更會將位於法規之首的憲法，納入「違法」的大範

圍之內。從而一來，任何可上訴到三審的案例莫不有違法或違憲之虞。從而對判決結果的不服，也容易上升到主張「違憲」的層次。

因此裁判憲法訴訟，雖然必須排除「單純違法」，而不牽涉到「侵犯憲法價值」的案件為前提，但不僅在德國，特別在我國實施的憲法裁判訴訟，必定會遭遇到的問題。尤其是，我國在貿然提出實施此一德國制度，而不論由草案擬具，直到本制實施之時，都未對實施此制度所必備的理論基礎——最明顯地是如何上述「違法」，但不「違憲」的界定標準，亦即「大法官選案標準」定下一個明確可行的標準，實施後想必會蜂擁而至甚多的案件，排擠了大法官審議其他重要案件的時間與精力，且有待大法官日後慢慢地形成選案標準。但犧牲的，當是聲請人的失望與怨懟，以及大法官及憲法法庭威望的淪落❸。

在本制度實施前，社會各界以及法界都對憲法法庭選案標準何在？提出了甚大的懷疑。為此，在民國一一〇年十二月四日法官學院舉辦的學術研討會上，許宗力院長雖然提出了「內野手與外野手之分」的比喻，認為大法官只選擇那些「在終審法院漏未斟酌憲法意旨的案件」，才可納入憲法法庭的審理之中，易言之，憲法法庭作為外野手，只扮演終審法庭漏球的「補接」角色。

這種見解似乎也表明了，在終審的訴訟程序，訴訟雙方，特別是原告，必須有詳盡援引憲法原理作為攻防的義務，才可促使法院判決必須斟酌到相關憲法的規範，避免日後被聲請違憲判決的後果。如何劃分憲法法院的職權，又不至於剝奪專門法院的裁量權與審判權，避免形成超級第四審？除了對系爭案件的法益位階，必須提升到基本人權及法治國原則的層次，而非斤斤於一般法律所創設的權利與義務，方屬於憲法法庭得以介入判斷之範圍。然而由於基本人權的範圍甚廣、牽涉人民利益千絲萬縷，任何法律所設置的權利與義務條款都會涉及到人民的財產權、工作權。即使沒有涉及經濟利益，又可能涉及包山包海似的人格發展權、人性尊嚴，以及特別是比例原則等，很難不被認定為涉及基本人權之爭議。然而德國聯邦憲法法院法在制定時，亦沒有對此界分，達成任何可行的共識，該法也自然沒有為任何規範，而留待日後釋憲的實務運作，而累積經驗。經過數十年的實踐與學界的努力，已經發展出幾種界分的理論模式。我國憲訴法也一樣未對此界分有隻言片語之規定，學界也尚無主流的定論，因此

---

❸ 類似的警語，可參見吳信華，憲法訴訟基礎十講，元照出版社，2019 年 9 月，頁 102。

德國學理可以提供我國憲訴法日後的實施並累積出可行的標準，值得借鏡之處不少。可分述如下：

a.赫克準則 (Hecksche Formel)

德國實務界與學界對於界分憲法與一般法院審判權，避免前者侵犯後者權限，乃是所謂的「赫克準則」(Hecksche Formel)，這是德國聯邦憲法法院在一九六四年，根據該院一件案件承辦法官赫克所提出的見解，而創出了理論。此理論主要是基於憲法裁判乃是以憲法的重要規範為依據，來維護人民在憲法上應受保障的權利；反之，若由法律規範的權利與義務，是否有違反，乃是一般法院審理的範圍。然而鑑於法治國家所有的法律所保障的權利，都可能與基本人權重疊，故本準則認為憲法裁判權所保障的，乃是「特別憲法」，這是憲法特別保障人民基本權利的條款，而一般法律所保障的法益，則由專門法院來負責監督之。所以舉凡法規的詮釋、適用，程序的進行、認事用法等直到裁量判決的做出，妥不妥適以及合不合法，都是專門法院的審判層級來負責。聯邦憲法法院不能加以介入，避免形成第四審，且是超級第四審的角色。

然而為了讓人民受到憲法保障的權利能夠免於司法公權力的侵害，唯有上述終局裁判的結果，是可以透過客觀的角度認定，當專門法院法官援引及解釋法律時，未正確體認基本人權的精神，且法官判斷之瑕疵過於嚴重到接近恣意濫權程度，也造成人民權利具體可見的損失時，憲法裁判權方得介入之。除此之外，舉凡實體認定或程序上之細微瑕疵，則無庸由憲法法院審查。然而德國聯邦憲法法院及學術界雖然將本準則視為主流，但也十分彈性。例如對於人民權利有重大影響事件，例如刑事處分或通訊自由等關涉法治國家重要原則的案件，聯邦憲法法院的介入權限極大，也對規範的內容行使高密度的審查。因此對於「特別憲法」的認定與保障，並不僵硬❸❹。

德國聯邦憲法法院最有名的案子，1958 年公布的路特案 (Lüth)，這一個在德國憲法學上最重要的案例，往往是被作為討論基本人權是否具有第三者效力理論的經典案例（參閱本書第三章第十一節的伍 - 三處），在一個涉及到勞工杯葛的言論權範圍時，勞工法院雖然應當依德國民法公序良俗的概念來判決，此屬專門法院的權限，但既然涉及到了勞工的營業權與財產權，如果勞工法院沒有重視到這種人權的規定，便是屬於侵犯其憲法權利。本案確定憲法人權規定具有民事法的拘束力，但卻是迂迴間接地

---

❸❹ 見 P. Badura, Staatsrecht, 7. Aufl., 2018, H55, S. 905; 劉淑範，憲法裁判權與一般審判權間之分工問題，收錄於：劉孔中、李建良主編，憲法解釋之理論與實務，民國八十七年，第二一八頁以下。

透過民事概括條款，以及民法法官的裁判來予落實，故屬於「間接效力」，但也顯示出人權條款具有一種：「放射功能」，能將效力放射到民事秩序。在此便賦予了憲法法庭能夠介入專門法院的空間。這便是路特案至今仍引為憲法法庭介入專門法院的指導原則。

然而，赫克準則將憲法裁判權審查的標的環繞在「特別憲法」的侵犯案件，來排除基於一般法律所創設的秩序，包括法定權利在內。然而，如同本文前述提及「提起裁判違憲審查」的要件乃是侵犯重要的憲法或法律利益，而我國憲法第 22 條且有概括人權條款，可以源源不斷產生新的人權種類（新興人權），這也是屬於所謂的「開放的法律概念」，可以透過司法解釋增加法律的內容也。故區分那些權利，儘管是受到憲法的保障，而可區分為「特別憲法」或「非特別憲法」，顯然割裂了憲法的完整性。因此在赫克準則提出後不久，聯邦憲法法院便揚棄了這種區分，而不再提及特別憲法，而強調在侵犯憲法層次的人權保障，便可以合理化聯邦憲法法院的介入❸❺。赫克原則形成最重要的聯邦憲法法院介入審查的依據。

b.舒曼原則

比聯邦憲法法院早提出赫克原則的前三年（1961 年），有一位艾克漢・舒曼 (Ekkehard Schumann) 提出了博士論文，並在兩年後 (1963) 出版此書，提出了此一原則。逐漸受到了學界高度的重視。舒曼原則主要是針對法院所做的終局裁判被聲請違憲審查時，並不是針對所援引的法規違憲，而是基於法律解釋，聲請人認為法官的判斷，乃是違憲，也就是所謂的「法律解釋的違憲訴願」，是針對法院釋法權為審查的對象。

因此針對法官個人的法律見解，舒曼原則的見解可以運用一個簡單的判斷標準，即如果法律見解能夠想像為已經「入法」形成「法律規範」，即有可能觸犯憲法時，便應許可憲法法院的介入審查。否則，即應該認為提起憲法審查沒有理由。舒曼原則，如果使用在具體案件有無違反比例原則時，也可以「想像」，假如法官就這種操作比例原則的情形，用在立法上，會否造成該條法律牴觸比例原則而違憲，如果肯定時，便許可憲法法院的介入。因此舒曼原則主要強調在檢驗法官的法條詮釋與推理，有無客觀牴觸憲法之處。

---

❸❺ 參見「舒曼準則」於設有「裁判憲法訴願」法體系下之意義（下），克理斯提安・史塔克教授，譯者呂理翔，司法周刊，民國 106 年 7 月 21 日，第 2 頁。

舒曼原則這種針對司法裁量核心——法官詮釋法律的界線，有極為重要的功能，因為許多侵犯人權都是源於法官的法令解釋權，特別是在幾乎所有的法律都會使用不確定法律概念以及所謂的「開放性法律概念」，容有法官造法、填充法律內容的機會，所以法官的解釋也會形成法律秩序，如同立法一般，因此舒曼原則，本書願意稱之為「擬法律化」，便比較容易操作與理解。

惟這種舒曼原則容易被誤解為：憲法裁判不能觸及事實審的領域，包括證據力的判斷與事實調查等，然而舒曼論文早已提及：專門法院的事實判斷力，不拘束憲法法院。也惟有如此，才能讓憲法法院充分提供保障人權的功能也。如此一來，憲法法庭能否審查證據力及調查事實？便有前後矛盾之處。

c.史塔克原則

上述聯邦憲法法院在實務上及學理上盛行的赫克準則及舒曼原則，德國學界在1996 年由史塔克 (Christian Starck) 教授提出了三種判斷標準，是對舒曼原則做更完整的補充，值得重視：

第一，事實調查基本上是專門法院的權限，除非專門法院的事實調查，達到恣意的程度，使得案件調查與認定是全然的錯誤，憲法法院即有介入之權；

第二，在案件事實並沒有恣意判斷，而足以作為判決及法院為解釋法令的基礎時，那就要在可「擬法律化」的情形下，許可憲法裁判權的介入；

第三，在法官行使裁量權時，特別是在法官續造時，必須遵守法律保留等法治國原則的外在界線，此即是憲法裁判權介入的門檻。

這種舒曼原則既然強調在「擬法律化」，則不可避免地將導致判斷法規違憲審查的標準，也套在具體個案的法官裁量權行使的案件之上。故法規違憲審查經常會使用到的一種「法律合憲性解釋」的情形，也會發生在這種個案的司法裁判違憲審查之上，質言之，根據法律合憲性解釋，乃是儘量維持法律合憲性為出發點，只要能夠在眾多立法理由中找到一個合憲的理由，便足以作為宣告法律合憲之用。同樣地在法官裁量的諸多考量裡，能夠證明法院的裁判做成乃是根據不合事理的裁量判斷，以及在無其他可能的理由來證明裁判的裁量是合理時，才許可憲法法院的推翻法官個案的裁量。否則只是單純認為法令適用是發生錯誤，而非嚴重扭曲相關法律精神及忽視憲法時，則不能許可憲法法院的介入。

因此由上述對憲法法院介入專門法院法官的裁量權領域，舒曼原則及赫克準則都

是採取高度的節制，尤其在裁判違憲審查的考量點不同於抽象法規違憲審查的受害人，乃是普遍與抽象的；在具體裁判違憲審查時，當事人所受到的侵害乃是直接的與現實的，因此對於基本人權的侵犯，乃切身之痛。因此援用憲法基本原則作為檢驗標準，例如比例原則或平等原則，就應該要特別以聲請人的感受為主要依據。

　　例如，實施裁判違憲審查制度後，必然會發生許多援引終局裁判抵觸比例原則的聲請案件。蓋比例原則若未能維護，當然侵犯人民的人身自由、財產權、言論自由等，因此比例原則才有「公法帝王條款」之美名。這也是我國毅然在實施法規違憲審查長達七十多年後才引入裁判違憲審查的制度，目的當是期盼能夠在司法具體個案中，防止類似本書前引的公務員 A 在公餘時間發表言論可能遭到違反比例原則的免職侵害。

　　但是德國憲法學界也對於憲法裁判得否審查比例原則有無抵觸的問題。通說認為，法院行使裁判權，必然涉及裁量權的使用。比例原則的正確運用，必須斟酌相關適時因素，多半屬於事實審的範圍，這是專門法院必須判斷之處。即使法理審的終局法院，也必須以事實審的事實判斷為法理審的依據，更何況與法理審性質更接近、同樣沒有事實調查權的憲法法院？故舉凡比例原則的判斷，應專屬一般法庭為之 ❸❻。

　　然而，也因為司法終局裁判若不能維護比例原則，將無疑地造成許多人權的侵犯，因此司法濫權絕大多數會寄託在比例原則的崩壞之上，所以德國的主流學界也並非完全漠視司法濫權的弊病，即使主張比例原則的審查，基本上應交由專門法院為之者，例如羅伯茲教授，也認為憲法法庭可以判斷專門法院的最終裁決，是否妥善的「可接

---

❸❻ 例如德國著名的羅伯茲教授 (Gerhard Robbers) 便認為：關於基本權侵害之比例原則的審查，原則上應由專門法院負責，是乃因為專門法院較能針對個案，而做出符合個案公平與合法性的司法判決（滿足期待可能性及利益平衡）。然而，針對具體司法個案可能的濫權，羅伯茲教授也認為必須遏制裁量濫用的情形，因此舉出了「專門法院的判斷乃是不可接受的」，憲法法庭便可以取代之。因此羅伯茲的理論，也非完全剝奪憲法法院審查比例原則的機會，反而是可以客觀判斷專門法院有沒有正確行使裁量權、而做出合理的司法判決（可接受理論）。參見 Gerhard Robbers, Für ein neues Verhältnis zwischen Bundesverfassungsgericht und Fachgerichtsbarkeit—Möglichkeit und Inhalt von "Formel" zur Bestimmung von verfassungsgerichtlicher Kompetenzweite, in: Harald Bogs (Hrsg.), Urteilsverfassungsbeschwerde zum Bundesverfassungsgericht, 1999, S.66–67. 然而應當注意的，這裡提到的「可接受理論」必須和行政法學的「可接受理論」，一併理解。這是德國著名的行政法學者烏勒 (C. H. Ule) 在 1950 年代所提出的理論，乃是探究不確定法律概念與裁量理論時，認為行政機關應當擁有預判的權力，特別在專業性強的領域，例如考試、學校、環保及科技法律等，行政機關擁有較廣泛的認定權，法院應自制地尊重之。行政機關只要沒有出於不合目的的考量，則任何合理的判斷，都承認具有權威性，便都是「可接受」(vertretbar) 的。由於此德文用語也可以翻成「合適的」，因此此理論也可成為「合適理論」。關於此理論可參見陳新民，行政法學總論新十版，2020 年，第 306 頁以下。

受」，便是比例原則的影響力已經及於憲法法庭。再如權威的史塔克教授提出區分此二種裁判權的三種標準時，雖然沒有明白提及比例原則是否可由憲法法庭審理，容易導出否定的見解。然而其強調憲法法庭可擁有的是附條件的事實調查權──專門法院一旦有恣意行使調查權，便可由憲法法庭行使調查權；而在具體的司法裁量時，或法官造法，如有恣意，或逾越法治國原則，也是憲法法庭能夠介入審查之處。都顯示出來可以抑制濫權的比例原則，一直不能為專門法院所獨攬其審查的權限。

因此在德國聯邦憲法法院多年來的實踐，也逐漸地延伸了許多附加的判斷因素，例如 1976 年針對言論自由的判斷問題，提出了所謂的「浮動判斷原則」，這是就赫克原則所改進的「浮動判斷原則」(je-desto-Gleitklausel)，由其德語字義為「越是……，則就必須……」之原則，可知道是隨著案情法益保障與侵犯的重要性與否，而彈性的賦予憲法法院介入專門法院裁量的領域。這也是典型的法益均衡的結果，也可以配合許可提起憲法裁判救濟的「次要性」所繫的「法益保障必要性」要件之上。這也是一種「利益衡量」，德國行政法學中，許多涉及「重要性理論」(Schweretheorie)，例如法律保留的界線、行政處分無效性的判斷……，所適用的理論，也可運用在這種情形。同時這種判斷的範圍，不僅是事實的判斷，也包括價值的判斷❸❼。

因此由德國判決違憲裁判實施多年的經驗可知比例原則應當是可以作為保障人權最後關口的憲法裁判審查的基準。但是，個案的符合比例原則與否，自然要衡量相關案件因素，事實調查的結果，並由專業經驗比憲法法庭大法官更豐富的專門法院來負責之。憲法法庭只能例外地、在特殊情形，以及明顯與重大侵犯憲法基本人權的情形下，才行使取代專門法院判斷的權限，易言之，既然由裁判違憲審查的許可條件，提到了必須具有重要的憲法意義方得成為受理的門檻；其次，必須對專門法院法官的司法裁量是否出於恣意、事實的判斷與評價、有無合理化的基礎，以及案件是否符合重要性理論……，都是憲法法院裁量的對象，憲法法院擁有這些權力，也當然不可恣意。早於羅馬法時代，便流傳詩人朱文納 (Juvenal, 60–140 A.D.) 的法諺：「誰能幫我們防衛我們的保衛者？」(Quis custodiet ipsos custods) 因此憲法法院應當以絕對的自制、妥善行使其審查權。上述理論足以作為我國引進憲訴法後，日後憲法法庭的實務運作來形成可操作的模式的主要參考依據。

---

❸❼ 劉淑範，❸❹，第 244 頁。

綜上所述，雖然裁判違憲審查制度的目的，非使該制度成為第四審，但既然可用憲法理論糾正終審裁判的違憲，那人民的訴訟獲得了救濟的可能，其實質意義便是第四審！而本制度實施前所津津樂道的大法官會議時代實施的兩件判決違憲審查制度（釋字第 242 號鄧元貞案及釋字第 811 復職（聘）者年資採認案），都是實質第四審。因此實事求是的說，裁判違憲審查制度能夠扮演第四審的角色，但只在極為嚴格的情況下才實施，否則此制對人民訴訟權利毫無保障之實益時，我國何必大費周章的實施此制？同時該嚴格的例外實施，也可對我國的訴訟體製造成最小的衝擊。

此外，我國在引進裁判違憲審查制度之前，便沒有對選案標準進行深入的探究，獲得「水土適宜」的選案標準，加上預期每年會有數千、甚至上萬的聲請案，人人抱著「救命稻草」的期盼，而大法官必須靠智慧、學識以及案例的累積，才能夠塑造出一個可行的標準，此過程當是痛苦及飽受抨擊與質疑。

而選案的標準自然會流於嚴苛，此高門檻固然為制度之本質所必須，且選案標準既然強調在終審判決忽略到基本人權的重要理念及法治國的重要原則，理念要求甚高，而許宗力院長在前述一一〇年的學術研討會上又強調大法官不能夠以個人的憲法理念作為裁判的標準，當然也不能作為選案的標準。如此一來，大法官必須拘泥於過去大法官解釋所樹立的主流憲法理念為選案與判案之標準，會否阻礙了大法官援引國外先進憲法理念，促使我國法治現代化更進一步的動因？吾人試觀我國大法官在戒嚴時期以及民主法治轉型時代，做出許多火車頭的先驅解釋，便可知道大法官援引國外先進法治理念的重要性。期盼大法官能夠在實施裁判違憲審查制度後，仍然不改初衷，勇敢破除大法官過去已不合時宜的憲政理論。

二、機關爭議案件

國家最高機關，因行使職權，與其他國家最高機關發生憲法上權限之爭議，經爭議之機關協商未果者，得聲請憲法法庭為機關爭議之判決（憲訴法第 65 條第 1 項）。這種對於國家最高機關間因行使職權，包括適用法令，發現有憲法的爭議，且不以「已發生」之事件為聲請裁判為限，因此需具有「預防違憲」的作用在內。憲訴法此項規定，除了有防止違憲的功能，也是釐清國家最高機關，亦即沒有相互隸屬與指揮監督關係的國家機關間，有關來自憲法層次的權限規定，包括法律見解與適用，因此可以廣泛稱為界定彼此職權的「機關爭議」(Organstreitigkeit)。故憲訴法將之名為機關爭議

取代大審法第 5 條第 1 項第 1 款，乃是強調其聲請憲法解釋主要的目的，乃是行使職權與他機關產生適用憲法之爭議，或適用法令牴觸憲法之疑義，以及重點放在違憲審查之上，而非更廣義的「釐清機關職權之爭議」。

此制度乃針對國家最高機關間的權限爭議，此些國家最高機關就彼此權利義務所產生之爭議，例如對方的作為或不作為已侵犯其職權範圍，所係涉及到適用憲法層次的爭議，例如在大審法時代曾經發生考試院與省政府關於省政府是否擁有設置類似政務官的職位（例如省政委員）之爭議❸，便是因為考試院與省政府之間並無隸屬關係。另外此最高國家機關之間，不以五院為限，只要依憲法擁有一定獨立職權，例如總統（而非總統府）也包括在內。可參見釋字第 541 號解釋❸。至於如非憲法所定的職權，而是法定職權，則必須依據行政程序法及循行政訴訟的途徑解決。

此外，關於對本機關是否有權行使憲法所定職權及其範圍之爭議則為大法官決定的範圍之一，故所爭議者必須是可屬於職權為前提，大法官即必須審查此問題。例如監察院曾聲請大法官就不當黨產處理案件提出釋憲，大法官便認為依司法院釋字第 14 號解釋意旨，聲請人既無從對立法委員行使彈劾或糾舉權，則本案至多亦僅能行使調查權，而無從進而行使任何目的性權力。故既然無法行使彈劾或糾正權，其所為之調查，乃屬於「為調查而調查」，故不得提起釋憲（參見大法官 108 年第 1482 號會議議決不受理理由）❹。

三、總統、副總統彈劾案件

隨著九十四年修憲凍結國民大會，行使總統、副總統彈劾案議決權的機關也移到

---

❸ 1994 年省縣自治法修正，台灣省長改為民選後，原來官派省長所轄省政府設有省政委員若干一職，當選首任省長的宋楚瑜打算援用舊制，聘請省政委員，當時行政院雖准予備查，但考試院銓敘部卻認為省縣自治法並未明文授權、省府無權自行增設為由，表示對此將「不予核備」。最終直到廢省為止，都沒有解決此爭議。

❸ 本號釋憲的聲請人本是總統府秘書長。但秘書長非中央機關，故應不適於提出釋憲，大法官雖未同意過去由秘書長提出聲請之慣例（釋字第 3 號及 470 號），但也沒有勇於作出不受理之決議，只是「代為更正」的在解釋文中「敘明聲請人應為總統」，也是少見的現象！

❹ 惟此不當黨產處理條例已經涉及到對當年合法成立的人民團體（國民黨）的黨產所有權造成嚴重的侵犯，即使不屬於監察院可以防止此來自行政權與立法權的侵犯，但其侵犯人民的財產權已經十分嚴重，如今大法官認為監察院不能利用防範行政權濫用的機制來行使調查權，但既然自 2020 年 8 月監察院成立了一個高位階的國家人權保障委員會，負責所有國家各機關侵犯人權的救濟與處理事宜，是否此委員會成立後，監察院仍然不能為這種立法與行政權的侵犯人權之措施，發揮任何救濟的功能？答案應屬肯定。

司法院大法官之上。依九十四年修憲條文第 2 條 10 項之規定，立法院提到司法院的總統、副總統彈劾案，經憲法法庭判決成立時，被彈劾人應即解職。因此，大法官的憲法法庭繼審理政黨違憲及解散事件後，又必須再度介入最高度爭議的政治事件。由於大法官係總統提名，總統對大法官人選已擁有完全的裁量權，特別是擔任憲法法庭審判長的院長且可隨時被免職。在院長與總統既有如此利害關係，休戚與共的制度設計下，本制度提供了一個嚴格檢驗院長與大法官的勇氣及人格的機會。但也是九十四年修憲時，外界質疑最不可能妥善實施的制度之理由也❹！

憲法法庭審理彈劾案的程序，依憲訴法的規定，同時能依刑事訴訟法及調度司法警察條例有關之規定，為必要的搜索、扣押並得囑託地方法院或調度司法警察為之（第 45 條），因此憲法法庭取得了執行的能力。

本來按這種保全權乃是各種訴訟程序皆有的司法核心（釋字第 585 號解釋），依大審法，解釋憲法乃是由大法官會議，而非由憲法法庭，來審理之。故也認為大法官會議不當然能比照法院行使此未獲法律保留所給予的強制權力。唯有在法律（或憲法）明文規定組成憲法法庭之情況（如審理政黨違憲解散及總統、副總統之彈劾），才有行使保全權之合法性。同時依照大審法在第 23 條第 1 項規定，憲法法庭為發現真實之必要，得囑託檢察官或調度司法警察為搜索扣押之權。便是強調大法官會議唯有組成憲法法庭時，才擁有這種強制權力。換言之，其他釋憲行為便不能夠擁有此權。

憲訴法實施後雖然將大法官會議全部改為憲法法庭之模式，但憲訴法第 45 條明白規定，憲法法庭唯有在審理第五章（總統副總統彈劾案件）及第六章（政黨違憲審查），方能為搜索或扣押，並得囑託地方法院或調度司法警察為之。大審法時代只能囑託檢察官或調度司法警察行使此權；憲訴法改為可由憲法法庭行使或囑託法院或調度司法警察，但憲法法庭畢竟沒有執行機關與執行力，具體實施時仍然有賴囑託地方法院或調度司法警察。

因此，憲訴法第 43 條的強制處分權，只是侷限於總統副總統彈劾及政黨違憲審查的行使保全證據等強制權力。在其他涉及法規違憲審查，以及裁判違憲審查部分，便無這種證據扣押以及文書鑑定或訊問證人的強制權限。

此外，總統可否依據釋字第 627 號解釋，所賦予總統有國家機密特權——得拒絕

❹ 此即當年監委選制反對理由之翻版。猶記得民國八十一年增修條文第 15 條 2 項制定時，將監察委員改為總統提名，經國民大會同意後任命之。當時學界就普遍流傳「今後監委不可能彈劾其提名人選」的看法。

證言及交付證物，可否運用在對抗憲法法庭的審理彈劾案之上？憲訴法對此沒有特別的規定❷。

但在過去大審法修改草案中，曾有總統可擁有此種權力的規定，雖然沒有完成立法，但隨後的憲訴法草案，卻沒有再採納這種規定。可知憲訴法並不贊成總統擁有此權，而許可憲法法庭為了審理彈劾案，可強制取得與扣押任何必要的證據。

按釋字第 627 號解釋乃針對一般法院層級涉及總統的機密特權為對象，而憲法法庭審理總統的彈劾，乃一次性的決定總統應否去職，且時間甚短，依憲訴法第 76 條，憲法法庭且應於收受彈劾案聲請之日六個月內為裁判，時間有限，因此必須迅速且充分讓大法官有足夠的資訊來判斷總統是否違法失職。既然事涉其違法瀆職，因此總統會盡全力阻擋憲法法庭獲得必要的證據，乃事所當然。例如以陳水扁總統任職期間產生的「國安密帳」案件為例，陳水扁總統幾乎以全力阻止法院調取機密檔案作為法院審理案件之依據。

故如同本書討論總統的國務機要費特權（見本書第六章第三十節拾肆四處），已經提及的高等法院，可依據釋字第 627 號解釋擁有審理總統是否擁有機密特權的權限。因此對於審理總統彈劾，也可能涉及機密特權的案件。憲法法庭自然可以為了審理彈劾之必要，對涉及機密事項行使暫時處分權限，以免讓總統可能的違法瀆職，躲在機密特權之下而逃避被彈劾的責任。另外既然總統的機密特權也受到了高等法院的審查監控，則憲法法庭的位階且高於高等法院，故大法官對於最可能涉及的機密保護，當可信賴也。

至於，如果真屬於總統的國務機要而有保密的需要，否則可能涉及國家重大利益的侵犯時，也應援引釋字第 627 號的精神許可憲法法庭為例外處置，因此得許可總統聲請異議，由憲法法庭得以裁定的方式（憲訴法第 31 條規定）決定之，而放棄扣押或搜索之權。

關於彈劾案須以大法官現有總額三分之二以上同意（第 75 條），這是憲訴法所採

---

❷ 不似在憲訴法制定前最後一次司法院提出的大審法修正草案 (102.01.08)，第 24 條第 1 項雖然規定大法官審理彈劾案準用刑事訴訟法之規定 (此規定在憲訴法已沿用)，同條第 2 項則進一步規定對證人或鑑定人以涉及國家機密而拒絕陳述者，如經大法官總額三分之二以上出席，並經出席人數三分之二以上評決不許時，則不得拒絕證言。明顯地該草案的規範對象，僅及於證人及鑑定人，不及於總統本人，同時該草案亦未提及大法官可強制總統交出證物於證言之手段，故草案的規定仍不足以對抗釋字第 627 號解釋所賦予總統的特權矣。

的高門檻，與政黨違憲的審判（第 80 條）一致，而和憲訴法規定其他憲法法庭一般的判決乃普通多數及現有大法官總額三分之二以上參與評議，總額過半通過之（第 30 條），這當是基於總統彈劾與違憲政黨的解散的事關重大，必須謹慎。

然而這種高門檻，是否妥適？主張採低門檻之立論者，乃是基於此彈劾案的審理，已非第一次審理，立法院已經以嚴格的程序通過彈劾案，代表著絕大多數民意的依歸，如採高門檻制度，將促使大法官與多數的民意形成對立，影響大法官的尊嚴。

相對的，主張高門檻者則認為總統的彈劾案，不似罷免案的通過，尚要經過公民複決程序，故應當力求程序之慎重，免得形同「罷免難、彈劾易」的矛盾。同時，彈劾案是以違法失職為前提要件，是準司法權的行使，應當保障「準被告」的權益，因此門檻自不宜過低。

鑑於總統身分的尊崇，以及一經彈劾必須立即去職的規定，故門檻宜採高門檻為宜。因此憲訴法採高門檻值得支持。

四、政黨違憲解散案件

司法院大法官近年新增的權限為政黨的違憲審查權。民國八十一年增訂的憲法增修條文第 13 條（九十四年增修條文第 5 條 5 項）規定，當政黨之目的或其行為危害中華民國之存在或自由民主之憲政秩序者為違憲。由大法官組成憲法法庭，審理該違憲政黨的解散事宜。大審法時代，大法官會議針對總統彈劾與政黨解散的職權而特別成立任務編組式的憲法法庭，隨著憲訴法公布後的將大法官會議更名為憲法法庭，改為常態化。由於政黨組織也屬人民團體，本應由行政機關與一般法院掌管其權利與義務事項，包括設立登記與解散，但鑑於政黨對於民主政治的非凡重要性，因此涉及政黨的「政治與法律生命」，不宜由行政機關決定或干涉，因此淵源於德國交由聯邦憲法法院掌管的政黨違憲審查權，於是也被援引入我國。

㈠制度產生的緣起

我國引進德國政黨違憲審查制度，與解除戒嚴有密不可分的關係。民國七十六年七月十六日宣布解除戒嚴之前，在台灣實施的黨禁，使得人民成立政黨結社權遭到嚴重的限制。

解除戒嚴後，國內的新興的政黨如雨後春筍般的出現，為規範小黨林立的政治生態，立法院制定動員戡亂時期國家安全法 (76.07.01)。在該法第 2 條 1 項規定人民集會

結社不得違背憲法、主張共產主義或主張分裂國土，此便是著名的「國安法三原則」。日後在動員戡亂時期人民團體法 (78.01.27) 第 2 條亦有同樣的規定。除了所謂的「不得違背憲法」要件顯得極為空泛外，但另外兩個要件便極為具體，但是不論本法與施行細則皆未規定政黨違反此一禁令的責任，依舊人團法第 53 條、58 條 3 項對於違反國安法三原則的政黨，得由在行政院內所成立的「政黨審議委員會」，來審議政黨是否有違反上述禁令之情事，且僅能擁有處以警告或解散處分之權限。

　　政府解除戒嚴當年稍早的六月九日，已宣布成立的民主進步黨，在民國八十年十月十三日所召開的黨員代表大會上通過台獨黨綱，明白的違反人團法第 2 條之不得主張分裂國土之規定。但此違法案件在政黨審議委員會中未能達成處理的決議。原設於行政院的「政黨審議委員會」後來因人團法的修正第 52 條 1 項 (81.07.27) 移往內政部，故由內政部繼續審議本案。然亦未能對民進黨的違法黨綱為任何處分的決議。其理由甚明：因為民進黨在當時已經在選舉中獲得接近三成選票的支持——例如民國七十八年立委選舉，民進黨獲得百分之二十八的選票；民國八十一年則獲得百分之三十一的選票——。成為台灣第二大的政黨及主要反對黨。內政部顯然基於現實政治的考量，憚於嚴格依法行政，這個燙手山芋便想到拋給司法院大法官來解決之一途。因此，遂有民國八十一年五月制定憲法增修條文第 13 條之議，人民團體法亦隨之在同年七月配合修正第 58 條 3 項，將違憲政黨的解散權限移轉至司法院大法官。因此，我國司法院大法官違憲審查制度的產生，起因於民進黨的制定台獨黨綱，以及基於政治考量，主管機關（政黨審議委員會）不欲、也無力掌握此「政黨生殺大權」，而大法官乃變為處理此類棘手案件的機構也。

㈡德國政黨違憲審查的理論依據——「防衛性民主」的概念

　　有鑑於德國威瑪憲法——除了在國家社會經濟方面具有強烈積極性質的社會福利思想的理念，此將在本書第十三章「基本國策」論及——，在民主政治方面是採行「價值中立」的態度。憲法對於國家政治的發展僅規定政治權力運作的制度，至於政黨獲取政權後，如何實施民主政治的內容，則任諸人民透過選舉所造成的政權遞嬗來控制之。易言之，對於民主的價值觀，並未做限定。因此在威瑪共和國時代，即使是以推翻共和國為職志的極端政黨，例如極左的共產黨與極右的納粹黨皆能獲得威瑪憲法的庇護，招募黨員參與選舉，最後甚且讓納粹黨合法地獲得政權，致使威瑪憲法的命運斷送在納粹黨的手中。

　　德國基本法的制定者便是以威瑪憲法的殷鑑不遠，對於敵視任何基本法的政黨便採取不容忍的態度。德國基本法第 21 條 2 項明白的規定任何政黨的目的與其支持者之行為，如有危害德國自由民主之基本秩序，以及妨害國家存在之危險時，即為違憲政黨，由聯邦憲法法院裁判之。德國對於違憲政黨所採行的預防與阻絕態度，在日後聯邦憲法法院的審判實務中，已經發展出一種所謂的「防衛性民主」(wehrhafte Demokratie)，或是「有防衛力的民主」(streitbare Demokratie) 之理念。

　　所謂防衛性民主理念，乃認為德國基本法所構建的國家政治與民主秩序並非僅是一種形式的體系規定，而是在內容方面受到一種價值的拘束，這個價值便是自由與民主的基本價值。所以基本法不再是一個奉行「價值中立主義」(Wertneutralismus)，而是本身可以導引出具體的民主價值，來界定國家對政黨所容忍的界限。由德國基本法所產生的時代 (1949) 可以明白的瞭解這種「防衛矛頭」是指向極左的共產主義與極右的法西斯主義。

　　防衛性的民主理念日後也形成闡釋性的口號，表達其積極「防民主之弊」的意義，例如：

——勿與自由之敵以自由 (Keine Freiheit fuer die Feinde der Freiheit)。

——以不容忍（手段）對抗不容忍（政黨）(Intoleranz gegen Intoleranz)。

——民主無自殺之義務 (Keine Pflicht der Demokratie zum Selbstmord)。

——民主的團結力 (Solidaritaet der Demokratie)❹❸。

　　德國基本法這種對於「政黨屬性」的嚴格要求所形成的防衛性民主理念，形成了國家兩種重要的制度：第一種為政黨違憲審查；第二種為對於公務員的「忠誠要求」。

　　德國聯邦憲法法院對於政黨違憲審判至今僅有兩個案例，即一九五二年對於極右的「社會帝國黨」(SRP) 以及一九五六年的「德國共產黨」(KPD) 所做的違憲審判。藉著前者的判決，撲滅了納粹黨的借屍還魂；後者則禁止受蘇聯指使的德國共產黨合法存在，避免德國的赤化❹❹。

---

❹❸ 參見：A. Katz, Staatsrecht, Rdnr. 155.; I .v. Muench, Staatsrecht, Rdnr. 275. 孫中山先生曾有過革命人權的見解，也有類似防衛性民主的思想，可參見本書第十二節壹二處。

❹❹ 對於德國共產黨違憲案的判決，請參閱施啟揚，西德聯邦憲法法院論，臺灣商務印書館，民國六十年，第 140 頁以下；關於社會帝國黨的判決，參閱劉孔中譯，刊載，西德聯邦憲法法院裁判選譯㈠，司法周刊雜誌社印，民國七十九年，第 1 頁以下。

在公務員的忠誠要求方面，基本法第 33 條 4 項規定公務員對國家負有公法上的服勤務與忠誠之義務；第 5 項規定公務員法應斟酌傳統的公務員制度來規範之。因此該條規定結合政黨的違憲制度，便認定公務員對國家負有的「特別忠誠」之義務，不僅是不能加入違憲的政黨，甚至對申請擔任公務員者（準公務員），如果有任何「令人懷疑」其有不忠於國家之虞的「背景」存在時，即可拒絕其擔任公務員。

德國與各邦政府在一九七二年一月二十八日曾公布「對偏激分子之決議案」(Radikalenbeschluss)，決議案中表明任何公務員及申請擔任公務員者，只要曾參加敵對憲法的政治團體——不論極左或極右——都可將之排斥在公職之門之外。惟此舉是否侵犯憲法所保障人民所擁有的信仰、思想、結社、集會與服公職等自由？同時該所謂的「敵對憲法」之團體，不以被宣告為違憲之政黨而為限，甚至是合法的政黨——例如在一九五六年重新成立，但黨綱已作巨大改變的德國共產黨——亦可包括在內。這個決議是否已逾越了憲法第 33 條對公務員忠誠要求之界限，侵犯了一個合法政黨的政治活動之權利？

這個被稱為是「執業禁止令」(Berufsverbot) 卻在聯邦憲法法院獲得合憲的肯定。該院在一九七五年五月二十日宣判 (BVerfGE 39, 337) 即引用防衛民主的理念，要求公務員的忠誠義務應及於公務員「外在」與「內在」之一切「行為與認知」之上，公務員應該由衷的贊同國家的自由民主理念。因此，只要一有證據能令國家「懷疑」該公務員的忠誠度時，即可否認享有擔任公務員的權利[45]。

德國聯邦憲法法院這個判決引起了甚多的批評，特別是自由派人士咸認這種「懷疑論」的標準失之空泛，極易造成人事行政機關單方面的信賴情治機關所提供資料的正確性。所以本案件成為聯邦憲法法院近三十年來最受爭議的判決[46]。

(三)違憲的要件

我國憲法增修條文規定違憲政黨的條件為：政黨之目的或其行為危害中華民國之存在或自由民主之憲政秩序者為違憲。比較起德國基本法第 21 條 2 項的規定，兩者幾

---

[45] 關於德國聯邦憲法法院忠誠案的判決，可參閱拙著：論公務員的忠誠義務，刊載：基本權利（下冊），第 167 頁以下。

[46] 德國聯邦憲法法院的這個見解也影響到日本。曾任日本最高法院院長的田中耕太郎在一九六〇年時，亦表示法官的信仰自由不能違背對憲法的忠誠，以及對於國家所揭櫫之自由民主理念的信仰。參見：李鴻禧，戰後日本法官之政治中立問題，刊載氏著：違憲審查權論，一九八六年，第 507 頁以下。

乎完全一致，因此到底構成一個政黨違憲的這兩個主要理由：危害國家之存在與自由民主之憲政秩序之內涵為何，德國的見解似乎就更值得吾人加以重視。

1.政黨的行為如有危害國家存在之虞，足以構成政黨違憲的理由。雖然德國法規定乃「支持者之行為」與我國的「政黨行為」之間似乎有行為者範圍寬廣之分，例如前者既然是提及「支持者」之行為，因此不限於黨員，即使是該政黨的同情者、外圍分子等證明其支持該政黨之目的者，皆可包括在內。但有個別或部分這種分子產生有危害國家存在之行為——例如犯有企圖實行暴動、政變或通謀外國的外患罪——，儘管政黨並無授意或贊同該些行為，依德國基本法原意，亦不免使該政黨可能連累的遭到違憲之虞；我國的用語顯然必須將危害國家存在的行為限於「政黨意志」，易言之，排除了因個別黨員的危害國家行為所連帶的追究責任。不過這種以政黨或黨員行為能造成危害國家存在之虞的情形，率皆較為具體。也是必須具有高度的「侵害危險性」，同時也是構成刑法叛亂罪的構成要件，故不難瞭解其構成要件。至於，個別或部分黨員果有為此違憲之行為，固然不代表政黨的意志，但如果政黨果真有此意志，也率多會以秘密的方式為之。此時若能證明政黨果有此秘密企圖指使，當不免擔負起違憲的後果❹。

2.違反自由民主的憲政秩序：比起第一個構成政黨違憲的要件，這個顯然更較抽象，但卻更重要的條件，係指政黨不僅在組織方面應該符合民主的原則，也在意識型態的構成方面，應支持國家民主憲政之理念。

就組織民主的層面而論，任何一個民主國家的政黨的內部組織，亦應符合政黨內部民主的原則，倘若一個民主國家的政黨，在內部卻以獨裁的方式來組織及運作，如何能保障此政黨會真正的服膺於民主與憲政的理念？一旦這種獨裁的政黨獲取國家政權後，國家的民主前途，即蒙上陰影。例如德國以獨裁形式組成的納粹黨便是一例。為此，德國基本法在規定政黨違憲審查制度的第 23 條 2 項之前的第 1 項條文中便先規定政黨內部的秩序應符合民主的原則。德國政黨法 (1967.07.24) 第 6 條以下也對於政

---

❹ 依德國通說認為這種個別或部分支持者的危害國家存在之行為，必須使該政黨有「可歸責」的理由，方可使政黨承擔違憲的後果，例如該些行為已經明白牴觸政黨的公布的意志，或未獲得政黨公開或私下的肯定，否則視為支持者個人的行為與政黨無涉。至於所謂危害國家存在，則是包括國家不致傾覆的安全、領土完整，以及對外的行為自由等。同時，這種存在的危險性不以成功的希望為條件，僅有侵害的危險性存在即足。參閱：I. v. Muench, Staatsrecht, Rdnr. 278. 陳英鈐，德國基本法的政黨禁止制度，憲政時代季刊，第十九卷一期，民國八十二年，第 80 頁；陳耀祥，德的政黨法律地位，憲政時代季刊，第十七卷三期，民國八十一年，第 52 頁以下。

黨的內部組織與運作有了強制性的規定，以貫徹政黨的內部民主秩序原則❹。所以不能夠援引人民擁有「契約自由」的原則自願放棄其參與政黨決策的權利，形成一種沒有實質民主的「黨內民主」。因此，如果黨綱或黨章揭櫫此種類似獨裁的決策模式，即屬違憲❹。不過在我國的人團法第49條雖規定政治團體應依據民主原則組織與運作，其選任職員之職稱、名額、任期、選任、解任、會議及經費等事項，於其章程中另定之。不僅在強調政黨內部應實行民主制度的規定僅具法律、而非憲法的位階，且如何具體實踐則任諸章程決定，這種授權各政黨的自我規定，顯然喪失強制規範的效果。因此德國利用政黨法的詳密規定，用「外鑠」的力量促使政黨實施真正的黨內民主，顯然是我國可以參考的一個模式，吾人必須理解，沒有黨內實行民主的制度，該政黨絕不可能在外宣揚與護衛國家的民主制度。

　　在意識型態方面，防衛性民主理念所要發揮規範效果的領域，即基於基本法所揭櫫「有價值取向的民主觀」(wertgebundene Demokratie)。目前德國法界與學術界對於此觀念仍然援引聯邦憲法法院在一九五二年，第一次行使違憲政黨審判權，也就是著名的社會帝國黨 (SRP) 違憲案時，對於「自由民主的基本原則」所為的闡釋，其原文如下：「自由民主的基本原則是排除任何形式的暴力與專制統治，並實施一種自由、平等且基於國民自決與多數決意志所構建的法治國家統治秩序。這種秩序最根本的原則至少包括下列幾點：尊重憲法所揭櫫的人權規定，特別是對於生命與個人自由發展的人格權、國民主權、權力分立、政府向國會的負責、依法行政、司法獨立、多黨制政黨的機會平等與擁有組成一個忠於憲法之反對黨及能加以運作的權利」(BVerfGE 2, 12)。德國聯邦憲法法院的看法，明顯的對於主張建立共產政權、或法西斯政權的獨裁政黨，固認為是違憲外，對於所謂的「復辟派」政黨主張廢止共和國體制，而使國家回復到君主國或是立憲的君主國，以及「神權派」政黨主張國家成為宗教共和國——例如回教激進組織所成立的伊斯蘭共和國——，也不能取得一個合憲政黨的地位。

　　以我國所實施的政黨違憲審查權，乃純粹且徹底的移植自德國，如果吾人可以將德國視為最權威的上述聯邦憲法法院對「自由民主的基本秩序」所做的詮釋，似乎有極大的參考價值。

---

❹ 參閱拙著：政黨的內部民主制度，刊載：基本權利（下冊），第 223 頁以下。
❹ 德國聯邦憲法法院在社會帝國黨 (SRP) 違憲案，已將該黨奉行納粹黨的領袖獨裁制，作為其違憲的理由之一。
　BVerfGE 2, 40.

　　不過，德國基本法所採行的「防衛性民主」的概念，從而建立，並實施過的政黨違憲解散制度，也是基於當時東西陣營敵對對立、冷戰時代的思想產物，在一九五〇年代以後，便不再成功的出現過類似的案例。

　　例如在德國統一後，有兩個極右派的政治團體——自由勞工黨 (FAP, Freiheitliche Arbeiterpartei) 及國家名單黨 (Nationale Liste) 以鼓勵排外，建立德國主體意志的德國，及退出歐盟為政見，聯邦政府及聯邦參議院遂於一九九三年向聯邦憲法法院提出政黨違憲之聲請。聯邦憲法法院審理後認為，這兩個「政黨」因為黨員很少，不形成民主憲政體制之威脅，故宣告不滿足構成「政黨」的要件，遑論審查其是否違憲。這種人民團體可以由基本法第九條二項（人民結社不能違反刑法、攻擊民主憲政秩序及民族和諧原則）取得禁止之依據。所以「威脅嚴重論」成為解散與宣告違憲與否之標準。

　　另外，在二〇〇一年初，聯邦政府、聯邦眾議院及參議院分別向聯邦憲法法院提出了德國國家黨 (NPD, Nationale Partei Deutschlands) 的極右政見，是納粹黨借屍還魂而違憲的聲請。由於國家黨已有六、七千黨員，規模較大，且曾在各邦議會中擁有席位，所以各方關注本案的審理，檢驗聯邦憲法法院在半個世紀前所使用判斷政黨是否對憲法忠誠的原則，是否仍有適用之餘地。

　　不過，本案卻因程序上瑕疵，導致訴訟程序中斷，以及聲請人撤回起訴而告終結。沒有再形成另一樁政黨違憲的案例❺⓿。所以，以德國聯邦憲法法院的實務見解可知，對一個政黨是否違憲，須視有無危險性（就此國家黨的聲請理由中，聯邦政府提出不必適用比例原則的強硬主張，謂事關民主憲政之存亡，不容以比例原則來作檢驗），如果黨員很少，沒有形成氣候的客觀條件時，聯邦憲法法院便沒有採行宣判違憲的必要性，避免替這些小的極端團體塑造成英雄的宣傳。所以半世紀以來，德國對極端之政黨不再採取嚴厲及積極的取締政策。

　　隨著大法官作出釋字第 445 號解釋，許可為宣揚共產主義及分裂國土而舉行遊行集會、繼而在釋字第 644 號解釋，許可為宣揚共產主義及分裂國土為目的而組成社團

---

❺⓿ 本案在審理後，聯邦憲法法院曾發出急速處分，搜查德國國家黨中央黨部及辯護律師之辦公室，取得不少資料。但後爆發出醜聞，因出庭作證的該黨北萊茵邦黨部主委竟是情治機關（聯邦憲法保護局）之臥底人員，達二十餘年之久。且情治機關大舉滲透入該黨，致使該黨在各地的極端行為到底是不是政府的栽贓行為，抑是黨部人員（及黨員）之行為，引起普遍懷疑。國家黨便提起暫停審理之聲請。憲法法院法官中雖認為不必停止者較多（四比三票），但鑑於通過政黨違憲案須絕對多數（三分之二，即六名），故聯邦憲法法院即停止審判，聯邦政府等也隨即撤回訴訟，以避免敗訴也。BVerfGE 107, 339.

以及政黨。因此，我國憲法增修條文當年將政黨違憲審查制度入憲的目的，早已不復存在。本號解釋會否敲啟了政黨違憲審查制度的喪鐘❺❶？吾人不妨拭目以待。

㈣政黨違憲審查的程序

1.解散政黨的聲請

政黨違憲審查程序依憲訴法第 77 條之規定，應由主管機關聲請憲法法庭裁判解散之。此所謂的主管機關依人團法第 52 條 1 項與第 58 條 4 項之規定，由內政部政黨審議委員會經出席委員三分之二認有違憲情事時，方得提出之。然而內政部政黨審議委員會，僅擁有被動性質的就已被移送至該會的違法或違憲政黨加以審議，並對有違法之虞的政黨給予警告或限期整理處分之權限，本身並未擁有對政黨行為的監督權限。故政黨審議委員會仍須其他機關的移送案件，例如內政部社團主管機關或檢察機關。

對於一個政黨是否違憲，僅能由內政部的政黨審議委員會提出，因此僅有一個聲請者而已。不似德國聯邦憲法法院法 (1993.08.11) 第 43 條之規定，對於一個全國性的政黨是否有違憲之虞，可由聯邦眾議院、參議院或聯邦政府提出之。若一個政黨僅有邦級的規模，可由該邦政府提起政黨違憲的審查，所以聲請人的來源顯然較多。德國對政黨違憲的聲請人包括了參、眾兩院，使具有違憲爭議的政黨亦可透過民意機關的決議移請聯邦憲法法院審議。我國沒有德國的聯邦國家體制，因此沒有必要採納德國的複數聲請人制度。可以贊同。

此外由於只有一個聲請人——主管機關內政部，為了避免執政黨動輒聲請憲法法庭解散反對黨，必須強調聲請機關的容忍義務，亦即必須嚴格實施拘束行政，唯有明確與嚴格的要件存在時，方能提出解散聲請，否則應儘量容忍行使裁量權。避免釀成政治風暴。按政黨的違憲聲請，如獲得憲法法院的認定時，僅有解散一途。故一旦被解散之政黨未能服從法院的判決，勢將引起國家社會秩序的甚大影響。同時動輒將一個政黨移送法院審議，亦會造成國家變質為專制國家之虞，也會造成政黨利用此移送權，壓迫其他政黨，形成政黨間不當的競爭環境。

2.憲法法庭的審議

憲法法庭接到政黨違憲的聲請案，即應審理。其既稱為憲法法庭，即擁有一般法

---

❺❶ 和我國釋憲制度頗為類似的韓國憲法法院，在 2014 年 12 月 19 日宣布極左的統合進步黨，「以暴力來一次達到進步民主主義之實現，最終達到朝鮮式社會主義的地步，實際上已明確招來危害民主秩序的危險性」宣布解散之。這是少數宣布政黨違憲的案例。

庭組織、運作及行使裁判權的特徵，憲訴法僅以五個條文規範之，大體上與裁判總統彈劾案同。包括評決採大法官總數三分之二的絕對多數決。同時憲訴法關於言詞辯論（例如言詞辯論日距聲請書之送達，應有至少二十日的就審期間），也都援引總統彈劾的程序（憲訴法第 81 條）。

　　然而憲訴法對於違憲政黨解散的簡單規定，即使援引彈劾程序的部分規定後，仍有不明之處，例如憲訴法第 76 條規定彈劾案應在收受彈劾案六個月內裁判的期限規定，憲訴法便沒有援用在政黨違憲的裁判之上。這是否純為立法疏失？或是另有授予憲法法庭裁量是否立即與強制審理的空間？在立法過程似乎未受重視。以合理的推測，當是立法者不願強制憲法法庭限期做出解散政黨的義務。因此憲法法庭得視國內政治的演變，也有讓違憲政黨自行改變體質與政綱的可能性，從而毋庸行使最強制的解散權。這也無疑地讓憲法法庭沾染政治與政黨鬥爭的色彩。是否理智，抑或是立法疏失？有待日後的修法釐清。

(五)政黨解散判決的效力

　　憲法法庭認為解散政黨之聲請無理由者，應予判決駁回聲請；如認為聲請有理由者，以判決宣告該政黨應予解散（憲訴法第 80 條）。然而宣布政黨解散後，憲訴法便沒有任何其他的規定。不似大審法會規定被解散政黨的義務，例如停止一切活動，並不得成立目的相同之代替組織，其依政黨比例方產生民意代表，自判決生效日起，喪失其資格（大審法第 30 條 1 項）；各關係機關應即為實現判決內容之必要處置（大審法第 30 條 2 項）；其財產之清算，準用民法法人有關規定（大審法第 30 條 3 項）。大審法第 30 條所規定的三種判決政黨違憲解散後的效力及處理情形，明顯的看得出來都採納了德國處置違憲政黨的立法例❷，憲訴法都沒有再援用大審法第 30 條的規定，顯然已經廢棄了此規定也。依據憲訴法的立法理由，之所以會刪除大審法的條文，乃是政黨宣布解散後，各機關有實現判決內容之義務（憲訴法第 38 條）以及憲法法庭亦可為暫時處分（憲訴法第 43 條），故毋庸再另行規定。同時依據政黨法 (106.12.06) 第 30 條，亦有政黨經違憲宣布後的解散程序：「經司法院憲法法庭宣告解散之政黨，應自判決生效之日即停止一切活動，並不得成立目的相同之代替組織。前項經宣告解散之政黨，不得以同一政黨之名稱或簡稱，再設立政黨或從事活動。……」可知大審法第 30

---

❷ 例如第 1 項之不得組織替代組織，仿效自德國政黨法 (1994.01.31) 第 33 條之規定；第 2 項的規定則類似該法第 32 條 1 項；政黨清算則類似該法第 32 條 5 項之規定。

條的規定已納入政黨法規定矣。

由於政黨是凝聚人民政治意志的團體，也代表人民決定國家政策，所以是人民實施民主的中介團體，對民主制度有不可替代的重要性。所以比起人民其他的結社，政黨是更重要，法律也儘可能的保障之，是所謂的「政黨特權理論」(Parteiprivileg)。同時人民透過政黨的媒介、組織與鼓吹，亦會對於政治意識形成類似宗教信仰、人生觀或正義道德的確信力。一個政黨的解散並不如普通人民團體的解散來得單純與容易。政黨也是一個凝聚同志來角逐地方或國家權力的團體，解散一個政黨將可能妨害或斷送若干有志之士的政治生涯，從而其於解散過程仍能產生相當的抗爭力。甚至在被宣告解散後依舊推行黨務，所以對違憲政黨的判決，不論在執行方面，甚至在防止被解散政黨的「後續性發展」，都應一併注意之。國家所有公權力有全力配合的必要。本憲訴法第 38 條規定各關係機關應即為實現判決內容之必要處置，使各機關，產生了強制性的「職務協助」義務。對於政黨後續性可能的「春風吹又生」的違憲活動，我國憲訴法並未如德國般，有進一步的罰則規定。德國分別在聯邦憲法法院法規定違憲政黨的審判的程序（第 43 條以下），且在政黨法規定政黨違憲後裁判的執行，更於刑法嚴格規定，政黨經違憲宣判後，不得組織替代性組織，違反者首謀或主事者，處三個月以上，五年以下有期徒刑，未遂犯罰之（第 84 條）；成為該替代組織黨員或支持該組織者，處五年以下有期徒刑或罰金（第 84 條）；為該違憲政黨或替代組織散布、使用或以該目的所製造或儲存之宣傳品、標誌、旗幟、制服、標語及手勢等，處三年以下有期徒刑或罰金（第 86、86 條 a）。再依德國集會遊行法 (1978.11.15) 之規定，違憲政黨及其替代組織無集會遊行權，發起領導或遊行者，處一年以下有期徒刑或罰金（第 26 條）。顯見德國防範違憲政黨的死灰復燃已極盡法律規範之能事 ❸。相形之下，我國刑法雖未特別針對違憲政黨被解散後，成立替代組織、繼續宣揚或支持該違憲政黨之目的或理念，而有特別處罰的規定。但政黨法已經有相應的規定，依政黨法第 36 條的規定，對於違反該法第 30 條有關政黨違憲後不得成立替代組織或繼續活動者，有罰則的規定：「違反第三十條第一項、第二項規定者，處首謀者新臺幣一百萬元以上五百

---

❸ 比較起戰後的日本與義大利，不僅縱容法西斯黨與軍國主義者繼續活動，且視為憲法所保障的言論、結社、信仰及參政自由。例如義大利的法西斯黨也在國會擁有相當席位，日本極右派的組織亦甚猖獗。與德國使用「鐵腕」來撲滅法西斯餘孽的態度，真有霄壤之別。另參閱蘇永欽，德國政黨與法律規範，刊載：合憲性控制的理論與實際，第 42 頁。

萬元以下罰鍰，其餘參與者處新臺幣五萬元以上二十五萬元以下罰鍰；經主管機關制止而不遵從者，並得按次處罰。」雖然有採納德國的立法意旨，但卻是以行政罰，而非刑罰的方式，來規範政黨經違憲宣告後的法律責任問題。

(六)我國實施政黨違憲審查的名與實——陳意過高的「理想移植」？

由前述討論德國興起違憲審查權的起因——防衛民主概念的產生過程，可知道德國採取嚴格的政黨違憲審查制度，強調政黨必須由內部開始實行民主制度，進而一旦成為執政黨，方不會將國家帶上專制的絕路，因此強化憲法法院監督政黨體質的權限，其嚴格要求政黨的政綱與行為必須合憲之程度，為全世界民主國家所罕見。

這明顯地是根植於檢討納粹政黨，乃透過民主與宣傳獲得政權後將國家帶入滅亡的前車之鑑所產生的制度。因此配合著國家對政黨合憲性的嚴格要求的「棒子條款」，德國一樣也興起了對政黨的「胡蘿蔔條款」——這種承認政黨是民主政治不可或缺的政治制度，對政黨給予許多法定的優惠措施，例如透過政黨法縝密的規定的賦予黨務自治、黨內民主及其他政黨特權、用公款補助政黨運作的經費、國會設立黨團運作的機制……，都是扶持政黨能夠順利運作的誘因機制，來矯正過去威瑪共和時代採取放任政黨自由發展的「政黨觀」。因此德國實施違憲審查主要在防堵威瑪共和時兩大極端政治勢力——極左的共產黨與極右的納粹黨，所以其要求政黨合憲性的法益（不能違反民主自由的憲政理念），便以此兩理念為假想敵。在該院迄今成立 70 年來，只成功通過兩個政黨違憲的裁判，便是以兩黨的理念為對象，可為證矣。

反觀我國引入政黨違憲審查，也是為了因應解除戒嚴後，政黨林立的現象，也希望藉以防堵宣揚或推動中共或台獨理念的政黨。所以不像德國乃有切身之痛後的痛定思痛之決心。然而，我國政治版圖的一再演變，白雲蒼狗的執政權交替，主張台獨的風氣蔚然成風，台獨是否構成分裂國土？要求將五院體制改為三權體制、將偏向內閣制改為總統制、將中央與地方分權制，改為廢省的去地方制……，是否都屬於宣揚與進行變更國家體制、破壞憲法重要制度的行為？遑論要廢棄整部現行憲法，制定新的憲法，豈皆非德國防衛性民主理念所正要竭力防範的現象——透過本憲法的保障政黨活動，造成該政黨推翻本憲法的現象？如同台灣的諺語「養老鼠咬布袋」乎？

所以我國引入德國的違憲政黨審判制，並不是基於昨日之痛，而只是「移植的理想」，本制度毫無制衡上述實質已經造成牴觸防衛性民主概念現象的功能。自解除戒嚴40 餘年來，這個制度形同具文，雖然美其名可曰「備而不用」，但吾人相信政黨既然

是以理念或行動爭取人民的信賴、凝聚政治意識，而且在資訊與競爭相當透明的民主社會，可運用民主探討與選舉的機制，讓人民選擇政黨，而毋庸透過嚴刑峻罰或「有效率」的政黨違憲審查制度，來做政黨品質篩選也。

故我國的憲法法庭職司政黨違憲審查，雖然比交由內政部等行政機關為宜，但宜偏重在形式的管理、而非理念上的監控，不必淪為過度的理想性，而應有高度的包容性。同時將違憲政黨的解散大權交付給憲法法庭，也是要讓憲法法庭以超越黨派見解的高位階，來護衛國內每一個政黨都能行使憲法所賦予的政黨角色——監督執政黨，並準備獲得選民支持，取代目前的執政黨——，讓政黨成為民主政治不可缺的工具與制度。因此除了管制執政黨會使用一切辦法消滅反對黨（政黨解散），也要防止削弱反對黨的競爭實力，包括剝奪其財產及與外界的聯繫。就此而言，大法官在對剝奪國民黨黨產作出的釋字第 793 號解釋，對於政黨及其附屬組織不當取得財產處罰條例之對於國民黨黨產之轉移及禁止事項，包括對黨產的沒收，大法官竟認為：「不涉及違憲政黨之解散，亦未剝奪政黨賴以存續、運作之財產，亦非憲法所不許。」便是明白地牴觸了民主法治國家對競爭政黨重要性的認知。

五、地方自治保障案件

憲訴法第 82 條第 1 項規定「地方自治團體之立法或行政機關，因行使職權，認所應適用之中央法規範牴觸憲法，對其受憲法所保障之地方自治權有造成損害之虞者，得聲請憲法法庭為宣告違憲之判決」。這是將憲法法庭作為保障中央與地方分權，以及保障地方自治的機制。另外第 83 條規定在涉及地方自治的個案經法定救濟程序後仍然有侵犯地方自治權者，例如：

a.自治法規，經監督機關函告無效或函告不予核定。

b.其立法機關議決之自治事項，經監督機關函告無效。

c.其行政機關辦理之自治事項，經監督機關撤銷、變更、廢止或停止其執行。

都可聲請憲法法庭審查，這是類似判決裁判審查的機制，只不過易個人人權的保障，為憲法所保障的地方自治權利也。

按憲法第 114 條規定省自治法制定後，須即送司法院。司法院如認為有違憲之處，應將違憲條文宣布無效。故省自治法一經制定，即應移請大法官審議有無違憲之虞。其目的顯然將大法官作為地方自治的「制度審查者」，避免地方自治法制侵犯中央之立

法權限，類似審查「省憲」，有無牴觸「國憲」。但為防止此釋憲權「質變」成為各省地方自治制度在實施的過程，即個案的監督者，自民國八十一年修憲起已經將地方自治之條文（如八十九年增修條文第 9 條）明白排除憲法第 114 條之適用。故自動移送審查之制已凍結。惟本法第 6 條雖仍維持舊制，然而在實務上卻反其是而行！省縣自治法 (83.07.29) 與直轄市自治法 (83.07.29) 及地方制度法 (88.01.26) 制定後，即未主動送請司法院為釋憲審查。

　　然依地方制度法第 75 條第 7 項之規定，由直轄市、各級地方政府（至鄉、鎮公所）辦理自治事項有無違背各政府之上級規章，法律及憲法，致遭上級政府撤銷、廢止或停止執行的爭議，亦可聲請大法官解釋之。顯然即極度擴充大法官釋憲範圍由「省憲」層級到「各級」地方自治法規。已有違反憲法釋憲制度的最高性設計。

　　此規定將大法官作為中央與地方權限爭議的仲裁者，雖言涉及保障地方自治機關之憲法地位，有其價值（參見釋字第 553 號解釋）。且台灣地區各級地方自治團體（由鄉至直轄市）為數甚多，各類自治法規既多且雜，此類爭議多半具個案性質、實際功能，實非大法官之擅長憲政法理等所能勝任。且地方政府及其與上級爭議態樣，種類無窮，而且其法益乃是地方自治，可能有行政或立法的功能，不全是如裁判憲法審查所涉及個人切身的人權利益，故具有較高的政治意義與利益，非純是人權性質的法律意義，故重心應置於行政爭訟、而非釋憲程序解決為宜。

六、統一解釋法令

㈠可提起統一解釋法令的種類

　　依據憲法第 78 條規定，司法院兩大任務便是解釋憲法與統一解釋法令（法律與命令）。前者是將司法院作為憲法權威的詮釋者，也是唯一有權得解釋內容之機關；後者將司法院作為國家最權威的法令詮釋者，亦即為了「法律安定性」的原則、統一國家法規範的見解，才賦予司法院此一國家最具有法學素養的機關來解決法令見解的歧異。

　　由憲法第 78 條將法令統一解釋，也交由司法院負責，此「統一解釋」的用語，可知司法院並非是對法令唯一擁有解釋權的機關。例如行政機關雖不能頒布法律，但可依法頒布行政命令，自可對所適用的法律與頒布的命令加以解釋，以頒布「釋令」來拘束其下屬機關或本身。同樣的，在其他得執行法律的機構，例如司法機關、考試機關及監察機關，亦同。

　　司法院早於司法院釋字第 2 號，即以釋憲與統一解釋法令用語的不同，認定司法院行使統一釋憲權的條件，為中央或地方機關對法令的見解，如果依法應該受到本機關或其他機關的約束或得變更其見解時——在前者之情形（例如必須受到上級機關見解的拘束）；在後者情形（例如可以使下級機關改變其見解）——，則無統一解釋的必要，蓋其已自有統一解釋法令之管道。倘若該機關可獨立行使職權或是與不相隸屬之機關的見解有異時，才會有產生法令見解混淆的情形，依此號釋字的見解，方得聲請統一解釋。

　　這個大法官會議最早的解釋案，日後便成為大法官行使統一法令解釋權的主要方針，並在有關大法官的職權法中加以具體化規定。例如在大審法時代（第 7 條 1 項）之規定，計有兩種情形得聲請解釋，分別是：

　　⑴中央或地方機關，就其職權上適用法律或命令所持見解，與本機關或他機關適用同一法律或命令時所已表示之見解有異者。但依該機關依法應受本機關或他機關見解之拘束，或得變更其見解者，不在此限。

　　⑵人民、法人、政黨於其權利遭受不法侵害，認確定終局裁判適用法律或命令所表示之見解，與其他審判機關之確定終局裁判，適用同一法律或命令時所已表示之見解有異者。但得依法定程序聲明不服，或後裁判已變更前裁判之見解者，不在此限。同時依第 2 項之規定，此項聲請應於裁判確定後三個月內為之。

　　這種統一解釋之目的，乃在分別確保國家機關間對法令解釋的一致性，以及國家法院間對法令見解的一致性。故是解決不同機關間法令見解矛盾之機制也。

　　而憲訴法實施後，憲法法庭裁判的統一法令解釋，則只剩下後者的情形。依據憲訴法第 84 條第 1 項的規定：人民就其依法定程序用盡審級救濟之案件，對於受不利確定終局裁判適用法規範所表示之見解，認與不同審判權終審法院之確定終局裁判適用同一法規範已表示之見解有異，得聲請憲法法庭為統一見解之判決。

　　這是因為如果中央或地方機關發生職權適用法令所持見解，與本機關或他機關產生見解爭議時，除非在本機關得依職權解決爭議外，憲訴法第 65 條已有機關爭議的釋憲規定，因此大審法第 7 條第 1 項的第一種情形即勿庸重複規定。

　　在前者之情形司法院掌握法令統一的解釋，因此儘管立法院是唯一的掌握法律制定權的機關，行政院、考試院及監察院都各擁有命令的制定權與解釋權，各地方自治團體亦享有自治規章制定權與解釋權，然而一旦彼此涉及法令見解發生「機關爭議」

時，須由司法院來詮釋之。因此以法治國家分權的權力分立固然不排除訂定子法之機關亦有解釋法令之權，但以法治國家原則最重要的「法律安定性」原則所構建的，國家在相同案件所呈現的「法規範的一致性」(Einheitlichkeit der Rechtordnung)，可看出司法院所居法治國原則把關者的重要性，以及身擔此職的大法官在法學素養方面需要既廣又深的要求了。不過以法治國家依法行政與依法審判所依憑的法律與法規數量的氾濫 (Flucht der Normen)，對於法律安定性所需要的法律見解統一化的任務，應由各執法機關來統一之。大法官的職責顯然應該多置重於憲法的解釋部分為佳。

(二)不同審判體系間的法令統一解釋

在行政機關由於有層級制度，本機關與上級機關間的法令見解可循指揮體系解決，故憲訴法只規定國家最高機關間的權限爭議問題。而在大審法時代，此制度主要也呈現在並非最高國家機關（司法機關），但卻可獨立行使的審判權體系的法令見解歧異之問題，例如最高法院與最高行政法院的法令見解發生衝突，即可由大法官統一解釋。

如何統一解釋法院內的法令見解？在大審法時代，主要是由最高法院與最高行政法院院長與庭長及法官代表之聯席會議研商獲得共識，此議決也如同有效法令般，可為判決的依據。人民也可據此提起釋憲。

在憲訴法公布時，司法院同時修正公布法院組織法與行政法院組織法 (108.01.04)，增訂了兩院的大法庭制度，其目的便在解決兩終審法院各庭所產生的法令見解之差異。大法庭制度的實施固然已經可以「各清門戶」的統一本院內的見解，但對互不隸屬的另一審判體系，例如行政法院與普通法院間的法令見解爭議，便既不是機關爭議，亦非兩院大法庭制度所能解決。此時即為憲訴法的人民聲請裁判法令見解的統一解釋之範圍。

雖然我國司法體制乃由普通法院（民刑事）及行政法院兩大「專門法院」體系所組成，但這兩個專門法院並非全然獨立，之上尚有司法院統轄之。因此，此兩個終審法院間的見解歧異，當可由司法院召集此兩終審的大法庭成員（或其代表）舉行個案性質的「司法院大法庭」會議，謀求解決的機制，豈非更為妥適？因為既然已經產生兩院間涉及法令見解的歧異，就必須要對該法院及審判權所涉及法令見解深入地研究，方能異中求同。此時由兩院經驗與智識都具代表性的大法庭成員參與研討，當比代表性與專業性更廣泛的大法官，更能勝任地解決此一問題。

因此，本書認為大法官不宜承擔此專門法院間的統一法令解釋之權，應交由「司

法院大法庭」的制度為宜。

但為配合憲訴法將大審法時代中央與地方因職權產生適用法律的爭議，已經在憲訴法第 65 條已有修正的制度，因此過去對於不同法院間的審判權爭議，由大法官解釋的制度，也需隨同修正，故立法院遂配合修正「法院組織法」(110.11.23) 增訂第 7 條之 1 至 11 之規定。基本上將審判權的爭議由終審法院作終局裁判，不再由憲法法庭裁決。

至於法院體系外之國家機關間的法令見解爭議，既然不涉及人民的權益，憲法法庭受理與否的彈性就更高，大致上如果爭議屬輕度、且不存在時，即可不受理。大法官在第 1140 次及第 3025 次會議曾決議：「大法官於審理時，因法令之訂定、修正，致原有之歧異已不復存在者，應認為無解釋之利益，不予受理。」

㈢聲請裁判違憲與法令統一解釋的選擇權問題

憲訴法第 84 條第 1 項對於人民就裁判結果依據的法令，可以提出統一解釋之權，其要件為用盡法定救濟程序，而遭到不利的裁判結果。故此情形經常也涉及到裁判結果侵反其基本人權，從而憲訴法另有規定裁判憲法審查的制度 (第 59 條)。如此一來，形成了人民可以兵分二路，既可聲請裁判違憲審查，又可聲請法令統一解釋的「雙頭馬車」制度。同時，人民許可擁有選擇之權。

實則，這個看似設立雙重保障人民權益的機制，且讓人民擁有選擇權，包括重複使用兩種聲請權之制，似乎乃有利人民之立法例，然而卻造成疊床架屋之弊。

直言之，早在大審法時代，已經顯露了此制度之弊。例如大審法（第 5、7 條），分別許可人民提起憲法解釋乃保障憲法所規定權利；聲請統一解釋乃一般法律上的權利遭到不法侵害。一則是憲法所明定之權利；另一則是法律上之權利，是在法益的保障上，容有程度上的差異。此在保護的標的上不同，也反映在提請救濟的期限，以及大法官表決門檻的不同之上。

第一，在救濟的期限方面：聲請統一解釋必須在收到確定判決後三個月內為之。否則大法官即不受理。而在聲請憲法解釋則無此限制。以致於人民提出釋憲後、至大法官作出受理與否前，法令已經變更，但舊法仍有行為時法之功能，且解釋舊法之合憲與否，能夠賦予聲請人法律救濟之機會，大法官即不可比照統一解釋之例，而不予受理。

這種對解釋憲法沒有定下期限的寬鬆規定，也會產生取巧的缺點。人民可不急著

提起釋憲，等到一聞有修法之風聲，甚至到達修法的階段時，才提起釋憲，以搶搭「修法順風車」，這在大審法時代已經出現了不少的案例，本書作者也在司法院釋字第 686 號解釋所提出之不同意見書，特別指出這種現象，應該儘速加以訂定釋憲提起的時效規定。

第二，表決的門檻不同：依大審法第 14 條 1 項之規定，大法官解釋憲法應有總額三分之二以上之出席，出席人三分之二之同意，方能通過；第 2 項規定統一解釋法令僅需有大法官現有總額過半數、及出席人數過半數之同意，即可通過。故對統一解釋乃採普通多數決，對於受不受理聲請案，亦以普通多數決定之。可參見大審法施行細則第 16 條之規定：「關於解釋原則及解釋文草案之議決，依本法第十四條之規定（即絕對多數）行之。關於案件是否受理及解釋理由書草案文字之議決，以出席大法官過半數之同意行之。」

然而，人民提起的統一解釋，也可能會一併提出對某一法令牴觸憲法，聲請解釋。在這種混合型的案件，——例如兩個法院體系對同一條法律的見解（最高法院與最高行政法院的判例）產生歧異，大法官就必須以絕對多數表決門檻來通過解釋。這是該聲請統一解釋，已邁入了憲法解釋的層次，就必須以憲法解釋的門檻為準。不過釋憲實務上未對此詳加區分（例如釋字第 668 號解釋，可參見作者之不同意見書）。

然而，憲訴法的制定卻沒有真實的檢討了上述大審法時代雙頭馬車引起的缺憾，此雙軌制，仍然有表決門檻與程序的差異，例如：

第一：聲請的時間對於裁判所依據法規或裁判本身違憲者，應當於不利終局確定裁判送達後六個月之不變期間內為之（憲訴法第 59 條第 2 項）；而人民聲請的統一解釋則應於終局確定裁判送達後三個月之不變期間內為之（憲訴法第 84 條第 3 項）。

憲訴法將統一解釋的聲請期仍保持大審法的三個月期限，但對裁判違憲審查的聲請期定為六個月不變期間，比起大審法的毫無規定，是值得讚許的改進措施。

第二，對於表決的門檻：有異於大審法時代透過表決門檻的差別待遇，例如憲法解釋的絕對多數與統一解釋法令的多數決，憲訴法則表現在受理與表決的寬鬆與與嚴格度之上。

例如採嚴格門檻者的裁判違憲審查，憲訴法對於裁判違憲的嚴格標準，並不是表現在與統一解釋的表決或受理門檻的絕對多數與相對多數之上，而是在程序設計方面。

有異於大審法時代不區分大法官作出決議的判決或是裁定方式，憲訴法第 30 條規

定判決的門檻（判決，除本法別有規定外，應經大法官現有總額三分之二以上參與評議，大法官現有總額過半數同意）。依憲訴法第 31 條第 1 項的規定「裁定，除本法別有規定外，應經大法官現有總額過半數參與評議，參與大法官過半數同意」；第 2 項規定：「審查庭所為之裁定，除本法別有規定外，應以大法官過半數之意見決定」，比裁定來的嚴格，也是一個進步的立法例。

故憲法法庭作出受不受理的裁定，依憲訴法第 61 條第 1 項的規定，人民聲請法規範及裁判違憲審查，審查庭就承辦大法官分受之聲請案件，得以一致決為不受理之裁定，並應附理由；不能達成一致決之不受理者，由憲法法庭評決受理與否。第 2 項規定：前項一致決裁定作成後十五日內，有大法官三人以上認應受理者，由憲法法庭評決受理與否；未達三人者，審查庭應速將裁定公告並送達聲請人。

由上述規定可知，人民聲請違憲審查，只要在審查庭中獲得一位大法官（不論是否為承辦大法官）認為有受理的必要，就可能送交憲法法庭評決有無受理的可能。因此，以一致決的要求為不受理的原則。此情形與大審法施行細則第 9 條第 1 項第 2 款的規定：「聲請解釋案件經審查小組認應不受理者，應於審查報告中敘明理由，逐提大法官會議議決之，但有下列情形之一者，仍由大法官全體審查會審查之：一、審查小組認為可能發生爭議者。二、審查小組大法官有不同意見者。」並無二致。憲訴法這種一致決的原則，雖然延續大審法時代的制度，但也做了改進，便是非審查庭以外的大法官，如對審查庭作出一致決的不受理裁定時，大審法只需任何一位大法官認為有受理必要，即可提交全體大法官會議議決（大審法施行細則第 9 條第 2 項）；憲訴法則改為必須要有三位以上認為應受理，才可由憲法法庭評決之。此乃強化了審查庭的裁決效力。

相形之下，統一解釋法令的程序，便沒有如同判決違憲審查程序般的複雜，而仍循大審法舊制，採普通多數決。依憲訴法第 87 條之規定：「本章案件之受理及其評決，應有大法官現有總額過半數參與評議，參與評議大法官過半數同意。未達同意受理人數者，應裁定不受理。」

故為了節約司法資源，減輕憲法法庭負擔，如何調合兩軌制的差異，讓人民只循一種釋憲救濟途徑，使得兩制合一，應當是我國憲訴法要從速檢討修正之處。

參、憲法法庭裁判的效力

作為國家執行司法權力一環的憲法法庭，也是位居國家法院體系最頂峰的憲法法庭，其所作出的裁判，應如同其他專門法院般，必須具有執行力與拘束力，乃是當然之理，故憲訴法第 38 條規定：「判決，有拘束各機關及人民之效力；各機關並有實現判決內容之義務。前項規定，於憲法法庭所為之實體裁定準用之。」同時第 39 條規定：「對於憲法法庭及審查庭之裁判，不得聲明不服。」表明憲法法庭的裁判具有個案的終局裁判效果。

憲訴法對憲法法庭裁決效力的明文規定，可以改正大審法時代，由於對於大法官會議定位的不明確——大法官會議既然名為「會議」，顯然乃是委員會組織，而非法院組織——，所引發的誤解，認為大法官會議的決議只是訓示作用，而非強行作用。故大審法遂於民國八十二年增訂第 17 條第 2 項的規定：「大法官行使職權所為之決議，得諭知有關機關執行，並得確定執行之種類及方式」，即有對世之拘束力。故人民對於法院終局裁判適用違憲法令，提起釋憲解釋，獲得肯定的結果後，便有獲得非常上訴或再審的救濟機會，提供訴願人實質的訴訟利益的維護。這個立法例，也由憲訴法承繼下來。

另外在大審法時代，大法官在法律及命令違憲審查中除了單純的詮釋憲法條文之內涵以及統一解釋法律的內容外，對於實際產生違憲疑慮的法令，如何產生拘束力的問題，例如何時失去效力、可否實施暫時處分，大審法並沒有明文規定，導致釋憲實務產生許多困擾，爾後透過大法官的解釋，逐步創設相關的制度，憲訴法則一併加以明文化。這些明文化後的制度可分別討論之。

一、法令違憲裁判的結果

㈠法令違憲「無效」的憲法意義

憲法法庭對法令的違憲審查，所做出來的裁判結果，大體上分成合憲及違憲兩大部分。

除合憲裁判，並不牽動法律秩序的變動，在大審法實施的時代，是以不受理或是解釋合憲作為確認法令合憲的方式。在憲訴法實施後，是採取駁回裁判的方式為之。而屬於合憲裁判的方式，在大審法時代，已經經常出現了所謂「合憲但不妥」的議決

模式，例如常使用「呼籲式用語」，如「應予以檢討修正」、「應以法律定之」、「應從速以立法定之」等。這個首見於釋字第 202 號解釋，嗣後為大法官經常使用的決議模式。這些期許、告誡或呼籲性質的決議德國聯邦憲法法院稱之為「警告性裁判」(Appellentscheidung)，或宜稱為呼籲式裁判。

然而我國在大審法時代流行的呼籲式模式，和德國聯邦憲法法院使用的「呼籲式裁判」，形似而意不同。德國的「呼籲式裁判」本身是確認法令已達到違憲之程度，但考量到一旦宣布失效，而新的法律又不能立即填補法秩序之漏洞，才例外的宣示違憲的法律繼續存在，且能適用，但判決中表明了法律的違憲原因，呼籲立法者必須急速立法補正，所以多半會訂下過渡時間。所以德國的呼籲式裁判是「違憲，但仍有效」的例子。而我國大審法時代常使用的呼籲式決議，則反是，多半是確認法律合憲的前提，但也認為不盡妥適，甚或與憲法規定不符（這點則和德國制相同），而期待立法者採取行動。所以，一個是以合憲，一個是以違憲為前提，不能混淆也。

然而不論大審法時代對於這些系爭法令的違憲狀態是採行哪種呼籲性用語，都是表示大法官對於法規制定機關之未來行為的期待，雖視情形可能比較偏向對立法者立法之「方針條款」，而少如德國「呼籲式制裁」對立法者將來立法內容有監控效力之「憲法委託」(Verfassungsauftrag)（可參見本書第四十五節壹、貳）。必須個案來判斷也。但是對於該些法令的現存效力，並未產生任何拘束力，也唯有當此些機關未理會此決議，而依然故我的未採行補救措施時，才可能在以後大法官有機會能表示其對該法令的違憲與否的見解時，加以「制裁」之，亦即宣布該法令的無效。所以能否真正的保有其決議的實質拘束力，端視釋憲者「警告」態度上，有嚴格認其視之與否。態度上對這種無拘束力的警告性決議應避免淪為僅具有督促、呼籲甚至教導立法的政治意義。但最重要的是，在日後大法官釋憲行為上，應嚴格貫徹該號之意旨意並形成「釋憲慣例」！

若認定法令違憲，其效果如何？是否一定要受到憲法第 114 條及第 171 條 1 項與第 172 條之「牴觸憲法的法令為無效」規定，只能夠宣判立即失去效力？如同我國民法第 71 條以下對於法律行為的無效有明確的規定，同時民法對無效的觀念，亦為「自始無效」（民法第 114 條），也稱為溯及失效 (extunc)。故早在我國憲法制定前十七年已公布實施的民法 (18.05.23)。對於無效的概念，是否當已被制憲代表所承繼？惜乎在制憲代表上對此並無討論。但單就歷史解釋與文義解釋，我國憲法第 171、172 條所規

定的無效，可指溯及無效之意❺❹。

　　然而，這種「非楊即墨」的二分法，忽視了法律秩序的安定性及複雜性，且基於違憲法令的違憲廢止，可能導致法令空窗現象，應當透過立法填補後，方能廢止舊法為宜。因此應當保留給立法者判斷空間，以斟酌釋憲的意旨、法律的規範與憲法之體系是否完全一樣，是否留有改善的空間，以及違憲程度是否重大而不可容忍，從而決定何時失效、或效力如何延伸過去（溯及既往）及延後失效。此即憲訴法第 52 條第 1 項規定：「判決宣告法規範違憲且應失效者，該法規範自判決生效日起失效。但主文另有諭知溯及失效或定期失效者，依其諭知。」本條文規定，大法官對於法令的違憲裁判，可以視情形作出立即失效、溯及失效及定期失效 (pro futuro) 三種模式。

㈡立即失效

　　立即失效依憲訴法第 52 條第 1 項的規定，乃是憲法裁判產生效力的原則規定。這種失效的方式，可以維持舊有法律秩序的安定，亦可使已被確認的違憲狀態不再繼續，因此是一個較為折衷的決議方式。且被視為是一般法令的失效模式，例如義大利憲法 (1947) 第 136 條 1 項規定，被憲法法院宣告為違憲之法令，自裁判公布次日起失效。而釋字第 188 號解釋對於統一解釋「除解釋文另有明定者外，應自公布當日起發生效力」。本號解釋無異宣示，以即時失效為原則，但以個案決定效力時為例外。此原則為憲訴法第 52 條第 1 項所延續下來，已經可以改正過去大審法居然對於大法官決議效力的規定，沒有明文規定，反而必須透過大法官解釋來形成制度，顯示出大審法立法的粗陋。

　　然而，對於法令統一解釋，則無所謂的定期失效問題，因為既然統一解釋法令的見解，乃是要立刻澄清存在於各機關執掌所設法規範的內容，因此沒有如法規違憲失效後會產生法令空窗期的填補立法之問題，反而是透過統一解釋創設積極的統一的法律秩序，故都是立即生效。

　　法規範被憲法法庭裁判違憲且應失效者，便喪失了合法性與執行力，故判決生效日起，失其效力，因此憲法裁判做出後，原已繫屬於各法院尚未終結的案件，便必須依新法來審判，然而替代新法未必完成立法，因此法院必須依據判決的意旨來做成判

---

❺❹ 相同的解釋法亦可對憲法第 33 條、第 74 條與第 102 條「現行犯」概念，由刑事訴訟法第 88 條之規定構成之。這也是「憲法法律化」的典型例子。吳庚大法官也認為憲法第 171 條、172 條的無效規定，旨是強調憲法具有最高效力，尚不能從中獲致我國釋憲機關解釋效力採無效主義。見氏著，憲法的解釋與適用，第 424 頁。

決依據（憲訴法第 53 條第 1 項），原則上，如果會有這種造成法令中空的現象，自然應是憲法法庭在抉擇做出立即失效或定期失效的重要考量因素，倘若憲法法庭怠於履行此「填補義務」，各法院便取得了自行判斷憲法裁判的意旨，實行「法官造法」來判決之。

為尊重法律安定性，已遭違憲裁判失效的判決確定案件，便不能再翻案，但法律可以例外的溯及既往地延伸其效力，這是特殊的情形（憲訴法第 53 條第 3 項）。這種情形多半是立法者補救過去立法錯誤所為的善後處置（權宜立法），也是「立法補償」常用的手段。而且這種溯及效力的特別授權，只能依據法律規定，而不能夠由憲法法庭的裁判來授予，因為該法庭只能針對原因案件是否有溯及效力予以規定，其他非原因案件乃是一般法律適用的範圍，故應採行立法的特別規範方可。

但鑑於刑事判決對人民的權利影響甚大，如果刑事法規被宣布違憲，這種法秩序已經不值得保護（法秩序的保障與實質刑事正義的牴觸），故憲訴法第 53 條第 2 項給予特別上訴的救濟機會，檢察總長得依職權或被告的聲請，提起非常上訴。

從而，為了使法律安定性原則，不致於造成人民進一步的損害，凡是除了刑事確定判決外，其他所有依據原違憲法令所做出的確定判決，只要尚未執行及執行未畢時，也應依照判決的意旨，亦即違憲的部分，不得再予執行（憲訴法第 53 條第 3 項）。

憲訴法第 52 條第 1 項雖然明文規定溯及失效或定期失效為例外，故必須明白規定此兩種生效模式，方能排除適用事後生效之規定。然而，一個定期失效的裁判，仍可能會產生新的法秩序之可能，例如釋字第 592 號解釋。這號由最高法院聲請統一法令見解之解釋，是針對釋字第 582 號解釋對兩號最高法院刑事判例違憲，但未明文宣告應溯及生效及定期失效，所引發的疑義。釋字第 592 號解釋則重申釋字第 177 號、第 185 號及第 188 號見解，認為人民聲請解釋除對聲請人具有溯及效力外，並無一般溯及效力（即使是刑事實體法違憲，亦然）。釋憲決議之時間效力，以公布當日起計算，是為一般生效原則，可以拘束全國各機關及人民。故在釋字第 582 號公布前已繫屬各級法院之刑事案件即可依該號解釋意旨審理。

這裡也呈現出來「即時失效」，應該轉變為「即時形成」新規範的規定。大法官對於有違憲之虞的法令所做的解釋，固然可將違憲法令予以即時失效，但也可以對規範有漏洞、舊語意之情形賦予新的規範內容，從而形成新的法規範。因此，對於已確定的原因案件，可以產生確認效果；而在其他法院繫屬的相關案件，由於此些案件仍未

確定，故可以依照這一個解釋所產生的「形成效果」，而為判決。因此可以創設出一個新的法律秩序。

(三)溯及失效

按一個法令產生無效的理由，必是已有嚴重的違法性。例如牴觸權限規定、超越立法其授權範圍等或是造成法益的嚴重侵害。因此溯及失效使一個法令視同未曾制定一般，藉著無效之宣布，使法律秩序回復到未受該無效法令危害的狀態。但是若對於違憲法令加以溯及的撤銷其效力，在維護國家嚴整的憲政秩序與法治原則的立意上固然甚佳，特別是有主張涉及刑罰的違憲，應採溯及失效者。然而一個法令迄被宣告違憲為止，可能已施行甚久。例如在民國七十九年一月所公布的司法院釋字第 251 號解釋，宣布違警罰法 (32.09.03) 所規定警察官署擁有拘留及罰役裁決權為違憲，距該法實施已有四十七年之久。因此一旦溯及該違憲法令的失效及於法令公布實施之時，從而依該法令所為之行為亦無效，將形成法律秩序的混亂，從而破壞法律安定性與人民信賴利益。因此溯及失效的方式的理想性超過現實性。假如違憲法令的情況有重大的違憲性或才實施不久、適用範圍或案件，非過於廣泛時，又溯及無效之效力，亦不至於傷害法律安定性太甚；甚且有保障人權的效果時，可以例外的給予自始無效的效力，以保障釋憲權富有救濟性質的司法權色彩。我國大法官會議實施至今鮮少有對於違憲法令予以通案溯及無效（或修正）決議的例子。唯一之例為釋字第 624 號解釋，宣告自民國四十八年九月一日冤獄賠償法公布後，凡因軍事審判致遭冤獄之人民，亦可依該法請求賠償。即回溯修正該法第 1 條之施行範圍達四十八年之久，對法律安定性之影響，不可謂不大也 ❺。然該號解釋只援引平等原則為立論，未對為何須溯及既往之理由有所說明（其他大法官亦未提出協同或不同意見），似乎乃認為理所當然也！

憲訴法第 52 條第 1 項便規定溯及既往必須在主文另有規定時，才有個案的溯及效

---

❺ 最早表現大法官已揚棄民法過於簡單化的「自始無效」的理念於憲法案件之上，可參見釋字第 419 號解釋理由書：憲法上行為是否違憲與其他公法上行為是否違法，性質相類。公法上行為之當然違法致自始不生效力者，須其瑕疵已達重大而明顯之程度（學理上稱為 Gravitaets-bzw. Evidenztheorie）始屬相當，若未達到此一程度者，則視瑕疵之具體態樣，分別定其法律上效果。是故設置憲法法院掌理違憲審查之國家（如德國、奧地利等），其憲法法院從事規範審查之際，並非以合憲、違憲或有效、無效簡明二分法為裁判方式，另有與憲法不符但未宣告無效、違憲但在一定期間之後失效、尚屬合憲但告誡有關機關有轉變為違憲之虞，並要求其有所作為予以防範等不一而足。本院歷來解釋憲法亦非採完全合憲或違憲之二分法，而係建立類似德奧之多樣化模式，案例甚多，可資覆按。判斷憲法上行為之瑕疵是否已達違憲程度，在欠缺憲法明文規定可為依據之情形時，亦有上述瑕疵標準之適用（參照本院釋字第 342 號解釋）。

力；第 53 條第 2 項也規定判決確定前已經適用立即失效的法規範的刑事確定判決，檢察總長可依職權或被告的聲請，提起非常上訴，便是這種溯及效力的特殊規定。

㈣定期失效

1.定期失效的規定

這是憲法法庭對於違憲法令未即時宣布失效，反而是訂定一個失效的緩衝期間，使得立法機關或執法機關能有一個「適應期」，以擬定因應措施。這種由釋憲機關所容忍違憲狀態的繼續存在，是否已經逾越釋憲權限的解釋權限？以及是否侵犯其他機構，例如立法者的權限？我國憲法並未明白承認大法官有此宣布違憲法令「將來失效」的權限，即連大審法，亦未明文規定之。唯一較模糊的相關條文，乃大審法第 7 條 2 項規定：大法官所為之解釋，得「諭知」有關機關執行，並得確定執行之種類及方法。然而本項規定乃專指其他機關負有執行大法官決議之義務及其執行之方法、種類，並非對違憲法令得予「延遲失效」之規定。大法官這種權宜性的無效決定，與德國一樣，而與奧地利之由憲法明文規定不同，完全是由實務中所創設的制度。我國司法院始自釋字第 218 號解釋起開始，「引進」這種定期失效的決議方式於審核財政部之解釋違憲；第 224 號解釋及於宣告法律違憲二年後方失效。嗣後成為大法官決議最常使用的方式之一。

然而，究竟立法者應當要在多久內完成修法，是否應當有下限，否則立法怠惰的情形當不可避免。因此司法院早於民國一〇二年一月通過最後一次大審法的修正條文（第 54 條第 2 項）草案，採納奧地利的精神❺，規定法律違憲至遲不超過三年，命令不得超過一年即須失效，以統一規定違憲法令的失效問題，但未能完成立法。憲訴法第 52 條便採納這種立法例，但明白將法律位階法規範的失效期規定不能逾兩年；命令位階法規範不得逾一年。比奧地利法制較為嚴格。

2.定期失效的效力

法規範如果被憲法法庭宣布定期失效，則在失效前的緩衝期，理論上仍是屬於合

---

❺ 例如依奧地利憲法 (1981) 第 139 條 5 項與第 139 條之一的規定，違憲之命令與法律原則上自裁判公布之公布日起，失其效力。但憲法法院得另定失效日期。惟此項失效日期於違憲之命令不得超過六個月，法律上有必要時不得超過一年；對於違憲之法律不得超過一年（一九九六年後改為一年六個月）。參見：朱武獻，大法官會議之解釋效力，刊載：立法專題研究，民國七十五年，第 83 頁。林紀東也贊同這種制度。見憲法逐條釋義㈢，第 82 頁。

法與合憲的法規範，因此法秩序仍然維持舊制。但其「正當性」的訴求已完全喪失。故為了平衡此舊有秩序維持的必要性，以及經過釋憲後正當性原則的產生，德國乃是採行「以繼續沿用舊法」為原則，「等待新法」為例外的法例，即各級法院對於宣告失效之法令，仍應作為裁判之依據。但法院亦得審酌人權保障及公共利益之均衡維護，裁定停止訴訟。俟新法公布後才續行訴訟。讓法院在個案情形擁有權宜裁量的可能性。這立法精神已經為憲訴法所採納，依據憲訴法第 54 條第 1 項便規定：「判決宣告法律位階法規範定期失效者，除主文另有諭知外，於期限屆至前，各法院審理案件，仍應適用該法規範。但各法院應審酌人權保障及公共利益之均衡維護，於必要時得依職權或當事人之聲請，裁定停止審理程序，俟該法規範修正後，依新法續行審理。」便是採納德國的法制。然而憲訴法該項，明白只指「法律位階的法規範」定期失效時，法院才得例外的採行權宜不適用舊法的規定，至於非法律位階的法規，例如行政命令，就不得依據本條，而必須等待最多一年的過渡期。這種定期宣告失效的法律不得逾兩年，命令不得逾一年之期限（憲訴法第 52 條第 2 項規定）❺❼。

然而此不啻教導國民「惡法亦法」的守法觀念，戕害法令的尊嚴甚鉅❺❽。特別是法令的違憲性已經獲得憲法法庭的確認，所以會訂下例外的定期失效，乃是為了填補立法空窗，人民的憲法保障之權益，以及對該法令的合憲性與正當性都已經喪失公信力、國家法秩序繼續維持，亦不妥適，因此對於（非一般適用該法令）之聲請違憲裁判者──即原因案件的聲請人，就必須讓其獲得立即與積極的救濟。故應該有特別的規定。因此憲訴法便區分一般法令違憲裁判，以及針對裁判違憲所聲請的案件，區分成兩種不同的效力規定，這便是基於一般法令的違憲審查，乃是抽象與廣泛適用對象；而裁判違憲審查，則是由個別當事人所提起，而對切身權利受損有直接的關係，故應當給予特別的救濟程序，這種不同的效力規定，可由下表綜列之：

❺❼ 憲訴法這個定期修改法令的規定當可以彌補過去大審法時代，因為沒有對此規定導致大法官釋憲實務上，失效期有定下長達三年之期限（如釋字第 649 號解釋），短則只有十七天（如釋字第 677 號解釋），差距之大，即不無恣意之可能也！同時，大法官這種「失效保留期」的長短既未由法律明定之──就此點而言，已失去「法確定性」的要求──同時，期限任由大法官之意志決定，且無法說明其定該期限之理由──，亦違反法官的「附理由義務」（Begruendungspflicht）──形成對大法官「恣意」的疑慮。

❺❽ 尤其要法官在過渡期內仍遵守一個已被確認為違憲的法律，極易違反其良知。法官即使不明白抗拒此法律，仍得運用其裁量權，在實質上拒絕適用該規定。例如司法院釋字第 384 號解釋對於檢肅流氓條例部分條文宣告違憲，並宣告其至遲於民國八十五年十二月三十一日失效。但一週後 (84.08.04) 即發生台北地方法院治安法庭一位轟姓法官拒絕仍適用該法，不採信違憲私密證人之制度，並裁定被告不付感訓處分。

案　件	一般法令宣告違憲	裁判違憲審查
非原因案件	各法院仍然適用舊法，但只限法律位階的法規範違憲時，得個案許可法院停止審理，等待新法公布後，才繼續審理（憲訴法第 54 條第 1 項）	只限於法律位階的法規違憲，方能停止審理等待新法（憲訴法第 64 條第 2 項，準用第 54 條）
原因案件	沒有特別規定	法院應當依照判決違憲之意旨為裁判，但判決主文可以另有不同規定（憲訴法第 64 條第 1 項）

　　上述憲訴法的效力規定重心放在對裁判違憲審查的原因案件給予特別的救濟，這也是鑑於裁判違憲的聲請人不應當單純為維護法律安定性而犧牲，否則裁判結果對聲請人無補救之實益可言。無異使為自己權益奮鬥、且對國家法治進步付出貢獻之聲請人，所付出的巨大心血，付諸東流。故應例外予以補救。

　　同時鑑於法律位階的法規既然已經被宣布定期失效，其他同樣性質，但仍然為終結審判的其他法院審理之案件，本來仍然須依舊法審判，但同一法規範已經喪失了合憲理由，此法律秩序與安定性的重要性已經喪失，故只限於法律位階的法規範違憲的情形下，特別許可其他非原因案件的法院得為各案的停止審理，等待新法制定後才續行裁判之權，這是一個妥協的措施。比起大審法實施時代，對於定期失效的過渡期間，原因案件聲請人以及其他非原因案件但仍在訴訟繫屬中者，當否適用解釋意旨來予審判的問題，產生許多紛擾，憲訴法的立法有澄清的功能。

　　然而，仍然有幾點值得重視：

　　第一，原因案件的範圍：憲訴法採行裁判文書主義，應使判決的主文會註明聲請人，即可界定本案的原因案件範圍，包括不同聲請人的併案，亦可包括在原因案件之內（釋字第 193 號：同一聲請人以同一法令抵觸憲法而聲請釋憲的各案件）；同時釋字第 686 號解釋也將「大法官做成解釋前任何合法提出釋憲聲請者」，故即使合法提出釋憲，但沒有被併入聲請人範圍者，亦可納入原因案件的當事人，而享受解釋的效力。這種擴張原因案件當事人的立法例，也被憲訴法承繼下來，依憲訴法第 41 條第 1 項的規定，憲法法庭除了總統副總統彈劾案與地方自治法規違憲案的裁判外，其他案件如果以同一法規範或爭議違憲而未及併案審理的案件，也可一併裁定產生效力。但第 2 項規定，此項聲請必須在判決宣示或公告前已經向法庭聲請且符合受理要件違憲❺❾。

---

❺❾ 惟這種擴張的原因案件，必須加以限定，以避免產生「搶搭釋憲便車」之流弊，故奧地利在釋憲實務發展出一

　　第二，對於法律救濟期限的補救問題：釋字第 725 號解釋，認為對於定期失效的案件，只能等待新法制定才能獲得救濟。然而，對於凡是獲得法院停止審理，等待新法制定後的案件，往往費時頗多，憲訴法雖然已經對此定下來違憲法律不能超過兩年、其他法規範不能超過一年的期限規定，同時提起違憲審查且必須在送達不利確定裁判六個月內提起聲請，已經較為節省時效，但是憲法法庭何時能夠做出裁判，故可能仍會產生大審法時代延誤再審期限的問題。因為過去大審法時代，常常在再審期滿前，尚未完成釋憲程序，故釋憲的延誤或新法未及於此期限完成，會喪失救濟的機會，因此是否應當提起違憲裁判起至新法公布為止，再審期限產生終止的效果，來填補釋字第 725 號未能重視聲請人再審期期滿欠缺救濟機會的缺憾。

二、拘束的對象

㈠拘束力產生的內容

　　憲訴法第 38 條第 1 項規定：「判決有拘束各機關及人民之效力；各機關並有實現判決內容之義務。」

　　這是大審法改為憲訴法後，大法官會議改為憲法法庭，使得憲法法庭的裁判，取得如同一般法院的拘束力。這條規定也由大審法第 17 條 2 項規定演變而來：「大法官所為之解釋，得諭知有關機關執行，並得確定執行之種類及方法。是指大法官之解釋具有執行力。」同樣的在釋字第 185 及第 592 號解釋也一再強調大法官的解釋有拘束全國人民之效力。關於解釋的效力範圍，可分成效力的內容範圍、拘束對象及案件範圍，茲分別討論之。

　　憲訴法明確地規定了憲法法庭的判決有拘束各機關與人民的效力，不似大審法只是規定「得諭知有關機關執行與確定的種類」，同時對於產生拘束力的範圍也由判決的主文明白確定，並附以理由，明確與正當化該判決的內容，因此取得了過去大審法時代，可能透過語意不清的「解釋」，使得執行單位莫衷一是的不確定大法官的解釋意旨何在。特別是在呼籲式的裁判時，或不妥但徘徊在合憲與違憲的解釋（例如釋字第 419 號解釋，副總統兼任行政院長的解釋），憲訴法的裁判主文規定可以獲得相當程度

原則：「其他聲請案，必須在原因案件已經進行公開言詞辯論前，若未進行公開辯論之案件，則在該案進行實質審理前，已經合法提出聲請者，方可併入原因案件之內。」值得我國參考，可參見作者在釋字第 686 號解釋中所提之不同意見書。

的明確性。

　　因此在大審法時代經常產生的問題，究竟大法官會議的拘束力是限於大法官之解釋文，抑或理由書亦包括在內？因為憲訴法第 38 條雖然規定判決的拘束力，然而在上述關於法令宣告定期失效時，依憲訴法第 64 條第 1 項之規定，在期限屆至前，審理原因案件之法院應以判決宣告法規違憲之意旨為裁判，不受該定期失效之拘束。可知在此過渡期間，憲法法庭「判決之意旨」仍足以產生原因案件審理法官判決的法源依據。可知大審法時代所產生的「解釋理由」是否具有拘束力的問題，並不隨著憲訴法的制定而消失，而有實質上的意義。

　　即使德國對此問題也爭議不休。由於憲法解釋是一個理念及價值判斷的行為，同時也有澄清憲法爭議、廓清不明語義之任務，特別是違憲審查對宣告違憲之虞之法令，也有讓法規制定者將來為補救式立法時，有一個較清晰的脈絡可循，故德國學界之通說是採「擴張說」，即構成釋憲決定的「根據理由」可比照主文，具有拘束力 ❻⓿。我國學界亦同 ❻❶。

　　不過，德國學界也不無質疑這種擴張性見解的妥當性。因為釋憲的許多理由中，哪些才是「根據理由」(tragende Gründe) 與一般理由之界分很困難。同時，釋憲機關作出裁判的數量愈來愈多，理由也多如牛毛，將全國機關及人民「綁死」在如此眾多之理由，將妨害各機關的進步。而這些理由的拘束力卻不及於憲法法院本身（對世效力之例外）。釋憲者可以「覺今是而昨非」，所以主張將拘束力限縮在解釋文內者，並非無據 ❻❷。由於釋憲是一種司法行為，論理構成判斷之主要成分，這也是裁決者應附理由的原則所附麗之處，似不妨可採從寬論 ❻❸。

　　次而，判決意旨可由裁判主文與理由書探求外，但不包括所謂的明白的「附帶論

---

❻⓿ P. Badura, Staatsrecht, H. 61; H. Maurer, §20, 32. 可參見陳愛娥，德國聯邦憲法法院裁判的拘束力，憲政時代，第 28 卷 3 期，民國九十二年，第 100 頁以下。

❻❶ 如吳庚，憲法的解釋與適用，第 432 頁。翁岳生，前述文，第 30 頁則認為「理由書之重大理由」（即根據理由）可有拘束力。另見蕭文生，法規違憲審查之拘束力，刊載司法院大法官九十一年學術研討會論文，2003 年，第 226 頁以下。

❻❷ 陳愛娥，違憲審查與司法政策的關係，刊載：法治與現代行政法學，第 161 頁。

❻❸ 另外在大審法時代，也涉及到大法官解釋的表決門檻，解釋主文與理由各有不同，釋憲案的解釋主文須為絕對多數方可通過，但解釋理由之通過只需普通多數即可，故一旦大法官對釋憲內容未能形成絕對共識，即在「理由」處敘及。故在統一解釋無此問題。在釋憲案即須分別論之。故釋憲案之理由部分應無拘束力也！這表決的門檻在憲訴法則不再區分，全部納入裁判的表決，所以表決的門檻也不成問題了。

述」(obiter dicta)。這在大審法時代會產生類似一般訴訟所稱的「訴外裁判」,即與具體聲請解釋事件無涉而牽聯出來之解釋要旨。學界的通說多採否定見解❻;至於大法官的實務則採肯定說。例如在釋字第 585 號解釋,大法官即宣示,大法官所作之解釋不以聲請人聲請之事項為限。即欲根本上消弭「附帶論述」的不具拘束力的前提!但憲訴法雖然採取了裁判理由與主文制度,判決書應當註明案由及言詞辯論的當事人陳述要旨、判決理由等,理應可能確定判決及主文有無契合或溢出人民聲請違憲裁判的範圍,但憲法法庭有否遵守此聲請裁判的範圍,而造成訴外裁判的情形?以一般法院審判實務皆不可避免,憲法法庭恐不能免之。然而,一般法院審判造成訴外裁判,乃判決違背法令,而有上訴審的救濟,但憲法法庭的裁判則無(憲訴法第 39 條),則只能有待日後相關案件的裁判更正也。

㈡重複立法的問題

大法官的解釋既然有拘束全國各機關及人民之效力,即有「對世效力」。但此對象對於聲請機關自無疑問。如法律已遭解釋失效,表示立法者該立法結果已受解釋效力所及。立法者能否再度制定內容相似的法律的問題,即有否「重複立法禁止原則」?不僅是大審法即連憲訴法都沒有特別的規定。

如以憲法法庭裁判的權威性而言,自會傾向贊成說。國內學界多持此見解。德國則極為分歧。聯邦憲法法院二庭見解也不一,第一庭認為在有特殊理由即可不受拘束;第二庭則一貫認為不可重複立法。本文則以為既然大法官對違憲之法律已宣告無效,故該具體的法律規範已因釋憲的拘束力而消滅,因此違憲標的已喪失。更何況世事日變,價值判斷亦恆易換,所以,立法者可以日後依據社會之需要,或自己之判斷,而重新制定一個法律,即使內容和以前法律相同或類似,亦無不可。德國聯邦憲法法院法第 41 條也規定,惟有依據新事實,方得許可聲請人再次提出釋憲聲請。所以不妨礙立法者的法規形成自由權,釋憲機關自然可以在再次行使審查權時,重新審查是否違憲也。

至於論者也提出質疑:由於憲法法庭的裁判是「一審終結」沒有救濟的機制,唯有靠日後的憲法裁判改變以往的見解。故既然釋憲者隨時可以改變以往之見解,且視為正常之舉,此釋憲者的「覺今是而昨非」,過去在大審法時代,往往以「補充解釋」

---

❻ 如吳庚,前述書,第 432 頁;陳愛娥,違憲審查與司法政策的關係,第 161 頁。陳教授並批評釋字第 530 號解釋要求立法院在二年內需修法使司法院「最高法院化」為無拘束力之附帶論述也。

之名，行「變更解釋」之實❻，顯見時代進步與造成憲法演變不可或缺的動力，便是有賴憲法法庭的勇於變更過去舊有的憲政理念與決定。因此，何不讓立法者的新立法自由形成權，作為促使釋憲者再一次思考的機會？如果釋憲者仍堅持己見，自可再逕予否決之，何困難之有乎？這種見解頗為正確❻。

再者，如果大法官在解釋文中明定過渡時期內的權宜措施（如釋字第 535 號及第 627 號），其效力自然只在該過渡期（例如新立法前）有效。一旦立法院日後另行制定新法，而與該權宜措施不同時，亦非無效。蓋立法之權，本非釋憲機關所可代庖也。

(三)過渡條款

這是指憲法裁判做出後，如有宣告法令違憲，而在新法未公布前的法令真空期間或是針對舊法造成聲請人不利後果，而必須採行補救措施時，可以透過憲法法庭的造法行為，在過渡期間創設一定的法秩序。

這種過渡條款乃是在判決做出後的創法行為。大審法時代，透過了第 17 條第 2 項對「為執行解釋所諭知必要的執行行為」，導出了大法官解釋具有執行力，可以為執行頒布可行的具體或抽象指令，為創設暫時法秩序，不論是個案或通案法秩序提供了基礎。這種暫訂法狀態，自然也是填補法規漏洞的行為，顯示出大法官的釋憲不僅是被動的排除違憲法令，也有主動的創設合憲精神的法秩序，儘管是暫時性的法制亦然。這種填補法規漏洞的合憲性並獲得釋字第 620 號解釋：「司法機關於法律准許漏洞補充

---

❻ 對於釋憲聲請人要求大法官變更以往之解釋，實務上是以聲請「變更解釋」，依大法官在第 1314 次會議 (96.11.30)，作出不受理的決議，理由為：「前開解釋有關解釋之標的、內容，均已闡述甚詳，尚無文字晦澀或論證遺漏之情形，且聲請人既非原聲請人，亦未提出任何補充必要之正當理由……，應不受理。」可見得只要聲請人為原來解釋原因案件聲請人，又檢附補充解釋之正當理由，或原解釋有文字晦澀或論證遺漏之情事，則人民便可要求大法官變更舊有之解釋。但聲請補充解釋要件有「原聲請人」，頗令人不解。按一則解釋既公布後，即產生客觀規範力，有對世效力。故聲請補充解釋之權應擺脫「原聲請人為限」也。本法新修正草案（第 41 條）已不採此議矣！

❻ 作者在司法院釋字第 662 號解釋所提之不同意見書；另外可參見翁岳生，前述文，第 26 頁則採否定說。吳庚大法官雖提出否定說，並舉在釋字第 278 號公布後立法院重複（規避式）立法，釋字第 405 號解釋宣布，該新法立即失效，該號解釋明言「立法院行使立法權，雖有相當廣泛之自由形成空間，但不得逾越憲法規定及司法院所為之憲法解釋，自不待言」，作為立法者不能再度立法的理由。然而，釋字第 405 號解釋正是針對立法院的具體、個案之立法，所以並沒有向後的延續效力。依吳大法官之意，似乎也不贊成釋字第 405 號的見解形成「定則」，以致使我國釋憲機關成為舉世最強勢之釋憲機關也。見前述書，第 433 頁。大法官之有「不同意見」制度，也有寓「今是昨非」可能性之意。可參見陳淑芳，判決之不同意見書，政大法學評論，第 62 期，1997 年，第 118 頁。

之範圍內，即應考量如何補充合理之過渡條款。」的承認。

　　另外一個創設過渡時期法規範的明顯例子，為釋字第 535 號解釋；對於警察臨檢所依據的法律應在兩年內完成修正。但在此修正完成前，大法官認為：「在法律未為完備之設計前，應許受臨檢人、利害關係人對執行臨檢之命令、方法、應遵守之程序或其他侵害利益情事，於臨檢程序終結前，向執行人員提出異議；認異議有理由者，在場執行人員中職位最高者應即為停止臨檢之決定；認其無理由者，得續行臨檢，經受臨檢人請求時，並應給予載明臨檢過程之書面文件。上開書面具有行政處分之性質，異議人得依法提起行政爭訟。……」

　　這是透過大法官創設過渡時期法規範的案例，產生了拘束行政機關（警察）在具體個案時，即使相關法律（警察職權行使法）尚未完成修法程序，而無實體法的可為依法行政時，可以直接援引該解釋意旨，行使公權力。這在行政執行層面的拘束力，屬於程序的拘束力，效力主要是針對行政機關。對人民權利比較重要者，乃在於實體法方面的拘束力。同樣的由大法官創設過渡時間法秩序的解釋例如釋字第 755 號解釋在修法前的救濟程序（簡易訴訟程序以及不經言詞辯論）。

　　相較於第 535 號解釋是「程序」權宜規定，在「實體法」上如有權宜處置，則可能侵犯法律安定性、可預見性原則而造成行政濫權的可能。亦即可能必須訂定明確判斷標準方可。否則在過渡期會產生法律秩序的混亂。例如在釋字第 641 號解釋，大法官宣布系爭違法販賣米酒每瓶處罰兩千元之規定，違反比例原則而宣告違憲。而宣示在新法公布前，行政機關及法院於裁罰及審判時，應依據該號解釋及依比例原則「為適當處罰」──。然而，卻未提出何謂「適當處罰」之標準也。這種交付給法院與行政機關的罰鍰裁量（由兩千元以下，則有上千種以上的處罰標準何在？）還是要以數量作判斷？皆未有答案？故本號解釋嚴重侵犯了法律安定性原則與可預見性原則。

　　同樣的大法官解釋破壞此兩種重要原則來滿足個案正義，屢出不窮，例如釋字第 684 號解釋之不對法院審查大學內部爭議訂下明確標準與界線；以及釋字第 766 號解釋；第 770 號解釋等都是由大法官解釋，創設準用其他法律規定來補救聲請人所遭受損害的解釋例子。

　　最近的例子更可舉釋字第 810 號解釋，對於原住民族工作權保障法第 24 條第 2 項規定，對未聘僱原住民的企業，在個案必須繳納代金的情形如有過苛，大法官雖宣告兩年內應修正相關法條，但在修正前有關機關及法院如有過苛之個案，應依本號解釋

意旨為適當之處置。然而何為「適當」之處置？則毫無判斷標準可言。

另外在一般行政程序、法律實體規定外，大法官且將過渡秩序延伸到訴訟程序之上。除了在釋字第 755 號解釋，大法官宣示指定採用簡易訴訟程序以及不經言詞辯論，作為救濟手段，便是將造法行為介入訴訟程序之中。但更具體且形成性更強的例子，乃是針對總統國家機密特權的法定界線問題，在釋字第 627 號解釋，大法官宣示立法者尚未就總統的國家機密特權為特別立法前，直接由解釋創設詳細之總統拒絕公布機密、以及相關的法律程序，甚至對總統提出的聲明異議或者是抗告，且可由「高等法院或其分院以資深庭長為審判長之法官組成之特別合議庭審理之」。大法官對於將來立法前的實體、程序、甚至是法院組成，都建立出一套規範條款，更是一種替代立法決定的大膽嘗試，雖然也只具有在過渡時期的拘束效力，但日後立法機關縱然可以有不同於大法官的立法規定，但無疑地會造成政治風波，形成國會立法與大法官間的另一個衝突，而社會對立法的公信力也會存在了很大的折扣，故實質上往往會拘束著立法者的行為，故大法官解釋不無進入立法意志之嫌。以立法院在釋字第 627 號解釋後修正的也有提供立法者立法的參考價值，但是也會面臨大法官判斷正確性是否經得起檢驗的困境！就以釋字第 627 號解釋對於總統國務機要費的特權以及法院審判的程序與法院，大法官都有過渡的規定（例如由高等法院承審）。然而該號公布至今，刑事訴訟法及法院組織法都經過多次修法的程序，前者且達二十一次之多，但都沒有將此過渡規定予以法制化，顯示大法官的造法行為，已經實質的取代了立法院的職權。即顯示出此本應只是暫時過渡時期權宜措施，且典型的「大法官造法」，容易造成侵犯立法裁量的領域，因此只能夠侷限填補立法漏洞的部分方可。

彷彿食髓知味般，自從釋字第 599 號解釋以後，大法官似乎耽於創造新的法秩序，例如釋字第 587 號解釋中，大法官亦認為：聲請人如不能（依現行法）提起再審之訴者，可準用民事訴訟法關於親子關係事件之否認子女之訴的相關程序，提起否認生父之訴；釋字第 677 號解釋，監獄行刑法修法前，凡監獄受刑人刑期執行期滿當日之午前，應予釋放；釋字第 748 號解釋，逾兩年未完成相關法律之修正或制定者，兩同性者得依民法婚姻章規定，持二人以上證人簽名之書面，向戶政機關辦理結婚登記。都是大法官取代立法者「造法」之例子。

大法官規範過渡時期法秩序固有其積極作用，且這個過渡期間所建構的臨時法制，沒有拘束立法者之意。立法者亦可以在不違背大法官解釋的其他意旨（指過渡條款）

外,重新為立法裁量。至於為此新的立法,和大法官的臨時措施不同,雖不妨礙該新法的合憲性,但基於法律的安定性,以及人民的信賴利益,該新法不具有溯及效力,是乃當然。然而,實質上立法機關除非有堅強的自信或是不惜引起政治風暴,否則很難推翻大法官所做的解釋。

就以釋字第 748 號解釋為例,大法官雖然宣示如何以何種方式達成婚姻自由之平等保護屬於立法形成之範圍,但同時宣示兩年內要完成相關法律的修正或制定,如逾期未完成者相同性別之兩人,得依民法婚姻章規定,持兩人以上證人簽名之書面,向戶政機關辦理結婚登記。然而立法者在事後修法時,縱然擁有不同規範的權力,但實質上顯然背離大法官所預設的程序。立法者的立法形成權,只是名義上存在,實質已被淘空矣。為此,立法院制定了一個「司法院釋字第七四八號解釋施行法」(108.05.22),將大法官明白賦予立法院擁有形成權的案件,反而退化成該號釋字的施行法,這種「易釋憲為立法法源」的立法例,可為我國立法史上的怪例也!

因此,大法官很容易成為替代立法者,以其司法意志取代了國民意志,乃逾越了權力分立的原則。故大法官制訂的過渡規範及行使暫時處分權,乃擔當極大的政治風險,要讓不諳政治判斷、社會利益的司法人,來取代民意代表的任務,容易引起民意的反彈,使得大法官成為行政權、立法權及民意指摘的對象❻。

三、憲法法庭的暫時處分

㈠法律保留原則 vs. 司法權核心理論

憲訴法第 43 條第 1 項規定:「聲請案件繫屬中,憲法法庭為避免憲法所保障之權利或公益遭受難以回復之重大損害,且有急迫必要性,而無其他手段可資防免時,得依聲請或依職權,就案件相關之爭議、法規範之適用或原因案件裁判之執行等事項,為暫時處分之裁定。」

憲訴法第 43 條明白規定憲法法庭得為暫時處分,為憲法法庭行使此權力,取得了合法性的依據。反而對比大審法時代,並沒有明確規定大法官能夠行使此一暫時處分之權,雖然依據大審法第 17 條 2 項之大法官解釋諭知執行解釋之種類與方法,因此在

---

❻ 這也是德國憲法學界曾經提出的「憲法機關的忠誠理論」,要求釋憲機關要謹守司法機關的本分,不可將其意志凌越決定國民意志的立法機關。關於憲法機關的忠誠義務理論,國內學界頗有誤解其意義者,可參見陳新民,憲政僵局的解決模式——兼評「機關忠誠」的概念,馬漢寶教授八秩華誕論文集,2006 年 1 月,頁 345–394。

嗣後的釋憲實務中，援引此規定而認定大法官可以創設出一切有關釋憲解釋實踐的法規範，而產生可制定此些強制性保全權宜措施的合憲基礎。這種將大法官會議視同一般法院一樣，擁有強制權力，學界產生極大的爭議。按這種權力理應屬於大法官法定權力範圍的爭議，乃是釋憲制度的重要成分，必須由明確的法律保留原則來確定之（釋字 591 號解釋肯認為典型的立法裁量權）。

因此，不僅是人民聲請，或是大法官依職權在無法明白授權前，都無法肯定大法官擁有暫時處分的權限，然而，在一件歷年來朝野黨派角力最激烈、且充滿高度政治意義，也普受國人重視的立法院組成調查民國九十三年三月十九號槍擊陳水扁與呂秀蓮之案件，所導致的「真調會條例釋憲案」，大法官作出的第 585 號解釋，態度丕變，完全徹底的推翻不久前的立場（釋字 582 號解釋）❻❽，提出了「司法權核心」的理論肯定大法官擁有此權力。認為即使法律為明文授予大法官保全處分權，並不妨礙大法官行使此權力。本號解釋理由書中提到：

「……釋憲權之行使應避免解釋結果縱有利於聲請人，卻因時間經過等因素而不具實益之情形發生。是為確保司法解釋或裁判結果實效性之保全制度，乃司法權核心機能之一，不因憲法解釋、審判或民事、刑事、行政訴訟之審判而有異。保全制度固屬司法權之核心機能，惟其制度具基本權利與公共利益重要性，當屬法律保留範圍，應由立法者以法律明定其制度內容。於立法機關就釋憲程序明定保全制度之前，本院大法官行使釋憲權時，如因系爭憲法疑義或爭議狀態之持續、爭議法令之適用或原因案件裁判之執行，可能對人民基本權利或憲法基本原則造成不可回復或難以回復之重大損害，倘依聲請人之聲請於本案解釋前作成暫時處分以定暫時狀態，對損害之防止事實上具急迫必要性，且別無其他手段可資防免其損害時，即得權衡作成暫時處分之利弊，若作成暫時處分顯然利大於弊時，自可准予暫時處分之宣告。」

---

❻❽ 大法官在釋字第 582 號解釋中拒絕為已定讞之死刑犯發出暫停執行死刑的暫時處分，幸虧法務部主動延緩執行，才讓聲請人從鬼門關前搶回人命。否則聲請人既已槍決，該號解釋即不致產生矣！見李念祖，釋憲者創造暫時處分之意義，台灣本土法學雜誌，第 72 期，2005 年 7 月，第 6 頁。法務部嗣後應民間「替代死刑推動聯盟」之請求，增列了聲請大法官釋憲為暫時停止執行死刑之理由，可說是本案死刑犯僥倖活命後的良法美意。大法官的拒絕態度，學界也認為「為德不卒」者。吳志光，倚天既出，誰與爭鋒？——大法官釋憲權與暫時處分，台灣本土法學雜誌，第 72 期，第 221 頁，註七。不過在該「審核死刑案件執行實施要點」中也沒有提起釋憲作為停止死刑的理由，以幾次為限。故該要點公布後，許多死刑定讞者，在提起釋憲遭不受理後，仍一再提起釋憲，但並不妨礙法務部可決定執行之。

　　大法官在釋字第 585 號解釋中，一方面承認大法官擁有暫時處分權，應當屬於法律保留的事項，但是卻又舉出了「司法核心」概念，認為即使違背此法律保留原則，卻仍然許可大法官行使此暫時處分權，顯然是自相矛盾的論證，顯示出法律保留原則可以被抽象的司法核心概念所突破也。

　　而這種暫時處分權，僅是在創造「解釋做成前」的暫時法秩序，故不包括在解釋後做出的過渡條款，這是包括在解釋的內容之中，故不屬於暫時處分權。

　　大法官在承認此暫時處分權的釋字第 585 號解釋中，並未使用此權，而是在半年後的釋字第 599 號解釋（身分證按捺指紋案）中首次行使暫時處分權。第 599 號解釋主文，將 599 號解釋上述肯定大法官擁有保全處分的理由，重新敘述一次。大法官認為人民須按捺指紋，方得換身分證的戶籍法規定，已侵犯人權。且為了執行此新制度，行政機關將耗費巨大人力與財力，故做出暫時停止戶籍法第 8 條的相關規定。換言之，可以停止已經公布執行的法律的執行力，其更動現存法秩序的效果，堪稱強大。

　　然而，對於大法官在何種情形下，方能停止代表全國民意的現存法律之效力，其依據為何？以及為何在法律尚未許可大法官行使此權力前，大法官卻可實施之理由？大法官只是完全重複引用釋字第 585 號的立論，並指明依此號解釋獲得正當性也。

　　本號解釋（也倣效釋字第 535 號解釋）同時宣布在過渡時期，人民亦可依據已廢止之舊法，繼續申請換發身分證，而行政機關不能拒絕換發。大法官既可宣布新法失效，又能讓舊法「起死回生」，大法官的暫時處分權限之大，可得而知矣❻❾！

　　大法官釋字第 585 號的立論許可大法官在必要與危急時，能夠擁有廣泛的暫時處分權。為了彌補大法官暫時處分權的欠缺法律依據，憲訴法第 43 條便明白規定此制度，以滿足法律保留原則。

㈡暫時處分權的種類

　　憲訴法第 43 條明白許可暫時處分權，但並沒有明白規定其種類。但以釋字第 585 解釋視為各種訴訟都必賦予——包括大法官會議——所擁有的「司法核心」，例如與憲法法庭保障人權功能更為接近的，且是涉及公法關係的行政訴訟法，其有關保全的規定，例如第 298 條：「公法上之權利因現狀變更，有不能實現或甚難實現之虞者，為保全強制執行，得聲請假處分。於爭執之公法上法律關係，為防止發生重大之損害或避

---

❻❾ 吳信華，真調會條例急速處分的憲法訴訟問題，中正大學法學集刊，第十八期，2005 年 4 月，第 139 頁以下。

免急迫之危險而有必要時，得聲請為定暫時狀態之處分。前項處分，得命先為一定之給付。行政法院為假處分裁定前，得訊問當事人、關係人或為其他必要之調查。」行政訴訟法的保全概念，便將重點放在維護公法權利的措施之上。而有包括為一定的行為（給付），或不行為的義務等。

這種涉及公法權利與現狀的保全，其種類就有更大的多樣性。例如：在涉及法令或行政處分的違憲，可否擁有暫時停止法令或處分的執行？被管制入境者取得暫時入境的許可；對有害物資的進口，頒訂禁制令；對即將進行的選舉停止進行；對國營媒體強制刊登某些廣告……？以及停止終局裁判的執行……？在德國聯邦憲法法院的審判實務中，都是可行的暫時處分❼。

在大審法時代，對於這種暫時處分中的最重要、也是衝擊現存法秩序最大的「停止法令執行」的權力，也採取肯定的見解。例如在首創「司法核心理論」的釋字第585號解釋，針對該案乃是立法院反對黨民進黨聲請人要求暫時停止立法院通過的真調會條例，大法官在本號理由書明白的規定：「本件暫時處分之聲請，雖非憲法所不許，惟本案業經作成解釋，已無須予以審酌。」換言之，大法官可以擁有暫時停止一個已生效法律之執行的權力。

在大審法時代的釋字第585號，提出了司法核心大纛，而承認具有停止法律效力的廣泛權力，自然也可延伸到其他具體個案的強制權力，輔以參酌其他國家例如德國聯邦憲法法院的實務，以及在具體個案時，為保護人民免受各種急迫公權力的侵犯，都容易導出合理化憲法法庭擁有廣泛保全處分權的權限，這也是德國學界主流見解，如此才能夠維護憲法法庭作為人權維護者的積極功能。同時這種處分乃是典型的「功能取向」，憲法法庭能個案的、彈性的採行之，而成為「程序的主宰」(Herr des Prozesses)。然而憲法法庭唯有注意到必須滿足急迫性及必要性原則，否則一切繫於憲法法庭的裁量權也。

然而這種讓憲法法庭擁有如此抽象且範圍與內容多樣性的保全措施權，是否切合法治國家原則，而侵犯了權力分立的制度？例如暫時停止效力的功能而論，如果運用在其他個別的「人事案例」，例如針對總統、副總統的彈劾案件時，是否也可以在認定總統、副總統於憲法法庭審理期間，會有妨礙或干涉審判之虞，而由憲法法庭裁定停

---

❼ 參見 Schlaich/Korioth, Das Bundesverfassungsgericht, 7. Auflage, 2007, Rdnr. 473.

權、或是撤銷其他人事或行政命令？或是審理政黨違憲裁判的案件時，裁定財產凍結、禁止政黨活動……等。

　　上述問題如由 585 號獲得廣泛地承認，以及憲訴法並無明確地規定，可知憲法法庭得行使此類的暫時處分權。然而一旦實施此權，對於國家政治的衝擊力道之大，當可想見，也可能造成權力濫用的後果。由於停止總統的職權，事涉總統的法定職權與職務行使，理應由憲法層次的理論規範之，或透過憲法法庭的裁判來界定之，此在大審法時代已經透過大法官會議澄清了總統的職權與義務❼。

　　因此，憲訴法欠缺對總統彈劾程序中的保全範圍之規定，然而這些規定正可由法律規範的方式來予充實，例如對於證據扣押的強制權賦予、對於總統拒絕證言權的界定（國務機要費案），可由刑事訴訟法來予確定等。因此應當在憲訴法或其他法律、憲法裁判中來確定其範圍。例如德國聯邦憲法法院法第 53 條便明文規定，當總統彈劾案提起後，聯邦憲法法院得審理總統彈劾案，得以假處分，停止總統的職權，便是一例。但既然憲法法庭最終可以決定解除總統的職位，因此在彈劾過程如有停止總統職權的必要性存在時，當可許可憲法法庭擁有此職權。

　　同樣的在政黨的違憲裁判之上，雖然以政黨的屬性而言，德國主流學術見解認為已經不是一般人民團體，而是具有憲法機關性質的公法人，同時享有政黨特權。不僅是將其解散的權力不如同一般人民團體可交由主管機關或法院負責，而是排他的交由憲法法庭審理。德國政黨法且只對政黨財務的審查，交由聯邦眾議院議長；選舉爭議，交由聯邦選舉委員會負責以外，德國政黨法便沒有對政黨違法的處罰權，交由主管機關負責。可知，政黨特權理論讓政黨有高度的自治，有爭議則交由黨內仲裁裁決。唯有政黨宣布違憲解散的義務，方得由政黨法規定。我國政黨法也採取類似的立法例，在我國政黨法第 30 條的規定，只包括政黨經過憲法法庭的解散裁判後，應當受到何種規範，例如不能進行黨務活動、招募黨員、改頭換面以及財產整理等事項，但沒有涉及政黨在聲請釋憲中，可否受到憲法法庭的禁制權力。如同憲法法庭能夠決定總統去職與否，從而可以決定暫停其職權一樣，在審議政黨違憲的過程，如果政黨活動會影響其審理程序，亦可由憲法法庭頒布暫時停止其活動的權限也。

　　然而憲法法庭擁有廣泛的暫時處分權乃一刃兩面，也可能帶來嚴重的弊害。蓋「有

---

❼ 總統由憲法規範產生的權利義務問題，都賴由大法官會議解釋，例如總統的人事提名權（監察委員的提名義務，釋字第 632 解釋）；以及總統的豁免權界線（釋字第 627 號解釋），都是適例。

權力便有濫用」。為避免國家憲政秩序維護者的大法官，不能拒絕權力的誘惑，吾人認為大法官行使此權力應予節制。因為大法官一切權力都必須受到法治精神之制約。大法官即使在法律已許可行使此權力，例如審判政黨違憲，及元首的彈劾案時，能實施搜索、停止執行職務……時，更是需要最大的節制，不可動輒祭出「核心論」大纛。否則極易造成國家權力失衡、憲政僵局，以及大法官涉入政爭的後果。同時也作為全國法官遵奉「依法審判」的榜樣。尤其是大法官大力擴張自己職權速度快於立法者，卻不提出堅強說理（如釋字第 585 號、第 599 號也），即更易折損大法官之權威性，大法官能不慎乎？

第十章　考試院

第三十八節　考試院的地位

憲法第八章第 83 條至第 89 條規範國家考試權，與憲法第九章的監察權規定，構成我國五權憲法，異於西方民主國家的三權憲法。也是我國憲法最特殊的制度。在比較憲法學的研究中，自有其獨特的地位與研究的價值。也因此這兩個屬於「國粹級」的憲法制度，顯難由外國憲法學原理獲得研究的依據，所以應從我國現實政治裡運作的情況，來探究這兩個制度的理念，能否真如其創始人──孫中山先生的構想，產生預期的優點！

然而，民進黨政府秉持多年廢止考試院與監察院的立場，在蔡英文總統執政後，也一再在修憲擬議上廢止考試院與監察院，看來考監院的壽命恐怕已達日薄西山的階段，但在我國憲政史上仍有一論究竟的必要。

壹、考試權理念的來源

我國憲法採納獨立的考試權制度，無疑是受到孫中山先生的影響。早在民前六年十一月所發表的「三民主義與中華民國的憲法」中，孫中山先生已經明白倡議，日後革命成功所制定的憲法中，必須設置獨立的機關，專掌官吏的考選權。並且認為雖然考試權發展到清朝已非良制，但其原本精神確值得讚許，且先後為英國與美國所採納。

和當時中國一般知識分子不同，孫中山先生並未參加科舉獲取功名。但是孫中山先生對中國考試制度的肯定，至少反映出中國的科舉掄才的確是世界各國中極為獨特且具智慧的制度。

我國早在隋唐已開始科舉制度，且在明、清兩朝形成最重要且最能獨立運作的國家制度，給予我國社會的價值觀念造成莫大的影響。在社會階級的變動方面，儒家思想所樹立「士、農、工、商」的社會尊卑階級，將「士」列為四民之首，此「士」日後即變為知識分子的代稱。而任何人──除了少數被列為「賤民」者外❶──皆可以透過讀書、考試的方式，獲得任官的資格。這種不論出身，甚至社會上普遍推崇「寒

---

❶ 所謂賤民，是指娼、優、皂、隸之子孫，或本身曾犯案及操賤業者。可參閱：劉兆璸，清代科舉，東大圖書公司，民國六十八年再版，第 5 頁以下。

窗苦讀」的「布衣卿相」，使得我國的社會不會產生類似歐洲自中古世紀以來，因世襲、血統及門第所形成區分貴賤之階級制度，寒門之士亦可因苦讀而一登龍門，改變卑微的出身。相反地，一旦子孫未能賡續科舉志業，亦有可能由貴轉賤。由於國家對考試公平性的重視，甚於司法的公正性❷，在並無類似今日公立教育制度的當時，國家靠著公正的考試，也網羅了全國優秀之士加入國家的統治機關，蔚為國用。所以中世紀以來中國官僚制度，也就是社會的菁英制度，其程度之高也非同時代各國家官僚制度所可比擬。孫中山先生所欣賞的中國傳統考試制度，即本於這種深存於社會人心的「讀書價值觀」，以及公平競爭所帶來的「普遍正義觀」。

至於明清兩代科舉淪為「八股取士」的陳腐制度，只是考試權行使方法的錯誤，並非制度的本質有所偏差也。

貳、考試權的獨立問題

一、分贓制與功績制

孫中山先生肯定考試制度的價值，認為考試權與監察權並未由專制皇帝壟斷。易言之，考試權在中國雖仍臣屬於君權，但並未遭到濫用。孫中山先生認為考試權應該獨立於行政權之外顯然是看到外國，特別是美國所盛行的「分贓制度」(spoil system)之弊害，而產生的警惕。按美國在經選舉後，安插競選有功人士擔任各級政府的職位，已是制度之慣例❸。其為糾正將國家名器授予私人的分贓制度，而採國家透過考試選

---

❷ 清朝即發生三次重大的科舉弊案（科場案），例如清咸豐八年發生的順天鄉試主考官大學士伯葰因舞弊案而遭斬首。可證明即使最專制的政權如清朝對國家取才的選舉之重視，也藉著嚴刑峻罰來整飭考選之風，所以歷次「科場之獄」都成為慘案。參見：鄧嗣禹，中國考試制度史，台灣學生書局，民國五十六年，再版，第 323 頁；劉兆璸，前述書，第 146 頁以下。

❸ 美國總統可以提名，但須經參議院同意的高級公務員，有各部部長、委員會委員、聯邦最高法院法官、聯邦法院法官、大使、公使、領事等，人數約二萬六千人左右，人數甚多。見陸潤康，美國聯邦憲法論，民國七十三年，四版，第 131 頁。此分贓制度一直到一八八一年美國總統 James A. Garfield (1831–1881) 被一位選舉有功者因求職不成遭刺殺後，國會才於一八八三年通過一個「文官制度規範及改革法」(A Bill to regulate and improve the civil service of the United States)，這個被稱為「潘德頓法」(Pendleton Act) 並設立一個「文官委員會」(Civil Service Commission)，開始實施考選性質的「功績制」，不過績效甚微，依考試進用的聯邦公務員僅占全國聯邦公務員的百分之十。潘德頓法日後成為美國文官制度的準據法。直到一九五〇年以後，依該法進用的公務員，已達全部之百分之九十。參見：彭錦鵬，美國聯邦公務員法制概述，刊載：公務員基準法之研究，行政院研究考核發展委員會編印，民國七十九年四月，第 386 頁以下。

拔產生，以及循能力與績效晉升的「常任文官」制度，又稱為「功績制度」(merit system)。這個在英國所創的制度❹，可以使國家實施選舉與政黨政治所導致的政權嬗遞，不至於影響國家公權力的運作，文官制度即以終身制以及考選制度為特色。同時，國家因選舉，也有必要創設一些政治性的職位，容納一些擬定政策及因選戰結果而獲勝的黨派人士。這些被稱為是「政務官」者之任命，當不無酬庸之性質，也不經考選為必要，亦不賦予常任文官才有的身分保障與退休等福利。隨著文官制度的發達，分臟制基本上已經式微。

二、三權分立下的考試權

在實施三權分立的國家中，絕大多數的公務員在行政權體系服務。國家選拔公務員亦必須負擔甚大的財務支出，因此公務員的選拔與財政預算權，不能分離❺；此外，國家公務員既然是執行行政權為主，而講究分工的行政權亦有賴專業素養的人員執行，例如財政部官員之資格即與外交部官員不同；對各種公務員資格的需求、適格與否的評判，各機關當最能瞭解，故對於該機關人員的考選即可由該機關進行之❻。另外，考選公務員後如何適才、適所的分配職務，以及服務績效的評判、給予獎懲升遷的考量，也是行政權機關本身最能掌握之。所以三權分立的國家，既然行政權是執行權，而執行此權者，也多由公務員來執行，故人事權包括在行政權之中，乃事理之當然。同時人事行政權涉及各機關人事的流通，以及預算的編列與執行等，因此，行政機關的人事權就必須操在行政首長手中，方能使文官的「進與用」皆能滿足國家行政權運作的需求❼。

---

❹ 英國在一八七〇年國會即通過法案決議，任何文官皆需通過考試取得證書，方得任職。英國採行的此種文官考試顯然取材自中國。關於中國考試制度西傳的情形，可參閱：鄧嗣禹，前述書，第 389 頁以下。

❺ 例如英國在一九六八年十一月一日設立「文官部」(Department of Civil Service) 之前，有關全國文官的考選、任用、待遇等事項，全歸在隸屬財政部下設的「文官部」(Civil Service Commission) 管轄。首相雖然是財政部的首席部長 (First Lord Treasury)，但是實際部務皆由常務部長 (Chancellor of Treasury) 負責。便是因為公務員的任命及福利皆事涉國家的財政問題，所以國家掌管財政大權的財政部無疑可控制全國人事，因此財政部即成為英國的「部中之部」(Department of Departments)，參見：A. H. Hanson & M. Walles, Governing Britain, Fifth Ed, 1990, Fontana Press, p. 151.

❻ 日本雖然成立主管全國文官事務的「人事院」，但對於司法官及外交官的考選則由法務省及外務省舉行之。法國低階文官的考選亦由各部進行之。

❼ 可再舉前註五所引英國制度為例，英國在一九六八年設立「文官部」，目的乃是剝奪財政部掌控的全國文官人事

在考選公務員的方式方面。為了避免公務員的選拔會淪為政黨政治的附庸品，也為了國家需要建立一個中立文官體制的共識與保障人民服公職的平等權利，因此，公務員的選拔即可由一個文官選拔的專職機構，以公平與公開的方式來選拔公務員，並受國會的監督與法院的控制❽。因此，考試權即為行政權之一，而不必如同司法權的獨立於行政權之外。

三、五權憲法下獨立的考試權

我國五權憲法的考試權，顯然不僅是公務員的「考選」權罷了。依憲法第 83 條之規定，考試院為國家最高考試機關，掌理除考試事項外，尚有任用、銓敘等九項事項。易言之，考試院名為「考試」院，其實已經含括整個公務員人事的事項，稱之為「人事院」，亦不為過。

這種「擴張的考試權」概念，雖符合孫中山先生的理念❾，卻不符合我國過去「考、用」機關的分立。明、清時代的「禮部」掌管授官資格的會試、殿試等考試，但對於官吏的的管理等人事事項，則為「吏部」之權限。因此，我國的考試權雖脫離行政權而獨立，然而如果「需才機關」（行政院）與「選才機關」（考試院）彼此真正的「獨立」運作或彼此不能配合時——假如發生絕大多數考試委員與行政院的黨派不同，或是行政院的預算不能配合的情形——便可能發生「考非所用」（即考選及格者之程度卻不符合需才機關之要求）、「考無所用」（需才機關對於符合條件的及格人員不給予職位或適當的職位，即一般所抨擊的「考用不合一」）以及「用多考少」（通過考選者人數過少，不敷所需）等三種缺憾。倘若考試機關不論在考試的時機、考試的種類、內容、評分及錄取標準完全符合需才機關之要求，則顯然的考試權即無實質的獨立性

權——所謂的「富爾頓委員會改革計畫」(Reform of the Fulton Committee)——，但是其文官專業化與提升行政效率的改革目的並未能充分達成，例如在一九八一年即發生的財政部以財政緊縮為由，否決各部的增加名額、購建中央電腦與通訊設備，使得提升行政效率的諸多計畫胎死腹中。最後仍須交由首相親自協調裁決，才能使財政部讓步。所以英國財政部對文官制度的影響力仍是十分強烈。參見：A. H. Hanson & M. Walles, Governing Britain, p. 156. P. Kellner/Lord Crowther-Hunt, The Civil Servants, 1981, MacDonald Publishers, p. 59.

❽ 考試權為行政權之一，則可循法院訴訟程序來提起救濟。例如德國的行政訴訟制度，如果人民參加公務員的選拔程序——例如參加國家考試，或是申請政府職位未能成功——，得視為對人民不利之行政處分而提起行政訴訟。

❾ 例如孫中山先生在民國五年七月演講五權憲法時，已明白將考選及任用、敘俸、考績、降免等銓敘事宜，一併歸入考試權的範圍之內。

可言❿。考試權也變成代替行政權為考選及資格訓練的「被委託機關」而已⓫。

　　其次，在涉及銓敘方面，經過考選及格之公務員由考試院取得任官之資格，但其被任命在其他機關服務（例如行政院），該公務員政治生涯在考試院外展開，依憲法之規定，其考績權乃考試院之職掌，但考績既係考核公務員之成績，依公務人員考績法(90.06.20) 第 14 條規定，考績之決定乃公務員之機關決定之，銓敘機關僅在該考績與獎懲有疑義時，擔負審核的職責而已。易言之，決定公務員考績的權限仍操在對公務員有職務監督的行政體系手中，而考試權機構僅為考績制度的擬定者與執行的審核者，其他有關公務員人事的事項，例如升遷、褒獎亦同。因此，實際掌握公務員人事權限的機構，即不可能脫離該公務員所屬之權力體系。否則公務員的監督及紀律等制度即形同虛設。故五權憲法對於考試權獨立的規定，尤其是採取擴張式的考試權概念，實過於理想化，埋下行政院藉著成立人事行政局收回人事權的遠因。

參、考試院的組織

　　憲法第 89 條規定考試院之組織依法律定之。依考試院組織法（以下簡稱「本法」；109.01.08 修改稱為現行法），考試院重要的組織如下：

一、院長與考試院會議

　　考試院院長（副院長，下同）依憲法第 84 條之規定，原係由總統提名經監察院同意任命之。但已於民國八十九年四月修正為經立法院同意任命之（增修條文第 6 條 2 項）。院長除綜理院務並監督所屬機關外（本法第 8 條），亦擔任考試院院會之主席。然而院長與考試院院會之關係為何？涉及考試院院會的性質。相對於行政院院會的組織及其職權，已在憲法中明定（第 43、58 條），憲法並未提及考試院應設院會的制度。

---

❿ 依公務人員考試法 (75.01.24) 第 2 條 2 項規定公務人員考試應配合「任用計畫」辦理之。此任用計畫依同法施行細則 (75.02.02) 第 3 條之規定係指銓敘部及行政院人事行政局於年度開始前將年度任用計畫，送由考選部配合辦理考試。

⓫ 例如法務部調查局需要調查人員，必須透過考試院舉辦的特種考試。但依特種考試法務部調查局調查人員考試規則 (89.04.13) 第 9 條規定：「本考試及格須經訓練」（第 1 項）；訓練依「公務人員考試錄取人員訓練辦法」辦理（第 2 項）。依該「辦法」第 3、4 條規定公務員須經過基礎訓練（由考試院保訓會或委託訓練）及實務訓練（由用人機關辦理），故「準調查員」的專業訓練還是由調查局進行，且由調查局的訓練機構所評定的訓練成績，還要由「外行」的保訓會來「核定」，始完成調查人員的考程程序。而後再交由調查局來分發任用。由此委託訓練、成績核定及分發任用，考選機關及保訓會顯然僅有蓋橡皮章的功能。

考試院設立院會乃本法第 7 條 1 項之規定：考試院設考試院會議，以院長、副院長、考試委員及考選、銓敘兩部部長組織之，決定憲法第 83 條所定職掌之政策，及有關重大事項。第 2 項規定前項會議，以院長為主席。由本條規定可知，考試院決定憲法所賦予之考試權事項，係交由考試院院會決定之。考試院長在考試院院會中的決定權限，本法如同行政院組織法一樣皆未規定，係授權考試院定之（第 18 條）。依考試院會議規則 (110.03.09) 第 31 條之規定，議案討論終結，即有表決之制度；比較行政院會議議事規則 (107.01.17) 第 5 條之規定：「經出席人員討論後，由主席作成決議」，可知行政院會議乃採「首長制」；而考試院會議則採「合議制」，其決策權乃由合議性質院會決議之。當然考試院亦得以院會決定會議規則，改採「首長制」，然而此種改革，將如同司法院大法官會議亦改採首長制一般，會喪失憲法設考試委員來獨立行使考試權的意義。所以，為正本清源起見，宜於本法中明白規定院會的表決程序，以及院長僅擁有院會主席權，而無最終決議權。

二、考試委員

與考試院院長的任命程序一樣（憲法第 84 條、增修條文第 6 條），考試委員亦為總統提名，經立法院同意後任命之。本來依本法舊法之規定 (83.07.01) 第 3 條規定考試委員名額為十九名，但現行法為配合總統任期，將考試委員六年任期改為四年，人數也減為七至九名，且須有下列資格❷。

(1)曾任大學教授十年以上，聲譽卓著，有專門著作者。

(2)高等考試及格二十年以上，曾任簡任職滿十年，成績卓著，而有專門著作者。

(3)學識豐富，有特殊著作或發明者。

考試委員是為院會的最主要成員，其職權即含括所有列入院會的討論及議決事項，依考試院會議規則第 11 條規定如下：

(1)關於考銓政策之決定。

(2)關於本院施政綱領、年度施政計畫及概算。

(3)關於向立法院提出之法律案。

(4)關於院部會發布及應由院核准之重要規程、規則、細則、辦法、綱要、標準或

---

❷ 考試委員的名額是在考試院組織法中規定，而立法委員、司法院大法官及監察委員的名額卻是在增修條文中明白規定。為何同是最重要之憲法機關的成員，其名額規定的位階卻有不同？顯見修憲時的草率。

準則。

(5)關於舉行考試與典（主）試委員長人選之決定。

(6)關於院部會間共同事項。

(7)出席人員有關考銓事項之提案。

(8)其他有關考銓重要事項。

由上述八點已將考試院職權包括在內，所以院會是考試院最高權力機關，殆無可疑。但值得注意的是第 5、6、7 及款。

在第 5 款規定的職權，主持考試人選——即典試委員長——係由院會決定之。依典試法 (110.04.28) 第 4 條對典試委員長的資格有四款規定，考試委員僅為其中之一，故考試委員並非為當然的考試院所舉辦考試的主持人。其他人選例如中央研究院院長與院士、大學校長、曾任特任官的教授等，皆是典試委員長的人選。在第 6 款方面，關於院部會間共同事項的討論與議決權方面，由於考試委員並未有指揮考試院兩部一會的職權，蓋三者皆是「部會」的組織，且採獨任首長制，所以如同監察委員對監察院所屬的審計部，並無上級指揮權一樣。因此這種議決權，不包括對於兩部所設職權提出類似「審核」與「監督」的權限。因為只涉及到院部會間的「共同事項」，才是院會審查的重點。

至於第 7、8 款，都是指考銓及重要事項之提案，更不涉及到個案的指揮與監督關係，而是在制度性的議案方面。所以也無監督審核的權限。

所以考試委員與兩部一會間的監督關係，處於不明確的狀態，與考試委員理應能監督其職權之行使，頗有距離。

考試委員依憲法第 88 條之規定，需超出於黨派之外，依據法律，獨立行使職權。本條明顯的與憲法第 80 條法官獨立審判之規定一致。憲法的旨意十分明確，乃希望考試委員能公正的行使職權，並無政黨之偏私，以樹立考試權的公正性。然而，本條文是否能夠反映考試權的性質，以及考試權需否此種規定，亦頗值商榷。其理由略有：

第一、考試權實際上是行政權的一種，自然需依法行政，例如依法舉行考試與錄取以及所有的銓敘權所及之人事行政。這種權力主要交付予考選部與銓敘部行使之，已有明確的法令依據可循。爾後亦有行政訴訟之途徑，作為救濟之管道與監督考試權之行使。所以和經常需繫乎法官裁量（自由心證）的情形，並不一致。

第二、考試委員既然須經總統提名與立法院（增修條文第 6 條 2 項）之同意，故

其產生過程甚難與政黨毫無瓜葛，不似法官的考選、任命程序之單純。

第三、考試委員既然承擔考試院的決策權力。然而由上述院會所議決事項可知，皆具有甚多的政治性色彩在內，所以考試委員受單純法律——如本法——拘束的範圍甚小，反而是必須衡諸外在的政治與社會因素，此和法官單純依據法律為行使職權的判斷標準，完全不同。

第四、考試委員應該獨立之規定，雖期待能賡續我國古代考試權的超然，但考試委員既非當然的典試長，且考試作業設有的「防弊」制度——例如試卷的彌封、典試委員與襄試委員的法定資格、試題的決定……等——，使得應考者與評閱者相互交結或因黨派不同而相互排斥的情形，顯然不易發生，而和法官於審判時，可能會對當事人之黨派隸屬，產生偏頗之情形不同。亦即考試與黨派色彩的關連性已降低甚多。因此，考試委員獨立行使職權的立意固然甚佳，然而卻少有實益❸。

三、考選部、銓敘部及公務人員保障與培訓委員會

本法第 6 條規定本設考選部與銓敘部，但在民國八十三年七月修法時增設了公務人員保障與培訓委員會，本法在第 16 條得於各省設考銓處，其組織皆以法律定之，是為考試院下設三種重要的組織。各省設考銓處的法律依據，雖已制定「考銓處組織條例」(35.02.14)。但以台灣幅員之小，故無另行在台灣省設置考銓處之必要，本條例即未曾適用。

考選部依其組織法規定 (83.11.23) 乃綜理全國考選行政事項。不僅各種考試舉辦，也及於各種檢覈案件的審議。銓敘部依其組織法規定 (91.01.30) 掌理全國公務員的銓敘，及各機關人事管理之事項。因此，相當於人事部部長。

考選部與銓敘部皆採獨任首長制，部長皆為特任，綜理部務，指揮監督所屬職員（見兩部之組織法，分別規定在第 12 條及第 10 條）。然而不論本法或組織法皆未規定部長的產生方式。行政院所屬部會首長的產生程序，已於憲法第 56 條明定，故在各部會組織法內即無加以規範之必要。相形之下，考選、銓敘兩部部長的產生過程，顯係一大漏洞。行憲以來，此兩位部長的人選咸以「慣例」，即由考試院長與總統或行政院長商榷後，由總統任命之。但是考選部長既然負責全國公務員的考選事宜，銓敘部長

---

❸ 同樣見解，參見：林紀東，逐條釋義㈢，第 175 頁。

既係負責全國公務員的銓敘事宜，故其產生程序不得使用「慣例」，因此，應該由本法加以規定，以填補此之漏洞。

依據公務人員保障與培訓委員會組織法 (98.11.18) 第 4 條之規定，本委員會設置委員十至十四人，其中五至七人為專任，職務比照簡任第十三職等，由考試院長提請總統任命之；餘五至七人兼任，由考試院長聘兼之，任期三年，任滿得連任。但兼任委員為有關機關副首長者，其任期隨職務異動而更易。這些保訓委員負責公務人員的權利保障及培訓。

按公務員的保障已經朝向司法化，故應將權益保障機構設於司法院，以及公務人員的訓練應配合日後職務所需，應由所屬機關訓練較妥，因此我國行政院設有人事行政局始 (56.09.16)，後改制為行政院人事行政總處 (100.11.14)，本應由該處訓練行政院所屬人員，目前法務部已有司法人員訓練所，台北市政府亦有公務員訓練中心即為一例。

同時該委員的選任資格，與監察委員的資格也無太大的差異，例如擔任簡任職或教授，考試委員為十年，保訓委員為六年。但是其產生的方式，完全不同。前者為總統提名經立法院通過，取得一定的憲法保障且較能獨立於黨派之外的地位；反之，保訓委員專任者，全由考試院長決定，提名總統任命之；至於兼任委員，則完全由院長一人決定聘兼之，同時兼任委員為有關機關副首長者，其任期隨職務異動而更易。更可能由政府機關高級官員兼任保訓委員。

由保訓委員的產生可知道都是繫於考試院長的選擇權，雖然保訓會組織法第 4 條第 2 項，只規定專任委員同一黨籍者不能超過其總額二分之一，以表示不偏私某一政黨的立意，但是這種由考試院長獨掌保訓委員的選任權，恐不能確保保訓委員的超然中立。

第三十九節　考試院的職權

壹、憲法考試權的範圍

憲法第 83 條規定考試院為全國「最高」考試機關❶，掌理考試、任用、銓敘、考績、級俸、陞遷、保障、褒獎、撫卹、退休及養老等十項職權。這十項職權可歸納為兩大項，即狹義的考試（考選）與銓敘，可由考試院下設的考選部與銓敘部兩機關反映之。

一、考　試

所謂的考試係依憲法所稱的考試，而非目前所舉行類似高中與大學聯考等，非由憲法獲得法源依據的考試❷。依憲法第 86 條規定，對於公務人員任用資格、專門職業及技術人員資格，皆應依法考選銓定之。所以考試分為公務人員的考試與專門職業及技術人員的考試兩種。至於考試，除筆試外亦可以檢覈的方式，即以一定的資歷或學歷給予類似考試及格的資格，例如依律師法 (91.01.30) 第 3 條 2 項規定，對於符合特定資格者，得以檢覈方式取得律師資格。惟檢覈規定雖有其存在的價值，然而究竟易使人產生「走後門」之捷徑，因此對檢覈之實行，應以嚴格的方式進行之。並且將檢覈視為是資格取得的例外方式，不可喧賓奪主，以保障國家公平競爭制度的公信力。至於考試的內容以及評分標準，屬於「考試裁量權」亦為行政裁量權的一種，得由考試機關專業判斷決定之，法院的審查權只限於「明顯重大瑕疵」時才存在。亦即由考試評分成績外觀、形式上有明顯且重大瑕疵時，法院才行使內容審查權也。

憲法規定考試院主掌的考試權，仍有下述兩個問題值得討論：

---

❶ 考試院為國家「最高」之考試機關，究為何意？國家還有哪些次級的考試機關？由於所有中央公務員的考試權集中在考試院手中，而地方公務員則依地方自治原則，乃各地方自治機關之職責，應與考試院無涉，所以此所謂的最高考試機關乃相對於其他非由考試院舉辦之考試而言，例如雇員考試。依雇員考試規則 (71.07.15) 第 2 條規定，雇員考試由各機關組織主試委員會辦理。及格者依第 5 條規定亦由該機關發給及格證書。考選部僅負有派員指導與考核備查之權責。

❷ 依大學法 (83.01.05) 第 22 條 1 項規定大學應公開招生，依同法施行細則 (83.08.26) 第 18 條規定，各大學得視其需要辦理聯合招生，所以大學聯招並非強制性之制度。高中聯招亦然。

㈠公開考試與按省區分配名額

對於公務員的考試方面，依憲法第85條之規定：公務人員之選拔，應實行公開考試之競爭制度，並應按省區分別規定名額，分區舉行考試。非經考試及格者，不得任用。由憲法第85條規定「選拔」公務員之規定，與第86條公務員任用資格的「考選銓定」可知，前者乃是人民取得公務員資格的的方法之一。依公務人員任用法(108.04.03)第9條1項規定公務人員任用資格的規定有三：依法考試及格、依法銓敘合格、依法升等合格，即可明瞭。

公務員的選拔採行公開競爭的考試制度，是以平等的方式保障人民的應考試與服公職之權利（憲法第18條），也是我國傳統考試制度最值得稱頌的特色之一。另外，憲法第85條的按省區分別規定名額，分區舉行考試之規定，後者以中國版圖之大，如果公務員考試需類似清朝的「會試」，全國舉人皆需跋涉千里，集中京師考試，則未免勞民傷財。故分區考試之制無何疑義。惟所謂的「按省區分別規定名額」，則屢被抨擊為不公。按中國幅員廣大，各省文風不一，若全憑公開考試，則偏遠地區之士子顯難與來自沿海富庶、昌盛文風之地區者一較長短❸。因此，早在全國性的會試即有各區定額錄取的規定，目的即在保障偏遠省分的應考士子，也寓有鼓舞的作用在焉❹。我國憲法制定時明顯的即採納此種立意甚佳的制度。然而由於躋身公務員之門的高、普考試，每年競爭十分激烈，且在台灣一省舉辦此種考試即無依省區決定名額之需要，且亦被認為有「圖利」偏遠地區省籍考生之虞❺。因此，要求改變此制度的呼聲一直不斷，第二屆國民大會遂於民國八十一年五月刪除按省區分別規定名額與分區舉行之規定（現行憲法增修條文第6條3項）。

㈡資格考試的範圍

依憲法第86條明定公務人員、專門技術及職業人員的資格，應以考試或銓敘的方

---

❸ 例如清朝總共舉辦一一二次的殿試，其中狀元來自江蘇省者，計四十九位，浙江省者有二十位，安徽省者九位。江浙皖三省即占了七十八名之多。可見得此三省人才輩出的鼎盛文風了。參見劉兆璸：前述書，第108頁以下。

❹ 乾隆五十二年始規定分省決定會試及格人數，各省名額以各省應試舉人實數及省之大小為標準。自道光三年(1823)即在會試中保障台灣舉人中式一名；至於鄉試，則早在康熙二十六年(1687)起，保障台灣秀才中舉一名，至乾隆元年(1736)增為三名。

❺ 例如依舊公務人員考試法(75.01.10)第13條即有複雜且不實際的規定，該條規定高普考各省區的錄取標準，省區人口在三百萬以下者五人，超過三百萬者未滿一百萬人增加一人。但仍得依考試成績按定額比例增減之。對於無人達到錄取標準之省區，得降低錄取標準，擇優錄取一人。但降低錄取標準仍無人可資錄取時，任其缺額。

法取得之，除銓敘的方法將於下文討論外，這種關於資格考試的範圍，除公務人員外，應否包括各級公職人員以及如何「具體化」？可分別討論之。

公職候選人應否經過考試及格的問題，依孫中山先生對考試權的見解，顯然認為「選賢與能」即應透過考試的方式方得取得公職候選人的資格❻。此觀乎建國大綱第15條：凡候選及任命官員，無論中央與地方，皆須經中央考試銓定資格方可。同樣在五五憲草第85條亦規定公職候選人資格，與公務人員任用資格一樣，皆須經考試院依法考選銓定之。但五五憲草第85條之規定已為現行憲法第86條所取代，明顯的我國憲法已摒棄公職人員的資格應經考選或銓定的見解。這是一個不容忽視的轉變。

本書前第二十四節壹討論有關人民的被選舉權時，已經具體的闡述對於公職候選人不應有任何學歷上的限制，在今日民智大開的我國社會，以媒體能夠發揮甚大的傳播、監督與批評功能，實在沒有必要要求公職候選人負擔通過考試的壓力，以及具備相當的學歷，作為其踏入公職之門的條件。

誠然，憲法第86條2項規定須經考試取得資格的「專門職業及技術人員」，憲法並未明文規定其範圍，必須透過立法者的「形成」（包括立法授權），方得具體化。此也見諸於專門職業及技術人員考試法(110.04.28)第2條之規定：「本法所稱專門職業及技術人員……，並依法律應經考試及格領有證書之人員；其考試種類，由考選部報請考試院定之」。因此，立法者可以斟酌社會公益、社會快速發展之需要，以及行政管理與輔導的有效性，決定應納入國家考試、取得執業資格的專門職業及技術人員之範圍。而該法第2條對於應考試取得資格人員的範圍，本來依該法第2條規定並非採用嚴格意義的「法律保留」，反而採取較為寬鬆的「法規保留」，僅需法規位階來規範即足。

但大法官在做關於商業記帳人的合憲性問題時，做出司法院釋字第453號解釋。針對當時商業會計法許可由中央主管機關制訂認可及管理辦法，由商業記帳人行使會計師所擔任的處理商業會計事務及編製財務報表。大法官認為此些事務涉及公共利益及財產權益甚巨，與憲法第86條第2項規定的專業技術人員必須經過考試院考試通過的意旨不符而違憲，為此該法遂於102年1月8日通過修正，將專業技術資格考試的範圍改採嚴格的「法律保留」。

---

❻ 孫中山先生在民國十年演講五權憲法時，所舉著名的獲有美國博士學位者因不擅言詞，而讓沒有學問的車夫獲選的故事，來主張選舉的民主制度應輔以考試的制度。參見，董翔飛，中國憲法與政府，第461頁。

　　然而為了兼顧考試行政的專業性以及對於考試行政的內容應讓考試院具有高度的判斷餘地，故將專門職業及技術人員考試種類之認定基準、認定程序、認定成員組成等有關事項之辦法，由考選部報請考試院定之（第2條第2項）。

　　釋字第453號解釋的意旨，固然強調了法律保留原則的重要性，但是此原則仍然必須遵守比例原則，不可濫用。對於沒有高度技術與專業要求的職業，便不能夠一律要求經過考試取得職業資格，否則將侵犯人民的工作權與職業選擇權。

　　為此必須限定與人民生命、身體及財產關係最為密切，以及最必要的職業及技術行業類別，方可以用法律課予考試取得資格之要件。本於對於職業專精的程度差異，例如：屬於高等教育培養之專門技術之行業，可稱為「師」者（但理髮師等排外），應當得可符合上述的要求，以列入考試範圍為原則，無庸列入者為例外；屬於中等教育培養之行業，可稱為「士」者，則以不列入為原則，列入者為例外。作者在釋字第655號解釋所提出的不同意見書，也指出了我國考試院日益擴大國家考試的範圍，侵犯了人民自由選擇工作與職業的自由，同時現代社會的分工化與專業化也十分普遍，都非由國家經過一次考試方能許可職業可比，且社會需要的工作性質，遠非國家舉辦考試的速度可比，故可靠同業公會的入會資格要求來做篩選更為適合。同時市場的淘汰機制，也是提升職業水準的一大利器也。

　　因此不必迷信國家對專業人員資格的把關，具有實質上的獨佔權❼。

　　綜上所述，基於法律保留原則，立法院及考試院在決定這些「師」或「士」的判斷，固然有裁量空間，應受到釋憲機關之尊重。然而這種判斷必須兼顧業務是否高度專業（非考試不能控制品質）、及該專業對生命、健康與財產的高度關聯性，否則即有裁量的濫用。

二、銓　敘

　　考試院所掌管廣義的銓敘權，包括下述十項：

　　⑴任用：係指對於符合擔任公務員之資格者，給予任官職等，即分發職務之謂。各機關組織法規所規定各種職務的職等，以及考試人員及格的分發，為考試院之職權。依公務人員任用法(108.04.03)第12條之規定：「公務人員各等級考試錄取，經訓練期

---

❼ 另參閱釋字第352號及第453號解釋。

滿成績及格者，應由分發機關分發各有關機關任用。前項分發機關、程序、辦理方式、限制及有關事項之辦法，由考試院會同行政院定之。」可見得分發機關為行政院及所屬機關（此為最大多數分發機關者），考試院的分發權限即移轉至行政院，才有兩院共同決定該程序的規定。同時對於各機關組織法規所定的職稱、官等等員額配置準則，亦由考試院會同行政院定之（同法第 6 條第 4 項），也讓行政院掌握了對於所屬機關職稱官等的決定權。另依同法第 25 條之規定，初任簡任、薦任、委任官等公務員皆須經銓敘機關審查後呈請總統任命，顯示出國家重視各階層公務員的任命，也顯示公務員為國家服務的崇高使命。

　　(2)銓敘：此處所稱的銓敘為狹義的銓敘，乃對公務員擔任某項職位之官等、職等的資格而為之審查，即所謂的「銓其資格、敘其官等」也。依公務人員任用法第 9 條之規定：公務員取得任用資格的來源有三：考試及格、銓敘合格與考績升等。所謂銓敘合格，依同法施行細則 (97.02.26) 第 8 條 2 項規定乃是公務人員任用法實施以前 (75.04.21) 所任用的人員加以資格的審定而言。然而，屬於考試院的銓敘權則不以公務人員任用法第 9 條之「銓敘合格」的意義為限，而及於對另兩類公務員資格之審定也。另外，依同法銓敘部擁有對初任人員延長試用期間之權（第 20 條）；各機關擬任人員應先派代理，並於三個月內送銓敘機關審查資格（第 24 條）。

　　(3)考績：對於公務員服務績效所為之考核。易言之，乃各機關對公務人員有無全力履行其為國家服務之義務，所給予獎懲的評判。此一得列入行政機關「懲處權」中之考績制度，依公務人員考績法 (96.03.21) 第 7 條規定年終考績甲等者，除晉本俸一級外，並給予一個月俸給之獎金；評丁等者，免職。然而，對公務員的考績為各機關之職權，考試院之銓敘機關僅有形式上的核定權而已（第 12 條）。因此，考試院對於公務員之考績除形式核定權外，僅有對實施考績的規定，如考核細目、各機關考績委員會組織規程與考績法施行細則的訂定權限而已。

　　(4)級俸：公務員應依其官等與職務不同，給予不同的俸給。公務員的俸給權，係憲法所保障的人民財產權利，且必須依相關法律（例如公務人員俸給法）之規定，決定其應享有的俸給。倘若違法銓定其級俸，依司法院釋字第 338 號解釋，認為公務員如對於審定之級俸有爭執，許其提起救濟。因此如同前述的銓敘，此級俸的審定乃附屬之制度。

　　(5)陞遷：陞遷為公務員的官階晉級與職務的變動。國家文官體制既是採取「功績

制」，除了在公務員選拔的考試方式，可屬於此制度的內容外，公務員的晉升也必須依功績而非長官的喜好來晉升。一般的晉升係指職務的晉升，或是官等的晉級，這也可包括在前述的銓敘範圍之內。但一個晉升的職位究應由何人來擔任，往往是機關長官的「人事裁量權」（此乃是行政法院放棄行使審查權的範圍），同時機關內部人員亦有流動的必要，且公務員在同機關內亦有接受調動之義務，因此，這些人事處分，為機關本有之權責，亦非考試權機關所得掌握者。故考試院對於公務員的陞遷亦僅能在既有限度的範圍內，行使多半屬於事後性質的審核權力。

(6)保障：顧名思義，係保障公務員之身分。按公務員既係為國家服公務之人，且文官制度的優點在於組成一批終身不牟私利，全心為國家服務的公務員，故應受到法律之保障。所以文官體制中的終身職制度，對於所謂的「行政文官」的保障和所謂的「司法文官」（法官），實際上無甚差異。只是前者未如後者在憲法中明示，以強調國家司法獨立的意義。這種保障公務員身分之立意，在於不得對公務員任意地解職——僅限於嚴格的法定情況下（如遭受懲戒或司法判決）方得為之——以及退休後國家給予公務員及其家屬的照顧與福利。然而，在法治國家中，基於依法行政與法律保留的理念，對於公務員的保障係屬立法裁量之事項，而確實保障公務員的身分更有賴於行政訴訟及違憲審查權。因此，考試院僅為保障公務員身分法制（法案）的擘劃者，非謂考試院為公務員身分保障的維護者。至於公務員的分類中有所謂「非終身公務員」者，這些以締結民法或公法契約的方式在（實質意義的）行政機關中服務之人員，雖然並不屬於國家透過由考試院所主辦之考試方式取得資格之公務員，因此不能享受給予終身公務員的身分保障規定，但對其福利得由法令加以規定，亦非漫無保障，例如依聘用人員聘用條例 (61.02.03) 第 6 條規定聘用人員病故或因公死亡者，可獲得相當之慰撫金。故對於公務員之保障，不侷限於終身職的文官，也及於其他非終身職的公務員。

(7)褒獎：褒獎係對公務員所為的特殊獎勵，而非針對公務員所為的獎懲措施，蓋後者（如記功、記過）為公務員長官之權限，而與憲法第 42 條總統依法授與榮典制度相關。本書第六章第三十節柒處，業已敘明總統頒與榮典的法源為褒揚條例與勳章條例，雖依勳章條例施行細則 (70.09.23) 第 9 條之規定，除政務官外，各院對公務人員受勳呈請之初審機關為銓敘部，然該條例亦有其他申請受勳之種類，此即非銓敘部之權限。關於此等褒獎權限，銓敘部只作為被動的初審機關，非具有主動的呈請權，故

對於公務員的褒獎亦失去積極的意義。

(8)撫卹：撫卹係公務員於任職期間病故或意外因公死亡時，給予其遺族撫卹金之制度。此乃國家履行對公務員的照顧義務，並且亦是屬於公務員其遺族之公法財產權利，依公務人員撫卹法施行細則 (94.10.17)，中央及地方公務人員撫卹案由銓敘部核定之（第 14 條）；中央機關公務人員撫卹金，以銓敘部為支給機關（第 17 條）。

(9)退休：公務員的退休係國家對於服務滿一定年資或因身體因素而無法再勝任公務員職務者，給予一定的金額與福利，俾使其能繼續生活的照顧措施也。退休制度是前述公務員身分保障的衍生制度，依公務人員退休法 (97.08.06) 規定，銓敘部對於志願退休或命令退休享有減低或延長之年齡權力（第 4、5 條）；復依同法施行細則 (94.10.17) 規定，對中央機關、直轄市及部分地方公務員退休案，銓敘部有審定結果所提之異議權（第 24 條），中央機關公務員退休金，銓敘部為支給機關（第 25 條）。因此，中央機關公務員的退休以及撫卹事項，銓敘部即為執行機關。

(10)養老：一般的養老觀念乃「安度餘年」之謂。對於公務員的養老，已經包括在前述的退休制度之內。因此，此養老規定並無實際上的法律意義。

由上述可知：廣義的銓敘權幾乎及於所有的人事行政權，其雖列舉有十項之多。然而這種列舉的事項，恐不應認為「例示性」規定❽，如果國家為了保障公務員的福利，配合時代的需求，自亦可由立法方式創設公務員的權利，例如制定公務人員保險法，惟此種立法亦可含括在上述公務員的「保障」事項之內。因此，公務員身分的保障事項，即享有一種彈性的概念。

貳、考試院職權的釋出──人事行政局的成立

由前述第四十節貳三處討論五權憲法下，考試權獨立的問題時，已經浮現了考試權與行政權勢必「合流」的趨勢。此不論由行政院所屬的各級機關，既是需才機關、訓練考試及格人員及分發機關，亦是日後考核服務績效以及執行公務員福利等人事事項的機構。因此憲法將公務員的考選與銓敘事宜劃歸在行政院以外的考試院，將使行政權不能發揮最高的效率，也會損害行政機關人事指揮的權限。行政權與考試權的齟齬足以反映出五權分立的「政出多門」之弊。行憲後，實際的政治運作便發現考試權

---

❽ 如林紀東即認為乃例示性的解釋，參見氏著：逐條釋義(三)，第 150 頁。

獨立所顯現出來的扞格，因此自民國五十五年三月二十三日公布實施的臨時條款第三次修正條文第 5 項中，已授權總統為適應動員戡亂需要，得調整中央政府之行政機構與人事機構。總統遂於民國五十六年頒布行政院人事行政局組織規程 (56.07.27)，設立人事行政局。在此規程中規定人事行政局的設立目的為：「統籌所屬各級行政機關及公營事業機構之人事行政，加強管理，並儲備各項人才。」人事行政局雖然隸屬在行政院，但有關人事考銓業務並受考試院之指揮監督（本規則第 1 條），然而該局已掌管各行政院所屬管理人事事項，包括人員的統籌分發、人事法規的研擬、退休、撫卹事項的擬議或審核。因此，儘管仍使考試院保留對人事人員派免、遷調的審核權，以及有關人事法規的決議權，但是實質上已將行政院所屬人員的管理權限由考試院移往人事行政局。

動員戡亂結束後，人事行政局並未因其為「動戡產物」而被撤廢，反而在民國八十年第一屆國大第二次臨時會通過增修條文 (80.05.01) 第 9 條 2 項規定行政院得設人事行政局，其組織以法律定之，使得人事行政局獲得憲法的依據❾。同時，在八十一年五月第二屆國大修正的增修條文第 14 條 1 項（現行增修條文第 6 條 1 項）將憲法第 83 條之規定修正為：考試院為國家最高考試機關，掌理左列事項，不適用憲法第 83 條之規定：

⑴考試。

⑵公務人員之銓敘、保障、撫卹、退休。

⑶公務人員任免、考績、級俸、陞遷、褒獎之法制事項。

憲法此項修正，雖然對於行政院人事行政局與考試院之職權劃分提供憲法之依據，也反映出行政權不能排除人事行政權，不過考試院是否因上述規定即完全獨攬有關考試及銓敘、撫卹、保障、退休等事項當不無可議。此條文僅是將人事行政局的職權與考試院可能的重疊，加以澄清罷了。但是，以憲法當年託付完整的公務員人事權予考試院的設計而論，現行制度已經支解了憲法的初衷與孫中山先生的理念。

又行政院人事行政局，已於民國一○一年二月六日更名為行政院人事行政總處。

---

❾ 不過此憲法條文的依據，卻在現行八十三年增修條文時加以刪除。此或係以該局已有組織條例 (82.12.30)，然而與該局同樣命運的國家安全局與國家安全會議卻仍在現行增修條文第 2 條 4 項，保留了設立的依據，獨缺人事行政局之設立法源也。

參、考試院的何去何從？

因此由行政院設立人事行政局開始，考試院對行政院所屬機關的人事已經喪失了統攬全國行政人事的獨佔權；加上公務員的選任必須配合所擔任的職務，專業訓練也必須由任用機關方能切中需求。因此考試權與任用、訓練必須合為一氣，這也是歐美進步國家將考試權納入行政權的一環。

考試委員如依五權憲法的理想，應當要對所有公務員的選拔，特別是考銓行政有指揮監督權，避免個案的不正義，尤其是對常任文官體制，負有監督者的角色。我國考試制度要確保寒門子弟都能公平進入公職之門，且憑才能、績效公平競爭。為此，歐美民主政治流於選舉報酬的提拔私人進入公職之門，特別是高級官員的惡習，更是國父孫中山先生所痛心疾首。而有考試權獨立行政權之外的見解。為此，民主政治不可避免要有些政治任命的職位，而非靠選舉產生的政務官，例如幕僚性質的政務次長及機要職，但這些政治任命的文官（政務文官）應當盡量地節制，以有別於構成國家文官體制骨幹、不隨政黨更易而隨風搖擺的常務文官。否則政黨政治必會崩壞我國的文官體制。而負責全國公務員保訓重責的保訓委員，一則職務與考試委員有重疊之嫌；二則其選用不能擺脫考試院長的獨攬權，也喪失了可靠的中立性。

因此考試院成立的理想，經過七十年來台灣的實踐，顯然已經幾乎不能達成國父百年前的設想，也不合歐美先進國家設置常任文官的功能性與專業性，因此民進黨的修憲擬議，採廢止考試院併入行政院，似乎社會輿論至今，並沒有聽聞到要保留考試院之議（當然國民黨例外），也可顯示出考試院似乎也已面臨日薄西山之境。令人覺得國父的崇高理想，也不免為「黃粱一夢」。

第十一章　監察院

第四十節　監察權的意義與監察院的組織

壹、我國憲法監察權的思想淵源

實施五權憲法的我國異於西方民主國家的三權憲法，最重要的差別乃在於我國特別強調監察權，由憲法第九章的「監察」總共規定多達十七條，僅次於第四章的「總統」（十八條），且多於第六章「立法」的十五個條文與第五章「行政」的九個條文。可見得我國憲法對監察權的重視。監察制度在我國是具有悠久歷史的制度，遠非外國可比。實施五權憲法的我國，必須對此極有特色的制度加以瞭解。

然而如同考試院的命運一樣，民進黨政府且將監察院與考試院一併納入修憲廢除的名單之上，而將監察院的職權納入立法院之中，這正是國父孫中山先生當年最反對，而將監察權獨立出來的理由。

我國憲法的監察權的理念基礎，其淵源自我國歷代的典章制度及孫中山先生的學說與鼓吹等兩方面來予探究。

一、源於我國歷代的典章制度

我國實施監察制度的歷史可上溯至秦朝。自秦朝開始，監察制度即分成兩種體系發展：一為「給諫制度」；二為「御史制度」。給諫制度是針對皇帝的施政及德行來規諫所設置的職位。這個日後被通稱為「諫官」或「言官」的職位，在秦漢時代設立「給事中」與諫議大夫後，已成為歷朝所仿效。例如，給事中之名稱沿用至清代，諫議大夫沿用至宋代。歷朝且另外設置其他名目的給諫官員，例如散騎常侍、給事黃門侍郎、散騎侍郎、拾遺、補闕（隋、唐）；左右諫議大夫、左右司諫、左右正言（宋）；六科給事中、都給事中及左右給事中（明）；以及滿（漢）都給事中、滿（漢）左右給事中（清）等等。給諫制度固然體現出儒家思想對讀書人「風骨」的期許，但因針對皇帝的「犯顏冒上」，故在身家性命全操諸皇帝一人喜怒的專制時代，倘若皇帝未有容納諍言的雅量——例如唐太宗李世民為最好的典範外——，一個盡職的言官無疑是危險的職務。也因此隨著君權的強化，給諫制度也隨之萎縮。雖然直至明清，諫官（給事中）

仍有「封駁詔書」之權。但是仍然無法挽救給諫制度與御史制度的一消一長之命運❶。

　　御史制度則是以監督百官有無違法，易言之，係為皇帝整飭法紀、匡治官箴，以穩固君權統治為目的的官職。自秦朝開始，已在中央設置御史大夫、御史中丞、侍御史，而地方設置監御史。自此，「御史」之名乃延續到清末、民國肇建為止。秦朝以後，歷代皆有設置御史制度，除承續秦朝的名稱外，例如漢朝設置以御史大夫為首及御史中丞的「御史府」，和丞相司直、司隸校尉、監司與專門監督地方的部都刺史；唐朝設御史台，下分三院：台院（侍御史）、殿院（設殿中御史）與察院（設監察御史，分十道巡按天下州縣）；宋代亦仿唐制設立三院制之御史台，官職名稱亦同。但宋朝御史不僅可糾彈百官，同時亦有對皇帝為諍諫之權。因此，御史已取得諫官之職權，開啟所謂的「台諫混一」之先河❷。南渡以後甚且台諫合為一府，不僅御史分擔諫官諍諫之權，甚至諫官也分擔御史之責。所以，兩個職位已混而為一❸。明清兩代則是都察院取代唐宋的御史台。明代中央設有左、右都御史，左、右僉都御史，地方則設置分十三道巡視的監察御史。同時六科給事中等諫官亦可監督各部亦同於御史，行使糾察之權。清朝的都察院設滿漢左都御史及副都御史。乾隆之後且將給事中併入都察院，已正式使御史與諫官合流。因此，御史本稱為「監官」，而給諫制度的「言官」及「諫官」鼎足為二；但清朝的「台諫合一」，使得御史亦獲得「言官」的稱號。

二、基於孫中山先生的學說與鼓吹

　　我國在立憲與建立民主體制的過程，若無孫中山先生的堅持與持續的鼓吹，監察制度不僅不會成為五權憲法體系的一大支柱，恐怕是否得到國人的重視，亦頗值得懷疑。由清朝末年國政的腐敗，幾乎並未產生太多傑出且風骨嶙峋的監察官員，可知清末的監察制度無助於澄清吏治、糾正專制君王落伍思想及促進社會進步的制度。民國肇建後，此歷史悠久且帶有濃厚封建色彩的政治制度，未隨著帝制的其他政制，例如軍機處、八股科舉制⋯⋯遭到廢棄的命運，可以說是繫於孫中山先生一人所「獨倡」。

　　孫中山先生主張的理由主要有二：第一、是比較研究外國民主政治制度後的創見；第二、對於古代監察制度價值與理想性的肯定。就前者而言孫中山先生在民國前六年

---

❶ 參閱：傅啟學（等六人），中華民國監察院之研究，民國五十六年九月，自版，第3頁以下。
❷ 同上書第55頁。
❸ 參閱：監察院報告書，民國八十二年，第217頁。

十月十七日東京民報週紀念會演講「三民主義與中國民族之前途」，首先揭櫫將監察權獨立於國會之外的見解。依孫中山先生之見：外國代議制度將監察權操在國會手中，將使國會濫用此權限來壓迫行政權力，造成國會的獨裁，才想到求諸此我國古代的「祖宗法寶制度」。

就後者對古代監察制度的價值肯定而言，在孫中山先生所留下的論著中，對此著墨不多，同時孫先生一生奔走革命，並未對古代監察制度進行有系統的研究，其所提及者也僅是唐朝的諫議大夫及清朝的御史。綜合孫中山先生對於監察權的肯定，主要是在監察官員的風骨「就是遇到君主有過，也可冒死直諫」❹；以及依司法獨立的理念，裁判官吏的機構亦應獨立❺。此即是孫中山先生對我國監察權應獨立存在的所持的理念依據。

另外，孫中山先生對監察權在我國憲政內如何體現的構想，亦值得一述。

第一、在組織之上：孫中山先生對於監察權既認為是治權之一，因此監察院便像其他四院一樣，採獨任首長制，並且設有「監察官」。因此監察官實類似法官及行政官，只是其屬於專業的公務員❻，孫中山先生在建國大綱第 5 條且認為監察院人員應經過考試院考試銓定。

第二、監察院長的產生，依孫中山先生較早期的看法——如民國七年的「孫文學說」是認為可由總統提名經立法院同意而任命，但向國民大會負責。不過在孫中山先生晚年（民國十三年）所制訂的建國大綱第 24 條便認為國民大會對中央政府官員有選舉罷免權，因此監察院院長及監察官，即應由國民大會選舉之。

第三、關於監察院的職權：孫中山先生在民前六年最早提出監察權時，係使用「糾察權」，並且將此糾察權比較成彈劾權❼。然外國國會之彈劾權，既可提出彈劾案，亦可議決彈劾案，易言之，即類似司法用語的「起訴與判決」於同一機關之內。這點和中國歷代御史的糾彈百官亦僅有建議權，而懲罰權操在皇帝手中不同❽。孫中山先生

---

❹ 見孫中山先生於民國六年所發表的「五權憲法」演講。

❺ 見孫中山先生民前六年所發表的「三民主義與中國民族之前途」，孫中山先生曾說：「況且按照正理上說，裁判人民的機關已經獨立，裁判官吏的機關卻仍在別的機關之下，這也是理論上說不過去的，故此這機關也要獨立。」參閱，同❶，第 256 頁。

❻ 同❹。

❼ 參見民權主義第六講 (13.04.26)。

❽ 歷代的諫官既係對皇帝諫諍之官，所以自無裁決權，除非被賦予其他執行法紀之權——例如發現詔書不合法紀

提出監察權的初衷既是比擬成外國國會的彈劾權，故可認為監察院可以裁決彈劾案。但孫中山在民國七年發表的孫文學說卻認為：各院人員失職，由監察院向國民大會彈劾之。監察院人員失職，則由國民大會彈劾之。似乎將監察院可獨自彈劾官員的權限移往國民大會。孫先生在建國大綱第 24 條既言國民大會有罷免中央官員之獨占權力，似乎亦可佐證監察院僅有彈劾的建議權（起訴權），而審理權操在國民大會也。孫中山先生對監察權的理念並未在民國成立後隨即落實在政制之中。例如民國元年二月的臨時約法第 19 條將彈劾權操在參議院手中，且同年八月公布的「中華民國國會組織法」亦將彈劾權置於國會。而孫中山先生在民國成立後至其逝世為止，一直未能在其領導的政府（例如民國六年成立的廣州軍政府）中採行獨立的監察權，直至民國十四年八月一日廣州國民政府才正式成立監察院，試行監察權制度；至於孫中山先生逝世以後才「成型」的我國監察權體制，是否符合孫中山先生的理念初衷，當不難輕易比較也。

貳、監察委員

一、監察委員產生制度的演變

在訓政時期「五五憲草」（第 90 條）規定監委係由各省、地方及海外僑民選出代表兩人，由國民大會議決。易言之，明顯的是採行類似美國的參議員係以每州不論人口之多寡與版圖之大小，採「定額制」❾。但在政治協商會議憲草修改原則 (35.01.31) 第 3 項已決議監察院改採由省（市）議會間接選舉產生。我國憲法第 91 條即依此原則產生監委，並且名額為每省五人，每直轄市二人，蒙古、西藏及僑民各八人。這種對監察委員產生制度的設計，除了希望監委具有民意基礎外❿，同時以監委係由各地方的最高民意機關（如省議會）選出，亦可收到廣徵民瘼以及不至於國家在

儀制，可以扣留覆議（封駁詔書）外，只有單純的「建議權」。但御史的職掌則極為瑣碎，例如清朝的正副左都御史的職掌，除了可以糾察百官，奏聞政事得失外，亦可負責審查司法冤抑陳訴，參與朝廷行政決策，以及在朝廷慶典糾察儀禮等等。至於其他六科給事中較基層的御史如六科給事中與十五道監察御史，甚至擔任類似今日主計（查核銀糧、兵餉、察覈工程奏銷）、人事（例如審查官員赴任文憑、各省文武生童學冊）及治安（清理街道、巡城、巡倉等）與擔負考試的監察職務。

❾ 任卓宣，中國憲法問題，第 50 頁以下。

❿ 因為彈劾權本即由民意機關的國會職權中抽離而出，亦即監察權不是為了維護行政權而生，而是為了護衛人民權利而設計，孫中山先生亦曾言古代御史「亦不過古代君主的奴隸，沒有中用的道理」見❺。

政事方面會有「重中央而輕地方」之弊。但是也因為監委操縱對行政官員的糾彈之權，使得孫中山先生當年所摒棄的，外國國會擁有彈劾權來壓迫行政權之弊端，在我國又變成另一種「病症」出現——即監委產生的賄選風氣。

由於監委係由選舉人有限的省市議會產生，隨著台灣選舉金權勢力介入的猖狂，使得在民國七十年代以後監委選舉屢被外界指責有「賄影重重」之現象。因此在民國八十年公布的增修條文第 3 條雖然維持間接選舉為原則，但規定台灣省議會選出監委二十五名，北高兩市議會選出各十名，以及新創的由政黨比例代表產生兩名代表僑民及五名代表不分區之監委。另外，針對監委可能容易由選舉權人私相授受，故規定省議員以兩人，市議員以一人為限為當選之限制。

此條增修條文既未能根除選舉金權之弊；同時所謂的省市議員之「當選限制」，亦於修憲理由中未能指明其目的性何在，倘果如一般所謂避免「私相授受」，則無異限制縣市議員參政權利，且無異是有顧慮這些候選人懷有私心而加以制衡之用意，恐怕也已加入道德性的譴責在內。不過本增修條文卻尚未有具體實踐機會，來檢驗修憲意旨的妥當性；即於次年（八十一年）增修第 15 條條文 (81.05.28) 時遭到廢棄之命運，成為我國憲法史上僅有一年效力的「標準具文」條款。也使得監委由省市議會選舉的時代宣告結束。

由上述監委產生的制度演變可知，由憲法本文代表地方議會的民意機關間接選出，人選還不是中央政府所能掌控。自八十三年修憲後，其人選全部由總統全權決定。除非有唐太宗胸襟的元首再現，敢用直諫不諱的魏徵之流的諤諤之士擔任監委，否則能出任斯職的，必是與總統、執政黨聲氣相投之士。所以此新制反而提供全民一個實地檢驗元首有無真正替國家刷新吏治，薦舉剛正「御史」胸懷的機會也。試觀自新制實施以來，監委「敢攖時鋒」者寥若晨星，或被稱為當道的「政治東廠」，充作政爭工具。故監院逐步喪失國民之信賴。如果要真正體現我國憲法制定之初衷，監院代表來自民間，關心民瘼之機構，不妨改由每個縣市議會選出一人，直轄市議會選出三人，由政黨提出人選。之由議會選舉乃避免直接民選所要耗費巨大之費用也！

二、監察委員的資格

孫中山先生的構想顯然希望「監察委員文官化」，此觀乎孫中山先生之稱行使監察權之人員為「監察官」，同時衡諸我國歷代監察制度亦係類似其他行政官僚體系而成立

的監察官僚體系。監察官員亦有高低階級之分。孫中山先生主張監察官必須經過考試及格，亦係仿效歷代御史皆須通過國家科舉之歷練。五五憲草將監察委員定位為民意代表，雖在第 85 條 2 款規定所有公職候選人之資格，需依法考選銓定，但其性質已背離孫中山先生對監察人員之設計。而中華民國憲法不僅未要求監委須經考選銓定之資格，同時亦未採取職業文官性質的監察官制度，則更非孫中山先生之本意也❶。

　　民國八十一年五月第二屆國民大會通過憲法增修條文第 15 條（現行條文第 7 條），規定監察院設置監察委員二十九人，同時監察院組織法（以下簡稱本法）亦增定第 3 條之 1，對監委的資格除需年滿三十五歲外，並需具有下列的資格：

　　⑴曾任中央民意代表一任以上或省（市）議員二任以上，聲譽卓著者。

　　⑵任簡任司法官十年以上，並曾任高等法院、高等法院檢察署以上司法機關司法官，成績優異者。

　　⑶曾任簡任職公務員十年以上，成績優異者。

　　⑷曾任大學教授十年以上，聲譽卓著者。

　　⑸國內專門職業及技術人員高等考試及格，執行業務十五年以上，聲譽卓著者。

　　⑹清廉正直，富有政治經驗或主持新聞文化事業，聲譽卓著者。

　　本來上述監委資格的限制要件始於民國八十一年，修訂監察院組織法 (81.11.04)，在此之前，並無此限制，乃因為以前監委是民意代表，不宜太多資格之限制❷。監委既然負有監督全國公務員是否違法失職，故必須具有甚佳之學養，以及在操守、道德方面應獲得社會的肯定，以便日後行使監察權時，能獲得社會之公信力。雖然監委年齡需滿三十五歲，然而細查監委的資格要件，以其要件之嚴格，例如任簡任司法官十年或公務員十年、大學教授的要件。顯然一般初任法官、公務員與擔任大學教職（講師或助理教授）晉升此職等且累積年資，至少需在四十五歲方有可能。故在「新制」的監委年齡必定偏高，以八十二年的二十九位監委平均年齡為五八‧八歲，比起第一

---

❶ 儘管如此，然依監察法 (81.11.13) 第 26 條，監察院行使監察職權，亦得派員查證。同時，第 26、27、29 條皆使用「調查人員」，而非「監委」之用語，更可見得監察權文官化制度之不可避免。就此點而言，中共在一九八六年十二月二日的全國人民代表大會常務委員會中決定設立一個「監察部」，全國縣級以上之政府皆設立監察（廳）局。這個體系相當於我國的監察院、調查局及各機關的政風人員。至一九九〇年底為止，該監察部共有專職監察人員十二萬人，兼職人員十六萬五千人，可說是一個「文官化」的龐大機關。參見：中國法律年鑑 (1991)，中國法律年鑑出版社，北京，一九九二年，第 52 頁。

❷ 依已廢止之「監察委員選舉罷免法」(36.03.31) 第 6 條僅需年滿三十五歲，即可擔任監察委員。

屆監委當選時年齡平均約四十六歲，顯然偏高甚多❸。當然由此第二屆監委年齡的偏高，反映出監委條件的嚴苛，已經杜絕了法界、教育界及其他公務員中極富正義感的中年才俊之士，擔任監委之機會。監委不能容納這些朝氣蓬勃，不會瞻前顧後的青壯之士，恐亦監察權之損失也❹。

三、監察委員的兼職限制

憲法第 103 條規定監委不得兼任其他公職或執行業務。所謂的「公職」需採廣義解釋解，除了中央級政府機關（狹義公職）的職位不論外，且及於其他各級民意機關的民意代表在內。至於各級政府的顧問、委員（不論有給職與否），均屬之。監委之所以必須與任何公職無涉，便是著眼於監委須對中央及地方公務人員的行為，所擬定的政策、施政，有無違法缺失，加以監督。因此，不應該使監委與此些機關的人與事有任何的瓜葛，以避免人情干擾，影響可能的中立。

監委亦不能夠執行業務──相對於憲法第 75 條規定立委僅不得兼任官吏──，是希望監委在「私」各方面宜省卻與其他人民、公私法人與政府機關有任何的利益牽涉。誠然執行業務多半指經濟事務，例如擔任營利團體之職務，但並不以此為限；所以一般社會團體（如文教協會），甚至公益團體亦有執行業務之問題。因此監委皆不得擔任之。同時，具有專門技術的自由業者，例如醫生、律師、會計師等亦不得登錄具備執行業務之資格。其目的依司法院釋字第 20 號乃在避免監委具備這種資格會與監督官署產生不必要的職權濫用之虞。

惟所謂的「執行業務」必須和單純的「會員資格」相區別。監委並未因憲法所定的「兼職限制」義務，而剝奪其憲法所保障的集會與結社的基本權利。因此，監委參與其他社團與法人的權利，並不受影響。惟僅不得擔任行政職務或是擔任涉及會務推

---

❸ 第一屆監委當選時年齡資料已不可考，然依民國五十六年對當時全體監委七十九位所做的調查，發現平均年齡為六六‧六歲，回溯二十年則應為四十六歲左右。當然此數據並不十分嚴謹，但可瞭解在台第一屆監委們的當選時年齡。見傅啟學（等），中華民國監察院之研究（中冊），第 466 頁。

❹ 我國古代御史的品秩不高，例如明朝十二道監察御史為正七品，易言之，得進士後的初任官職之品秩。不過明代對御史的選拔較嚴，除明初有新科進士擔任御史外，明中期以後，要求御史應該是「公明廉重、老成歷練」之人。但是由進士出身達百分之八十三的明代御史，多半需經過一些時間的歷練（一、三年不等），才能實授。清朝亦有類似的規定。例如見傅啟學（等），中華民國監察院之研究（上冊），第 78 頁。

行的職務，以避免構成執行業務的禁止要件。至於監委在這種團體應保持中立或節制之態度——特別是在涉及各級中央與地方機關時，則屬於監察委員職務上的操守，亦為其超然義務的延伸效果。

第四十一節　監察院的職權

監察委員（以下簡稱「監委」）依我國憲法之規定，除有類似國大代表與立法委員之言論免責權、不逮捕特權之外，尚有對大法官及考試委員人選之同意權，對行政院機關之調查權、糾正權、糾舉權與彈劾權等五種權限。但在民國八十三年修憲起已經刪除了監察院的人事同意權，同時也因監委不再是民意代表為由，而為行使「準司法權」之人員，故剝奪其言論免責與不受逮捕之特權❶。由現行增修條文監察院擁有調查權、糾正權、彈劾權與糾舉權等四項權力。但是，倘依其他法律之規定，可再產生巡察權、監試權、審計權、受理公職人員財產申報及公職人員違反利益迴避之裁罰等，總計九項權力。

壹、調查權

監察院為行使監察權，依憲法第 95 條之規定得向行政院及其部會調閱其所發布之命令，及各種有關文件。這種屬於監察院發掘真相的調查權，其範圍及界限如何？可略論如下：

一、調查權的發動

依憲法第 95 條並未規定監委行使調查權之程序，但依監察法（以下簡稱本法）第 26 條之規定，僅需由監委持監察證（即監察委員身分證明）或是派員持調查證，即可赴各機關部隊、公私團體調查檔案冊集及其他有關文件。該機關部隊或主管人員，及其他關係人員不得拒絕；遇有詢問且應為詳實之答覆。被詢問通知之人員亦應出庭應詢。惟應論究的是：監委行使調查權是應監察院的決議指派後方得進行調查（派定調

❶ 對於監委改由總統提名，國民大會同意之程序產生後，已經不再具有民意代表之見解，為此次修正時的修憲理由。惟本於我國五權憲法的體制，監察院本來即非外國之國會，也無須為此比較。故司法院釋字第 76 號解釋，將國民大會監察院與立法院同列為民主國家之見解，本無須再予承認（見釋字第 325 號解釋）。故我國憲法對監委的產生，設計由地方省（市）議會選舉產生。並不必因此承認監察院為民意機關。蓋監委亦非全由議員中選舉產生。憲法之所規定監察委員享有言論免責權、及免逮捕之特權，乃是避免古代御史，必須冒「身戮廷杖」之危險來摘奸警惡的悲劇重演。期盼監委可以勇於行使職權，甚至敢對總統、副總統進行彈劾。因此第二屆國民大會之修憲代表及司法院大法官會議，斤斤於監委的產生與產生方式的改變，卻忽視憲法仍期待努力行使職權及應保障其勇於行使職權的免責權「利器」！監察權衰頹的不利種子，恐已埋下矣！

查）；抑或是監委得持監察證而主動行使調查權？依本條文之規定似應採前者之見解。他人持調查證進行的調查，亦以監察院的指派為前提。不過這種解釋忽視監察權本質應有的主動性。但監察法施行細則（89.10.08，以下簡稱本施行細則）反倒彌補本法的缺憾。本施行細則第 23 條、24 條規定監察院之調查方式計有：⑴派查：由席次輪流或院會與委員會的決議，推派進行調查本施行細則。⑵自動調查：由監委向監察業務處登記，自動調查案件。這種自動調查即具有個人主義的色彩，院長除非獲該監委同意，否則不得指派其他委員會同調查。因此監委個人即可因收受人民的書狀，由媒體或風聞主動調查。⑶委託調查：此為監察院不透過監委或指派院內人員進行調查，而委託其他機關進行；各機關有接受調查委託之義務，並應立即進行調查，且以書面答覆（監察法第 30 條）。

　　由上可知，監察院進行的調查權不論在發動及過程方面，並不強調嚴格的形式意義，和監察院行使其他的權限，截然不同。

二、調查權的對象

　　依憲法第 95 條、96 條、97 條 1 項之規定，監察院調查對象為行政院及其各部會。換言之，監察院僅就行政院之行為而行使監督權力。其委員會之設置，亦比照行政院之部會架構（憲法第 96 條），可見得監察院的調查權係以行政院及其所屬部會為對象。

　　此外對於監察院欲行使調查權，必須依憲法所得行使彈劾、糾舉或審計之權力為前提，如與憲法職權無關或逾越其範圍，則屬為調查而調查者，即不符合大法官審理案件法第五條第一項第一款的中央機關行使職權之疑義，而不得聲請釋憲。故這個釋憲標準也甚為嚴厲，可參見大法官 2018 年 1482 號會議，針對監察院就不當黨產條例聲請釋憲，作出不受理決定的理由書。

　　雖然憲法第 99 條亦規定監察院對於司法院或考試院人員失職或違法之彈劾，適用憲法第 95、97 與 98 條之規定，但是對於司法院與考試院之人員，必須針對該兩院人員有失職或違法之嫌疑，而監察院欲行使彈劾權時，方能行使憲法第 95 條所賦與之調查權。

　　顯然這裡只提到了彈劾權，才能行使調查權，至於糾正或糾舉權，便不得擁有調查權，故監察權對於司法與考試權力的監督便受到了很大的限制，同時憲法第 99 條並未規定準用第 96 條設置委員會之規定。因此監察院即不能設置司法委員會或考試委員

會。但依監察院各委員會組織法 (87.01.07) 第 2 條規定，監察院已設置司法委員會，且對於司法行為廣加行使監察權力，恐怕與憲法之精神有違❷。

這裡便涉及到了監察權與司法權可能產生的碰撞問題，為此司法院釋字第 325 號解釋雖仍肯定監察院享有「專屬的調查權」，但亦許可立法院為履行憲法職權，亦可擁有文件調閱權認為：「國家機關獨立行使職權受憲法之保障者，如司法機關審理案件所表示之法律見解、考試機關對於應考人成績之評定、監察委員為糾彈或糾正與否之判斷，以及訴訟案件在裁判確定前就偵查、審判所為之處置及其卷證等，監察院對之行使調查權，本受有限制……」，並且認為立法院行使文件調閱權亦受到類似之限制，可作為補充監察權行使的限制規定。

依此號解釋，特別對於司法機關的監察權，對於審理案件的法律見解，不論案件確定與否都不能加以論究；至於訴訟案件的偵查、審判所為之處置及其卷證調查，也只限於在案件確定後的事後追究，這些都是要避免監察權力干涉審判的限制也。

其中最有問題的當是檢察權與監察權的衝突問題。對於檢察官的行為，監察院的介入權何在？以檢察官乃是行政官的屬性而言，理應得納入監察權的監察範圍之內。雖然釋字第 325 號解釋只提及確定判決之後方得對偵查行為有無不法進行追究，故對於仍在審判中的案件，當然不得進行監察。為此九十七年九月中旬曾發生監委約談特偵組檢察官事件，監察院後來且為此提出糾正案，引發社會極大關注。雖然依監察法施行細則 (98.02.11) 第 27 條 2 項規定：「偵查或審判中案件承辦人員，與該承辦案件有關事項，在承辦期間，應盡量避免實施調查。但如認為承辦人員有貪污瀆職或侵犯人權情節重大，需要即加調查者，仍得斟酌情形，實施調查。」可知對偵查中檢察官的調查是該細則所許可。而非在案件確定之後，方得進行監察，很明顯的此規定已經牴觸司法院釋字第 325 號解釋之精神也。

但是即使在判決確定後的追究偵查行為是否便沒有任何限制可言？如依釋字第

---

❷ 監察院對於司法權的監督確是當前職權的重心，依監察院於民國一〇〇年三月公布之民國九十九年年度統計資料顯示：該年內共收受人民書狀共計一二九四四件，其中對於司法及獄政的陳情，共六一九六件，占全部書狀的百分之二十四點四。僅次於該年內政少數民族的七八八三件，居第二位。該年度監察院派員調查共五八〇件，其中針對法院者為六三件，占百分之十。監察院對司法院行使調查權，但對於具有廣義行政權性質的考試院，監察院不僅未設置考試委員會，也未對考試行政行使調查權，僅在行使巡察權時有巡視考試院及所屬機關之舉。參閱蔡志方：從監察院之地位論監察權對司法權行使之界限，憲政時代，第二十一卷一期，民國八十三年，第 1 頁以下。

325 號解釋即會導出肯定的見解。如此一來可能會引入監察權不當介入檢察權，形成政治清算的惡果。例如監察院曾經在 2019 年 5 月 4 日通過彈劾檢察官陳隆翔，追究其對某案緩處分的責任，後經司法院公懲會 108 年度懲字第 2 號判決以事證不明為由，而作出不受懲戒的判決。本案便引發朝野對於監察權可能會侵入檢察權力領域的重大疑慮。

鑑於釋字第 325 號解釋明白排除任何法律見解，以及獨立機關享有不受任何干涉的權力的意旨而言，檢察權應當依法獨立行使，因此除非任何檢察權處置有出於裁量濫用之虞，例如利用不正當的手段（威脅、利誘、刑求）而作出裁量決定（起訴、不起訴、緩起訴等），方得以啟動監察權，故監察權在此應為高度的自制也。

除了對司法院各級人員，在行憲實務上已列入監察院之調查對象。至若大法官是否亦可列入之？

按以五權分立之原理，以及監察院亦可提出釋憲案由大法官審理（例如眾所矚目的釋字第 530 號解釋即由監察院提起釋憲），大法官亦可不受理，芥蒂難免。故解釋上應認為大法官為獨立行使職權之憲法機關，應不為監察院調查及彈劾權行使之對象，以維五權憲法之本質。

另依法官法第 43 條第 4 項之規定，大法官如有構成實任法官應停止職務之情事（同條 1 項之七種事由），得經司法院大法官現有總額三分之二以上出席，及出席人數過半數之同意，由司法院陳請總統停止其職務。故並無移送監察院審議之規定。同時，對比法官經監察院彈劾後，仍須提送司法院職務法庭審理之。大法官之停職程序並非職務法庭之權限，故法官法已創設了大法官的懲戒與其法律後果，即無監察權行使的必要。

但在實務上，監察院仍將大法官比照司法院所屬之機關，列為其「監督」之範圍 ❸。

關於總統是否為監察院調查其就職前之行為，從而成為監察權行使之對象？按自民國八十六年修憲，監委已喪失對總統的彈劾權。故對現任總統已無監察權行使之空間，自應不能對其進行調查。但實務上雖曾產生類似案例，但解釋上仍以否定說為

---

❸ 茲舉一例以說明之：監察院於民國九十八年十一月九日發函司法院（98 院台業貳字第 0980717179 號函），附某簡報一份，報載大法官該年只公布解釋案若千件「效率不彰」及質疑大法官為肥貓，該司法院「參處」。顯然對大法官及司法院行使監督權也。

宜❹。至於五院以外的機構，例如總統府及其所屬人員，則非監察權行使的對象，例如 2019 年曾經發生總統府特勤人員走私香菸案，監察院通過糾正案 (2020.07.23)，但只針對交通部等三個部會提出糾正，但不及於涉案的總統府及國安局，其理由是該單位不受監察權的管轄所及。

這是監察權淪落的又一個具體的表現，自從監察院喪失了對總統的糾彈權力，已經喪失國父當年推崇我國古代御史可以上批龍顏的打老虎精神，現在連總統府的人員違法犯紀，監察權都只能束手旁觀，將喪失國人對於監察權的信心也，這也可由民進黨政府擬修憲廢止監察院，輿論媒體幾乎沒有聽到來自於民間反對的聲音，顯見民間長年來對於監察院功能淪喪的共識也。

依本法第 26 條 1 項之規定，監委可持監委證赴機關、部隊、公私團體調查檔案冊籍及其他相關文件，主管人等不得拒絕。遇有詢問，應就詢問地點為詳實之答覆，作成筆錄，由受詢人署名簽押。

可知監察院行使調查權還可赴「公私團體」。易言之，監察院除可至國家機關外，還可赴「私人團體」行使調查權，因此監察權便類似國家的司法權力（準司法權力）。而且監委到達後，人民有應監委之請求到場應詢之義務。惟本法亦未規定人民拒絕此義務之法律效果，故此調查權對人民的拘束效果恐將有限。如比較釋字第 633 號解釋許可立法院調查權限及於對拒絕協助調查者十萬元以下罰鍰，可知監察院調查權力之更無力也。

另一個問題是本法第 26 條 1 項規定的「就詢問地點為詳實答覆」，表明了監察院行使調查權乃必須赴被調查之單位進行調查，是為調查權的「趨赴原則」。因此監察院行使調查權，不論是初步的調查，抑或是調查後的糾舉或糾正程序後的質問程序（本法第 25 條）——此誠然涉及本法第 26 條的「質問」程序，應如何具體化的問題——皆不能更改此監察權的趨赴原則❺。

---

❹ 民國九十九年二月三日監委曾為「瞭解」馬英九總統於任台北市長期間處理纜車工程是否有錯誤，前往總統府「茶敘」。按此種行為可否解釋為監察委員可對總統過去行為行使調查權？恐有待斟酌。雖然監察委員使用「茶敘」一詞以取代「調查」，但其行使調查權之名與實皆無庸置疑矣。惜乎總統府當時未名正言順地表達總統不應配合監察院此種「茶敘」也。

❺ 監察院在民國四十六年十二月二十三日，通過彈劾行政院長俞鴻鈞違法失職案，並移送司法院公懲會懲戒，旋經公懲會予以申誡議決。本案即基於監察院以軍公教人員待遇菲薄，行政院有迅加注意及改善之必要所通過之糾正案，行政院未加處理，監察院遂決議以書面質問並通知行政院長俞鴻鈞赴監察院接受質問。行政院長俞鴻

隨著監察院設立了國家人權委員會，賦予該會調查與處理、救濟人權侵犯事宜，則即使私人團體間有侵犯人權之事宜者，也可納入該委員會的調查處理權限之中，例如員工的工作、休假及薪俸權遭到雇主不當的侵害，可屬於其財產權、生存健康權等的人權侵犯。如此會加大監察院介入民事爭議與勞資爭議的權限，使得原本應當交由行政機關與法院審理的案件，更加複雜化，也有可能讓政治力介入這種私權的爭議，因此監察院人權委員會應當將重點置於保障人民免於公權力的侵犯人權之行為，而非來自於私權的爭議。這個原則應當在本委員會組織法裡加以明確規定。

三、調查權的行使方式

憲法第 95 條賦予監察院所行使的調查權為命令及文件的調閱。但是光由這種書面的審查並不能充分的瞭解事實的真相。本法第 26 條且進一步規定，可包括人員的詢問以及第 27 條的證件的封存或攜走 ❻。此亦是類似證據保全的手段。唯本法並未課予被調查者，在違反協助義務時，或是被詢問人有不真實之陳述，有否負擔刑責之問題。因此監察院行使此調查權能否獲得被調查機構的人員與配合，頗值懷疑！

依監察院內部規定：調查案件應於三個月內提出調查報告，屆期未完成者，應敘明理由報請延長，每次以三個月為限。逾期未能提出報告者，應提院會報告；屆滿一年未提出報告，應提請院會處理。參見監察院調查案件注意事項 (87.03.24) 第 5 條。鑑於這些規定對監委沒有實質拘束力，故只有訓示之價值。且行使調查權得選派院內職員一人協助之，不過依監察院組織法 (87.01.07) 第 12 條之規定，監察院已設置調察官，調查專員及調查委員各二十四至二十八人協助之，同時以每年監察院收受人民不

鈞認為監察院之調查權無令其赴監察院接受調查之權力，乃拒絕前往。關於本案之始末，參見陶百川，監察制度新發展，三民書局，民國五十八年，第 29 頁以下。依張君勱氏認為西方原本劃歸在國會的調查權移至監察院之上，因此行政院長原本應赴國會——即此之監察院，接受詢問。同時，次年蔣中正總統亦主張行政院長應赴監察院（甚至總統也願意「帶」行政院長前去接受詢問）。關於此段史實，可參見陶百川，比較監察制度，三民書局，民國六十七年，第 452 頁以下。無獨有偶的，民國八十四年五月底也發生監委「約談」法務部長馬英九有關於檢察官負擔過重而紛紛請辭的問題，經馬部長表示願意「欣然前往」，致未產生前述的爭議。

❻ 在此應有所謂的類似訴訟法的「救濟不影響執行原則」——即「監察權不影響執行原則」的適用——可舉一案說明：民國八十四年五月發生高等法院對桃園縣縣議會議長許振澐判刑後，旋即收到監察院行使調查權，要求調閱許振澐案卷證的函文，造成因判決書送交監察院，未能交付被判刑人，而使得判決不能執行之問題。最後解決方式是高院仍將判決書正本交付監察院，而將判決書影印送交被告，而不影響執行。本案的處理方式僅是治標而非治本，應確定此監察院的調閱卷宗權應不能影響行政執行的原則。

平申冤的案件數量極為龐大。如何羅致足夠之對法政有專業訓練的職員襄助，提昇調查能力，似為調查權得否振興的重要關鍵❼。

貳、糾正權

憲法第 97 條規定監察院經各該委員會之審查及決議，得提出糾正案，移送行政院及有關部會促請改善，是為監察院的糾正權。

一、糾正權的行使目的

監察權的作用在於行政院及其所屬機構之行為有無缺失。易言之，糾正權係針對政策及一般行政等「事務」而言。因此與針對「人」之彈劾、糾舉有所不同。再者，依憲法第 97、99 條，糾正權的對象，僅有行政院及其有關部會，故司法院、考試院及立法院之行為皆非監察院之糾正權所能及之範圍。所以監察院之糾正權實可易名為「行政糾正權」，免生混淆。

監察院認為行政權之行使有缺失而提起糾正之權，其意雖在仿效我國古代之御史之對行政監督，然易混淆「責任政治」原則與行政向立法負責原則。蓋我國行政院既依憲法第 57 條規定僅向立法院負責，倘若行政院之所作所為並未違反立法院意志，且未違反法律時，則監察院苟對之提出糾正案，極易引起監察院與立法院、行政院的爭端。由憲法第 96 與 97 條之規定可知監察院糾正權係透過委員會對其相對之行政院部會行為有無「違法或失職」為前提。而「違法」乃違背現行法令；而「失職」乃違背法定職務，皆會構成公務員懲戒之條件❽。因此，監察院的糾正權必須針對行政院的措施與政策已違背明白的法令規定，或行政人員違背法定職務義務，構成失職懲戒事由，而做出違法之行為，方可糾正之。所以監察院的糾正權，只能針對行政權「違法的行政行為」而糾正之。至於基於民主政治的政治責任的追究，則由立法院掌握之，已非不是民意機關之監察院所可置喙，以符合權力分立之原則。

---

❼ 例如民國九十九年計收受人民書狀二五四〇九件，全年僅得進行五八〇件的調查，堪稱人少事繁。參見監察院九十九年統計資料提要。

❽ 參照公務員懲戒法 (74.05.03) 第 2 條規定，公務員有違法，或廢弛職務與其他失職行為者，應受懲戒。

二、糾正權的行使程序

　　監察院必須先經過調查程序後確認行政措施有違法時，應經各委員會之審查及決議。其決議需有該委員會委員（除外出視察者外）總數，且出席委員的過半數通過，方成立之。依憲法第 97 條及本法第 24 條之規定，糾正案之通過，僅需由委員會決議即可成立，無須送交監察院全體委員會議審查之。因此，糾正案的成立極為容易 ❾。除非糾正權的目的定位在明顯的「違法」行政行為之糾正——因違法性已極為「明確」而無須經過冗長與繁瑣之糾決程序——，並將此權力作為「預警式」的矯正行政權濫用與錯用之制度，否則，這種快速且不嚴謹的糾正權將破壞憲法的權力分立及責任政治之制度也。

三、糾正案的效力

　　監察院通過糾正案後，依憲法第 97 條之規定，該糾正案對行政院及所屬機關有「促使注意改善」之效力。然而「促使注意改善」的法律效果為何？是否僅是訓示規定而無強制效果？憲法第 97 條並未闡述之。依同條文第 2 項復規定，對違法失職人員可加以糾舉彈劾，可知糾正權的效力乃繫乎接續而起的「彈劾或糾舉權」。如果行政院人員並未注意改善，以至於發生違法與失職之行為，構成懲戒之事由時，方顯示出糾正權的實質及具體的法律效果。

　　另依本法第 25 條之規定，行政院或有關部會收到糾正案後，應即為適當之改善與處置，並以書面答覆監察院。如逾二個月尚未將改正之事實答覆監察院時，監察院得質問之。依此規定，行政機關對於糾正案有在兩個月內改善，並加以書面答覆之義務。同時，行政院怠於答覆時必須受到監察院之「質問」。依本法施行細則 (89.10.18) 第 20 條規定，監察院委員會得決議以書面質問，或通知行政院或有關部會到院質問。由此施行細則第 20 條之規定可知，其已擴充本法第 25 條之「質問」範圍，且可通知行政

---

❾ 依監察院各委員會組織法 (87.01.07) 第 2 條之規定，監察院設內政委員會等十四個委員會。另外，目前監察院還設有兩個特種委員會（法規研究委員會、諮詢委員會）。同法第 3 條規定每一委員會人數不得超過十四人。因此一個滿額的委員會僅需有八位委員同意即可通過糾正案，加上委員會委員因公外出視察者，不列入應出席計算名額（同法第 7 條之規定）。且有些冷門委員會的委員人數甚為稀少，例如八十三年度內政與司法委員會各僅有六名委員，邊政委員會與僑政委員會各僅有三名委員。八十四年度外交委員會僅有六名委員，邊政委員會僅有三名委員。易言之，極有可能僅需兩人即可通過糾正案。其程序恐過於草率也。

院——包括院長與部長——到院接受「質問」。不僅用語嚴過行政院長在立法院應承擔的質詢義務，同時是否有「子法超越母法」以及違憲之虞，疑值商榷？同時課予行政院長與部長如此接受質問之不禮貌待遇，可能引起之政壇衝突，在我國行憲之初已有前例 ❿。故糾正權所附帶的質問制度，恐值斟酌。

參、彈劾權

一、彈劾權的意義

監察院依憲法第 98、99 條之規定，對中央公務人員與地方公務人員以及司法院、考試院之人員，可行使彈劾權。所謂的彈劾權 (impeachment) 的意義有幾種：第一、依我國古代御史所行使的彈劾權只是一種「控訴或檢舉」之權，按古代御史除特別獲得皇帝授權（如授與尚方寶劍），僅列舉不法官員之失職與劣績，向皇帝提起彈劾；故實質上令被彈劾官員免職與懲罰之權操在皇帝之手，而非御史手中。所以彈劾權僅是皇帝行使罷官權的一種發動行為，或是一種正式的形式意義的罷官建議權而已。西方民主國家的彈劾權，卻類似官吏的「職位審判權」，包括對官員違法失職的控訴、裁決。所以國會掌握的彈劾權即將官員職務的撤銷包括在內。至於可能擔負的其他法律責任，例如刑責，則依權力分立原則由法院裁決，國會即不能享有之。孫中山先生對於監察權的看法雖然理念源自中國古代的御史，但對行使監察權（糾察權）認為是乃「裁判官吏的機關」（四十節❺處），可知孫中山先生的監察權應該是可裁判官吏之權。和孫中山先生主張罷免權為「罷官權」較不同的是，人民行使的罷免權，由是對人民選舉產生之官員的「罷官權」。至於由考試產生的其他國家官員，則由監察院罷免之。另外孫中山先生在演講「五權憲法」時，主張將彈劾權獨立於立法權外，而與司法權、行政權並列，可清楚的得知：孫中山先生所謂的監察權實即彈劾權。所以孫中山先生主張的監察權（彈劾權）實質上是承襲了西方國會的彈劾權的性質與效力，而非我國古代的御史的彈劾權。

---

❿ 即❺處所提及的案件，行政院長俞鴻鈞當年即認為監察院的通知赴監察院接受質問，乃依監察院所自定的施行細則，而非本法之規定，故對行政院不生拘束力，這個見解不無政治人物之擔當也！參見陶百川，監察制度的新發展，第 46 頁。

二、彈劾權的發動

監察院行使彈劾權以其行使彈劾對象的發動，可分為一般彈劾權與特別彈劾權。一般彈劾權是針對中央、地方公務人員及司法院與考試院人員而為之彈劾；特別彈劾權係針對總統、副總統之彈劾，惟後者已於民國八十六年修憲時移往立法院，故監察院只剩下一般彈劾權。

一般彈劾權所涉及的對象依現行增修條文第 7 條 3 項，包括了中央、地方公務人員（憲法第 97 條 2 項與第 98 條）、司法院與考試院之人員（憲法第 99 條），監察院人員亦包括在內（增修條文第 7 條），在此先討論何謂中央公務人員：

以實行五權分立及中央地方分權的我國憲政體制，屬於中央公務人員應該包括行政、立法、司法、考試、監察等五院之公務人員，以及相當於中央機關的國民大會與總統府所屬機關（例如國史館、中央研究院）之人員。對於司法院或考試院之人員的彈劾已在第 99 條明文規定 ⓫，對於行政院、總統府等屬於行政機關之人員，固無疑義外，其他屬於民意機關的立法院及國民大會和本身掌握彈劾權的監察委員，是否亦包括在監察院的彈劾範圍之內，則不無疑義。依司法院釋字第 14 號解釋，僅有立、監委為直接或間接之民意代表，固不得為監察權行使之對象，國民大會代表、省縣議會議員亦同。至於立、監兩院人員、國民大會職員與總統府與所屬機關人員，則為監察權行使之對象。惟監委依釋字第 14 號之解釋仍為間接民意代表，但民國八十一年增修憲法第 15 條已將監察委員改為總統提名，經國民大會同意任命，已非民意代表。因此增定第 15 條 4 項（即現行憲法增修條文第 7 條 4 項），對於監察院人員，改由監察院彈劾之。易言之，監察院所屬人員及監察委員皆由監委自行彈劾。這個規定使得除了總統與立法委員外，所有中央機關內的人員，全在監察院之彈劾範圍內。國民大會在九十四年修憲廢止前，本有秘書處類似「留守待命」的業務單位。此在民國八十三年修憲，規定第三屆國大起設議長，改為常設化後，已成為中央機關之一，有一定數量之

⓫ 至於憲法所保障獨立行使職權之大法官及考試委員是否亦在彈劾之列？依憲法第 99 條特別針對司法院及考試院人員的規定（只可彈劾，不可糾舉），以有別於第 97 條 2 項之泛指一般中央公務人員，可知全部司法人員（包括事務人員、法官，但於法官法通過後，應已不包括大法官）皆包括在內，考試委員亦然。監察院早年即針對法官彈劾有過深入討論，獲致了基於對獨立審判的尊重，對法官彈劾應極為慎重的決議。見林紀東，逐條釋義㈢，第 315 頁以下。

職員,可由監察院行使彈劾權,可見於釋字第 14 號解釋,但這已成歷史矣!

就立法院之人員而言,誠然孫中山先生將彈劾權由國會移出的主要理由是避免國會利用彈劾權來「壓迫政府」,因此立法院(國會)內之人員,即非政府人員,不可能成為「被壓迫者」。基於國會自治與自律權的法理,國會人員的監督在行政與紀律方面亦由國會議長行使之。違法與否之監督由立法院為之,而不宜由監察院行使。

至於監察院人員由監委行使彈劾權,憲法增修條文已有明文,自無問題外,至若對監委,亦由同僚彈劾之,恐會形成「自家人裁判」的「自我監督」,其效果可知。故監察委員的彈劾似不宜由監委自行為之,當交由行使同意權的立法院為之,方有實質意義!

地方公務人員係省縣地方自治機關之人員,除了省(縣)、市之人員外,省(縣)、市議員依司法院釋字第 14 號解釋不在監察權行使的範圍內。至於其他已經人民選舉產生的地方自治團體首長,例如省縣市長則因其為地方行政首長,便不得享有免受彈劾之權利。因此極有可能會使得獲得民意基礎的地方行政首長因監委對其應負「行政責任」的認知,而可能發生與支持民意牴觸之情形,故為避免監察院彈劾權與現實民意政治與政黨政治之乖違,似乎應將定期選舉產生的地方民選首長,排除在監察院得行使彈劾的對象之外❷。

一般彈劾權本依憲法第 98 條之規定,須經監委一人以上之提議,九人以上之審查與決定,便得提出。但依現行增修條文第 7 條 3 項,改為須由二人以上之提議,九人以上之審查。增修條文的規定,雖然有慎重其事之用意,避免僅由一個監委之提案亦即可進行彈劾之審查程序。但是這種修改正是背離了制憲時所希望的只憑一個監委的風骨良知,即可使彈劾案付諸審查程序,而無須獲得其他同僚支持。所以「單人」即可提出彈劾權的制度,正是我國憲法對監察院之期待,即使只剩下一名監察委員是諤諤之士,也敢「打老虎」的提起彈劾案而激起輿論的重視。

彈劾案經監委提出後,進行審查程序與決定程序,依本法第 9 條之規定,彈劾案之審查由全體委員按序輪流擔任之,即提案人與審核人可能並非同一人。依本法施行細則第 4 條 2 項規定彈劾案以監委十三人為審查委員,審查會為決議時應有審查委員九人以上之出席,以無記名投票表決,過半數成立之。彈劾案如未獲審查會通過,原

---

❷ 民國八十四年三月台中市衛爾康餐廳發生大火,致六十六人喪生,監察院以監督所屬公共安全檢查不力為由,通過對台中市市長林柏榕的彈劾案,便引發監察權可能與民意發生衝突的爭議。

提案委員有異議時，應由原提案委員兩人以上向監察院提出再審查會，以一次為限（同細則第 9 條）。

三、彈劾權的效果

監察院通過彈劾案後，本院無實質的懲罰權限，只能移送到有權為審理之機關，是為彈劾權「移送審理」之效果。此移送審理之機關為（掌管中央及地方公務人員之）公務員懲戒委員會、（因違法失職重大有急速救濟必要時）被懲戒人的長官及（涉及刑事時，則因身分或案件之不同而有）普通法院及軍事法庭等。

彈劾案移送至各審理機關後，各個審理機關因與監察院無隸屬之關係，且多依法應獨立行使職權，即可本諸職權調查與認定，不受監察院所認定事實與責任之拘束。就此而言，彈劾案的效果頗類似刑事案件的起訴。惟為使彈劾案能發揮功能，審理機關不能不負有相對的義務，略有：

第一、儘速辦理之義務：依本法第 16 條 1 項規定，懲戒機關及司法或軍法機關對於懲戒案應急速辦理，並將處理結果迅速通知監察院，通知原提案委員。依同法第 17 條規定，懲戒機關對彈劾案逾三個月，尚未結辦，監察院得質問之。依同法施行細則第 13 條也規定，此質問可以書面的方式，或通知懲戒機關主管人員，到院質問❸。經質問後並經調查，確有故意拖延之事實者，監察院得對懲戒機關主辦人員，逕予彈劾與糾舉之。故審理機關應儘速（三個月內）進行審理、偵查。否則監察院得「質問」之。然依本法第 17 條，卻使用三個月內必須「結辦」之用語，即應於三個月內終結審理並提出懲戒處分或起訴等結果。如吾人以涉及公務員的懲戒或刑事案件之起訴，皆係對人民基本人權之侵害，公務員懲戒委員會既為類似法院之機關，故應該依法令獨立行使審議之職權，已獲司法院釋字第 162 號之確認，監察院彈劾案所產生的限期結案，即有不當侵犯此憲法所定的保障司法權之虞。同時對於刑事與軍法的起訴與偵查予以「限期偵查終結」，亦係有侵犯被彈劾者權利，所以不無違憲之可能❹。

---

❸ 本法施行細則第 13 條之通知懲戒機關主管人員「到院質問」，是否已經超越了本法第 17 條「質問」的規定，而有「子法逾越母法」之嫌？恐不無疑問。同樣的如同❿。

❹ 雖然監察院的彈劾案並不一定有類似檢察官起訴的「認罪求刑」之意義，但由監察院所通過的彈劾案，已昭然的要求審理機構符合其彈劾意旨的審理。因此此限期結案之制度，不無逼迫審理機關放棄「中立審理」義務之嫌疑也。

第二、急速救濟的義務：依本法第 14 條之規定，監察院向懲戒機關提出彈劾案時，如認為被彈劾人違法或失職行為，情節重大有急速救濟之必要者，得通知該主管長官為急速救濟之處理，該主管長官如不為處理時，於被彈劾人受懲戒時，應負失職責任。這個所謂的被彈劾人的長官之「急速救濟」義務，是避免被彈劾人會繼續為不法行為或湮滅證據等。長官的急速救濟不外是對被彈劾人予以停職或調職，或是其他補救措施。惟衡諸監察院過去的實務上，發生這種急速救濟的情況頗少❺。

第三、升遷效果未定：本法第 18 條 2 項規定：被彈劾人在懲戒案進行期間，如有依法升遷，應於懲戒處分後撤銷之，但其懲戒處分為申誡者，不在此限。是為被彈劾人晉升效果的「未定原則」。這是為了確保監察院所提出之彈劾案，不至於在懲戒案進行中，反而使被彈劾人有升遷之情事，爰規定在懲戒處分後可以撤銷該晉升之處分。免得造成既屬失職違法，又可升遷的情形發生。

第四、核議權：彈劾案移送有關機關後，監察院並不能令彈劾案石沈大海，失去蹤跡；而產生追蹤查詢的「核議權」。這種核議權計有：有關機關答覆文件；被彈劾人答辯書的核議；懲戒機關調查結果與監察院確認之結果不同時，長官急速救濟之情形；彈劾案移送司法或軍法機關辦理之結果；以及懲戒機關議決書之核議。這些核議權實際上最能夠產生效果者，是對於懲戒機關議決書的核議，如果認為審議的結果有符合公務員懲戒法第 33 條之「再審議」理由，得由監察院提起再審議。按此再審議之規定係類似民事訴訟法與刑事訴訟法的再審規定。然而對於司法機關與軍法機關的處理——例如判決不服時，包括有無再審的必要——便無不服或提起再審之權。因此監察權對於彈劾案的「後續效果」，委實有限❻。

四、彈劾權制度的檢討

監察院最重要的權限闕為彈劾權，然而在我國監察院彈劾權之行使顯示出有許多值得考量的制度缺陷。可略述如下：

第一、彈劾權系統化的欠缺。由我國憲法所定監察權的發動程序雖然僅需一人提

---

❺ 參閱陶百川，比較監察制度，第 250 頁。

❻ 陶百川先生早在民國十五年就建議修改刑事訴訟法，賦予監察院有刑事告訴人的地位，使得對監察院所移送的彈劾案與糾舉案。經為不起訴處分後，可以由監察院申請再議。而無須如慣例所為，由監察院函請最高檢察長依職權發交原檢查處重新偵查。參閱陶百川，比較監察制度，第 250 頁。

議（憲法第 98 條），或二人提議（增修條文第 7 條），即可發動彈劾權，但是以我國領土版圖之大，全國中央與地方公務員可能會有數百萬人之譜。依據憲法第 91 條在制憲時預期可以產生之監委僅二二三人，欲以此監督數百萬的公務員，無異欲「以一斧之力，盡伐叢林枝椏」！即以台灣為例，民國九十九年全台共計有公教人員五十三萬人（其中中央機關二十二萬人），另有武職公務員近十二萬人（其中軍官約四萬四千人；士官超過七萬人），僅設監委二十九人。因此，對於公務員的違法與失職行為，監察院僅能以「點」的方式糾彈之，極難有全面性與系統性的效果。尤其是監察院雖有調查處的編制，但卻無龐大的調查員之編制，各行政機關所設置之政風人員亦非受監察院指揮管轄，因此「有將無兵」，使得監察院的彈劾效力，在先天上已有致命的缺點。

第二、我國的彈劾權不似西方國會的彈劾權，及於彈劾的最終效果——即令彈劾者離開公職。例如美國憲法第 1 條 3 項 7 款規定對彈劾不能逾被彈劾者去職及剝奪其享受美國政府所賦予的榮譽薪俸及其他福利的範圍之外。可見得彈劾案的通過即包含了令被彈劾人離開公職之權力。至於被彈劾者應否擔負刑責，基於三權分立，本為法院之職責，美國憲法上述條款同時也規定彈劾案的通過並不排除被彈劾人依法定程序，由法院課與其負擔其他民刑事責任之義務。我國彈劾權卻較類似我國古代的御史權，並無彈劾的效果權。由前述的彈劾權僅產生移送的效果，對司法與軍法機關權限行使的結果無權置喙，故屬當然外，對於移送公務員懲戒委員會的審議結果也僅有行使機會甚渺的再審議權，尚無令被彈劾人去職之權。因此，西方國會行使彈劾權的實質效力在我國監察院即不存在也。

第三、彈劾權應該是針對向彈劾者負責之官員。西方國會擁有彈劾權所針對之對象，間有包括法官在內，但率多指政務官的彈劾而言。按政務官乃為政策向國會負責，其有違法或失職之行為，——違反國會通過法律之行政首長——就應受到國會的追究責任。因此對於僅負責執行的事務官如有違法失職，則靠各級行政機關來追究行政與懲戒責任，由法院追究刑事責任。故「政務官不受懲戒，事務官不受彈劾」，誠為憲法學的一個重要原則。由前述我國擁有公務人員之眾，而監委之少，若要將數以百萬計的事務官皆列入監委的監督與彈劾範圍，必收「備多力分」之弊。故唯有將監委的精力集中在人數較少的政務官之上，方能真正發揮監察權的效力❶❼。

---

❶❼ 依監察院統計近三年來，民國九十七年至九十九年被彈劾者分別是二十六人、四十五人、二十九人。其中文官被彈劾者，特任十人及選任四人而已，武官中十五人（包括特級七人，校級八人）。可見得監察院所彈劾者幾乎

　　不過，我國目前進行的司法改革，卻將政務官的懲戒移往大法官。易言之，由追究法律責任的司法機關來取代監委，以及政務官應向國會負的本意是否違背？應不無疑問也。

　　第四、擔任公務員（事務官）是人民受憲法保障之服公職權利，如果可以僅由目前監察院的程序通過彈劾案加以限制或剝奪，以彈劾案通過的程序並未類同法院訴訟程序的嚴謹，並且再以特別權力關係理論已遭廢棄與重視公務員基本權利之觀點，如果許可彈劾權能夠直接產生對於公務員任職權利之侵犯效果時，依司法院釋字第 243 號、298 號、338 號解釋，皆許可公務員提起訴願❶。故吾人若欲採對上述（第一）之西方國會彈劾權可產生的「去職效力」，即和事務官的「身分保障」的理念不合，故彈劾權無法侵及事務官的身分權利。

　　第五、既然監察院沒有體系完備的下級監察機構以為輔佐，故對於行使彈劾權的發動，頗多是基於輿論的揭發後，方才發動調查程序，和古代御史的「聞風舉事」類似。但此不僅監委所獨有，所有的檢察官皆可依刑事訴訟法第 228 條 1 項之規定，因「其他情事知有犯罪嫌疑者」，「即應」開始偵查，此所謂的「其他情事」的最主要情況，就是由媒體及輿論之資訊也。所以由人數更多、法律素養甚佳，可以立即使用公權力來進行偵查的檢察官，來監督公務員的不法行為，恐較有制度性與持續性。

　　第六、即使對彈劾權的對象僅侷限在政務官，對我國可產生另一種迥異於西方國會的效果。西方國會的彈劾權既然令政府之政務官去職為目的，已與「不信任案」相互重疊，因此對於有違法情事或操守有瑕疵之政務官，已鮮用彈劾案，而多採不信任案之方式為之。按後者對於提起之要件、動機較具彈性，並且對於僅需負政治責任即可為去留決定的信任案，無須如彈劾案，雖然僅以追究行政責任已足，但常必須同時論就法律責任，因此極費日曠時，與引經據典之繁瑣❷。例如西方民主國家國會擁有彈劾權起源的英國，自一八〇六年以來，已未曾通過任何一件彈劾案。法國自第三共和成立以來 (1875)，僅在一九一八年彈劾內政部長而已，迄今未再有任何彈劾案的通

全是事務官。

❶ 參閱拙著，行政法學總論，第 127 頁以下。

❷ 德國威瑪憲法第 59 條規定，彈劾案需要有國會議員一〇〇人以上的連署，且與修憲一樣的程序通過之，而憲法第 76 條規定的修憲需要有三分之二的議員出席及三分之二的同意。至於不信任案僅需過半數議員的出席，即可通過不信任案。美國憲法第 1 條 3 項 6 款規定彈劾案需要有參議員三分之二的同意，方得通過之。

過。美國自開國至今，眾議院通過彈劾官員案僅有十二件，經參議院審查宣告，僅有四人，全係法官。而彈劾總統只有二人，其中僅有一人（尼克森）為參議院通過彈劾案❷。因此為補救彈劾案的式微現象，端賴不信任案的制度、司法權力積極且公正的運作，及媒體積極的監督與批評，尤其是後者在已邁入資訊社會的現代民主國家所扮演的「監督角色」，更是無遠弗屆。

我國憲法當年為了穩定政權的顧慮，本未引入西方國家的「不信任案制度」。但民國八十六年修憲引入倒閣的不信任投票，也是為了政治因素（政權），而非因違法失職的責任問題。但是如果將監察院的彈劾權僅限於係針對個人的不法與操守問題，最多只能令個別的政務官去職。然其去職理由涉及行政院整體的政策決定，例如該政務官係依行政院會議之所為，此時就應由行政院集體負責之。這種只針對政務官提起的彈劾，去留之人數極為有限，不會影響到政權的安定。唯此時既然將政務官本係向立法院負責之情形，移轉至監察院之上。可能一位未受到國會之不信任的政務官，但有可能遭到監察院的彈劾，形成了監察院、行政院與立法院的對立情況。

為了尊重監察院對於政務官的專屬彈劾權，又避免使彈劾權的可能失於草率，應將彈劾權的審議程序嚴格化；例如對政務官的彈劾程序，由兩人以上提議，九人以上的審議，並以監委十三人為審查委員。否則依目前只要九人以上出席過半數（即五人），就可通過彈劾之規定，顯然失於嚴謹。改革之方，似乎可以依照（已停止適用的）對總統彈劾案之程序，即憲法第 100 條需要有全體監察委員四分之一以上的提議，全體委員過半數以上的審查與通過，方通過對政務官的彈劾案，使這個可以取代對政務官的不信任案的彈劾權，能較為嚴謹。

最後第七，吾人必須對民國八十六年修憲將監察院對總統、副總統的彈劾權移往立法院表示不同看法。由四十節壹二關於我國憲法之所以獨設監察權乃孫中山先生特別推崇古代御史的風骨及權限，可以「批逆龍鱗」，現監委已無此權力，我國監察院權限的日趨萎頓，特別是監委人選應在民國九十三年年底前產生，立法院以該監委遴選委員會成員有嚴重瑕疵為由，要求陳水扁總統重新提名，拒絕審查並將全部提名名單退回，總統也不甘示弱，以致於監院停頓直到民國九十七年八月一日，下屆總統馬英九就職後，才重新提名監委及開議。期間長達三年半之久。監院形同廢止，卻也沒有

---

❷ 雷震著，監察院之將來，雷震全集 22，桂冠出版社，民國七十九年，第 127 頁。另參見 Edward S. Corwin's, The Constitution and what it means today, Princeton University Press, 1978, Ed. p.15.

聽到社會上有焦慮、痛惜之聲。監院的名聲低落可見一斑也，監院會否存續的問題，恐怕成為日後持續爭論的重點矣！

民國一〇九年七月，監察院院長及委員提名審查時，執政黨民進黨所推薦的院長人選陳菊，以及兩位曾經在任監察委員時，提案彈劾某案作出緩起訴的檢察官，引發朝野對於監察委員不當運用政治力介入司法的嚴重疑慮，卻又被再度提名次屆監察委員。面對沸沸揚揚的指責，民進黨政府及蔡英文總統，都表示將推動修憲，廢除考試院與監察院。而陳菊準院長也宣示將終結監察院，在野國民黨也提出了附和「廢院不廢權」的修憲主張，明顯地，已經宣判的監察院體制，夕陽末日的來臨。

由監察院喪失對總統彈劾此一「批逆龍鱗」、虎口拔牙的利爪後，再對「總統人馬」──總統府及所屬人員，例如國安局特勤中心，喪失調查與糾彈的權力，已經使國父最推崇的御史精神，喪失大半。再加上多年來用人未必得宜，監察委員斤斤於小官小吏違法亂紀的糾彈，但對高階政治人物的權力濫用與利益糾葛，卻沒有提出令國民信服的亮麗成績。尤其是提出陳菊等此一高度爭議性的人物，入主監察院，使得監察院的名聲淪落到歷史的最低點，一個普遍喪失國民信仰的憲法機構，注定走入歷史，已有國民大會濫行自肥修憲（民國八十八年九月十五日第五次修憲），導致大法官作出違憲的釋字第 499 號解釋，終於吹響了國民大會的喪鐘，而國民卻無為之惋惜者。監院的命運是否重複國民大會的悲劇乎？

肆、糾舉權

一、糾舉權的概念

憲法第 97 條 2 項規定監察院對於公務員的違法失職，得提出糾舉案或彈劾案。彈劾案與糾舉案，即習稱的「糾彈」，是監察院對於公務員不法失職所提起糾彈的兩種方法。相對於憲法對於彈劾案的重視，以三條條文（第 98 條至 100 條）規定彈劾案進行的方式，唯對糾舉案未再有隻字規範其要件內容與程序。因此糾舉權的制度全由法律（監察法）來規定，是為典型的「憲法委託」概念。

依據本法第 19 條之規定：監委對於公務人員違法或失職之行為，應先予停職或其他急速處分時，得以書面糾舉。因此除了以公務員違法失職為前提而與彈劾權相同外，必須先予被糾舉人「停職或急速處分」為必要；易言之，其違法與失職行為的情況較

為嚴重。同時，比較彈劾權的內容亦可略知糾舉權的制度。兩者有下列的差異：

1. 程序較簡易

依本法第 19 條與本法施行細則第 15 條之規定，糾舉案由監委一人提出，五人為審查委員，審查會有三人以上出席及表決，即可通過；換言之，有兩人同意即可行使糾舉權。相形之下，彈劾案需要監委二人的提出，十三人的審查，表決時九人以上的出席，較糾舉案來的慎重許多。

2. 迅速的處理義務

相對於彈劾案送出後懲戒機關應於三個月內辦結，本法第 21 條規定，被糾舉人之長官接獲糾舉書後，應於一個月內依公務員懲戒法第 19 條 1 項之規定處理。按此項之規定乃被糾舉人的長官應將公務員的不法與失職情事，備文聲敘事由連同證據送請監察院審查。但對於所屬的職等或相當於九職等以下的公務員，得逕送公務員懲戒委員會，得逕由主管機關為之（同法第 19 條 1 項但書）。如認為並無不法或過失時，應向監察院申復理由。在對簡任職或相當簡任職以上公務員糾舉者，則應於一個月內，將公務員不法之情事，送請監察院審查，不得逕送公務員懲戒委員會（本法施行細則第 16 條 2 項）。被糾舉人長官未遵此程序及期限處理糾舉案時，監委於處理後，有二位監委以上認為不當時，得改提彈劾案。或因此令被糾舉人員改為被彈劾而受懲戒時，長官負失職責任。

3. 對象範圍較小

糾舉權的效力乃讓被糾舉之長官在一個月內對其加以「停職或其他急速處分」，所以糾舉權與被糾舉人長官的監督權限有密切之關連。如果對沒有法定監督「長官」者，例如總統、副總統、行政院長、司法及考試院長，監察院即無糾舉權，僅有彈劾權矣[21]！

二、糾舉權制度的檢討

糾舉權的入憲實因我國在抗戰期間，因為軍情緊急，產生不少違法失職行為，才需要緊急糾正的制度，所以這個在五五憲草所無的糾舉制度，才會在制憲過程中為大

---

[21] 至於其他依法獨立行使職權之人員，例如法官及考試委員，既然其職權之行使享有不受長官指揮監督之權力，故監察院亦僅能加以彈劾，而無糾舉權。參閱陶百川、陳少廷，中外監察制度之比較，中央文物供應社，民國七十一年，第 141 頁；林紀東，逐條釋義㈢，第 315 頁。

多數制憲代表所接納❷。

　　然而糾舉權在實質上並未發生其法定應有的效力。例如：

　　⑴糾舉權係對違法失職之公務員，應先予停職或急速處分，方有為糾舉之必要。然而由公務員懲戒法第 19 條與第 9 條的規定可知，被糾舉人之長官僅能對九職等以下的公務員為申誡與記過之懲戒處分，至於其他更重的懲戒處分，例如撤職、休職，的權限在於公務員懲戒委員會。至於對於九職等以上之公務員，僅能將證據與不法事由送交監察院審查，並不能逕送公務員懲戒委員會議處。本法第 21 條雖賦予糾舉人長官得先予停職或其他處分之權限，然而長官此「停職權」並非長官的懲戒權，又停職的效果如何，以及其他「急速處分」的範圍為何？不僅本法未有任何規定，甚至公務員懲戒法亦未有任何規定，因此在實施上欠缺「適法」的問題。

　　⑵糾舉權實際上與其說是「簡化的彈劾權」，不如說是彈劾權之先行程序。此觀乎糾舉書送交被糾舉人之長官後，長官有移送該人不法情事與證據予監察院審查的義務。可知糾舉案乃先令被糾舉人停職，使不法失職狀態暫時停止，待監察院審查。但是監察院既然已為糾舉案的審查，此時復「對被糾舉人長官所移送之不法事實與證據」，再作審議，顯然為對同一案件重複審查，不無浪費時間與精力之嫌。特別是對簡任職公務員糾舉後，仍須送回監察院審議，通過彈劾案後，再轉送公務員懲戒委員會懲戒，程序不可說不繁複。

　　監察院的糾舉權顯見已無效率，本法第 14 條亦規定彈劾案可同時通知被彈劾人長官為急速處理。糾舉權可被彈劾權所取代。糾舉權之制度已經式微。據統計，監察院至民國七十四年以後即未再提出一件糾舉案。如果監察院的糾舉權僅能有效的以中、下級公務員（九職等以下）為對象，僅以公務員的懲戒制度即足矣！其理由以在前文討論彈劾權時一樣，所以監察院的糾彈對象亦只針對政務官為宜。

伍、巡察權

　　依本法第 3 條規定監委得分區巡迴監察。這是在憲法所未規定，而由本法所創設的制度，這個「巡察權」與調查權不同，調查權是為特定案件至特定之政府機關與公司團體調查檔案文件與詢問；但依監察院巡迴監察辦法 (88.09.14) 第 3 條之規定，巡

---

❷ 據統計民國二十七年至民國三十六年，監察院共提出糾舉案一一七四件，糾舉人數二一二六人；彈劾案七一三件，彈劾人數一○六○人。參見陶百川，比較監察制度，第 276 頁。

察權並非針對某一特定案件，而是為巡察下列之事項：

　　⑴關於各機關施政計畫及預算之執行情形。

　　⑵關於重要政令推行情形。關於公務人員有無違法失職情形。

　　⑶關於糾正案件之執行情形。

　　⑷關於民眾生活及社會狀況。

　　⑸關於人民陳情案件之處理及其他有關事項。

　　⑹依同暫行辦法第 3 條的規定，監委巡察各機關應注意預算執行、財物審核及公務員有無違法或失職，巡察行政院及其所屬機關時並應調查其工作及設施。可見得其任務極為廣泛。

　　監委巡察的對象分為中央與地方機關。中央機關之巡察分為十組，對象為行政院、司法院與考試院及其所屬機關；地方機關之巡察分十一組進行，巡察全台各地方政府。中央巡察除行政院每年一次外，其他中央機關得隨時巡察之，包括赴國外對駐外機構之巡察。地方巡察分十一組進行巡察。二屆監委就職後，為落實巡察功能，特制定「監察院巡迴監察地方機關實施要點」建立責任監察區制度，課予責任區監委每三個月至少巡察責任區一次（每次至少一日）的義務。監察院巡察的任務，固在監督中央與地方機關的施政、收受人民書狀與考察公務人員的風紀。就是將監委「坐鎮」監察院，行使監察權的方式改變，採行機動、巡迴的方式。監委的巡察權實係仿效我國古代的「巡迴監察御史」之制度。唐朝有十道巡按之制度、明代的十三道監察御史、清代的十五道御史，都是古代御史代皇帝「巡狩天下」或是分區監察的例子。然而以目前我國在台灣版圖甚小，資訊媒體傳播的發達，古代基於龐大的疆土，各地交通往來匪易，方有設置與派遣巡迴御史，分赴全國各地明查暗訪官員是否盡職及探求民隱之需。誠然，流傳在我國民間戲曲與文學著作中，頗多稱頌這些獲「尚方寶劍」的巡按御史，替民眾伸張冤屈，制裁貪墨官吏的事蹟，但是對我國現狀而言，人民向監委陳情甚為便捷，已失其當初設置所考量的時空因素；且中央與地方機關甚多，極容易流於形式化。監察院僅需善用具有實質意義的調查權即足，此形式意義的巡察權制度即無設立的必要 ㉓。

㉓ 以地方自治的觀點，監督地方公務人員有無違法失職恐非中央機關之監察院的職權，而應是地方自治機關的民意機關或其所設置的監察機關之權限，按地方自治機關有依法行政之義務，也必須遵守地方法令，而非全須依據中央法令。所以似乎不應由中央機關的監察院行使監察權，應該在地方自治法中仿效中央成立監察院的意旨，

陸、監試權

另一個未為憲法規定，而由法律所創設的制度，厥為監試權。依民國十九年首次制定的監試法 (39.10.26) 第 1 條規定，凡由考試院或考選機關所舉辦之考試，應分請監察院派員監試，凡組織典試委員會應咨請監察院派監委監試。因此監察院主掌的監試權不一定非由監委執行不可。

我國古代特重考試的獨立性，因此對於試務的防弊甚為重視。明清兩代的科舉考試皆由御史監督試務行政，以防弊端。故監察權便包含監試權在內。

如以現代的行政法理念而言，考試權係屬實質行政權之一，因此對行政權行使監督的監察權，自宜將考試權列入監督之範圍。依監試法第 3 條之規定，下述的試務行政必須在監試人員的「監視」中方得為之，例如試卷的彌封、姓名冊的固封保管、試卷的點封、彌封姓名的開拆、成績的審查與及格的榜示。因此皆屬於細瑣的試務行政事項。但對於試務行政所涉及的政策方針即非監試權的事項。以考試院所屬人員全係行政人員，固可劃歸在彈劾權與糾舉權行使的對象範圍；考試院為中央機關，亦由監察院內政組與教育組負責巡察，同時亦為糾正權與調查權行使之對象。因此有無必要將試務行政的每一瑣碎細節皆納入監察院的職權，頗值商榷。依典試法 (91.01.16) 第 11 條規定，上述監試法第 3 條之規定係典試委員會決議之事項，典試法第 12 條雖規定典試委員會開會時，應請監試人員列席。此列席之監試人員雖未有表決權，但似乎已由單純的「監視」試務行政，擴張到典試委員會的的考試政策（例如命題、評閱與審查標準），是否已侵犯典試委員會的獨立地位？當不無問題。

因此考試院會已於九十四年三月十日通過廢止監試法，及修正典試法及其他有關考試法律的決議，送交立法院審議，但終未能通過。

柒、審計權

憲法第 90 條之規定監察院行使審計權，另依憲法第 104 條規定，監察院設審計長，由總統提名經立法院同意任命之。第 105 條規定，審計長應於行政院提出決算後三個月內依法完成其審核，並提出審核報告於立法院。除這些憲法的規定外，審計權

創立地方階層的監察機構，例如「台灣省監察局」，職司全省地方機構的監察工作。否則由監察院來巡察地方機關，即失去地方自治的意義。同樣見解參見雷震：監察院之將來，第 140 頁以下。

的內容由審計法 (87.11.11) 規定之。

一、審計權的內容

所謂審計，乃稽核財務收支也。監察院的審計權乃稽察政府及所屬機關的財務收支情形之權力；易言之，監察院的審計職權依審計法第 2 條之規定計有監督預算之執行、核定收支命令、審核財務收支、審定決算等七項事務。因此是一種針對政府機關或公有事業機構的財務行使監督之權力，故是為「財務監察權」；和彈劾權與糾舉權之為「人事監察權」、與糾正權是為「事務糾察權」稍有不同，不過其區別亦非絕對，審計權雖是監督財務為主，但也會對公務員有無違法或失職一併加以監督（審計法第 17 條）。

依審計法之規定，審計業務包括：

⑴公務審計：例如審核各機關的預算分配；會計報告；派員駐在公庫、審理或抽查支撥經費款項之書據、憑單；或辦理賦稅機關的查核；審查各機關的年度決算（審計法第 2 章第 35 條以下）。

⑵公有營業與公有事業的審計：對公有營業及公營事業機構的審計（審計法第 3 章第 47 條以下）。

⑶財務審計：對於各機關的財務，包括現金、票據、證券及其他不動產與動產等之管理、運用、移轉、處理、報廢，皆得調查之，並審核其會計報告。另外，各機關營繕工程之購置、變賣之開標、比價、決標、驗收在一定金額以上者，皆應通知審計機關派員稽察（見審計法第 4 章 55 條以下及「機關營繕工程及購置定製變賣財物稽察條例」）。

⑷考核財務效能：此乃就各機關的財務有無依法令規定、計畫進度、有無績效所做的審查。特別是在中央、地方政府及各機關為年度決算時，應就歲入歲出是否與預算相符、是否平衡、與社會、國家發展是否配合、輿論的反應等，加以檢討（審計法第 6 章第 71 條以下）。各機關人員對於財務上的行為責任，必須經審計機關的審查後，方得解除其法律責任。

二、審計機關──審計長的職權

審計權係對政府及所屬機關財務的監督，不僅十分專業，且極為繁瑣，因此審計

權並非一般監委所能勝任的任務，而需由專門機關為之。我國憲法第 104 條僅規定監察院設審計長，且授權由監察院組織法定之。依監察院組織法第 4 條規定監察院設審計部，並制定審計部組織法 (64.05.01)。依審計法第 4 條之規定，中央各機關與所屬機關財務之審計，由審計部為之，各省（市）政府及其所屬機關，則設審計處；縣（市）酌設審計室辦理之。

　　審計部由審計長綜理部務，並監督所屬職員與機構，但審計法第 10 條規定之審計人員依法獨立行使其審計職權，不受干涉之規定，仍得適用。因此各級審計人員包括審計長在內，皆可獨立行使職權。審計長以總統提名，經立法院同意後任命之。依審計部組織法第 3 條之規定，其任期為六年，惟憲法並未有六年任期之規定，是否抵觸憲法？司法院釋字第 357 號解釋認為審計長職務之性質與應隨執政黨更易，或政策變更而進退之政務官不同，故此六年任期的規定，旨在確保其職位之安定，俾能在一定任期中，超然獨立行使職權，與憲法並無牴觸。司法院此號解釋強調審計長的超然獨立之地位而定有任期，此立論應值肯定。

三、審計部的歸屬問題

　　憲法第 90 條規定監察院行使審計權，第 104 條規定審計長由立法院同意後任命之，第 105 條規定審計長應就行政院提出結算三個月內完成審核報告，向立法院提出之。審計長係向立法院負責之審計機關首長。同時依審計部組織法第 4 條之規定，審計長僅受監察院院長之指揮而已，而與監委之職務並不相涉，因此審計部應否改隸立法院，廣受爭議，甚至民國八十五年底為修憲所召開的「國家發展會議」一度將此列為決議，只是因為監察院反彈太大未完成修憲程序！

　　按審計部最重要的職權乃對政府的預算執行與年度決算加以審計。既然政府的預算已事先經立法院通過，是民意控制政府荷包於前，自宜對預算的運用「審核」於後，方可前後一貫，因此西方國家的審計權多半附屬於預算決定權之中，其理在此。例如奧地利憲法 (1930) 第 122 條即明定將審計院隸屬於國會。

　　然而，關於國家預算的執行情形加以審查畢竟需要專業的人士，以及需要固定的機關來進行。國會作為專門的民意機構，恐不宜下設一個類似行政機關來行使審計權。因此外國亦有將審計權不劃歸在立法權，而使其成為一個獨立的審核體系，例如日本現行憲法第 90 條規定的「會計檢查院」即不屬於國會。依日本「會計檢查院法」

(1958) 的規定，會計檢查院係在內閣內的享有獨立地位之機關。由三人組成的檢查官及事務總局組成之。檢查官由兩院選舉產生，任期七年，檢查官再互選檢查長後，由內閣任命，綜理會計檢查院。德國的預算審核則是設立一個「聯邦審計院」，依聯邦審計院法 (Gesetz über den Bundesrechnungshof, 1985) 明訂聯邦審計院是聯邦最高行政審計之官署，但享有獨立的地位，聯邦審計院的院長與副院長經聯邦政府提名，兩院選舉後，由總統任命之。審計院其他成員，則由院長提名總統任命之。院長、副院長任期為十二年，其他人員準用公務員的終身任職規定。所有聯邦審計院人員享有準用法官獨立審判的有關規定。審計權即可由超然獨立的審計官員行使之。

　　由德國與日本對於審計機關加以「獨立化」的設計，審計權必須靠專業人士，而非有立法權的民意代表來掌握，因此可以看出將審計權歸入立法權的想法，已不切實際。因此，審計權實際上已不再屬於傳統的三權之一，而是成為一種「第四權」了。

　　我國憲法草案本擬將審計長由立法院選舉之，且為終身職，然因大多數之制憲代表認為我國古代御史皆有對「勾稽天下收支之權」，並且自民國十五年國民政府組織法頒布，設立監察院之後，即將審計權交予監察院，民國十八年通過審計部組織法。因此修正了憲草之規定，提出目前憲法規定的折衷案，將審計長人選由立法院同意，並向立法院負責❷❹。所以，審計部雖隸屬在監察院之下，變成了監察院除個人行使職權特色極濃的監委外，還有一個與其職權並不相涉的審計部，故體制上頗為扞格。既然審計長是經立法院同意產生，和德國與日本的審計首長的產生，需獲得國會的同意，其情形完全一致。同時審計部既然是一個「部」級組織，也類似德、日的體制，且審計部並未隸屬在行政院，也保障了審計部不受行政院指揮與干涉的獨立地位。因此，我國五權憲法的設計下，審計部能置於行政與立法權外的監察院，倒不失是一個較能保障其獨立行使職權的安排。

捌、受理公職人員財產申報及違反利益衝突之裁罰權

　　監察院新增加的一項職權是依公職人員財產申報法 (97.01.09) 所創設的受理財產申報權。依該法第 4 條 1 款之規定某些特定的公職人員，如總統、副總統、五院正副院長、政務官、有給職之顧問、戰略顧問、民選鄉級以上政府首長、及縣級以上民意

---

❷❹ 參見林紀東，逐條釋義(三)，第 353 頁以下。

代表等之財產，皆有向監察院申報財產之義務。監察院因此擁有向有關機關查詢財產申報人之財產狀況，對不實申報財產者亦有處以罰鍰之權。

監察院受理公職人員財產申報，雖然在外表上似乎有監察公職人員財產之作用在焉，然倘若吾人就接受財產登記之一事而論，係對公務員操守之控制，恐係類似一般行政監督權；易言之，如同行政機關接受申報，與行政機關處理公職人員有無雙重國籍的問題一般。由該法第4條2款與3款，其他公職人員之財產受理申報機關為各政風機關及各級選舉委員會，且兩者皆為行政機關可知，受理申報行為視為行政行為，而該行政行為正係監察權監督之對象。其次監察院對不實申報財產者，得予罰鍰處分。此罰鍰處分為典型之行政處分，故對監察院所為罰鍰處分不服者，得向該院提起訴願，對此監察院亦成立訴願委員會，監察院本身又具有行政官署之地位。監察院本應監督行政權之運作，現反而成為行政權之機關。倘若財產申報人認為監察院所為罰鍰處分為違法或不當，進而認為監察院有違法或失職時，應可向監委提出陳情，不過又會形成監察院「監察」監察院之矛盾。且人民向監察院提起不服罰鍰之訴願被駁回時，還可向行政法院提起行政訴訟，而行政法院又是監察院監察權力行使之對象，可能會產生「被告審判法官」之荒謬現象！因此，監察院受理公職人員財產之登記，似已混淆其監督實質行政權之角色。倘若公務員財產申報的制度目的乃將公務人員財產公告周知，則可將受理機關劃歸由立法機關（如立法院），或另設一超然獨立之公法財團（如基金會）掌管之，而由監察院監督其運作即可，庶幾使監察權能保有「政治防腐劑」，或政治「啄木鳥」之特徵。

監察院另一個新增的權力，為依公職人員利益衝突迴避法 (89.07.12) 第 19 條第 1 項之規定，凡需向監委院申報財產的公職人員（見前捌處），如有違反該法之情事，得由監察院行使罰鍰之權限。

玖、監督國家各機關侵犯人權之職權

為配合 1993 年 12 月聯合國所公布的「巴黎原則」，所宣示各國應該成立設置保護人權的專門組織之原則，立法院遂於 109 年 1 月 8 日公布制定了「監察院國家人權委員會組織法」，並通過修正本院組織法第 3 條的方式，增設此一人權委員會。

在立法體例上，此一人權委員會雖然設於本院之內，而其委員十人，都是監察委員兼任，例如監察院院長及具有監察院組織法第三條之一第一項第七款資格之監察委

員七人為當然委員。本會主任委員由總統於提名時指定監察院院長兼任之，副主任委員由本會委員互推一人擔任之。當然委員以外之監察委員二人亦得為本會委員，由監察院院長遴派之。前項當然委員以外之本會委員應每年改派，不得連任。

因此人權委員會應當屬於院屬委員會。依據本院組織法第 3 條第 1 項規定，監察院得分設委員會，其組織另以法律定之。故依監察院各委員會組織法 (109.01.08) 第 2 條第 1 項雖然明訂監察院得設內政委員會等七個委員會，此乃配合憲法第 96 條行政院與各部會的工作分設委員會的意旨而定，但同條第 3 項也規定：監察院得應業務需要，於院內設特種委員會；所需工作人員，由院長就所屬人員中指派兼任之。因此監察院這種特種委員會，已經溢出了憲法第 96 條之規定，即有不當擴張監察院組織自主權之虞。

為避免有牴觸憲法第 96 條之虞，這種特種委員會，應當視為任務編組與權宜性質，甚至個案性質的委員會，因此才會有所屬人員由監院派人兼任的規定。例如監察院法規研究委員會、廉政委員會、諮詢委員會、人權保障委員會、監察委員紀律委員會皆是其例。

因此國家人權委員會也應當屬於此類的特種委員會，人員也是由本院各委員會兼任，其定位既然是特種委員會，依本院組織法第 96 條第 3 項便可以取得立法的法源依據。本院組織法第 3 條第 2 項卻又特別增訂了一項（監察院設國家人權委員會，其組織另以法律定之。），形成了疊床架屋的現象。立法理由雖然是要強調人權委員會的高度位階，例如捨棄名為「監察院人權委員會」的名稱，而改為具有五院級或獨立於監察院之外的「國家人權委員會」，以顯示我國對保障人權的重要性云云。同時這種法源的特別規定，也會導致朝野對於監察院的各委員會，會有輕重不一的誤解，人權委員會顯然具有高過其他固定委員會與特種委員會的優越地位，形成紅牌委員會與黑牌委員會的差別待遇。

依據本人權委員會組織法第 2 條的規定，其職權如下：

⑴依職權或陳情，對涉及酷刑、侵害人權或構成各種形式歧視之事件進行調查，並依法處理及救濟。

⑵研究及檢討國家人權政策，並提出建議。

⑶對重要人權議題提出專案報告，或提出年度國家人權狀況報告，以瞭解及評估國內人權保護之情況。

⑷協助政府機關推動批准或加入國際人權文書並國內法化，以促進國內法令及行政措施與國際人權規範相符。

⑸依據國際人權標準，針對國內憲法及法令作有系統之研究，以提出必要及可行修憲、立法及修法之建議。

⑹監督政府機關推廣人權教育、普及人權理念與人權業務各項作為之成效。

⑺與國內各機關及民間組織團體、國際組織、各國國家人權機構及非政府組織等合作，共同促進人權之保障。

⑻對政府機關依各項人權公約規定所提之國家報告，得撰提本會獨立之評估意見。

⑼其他促進及保障人權之相關事項。

由上述權限可知，此人權委員會乃是保障我國人民免遭受各類公權力侵犯其人權的概括機構，也可以稱為是典型的「護民官」(tribunes) 角色。然而值得注意的乃是其主要的權力為第一款的：依職權或陳情，對涉及酷刑、侵害人權或構成各種形式歧視之事件進行調查，並依法處理及救濟。這裡提及了可進行調查，及依法處理與救濟之權限，然而並沒有給予特殊的公權力處置，以及裁罰權。

顯然的本委員會組織法並沒有賦予人權委員會擁有超越與別立於監察院各委員會所擁有的職權外的任何公權力。因此人權委員會各委員雖然擁有保障人權不受侵犯的職權，但最終行使仍須回歸到各委員會所行使之職權。例如最普遍造成侵犯受刑人人權的監獄處置，本係即司法與獄政委員會所監督的對象，並不會因人權委員會的成立，以及享有對獄政人權監督的權限規定而受到了限制與剝奪的後果，換言之，有可能會造成一案兩審的可能性——同一案件分別向兩委員會陳情，而產生分別調查與處置的結果。因此監察院內部也應當考慮建立「移案或併案」的機制來處理這種可能面臨的管轄衝突問題。

由於監察權雖然以整肅官箴，制止公權力不法與不當作為主要的任務，但在法治國家人民權利與公權力處置息息相關，因此監察院七個委員會都負有保障人權的當然責任，並不能夠因人權委員會的成立，而剝奪各委員會都有保障人權的功能，換言之二十九位監察委員，每位都是護民官。不只兼任人權委員會委員的監察委員為限。如何不侵犯其他監察委員都是護民官的神聖職責，一方面又肯認監察院成立人權委員會的良好旨意，應將人權委員會及其委員的角色定位給予合理的調整。

本書以為為了澄清這種管轄權可能的爭議，也必須確定本院人權委員會雖然作為

掌管保障人權的專門機構，但不妨視為人權侵害的保障專門委員會，即應當擁有單獨進行調查，甚至接續的糾正、糾舉與彈劾之權，毋庸再進行「移轉案件」給各專門委員會處理的必要，否則本人權委員會如同收發室，便喪失設立此高位階人權委員會的旨意，同時本委員會人員本即監察委員，擁有糾彈的權限也。

故本委員會雖然不具備救濟人權侵犯的排他權力，其他委員會接受人民人權侵犯的申訴與陳情，仍有依法處理與糾彈之權，但人民既然選擇向人權委員會申訴，便取得了人權委員會處理與行使糾彈的救濟機會，因此可採取雙軌制，增加人權雙重保障的機能。

另外，為落實人權委員會的功能，監察院本擬具「監察院國家人權委員會職權行使法草案」，送交立法院審議，但遭同黨立委反對，認有擴權之虞；監察院隨即撤回此草案，改以監察法修正草案提出。依據此草案，明白賦予該人權委員會下列職權：一、人權委員會所調查之酷刑、構成各種形式歧視事件及侵害人權事件，其類型包括殘忍、不人道、有辱人格等事件；基於種族、性別、年齡、身心障礙等原因之情節重大歧視事件；及其他情節重大之侵害人權事件。調查後應提出報告，送請相關機關等回復（修正條文第 30 條之 1）。以及二、人權委員會調查上開事件，得先以書面要求政府機關等說明或提供相關資料；必要時，得前往現場調查。調查取得之資料，得委託專業鑑定、勘驗等協助，受委託人負有保密之義務（修正條文第 30 條之 2）。

至於本草案能否順利完成立法程序，以及人權委員會是否運作後功能不彰，甚或在個案因為委員的不當行為，引發民怨，導致監察院被廢止的「壓倒駱駝的最後一根稻草」，都有待日後的觀察。

第十二章　地方自治

第四十二節　地方自治的意義

壹、分權的制度

一、單一國、聯邦國與邦聯

國家因地方自主權及其相互間隸屬關係之強弱，得有各種的國家形式，但最普遍者為下述三種：

㈠**單一國**

此乃國家由中央政府決定一切政策，地方政府僅有執行的權力，為中央集權式的單一國 (unitary state; Einheitsstaat)。我國歷代皆是實行此制度之國家，古今中外，專制國家強調的「集權中央」也多半是此種形式的國家。至於民主國家採行此制度者，乃基於國家的統一性、促進行政效率或國家幅員狹小等考慮。

㈡**聯邦國**

國家係給予地方甚多的權限，讓地方與中央共同行使國家權力，且保留自主自治的權限，是為聯邦國 (federal state; Bundesstaat)。

㈢**邦聯**

國家不僅給予地方自治權限，甚至地方亦擁有國家的主權，中央只有極有限的權限（如外交、國防或幣制）作為防衛疆界與內部安全之用。這種國家屬於結盟式的邦聯 (confederacy; Staatenbund)，例如德國一八七一年統一前的萊茵邦聯 (1806–1813) 或德意志邦聯 (1815–1866)，以及與邦聯類似的大英國協 (The British Commonwealth of Nations)，是一種較為鬆散的國家型態。但隸屬於邦聯國的各組成國之內部可能實行單一國或聯邦國家的制度，例如萊茵邦聯或北德邦聯各組成國均採單一國制度；而大英國協之各國幾乎實施聯邦制。所以邦聯體制僅有國際法上的意義。

世界各國已趨向非單一國即聯邦國的二分制。民主國家除瑞典、荷蘭及日本及一九八三年以前的法國等少數國家外，多實施聯邦制度❶，並且，率多將此規定為憲法的基本原則，例如德國基本法第 79 條 3 項即規定，聯邦國的原則（基本法第 20 條 1

項）不得為修憲之標的。

二、我國的「均權制」

　　我國自秦始皇統一六國以來，歷朝實行中央集權制，與西方中古時代的專制國家無異。我國實行憲政後，是採行聯邦制或單一國制？首先應討論孫中山先生的「均權論」。

　　孫中山先生對於我國應採聯邦或單一國制的問題，並未明確答覆，而代之以主張「均權」。建國大綱（民國十三年）第 17 條：「中央與省之權限，採均權制度，凡事務有全國一致之性質者，劃歸中央，有因地制宜之性質者，劃歸地方。不偏於中央集權或地方分權。」建國大綱既言「均權」，即有「折衷平均」之意。故孫中山先生顯然並不排斥聯邦制。對於事務劃歸中央或地方權限之標準，提出事物有「全國一致」與「因地制宜」之分，便是依所謂的「事物本質」(Natur der Sache) 之法理。支持孫中山先生不排斥聯邦制的另一個有力理由，便是中央集權制豈會需要此種「不偏與客觀」的界分方法？

　　不過，孫中山先生在建國大綱中顯現容納聯邦制的見解，卻與同年發表的「民權主義第四講」(13.04.13) 中表達的反對實行聯邦制度，「主張仿效美、德兩國聯邦制而實行聯省制者，為分裂國家的野心家！」之看法，有相當程度的差距。由民權主義第四講可強烈體會到孫中山先生為謀求國家統一所持的單一國論，他也堅定的認為唯有統一的制度才能造成國家的富強 ❷。孫中山先生這兩個似為相互矛盾看法，究以何者為準？似應以孫中山先生精心整理，形成體系完整、且形諸條文的建國大綱（聯邦制），而非演講稿（單一國）為準 ❸。尤其是我國制憲後，一切當以憲法的規定為準據。

　　我國憲法第十章的「中央與地方之權限」，在體系上採行西方民主憲政的聯邦制。然而吾人不能僅以憲法第十章有此中央與地方分權的規定，即斷言憲法採行聯邦制。

---

❶ 參閱：黃錦堂，論省與直轄市之自治──一省二市之困難以及克服，刊載氏著：地方自治法治化問題之研究，月旦出版社，一九九五年，第 35 頁以下。

❷ 參見：林紀東，逐條釋義（四），第 8 頁；薩孟武，中國憲法新論，第 500 頁。

❸ 同樣的情形，可比照孫中山先生對於國民大會制度先後共有三個重大版本之意見，最後應依建國大綱之見解為本。參見本書第二十七節壹一處。

尚需進一步探究第十章條文所呈現的中央與地方權力劃分，將重心置於何方，以分析我國係實施單一國制或聯邦制。在此，應由聯邦制分權的思想與制度著手，蓋單一國制雖亦有中央與地方分權的問題，但並不是極重要 ❹ ，例如日本憲法 (1947) 第八章「地方自治」並未有任何中央與地方立法權限劃分之規定，地方自治的組織及權限，完全依中央法律來授予（第 92 條）。瞭解聯邦制的分權理念，有助於解析我國中央與地方的關係與地方自治制度的相關問題。

三、分權的範圍

㈠分權標的——國家權力

在我國即使稱為「均權」，仍有劃分中央與地方之權限的必要。此亦是法治國家所稱的「權力分立」的原則，只不過這種國家權力不僅在中央劃歸成三種（或五種）權力，在整個國家權力橫切面亦可分成中央權力與地方權力，前者稱為「水平分權」(horizontale Gewaltenteilung)，後者稱為「垂直分權」(vertikale Gewaltenteilung) ❺ 。中央與地方分權的範圍，便以國家權力為對象。

實施三權分立者，可將國家擁有的行政、立法與司法權加以分配，由中央或地方分掌之；實施五權分立者，亦同。至於國家權力中，哪些權力得由中央獨享，或與地方分享，則應由憲法規定之。

㈡三權分立與中央、地方分權

一般採行三權分立的國家，行政與立法權為中央與地方皆可分享之權力，對於司法權——雖指審判權，但也包括建立法院訴訟體系、任命法官等司法行政權力在內——可有「專屬中央」或「分屬地方」兩種制度。司法權隸屬中央的目的，乃為貫徹司法的公正性，避免地方因各自實施審判權力，造成國家整體司法價值與秩序的混亂。

司法權得由地方擁有者，認為司法權係統治權力之一，故可由行使地方統治權的

---

❹ 我國學界認為我國乃單一國者甚多，例如劉慶瑞，中華民國憲法要義，第 236 頁；薩孟武，前述書，第 507 頁。兩人否認我國為聯邦國主要基於兩個理由，即各省不能制定組織法與行使推派代表，組成參議院的參政權。然而是否我國憲法下的各省，不能由省縣自治通則取得相當大程度的地方組織制定權。以及實施聯邦制是否一定需有各邦代表參與的參議院制度？例如美國、日本參議院議員，由人民選舉產生，究竟代表人民或各州？就不如德國參議院由各邦政府代表參加，所代表邦的意義來得明確。所以兩位先生的見解亦不無值得商榷之處。

❺ Maunz/Zippelius, Deutsches Staatsrecht, S. 109.「水平分權」的用語亦可形容在「各平行地方機關」——例如邦與邦——的權限劃分。見 A. Bleckmann, Staatsrecht (I), Rdnr.1066.

地方團體掌握之，地方即可依自治法成立法院，選舉法官。實施這種制度最明顯者為美國。美國各州得設置法院與任命州法院的法官，司法權便操在地方手中，非獨為中央所擁有 ❻。

㈢五權分立與中央、地方分權

我國憲法採行五權分立，除行政與立法權已於憲法第 107 條以下有中央與地方各自擁有的規定外，司法權依憲法第 107 條 4 款之規定專屬中央。剩下的考試與監察權是否為中央所獨有？可分別討論之。

1.考試權：考試院為中央考試機構。憲法第 83 條規定考試院為全國（而非「中央」）「最高」考試機關。所以全國應有其他「次高」的考試機關。考試權包括公務員的考試，以及有關公務員的人事事項，和行政權難以割離，已於本書第四十節貳三處討論，可參照之。因此，各省及直轄市應該如同中央政府一樣，建立地方公務員制度，選拔公務員，故擁有人事行政職權。

為了保障省民有公平的從事公職之機會，「省公務員」的選拔，亦應該仿效憲法第 85 條「公開考試競爭」的精神，故地方應舉辦各種省公務員的考試，從而考試權不能專屬於中央。地方既有行政權，即有考試、銓敘的權限。雖然憲法第 108 條 1 項 11 款規定，中央與地方官吏之銓敘、任用與保障乃中央立法並執行或交由省縣執行之事項。但該地方「官吏」乃中央派駐地方之官吏而言，並非地方公務員也。所以本條款並無排除地方掌握考試權之效力。

2.監察權：監察權以監督公務員有無違法失職為目的。憲法第 90 條規定，監察院為國家（而非「中央」）「最高」監察機關，但除了為行使審計權，審計部得在各省（市）設審計處，並依審計法 (87.11.11) 第 5 條規定，辦理各該省（市）政府及所屬機關財務之審計，此審計處即為國家派在地方之監察機關，司法院釋字第 235 號解釋認為並不違憲外，監察權並非中央專屬之權限，為了監督地方公務員有無失職，地方亦得仿效中央成立監察院的制度，或是外國的「監察員」制度 (Ombudsman) ❼。

---

❻ 美國某些州（如內華達州）有關離婚或結婚的程序甚為簡易，故他州州民趨之若鶩；對於死刑制度，各州州法更是不同，廢除或維持死刑者均有。以一九九○年為例，共有三十六州保有死刑，且處以死刑的條件不一，有僅限犯一級謀殺罪者（如佛羅里達州）；有包括謀殺與劫機等九種犯罪類型者，皆可處以死刑（如密西西比州），故其刑事秩序因各州而異。參見：許春金（等），死刑存廢之探討，行政院研考會，民國八十三年，第 20 頁。

❼ 監察員 "Ombudsman"，國內有譯為「監察使」、「護民官」，最早起源於瑞典（一八○九年），以後傳遍北歐。二次大戰後且傳至西歐與非洲等國。主要是由議會任命，負責接受人民申訴，以及代表議會行使調查權。目前歐

其職權毋需與監察院完全一致，例如無憲法第 90 條與第 79 條 2 項的人事同意權。同樣的，憲法第 108 條 1 項 11 款對地方官吏的糾察列為中央立法、執行或交由省縣執行的規定，亦如同上述地方擁有考試權時的討論一樣。該「地方官吏」並非等於地方公務人員與自治人員（憲法第 123 條）。

貳、中央與地方立法權

一、立法權的區分

中央與地方立法權的劃分是就立法事項為劃分，因此憲法逐一就立法的項目予以分配，何者由中央立法，何者由地方立法。我國憲法第 107、108 條共有三十三個細項為中央立法的範圍；省的立法事項計有十二種（憲法第 109 條）；縣也有十一種（憲法第 110 條）。後者即可由地方自治機關成立的監察機關行使監察權的對象。

這種將中央與地方立法權限加以列舉規定，可能會掛一漏萬，或是隨著社會進步而產生新的立法事項時，憲法未明白列舉的立法權限，應歸於何方？此即所謂的「剩餘權」的分配問題。

憲法對於立法剩餘權的分配，有「偏惠」中央者，例如加拿大一八六七年憲法第 91 條便規定未列舉屬於各邦立法權者，推定為中央所擁有。這是對立法權基本上歸為中央所掌握，而地方立法權乃由中央立法權所「分離」出來而言❽。但大多數國家係將剩餘權歸於地方所有。這個源於美國憲法第 1 條與第 10 增修案 (1791) 的制度，已為大多數國家所遵循，例如瑞士憲法 (1874) 第 3 條僅臚列聯邦立法事項，對於邦立法事項則不列舉之，聯邦立法事項以外，皆屬各邦的立法權限，德國基本法第 70 條 1 項與奧地利憲法 (1930) 第 15 條 1 項，亦同。我憲法第 111 條對於未列舉事項的歸屬權，以全國一致之性質屬中央，有全省一致之性質者屬於省，有全縣一致之性質者，屬於縣。有爭議時，由立法院解決之。本條文對於剩餘權的歸屬，顯然偏向中央。吾人可舉下列理由論證之：

洲共有十九個國家設有監察員，其中十六個國家設立全國性的國會監察員制度，另有許多地區性的監察員，總計有四十一個之多。參見：馬頓・奧斯汀，區域報告（歐洲），國際監察組織年會（台北，一九九四年九月）。

❽ Haefelin/Haller, Schweizerisches Bundesstaatsrecht, Rdnr. 263. 另一個例子為南非聯邦。引自：劉慶瑞，中華民國憲法要義，第 237 頁；張治安，中國憲法及政府，第 446 頁。

　　第一、本條款提出之「性質範圍論」，是沿襲自建國大綱第 17 條的規定。然而何謂有「全國一致性」？以法律規範之對象應有抽象性原則而言，此全國一致性並非適用「人」的問題，而係立法的事務標的是否僅具有濃厚的「地域性」性質，例如新興的環境保護與原子能事項，因其有跨區域規範的必要性，因此可列入中央的立法項目之內。然而，要找出屬於地域性的地方立法事項，且能超出憲法第 107 條與第 108 條臚列總共達三十三項之多的事項外，顯然極不容易。何況該三十三個事項，甚多是概括性的用語，例如直轄市欲立法規範人民開辦捷運系統，固然其性質為地域性（僅在該市興築），且無全國一致性，但依憲法第 108 條 1 項 7 款規定的「公用事業」，亦屬中央立法之權限，直轄市即無擁有為上述捷運立法之權限。

　　第二、本條款規定剩餘權發生爭論時，由立法院解決之，明顯的此種制度正如同法院可由原告或被告職司審判，其不「公正性」，已無須再論矣。

　　因此憲法第十章的規定，加上第 111 條歸屬權的制度設計，中央立法權享有絕對的優勢。所以我國雖為聯邦國，但制度設計上已和單一國無分軒輊❾。吾人討論此問題時，尚應慮及在台灣幅員狹小，僅有實際的一省六市，有無必要實施聯邦制度。本問題留待下節，有關我國實施地方自治的制度時，一併檢討之。

二、分權的效果

　　中央與地方立法權限的劃分既是憲法的規定，因此中央法律倘若逾越權限，侵犯地方立法權限時，可造成違憲之後果。司法院釋字第 260 號解釋亦有類似的決議。大法官解釋中央法或地方法逾越立法權限時，除依憲法第 107 條以下的列舉事項外，是否有決定剩餘權歸屬的權限？大法官雖得對憲法第 111 條有解釋「性質一致性」之內容與範圍的權限，但是立法院解決剩餘權的分配問題，乃是憲法賦予立法院的專屬（排他性）權，因此大法官會議即無越俎代庖之必要。實則中央與地方之立法互有範疇，易言之，一個事項非歸中央，即歸地方，涇渭分明。因此，應該不會發生中央法律與地方法對同一事項有「立法競合」之情形❿。就立法事項的衝突而言，依我國憲法的

---

❾ 林紀東、薩孟武兩位認為我國乃單一國制，因此對憲法第十章的規定，認為背離中央集權的時代潮流，以及孫中山先生的遺教。見上❷處。本文則認為以中國幅員之廣闊，實應採聯邦制，惟憲法第十章僅在制度面上實施聯邦制，但在實質上卻會形成單一國制的後果也。至於時代潮流走向中央集權之說，恐亦未盡然也。

❿ 本問題起源於德國基本法（第 72 條）有所謂「競合立法事項」(konkurrierende Gesetzgebung)。此種立法事項，

分權規定，應不會產生「中央法破地方法」(Bundesrecht bricht Landesrecht) 之問題❶。

參、中央與地方行政權

一、劃分方法

基於依法行政原則，行政權力的運作應有「法」的依據，這個「法」雖然採廣義解釋包括憲法、法律及其他法規，但最主要的依據仍為法律。行政權力也是一種具體執行法律的權力，而中央與地方就行政權的劃分，即指雙方執行法律的範圍也。

但是這種中央行政或地方行政的劃分，只是就權限之事實上執行劃分，所謂的「自行執行」(eigene Vollziehung) 及「委託執行」(Auftragsvollziehung) 兩大類。以中央或地方為執行單位，我國憲法區分三種執行方式：中央自行執行的中央行政（第 107 條）；或得交由地方執行的中央「委託行政」（第 108 條），及自治行政（第 109 條）。在自治行政，即由地方執行的方式，又可以有「委託」及「自行執行」之分，前者的自治委託行政，如省得委託縣來執行的省自治行政事項（第 109 條）；後者之自行執行，如省執行省立法（第 109 條）與縣執行縣立法（第 110 條）等三種方式❷。

聯邦未立法時，邦法即可自行立法規範之；一旦聯邦立法時，邦法與之牴觸者，即失去效力。故基本法第 31 條明定此「聯邦法破地方法」原則。德國這個制度頗值我國考慮，我國憲法第 107 條與第 108 條規定中央專屬立法事項，一旦中央怠於立法，而地方亦不能自行立法來填補漏洞，顯然使國家「立法機制」喪失，例如司法院釋字第 259 號解釋所涉及的地方自治法源問題。中央的立法院一直未依憲法第 118 條之規定制定直轄市自治法，只能依行政權所制定的行政命令，而不能由台灣省議會行使地方自治權力，如果採行德國共同立法的制度，且將自治法的制定權限列入之，恐較由行政命令規定，合乎民主原則。至於憲法第 108 條 2 項規定，前項二十款由中央立法並執行，或交省縣執行之事項，省於不牴觸國家法律內得制訂單行法規。此所謂的省單行法規，當指「執行」性質的法規而言，而非「填補式」立法權也！

❶ 「中央法破地方法」的原則，乃凸顯中央法的優越地位。我國憲法第 116 條亦有規定。但這種「中央法優越原則」，應指中央與地方互居上下隸屬的地位時方能產生，最明顯的乃地方制訂委託行政之執行性法規；至於地方立法事項侵及中央立法事權，即不稱為中央法優越原則。蓋，反之中央立法侵及地方立法事項，亦屬違憲，可否稱為「地方法破中央法」乎？所以，本原則恐應有中性色彩為佳。威瑪憲法第 13 條雖有「聯邦法破地方法」之規定，但認為地方法有與聯邦法牴觸之虞，得提請法院裁決之規定，但認為地方法有與聯邦法牴觸之虞，得提請法院裁決並不偏頗中央法，需由法院判斷地方法有無侵犯中央立法權。故本條文呈「中性」意義也。

❷ 我國憲法這種規定，顯然較接近奧地利的制度。依奧地利憲法（第 10 條以下），奧地利分權有四種情形：聯邦立法與執行、聯邦立法交由邦執行、聯邦為原則性立法後，交由邦制定施行法並實行之、以及邦立法與執行等四種。參見：R. Walter/H. Meyer, Grundriss des oesterreichischen Bundesverfassungsrechts, 6. Aufl., 1988, Rdnr. 264.

二、中央行政

中央機關自行依據中央立法來執行的行政，稱為中央行政或國家行政。中央機關乃國家設置在中央階層的機構，採行五權分立制的我國，立法院為中央立法機關，行政院為中央行政機關……，總統亦為中央機關。但由於考試權仍屬行政權之一，故我國中央的行政組織便包括行政院與考試院。中央自行行政即是由隸屬在行政院與考試院體系下的各級機關來執行之事務。此各級中央行政機關，可能分駐全國各地，例如軍事組織執行之國防行政、港口海關實施關務財政行政、國立教育機構執行教育行政……。這些派駐在地方的公務員即為「地方官吏」，而其同僚留在中央機構者，則稱為「中央官吏」（第 108 條 1 項 11 款）。

中央行政由中央主管機關（或稱主管官署）執行法律，通常由法律獲得制定施行細則，或頒布其他有關職務施行的命令之權限。同時對於所屬各機關及地方官吏得行使監督權與指揮權。依地方制度法 (94.06.22) 第 75 條 3 項規定，直轄市政府辦理委辦事項違背憲法、法律中央法令及逾越權限者，由中央主管機關報請行政院予以撤銷、變更、廢止或停止其執行。

中央行政雖為依據中央法律所執行之行政，其中央派駐在各地的機關及地方官吏，亦以執行中央法律為其職責。但非謂中央機關及其公務員有得拒絕執行與法律不牴觸之地方行政法規之權。所以依法行政原則對中央行政的執行而言，即不排斥地方法規（自治法令）❸，司法院釋字第 363 號解釋雖未明白指明，但推敲案由及解釋，當寓有此見解。

三、委託行政

如前所述，委託行政包括中央行政與自治行政的「委託行政」兩種。就委託機關與受託機關的權利義務而言，兩種委託行政皆相同的適用，但在國家整體執法方面，顯然中央行政的委託占了極重要的地位，故可以中央委託行政來予討論。

㈠委託的意志

憲法第 108 條規定中央立法並執行之二十款事由，可以交由省縣執行之。本條款

---

❸ 這也是德國的通說，BVerwGE 29, 57. Maunz/Zippelius, S. 121.

因此授予立法院與中央行政機關（由第 1 項 11 款的規定可知，包括考試院）能決定是否為執行之委託。除立法者可決定執行機關為中央或地方外，中央行政機關決定委託地方執行時，亦可產生委託的效力。易言之，此乃類似民事法的「單獨行為」，由一方的意志決定，即產生法律效果，而不論相對人之意思。中央委託省縣執行，可使省縣獲得執行權限，故應有一個要式行為，通常即由中央主管機關以行政命令之方式授權委託。

㈡委託的效果

中央委託地方執行時，地方以地方行政機關與地方公務員來執行此本應由中央自行執行之任務。但於受託執行的範圍內，地方機關有強制性接受委託的義務，可知中央與地方機構，有上級與下級的隸屬關係。因此，可衍生出下列三種關係：

第一、指揮權：中央機關得對受託的地方機關，行使指揮的權限，不僅可以就概括的執行職務頒布命令（例如職權命令），亦可就個案的處理予以具體指示。因此，地方機關與公務員便類似中央派駐地方之機關與地方官吏。

第二、法令制定權：地方執行委託任務，須遵循中央機關所制定的法規，但亦可由法律或中央機關獲得授權，自行頒布行政命令，作為執行之依據。憲法第 108 條 2 項已有省得制定單行法規以執行委託行政之規定。

第三、執行經費的分配：中央委託地方執行本應中央自行執行之任務，地方雖不得拒絕，但非謂地方應毫無條件的執行之，中央亦負有協助之任務。最明顯者乃對於委託行政的費用，應由中央負擔之。我國憲法非特未指明中央應負擔此項義務，且在第 109 條 3 項規定，各省辦理省立法與省行政或委託行政之事項，「其經費不足時，經立法院議決，由國庫補助之」。相形之下，交由省縣執行之事項，即未受到國庫補助之待遇。不過，依地方制度法第 70 條之規定，此乃中央應該「全額負擔之項目」，不得轉嫁於地方自治團體。因此地方即享有請求中央支付執行經費之權利❹。

㈢委託的衝突——執行競合問題

中央授權地方為執行後倘中央又為自行執行時，造成「執行競合」之情形，此時

---

❹ 至於地方自治團體這種向中央請求支付委託行政的費用，雖係公法財產權利，但地方自治團體此時既非執行自治行政時，相對於中央主管官署即非處於「準私人」的地位，所以無法經由行政訴訟的制度提起給付之訴。為補救此一漏洞，宜於地方制度法中增列一個「財政爭議」的救濟條款。明定中央與地方產生此種財務糾紛時，應循行政救濟途徑解決之。

應以「中央執行優先論」或先授權者之「地方執行優先論」？如果以法律安定性原則的考量，既然地方已獲中央授權執行，且該授權已由要式的行政命令頒布之，因此已具有了授權的法律效力。在中央未為撤銷此授權，因自行執行而產生競合時，並不能排斥地方之執行。此亦為人民對公權力之「信賴保護」也。

四、自治行政

㈠自治行政的機關

自治行政乃地方自治機構依據「地方自治」的精神，由地方來執行劃歸屬於地方立法的事務。依憲法的規定，地方自治行政為省執行之省行政（第 109 條），或由縣執行省委託之行政或縣行政（第 109 條、110 條）。自治行政便是由直轄市政府、縣政府——甚至還包括地方制度法（第 20 條）所擴張的鄉、鎮、市公所，所執行之行政。因此，自治行政乃地方自己的行政機關，執行地方立法事項，基於民意政治的要求，地方行政權力應受到立法權的拘束與監督，因此依法行政的原則，不僅在中央行政，也在自治行政的領域內受到適用。

㈡自治行政與人事權

自治行政與自治立法既是地方自治制度的兩大基礎，故地方自治立法機關，不僅在牽涉人民的權利義務方面，得為實體法的規範，使人民基本權利受到限制❶，同時，亦得為地方自治機構——例如行政機關、甚至監察機關——的組織設置權，但不得違反憲法的強制規定，例如憲法第 112 條與第 113 條的省民代表大會、省長、省議會，以及增修條文第 9 條之縣長與縣議員制度等。這種地方自治權便包括地方自治機關的組織權，可決定地方機關的人員編制、任務、與職稱。所以人事行政權應為行政權之一部分，在自治行政權方面，亦和中央行政無分軒輊❶。

---

❶ 我國憲法第 23 條對於限制人民權利的「法律保留」原則，若僅限於憲法第 170 條之法律，即會排除地方自治立法（自治規章），對人民權利限制的合憲性。故所謂的法律保留，應擴張解釋「法律」的概念及於地方自治立法方可。此從司法院釋字第 38 號解釋文後段之反面解釋可得知，至其憲法根據，則為憲法第 109 條、110 條。參見本書第十三節參二處。

❶ 台灣省政府在民國八十四年初決定於省政府內設置「省政委員」，引起與考試院、行政院齟齬的事件，依省縣自治法第 35 條雖未有此省政委員編制之規定，然依同法第 42 條之省政府組織規程由省政府擬定，經省議會同意後，報請行政院備查。因此對於省政府內人員的編制決定權，當可由省政府與省議會決定之，方符合地方人事行政權的自治原則。

因此，自治行政機關對於地方公務員的指揮監督即享有自主權力。但為了避免地方行政人事淪為選舉酬庸工具，以及地方行政在質與量方面，皆有法治化、專業化、與分工化的要求，因此地方行政「文官化」的要求也極為迫切已於前述！因此西方實施聯邦制者，率多比照中央文官體制，成立地方文官體制。例如德國各邦不僅建立仿效聯邦公務員法制定各邦公務員法外，也參照規範中央行政權運作之聯邦行政程序法，制定各邦行政程序法，以求中央與地方在人事任用制度與行政公權力的運作上一致性。即連實施單一國的日本，也分別制定國家公務員法與地方公務員法，使地方擁有人事權亦兼顧保障地方公務員的身分權利。

地方制度法第 55 條 2 項規定，直轄市政府置秘書長一人，由市長依公務人員任用法任免；其所屬一級首長除主計、人事、警察及政風首長，依專屬人事管理法律任免外，其餘職務均比照簡任第十三職等，由市長任免之。同法第 56 條 2 項，縣（市）長的人事權限亦同。此乃基於這幾種主管具有特別的資格要求，方有此依法任免之規定。對於其他地方公務員之任免，省（市）長的權限如何，則並未規定。不過基於地方公務員制度亦應有的身分保障與依法行政原則的適用，應認為地方行政首長不能擁有完全的任免自主權。本法未就各級地方自治機關應建立「常任」公務員的制度為任何規定，已反映出我國地方自治法制仍是一個十分簡陋粗糙的立法產物❶❼。

㈢自治行政與監督

自治行政亦須接受上級自治機關或國家中央機關的監督，此監督機關除了司法院職司審查省自治法有無違憲（第 114 條）外，依地方制度法第 75 條規定，直轄市及縣（市）辦理自治之監督機關為行政院主管機關，鄉（鎮、市）自治之監督機關為縣政府。是所謂的「自治監督」，而省政府現已無此權限。

既云「監督」也者，即可糾正下級自治機關行為之違法與不當之處。但是監督機關對自治機關所為的監督，以其是否為「委託事項」或純為「自治事項」，而有相當程度的差異。在自治機關執行委託事項時，既已立於委託機關之下屬機關，因此，得行使監督權者，不僅可就該委託行政之執行有無合法性——即所謂的「合法性監督」（或稱法律監督，Rechtsaufsicht）——也可就個案執行是否妥適而為監督——所謂的「目的監督」（專業監督 Fachaufsicht）或「目的性監督」(Zweckmaessigkeitskontrolle)。但

---

❶❼ 參見：黃錦堂，地方文官體系之研究，刊載：前述書，第 203 頁以下。

在自治機關執行自治事項時，此時監督機關僅得為「合法性監督」，而不及於「目的監督」，因為這種監督由民意機構為之較妥也 ⓲。新訴願法 (89.06.14) 第 79 條 3 項也有相同的規定。同樣的，大法官在釋字第 553 號解釋針對台北市里長延選案合憲性的解釋，也重申此原則。已廢止的省縣自治法第 54 條 1、2 項曾區分行政院對於省政府辦理委辦事項或自治事項的監督權限，對委辦事項如省政府已「違背中央法令、逾越權限」，和辦理自治事項時僅以「違背法律」為限，方得採行糾正措施。地方制度法第 75 條 8 項則對合法性監督有疑義時，可提請大法官解釋。兩制的基本精神不變！

肆、中央與地方關係的衝突

中央與地方權限的劃分以及地方自治制度的實施，不可避免地會發生中央與地方權限劃分的問題，甚至產生衝突。中央與地方發生衝突，亦為兩個「公法人」的權力有爭執，應如何解決？最常見者為司法途徑與政治途徑的解決兩種。

一、司法途徑的解決

㈠行政訴訟程序

司法途徑的解決可包括中央與地方就立法方面的爭議與個案執行之衝突兩種。

前者係地方自治之法規是否違憲或牴觸國家法律時，得請求司法院大法官解釋（憲法第 114、116 及 117 條）。後者則為中央對地方行政行使監督權時，地方對中央行使監督權之合法性有疑義時，得由司法途徑解決之制度。按中央與地方均須依法行政，因此其行政之法令依據即可能成為雙方爭議的重點。此乃因地方自治的監督，不論是自治行政或委託行政，皆須依法為之。且不論監督機關所為之合法監督或目的監督，其界分問題已牽涉中央監督範圍的大小，故仍須以法律的立場與牽涉事務的性質，加以判斷，司法途徑無疑是能公正解決此爭端之唯一途徑。因此，實施聯邦制的國家對於聯邦與邦的爭端，率多訴諸法院解決之。美國憲法第 3 條規定州與州的爭議案件，與聯邦為當事人一方的訴訟，皆為國家司法權的管轄範圍。另外如德國，採行獨立的行政法院體系，則為中央與地方職權衝突提供了行政訴訟的程序。自治監督機關對於地方機關之自治行政與委託行政，既有合法性監督與目的監督之分，也顯示出此兩種

⓲ 參閱拙著：行政法學總論，第 189 頁以下。

監督權限性質之不同。在自治行政的監督方面，監督機關即處於主管官署之地位，而地方機關處於「準私人」之地位。因此監督機關所為合法性監督之措施，具有行政處分的性質，地方機關不服時，得提起訴願（司法院院解字第 2990 號解釋之意旨），新訴願法第 1 條 2 項已將這種監督視為行政處分。故應循訴願、行政訴訟之途徑為之；前述司法院釋字第 553 號解釋也指同樣見解。反之，在為委託行政之監督時，既然地方機關處於監督機關之下級機關的地位，如同下級機關對上級機關之處置，多無救濟之權利可言，此時監督機關即非處於官署之地位，所施之目的與合法性監督措施，即非行政處分之性質，而是行政指揮權（指令）之性質，地方機關不得對之提起訴願也 ⑲。

㈡釋憲程序

如果中央與地方權限爭議並非「合法性」的問題，而是合憲與否時，可由釋憲的途徑解決之。例如德國基本法即規定聯邦與邦、各邦之間、各該邦內與地方團體發生公法爭議，以及侵犯地方自治權時，除非法律另有規定救濟程序（例如提起訴願），不在此限外，皆得訴請聯邦憲法法院裁決之（第 93 條 1 項 4 款、4 款 B）；而奧地利憲法 (1930) 亦規定中央與地方行政機關的職權發生衝突時，得由行政法院與聯邦憲法法院裁決之（第 15 條 2 項、第 138 條 2 項）。

司法院大法官審理案件法 (82.02.03) 第 5 條 1 項 1 款已許可中央或地方機關行使職權、適用憲法，發生疑義或因行使職權與其他機關之職權，發生適用憲法之爭議，或適用法律與命令發生有牴觸憲法之疑義者，得聲請大法官會議解釋。同時地方制度法第 30 條 5 項規定，地方自治法規與憲法、法律及其他上級法規有無牴觸時，由司法院解釋之。另地方立法機關所議決的自治事項（第 43 條）及辦理自治事項（第 75 條 8 項），有前述情形時，亦同。至於辦理委辦事項則不得聲請大法官解釋。然而，某件事務究屬自治事項，或委辦事項，中央與地方意見不一時，亦可由大法官解釋，是為當然之理也。地方制度法的新規定，並未清楚的體認自治機關在自治事項相對於監督機關所具有的「準私人」地位。因此所生監督措施，是否合法性的爭執，應循行政救

---

⑲ 這是所謂的「機關爭議」(Organstreitigkeit)，依德國學界的看法，這種爭議即有憲法爭議及行政法爭議兩種性質，不可一概而論。參見：H. Maurer, Allgemeines Verwaltungsrecht, 9. Aufl., 1994, S. 478. 德國行政法院法 (VwGO, 1960.01.21) 即有規定各級地方自治機關對邦政府或聯邦之行為，有違法情形時，得請求行政法院審理之權利（第 40、43 與 47 條）。

濟的程序，而非憲法訴願的程序❷。司法院釋字第 553 號關於台北市里長延選案的解釋也重申此原則。此外自治行政的事項極為瑣碎，倘若一切爭議皆需聲請大法官審議，以全台灣三百五十二個鄉鎮市，外加台北等六個直轄市，皆會產生此項爭議，大法官即承擔許多尚未達到憲法爭議程度，而屬於行政法爭議的案件。因此，是否過度耗損大法官的功能，且損及中央與地方的行政訴訟權利，當不無斟酌之餘地。

　　憲訴法在第七章也有關於地方自治保障案件可聲請憲法法庭為判決違憲的制度，可參見本書第三十七節貳五處之討論。

二、政治解決的途徑

　　中央與地方發生職權爭議時，亦有以政治手段解決者，此係不經司法程序，而由政治運作的方式處理之。採行此種方法的主要目的，係爭議具有政治性，或有迫切性質，以政治方式亦可較為彈性的解決，故為不具形式的解決方式。但偶有例外者，例如我國憲法第 115 條即規定省自治法實施中，如因其中某條發生重大障礙，經司法院召集有關方面陳述意見後，由行政院院長、立法院院長、司法院院長、考試院院長與監察院院長組織委員會，以司法院院長為主席，提出方案解決之。極明顯地為一種政治解決途徑，但顯無任何法律拘束力可言。同時現行增修條文第 9 條 1 項也已停止本條文之適用。此形諸明文的政治解決方式，即不存在矣。這種政治解決的方式較可實行於平行之地方機關間的權限衝突。例如地方制度法第 77 條規定中央與直轄市及縣（市）之權限爭議，由立法院院會議議決之；直轄市與直轄市，或與縣（市）之權限爭議，由行政院解決之；縣與縣及縣與鄉（鎮、市）之自治事項遇有爭議，前者由內政部會同中央主管機關；後者由內政部解決之。至於鄉（市、鎮）間的爭議，由縣政府來解決。但這些規定卻沒有什麼法律拘束力。這種僅提供程序規定、卻無法律效果的規定，能否真正解決爭議，頗令人懷疑。

---

❷ 新訴願法 (89.06.14) 第 1 條 2 項已針對此情形為規定，可提起訴願。

第四十三節　我國憲法的地方制度

壹、地方制度的結構

我國憲法第十一章規定「地方制度」,計分兩節:第一節「省」,第二節「縣」。所以我國地方制度分為兩級,連同中央成為三級制的政府組織,比起我國明清的五級(中央、省、府、州廳、縣)少了兩級。這是憲法的原始規定,並不能反映台灣現行地方自治的結構,此將於本節參處討論之。

憲法第十一章的制度中僅區分省與縣兩節,而無內地與邊疆之分,但在第一節「省」中第 119 條規定蒙古各盟旗地方自治以法律定之;第 120 條規定西藏自治制度應予保障。顯見第十一章的制度,特別是第二節「縣」——作為省的下級自治單位——便不適用於蒙古與西藏。所以我國的地方制度實區分為內地與邊疆自治的兩大體系。

一、內地的地方制度

我國的內地制度以省、縣二級為原則。至於直轄市則比照省的層次,以法律定之(第 118 條)。因此內地的地方自治制度,分為省、直轄市與縣。

㈠省

1.省的「次中央」地位

省為最高自治機關,起源於元代所設的十一個「行中書省」,明代改為十三行省,清初為十八行省,清末為二十三個行省;而行憲時則共有三十五個行省。省既是中央之外的內地廣袤疆域行政劃分的單位,因此在實施中央集權的我國,因人口眾多、交通不便等因素,使得省的地位益加重要。省不僅掌握行政權力,且享有極大的立法與司法權,故已具有類似國家的機能。在實施聯邦制的民主國家,中央之下的次一個政府組織,即為地方最高自治單位,其名稱可為州 (state),如美國;可稱邦 (land),如德國;或謂省 (province) 如法國與我國等,皆為地方自治的最高單位,享有依憲法保障之立法權(包括制定邦憲法)、行政權或司法權。因此此級的自治機關率非「虛級」機關。聯邦制國家為實施地方自治,避免分權至過多的權力主體,同時也基於聯邦制多以原有的地方單位聯合而成,故數目較為有限、且幅員有相當規模的「次中央」單位,例如省、邦、州,便分擔了中央政府之職權,因此地方自治以此單位為實施的「地域

基礎」，而不是虛級的制度。例如德國基本法第 30 條規定執行國家的權限與履行國家任務係各邦的職權，即是一例。

2.孫中山先生「聯絡功能論」

依據孫中山先生之建國大綱第 18 條：「縣為自治單位，省立於中央與縣之間，以收聯絡之效。」因此省並非自治單位，此參照憲法第 121 條規定「縣實行縣自治」，而憲法第 112 條即不言「省自治」之處甚明，可見得其對省自治功能的漠視。我國憲法秉承孫中山先生的理念，僅令省負有「承上啟下」的作用，擔負聯絡中央與地方（縣）的功能。孫中山先生這種見解，不僅與歷代重視省的地位不同，亦與西方聯邦制國家的制度迥異，諒係孫中山先生擔心因強調省級的重要，致使妨礙國家的統一；另一方面，也是因為當時軍閥小則盤據一省，大則割據數省，造成國家的分裂的局面，方才會持此「聯絡功能論」之見解❶。

3.省的組織

省應設有何種組織？基本上得由各省之省自治法決定之。憲法僅在第 113 條規定各省應設省議會，作為省最高立法機關；應設省政府，當作省的最高行政機關。同時為了保障省民自治的民主原則，省議員與省長皆應由省民直接選舉之。因此，除了省的立法與行政組織及其產生方式，已由憲法明文規定外，各省仍保有甚大的規範空間，此亦是地方自治權——包括「組織決定權」主要精神所在——。參閱本書第四十二節、參、四處。

惟此會引伸出另一個有關省級自治的制度問題。誠然各省應設置民選之省議員組成省議會與省長，然而其兩者之關係應否適用中央相同的制度？例如實施總統制的國家，各州是否亦應實行總統制？反之中央實施內閣制的國家，得否任諸地方實施類似總統制的州長、省長制度？此涉及到國家對地方自治與中央政治制度與理念有無「統一性」的考量。西方實施聯邦制國家，率皆採行中央地方「一致論」的制度，例如美國各州州長對州議會的優越權力，便類似美國總統對國會的關係；德國實施內閣制，各邦亦採行此種制度❷。

---

❶ 參閱：孫中山先生民權主義第四講 (13.04.13)。

❷ 德國基本法第 28 條 1 項規定各邦構建憲政秩序，應符合基本法的共和國、民主與社會法治國的基本原則。雖然此條款並未明言地方與中央之政治制度應為一致，但學界通說是採取贊同的見解，是為所謂的「政治基礎結構的同質性」(Homogenitaet der politischen Grundgefuege)。參見：Maunz/Zippelius, Staatsrecht, S. 115.

　　由憲法第 113 條僅有對省長與省議會的「組織規定」，而無「運作規定」，使得下述的一連串問題，例如：省議會與省長的關係，是否採行類似憲法第 57 條的制度，或是採行類似西方內閣制度，將省長的行政權操縱在省議會的手中？省議會有無「倒閣權」（不信任投票制）？省長有無解散議會之權限……等等問題，無法得到明確的解決。此固可解釋為憲法有意讓此問題，留待立法院或各省省民代表大會自行決定之。然而以我國行憲時有三十五個行省，如讓請各省自行決定，全國各省的省政制度，便會五花八門，似非一國良好憲政的現象。因此，吾人必須推論，此條規定恐乃制憲者未察地方自治與中央政治在體系的理念上有一脈相承的重要性。也反映出我國制憲者未具備較深厚的法律素養，致留下此實施「省級憲政」所需加以規範的「制度漏洞」。

㈡直轄市

　　直轄市的設置，乃別於省與縣之外所成立的自治單位。直轄市既以「市」為單位，顯示出其以眾多且密集的人口，作為單獨地方自治單位的考量。直轄市在位階上與省平行，直接受行政院之監督，所以類似外國國家的「特區」，如日本的東京都、美國的華盛頓特區，多半是在政治與經濟上佔有重要地位的都會，而為特別的建制。

　　憲法第 118 條僅簡單的規定，直轄市的自治，以法律定之。故為標準的「立法委託」，得由立法院以法律規定直轄市的設立依據，直轄市的行政、立法等組織與職權、選舉制度、自治監督……。是否應準用憲法有關省之規定，由第 118 條並無「準用」的規定可知，其答案應為否定，所以立法院享有極大的立法裁量權。

㈢縣

　　縣是我國實施地方自治的最根本單位，也是我國行之最久遠的地方組織，早於秦始皇滅六國後，改設郡縣，以萬戶者為設縣基準，超過者設縣令，不足者設縣長，皆由朝廷任命，中國實施中央集權制，自此開始。歷朝皆維持「縣」的制度，迄今已逾兩千年之久，這是世界各國政治制度史上難得的記錄。我國在宋代時已有一三八九個縣、清朝有一三五八個縣，至行憲時我國全國計有三千餘縣❸。

　　孫中山先生對於縣情有獨鍾，故在建國大綱中明定縣為自治單位，且將縣作為人民實施選舉、罷免、創制、複決四項直接民權的單位。所以孫中山先生越過了地方較大、人口較眾的「省」，而在更基層的縣，實施完全的自治。也希望人民由較基層、切

---

❸ 參閱：董翔飛，中國憲法與政府，第 619 頁。

身，且單純的地方自治事務，學習直接民權（訓政過程），而後全國才逐步實施真正的民權政治（憲法第 27 條 2 項）❹。

我國憲法第 121 條規定縣實行縣自治，此外對於縣自治的規定大體上與省無異。由此推論，縱使省未有如縣於第 121 條獲得「縣自治」的「制度保障」，但由「縣自治」的憲法規定，可知省亦實質上享有自治之地位與權限也。

惟縣自治與省自治規定唯一不同之處，是憲法於第 123 條中，有關縣民依法律行使四種直接民權之規定。易言之，除了選舉罷免權是省自治的當然制度外，省並不當然實施創制複決權。但縣自治則應該行使此二權利，甚至與選舉、罷免權應該「同步」進行。此外憲法將其鎖定在「縣自治事項」，故不至於因縣民實施創制複決兩權，而妨礙他縣、省及中央之立法權限。由此觀之，我國憲法第 123 條之規定，是極進步的條款，也完全體會與表達出孫中山先生對於縣民迅速實施四項民權，與訓練人民為成熟的「民國主人」之心意。故立法者應依憲法第 136 條之規定，制定創制複決的法律，俾使縣民得據以實行此四種民權。所以除了此條縣民應可即刻實施的創制複決兩權外，省自治與縣自治並無程度上的差別也。

二、邊疆的地方制度

邊疆制度僅實施於蒙古與西藏兩處。我國憲法第 119 條對蒙古「各盟旗」的地方自治制度規定「以法律定之」；但第 120 條對西藏僅云：西藏自治制度應予保障。顯示出兩者的巨大差異。

㈠蒙古地方自治

憲法第 119 條提及蒙古「各盟旗」之自治，顯然是以蒙古地方組織的「盟旗」作為自治的單位，猶如內地的省縣一般。所謂的盟旗，乃實行部落氏族的蒙古地區，本分為盟、部、旗，是行憲前之組織。然而外蒙古於制憲時已經脫離我國（參閱本書第九節參處），為何憲法仍制定本條文？可能係實施有蒙古人民之內蒙地區。然內蒙地區已有劃分熱河、察哈爾等省分。故此條文殊令人費解。憲法公布後，立法院本應依憲法第 119 條訂定蒙古自治法，但大陸旋即易手，該法並未制定。故外蒙古一日獨立於我國之外，本條文即喪失其規範效力，形同具文。

❹ 孫中山先生於民國五年在「自治制度為建設之礎石」曾云：「今假定民權以縣為單位，吾國今不止二千縣，如蒙藏亦能漸進，則至少可為三千縣。三千縣之民權，猶三千塊之石礎，礎堅則五十樓之崇樓，不難建立」。

㈡西藏地方自治

比較憲法第 119 條與第 120 條，可以獲得清晰的結論：西藏自治制度，非立法者的規範權限。所以我國憲法對西藏的地方自治，是一種無限制的保留，也是最明顯的「制度保障」。此乃因西藏是一個類似歐洲黑暗時期的「神權國家」，實施「政教合一」的制度，自元朝以來，西藏雖為中國之藩屬，然基本上為獨立的政體，歷朝也以懷柔政策待之。憲法本條文無疑的亦秉此傳統，讓西藏成為我國一個實質上獨立自治的區域。

然而憲法第 120 條僅云保障西藏自治，立法院不得以法律規範其自治制度，非謂國家的其他立法權或行政、司法權亦不及於西藏。地方自治誠亦有保持少數民族傳統文化的意義在焉，但提升落後地區人民知識與生活水準如同保障地區之安全一樣，亦是國家責無旁貸之義務。我國憲法基本國策第 163 條、168 條與 169 條已有明文規定。所以對於西藏地區除了保障其自治權、文化、宗教等基本人權外，更應用更積極的立法提升西藏人民的知識、生活水準及民主素養❺。

貳、地方自治實施的程序

一、憲法的規定

依據我國憲法地方自治制度的建立，先由立法院制定「省縣自治通則」，以此通則作為各省召集省民代表大會與各縣召開縣民代表大會，制定各省自治法與各縣自治法的準據。

除了立法院應制定省縣自治通則，俾使內地各省（縣）能有實施地方自治之法令依據外，還需制定直轄市自治法（第 118 條），以及制定選舉罷免法作為省民、縣民選舉罷免省（縣）長、省（縣）議員及其他自治人員之依據；制定創制複決法俾使縣民得行使此兩權於地方自治事項之上。

---

❺ 西藏實施的神權以及社會制度，在我國行憲時，仍與內地有甚大的差距，例如仍然實施一種叫「朗生」的奴隸制度，朗生世代為奴，形同牲畜，由奴隸主人生殺予奪，便是一個應該加以廢止的制度。參見：王向明編著，憲法若干理論問題的研究，中國人民大學出版社，北京，一九八三年，第 164 頁。孫中山先生對於西藏與蒙古的神權制度，亦甚為反對，在民權主義第一講 (13.03.09) 中，曾說過下列一句話：「現在供奉神權的蒙古，已經起了革命，推翻活佛，神權失敗了；將來西藏的神權，也一定要被人民推翻。蒙古、西藏的活佛，便是神權的末日，時機一到了，無論是怎麼樣維持，都不能保守長久。」

二、台灣地區實施地方自治的「變形」

　　台灣於民國三十九年七月開始實施地方自治，但至民國八十三年七月二十九日制定省縣自治法與直轄市自治法之前，近四十五年間的歲月裡，並未依照憲法的規定實施地方自治。在此期間所依據的法令僅為抗戰以前所制定的「省政府組織法」(16.07.18)，及台灣省政府制定的「台灣省各縣市實施地方自治綱要」(39.04.24)，以及行政院制定的「台灣省議會組織規程」(40.09.26)、「台北市各級組織及實施地方自治綱要」(56.06.22)、「台北市議會組織規程」(56.07.08) 及「高雄市議會組織規程」(68.06.25)……，完全違背憲法明定之法律保留原則。然而這種重大的「違憲法令」，卻在司法院釋字第 259 號解釋中確認可於立法院制定自治法律前，仍然繼續有用；且未為「警告性裁判」，宣示此重大違憲之法令應在一定期限內失效，以督促立法院從速立法。致使此一違憲的法令能夠再延長四年餘的壽命❻。因此我國在台灣實施地方自治的歷史和憲法的原本規定，可謂「南轅北轍」。

參、民國八十六年修憲前的制度

一、制度的立法程序

　　我國自民國三十九年實施「變形」的地方自治，雖經司法院釋字第 259 號解釋，承認在立法院制定自治法律前，當時由行政院與台灣省政府頒定的自治行政命令仍為有效，但本號解釋亦若干程度的指出地方自治制度的違憲事實。地方自治的「法制化」，也達到不容再拖延的程度。為此，在民國八十六年修憲前，為實施地方自治法制化，先後經過修憲與立法兩個程序，構建了一個短暫壽命的地方自治體系：

㈠修憲

　　國民大會在民國八十一年五月增訂條文第 17 條（八十三年增修條文第 8 條），規定立法院應制定台灣地區省縣制度的法律，不受憲法相關條文的拘束。此改弦更張，使得地方自治不必先由立法院制定綱領性質的「省縣自治通則」，再勞師動眾的召開省

---

❻　大法官會議在本號判決後兩個月，即公布著名的釋字第 261 號解釋，毫無猶豫的使用「警告性裁判」，促使第一屆中央民代的去職。時隔兩月，同一釋憲者對違反憲法精神的制度所懷有的「忍耐度」竟有如此大的差別，亦頗令人驚愕也。

民代表大會與縣民代表大會各自制定相當於「省憲法」與「縣憲法」的省自治法與縣自治法。由立法院統一的為台灣省省民與各縣縣民決定之。可以收簡易、快速實現台灣省縣制度法制化之目的，雖在尊重地方民意的觀點上，和我國憲法強調省縣自治的精神相去甚遠，反而與日本憲法第 92 條關於地方自治的組織與權限由立法者決定之制度，如出一轍。不過以台灣地區幅員狹小，立法院與省議會的民意相重疊，這種改變亦無可非議。

㈡立法

　　立法院隨於民國八十三年制定兩個台灣實施地方制度的準據法：省縣自治法 (83.07.29) 與直轄市自治法 (83.07.29)。這兩個法律基本上係將以往實施地方自治的法令，例如：台灣省政府制定的「台灣省各縣市實施地方自治綱要」(39.04.24)、「台北市各級組織及實施地方自治綱要」(56.06.22)……，加以修正後，取得法律的地位，因此不僅是各級地方自治的組織、權限皆與立法前無太大的變動，此次立法僅將四十五年來「違憲變形」的地方自治現實，套上合憲性的外衣，故僅有彌補外在合憲性欠缺的功能，並未真正檢討憲法原本規定對台灣地區的不適之處——例如省長的直接民選——，以及過去既有的自治制度，未能真正符合台灣地區實施自治的要求，所以本法的產生具有濃厚的妥協性❼。

　　大法官在釋字第 481 號解釋中，也對於省縣自治法（第 64 條）規定「轄區不完整」之省（指福建省）得由行政院規定其議會及政府之組織。從而金門縣及連江縣不能依該法成立福建省政府及省議會，認為合憲。

二、地方自治的組織

　　我國目前地方自治，雖分為省、直轄市、縣與鄉等四級，但地方自治的準據法「省縣自治法」與「直轄市自治法」的內容與理念架構，基本上無甚差異，且同日公布，可稱之為「姊妹法」。而省與縣、鄉自治雖有層級不同，但無論在行政權與立法權的關係或自治事項的劃分等，皆大同小異。故僅需對「省」的自治制度加以討論，即可粗窺我國各級地方自治制度的大概，惟對鄉自治及省自治亦可再加以討論：

---

❼ 同樣見解，參見：黃錦堂，論省與直轄市之自治——一省二市之困難以及克服，刊載氏著：地方自治法治化問題之研究，月旦出版社，一九九五年，第 15 頁。

㈠鄉自治的憲法依據

台灣地區地方自治組織，除依直轄市自治法設置直轄市外，省縣自治法（以下簡稱「本法」）第 2 條規定，計分為省、縣（市）、鄉、鎮、縣轄市（以下簡稱「鄉」）。因此地方自治組織採行省、縣及鄉等三級，而非憲法所原定的省縣二級地方自治單位。憲法第 121 條規定以縣為自治單位的「縣自治規定」，亦為本法第 2 條所取代，且增修條文第 9 條亦未規定憲法第 121 條應予停止適用，且未規定創設「鄉自治」的規定。因此，雖然增修條文第 9 條賦予立法院較大之權限以規範地方制度，但既然該條文明定省縣地方制度，且憲法明確維持以縣為自治單位的旨意，所以鄉得否取得自治權力，而由縣劃分出來，恐亦有合憲與否的問題。

㈡省的自治制度

本法依憲法與增修條文的規定，設置由民選產生的省長組織省政府（本法第 35 條），與民選產生最高額七十九名的省議員，組成自治立法機關之省議會（第 17 條）。省長與省議員的任期皆為四年一任，省長連選得連任一次，省議員則不在此限。省長與省議會的關連如何？可略述兩者之職權如下：

1.省長

省長負有綜理省政與指導監督所轄縣（市）自治之權。省長既享有省政的綜理權，也享有極大的人事權力，例如得決定副省長兩人之人選，以及省府一級首長機關——除（常任）副省長、主計、人事、警政與政風主管，由省長「依法任免」外——均由省長任免之 ❽。至於其他省政府之公務人員的任免，既然人事首長的任免已非省長所能完全決定，而需依法為之，故本法並未授權省長擁有此權限，因此應依其他地方人事法令決定之 ❾。

2.省議會

依本法第 12 條之規定共有二十八項自治事項，超過憲法之第 109 條中的十二項甚

---

❽ 本法對此五種首長的任免，加上「依法」任免兩字，乃此些人選應符合任官資格的規定，例如副省長應具有簡任十四職等之資格；或其任命權限依法另有由其他主管機關為之，例如人事首長的任免依「人事管理條例」(72.07.22) 第 8 條的規定，其權限在於銓敘部；政風人員依政風機構設置人員條例 (81.07.01) 第 9 條；主計人員依主計機構人員設置條例 (70.12.28) 第 18 條。然而，對於只需有一定資格，方得擔任職位者——例如警察首長如有符合資格者，即可由省長決定之，此乃警察的遴用與管理權依警察人員管理條例 (72.11.21) 第 9 條之規定，得由內政部或省（市）掌握，故省長（市長）對於警察首長的任免權顯然較其他各首長的自主性來得更大。

❾ 例如銓敘部所制定的「地方人員人事管理準則」(56.06.19)。

多。其中大多事項固屬憲法第 109 條所規範者，然亦有多處為新增的省自治事項。例如憲法第 109 條 1 項 11 款的省慈善事業，即因本法而再細分為第 12 條 17 款的國民住宅、第 19 款的省公益慈善事業、第 21 款的國民就業服務、第 23 款的省福利事項等。但仍有一些並非憲法賦予地方自治立法權者，如第 10 款的省觀光事業、第 22 款的省勞工行政（此依憲法第 108 條 1 項 13 款明定為中央立法之事項）與第 26 款的省新聞事業等皆是。由於憲法增修條文第 8 條並未擴張省的立法權限，本法擴張憲法所定省立法的範圍，是否侵犯中央立法權限，不無可議。又本法第 12 條關於省自治事項的規定，與第 13 條規定之縣（市）自治事項，與第 14 條鄉（鎮、市）自治事項，幾乎完全一致。除延續原台灣省各縣市實施地方自治綱要第 15 條的規定外，此三級地方自治組織的自治權限對同一事項均享有立法權限，亦即只是高低層級不同。易言之，省議會得對某一事項（例如省觀光事業）為省法規的規定，縣與鄉皆應遵守之，而縣議會亦得為縣規章之規定，鄉民代表會又可再為鄉規約之規定，以最基層的自治單位「鄉」而言，其對觀光事業縱有立法權，但既不能牴觸縣規章與省法規，顯然鄉民代表會對其所屬的自治事項（鄉觀光事業），幾乎無規範空間可言。因此本法對三級地方自治機關賦予同樣的自治事項，顯然忽視就種類而言，地方自治權限劃分者，乃是「水平劃分」也。

除了省的自治事項得作為省議會在省法規內加以規範的內容外，本法第 18 條亦規定省議會議決省預算、議決省特別稅課、臨時稅課與附加稅、議決省財產之處分……等共計十項之職權。然而省議會的決定，並非即取得「執行力」，還有待省政府的「執行意志」來配合，此即省議會與省政府「互助」關係之問題。

3.省長與省議會之關係

本法對於省政府與省議會的關係，是否採納類似美國的總統制──總統不對國會負責，而向選民負責──，或採類似內閣制的省長向議會負責？由本法的規定顯然較為偏向前者，此可由本法第 21 條的省議會決議「無強制力」，以及第 22 條的「準覆議」制度，得以見之。

本法第 21 條規定省政府對於省議會之議決案，雖有執行的義務，然若省政府不予執行或執行不當時，省議會僅得「請其說明理由」，必要時得報請自治監督機關──行政院，邀集各有關機關協商解決之。省議會的決議，幾乎完全沒有強制力；且行政院的協商結果亦毫無法律效力，省政府如堅持己見，行政院無法定強制力可言。如果省

議會能類同內閣制國家的議會一般,對向其負責的行政首長行使「倒閣權」,才有實質的拘束力。

本法第 21 條樹立了地方自治行政權不必向立法權負責的制度,甚且不必尊重立法權,民意機關亦無可奈何也。此與憲法第 57 條行政院向立法院負責的制度不同。本法並未遵守一般民主國家中,中央與地方之基本政治制度應有「同質性」(Homogenität) 的要求,甚至反其道而行❿。不僅省政府對省議會的決議得有此「不執行」之權,各級地方自治行政機關(縣政府及鄉公所)依本法第 21 條之規定,亦同省政府一般。故台灣地方自治的民意機關,已喪失應有的尊榮地位矣。

本法第 22 條創設的「準覆議制」規定省政府對於省議會所為的議決省法規、省預算、省特別稅課、省財產處分、省政府與省屬事業機構組織規程、省政府提案及其他依法律或中央法律賦予之職權,如認為窒礙難行時,得於議案送達省府三十日內,敘明理由,送請省議會覆議,覆議時如有出席議員三分之二以上維持原議案,省府應即接受。至於省議員提案事項或接受人民請願之決議,省政府認為執行有困難時,僅需函覆省議會即可。本條文清楚的承襲自憲法第 57 條 3 款之覆議制,然而僅是「類似」而已。按倘若覆議結果,省政府不願接受之,省長亦不必如同行政院長,後者在覆議不成功,且不願接受時,唯有辭職一途。省長仍可繼續擔任省長的,因此本條文可以稱為「準覆議制」而已。但其再度反映出省長可以忽視絕大多數省議員的意見,也是「推論」省長所享有的民意基礎,顯然「優越」省議會所獲得的民意基礎。此種「準覆議」的制度,同樣的實施在縣與鄉級的自治機關。

綜上所論,我國地方自治法所樹立的「強勢行政權」制度,除了容易造成「府會關係」的緊張外,也不能反映議會制度所代表多重民意與政黨協商的精神。民選地方行政首長一旦獲選後,由本法賦予的權力,即非議會所可制衡,形成「行政權獨大」的後果,恐怕此制度是否真正符合民主精神?就有待吾人仔細觀察本法是否會造成地方「葉爾辛效應」了❶。

---

❿ 參閱❷處。

❶ 與本法有「姊妹法」關係的「直轄市自治法」實施後,台北市首次組成的台北市政府,陳水扁市長立即與議會形成惡劣與火爆的「府會之戰」,而民國八十六年修憲的「凍省」決定,恐怕與民選省長宋楚瑜聲勢的飆漲不無關係,本書的擔心不幸言中矣!

三、地方自治的監督

依本法關於地方自治機關監督所採行之方法，計有糾正、代行兩種。

㈠糾正權

糾正，乃撤銷、變更、廢止或停止執行之措施，是屬於形成權的性質。依本法第54條規定，各地方行政機關辦理委辦事項與自治事項，如有違反上級法令或逾越權限時，自治監督機關皆可為此糾正之權限。至於地方自治機關辦理自治事項，有無違背中央或地方法令發生疑義時，得由司法院解釋之，在司法院解釋前監督機關不得行使此糾正權。是為對監督機關糾正權的唯一限制（本法第54條8項）。

㈡代行權

本法另一個監督權限乃是本法第55條規定的「代行」制度。所謂的「代行」係類似行政執行法 (87.11.11) 第29條間接執行中的「代履行」(Ersatzvornahme)。本法此條文規定對於省政府、縣政府及鄉政府等地方之自治機關依法應為之執行而不為，適合代行者，得由監督機關代行處理。但如同行政執行法對代執行應先予警告，逾期仍不為時，方得為代履行一樣。本條文亦規定，自治監督機關亦有此「警告」（或稱為「催告」）之義務。但情況急迫者不在此限。

糾正與代行，為自治監督機關，排除地方機構違法作為與不作為之行為。但明顯的，由代行制度得以發現自治監督機關並無「接管」地方自治機關之權限，亦無逕行命令任何一個地方機關或人員為一定行為之權限。因此，如果地方機構應作為而不作為時，且不能代行或不易代行時，則上述監督的效果即難彰顯。例如一省離中央的監督機關行政院甚遠，實難想像代行的可行性。因此必要時，應得由監督機關派員暫時性質、個案性質的「接管」，不失為可行的辦法。這是德國憲法學所謂的「聯邦強制」(Bundeszwang)，乃針對地方機關如有不履行對中央的義務或有違反對中央的「忠誠」──所謂的聯邦忠誠 (Bundestreu)──義務時，中央可採行強制手段❷。惟派員接

---

❷ 最明顯違反「聯邦忠誠」原則的例子乃一邦宣布脫離聯邦、發動叛變、拒絕執行聯邦法律、封閉邦界……，德國威瑪憲法第40條1項已規定當任何一邦有違反此義務時，聯邦總統得運用兵力平定，稱為「聯邦執行」(Reichexekution) 制度，此制度也延伸到總統得撤銷邦政府的首長之職位，定期改選，並派遣「聯邦督導員」(Reichsbeauftragter)，暫時處理督導邦政府。由於這種手段極為激烈，因此德國學者 O. Buehler 稱呼威瑪憲法兩大「引燃點」(Brennpunkte) 便是威瑪憲法第48條規定的總統聯邦執行權與獨裁權（緊急命令權）。參見 O. Buehler, Die Reichsverfassung vom 11. August 1919, 3. Aufl., 1929, S. 76. 德國現行基本法第37條雖仍維持此聯邦

掌地方機關行使指揮權限，已破壞地方機關的指揮體系，且亦引起被接掌機關的反彈，造成地方公務員不聽號令的副作用。因此必須是極重大的事件，方得為之。此乃採行任何強制措施，皆必須是為「最後手段」(ultima ratio) 方可，也才符合比例性的原則 ❸ 。

肆、民國八十六年修憲後的制度

民國八十六年修憲增修條文中最受爭議的條文為第 9 條，俗稱為「凍省」的規定。依此規定：

⑴省政府改回委員制（九人，一人為主席），省長一職取銷，省主席及省府委員由行政院提請總統任命之。

⑵省議會改為省諮議會，省議員改為省諮議員，不再民選，而由行政院長提請總統任命之。

⑶縣的自治制度——包括縣長、議員的產生方式及其職權，維持不變。

⑷本屆（第十屆）省議會及省長（第一屆）的任期至民國八十七年十二月二十日屆滿時，不再補選，亦即自彼時起實施新的省自治制度。

⑸新制度將以制訂特別法之方式實施之。

此次修憲通過「凍省」的條文是在以省政府為首的反對聲浪中通過，可知此新制對省政府帶來的衝擊。這次以提升國家行政效率，避免行政機關疊床架屋所做的變革，還必須透過立法的修正配合。

強制的制度，但減弱其語氣而不提使用兵力，且以通過聯邦參議院同意為前提，執行者則為聯邦政府或其所派之督導員。同時，為避免引起聯邦與邦的摩擦，多半待聯邦憲法法院判決後（見❸），聯邦才願行使此強制權，不過基本法實施後，尚未有過使用之前例也。

❸ 德國威瑪憲法第 15 條規定聯邦實行監督權時，除能頒布一般性質的職務命令（非個案的指令）外，能派遣督導員至地方最高機關，且獲得其同意後，該督導員能再至更基層地方機關監督聯邦法律被執行之情形（第 2 項）；聯邦對法律執行情形產生疑惑時，地方政府有義務加以排除。如果雙方不能滿足此答覆時，得向國事法院 (Staatsgerichtshof) 提起訴訟（第 3 項）。所以德國聯邦的監督權雖已創設督導員制度，但僅有「瞭解真相」的作用，不似❷所派遣的督導員擁有接掌機關的權力。現行基本法第 84 條、85 條亦延續威瑪憲法第 15 條的制度，對於委辦事項得派督導員至各級地方政府瞭解執行情形與閱覽相關檔案（第 85 條）。至於其他事項，該督導員僅能派至邦最高行政機關「瞭解」執行的任務。當該邦最高行政機關同意時，方得至其他基層機關調查。如邦最高機關不同意時，得請求聯邦參議院同意之，對於聯邦監督的疑義，得訴請聯邦憲法法院裁決之（第 84 條）。參見：許宗力：論國家對地方的自治監督，刊載氏著：法與國家權力，民國八十一年，第 362 頁以下。

立法院遂於民國八十七年十月通過「台灣省政府功能業務與組織調整暫行條例」(87.10.28)，這個屬於「措施法」的條例適用期限只有二年十日，即民國八十七年十二月二十一日起（此是憲法增修條文第 9 條 2 項規定第一屆台灣省省長及第十屆台灣省議會議員任期屆滿之日）至民國八十九年十二月三十一日為止（本條例第 22 條）。這個「凍省善後法」規定了兩年的過渡時期有關省政府人員、機關及職掌的移轉、歸屬與分配的問題，除重複增修條文的規定，於此不贅外，其規定之主要內容為：

⑴省政府除改為九人的省政府委員（一人為主席、一人為副主席）外，省諮議會置諮議員二十一至二十九人，由行政院長指定，指定一人為諮議長，任期三年，並為無給職。任務為對省政府業務提供諮詢意見（見第 20 條）。省諮議會已不再為民意機關。

⑵省政府為行政院派出機關，台灣省為非地方自治團體。省政府受行政院指揮監督縣（市）自治事項、執行省政府行政事務及其他法令授權或行政院交辦事項。

⑶省政府原掌管事項，調整移轉中央各主管機關或各縣（市）政府辦理。基本上，行政院得以命令決定原省政府權限的劃分與移轉（第 4 條 5 項）。省營事業、學校……等亦同。

⑷省政府所屬機關之人員的轉調、歸併、資遣及自願退休的優待……等。

本「善後法」雖然針對台灣省政府而發，故同條例第 21 條規定省縣自治法有關省自治之規定，自本條例施行之日起停止適用。省縣自治法遂變得殘缺不全。立法院於是於民國八十八年一月通過地方制度法 (88.01.25)，將前述善後性質的暫行條例予以法制化，並且將省縣自治法（除去省自治部分）及直轄市法的相關規定一併納入，並廢止該兩法。由於本法的立法時間倉促，本法又屬於「拼湊」型立法，所以並未對目前地方自治的體制有太大的變動。但本地方制度法亦有幾點值得重視：

⑴省諮議員的人數減少：由五人至二十九人，很明顯的是以福建省諮議會的規模所做的人數下限縮減（第 11 條）。

⑵地方自治法規的處罰力：地方自治團體經立法機關通過，並公布者稱「自治條例」，但在直轄市稱法規，在縣（市）稱規章，在鄉（鎮、市）稱規約❶，惟有直轄市法規及縣（市）規章得對自治事項訂罰則——包括罰鍰最高不得逾十萬元（可連續處

---

❶ 此「自治條例」的名稱極不妥，極易和中央法規標準法第 2 條規定之由立法院所通過的「條例」混淆。

罰）及其他諸如勒令停工、停止營業、吊照……等行政罰（第 26 條）。

　　(3)省監督省地方自治的權責薄弱：本法最大特色是將省的功能刪除。本法第 8 條 1 款雖規定省政府「受行政院指揮監督」縣（市）自治事項，但第 75 條 4 項規定當縣（市）政府辦理自治事項違憲、違法及其他法規時，卻由中央各該主管機關報行政院予以糾正，完全無視省政府的存在；第 76 條對於上級監督機關代行權的規定，亦不予省政府任何代行權。省政府已毫無「行為能力」，地方制度法已達到「廢省」及「廢省政府」的目的。

　　然而，大法官在釋字第 467 號解釋針對八十六年修憲「凍省」後的省之地位問題，還認為「省為地方制度層級之地位仍未喪失，惟不再有憲法規定之自治事項，亦不具備自主組織權，自非地方自治團體性質之公法人。符合上開憲法增修條文意旨制定之各種法律，若未劃歸國家或縣市等地方自治團體之事項，仍歸省之權限，且得為權利義務之主體者，於此限度內，省自得具有公法人之資格」。

　　這號解釋表明省仍有「剩餘權」，只要未由法律移走之職限，仍可由省來承擔，也才具有公法人之資格。省仍有「食之無味，棄之可惜」的剩餘價值了。所以未能承認省自治是憲法的制度性保障，也就不能為日後大法官挑戰修憲是否有「界限」的問題（釋字第 499 號）解釋，埋下了伏筆。

　　儘管如此，民國八十八年九月修憲時又修正增修條文第 9 條 2 項：台灣省政府之功能、業務與組織之調整，得以法律為特別之規定。此崇高的修憲條款可算是為已遭地方自治法「廢掉」的台灣省政府送上一篇祭弔文吧！

伍、台灣地區實施地方自治的檢討

　　我國自民國三十九年實施地方自治以還，實施的地方自治制度，並非符合憲法原本的設計，固然地方自治的法令缺失，亦可反映出我國在動員戡亂時期，國家整體發生「憲政失調」的病症。如今雖然解除動員戡亂，回復到承平的憲政狀態已十年，同時憲法增修條文也一再授權立法院制定重新規範我國地方自治制度的法律，然而如同本書已一再表示者，先後制訂的四個法律都是「頭痛醫頭」式的立法，未能整體與根本的規劃我國地方自治制度的問題。最多僅有「漂白」動戡時期違憲自治制度的作用，也有遷就現實及政治鬥爭的意義而已。

　　我國憲法第十章的「地方制度」規定，恐係整部憲法中呈現「水土不服」與「老

化」最嚴重的部分，甚至到已喪失「憲法生命」之程度。所以憲法本章中處處可見形同具文的條款。因此我國應仔細就下列幾個方向，來重新構思我國地方自治的制度：

第一、以我國在台灣幅員之小，在僅有一省與六直轄市的地區內，尚且有一個五院制的中央政府，此情況已遠非制憲時我國仍有三十五行省的廣袤疆域可言。同時若省政府並非虛級，加上省長民選所擁有的民意，比照起行政院長未經民選，省長的民意基礎，恐非行政院長可比。甚至總統民選後，如其得票數少過省長，亦可能——非在法政學理，而是在一般社會的觀感上——省長的民意基礎超越國家元首。這種地方凌越中央的制度，顯示出目前我國的制度，可能會造成「幹弱枝強」，極易產生中央與地方權力的失調，故民國八十六年修憲的凍省規定不無理由。

第二、如果我國採行「廢省」，或是重新採納孫中山先生的省「聯絡功能論」，不僅以實施「省虛級化」為已足，更應採行「大都會區」制度。吾人以為我國在台灣幅員規模應徹底採行單一國制，例如日本的制度。以台灣南北僅三百餘公里的距離，交通與通訊的便捷，我國實無須成立中央一級加上地方三級，總共四級的政府與民意機關的組織，來行使國家的統治權力。如果能縮減成中央與縣的兩級制度，增加直轄市的數目，及擴充直轄市的管轄範圍，便能使之成為具有充分資源與能力處理垃圾、捷運與社區整體發展需求的「大都會區」。因此我國似乎應朝大規模的區域重劃的方向努力，不妨以目前二十個縣市為重劃主體，將為數達三百五十八個鄉（鎮、市）予以裁併❶，亦是腳踏實地的務實態度也。民國八十六年七月完成修憲後，國民黨與民進黨簽署一個協議書，決定於下次修憲時將凍結鄉、鎮長的選舉，但此舉也必須隨後進行行政區合併，才能使新的「大都會區」理想早日實現。但令人遺憾的，此協議在八十八年修憲時，已不復為人提起。

第三、規劃地方自治的組織與其權限時，應對於行政權與立法權的關係，加以慎重的定位，且應與中央的類似制度相一致方可。我國目前對於各級地方行政首長的優勢地位，顯係過度重視其經過民選所獲得的民意基礎，這種造成行政權力不能受到民意機構的制衡，容易影響到中央層次的行政與立法的關係，造成負面的影響。吾人寧願認為此乃我國「地方自治法制化」的「試行時期」，才會產生此種不甚妥適的制度也。

---

❶ 參閱黃錦堂：行政層級區劃暨相關法制調整問題之研究，刊載：❼之前述書，第 287 頁以下。

　　綜上所言，地方自治制度的改進，當不可認為已經完成。正如同我國憲政的改革，完成凍省後，仍須進行凍結鄉、鎮長的選舉，但亦必須裁併縣、市成為幾個大都會區，故仍有一段漫長的道路（參閱本書第四十八節肆），地方自治制度的全盤更新，當亦是此改革中最重要的一環也。

第十三章　基本國策

第四十四節　憲法基本國策的制度

壹、憲法的「第三種結構」

　　憲法第十三章「基本國策」是我國憲法最富有特色的一部分。顧名思義，基本國策係規範國家整體發展的基本方向與原則。儘管基於民主原則與政黨政治的實施，使各政黨得以交替執政，但無論政黨間意識型態、政見訴求與選民背景的歧異，皆不能夠悖離此一方向，因此，儘管國家的政治與政策決定具有彈性與動力，但基本上仍不能偏離憲法基本國策所規定的大方向。

　　「基本國策」的入憲，象徵其具有異於傳統憲法結構的時代意義。傳統憲法係根據憲法目的而具有兩大任務——基於權力分立原則，來構建國家權力的組織；與避免政府權力濫用以保障人民基本權利。故傳統憲法即規定國家機關之權限，以及臚列出各種人民基本權利，作為憲法的主要內容❶。基本國策成為「國家發展的指針」(RichtlinienderStaatsgestaltung)，所有的國家權力均有遵循之義務，所以基本國策的規定，成為憲法中國家機關與人權規定以外的「第三種結構」。

　　這個憲法規範的新領域，同時以其蘊含明顯的意識型態及價值判斷，除了指示立法機關具體的立法方向外，亦提供憲法解釋的理論依據。因此，基本國策使憲法學注入豐富而嶄新的研究素材。誠然，在國家機關「分權思想」與人權規定中亦有類似的理念，只不過在基本國策中此種人道主義更為濃厚。所以從基本國策的規定，就可瞭解制憲者面臨國家新的憲政秩序即將展開之際，所懷抱的人文思想，樹立憲法的立國精神與國家任務的大方向。

貳、制度的起源——德國威瑪憲法的濫觴

　　各國憲法中首先採納具有濃厚意識型態與社會主義思想的條文者，係蘇俄於一九一八年四月頒布的俄羅斯蘇維埃憲法。本憲法明白廢除土地私有制，並將森林、水利

---

❶ 孫中山先生在民權主義第一講 (13.03.09) 曾云：憲法者，國家之構成法，人民之保障書也。可見孫中山先生對憲法的認識仍是十分的傳統。

與生產工具收歸國有，並保障工人享有出版、集會自由與完全的免費教育，強調無產階級專政，消除資本家與地主的剝削……等帶有濃厚共產社會主義色彩。然而以蘇聯係專制的共產國家，其憲法並未能發揮憲法應有控制政府權力濫用及保障人權的功能，因此由比較憲法的角度而言，該憲法僅可以視為蘇聯共產黨政治運動的一個文件，鮮有憲法學討論的價值❷。

　　民主國家的憲法中首先採行此種制度者，為次年制定的德國威瑪憲法 (1919)。德國在第一次世界大戰戰敗後，民生凋弊、百廢待興，甫誕生的共和政體，公布了一部具有強烈理想主義色彩與社會福利思想的憲法。此部憲法揚棄以往憲法僅單純的規範國家機關、國家權力運作程序與人權的保障，而增添甚多有關將來國家發展的方向，與國家任務的重新定位之規定，顯現制憲者對於根據本憲法所成立之政府與國會的殷切期待。

　　在結構上，威瑪憲法未如我國憲法將有關基本國策的條文別立專章規範之，而是摻雜在憲法第二篇「人民基本權利與義務」（第 109 條以下）之中。威瑪憲法此篇共分為五節：除第一節「個人人權」(Einzelnen) 係規範傳統的人權規定（例如平等權、國籍邦籍權、遷徙自由、移民自由、人身自由、居住自由、罪刑法定主義、通訊自由、新聞自由等），以及第三節的宗教與宗教團體係專就信仰與宗教問題為規定外，第二節的「共同生活」(Gemeinschaftsleben) 與第四節的「教育與學校」(Bildung und Schule) 與第五節「經濟生活」(Wirtschaftsleben) 融入甚多基本國策之規定。舉例言之：在「共同生活」節規定集會結社自由、選舉權、訴願權、地方自主權、服公職權利及公務員制度等人權規定與納稅義務，尚有規定國家負有特別的保障婚姻及扶助母性及多子女家庭之義務（第 119 條）；非婚生子女之身、心、社會發展，應以法律規定與婚生子女受同等待遇（第 121 條）；青少年應予保護，免受剝削、以使其道德、精神、身體不致敗壞，國家與地方應設置提供青少年福祉的必要機構，並應立法保障青年之權利（第 122 條）。在第四節的「教育與學校」，除規定藝術與學校自由及國民教育的義務外，復規定國家應廣設公立學校（第 146 條）及學校應進行公民與民族諧和的教育（第 148 條）；國家應保障藝術家與學術人士的生活（第 142 條）等。但最重要者為第五節

❷ 例如威瑪共和時代，著名的卡爾·史密特便認為威瑪憲法乃徘徊在建立一個傳統的自由主義、資本主義或社會主義的國家理念的「重大抉擇」之間 (grosse Alternative) 所為的妥協性決定。參見：C. Schmitt, Verfassungslehre, S. 30.

的「經濟生活」。在本節的十五項條文中（第 151 條至第 165 條），除少部分是傳統的人權規定——如契約自由、財產權與繼承權的保障——外，基於社會正義的理念而特別揭櫫財產權負有維持公益的義務（第 113 條），土地分配與使用應使每個德國人擁有一個健康的居住環境，任何德國的家庭，尤其是子女眾多的家庭以及退伍軍人，應保障其擁有適當的房屋得以居住。為解決房荒得徵收土地，地方對社會負有義務（第 155 條）。國家得經立法，將特定產業收歸國有（第 156 條），國家應特別保障勞工及其結社權利（第 157 條、第 159 條），國家有廣泛保障人民健康、勞動、母性、老弱婦孺之社會立法義務（第 161 條）；人民有勞動的權利與義務，人民應有經由工作獲得薪資的機會，國家應立法給予失業者救濟金（第 163 條）；國家應透過立法與行政之方式，扶持農工商業的中產階級人民（第 164 條）等，甚多的基本國策的規定。

從上述威瑪憲法的第二篇「人民基本權利與義務」（第 109 條至第 165 條）總計有五十七項條文之多，占威瑪憲法所有一八一條條文幾近三成的比例，在世界各國憲法中，罕見有能與相提並論者。人權規定如此數量的眾多，自然也意味其性質已非傳統的人權概念所能囊括，而是一種截然不同的國家任務條款。威瑪憲法因此被舉世的憲法學界視為最富溫暖的人道主義憲法，也著眼於其寄望國家採行溫和、但積極的方式來實現社會正義，排斥共產國家之使用血腥鬥爭、沒收地主與資本家財產等激烈手段，弭平社會階層。故威瑪憲法已承受傳統民主國家憲法理念所強調之古典人權思想與法治原則，同時也可滿足社會對國家任務的積極要求。儘管威瑪憲法不能挽救德國在一九三三年淪入法西斯主義納粹政權獨裁的命運，但其在世界憲法史上永遠具有一個光輝的地位 ❸。

參、我國基本國策內容的分類

我國憲法第十三章「基本國策」，在體系與內容方面已經相當程度的承繼五五憲草的規定，且我國憲法主稿者張君勱氏專精於威瑪憲法，有關基本國策規定遠較威瑪憲法範圍來的廣泛，故從制憲史與制憲者的角度觀察，我國憲法顯然深受威瑪憲法的影響。

從篇幅比重而言，憲法基本國策章計六節，三十三條條文（不含現行增修條文第

---

❸ 參閱拙著：憲法的軀殼與靈魂——由胡柏對威瑪憲法實施的回顧與反省談起——，刊載：公法學箚記，第 177 頁以下。

10 條），共占我國憲法總條文五分之一強，超過行政與立法條文的總和（三十條），僅略少於再加上司法部分之規定（三十六條）。可見得我國憲法制定者對基本國策的重視。

　　基本國策章的六節規定：國防、外交、國民經濟、社會安全、教育文化與邊疆地區等，各有由一條至十條不等的條文規定其內容。這些在憲法條文體系中已形成特定理念與規範範圍的條款，憲法學理依其領域之不同，分稱為：「國防憲法」(Wehrverfassung)、「外交憲法」(Verfassung für Aussenpolitik)、「經濟憲法」(Volkswirtschaftsverfassung)、「社會憲法」(Sozialverfassung)、「文化憲法」(Kulturverfassung) 以及「少數民族憲法」(Verfassung für Minderheitspolitik) ❹。茲分別略加闡析其意義如下：

一、國防憲法

　　國防憲法，或可稱為「軍事憲法」❺。國防憲法的內容，應該涵蓋憲法裡所有與國防、軍事有關的條款在內，而不僅限於編列在憲法基本國策的國防章節中的條文。準此，舉凡人民服兵役的義務、軍事審判權、戒嚴權與總統的統帥權，均屬之。惟上述相關制度已在前揭各章節內討論，故於此僅討論屬於狹義的國防憲法。基本國策章第一節的「國防」僅有四條條文，有下列幾項重要規定：

㈠國防目的

　　保衛國家安全，維護世界和平為我國國防之目的（第 137 條 1 項）。憲法國防目的之規定，是作為國防建設之「目的性」考量依據與國軍的任務方向。國防之目的除保衛國家安全外，另有維護世界和平；前者固無疑義，係樹立狹義的國防目的論。即是國軍係以抵禦外國勢力侵略而建立，故原則上採防禦、守勢戰略，或遇有極具體之威脅時，得採先發制人的「預防式」攻擊戰術。惟後者「維護世界和平」，則是屬於對我國安全未造成威脅的軍事任務，例如參加聯合國安全部隊赴世界各地執行軍事任務。以此作為國防目的，使得國家海外派兵維持世界和平有其憲法上的基礎，故此條規定對於促進世界和平有其正面意義。惟本條文是以制憲時我國名列世界強國為背景。而

---

❹ 我國坊間僅有極少數憲法學著作中，明白將憲法的基本國策加以區分成經濟憲法、社會憲法者，如任卓宣，中國憲法問題，帕米爾書店，民國四十三年，第 64 頁。

❺ 參見拙著：軍事憲法論，第 71 頁。

如今欲進聯合國而不得，故目前的適用效果僅存「退而自保」的一項矣！

(二)國防組織法的制定

　　國防組織法係規範國家軍事機關、軍隊指揮體系的法律。我國憲法規定立法院應制定國防組織法（第 137 條 2 項）之目的，是欲將總統行使統帥權與傳統的軍令權與國防部行使之軍政權，藉著制定本法求得妥善的規劃。易言之，國防組織法不僅只是國防部與各軍事機關（例如各軍種司令部）的組織法而已，其重點在於該組織的編制、職權與預算均能受到國會的妥善監督。因此，國防組織法可促使「國防法治化」❻。我國已經公布的國防法 (89.01.29)，將困擾我國甚久的軍政軍令二元化所引起的諸多困擾，例如：參謀總長與國防部長的職權與隸屬關係加以明確規定，以使國會能監督國軍，也是我國國防法制的一大進步，關於此問題可參閱本書第三十節，壹、五處。

(三)軍隊的任務

　　憲法第 138 條規定全國陸海空軍，須超出個人、地域及黨派關係以外，效忠國家，愛護人民。本條除前半段涉及軍隊國家化之問題，將於下述(四)討論外；後半段規定軍隊的任務，為效忠國家與愛護人民。然而，與其稱為軍隊的任務，毋寧稱為軍隊或軍人的義務為妥。軍隊或軍人應效忠國家為理所當然，蓋軍人與國家其他公務員無異，對於國家皆負有相同的「忠誠義務」，不以形諸憲法明文規定為必要，此條文僅有加強軍人之「忠誠感」之效用而已。然而軍人愛護人民之規定，是否即可推論軍隊除戰鬥性質的保國衛民任務外，亦衍生出應負擔一切有利民眾之行為？我國國軍迄今仍採肯定解釋。

　　本諸「軍愛民」的理念，除救災、危難等屬於緊急任務外，亦時常可見軍人為農民割稻、清潔環境、以及修路補橋……，這種對軍人任務的氾濫解釋，是否侵犯國家設置軍隊的本意，是否會排擠國軍的操課訓練與休憩的時間，甚至不當的限制軍人之人權，吾人應該擺脫道德主義的立場，就法治國家權利義務的角度，視軍人為「穿著軍服之公民」，一樣享有基本權利，而重作檢討❼，依法治國原則，軍人的義務須依法

---

❻ 在我國國防組織法的立法過程長達半世紀之久，行政院早於民國四十一年六月已將國防組織法草案送請立法院審議，然而本法會牽涉到統帥權制度的變更，行政院遲遲不能突破軍政、軍令二元化之成例，故於民國六十年函請立法院撤回該草案。參見：李承訓，憲政體制下國防組織與軍隊角色之研究，永然文化出版社，民國八十二年，第 174 頁以下。

❼ 例如助民割稻的軍人甚多非農家子弟出身，且多以為苦。又人民服兵役並非為服勞役而入伍，其奉令清理垃圾亦然。更何況，為何不令其他公務員投入此種愛民之服務，豈非謂文職公務員並無愛護人民之義務？此種觀念

律規定為之。基本上除非為了因應緊急事件及急迫公益所需外（例如天災、事變的救援，為輸送病患或海難搜救而動用軍隊直升機等），否則應讓軍隊的任務「單純化」與「職業化」❽。

近年來台灣因為遭受天災，政府都將軍人納為救災團隊的主力，不僅災變時大力投入未受救災訓練的軍人，同時也將國防預算納入購買救災的設備，大幅度的影響軍人訓練及國防裝備的更新。而在法制上，國防法雖然在第 28 條規定：「行政院為落實全民國防，保護人民生命、財產之安全，平時防災救護，戰時有效支援軍事任務，得依法成立民防組織，實施民防訓練及演習。」，顯然將平時防災救護，列為行政院所督導的「民防組織」及其任務。

然而在國防法第 14 條第 1 項第 11 款卻又規定將災害防救之執行列為軍事指揮事項之一。如此一來，並形成了平日防災救護，而災害防救法 (108.05.22) 第 34 條第 4 項也規定：「直轄市、縣（市）政府及中央災害防救業務主管機關，無法因應災害處理時，得申請國軍支援。但發生重大災害時，國軍部隊應主動協助災害防救。」國軍且有主動救災的責任。

由上述規定，不僅是民防組織，甚且是軍隊，不論是受地方政府請求或是嚴重時的主動救災，都可能形成了雙頭馬車的制度。而民防組織與軍事組織各有首長，一為民選地方首長；一為軍方領導，這種領導權的混亂，會涉及責任的歸屬問題，應當從速釐清，特別是在產生國家賠償的時候，便有這種歸責的重要性❾。

㈣軍隊國家化

憲法第 139 條規定，任何黨派及個人不得以武裝力量為政爭之工具。此條規定連同憲法第 138 條的國軍需超出個人、地域與黨派關係以外之規定，共同構成「軍隊國家化」的理念。軍隊國家化的概念，應該衍生下列幾項原則：

反映出傳統的特別權力關係理論仍然繼續獲得適用，將軍人視為負有服「無定量勤務」義務之人也。

❽ 例如德國軍人法 (1956) 第 6 條明白規定軍人的職務應依法律定之，第 7 條規定德國軍人有忠誠與保衛德國人民之義務。然而卻規定軍人任務不及於軍事任務之外的社會服務方面。至於軍隊救災的任務，則是在基本法（第 35 條 3、4 項）裡明定，而非由軍人法上述的保國衛民的義務中推演出來。參見拙著：法治國家的軍隊，刊載：軍事憲法論，第 105 頁。

❾ 國外，例如英國便有對軍人參與救災前，相關機關就必須對可能產生的法律後果，例如賠償事件，進行明確責任分擔。可參見行政院研考會委託計畫，陳勁甫等主持，我國國軍投入災害救援之研究，民國九十九年十二月，頁 63、184。

⑴軍隊的「國家專屬性」

軍隊既是以有組織、訓練與武器裝備的人員所組成，所以軍隊僅能由國家所擁有。地方政府僅能保有維持治安所需要的警察力量，例如保安警察或治安團隊，避免造成地方割據的現象。外國亦有允許地方政府成立軍隊者，例如美國各州設置的國民兵，即配備有類似軍隊的先進武器，但在我國憲法則不許可之。另外，各政黨亦不得設置類似軍隊的組織，例如德國納粹黨獲得政權時，已有組織龐大，達三百萬之眾的「衝鋒隊」(SA) 與近四萬人的「禁衛隊」(SS) 的「次軍事組織」，違反了軍隊國家化的理念。不過我國憲法制定時，國內的兩大政黨──國民黨與共產黨──都擁有雄兵數百萬，故此規定即成具文。

⑵軍隊的政黨中立義務

軍隊為國家所有，自不能受到政黨的掌控。故軍隊裡既不能為某政黨宣傳及招募黨員，也不能許可個別軍人志願為政黨宣傳。在後者的情形，乃欲避免軍隊內部因政黨意識型態的分歧，而破壞部隊的團隊精神與袍澤情感。例如德國軍人法 (1956) 第 12 條有明確的規定軍人的此項義務。另外，就公務員的政治活動「節制原則」而言，軍人與公務員皆負有不得發表激烈言論的義務，所以軍隊國家化是配合文官中立的制度，國家必須保有此種超然的「一文一武」國家權力的執行者，方能使政黨政治的政權遞嬗能以和平的方式進行之。

故，一般文官之行政中立已有專法（公務人員行政中立法，98.06.10）之規範，軍人則依國防法 (90.01.28) 之規定，來確認國軍政黨中立的義務，例如第 6 條 2 項禁止軍人擔任政黨及其他政治團體提供之職位及助選，在軍中設立組織等行為，即為一例。

㈤文武官不互兼原則

憲法第 140 條規定現役軍人不得兼任文官。此乃規定國家的文武官員不能互換官職。不僅武官不能兼任文官，文官亦不能兼任武官，是為「不互兼原則」❿。

軍人不得兼任文官，此文官的概念包括事務官及政務官而言，與憲法第 28 條 2 項所謂的「現任官吏」中的文職官吏範圍一致。但本條規定仍應澄清下述兩點：

---

❿ 就此意義而言，民主國家對軍隊的控制，習稱「文人統治」(civilian control) 乃指軍隊受文人政府之統率，而非受「文官統率」。因此德國憲法學界稱為「政治優勢」(Primat der Politik) 原則恐較切合軍隊與國家政治決策的關係。

1.文官的範圍與組織法的編制規定

誠然所謂的文官應以事務官為限。然而軍人不得兼任文官是否謂軍人不能擔任文職之職務，僅限於軍事機關內任職？例如國防部、總統府、國家安全局以及教育部（軍訓教官），皆不能在組織法內編列軍職人員的職務？即以國防部而言，世界各國的國防部，雖不少已「文官化」，但仍是以職業軍人為主，其他安全機構亦同。因此，軍人是否一定需於軍事機構內服務，涉及對文官範圍的界定。以我國憲法此條規定的制訂背景而言，制憲者所要防範的對象乃「軍人干政」。鑑於民國初年軍閥割據時代各行政首長率由軍事將領兼任——所謂的「軍政合一」——，所以本條文所欲限制者，乃「高層次」的「政、軍合一」。易言之，防止「高階」軍人兼任「高階」文官，而非低階軍人兼任事務官等。故對於機關組織法內如認為擔任職務得以軍職人員為妥，而加以規定時，亦非不可，此乃非軍人兼任文官之問題。蓋憲法禁止的兼任文官乃「身分兼任」，而非單純的執行文職職務。

2.軍職外調的問題

軍職外調，又稱「外職停役」。為現役軍人於軍事無妨礙，且專長有盈餘時，得申請停役轉任軍職以外之公職。依陸海空軍軍官士官任職條例 (91.01.05) 第 17 條之規定，許可軍人停役擔任軍職以外之公職。由於現役軍人一經停役，即脫離現役轉服預備役，因此尚無違反憲法第 140 條之虞。司法院釋字第 250 號解釋即本於此為合憲的理論依據。由國家設置文官與武官的制度以觀，雖其任務不同，但全係為國家服務之人員，釋字第 430 號解釋也稱軍人為廣義之公務員，如果為了妥善調配公務員人力資源，且基於國家對軍職公務員亦有照顧之義務，故軍人依法定要件停役而轉服其他公職，應無違憲之虞，當可肯定。至於軍職公務員之轉業前提，當是其本身的專業及資歷足以擔任文職職務。若實施此制度，亦應注意平等原則。若使本制度專為高階軍官開拓另謀公職之途，即有檢討之必要。司法院釋字第 250 號解釋雖宣示「應以法律明白規定外職停役的條件與回役程序」。然而除了有要求法律「明確性」之用意在外，亦不可忽視平等權的重要性也❶。

---

❶ 韓毓傑，論國防法制之現代化——從司法院大法官會議釋字第二百五十號解釋談起——，刊載：第二屆國防管理學術暨實務研討會論文集，國防管理學院編印，民國八十三年三月，第 391 頁以下。

二、外交憲法

外交憲法是基本國策中最少的一節，僅有第 141 條一項條文，其規定如下：中華民國之外交，應本獨立自主之精神，平等互惠之原則，敦睦邦交，尊重條約及聯合國憲章，以保護僑民權益，促進國際合作，提倡國際正義，確保世界和平。外交權的行使，是高度性的政治行為，不僅非行政訴訟之標的，也唯有在特定前提下才會受到違憲與否的審查，例如涉及條約或其他外交協定的形式問題，大法官會議才有審查權，其他的外交決策，也為典型的「政治問題」，非大法官判斷的對象。然而，外交是代表國家在國際社會中的行為，乃類同一個人在社會中的道德品行，會受到社會的褒貶。由本條對於外交行為的基本方針，可知我國的外交應該追求與遵守下列幾個原則：

第一、互惠平等：我國是全世界遭受不平等條約創傷最鉅之國家，孫中山先生也曾指出造成中國淪為「次殖民地」的罪魁禍首即為不平等條約，喪權辱國莫此為甚。因此，此互惠平等原則乃外交的最高憲章。外交代表國家的「骨氣與人格」。

第二、保護僑民：我國外交的一個重要任務以保護僑民權益為主。外交乃國權之延伸，故外交機構即為僑民權益的保障機構，如果外國歧視我國僑民，就無任何平等與互惠之原則可言。所以外交是否平等互惠，可由地主國對僑民權益的尊重與否得以見之。

第三、主持國際正義：我國過去既深受列強壓迫，對於任何形式的帝國主義與霸權主義，當持反對的立場。所以孫中山先生偉大的遺教之一：乃是先團結世界上平等待我之民族，保障中國的平等，之後我國亦要扶助世界上弱小之民族，抵抗國際強權之壓迫（參閱本書第九節肆）。所以我國外交應有正義感，不能採行附和強權的現實外交。為了維持世界和平，主持國際正義，於前述論及國防之目的時，已提及為此種目的出兵的合憲性。不過基於我國目前外交實力的薄弱，儘管憲法的外交憲章，理念崇高，方向正確，吾人也不免會有「力不從心」之喟歎也。

三、經濟憲法

經濟憲法在基本國策第三節中，與文化憲法皆擁有十條條文，但第 154 條的勞資關係亦應屬之，共有十一條文之多。可見其在憲法中的分量。我國憲法誕生在戰後國軍與共軍兵戎相見，國家政權受到共產黨勢力嚴重挑戰之時。共產主義之異於民主主

義，除了政治權力的分配外，其經濟體制之獨樹一幟的廢止私有財產、實行計畫經濟、遏止資本主義，完全和資本主義迥異！前述之威瑪憲法已經採行相當程度的社會主義思想，以溫和的方式化解社會階級的對立。我國憲法承繼威瑪憲法此種精神，加上孫中山先生民生主義中本即含有的抑制資本家、扶助經濟與社會弱者的精神，相互融合，構成我國憲法中經濟發展的基本原則。基本國策中的經濟憲法可作為憲法第 15 條保障人民財產權的補充規定，使得經濟憲法能對國家關於人民財產權的立法行為——例如法律對於人民使用財產的投資與經營事業權利的限制——有實質的規範力。現行增修條文第 10 條也有經濟憲法的規定。故經濟憲法的條款得綜合為下列幾項原則：

㈠民生主義的指導原則

憲法第 142 條規定國民經濟應以民生主義為基本原則，實施平均地權、節制資本，謀國計民生之均足。此條文將民生主義列為國家經濟建設與立法的最高原則，民生主義也成為一個「國家發展目標」(Staatszielbestimmung)，亦即是以一個抽象且內容不確定的理念作為政策決定的基礎❷。這條總綱式的規定，除了在實施平均地權給予較明確的立法依據——以制定平均地權條例 (43.08.26)——外，還可與其他經濟憲法的條款配合。例如所謂節制資本便不能與下述「獨占原則」相分離，而需一併討論。

㈡土地政策的制定方向

憲法第 143 條的土地政策除揭櫫土地私有制外，對於土地財產權亦加以特別的限制。例如政府照價收買（強制徵收）、礦產與天然力（能源）的公有與土地增值稅制度，都提供補充憲法第 23 條的效力（參閱本書第十三節貳二處）。但最重要的是，本土地政策規定國家對土地的分配，應以扶植自耕農及自行使用土地人為原則，並規定其適當經營之面積（第 143 條 4 項）。本條款可稱為憲法土地政策的「靈魂」，因為中國自古以農立國，制憲時農民占全國百分之九十以上之人口，土地卻集中在少數地主手中。土地分配的不正義，自然引起國家統治權力基礎的動搖。相對於共產黨採行清算地主的激烈手段，本條款的強迫性土地改革，即具有既符合憲法理念，又可滿足現實政治的需要。以歷史發展的結果顯示，我國政府唯有在於大陸易手後，才在台灣下定決心實施此憲法所期待的制度，如耕地三七五減租條例 (40.06.07)。

---

❷ 例如德國基本法第 1、20 條皆規定德國係「社會國」(Sozialstaa) 或「社會法治國」(sozialer Rechtsstaat)，然而憲法中並無對此社會國概念另加規定，學術界對此理念亦未有明確之共識。關於此問題，可參見：李鍏澂，我國憲法上民生福利國家原則之研究，輔仁大學法律研究所碩士論文，民國八十三年，第 35 頁以下。

⸨三⸩獨占原則與私營事業的界限

　　憲法第 144 條規定公用事業及有獨占性的企業，以公營為原則。其經法律許可者，得由國民經營之。以及第 145 條 1 項規定國家對於私人財富及私營事業，認為有妨害國計民生之平衡發展者，應以法律限制之。此兩條規定可綜合成國家對經營事業的「獨占原則」，以及密切關連的人民私營事業的界限問題。

　　從第 144 條規定明顯得知我國憲法對於公用事業、與獨占事業以公營為原則，乃是對於私人經營的「不放心」。且由第 145 條「節制私人資本」的一併觀察，亦可導出國家雖保障人民擁有自由使用財產之權利——憲法學上所謂的財產權「私使用性原則」(Privatnützigkeit)——，但基本上不及於公用事業或獨占業方面[13]。我國憲法的觀念顯然是受到西方福利國家理念的影響。

　　信奉自由經濟的國家憲法，均以保障人民財產權的方式，來規範國家經營事業（公營事業）的界限。易言之，倘若國家得以經營事業，不僅造成「與民爭利」，同時亦會形成不公平競爭的後果。然而在「福利國家」思潮廣泛的影響下，不僅希望國家應積極的規範人民經營事業之權利，同時亦期待國家應該大有為的經營攸關民生福利，以及有壟斷性的事業。前者，希望藉著國家經營能源、交通、或其他民生用品（牛奶、畜牧）之事業，提供國民價廉物美與衛生之服務。後者，乃避免可能發生的商人謀求暴利的不正當競爭之行為[14]。

　　這種對政府「大有為」期待的思潮，起於二〇、三〇年代迄於五〇年代達到高峰後，已經逐漸式微。現代世界經濟潮流已趨向自由化、國際化，因此各國國營事業已紛紛開放民營。例如五〇年代推行「福利國家」(welfare state) 政策最力的英國，大肆將大型民營事業收歸國有，但經營不善、虧損累累，終在八〇年代又將國營事業改為民營。我國近年來為了加入「世界貿易組織」(WTO)，因此國營事業已經逐步開放民營，而最傳統的專賣制度——例如菸酒專賣制度，也因妨礙經濟自由化的原則，而遭撤廢。因此憲法獨惠性質的獨占條款，即私營事業的限制原則，已與時代思潮不合[15]。

---

[13] 參閱：憲法保障財產權之體系與公益徵收的概念，刊載：基本權利（上冊），第 299 頁。

[14] 同上註，第 341 頁以下；在行政法學上亦有要求國家應該積極履行照顧國民福祉之理論。此即在德國三〇年代所興起的「生存照顧」(Daseinsvorsorge) 理念。關於此概念，請參閱拙著：「服務行政」與「生存照顧」的原始面貌，刊載拙著：公法學劄記，第 75 頁以下。

[15] 參見古允文，福利國家危機——本質與脈絡，中山社會科學季刊，第五卷三期，民國七十九年九月，第 45 頁以下。該期季刊有甚多關於福利國家之論文，值得一閱。

此外，合作事業、國民生產事業、對外貿易（第 145 條 3 項）、金融機構（第 149 條）、僑民事業（第 151 條）等，憲法或規定應受國家的獎勵、扶助、指導，或規定應加以管理。這是符合今日法治國家的理念，國家對於私人私營經濟本即有扶助與指導的職責——此在行政法稱為「引導性行政」(Lenkung) 或「經濟引導」(Wirtschaftslenkung)——，且不限於此幾種事業而已，增修條文第 10 條 4 項且特別針對中小型企業應受扶助。國家為了維持經濟秩序，亦可由憲法 23 條引出依法律管理金融機構及其他公民營事業之權限，故在此部分之條文，未具有較開創性的觀念，只強調國家對於經濟政策不能採取放任式的態度。現行增修條文第 10 條 4 項規定，國家對於公營機構的管理，應本企業化經營之原則；其管理、人事、預算、決算、及審計，得以法律為特別之規定，亦是國家金融管制權的當然權限與合法方式。

(四)農業工業化

憲法第 146 條宣示國家應利用科學技術，以興修水利，增進地力，改善農業環境，規劃土地利用，開發農業資源，促成農業之工業化。本條文對於以農立國且工業未發達的我國，是有增強國力並改善農民生活水準的作用。不過以其性質，顯然屬於行政決策層次之農業政策。現行憲法增修條文第 10 條 1 項的推動農漁業現代化規定，亦同。

(五)全國均衡發展條款

憲法為了平衡全國各地經濟的發展，避免國家各省、縣有貧與富之分。故憲法第 147 條規定中央對貧瘠之省，省對貧瘠之縣，應酌加補助。此項規定字義上雖解為中央或省財政補助之義務，然而亦可解為貧瘠之省與縣，能對中央或省有財政補助之請求權。按中央與省，省與縣之間的權利義務關係中最重要的一項即為財政關係，財政關係的良窳或摩擦，極易引起中央與地方關係的緊張。本條文的財政補助制度，當有助於增強中央與各省、省與各縣之關係。

(六)貨暢其流

憲法第 148 條規定我國境內一切貨物應許自由流通。這條被稱為貨暢其流的規定，顯然源自孫中山先生於民前十八年五月上李鴻章書的：「人盡其才」、「地盡其利」、「物盡其用」與「貨暢其流」之四大主張。過去各省皆有「關卡釐金」之制度❶，使得國

---

❶ 關於釐金制度的陋規，可參閱：蔣夢麟，西潮，世界書局，民國六十年，九版，第 173 頁。

民經濟的發展，有甚大的影響。此貨暢其流的政策，使得各省不得對境外運入或通過之貨物，收取任何的規費。同時，既然貨物皆不可收取此規費，對進入及過往的他省人民，亦不得收取費用。貨暢其流的規定，除了基於法律保留的原則外，也有破除各地方本位主義，並增進國家團結的作用。

(七)勞資關係的和諧

憲法第 154 條規定勞資雙方，應本協調合作原則，發展生產事業。勞資糾紛之調解與仲裁，以法律定之。本條款是所謂的「勞動憲法」(Arbeitsverfassung)，乃規範勞資關係的準則，因此其應屬於經濟憲法的一部分，而非社會憲法的領域 ❶。本條款揭櫫兩項重要原則，一是勞資關係以協調和諧為原則；二是勞資關係應以法律定之。後者則以前者為立法之目標。在邁向工業化國家之際，勞資關係也會隨著產生，憲法此條規定已是預見國家日後不可避免產生的勞資爭議，所為前瞻性的規範。

1.勞資關係與勞工運動

我國憲法期待勞工關係的和諧，立意甚佳，然而此種期待能否反映勞資關係的「本質」？基本上無人否認勞資關係的共榮共戚之密切關係。例如工廠營運狀況良好，產品暢銷，工人的工作福利與工作機會，即易確保。反之，工廠因業績不佳而有裁員或倒閉之虞，工人權利便不免波及。但是這種榮戚與共的關係，並不足以形成勞資雙方有「命運共同體」之情感基礎與利益享有。以西方國家工業化的過程而言，勞資關係以「對立」多於「和諧」！勞方福利鮮由資方主動給予增加，毋寧是基於勞工自主意識的覺醒與抗爭。為了避免勞資關係的緊張，小而影響國家工業化的發展程度，影響投資意願，大而影響社會秩序，進而引起國家政權的遞嬗或國體與政體的變更——最明顯的例子莫過於馬克思在一八四八年發表的共產黨宣言，號召全世界以工人為主的無產階級，起來打倒資本家，奪取政權——，因此，國家開始注意勞資關係和諧的重要性，並介入勞資爭端。儘管如此，勞資雙方本即為僱傭關係，勞方替資方服務以獲得酬勞為生，舉凡工作環境的安全與舒適、工作時間的分配、福利措施，以及酬勞工資的多寡……，無一不成為勞資雙方產生爭端的來源。因此勞資雙方的和諧，如同期待社會治安良好、無人犯罪一樣，是一個「永恆的夢」。勞資關係隨著人權理念的宣揚、勞工

---

❶ B. Ruethers, Das Ungerechte an der Gerechtigkeit, 2. Aufl., 1993, S. 127. A. Hamann, Deutsches Wirtschaftsverfassungsrecht, 1958, S. 100. R. Stober, Wirtschaftsverwaltungsrecht und Wirtschaftsverfassungsrecht, 2. Aufl., 1984, S. 64.

知識水準提升、勞方範圍加入了白領階級與藍領階級，共組成「受薪階級」，而加大勞方的勢力。使得雙方的糾紛，不僅不會消弭，反會增加。國家立於此糾紛的調節者，其立場如何？即為勞動憲法所規範的內容。

2.勞動憲法的「中立性」

我國憲法第 154 條的勞資關係和諧規定，似乎已寓有國家應該超然於勞資雙方，採取中立性質。然而吾人若探求前述經濟憲法以及整個基本國策的規定，特別是社會憲法（第 153 條）所明定的保障勞工可知，勞動憲法並無中立性，而是以照顧勞方、免受資方的剝削為基本精神所在 ❸ 。

因此，國家在勞動立法方面，應該依據憲法第 23 條所樹立的憲法保留與比例原則，對於資方的權利——以財產權為主——予以適當的規範，並透過承認勞方的集會權、結社權來爭取其法定應有之權利，此乃最起碼的「勞動權」 ❸ 。勞工也不再單打獨鬥的進行抗爭，而是以團體之力來達成，其中多半以罷工或怠工的方式為之，勞動權也形成罷工權的同義詞了。

3.勞資糾紛的協調義務

憲法第 154 條後段規定勞資糾紛的處理應依法律為之。為此勞資爭議處理法 (91.05.29) 已樹立勞資爭議應先經過調解與仲裁的制度。同法第 7、8 條且規定在此期間內，資方不可歇業、停工或終止勞動契約，勞方不得罷工或怠工。同時規定勞工糾紛，必要時法院應設立勞工法庭審理之（同法第 5 條） ❷ 。因此勞資雙方由本法所創設的協調義務，雖不能保證其爭議能透過此程序而解決，但至少可符合達到勞動憲法

---

❸ 德國教授 Rüthers 也再三認為雖然德國聯邦憲法法院，一再宣稱德國的經濟憲法是一個「價值中立」(wertneutral) 的經濟政策 (BVerfGE 4, 7; 50, 290)。但是一個真正中立的經濟憲法應該完全的採行自由競爭，亦即應由市場經濟，以及國家完全不介入的「工資自主原則」(staatsfreie Tarifautonomie)，讓勞資雙方，自行以勞動市場需求的供需定律來解決勞資的爭議。顯然的德國基本法並未如此，故德國仍然是偏向勞方，其即並未具有中立性。參見：B. Rüthers, aaO., S. 128. 但是我國在戒嚴時期，依戒嚴法 (38.01.14) 第 11 條 3 款得禁止勞工的罷工行為，故勞資爭議中形成雙方「武器不平等」(Waffenungleichheit) 的狀態。

❸ 比較前進的勞動權，可舉德國勞工的「企業參與權」(Mitbestimmungsrecht)，德國在一九七六年制定的法律，使得經營已達某種規模的大型企業（如超過兩千名以上之員工者），對於使用、處分企業財產，以及企業重大的決策（如與他企業合併、裁員），都需讓員工代表參與決策。因此，企業雖仍是資本家（股東）所擁有，但已無完整的決策權，參閱拙著：憲法財產權保障之體系與公益徵收之概念，收錄：基本權利（上冊），第 301 頁。

❷ 我國自一○○年十一月二十三日起各法院已有此種法庭。而德國且設有與普通法院與行政法院並立的三級審勞動法院，可以專業的審理勞動糾紛，此亦是我國可取法之方向。

的初衷。蓋勞方發動罷工等抗爭手段雖為維護其權利最有效的手段，但也會對社會造成相當程度的影響與造成其他人民相當的不便——特別是公用事業的罷工——，故只能視為「最後手段」，必待協商破裂後，方得為之，亦是對勞資雙方權利所為的一種限制。

四、社會憲法

憲法基本國策章第四節標題為「社會安全」，此用語應作廣義解，非狹義的「社會治安」之謂也。其意義係與「社會政策」、「社會福利」類似，國家必須從社會基層奠立國家長治久安的基石，唯一之道必從根本推行消弭貧窮、無知等造成社會不正義與落伍根源的社會政策與文化政策。所以本節的「社會憲法」與五、「文化憲法」具有改變社會體質與提升國民素質的重大意義，也是我國憲法最富人道思想與人文精神的章節。我國社會憲法可以綜合成下述幾項基本原則：

(一)充分就業的政策

憲法第 152 條的充分就業條款，要求國家對人民具有工作能力者，應予以適當之工作機會。本條文的出發點甚佳，國家應予人民適才適所的工作。然而，如本書於前第二十六節參討論社會權的實踐方式的困難時已經提及，在實施自由經濟體制的國家中，國家並未擁有甚多之工作機會。國家僅有的工作機會不外公務機關與國營（公營）事業之職位。前者必須透過考選程序，且職位有限；後者在實行經濟國際化與自由的潮流中，所進行的國營事業民營化，也使國家無法提供人民就業機會。社會的就業機會操在人民手中，國家僅能在有重大公益存在時，方能強制民營事業招募員工使其就業[21]。因此，國家鮮有主動提供人民適當工作機會之能力。以我國為自由經濟的國家，非掌握全國就業機會的共產國家，所以依「事物之本質」(Natur der Sache) 之原則，便不能對本條文單就文義解釋，承認失業人民有向政府請求給予適當工作的權利。

本項政策除應與下述的社會救濟制度一併討論外，應該轉換成國家應該制定能夠促進提高就業率的財政經濟政策，使得就業市場能夠欣欣向榮，人民就業機會即獲保障。因此所牽涉的亦是國家的經濟憲法之原則，也為國家行政的「補貼」(Subvention)

---

[21] 例如國家為保障殘障國民能獲得工作機會，由身心障礙者權益保障法 (96.07.11) 第 31 條規定僱有員工百人以上之私營企業（學校、團體）應僱用員工總人數至少百分之一之殘障人士，公營事業僱有員工五〇人以上者，則提高一倍為百分之二，即為一個妥善的立法。

制度，提供合憲性的依據❷。此外，也可以與憲法平等權與工作權相結合，保障人民有平等、不受歧視的就業機會❸。

(二)保護弱勢國民──勞工、農民、婦孺與殘障國民

　　社會安全制度固然不排斥對於占有「社會優勢」之國民為制度之受惠者──例如社會保險制度（全民健保）亦可對經濟環境優渥的國民提供服務──，但其實施的對象，主要在「需要者」，即社會上居弱者地位之國民。我國憲法即特別針對勞工、農民、婦女、兒童與殘障等五類國民特加保護。

　　對於勞工與農民方面，除了應以各種政策保障其權益外，還需以形成法律的方式，來使勞工與農民的權益不致被剝削（憲法第 153 條 1 項）。例如制止農民被地主剝削所制定的「耕地三七五減租條例」(40.06.07)，即是一例。

　　雖然國家對於農民或勞工給予特別的扶助，固然會影響利益衝突者──例如雇主或資本家之權益──，然而此並非謂我國憲法為「反商」或「反資」（反資本主義），只是我國憲法負有維護社會弱者的正義觀。同時此種扶助政策亦應兼顧憲法比例原則，一旦農、工（以及下述的婦女、兒童與殘障人士）的權益已不再處於弱勢地位，則國家即可不為偏惠農工之態度。對於婦女及兒童的照顧方面，國家除了應保護母性，實施婦女兒童政策（第 156 條），且應維護婦女人身安全、消除性別歧視（增修條文第 10 條 6 項）外，復規定婦女兒童之為勞工者，應按其年齡及身體狀態予以特別保護。國家應給予婦女、童工有特別的保護，例如工作時間的長短、夜間工作的禁止以及特別的假期，固為重點，──依工廠法 (64.12.19) 第 11 條規定童工每日工作不得超過八小時；童工女工分別不得在午後八時與十時至翌晨六時工作（同法第 12、13 條）──，也包括為了女工與童工的福利而為的禁止工作規定，例如同法第 5 條規定未滿十四歲之男女，工廠不得僱用為工人，因此十四歲以下的兒童即不得為工人。儘管國家對於女工與童工應加以保障，但國家似乎在童工的制度上，應更加關懷，十四歲之兒童，國家應以協助其就學，為根本之政策，而非任諸工作謀生。所以國家應考慮實施「禁止童工」政策，任何令童工存在的社會，不免欠缺人道之精神。

　　憲法增修條文第 10 條第 6 項也規定國家應維護婦女之人格尊嚴，保障婦女之人身

---

❷ 關於津貼與補助的問題，參閱拙著：行政法學總論，第 43 頁以下；廖義男，經濟輔助之主要類型及輔助行為之法律基礎，刊載氏著：企業與經濟法，民國六十九年，第 226 頁。

❸ 例如就業服務法 (92.05.16) 第 4、5 條已有具體的規定。

安全，消除性別歧視，促進兩性地位之平等發展。大法官在釋字第 791 號解釋對刑事訴訟法第 239 條但書規定，通姦罪配偶撤回告訴者，不及於相姦人。大法官便認為違反兩性平等意旨而宣布無效；司法院釋字第 807 號解釋，對於女工在午後 10 時至翌晨 6 時之時間內工作，須獲得工會或勞資會議同意，大法官認為違反了個別女工的意志，而有侵犯性別平等而違憲。都是這種維護消除性別歧視及兩性平等的案例。

對於殘障以及老弱人士無力生活者，以及遭受非常災害之人，國家應予適當的扶助救濟，或協助自立發展（憲法第 155 條、增修條文第 10 條 7 項），是為國家以公眾之力對於個別弱勢的國民給予的救助。此可在有關社會救濟的法律──例如社會救助法等──加以貫徹。例如公益彩券發行條例 (105.11.09) 第 8 條規定：「公益彩券經銷商之遴選，應以具工作能力之身心障礙者、原住民及低收入單親家庭為優先；經銷商僱用五人以上者，應至少進用具有工作能力之身心障礙者、原住民及低收入單親家庭一人。」；另外政府採購法第 98 條也規定：「得標廠商其於國內員工總人數逾一百人者，應於履約期間僱用身心障礙者及原住民，人數不得低於總人數百分之二，僱用不足者，除應繳納代金，並不得僱用外籍勞工取代僱用不足額部分。」

以社會的繼續進步與繁榮，國家的弱勢國民的範圍也會隨之改變，例如社會上的弱勢團體包括原住民或榮民，國家對這些弱勢國民的照顧亦應比照上述五種弱勢國民而負有積極的扶助義務。

(三)社會福利與保險制度

社會安全的制度需靠國家建立妥善的社會福利政策與社會保險制度。此兩種制度非必由國家經營不可，亦得由私營事業來達成之，例如由國家支持、鼓勵及監督私營保險公司來推行社會健康保險──例如德國──。社會福利與保險制度的範圍甚廣，舉凡失業救濟（憲法第 150 條）、疾病、傷害與醫療扶助──例如憲法第 157 條的保健與公醫制度──，以及助學獎學金、就業訓練……皆包括在內。

一個國家福利與保險制度，是否受到國家的重視，可由其相關法令是否完備、國家預算是否充裕得以見之。我國憲法對此僅在文化憲法方面，有保障最低預算比例。但對於同樣重要的社會憲法，便未有類似之規定也。

五、文化憲法

文化憲法的任務，是提升國家的文化水準，使得國家成為一個「文化國」

(Kulturstaat) ❷。達到這個理想不外兩個途徑：第一個途徑是在國家的教育制度著手，讓國民透過良好的教育，具備欣賞及開創文化的基礎，第二個途徑乃實施一切能促進國家社會文化水準的文化政策，讓文化能生根且茁壯。我國憲法第五節標題為「教育文化」，將教育和文化一併列於文化憲法的主要內容，實契合文化國的兩大基本政策。

文化憲法的規定可分由下面幾點，略加敘述之：

(一)受教育機會一律平等

這種平等只能解釋為國家應該禁止各級學校於招生時，有籍貫、性別、宗教、出身、種族……之別的歧視，也是加強憲法第 7 條平等權的效用。以及國家應該廣設學校或教育補助措施，讓教育不發達地區之國民亦有受教育的機會——例如憲法第 161 條的獎學金制度——。本條文不應解釋為公、私立學校對於招生所要求的程度、年齡、名額，甚至高昂學費，應受此條之限制 ❷。

(二)基本教育與私校的制度性保障

國家教育制度的基礎起於強迫教育，已於本書第十四節肆，關於國民受教育的義務時討論之。但亦可再申述兩點如下：

首先，憲法第 160 條 1 項規定六歲至十二歲之學齡兒童免納學費，一律就學。貧苦的學童，由政府供給書籍。由此規定，所有接受國民教育者皆應免納學費，因此是一個強制的規定，受教育之學童，即享有拒絕繳納學費之權利。同時，屬於貧苦的學童，亦可取得向政府請求給付書籍之權利。

對於私立學校是否亦免納學費？依我國國民教育法 (68.05.23) 第 5 條，與同法施行細則 (78.12.18) 第 21 條之規定，皆採肯定解釋。然而以憲法此條之精神而言，應係針對公立學校並提供與國民就讀者，至於經濟能力甚佳，能讓子弟就讀私立學校，似無免納學費規定的必要，否則私立學校亦可假借名目以掩飾收取學費之實。

---

❷ 所謂「文化國」，乃國家強調其任務不僅在維護民主法治、促進經濟發展與社會和諧外，亦強調國家要加強文化建設，以有助於獲得「人性的理想」(geistige Ideale der Menschheit)。文化國的理念盛行於十九世紀的歐洲，也促使歐洲各國廣建學校、博物館、歌劇院以及藝術家、科學家與文學家人才的輩出。惟將文化國明白列為立國理念者，幾乎已不存在，廣陵絕響的一個例子乃德國巴伐利亞邦憲法 (1946) 第 128 條，仍保存此文化國家的理念。參見：Mang/Maunz/Mayer/Obermayer, Staats-und Verwaltungsrecht in Bayern, 3. Aufl., 1968, S. 32.

❷ 德國一九七二年聯邦憲法法院曾在一個關於大學限制入學名額判決案中——所謂的「定額案」(numerus clausus)——，明白的指出大學限於設備與經費，對於招生名額得加以限制並不違反憲法保障人民就學機會平等之權利。BVerfGE 33, 303. 參見拙著：基本權利（上冊），第 224 頁。

其次，關於已逾學齡、未受基本教育之國民，一律受補習教育，免納學費，其書籍亦由政府供給（憲法第 160 條 2 項）。此條款顯係針對「文盲」所設。文盲的產生代表國家基礎教育的不足，其比例的高低也是國家進步程度的指標。本條款明白規定此種補習教育乃強制性——由條文使用「一律」受補習教育的用語可知——，但於國民教育法與補習及進修教育法 (88.06.16) 中，皆未有這種強制性的規定。目前我國成年人中文盲的比例仍高❷⑥——百分之六點二（聯合報 85.08.03 七版），顯示出我國補習教育仍有努力的必要！

(三)國家教育文化之監督權

憲法第 162 條規定全國公私立之教育文化機關，依法律受國家之監督。國家對於全國的教育與文化機構擁有監督權力，是應該有所區別。國家對於教育機構，行使的監督權限，應超過對文化機構之監督。對教育機構的監督，除了各教育機構推行教育的工作，是否合乎法令之規定外，亦及於教育內容的監督，例如擬定教學內容的大綱、審定教科書等。但對於文化機構則應儘量放寬國家管制的範圍。按文化國家的理念不得轉變為國家「操縱」或「主導」文化發展的方向。文化雖可經國家鼓勵提倡，朝某特定的方向發展，例如朝精緻化或發揚古典與鄉土文化，但國家基本上應讓文化的發展有自由的空間，使文化具有多樣性，文化的生機亦在此空間下方能蓬勃發展。所以文化國家最忌變質為「文化警察」(Kulturpolizei)，成為箝制人類思想與創作的工具❷⑦。故國家對文化機構的監督，即應受到比例原則的限制。同時文化機構亦可享受憲法的其他權利，例如新聞自由、藝術自由、及學術、出版自由等之保障，故比起教育機構而言，文化機構實應有不同之性質。過去關於文化團體的監督，由教育部為之，即不甚妥當。文化部成立之後 (2012.05.20) 專責推動文化建設，並予以適當的規範的制度，即可望建立。

(四)各地區教育之均衡發展

如同經濟憲法的任務之一，在促進全國各地經濟的均衡發展（憲法第 147 條）。在

---

❷⑥ 我國成年人中文盲比例在民國八十五年時，達百分之六點二（聯合報 85.08.03）；至民國九十年時，已減少為百分之四點四（聯合報 90.03.03）。而先進國家都在百分之二以下。

❷⑦ 例如德國納粹政權便曾經推行「文化淨化運動」，以國家的政治意識型態與藝術標準來排斥所謂的「墮落藝術」(entartete Kunst) 之作品，此舉被認為是戕害文化生機的最反面教材。參見：P. Adam, Kunst im Dritten Reich, 1992, S. 121.

文化憲法方面亦有類似的規定（第 163 條）。這種透過教育與文化來提升邊遠與貧瘠地區的知識水準，其效果當比單純的經濟政策來得深遠，一般而言，貧苦常與無知相結合。故文化均衡發展當是文化憲法的重點工作之一。

㈤文教經費的預算比例

我國憲法第 164 條規定國家、省、與縣預算中，編列教育、科學、文化的比例，不得分別低於百分之十五、二十五、三十五。這條起源於五五憲草第 137 條的規定，利用預算法的強制編列方式，來使文化憲法付諸實現。不能不說是制憲者巧心慧思的傑作。以民主國家的施政原則，無預算即無施政之能力，因此如果政府遵守憲法此條強制性規定，我國文化與教育建設，即可獲得國家財源的充沛支持。惟依釋字第 463 號解釋，此「預算總額」並不包括追加預算及特別預算在內。如此一來，即予政府規避此比例規定的一個技倆點。司法院釋字第 258 號解釋，已重申本條款的拘束力效力。惟政府直到民國七十九年，方於國家預算中達到此項要求。在此之前，視此條文為方針條款的訓示規定，故未遵守之。目前我國國家預算「似乎」已年年達到憲法所定的最低比例 ❷❽。

我國憲法此項意義深遠的規定——外國憲法中鮮有類似規定，少數例子如尼加拉瓜憲法 (1995.07.04) 第 125 條 4 項，規定大專預算應占全國預算百分之六以上——，卻好景不常，只實際實施七年，又在民國八十六年修憲第 10 條 8 項中橫遭刪除！雖然執政黨一再表示日後科文教的預算比例一定不會降低，然此舉無異摘掉教、科、文的保護傘，是令全國文化及教育人士痛心的一個修憲決定，也是本次修憲的一大敗筆，希望儘快能挽回此「斯文掃地」的錯誤 ❷❾ ！

---

❷❽ 宋棋超，從教科文經費探討總額預算案之編製，立法院院聞第二十三卷四期，第 80 頁；以民國八十五年之中央政府總預算中，教育支出為一一二九億（占總預算 9.9%）、科學支出為四七八億（占總預算 4.2%）、文化總支出為一〇五億（占總預算 0.9%），三者總計「正好」占總預算的百分之十五。令人不勝驚訝我國政府編列中央預算的「精確度」。德國的教育經費占全國總預算的比例，在一九九〇年為 13.8%、一九九一年為 12.6%、一九九三年為 12.4%，比起七〇年代普遍達預算百分之十六（例如一九七五年的 15.8% 與一九八〇年的 15.1%），已遭到大幅刪減，引起德國朝野普遍的抨擊。可見得教育支出達總預算百分之十五，並非不必要之國家資源的浪費。我國亦有部分朝野人士反對憲法此項規定者，可以德國的情形為借鏡；而且德國此項預算乃僅對教育而編列，不似我國仍包括文化與科學的預算在內。參見 Die Welt, 1995.06.23.

❷❾ 吾人應注意此修憲條文的用語：「尤其國民教育之經費應優先編列，不受憲法第 164 條規定之限制」，似乎憲法原本「強制比例」的條款反成為各級政府優先編列國民教育經費的「罪惡條款」。國大這種顛倒是非的本事，簡直令人匪夷所思。吾人看到台灣近十年來，教育水準如江河般的日下，全國有五萬名求職無門的「流浪教師」，

㈥教育文化的獎勵政策

文化憲法其他提升國家文化與教育水準的規定，還有保障文化工作者的生活，並依國民經濟的進展隨時提高其待遇（第 165 條）。由此條的用語，國家似乎應保障文化與藝術人士能安於創作，免於凍餒。國家因此應採取給予此些人士津貼、稅捐優惠、以及提供國民住宅等等政策。只憑獎勵傑出人士的表揚辦法，例如「薪傳獎」者，並不足反映憲法本條之精神❸⓿。另外，對於科學的發明創造、古蹟古物的保存，以及對於教育文化事業的傑出成就者，國家所給予的獎勵與褒揚（憲法第 166、167 條）亦是國家應採行的政策。乃是有方針條款之性質。

六、少數民族憲法

憲法第 5 條規定我國各民族一律平等，以及我國乃是多民族（種族）所組成的國家。除了應保障其平等的地位外，對於其文化及傳統亦應加以尊重，不能有「大漢族主義」或「大漢沙文主義」。此亦是尊重少數民族權利的基本原則（第 168 條）。另外邊疆地區率多地廣人稀，對外聯繫不易，容易造成民風閉塞與觀念的落伍，而妨礙其進步。故國家對邊疆地區，不僅在經濟層面，也在文化教育層面，應特加以扶持（第 169 條），以使得國家能夠均衡的發展。此所謂的「少數民族憲法」，在憲法基本國策章中雖只提及邊疆地區各民族，然其精神並不限於邊疆地區，而應及於所有國內的少數族群在內，例如在台灣的原住民。因此增修條文第 10 條 12 項，便特別對山地原住民及金門、馬祖地區之人民，以及日益增多的外籍配偶，加以特別扶助的規定。

同時第 10 條第 11 項特別提到對國家肯定多元文化，並積極維護發展原住民族語言及文化。這是藉著保障原住民的傳統文化，來顯現我國容納多元文化，不僅是傳統也包括外來與未來的多元文化。而且使傳統的文化，也包括生活文化及謀生文化。例

各級學校普遍經費不足。九十六年修憲彈性編列的「功勞」可以想見矣！

❸⓿ 我國雖有「窮而後工」的說法，認為文化及藝術人士必須由困境中方能產生傑出的作品，但此乃違反人情之常。我國也常見不少傑出藝術人士，因不善理財而落魄以終者。如京韻大鼓章彩鳳及琵琶名師馮德明……都是國家文化資產的損失。外國提倡文化的國家對於此些人士的禮遇，例如日本對作家收入的免稅、法國對於職業畫家有優先分配國民住宅的制度外，且於一九二〇年開始立法，創立「後續權」(droitdesuite, Folgerech) 制度，規定凡藝術作品於轉讓後，日後在任何公開買賣，都必須予原作者百分之五的酬金。這個制度在一九六五年被德國著作權法所援引，德國著作權法第 26 條規定：凡是成交價在四百歐元以上的美術及攝影作品買賣，都必須由買受人給予著作權人，按賣賣價格高低抽百分之四到成交價五十萬歐元的 0.25% 不等的後續金，以回饋著作權人，但總額不能超過 12,500 歐元。便是一個保護藝術工作者生活無虞的好例子。

如釋字第 803 號解釋的狩獵權，也包括在傳統文化之中。因此，邊疆民族與少數民族的概念，並非一成不變，而可及於所有「少數族群」也。

因此，舉凡國家保護少數族群的權利，都可納入少數民族憲法之內，例如對於國家立法者為保障原住民就業的機會，在政府採購法第 98 條規定，凡是得標廠商就業員工人數超過百人者，應當保障一個就業機會給原住民，大法官也認定為合憲（參見司法院釋字第 719 號解釋），以及未聘僱者應給予代金（參見司法院釋字第 810 號解釋）。都是實踐憲法扶持少數民族的案例。

第四十五節　基本國策的適用力問題

我國憲法基本國策的內容極為豐富，理念崇高，方向也十分具體而不模糊。但以憲法應是一個有最高規範力的法典，基本國策的條款應具有何種拘束力？當亦為一個重要的議題。由於我國憲法基本國策的體系受到德國威瑪憲法之影響甚大，所以可以德國憲法學界對於威瑪憲法的討論，作為我國討論本問題時之「他山之石」。

壹、傳統理論──所謂的方針條款

威瑪憲法第二篇的「人民基本權利與義務」占有該部憲法相當多的篇幅，因此關於其規範的效力問題即引發熱烈討論。討論的重點在於，這些基本國策條款是否具有拘束力。茲先依德國當時的通說，可舉威瑪共和國名學者安序茲 (Gerhard Anschütz) 教授所提的「區分論」(Differenzierungslehre) 為代表。安序茲教授認為，威瑪憲法第二篇的規定，可區分為兩大類：第一類是屬於狹義的、嚴格意義的法規；第二類的規定則為單純的立法原則，各有不同的拘束力。

第一類屬於狹義的、嚴格意義的法規，例如國家不得頒給貴族稱號（第 109 條）；星期日為休假日（第 139 條）；及公民有接受教育之義務（第 145 條），已經具有明確的規範意旨，故對與之牴觸的法律，便有排斥其效力之拘束力。其他如人身自由、結社自由、財產權保障等屬於傳統人權的條款，亦可發揮拘束力，使得與其牴觸之法律發生無效之結果。

第二類為單純的立法原則，屬於這類型條文並不具有拘束力，可能因其在內容上尚未十分具體，例如國家與地方政府負有保障每個家庭得以維持健康充裕生活之義務（第 119 條 2 項）；或明定應由立法行為實現之，如國家應以法律規定公務員的關係（第 109 條 3 項），聯邦應制定統一的勞工法（第 157 條 2 項），國家應立法制定強制的青年福利措施（第 122 條 2 項），非婚生子女的保護（第 121 條）等。上述憲法的規定意旨，於立法者未能或怠於立法時，則在遵循依法行政與依法審判原則的法治國家中，行政權與司法權即無權干涉，憲法諸般理念即可能形成具文。故此類憲法條文有賴於立法者之作為，方得實現其價值內容。這種性質的條款無異是對立法者所發的一種宣示性質的「方針」(Programm) 或是「訓令」(Direktive) 而已。因此可概稱為「方針條款」(Programmsaetze)，立法者若遲不立法或為不完全的立法，尚非違憲；一旦立

法後，如有牴觸憲法的內容，即屬違憲。

　　至於，哪些是屬於具有拘束力的法規，或是僅對立法者所規定的方針條款，應依「個案」論斷，所以，威瑪憲法第二章的五十七個條文，不僅每個條文的性質，應加以區分，甚至一個條文的各項、各款與各句規定的法律性質，皆必須推敲其意旨，以探求條文的內涵是歸於具有拘束力的法規，抑或宣示性效果的方針規定❶。

　　我國憲法學界對於基本國策的性質、意義、重要性、內容及其衍生的原則，咸採漠視的態度，不是絲毫不提，就是一筆帶過，鮮有深入加以探究者❷。少數提及者對於基本國策的效力，大致和安序茲教授所代表的意見相同——即須待立法者立法後，方能達成理念者。即使有時由於環境關係一時無法實現，亦不能認為違憲。但有即時實施的規定，例如現役軍人不得兼任文官規定，則應有拘束力。所以基本上承認基本國策僅具有指示或指導的效力，但政府不得採取相反的措施，否則仍屬違憲❸。

貳、修正理念——德國憲法學界的新理論

一、基本國策制度的改弦更張

　　威瑪憲法雖然在基本國策條款方面已經充分表現了制憲者崇高的人道精神，與維護社會正義的理念，然而威瑪憲法將這些歸類在憲法第二篇人權篇內，而總共達五十七個條款，每個條文所具有的規範力之強度，亦有所差異，且甚多是有待立法者積極作為，方能加以實現。因此，整部基本國策的條款，一方面呈現範圍廣闊，且深具理想；但另一方面對其實踐，卻只能期待立法者的立法。學理上對於基本國策的效力，儘管以安序茲教授的學說為通說，但所謂的「逐條區分論」易言人人殊，無法取得一致的共識。故基本國策的規定在威瑪共和 (1919–1933) 的實踐歷史，顯然是失敗多於成功，也給予日後的德國基本法 (1949) 在規定有關人權與基本國策的問題時，甚大的參考與警惕價值。

---

❶ G. Anschuetz, Die Verfassung des Deutschen Reiches vom 11, 8, 1919, 14. Aufl., 1933, S. 514. 同樣見解例如：O. Buehler, Die Reichsverfassung vom 11, 8, 1919, 3. Aufl., 1929, S. 122.

❷ 例如薩孟武，中國憲法新論；曾繁康，比較憲法，皆未提及基本國策的制度。劉慶瑞，中華民國憲法要義，亦僅以極小的篇幅討論之。

❸ 林紀東，逐條釋義㈣，第 248 頁；張治安，中國憲法與政府，第 470 頁。

德國基本法已將威瑪憲法有關基本國策的立法方式，完全加以改變。基本法對於人權的規定，不再使用篇幅龐大且性質、效力不一的「威瑪模式」，而回復到傳統的憲法模式，將憲法的結構回復到僅規定國家的組織與人權保障，且人權的規定也趨向簡單化；不僅條文數量減少（由第 1 條至第 20 條為止，總計二十三條），同時，在人權條款裡也儘量減少了威瑪憲法常用的「期待式」規定（例如每個人應擁有適合居住的房屋，獲得工作的機會等）。此外，為了避免引發基本人權有無直接適用之效力的問題，（第 1 條 3 項）特別規定了人權條款有直接拘束立法、行政及司法之效力，也就是所謂的「人權直接拘束論」❹。

不過所有憲法的立國精神——此不論表現在國家組織或人權條款之中，所顯現的理念——皆有規範與實踐問題。德國基本法實施後，除已經摒斥沿用威瑪憲法時代所盛行的方針條款理論外，已經形成兩種最重要的制度——即「國家目的規定」(Staats-zielbestimmung) 及「憲法委託」(Verfassungsauftrag)。這兩種制度在憲法學界與實務界——如釋憲機關中——已成為詮釋國家發展方向的主要依據。吾人可對此兩制度略加申論其意義。

二、國家目的規定

所謂的國家目的規定，乃將憲法視為國家憲政發展的結構與方向之基本規範，所以不僅在國家的組織，也在整個國家的權力運作，應該遵循此一基本的方向。德國基本法在序言中及整個條文中所樹立的基本精神，都可以歸納出「五個」明確的國家目的規定——即民主原則、法治國家原則、社會國原則、聯邦國原則以及共和政體的原則，此五個原則即構成憲法整體的組織與運作的核心，故被稱為「憲法的縮影」(Verfassung in Kurzform)❺。

上述五種德國國家目的規定頗似我國憲法第 1 條所宣示的，我國為基於三民主義的民主共和國，以及第 142 條國民經濟以民生主義為基本原則的規定。此些原則，除了少數較容易勾勒出一個較具體的概念輪廓——例如法治國原則與共和政體——外，其餘多半具有抽象、彈性與不確定的內容。因此對於國家目的規定即有賴於立法者之作為而予以實現。同時釋憲機關亦得以此五種原則來判斷立法者有無違憲之處，故國

---

❹ 關於本問題請參閱本書第十二節肆處。

❺ A. Katz, Staatsrecht, Rdnr. 131.

家目的的規範也變成提升到憲法層次的「不確定法律概念」，其不得成為具文，而有拘束力，但此拘束力最終仍有待透過解釋的方式來獲得其在此原則中所樹立的「價值規範」(Wertordnung)。

德國基本法另一個強化國家目的規定之設計是其第 79 條 3 項規定，不能以修憲方式更動的「永遠條款」(Ewigkeitsklausel)，即人權的核心內容、法治國原則、社會國原則與聯邦國原則，均不能被合法與合憲的侵犯。當然一旦有修憲法律涉及違反此條款之疑義時，仍須透過釋憲的方式，來解釋、探究該永遠條款的內涵及規範的限度。

三、憲法委託

㈠憲法的委託與授權

憲法是國家憲政與法律體系的一種「價值秩序」，且制憲者不可避免的仍必須授權或藉助立法者的立法行為來滿足此「價值秩序」。憲法在條文中明白規定「應依法律為之」、「得以法律限制之」⋯⋯的情形甚多，但兩者皆賦予立法者得為立法之權力，但是大致上以立法者有無積極立法的義務性，可分為憲法的委託與憲法的授權。

1.憲法的委託

以憲法委託立法者立法的特徵，又稱為「對立法之委託」(Gesetzgebungsauftrag)。立法者如何從憲法獲得積極立法的義務，必須推敲憲法規定的意旨，確定立法者不為此立法時──所謂的「立法怠惰」或「立法不作為」──，立法者即有違憲之虞，此違憲雖未有一定的制裁效果（下述），但亦非屬於立法者可以全權決定立法時間與內容的「立法裁量」之範圍。

憲法委託在語意上及實施上會有委託的急迫性或強烈與否之差異，此可以由推敲憲法規定的意旨方式以探究之。即假設該憲法委託未能實踐時，對於憲法所樹立的憲政理念，以及國家權力運作將產生鉅大的破壞性影響者，便可看出此乃屬於較急迫性的憲法委託。例如憲法第 43 條明白規定總統在立法院休會時，行使發布緊急命令的依據為「緊急命令法」，以憲法設計總統緊急命令權的制度，當知非「可有可無」，而是國家瀕臨危急之秋的應變制度，其憲法委託的強度不言可喻！類似的如憲法第 46 條總統、副總統選舉依法律定之，以及五院的組織法以法律定之等，皆是涉及國家元首與國家權力、組織與權限。另外，作為國家地方自治所繫之省縣自治通則（第 112 條）與直轄市自治法（第 118 條）（現行法為地方制度法），亦同。這種較強烈與急迫的憲

法委託，立法者不履行其義務時，將嚴重的破壞憲法的體制，扭曲憲政的發展，立法者的「失職罪證」就極為明顯、昭彰！

憲法委託語意雖不明顯或急切，容易使人認為立法與否可由立法者裁量，或者僅是憲法的授權而已，但是只要衡諸憲法的整體價值與該條文的意義，即可知悉立法者的立法義務。例如國家賠償法（第 24 條）、提審法（第 8 條）、勞資糾紛的調解法（第 154 條）與國籍法（第 3 條）等，皆屬於憲法委託的適例。

2.憲法的授權立法——法律保留

另外憲法也有規定立法者的立法權限，所謂的「法律保留」。雖然，所謂法律保留在憲法上的意義，是憲法保留予立法者之事項，故憲法委託亦當然屬於法律保留之概念。不過一般所稱的法律保留，多指狹義的對於人權的限制需以立法方式方得為之。此在我國憲法第 23 條即有明確的規定。這種憲法授權立法者於必要時採行立法行為的規定，立法者便可斟酌社會之需要，適時的採取立法措施。對於限制人權的法律，多屬此類。這種立法的界限何在，乃法律違憲審查權行使的標的。

㈡憲法委託的效果

憲法以其篇幅的限制，無法鉅細靡遺的將規範意志展現出來——最明顯的例外是我國憲法第 8 條的人身自由權規定——，因此，憲法委託的必要性必然存在。憲法委託的條文雖有其拘束力，但一旦立法者不欲或不能立此「施行法」，則憲法相關的規定便可能形同具文。這種「立法怠惰」與「立法不作為」的情形，有何補救的可能性？在現代大多數民主國家中，除瑞士外，並無人民得創制法律之制度，因此由人民逕行立法取代立法者的可能性應先予排除。基於權力分立的制度，剩下一途唯有訴諸司法權中的釋憲權了。

德國聯邦憲法法院與我國大法官會議由釋憲實務中，已經產生一種所謂的「警告性裁判」（見本書第三十七節參處），這種裁判能夠對於一個違憲的法律宣布其定期失效，亦可迫使立法者加速履行其立法義務。釋憲機關亦可在解釋書中宣示立法者應負有積極作為的義務，例如司法院釋字第 259 號，便對立法者已蹉跎四十五年未制定直轄市自治法（憲法第 118 條）的義務，加以督促。雖然其效果並非即時奏效，但此督促義務可以同時喚起社會輿論以及其他政治力量的重視，使得立法者由國會外來的壓力，能迫使「新法」加速誕生❻。

參、我國基本國策效力的分析

一、基本國策與人權的關係

我國憲法與德國威瑪憲法不同，並未將基本國策的規定，置於憲法的人權規定中，而是在憲法第二章「人民之權利義務」外，另闢專章，即第十三章，來規定基本國策。因此，在解釋上與規定的效力上，極容易使人認為基本國策與人權規定不同，而僅有方針條款之性質❼。

然或吾人以基本國策乃國家發展的基本方針，且期待國家權力——特別是立法權——應有所為有所不為，則基本國策的目的，實和憲法的人權規定完全一樣。因此，一個規範，應該置於憲法的前言、憲法人權章或基本國策章，僅是制憲者對憲法章節的安排，而非對該規範內容有任何性質與效力（拘束力）上的差別認知。例如憲法第138 條規定：全國陸海空軍，需超出個人、地域及黨派關係以外，效忠國家，愛護人民。此「國軍的任務」規定與第 139 條的「軍隊國家化」之規定，亦可規定在第 36 條關於總統的統帥權部分，以規範總統的統帥權，不一定非置於第十三章不可。同樣地，憲法第 154 條 1 項，規定私人資本之節制，亦可規範在憲法第 15 條關於財產權的保障。憲法第 152 條規定，人民具有工作能力者，國家應予適當工作之機會，與憲法第15 條人民的工作權並列，亦無不可。因此，基本國策的規定，亦有部分具備人權條款的性質。就此部分，可認為應適用有關人權的理念，加以保障與限制❽。不過，基本國策中具有人權性質的條款，大體上不是屬於傳統的、古典的人權條款，而是所謂的社會基本權利，關於此社會基本權利，已在本書第二十六章中加以討論。我國憲法的基本國策可以補充憲法其他章節內的規定而豐富我國整個憲法所構建的「規範價值體系」。

---

❻ 參閱拙著，論「憲法委託」之理論，刊載：基本權利（上冊），第 80 頁以下。陳愛娥，社會國的憲法委託與基本權保障，公法學與政治理論——吳庚大法官榮退論文集，第 270 頁以下。

❼ 這些都可說規劃歸在「傳統論」者，例如謝瀛洲，中華民國憲法論，第 271 頁；左潞生，比較憲法，第 288 頁；羅志淵，中國憲法釋論，第 175 頁。

❽ 因此，在基本國策中的規定，可以作為人權的特殊保障或特別限制條款的來源，以及憲法第 23 條提供了人權的「一般公益性質」，基本國策則提供「特殊的公益性質」，參見本書第十三節貳。

二、基本國策效力的分類

憲法既然是國家最高之法規，其規定自有拘束所有國家權力之效力，基本國策是一個具有明確價值判斷的章節，表達出制憲者明顯的規範意旨。我國憲法的基本國策的內容極為豐富，各個條文中亦具有各種不同的規範效果，不僅是威瑪憲法時代安序茲教授所為的法律規範或方針條款的二分法，不能完全適用外，仍須參照德國基本法實施後的憲法委託及其他公法理論架構，來加以歸類與討論。因此，我國基本國策條款的效力問題，可以為下述四種分類：

㈠視為方針條款

基本國策中仍然保有不少標準的宣示性質與期待性質的方針條款，來規定我國日後的發展方向。大凡基本國策中以比較抽象、遠程、計畫性的用語，皆屬之。例如有關我國外交的基本方向與目的（第141條）；農業建設與發展的方向（第146條）；教育文化的目標（第158條）；國家應獎勵科學，保護文化古蹟（第166條），如促進產業升級、農漁業現代化、經濟科學發展應兼顧環保、促進現代化與傳統醫藥之研究發展（增修條文第10條）……，大都屬於方針條款❾。

㈡視為憲法委託

基本國策中期待以立法手段達成者甚多，如國防組織法（第137條2項）；土地政策（第143條）；許可私營公用事業及獨占事業（第144條）❿；節制私人資本（第142、145條）；國家管理金融機構的依據（第149條）；保護勞工、農民（第153條）⓫；調解與仲裁勞資糾紛（第154條）；保障邊疆民族地位（第168條）等，皆是「憲法委託」之條款。此外，依據法治國家權力分立或人權限制的理念，亦有賴立法方得執行的條款，例如土地增值稅的規定（第143條3項）；實施社會保險制度（第

---

❾ 司法院釋字第426號即在理由書中將經濟發展應兼顧環境及生態保護（現行增修條文第10條2項）列為空氣污染防制法收費的憲法依據。

❿ 釋字第428號解釋已援引憲法此條文作為認可郵政法對於掛號郵件的補償只限於遺失或被竊，不及於毀損（但掛號包裹不在此限），依解釋理由的意旨，此憲法基本國策之條文可以許可立法者對公開事業之經營，課與特別義務，加強政府之監督，並在經濟上給予相當之優惠（例如免稅及本案之限制補償請求範圍）。故立法者擁有形成空間來完成憲法條文的委託。

⓫ 第596號解釋援引本條文，認為保護勞工之內容與方式應如何設計，立法者有一定的自由形成空間；更早的釋字第472號解釋亦同。另外釋字第549號、第568號也涉及相關的問題。大法官在釋字第683號解釋首次提到憲法委託之用語，惜不無誤解。參見作者所提出之部分不同意見書。

155 條)；保護母性與實施社會福利制度（第 155 條）；國民受教育機會的平等（第 159 條）；兒童受基本教育的制度（第 160 條）等。這些可稱為實質或不明文的憲法委託，且以立法者的積極立法行為為必要，且立法者擁有較大的形成自由。

㈢視為制度性的保障

所謂「制度性保障」(Institutsgarantie) 乃是一個制度的成立與內容係受到憲法明文規定，或是由憲法的理念所可以衍生，而受到憲法的保障。已在本書第十二節肆二處討論過，可參考之。不過在我國釋憲實務，都將此制度性保障的功能，侷限在基本人權的領域，例如對於講學自由所延伸的大學自治（釋字第 380 號；第 450 號解釋）；對婚姻制度的保障（釋字第 554 號解釋）；以及對公務人員依法銓敘取得之官等俸級的權利（釋字第 483 號解釋），都是例子。

然則，在基本國策篇，除了外交憲法較偏向方針條款外，許多此類的價值規定都具有與人權相重疊的部分，因此也可以援引制度性保障的原則來落實之。例如國防憲法的軍隊國家化（第 138 條、139 條）與文武官不互兼原則（第 140 條）便是例子；對我國的經濟體制應遵循民生主義為原則，實施平均地權及節制資本（第 142 條）；國家應有增值稅的制度，扶持自耕農，限制地主的面積（第 143 條）；國家應實施社會保險制度成為社會福利國家（第 155 條）；應普遍推行「公醫制度」（第 157 條）與全民健康保險（增修條文第 10 條 5 項）；國家應建立義務教育的教育體制（第 160 條）；各級政府應有獎學金的體制（第 161 條）；更具體的是在各級政府的年度預算中，教育、科學、文化的經費，應有一定的比例（第 164 條）私人興學的私立學校法制（第 167 條）；以及對於邊疆民族應該保障其地位及扶持其自治事業（第 169 條），這些屬於國家制度保障的規定，具有明確指導國家權力發展方向之效力。然其實踐的方法仍有賴立法者的立法，但如立法者之立法侵犯此制度性保障的內容，即可造成違憲的後果❷。

㈣視為公法權利

所謂的公法權利 (subjektiv-öffentliche Rechte) 是指人民由公法的法規獲得權利，而可類似私法權利一樣，享受該權利，且在受到侵犯時，得請求國家（法院）之保障。

---

❷ 大法官在釋字第 472 號解釋便依照憲法第 155、157 條及增修條文第 10 條 5 項之意旨，來檢討全民健保法諸多規定的合憲性。同時也指出：「對於無力繳納保費者，國家應予適當之救助，不得逕行拒絕給付，以符憲法推行全民健康保險，保障老弱殘廢，無力生活人民之旨趣。」所以本號解釋尚不能視為公法權利，讓無力繳納保費者亦可在個案拒絕支付保費之依據，而是指示立法者必須在規劃全民健保法時加入此項「扶助貧弱」之制度也。

我國基本國策中能否產生這種給予人民公法權利的效果？例如憲法第 152 條規定人民具有工作能力者，國家應給予適當的工作機會。本條文是否賦予失業人民向國家請求給予工作之請求權，而國家不得拒絕，否則應承擔債務不履行之法律責任？一位潦倒的藝術家，得否依憲法第 165 條規定請求國家保障其創作生活並給予待遇？此些例子的答案顯然為否定，易言之，在無法律實踐這些亦可列入所謂的「社會基本權利」前，本於「依法行政」的行政權與「依法審判」的司法權，並無法肯定人民的請求權。所以屬於公法權利的基本國策的條款最少。然而若由基本國策條文中明白創設出人民得以直接行使，不以另定法律為前提時，即屬公法權利。例如受國民教育的兒童，可依憲法第 160 條 1 項，享有免付學費的權利。如學校要求繳納學費時，學童及家長即可拒絕之，法院亦應承認家長之拒付權利。至於同項條文亦規定貧苦學童得請求政府供給書籍，以及同條第 1 項規定受補習教育之國民亦可由國家免費獲得書籍的權利，與上述憲法第 152 條的請求國家給予工作機會的權利種類極為類似，因此尚難認屬公法權利也❸。

---

❸ 參閱拙著：論「社會基本權利」，刊載：基本權利（上冊），第 115 頁；李惠宗，憲法要義，第 247 頁。

第十四章　憲法的修改

第四十六節　憲法修改的制度

壹、憲法修改的意義與限制

憲法是規範國家整體秩序的根本大法，為「萬法之法」。制憲者以制憲當時政治、經濟、社會與哲學理念配合其國家社會狀況，以及對未來實踐與規範可能性的「預測」，而制定憲法。自憲法公布後，回溯至制憲當時的時代背景，憲法可能在三個層面產生變動：理念、行憲時的國家社會背景與制憲者的「預測錯誤」。憲法雖可依賴釋憲權靈活的解釋，例如採用憲法變遷的方式（參閱本書第三十七節貳一處）使憲法成為「活的憲法」，但釜底抽薪之計，仍是由修改憲法本文著手，這是保持憲法符合國家社會的需求，並使憲法具有現實性的先決條件。所以認為憲法的尊崇性而不應修改者，適足以戕害憲法的壽命。在絕大多數實施不成文憲法的國家，為界分憲法與其他法律的不同，也多實施「剛性憲法」（參閱本書第二節壹二處），目的乃藉著修憲的不易，來維持國家秩序的「恆定性」。這種修憲的不易，可以表現在修憲的時間、方式及內容的限制方面。

一、修憲時間的限制

在比較憲法史的研究上，某些憲法對於修憲有規定其「時間的限制」，這種修憲時間的限制有消極意義與積極意義兩種。

消極意義者，指憲法在一定時間內不得修改之。最初始於美國憲法 (1787)，其第 5 條規定於一八〇八年之前（二十年內）所通過的修正案，不得修改憲法第 1 條 9 節 1、4 款之規定❶。再如法國的雅各賓憲法 (1791) 最後一條即宣布：國民大會制定本憲法，本憲法亦不得加以修正。希臘一九七五年憲法第 110 條 6 項亦規定憲法修改未滿

---

❶ 該兩款條文如下：
　第 1 款：所有人民的遷徙或入境，經現有的任何一州所認為應該允許者，在一八〇八年以前，國會不得加以禁止，但對入境者得課以捐稅，惟以每人不超過十元為限。
　第 4 款：任何人口稅或其他直接稅，除非與本憲法所規定人口調查或統計有適當之比例外，一律不得徵收。

五年者，不得再加以修正。此外也有規定在特定時間內，不得修憲。例如法國第四共和憲法 (1946) 第 90 條規定，當法國領土一部或全部為外國軍隊占領時，不得進行修憲程序。西班牙憲法 (1978) 第 169 條規定在戰爭期間或國家緊急時期亦不得進行修憲；巴西憲法 (1946) 第 217 條規定於戒嚴時期不得修憲❷。

　　積極意義者，指憲法在一定時期內應重行檢討加以修正。例如葡萄牙憲法 (1919) 第 82 條規定，憲法每隔十年修改一次。波蘭憲法 (1921) 第 125 條規定，憲法每隔二十五年至少應修正一次。美國開國元勳傑弗遜 (Thomas Jefferson, 1743–1826) 主張憲法應規定每隔十九年或二十年有一次「莊重的機會」來全盤修改憲法❸。

二、修憲方式的限制

　　修憲方式的限制為修憲程序方面的限制。採剛性憲法者，多以絕對多數，而非普通多數作為修憲案通過與否的條件。在聯邦制國家，修憲程序甚且須經各邦議會的通過，或須經過公民複決的程序，本書第二節壹二處討論剛性與柔性憲法時已有分析，可參照之。

三、修憲內容的限制

　　限制修改憲法的內容者，使得憲法的部分條文得以永久存續。而修憲內容的限制是否有其正當理由，是為憲法學理極為重要的課題，即所謂的「修憲界限論」(Grenzender Verfassungsaenderung) 問題。

㈠修憲界限論

　　修憲應有界限的理論，可溯源於法國大革命時代的理論家西耶 (Abbe Sieyes, 1748–1836) 所提出「制憲力」(pouvoir constituant) 的主張。西耶認為憲法的制定乃經過全民的同意，因此這種全民的決定——也是透過革命流血而獲致的成果——，不能被更改。因此憲法的更改與創立新憲皆需獲得全民意志的同意，所以既然憲法已經制定，即不能再更改之。西耶「制憲永恆論」的見解，已為法國一七九一年的憲法所採

---

❷ 參閱徐秀義，韓大元，憲法學原理（上），中國人民公安大學出版社，北京，一九九三年，第 130 頁。

❸ 傑弗遜認為一個文明社會之每一代人有權利來自行選擇能增進其幸福的政府形式（傑弗遜一八一六年致克契伐爾函）。參見：巴道維編，胡叔仁譯，傑佛遜民主言論錄，高原出版社，香港，民國四十五年，第 106 頁；另參見：曾繁康，比較憲法，第 675 頁。

納❹。西耶代表的「制憲永恆論」，隨著一七九二年八月十日爆發第二次革命、前一年公布的憲法遭到廢棄的命運而消逝。重新闡揚西耶的「制憲力」理論者，是一百餘年後德國威瑪共和國著名學者卡爾・史密特 (Carl Schmitt)。史密特改良西耶的制憲永恆論，並區別「制憲力」(pouvoir constituant) 與「修憲力」(pouvoir constitue)，而認為憲法非不得修正，僅在不觸及憲法的基本精神時，方能許可之。史密特提出著名的可以修改的「憲律」(Verfassungsgesetz) 與不可修改的「憲章」(Verfassung) 的區分理論。「憲律」指憲法在制定成一個法典時所樹立的規範，此規範並非永恆而可隨著時代的需求而變更，並不牴觸憲法制定時制憲者的意志，此即人民「修憲力」的表現；「憲章」亦同樣是在憲法制定成法典時所樹立的規範，但此規範完全展現出制憲者的憲法意志而不能變更，一經更動即會「動搖憲政之本」。例如將憲法共和政體改為君主制，則無異國家經過復辟的過程，此絕非經過革命才能獲得制憲果實的制憲者所能接受，故一旦出現這種類型的「修憲」，便是逾越了修憲的界限，而屬「制憲」。同時，這種結果亦是一種「毀憲」行為 (Verfassungsvernichtung)，修憲者並無這種權力。至於史密特的見解，誠然頗有見地，也反映出憲法無界限的修正，能產生「質變」的後果。但在概念的「清晰度」(Klarheit) 方面，同樣在一部憲法中，哪些規定是屬於憲律或憲章？除了國體、政體制度較易理解外，其他規定例如人權、國會權限⋯⋯是否亦屬於不得修改的憲章？則並無定論❺。不過史密特的理念受到各國憲法學界甚大的重視，各國有採行憲法界限論者，無疑是受到史密特學理的影響，而非著名的人權與啟蒙思想家西耶的創見。

　　主張修憲應有界限論者，對於修憲內容的限制各有不同的規定。最常見者為規定不得修改政體的制度，例如法國現行第五共和憲法 (1958) 第 89 條，義大利憲法

---

❹ 西耶在一七八九年發表著名的「什麼是第三階級」(Qu'est-ce que le tiers-etat?) 的文宣裡，認為當時的「三級會議」中唯有第三階級（平民）者——而非另兩個階級（僧侶、貴族）——能代表國家。故國家主權即由此第三階級來代表，成為國民主權。制憲權應完全操在國民的手中，不但不能接受欽定憲法，也要拒絕協定憲法。這種制憲權並不受當時國家（由皇帝所定）之任何法規的拘束，是為一種「絕對權」(legibus absolutus)。西耶的「制憲永恆論」，認為人民的制憲權使用一次即足。參見：M. Kriele, Einfuehrung in die Staatslehre, S. 260. 另可參見蕭高彥，西耶斯的制憲權概念——一個政治理論的分析，公法學與政治理論，吳庚大法官榮退論文集，第 79 頁以下。

❺ 對於憲律與憲章的區分重點，應在範圍較小且不能被修正的憲章部分。對憲章的定義，史密特雖然提出：構成整體憲法的同一性與存續性之條文 (Identitaet und Kontinuitaet der Verfassung als eines Ganzen)，但是仍過於抽象。參見：C. Schmitt, Verfassungslehre, S. 103.

(1947) 第 139 條之共和政體不得修正；我國曹錕憲法（民國十二年）第 138 條亦規定「國體」不得為修憲之議題。但實施最徹底者，應推德國基本法第 79 條 3 項修憲限制的「永遠條款」(Ewigkeitklausel)，該項規定任何修憲案若侵犯聯邦與各邦的隸屬關係、各邦立法的基本權限與憲法第 1 條至第 20 條所樹立的（人權與立國）原則，為無效。因此德國憲法對修憲界限所定的範圍，為當今各國憲法中範圍最廣者。

(二)**修憲界限論的檢驗**

　　由上文討論可知採行修憲界限論之各國憲法，並不普遍。因為此理論是否完善，仍須藉由下述幾個觀點予以檢驗：

　1.**主權在民的理念**

　　不論是西耶的制憲力與制憲永恆理論，或是史密特的修憲力、制憲力與憲律、憲章區分的立論，都在於制憲者「憲法意志」之優越，非嗣後之修憲者的「憲法意志」所能凌越。然而這種見解，並未斟酌到當年制憲者制定憲法所憑據的理念——主權在民或國民主權——亦應繼續延續，亦即任何時刻——在制憲之前與行憲之後——都有主權所有與代表的需要與事實。因此，非謂制憲者制憲時得引為「憲法正當性」訴求 (Legitimitaet der Verfassungsgebung) 的國民主權，在修憲時即無此主權依歸問題。因此，這種制憲者主權優越性的理論，已經強制的排除修憲時國民的主權，顯然不合民主的根本原則。更何況就主權代表的妥當性與完整性而論，一般於制憲時的時空環境，泰半乃舊秩序瓦解，新秩序未建立的渾沌時刻，對於制憲者的組成來源與選拔程序，往往遷就現實，而未論其合法性與正當性。因此，幾乎任何憲法的制憲過程，自稱代表國民主權的制憲者，恐怕其代表性皆有瑕疵。因此其所主張制憲力優越的「主權代表質量」，顯然不能和嗣後依該憲法規定產生的人民「主權代表」，所具有的既有合法性、也有正當性的「主權代表質量」所可比擬❻。

　2.**制憲機關與修憲機關的差異**

　　贊成修憲力與制憲力應有差別的見解之一，乃認為修憲機關與制憲機關未有同一性。例如制憲時以類似國民大會等方式為之，而嗣後的修憲機關則由國會等立法機關

---

❻ 這也是卡爾‧史密特與西耶等認為憲法產生乃基於制憲者的「實力」。法國大革命制憲的國民大會代表即未有合法的產生依據，同時國民大會議決的憲法草案也未經全民複決，因此能否稱為全民的意志，在大革命時早已成為議論的中心。同樣的在美國憲法制定時，所謂各州的代表亦非人民選舉產生，而且制憲代表中並無黑人，國家且實施奴隸制，故主權在民的依據也嫌薄弱。參見 M. Kriele, aaO., S. 263.

為之，故應有所區別。然這種見解立論基礎甚為薄弱。按制憲機構之成員，亦當時人民之代表，而當時應無另一個民意機構之存在（例如國會），制憲機構因任務終了而解散，代表民意之機構則由另設之國會等機構承擔之，故這種「民意持續性」即代表「國民主權」的延續性，也代表「政權合法性」的延續。特別在我國制憲國民大會與嗣後的修憲國民大會，基本上名稱與職權皆有「同一性」(Identitaet)，我國憲法第25條規定國民大會代表全國國民行使政權可知，制憲國大並不優越於修憲國大，故制憲機關與修憲機關之別，僅有歷史因素，而無權限因素。

3.修憲界限的抽象

縱不論卡爾・史密特在修憲界限的憲律與憲章的概念模糊問題，即便是德國基本法第79條3項所訂定的永遠條款，在實踐上也會產生甚大的爭端。例如人權的原則不得為修憲所侵犯，然而何謂一個「人權的原則」？例如憲法保障人民擁有秘密通訊之自由，國家為了防範犯罪或保障國家安全而制定竊聽法時，能否認為已經侵犯人民秘密通訊自由的「基本原則」？德國在一九六八年六月二十四日通過修憲案，許可政府依法得為竊聽之行為，德國聯邦憲法法院也承認政府這種為了國家安全的公益考量所行使的竊聽行為，並未侵犯「人權的基本原則」 ❼。所以要清楚界分修憲的界限問題，實非易事。

4.憲法的社會調適力

憲法作為萬法之法，任何法律一定有不能調適社會發展的時候，憲法亦然。倘若硬性規定憲法有不能修改的界限，一旦憲法的規定不能符合時代的需求時，即形成所謂的「憲政窒礙」(Verfassungsstörung)，除非該憲政窒礙得為國民所忍受，否則極可能形成尋求合憲秩序以外的手段來更動之，最明顯的如革命、叛亂或政變。憲法的「永遠條款」，將造成毫無彈性可言的僵硬制度，而使憲法缺乏社會的調適能力。

因此對於憲法內容的限制方面，吾人必須肯定其用意甚佳，但無法在理論的妥善面提供令人信服的理由。為了確保國家不至於會因修憲而遭到「毀憲」的後果，當可依賴修憲程序的嚴格，以及輿論的監督與國民法治、民主素養的支持。至於對修憲內容的加以限制，最多只要規定不得變更政體或國體，即足以保障憲法不致因修憲造成質變之後果 ❽。

---

❼ BVerfGE 30. 1. 關於本案參閱：李建良譯：基本人權與裁判，永然文化公司，民國八十一年，第141頁以下。

❽ 例如我國在動員戡亂時期所制定的臨時條款，已經極度擴張總統職權，且中央民意代表的不必改選、長期實施

5.以「全盤修憲」的制度來考量

修憲的界限論亦應考慮所謂的「全盤修憲」(Totalrevision) 的制度。全盤修憲有別於部分修憲 (Partialrevision)，在於此種修憲係將憲法全部改頭換面，不僅是條文內容變更，也在於整個條文體系及秩序的更動，形同一個新的憲法。有些憲法如現行瑞士聯邦憲法 (1874) 與西班牙憲法 (1978) 皆有這種制度。瑞士憲法（第 119 條、120 條）規定憲法得全盤加以修正，如有十萬名選民連署或國會有意願通過決議時，即可交由全民表決為是否全面修憲之程序。如獲過半數選民的同意，國會即解散重新選舉。新國會在議決全盤修憲的草案，通過三讀程序後，再交由選民與各邦複決。倘全盤修憲議案，原係國會兩院皆決議時，即可越過第一次選民的複決，逕進行研擬新憲法的草案，而後再交由選民與各州複決。西班牙憲法第 168 條亦規定國會若要全盤進行修憲，需以三分之二絕對多數決為前提，通過修憲決議後，國會應改選徵求民意。組成新國會研擬新憲法，也需三分之二多數決，方得通過之 ❾。

6.我國大法官解釋的見解

其實大法官對抗修憲權濫用的例子早在釋字 261 號解釋已有「為確保憲政體制運作」所做的第一屆中央民意代表應限期退職的解釋。但最明確表達修憲應否有界限的問題，乃在釋字 499 號解釋中表明了贊成的立場。這個針對民國八十八年國民大會修憲延長任期所作出的釋憲案，大法官認為已違反了修憲應有的界限。大法官認為修憲與憲法本文雖處於同等位階，惟「憲法中具有本質之重要性而為規範秩序存立之基礎的原則，如聽任修改條文予以變更，則憲法整體規範秩序將形同破毀，該修改之條文即失其應有之正當性。這些具有本質之重要性，亦為憲法整體基本原則所在之條款，諸如：憲法第 1 條之民主共和國原則，第 2 條國民主權原則及憲法第二章有關保障人權與權力分立與制衡之原則等，任何憲法設置之機關均有遵守之義務」。明顯看得出來大法官援用了「憲法破棄」的用語，並在修憲界限方面採納德國憲法學及德國基本法第 79 條的理論。

戒嚴……，已使學界頗有認為已超過修憲的界限，而達到制憲的後果。如果我國憲法有所謂的修憲界限則無法承認臨時條款實施的合法性。參見：董保城，修憲界限之探討，憲政時代季刊，第十七卷二期，民國八十年十月，第 22 頁。

❾ 參見：P. Haeberle, Die verfassunggebende Gewalt des Volkes im Verfassungsstaat-eine vergleichende Textstufenanalyse, AoeR., Bd. 112, 1987, S. 74. Haefelin/Haller, Schweizerisches Bundesstaatsrecht, S. 285. 拙著：修憲之道，刊載：基本權利（下冊），第 343 頁以下。

7.我國實施修憲界限論的理想與現實

大法官在援引了德國修憲界限論的釋字第 499 號解釋之後，似乎便將此理論置之高閣。最明顯的莫如「凍省」以及「廢止國民大會」的兩大修憲。在 86 年的凍省，以及 94 年廢止國大代表之修憲。前者固在大法官作出釋字第 499 號解釋之前，無從檢驗大法官運用修憲界限論之機會；然而在後者，大法官卻沒有案例援引此議論，社會及學界也沒有援引大法官的修憲界限論來否認具合憲性。依國父五權憲法的精神，將國民大會作為全國民意的最高機構；而省又是國父中央與地方分權最重要的地方自治團體，兩者都具有憲法機關或制度性保障的重要性，依德國修憲界限論的理論，這都是不可觸摸的憲政機構，也是構成法治國家政府組織的重要成分，不可作為修憲的標的。無獨有偶，民進黨蔡英文政府近年來推動修憲最主要的目的便是廢止監察院與考試院，五權憲法轉變為三權憲法，更是從根推翻了我國制憲的根本原則。如此修憲等同制憲。試問，大法官能否繼續堅持修憲界限論？吾人拭目以待。

因此大法官在第 499 號解釋，不無呼應當時法庭外的學生運動的風潮，而引用德國修憲界限理論，來否認當時「國大自肥」的現象。此藥方固然有助於一時，但大法官，包括隨後的大法官有無心悅誠服地信仰此理論的正確性與有效性？恐怕頗令人懷疑。

貳、我國憲法修改的程序

我國憲法的修改，依憲法第 174 條的規定，以修憲「發動權」來自國民大會或立法院，而有不同的程序。隨著民國九十四年修憲將國民大會制度凍結後，修憲的發動權只剩下立法院。已成為歷史的國大負責以往歷次的修憲，其過程仍有若干價值也。

一、國民大會的修憲（已凍結）

在民國八十九年國民大會改為「任務型國大」之前，國民大會兩大任務之一即為修改憲法，故修憲主動權操在國民大會手中。是為一機關修憲。八十九年修憲後，現只剩下被動性質的複決權稱為兩機關修憲。可分別討論之。

1.一機關修憲：這是修憲的主要方式

國民大會由代表總額五分之一之提議，三分之二之出席及出席代表四分之三之決議，即可進行憲法之修改（憲法第 174 條 1 款）。所以由提議至決議，全由國大代表所

包辦，發動權及決定權皆繫於國民大會。於此有爭議者，乃所謂的國大代表的提議、出席與表決人數要求，究係憲法修改的「全程」——即自一讀會迄三讀會——，抑或僅在關涉憲法修正案通過的「三讀會」時為限？由憲法明白的規定可知，提議的人數要求乃修憲案進入一讀會的條件而無問題外，出席與決議的人數要求，明顯的乃「把關條款」(Speerklausel)，屬於議案成為法規的「門檻規定」，也是僅針對三讀會的規定。至於國民大會對於一讀會及二讀會的出席人數及表決，除至少應有過半數的原則外——此乃民主國家議案通過的一般原則——，可由國民大會依據議事程序的法規來決定之。此程序的法規可以為法律的層次，例如國民大會組織法 (81.01.29) 及國民大會議事規則（81.04.07；89.04.14 改為第 47 條 3 項）對於二讀會的出席與議決，依國民大會議事規則第 44 條 2 項的規定，應分別達總額三分之二與四分之三的人數，但對一讀會則未規定。但依國民大會組織法第 8 條的規定，國民大會非有代表三分之一以上的出席，不得開議，其議決除憲法法律另有規定者外，以過半數同意為之。因此，究竟一讀會應採憲法第 174 條的三分之二出席，或國民大會組織法第 8 條的三分之一的出席規定？曾引起爭論。如本文所言，此可由規範議事規則的法規——即國民大會組織法或議事規則——來決定，無須依憲法第 174 條的三分之二的人數規定。

司法院釋字第 381 號解釋的見解以為，不論採國民大會組織法第 8 條之規定，或憲法第 174 條 1 款之規定，「係屬議會自律之事項，均與憲法無違。」因此，第二屆國大召開第四次臨時會第十四次大會（民國八十三年五月），依國民大會組織法第 8 條的規定以國大總數三分之一的出席開議，並不違反憲法之規定。本號解釋應注意之處，乃國民大會開議適用國民大會組織法的問題。依民國八十三年增修條文第 1 條 9 項規定（86 年增修條文第 1 條 8 項），國大行使職權之程序，不適用憲法第 34 條之國大行使職權依法律定之的規定。故自本條文實施後 (83.08.01)，國民大會組織法中涉及國大行使「職權」之規定即應失去效力，專由國大自行制定「議事規則」來規定之❿。但該議事規則未規定一讀會的開議人數。釋字第 381 號所為解釋的系爭事件為八十三年

---

❿ 在八十三年增修條文第 1 條 9 項生效後，與之牴觸的國大組織法第 8 條的規定，究係即時無效，抑待國民大會自行制定（或修正）議事規則後始失效？以修憲時，國民大會「排除」現行——加諸「限制」其權限的桎梏——國大組織法第 8 條條文，所以，和一般憲法條文期待或授權立法者將來立法的憲法委託之性質大不相同，並非等待國大將來修正議事規則才廢止該條文。故增修條文第 1 條 9 項應產生即時廢止之效力也。至於憲法第 34 條「國大組織」仍由法律規定者，只要不牴觸增修條文時（例如第 1 條 8 項的設置議長），則不妨礙國大組織法的效力。

五月，在現行增修條文廢止國民大會組織法之前，易言之，國大當時開議時，仍應適用國民大會組織法第 8 條之規定，即使大法官為解釋本案時，國民大會組織法第 8 條已失其效力，亦然。故國民大會議事規則應該明確規定一讀會的開議人數，否則嗣後再發生類似的爭議。釋字第 381 號實應在判決書中做出此「警告性裁判」❶。

　　不過在民國八十九年倉促的修憲，卻將民國八十六年修憲條文第 1 條 8 項的國大代表得自行訂立職權行使法規的規定，予以刪除，使得本遭凍結的憲法第 34 條之規定，以及依該條文而制訂的國民大會組織法，又告「復活」，從而國大組織法第 8 條的效力重新恢復，取得優先適用國大議事規則的效力。惟增修條文第 1 條 4 項後段規定：國大職權調整後，國大組織法應於兩年內配合修正。本法第 8 條宜應一併重新檢討。

　　國大組織法新修正後 (91.05.1) 第 8 條原則上維持舊有總額三分之一以上出席及出席過半數的表決規定，但卻另外規定：

　　「除憲法及國民大會行使職權之程序相關法令另有規定外」的但書，因此立法院仍可利用制定國民大會職權行使法的方式來予明確規定。

2.二機關修憲

　　九十四年五月十四日選出三百名任務型國大代表，準備進行修憲案之複決，這也涉及到複決的門檻。所以少數黨派便力爭杯葛，直到五月三十日國大召開前三天 (90.05.27) 才完成國民大會職權行使法之修正。在本法中，兩大主張修憲之政黨由於勝券在握，故放鬆複決之門檻，同意採高複決門檻——即全體國大代表三分之一的出席（第 7 條）、出席人數四分之三的同意，方得通過之。而修憲方式也採不討論經立法院派員說明後，即直接全案一次表決的方式（第 10 條 1 項）且不能再為動議之提議（第 9 條），僅以半天時間即完成表決程序。

　　既然國大行使乃複決權，其表決的門檻即不應採絕對多數制，而應為普通多數即可，此觀乎憲法第 174 條 1 款對國大主動行使修憲權採絕對多數制；同條 2 款前段立法院通過修憲案的表決門檻亦同，但同款後段對國大複決的表決門檻卻為明白規定，顯示立法者有意的差別，視同否定❷。但依國大議事規則 (89.04.14) 第 55 條之規定，

---

❶ 但國民大會最新的議事規則 (89.04.14) 對此條文一直未進行修正。對於本號解釋之其他批評，請參見：李建良，修憲程序・議會自律・違憲審查，月旦法學雜誌第三期，一九九五年七月，第 62 頁以下。

❷ 這個看法學界持不同意見者，例如林紀東認為：複決案本應如此，但國民大會之複決立法院修憲案，係國父孫中山先生的權能區分理想，修憲案應由政權機關（國大）擁有，不能由治權機關（立法權）來決定，且國大獨

國大複決權立法院所提之憲法修正案雖得不經第三讀程序，但依第 54 條 3 項之規定仍須有代表總額三分之二以上之出席，出席代表四分之三以上之同意為通過。

二、立法院發動的修憲

　　民國八十九年修憲後，立法院成為發動修憲權的唯一機關。這也是西方國家修憲的常態。立法院行使修憲權，由立法院立法委員四分之一之提議，四分之三之出席及出席委員四分之三的決議，擬定憲法修正案，提請國民大會複決（憲法第 174 條 2 款）。此種修憲案必須在國民大會開會前半年公告之，以廣泛取得各界之意見❸。立法院依規定通過修憲草案後，應經「公告」之程序。惟此修憲案由何人「公告」之？解釋上有由總統及由立法院院長兩說。認為應由總統公告者，可認為立法院通過修憲案如同通過法律案一樣，需經總統公布之程序。雖然用語不同（一為「公告」，一為「公布」），但效果相同，即為公眾所周知。故應由總統公告之。但主張由立法院院長公告者，則以為，立法院通過修憲案與法律案不同，並未發生效力，故仍屬於立法院之職權，與總統無涉❹。所以修憲案的公告亦應由立法院為之，亦即此為立法院院長之職權。此兩說，當以後者（即由立法院院長）公告為妥。民國九十三年八月二十六日立院通過的修憲案，即是以立法院長的名義發布公告。依九十四年增修條文第 12 條，修憲案經公告半年後，經全國投票複決，有效同意票過選票人總額之半數，即通過之。

　　另外一個亦可能產生的問題為：一旦立法院公告修憲案後，能否撤回的問題。基本上應視公告期是否屆滿為斷。因為之所以有公告期間之用意，乃在使「國民預知修憲」之意旨（釋字第 314 號），也是代表立法院修正案「成熟」的期限，只要在此期間內立法院改變初衷──可能是基於公告後民意的反映，亦可能是公告後立法院改選──，都應該許可立法院以同樣通過修憲案的程序撤回修憲案，同時亦可節省國大選舉的社會成本。故此撤回程序可不必由憲法，而是由立法院職權行使法規定也。

　　攬修憲權，自應有同一表決的門檻也。見氏著：逐條釋義㈣，第 385 頁；林騰鷂，中華民國憲法，第 431 頁。

❸ 憲法第 174 條 2 款要求「半年前公告憲法修正案」，而於國民大會自己發動的修憲案，並無此「半年前公告」的規定，即可看出憲法本文對國民大會行使職權（包括修憲案）的全盤信任，亦可佐證司法院釋字第 314 號解釋之不察憲法賦與國民大會修憲地位的重要性，而作出非以修憲為目的而召集之國大臨時會無修憲權之錯誤解釋。

❹ 一個佐證的規定是：依以往國民大會議事規則 (89.04.14) 第 51 條規定：「國民大會收到立法院所提之憲法修正案後，應即印送全體代表」，可知憲法修正案是由立法院所「提送」國民大會。

第四十七節　我國修憲簡史──動員戡亂時期的臨時條款

壹、制定動員戡亂時期臨時條款

國民大會在民國三十五年十二月二十五日三讀通過中華民國憲法，並於次年一月一日公布，同年十二月二十五日施行。在前節已敘及，一九〇位中國共產黨的制憲國大代表並未出席制憲國民大會，而在制憲國民大會通過憲法前五日已宣稱拒絕承認憲法之效力，並且全面發動軍事攻勢。我國雖已公布憲法，但國家未能進入和平狀態，反而硝煙滿地，其慘烈不輸抗戰！民國三十六年十二月二十五日正式行憲後，第一屆國民大會依據制憲國民大會第十九次會議所通過的「憲法實施之準備程序」(36.01.01)，在六個月內選舉產生了二九六二名國大代表（依選舉法總數為三〇四五名），其中二八四一名代表報到，且於民國三十七年三月十九日參加在南京召開的第一屆國民大會。本次大會的主要目的雖然是選舉總統、副總統，但是，另一個重要的任務便是修憲。國民大會於民國三十七年四月十八日三讀通過由名憲法學者王世杰與莫德惠等提出的「動員戡亂時期臨時條款」。

然而，國家既然已於民國三十六年十二月二十五日實施憲法，國家理應進入和平的憲政時期，何來所謂的「動員戡亂」時期？乍看之下，顯然甚為矛盾。按國民大會在制定動員戡亂臨時條款時，並未在此條款內「宣布」我國進入動員戡亂時刻，而是承認「既成事實」(faitaccompli)。

蓋民國三十六年六月底，政府與中共之停火談判已告破裂，同年七月四日國民政府通過「厲行全國總動員戡平共匪叛亂、掃除民主障礙、如期實行憲政、貫徹和平建國案」，宣布國家進入「動員戡亂時期」。因此，第一屆國民大會召開時，全國早已進入實質的動員戡亂狀態半年之久矣。因此，我國憲政之所以坎坷，係在於我國並未開始行憲就先開始戡亂。西方政治諺語：「憲政是和平的產物」。我國欲實施憲政就必須受這句諺語的嚴格考驗矣。

從民國三十七年四月十八日通過動員戡亂時期臨時條款（以下簡稱「臨時條款」）起，國家正式進入動員戡亂時期。迄民國八十年五月一日通過憲法增修條文，並廢止臨時條款，同年年底第一屆國大代表（及立委與監委）全部去職時為止，為期長達四十三年的行憲的歲月，如以民國六十一年二月二十日召開的一屆國民大會第五次會議，

通過修改臨時條款，大幅增加中央民意代表名額之規定——亦即在臺灣地區可以舉行中央民意代表的選舉，人民可以大幅度的參與中央級的民意政治——作為界分期，便各有約二十年時間的前期與後期來探討，便可一窺我國實施憲法的「實然面」(Verfassungswirklichkeit)。

貳、兩個時期的動員戡亂體制

一、動員戡亂前期的憲政——蔣中正總統時代的憲政

民國三十七年四月十八日臨時條款通過後，國家戡亂的成效卻未能好轉。年底東北失守，喪失精銳國軍三十萬人；同時間徐蚌會戰國軍折損四十萬人；民國三十八年一月二十一日蔣中正總統宣布引退，同月底北平失守。四月二十日共軍渡江，四日後南京失守……，整個大陸便於民國三十八年淪陷殆盡。政府倉促在民國三十八年十二月七日宣布播遷來台，當時我國只剩下台灣及金、馬、舟山群島等一些島嶼尚未淪陷。蔣中正先生於民國三十九年三月一日宣布復行視事，中樞領導中心鞏固，倉皇浮動的民心士氣才開始穩定下來。臨時條款公布後將近兩年之久的時間，是我國憲法生命瀕臨滅絕的最危急時刻。

在此時期的憲政是以穩定政局、謀求生存為最大的目的。而蔣中正先生是此時期的領導中心，故可稱為「蔣中正的憲政時代」。在此時期臨時條款的內容一共有三次的修改（歷次臨時條款的修正條文，可參見附錄二）。

㈠原版的規定

民國三十七年四月十八日公布的臨時條款，主要是制定總統的緊急處分權，共有四項規定：總統在動員戡亂時期，為避免國家或人民遭遇緊急危難、或應付財政經濟上重大變故，得經行政院會議之決議，為緊急處分，不受憲法第 39 條或第 40 條的限制，是為總統的緊急處分權制度；立法院得變更此緊急處分之程序（依憲法第 57 條第 2 款之規定）；動員戡亂時期之終止，由總統宣告，或由立法院咨請總統宣告；總統至遲應於民國三十九年十二月二十五日以前，召開國民大會臨時會，討論修憲及廢止或延長臨時條款之事宜。所以，臨時條款制定的目的，只在擴張應變的權力，對於政府制度並未有所改變，同時也是「限期性」規定檢討此臨時條款的存廢（即試行二年八個月，至民國三十九年十二月二十五日），可見得國民大會代表猶未忘其負有監護憲法

施行之重任。

第一屆國民大會本應在民國三十九年十二月二十五日以前由總統召集開臨時會。但是至民國三十九年秋，國大代表到達台灣者，僅一〇九〇人，占全體人數（三〇四五名）的百分之三十左右。依當時國民大會組織法 (36.03.31) 第 8 條之規定，國民大會之開議應有過半數代表出席方可開議，其表決方有法律上之效力。故在民國三十九年十二月二十五日以前國民大會即無法召開臨時會。

政府為使國民大會的開會條件合法化，遂制定「第一屆國民大會出缺遞補條例」(42.10.01)，使得正式當選的國大代表如未能赴台參加國民大會時，可由同選區最高票的落選候選人「遞補」為代表；以及「第一屆國民大會職業團體及婦女團體代表缺額補充辦法」(42.12.07)，因而增加了二三〇名「遞補代表」；且又修改國民大會組織法 (43.01.06)，使國大開議人數由總數之二分之一降低為三分之一。經過這二個「技術性」的立法程序後，國民大會總算在民國四十三年湊足了法定開議人數，於民國四十三年二月十九日在台北召開，一般稱為第一屆國民大會「第二次大會」，而非「第二屆國民大會」❶。

㈡臨時條款第一次修正

民國四十九年二月，召開第一屆第三次國民大會。本次大會面臨的問題乃總統蔣中正先生之第二任總統之任期即將屆滿，依憲法第 47 條之規定，總統、副總統只能連選連任一次，鑑於蔣中正先生聲望崇隆，許多人士咸盼蔣中正先生繼續擔任總統，領導全民。大會遂修正臨時條款，增為七個條文，除維持總統緊急處分權外，尚新增了幾項規定：⑴總統、副總統連選連任之限制取消；⑵國民大會應於本次大會開會後設置研究國大行使創制複決兩權之機構，研撰辦法，連同修憲案由總統召集臨時會討論之；⑶總統應在第三任任期內召集國大臨時會；⑷動員戡亂時期之終止，由總統宣告之（即立法院不能咨請總統宣告終止）；⑸臨時條款之修正或廢止，由國民大會決定之。

臨時條款第一次的修正，除了維持總統緊急處分及⑸之宣告臨時條款修正與廢止

---

❶ 這個名稱乃僵硬的就憲法第 28 條 1 項「國民大會代表每六年改選一次」及第 2 項（特別是此項）「每屆國民大會代表之任期，至次屆國民大會開會之日為止」。因而認為在無法改選的前提下，每位第一屆代表可以至「第二屆國大開會」之前繼續其任期。因此，所謂的「第一屆國民大會」便能每隔六年正式召開一次，堪稱世界各民主國家憲政史上的首創！

之權仍操在國民大會之手（乃法理之當然）外，可看出國大代表的擴權心態，亟於第三任總統任期內行使創制、複決兩權，並強制性地要求總統應召開臨時會。同時剝奪了立法院可決議咨請總統宣告終止動員戡亂時期之權，此舉已顯露出國民大會對立法院的「不友善」態度以及代表們「切身利害」（惟有在動戡時期方能繼續擔任國大代表）不容染指之心態！

㈢臨時條款第二次修正

民國五十五年二月一日，總統召集國大「一屆三次臨時會」。本次臨時會又對臨時條款進行第二次修正，刪除上述⑵及⑶之國民大會行使兩權及總統應召集臨時會之規定，但卻增定三項規定——即國民大會得自行制定行使創制、複決兩權之辦法；國民大會行使創制或複決案，總統認有必要時，得召集國民大會臨時會討論之；及國民大會於閉會後，設立研究憲政有關問題之機構（即日後的「憲政研討會」）。本次修改臨時條款可以看見國大代表們仍亟於獲得實施兩權之機會。惟最後執政黨抬出「總統牌」，讓國民大會討論兩權案，只能在臨時會（而非在大會），且召集以總統「認為有必要時為限」。終動員戡亂之世，總統並未召集一次此類之臨時會。國民大會在閉會設立了「憲政研討會」是此次大會代表期望的實現，使得國民大會擁有一個議論國事的常設機構❷。

㈣臨時條款第三次修正

「一屆三次臨時會」於民國五十五年二月八日甫結束，二月十九日又召開「一屆四次」大會❸。本次大會除了選舉蔣中正及嚴家淦先生為正、副總統外，復對臨時條款進行二項重大之修正：⑴授權總統在動員戡亂時期，設置動員戡亂機構，決定動員戡亂有關大政方針，並處理戰地政務；⑵總統為適應動員戡亂需要，得調整中央政府之行政與人事機構，並對依法產生之中央公職人員，因人口增加或因故出缺，而能增選或補選之自由地區或光復地區，均得訂頒辦法實施之。

本次修改臨時條款是把總統的權力推上了最高峰。以前的臨時條款，或規定了總

---

❷ 國大代表皆係憲政研討會之委員，且比照政務官（部長）之待遇，故國庫負擔自然不小！

❸ 一屆三次臨時會閉幕日距離一屆四次大會只有十一日，兩會之不合併舉行理由在於臨時會是為遵照一屆三次大會修正臨時條款之規定，應在第三任總統任期內召開，以討論創制複決兩權及修憲案，和一屆四次大會之任務不同。這種把臨時會的任務「僵硬目的化」而和大會不同的看待，和以後司法院釋字第 314 號解釋一致；相反見解為司法院釋字第 29 號解釋。

統的緊急處分權，而加大了總統的處分權限，但這在各民主國家較為普遍；或解除總統、副總統連選得連任之限制，這是國家在戰時或危急時期為了鞏固國家領導中心，亦無可厚非，連美國在第二次大戰期間也打破憲法慣例，羅斯福總統連任四屆來領導美國進行戰爭。但是，本次修憲賦與總統可成立動員戡亂機構，決定動員戡亂有關大政方針，並處理戰地政務（次年成立國家安全會議），因此對國家最高行政機關的行政院的決策權限已受到相當程度的削減，我國政制回復到總統制度。此外，總統能調整中央政府之行政及人事機構（次年也成立行政院人事行政局），但此舉侵犯政府機構之依法律行政原則（中央法規標準法第 5 條 3 款之「法律保留」原則），也分掌了考試院專屬的有關公務員之任免、考績、陞遷等權限。尤其嚴重的，總統可以訂頒辦法實施中央公職人員的增選和補選。至此，總統既可以決定增、補選中央民意代表的名額，亦可決定實施其程序。總統權力介入中央民意代表的選舉事宜而取代一般民主國家之法律的功用，這種擴張總統權力之制度，當嚴重的違反法治國家「權力相互制衡」(checkandbalance) 的原則，也傷害了我國的民主體制。

　　依新修正的臨時條款規定，總統得訂頒辦法進行自由地區或光復地區中央公職人員的增、補選。蔣中正總統於民國五十八年三月二十七日公布該辦法，同年十二月下旬，全台灣選出國大代表增額、補充名額計十五人；增額立法委員十一人、監察委員二人，共計二十八名。這在我國的憲政是有重大之意義。因為我國雖然在民國三十五年制定憲法，但遲至政府遷台後的民國三十九年四月二十四日才公布「台灣省各縣市實施地方自治綱要」，並開始舉辦各級地方民意代表的選舉。因此在地方階層的民主政治方面，已有初步實施民主政治的機會。惟在中央民意機關方面，並不能定期改選。易言之，在憲法公布二十年後，才產生二十八名選舉產生之中央民意代表。隨著台灣地區之民意開始可以進入中央民意機關之殿堂，也表示了第一階段行憲歷史的結束。綜觀此階段的動戡時期憲政，因為海峽兩岸關係的緊張關係，政府將反攻大陸列為最高國策，故雖為實施憲政，但實質上偏向訓政。全國實施戒嚴，報禁、黨禁……，國民黨幾乎囊括一切之政治權力，亦和訓政時期無異。

二、動員戡亂後期的憲政——蔣經國總統時期的憲政

㈠臨時條款最後一次修正——第四次修正

　　進入民國六十年代，台灣經過二十年的政治及社會穩定，經濟開始發展。而蔣中

正先生於民國六十四年初去世，政治領導中心移轉到蔣經國先生手中。此時民主憲政已逐漸復甦，可稱為「蔣經國憲政時代」。這個時代由民國六十一年二月十日，第一屆第五次國民大會召開，通過臨時條款第四次修正時起，至民國七十七年一月十三日蔣經國先生辭世為止，其中臨時條款並未再進行任何一次修正；而該條款於八十年五月一日廢止，期間長達十九年，也是命運最久的一次臨時條款。民國六十一年二月一日召開的「一屆五次」國民大會所通過之臨時條款最後一次修正，除了維持原有規定外，本次修改臨時條款的特色，為修正原來有關增選、補選之規定，而代以定期增選及補選中央民意代表。如同前次（第一屆四次大會）修改的規定一樣，此次亦授權由總統訂頒辦法，定期選舉中央民意代表，及由總統遴選代表僑居海外的立、監委員。這些屬於「增額」的中央民意代表，不論係選舉或遴選產生，依憲法所定的任期，定期改選之。民國六十一年十一月全國便舉行增額立法委員及國大代表之選舉，民國六十二年二月進行監察委員選舉，共選舉出九十九位中央民意代表，其中國大代表五十三名，立法委員三十六名，監察委員十五名；連同十五位遴選立法委員及五位監察委員，共有一一九位。

這些增額中央民意代表，特別是三十六名經選舉產生之立法委員的加入立法院，使得立法院內的反對黨有了較強的制衡作用。並且，增額中央民意代表的名額皆逐次遞增，例如增額立法委員的數目於民國六十一年為五十一名；六十四年為五十二名；六十九年為九十七名；七十二年為九十八名；七十五年為一百名；七十八年為一百三十名。增額民意代表的增加，代表了政治大幅度的民主化，相對的，執政黨對於政策的主導力益形減弱。蔣經國時代的憲政，雖然國家決策的組織（國家安全會議）依然沿襲蔣中正時代之舊制，操在總統手中而具有總統制之特色外，但由於臨時條款於第一屆五次國民大會為最後一次（第四次）修正後，未作過任何修改，因此以往臨時條款幾乎每經一次修改，便賦與總統更大權力之現象，便並未出現。在實施緊急處分方面，蔣經國先生於任內只頒布一次緊急處分（民國六十七年十二月的中美斷交事件），並未藉行使緊急處分權來達成其他非緊急性的目的。增額中央民意代表的名額及遴選海外立、監委員人選之權雖仍操在總統手中，不過，既然經由人民直接選舉產生之名額已逐次增加，而選舉皆定期遵期舉行❹，而遴選名額亦有限，故此階段已經可稱為

---

❹ 這是在民國六十七年十二月十六日中共與美國建交之日，發布的「暫停（中央民意代表）選舉令」以及民國六十八年一月十八日公布的「補充事項」，延長當時中央民意代表之任期二年之久。

是一個累積憲政經驗及孕育改革思潮的「平穩期」。也是國家朝野不少人士（特別是在野黨派）的「靜極思動」時期。特別是台灣因經濟發展成效甚佳，已勉強躋身世界貿易大國之列，倘台灣憲政的不思改進，會使政府遭受海內外甚大的抨擊與壓力。加上海峽兩岸的關係趨向和緩，政府已放棄以往高唱入雲的反攻大陸政策，而採行較低調的統一口號（如「三民主義統一中國」）。至此，國家已無法再有任何「動員戡亂」的理由。

㈡解除戒嚴

蔣經國總統在去世前半年（七十六年七月十四日）頒布命令，解除台灣地區實施長達近四十年的戒嚴。同年十一月，政府更開放同胞赴大陸探親，俾使分隔四十年的天倫得以重聚。政府這兩個符合現代法治國家及人權理念的政策，雖然不無遲來之嫌，但是通往正義之門畢竟敞開了，蔣經國總統臨終前的明智決定，在我國憲政史上當占有一席重要的地位。

既然戒嚴令已廢止，動員戡亂體制頓失支柱，傾圮在望。民國七十七年一月十三日蔣經國總統去世，李登輝副總統繼位總統。民國七十九年六月二十一日司法院大法官會議作成釋字第 261 號解釋 (79.06.21)，宣告第一屆中央民意代表行使職權至民國八十年底為止。民國八十年四月國大「一屆大會二次臨時會」召開，二十二日通過憲法增修條文十條，並決議廢止臨時條款。自民國三十七年四月十八日通過臨時條款以來，臨時條款度過四十三個年頭的歲月。而第一屆中央民意代表在職也長達四十三年之久，皆創下世界憲政史之記錄。

在臨時條款廢止，動員戡亂時期告終結之後，我國憲政發展遂進入了歷史的新頁。

參、「以史為師」——臨時條款的檢討

實施四十三年的臨時條款和動員戡亂的憲政體制，雖然已成為歷史，但不可否認的，卻是我國憲政的成長史上最重要的構成部分，和我國政治現實和國家生存息息相關。吾人撇開臨時條款在「現實事功」上的成就（例如穩定政府初遷來台政局的不安，強化執政黨的領導⋯⋯），專就實施臨時條款在法理及憲政思想上而言，究竟有無值得吾人關注及檢討之處？實有深究之必要！瞭解國家憲政史的目的在於如拉丁法諺的「以史為師」(historia vitae magistra)，使國家憲政曾走過的錯路及歧途不再重複。

一、動員戡亂的「名實相符」問題

　　國民大會在民國三十七年四月制訂臨時條款時，國家已進入實質上的動員戡亂時期。國民大會制訂本條款時，全國大半河山已陷入兵荒馬亂，是為不爭之事實。然而從政府遷台之後，僅有少數時期國家是瀕臨戰爭之威脅（例如民國四十七年的台海危機），絕大多數的時間，台灣是處於承平狀態。而在實行法治的過程中，除了憲法層次是採用臨時條款外，在規範國內秩序（及限制人權）則適用戒嚴法。然而，如因吾人就「動員戡亂」此句話來做推敲，則此動員戡亂應視為一個「動態」意義❺。

　　國家既處在動員戡亂時刻（如臨時條款制定時），國家就必須積極的戡平動亂。按政府（國務會議，相當今日之行政院會）於民國三十六年七月四日通過「厲行全國總動員戡平共匪叛亂方案」，並於七月十九日公布「動員戡亂完成憲政實施綱要」，宣告全國厲行總動員，以戡平共匪叛亂，如期實施憲政。因此，針對抗戰而制定，而因抗戰勝利後停止適用的「國家總動員法」(31.03.29) 再度產生拘束力。然而，國家總動員法是標準的「抗戰法」，以該法第 1 條明言：「國民政府於戰時為集中全國之人力、物力加強國家力量，貫徹抗戰目的，制定國家總動員法。」可知有許多條文早已不合時宜，例如本法第 14 條規定嚴禁罷工與怠工行為，第 24 條授權政府可以逕行徵收及改造人民不動產……，皆非憲政時代應有之立法。國家總動員法雖被大法官會議在釋字第 106 號及第 220 號承認為合憲之法律，但是政府也僅僅象徵性而非大張旗鼓地執行本法，全國並未如同戰時般，進入總動員之狀況❻。

　　政府遷台後雖仍抱持反攻大陸之國策，但卻始終未進行積極的軍事反攻行為。易言之，真正的戡亂應是進攻性質的收復失土之行為，而非「防守型」之行為──天下豈有一個國家靠防守來收復失土？──故政府遷台後，國家即使仍不免戰爭威脅（台海零星之衝突），但是政府並未依「動員戡亂完成憲政實施綱要」第 1 條所言之「厲行全國總動員」，使台灣全面進入總動員之狀態，同時政府亦未進行真實之戡亂。而台灣

---

❺ 我國文字的「戡」一直都是當成「克服」或「勝」之意義（如爾雅‧釋詁；集韻）。古代詩文中出現甚多的「戡亂」用語，如：成功戡亂，順時經國（隋書‧音樂志）；湯武之龍躍，戡亂在神功（文選‧劉峻‧辨命論）。見拙作：修憲之道，刊載：基本權利（下冊），第 367 頁，註五九處。

❻ 政府僅在各縣市成立辦理總動員業務（例如車輛動員）之機構（如動員會報），或對銀行及其他債權、債務加以限制，參見司法院釋字第 106 號解釋，及勞資糾紛的行政執行，如釋字第 220 號解釋。關於總動員法的違憲問題，參閱拙著：修憲之道，刊載：基本權利（下冊），第 351 頁以下有深入的分析。

便在此承平狀態才促成經濟的發展，也因未實施國家統籌性掌握民間物質，實施嚴格之計畫經濟及民生配給制度，才造就堅強的中小企業，贏得日後外貿成就之佳績，此皆可證明我國當時未曾真正總動員也。雖然國家也對違反國家總動員法之行為，採取處罰行為——如依「妨害國家總動員懲罰暫行條例」(42.12.29) 為處罰依據——，但此特別法多半作為國家針對戒嚴法令不足的法源依據（如管制通訊秩序），因此並非作為妨礙國家積極動員行為之處罰規範也。

二、臨時條款的「量變」與「質變」

臨時條款當初制定時，本只有授與總統緊急處分權，以及關於動員戡亂時期終止的問題。所以，其內容甚為單純，純為國家「救亡」之授權條款。而國民大會且在臨時條款內規定，總統至遲應在二年半之內（民國三十九年十二月二十五日）召集臨時會，來議決臨時條款之存廢問題。可見得臨時條款在制定之初的臨時性及單純性。

但在民國四十九年三月召開之「一屆三次」國民大會，第一次修改臨時條款時，便增加總統、副總統連選得繼續連任，及設置機構研究國民大會行使創制、複決兩權的規定。前者或謂在國家緊急時，以鞏固領導中心為原則，西方民主國家亦有前例（如二次大戰時的美國），故其必要性勉可令人接受。而後者則反是！蓋國家如真的在動員戡亂時期，理應在政策決策過程儘量統一化與簡單化，避免令出多門，影響動員戡亂決策的效率及明確性。故在國家瀕臨戰爭的危急時刻，代表民意的國會大多很少開議，且授權行政權力以赴事功。但國民大會代表卻汲汲於行使創制、複決兩權，而漠視憲法第 27 條第 2 項原本規定國民大會行使兩權應在全國有半數以上縣市已有行使兩權後，方得為之。國大此項修改臨時條款，已充分暴露出其欲和立法院「奪權」之意志，而悖離國家緊急時期應該使立法單純之原則！

臨時條款嗣後在第二次修改（國大第一次臨時會）時，增訂國大得自行制定行使兩權之辦法及國大閉幕後設置研究憲政之機構之規定，都與動員戡亂之需要，無必然之關聯！而設置憲政研究機構且和憲法國民大會每六年才開議的原則相悖！臨時條款在第三次修改（民國五十五年三月一屆四次國大）更增加條文，授權總統設置動員戡亂機構、調整中央政府行政與人事機構及增、補選中央民意代表之權力。至此，臨時條款幾乎變成授與總統擴權的「授權條款」。我國的憲政體制，不僅已由偏向內閣制者，完全轉向總統制，且是「集權總統制」。在修改臨時條款當時，執政黨在國家領導

權方面，擁有牢不可破之實力。而政府一切決策，透過行政院以及立法院來實施，亦毫無窒礙，蔣中正總統對國政的意志可以完全貫徹，有無增設一個動員戡亂機構（國家安全會議）來取代行政院院會，致剝奪行政院成為國家最高行政機關地位之必要？中央行政機構及人事機構之調整，應以立法方式為之（中央法規標準法第 5 條 3 款），何必需勞動總統以命令定之？而增、補選中央民意代表之事宜，更是屬於憲法規範之事項。應選名額及選舉方式應該由國民大會以修憲方式為之，卻授權總統全權決定，國民大會實不無怠忽職守之嫌！

因此，臨時條款由民國三十七年制定時的只有一條規定（分成四項），擴充到民國六十一年（一屆五次國大）第四度修正後的十一條規定，內容增加二倍之多。隨著此「量變」而來的是「質變」，臨時條款由最初單純的授權總統行使緊急處分權來因應國家動員戡亂之需，而卻逐漸演變成授權總統成為國家最高行政權力之「實位元首」，架空行政院長之實質決策力，也形成國民大會「擴權化」之工具。且國民大會可以行使創制、複決兩權（雖然終第一屆國民大會之世，此項權力尚未實行），並且在閉會後成立憲政研討會，已使國民大會幾成為常設組織。而臨時條款在制定時尚有最長先實施二年半之打算，而屆時國民大會有義務討論此條款有無延期之必要。然而在國大同意展延之後，每次國民大會開議時，已不聞有認真考慮終止動員戡亂及廢止臨時條款之議。易言之，臨時條款在制定之初，所規定國大代表應於任期屆滿前檢討該條款存廢之要求，已因國大代表們為了維護自身權益而受到變質！

三、「法統」觀念的僵化與盛行

制度是要靠「人」來實行，第一屆中央民意代表之任期和動員戡亂時期共始終（民國六十一年一屆五次國大以後產生的增額中央民意代表除外），行使職權達四十三年之久，成為民主國家國會之異數。

㈠法統的意義

查第一屆中央民意代表們之所以能久任斯職，吾人若撇開「黨私」之立場❼，乃基於一個觀念——即「法統」的影響。法統，在憲法學上可比喻為國家與政權的「正統性」。我國歷代政權遞嬗之際，往往注重「奉正朔、揚法統」，作為「正統」統治者

---

❼ 此說是謂國民黨希望藉此些民意代表之不去職，以便能穩固領導權云云。這種說法在動員戡亂時期流傳甚廣，幾乎每屆選舉時，各候選人的文宣中皆可看到類似言論。

的判斷標準。我國在民國初年軍閥割據時代，曾進行激烈的護法戰爭，而後民國十年也發生「恢復法統」之運動❽，但都是作為權力鬥爭的工具。

　　法統在憲法學上亦是一個討論極為熱烈的課題。法統即是「國家權力的合法性」(Rechtfertigung der Staatsgewalt)，一個國家權力必出自一個合法的政權手中，方具有合法性❾。故政權及國家權力的合法性，便需要遵循由憲法以次的各種法律之規定，和我國法統之觀念不謀而合。

　　動員戡亂時期，執政黨與第一屆中央民意代表幾乎都堅持第一屆民代們係由全中國人民選舉產生，因此是有代表全中國的合法性。中華民國代表全中國合法政權的「法統」性，全賴這些民意代表！易言之，我國的法統問題全繫於「人」，而非憲法等所制定之「國家機關與制度」（例如五院、國民大會及規範其運作的法令），如此一來，如果「人（民意代表）亡，法統亦亡」！法統所強調的「國權連續性」原則 (Kontinuitaet der Staatsgewalt) 就會蕩然無存。

㈡司法院的解釋

　　支持這種法統見解的，在憲法的解釋方面，司法院大法官會議於民國四十三年作出釋字第 31 號解釋，認為立法委員及監察委員雖任期分別為三年及六年，「惟值國家發生重大變故，事實上不能依法辦理次屆選舉時，若聽任立法、監察兩院職權之行使陷於停頓，則顯與憲法樹立五院制度之本旨相違，故在第二屆委員未能依法選出集會與召集以前，自應仍由第一屆立法委員、監察委員繼續行使其職權」。由司法院此號解釋可以看出大法官們亦不免忽視改選的重要性；至於國大代表部分，皆環繞在對憲法第 28 條 2 項所謂「每屆國民大會代表之任期，至次屆國民大會開會之日為止」的解釋上。故只要國民大會永遠以第一屆為名，不論召開的是第幾次大會或臨時會，皆不妨害其仍為「第一屆」之代表，故既無需提請大法官會議解釋，亦不必適用釋字第 31 號解釋，似乎認為這是我國憲法制定第 28 條 2 項之本意❿！這種僵硬，且以第 28 條 2

---

❽ 這是民國十年五月十五日，孫傳芳發出的呼籲，召開在民國二年選出的國會，由黎元洪復任大總統，以恢復法統，謀中國南、北的統一。見李劍農，中國百年政治史，下冊，臺灣商務印書館，民國六十五年，台十二版，第 574 頁以下。

❾ 一般對國家政權合法性作用的認識，在於國家得要求人民「忍受」國家公權力的拘束。但德國著名的憲法學者 H. Heller 卻認為還有更進一層的作用，乃國家可以要求國民為國家「犧牲」的理由。參見 H. Heller, Staatslehre, S. 246.

❿ 這也是落入民國十年恢復法統運動之窠臼。靠著民國二年選出之國會議員（任期三年），以內戰無法改選為由，

項「補充性質」的規定來超越第 1 項「國民大會代表每六年改選一次」之本意，也違反法律解釋之原則。此外，國民大會兩大職責之一便是選舉罷免總統、副總統，且對總統、副總統選舉是以「第某任」名之，遂顯出第一屆國民大會可選舉達八任總統之現象，有違憲法一屆國大選一任總統、副總統之本意。

另外，對於法統的解釋，國民大會甚至在第四次修正臨時條款時（民國六十一年一屆五次國大），在第 6 項 2 款規定「第一屆中央民意代表，係經全國人民選舉所產生，依法行使職權，其增選、補選者亦同。大陸光復地區次第辦理中央民意代表之選舉」。此增訂條文相當於一般法律制定時的「立法解釋」，表達了國大代表們將「法統入憲」的企圖，以杜爭議，但是同時也引發了憲法解釋權是否「專屬」於司法院大法官會議，抑或國民大會亦可解釋憲法之問題❶？只是此規定的法理瑕疵及國民大會有無「解釋憲法權」尚未被國人與學界所注意也！

隨著動員戡亂時期的終止和臨時條款之廢止，理論上我國憲政對法統的爭議應已平息，但在民國八十年四月通過的憲法增修條文第 1 條至第 3 條又增加所謂「全國不分區」之中央民意代表（監察委員已在民國八十一年五月第二屆國大修改增修條文時改為由總統遴選，即無此「全國不分區」之監委）。此不分區之名額雖以政黨比例產生，但是制定此制度之目的，並非在樹立政黨政治，以及逐步推行政黨比例制，無寧在藉此標榜「全國」不分區的代表來凸顯其全國代表性，故已寓「法統傳承」於此「全國不分區」之制度內也。

可以在民國十一年重新召開的國會，繼續行使職權，以其「代表性」來恢復法統！

❶ 持此意見代表者，可參閱管歐，中華民國憲法論，第 83 頁；批評之意見，參見林紀東，逐條釋義㈠，第 426 頁。

第四十八節　動員戡亂時期終止後的憲政改革

壹、李登輝總統的憲政改革——兩階段修憲論

一、改革的難題

民國七十七年一月十三日第七任總統蔣經國先生辭世，副總統李登輝繼位。並於七十九年三月二十一日國大「一屆八次」大會當選第八任總統。李登輝先生在民國七十九年五月二十日召開就職的記者招待會上，發出將在「一年內終止動員戡亂時期，兩年內完成憲政改革」之豪語。在執政黨強力運作，務使總統「政治支票不跳票」下，如火如荼地揭開「憲政改革」之序幕。

當時實施已四十二年之久的動員戡亂體制和臨時條款，要驟然改易為承平時代的憲政體制，立刻會面臨幾個重大難題：

第一個難題乃第一屆中央民意代表的退職問題：如上節敘述可知，第一屆國大代表基於對憲法第 28 條 2 項條文的「僵硬」解釋，及立、監委員基於司法院釋字第 31 號解釋，均獲得其繼續任職之法律基礎。復於民國六十一年第四度修正臨時條款時，增訂第 6 項 2 款之規定，強化其法統的合憲性。然欲解除第一屆中央民意代表退職問題，最理想的途徑，當然是召開國民大會臨時會，刪除臨時條款第 6 項 2 款，或廢止臨時條款，從根本上排除援引臨時條款第 6 項 2 款之可能性。但是，恐係鑑於要第一屆國大代表廢止切身利益有關之條款，並非易事[1]，故採憲法解釋之途徑。

司法院大法官會議適時的在民國七十九年六月二十一日，即李登輝總統宣布憲改決心的一個月後，公布釋字第 261 號解釋。在此號著名的解釋裡，除了廢棄釋字第 31 號解釋外並宣示所有第一屆中央民意代表「應任職至民國八十年十二月底為止」。釋字第 261 號解釋雖然提供第一屆中央民意代表退職的法律依據，但是也觸發了一連串的憲法爭議，例如：

第一、大法官會議解釋的「界限」何在？第一屆中央民意代表的繼續在職，是否為「政治事件」（或統治行為），如果是政治事件或統治行為，則秉持「司法自制」原

---

[1] 此即朝野及媒體習稱要國大代表「自廢武功」。

則，大法官會議即應迴避審查，留待政治途徑解決此爭議❷。顯然大法官會議認定第一屆中央民意代表去職之事件非高度政治意義的統治行為，而可逕作判斷。

　　第二、大法官會議採取何種標準規定第一屆中央民意代表應再繼續任職一年半，直至民國八十年十二月底為止？既然第一屆中央民意代表繼續在位已屬違憲，何不及早要其退職？誠然此種所謂的「警告性裁判」(Appelentscheidung)，也是大法官的「裁量權」❸，且是其「政治判斷」的結果。但是，吾人不禁懷疑，這種沒有具體標準的判斷萬一失控，會使大法官會議蒙上政治色彩的陰影。

　　第三、此號解釋並未在憲法法理上提供堅強的解釋，來否認臨時條款第 6 條 2 項的對大法官會議的拘束力。易言之，釋字第 261 號解釋開啟釋憲機關明白牴觸現行憲法條文的例子，而其理論何在，未見說明❹。同樣的，關於被認為主控認定第一屆立、監委在職四十餘年的釋字第 31 號解釋——立、監委因不能改選而繼續任職——，以及第一屆國大代表在職之憲法第 28 條 2 項之解釋——國民大會任期至次屆為止——，釋字第 261 號也憚於詳細解析其法理謬誤之處。故本號解釋雖賦予使中央民意代表退職之現實功能，但大法官會議亦未盡其論理義務 (Begruendungspflicht)。

　　第二個難題是修改法令之問題。終止動員戡亂時期牽涉約有一四八個法規應予修改。但是，當時的立法院因紀律紊亂，效率甚低，當年的第八十五會期只通過六個法案，要如何能在一年內將所有屬於「動戡法令」完成修改程序？事實上極為困難。

　　第三個難題乃憲政改革的理想目標何在？僅僅是廢止臨時條款之程序雖較易，但是廢止臨時條款後是否意味「回歸憲法」？如果是單純回復原有憲法規定，能否適應目前台灣地區的現狀？倘若答案是否定時，則只有修憲一途。但如何修憲？修憲的幅度應到達何種程度？依李登輝總統之憲政構想，第一年可完成終止動員戡亂、廢止臨時條款之任務，剩餘一年可為憲政改革的藍圖繪下草稿，在舉國已有憲政藍圖的共識時，一年的時期完成修憲、甚或制憲（例如德國在一九一九年制定威瑪憲法或在一九四九年的制定基本法），並非不可能之事；但在朝野政黨憲政共識極歧異的我國，一年期限

---

❷ 大法官會議釋字第 328 號解釋即認為「界定國土」為國民大會之職責，並非大法官會議審查之標的。關於此問題，參閱本書第三十九節貳一處。

❸ 例如大法官會議對違憲法令，可分別以立刻失效、儘速改善（但仍有效）及定期失效之宣告，本書第三十七節參處亦請參照。

❹ 對於憲法條文本身可否作為釋憲機關的審查對象？翁岳生大法官以本號解釋之例，已採肯定說。參見氏著，論法官之法規審查權，刊載：台大法學論叢，第二十四卷二期，民國八十四年六月，第 93 頁。

的決定未免過於樂觀也。

二、改革的步驟

李登輝總統宣示一年內終止動員戡亂之決心後，執政的中國國民黨便提出「一機關二階段修憲」之主張。所謂「一機關」是國民大會，排除由立法院參與修憲之可能性❺。所謂「二階段」，乃第一個階段需在一年內召開第一屆國民大會之臨時會，由第一屆國民大會通過廢止臨時條款，及提供選舉第二屆中央民意代表法源之憲法增修條文。第一個階段是「形式修憲」，所以可以由「無民意基礎」的第一屆國民大會為之。迨第一屆國大臨時會結束，動員戡亂時期終止後，即應進行第二屆中央民意代表選舉，以取代第一屆中央民意代表。而第二屆國民大會在具有充分的民意基礎下所進行的第二階段修憲，稱為「實質修憲」❻。第二階段的實質修憲後，李登輝總統的憲政改革目標即可達成。故「二階段修憲論」即成為動員戡亂時期末期及終止後初期，憲改活動的指導原則。

貳、第一階段之修憲──所謂「形式修憲」與廢止臨時條款

民國八十年四月八日，第一屆國民大會第二次臨時會召開。由於此次國民大會臨時會通過憲法增修條款，並廢止臨時條款，故社會上頗擔心部分第一屆資深之國大代表們會杯葛此修憲方案。但是，在國民黨的組織動員及說服，以及時代潮流的「大勢所趨」下，國民大會於四月二十二日完成憲法增修條文十條（見附錄三）。

第一階段修改的十條條文，具有濃厚的「過渡性質」，規定選舉第二屆中央民意代表之過程及其任職時間的起算及屆滿。為因應一年內終止動員戡亂時期之決定，許多法規仍未能遵期完成修改，故增修條文第 8 條規定，所有未完成修法之「動戡法令」，

❺ 依憲法第 174 條第 2 項規定，立法院可以經四分之一委員提議，四分之三之出席，及出席委員四分之三的決議，擬定修憲案，提請國民大會複決。立法院甚至成立修憲委員會，希望提出修憲案。國民黨為使修憲過程單純，避免刺激國民大會所提出的「一機關修憲」，故排除立法院凝聚「憲法共識」的機會。試想，如果國民大會的憲法意志和立法院不同的話，憲法如何能獲得國家最高立法機關的「由衷」支持？

❻ 所以要強調有形式修憲及實質修憲之分，乃認為修憲應有「民意基礎」，如果實質修憲是由無民意基礎的第一屆中央民意代表為之，修憲及憲政改革便會喪失「正當性」云云（這是民國七十九年六月二十八日至七月四日召開的「國是會議」之結論）。但若論第一屆中央民意代表通過之法案（包括修憲案）不具備「正當性」，則幾乎所有我國的法律都失去規範力，李登輝總統擔任的第八任總統與司法院大法官（係監察院同意）亦同樣失去正當性。故國是會議此項「結論」實寓含淺薄的邏輯性。

得繼續適用至民國八十一年七月三十一日，逾時則當然失去效力。而總統在動員戡亂時期獲得授權所設立之國家安全會議、國家安全局與行政院人事行政局，在本次臨時會卻承認總統仍可設立之，惟其組織皆應以法律定之，在未完成立法程序前，其原有組織法規得繼續適用至民國八十二年十二月三十一日止。

由上述條文可知，這個具有過渡性質的增修條文，是標準的「措施法」(Massnahmegesetz)，其特色是「時間性」（限時法），主要任務在於解決具有時效性之爭議和事項。一旦「時過境遷」，就失去適用之價值和效力而成為法制史上之標的；不像一般性質的法律（如民法、刑法等）具有「永續性」，不受時間的拘束，直至修法為止。

此外，本次修憲有兩點值得特別重視之處：第一、總統以往依臨時條款所設立的國家安全會議、國家安全局，與行政院人事行政局，仍獲維持，只是其組織應以法律定之。總統下轄的國家安全會議之功能是否仍如同動員戡亂時期一樣，凌越行政院院會之上？增修條文內並未澄清之。如以條文之文句乃完全源自臨時條款（第4項）之意旨觀之，其答案似屬肯定！但如就解除動員戡亂時期、終止臨時條款，以恢復國家承平之憲政秩序的「大格局」時代意義角度而論，以及國家安全會議及國家安全局之組織法已由立法院制定可知，其應受到國家立法機關之監督，故答案應以否定為宜。至於國家安全會議與國家安全局的角色問題，已在本書第三十二節拾壹處討論之，可加以參照。

第二、增修條文第10條規定：自由地區與大陸地區人民權利義務關係及其他事務之處理，得以法律為特別之規定。這是我國法律上首次針對國家分裂現狀，對海峽兩岸同胞的權利義務，授權由立法院制定特別法予以規範。易言之，大陸同胞並不一定能和台灣同胞享受同樣的權利義務。當然本條文並未授權立法院得制定傷害兩岸同胞人性尊嚴與違反平等權等基本人權的法律——大法官會議仍可行使審查權——，易言之，不得成為「歧視條款」(Diskriminierungsklausel)。另外就法治國家的理念而言，將海峽兩岸人民的權利義務關係，由以往政治關係（或政治號召作用）導入法律關係，此亦符合憲法第23條之規定，也是法治國家理念之要求也。

參、第二階段的修憲——所謂「實質」修憲

第二屆國民大會代表四〇三位於民國八十年十二月選舉產生。依憲法增修條文

(80.05.01) 第 6 條之規定，第二屆國民大會應於國大代表產生後三個月內，由總統召開臨時會。故李登輝總統於民國八十一年三月二十日召集第二屆國大臨時會，開始憲改第二階段之「實質修憲」。

第二屆國民大會完全依照憲法增修條文第 1 條之規定產生，具有充分的民意基礎。而且第一屆資深國大代表已經退職，朝野理應對此四十餘年憲政史上最具民意基礎的國民大會寄以厚望。然而，二屆臨時會開幕以來，即在喧鬧、抗拒宣誓、流血打鬥……等等令人汗顏的氣氛中，展開憲法之增修工作。全體國大代表四〇三位中擁有七十五席代表的民主進步黨，更在四月十九日集體退席，稍後五位無黨籍代表也退席，只剩下民社黨代表一名和國民黨籍代表一起修憲。因此，此次修憲類似中華民國憲法制定前，共產黨及民主同盟代表的退出制憲國民大會，作為日後不承認制憲國民大會所制定之憲法的「立場表示」。民進黨及無黨籍代表這種退出修憲之舉動，是否意味該黨不承認該修憲條文的「最高性」，抑或只是政治鬥爭的技巧，頗令國人憂慮❼。

第二屆國民大會第一次臨時會終於在開議近七十日後（五月二十七日）完成憲法增修條文第 11 條至第 18 條，總共八條的修正案（見附錄三）。這八條新增的條文，除了最後一條（第 18 條）規定基本國策事項以及第 17 條修正地方自治事項外，其餘六條條文皆是關於國家組織與權力結構的修正條文，大幅度的調整行憲以來國家組織的結構。其要點如下：

1.國民大會職權的轉變

國民大會依憲法第 27 條之規定，原來只是擔負選舉、罷免正、副總統與修改憲法的職權。於動員戡亂時期，又增訂可行使創制、複決兩權及閉會後成立憲政研究機構（憲政研討委員會）之規定，擴張國大代表之職權。然而在解除動員戡亂後的此次「實質修憲」，卻在增修條文第 11 條增訂國民大會「人事任命同意權」及「聽取總統國情報告權」。前者是將原來依憲法第 79 條、84 條——司法院正、副院長及大法官，考試院正、副院長及考試院委員，應經監察院同意——之規定，改為由國民大會行使同意權。同時監察院正、副院長及監察委員也由省、市議會選舉改為總統任命，並由國民大會行使同意權。國民大會於是擁有司法院、考試院及監察院三院重要人事任命之同意權，五五憲草設計的國民大會「實權」性又隱然浮現。但是，國民大會卻喪失了選

---

❼ 關於此次國大臨時會的紛擾，可參閱謝瑞智，修憲春秋，文笙書局，民國八十三年，第 84 頁以下。

舉總統、副總統的選舉權，只剩下有限度的發動權（仍須經國民投票）及副總統的補選權。故賦與國民大會三院的重要人事同意權明顯地是為補償國民大會所失之總統選舉權也。

憲法增修條文第 11 條增訂國民大會集會時，得聽取總統國情報告，並檢討國是，提供建言；如一年內未集會，由總統召集臨時會為之，不受憲法第 30 條之限制。國民大會因而擁有至少每年召集一次臨時會，以聽取總統國情報告之權利。比動員戡亂時期四十三年只召開一次臨時會（民國五十五年一屆三次國民大會）而言，承平時代的國民大會反而年年開臨時會。

2.總統、副總統的選舉方式改變

此次修憲的軸心在於正、副總統的選舉，由「自由地區全體人民選舉」之，易言之，將由人民以直接選舉方式，不透過國民大會選舉之，結束自第一階段修憲以來國民黨與民進黨「委任直選與人民直選」的爭議。這種新的正、副總統選舉方式自第九任正、副總統開始實行，同時其任期縮短為四年。但是，儘管正、副總統的選舉罷免改由人民直接選舉產生，國民大會並不因此撤廢，仍有正、副總統的罷免權交由國民大會行使。副總統缺位時，亦由國民大會補選之。

3.法院正、副院長及大法官之任命案

此由國民大會行使同意權，大法官會議並成立憲法法庭審理政黨違憲之解散事項。

4.考試院正、副院長及考試委員之任命

此亦由國民大會行使同意權。至於人事行政局因其已主掌部分人事權力，故增修條文第 14 條也作部分配合性的修正。

5.監察院定位的丕變

監察院正、副院長及二十九名監察委員全改由總統提名，國民大會同意。監察院便完全不具備民意機構之性質。並且提高彈劾手續的「門檻限制」，對一般公務人員的彈劾由一人提議，改為二人提議，審查與決定人數仍為九人；對正、副總統的彈劾，由四分之一監察委員的提議，改為過半數之提議，審查與決定人數由過半數改為三分之二以上的人數，方得通過彈劾案，使得監察院對總統的彈劾變得更加困難。監察院經過改制成為「準司法機關」，能否發揮五權憲法所期盼的「今之御史」角色？本書已於第四十一節參處討論，可參照之。

肆、後續的修憲

一、民國八十三年的修憲

民國八十一年五月第二屆國民大會通過憲法增修條文第 11 至第 18 條後，表面上似乎完成了李登輝總統「兩年內完成憲政改革」的期望，國民黨也宣稱圓滿完成第二階段的修憲任務❽。不過，修憲工作並未因此底定，民國八十三年四月二十九日第二屆國民大會第四次臨時會召開後，又對憲法作第三度的增修（見本書附錄四壹）。此次的增修基本上是對增修條文的「體例修改」，把原來增修條文第 1 至 18 條中已經不再適用的條文刪除，重新調整為十個條文。但是，其中也增加了一些新的規定。例如自第三屆起國大代表任期改為四年、國民大會設置議長、行使職權之程序不由法律規定，改由國民大會自行決定（第 1 條）；正、副總統應搭檔競選、僑民返國具有投票權、總統人事命令副署義務之範圍限縮（經立法院或國民大會行使同意權之任命不再需行政院長之副署）（第 2 條）；及國大代表與立委之待遇以法律定之。除年度通案調整者外，單獨增加報酬或待遇之規定，應自次屆起實施（第 7 條）等三大部分。

二、民國八十六年的修憲

民國八十六年七月二十一日公布的修憲可以說是自終止動員戡亂時期所進行的歷次憲政改革以來紛擾最多，憲改體制更易也最大的一個修憲。這次修憲的動因應當為「凍省」，將省的組織凍結後，為安排省議員的「轉跑道」，立法委員名額須擴充（至二二五名），連帶的也衝擊到其他制度的改革；另一個動因則是擔心日後無一個政黨可能在國會過半，組成聯合政府的機制須建立，而引進「雙首長制」。民國八十五年年底召開的「國家發展會議」，正如同制憲前的「政治協商會議」所扮演的角色，為本次修憲先訂下了內容的框架。

經過國民黨與民進黨的強力動員下通過的增修條文（見本書附錄四貳）十一條，相當程度的改變了我國的憲政體制。舉其犖犖大者如下：

⑴引進不信任案（倒閣權）及國會解散權，當立法院通過對行政院長的不信任案

---

❽ 同樣見解，見謝瑞智，前述書，第 126 頁。

時，總統可解散立法院；行政院長除應辭職，亦可呈請總統解散立法院（第 2 條、3 條）；

　　⑵總統任命行政院長無需經立法院同意（第 3 條）；

　　⑶對總統及副總統的彈劾案不再由監察院提起，改由立法院，且將彈劾事由改為犯內亂罪及外患為限（第 4 條）；

　　⑷立法委員的人身保障特權改為僅在會期中方能享有（第 4 條）；

　　⑸司法院院長及副院長應具有大法官身分，大法官名額明定為十五名，任期改為八年，且不得連任（第 5 條）；

　　⑹司法院提出司法預算（概算），行政院不能刪減（第 5 條）；

　　⑺教育科學及文化經費最低下限的刪除（第 10 條）；

　　⑻凍結省長、省議員民選制，改為省主席及省諮議會（省諮議員），由行政院長提請總統任命。省政府的功能及組織另以法律規定（第 9 條）；

　　⑼國家機關之組織、編制及員額無需以法律明定（第 3 條）。

　　上述完成修憲的十一個條文不能完全符合「國家發展會議」所獲得「修憲共識」。但最重要的關於行政院長的制度改制，例如廢除行政院長需得立法院同意，引進倒閣及國會解散制度所呈現的「雙首長制」精神，則依先前兩黨共識完成修憲程序。易言之，尚有國大代表全部改為政黨比例制，由最近一次選舉的各政黨得票率計算；鄉、鎮長選舉的取銷，甚至民進黨力主的「公民複決」制度等議題，將留俟下次修憲時解決。而且，在修憲過程甚至出現超出國民黨預先的擬議及國發會共識的條文，例如上述關於司法院大法官制度的改變及刪除憲法對教育、科學及文化經費的最低下限，以及差一點通過的延長立委任期為四年案。在民國八十六年七月修憲完成後，國民黨及民進黨且簽署議書，議定民國八十七年將續行修憲，將上述議題及總統選舉採絕對多數制等議題納入。

三、民國八十八年的修憲

　　民國八十八年九月四日凌晨國民大會三讀通過了憲法增修條文第五次的修正案（見附錄四參）。這次雖只更動四個條文，計九項規定，但卻引起全國人民交相的指責。其反應之激烈是行憲以來所少見。此次修憲引人「側目」的規定，主要是由民進黨所提出的方案，內容有二：第一，國大代表選舉方式的改變；第二，本屆國大代表

及立委任期的延長等兩項。茲分別述之：

(1)在國大代表選舉方式的改變方面：國大代表自次屆（第四屆）起，改為三百人。其中地區選出（直轄市、縣市）共一九四人；原住民代表六人；僑民代表十八人及全國不分區代表八十二人。選舉方式以立法委員選舉各政黨及獨立參選人得票的比例產生之。第五屆國大起，名額減為一五〇人。其中地區代表一百人，原住民四人，僑民代表六人，全國不分區代表四十人。這個由民進黨國大黨團所推動的國大選舉改制案希望能分二次將國大人數減到一五〇人，且自下屆起完全改為比例代表制，作為廢止國民大會的先行步驟。

(2)為達到國大代表改為比例代表選舉方式產生，並依附立委選舉產生，故延長本屆國大代表任期二年又四十二天。本屆立委任期也延長五個月，第五屆立委起任期改為四年，與國大代表同。這就是最為社會所抨擊，被稱為「自肥」的延任條款。

就(1)的國大代表改為比例代表制的修憲構想而言，如果國大代表改為政黨比例代表，且其職權若單純化，例如只限於修改憲法或行使同意權，政黨即可推選本黨精英來擔任國大代表，相信對行使職權的「品質」一定有所助益。但本次修憲的提案目的是要以廢止國民大會為主，分二階段，即六年後的第五屆國大代表雖減至一五〇人，但看不出國大的功能有何改變！倘若認為國民大會已無存在之價值，那何不在第四屆，或第五屆起廢除之❾？而改採政黨比例產生，卻又分地區（以每縣市、直轄市為單位）及全國不分區代表……等方式，更混淆了全國不分區代表本即政黨比例代表的代稱。地區代表無異「地區保障名額」，與政黨代表之代表黨意顯極有差距。更何況這種選舉對於獨立參選人一定要使之歸入政黨方可推派代表，又有違反公平之嫌！雖然這比例選舉制仍必須透過立法方式予以細部規範，但在修憲時並未深思熟慮，失之草率亦為事實也。

就(2)的「延任案」而言：支持此條款的說法，例如(a)為達到「改造國大」的目的，不妨採此手段；或(b)國大改為依附立委選舉產生可以節省社會成本，避免社會資源浪費❿。這二種說法都欠缺說服力。倘若改造國民大會的目標是如此神聖，就可以利用

---

❾ 據提案人民進黨黨團幹事長劉一德的說法：要國大代表「自廢武功」是不可能的，方採此方式。但既然第四屆起已改為政黨比例選出，現任國大代表已無投身選舉的機會，只能憑黨的提名與否，還不等於自廢武功？更何況第五屆人數更少。所以其說法不足採信，當選的機會更少矣。

❿ 民進黨在九月八日中常會發表的聲明卻肯定此次修憲的成功，是為了逐步廢國大「所不得已」的方法。見九月

延任的方式，豈非「為達目的不擇手段」？現代法律思潮講求方法及目的的合理均衡，「自肥」式的延任案並無任何手段上的合理性。而 (b) 的節省社會成本看法，更見唐突！選舉既是民主政治的制度，則必要的社會成本當是合理的支出，也是寶貴民主體制的代價！台灣選舉浪費社會太多的資源，應是選風敗壞所致！國大代表何不由「根治」此選風敗壞方向著手？為自己任期延長兩年，且又可支領公費，恐怕對社會「無形成本」的侵害更大！無怪乎，本次修憲案一通過，群情大嘩，鮮少有認同這種修憲「苦心」者！

　　民國八十八年九月四日國民大會通過修憲案後，隨即閉會，國民黨雖在九月八日迅即開除強力主導此次修憲程序的國大議長 蘇南成的黨籍，使其喪失議長及不分區代表之資格。但留下這個 違反現代憲法精神、正義理念的修憲條款，到底依我國目前的憲 政體制，除了「解鈴還需繫鈴人」，由國民大會召開修憲會議加 以改正，或由立法院通過憲法修正案，再提交國民大會複決外，職司維護我國憲政秩序的司法院大法官，能否對此攸關我國憲政生命的「大法」發揮藥石之效？本書見解採肯定說。按大法官會議的任務不再只是澄清憲法的「文字」，也應及於文字所不及，或所代表的理念與價值判斷，或對造成「實質違憲」的立法，或未立法、或不完善立法，都可以加以糾正。所以國民大會通過的修正案，如果與憲法本文或其他現存增修條文所樹立的理念有嚴重妨礙時，應許可大法官加以補救。例如在釋字第 470 號解釋就針對民國八十六年修憲第 5 條 1 項有關大法官民國九十二年起新制實施前的過渡時間，一旦出缺應如何補選並未規定，已形成的「憲法漏洞」，加以實質的填補；以及更早的在釋字第 261 號解釋針對第一屆資深中央民代的退職期限規定，都以現行的修憲條文為澄清改正之標的！此次修憲過程的程序亦有甚多瑕疵，大法官在釋字第 342 號解釋中，也認為國會的自律包括決定議事程序的進行，但如有明顯重大瑕疵，或牴觸憲法時，則可由釋憲機關加以糾正。本號解釋雖針對立法院的自律權而言，但國民大會亦為民意機關，而修憲的重要性當逾於一般立法程序，更應「潔白無瑕」！倘司法院大法官能本著此號解釋為基礎，更進一步的審核國大此次修憲的程序，將可成功扮演我國「憲政維護者」的神聖使命。

九日各大報，但該黨總統候選人陳水扁，卻強力批判此修憲，與黨中央唱反調。

四、民國八十九年的修憲

㈠「國大自肥案」的後遺症——司法院釋字第 499 號的衝擊

民國八十八年「國大自肥案」的修憲公布之後，各方抨擊之烈，為歷次修憲所僅見，頗多將此次修憲比擬為另一個如民國十二年曹錕以賄選方式，買通所謂的「豬仔議員」，當選總統後所為的修憲行為。國民大會形象受創之深，如墮入深淵。本修憲案雖經總統於同年九月十五日公布，但關於此次修憲是否合憲的爭議，三黨都提出釋憲聲請。

大法官在民國八十九年三月二十四日公布釋字第 499 號解釋，宣告了此次修憲條文違憲，因此失其效力，民國八十六年七月二十一日第四次憲法增修條文繼續適用。大法官此次第 499 號解釋對於我國憲政發展的重要性，似乎僅有在民國七十九年六月十一日公布之確定第一屆中央民意代表，應於次年年底去職的釋字第 261 號可堪比擬。釋字第 499 號解釋的重要內容有下列數點：

⑴確定釋憲機關之權限應及於修憲行為，不能認為是政治行為而免受違憲之審查。修憲行為乃直接體現國民主權之行為應公開透明為之以滿足理性溝通之條件，方能賦予憲政國家之正當性基礎。修憲程序應符合公開透明原則，並應遵守憲法及相關之國大議事規則之程序。如有重大瑕疵其修憲行為不生效力。本次修憲進行時，議長蘇南成悍然未依當時議事規則第 38 條 2 項之「經出席代表三分之一以上提議，應採用記名投票」，而裁示採行不記名投票，使國民不能知悉國大代表及所屬政黨的投票行為及所應負的政治責任，已違反修憲條文發生效力的基本規範❶。

⑵修憲應有界限，必須遵守憲法中具有本質之重要性而為規範秩序存立之基礎的原則，例如憲法第 1 條之民主共和國原則，第 2 條國民主權原則及有關人權與權力分立與制衡之原則等，任何憲法設置之機關均有遵守之義務。這點關於「修憲界限論」明顯看得出來大法官已採納德國憲法學及德國基本法第 79 條的理論。

---

❶ 國大議事規則第 38 條 2 項的條文既然構成此次修憲具有違憲性的主要依據，因此在釋字第 499 號公布後，民國八十九年四月十四日召開的國民大會第五次會議第三次大會中，便通過修改本條文，明白刪除原條文「經三分之一以上提議即應改記名投票」，而改為「由大會議決或主席酌定，以舉手、起立、表決器、無記名投票或記名投票行之」。國大為這種改變使得主席可決定投票之方式，或即使採表決方式決定，也使主張記名表決人數門檻提高為二分之一。國大採行記名表決比舊法來得更不容易，這種明白牴觸 499 號解釋意旨的行為，更加凸顯國大代表「敵視」499 號解釋的心態，可見一斑。

⑶本次修憲規定第四屆國代改由全經比例方式產生，使得國大代表的產生附麗於立委選舉結果，以國大代表與立委性質不同職掌互異，且與憲法第 25 條國大代表代表國民行使政權應依選舉程序產生之意旨並不相容，構成規範衝突，也牴觸民主憲政之基本原則。

⑷國大代表自行延長本身與立委之任期違反了國民主權之原則，按民意代表之權限應直接源於國民之授權，民意代表的任期係與選民之約定，任期屆滿，除有不能改選之正當理由（例如釋字第 31 號所指之「國家發生重大變故，事實上不能依法辦理次屆選舉之情形」）外，應即改選。此為代議民主的正當性所繫。此次修憲之客觀環境並無不能改選之理由，故國大自行延長任期已違反利益迴避之原則，也與自由民主秩序不合。

大法官此號解釋宣告該次修憲中有 4 個條文 (1, 4, 9, 10) 無效，民國八十六年憲法增修條文繼續適用，這是大法官在社會輿論、法政學界及民意一面倒的支持下對抗國民大會所作的正義之舉❷。首當其衝的國民大會當然不會坐視，憲法增修條文第六次的修正於焉隨即展開。

㈡憲法增修條文第六次的修正

1.修憲的主要內容

司法院大法官在八十九年三月二十四日公布釋字第 499 號解釋後，國大代表迅速請求召開修憲會議，總統遂於四月一日公布國大召集令，四月八日起集會，是為第三屆國大第五次會議。此次會議時間雖至四月二十四日修憲三讀會完成後休會，為時兩週，卻完成了「終結國大」的修憲結果（參見附錄四）。

此次修憲的氣氛幾是在全場充滿對大法官釋字第 499 號解釋反感的「同仇敵愾」，加上下屆國大代表的改選在即❸，修憲的過程反而獲得較高的共識。此次修憲的重點

---

❷ 就在民進黨總統候選人陳水扁極力抨擊此次修憲案並當選總統後第五日 (89.03.22) 時任民進黨主席的林義雄已由報載得知釋字第 499 號的重要內容後，立即召開記者招待會發表「請勿製造憲改危機，導致政治紛爭」之公開信，認為大法官「只有解釋權，沒有審查權」；同時認為如果大法官通過此號解釋，無異是使司法院大法官成為高過國民大會之太上機關，違反憲政體制及民主基本原則。中國時報並於次日發表社論，嚴詞抨擊林主席患了「憲政健忘症」，按此次釋憲案，民進黨且是聲請人，如今「卻踐踏司法，是多麼令人驚訝的轉變」。

❸ 次屆國大代表改選日期原應於任期屆滿前十日完成選舉，並應於任期屆滿前四十日發布選舉公告，候選人登記應於投票日前二十日公告，登記日期且不能少於五日（公職人員選舉罷免法第 43 條、44 條）。故該屆國大任期至八十九年五月十九日為止，在二讀會時的四月二十日已發布選舉公告，各政黨也已公布政黨不分區及地區候選人名單，如未完成廢國大之修憲，則國大改選勢必進行，故該屆國代表當已感受到是否應競選的抉擇壓力。

雖已在本書相關各節討論，但為了瞭解本次修憲內容的全貌，茲再綜論如下：

⑴國大改為「任務型」

經過八十八年「胎死腹中」之「兩階段廢國大論」，亦即為了使次屆國大改為比例產生制，達到廢國大的目的，而賦予國大可延長任期的冠冕堂皇理由後，國大有無存在的價值普遍受到國大代表的懷疑。「食之無味，棄之無惜」，此次修憲便乾脆「自行了斷」，改為虛級化，美其名為：所謂的「任務型」國大。

依增修條文第1條的規定，國大惟有因「事」而特別選舉召開之，可以召開國民大會的情況有下列三種情形：

a.複決立法院所提之憲法修正案，並經公告半年後；

b.複決立法院所通過的領土變更案，並經公告半年後；

c.議決立法院提出之總統、副總統彈劾案。國大代表應於行使上述複決或決議的職權之日起，三個月內以比例代表的方式產生之。名額為三百人。所謂的比例代表產生乃指選民當以政黨或獨立參選人所代表的聯盟、政團為投票支持對象，其細節另以法律定之。由於任期至該項任務結束後即終止，且集會以一個月為限，故屬於「一次性」的國代。國大代表已無固定的任期，因此國大代表於選舉結果確認後十日內自行集會，不再由總統或議長召集，或由相當數額的國大請求或召集開會。

⑵立法院職權的擴張

立法院接收國民大會的部分職權，諸如：

a.總統、副總統的罷免權。經立法委員四分之一以上的提議，全體立法委員三分之二之同意後提出罷免案，再經全國選民總數過半數之投票，過半數同意時即可罷免。

b.修憲與變更領土的提議權。國大改為「任務型」國大後已喪失了發動修憲與變更領土的主動權力，改為被動的複決權。立法院行使這兩種，也必須以全體立委四分之一提議，四分之三的出席及四分之三的決議方能通過之。

c.補選副總統。副總統缺位時，總統應於三個月內提名候選人，由立法院補選（增修條文第2條7項）。

d.聽取總統國情報告。

⑶司法院大法官權利的縮減

司法院大法官成為本屆國大代表的「眼中釘」，也成為此次修憲的內容之一。司法院的權限在此次的修憲中並未做太大的更易，獨對大法官的權利，增修條款第5條第

1 項後段特別規定「司法院大法官除法官轉任者外，不適用憲法第 81 條，及有關法官終身職待遇之規定」。按司法院組織法第 5 條 2 項之規定，大法官任期為九年一任，因此大法官並非憲法第 80 條之享有終身職待遇之法官。然而民國八十一年十一月二十日修正司法院組織法時增訂第 5 條 4 項之規定，將任期屆滿而未連任之大法官視同停止辦案之司法官。從而大法官取得終身保障的待遇，即有法律上的依據。這個制度是否不當擴張憲法所謂終身職法官的範圍？學界非無討論。然而畢竟此制度由法律所創，「解鈴還須繫鈴人」，應由立法院修法的方式改正之，無須透過修憲的高層次位階來修正下層位階法律的內容。一言以蔽之，這條具有報復色彩的條文即使理論上站得住腳，但動機已非坦然大公，修法位階亦不合體例，對我國司法及釋憲的權威自是一大打擊❶！

2.本次修憲的評估

　　民國八十九年的修憲，出於一群氣憤填膺的國大代表之手，全程會期僅兩週，但自正式討論修憲提案起，至修憲三讀結束，只有整整十日（四月十四日至二十四日）。由於取得凍結國大，改成任務型的共識，且去職在即（五月十九日），本次修憲國大不少對修憲內容的妥適性並不太關心，似乎把如何構建一個關涉我國最高法政秩序大法之責任，交卸予立法院。此次被社會抨擊為「自肥」、作為被大法官斥為違反憲政原理修正案的主角，並不榮譽的退出國家權力之舞台後，國民大會即將走進了歷史。如果吾人回顧整整半個世紀前，第一屆國民大會在南京召開第一次大會時，就演出了自殺、絕食、集體抗議……等等光怪陸離的怪象❶，已喪失了作為全國人民行使政權最高民意機關的尊嚴。隨著我國實施動員戡亂的四十年歲月，國民大會未能改選，也未能為我國多舛的行憲命運，扮演更多制衡國家權力濫用的「抗生素」角色。在李登輝總統進行十年的憲政改革，每次都獲得國民大會高度的配合，但我國憲政體制至今紊亂不堪，國民大會恐亦不能避免政治責任！第二屆國民大會雖經人民改選產生，但每次會議秩序之惡劣，及經常與立法委員爭罵，國民大會的形象也未見好轉。今第三屆國民

---

❶ 更何況此個條款乃明顯針對學界出身的大法官所為的差別待遇，按當時許多國代已指明 499 號解釋乃出自兩位學者，且為外省籍出身的大法官之手，甚至對之做出人身攻擊的辱罵，使得本條款的規定瀰漫一股情緒性的報復色彩，也是本次修憲最令人遺憾的一幕過程。

❶ 參見谷音‧岫青（合編），國大外史，民國三十七年，上海大夏書局；周劍心，國大瑣憶，中外雜誌（十九卷二期），民國六十五年二月。

大會在未獲全國人民尊敬的情況下，黯然落幕，印證古語所謂「以亂始，以亂終」，國民大會的命運令人唏噓再三。

五、民國九十四年的修憲

民國九十三年八月二十六日立法院院長王金平公告了憲法增修條文修正案，計修正八十九年增修條文中的五條（第 1、2、4、5、8），以及增訂第 12 條（修憲須經公民複決）。這是我國行憲以來，第一次由立法院主動通過修憲案，由立法院公告再舉行國民大會代表來行使複決權的修憲過程。

這是第五屆立法院 (91.02.01–94.04.31) 在第五會期所提出的修正案。至修憲案通過 (93.08.23) 為止，立法委員總共提出十九件交付審查的憲法修正案，這些修正案內容五花八門，由國會改制、廢止國大、限制立委不受逮捕之特權、恢復閣揆同意權、總統選制改成絕對多數，到警察預算由中央統一編列及刪除服兵役義務等，而且這些提案由各政黨立委連署，同一黨委員提案經常相矛盾，同時，提案範圍有個案的專對修憲一條文，也有通案的複數條文。這種由立委連署單打獨鬥式的提案，不似西方民主國家國會會以政黨版本，一次完整的將修憲內容、牽涉的法條及理由提出國會，並接受對手政黨及國人的檢驗。但直到最後，才是由兩大政黨提出兩件提案在院會逕付二讀，並作為日後政黨協商的主要依據。第一件是民進黨柯建銘委員等八十七人提出的「中華民國增修條文第 4 條修正草案」(93.03.12)。這是針對個案的修憲提案，且集中在國會的改制。其內容為立委減半（一一三席）；任期改為四年；採兩票制；不分區委員為二十三席；各政黨提名立委總額，婦女不得低於四分之一。至值得注意的是國大代表的制度，本提案居然依然保存，作為複決立法院領土修正案（第 5 項）及議決立法院對總統、副總統的彈劾案之機構（第 7 項）。明顯的這個憲法提案是在總統大選前一週提出，其配合「國會減半」的訴求極為明顯，所以只針對國會改革來提議。

第二件是國民黨廖風德委員等六十一人提出的「中華民國增修條文部分條文修正草案」(93.03.23)，則涉及了修訂五條（第 1、2、4、5、8 條），並增訂一條（第 12條），其內容：立委減半，任期四年；立委選制改成兩票制；其中不分區為三十四名，婦女保障名額不得低於當選總額百分之三十，其中平地與山地原住民代表至少一人。比照此兩大黨的國會改革部分，國民黨主張不分區席次多民進黨的三分之一，婦女保障名額也較多，不僅保障名額比例較高，計算標準是以當選名額的百分之三十，而非

提名總額的四分之一。

　　另外，和民進黨立場不同，國民黨修憲案提到廢除國民大會，國大廢除後，立院通過的領土變更案，及憲法修正案，且改由公民投票複決之；總統、副總統彈劾案，由立法院提出後，改由司法院大法官組成憲法法庭審理之❶。因此改革幅度遠大於民進黨。

　　民、國兩大黨的修憲，先後進行數次的黨團協商，迄民國九十三年七月二十三日屆滿四個月，兩黨黨團分別提案召開臨時會，立法院遂於八月十一日至二十四日召開臨時會處理修憲案。立法院修憲委員會在臨時會期中，先後舉行六次修憲公聽會，這些公聽會的內容多半集中在國會的改制，特別是國會合理席次及單一選區入憲的相關問題，這也是立法委員最切身的顧慮。

　　儘管兩大黨不願違抗由民進黨前主席林義雄帶領極力要求國會減半的呼籲。同時，選制改為單一選區，也有助於大黨的勝選，所以，兩黨在兩票制及國會減半的議題上，獲得高度共識。然而公聽會上的學者專家，幾乎一面倒的反對國會席次減半，並且引述政治學理，目前立法院席位仍可稱為合理席數，同時也針對國會席位減半後。國會內部功能的丕變，例如一個委員會委員只有十名左右，開會門檻低，任何法案及預算只需三、四名委員即可決議，會形成「超級大立委」，也可能造成「遊說與勾結」風氣的大張。同時，小選區的制度勢必封殺小黨的空間，有違政黨平等的空間。即使較為進步的兩票制，也因採取日式的並立制，非德式的聯立制，沒法充分保障小政黨的存在。

　　立法院在九十三年八月二十三日作出修憲案的表決。立委總數二一七人，四分之三法定出席人數應為一六三人，表決通過門檻為一二三人，當日出席表決各條文的委員，由一九八人至二〇一人不等，表決數都在一九八人以上，因此本次修憲雖然是以國民黨所提出的內容為依據，但卻無疑的獲得了立法院五個黨團的同意。立法院公告修憲案六個月，應舉行國民大會代表選舉。九十四五月十四日舉行國民大會的選舉。在此次選舉中，原本立法院通過修憲合作的五大黨團卻分道揚鑣，立場涇渭分明。親民黨、臺聯黨及無黨聯盟等小黨因為考量小選區制帶來的衝擊，成為反對此次修憲的主因。學界也有認為此次修憲乃民粹主義作祟，未能為國家憲法制度訂立最好的規範

---

❶ 見立法院議案關係文書，院總第一六〇七號，委員提案第五四五一號，民國九十三年三月十七日印發。提案第五四六八號，民國九十三年五月二十六日印發。

（如國會席次減半），也投身反對陣營。

　　台灣選舉長年是以兩大政黨、夾雜意識型態的差異，作為選舉的主軸。此次修憲混淆了兩大黨過去的對立；同時，此次選舉第一次實施政黨投票制，許多選民不熟悉投票情形。但最重要的關鍵在於政府，特別是負責的中央選舉委員會，沒有在憲法修正公告的六個月期間善盡宣導修憲內容、進而引導社會大眾探討及批評風潮的職責。使得絕大多數國民不知此次修憲的意義，終於以 23.35% 的投票率，參與了這次修憲的複決。其中贊成修憲的國、民兩黨，獲得了八成以上的席次，穩操修憲的勝券。

　　第四屆國大在九十四年五月三十日報到，六月七日完成記名投票，通過了立法院所公告的憲法修正案。國大代表在本次修憲期間沒有任何發言的機會，各政黨間也無進行日後憲法修正的意見溝通，除了夾雜反對修憲政黨及聯盟代表的議事杯葛的程序外，本次修憲的國大代表基本上是扮演沈默的表決機器。國民大會在走入歷史的前夕，平靜無聲的走過了我國行憲以來最後一次所交付的修憲任務。

　　此次修憲的內容集中在國會改革及廢止國民大會的配套措施：

㈠國會改革

　　1.立法委員任期自第七屆起由三年改四年。

　　2.立法委員總額自第七屆起由二二五人改為一一三人，即立委席次減半，其中，自由地區直轄市、縣市七十三人，每縣市至少一人。自由地區平地原住民及山地原住民各三人。全國不分區及僑居國外國民共三十四人。

　　3.立法委員選舉改採單一選區兩票制。直轄市、縣市選出之區域立法委員依人口比例分配，分成七十三個選區選出之，每一個選區選出立委一人。全國不分區及僑居國外國民立法委員部分，依政黨名單投票選舉，由獲得百分之五以上政黨選舉票之政黨依得票比率選出之，採比例代表制選舉，且設有百分之五之席次分配門檻，獲得政黨選舉票百分之五以上的政黨始得分配全國不分區及僑居國外國民立委之席次。

　　4.有關婦女名額，明定各政黨全國不分區與僑居國外國民立委當選名單中，婦女名額不得低於二分之一，以補救婦女在單一選區的不利地位。

㈡有關廢除國民大會及其職權配套部分

　　1.立法院提出總統、副總統彈劾案後，改由司法院大法官組成憲法法庭審理判決之。

　　2.立法院提出領土變更案後，改由公民投票複決，投有效同意票超過選舉人總額

之半數，不得變更之。

　　3.立法院提出憲法修正案後，改由公民投票複決，投有效同意票超過選舉人總額之半數，即通過之。

伍、憲政改革的反省與前瞻

一、李登輝總統時代之「十年一覺憲改夢」

　　綜觀動員戡亂時期結束、臨時條款廢止迄李登輝總統任內最後一次修憲（民國八十九年修憲）以來進行的憲政改革，十年以來憲法修改六次的頻率不可不謂頻繁，所牽涉的幅度不可說不大。許多政制的起落，有如白雲蒼狗，令人不禁有「十年一覺憲改夢」之嘆！十年憲改顯露出幾點重大的特色：

　　第一、匆促的憲政改革——快馬加鞭的修憲：早在憲政改革當初進行的「二年完成憲政改革」擬議，不僅在一年內要修正為數近一百五十餘的動戡法令，已是強立法院所難；而第一階段進行「形式修憲」後三個月（見第一階段增修條文第6條）要召集第二屆國會進行實質性的「第二階段」修憲。短短的三個月內如何能充分研討全盤性質的修憲案？時間的匆促固為一大特色，但是憲政改革強調的時效性不能犧牲修憲所需的縝密性。而民國八十六年修憲引起外界的抨擊之一，也是出於倉促。例如國會解散權及凍省決定，即使在學理及現實政治非無理由，即在未能獲得執政黨內部——特別是現任省長及省議會，以及讓更多國人獲得共識下即付諸修憲，才會造成無數不必要的修憲風波。民國八十八年及八十九年國大延任自肥的修憲更是未獲得全民的共識，更令社會錯愕！

　　即使陳水扁總統時代第一次的修憲，執政黨只提出一個條文（國會改革）的黨版修憲案，國民大會也保留。易言之，自民國八十九年政權輪替後四年，執政黨並沒有積極籌劃出一個詳盡的修憲草案，故仍重蹈以往匆促修憲的覆轍！

　　第二、僅有局部性、因應當前性質的目的，欠缺全盤性、長程性的規劃：由第一階段修憲採行「形式修憲」，將實質修憲留待「有民意」的第二屆國民大會來完成開始，結果這句口號形成藉口，以後每次修憲案都帶有「措施法」的性質。這種類似「頭痛醫頭、腳痛醫腳」的措施性修憲，雖有現實的解決當前疑難雜症之作用，但也容易產生「即興式立法」後果，使得未經過深思熟慮、沒有堅強朝野共識之條款，也強渡

關山。這種「走馬燈」式的條款在增修條文中屢見不鮮：例如第一階段修憲時，對於監察委員的選舉重新調整，將監察委員由台灣省議會產生者定為二十五人，北、高兩市市議會各產生十人，而省議員與市議員當選，各以二人及一人為限，避免省議會及市議會以「自家人」包攬監察委員之職位（第一階段增修條文第 3 條）。然而，這個「新制度」（依第一階段增修條文第 5 條 3 項應於民國八十二年一月三十一日前選出），卻沒有適用過一次，即於一年後由第二階段的憲法增修條文第 15 條 2 項所廢止，監察委員改由總統提名，國民大會同意後任命。這個例子若不是說明第一階段修憲時未真正的「深思熟慮」，就是表示太多的「修憲構想」乃是短期間內醞釀而意欲付諸實踐❼。同樣的情形也發生第一階段修憲時的正、副總統委任直選構想，到第二階段修憲時，竟改變為公民直選方式；以及第二階段實質修憲已完成後，在第三次增修條文才出現的國民大會設置議長制度以及限縮總統命令副署問題；這個現象顯示出，所謂「兩階段修憲」並未真正全盤地解決台灣憲政發展所面臨的難題。憲政問題，特別是關涉國家權力運作與組織的問題，本會牽一髮而動全身。

　　次就國民大會之職權而論，第二階段增修條文時剝奪國民大會選舉正、副總統之權，是否即應通盤檢討國民大會的存廢？而賦與對司法、監察及考試三院重要人事的同意權，及每年至少召開一次會議檢討國是、設立議長之權，是否過度擴張國民大會之權限，形成和立法院鼎立之「兩院制」？正、副總統改為人民直選後，任期縮短為四年、加上副署義務的限縮，是否意味我國憲政有走上總統制的趨勢？更引起政治風暴的，乃在民國八十六年修憲凍結省長及省議員選舉之決定，更在第一任民選省長的任期尚未屆滿，又改變原先修憲決定。顯見以上種種問題均未通盤的研究所致。故修憲的過程和成果便呈現一個濃厚的「現實性」，而缺少全盤性及前瞻性的考量！無怪乎會發生民國八十八年及八十九年修憲失控的憲政亂象。

　　民國九十四年的修憲也不脫離此「頭痛醫頭」式的弊病。就以「立委減半」的修憲主軸而言，完全是憚於民進黨前主席林義雄的「民氣」，罔顧學者專家的強力反對。執政黨理應為立委減半的合理性提出完善的理由,以及說明為何採取日式方式兩票式，而不採納較公平與對小黨有利的德式聯合制的理由，但遲遲未見理性的說明。留下了

❼ 李鴻禧教授即提及國民大會竟可以用「臨時提案」之方式來修憲,引為國際憲法學界之笑柄。見氏著，李鴻禧憲法教室,民國八十三年，第 227 頁。民國八十六年修憲將教育、科學及文化預算下限刪除（第 10 條 8 項）的決定，便是突出其然的決議,不僅舉國譁然,連李登輝總統也公開說明並非出於國民黨當局之意！

「先試試新選制」的修憲結論。學界及政界普遍認為，此「立委減半」制度的壽命將只有一屆，吾人誠觀結果是否如此，應否有人必須付出政治責任？

　　第三、朝野協調與共識的欠缺：第二屆國民大會開議後，由於台灣最大的反對黨——民進黨所獲得的席次少於四分之一，而國民黨雖獲得百分之七十一的得票率，卻擁有百分之七十六席位的絕對優勢。故在通過原憲法增修條款第 11 條至 18 條前，民進黨與無黨籍代表便退出國民大會之修憲行列。除了程序上不參與修憲外，民進黨在憲政改革的內容上也和國民黨迥然不同。民進黨所主張的制定新憲法（以制憲取代修憲）、更改國號、國旗、廢棄五權憲法、改採三權憲法、實施總統制、取消國民大會等等主張，亦非國民黨所能接受。在朝野最大的兩黨之間既有這種南轅北轍之歧見，國民黨在國民大會既然擁有絕對優勢，依憲法之規定，自然可以以一黨之實力完成修憲工作❸。但是，憲法是國家最高大法。憲法如未獲得各個政黨衷心服膺，便會喪失其實質的最高性，故採取剛性憲法體例之主要目的，便是儘可能獲得朝野的「修憲共識」，反對黨應該不能在此種歷史時刻「缺席」。在民國八十六年以前的歷次修憲，當時最具反對實力的民進黨不僅未能參與修憲，也未具有修憲的共識，已經是最大的憾事❹。民國八十六年以後的三次的修憲雖是國民黨及民進黨兩大黨協力的結果，但另一個反對黨新黨卻不贊同修憲內容，而杯葛到底。故修憲雖然能形式上獲得通過，但是政黨間沒有獲得共識的修憲，在八十八年的修憲，兩個主要政黨幾乎沒有（特別是占國大代表優勢的國民黨）約束黨籍代表，甚至連國民黨不分區代表、擔任議長的蘇南成也能公然反對黨的政策，使延任的修憲案通過，執政黨黨內對修憲毫無共識，以及黨紀的蕩然無存，可見一斑！

　　民國九十四年的修憲在政黨共識方面更是荒謬。早在立法院決議修憲案時，四個政黨都一致支持修憲，才能通過修憲的高門檻。但在短短的六個月內，卻完全推翻先前的共識，分成兩派。政黨的共識可以如此出爾反爾，似乎政黨共識此一制度的價值

---

❸ 該次選舉，國民黨得票率為 61.67%；民進黨為 36.06%，立法院共有 161 席委員，其中國民黨擁有 103 席，民進黨有 52 席。

❹ 當時（民國八十一年十二月第二屆立法委員改選後）民進黨在立法院中擁有接近四成的席位，可見得國民大會的席位比例，並不能真正反映修憲時兩黨真正的民意基礎（見上註）。因此，如果修憲能採「兩機關修憲論」，讓立法院能透過政黨協商，提出一個兩黨皆能接受的憲法修正條文，未嘗不是一個有助提升憲法增修條文「共識」之方法。但是，鑑於民進黨對憲政改革所持之基本立場，即使是在立法院內，亦無法和國民黨妥協而提出可行的修憲（而非制憲）方案。

已在我國憲政上「巨幅貶值」。我國民主政治前途已亮起紅燈！

第四、軀幹與枝葉兼修的修憲：憲政改革既然有時間性，且係為因應我國政治發展需要所進行，因此應該專注於憲政問題的軀幹，而非枝葉的修正。由經過十五年，共七度增修的憲法增修條文中可知，固然許多修憲標的確是重要的憲政問題——例如關於總統選舉方式、國民大會職權及廢止、監察委員的產生、國會解散權、倒閣權、凍省、行政院長任命同意權的取消、廢省、國大虛級化等……之改變。但是也有屬於枝葉性質，不必亟亟修憲，甚至不必列入在修憲的範圍內。最明顯的例子，是在第二階段修憲時，增列的第 18 條增修條文（九十四年修憲第 10 條文）。

該屬於基本國策的條文，其規範的方式，卻使用幾近宣示性而不具有強制性的詞句表達。且亦未要求立法院如何落實，故純粹是一種「方針條款」(Programmvorschrift)，和憲法第十三章基本國策許多條文的性質一樣❷⓪，實無入憲的必要性。另外，同樣的第三次增修條文中亦規定（民國八十三年修憲第 7 條）國大代表及立法委員之待遇應以法律定之，以及增加報酬待遇的規定，應自次屆起實施。而前者乃法理之當然，後者亦不必由憲法規定，由法律規定即可。而更「外行」者乃民國八十六年增修條文第 3 條 3 項及 4 項對於國家機關員額「彈性化」之規定，其實只要修改中央法規標準法第 5 條 3 款，將「國家機關之組織應以法律定之」之規定加一個但書「其人員編制不在此限」即可，以及民國八十九年增修條文第 5 條 1 項後段的剝奪非法官出身大法官的優遇制度規定……等等，不必勞師動眾的透過修憲程序；使得憲法矮化成法律！故這些規定之入憲，徒令人有瑣碎之感，並未具有入憲應有的重要性！

二、陳水扁總統時代的憲改

民國八十九年四月二十五日李登輝總統公布任內第六次憲法增修條文後不久，陳水扁繼任總統。早在民國八十六年修憲時，陳水扁總統即以主張制憲、建立總統制及反對總統選舉採絕對多數之政見，來對抗當時民進黨許信良所主張的修憲、雙首長制及（可考慮採行）總統選舉之絕對多數制之「黨中央修憲版」。陳水扁建立總統制及制憲的立場是極清楚不過。而與陳總統桴鼓相應的另一位政治人物，則是李登輝總統。

---

❷⓪ 參閱本書第四十五節參二處。

主導了我國十年憲改的李前總統，在卸任後一年便開始發表了五權憲法及中央各部會不適合台灣的言論，接著在半年後，便進一步大力批評修憲的成果不佳，應改為制憲；同時也力主實施有十足實權的總統制。李前總統對他本人指導十年的憲改完全否定，果然印證本書前文的「十年一覺憲改夢」也 ❷ 。

　　陳水扁總統對於憲改的說辭，也前後不一。自第一任總統以後至任務型國大完成修憲任務為止，關於憲政的言論，經常擺盪在公民制憲及局部修憲之間。陳水扁總統的憲改，可以民國九十四年六月十日公布第七次修憲條文為界，分成兩階段的：

㈠**第一階段的憲改**

　　僅以編年方式，簡要表示陳總統第一階段的憲改立場：①任內不宣布獨立、不更改國號、兩國論不入憲、不推動改變憲狀之統獨公投 (89.05.20)；②修憲只限於國會改革或政府改革而已 (91.01.01)；③出席民進黨十七週年黨慶，陳總統正式提出「共同催生台灣新憲法」，主張在三年後（民國九十五年）完成新憲法 (92.09.28)；④台灣新憲法必須由人民公投方式，由人民直接制定，同時內容不必窄化成「統獨」此「無聊話題」(92.09.30)；⑤結合人民的意志、政黨的共識及憲法專家的參與，不重蹈一黨修憲的覆轍，最後完成的新憲法將交由全體人民以公投方式產生 (92.10.10)；⑥民國九十五年催生新憲法；九十七年開始實施 (93.03.30)；⑦邀請朝野政黨、法界、學界及各界代表組成憲政改造委員會，民國九十七年任滿前，「交給台灣人民一個合時、合身及合用之新憲法」，但涉及國家領土、統獨爭議及國家主權的問題，因在台灣尚未形成絕大多數的共識，故不列入 (93.05.20)；⑧任務型國大修憲的第一階段憲改完成後，第二階段憲改要處理總統制或內閣制、三權或五權制、公民權年齡下降……等議題 (93.11.27)；⑨陳水扁總統與宋楚瑜主席發表十點聯合聲明，對於憲改的推動，將不涉及國家主權、領土及統獨爭議，以及將依憲法所定的程序進行修改 (94.02.24)；⑩重申民國九十二年倡議之催生新憲法。其中並沒有更改國號。透過修憲程序可以達到制憲的實質目標（廢除國民大會、公投入憲，將五權憲法改為三權便是一例）。故沒有更改國號也可以算是

---

❷ 李前總統首次批評憲改比較含蓄，認為五權憲法及中央政府之體制僅適合中國大陸，不適合台灣實施 (90.10.18)；以後便露骨直接的「中華民國憲法經過多次修憲，就像衣服改來改去，改到很不好看，連他都被罵得半死。修憲不如制憲，以他主政十二年之經驗，應給予總統十足實權，才能應付緊急情況，否則動輒要透過國安會途徑，將無法應變」。見陳新民（主輯），1990 年～2000 年臺灣修憲紀實，第 310 頁。李前總統似乎誤解了我國憲法本即賦與總統有十足的實權來應付緊急狀況，國安會只是協助總統之幕僚機關也。

制憲。他本人則從未說過反對正名或制憲，由於民國九十三年立委選舉民進黨沒有過半，社會條件沒有成熟，故不能制憲改國號。如果下屆（民國九十六年）第七屆立委選舉，能拿下四分之三的立委席次，到時要制憲或更改國號，「他將會鼓掌以對」(94.03.09)；⑪未形成絕大多數議題不宜列入第二階段之憲改 (94.05.22)❷❷。

由上述陳總統擔任總統共五年多來的憲改討論，剛開始的體制內修憲，而後③開始提出催生新憲。中間一度因為與宋楚瑜「和解」而又回到修憲外，但應該可以看出其公民制憲憲改主軸。而修憲之界限問題，陳總統幾度申明類似統獨、領土及改國號等爭議因未達社會「絕大多數共識」，故不宜列入。但陳總統又提出一個弔詭的答詞，亦即可藉修憲的手段來達到制憲的目的。所以儘管他不推動正名，亦可算是制憲，只要修憲幅度夠大即可。所以，總括而言，陳總統打算在第二次卸任前，所完成的修憲，應該是幅度夠大，包括將五權改為三權、改成美式總統制、增加若干人權條款（包括降低公民年齡至十八歲、改採募兵制等），但「似乎」不會牽涉到主權、領土及國號等敏感之爭議主題。至於修憲之方式，陳總統幾度打算另闢援引公民制憲力的公投手段（由③至⑦），但在與宋主席的聲明中，又改為「常態修憲」的說法，而以後「似乎」又回到常態修憲程序的看法⑨也❷❸。

(二)第二階段憲改計畫

陳水扁總統在第七次修憲條文公布後，經常提到要進行所謂的第二階段的憲改。如果亦以編年史的方式來表示陳總統的憲改意圖，可以參考陳總統所發表的下述言論：

①由下而上、由內而外、由民間到政府來催生新憲法 (94.06.25)。

②總統府在今年八月一日成立憲改辦公室，已擬訂具體實施辦法，以「座談到村，資訊到戶」為目標，招募種子教師，預定在二〇〇七年底起前辦理一萬場憲政座談，推行憲法公民教育，容納各界意見，提出各種不同民間版本，一起寫出一部容納全民意志的台灣新憲法 (94.10.28)。

③期許民間版「台灣新憲法草案」在今年二〇〇六年能誕生，明年舉辦「新憲公投」，這是政黨輪替最重大的意義所在 (95.01.01)。

---

❷❷ 上述資訊取材自羅致政，國際情勢與憲政改革，中央研究院憲改論壇──法政對話之二，「憲法實踐與憲改議題」圓桌討論會引言稿 (2005.06.25)，由作者整理而成。該文討論了大陸及美國對陳總統歷次發言後的回應，頗值參考。

❷❸ 所以陳水扁總統最主張援「群眾制憲」是在民國九十二年九月底，參加民進黨十七週年黨慶起才逐漸興起。

④未來的憲改工程一定要確定完全的內閣制，或總統制。如採人民直選總統，就必須是全套總統制。總統可以對國會通過的法律案擁有完整的否決權，可隨時解散國會，並為最高行政首長。目前的憲法體制是各方機關算盡，只挑對自己有利的在進行政治交換，任意拼湊，留下今天什麼都不是的「烏魯木齊」憲法 (95.09.24)。

⑤台灣催生一個合時、合身、合用的新憲法的時間與條件都已經成熟，如何催生是我們共同的志業，今天不做，明天會後悔。如果沒有台灣新憲法，台灣絕對稱不上一個正常的、完整的新興民主國家 (96.01.26; 96.04.25)。

⑥台灣要「四要一沒有」：要「獨立、正名、新憲、發展」；沒有「左右路線問題，只有統獨問題」(96.03.04)。

⑦未來進一步完成公投法修正以及催生台灣新憲法 (96.05.20)。

⑧台灣制憲或修憲都需要國會四分之三及公民投票二分之一的高門檻，因此沒有可能完成，也是不可能的任務 (96.05.21; 96.05.23; 96.07.12; 96.11.11)。

⑨一部台灣合時、合身、合用的新憲法，必須按照目前的憲政秩序、修憲程序來進行 (96.07.12; 96.08.07)。綜觀陳水扁總統在所謂第二階段的憲改計畫，可以用「先盛後衰」來形容。由初期在總統府內成立憲改辦公室，並且打算舉辦一萬場憲改座談會，似乎要將憲改議題變成全民運動，其手法也頗似共產國家之把政治運動普及到社會的最基層。但是似乎逐漸的這種「憲改下鄉」的熱度消退。民國九十六年以後，逐漸看清修憲與制憲門檻的不易，且隨著應付九十七年一月立委選舉以及三月份總統大選，民進黨的政治訴求環繞在進入聯合國與軍購的議題之上，陳水扁總統不僅少談憲改，也將憲改的議題轉向，承認必須透過修憲程序來完成制憲的目標。故第二階段的憲改計畫，以交白卷而落幕。

三、馬英九總統的憲改計畫

馬英九總統在民國九十七年五月二十日的就職演說中提到：

「我堅信，中華民國總統最神聖的職責就是守護憲法。在一個年輕的民主國家，遵憲與行憲比修憲更重要。」

而馬英九總統在競選政見中也提到，將於第七屆立委改選及總統當選兩年後，成立憲法評估小組，檢討現行憲法實施以來的優缺點，以及國會減半後的議事成效，如獲朝野共識，將進一步推動憲改。

　　馬總統雖然宣布就職兩年，將研擬憲改的方案。然而在就職兩週年後，並無宣布任何關於憲改的具體構想。惟由行政院研考會委託一智庫（國家政策研究基金會）所進行的「我國憲政體制問題及改革方向」研究計畫，可以窺出馬總統的憲改籌議方向。

　　依該研究結果之建議乃是：「短期內暫時不建議修憲」。理由為：立委改為小選區後，並無運作方面的困難，且人數適當，無庸改變。且暫不修憲乃最經濟、也最務實之舉。惟應當透過建立憲政慣例，或透過立法與國會內規方式來強化憲政體制。

　　例如：應當建立行政院長於就職前，應獲得立法院之同意慣例。且總統應當任命國會多數黨及其聯盟所推薦之人選為行政院長，這也應當形成憲政慣例……。至於雙首長制度，則認為運作尚稱順暢，暫時無須調整❷。

　　在此由國民黨的智庫所作的「不修憲建議」，似乎可推論出馬總統在第一任的四年任期中，將無任何憲改的企圖。而社會、以及學術界在馬總統就任後，似乎未聞有要求馬總統重視憲改、提出憲改政策的呼聲。這似可解釋馬總統在四年任期中，未在憲改議題上有任何建樹之企圖，自然也沒有向國人編織出許多宏偉、甜蜜又吸引人的憲改藍圖，徒增國人對憲改大業產生浪漫與激情的情愫矣。

　　原本沉靜下來的修憲擬議，在民國一〇三年十一月二十九日「九合一地方公職人員」選舉，民進黨獲得大勝後，遂又興起。當年發生了太陽花學生運動，已引發是否應將選舉權的二十歲門檻降低至十八歲的修憲爭議，而後逐步衍生立法委員人數應否增加、立法院對閣揆行使同意權的恢復、確定採行內閣制的配套措施及廢止考試院、監察院。為此國民黨與民進黨皆成立修憲委員會，民國一〇四年三月二十六日成立立法院修憲委員會，希望能在一〇五年一月十六日總統與立委大選時，提付公民複決。

　　馬英九前總統為了履行其在競選白皮書中所提到的：任職兩年後成立一個「憲法評估小組」，來為憲法做體檢，並擬定修憲的內容及程序。但顯然的，馬前總統的憲政改革進度幾乎停滯。直到民國一〇三年十一月底的太陽花學生運動發生後，方加快腳步，民國一〇四年四月立法院組成修憲委員會開始展開修憲。本在此之前，尚有三個月的時間可以作為兩大黨內部密集商議憲改議題之用，但兩黨卻未積極進行。直到立法院修憲委員會在四月九日起，連續五週舉行十場公聽會，以「廣徵民意」時，兩黨內部仍未形成共識、兩黨也未經協商就紛紛提出修憲草案。其差異之大，就以最重要

❷ 參見行政院研考會委託，「我國憲政體制問題及改革方向」，蔡政文研究主持，民國九十八年十二月。

的改為內閣制而言，民進黨主席蔡英文且倡言「台灣無實施的空間」，即可知矣！然馬總統政府卻定下「兩個月內完成修憲草案」，並在六月中送交立法院表決及公告之時程，才來得及趕在四年大選的公民議決程序的決定，顯然過於樂觀與不實際。為此，還有李登輝前總統再度提出「兩階段修憲」的提議：先通過簡化修憲程序之條款，再第二階段進行其他憲政議題之修憲。

果不其然，馬前總統的倉促修憲擬議，不免也步上在喧鬧、叫罵聲中，黯然收場，而繳了白卷。

四、蔡英文總統的憲改計畫

蔡英文總統在第二任就職時 (109.5.20) 便提到了要進行修憲工程，立法院也成立修憲委員會。而執政的民進黨，在一一〇年十月二十七日通過民進黨修憲版本。內容為：「擴大公民參政權，貫徹十八歲公民權與十八歲被選舉權」、「廢除考試院與監察院兩院，落實三權分立，監察院的人權委員會移往總統府，其他職能移往立法院；考試院移往行政院」、「降低修憲門檻」、「縮短新舊任總統看守期間」等四大議題。

這個由民進黨內部組成的憲政改革小組，雖然號稱有網羅社會菁英，但全都是民進黨的人士組成，因此沒有具有社會各界人士參與。而草案一出後，媒體輿論也都認為，除了公民參政權的年齡下降具有共識外，其他三項修憲議題不可能獲得各黨派的支持。

國民黨在民進黨將上述黨版送交立法院，立法院成立修憲委員會後，也提出國民黨的黨版 (110.11.11)，內容有四大項：「擴大公民參政權，下降為十八歲；恢復閣揆同意權；環境變遷及動物保護。」同時對於民進黨的廢止考監兩院，不僅反對，反而提高其同意權，由二分之一變三分之二，以降低政黨色彩。

由上述兩黨的修憲意見歧異甚大，加上修憲的門檻甚高，除了降低投票年齡外，與國民黨無異，以及國民黨所提的環境變遷及動物保護入憲，沒有太大政治利益與色彩，也可能獲得共識，其他不管民進黨或國民黨的修憲意見，顯然通不過嚴苛的修憲門檻。

因此本次的修憲大議，由民進黨開始，國民黨繼之，都只交給黨內，或是友黨人士全權主導，並沒有虛心的邀集各黨派，以及開大門徵詢全國各界民眾對國家大法的修正意見，自然不會獲得各界，特別是憲法學界的支持。因此修憲的過程，其沉寂之

甚，遠不如司法改革當時來得鑼鼓喧天。終究還注定會潮起潮落，不會有具體的成果。

五、憲政改革的前瞻

我國的憲政改革由李登輝時代開始，在民國八十一年五月第二階段修憲完成後，憲政秩序卻未進入相當「恆定」，反而進入「恆動」的狀態之中，並且每次修憲的草率，一次比一次嚴重，各重要政黨並不關心如何建立一個穩定的憲政體制，前述所提及我國近十五年來修憲過程所呈現的四大缺憾，都表明了政治人物缺乏作為真正政治家應具備的政治智慧與民主襟懷。各政黨未真心努力、無私的謀求修憲的共識。例如：民國八十六年修憲時，國民黨與民進黨簽訂協議書，決定下次修憲議題，但兩黨卻未在日後繼續協商修憲議題，以致於此協議在八十八年的修憲時已形同廢紙！嗣後已不聞此議。證諸民國八十八年及八十九年的修憲，留下「急救章」式的憲法條文，顯然日後仍須再進行修憲不可。國民大會十五年來這種無全盤規劃的修憲徒然引起政治紛擾外，也破壞了憲法在國民心目中的尊嚴與崇高性，更使得國家的「法秩序」遭到了大波大浪式的侵襲！如今國民大會廢除後，修憲權交到立法院手上，今後修憲將會由具有修法經驗的立委主導，就立法技術層面之考慮，可望更周延。但立法院內各黨都無法獲得絕對的優勢來通過修憲的門檻，修憲益形不易。就不利的方面而言，今後在憲法規範層次將不易迅速反映社會法政改革的需要；但往好處著眼，經過十五年來七次的修憲，我國政制及憲政秩序更迭過度頻繁，無怪乎政局始終無法平穩。隨著修憲的不易，所有政黨、政界人士暫時不要打修憲的主意，讓我國憲法「休養生息」三、五年，等到朝野想出一個公正客觀、可長可久的修憲草案後再議修憲，恐是當前最理智的唯一途徑矣！同時已曾兩度宣誓效忠同一部憲法的總統適不適合大張旗鼓的來推翻、更改他所宣誓保衛的現存憲法，也是學界廣為質疑的問題❹。

陳水扁總統在民國九十二年十月十日國慶談話中提到，要結合人民意志、政黨共識及憲法專家參與制定新憲法；在民國九十三年五月二十日第二任總統就職演說中也再度提到，邀請朝野政黨、法界、學界代表組成「憲法改造委員會」，希望待其卸任前

---

❹ 例如廖元豪教授曾提出「總統該搞憲政嗎？——總統從事憲改的局限與可能空間」。廖教授認為，由蔣、李總統以至今日陳總統，每當其權力行使受到憲法牽制，第一個反應就是修憲，故質疑這與憲政主義「藉憲法約制政治權力」的邏輯是否有所矛盾？廖教授便認為總統可以利用許多資源及手段，來慢慢使憲法發生質變，不需要也不適合大張旗鼓地鼓吹修憲。見其在中研院「憲法實踐與憲改議題」圓桌會之回應稿 (2005.06.25)。

能給人民及國家一個「合時、合身、合用」之新憲法。這個見解已經契合筆者十八年前之見解矣 ❷⑥。

　　然而，陳總統組成容納各方的「憲法改造委員會」，最後卻以在總統府內成立一個屬於內部幕僚性質的「憲改辦公室」，且無疾而終。終陳水扁總統八年的主政，沒有為憲改的工程，提出任何一個版本，遑論獲得任何一個憲改議題的共識。

　　隨著馬英九總統在競選白皮書中提到，任職兩年後成立一個「憲法評估小組」，來為憲法做體檢，並擬定修憲的內容及程序。但顯然的，直到民國一〇三年十一月底的太陽花學生運動前，馬總統的憲政改革依然交了白卷。而在民國一〇四年四月展開的修憲，更是倉促之極。在四月立法院組成修憲委員會前，有接近三個月的時間本可以作為兩大黨內部密集商議憲改議題之用，但兩黨卻未積極進行。直到立法院修憲委員會在四月九日起，連續五週舉行十場公聽會，以「廣諏民意」時，兩黨內部仍未形成共識、兩黨也未經協商，就紛紛提出修憲草案。其差異之大，就以最重要的改為內閣制而言，民進黨主席蔡英文且倡言「台灣無實施的空間」，即可知矣！然卻定下「二個月內完成修憲草案」，並在六月中送交立法院表決及公告之時程，並俾來得及趕在四年大選的公民議決程序。為此，還有勞李登輝前總統再度提出「兩階段修憲」的提議：先通過簡化修憲程序之條款，再第二階段進行其他憲政議題之修憲，結果終究白忙一場。

　　繼馬英九總統而起的蔡英文總統，雖也在第二任期接近過半時才提出四項修憲議題，除廢止考監兩院外，也沒有給我國的憲法結構有脫胎換骨的雄心，修憲過程也沒有開大門的廣徵民意，同樣步上修小洞，補小牆，且急就章之途。最大反對黨國民黨

---

❷⑥ 猶記得李總統甫提出兩年內完成憲政改革的「兩階段修憲論」時，筆者即在報章（民國七十九年五月二十一日聯合報二版）發表「三階段修憲論」，認為以憲政改革的盤根錯節，要在二年內完成憲改，絕不可能。李總統應召集一個由憲法專家及政黨代表所組成的「憲法修改委員會」，在第二階段修憲完成後，立刻進行全盤性修憲草案的擬定。憲改的重心應置於第三階段之上。著者並期望第三階段應有四年充分的時間來凝聚朝野共識，等李登輝總統第一任任期屆滿時，可以讓此修憲草案完成修憲手續。這個經過四年的研議及獲得朝野政黨及國民共識的修憲，可將屆時已有整整五十年的中華民國憲法翻修成一個具備全新的體質與理念的憲法，帶領我國進入二十一世紀，並作為李登輝總統最大的功業。惜未能醒當局之迷，時機逝去矣。民國八十六年修憲完畢，社會上一度揚言總統府有意成立該委員會，但不久即告澄清，李登輝總統指示此是國民大會之職責。尤其是國大代表在民國八十一年八月起，已經立法平日支給待遇，第三屆國民大會開始 (85.05.20) 且設立議長與副議長各一人，成為常設機構，更應組成憲委員會，認真研議修憲議題，方不會浪費全國納稅人的血汗錢。但事實證明，的確是第一屆國民大會的翻版，第二屆及三屆國民大會未負起此神聖責任。

亦無不同。兩黨都忽視了推動我國法治發展的「火車頭引擎」，已經是設計落伍、零件衰疲，此時需要的是全盤的更新，而非單個零件的更換而已。我國憲法急需「全盤翻新」，而非急促地、政治宣傳式的零星修憲。吾人不禁慨嘆：為何憲改的歷史與失敗經驗，會一再出現乎？

六、期待與結論

㈠我國憲法應當如何翻新？

最後經過作者多年來的思考，也想對我國修憲多年來的感想，提出個人看法：我國憲法制定是以全中國為疆域為時空背景的產物，客觀上自已不符目前小國寡民的情勢，因此應當大幅度的予以瘦身、重組國家的中央與地方體制。我國憲法應當進行大魄力的整修工程，痛下決心改革之處，例如下列數點：

1.改為內閣制

回復我國憲法原本將行政權交付行政院長手中的本意，其人選仍須獲立法院同意為前提。基本心態要拋棄我國憲法制定時擔心純粹內閣制會有容易倒閣與頻頻解散國會，造成國家政局動盪之心態。如今台灣幅員甚小，改選困難度不高，內閣制反而能迅速有效反映民眾的政見、更易執政黨，不似總統制，一旦選民所託非人，都要忍耐一定任期屆滿方得更替之，而牴觸國民之願望，同時折損了國家元首的民間威望。試看這幾任民選總統，到了第二屆任期，尤其在第二屆任期中期之後，民間聲望多半急速下降，便可知總統繼續執政，無法迅速反映責任政治所要求的領導職位之去留。

2.調整總統的「偉大中立者與協調者」的角色

改行內閣制後，讓行政院長成為名符其實的國家最高行政首長，負起責任政治，從而讓總統擺脫負責日常國家行政的重擔，使其成為政黨政治中立的監督者，而非親身參與政治決策，避免捲入政治漩渦而喪失國民的尊敬。這也是德國威瑪憲法時代，大公法學者卡爾・史密特所期許的：「總統作為我國的政治偉大的中立者，以及協調者的角色」。

總統雖不負責行政大權，但其具有象徵國權的尊貴與國家團結的象徵——由國家瀕臨危機，而有賴其行使近乎獨裁權力的緊急命令時，更可看出此信賴的重要性。總統平時必須「仰望」，獲得各黨派與人民忠心的支持。是一旦總統行使緊急權時，可以讓全國人民安心的將近似獨裁的權力託付給他。此乃憲法制定緊急制度成立與成功運

作的前提要件。倘不如此，必欲賦行政大權予總統以示尊榮，而實行總統制，將使總統在職與退職後，不免政爭與官司不斷，卸任總統被判刑、入監者，已不僅在我國周遭韓國或菲律賓等國是為常態，在我國也非陌生也。這豈是主張我國應當實施純粹總統制者所應當樂見的「制度風險與制度成本」？主張總統制者，是否愛之，適以害之矣？

3.取消副總統制

我國憲法當年仿效美國成立的副總統制，乃希望一旦總統缺位，大陸國土遼闊，改選不易，方有設置之必要。然而副總統不論平時或國家危機時都無任何法定職權。且一旦總統缺位，自可由行政院長代行，且台灣地小、選舉制度完善，任何改選皆不困難，故刪除副總統制度這個「頭號政府冗員」，不僅可節省筆可觀的公帑，更可顯示中央政府瘦身計畫的決心。

4.廢除考試院與監察院

考試院與監察院，雖然是國父五權憲法的特殊設計。但是在台灣實施了七十餘年，兩院有無確實達到國父的理想？顯然國人心中自有一把明尺。加上監察院已經被轉化成非民意機關，拔除了對總統的彈劾權，如同去牙去爪之老虎，早已背離國父所心儀的古代御史大夫之風骨。而考試院，也無力阻止政黨藉由修改機關組織法，安插政務性人員，以及黨派關係不次拔擢的升遷關係。

因此，作者也認為以加強功能性的關係，將考試院移往行政院，成立類似文官考選訓練部；監察院移往立法院，由各委員會成立類似「監察使」(Ombudsman) 的制度，亦能有效行使監察權力。以精簡中央組織。

5.重新調整中央與地方分權

台灣已非憲法制定時規範全中國的領域可比，國土甚小，根本沒有具備實施聯邦制度的本錢。故應摒棄原先規劃的中央與地方分權制，除了應當儘可能採行類似日本與法國的中央集權、地方擁有部分的立法權外，且應重新調整地方自治團體的層級，鑑於現在的大都會生活圈，我國各級地方政府也當配合大都會的發展而調整其行政層級，並賦予自治權。選舉制度自當隨之改變。

(二)結論

德國著名的法學教授 Bernd Ruethers 曾言及：任何方式的修憲，當會侵犯到整個社會的「法律中樞神經系統」 ❷ ！因此對於一個作為「萬法之法」的憲法，更動一條

條文，將牽動甚多下級法規（法律及行政命令）的修廢。而成文憲法其目的係為創造一個「恆定」發展的法社會，而不期待血氣激昂與狂風暴雨式的改革！故一旦憲法的保守及穩定性，變為已獲得若干進步成果的「反面教材」時，要回復憲法尊嚴與憲政秩序，即不容易了。

所以憲法作為國家長治久安的最高大法，也必須是一個講求妥協、容忍，以及反映社會需求的政治性法典。因此我國憲政改革要臻於完善，必須全盤檢討我國這部半個世紀前在南京制訂的憲法有無不再合時代需求之處。並且宜傚效瑞士在一九七五年修憲的模式，以及德國一九四九年基本法制定的前例，由各黨推舉代表、選派若干真正的學者專家，完全摒棄黨私，組成一個修憲委員會，為我國整部憲法的內容，提出一個全新的全盤性修憲 (Totalrevision) 的草案，經過朝野政黨協商，向國民公布，爭取共識和支持後，才交由立法院及公投複決。

因此，修憲一定需要時間及耐心。在沒有取得國民及絕大數政黨的認同前，寧可遲緩（或慎重）進行修憲，才可以有效維護憲法的尊嚴❷，我們殷切期待這樣一個憲法草案的出現！

完成一個令人驕傲的憲政改革是所有忠於憲法的國民及政黨所盼望。故我國憲政改革的前瞻，端視於人人——特別是政黨——有無「謀國之忠」！如果政黨汲汲於個人利益及黨私，而把修憲作為政治抗爭的手段，憲法精神即被蹂躪踐踏，憲法最後就只有扔進廢紙簍一途矣！

德國在上一個世紀最著名的法哲學家賴特布魯赫 (Gustav Radbruch, 1878–1949) 在威瑪共和末期，目睹憲法的生命已如風中殘燭時，曾說過一句感人的話：「憲法正如一片盾牌，留下愈多以前戰鬥所創下的傷痕，愈會獲得其主人的珍惜；憲法也如一面軍旗，受到更多的刀傷及彈孔之侵犯，更會顯出它的榮譽和神聖」。我們面對我國這部曾經犧牲多少國人寶貴生命才誕生的憲法，以及往後歷盡國家動盪及長期實施緊急體制後才回復正常憲政體制，對這部備受現實政治考驗的憲法，是否也應興起一股如賴特布魯赫教授一般的崇仰之心？但伴隨著李登輝總統十年來六度的修憲，以及國民大會一直做出許多令人嘆息的行為：會場失序、自肥、動輒人身攻擊……，都使國人對修憲條文的權威性表示懷疑。政界、學界與社會，對之揶揄者有之、譏諷者有之、辱

---

❷ B. Ruethers, Das Ungerechte an der Gerechtigkeit, 2. Aufl., 1993, S. 125.

❷ 參閱拙著：憲法的軀殼與靈魂，刊載：公法學劄記，第 208 頁以下。

罵者亦有之，十年來獨少見有挺身為之辯護者。陳水扁總統主政時代修憲頻率已趨緩，但因制憲之議甚囂塵上，其立論也幾乎全奠基於憲法的老朽、無理及無能也。陳水扁總統多次公然嘲笑我國憲法是一部「烏魯木齊」（亂七八糟）憲法，更是對憲法尊嚴最大的凌辱也！可得知賴特布魯赫教授前項尊崇憲法的沈痛呼籲，想必難在我國當今社會獲得共鳴！當是我國憲法的悲哀❷❾！特別是當主政者或在野者動輒將統獨爭議引入憲法爭議，進而認為我國憲法是外來憲法，並無正當性；或是認為應該訴求民粹主義的公民制憲手段，不必循代議政治來行使修憲權，那麼我國憲政即將步入如卡爾‧史密特所說的「以（赤裸裸）政治力決定的時刻」！倘我國憲法生命走上這種歧路，且憲法如果一步步淪為權力鬥爭的工具與犧牲品，可隨個人、黨派利益來曲解或更易時，極可能就是另外一個威權或專制政權萌芽的時刻。我們當以此為懼，也當以此為戒！

---

❷❾ 朱雲漢教授評論李登輝總統主政時代憲政，國民黨與民進黨在制憲及修憲長期角力及僵持下，政治人物對憲改工程產生了三大不健全之心態：①免洗筷主義，修憲只達到階段性的政治目的，目的達成後就可以廢置或繼續修改；②「非大修不可」心態，不大修「不能達到以修憲形式達到實質制憲之目的」；③「修爛可以重來」心態，認定現行憲法反正遲早要被推翻重來，目前的修修補補都是權宜之計，不必瞻前顧後。這三種不健全心態使政治菁英沉溺在操弄政治制度及競奪政治資源，一切修憲工程都是邊施工、邊改圖。將修憲當作「過渡性政治工具」，而政黨輪替後，許多民進黨人士對憲法「欲去之而後快」的「棄之如敝帚、毀壞不足惜」之心態，屬於其所形成的「憲政新傷痕」現象之一也。見中央研究院「憲政回顧與憲法修改」圓桌討論會(94.03.12)，引言稿，憲政主義的毀壞與重建，第7頁。

附錄一　中華民國憲法

中華民國 35 年 12 月 25 日國民大會通過

中華民國 36 年 1 月 1 日國民政府公布

中華民國 36 年 12 月 25 日施行

前　言

中華民國國民大會受全體國民所付託，依據孫中山先生創立中華民國之遺教，為鞏固國權，保障民權，奠定社會安寧，增進人民福利，制定本憲法，頒行全國，永矢咸尊。

第一章　總　綱

第一條

中華民國基於三民主義，為民有民治民享之民主共和國。

第二條

中華民國之主權屬於國民全體。

第三條

具中華民國國籍者為中華民國國民。

第四條

中華民國領土，依其固有之疆域，非經國民大會之決議，不得變更之。

第五條

中華民國各民族一律平等。

第六條

中華民國國旗定為紅地，左上角青天白日。

第二章　人民之權利義務

第七條

中華民國人民，無分男女、宗教、種族、階級、黨派，在法律上一律平等。

第八條

人民身體之自由應予保障。除現行犯之逮捕由法律另定外，非經司法或警察機關依法定程序，不得逮捕拘禁。非由法院依法定程序，不得審問處罰。非依法定程序之逮捕、拘禁、審問、處罰，得拒絕之。

人民因犯罪嫌疑被逮捕拘禁時，其逮捕拘禁機關應將逮捕拘禁原因，以書面告知本人及其本人指定之親友，並至遲於二十四小時內移送該管法院審問。本人或他人亦得聲請該管法院，於二十四小時內向逮捕之機關提審。

法院對於前項聲請，不得拒絕，並不得先令逮捕拘禁之機關查覆。逮捕拘禁之機關，對於法院之提審，不得拒絕或遲延。

人民遭受任何機關非法逮捕拘禁時，其本人或他人得向法院聲請追究，法院不得拒絕，並應於二十四小時內向逮捕拘禁之機關追究，依法處理。

第九條

人民除現役軍人外，不受軍事審判。

第十條

人民有居住及遷徙之自由。

第十一條

人民有言論、講學、著作及出版之自由。

第十二條

人民有秘密通訊之自由。

第十三條

人民有信仰宗教之自由。

第十四條

人民有集會及結社之自由。

第十五條

人民之生存權、工作權及財產權，應予保障。

第十六條

人民有請願、訴願及訴訟之權。

第十七條

人民有選舉、罷免、創制及複決之權。

第十八條

人民有應考試服公職之權。

第十九條

人民有依法律納稅之義務。

第二十條

人民有依法律服兵役之義務。

第二十一條

人民有受國民教育之權利與義務。

第二十二條

凡人民之其他自由及權利，不妨害社會秩序公共利益者，均受憲法之保障。

第二十三條

以上各條列舉之自由權利，除為防止妨礙他人自由、避免緊急危難、維持社會秩序，或增進公共利益所必要者外，不得以法律限制之。

第二十四條

凡公務員違法侵害人民之自由或權利者，除依法律受懲戒外，應負刑事及民事責任。被害人民就其所受損害，並得依法律向國家請求賠償。

第三章　國民大會

第二十五條

國民大會依本憲法之規定，代表全國國民行使政權。

第二十六條

國民大會以左列代表組織之：

一、每縣市及其同等區域各選出代表一人，但其人口逾五十萬人者，每增加五十萬人，增選代表一人。縣市同等區域以法律定之。

二、蒙古選出代表，每盟四人，每特別旗一人。

三、西藏選出代表，其名額以法律定之。

四、各民族在邊疆地區選出代表，其名額以法律定之。

五、僑居國外之國民選出代表，其名額以法律定之。

六、職業團體選出代表，其名額以法律定之。

七、婦女團體選出代表，其名額以法律定之。

第二十七條

　　國民大會之職權如左：

　　一、選舉總統、副總統。

　　二、罷免總統、副總統。

　　三、修改憲法。

　　四、複決立法院所提之憲法修正案。

　　關於創制複決兩權，除前項第三、第四兩款規定外，俟全國有半數之縣市曾經行
　　使創制複決兩項政權時，由國民大會制定辦法並行使之。

第二十八條

　　國民大會代表每六年改選一次。

　　每屆國民大會代表之任期，至次屆國民大會開會之日為止。

　　現任官吏不得於其任所所在地之選舉區當選為國民大會代表。

第二十九條

　　國民大會於每屆總統任滿前九十日集會，由總統召集之。

第三十條

　　國民大會遇有左列情形之一時，召集臨時會：

　　一、依本憲法第四十九條之規定，應補選總統、副總統時。

　　二、依監察院之決議，對於總統、副總統提出彈劾案時。

　　三、依立法院之決議，提出憲法修正案時。

　　四、國民大會代表五分之二以上請求召集時。

　　國民大會臨時會，如依前項第一款或第二款應召集時，由立法院院長通告集會。

　　依第三款或第四款應召集時，由總統召集之。

第三十一條

　　國民大會之開會地點在中央政府所在地。

第三十二條

　　國民大會代表在會議時所為之言論及表決，對會外不負責任。

第三十三條

　　國民大會代表除現行犯外，在會期中，非經國民大會許可，不得逮捕或拘禁。

第三十四條

國民大會之組織，國民大會代表選舉罷免，及國民大會行使職權之程序，以法律定之。

第四章　總　統

第三十五條

總統為國家元首，對外代表中華民國。

第三十六條

總統統率全國陸海空軍。

第三十七條

總統依法公布法律，發布命令，須經行政院院長之副署，或行政院院長及有關部會首長之副署。

第三十八條

總統依本憲法之規定，行使締結條約及宣戰媾和之權。

第三十九條

總統依法宣布戒嚴，但須經立法院之通過或追認。立法院認為必要時，得決議移請總統解嚴。

第四十條

總統依法行使大赦、特赦、減刑及復權之權。

第四十一條

總統依法任免文武官員。

第四十二條

總統依法授與榮典。

第四十三條

國家遇有天然災害、癘疫，或國家財政經濟上有重大變故，須為急速處分時，總統於立法院休會期間，得經行政院會議之決議，依緊急命令法，發布緊急命令，為必要之處置，但須於發布命令後一個月內提交立法院追認。如立法院不同意時，該緊急命令立即失效。

第四十四條

總統對於院與院間之爭執，除本憲法有規定者外，得召集有關各院院長會商解決之。

第四十五條

　　中華民國國民年滿四十歲者得被選為總統、副總統。

第四十六條

　　總統、副總統之選舉，以法律定之。

第四十七條

　　總統、副總統之任期為六年，連選得連任一次。

第四十八條

　　總統應於就職時宣誓，誓詞如左：

　　「余謹以至誠，向全國人民宣誓，余必遵守憲法，盡忠職務，增進人民福利，保
　　衛國家，無負國民付託。如違誓言，願受國家嚴厲之制裁。謹誓」

第四十九條

　　總統缺位時，由副總統繼任，至總統任期屆滿為止。總統、副總統均缺位時，由
　　行政院院長代行其職權，並依本憲法第三十條之規定，召集國民大會臨時會，補
　　選總統、副總統，其任期以補足原任總統未滿之任期為止。總統因故不能視事時，
　　由副總統代行其職權。總統、副總統均不能視事時，由行政院院長代行其職權。

第五十條

　　總統於任滿之日解職，如屆期次任總統尚未選出，或選出後總統、副總統均未就
　　職時，由行政院院長代行總統職權。

第五十一條

　　行政院院長代行總統職權時，其期限不得逾三個月。

第五十二條

　　總統除犯內亂或外患罪外，非經罷免或解職，不受刑事上之訴究。

第五章　行　政

第五十三條

　　行政院為國家最高行政機關。

第五十四條

　　行政院設院長、副院長各一人，各部會首長若干人，及不管部會之政務委員若干
　　人。

第五十五條

　　行政院院長由總統提名，經立法院同意任命之。

　　立法院休會期間，行政院院長辭職或出缺時，由行政院副院長代理其職務，但總統須於四十日內咨請立法院召集會議，提出行政院院長人選徵求同意。行政院院長職務，在總統所提行政院院長人選未經立法院同意前，由行政院副院長暫行代理。

第五十六條

　　行政院副院長、各部會首長及不管部會之政務委員，由行政院院長提請總統任命之。

第五十七條

　　行政院依左列規定，對立法院負責：

一、行政院有向立法院提出施政方針及施政報告之責。立法委員在開會時，有向行政院院長及行政院各部會首長質詢之權。

二、立法院對於行政院之重要政策不贊同時，得以決議移請行政院變更之。行政院對於立法院之決議，得經總統之核可，移請立法院覆議。覆議時，如經出席立法委員三分之二維持原決議，行政院院長應即接受該決議或辭職。

三、行政院對於立法院決議之法律案、預算案、條約案，如認為有窒礙難行時，得經總統之核可，於該決議案送達行政院十日內，移請立法院覆議。覆議時經出席立法委員三分之二維持原案，行政院院長應即接受該決議或辭職。

第五十八條

　　行政院設行政院會議，由行政院院長、副院長、各部會首長及不管部會之政務委員組織之，以院長為主席。

　　行政院院長、各部會首長，須將應行提出於立法院之法律案、預算案、戒嚴案、大赦案、宣戰案、媾和案、條約案及其他重要事項，或涉及各部會共同關係之事項，提出於行政院會議議決之。

第五十九條

　　行政院於會計年度開始三個月前，應將下年度預算案提出於立法院。

第六十條

　　行政院於會計年度結束後四個月內，應提出決算於監察院。

第六十一條

　　行政院之組織，以法律定之。

第六章　立　法

第六十二條

　　立法院為國家最高立法機關，由人民選舉之立法委員組織之，代表人民行使立法
權。

第六十三條

　　立法院有議決法律案、預算案、戒嚴案、大赦案、宣戰案、媾和案、條約案及國
家其他重要事項之權。

第六十四條

　　立法院立法委員依左列規定選出之：

　　一、各省、各直轄市選出者，其人口在三百萬以下者五人，其人口超過三百萬者，
　　　　每滿一百萬人增選一人。

　　二、蒙古各盟旗選出者。

　　三、西藏選出者。

　　四、各民族在邊疆地區選出者。

　　五、僑居國外之國民選出者。

　　六、職業團體選出者。

　　立法委員之選舉及前項第二款至第六款立法委員名額之分配，以法律定之。婦女
在第一項各款之名額，以法律定之。

第六十五條

　　立法委員之任期為三年，連選得連任，其選舉於每屆任滿前三個月內完成之。

第六十六條

　　立法院設院長副院長各一人，由立法委員互選之。

第六十七條

　　立法院得設各種委員會。

　　各種委員會得邀請政府人員及社會上有關係人員到會備詢。

第六十八條

立法院會期，每年兩次，自行集會，第一次自二月至五月底，第二次自九月至十二月底，必要時得延長之。

第六十九條

立法院遇有左列情事之一時，得開臨時會：

一、總統之咨請。

二、立法委員四分之一以上之請求。

第七十條

立法院對於行政院所提預算案，不得為增加支出之提議。

第七十一條

立法院開會時，關係院院長及各部會首長得列席陳述意見。

第七十二條

立法院法律案通過後，移送總統及行政院，總統應於收到後十日內公布之，但總統得依照本憲法第五十七條之規定辦理。

第七十三條

立法院委員在院內所為之言論及表決，對院外不負責任。

第七十四條

立法委員除現行犯外，非經立法院許可，不得逮捕或拘禁。

第七十五條

立法委員不得兼任官吏。

第七十六條

立法院之組織，以法律定之。

第七章　司　法

第七十七條

司法院為國家最高司法機關，掌理民事、刑事、行政訴訟之審判，及公務員之懲戒。

第七十八條

司法院解釋憲法，並有統一解釋法律及命令之權。

第七十九條

司法院設院長、副院長各一人，由總統提名，經監察院同意任命之。

司法院設大法官若干人，掌理本憲法第七十八條規定事項，由總統提名，經監察院同意任命之。

第八十條

法官須超出黨派以外，依據法律獨立審判，不受任何干涉。

第八十一條

法官為終身職，非受刑事或懲戒處分，或禁治產之宣告，不得免職。非依法律，不得停職、轉任或減俸。

第八十二條

司法院及各級法院之組織，以法律定之。

第八章　考　試

第八十三條

考試院為國家最高考試機關，掌理考試、任用、銓敘、考績、級俸、陞遷、保障、褒獎、撫卹、退休、養老等事項。

第八十四條

考試院設院長、副院長各一人，考試委員若干人，由總統提名，經監察院同意任命之。

第八十五條

公務人員之選拔，應實行公開競爭之考試制度，並應按省區分別規定名額，分區舉行考試。非經考試及格者，不得任用。

第八十六條

左列資格，應經考試院依法考選銓定之：

一、公務人員任用資格。

二、專門職業及技術人員執業資格。

第八十七條

考試院關於所掌事項，得向立法院提出法律案。

第八十八條

考試委員須超出黨派以外，依據法律獨立行使職權。

第八十九條

　　考試院之組織，以法律定之。

第九章　監　察

第九十條

　　監察院為國家最高監察機關，行使同意、彈劾、糾舉及審計權。

第九十一條

　　監察院設監察委員，由各省市議會、蒙古西藏地方議會及華僑團體選舉之。其名額分配，依左列之規定：

　　一、每省五人。

　　二、每直轄市二人。

　　三、蒙古各盟旗共八人。

　　四、西藏八人。

　　五、僑居國外之國民八人。

第九十二條

　　監察院設院長、副院長各一人，由監察委員互選之。

第九十三條

　　監察委員之任期為六年，連選得連任。

第九十四條

　　監察院依本憲法行使同意權時，由出席委員過半數之議決行之。

第九十五條

　　監察院為行使監察權，得向行政院及其各部會調閱其所發布之命令及各種有關文件。

第九十六條

　　監察院得按行政院及其各部會之工作，分設若干委員會，調查一切設施，注意其是否違法或失職。

第九十七條

　　監察院經各該委員會之審查及決議，得提出糾正案，移送行政院及其有關部會，促其注意改善。

監察院對於中央及地方公務人員，認為有失職或違法情事，得提出糾舉案或彈劾案，如涉及刑事，應移送法院辦理。

第九十八條

監察院對於中央及地方公務人員之彈劾案，須經監察委員一人以上之提議，九人以上之審查及決定，始得提出。

第九十九條

監察院對於司法院或考試院人員失職或違法之彈劾，適用本憲法第九十五條、第九十七條及第九十八條之規定。

第一〇〇條

監察院對於總統、副總統之彈劾案，須有全體監察委員四分之一以上之提議，全體監察委員過半數之審查及決議，向國民大會提出之。

第一〇一條

監察委員在院內所為之言論及表決，對院外不負責任。

第一〇二條

監察委員除現行犯外，非經監察院許可，不得逮捕或拘禁。

第一〇三條

監察委員不得兼任其他公職或執行業務。

第一〇四條

監察院設審計長，由總統提名，經立法院同意任命之。

第一〇五條

審計長應於行政院提出決算後三個月內，依法完成其審核，並提出審核報告於立法院。

第一〇六條

監察院之組織，以法律定之。

第一〇章　中央與地方之權限

第一〇七條

左列事項，由中央立法並執行之：

一、外交。

二、國防與國防軍事。

三、國籍法、及刑事、民事、商事之法律。

四、司法制度。

五、航空、國道、國有鐵路、航政、郵政及電政。

六、中央財政與國稅。

七、國稅與省稅、縣稅之劃分。

八、國營經濟事業。

九、幣制及國家銀行。

一〇、度量衡。

一一、國際貿易政策。

一二、涉外之財政經濟事項。

一三、其他依本憲法所定關於中央之事項。

第一〇八條

左列事項，由中央立法並執行之，或交由省縣執行之：

一、省縣自治通則。

二、行政區劃。

三、森林、工礦及商業。

四、教育制度。

五、銀行及交易所制度。

六、航業及海洋漁業。

七、公用事業。

八、合作事業。

九、二省以上之水陸交通運輸。

一〇、二省以上之水利、河道及農牧事業。

一一、中央及地方官吏之銓敘、任用、糾察及保障。

一二、土地法。

一三、勞動法及其他社會立法。

一四、公用徵收。

一五、全國戶口調查及統計。

一六、移民及墾殖。

一七、警察制度。

一八、公共衛生。

一九、振濟、撫卹及失業救濟。

二〇、有關文化之古籍、古物及古蹟之保存。

前項各款，省於不牴觸國家法律內，得制定單行法規。

第一〇九條

左列事項，由省立法並執行之，或交由縣執行之：

一、省教育、衛生、實業及交通。

二、省財產之經營及處分。

三、省市政。

四、省公營事業。

五、省合作事業。

六、省農林、水利、漁牧及工程。

七、省財政及省稅。

八、省債。

九、省銀行。

一〇、省警政之實施。

一一、慈善及公益事項。

一二、其他依國家法律賦予之事項。

前項各款，有涉及二省以上者，除法律別有規定外，得由有關各省共同辦理。各省辦理第一項各款事務，其經費不足時，經立法院議決，由國庫補助之。

第一一〇條

左列事項，由縣立法並執行之：

一、縣教育、衛生、實業及交通。

二、縣財產之經營及處分。

三、縣公營事業。

四、縣合作事業。

五、縣農林、水利、漁牧及工程。

六、縣財政及縣稅。

七、縣債。

八、縣銀行。

九、縣警衛之實施。

一〇、縣慈善及公益事業。

一一、其他依國家法律及省自治法賦予之事項。

前項各款，有涉及二縣以上者，除法律別有規定外，得由有關各縣共同辦理。

第一一一條

除第一百零七條、第一百零八條、第一百零九條及第一百十條列舉事項外，如有未列舉事項發生時，其事務有全國一致之性質者屬於中央，有全省一致之性質者屬於省，有一縣之性質者屬於縣。遇有爭議時，由立法院解決之。

第一一章　地方制度

第一節　省

第一一二條

省得召集省民代表大會，依據省縣自治通則，制定省自治法，但不得與憲法牴觸。

省民代表大會之組織及選舉，以法律定之。

第一一三條

省自治法應包含左列各款：

一、省設省議會，省議會議員由省民選舉之。

二、省設省政府，置省長一人。省長由省民選舉之。

三、省與縣之關係。

屬於省之立法權，由省議會行之。

第一一四條

省自治法制定後，須即送司法院。司法院如認為有違憲之處，應將違憲條文宣布無效。

第一一五條

省自治法施行中，如因其中某條發生重大障礙，經司法院召集有關方面陳述意見後，由行政院院長、立法院院長、司法院院長、考試院院長及監察院院長組織委

員會，以司法院院長為主席，提出方案解決之。

第一一六條

省法規與國家法律牴觸者無效。

第一一七條

省法規與國家法律有無牴觸發生疑義時，由司法院解釋之。

第一一八條

直轄市自治，以法律定之。

第一一九條

蒙古各盟旗地方自治制度，以法律定之。

第一二〇條

西藏自治制度，應予以保障。

第二節　縣

第一二一條

縣實行縣自治。

第一二二條

縣得召集縣民代表大會，依據縣自治通則，制定縣自治法，但不得與憲法及省自治法牴觸。

第一二三條

縣民關於縣自治事項，依法律行使創制複決之權，對於縣長及其他縣自治人員，依法律行使選舉罷免之權。

第一二四條

縣設縣議會，縣議會議員由縣民選舉之。

屬於縣之立法權，由縣議會行之。

第一二五條

縣單行規章，與國家法律或省法規牴觸者無效。

第一二六條

縣設縣政府，置縣長一人。縣長由縣民選舉之。

第一二七條

縣長辦理縣自治，並執行中央及省委辦事項。

第一二八條

市準用縣之規定。

第一二章　選舉、罷免、創制、複決

第一二九條

本憲法所規定之各種選舉,除本憲法別有規定外,以普通、平等、直接及無記名投票之方法行之。

第一三〇條

中華民國國民年滿二十歲者,有依法選舉之權。除本憲法及法律別有規定者外,年滿二十三歲者,有依法被選舉之權。

第一三一條

本憲法所規定各種選舉之候選人,一律公開競選。

第一三二條

選舉應嚴禁威脅利誘。選舉訴訟,由法院審判之。

第一三三條

被選舉人得由原選舉區依法罷免之。

第一三四條

各種選舉,應規定婦女當選名額,其辦法以法律定之。

第一三五條

內地生活習慣特殊之國民代表名額及選舉,其辦法以法律定之。

第一三六條

創制複決兩權之行使,以法律定之。

第一三章　基本國策

第一節　國防

第一三七條

中華民國之國防,以保衛國家安全,維護世界和平為目的。國防之組織,以法律定之。

第一三八條

全國陸海空軍，須超出個人、地域及黨派關係以外，效忠國家，愛護人民。

第一三九條

任何黨派及個人不得以武裝力量為政爭之工具。

第一四〇條

現役軍人不得兼任文官。

第二節　外交

第一四一條

中華民國之外交，應本獨立自主之精神，平等互惠之原則，敦睦邦交，尊重條約及聯合國憲章，以保護僑民權益，促進國際合作，提倡國際正義，確保世界和平。

第三節　國民經濟

第一四二條

國民經濟應以民生主義為基本原則，實施平均地權，節制資本，以謀國計民生之均足。

第一四三條

中華民國領土內之土地屬於國民全體。人民依法取得之土地所有權，應受法律之保障與限制。私有土地應照價納稅，政府並得照價收買。

附著於土地之礦，及經濟上可供公眾利用之天然力，屬於國家所有，不因人民取得土地所有權而受影響。

土地價值非因施以勞力資本而增加者，應由國家徵收土地增值稅，歸人民共享之。

國家對於土地之分配與整理，應以扶植自耕農及自行使用土地人為原則，並規定其適當經營之面積。

第一四四條

公用事業及其他有獨佔性之企業，以公營為原則，其經法律許可者，得由國民經營之。

第一四五條

國家對於私人財富及私營事業，認為有妨害國計民生之平衡發展者，應以法律限制之。合作事業應受國家之獎勵與扶助。國民生產事業及對外貿易，應受國家之獎勵、指導及保護。

第一四六條

國家應運用科學技術,以興修水利,增進地力,改善農業環境,規劃土地利用,開發農業資源,促成農業之工業化。

第一四七條

中央為謀省與省間之經濟平衡發展,對於貧瘠之省,應酌予補助。省為謀縣與縣間之經濟平衡發展,對於貧瘠之縣,應酌予補助。

第一四八條

中華民國領域內,一切貨物應許自由流通。

第一四九條

金融機構,應依法受國家之管理。

第一五〇條

國家應普設平民金融機構,以救濟失業。

第一五一條

國家對於僑居國外之國民,應扶助並保護其經濟事業之發展。

第四節　社會安全

第一五二條

人民具有工作能力者,國家應予以適當之工作機會。

第一五三條

國家為改良勞工及農民之生活,增進其生產技能,應制定保護勞工及農民之法律,實施保護勞工及農民之政策。

婦女兒童從事勞動者,應按其年齡及身體狀態,予以特別之保護。

第一五四條

勞資雙方應本協調合作原則,發展生產事業。勞資糾紛之調解與仲裁,以法律定之。

第一五五條

國家為謀社會福利,應實施社會保險制度。人民之老弱殘廢,無力生活,及受非常災害者,國家應予以適當之扶助與救濟。

第一五六條

國家為奠定民族生存發展之基礎,應保護母性,並實施婦女兒童福利政策。

第一五七條

國家為增進民族健康，應普遍推行衛生保健事業及公醫制度。

第五節　教育文化

第一五八條

教育文化，應發展國民之民族精神，自治精神，國民道德，健全體格，科學及生活智能。

第一五九條

國民受教育之機會，一律平等。

第一六〇條

六歲至十二歲之學齡兒童，一律受基本教育，免納學費。其貧苦者，由政府供給書籍。已逾學齡未受基本教育之國民，一律受補習教育，免納學費，其書籍亦由政府供給。

第一六一條

各級政府應廣設獎學金名額，以扶助學行俱優無力升學之學生。

第一六二條

全國公私立之教育文化機關，依法律受國家之監督。

第一六三條

國家應注重各地區教育之均衡發展，並推行社會教育，以提高一般國民之文化水準，邊遠及貧瘠地區之教育文化經費，由國庫補助之。其重要之教育文化事業，得由中央辦理或補助之。

第一六四條

教育、科學、文化之經費，在中央不得少於其預算總額百分之十五，在省不得少於其預算總額百分之二十五，在市縣不得少於其預算總額百分之三十五，其依法設置之教育文化基金及產業，應予以保障。

第一六五條

國家應保障教育、科學、藝術工作者之生活，並依國民經濟之進展，隨時提高其待遇。

第一六六條

國家應獎勵科學之發明與創造，並保護有關歷史文化藝術之古蹟古物。

第一六七條

國家對於左列事業或個人，予以獎勵或補助：

一、國內私人經營之教育事業成績優良者。

二、僑居國外國民之教育事業成績優良者。

三、於學術或技術有發明者。

四、從事教育久於其職而成績優良者。

第六節　邊疆地區

第一六八條

國家對於邊疆地區各民族之地位，應予以合法之保障，並於其地方自治事業，特別予以扶植。

第一六九條

國家對於邊疆地區各民族之教育、文化、交通、水利、衛生及其他經濟、社會事業，應積極舉辦，並扶助其發展，對於土地使用，應依其氣候、土壤性質，及人民生活習慣之所宜，予以保障及發展。

第一四章　憲法之施行及修改

第一七○條

本憲法所稱之法律，謂經立法院通過，總統公布之法律。

第一七一條

法律與憲法牴觸者無效。

法律與憲法有無牴觸發生疑義時，由司法院解釋之。

第一七二條

命令與憲法或法律牴觸者無效。

第一七三條

憲法之解釋，由司法院為之。

第一七四條

憲法之修改，應依左列程序之一為之：

一、由國民大會代表總額五分之一之提議，三分之二之出席，及出席代表四分之三之決議，得修改之。

二、由立法院立法委員四分之一之提議，四分之三之出席，及出席委員四分之三

　　　之決議，擬定憲法修正案，提請國民大會複決。此項憲法修正案，應於國民

　　　大會開會前半年公告之。

第一七五條

　　本憲法規定事項，有另定實施程序之必要者，以法律定之。

　　本憲法施行之準備程序，由制定憲法之國民大會議定之。

附錄二　歷次動員戡亂時期臨時條款

壹、原始條文（中華民國三十七年五月十日國民政府公布）

　　茲依照憲法第一百七十四條第一款程序，制定動員戡亂時期臨時條款如左：總統在動員戡亂時期，為避免國家或人民遭遇緊急危難，或應付財政經濟上重大變故，得經行政院會議之決議，為緊急處分，不受憲法第三十九條或第四十三條所規定程序之限制。

　　前項緊急處分，立法院得依憲法第五十七條第二款規定之程序變更或廢止之。

　　動員戡亂臨時條款之終止，由總統宣告，或由立法院咨請總統宣告之。第一屆國民大會應由總統至遲於民國三十九年十二月二十五日以前，召集臨時會，討論有關修改憲法各案。如屆時動員戡亂時期尚未依前項規定宣告終止，國民大會臨時會應決定臨時條款應否延長或廢止。

貳、第一次修正後條文（中華民國四十九年三月十一日總統公布）

　　茲依照憲法第一百七十四條第一款程序，制定動員戡亂時期臨時條款如左：總統在動員戡亂時期，為避免國家或人民遭遇緊急為難，或應付財政經濟上重大變故，得經行政院會議之決議，為緊急處分，不受憲法第三十九條或第四十三條所規定之限制。

　　前項緊急處分，立法院得依憲法第五十七條第二款規定之程序變更或廢止之。

　　動員戡亂時期，總統副總統得連選連任，不受憲法第四十七條連任一次之限制。

　　國民大會創制、複決兩權之行使，於國民大會第三次會議閉會後，設置機構，研擬辦法，連同有關修改憲法各案，由總統召集國民大會臨時會討論之。

　　國民大會臨時會由第三任總統於任期內適當時期召集之。

　　動員戡亂時期之終止，由總統宣告之。

　　臨時條款之修訂或廢止，由國民大會決定之。

參、第二次修正後條文（中華民國五十五年二月二日總統公布）

茲依照憲法第一百七十四條第一款程序，制定動員戡亂時期臨時條款如左：

一、總統在動員戡亂時期，為避免國家或人民遭遇緊急危難，或應付財政經濟上重大

變故，得經行政院會議之決議，為緊急處分，不受憲法第三十九條或第四十三條所規定程序之限制。

二、前項緊急處分，立法院得依憲法第五十七條第二款規定之程序變更或廢止之。

三、動員戡亂時期，總統副總統得連選連任，不受憲法第四十七條連任一次之限制。

四、動員戡亂時期，國民大會得制定辦法，創制中央法律原則與複決中央法律，不受憲法第二十七條第二項之限制。

五、在戡亂時期，總統對於創制案或複決案認為有必要時，得召集國民大會臨時會討論之。

六、國民大會於閉會期間，設置研究機構，研討憲政有關問題。

七、動員戡亂時期之終止，由總統宣告之。

八、臨時條款之修訂或廢止，由國民大會決定之。

肆、第三次修正後條文（中華民國五十五年三月二十二日總統公布）

茲依照憲法第一百七十四條第一款程序，制定動員戡亂時期臨時條款如左：

一、總統在動員戡亂時期，為避免國家或人民遭遇緊急危難，或應付財政經濟上重大變故，得經行政院會議之決議，為緊急處分，不受憲法第三十九條或第四十三條所規定程序之限制。

二、前項緊急處分，立法院得依憲法第五十七條第二款規定之程序變更或廢止之。

三、動員戡亂時期，總統副總統得連選連任，不受憲法第四十七條連任一次之限制。

四、動員戡亂時期，本憲政體制，授權總統得設置動員戡亂機構，決定動員戡亂有關大政方針，並處理戰地任務。

五、總統為適應動員戡亂需要，得調整中央政府之行政機構及人事機構，並對於依選舉產生之中央公職人員，因人口增加或因故出缺，而能增選或補選之自由地區及光復地區，均得訂頒辦法實施之。

六、動員戡亂時期，國民大會得制定辦法，創制中央法律原則與複決中央法律，不受憲法第二十七條第二項之限制。

七、在戡亂時期，總統對於創制案或複決案認為有必要時，得召集國民大會臨時會討論之。

八、國民大會於閉會期間，設置研究機構，研討憲政有關問題。

九、動員戡亂時期之終止，由總統宣告之。

十、臨時條款之修正或廢止，由國民大會決定之。

伍、第四次修正條文（中華民國六十一年三月二十三日總統公布）

茲依照憲法第一百七十四條第一款程序，制定動員戡亂時期臨時條款如左：

一、總統在動員戡亂時期，為避免國家或人民遭遇緊急危難，或應付財政經濟上重大
　　變故，得經行政院會議之決議，為緊急處分，不受憲法第三十九條或第四十三條
　　所規定程序之限制。

二、前項緊急處分，立法院得依憲法第五十七條第二款規定之程序變更或廢止之。

三、動員戡亂時期，總統副總統得連選連任，不受憲法第四十七條連任一次之限制。

四、動員戡亂時期，本憲政體制，授權總統得設置動員戡亂機構，決定動員戡亂有關
　　大政方針，並處理戰地任務。

五、總統為適應動員戡亂需要，得調整中央政府之行政機構、人事機構及其組織。

六、動員戡亂時期，總統得依下列規定，訂頒辦法充實中央民意代表機構，不受憲法
　　第二十六條、第六十四條及第九十一條之限制：

㈠在自由地區增加中央民意代表名額，定期選舉，其須由僑居國外國民選出之立法委
　　員及監察委員，事實上不能辦理選舉者，得由總統訂定辦法遴選之。

㈡第一屆中央民意代表，係經全國人民選舉所產生，依法行使職權，其增選補選者亦
　　同。大陸光復地區次第辦理中央民意代表之選舉。

㈢增加名額選出之中央民意代表，與第一屆中央民意代表，依法行使職權。增加名額
　　選出之國民大會代表，每六年改選，立法委員每三年改選，監察委員每六年改選。

七、動員戡亂時期，國民大會得制定辦法，創制中央法律原則與複決中央法律，不受
　　憲法第二十七條第二項之限制。

八、在戡亂時期，總統對於創制案或複決案認為有必要時，得召集國民大會臨時會討
　　論之。

九、國民大會於閉會期間，設置研究機構，研討憲政有關問題。

十、動員戡亂時期之終止，由總統宣告之。

十一、臨時條款之修正或廢止，由國民大會決定之。

附錄三　第一階段、第二階段修憲條文

（增修條文第一條至第十條於民國八十年四月二十二日第一屆國民大會第二次臨時會通過八十年五月一日公布，第十一條至第十八條於民國八十一年五月二十七日公布）

為因應國家統一前之需要，依照憲法第二十七條第一項第三款及第一百七十四條第一款之規定，增修本憲法條文如左：

第一條

國民大會代表依左列規定選出之，不受憲法第二十六條及第一百三十五條之限制：

一　自由地區每直轄市、縣市各二人，但其人口逾十萬人者，每增加十萬人增一人。

二　自由地區平地山胞及山地山胞各三人。

三　僑居國外國民二十人。

四　全國不分區八十人。

前項第一款每直轄市、縣市選出之名額及第三款、第四款各政黨當選之名額，在五人以上十人以下者，應有婦女當選名額一人，超過十人者，每滿十人應增婦女當選名額一人。

第二條

立法院立法委員依左列規定選出之，不受憲法第六十四條之限制：

一　自由地區每省、直轄市各二人，但其人口逾二十萬人者，每增加十萬人增一人；逾一百萬人者，每增加二十萬人增一人。

二　自由地區平地山胞及山地山胞各三人。

三　僑居國外國民六人。

四　全國不分區三十人。

前項第一款每省、直轄市選出之名額及第三款、第四款各政黨當選之名額，在五人以上十人以下者，應有婦女當選名額一人，超過十人者，每滿十人應增婦女當選名額一人。

第三條

監察院監察委員由省、市議會依左列規定選出之，不受憲法第九十一條之限制：

一　自由地區臺灣省二十五人。

二　自由地區每直轄市各十人。

三　僑居國外國民二人。

四　全國不分區五人。

前項第一款臺灣省、第二款每直轄市選出之名額及第四款各政黨當選之名額，在五人以上十人以下者，應有婦女當選名額一人，超過十人者，每滿十人應增婦女當選名額一人。

省議員當選為監察委員者，以二人為限；市議員當選為監察委員者，各以一人為限。

第四條

國民大會代表、立法院立法委員、監察院監察委員之選舉罷免，依公職人員選舉罷免法之規定辦理之。

僑居國外國民及全國不分區名額，採政黨比例方式選出之。

第五條

國民大會第二屆國民大會代表應於中華民國八十年十二月三十一日前選出，其任期自中華民國八十一年一月一日起至中華民國八十五年國民大會第三屆於第八任總統任滿前依憲法第二十九條規定集會之日止，不受憲法第二十八條第一項之限制。

依動員戡亂時期臨時條款增加名額選出之國民大會代表，於中華民國八十二年一月三十一日前，與國民大會第二屆國民大會代表共同行使職權。

立法院第二屆立法委員及監察院第二屆監察委員應於中華民國八十二年一月三十一日前選出，均自中華民國八十二年二月一日開始行使職務。

第六條

國民大會為行使憲法第二十七條第一項第三款之職權，應於第二屆國民大會代表選出後三個月內由總統召集臨時會。

第七條

總統為避免國家或人民遭遇緊急危難或應付財政經濟上重大變故，得經行政院會議之決議發布緊急處分，為必要之處置，不受憲法第四十三條之限制。但須於發布命令後十日內提交立法院追認，如立法院不同意時，該緊急命令立即失效。

第八條

　　動員戡亂時期終止時，原僅適用於動員戡亂時期之法律，其修訂未完成程序者，得繼續適用至中華民國八十一年七月三十一日止。

第九條

　　總統為決定國家安全有關大政方針，得設國家安全會議及所屬國家安全局。

　　行政院得設人事行政局。

　　前二項機關之組織均以法律定之，在未完成立法程序前，其原有組織法規得繼續適用至中華民國八十二年十二月三十一日止。

第十條

　　自由地區與大陸地區間人民權利義務關係及其他事務之處理，得以法律為特別之規定。

第十一條

　　國民大會之職權，除依憲法第二十七條之規定外，並依增修條文第十三條第一項、第十四條第二項及第十五條第二項之規定，對總統提名之人員行使同意權。

　　前項同意權之行使，由總統召集國民大會臨時會為之，不受憲法第三十條之限制。

　　國民大會集會時，得聽取總統國情報告，並檢討國是，提供建言；如一年內未集會，由總統召集臨時會為之，不受憲法第三十條之限制。

　　國民大會代表自第三屆國民大會代表起，每四年改選一次，不適用憲法第二十八條第一項之規定。

第十二條

　　總統、副總統由中華民國自由地區全體人民選舉之，自中華民國八十五年第九任總統、副總統選舉實施。

　　前項選舉之方式，由總統於中華民國八十四年五月二十日前召集國民大會臨時會，以憲法增修條文定之。

　　總統、副總統之任期，自第九任總統、副總統起為四年，連選得連任一次，不適用憲法第四十七條之規定。

　　總統、副總統之罷免，依左列規定：

一　由國民大會代表提出之罷免案，經代表總額四分之一之提議，代表總額三分之二之同意，即為通過。

二　由監察院提出之彈劾案，國民大會為罷免之決議時，經代表總額三分之二之同意，即為通過。

副總統缺位時，由總統於三個月內提名候選人，召集國民大會臨時會補選，繼任至原任期屆滿為止。

總統、副總統均缺位時，由立法院院長於三個月內通告國民大會臨時會集會補選總統、副總統，繼任至原任期屆滿為止。

第十三條

司法院設院長、副院長各一人，大法官若干人，由總統提名，經國民大會同意任命之，不適用憲法第七十九條之有關規定。

司法院大法官，除依憲法第七十八條之規定外，並組成憲法法庭審理政黨違憲之解散事項。

政黨之目的或其行為，危害中華民國之存在或自由民主之憲政秩序者為違憲。

第十四條

考試院為國家最高考試機關，掌理左列事項，不適用憲法第八十三條之規定：

一　考試。

二　公務人員之銓敘、保障、撫卹、退休。

三　公務人員任免、考績、級俸、陞遷、褒獎之法制事項。

考試院設院長、副院長各一人，考試委員若干人，由總統提名，經國民大會同意任命之，不適用憲法第八十四條之規定。

憲法第八十五條有關按省區分別規定名額，分區舉行考試之規定，停止適用。

第十五條

監察院為國家最高監察機關，行使彈劾、糾舉及審計權，不適用憲法第九十條及第九十四條有關同意權之規定。

監察院設監察委員二十九人，並以其中一人為院長、一人為副院長，任期六年，由總統提名，經國民大會同意任命之，憲法第九十一條至第九十三條、增修條文第三條，及第四條、第五條第三項有關監察委員之規定，停止適用。

監察院對於中央、地方公務人員及司法院、考試院人員之彈劾案，須經監察委員二人以上之提議，九人以上之審查及決定，始得提出，不受憲法第九十八條之限制。

監察院對於監察院人員失職或違法之彈劾，適用憲法第九十五條、第九十七條第二項及前項之規定。

監察院對於總統、副總統之彈劾案，須經全體監察委員過半數之提議，全體監察委員三分之二以上之決議，向國民大會提出，不受憲法第一百條之限制。

監察委員須超出黨派以外，依據法律獨立行使職權。

憲法第一百零一條及第一百零二條之規定，停止適用。

第十六條

增修條文第十五條第二項之規定，自提名第二屆監察委員時施行。第二屆監察委員於中華民國八十二年二月一日就職，增修條文第十五條第一項及第三項至第七項之規定，亦自同日施行。

增修條文第十三條第一項及第十四條第二項，有關司法院、考試院人員任命之規定，自中華民國八十二年二月一日施行。中華民國八十二年一月三十一日前之提名，仍由監察院同意任命，但現任人員任期未滿前，無須重新提名任命。

第十七條

省、縣地方制度，應包含左列各款，以法律定之，不受憲法第一百零八條第一項第一款、第一百十二條至第一百十五條及第一百二十二條之限制：

一　省設省議會、縣設縣議會，省議會議員、縣議會議員分別由省民、縣民選舉之。

二　屬於省、縣之立法權，由省議會、縣議會分別行之。

三　省設省政府，置省長一人，縣設縣政府，置縣長一人，省長、縣長分別由省民、縣民選舉之。

四　省與縣之關係。

五　省自治之監督機關為行政院，縣自治之監督機關為省政府。

第十八條

國家應獎勵科學技術發展及投資，促進產業升級，推動農漁業現代化，重視水資源之開發利用，加強國際經濟合作。

經濟及科學技術發展，應與環境及生態保護兼籌並顧。

國家應推行全民健康保險，並促進現代及傳統醫藥之研究發展。國家應維護婦女之人格尊嚴，保障婦女之人身安全，消除性別歧視，促進兩性地位之實質平等。

國家對於殘障者之保險與就醫、教育訓練與就業輔導、生活維護與救濟，應予保障，並扶助其自立與發展。

國家對於自由地區山胞之地位及政治參與，應予保障；對其教育文化、社會福利及經濟事業，應予扶助並促其發展。對於金門、馬祖地區人民亦同。

國家對於僑居國外國民之政治參與，應予保障。

附錄四　民國八十三年以後之修憲條文

壹、民國八十三年之憲法增修條文（民國八十三年八月一日總統令修正公布）

為因應國家統一前之需要，依照憲法第二十七條第一項第三款及第一百七十四條第一款之規定，增修本憲法條文如左：

第一條

國民大會代表依左列規定選出之，不受憲法第二十六條及第一百三十五條之限制：

一　自由地區每直轄市、縣市各二人，但其人口逾十萬人者，每增加十萬人增一人。

二　自由地區平地原住民及山地原住民各三人。

三　僑居國外國民二十人。

四　全國不分區八十人。

前項第三款及第四款之名額，採政黨比例方式選出之。第一款每直轄市、縣市選出之名額及第三款、第四款各政黨當選之名額，在五人以上十人以下者，應有婦女當選名額一人，超過十人者，每滿十人應增婦女當選名額一人。

國民大會之職權如左，不適用憲法第二十七條第一項第一款、第二款之規定：

一　依增修條文第二條第七項之規定，補選副總統。

二　依增修條文第二條第九項之規定，提出總統、副總統罷免案。

三　依增修條文第二條第十項之規定，議決監察院提出之總統、副總統彈劾案。

四　依憲法第二十七條第一項第三款及第一百七十四條第一款之規定，修改憲法。

五　依憲法第二十七條第一項第四款及第一百七十四條第二款之規定，複決立法院所提之憲法修正案。

六　依增修條文第四條第一項、第五條第二項、第六條第二項之規定，對總統提名任命之人員，行使同意權。

國民大會依前項第一款及第四款至第六款規定集會，或有國民大會代表五分之二以上請求召集會議時，由總統召集之；依前項第二款及第三款之規定集會時，由國民大會議長通告集會，國民大會設議長前，由立法院院長通告集會，不適用憲

法第二十九條及第三十條之規定。

國民大會集會時，得聽取總統國情報告，並檢討國是，提供建言；如一年內未集會，由總統召集會議為之，不受憲法第三十條之限制。

國民大會代表自第三屆國民大會代表起，每四年改選一次，不適用憲法第二十八條第一項之規定。

國民大會第二屆國民大會代表任期至中華民國八十五年五月十九日止，第三屆國民大會代表任期自中華民國八十五年五月二十日開始，不適用憲法第二十八條第二項之規定。

國民大會自第三屆國民大會起設議長、副議長各一人，由國民大會代表互選之，議長對外代表國民大會，並於開會時主持會議。

國民大會行使職權之程序，由國民大會定之，不適用憲法第三十四條之規定。

第二條

總統、副總統由中華民國自由地區人民全體直接選舉之，自中華民國八十五年第九任總統、副總統選舉實施。

總統、副總統候選人應聯名登記，在選票上同列一組圈選，以得票最多之一組為當選。在國外之中華民國自由地區人民返國行使選舉權，以法律定之。

總統發布依憲法經國民大會或立法院同意任命人員之任免命令，無須行政院院長之副署，不適用憲法第三十七條之規定。

行政院院長之免職命令，須新提名之行政院院長經立法院同意後生效。

總統為避免國家或人民遭遇緊急危難或應付財政經濟上重大變故，得經行政院會議之決議發布緊急處分，為必要之處置，不受憲法第四十三條之限制。但須於發布命令後十日內提交立法院追認，如立法院不同意時，該緊急命令立即失效。

總統為決定國家安全有關大政方針，得設國家安全會議及所屬國家安全局，其組織以法律定之。

總統、副總統之任期，自第九任總統、副總統起為四年，連選得連任一次，不適用憲法第四十七條之規定。

副總統缺位時，由總統於三個月內提名候選人，召集國民大會補選，繼任至原任期屆滿為止。

總統、副總統均缺位時，由行政院院長代行其職權，並依本條第一項規定補選總

統、副總統，繼任至原任期屆滿為止，不適用憲法第四十九條之有關規定。

總統、副總統之罷免案，須經國民大會代表總額四分之一之提議，三分之二之同意後提出，並經中華民國自由地區選舉人總額過半數之投票，有效票過半數同意罷免時，即為通過。

監察院向國民大會提出之總統、副總統彈劾案，經國民大會代表總額三分之二同意時，被彈劾人應即解職。

第三條

立法院立法委員依左列規定選出之，不受憲法第六十四條之限制：

一　自由地區每省、直轄市各二人，但其人口逾二十萬人者，每增加十萬人增一人；逾一百萬人者，每增加二十萬人增一人。

二　自由地區平地原住民及山地原住民各三人。

三　僑居國外國民六人。

四　全國不分區三十人。

前項第三款、第四款名額，採政黨比例方式選出之。第一款每省、直轄市選出之名額及第三款、第四款各政黨當選之名額，在五人以上十人以下者，應有婦女當選名額一人，超過十人者，每滿十人應增婦女當選名額一人。

第四條

司法院設院長、副院長各一人，大法官若干人，由總統提名，經國民大會同意任命之，不適用憲法第七十九條之有關規定。

司法院大法官，除依憲法第七十八條之規定外，並組成憲法法庭審理政黨違憲之解散事項。

政黨之目的或其行為，危害中華民國之存在或自由民主之憲政秩序者為違憲。

第五條

考試院為國家最高考試機關，掌理左列事項，不適用憲法第八十三條之規定：

一　考試。

二　公務人員之銓敘、保障、撫卹、退休。

三　公務人員任免、考績、級俸、陞遷、褒獎之法制事項。

四　考試院設院長、副院長各一人，考試委員若干人，由總統提名，經國民大會同意任命之，不適用憲法第八十四條之規定。

憲法第八十五條有關按省區分別規定名額，分區舉行考試之規定，停止適用。

第六條

監察院為國家最高監察機關，行使彈劾、糾舉及審計權，不適用憲法第九十條及第九十四條有關同意權之規定。

監察院設監察委員二十九人，並以其中一人為院長、一人為副院長，任期六年，由總統提名，經國民大會同意任命之，憲法第九十一條至第九十三條之規定，停止適用。

監察院對於中央、地方公務人員及司法院、考試院人員之彈劾案，須經監察委員二人以上之提議，九人以上之審查及決定，始得提出，不受憲法第九十八條之限制。

監察院對於監察院人員失職或違法之彈劾，適用憲法第九十五條、第九十七條第二項及前項之規定。

監察院對於總統、副總統之彈劾案，須經全體監察委員過半數之提議，全體監察委員三分之二以上之決議，向國民大會提出，不受憲法第一百條之限制。

監察委員須超出黨派以外，依據法律獨立行使職權。

憲法第一百零一條及第一百零二條之規定，停止適用。

第七條

國民大會代表及立法委員之報酬或待遇，應以法律定之。除年度通案調整者外，單獨增加報酬或待遇之規定，應自次屆起實施。

第八條

省、縣地方制度，應包含左列各款，以法律定之，不受憲法第一百零八條第一項第一款、第一百十二條至第一百十五條及第一百二十二條之限制：

一　省設省議會、縣設縣議會，省議會議員、縣議會議員分別由省民、縣民選舉之。

二　屬於省、縣之立法權，由省議會、縣議會分別行之。

三　省設省政府，置省長一人，縣設縣政府，置縣長一人，省長、縣長分別由省民、縣民選舉之。

四　省與縣之關係。

五　省自治之監督機關為行政院，縣自治之監督機關為省政府。

第九條

國家應獎勵科學技術發展及投資，促進產業升級，推動農漁業現代化，重視水資源之開發及利用，加強國際經濟合作。

經濟及科學技術發展，應與環境及生態保護兼籌並顧。

國家對於公營金融機構之管理，應本企業化經營之原則；其管理人事、預算、決算及審計，得以法律為特別之規定。

國家應推行全民健康保險，並促進現代及傳統醫藥之研究發展。國家應維護婦女之人格尊嚴，保障婦女之人身安全，消除性別歧視，促進兩性地位之實質平等。

國家對於殘障者之保險與就醫、教育訓練與就業輔導、生活維護與救濟，應予保障，並扶助其自立與發展。

國家對於自由地區原住民之地位及政治參與，應予保障；對其教育文化、社會福利及經濟事業，應予扶助並促其發展。對於金門、馬祖地區人民亦同。

國家對於僑居國外國民之政治參與，應予保障。

第十條

自由地區與大陸地區間人民權利義務關係及其他事務之處理，得以法律為特別之規定。

貳、民國八十六年之憲法增修條文（民國八十六年七月二十一日總統令修正公布）

第一條

國民大會代表依左列規定選出之，不受憲法第二十六條及第一百三十五條之限制：

㈠自由地區每直轄市、縣市各二人，但其人口逾十萬人者，每增加十萬人增一人。

㈡自由地區平地原住民及山地原住民各三人。㈢僑居國外國民二十人。㈣全國不分區八十人。

前項第一款每直轄市、縣市選出之名額，在五人以上十人以下者，應有婦女當選名額一人，超過十人者，每滿十人，應增婦女當選名額一人。第三款及第四款之名額，採政黨比例方式選出之，各政黨當選之名額，每滿四人，應有婦女當選名額一人。

國民大會之職權如左，不適用憲法第二十七條第一項第一款、第二款之規定：

㈠依增修條文第二條第七項之規定，補選副總統。㈡依增修條文第二條第九項之規定，提出總統、副總統罷免案。㈢依增修條文第二條第十項之規定，議決立法院提出之總統、副總統彈劾案。㈣依憲法第二十七條第一項第三款及第一百七十四條第一款之規定，修改憲法。㈤依憲法第二十七條第一項第四款及第一百七十四條第二款之規定，複決立法院所提之憲法修正案。㈥依增修條文第四條第七項、第五條第一項、第六條第二項、第七條第二項之規定，對總統提名任命之人員，行使同意權。

國民大會依前項第一款及第四款至第六款規定集會，或有國民大會代表五分之二以上請求召集會議時，由總統召集之；依前項第二款及第三款之規定集會時，由國民大會議長通告集會，不適用憲法第二十九條及第三十條之規定。

國民大會集會時，得聽取總統國情報告，並檢討國是，提供建言；如一年內未集會，由總統召集會議為之，不受憲法第三十條之限制。

國民大會代表每四年改選一次，不適用憲法第二十八條第一項之規定。

國民大會設議長、副議長各一人，由國民大會代表互選之。議長對外代表國民大會，並於開會時主持會議。

國民大會行使職權之程序，由國民大會定之，不適用憲法第三十四條之規定。

第二條

總統、副總統由中華民國自由地區全體人民直接選舉之，自中華民國八十五年第九任總統、副總統候選人應聯名登記，在選票上同列一組圈選，以得票最多之一組為當選。在國外之中華民國自由地區人民返國行使選舉權，以法律定之。

總統發布行政院院長或依憲法經國民大會同意任命人員之任免命令及解散立法院之命令，無須行政院院長之副署，不適用憲法第三十七條之規定。

總統為避免國家或人民遭遇緊急危難或應付財政經濟上重大變故，得經行政院會議之決議發布緊急命令，為必要之處置，不受憲法第四十三條之限制。但須於發布命令後十日內提交立法院追認，如立法院不同意時，該緊急命令立即失效。

總統為決定國家安全有關大政方針，得設國家安全會議及所屬國家安全局，其組織以法律定之。

總統於立法院通過對行政院院長之不信任案後十日內，經諮詢立法院院長後，得宣告解散立法院。但總統於戒嚴或緊急命令生效期間，不得解散立法院。立法院

解散後，應於六十日內舉行立法委員選舉，並於選舉結果確認後十日內自行集會，其任期重新起算。

總統、副總統之任期為四年，連選得連任一次，不適用憲法第四十七條之規定。

副總統缺位時，由總統於三個月內提名候選人，召集國民大會補選，繼任至原任期屆滿為止。

總統、副總統均缺位時，由行政院院長代行其職權，並依本條第一項規定補選總統、副總統，繼任至原任期屆滿為止，不適用憲法第四十九條之有關規定。

總統、副總統之罷免案，須經國民大會代表總額四分之一之提議，三分之二之同意後提出，並經中華民國自由地區選舉人總額過半數之投票，有效票過半數同意罷免時，即為通過。

立法院向國民大會提出之總統、副總統彈劾案，經國民大會代表總額三分之二同意時，被彈劾人應即解職。

第三條

行政院院長由總統任命之。行政院院長辭職或出缺時，在總統未任命行政院院長前，由行政院副院長暫行代理。憲法第五十五條之規定，停止適用。

行政院依下列規定，對立法院負責，憲法第五十七條之規定，停止適用：

㈠行政院有向立法院提出施政方針及施政報告之責。立法委員在開會時，有向行政院院長及行政院各部會首長質詢之權。㈡行政院對於立法院決議之法律案、預算案、條約案，如認為有窒礙難行時，得經總統之核可，於該決議案送達行政院十日內，移請立法院覆議。立法院對於行政院移請覆議案，應於送達十五日內作成決議。如為休會期間，立法院應於七日內自行集會，並於開議十五日內作成決議。覆議案逾期未議決者，原決議失效。覆議時，如經全體立法委員二分之一以上決議維持原案，行政院院長應即接受該決議。㈢立法院得經全體立法委員三分之一以上連署，對行政院院長提出不信任案。不信任案提出七十二小時後，應於四十八小時內以記名投票表決之。如經全體立法委員二分之一以上贊成，行政院院長應於十日內提出辭職，並得同時呈請總統解散立法院；不信任案如未獲通過，一年內不得對同一行政院院長再提不信任案。

國家機關之職權、設立程序及總員額，得以法律為準則性之規定。

國家機關之組織、編制及員額，應依前項法律，基於政策或業務需要決定之。

第四條

　　立法院立法委員二百二十五人，自第四屆起，依下列規定選出之，不受憲法第六十四條之限制：㈠自由地區直轄市、縣市一百六十八人。每縣市至少一人。㈡自由地區平地原住民及山地原住民各四人。㈢僑居國外國民八人。㈣全國不分區四十一人。

　　前項第三款、第四款名額，採政黨比例方式選出之。第一款每直轄市、縣（市）選出之名額及第三款、第四款各政黨當選之名額，在五人以上十人以下者，應有婦女當選名額一人，超過十人者，每滿十人應增婦女當選名額一人。

　　立法院經總統解散後，在新選出之立法委員就職前，視同休會。

　　總統於立法院解散後發布緊急命令，立法院應於三日內自行集會，並於開議七日內追認之，但於新任立法委員選舉投票日後發布者，應由新任立法委員於就職後追認之。如立法院不同意時，該緊急命令立即失效。

　　立法院對於總統、副總統犯內亂或外患罪之彈劾案，須經全體立法委員二分之一以上之提議，全體立法委員三分之二以上之決議，向國民大會提出，不適用憲法第九十條、第一百條及增修條文第七條第一項有關規定。

　　立法委員，除現行犯外，在會期中，非經立法院許可，不得逮捕或拘禁。憲法第七十四條之規定，停止適用。

第五條

　　司法院設大法官十五人，並以其中一人為院長、一人為副院長，由總統提名，經國民大會同意任命之，自中華民國九十二年起實施，不適用憲法第七十九條之有關規定。

　　司法院大法官任期八年，不分屆次，個別計算，並不得連任。但並為院長、副院長之大法官，不受任期之保障。

　　民國九十二年總統提名之大法官，其中八位大法官，含正、副院長，任期四年，其餘大法官任期為八年。不適用前項任期之規定。

　　司法院大法官，除依憲法第七十八條之規定外，並組成憲法法庭審理政黨違憲之解散事項。

　　政黨之目的或其行為危害中華民國之存在或自由民主憲政秩序者為違憲。

　　司法院提出之司法年度概算，行政院不得刪減，但得加註意見，編入中央政府總

預算案，送立法院審議。

第六條

考試院為國家最高考試機關，掌理下列事項，不適用憲法第八十三條之規定：㈠
考試。㈡公務人員之銓敘、保障、撫卹、退休。㈢公務人員任免、考績、級俸、
陞遷、褒獎之法制事項。

考試院設院長、副院長各一人，考試委員若干人，由總統提名，經國民大會同意
任命之，不適用憲法第八十四條之規定。

憲法第八十五條有關按省區分別規定名額，分區舉行考試之規定，停止適用。

第七條

監察院為國家最高監察機關，行使彈劾、糾舉及審計權，不適用憲法第九十條、
第九十四條之規定。

監察院設監察委員二十九人，並以其中一人為院長、一人為副院長，任期六年，
由總統提名，經國民大會同意任命之。憲法第九十一條至第九十三條之規定停止
適用。

監察院對於中央、地方公務人員及司法院、考試院人員之彈劾案，須經監察委員
二人以上之提議，九人以上之審查及決定，始得提出，不受憲法第九十八條之限
制。

監察院對於監察院人員失職或違法之彈劾，適用憲法第九十五條、第九十七條第
二項及前項之規定。

監察委員須超出黨派以外，依據法律獨立行使職權。

憲法第一百零一條及第一百零二條之規定，停止適用。

第八條

國民大會代表及立法委員之報酬或待遇，應以法律定之。除年度通案調整者外，
單獨增加報酬或待遇之規定，應自次屆起實施。

第九條

省、縣地方制度，應包括下列各款，以法律定之，不受憲法第一百零八條第一項
第一款、第一百零九條、第一百十二條至第一百十五條及第一百二十二條之限制：
㈠省設省政府，置委員九人，其中一人為主席，均由行政院院長提請總統任命之。
㈡省設省諮議會，置省諮議會議員若干，由行政院院長提請總統任命之。㈢縣設

縣議會，縣議會議員由縣民選舉之。㈣屬於縣之立法權，由縣議會行之。㈤縣設縣政府，置縣長一人，由縣民選舉之。㈥中央與省、縣之關係。㈦省承行政院之命，監督縣自治事項。

第十屆台灣省議會議員及第一屆台灣省省長之任期至中華民國八十七年十二月二十日止，台灣省議會議員及台灣省省長之選舉自第十屆台灣省議會議員及第一屆台灣省省長任期之屆滿日起停止辦理。

台灣省議會議員及台灣省省長之選舉停止辦理後，台灣省政府之功能、業務與組織之調整，得以法律為特別之規定。

第十條

國家應獎勵科學技術發展及投資，促進產業升級，推動農漁業現代化，重視水資源之開發利用，加強國際經濟合作。

經濟及科學技術發展，應與環境及生態保護兼籌並顧。

國家對於人民興辦之中小型經濟事業，應扶助並保護其生存與發展。

國家對於公營金融機構之管理，應本企業化經營之原則；其管理、人事、預算、決算及審計，得以法律為特別之規定。

國家應推行全民健康保險，並促進現代和傳統醫藥之研究發展。

國家應維護婦女之人格尊嚴，保障婦女之人身安全，消除性別歧視，促進兩性地位之實質平等。

國家對於身心障礙者之保險與就醫、無障礙環境之建構、教育訓練與就業輔導及生活維護及救助，應予保障，並扶助其自立與發展。

教育、科學、文化之經費，尤其國民教育之經費應優先編列，不受憲法第一百六十四條規定之限制。

國家肯定多元化，並積極維護發展原住民族語言文化。

國家應依民族意願，保障原住民族之地位及政治參與，並對其教育文化、交通水利、衛生醫療、經濟土地及社會福利事業予以保障扶助並促其發展。其辦法另以法律定之。對金門、馬祖地區人民亦同。

國家對於僑居國外國民之政治參與，應予保障。

第一一條

自由地區與大陸地區間人民權利義務關係及其他事務之處理，得以法律為特別之規定。

參、民國八十八年之修憲條文（民國八十八年九月十六日總統令公布；八十九年三月二十四日公布大法官釋字第四九九號解釋宣布此次修憲第一、四、九、十條條文失效）

前言：為因應國家統一前之需要，依照憲法第二十七條第一項第三款及第一百七十四條第一款之規定，增修本憲法條文如左：

第一條

國民大會代表第四屆為三百人，依下列規定以比例代表方式選出之。並以立法委員選舉，各政黨所推薦及獨立參選之候選人得票數之比例分配當選名額，不受憲法第二十六條及第一百三十五條之限制。比例代表之選舉方法以法律定之。

一　自由地區直轄市、縣市一百九十四人，每縣市至少當選一人。

二　自由地區原住民六人。

三　僑居國外國民十八人。

四　全國不分區八十二人。

國民大會代表自第五屆起為一百五十人，依下列規定以比例代表方式選出之。並以立法委員選舉，各政黨所推薦及獨立參選之候選人得票數之比例分配當選名額，不受憲法第二十六條及第一百三十五條之限制。比例代表之選舉方法以法律定之。

一　自由地區直轄市、縣市一百人，每縣市至少當選一人。

二　自由地區原住民四人。

三　僑居國外國民六人。

四　全國不分區四十人。

國民大會代表之任期為四年，但於任期中遇立法委員改選時同時改選，連選得連任。第三屆國民大會代表任期至第四屆立法委員任期屆滿之日止，不適用憲法第二十八條第一項之規定。

第一項及第二項之第一款各政黨當選之名額，在五人以上十人以下者，應有婦女當選名額一人。第三款及第四款各政黨當選之名額，每滿四人，應有婦女當選名額一人。國民大會之職權如下，不適用憲法第二十七條第一項第一款、第二款之規定：

一　依增修條文第二條第七項之規定，補選副總統。

二　依增修條文第二條第九項之規定，提出總統、副總統罷免案。

三　依增修條文第二條第十項之規定，議決立法院提出之總統、副總統彈劾案。

四　依憲法第二十七條第一項第三款及第一百七十四條第一款之規定，修改憲法。

五　依憲法第二十七條第一項第四款及第一百七十四條第二款之規定，複決立法院所提之憲法修正案。

六　依增修條文第五條第一項、第六條第二項、第七條第二項之規定，對總統提名任命之人員，行使同意權。

國民大會依前項第一款及第四款至第六款規定集會，或有國民大會代表五分之二以上請求召集會議時，由總統召集之；依前項第二款及第三款之規定集會時，由國民大會議長通告集會，不適用憲法第二十九條及第三十條之規定。

國民大會集會時，得聽取總統國情報告，並檢討國是，提供建言；如一年內未集會，由總統召集會議為之，不受憲法第三十條之限制。

國民大會設議長、副議長各一人，由國民大會代表互選之。議長對外代表國民大會，並於開會時主持會議。

國民大會行使職權之程序，由國民大會定之，不適用憲法第三十四條之規定。

第二條（未修正）

第三條（未修正）

第四條

立法院立法委員自第四屆起二百二十五人，依下列規定選出之，不受憲法第六十四條之限制：

一　自由地區直轄市、縣市一百六十八人。每縣市至少一人。

二　自由地區平地原住民及山地原住民各四人。

三　僑居國外國民八人。

四　全國不分區四十一人。

前項第三款、第四款名額，採政黨比例方式選出之。第一款每直轄市、縣市選出之名額及第三款、第四款各政黨當選之名額，在五人以上十人以下者，應有婦女當選名額一人，超過十人者，每滿十人應增婦女當選名額一人。

第四屆立法委員任期至中華民國九十一年六月三十日止。第五屆立法委員任期自中華民國九十一年七月一日起為四年，連選得連任，其選舉應於每屆任滿前或解

散後六十日內完成之，不適用憲法第六十五條之規定。

立法院經總統解散後，在新選出之立法委員就職前，視同休會。

總統於立法院解散後發布緊急命令，立法院應於三日內自行集會，並於開議七日內追認之。但於新任立法委員選舉投票日後發布者，應由新任立法委員於就職後追認之。如立法院不同意時，該緊急命令立即失效。

立法院對於總統、副總統犯內亂或外患罪之彈劾案，須經全體立法委員二分之一以上之提議，全體立法委員三分之二以上之決議，向國民大會提出，不適用憲法第九十條、第一百條及增修條文第七條第一項有關規定。

立法委員除現行犯外，在會期中，非經立法院許可，不得逮捕或拘禁。憲法第七十四條之規定，停止適用。

第五條（未修正）

第六條（未修正）

第七條（未修正）

第八條（未修正）

第九條

省、縣地方制度，應包括下列各款，以法律定之，不受憲法第一百零八條第一項第一款、第一百零九條、第一百十二條至第一百十五條及第一百二十二條之限制：

一　省設省政府，置委員九人，其中一人為主席，均由行政院院長提請總統任命之。

二　省設省諮議會，置省諮議會議員若干人，由行政院院長提請總統任命之。

三　縣設縣議會，縣議會議員由縣民選舉之。

四　屬於縣之立法權，由縣議會行之。

五　縣設縣政府，置縣長一人，由縣民選舉之。

六　中央與省、縣之關係。

七　省承行政院之命，監督縣自治事項。

台灣省政府之功能、業務與組織之調整，得以法律為特別之規定。

第十條

國家應獎勵科學技術發展及投資，促進產業升級，推動農漁業現代化，重視水資源之開發利用，加強國際經濟合作。

經濟及科學技術發展，應與環境及生態保護兼籌並顧。

國家對於人民興辦之中小型經濟事業，應扶助並保護其生存與發展。

國家對於公營金融機構之管理，應本企業化經營之原則；其管理、人事、預算、決算及審計，得以法律為特別之規定。

國家應推行全民健康保險，並促進現代和傳統醫藥之研究發展。

國家應維護婦女之人格尊嚴，保障婦女之人身安全，消除性別歧視，促進兩性地位之實質平等。

國家對於身心障礙者之保險與就醫、無障礙環境之建構、教育訓練與就業輔導及生活維護與救助，應予保障，並扶助其自立與發展。

國家應重視社會救助、福利服務、國民就業、社會保險及醫療保健等社會福利工作；對於社會救助和國民就業等救濟性支出應優先編列。

國家應尊重軍人對社會之貢獻，並對其退役後之就學、就業、就醫、就養予以保障。

教育、科學、文化之經費，尤其國民教育之經費應優先編列，不受憲法第一百六十四條規定之限制。

國家肯定多元文化，並積極維護發展原住民族語言及文化。

國家應依民族意願，保障原住民族之地位及政治參與，並對其教育文化、交通水利、衛生醫療、經濟土地及社會福利事業予以保障扶助並促其發展，其辦法另以法律定之。對於澎湖、金門、馬祖地區人民亦同。

國家對於僑居國外國民之政治參與，應予保障。

第十一條（未修正）

肆、民國八十九年之憲法增修條文（民國八十九年四月二十五日公布）

第一條

國民大會代表三百人，於立法院提出憲法修正案、領土變更案，經公告半年，或提出總統、副總統彈劾案時，應於三個月內採比例代表制選出之，不受憲法第二十六條、第二十八條及第一百三十五條之限制。比例代表制之選舉方式以法律定之。國民大會之職權如左，不適用憲法第四條、第二十七條第一項第一款至第三款及第二項、第一百七十四條第一款之規定：

一、依憲法第二十七條第一項第四款及第一百七十四條第二款之規定，複決立法
　　院所提之憲法修正案。

二、依增修條文第四條第五項之規定，複決立法院所提之領土變更案。

三、依增修條文第二條第十項之規定，議決立法院提出之總統、副總統彈劾案。

國民大會代表於選舉結果確認後十日內自行集會，國民大會集會以一個月為限，
不適用憲法第二十九條及第三十條之規定。

國民大會代表任期與集會期間相同，憲法第二十八條之規定停止適用。

第三屆國民大會代表任期至中華民國八十九年五月十九日止。國民大會職權調整
後，國民大會組織法應於二年內配合修正。

第二條

總統、副總統由中華民國自由地區全體人民直接選舉之，自中華民國八十五年第
九任總統、副總統選舉實施。總統、副總統候選人應聯名登記，在選票上同列一
組圈選，以得票最多之一組為當選。在國外之中華民國自由地區人民返國行使選
舉權，以法律定之。

總統發布行政院院長與依憲法經立法院同意任命人員之任免命令及解散立法院之
命令，無須行政院院長之副署，不適用憲法第三十七條之規定。

總統為避免國家或人民遭遇緊急危難或應付財政經濟上重大變故，得經行政院會
議之決議發布緊急命令，為必要之處置，不受憲法第四十三條之限制。但須於發
布命後十日內提交立法院追認，如立法院不同意時，該緊急命令立即失效。

總統為決定國家安全有關大政方針，得設國家安全會議及所屬國家安全局，其組
織以法律定之。

總統於立法院通過對行政院院長之不信任案後十日內，經諮詢立法院院長後，得
宣告解散立法院。但總統於戒嚴或緊急命令生效期間，不得解散立法院。立法院
解散後，應於六十日內舉行立法委員選舉，並於選舉結果確認後十日內自行集會，
其任期重新起算。

總統、副總統之任期為四年，連選得連任一次，不適用憲法第四十七條之規定。

副總統缺位時，總統應於三個月內提名候選人，由立法院補選，繼任至原任期屆
滿止。

總統、副總統均缺位時，由行政院院長代行其職權，並依本條第一項規定補選總

統、副總統,繼任至原任期屆滿為止,不適用憲法第四十九條之有關規定。

總統、副總統之罷免案,須經全體立法委員四分之一之提議,全體立法委員三分之二之同意後提出,並經中華民國自由地區選舉人總額過半數之投票,有效票過半數同意罷免時,即為通過。

立法院向國民大會提出之總統、副總統彈劾案,經國民大會代表總額三分之二同意時,被彈劾人應即解職。

第三條

行政院院長由總統任命之。行政院院長辭職或出缺時,在總統未任命行政院院長前,由行政院副院長暫行代理。憲法第五十五條之規定,停止適用。

行政院依左列規定,對立法院負責,憲法第五十七條之規定,停止適用:

一、行政院有向立法院提出施政方針及施政報告之責。立法委員在開會時,有向行政院院長及行政院各部會首長質詢之權。

二、行政院對於立法院決議之法律案、預算案、條約案,如認為有窒礙難行時,得經總統之核可,於該決議案送達行政院十日內,移請立法院覆議。立法院對於行政院移請覆議案,應於送達十五日內作成決議。如為休會期間,立法院應於七日內自行集會,並於開議十五日內作成決議。覆議案逾期未議決者,原決議失效。覆議時,如經全體立法委員二分之一以上決議維持原案,行政院院長應即接受該決議。

三、立法院得經全體立法委員三分之一以上連署,對行政院院長提出不信任案。不信任案提出七十二小時後,應於四十八小時內以記名投票表決之。如經全體立法委員二分之一以上贊成,行政院院長應於十日內提出辭職,並得同時呈請總統解散立法院;不信任案如未獲通過,一年內不得對同一行政院院長再提不信任案。

國家機關之職權、設立程序及總員額,得以法律為準則性之規定。

各機關之組織、編制及員額,應依前項法律,基於政策或業務需要決定之。

第四條

立法院立法委員自第四屆起二百二十五人,依左列規定選出之,不受憲法第六十四條之限制:

一、自由地區直轄市、縣市一百六十八人。每縣市至少一人。

二、自由地區平地原住民及山地原住民各四人。

三、僑居國外國民八人。

四、全國不分區四十一人。

前項第三款、第四款名額,採政黨比例方式選出之。第一款每直轄市、縣市選出之名額及第三款、第四款各政黨當選之名額,在五人以上十人以下者,應有婦女當選名額一人,超過十人者,每滿十人應增婦女當選名額一人。

立法院於每年集會時,得聽取總統國情報告。

立法院經總統解散後,在新選出之立法委員就職前,視同休會。

中華民國領土,依其固有之疆域,非經全體立法委員四分之一之提議,全體立法委員四分之三之出席,及出席委員四分之三之決議,並提經國民大會代表總額三分之二之出席,出席代表四分之三之複決同意,不得變更之。

總統於立法院解散後發布緊急命令,立法院應於三日內自行集會,並於開議七日內追認之。但於新任立法委員選舉投票日後發布者,應由新任立法委員於就職後追認之。如立法院不同意時,該緊急命令立即失效。

立法院對於總統、副總統之彈劾案,須經全體立法委員二分之一以上之提議,全體立法委員三分之二以上之決議,向國民大會提出,不適用憲法第九十條、第一百條及增修條文第七條第一項有關規定。

立法委員除現行犯外,在會期中,非經立法院許可,不得逮捕或拘禁。憲法第七十四條之規定,停止適用。

第五條

司法院設大法官十五人,並以其中一人為院長、一人為副院長,由總統提名,經立法院同意任命之,自中華民國九十二年起實施,不適用憲法第七十九條之規定。

司法院大法官除法官轉任者外,不適用憲法第八十一條及有關法官終身職待遇之規定。

司法院大法官任期八年,不分屆次,個別計算,並不得連任。但並為院長、副院長之大法官,不受任期之保障。

中華民國九十二年總統提名之大法官,其中八位大法官,含院長、副院長,任期四年,其餘大法官任期為八年,不適用前項任期之規定。

司法院大法官,除依憲法第七十八條之規定外,並組成憲法法庭審理政黨違憲之

解散事項。

政黨之目的或其行為，危害中華民國之存在或自由民主之憲政秩序者為違憲。

司法院所提出之年度司法概算，行政院不得刪減，但得加註意見，編入中央政府總預算案，送立法院審議。

第六條

考試院為國家最高考試機關，掌理左列事項，不適用憲法第八十三條之規定：

一、考試。

二、公務人員之銓敘、保障、撫卹、退休。

三、公務人員任免、考績、級俸、陞遷、褒獎之法制事項。

考試院設院長、副院長各一人，考試委員若干人，由總統提名，經立法院同意任命之，不適用憲法第八十四條之規定。

憲法第八十五條有關按省區分別規定名額，分區舉行考試之規定，停止適用。

第七條

監察院為國家最高監察機關，行使彈劾、糾舉及審計權，不適用憲法第九十條及第九十四條有關同意權之規定。

監察院設監察委員二十九人，並以其中一人為院長、一人為副院長，任期六年，由總統提名，經立法院同意任命之。憲法第九十一條至第九十三條之規定停止適用。

監察院對於中央、地方公務人員及司法院、考試院人員之彈劾案，須經監察委員二人以上之提議，九人以上之審查及決定，始得提出，不受憲法第九十八條之限制。

監察院對於監察院人員失職或違法之彈劾，適用憲法第九十五條、第九十七條第二項及前項之規定。

監察委員須超出黨派以外，依據法律獨立行使職權。

憲法第一百零一條及第一百零二條之規定，停止適用。

第八條

立法委員之報酬或待遇，應以法律定之。除年度通案調整者外，單獨增加報酬或待遇之規定，應自次屆起實施。國民大會代表集會期間之費用，以法律定之。

第九條

省、縣地方制度，應包括左列各款，以法律定之，不受憲法第一百零八條第一項第一款、第一百零九條、第一百十二條至第一百十五條及第一百二十二條之限制：

一、省設省政府，置委員九人，其中一人為主席，均由行政院院長提請總統任命之。

二、省設省諮議會，置省諮議會議員若干人，由行政院院長提請總統任命之。

三、縣設縣議會，縣議會議員由縣民選舉之。

四、屬於縣之立法權，由縣議會行之。

五、縣設縣政府，置縣長一人，由縣民選舉之。

六、中央與省、縣之關係。

七、省承行政院之命，監督縣自治事項。

臺灣省政府之功能、業務與組織之調整，得以法律為特別之規定。

第十條

國家應獎勵科學技術發展及投資，促進產業升級，推動農漁業現代化，重視水資源之開發利用，加強國際經濟合作。

經濟及科學技術發展，應與環境及生態保護兼籌並顧。

國家對於人民興辦之中小型經濟事業，應扶助並保護其生存與發展。

國家對於公營金融機構之管理，應本企業化經營之原則；其管理、人事、預算、決算及審計，得以法律為特別之規定。

國家應推行全民健康保險，並促進現代和傳統醫藥之研究發展。

國家應維護婦女之人格尊嚴，保障婦女之人身安全，消除性別歧視，促進兩性地位之實質平等。

國家對於身心障礙者之保險與就醫、無障礙環境之建構、教育訓練與就業輔導及生活維護與救助，應予保障，並扶助其自立與發展。

國家應重視社會救助、福利服務、國民就業、社會保險及醫療保健等社會福利工作，對於社會救助和國民就業等救濟性支出應優先編列。

國家應尊重軍人對社會之貢獻，並對其退役後之就學、就業、就醫、就養予以保障。

教育、科學、文化之經費，尤其國民教育之經費應優先編列，不受憲法第一百六十四條規定之限制。

國家肯定多元文化，並積極維護發展原住民族語言及文化。

國家應依民族意願，保障原住民族之地位及政治參與，並對其教育文化、交通水利、衛生醫療、經濟土地及社會福利事業予以保障扶助並促其發展，其辦法另以法律定之。對於澎湖、金門及馬祖地區人民亦同。

國家對於僑居國外國民之政治參與，應予保障。

第十一條

自由地區與大陸地區間人民權利義務關係及其他事務之處理，得以法律為特別之規定。

伍、民國九十四年修憲條文中華民國憲法增修條文第一條、第二條、第四條、第五條、第八條及增訂第十二條條文（中華民國九十四年六月十日公布）

第一條

中華民國自由地區選舉人於立法院提出憲法修正案、領土變更案，經公告半年，應於三個月內投票複決，不適用憲法第四條、第一百七十四條之規定。

憲法第二十五條至第三十四條及第一百三十五條之規定，停止適用。

第二條

總統、副總統由中華民國自由地區全體人民直接選舉之，自中華民國八十五年第九任總統、副總統選舉實施。總統、副總統候選人應聯名登記，在選票上同列一組圈選，以得票最多之一組為當選。在國外之中華民國自由地區人民返國行使選舉權，以法律定之。

總統發布行政院院長與依憲法經立法院同意任命人員之任免命令及解散立法院之命令，無須行政院院長之副署，不適用憲法第三十七條之規定。

總統為避免國家或人民遭遇緊急危難或應付財政經濟上重大變故，得經行政院會議之決議發布緊急命令，為必要之處置，不受憲法第四十三條之限制。但須於發布命令後十日內提交立法院追認，如立法院不同意時，該緊急命令立即失效。

總統為決定國家安全有關大政方針，得設國家安全會議及所屬國家安全局，其組織以法律定之。

總統於立法院通過對行政院院長之不信任案後十日內，經諮詢立法院院長後，得

宣告解散立法院。但總統於戒嚴或緊急命令生效期間，不得解散立法院。立法院解散後，應於六十日內舉行立法委員選舉，並於選舉結果確認後十日內自行集會，其任期重新起算。

總統、副總統之任期為四年，連選得連任一次，不適用憲法第四十七條之規定。

副總統缺位時，總統應於三個月內提名候選人，由立法院補選，繼任至原任期屆滿為止。

總統、副總統均缺位時，由行政院院長代行其職權，並依本條第一項規定補選總統、副總統，繼任至原任期屆滿為止，不適用憲法第四十九條之有關規定。

總統、副總統之罷免案，須經全體立法委員四分之一之提議，全體立法委員三分之二之同意後提出，並經中華民國自由地區選舉人總額過半數之投票，有效票過半數同意罷免時，即為通過。

立法院提出總統、副總統彈劾案，聲請司法院大法官審理，經憲法法庭判決成立時，被彈劾人應即解職。

第四條

立法院立法委員自第七屆起一百一十三人，任期四年，連選得連任，於每屆任滿前三個月內，依左列規定選出之，不受憲法第六十四條及第六十五條之限制：

一、自由地區直轄市、縣市七十三人。每縣市至少一人。

二、自由地區平地原住民及山地原住民各三人。

三、全國不分區及僑居國外國民共三十四人。

前項第一款依各直轄市、縣市人口比例分配，並按應選名額劃分同額選舉區選出之。第三款依政黨名單投票選舉之，由獲得百分之五以上政黨選舉票之政黨依得票比率選出之，各政黨當選名單中，婦女不得低於二分之一。

立法院於每年集會時，得聽取總統國情報告。

立法院經總統解散後，在新選出之立法委員就職前，視同休會。

中華民國領土，依其固有疆域，非經全體立法委員四分之一之提議，全體立法委員四分之三之出席，及出席委員四分之三之決議，提出領土變更案，並於公告半年後，經中華民國自由地區選舉人投票複決，有效同意票過選舉人總額之半數，不得變更之。

總統於立法院解散後發布緊急命令，立法院應於三日內自行集會，並於開議七日

內追認之。但於新任立法委員選舉投票日後發布者，應由新任立法委員於就職後追認之。如立法院不同意時，該緊急命令立即失效。

立法院對於總統、副總統之彈劾案，須經全體立法委員二分之一以上之提議，全體立法委員三分之二以上之決議，聲請司法院大法官審理，不適用憲法第九十條、第一百條及增修條文第七條第一項有關規定。

立法委員除現行犯外，在會期中，非經立法院許可，不得逮捕或拘禁。憲法第七十四條之規定，停止適用。

第五條

司法院設大法官十五人，並以其中一人為院長、一人為副院長，由總統提名，經立法院同意任命之，自中華民國九十二年起實施，不適用憲法第七十九條之規定。

司法院大法官除法官轉任者外，不適用憲法第八十一條及有關法官終身職待遇之規定。

司法院大法官任期八年，不分屆次，個別計算，並不得連任。但並為院長、副院長之大法官，不受任期之保障。

中華民國九十二年總統提名之大法官，其中八位大法官，含院長、副院長，任期四年，其餘大法官任期為八年，不適用前項任期之規定。

司法院大法官，除依憲法第七十八條之規定外，並組成憲法法庭審理總統、副總統之彈劾及政黨違憲之解散事項。

政黨之目的或其行為，危害中華民國之存在或自由民主之憲政秩序者為違憲。

司法院所提出之年度司法概算，行政院不得刪減，但得加註意見，編入中央政府總預算案，送立法院審議。

第八條

立法委員之報酬或待遇，應以法律定之。除年度通案調整者外，單獨增加報酬或待遇之規定，應自次屆起實施。

第十二條

憲法之修改，須經立法院立法委員四分之一之提議，四分之三之出席，及出席委員四分之三之決議，提出憲法修正案，並於公告半年後，經中華民國自由地區選舉人投票複決，有效同意票過選舉人總額之半數，即通過之，不適用憲法第一百七十四條之規定。

附錄五　願化春泥更護花——我的退職報告

　　八年前的今日，我以慎戒與惶恐的心情，承接了司法院大法官的職務。對我而言，自大學以來，即以研究公法學，並決定以此作為終身職業與志業者，此一時刻，雖然標誌著我結束第一階段、長達三十五年研究公法學理的人生歷程，而踏入了第二階段檢驗所學、並發揮、宣揚所信服之學理的人生階段。因此，八年以來，我深感過去摸索與獲得諸多學理的不易，也當高度珍惜此司法界最高的榮譽職位。如何不負平生所學、不辜負全國同胞以及法學界同仁、學子的殷盼，是一件無形的重擔，時時縈繫在我的心上。特別是，作為國家法律體制「正義防線」最後一道關卡的守護者，面對著每年各終審法院製造出接近一萬五千件裁判，以及收到近五百件的釋憲聲請，最終能獲得大法官青睞，而作出的解釋，卻只有十件上下。這是一件令人驚悚、遺憾的現狀：它顯示出我國釋憲實務的受理門檻之嚴格，已為世界民主國家擁有釋憲體制者之最！按理言之，聲請大法官解釋，當視為人民擁有的受到憲法所保障之「訴訟權」的一環、且是最終一環。大法官之職務即如同各級法院法官的職務般，皆係提供給人民各類的「司法服務」(legal service)，使得人民一旦遭受來自法律、行政與司法公權力不法與違憲的侵害時，都能夠獲得妥善的司法救濟之服務。然上述的嚴格——近乎嚴苛的受理門檻，無疑的暴露出我國釋憲機制功能的不彰，致使國民能藉著違憲審查機制來糾正我國法令瑕疵的「診療能量」，僅達到「聊備一格」的程度罷了。

　　這也促使我在參與每一個能夠跨入艱難門檻的「幸運兒案件」之審理過程，始終期盼能在大法官同仁齊心協力下，讓每一個案子都成為開創我國憲政新生命的「領頭羊案例」(leading cases)。這也因為在每一個信奉法治主義的國家，尤其是實施實質意義、而非僅僅形式意義的法治國家，必須時常隨時代需要，由本土或外溯而產生一連串進步的公法理論，一個案件接連一個案件、一個法條跨過一個法條，義無反顧的修正、廢止不合時宜的舊法，來使國家的法政秩序逐漸步上更公平、更符合正義與人性尊嚴的「至善之地」。如同太陽能產生熾熱的能量與光芒，陽光之處不容有陰影角落，法治國家內也不容許存有此些「人權與法治之死角」也。

　　這正是我所秉持的職責認知。職掌此職伊始，我便以二位歐美近代史上著名的政法人士，分別作為我負面與正面惕勵之鏡鑑：

　　第一位作為負面的警惕對象：乃是美國內戰前（1857 年）聯邦最高法院所作出

「史考特訴山福特案」(Dred Scott v. Sandford, 60 U.S. 393, 1857) 的靈魂人物──托尼大法官 (Roger Brooke Taney, 1777–1864)。

美國是世界上最早，也是最成功實施違憲審查制度。兩百年來聯邦最高法院在無數案件中宣示了許多進步的法律見解、提升基本人權的功勞，無與倫比。這個法院極其積極實施的違憲審查權，也被公認為是確保美國能維持法治國家的體制兩百餘年不墜的主要的因素也。

但是，這個偉大的法院卻不免有作出違背時代潮流與令人齒冷的案例，最經典者當是「史考特案」。這是一個裁決蓄奴制是否合憲的案子，裁判結果卻認定美國各州實施「奴隸買賣制度」，並不違反美國憲法精神。此判決理由正出自這一個時任最高法院首席大法官托尼之手。

儘管托尼大法官在當時頗有學識淵博、人品高尚、政治閱歷豐富之時譽。但在此一關涉人性尊嚴的問題上，卻囿於狹義的人種、膚色與地域差別的歧視，為「黑奴不應擁有國民資格」的結論，引經據典、攀援各種法理，以長達 55 頁的長篇大論，提供了強烈的立論依據，而堅定了「蓄奴論」繼續實施奴隸制的合憲信念。

若云聯邦最高法院如此「冷血」的見解，促使了美國反對奴隸制度的有識之士們，作出最終只有毅然透過流血戰爭一途，方有解決奴隸制度的決定，亦即壓垮聯邦制度、「逼反廢奴者」的最後一根稻草，當不為過也。由此可知，一位憲法法院的權威法官，正如同後來不少德國納粹時代傑出的法律學者，也是後世所抨擊為，所謂的「墮落法學者」(entarteter Jurist)，甘以其精湛的法學素養，為不正義與罪惡效力，為墮落的理念與制度而給予正當性理由，足以為千古之罪人也！

故每思及托尼大法官的前車之鑑，也都會堅定我大是大非的決心。

至於，正面的模仿對象，我則選擇了德國著名的俾斯麥首相。

這一位終其一生致力在祖國的統一富強、實施憲政主義，以實際的行動使國家由農業步入工業化、由弱國變成強國，人民享受到最先進的各種福利與保險制度……，儘管其在國際政治、甚至國內政治上容有捭闔縱橫、工於算計的批評，但其一生公忠體國的精神，卻是無疑獲得當代與後人的一致推崇。

我特別欽佩其告老退職時，以一句拉丁名言，述說了其當時之心境：「為國效勞，使我精力交瘁矣」(Patriae in serviendo consumer)！這是我在德國讀書時，經常由師長處聽聞到的名言史實，它教誨我們何謂「盡職」的真諦：必須全力以赴。惟有如此，

在努力後，必然達到精力交瘁之程度矣。

　　當然，比較起俾斯麥的「心力盡瘁」，我遠遠有愧！不過，在八年的釋憲歲月中，我的確投入了我最大的時間與能力之極。也因為我特別珍惜每個解釋案得來不易，在研討過程，我不吝提出所思所見。但我國大法官議事，既以合議決為主，每一案無不透過極度妥協、折衷作為結論。此固然為民主議事之精神，然仁智互見，妥協式的中道往往只有見樹不見林，只治標不治本之弊，也更欠缺恢宏的氣勢。因此，為了使法學與實務界更能全面理解每一個釋憲案中，我個人曾經抒發過的意見，俾使日後再逢立法或釋憲之議，能有更多思考的素材起見，我決心自我期許，繼續我在擔任大法官前，在中央研究院長達二十五年的研究與寫作習慣，每二年出版一本專書，將所發表的不同意見、協同意見以及相關的學術著作，集結成冊，以為自我惕勵之作。

　　所幸，我履行了我的初衷，八年來出版了「釋憲餘思錄」共四卷，平均每卷約三十萬字，四卷共收錄不同與協同意見與評論論文共七十一篇，達一百二十萬字。凡有涉及公法學理的案件，我迨皆盡抒淺見。然不免遺憾，這些釋憲意見書，泰半僅有極短的三、五天的時間可供寫作，時間之倉促，不容許我能在學術的嚴謹度與理論的周延度多加著墨。但每一個釋憲的對象都是多多少少的「法律疑難雜症」，很難光援引一個單純法理或國外制度可以解決。因此，必須兼採進步與合乎需要、具有可行性的法律理論與國外成功的法例，方為正確的釋憲方式也。因此，上述的釋憲見解，也是個人窮盡思慮所得，不敢有絲毫敝帚自珍之心態，同樣如釋憲結果，都是留供讀者檢討與批評的對象也。

　　這也是幾乎各國釋憲機關給予參與裁判法官的「特權」，可以揮灑其不同意見，俾使外界得知釋憲機關審理過程考慮的多元。這也有寓「有待將來」之用意！我也特別相信一句英文諺語：「差異是人生的香料」(variety is the spice of life)。釋憲意見的差異性，尤其是百花齊放的意見共現，豈非反映出釋憲者的腦海中，曾經洋溢著一片活潑生動的憲法、人權理念的脈動乎？

　　在此我必須特別感謝諸位與我共同行使此神聖職務的大法官同仁。他們的博學開解了我不少茅塞；他們的寬容，容忍我持續發表不同的意見。他們真是具備了所謂「益者三友」（友直、友諒、友多聞）之德性矣！

　　臨別在即，我環視了一下近年來我特別蒐集、有待消化、運用的法學資料，仍有甚多，不無愧嘆自己力所未逮之處甚多。特別是幾年來，我經常期盼能夠在「軟性」

的釋憲層面上，為我國的憲政法治，增添更多的「人性關懷」與「人道溫暖」。釋憲的任務，不單是為了冰冰冷冷的法令審查為鵠的，也應有促使國家法律的品質的提升，俾能夠溫暖國民「內心方寸」的感情世界。

我願意特別提出下列五個「未竟之志」，午夜夢迴，我時感不捨、也嘆恨未能提供棉薄能力來施予援手的案例，以敬待來者之共鳴：

㈠性行為的自由及通姦除罪化——釋字第 554 號解釋後的挑戰

㈡娼妓合法化的爭議——釋字第 666 號解釋的餘波盪漾

㈢分居制度的建立——釋字第 696 號解釋的反思

㈣同性戀結婚的許可問題——釋字第 647 號解釋未解決的難題

㈤兩岸人倫秩序的重視，以及兩岸關係「法制化」的提升——不應將兩岸人民關係視為「非正常法治國家化」，應當大幅度提升其人權與法治標準。例如，刪除兩岸關係條例第 95 之 3 條規定（本法不適用行政程序法之規定）。使得防止國家行政權力濫用為主旨的行政程序法，能夠同樣適用在兩岸人民關係的案件之上。

這都是我近年來，不論是在公開演講（如 2015 年 5 月 12 日中興大學惠蓀講座及同年 12 月 25 日總統府慶祝行憲紀念日所作的演講），或是在法律雜誌上（軍法專刊 2015 年 6 月第 61 卷第 3 期），所抒發的感慨與呼籲！我國不少目前仍然存在的老舊與落伍的法律制度，已經嚴重剝奪了這些弱勢、處於社會邊緣國民，追求美好幸福人生的機會，傷害其人格尊嚴，已經到了不容漠視與容忍的階段。我願意援引羅馬時代一句著名的拉丁法諺：「為弱者伸張正義、方為真正的正義」(Justitia erga inferiors est verissima)，與將來大法官同仁共勉之。

人生是一個舞台，大法官的職務亦然。卸下法袍後，我仍將選擇回到學術界，繼續未完的追求完美理論的人生之旅。離職如同落葉飄花一樣，不禁讓我想起了清朝龔自珍的名句——「落紅不是無情物，化作春泥更護花」（己亥雜詩），我希望今後我在學術的崗位上，仍能夠與各位退職與在位同仁，同樣的關懷與關注我國的釋憲工作，也期盼個人「願為春泥」的微薄能力，能使台灣這塊美麗的土地上，增添更多、更富饒的法治土壤，使我國的憲政之樹，根能更深縶，枝葉更茂盛、繁榮！

二〇一六年十月二十九日陳新民寫於司法院大法官研究室

中華民國憲法論

管歐／著；林騰鷂／修訂

　　本書針對我國憲法的內容修改演變情形，根據國父　孫中山先生的思想主張、憲政歷史文件、司法院大法官解釋及憲政生活動態資料，建構了認知憲法的三個基本，即 1. 基本政府、2. 基本國策、3. 基本人權的學習體系。本書附錄中除了編印中華民國憲法、中華民國憲法增修條文外，並提供歷年來公務人員高等考試、特種考試及專門職業及技術人員高等考試之憲法試題，作為學習、演練之參考。

中華民國憲法

林騰鷂／著

　　我國憲法規範的內容主要有四，即 1. 制定中華民國憲法的依據、目的、效力及立國的基本精神與基本信念；2. 人民在國家內之權利與義務關係、3. 中央與地方政府政權與治權機關之組織與職權、4. 國家在外交、國防、經濟、社會等施政方針。本書多以平白的語句，參酌憲政生活時論，評述憲政組織運作動態與人權理念發展實況，希望能引發青年學生與國民學習憲法的樂趣。

法學概論

陳惠馨／著

　　本書討論法學的基本概念，例如如何學習法律、法律與生活的關係、民主與法治的關係、法律的意義等議題。希望讀者可以透過本書學習臺灣現行重要法律及其理念，並暸解法律在社會中運作情形。本書重視理論與實務的結合，以真實案例，說明法律規範在生活中的運作情形。讀者透過本書，能全面掌握我國法制最新狀態。

民法物權

謝哲勝／著

　　本書作者曾參與中國大陸物權法與民法典立法過程的重大爭議討論，也是法務部民法物權編研究修正及內政部不動產登記法（草案）研訂專案小組委員，本書除對於物權編的規定為全面性論述外，也特別引述修正後條文已出現的實務見解，閱讀本書將可掌握修正後條文的解釋適用和物權法的發展趨勢。

破產法論

陳計男／著

　　本書參酌現行判例，外國法例、判例，中外著述及修正草案之重要修正內容，除就破產法之基本理論予以闡述外，並就現行法之缺點及實務上發生諸問題，提出個人意見，可供大專學生作為進修或研究破產法學之用，亦可供辦案人員實務上之參考。

國家圖書館出版品預行編目資料

憲法學釋論／陳新民著.－－增訂十版一刷.－－臺北
市：三民，2022
　　面；　公分

　ISBN 978-957-14-7365-9 （平裝）
　1 中華民國憲法 2. 憲法解釋

581.23　　　　　　　　　　　　　110021542

憲法學釋論

作　　　者	陳新民
責任編輯	李律衡
美術編輯	江佳炘

發 行 人	劉振強
出 版 者	三民書局股份有限公司
地　　址	臺北市復興北路 386 號 (復北門市)
	臺北市重慶南路一段 61 號 (重南門市)
電　　話	(02)25006600
網　　址	三民網路書店 https://www.sanmin.com.tw

出版日期	增訂十版一刷 2022 年 3 月
書籍編號	S580440
I S B N	978-957-14-7365-9

三民書局